전기통신사업법과 전파법

신종철

박영사

머리말

2013년『통신법 해설』과『전파법 해설』을 출간한 이래 2016년『단말기유통법 해설』, 2019년『통신법 해설 개정판』을 출간한 바 있다. 나의 20년간 공직 생활의 대부분을 통신 시장의 규제와 제도 설계로 보냈기 때문에, 전기통신사업법과 전파법에 대한 나의 애정은 아직도 크다고 생각한다. 내가 미국 로스쿨에서 법학박사(Juris Doctor) 3년의 과정을 마치고 미국 변호사 자격을 취득한 것도 통신 규제를 좀 더 합리적으로 해보겠다는 나의 개인적인 소망에 따른 것이었으며 연세대학교에서 10년간 겸임교수로서 전기통신사업법과 전파법 대학 교과서를 출간하고 강의한 것도 통신산업과 시장에 대한 대중의 관심이 커지기를 바라는 마음이었다고 생각된다.

통신산업은 플랫폼, 인공지능 산업을 지탱하는 핵심 기반 산업이다. 내가 통신산업과 인연을 맺기 시작할 때만 해도 전기통신사업법과 전파법을 공부하려는 학생도 많았고 통신 시장도 활기가 넘쳤다. 그러나 통신법과 전파법만으로는 폐강되는 상황이 종종 발생하면서 개인정보보호법과 같은 소위 최근 관심을 받는 법을 전기통신사업법과 연계하여 가르치지 않으면 아니 되는 상황에 이르게 되었다. 학교뿐만 아니라 통신 시장 자체도 과거와 같은 경쟁의 활력이 떨어지게 되었다고 생각한다.

내가 통신산업과 통신시장 관련 규제를 하면서 느낀 것은 내가 대학교에서 수업 때마다 학생들에게 하는 질문의 연장선상으로서 "과연 규제란 무엇인가?"에 대한 것이다. 십인십색(十人十色)의 답이 나오겠지만 나는 "A와 B 집단이나 개인의 비용과 편익을 C와 D 집단이나 개인의 비용과 편익으로 이전하는 것"이라고 답하고 싶다. 즉 인간 세상은 대부분이 제로섬 게임(Zero-sum Game)이기 때문에 누군가 이익을 보면 누군가는 손해를 보기 마련이다. 통신 시장의 성장이 멈추면서 시장에서 기존 통신사업자의 수가 줄어들고 새로운 분야로의 성장이 아닌 기존 통신사업자들의 비생산적인 소모적 경쟁과 기존 통신사업자가 아닌 새로운 소위 플랫폼사업자들인 부가통신사업자의 성장을 지켜보면서 현실에 안주하지 말고 새로운 변화를 위해 기존의 것을 과감히 버릴 수 있어야 한다는 생각을 갖게 되었다.

그동안 전기통신사업법과 전파법 교과서를 출간한 지 상당한 시간이 흘러 개정판에 대한 요구가 있었으나 앞서 이야기한 변화를 고려할 때 전기통신사업법과 전파법을 각각 출간하면 판매량을 장담할 수 없다는 생각을 깊게 가지고 있었고 2020년『개인정보

보호법 해설』, 2023년『개인정보보호법과 신용정보법 해설』, 2025년『개인정보보호법과 신용정보법』을 출간한 것은 독자와 출판시장이 전기통신사업법과 전파법이 아닌 개인정보보호법과 신용정보법을 원하였고 판매량도 상당하였으므로 더욱 고민하였다. 그러나『전기통신사업법 해설』과『전파법 해설』을 최초에 출간한 이유 중 하나는 전기통신사업법과 전파법을 담당하는 주무 부처가 조직 개편에 따라 부침이 심하여 업무의 연속성이 단절되는 경우를 종종 봐왔기 때문에 공직 후배들과 통신산업에 종사하는 관계자들에게 공부하고 실무에서 활용할 수 있는 자료가 있어야 한다는 나의 개인적인 소신에 따른 것이었는데, 공직 후배들도 업무에 많이 활용된다는 이야기를 종종 나에게 해주곤 하였다.

2019년『통신법 해설 개정판』을 냈던 것은 2018년 전기통신사업법 허가 체계가 크게 변하여 종래의 책으로는 강의도 어려웠기 때문이었는데, 2025년 7월 무수한 사회적 논란을 일으켰던 단말기유통법이 10년 만에 폐지되어 전기통신사업법에 편입되어 더 큰 변화가 일어났고 전파법은 10년 이상, 전기통신사업법은 5년 이상 개정판을 내지 않다 보니 그동안 플랫폼사업자인 부가통신사업자의 성장으로 인한 변화를 담지 못해 개정판을 내어야 하는 상황이 되었다고 생각되었다. 그래서 전기통신사업법과 전파법을 묶고 기존 "법 해설"이라는 제목이 아닌『전기통신사업법과 전파법』으로 법학 전문 출판회사인 박영사에서 새롭게 출간하게 되었다.

『전기통신사업법과 전파법』은 기존 통신법 해설, 전파법 해설, 단말기유통법 해설을 유기적으로 연계하여 최대한 쉽게 이해가 되도록 집필하였으며, 그동안의 통신 시장에 나타났던 기술과 법 · 제도의 변화, 사례와 판례들을 최대한 담으려고 노력하였다. 특히, 플랫폼사업자들의 성장으로 인한 부가통신사업자에 대한 규제와 기존 기간통신사업자와 부가통신사업자 간의 망 이용대가 논란, 망 이용대가 논란의 연장선에 있는 망 중립성 등을 전기통신사업법의 기본 철학인 설비 기반 경쟁 또는 서비스 기반 경쟁에 따라 설명하고자 하였다. 또한 주파수 경매 초기와 달리 기존에 할당받은 주파수에 대한 재할당과 주파수할당 대가에 대한 논란이 커지고 있는 변화를 반영하여 관련 제도와 사례들을 자세히 설명하고자 하였다. 20년간의 공직 생활 동안 KT와 자회사 KTF의 합병, 단말기유통법 규제, 제4이동통신 허가, 2013년 주파수 경매, 전기통신사업법과 전파법의 개정 작업에 깊이 관여했던 경험을 바탕으로 생각하여 보면 향후 인공지능 사회의 변화에 대응하기 위해 통신 시장과 산업을 재편해야 한다고 생각한다. 지금 기간통신사업자들이 너도나도 인공지능 산업으로 달려가고 있는 현실을 볼 때 더욱 그러한 생각을 갖게 되는데, 물론 나만의 생각이 있으나 너무 파격적일 수 있기도 하고 그러한 나만의 생각을 펼칠 기회가 미래에 주어질지는 알 수 없지만 최근 제4이동통신 허가의 실패, 28㎓(기가헤르츠) 5G 정책의 실패 사례를 보면 과감한 변화가 필요하다고 생각된다.

『전기통신사업법과 전파법』의 출간은 개인적으로 너무나 감사하고 행복한 일이다. 우선 내가 출간하는 교과서들을 꾸준히 읽어주시는 독자분들께 감사드리고 싶다. 독자분들이 계시기에 내가 출간하고 싶은 책들이 꾸준히 출간되는 것만으로도 항상 감사하게 생각한다. 어려운 출간에 대해 같이 고민해 주신 박영사 조성호 이사님께 감사드리고 너무나 성실하고 꼼꼼하게 내가 원하는 책을 편집해 주신 이지원 편집자님께 감사드린다. 내가 출간하는 책은 오탈자와 가독성에 대한 지적을 많이 받는데 박영사에서 올해 출간한 『개인정보보호법과 신용정보법』부터 조교분들이 교정을 봐주셨다. 이번에는 신현정 학생이 교정을 너무 성실히 봐주셔서 감사드린다. 앞으로 신현정 학생의 발전을 기원하며 마지막으로 가족에게 감사한다.

2026년 1월

연세대학교에서

신종철

목 차

제1편
전기통신사업법

제1장 왜 통신 시장을 규제하는가?

제 2 장 어떻게 통신 시장에 진입하고 규제 대상이 되는가?

제 3 장 공정한 경쟁 환경을 조성하기 위해 어떠한 규제를 하는가?

제 4장 이용자 편익 증진을 위해 어떠한 규제를 하는가?

제 2 편
전파법

제 4 장 전파의 이용으로 발생하는 문제해결을 위해 어떠한 규제를 하는가?

제 6 장 어떻게 전파규제의 실효성을 확보하는가?

표 목차

그림 목차

제1편

전기통신사업법

제1장

왜 통신 시장을 규제하는가?

〈전기통신사업법〉 제1조(목적) 이 법은 전기통신사업의 적절한 운영과 전기통신의 효율적 관리를 통하여 전기통신사업의 건전한 발전과 이용자의 편의를 도모함으로써 공공복리의 증진에 이바지함을 목적으로 한다.

전기통신사업법은 "이 법은 전기통신사업의 적절한 운영과 전기통신의 효율적 관리를 통하여 전기통신사업의 건전한 발전과 이용자의 편의를 도모함으로써 공공 복리의 증진에 이바지함을 목적으로 한다."라고 규정하고 있다(전기통신사업법 제1조). 통신(Telecommunications)은 우리 사회와 국가의 핵심 기반 시설(Infrastructure)과 서비스로 다양한 플랫폼(Platform), 인공지능(Artificial Intelligence) 등 새로운 혁신 산업의 근간이다. 또한 통신과 방송 서비스의 융합은 다양한 네트워크(Network)와 콘텐츠(Contents)를 제공함으로써 우리의 삶을 변화시키고 있으며 새로운 시장과 산업을 창출하고 있다. 통신은 국가 경제발전과 국민 생활 편익 증진을 위한 필수 산업으로서 동 산업은 태동(胎動) 시부터 정부의 규제를 받아왔는데, 이는 통신이 대규모 투자가 요구되는 장치산업(Facility industry)또는 네트워크 산업(Network industry)인 동시에 희소한 자원인 전파자원(Radio waves)을 이용하기 때문으로 이해된다. 이러한 이유로 인해 누구나 통신 시장에 진입할 수 없는 시장진입장벽이 존재하였고 대부분의 나라에서 초기에는 국가 또는 독점적 사업자에 의해 통신 시장이 운영된 바 있다.

따라서 초기의 통신 시장에 대한 정부 규제는 독점시장의 독점사업자에 대한 요금 규제를 중심으로 강한 규제가 당연하게 여겨졌다고 하겠다. 그러나 통신 기술의 발전으로 인해 통신 시장에 다수의 사업자가 진입할 수 있게 되면서 과거에 당연하게 여겨졌던 통신 규제의 근거에 대한 지속적인 의구심이 제기되었고 공정한 시장경쟁 활성화를 통한 이용자의 편익 제고라는 새로운 규제의 정책목표와 필요성이 대두되어 통신 시장과 규제정책의 변화가 이루어져 왔다. 우선 제1장에서는 통신 시장의 특수성을 이해하기 위해 통신에 대한 규제가 필요한 이유에 대해 살펴보고 통신 시장과 통신 관련 법령을 이해하는데 가장 근본이 되는 통신 철학인 설비 기반 경쟁(Facility based competition)과 서비스 기반 경쟁(Service based competition)의 차이점을 설명하고자 한다. 또한 독점적 시장구조에서 경쟁적 시장구조로 변하는 통신 규제 관련 정책 환경의 변화 및 통신 시장과 방송시장 규제의 차이점 등을 설명하려고 한다.

제1절 통신 시장의 특수성

통신은 우리 생활과 밀접한 관계를 맺고 있으며 어떠한 누구도 이동전화와 초고속인터넷이 없는 일상을 상상할 수 없을 것이다. 통신 시장과 산업이 규제되는 근본적인 이유는 동 산업이 막대한 투자가 요구되는 장치산업(Facility industry) 또는 네트워크 산업(Network industry)으로서 국민 생활과 국가 산업 전체에 막대한 영향을 미친다는 점에 있다고 생각된다. 또한 통신산업을 영위하기 위해서는 네트워크 구축을 위한 설비설치를 위한 공간(Last 1mile)과 전파와 같은 필수설비(Essential facility)가 필요한데, 설비설치를 위한 공간적 제약(Limit of Last 1mile)이 있으며 전파자원과 같은 필수설비는 희소(Scarcity of radio waves)한 이유 등으로 인해 누구나 시장에 진입할 수 없었다는 점에서 통신 시장과 산업에 대한 규제가 이루어져 왔으며, 이러한 특수성으로 인해 과거 통신 시장의 독과점과 독과점기업을 규제하기 위한 정부의 정책은 정당성을 쉽게 확보할 수 있었다고 이해된다.

그러나 과거 통신 시장과 산업 규제의 근거인 대규모 투자의 필요성과 필수설비의 존재 및 전파의 희소성은 기술의 발전에 따라 많이 완화되고 있고 과거와 달리 통신 시장과 산업의 경쟁이 활성화된 점 또한 사실이다. 일반적으로 도로, 철도, 상하수도와 같은 네트워크 산업은 필수설비의 문제로 경쟁이 활성화되지 못하는데 이와 달리 통신 시장과 산업은 기술 발전에 따라 많은 다수의 통신 기업이 등장하게 되었고 기존의 독점 체제에서 경쟁체제로 변화가 이루어진 독특한 특징이 있다고 생각된다. 즉 기술의 발전에 따라 필수설비의 문제가 완화되었는데 기존의 비용보다 적은 비용으로 기존 성능 이상의 통신망을 구축할 수 있게 되었고 또한 전파를 이용하는 주파수 대역도 과거보다 높고 넓은 광대역이 개발되고 있는 한편, 기존 주파수 이용 기술이 효율화되어 기존의 많은 제약이 해소되고 있는 점은 주목할 만한 것이라 하겠다.[1)]

하지만 이러한 기술의 발전과 경쟁의 활성화에도 불구하고 통신 시장의 진입장벽과 경쟁의 애로사항은 여전히 존재한다고 생각되는데, 그 단적인 예로 통신설비를 설치하기 위한 공간이 부족할 수 있다는 점을 들 수 있다. 통신에서 소위 마지막 1마일(Last 1mile)[2)]이라고 불리는 전화기와 같은 통신서비스 가입자의 통신장치(Device)로부터 통신서비스 제공 사업자의 설비 간의 최종 연결 구간(소위 '가입자 선로')인 〈그림 1〉의 관로나 인입망(引入網) 및 구내통신실 같은 경우 이미 기존 사업자들의 설비로 인해 공간이 포화되어 새로운 사업자들이 독자적인 추가 설비를 설치하기에 물리적으로 부족한 경우가 많다. 즉 통신설비를 위한 투자를 희망해도 설비를 설치할 공간이 없어 사업을 추진할 수 없는 경우가 발생할 수 있고 또한 전파자원의 부족으로 인해 기존 사업자 이외의 신규 사업자가 시장에 진입할 수 없는 상황도 여전히 존재할 개연성이 높다. 이러한 이유 등으로 인해 앞으로도 통신 규제의 필요성은 지속적으로 존재할 것으로 생각된다.

---

1) 신종철, 전파법 해설, 진한M&B(2013), p29.

2) 정보통신정책연구원, 통신사업의 경쟁: 마지막 1마일(Telecommunications competition: The last one mile, 1997), pp10~12.

그림 1 가입자 선로와 마지막 1마일(Last 1mile)

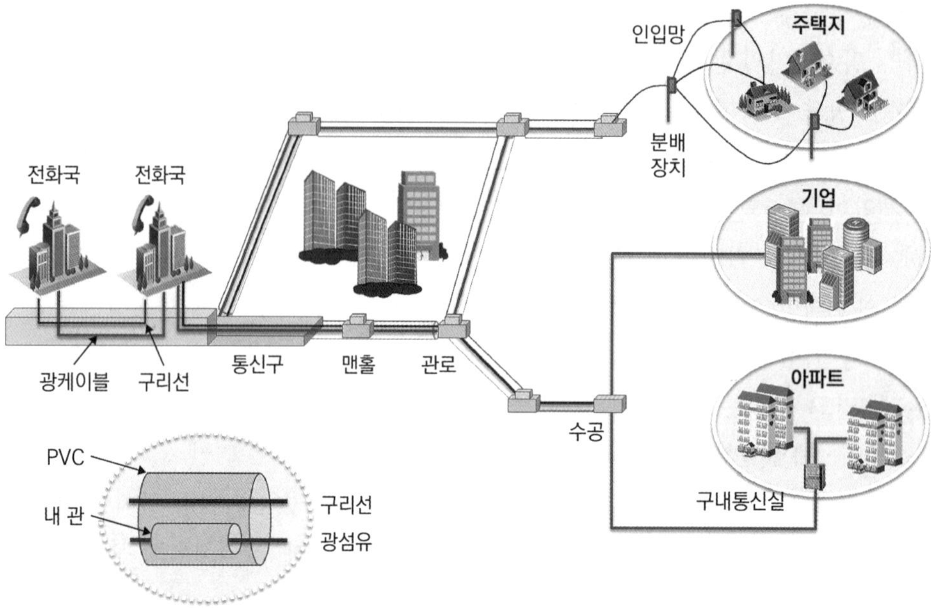

1. 대규모 네트워크 구축의 필요

통신서비스는 통신망(通信網, Network)을 이용하여 가입자 간의 서비스를 제공하는 것으로서 네트워크(Network) 구축을 위한 대규모 초기 투자와 지속적인 운영비용이 요구된다. 〈그림 2〉와 같이 유선전화, 이동전화, 초고속인터넷 서비스와 같은 통신서비스 모두 교환기, 가입자 선로, 기지국 통제 장비 등 다양한 대규모 설비의 설치가 필요하며, 이러한 설비 없이는 시내 · 시외 · 국제 · 이동전화 및 초고속인터넷 서비스 등 통신서비스가 제공될 수 없다. 통신 시장과 산업에 요구되는 막대한 초기 투자 비용과 대규모 네트워크 사업이라는 특성은 신규 사업자의 시장진입장벽으로서 시장 독과점과 이에 대한 규제를 정당화하는 근거로 여겨져 왔다.

그림 2 유선전화 통신망과 이동전화 통신망

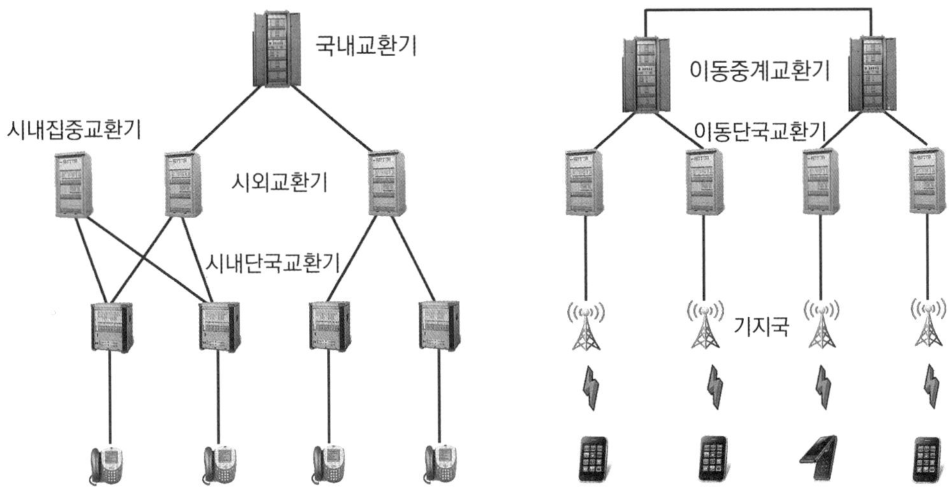

2. 필수설비로 인한 진입장벽의 존재

필수설비(Essential facility)[3]는 사업을 함에 있어서 없다면 사업의 수행이 불가능하거나 사업 운영에 애로사항(Bottleneck)이 되므로 반드시 갖추어야 하는 설비로 이해된다. 필수설비는 시장진입장벽(Entry barrier)이 되므로 필수설비를 보유한 사업자에게 시장 지배력(Market power)을 획보하게 할 수 있는 원친이 된다. 예를 들면, 이동전화 사업의 경우 전파(Radio waves)가 없다면 통신서비스의 제공과 사업 수행은 불가능할 것이다. 한편, 전파자원과 함께 과거 필수설비로 논의되어 온 것이 마지막 1마일(Last 1mile)인 시내 전화망의 가입자선로(Local loop)이다. 이미 설명한 바와 같이 전화기와 같은 가입자의 가정 내 댁내 통신장치(Device)로부터 통신서비스 사업자의 설비(교환기) 간의 연

3) 필수설비(Essential facility) 또는 병목설비(Bottleneck facility)란 시장에서 사업을 영위하기 위해 필수적인 투입물로 이해된다. 이를 보유한 사업자는 시장 지배력을 갖게 되고 이를 보유하지 못한 사업자는 시장에서 경쟁할 수 없게 되므로, 이러한 문제를 해소하기 위해 시장 내 전체 경쟁 사업자들에게도 이러한 필수적인 투입물을 동등하게 거래할 수 있도록 하는 것이 필요한데, 필수설비 이론은 반독점법(Antitrust law) 분야에서 이러한 문제를 해소하기 위해 발달 된 이론이다. 필수설비는 과거 미국에서 서부 개척 시대 당시 철도망을 구축하는 데 있어서 특정 지역을 지나가지 못할 때 사업을 진행할 수 없는 경우가 발생하였는데, 이러한 지역을 필수설비 또는 병목설비로 지정하여 규제를 추진한 사례에서 그 연원을 찾을 수 있다. 신종철, 통신법 해설, 진한M&B(2013), p15.

결 구간(Last 1mile)에는 설치의 공간적 제약 문제가 존재한다. 즉 통신 시장에 서비스 제공 사업자가 다수 존재하게 될 때 이러한 사업자들은 사업의 영위를 위해 필요한 설비를 설치하기 위한 물리적 공간의 부족을 겪을 수 있으므로, 사업자들이 모두 설비설치를 위한 설비설치권(Right of way)을 주장하여도 물리적 제약으로 설치하지 못하는 사업자가 존재하게 되며 이러한 설치 공간의 부족은 통신사업 운영에 애로사항 및 공정한 경쟁에 장애 요인으로 작용할 것이다.

한편, 이러한 필수설비로 인한 진입장벽 문제는 시장 독점력(Market power)의 발생 원인으로서 통신 시장과 산업에 대한 기존 규제를 정당화하는 근거로 역할을 해왔다. 물론 앞에서 설명한 바와 같이 기술의 발전으로 인해 필수설비로 인한 진입장벽은 지속적으로 낮아져 왔다. 예를 들면, 기존에 이용하지 못한 더 높은 주파수 대역이 개발되어 이용이 가능하게 되었고, 전파의 이용 기술이 효율화됨에 따라 동일한 주파수 대역에서 더 많은 음성과 데이터가 처리될 수 있게 되었다. 또한 기존 통신사업자 외에도 케이블티비(CATV, Cable Television) 사업자의 망을 통해 초고속인터넷 서비스를 제공할 수 있게 되었다는 점과 기존 시내전화 서비스 제공 통신사업자의 망에서만 제공되던 시내·시외전화 서비스 이외에 대체가 가능한 케이블티비 사업자의 망을 이용할 수 있는 인터넷 전화(VoIP, Voice over the IP) 서비스의 등장은 종래 시내·시외전화 설비와 네트워크의 시장 지배력의 원천인 필수설비로 인한 문제를 완화해 온 것으로 이해된다.

이와 함께 이동전화망의 구축 확대와 무선의 유선 대체현상이 심화(深化)됨에 따라 무선망이 종래의 유선 시내 전화망의 대체 망으로 성장하게 되었고 이에 따라 종래 시내·시외전화의 가입자망이 종래와 같이 시장 지배력의 원천으로서 필수설비의 역할을 지속할 수 있을지에 대한 의문이 제기될 수 있다고 하겠다. 그러나 통신망 구축을 위한 설비 관련 기술 발전이 향후 이루어지더라도 가입자 댁내까지의 설비설치를 위한 공간 부족이라는 물리적 제약은 지속될 것으로 생각되는데, 이동전화망이 고도화되더라도 유선 가입자망을 결합하여 지속적으로 활용할 것이며 앞으로 모든 유선 통신망이 광케이블(光Cable, Fiber to the Home)로 구축되더라도 마지막 1마일(Last 1mile)의 문제는 지속적으로 제기되어 통신망 구축을 위한 필수설비 제공 관련 논란은 계속될 것으로 이해된다. 또한 전파 이용 기술의 발전이 계속 이루어지더라도 무선 데이터 이용수요 폭증으로 인한 전파자원의 부족 문제 등으로 인해 야기되는 전파자원의 확보라는 필수설비 문제는 궁극적으로 해소되지 못할 것이라고 하겠는데, 이러한 문제들로 인한 필수설비로 인한 시장 지배력 관련 규제의 필요성에 대한 문제는 앞으로도 지속적으로 제기될 것으로 생각된다.

3. 네트워크 외부효과의 존재와 자연독점

통신 산업은 대규모 투자가 요구되는 네트워크 장치산업으로서 동일 네트워크 내에 있는 통신서비스 이용자(가입자)가 많을수록 이용자의 편익은 증가한다. 통신 산업은 대부분의 네트워크 산업과 같이 네트워크 외부효과(Network Externality)를[4] 수반하는데 이러한 네트워크 외부효과로 인하여 가입자가 많을수록 가입자의 편익이 커지게 됨으로써 자연독점(Natural monopoly)으로 인한 시장실패(Market failure)가 유발되게 한다. 예를 들면, 시장에 두 개의 통신서비스 제공 사업자가 있다고 가정하고 두 개의 사업자 중 한 사업자의 가입자가 월등히 많을 경우, 만일 가입자가 적은 통신 사업자 내의 통신서비스 이용자가 다른 가입자가 많은 통신 사업자의 통신서비스 이용자와 통화를 할 수 없게 된다면 통신서비스 가입자가 많은 통신 사업자의 이용자는 더 많은 상대방과 통화를 할 수 있게 되어 보다 많은 편익을 제공받게 되는데 이것이 통신서비스의 외부효과이며, 결국 이러한 외부효과로 인해 가입자가 많은 통신 사업자로의 가입자 쏠림현상이 발생하게 되고 결국 가입자가 많은 사업자는 자연독점(Natural monopoly) 기업이 된다고 하겠다.

그림 3 독점시장(Monopoly) 분석과 정부 규제의 정당성

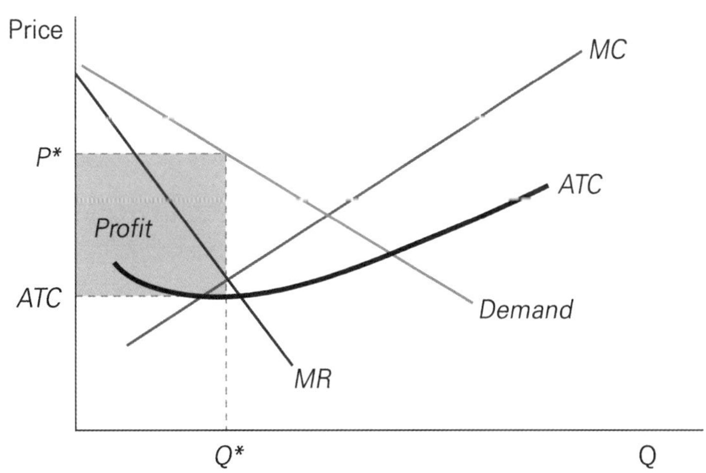

4) 외부효과는 거래 당사자가 아닌 제3자에게 귀착되는 비용 또는 편익으로서, 시장기구(Mechanism)를 통하지 않고 발생이 되는 비용 또는 편익, 즉 가격이 형성되지 않는 거래로 이해된다. Michael Parkin, Economics 2nd Edition, Addison Wesley(1993), pp306~307.

독점시장은 이미 설명한 필수설비나 네트워크 외부효과 등으로 인해 발생되는데 이러한 독점시장의 문제점은 사회적으로 바람직한 가격과 생산량에서 산출이 이루어지지 않는다는 점에 있다. 〈그림 3〉의 가장 바람직한 시장의 산출량과 가격은 한계비용(MC, Marginal cost)과 한계수입(MR, Marginal revenue)이 일치하는 Q*와 ATC에서 시장의 산출량과 가격이 결정되어야 하나, 시장의 가격과 산출량을 통제할 수 있는 독점기업은 산출량은 Q*에 가격은 P*로 결정하게 되어 음영만큼의 초과이윤을 얻음으로써 사회 전체적으로 비효율적인 자원 배분이 이루어지는 시장실패의 문제가 발생하게 된다는 것이다. 이러한 독점으로 인한 문제를 해결하기 위해 정부의 가격 규제가 필요하다는 주장이 통신 시장과 산업의 태동기 때부터 제기되어 왔다.[5]

한편, 이러한 네트워크 외부효과는 역설적(逆說的)으로 과거 독과점 사업자들이 규모의 경제(Economies of scale)와 범위의 경제(Economies of scope)를 정당화하는 근거로 제시된 바 있다.[6] 즉 독점인 통신사업자가 많은 이용자를 확보하여 사업을 수행할수록 평균비용이 감소하여 가입자에게 저렴한 서비스를 제공할 수 있으며(규모의 경제), 한 통신사업자가 다양한 통신서비스를 제공할수록 가입자의 편리함이 증가한다(범위의 경제)는 논리는 과거 통신 시장과 산업에서 독점인 사업자가 자신을 정당화하기 위한 주요한 주장의 근거로 활용된 점도 주목할 필요가 있다고 하겠는데, 이러한 사례로 뒤에서 설명하겠지만 과거 20세기 초반 미국의 독점 통신사업자이었던 AT&T(American Telephone and Telegraph)의 사장인 테어도어 베일(Theodore Vail)이 주장하였던 "One system, One policy, Universal service(하나의 체계, 하나의 정책, 보편적 역무)"를 들 수 있다.

4. 보편적 역무 제공의 필요

전기통신사업법은 보편적 역무란 모든 이용자가 언제 어디서나 적절한 요금으로 제공받을 수 있는 기본적인 전기통신역무를 말한다고 규정하고 있는데(전기통신사업법 제2조

---

5) Stuart Minor Benjamin, Telecommunications Law and Policy Fourth Edition, Carolina Academic Press(2015), pp5~10.

6) 규모의 경제는 기업의 규모가 증대될수록 산출물의 총평균 비용이 감소한다는 것으로 정의되며, 범위의 경제는 다양한 재화의 생산량이 증대될수록 산출물의 총평균 비용이 감소한다는 것으로 정의된다. 규모의 경제와 범위의 경제를 통해 기업은 자연독점을 통한 시장 지배력을 확보할 수 있게 된다. ibid, pp335~336.

제10호), 보편적 역무(Universal service)는 모든 국민이 시간과 장소의 제약과 차별 없이 다양한 전기통신 서비스를 적정가격으로 이용할 수 있도록 해야 하는 것으로 이해된다. 그러나 보편적 역무는 지금의 개념과 달리 처음에는 독점기업을 옹호하기 위한 논리에서 출발하였다는 점에 주목할 필요가 있다. 이러한 보편적 역무의 개념은 20세기 초반 미국의 독점 통신사업자이었던 AT&T(American Telephone and Telegraph)의 사장인 테어도어 베일(Theodore Vail)이 주장하였던 "One system, One policy, Universal service(하나의 체계, 하나의 정책, 보편적 역무)"에서 그 근원을 찾을 수 있다.[7] 당시의 보편적 역무의 개념은 지금의 보편적 역무의 개념과는 달리 하나의 독점기업을 통해 모든 가입자들이 안정적 서비스를 받을 수 있는 것이 필요하다는 전제하에서 반경쟁적인 통신 시장의 독점을 용인해달라는 논리적 근거에 불과하였던 것으로 이해된다.

한편, 과거에는 통신 시장의 독점기업이 장거리 전화나 국제전화 서비스와 같이 수익이 발생하는 부문의 초과이윤을 시내전화 서비스와 같이 적자가 발생하는 부문으로 교차 보조(交叉補助, Cross subsidy)해주는 것이 가능하였고 이러한 교차보조를 통해 보편적 역무가 제공될 수 있었으나, 경쟁이 활성화되고 다수의 시장 참여자가 등장하게 되는 통신 시장으로 시장구조 변화가 이루어짐에 따라 종래의 교차보조에 의한 보편적 역무의 제공은 어렵게 되었다. 이에 따라 보편적 역무의 제공을 위해서 모든 통신 시장 참여 사업자에 대해 공정한 보편적 서비스 의무를 부여하기 위한 통신 시장 규제의 필요성은 증대되고 있는 것으로 이해된다.

5. 통신서비스 식별번호로 인한 규제의 필요

유선전화 서비스와 이동전화 서비스 등과 같은 통신서비스는 식별번호(Number)를 통해 통신서비스 이용자가 상대방을 식별할 수 있게 하는데, 전기통신번호는 국가, 지역, 서비스, 사업자별 식별번호와 함께 개인이 선택하는 번호로 구성된다. 통신서비스 식별번호는 개인에게는 일종의 무형적 재산 가치가 될 수 있는 한편, 통신 사업자들에게는 통신 시장에서 경쟁력의 원천으로 작용할 수 있다고 하겠다. 우리나라의 경우 결국 이

7) Milton Mueller, Universal service in Telephony History, 17 Telecommunications Policy(1993), pp352~357.

동전화 서비스의 번호가 '010'인 통신 서비스별 식별번호 방식으로 통합되었으나[8] 과거 미국 등 다른 나라들과 달리 이동전화 서비스에 통신 사업자별 식별번호 방식과 통신 서비스별 식별번호 방식을 병행(竝行)하여 사용한 바 있다.[9] 미국의 경우 유선전화 서비스와 이동전화 서비스의 번호 체계를 동일(同一)하게 함으로써 전화번호만으로는 통신서비스 제공 사업자를 식별할 수 없다.[10] 그러나 우리의 경우 과거 이동전화 번호의 최초 세 자리를 통해 통신서비스 제공 사업자를 식별할 수 있었으며, 통신 사업자별로 다른 이동전화번호가 브랜드(Brand)로 변질되어 차별과 시장 지배력의 원천으로 작용할 수 있다는 우려로 인해 2004년부터 이동전화서비스에 대한 번호이동 정책(Number portability)을 시행하였고 종국적으로 2021년 '010' 식별번호로의 이동전화 서비스 번호의 통합 추진이 완료된 바 있다.

또한, 유선 전화시장에서도 2005년에 기존 인터넷전화에 대해 '070' 식별번호를 부여한 것 이외에도 2008년부터 기존 시내전화의 번호를 이용한 유선전화 간 번호이동 정책이 시행된 바가 있다. 한편, 향후 개인 간의 통화 식별번호를 부여하는 것 이외에도 사물을 원격 제어하기 위한 사물인터넷(IoT, Internet of Things)을[11] 활성화하기 위해 사물에 대해서도 번호를 부여하는 것이 필요하게 됨에 따라, 2013년부터 기존 Paging(삐삐) 서비스가 이용하던 '012' 식별번호를 회수하여 사물인터넷에 부여한 바가 있다.[12]

---

8) KT에 이어 SK텔레콤(017670)의 01X(011 · 016 · 017 · 018 · 019) 번호도 내일부터 사라질 전망이다. 남은 LG유플러스(032640)의 01X 번호 이용자들도 이달 말까지 010 번호로 바꾸게 된다. 정부의 010 번호통합정책 때문인데 수십년간 사용해온 휴대폰 번호를 바꿔야 하는 이용자들의 반발이 거세다. 이인애 프라임경제 기자, SK텔레콤, 01X 번호 종료…'010 번호통합정책' 반발 여전, 2021.6.22. (https://www.newsprime.co.kr/news/article/?no=547244).

9) 통신 사업자별 식별번호 방식은 통신 기업에게 고유한 식별번호를 부여하는 것으로서, 예를 들면 SKT에 '011' 번호를, (구)KTF(현재 KT)에 '016' 번호를, (구)LGT(현재 LGU+)에 '019' 번호를 부여했던 것이다. 이와 달리 통신서비스별 식별번호 방식은 통신서비스 별로 고유의 식별번호를 부여하는 것으로서, 예를 들면 이동전화 서비스에 '010' 번호를, Paging 서비스(삐삐)에 '012' 번호를, TRS 서비스에 '0130' 번호를 부여하는 것이다.

10) 미국의 경우에는 예를 들면, 이동전화나 유선전화 서비스 여부와 관계없이 XXX-XXX-XXXX(예: 618-559-7321) 번호를 부여하는 것이다. 단지 최초에 서비스 가입을 신청했던 지역의 국번(앞의 세 자리)만을 지정받게 되며, 나머지는 자유롭게 개인이 선택할 수 있다.

11) 전기통신사업법은 "사물인터넷"이란 「지능정보화 기본법」 제2조(정의)제8호에 따른 정보통신망을 통하여 사물에 관한 정보를 전자적 방식으로 수집 · 가공 · 저장 · 검색 · 송신 · 수신 및 활용하거나 사물을 관리 또는 제어하는 등의 방식으로 사물과 사람을 상호 연결하는 것을 말한다고 규정하고 있다(전기통신사업법 제2조제17호).

12) 추억의 삐삐 번호 '012' 번호 부활이 온라인 화제다. 삐삐 자체가 부활하는 것은 아니고, 번호만 되살려 '기기 간 통신'에 쓴다. 미래창조과학부는 지난달 22일 "이동통신 3사가 내년 1월부터 사물인터넷

장기적으로는 국가 전체적인 식별번호 운영체계의 개편을 통해 전기통신 서비스 번호자원의 부족 문제해결과 효율적 이용을 위한 규제 체계를 재정비하는 것이 불가피할 것으로 생각된다.

제2절 통신 규제정책과 전기통신사업법 해석의 기본 철학: 설비 기반 경쟁인가? 또는 서비스 기반 경쟁인가?

통신 정책의 수립과 관련 법령의 해석에 있어 가장 중요한 기본 철학은 설비 기반 경쟁 또는 서비스 기반 경쟁을 어떻게 이해하는가의 문제라고 생각된다. 설비 기반 경쟁(Facility based competition)은 통신 사업자들로 하여금 자신들의 독자 설비를 설치하여 사업을 수행하도록 함으로써 투자 확대를 통한 네트워크의 고도화를 정책적으로 유도하는 것을 목표로 하나, 서비스 기반 경쟁(Service based competition)은 기존 사업자들이 투자·구축해 놓은 설비를 타 사업자들이 임대 및 공동 활용 등을 활용하여 사업을 수행할 수 있도록 함으로써 새롭고 창의적인 서비스에 대한 아이디어를 보유한 통신 사업자들이 시장에 진입할 수 있도록 하는 것을 정책적 목표로 하는 것이다. 대부분의 국가에서는 초기에 통신서비스 제공을 위한 설비가 충분히 구축되지 않은 때에는 설비 기반 경쟁을 선호하고, 적정한 설비가 구축된 이후 다양한 서비스를 유도하기 위해 서비스 기반 경쟁의 도입을 추진하는 것으로 이해된다. 서비스 기반 경쟁의 대표적 사례로는 통신서비스 재판매(Resale, 소위 알뜰폰)를 들 수 있다. 예를 들면, 이동전화 사업의 경우 주파수를 할당받아 독자 설비를 구축하여 사업을 추진하는 형태의 이동전화 사업자(MNO, Mobile Network Operator)가 일반적이라 하겠다. 이러한 통신망(네트워크)을 보유한 이동전화 사업자 이외에 이러한 이동통신 서비스 제공 사업자로부터 전파(주파수)와 통신

에 예전에 삐삐에서 사용되던 012 번호를 부여하기로 했다"고 발표했다. 사물인터넷이란 사물들끼리 인터넷을 통해 정보를 주고받는 것이다. 현재 사물 인터넷은 택시의 무선결제, 전력 검침 등에 제한적으로 이용되고 있다. 삐삐 번호 012 부활은 이런 사물 인터넷 활성화를 위한 조치라고 미래부는 설명했다. 조선비즈, 삐삐 번호 012 부활…"첫사랑과 연락하던 번호, 기계에게 줘버린다고?", 2013.11.5.(http://biz.chosun.com/site/data/html_dir/2013/11/05/2013110503851.html#csidx568ce12cf9b2829a284c088a7051997).

설비 등을 임차하여 이동통신 서비스를 제공하는 사업자의 형태가 있을 수 있는데, 이것이 바로 이동전화 재판매(MVNO, Mobile Virtual Network Operator)인 소위 알뜰폰 사업자이다.13)

한편, 주목해야 할 점은 정책당국의 통신정책과 관계 법령의 해석에 있어 통신 정책에 대한 철학이 담기는 것이 중요하다는 점이다. 〈그림 4〉와 같이 설비 기반 경쟁은 설비를 설치할 재정 · 기술적 능력이 담보되는 사업 주체를 중심으로 정책을 수립하게 되어 설비투자와 네트워크 고도화를 촉진(促進)시킬 수 있으나 소수의 사업자로 시장이 집중될 수 있는 소지가 있는 반면에, 서비스 기반 경쟁은 자본력과 기술적 능력이 부족하더라도 참신한 아이디어로 무장한 소규모의 신규 사업자를 시장에 진입시킬 수 있으나 설비투자 유인이 약화되고 네트워크 고도화가 지연될 수 있다. 따라서 통신 정책 담당자들과 법률가들이 이러한 점들을 고려하여 통신 정책을 수립하고 관련 법령을 해석하는 것이 모든 통신정책과 관련 법령의 해석 등에 있어 시발점이 된다고 생각한다.

그림 4 설비 기반 경쟁과 서비스 기반 경쟁의 비교

13) 미국의 경우, 월트디즈니의 Contents와 Character를 활용하여 이동전화 재판매 사업자와 영어에 익숙하지 못한 Hispanic 가입자를 기반으로 스페인어 안내 서비스(Call center)를 제공하는 이동전화 재판매 사업자 등 다양한 형태의 이동전화 재판매 사업자가 사업을 수행하고 있다.

참고자료 및 질문

1. 망중립성. 통신 시장에서 가장 논쟁 중인 쟁점 중 하나가 망중립성(Network Neutrality)이다. 망중립성은 2002년 미국 Columbia 대학교 교수인 팀 우(Tim Wu)가 A proposal for network neutrality에서 제시한 개념으로 모든 인터넷망(네트워크)에서 전송되는 데이터의 내용, 유형, 제공자(또는 제공사업자) 등과 관계없이 동등하게 처리되어야 한다는 것이다.[14] 망중립성(Network Neutrality)은 모든 인터넷 Traffic이 동등하게 취급되어야 한다는 비차별의 원칙(Non discrimination), 인터넷서비스 제공사업자 (ISP, Internet Service Provider)는 모든 고객에게 정책을 공개하여야 한다는 투명성의 원칙(Transparency), 인터넷서비스 제공사업자는 합법적인 콘텐츠와 네트워크에 해가 되지 않는 단말기와 자신들의 제공 서비스와 경쟁하는 서비스의 차단을 할 수 없다는 차단금지의 원칙(No blocking), 네트워크 관리의 관행이 인터넷 서비스의 기술과 망구조를 고려하고 합법적인 망의 관리목적을 위해 적절히 설계와 운영이 되고 있다면 합리적인 것으로 인정할 수 있다는 합리적 망관리의 원칙(Reasonable network management) 등을 포함하는 개념이다.[15] 뒤에서 자세히 설명하겠지만 미국의 통신법과 방송통신규제기관인 FCC(Federal Communications Commission, 연방 방송통신위원회)는 요금규제 등 기간통신(Common carrier) 서비스에 대한 규제를 Title Ⅱ에 따라 해왔으나 초고속인터넷 서비스를 정보서비스(Information service)로 구분하고 통신법 Title Ⅰ에 따라 규제하지 않아 왔다. 그러나 망중립성(Network neutrality) 원칙에 따라 2010년 수립된 정책인 Open Internet Rule이 통신 사업자들과의 소송에서 규제 권한과 관할(Jurisdiction) 없음의 문제로 법원에서 패소하게 됨에 따라[16], 오바마(Obama) 정부는 2015년 3월 미국 FCC는 Open Internet Order를 통해 기존 초고속인터넷 서비스를 Title Ⅱ로 재분류하여 망중립성의 규제를 한 바가 있다. 한편 트럼프(Trump) 정부는 2017년 12월 2015년 개정된 망중립성 규칙(Order)을 개정하여[17] 망중립성의 주요원칙 폐기를 선언하였는데, 이는 망중립성 원칙으로 인해 투자유인이 줄어들어 투자가 감소하였고 망중립성 원칙은 절대 선(善)이나 가치가 아닌 시장상황에 맞게 변화하는 상대적 개념으로서 경쟁과 혁신, 이용자 편익제고 등 시장의 근본가치를 구현하기 위한 수단이라는 점에서 그동안의 정책기조를 변화한 것이다. 그러나 바이든(Biden) 정부는 2021년 7월 행정 명령(Executive order)인 미국 경제의 경쟁촉진(Promoting Competition in the American Economy)을 통해 트럼프 정부 때 폐기된 망중립성의 주요원칙을 오바마 정부 때의 망중립성 규제로 복원을 시도하여 2024년 복원한 바가 있다. 이러한 바이든 정부의 시도는 2025년 트럼프 정부가 재집권을 하게 되고, 2025년 1월 미국 연방항소법원에서 바이든 정부의 망중립성 복원에 대해 기각(Struck down)하는 판결을[18] 하게 됨에 따라 무력화된 것으로 이해된다. 미국 연방항소법원의 판결은 미국 연방 방송통신위원회(FCC)가 망중립성 원칙을 복원할 권한이 없다는 것과 개별 주들이 망중립성에 대한 주법률의 제정을 막을 권한(Preemption) 또한 없다는 것인데, 미국의 캘리포니아주(State of California)와 워싱턴주(State of Washington) 등 일부 미국의 주들은 주법

률로 망중립성 규제를 입법화한 바 있다. 미국에서의 망중립성은 정권의 정치적 성향에 따라 변화를 거듭하고 있는데, 망중립성의 논란은 망이용대가에 대한 논란과 궤적(軌跡)을 같이 하고 있다.

그림 5 통신 시장과 연관 산업과의 관계

현재의 통신 시장과 연관 산업과의 관계는 〈그림 5〉와 같은데 논란이 제기되고 있는 것은 통신망을 제공하는 통신(네트워크) 사업자는 통신망을 이용하는 CP(Contents Provider) 등 플랫폼(Platform) 또는 미들웨어(Middleware) 사업자와 H/W, S/W, 앱(App) 사업자가 통신망을 사용하는 대가를 이용량에 상응하여 통신(네트워크) 사업자에게 내지 않고 있다는 입장인 반면, 비통신(네트워크) 사업자는 통신(네트워크) 사업자가 이미 가입자와 이용자로부터 요금을 받고 있어 추가적인 비용의 지급은 불합리하다는 입장이다. 즉 이러한 망중립성과 무임승차(Free riding) 논란은 과연 누가 비용을 부담할 것인가(Who pays?)의 문제로 귀결될 수 있다고 하겠는데, 설비 기반 경쟁과 서비스 기반 경쟁의 관점에서 바람직한 망중립성의 개념과 정책의 방향은 무엇이라고 생각하는가?

---

14) Network neutrality requires that the internet be maintained as an open platform, on which network providers treat all content, applications and services equally, without discrimination. Ernesto Falcon, Network neutrality: an American perspective, 5G 시대의 망중립성 어디로 가고 있는가?(2018.9.7.), p11.

15) http://hraunfoss.fcc.gov/edocs_public/attachment/FCC-10-201A1_Rcd.pdf(2019.2.4.).

16) Verizon Communications Inc. v. FCC, 740 F.3d 623(D.C. Cir. 2014).

17) FCC acts to restore Internet freedom, reverses the Title Ⅱ framework, increases transparency to protect consumers, spur investment, innovation, and competition, https://www.fcc.gov/restoring-internet-freedom(2019.2.4.).

18) CTIA - The Wireless Ass'n v. FCC, No. 24-3508(6th Cir.).

2. 필수설비 공동 활용과 설비제공 제도. 필수설비로 인한 진입장벽 완화를 위한 규제 당국의 정책 수단 중 하나가 통신사업자 간 필수설비를 공유하도록 하는 필수설비 공동 활용과 설비제공(Unbundling) 제도이다. 필수설비 공동 활용과 설비제공은 필수설비 보유 사업자가 필수설비가 필요한 요청 사업자에게 적절하고 합리적인 대가를 받고 공유(共有)하거나 임대(賃貸)해 주도록 강제하는 제도인데, 필수설비 공동 활용과 설비제공이 설비 기반 경쟁을 저해한다는 주장이 있다. 설비를 설치해야 할 사업자들마저 임대하여 쓰게 된다는 주장인데 이에 대한 당신의 견해는 무엇인가? 한편, 미국의 경우 설비제공 제도가 설비 기반 경쟁을 촉진하기 위한 수단으로 사용된 바가 있다. 필수설비 이외에는 신규시장 진입 사업자가 우선 설비를 구축하여 보유하고 장래에 필수설비를 구축하는 것에 정책적 목표를 두고 필수설비 공동 활용과 설비제공 정책을 집행해 온 것으로 이해될 수 있는데, 과연 필수설비 공동 활용과 설비제공 제도가 이러한 관점에서 설비 기반 경쟁을 촉진할 수 있는 수단으로 활용될 수 있다고 생각하는가? 한편, 필수설비 공동 활용과 설비제공 제도가 필수설비 보유기업의 사유재산에 대한 부당한 침해가 된다는 주장에 대한 당신의 견해는 어떠한가?

제3절 통신 규제정책 환경의 변화: 독점적 시장구조에서 경쟁적 시장구조로 이전

통신 시장은 〈그림 6〉과 같이 독과점적 시장구조에서 경쟁적 시장구조로 변화의 진행이 이루어져 왔다. 우리도 국가에 의해 체신부(遞信部)를 통하여 통신서비스가 독점적으로 제공되던 구조에서 (구)한국통신의 공사(公社)화 및 KT로의 민영(民營)화와 함께 SKT, (구)LGT(현재 LGU+), (구)데이콤(현재 LGU+), (구)파워콤(현재 LGU+), (구)하나로통신(현재 SKB(SK브로드밴드)) 등 다양한 사업자들이 통신 기술의 발전을 바탕으로 시장에 새로이 진입함으로써 독점적 시장에서 경쟁적 시장으로의 변화가 진행되어 온 것을 알 수 있다.[19)]

만일 통신 시장에 독점사업자가 존재하는 때에는 다수의 사업자들 간 경쟁을 활성화

19) 이러한 변화는 미국에서도 유사하게 진행되었는데 기존 미국 AT&T의 독과점 체제가 반독점 소송으로 인한 1980년대 AT&T의 분할 결정(Modified Final Judgment, MFJ)으로 인해 무너지면서 7개의 지역 Bell 시내전화 사업자(Regional Bell)들 간의 경쟁체제로 변화되었으며, 미국 정부는 1996년 통신법(The Telecommunication Act of 1996) 개정을 통해 경쟁을 더욱 촉진하기 위한 정책을 수립하고 운영해 왔다. Stuart Minor Benjamin, ibid, pp222~235.

하기 위한 규제가 아닌 독점사업자에게 적정이윤(Mark-up rate)을[20] 보상해 주는 요금과 투자에 대한 규제가 규제정책의 근간(根幹)을 이루게 된다. 통신 시장에 독점사업자가 있을 경우 앞에서 설명한 바와 같이 독점기업이 다양한 통신서비스를 제공하게 되므로 특정한 통신서비스에서 발생하는 적자를 다른 통신서비스에서 발생하는 흑자로 교차보조(Cross subsidy)를 하는 것이 가능하며, 보편적 서비스(Universal service)에 대한 제공 의무도 독점사업자에게 일방적으로 부여하는 규제정책을 시행할 수 있다. 그러나 시장에 다수의 신규 통신서비스 제공 사업자들이 진입하고 시장경쟁이 활성화될 경우 기존 독점기업의 독점적 이윤(Rent)이 소멸하게 되고 기존 독점기업의 교차보조가 불가능하게 되어 독점사업자에 대한 보편적 서비스 의무의 일방적 부가가 더 이상 곤란하게 된다. 즉 모든 시장 참여 통신 사업자들에 대해 보편적 서비스 제공 의무를 균등하게 배분할 필요성이 대두되는 것이다.

그림 6 독점시장에서 경쟁시장으로의 통신 규제 환경 변화

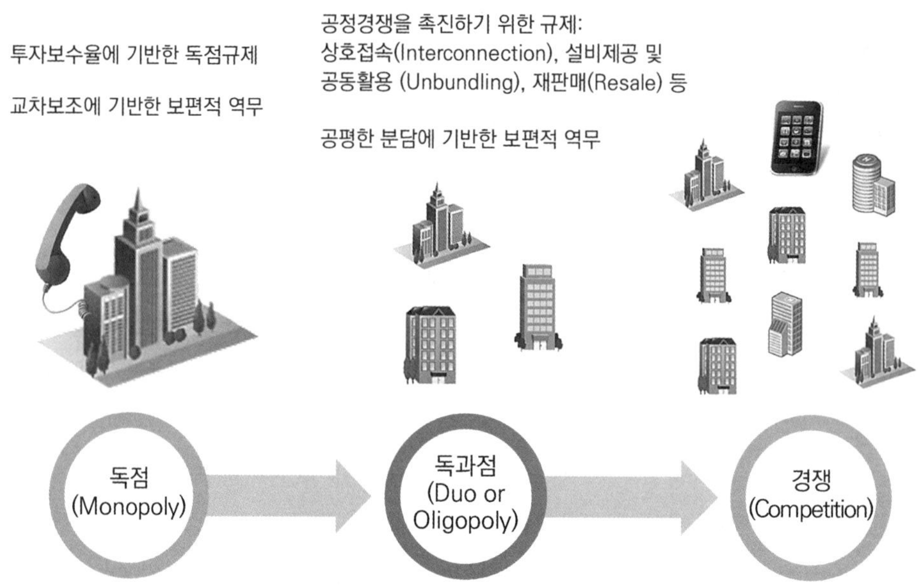

20) 독점기업의 적정이윤 보상은 노동과 자본의 사용으로 인해 발생한 총비용에 적정한 이윤을 (Mark-up) 더하여 산출되게 되는데, 적정한 이윤은 시중의 채권수익률, 이자율, 주식 수익률 등을 고려한 자본투자에 대한 수익률을 산정함으로써 결정되게 된다. 이를 투자에 대한 투자보수율 이론이라고 한다. 신종철, 앞의 책, p22.

한편, 독점적 시장구조에서 경쟁적 시장구조로 변화되기 위해서는 기존 독점적 시장에 필요 없던 새로운 규제의 도입이 필요하게 된다. 예를 들어, 만일 종래 시장에 독점 통신 기업이 하나만 존재하였으나 시장에 다른 후발 사업자가 진입하였다고 가정하자. 만약 후발 사업자의 서비스 가입자가 기존 독점 통신 기업의 서비스 가입자와 통화할 수 없다면 후발 사업자는 생존이 불가하게 되고 공정한 시장경쟁 구도가 형성될 수 없을 것이다. 이러한 공정한 시장경쟁 구도의 형성을 가능하게 하는 규제가 뒤에서 설명하게 될 상호접속(Interconnection) 제도이다. 즉 이러한 상호접속 규제는 통신 사업자들 간의 연계를 강제함으로써 개별 통신 사업자의 가입자들이 차별 없이 통신 상대방과 통화를 할 수 있게 해준다. 또한 이미 설명한 바와 같이 만일 후발 통신 사업자가 기존 통신 독점기업이 보유한 필수설비를 보유하지 못해 사업 수행에 애로를 겪는다면 필수설비의 공동 활용 및 설비제공(Unbundling) 등을 통해 공정한 경쟁을 가능하게 해주는 규제의 도입이 필요하게 될 것이며, 만일 통신사업 수행을 위한 설비구축 없이 통신 시장에 후발 사업자가 새로운 아이디어로 서비스의 제공을 위한 사업을 개시하고자 할 때에는 통신서비스 재판매(Resale) 등의 규제를 통해 규제 당국은 공정한 경쟁환경을 조성할 수 있게 된다고 하겠다.

제4절 통신과 방송규제의 차이점

통신과 방송에 대한 규제는 전파자원의 희소성(Scarcity of radio waves)에서 규제에 대한 근거를 찾을 수 있다고 하겠다. 미국의 방송통신규제기관인 FCC(Federal Communications Commission, 연방 방송통신위원회)는 무분별하게 라디오와 통신설비가 난립 되어 주파수 간의 혼선이 심화(深化)되는 사회문제가 대두되자[21] 이러한 문제를 해결하기 위해 설립된 규제기관이라 하겠다. 하나 흥미로운 점은 통신의 경우 규제의 시작은 타이태닉(Titanic)호의 침몰과 관련이 있다는 점이다. 당시 선박에 대한 무선전신기기의 의무 설치 등 규제가 없어, 침몰한 타이태닉호 인근의 선박이 타이태닉호의 구조신호(SOS, Save Our Ship!)를 인식하지 못해 더 많은 희생자가 발생했다는 비판으로 무선기

21) 특히 개인들이 자신의 의견과 정치적 견해 등을 표명하기 위해 운영한 해적방송(Piracy Broadcasting)이 문제였는데, 이러한 해적방송으로 인해 인명구조 및 군의 작전 수행 등 공익적으로 필요한 주파수의 운영이 침해되자 이에 대한 규제의 필요성이 사회적으로 제기되었다.

기의 설비 설치 기준 등의 규제가 도입되기 시작하였다.[22] 통신 분야의 규제는 방송 분야의 규제보다 시장 논리(Market logic)가 더욱 많이 적용된다. 이는 방송이 1대 다수(多數)의 일 방향의 메시지 전달구조로 정치, 사회, 문화적 영향력이 일찍부터 인정되어 온 반면, 통신은 1대 1의 양방향 메시지 전달구조로 개인적인 메시지 소통 중심의 체계로 인식되어 온 점에 기인한다고 하겠다.

〈그림 7〉과 같이 통신의 경우 규제는 개인의 개인정보 보호와 사생활 보호(Privacy)에 대한 규제 이외에는 주로 통신서비스 제공 사업자의 공정한 시장경쟁 환경 조성이라는 목표에 주안점을 두고 규제가 발달해 온 반면에 방송의 경우 규제는 시장경쟁 논리 이외에도 공공성과 정치적 고려 등을 바탕으로 다양한 정책적 목표를 달성하기 위해 규제가 이루어져 왔다. 한편, 과거에는 전파자원은 희소하므로 모든 개인이 방송국(Broadcasting company)을 설립할 수는 없으나 건전한 국가와 사회의 발전을 위해서는 다양한 견해와 의견이 소통되어야만 한다. 그러나 만일 소수의 재정, 기술적 능력을 보유한 개인이나 집단만이 방송사를 설립하여 운영한다면 사회의 다양한 정치, 경제, 사회, 문화에 대한 견해와 의견은 자유롭게 이념의 시장(The market of ideas)에서 경쟁이 될 수 없을 것이라는[23] 이러한 공익(Public interest)과 지역 및 소수자의 의견이 유통될 수 있는 다양성(Diversity)의 확보가 과거로부터 방송규제에 대한 주요한 근거로서 작용해 온 점을 주목할 필요가 있다.

그림 7 통신과 방송의 규제비교

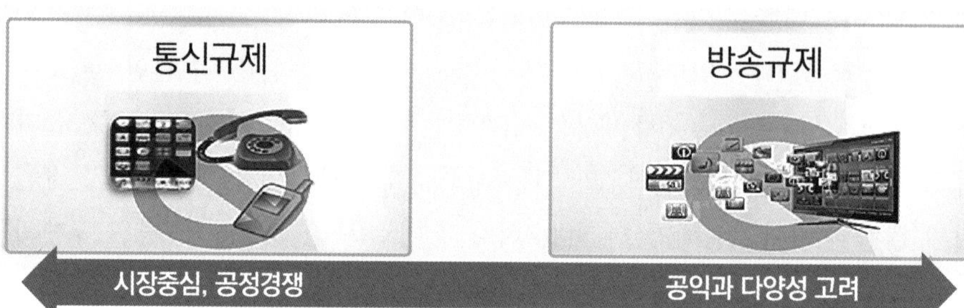

22) Stuart Minor Benjamin, ibid, pp20~25.

23) 이러한 점은 미국의 경우 수정 헌법(The First Amendment) 제1조의 언론, 출판, 집회, 결사의 자유의 보장이라는 헌법적 가치에 드러난다. 미국은 방송의 내용을 규제하는 경우 엄격 심사(Strict scrutiny)를 법원이 준거 기준으로 삼고 있는데 이는 결국 국가, 사회적으로 바람직하지 못한 내용은 이념의 시장에서 도태될 것이라는 믿음에 근거한 것이라고 할 수 있다. Action for Children's television v. FCC, 58 F.3d 654(D.C. Cir. 1995).

제2장

어떻게 통신 시장에 진입하고 규제 대상이 되는가?

통신 산업과 시장은 대규모의 자본과 기술이 요구되는 장치(裝置)산업이며, 통신서비스는 이용자가 언제, 어디서나 끊임없이 이용할 수 있도록 안정적으로 제공되어야만 하므로 전통적으로 기간 통신 산업에 대해서는 허가를 통한 시장진입장벽과 제한이 있어왔다. 한편, 통신 기술의 발전으로 인해 유선 분야의 기간 통신 시장이 포화(飽和)됨에 따라 통신 시장의 허가를 통한 진입장벽이 낮추어져 2019년 등록제도가 시행되었으나, 이동통신과 같이 전파를 이용하는 기간통신사업에 대한 주파수할당은 앞으로도 지속적으로 요구되어 기존의 허가를 대체하게 될 것이므로 통신 시장의 진입절차에 대해 살펴보는 것은 의미가 있다고 생각된다. 이를 위해 제2장에서는 전기통신사업법과 전파법을 함께 살펴봄으로써 기간통신사업자의 시장진입(Market entrance)을 설명하고자 한다.

한편, 전기통신사업법은 주요 가치인 통신 시장의 경쟁과 혁신을 위해 민간 전기통신 사업자와 사업용 전기통신설비를 전제로 입법되고 시행되어 왔기 때문에 지방자치단체와 같은 공공부문의 전기통신사업으로 인해 민간 부문과 시장이 위축되는 구축효과(驅逐效果, Crowding-out effect)를 막기 위해 자가전기통신설비의 설치를 통한 통신 시장의 진입에 제한을 두었으나 이러한 규제에 대해 찬반(贊反) 논란이 지속적으로 제기되었고 2024년 공익 목적의 비영리사업이라는 제한을 두기는 하였으나 지방자치단체의 등록을 통한 통신 시장진입이 허용되었는데 동 사안에 대해 살펴보고자 한다.

또한, 통신 시장에는 다른 자본력과 기술력을 보유한 다양한 형태와 규모의 전기통신 서비스 제공 사업자가 존재하는데 이러한 다양한 규모와 형태를 지닌 사업자를 일률적으로 동일한 규제 기준과 제도를 통해 규제하는 것은 합리적이지 않을 것으로 생각된다. 동 사안은 “어떠한 규모와 형태의 사업자가 규제의 대상이 될 것인가?”의 문제인 사업자의 지위(Status of player)를 어떻게 부여할 것인가와 관련이 있는 것으로 이해되는데, 기존에는 전기통신설비를 설치하는 기간통신사업자와 전기통신설비를 설치하지 않고 기간통신사업자가 설치한 설비를 이용하는 별정통신 사업자로 규제의 대상을 구분하였으나 2019년부터 이러한 구분이 폐지된 변화를 설명하려고 한다. 그리고 이러한 사업자의 지위 문제와 함께 논의가 필요한 것이 “사업자가 어떠한 서비스를 제공할 것인가?”의 문제인데, 동 사안을 역무(役務)[24)]의 종류(Type of service) 문제라고 한다. 이미 여러 차례 전기통신사업법의 개정을 통해 기존의 다양한 전기통신 역무가 기간통신역무로 통합되어 통신 역무는 기간통신역무와 부가통신역무로 단순화된 바 있으나, 기간통신역무와 부가통신역무 내에도 다양한 서비스(Service)인 세부(細部) 역무가 존재하므로 이에 대해 설명하고자 한다.

한편, 정보통신기술의 발전으로 인해 통신산업과 시장의 세계화(Globalization)가 진행되고 외국의 통신 및 인터넷 기업들이 국내 시장에 진입하여 국내기업들과 경쟁하게 됨에 따라 소위 기울어진 운동장이라는 국내외 기업 간의 역차별 문제가 제기되고 있다. 따라서 이러한 문제들과 관련된 외국 정부 또는 외국인의 주식 소유 제한, 국경 간 공급(Cross border supply), 공익성 심사 및 전기통신사업법의 적용 범위 등 관련 제도를 살펴보려고 한다.

24) 전통적으로 전기통신사업법과 전파법 등 통신 관련 법령은 일본의 영향을 받아왔기 때문에 법률 용어 중 생소하지 않은 것이 있다. 역무(役務)가 대표적인 예인데, 전기통신사업법은 역무 중 세부(細部)) 역무를 서비스로(Service) 구별하고 있으나 일상적으로 역무와 서비스(Service)는 동일한 용어로 생각해도 무방할 것이다. 따라서 본서에서는 특별하게 구별할 필요가 없는 곳 이외에는 역무와 서비스의 용어를 혼용하여 사용하도록 할 것이다.

제1절 전기통신역무의 종류

1. 기간통신역무와 부가통신역무

〈전기통신사업법〉 제2조(정의) 이 법에서 사용하는 용어의 뜻은 다음과 같다.

6. "전기통신역무"란 전기통신설비를 이용하여 타인의 통신을 매개하거나 전기통신설비를 타인의 통신용으로 제공하는 것을 말한다.

11. "기간통신역무"란 전화·인터넷접속 등과 같이 음성·데이터·영상 등을 그 내용이나 형태의 변경 없이 송신 또는 수신하게 하는 전기통신역무 및 음성·데이터·영상 등의 송신 또는 수신이 가능하도록 전기통신회선설비를 임대하는 전기통신역무를 말한다. 다만, 과학기술정보통신부장관이 정하여 고시하는 전기통신서비스(제6호의 전기통신역무의 세부적인 개별 서비스를 말한다. 이하 같다)는 제외한다.

12. "부가통신역무"란 기간통신역무 외의 전기통신역무를 말한다.

12의2. "온라인 동영상 서비스"란 정보통신망을 통하여 「영화 및 비디오물의 진흥에 관한 법률」 제2조제12호에 따른 비디오물 등 동영상 콘텐츠를 제공하는 부가통신역무를 말한다.

14. "특수한 유형의 부가통신역무"란 다음 각 목의 어느 하나에 해당하는 업무를 말한다.
   가. 「저작권법」 제104조에 따른 특수한 유형의 온라인서비스제공자의 부가통신역무
   나. 문자메시지 발송시스템을 전기통신사업자의 전기통신설비에 직접 또는 간접적으로 연결하여 문자메시지를 발송하는 부가통신역무

전기통신사업법은 전기통신이란 유선·무선·광선 또는 그 밖의 전자적 방식으로 부호·문언·음향 또는 영상을 송신하거나 수신하는 것을 말한다고 규정하고 있으며(전기통신사업법 제2조제1호), 전기통신역무란 전기통신설비를 이용하여 타인의 통신을 매개하거나 전기통신설비를 타인의 통신용으로 제공하는 것을 말한다고 규정하고 있다(동법 제2조제6호). 전기통신역무는 특정인이 자신의 전기통신에 이용하기 위하여 설치한 전기통신설비인 자가전기통신설비를 이용하지 않고 사업용 전기통신설비를[25] 통해 타인의 통

---

25) 전기통신사업법은 "사업용전기통신설비"란 전기통신사업에 제공하기 위한 전기통신설비를 말한다고 규정하고 있으며(전기통신사업법 제2조제4호), "전기통신설비"란 전기통신을 하기 위한 기계·기구·

신을 매개(媒介)하거나 전기통신설비를 타인의 통신용으로 제공하는 것으로 이해된다. 한편, 전기통신역무는 기간통신역무와 부가통신역무로 구별되는데, 기간통신역무는 기간통신사업자에 의해 제공되고 있으며 부가통신역무는 부가통신사업자 또는 기간통신사업자에 의해 제공되고 있다. 유의해서 살펴봐야 하는 것은 역무(役務)의 종류(Type of service) 문제와 사업자의 지위(Status of player) 문제는 구별되어야 한다는 것이다.

가. 기간통신역무

(1) 기간통신역무의 의의

전기통신사업법은 "기간통신역무"란 전화 · 인터넷접속 등과 같이 음성 · 데이터 · 영상 등을 그 내용이나 형태의 변경 없이 송신 또는 수신하게 하는 전기통신역무 및 음성 · 데이터 · 영상 등의 송신 또는 수신이 가능하도록 전기통신회선설비를 임대하는 전기통신역무를 말한다고 규정하고 있다(전기통신사업법 제2조제11호). 과거 기간통신역무는 〈그림 8〉과 같이 수직적(垂直的, Vertical) 규제 체계에 따라 시내 · 시외 · 국제전화, 가입전신, 전기통신회선설비임대역무[26], 주파수를 할당받아 제공하는 역무 등으로 세분화(細分化)되어 있었으나, 1. 전송역무(기존 시내 · 시외 · 국제전화, 가입전신, 초고속인터넷, 인터넷전화 등 구체적 하위서비스를 포함하는 전기통신역무), 2. 전기통신회선설비임대역무, 3. 주파수를 할당받아 제공받아 제공하는 역무인 세 가지로 과도기적인 기간통신역무의 통합 과정을 거쳐, 수평적(水平的, Horizontal) 규제 체계에 따라 현재의 기간통신역무로 단일화가 되었는데, 기간통신역무는 기존 시내 · 시외 · 국제전화, 가입전신, 초고속인터넷, 인터넷전화 등 구체적 하위서비스를 포함하고 전기통신회선설비임대역무와 주파수를 할당받아 제공받아 제공하는 역무 또한 세부(細部) 역무인 서비스로 포함하는 것으로 이해된다.

선로 또는 그 밖에 전기통신에 필요한 설비를 말한다고 규정하고 있는 한편(동법 제2조제2호), "자가전기통신설비"란 사업용전기통신설비 외의 것으로서 특정인이 자신의 전기통신에 이용하기 위하여 설치한 전기통신설비를 말한다고 규정하고 있다(동법 제2조제5호).

26) 전기통신회선설비 임대역무는 전기통신회선설비를 임대하여 그 대가를 얻는 전기통신서비스로 주로 기업 이용자들에게 전용회선 서비스를 제공하여 이용자로 하여금 저렴한 비용으로 국제전화, 초고속 인터넷 서비스 등을 이용하게 하는 데 이용된다.

그림 8 기간통신역무의 통합

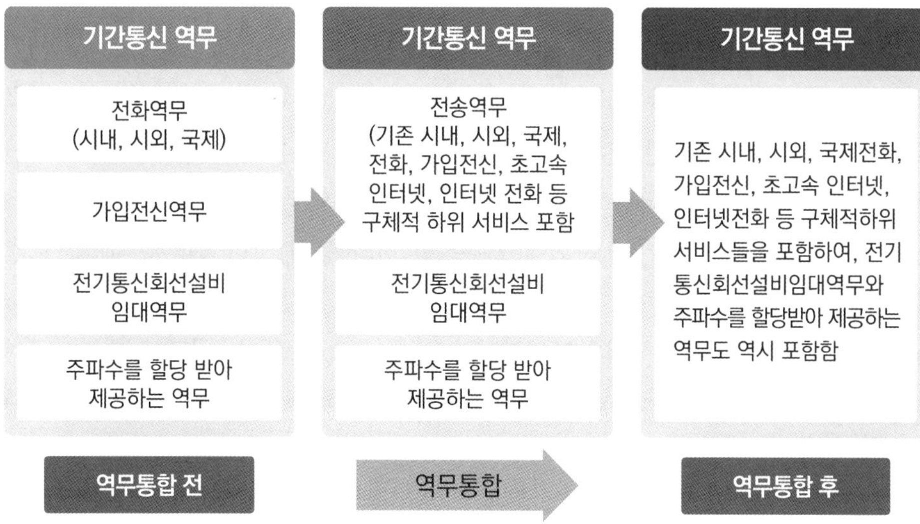

한편, 전기통신사업법은 다만, 과학기술정보통신부장관이 정하여 고시(告示)하는 전기통신서비스(이 법 제2조(정의)제6호의 전기통신역무의 세부적인 개별 서비스를 말한다)는 제외한다고 규정하고 있는데(전기통신사업법 제2조제11호 단서), 관련 고시(告示)인 기간통신역무가 아닌 전기통신서비스(과학기술정보통신부 고시 제2020-23호, 2020. 5. 26.)는 전기통신사업법 제2조(정의)제11호 단서에서 말하는 부가통신역무란 이 법 제2조제11호 본문의 기간통신역무를 이용하여 음성 · 데이터 · 영상 등의 전자기신호를 그 내용이나 형태의 변경 없이 송신 또는 수신하는 전기통신서비스를 말한다고 규정하고 있으며(기간통신역무가 아닌 전기통신서비스 제2조), 이 고시(告示) 제2조(부가통신역무의 구분기준)의 규정에도 불구하고 다음, 1. "인터넷전화서비스"(전기통신설비를 이용하여 통화권의 구분 없이 인터넷을 통하여 음성 등을 송신하거나 수신하게 하는 전기통신서비스(다만, 동일한 인터넷사이트에 가입한 회원 간에 컴퓨터를 이용하여 음성 등을 송신하거나 수신하는 것을 제외한다))의 어느 하나에 해당하는 전기통신서비스는 기간통신역무로 본다고 규정하고 있다(동 고시 제3조). 즉 인터넷전화(VoIP, Voice over the IP)는 전기통신설비를 이용하여 통화권의 구분 없이 인터넷을 통하여 음성 등을 송신하거나 수신하게 하는 전기통신서비스에 대해서는 기간통신역무로 규정하고 있으나, 동일한 인터넷사이트에 가입한 회원 간에 컴퓨터를 이용하여 음성 등을 송신하거나 수신하는 것은 부가통신역무로 규정하고 있는 것으로 이해된다.

(2) 기간통신역무의 규제 및 기간통신역무 통합의 이유와 평가

(가) 기간통신역무의 규제

기간통신역무는 전통적으로 규제를 받는 통신서비스로 이해되는데, 기간통신역무가 전통적으로 규제를 받아왔던 것은 기간통신역무에 포함될 수 있는 세부(細部) 역무인 통신서비스의 특성에서 그 이유를 찾을 수 있다. 기간통신역무는 다수의 공중(公衆)이 이용하는 전기, 수도와 같이 국가와 사회에 필수적인 전화 등의 서비스를 주 대상으로 하는 것이었기 때문으로 생각되는데, 미국의 경우 시내전화와 같이 기간통신사업자(Common carrier)에 의해 제공된 통신서비스(Telecommunication service)[27]는 규제의 대상이 되어왔으나 초고속인터넷 서비스와 같은 정보서비스(Information service)는 규제의 대상이 되지 않았다.[28] 미국의 규제정책이 시내전화와 같은 전통적인 기본적 통신서비스는 규제의 대상으로 보았으나, 컴퓨터를 이용한 정보처리와 초고속인터넷 등 새롭게 등장하고 있는 신규 서비스와 산업(Fledging industry)은 이들의 활성화를 위해 규제의 대상으로 삼지 않도록 한 것이 이유로 이해된다.

한편, 미국과 달리 우리나라의 경우 초고속인터넷 서비스가 기간통신역무에 편입되어 있으나, 미국의 경우 초고속인터넷 서비스를 제공하는 케이블티비(CATV, Cable Television) 사업자는 통신법의 규제 대상이 되고 있지 않는 규제제도의 차이가 있는데 이는 초고속인터넷 시장의 활성화와 케이블티비 사업자가 기존 통신사업자의 경쟁자로 통신 시장에 성공적으로 진입할 수 있도록 지원하기 위한 미국 정부의 정책적 고려에서

27) Telecommunications service는 설비의 설치 여부에 관계없이 공중에게 직접 통신비를 징수하고 통신을 제공하는 서비스로 정의된다(The term "telecommunications service" means the offering of telecommunications for a fee directly to the public … regardless of the facilities used. 47 U.S.C. §156 (46)).

28) 미국의 경우 역무 체계가 Telecommunications(통신)은 Telecommunications service(통신서비스)와 Information service(정보서비스)로 이분(二分)되어 있다. Telecommunications service는 종래 Common carrier(기간통신사업자)에 의해 제공되는 Basic service(시내전화와 같은 기본 서비스)에 그 뿌리를 두고 있으며, Information service는 Non-common carrier(비기간통신사업자)에 의해 제공되는 Enhanced service(통신을 매개로 하여 정보의 생성, 취득, 저장, 전송, 처리 등을 목적으로 하는 정보통신서비스)에 그 뿌리를 두고 있다. National Cable & Telecommunications Ass'n v. Brand X Internet Services, 125 S. Ct. 2688(2005). 한편, 망중립성(Network Neutrality)에 대한 정치적 대립으로 인해 변화와 부침은 있었으나 미국 통신법(Telecommunications Act)은 초고속인터넷은 Title Ⅰ에 속하는 정보서비스로 규제가 이루어지고 있지 않은 반면, 시내전화와 같이 Title Ⅱ에 속하는 통신서비스에 대해서는 규제가 이루어지고 있는 것으로 이해된다.

기인했다고 생각된다. 이렇게 미국에서 초고속인터넷 서비스는 통신서비스(Telecommunications service)가 아닌 정보서비스(Information service)로서 규제 대상이 되고 있지 않는 점은 양국의 초고속인터넷 서비스 규제에 대한 시각이 다름을 보여주는 사례라고 생각된다.

(나) 기간통신역무 통합의 이유와 평가

기간통신역무를 통합하는 주요한 정책적 이유는 통신 기술의 융합(Convergence)으로 인해 과거 통신 시장, 서비스, 네트워크가 수직적(垂直的, Vertical)으로 결합 되었던 개별 시장에 대한 수직적 규제 체계가 통신 기술의 발전과 융합으로 인해 유선 또는 무선 단일 네트워크에서 음성, 데이터, 동영상 등 다양한 서비스가 제공되는 수평적(水平的, Horizontal) 시장과 규제 체계로 변화했기 때문으로 생각된다. 또한 이미 유선 분야의 통신 시장은 경쟁이 포화(飽和)되어 더 이상 통신 시장에 대한 진입장벽을 통해 사업자의 진입을 제한하는 것이 과거에 비해 큰 의미가 없어졌기 때문에 통신 시장의 진입장벽(Entrance barrier)을 낮추기 위한 것으로서 기존에는 시내 · 시외 · 국제전화, 초고속인터넷 역무 제공 사업을 개시하고 싶은 경우 기간통신역무에 대한 허가(許可)를 각각의 역무별로 개별적으로 모두 획득해야 했으나, 기간통신역무통합 이후에는 기간통신역무에 포함된 하나의 세부적인 통신서비스에 대한 등록(登錄)을[29] 통해서도 기간통신역무를 제공할 수 있게 된 것이다.

즉 기간통신사업 등록(登錄)을 통해 기간통신역무를 제공할 수 있는 기간통신사업자는 주파수를 할당받아 제공하는 통신서비스까지도 주파수를 할당받은 경우에는 추가적인 기간통신사업 등록이 없이도 주파수를 이용하는 통신서비스 제공 사업을 할 수 있게 된 것이라 하겠다. 예를 들면, 국제전화에 대한 기간통신사업 등록을 통해 시내 · 시외전화 및 초고속인터넷 등 다양한 기간통신서비스를 추가적인 기간통신사업 등록 없이 개시할 수 있으나, 다만, 이미 설명한 바와 같이 이동전화사업 등과 같이 주파수를 할당받아야만 사업을 개시할 수 있는 주파수를 할당받아 제공하는 통신서비스의 경우에는 주파수의 할당 없이는 사업의 개시가 불가능한 것으로 이해된다.

그러나 기간통신역무의 통합에도 불구하고 규제당국의 기간통신역무에 포함되는 세부적인 통신서비스에 대한 규제가 하나로 통합되는 것은 아닌 점을 주목할 필요가 있

29) 과거에는 기간통신사업자의 시장진입을 위해서는 전기통신사업법에 따라 기간통신사업 허가를 득(得)해야 했으나 전기통신사업법 개정([시행 2019.6.25.] [법률 제16019호, 2018.12.24. 일부개정])에 따라 기간통신사업자의 시장진입 규제는 허가(許可)에서 등록(登錄)으로 변경 · 완화되었다.

다. 즉, 상호접속(Interconnection), 필수설비의 공동활용 및 설비제공(Unbundling), 보편적 역무(Universal service), 회계(Accounting) 분리제도 등 개별적인 통신 시장 규제를 위해서는 시내·시외·국제전화, 전기통신회선설비임대, 초고속인터넷, 인터넷전화 서비스 등 각각의 통신서비스를 개별적으로 구별하여 규제하는 것이 요구된다. 예를 들어, 보편적역무손실보전금 산정방법 등에 관한 기준(과학기술정보통신부 고시 제2023-45호, 2023. 11. 30.)의 제5조(장애인·저소득층 등에 대한 요금감면 서비스의 감면비율)제1항은 시내전화 서비스, 시외전화 서비스, 이동전화 서비스, 개인휴대통신 서비스, 인터넷 가입자접속 서비스, 인터넷전화 서비스와 같은 개별적인 통신서비스를 구체적으로 적시하고 있는데,[30] 이와 같이 앞으로도 통신 규제당국은 전기통신사업자가 기간통신역무 등록을 통해 다양한 다수의 통신서비스를 제공하는 경우 규제의 필요와 목적 등에 따라 개별적으로 규제 대상의 매출 규모나 필수설비 보유 여부 등을 고려하여 통신서비스와 관련 시장을 획정하고 기간통신역무에 포함되는 세부(細部) 역무인 서비스(Service)별로 개별적인 규제를 하는 것이 불가피하다고 생각된다.

참고자료 및 질문

1. 망중립성과 미국의 역무 규제. 앞에서 설명한 바와 같이 전통적으로 미국의 경우 국민의 생활에 필수적인 시내전화 서비스 등은 기간통신사업자(Common carrier)에 의해 제공되는 통신서비스(Telecommunications service)로 분류하여 통신법(Telecommunication Act) Title Ⅱ에 따라 규제되어 온 반면, 초고속인터넷서비스는 정보서비스(Information service)로 통신법 Title Ⅰ에 따라 규제되지 않아 왔다. 그러나 2015년 3월 미국 FCC는 Open Internet Order를 통해 기존 초고속인터넷서비스를 Title Ⅱ로 재분류하여 규제하게 되었는데, 이는 망중립성(Network neutrality) 원칙에 입각된 기존 정책인 Open Internet Rule(2010)에 대해 Verizon Communications Inc. v. FCC, 740 F.3d 623 (D.C. Cir. 2014) 판결에서 비차별 의무와 차단금지에 대해서는 정보서비스를 제공하는 사업자에게 기간통신사업자(Common Carrier)에게 부과하는 의무를 지우는 것은 무효라는 판결이[31] 나오게 됨에 따

---

30) 보편적역무손실보전금 산정방법 등에 관한 기준은 전기통신사업법 시행령 제2조(보편적 역무의 내용) 제3항제1호부터 제3호까지, 제5호부터 제7호까지의 대상자에 대한 요금감면 서비스별 월 이용요금 감면비율은 다음, 1. 시내전화 서비스는 월 통화요금 50% 감면, 2. 시외전화 서비스는 월 통화요금 30,000원 한도내에서 50% 감면, 3. 번호안내 서비스는 114 번호안내요금 면제, 4. 이동전화·개인휴대통신·아이엠티이천·엘티이 서비스는 이용자가 선택한 요금제의 기본료 또는 월정액, 음성통화료, 데이터 통화료 각각 35% 감면, 5. 인터넷 가입자접속 서비스는 월 이용요금의 30% 감면, 6. 인터넷전화 서비스는 월 통화요금 50% 감면과 같다고 규정하고 있다(보편적역무손실보전금 산정방법 등에 관한 기준 제5조제1항).

라 동 판결에 따른 규제 정비로 초고속인터넷사업자를 Title Ⅱ로 재분류하게 된 것이다.[32] 그러나 2017년 12월 미국 FCC는 이러한 Title Ⅱ로의 재분류를 통한 망중립성 규제로 인해 통신시장과 산업의 투자가 감소했다는 판단으로 Title Ⅰ으로 초고속인터넷서비스를 재분류하고, 망중립성 규제원칙 중 투명성(Transparency)의 원칙은 유지하나 차단금지(No-blocking), 우선 처리(Fast lane)금지, 비합리적 차별금지(Non-discrimination) 등은 폐지하기로 하였다.[33] 그러나 2021년 7월 행정 명령(Executive order)인 미국 경제의 경쟁촉진(Promoting Competition in the American Economy)을 통해 2017년 12월 폐기된 망중립성의 주요 원칙을 망중립성 규제로 복원을 시도하였고 2024년 복원한 바가 있다. 한편, 이러한 망중립성 원칙의 복원 시도는 2024년 미국 대통령 선거와 2025년 1월 미국 연방항소법원의 망중립성 복원에 대한 기각(Struck down) 결정에 따라 무력화되었다. 미국에서의 망중립성은 정권의 정치적 성향에 따라 변화를 거듭하고 있으며 망중립성의 논란은 망이용대가에 대한 논란과 궤적(軌跡)을 같이 할 것으로 이해되는데, 이와 같이 초고속인터넷서비스를 통신서비스가 아닌 정보서비스로 분류하여 규제를 하고 있지 않은 미국의 이러한 입장에 대한 당신의 의견은 무엇인가?

2. 인터넷전화와 역무 통합. 인터넷전화(VoIP, Voice over the IP) 활성화에 대해 통신사업자 간의 큰 이견들이 있었는데 이견 중 하나가 역무 침해 문제였다. 기존 공중망(PSTN, Public Switched Telephone Network)을 통해 시내전화를 제공해 온 KT와 인터넷전화를 통해 시내전화 시장의 경쟁에 참여하기 위한 LGU+(당시는 LG데이콤), SKB(당시는 하나로텔레콤) 등 후발 사업자 간에 큰 입장의 차이가 있었다. KT는 인터넷전화의 통화품질, 정전 시 통화 불가, 긴급통화(119, 112 등) 등에 문제가 있다는 점을 주장하였고, 후발 사업자는 기존 인터넷망을 활용하여 저렴한 통화를 제공할 수 있다는 주장을 전개하였다. 결국, 정부는 인터넷전화의 활성화를 위해, 2005년 인터넷전화에 '070'번호를 부여하였고, 2008년 기존 시내 전화번호를 이용할 수 있는 인터넷전화 번호이동 제도를 도입하였다. 한편, 인터넷전화가 기간통신역무인지 또는 부가통신역무인지에 대한 문제가 제기되었는데 앞에서 설명한 바와 같이 결국 이러한 논란은 전기통신사업법과 관련 고시의 제정을 통해 Skype나 카카오 전화 등과 달리 컴퓨터나 스마트폰을 통해 제공되는 인터넷전화가 아닌 기존 전기통신망을 활용하여 서비스를 제공하는 인터넷전화는 기간통신역무로 편입되게 되었다. 그러나 컴퓨터나 스마트 폰을 통해 이용하는 인터넷 통화와 유선전화기 형태의 장치를 활용하는 인터넷 통화는 동일한 초고속인터넷망을 통해 통화가 이루어지며, 단지 차이는 컴퓨터 또는 스마트 폰인지 유선전화기 형태의 장치를 이용하는 것이라고도 할 수 있는데, 과연 이러한 방식으로 역무의 종류를 다르게 규제하는 것에 대한 당신의 의견은 무엇인가?

---

31) 한편, 미국법원은 Verizon이 제기한 초고속인터넷서비스에 대한 FCC의 관할권 없음에 대해서는 FCC의 주장을 받아들여 FCC의 관할권을 인정하였으나, 기간통신사업자(Common carrier)에게 부여하는 규제와 같은 과도한 규제를 할 수 없다고 하였다. 또한, 인터넷서비스제공사업자(ISP, Internet Service Provider)에게 FCC가 부여한 투명성 의무를 무효화된 규정과는 별개로 보았고

나. 부가통신역무

전기통신사업법은 “부가통신역무”란 기간통신역무 외의 전기통신역무를 말한다고 규정하고 있는데(전기통신사업법 제2조제12호), 부가통신역무는 네이버(Naver)나 구글(Google)과 같은 검색포털 서비스, 넷플릭스(Netflix)와 같은 온라인 동영상 서비스(OTT, Over the TOP), 구글 플레이(Google play)와 같은 앱 마켓 서비스, 쿠팡(Coupang)과 같은 온라인 상거래 서비스, 다량의 대규모 문자전송을 위한 기업메시징 서비스 등과 같이 전송이라는 기본적인 기간통신서비스에 컴퓨터의 기능을 결합하여 회선 교환, 부호 변환, 통신속도 변환, 정보의 축적 및 전송, 매체 변환, 계산 처리, 데이터베이스의 제공 등을 가능하게 해주는 서비스로서 부가통신역무와 부가통신서비스를 제공하는 사업자의 종류는 무수히 많은 것으로 이해된다.

한편, 부가통신역무는 기간통신역무와 달리 전통적으로 규제의 영역에 있지 않아 왔는데 이는 부가통신역무의 경우 대규모의 전기통신설비의 설치를 반드시 요구하지 않고 기간통신역무와 같은 필수적인 통신서비스가 아닌 컴퓨터의 정보처리 기능을 활용한 새로운 통신서비스의 영역에 있는 것으로 여겨졌기 때문에 정부의 규제가 직접적으로 필요하지 않은 영역으로 인식되어 왔기 때문으로 생각된다. 앞에서 설명한 바와 같이 부가통신역무는 미국 통신법의 정보서비스(Information services)와 유사한 것으로 이해된다.

앞에서 이미 설명한 바와 같이 전기통신사업법 제2조(정의)제11호의 단서는 과학기술정보통신부장관이 정하여 고시하는 전기통신서비스(동법 제6호의 전기통신역무의 세부적인 개별 서비스를 말한다. 이하 같다)는 기간통신역무에서 제외한다고 규정하고 있으며, 관련 고시인 기간통신역무가 아닌 전기통신서비스(과학기술정보통신부 고시 제2020-23호, 2020. 5. 26.)는 “부가통신역무”란 이 법 제2조제11호 본문의 기간통신역무를 이용하여 음성 · 데이터 · 영상 등의 전자기신호를 그 내용이나 형태의 변경 없이 송신 또는 수신하는 전기통신서비스를 말한다고 규정하고 있다. 또한, 동 고시 제3조는 전기통신설비를 이용하여 통화권의 구분 없이 인터넷을 통하여 음성 등을 송신하거나 수신하게 하는 전기통신서비스인 인터넷전화서비스(예를 들면, KT나 SKB의 인터넷전화)는 기간통신역무로 규정하고

규제정책 수행을 위해 필요를 주장한 FCC의 주장을 받아들였다.

32) https://transition.fcc.gov/Daily_Releases/Daily_Business/2015/db0312/FCC-15-24A1.pdf(2019.2.1.).

33) FCC, FCC acts to restore internet freedom, reverse Title Ⅱ framework, increases transparency to protect consumer, spur investment, innovation, and competition. https://www.fcc.gov/restoring-internet-freedom(2019.2.4.).

있는 반면에, 동일한 인터넷사이트에 가입한 회원 간에 컴퓨터를 이용하여 음성 등을 송신하거나 수신하는 것(예를 들면, 카카오 전화)은 부가통신역무로 규정하고 있는 것 또한 앞에서 설명한 바가 있다.

2. 특수한 유형의 부가통신역무

이미 앞에서 설명한 바와 같이 부가통신역무는 전통적으로 규제의 영역에 있지 않은 것으로 이해되는데, 이는 부가통신역무의 범위와 형태를 확정하기가 어렵고 규제를 하지 않음으로써 새롭고 혁신적인 형태의 부가통신역무가 등장하고 발전할 수 있으리라는 정책적 고려에 의한 것 때문이라고 생각된다. 그러나 전기통신사업법은 "특수한 유형의 부가통신역무"란 다음, 가. 「저작권법」 제104조(특수한 유형의 온라인 서비스제공자의 의무 등)에[34] 따른 특수한 유형의 온라인서비스제공자의 부가통신역무와 나. 문자메시지 발송시스템을 전기통신사업자의 전기통신설비에 직접 또는 간접적으로 연결하여 문자메시지를 발송하는 부가통신역무의 어느 하나에 해당하는 업무를 말한다고 규정하고 있는데(전기통신사업법 제2조제13호), 부가통신역무 중 일부를 특수한 유형의 부가통신역무로 구분하여 규제하는 것으로 이해된다.

저작권법 제104조(특수한 유형의 온라인 서비스제공자의 의무 등)에 따른 특수한 유형의 온라인서비스제공자의 부가통신역무는 웹하드(Webhard)나 P2P(Peer-to-Peer) 서비스이며, 문자메시지 발송시스템을 전기통신사업자의 전기통신설비에 직접 또는 간접적으로 연결하여 문자메시지를 발송하는 부가통신역무는 다량의 대규모 문자전송을 위한 기업메시징 서비스이다. 이러한 특수한 부가통신역무라는 조항을 신설한 것은 저작권을 침해하는 불법 다운로드, 사회의 미풍양속을 저해하는 음란물, 원치 않는 문자광고 등 스팸 문자 등을 규제하기 위한 것으로 생각된다.

---

34) 저작권법은 다른 사람들 상호 간에 컴퓨터를 이용하여 저작물 등을 전송하도록 하는 것을 주된 목적으로 하는 온라인서비스제공자(이하 "특수한 유형의 온라인서비스제공자"라 한다)는 권리자의 요청이 있는 경우 해당 저작물 등의 불법적인 전송을 차단하는 기술적인 조치 등 필요한 조치를 하여야 하며, 이 경우 권리자의 요청 및 필요한 조치에 관한 사항은 대통령령으로 정한다고 규정하고 있다(저작권법 제104조제1항).

한편, 2025년 전기통신사업법의 개정을 통해 대량문자 전송자격인증제가 입법되었는데 전기통신사업법은 이 법 제2조(정의)제14호나목에 따른 특수한 유형의 부가통신역무를 제공하는 사업을 경영하려는 자는 전송자격에 대한 방송미디어통신위원회의 인증(이하 "전송자격인증"이라 한다)을 받아야 한다고 규정하고 있으며(동법 제22조의11제1항), 방송미디어통신위원회는 전송자격인증을 위하여 보안관리 체계를 포함한 인증의 기준 등 그 밖에 필요한 사항을 정하여 고시할 수 있다고 규정하고 있다(동법 제22조의11제2항).

참고자료 및 질문

1. 기업메시징 서비스. 문자전송 서비스인 기업메시징 서비스는 기업의 컴퓨터에서 사용자의 휴대전화 단말기로 문자메시지를 전송하여 주는 서비스로서 대표적인 사례로 신용카드 승인, 은행 입출금, 증권거래, 쇼핑 주문배송 알림 문자서비스 등이 있다. 〈그림 9〉와 같이 기업메시징 서비스를 기업 고객에게 제공하는 기업메시징 사업자는 기업메시징 서비스를 이용하려는 기업 고객(예를 들면, 은행, 카드사, 쇼핑몰 등) 내부의 데이터베이스 및 각종 소프트웨어와 자신의 시스템을 연동하고 이를 다시 이동통신사업자의 시스템과 연결하여 기업 고객의 특정 메시지를 휴대전화 단말기를 통해 소비자에게 전달한다.

그림 9 기업메시징 서비스의 구성

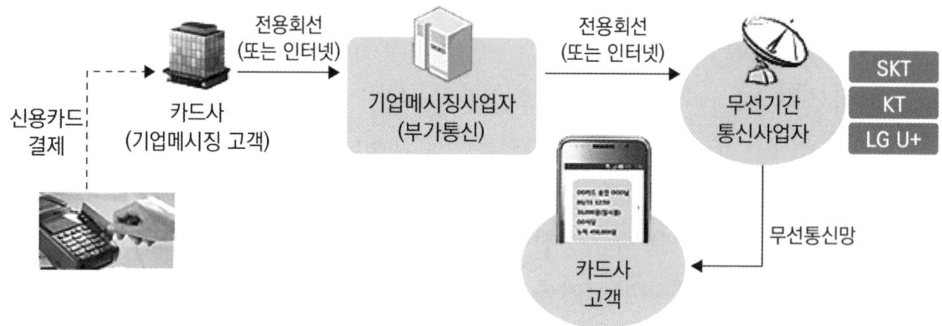

기업메시징 서비스 시장의 주요 사업자로는 〈표 1〉과 같이 무선통신망을 보유한 KT, LGU+와 그렇지 않은 인포뱅크㈜, ㈜다우기술, SK네트웍스서비스㈜, SK텔링크㈜, 스탠다드네트웍스㈜, SKB(SK브로드밴드)㈜ 등이 있다.

표 1 기업메시징 서비스 관련 주요 통신사업자

<table>
<tr><th colspan="2">영위업종</th><th>주요기업</th></tr>
<tr><td colspan="2">이동통신사업만 영위</td><td>SKT</td></tr>
<tr><td rowspan="2">기업메시징 서비스업 영위</td><td>이동통신사업 + 기업메시징 서비스업 병행(竝行)</td><td>KT, LGU+</td></tr>
<tr><td>기업메시징 서비스업만 영위</td><td>인포뱅크, 다우기술, 스탠다드네트웍스, SK네트웍스서비스 등</td></tr>
</table>

2. 기업메시징 서비스와 이윤 압착. 이윤 압착(Margin squeeze)이란 원재료를 독과점적으로 공급하면서 완성품도 동시에 생산 및 판매하는 수직적 통합기업이 원재료 가격과 완성품 가격 사이의 폭을 좁게 책정하거나 원재료 가격을 완성품 가격과 같거나 더 높게 책정하는 방법으로 완성품 시장에서 효율적인 경쟁자를 배제하는 행위로 이해된다. 공정거래위원회는 가입 고객의 무선통신망을 독점하고 있는 점을 이용, 기업메시징 서비스에 꼭 필요한 무선통신망 이용 요금을 자신들이 제공하는 기업메시징 서비스 가격에 비하여 높게 책정하여 무선통신망이 없는 경쟁 사업자는 아무리 효율적이더라도 퇴출(退出)될 수밖에 없도록 한 ㈜LGU+와 ㈜KT에 회계분리 등 시정명령과 과징금 총 62억 원(㈜LGU+에 43억 원, ㈜KT에 19억 원)의 부과를 결정하였는데 이는 시장지배력을 이용한 이윤 압착 행위에 대한 최초의 법 집행 사례이다.[35]

3. 전송자격인증. 전송자격인증인 대량문자 전송자격인증 제도는 인터넷망을 통해 대량의 문자전송 서비스를 제공하는 문자재판매사업자가 문자전송 서비스를 시작하기 전에 문자중계사업자로부터[36] 전송자격인증을 받아야만 광고성 문자를 보낼 수 있도록 하는 것으로서 불법 스팸(Spam)과 문자 피싱(Phishing) 방지를 통한 이용자 보호, 문자 유통 시장 건전화 등을 위해 2024년 6월부터 (구)방송통신위원회(현재 방송미디어통신위원회)가 '대량문자전송사업자 전송자격인증제 자율운영 가이드라인(안)'과 방송통신이용자보호협회를 통해 시스템의 운영을 시작한 사안이다.[37] 대량문자 전송자격인증 제도는 문자전송과 관련된 사업자를 이동통신사업자, 문자중계사업자, 문자재판매사업자로 구분하고 있는데, 문자중계사업자는 이동통신사업자의 전기통신설비에 시스템을 연결해 문자메시지를 발송하는 특수한 유형의 부가통신사업자로, 문자재판매사업자는 문자중계사업자 또는 다른 문자재판매사업자의 전기통신설비에 시스템을 연결해 문자메시지를 발송하는 특수 유형의 부가통신사업자로 이해된다. 전기통신사업법은 이 법 제2조(정의)제14호나목에 따른 특수한 유형의 부가통신역무를 제공하는 사업을 경영하려는 자는 전송자격에 대한 방송미디어통신위원회의 인증(이하 "전송자격인증"이라 한다)을 받아야 한다고 규정하고 있으며(동법 제22조의11제1항), 방송미디어통신위원회는 전송자격인증을 위하여 보안관리 체계를 포함한 인증의 기준 등 그 밖에 필요한 사항을 정하여 고시할 수 있다고 규정하고 있는데

(동법 제22조의11제2항), 동 조항은 대량문자 전송자격인증에 관한 사안을 제도화하기 위해 기존 대량 문자전송사업자 전송자격인증제 자율운영 가이드라인(안)이 아닌 전기통신사업법에 근거를 두기 위한 것으로서 2025년 전기통신사업법의 개정을 통해 도입되었다.

3. 온라인 동영상 서비스

전기통신사업법은 "온라인 동영상 서비스"란 정보통신망을 통하여 「영화 및 비디오물의 진흥에 관한 법률」 제2조(정의)제12호에 따른 비디오물 등 동영상 콘텐츠를 제공하는 부가통신역무를 말한다고 규정하고 있는데(전기통신사업법 제2조제12의2호), 온라인 동영상 서비스는 넷플릭스(Netflix), 티빙(Tving), 웨이브(Wavve), 왓챠(Watcha), 디즈니플러스(Disney +)와 같은 OTT(Over the Top, 온라인 동영상 서비스) 사업자들이 제공하는 서비스로 이해된다. 동 조항은 2022년 전기통신사업법의 개정으로 도입된 것으로서 개정 이전에도 온라인 동영상 서비스(OTT, Over the Top)는 부가통신역무로 해석되었으나 정보통신망을 통하여 동영상 콘텐츠를 제공하는 서비스를 별도로 정의하여 해당 서비스 사업을 지원하기 위한 정책적 기반을 마련하기 위한 것으로 이해된다. 2020년 발표된 '디지털 미디어 생태계 발전방향'은[38] 디지털 미디어 산업의 경쟁력 강화를 위한 방안 중 하나로 OTT(Over the Top, 온라인 동영상 서비스) 제작비에 대한 세제지원을 포함하였으나 기존 조세특례제한법은 방송 프로그램과 영화에 대해서만 영상 콘텐츠 제작 비용 세제지원을 규정하고 있고 OTT에 대한 정확한 법적인 정의가 없어 세제지원을 받기란 사실상 불가능한 점을 해소하기 위해 입법이 추진된 것으로 생각된다.

한편, 동 입법을 통해 신고 의무[39] 등 전기통신사업법상 부가통신사업자에 적용되는

---

35) 공정거래위원회, 무선통신망의 독점력을 이용하여 기업메시징 서비스 시장을 독식하려 한 엘지 유플러스와 케이티 제재(보도자료), 2014.11.28.

36) 문자중계사업자로는 KT, LGU+, SKB, CJ올리브네트웍스, 다우기술, 인포뱅크, 스탠다드네트웍스, 슈어엠, 젬텍의 9개 회사가 있다.

37) 방송통신위원회, 대량문자 전송자격인증제 본격 시동(보도자료), 2024.6.2.

38) 과학기술정보통신부, 기획재정부, 문화체육관광부, 방송통신위원회, 공정거래위원회, 금융위원회, 고용노동부, 청년 크리에이터와 미디어 기업이 혁신 성장을 이끄는 미디어 강국 실현, 범정부 합동 '디지털 미디어 생태계 발전방안' 수립(보도자료), 2020.6.23.

39) 전기통신사업법은 과학기술정보통신부장관은 온라인 동영상 서비스를 제공하는 사업을 경영하려는 자로부터 이 법 제22조(부가통신사업의 신고 등)제1항에 따른 부가통신사업 신고를 접수한 경우 3개월

규정이 명확히 적용되게 되었으나, 다만 온라인 동영상 서비스가 방송법 또는 인터넷 멀티미디어 방송사업법상 방송 사업에는 해당하는지는 여전히 불분명하여 방송법상 포섭을 위한 입법의 필요성 관련 논란은 여전히 존재하며, 동 조항은 기존 문화체육관광부가 취하던 입장인 OTT(Over the Top, 온라인 동영상 서비스)를 온라인 동영상 서비스로 정의하고 한류 콘텐츠를 수출하는 콘텐츠 유통업자로 규율하는 태도에 가까운 것으로서 향후 영화 및 비디오물의 진흥에 관한 법률에 따라 유료로 제공되는 비디오물에 대한 영상물등급위원회의 등급 분류에 대한 문제와 같은 사안에 대한 논란이[40] 있을 수 있다고 생각한다. 또한 2024년 개정을 통해 전기통신사업법은 온라인 동영상 서비스를 제공하는 부가통신사업자가 해당 서비스의 제공을 위하여 영상 콘텐츠를 자체제작하는 경우 장애인의 원활한 이용을 돕기 위하여 한국수어 · 폐쇄자막 · 화면해설 등을 제공할 수 있도록 노력하여야 한다고 규정하고 있다(동법 제22조의10제1항).

제2절 전기통신사업자의 종류

〈전기통신사업법〉 제2조(정의) 이 법에서 사용하는 용어의 뜻은 다음과 같다.

7. "전기통신사업"이란 전기통신역무를 제공하는 사업을 말한다.
8. "전기통신사업자"란 이 법에 따라 등록 또는 신고(신고가 면제된 경우를 포함한다)를 하고 전기통신역무를 제공하는 자를 말한다.
13. "앱 마켓사업자"란 부가통신역무를 제공하는 사업 중 모바일콘텐츠 등을 등록 · 판매하고 이용자가 모바일콘텐츠 등을 구매할 수 있도록 거래를 중개하는 사업을 하는 자를 말한다.

〈전기통신사업법〉 제5조(전기통신사업의 구분 등) ① 전기통신사업은 기간통신사업 및 부가통

이내에 그 사실을 문화체육관광부장관과 방송미디어통신위원회에 통보하여야 하며, 동법 제23조(등록 또는 신고 사항의 변경)에 따른 신고 사항의 변경신고 또는 제24조(사업의 양도 · 양수 등)에 따른 사업의 양도 · 양수 등의 신고를 접수한 경우에도 또한 같다고 규정하고 있다(전기통신사업법 제22조제7항).

40) 일정한 요건을 갖춘 온라인 영상 콘텐츠 제공업자의 신고 의무를 전제로 한 자체등급 분류제도나 자체등급 분류사업자로 지정된 사업자에 대한 자체등급 분류제도를 도입하여 규제 최소화 방안 등에 대한 논란이 있을 수 있을 것으로 생각된다.

신사업으로 구분한다.
② 기간통신사업은 전기통신회선설비를 설치하거나 이용하여 기간통신역무를 제공하는 사업으로 한다.

전기통신사업법은 "전기통신사업자"란 이 법에 따라 등록 또는 신고(신고가 면제된 경우를 포함한다)를 하고 전기통신역무를 제공하는 자를 말한다고 규정하고 있으며(전기통신사업법 제2조제8호), "전기통신사업"이란 전기통신역무를 제공하는 사업을 말한다고 규정하고 있다(동법 제2조제7호). 또한 전기통신사업법은 전기통신사업은 기간통신사업 및 부가통신사업으로 구분하므로(동법 제5조제1항), 전기통신사업법은 기간통신사업자와 부가통신사업자를 전기통신사업의 주체로 하고 있는데 2018년 12월 전기통신사업법 개정 이전에는 전기통신사업자의 종류를 기간통신사업자, 별정통신사업자, 부가통신사업자로 구분하였다. 이는 전기통신사업자의 종류에 따라 시장진입방식 등 규제에 차이를 두기 위한 것으로써 예를 들면, 기간통신사업자는 허가를 통해, 별정통신사업자는 등록을 통해, 부가통신사업자는 원칙적 신고와 예외적인 등록을 통해 시장에 진입하도록 한 바 있다. 그러나 2018년 12월 전기통신사업법의 개정을 통해 1997년 도입되었던 별정통신사업자 관련 규정이 폐지됨에 따라 전기통신사업자는 기간통신사업자와 부가통신사업자로 이원화(二元化) 되었고, 시장진입 규제도 기간통신사업자는 원칙적 등록과 예외적 신고를 통해, 부가통신사업자는 원칙적 신고와 예외적 등록을 통해 시장에 진입할 수 있도록 규제가 완화되었다. 전기통신사업자의 지위(Status of player) 문제는 전기통신사업자의 종류에 따라 지위와 규제의 정도에 차이를 두기 위한 것이므로 전기통신역무의 종류(Type of service) 문제와는 구분되어야 하는 것으로 이해된다.

한편, 전기통신사업법은 2020년 개정을 통해 "앱 마켓사업자"란 부가통신역무를 제공하는 사업 중 모바일콘텐츠 등을 등록 · 판매하고 이용자가 모바일콘텐츠 등을 구매할 수 있도록 거래를 중개하는 사업을 하는 자를 말한다고 규정하고 있는데(동법 제2조제13호), 부가통신사업자 중 앱 마켓사업자를 특별히 별도로 규정하고 있는 것은 인앱결제 강제와 과도한 수수료 논란으로[41] 인한 것으로 이해된다. 이러한 구글의 인앱결제 정책에

41) 2020년 7월, 구글(Google)은 국내 대형 인터넷 사업자 등을 상대로 인앱결제 관련 정책 변경을 추진하였는데, 게임 앱에 대해 자사의 결제 수단을 사용할 것을 요구하고 결제수수료 30%를 부과하는 인앱결제 정책을 도입하고는 한편, 추후 게임 외 나머지 앱에 대해서도 변경된 정책을 동일하게 적용하겠다는 것이었다. 이는 이미 이용자의 통일된 경험, 거래와 시스템의 안전 등을 이유로 모든 앱에 대해 인앱결제 강제 정책을 취하고 있는 애플(Apple)과 같은 정책을 가져가겠다는 취지로 이해된다.

대해 소위 구글 갑질 방지법으로써 2021년 인앱결제 금지 등을 내용으로 하는 전기통신사업법의 개정이 추진되었으며, 자세한 내용은 뒤의 관련 사항들에서 설명하고자 한다.

1. 기간통신사업자

가. 기간통신사업자의 의의

기간통신사업자는 전기통신회선설비를 설치하거나 이용하여 기간통신역무를 제공하는 기간통신사업을 영위하는 전기통신사업자로서, 2018년 12월, 전기통신사업법 개정 이전에는 (구)전기통신사업법은 기간통신사업은 전기통신회선설비를 설치하고, 그 전기통신회선설비를 이용하여 기간통신역무를 제공하는 사업으로 한다고 규정하였으나((구)전기통신사업법은 제5조제2항), 동 개정을 통해 기간통신사업은 전기통신회선설비를 설치하거나 이용하여 기간통신역무를 제공하는 사업으로 한다고 규정이 변경되었다(전기통신사업법 제5조제2항). 2018년 12월 전기통신사업법 개정은 큰 변화로 생각되는데 종래에는 기간통신사업자는 전기통신회선설비를 설치하여야 했으나 동 개정 이후에는 기간통신사업자가 반드시 전기통신회선설비를 설치할 필요가 없기 때문이다. 즉, 이미 앞에서 설명한 바와 같이 별정통신사업자와 기간통신사업자 간 구분을 폐지하고 일원화(一元化)한 것으로 이해된다.

한편, 2018년 12월, 별정통신사업자와 기간통신사업자 간 구분을 폐지하고 기간통신사업자로 일원화(一元化)하는 전기통신사업법 개정이 이루어지게 됨으로써 새로운 규제로의 전환이 이루어지게 되었으나, 다만, 기간통신사업자는 전기통신회선설비를 설치하거나, 설치된 전기통신회선설비를 이용하여 기간통신역무를 제공하는 자(기존의 별정통신사업자)로 구분되는 양자(兩者)를 모두 포함하기 때문에 기간통신사업자 전체에 대해 단일규제를 하기는 곤란하고 매출액 등 사업 규모나 필수설비의 보유 여부 등에 따라 세부적인 개별 규제에서 차등하여 규제하는 것은 불가피하다고 생각한다.

나. 기간통신사업자의 권리와 의무

(1) 통신사업 경영권과 개시의무

기간통신사업을 경영하려는 자는 기간통신사업의 등록(또는 신고)을 통해 통신 시장에 진입하고 통신사업의 경영권을 갖게 되는 한편, 기간통신사업자는 기간통신역무를 제공받기 위하여 동 사업자와 전기통신역무의 이용에 관한 계약을 체결한 불특정 다수의 이용자(소위 '가입자')에게 전기통신 서비스를 제공하고 그 반대급부(대가(代價))로써 요금(料金, Tariff)을 받는데 불특정다수인 이용자와 기간통신사업자 간의 계약은 일반적으로 이용약관을 통해 이루어진다. 전기통신사업법은 기간통신사업자는 등록한 날(「전파법」 제10조(주파수할당)에 따른 주파수할당을 받아 새로 기간통신사업을 경영하려는 경우는 주파수할당을 받은 날을 말한다)부터 1년 이내에 사업을 시작하여야 한다고 규정하고 있으며(전기통신사업법 제15조제1항), 과학기술정보통신부장관은 기간통신사업자가 천재지변이나 그 밖의 부득이한 사유로 동 기간 이내에 사업을 시작할 수 없으면 기간통신사업자의 신청에 따라 그 기간을 한 번만 연장할 수 있다고 규정하고 있다(동법 제15조제2항). 사업개시 기간을 1년으로 명확하게 규정하기 이전에는 기간통신사업자는 과학기술정보통신부장관이 정하는 기간에 전기통신설비를 설치하고 사업을 시작하여야 하였으며, 일반적으로 기간통신사업 시 부여된 허가 조건을 통해 보통 1년 정도의 사업개시 기간이 의무로 부여된 바가 있다.

한편, 전파법은 과학기술정보통신부장관은 이 법 제9조(주파수 분배)에 따라 「전기통신사업법」 제5조제2항(전기통신사업의 구분 등)에 따른 기간통신사업에 해당하는 사업의 용도로 정한 주파수를 특정인에게 할당하려는 경우에는 해당 주파수할당이 기간통신사업 등에 미치는 영향을 고려하여 할당을 신청할 수 있는 자의 범위와 할당하는 주파수의 용도 및 기술방식 등 대통령령으로 정하는 사항을 공고하여야 한다고 규정하고 있으며(전파법 제10조제1항), 동법 제10조(주파수할당)제1항에 따라 공고된 주파수를 할당받으려는 자는 대통령령으로 정하는 바에 따라 과학기술정보통신부장관에게 주파수할당을 신청하여야 한다고 규정하고 있으므로(전파법 제10조제3항), 기간통신사업자만이 기간통신사업을 영위하기 위한 주파수할당을 받을 수 있다고 해석된다.

(2) 전기통신설비의 설치 및 보전할 권리와 유지 의무

(가) 전기통신설비의 설치 및 보전할 권리

기간통신사업자는 전기통신설비를 설치하고 보전할 의무와 함께 이를 유지할 권리를 부여받고 있는데, 전기통신사업법은 기간통신사업자는 전기통신업무에 제공되는 선로 및 안테나와 그 부속설비(이하 "선로등"이라 한다)를 설치하기 위하여 필요하면 타인의 토지 또는 이에 정착한 건물 · 인공구조물과 수면 · 수저(水底)(이하 "토지등"이라 한다)를 사용할 수 있으나, 이 경우 기간통신사업자는 미리 그 토지등의 소유자나 점유자와 협의하여야 한다고 규정하고 있으며(전기통신사업법 제72조제1항), 기간통신사업자는 이 법 제72조(토지등의 사용)제1항에 따른 협의가 성립되지 아니하거나 협의를 할 수 없으면 「공익사업을 위한 토지 등의 취득 및 보상에 관한 법률」에서 정하는 바에 따라 타인의 토지등을 사용할 수 있다고 규정하고 있다(동법 제72조제2항).

전기통신사업법은 기간통신사업자는 선로 등에 관한 측량, 전기통신설비의 설치공사 또는 보전공사를 하기 위하여 필요한 경우에는 현재의 사용을 뚜렷하게 방해하지 아니하는 범위에서 사유 또는 국유 · 공유의 전기통신설비 및 토지 등을 일시 사용할 수 있다고 규정하고 있으며(동법 제73조제1항), 누구든지 기간통신사업자의 선로 등의 측량, 전기통신설비의 설치공사 또는 보전공사와 이를 위한 전기통신설비 및 토지 등의 일시 사용을 정당한 사유 없이 방해하여서는 아니 된다고 규정하고 있는 한편(동법 제73조제2항), 기간통신사업자는 이 법 제73조(토지등의 일시 사용)제1항에 따라 사유 또는 국유 · 공유 재산을 일시 사용하려면 미리 점유자에게 사용목적과 사용기간을 알려야 하나, 다만 미리 알리는 것이 곤란한 경우에는 사용을 할 때 또는 사용 후 지체 없이 알리고, 점유자의 주소나 거소를 알 수 없어 사용목적과 사용기간을 알릴 수 없는 경우에는 이를 공고하여야 한다고 규정하고 있는데(동법 제73조제2항), 동법 제73조제1항에 따른 토지등의 일시 사용기간은 6개월을 초과할 수 없다고 규정하고 있으며(동법 제73조제4항), 동법 제73조제1항에 따라 사유 또는 국유 · 공유의 전기통신설비나 토지등을 일시 사용하는 사람은 그 권한을 표시하는 증표를 지니고 이를 관계인에게 보여주어야 한다고 규정하고 있다(동법 제73조제5항).

전기통신사업법은 기간통신사업자는 전기통신설비를 설치 · 보전하기 위한 측량 · 조사 등을 위하여 필요하면 타인의 토지 등에 출입할 수 있으나, 다만 출입하려는 곳이 주거용 건물인 경우에는 거주자의 승낙을 받아야 한다고 규정하고 있으며(동법 제74조제1항), 누구든지 이 법 제74조(토지등에의 출입)제1항에 따른 전기통신설비의 설치와 보전을 위한 측량 · 조사 등과 이를 위하여 토지 등에 출입하는 것을 정당한 사유 없이 방해하여서는 아니 된다고 규정하고 있는 한편(동법 제74조제2항), 동법 제74조제1항에 따라 측량이나 조사 등에 종사하는 사람이 사유 또는 국유 · 공유의 토지등에 출입하는 경우 그 통지 및 증표 제시에 관하여는 동법 제73조(토지등의 일시 사용)제3항 및 제5항을 준용한다고 규정하고 있다(동법 제74조제3항).

전기통신사업법은 기간통신사업자는 선로 등의 설치 또는 전기통신설비에 장해를 주거나 줄 우려가 있는 가스관 · 수도관 · 하수도관 · 전등선 · 전력선 또는 자가전기통신설비(이하 "장해물 등"이라 한다)의 소유자나 점유자에게 그 장해물 등의 이전 · 개조 · 수리 또는 그 밖의 조치를 요구할 수 있다고 규정하고 있으며(동법 제75조제1항), 기간통신사업자는 식물이 선로 등의 설치 · 유지 또는 전기통신에 장해를 주거나 줄 우려가 있으면 그 소유자나 점유자에게 식물의 제거를 요구할 수 있다고 규정하는 한편(동법 제75조제2항), 기간통신사업자는 식물의 소유자나 점유자가 이 법 제75조(장해물등의 제거 요구)제2항에 따른 요구에 따르지 아니하거나 그 밖의 부득이한 사유가 있는 경우에는 과학기술정보통신부장관의 허가를 받아 그 식물을 벌채하거나 이식할 수 있으나, 이 경우 해당 식물의 소유자나 점유자에게 지체 없이 그 사실을 알려야 한다고 규정하고 있으며(동법 제75조제3항), 기간통신사업자의 전기통신설비에 장해를 주거나 줄 우려가 있는 장해물등의 소유자나 점유자는 그 장해물등을 신설 · 증설 · 개선 · 철거 또는 변경할 필요가 있으면 미리 기간통신사업자와 협의하여야 한다고 규정하고 있다(동법 제75조제4항).

전기통신사업법은 기간통신사업자는 해저(海底)에 설치한 통신용 케이블과 그 부속설비(이하 "해저케이블"이라 한다)를 보호하기 위하여 필요하면 해저케이블 경계구역의 지정을 과학기술정보통신부장관에게 신청할 수 있다고 규정하고 있는데(동법 제79조제3항), 과학기술정보통신부장관은 제79조(전기통신설비의 보호)제3항에 따른 신청을 받으면 지정 필요성 등을 검토하고, 관계 중앙행정기관의 장과의 협의를 거쳐 해저케이블 경계구역을 지정 · 고시할 수 있다고 규정하고 있으며(동법 제79조제4항), 해저케이블 경계구역의 지정 신청, 지정 · 고시의 방법과 절차, 경계구역 표시의 방법 등에 관한 사항은 대통령령으로 정한다고 규정하고 있다(동법 제79조제5항).

한편, 전기통신사업법은 기간통신사업자는 전기통신설비를 설치 · 보전하기 위하여 차량, 선박, 항공기, 그 밖의 운반구(運搬具)를 운행할 필요가 있으면 관계 공공기관에 협조를 요청할 수 있으며, 이 경우 협조를 요청받은 공공기관은 정당한 사유가 없으면 그 요청에 따라야 한다고 규정하고 있다(동법 제81조).

(나) 전기통신설비의 설치 및 보전할 유지 의무

기간통신사업자는 전기통신설비를 설치하고 보전할 권리와 함께 이를 유지할 의무를 부여받고 있는데, 전기통신사업법은 전기통신사업자는 그가 제공하는 전기통신역무의 안정적인 공급을 위하여 해당 전기통신설비를 대통령령으로 정하는 기술기준에 적합하도록 유지 · 보수하여야 한다고 규정하고 있다(전기통신사업법 제61조). 전기통신사업법은 기간통신사업자는 중요한 전기통신설비를 설치하거나 변경하려는 경우에는 대통령령으로 정하는 바에 따라 미리 과학기술정보통신부장관에게 신고하여야 하나, 다만, 새로운 전기통신기술방식에 의하여 최초로 설치되는 전기통신설비에 대하여는 대통령령으로 정하는 바에 따라 과학기술정보통신부장관의 승인을 받아야 한다고 규정하고 있으며(동법 제62조제1항), 이 법 제62조(전기통신설비 설치의 신고 및 승인)제1항에 따른 중요한 전기통신설비의 범위는 과학기술정보통신부장관이 정하여 고시한다고 규정하고 있는데(동법 제62조제2항), 동 사안과 관련하여 전기통신설비(과학기술정보통신부 고시 제2017-7호, 2017. 8. 24.)가 제정 · 시행되고 있다.

한편, 전기통신사업법은 과학기술정보통신부장관은 전기통신에 관한 정책의 수립을 위하여 필요한 경우 등 대통령령으로 정하는 경우에는 전기통신설비를 설치한 자의 설비상황 · 장부 또는 서류 등을 검사하거나 전기통신설비를 설치한 자에 대하여 설비에 관한 보고를 하게 할 수 있다고 규정하고 있으며(동법 제82조제1항), 과학기술정보통신부장관은 이 법을 위반하여 전기통신설비를 설치한 자가 있는 경우에는 해당 설비의 제거 또는 그 밖에 필요한 조치를 명할 수 있다고 규정하고 있다(동법 제82조제2항).

참고자료 및 질문

1. 과거 전기통신사업자의 종류. 2018년 12월, 전기통신사업법 개정 이전에는 전기통신사업자로는 〈표 2〉와 같이 기간통신사업자, 별정통신사업자, 부가통신사업자 3가지 종류가 존재하였다. 기간통신사업자와 별정통신사업자는 기간통신역무를 제공하는 사업자라는 점에서 공통점이 있었으나, 기간통신사업자는 전기통신회선설비[42]를 설치하고 그 전기통신회선설비를 이용하여 기간통신역무를 제공하는 사업자인 반면, 별정통신사업자는 1. 기간통신사업의 허가를 받은 자(기간통신사업자)의 전기통신회선설비 등을 이용하여 기간통신역무를 제공하거나, 2. 대통령령으로 정하는 구내(構內)에 전기통신설비를 설치하거나 그 전기통신설비를 이용하여 그 구내에서 전기통신역무를 제공하는 사업자라는 점에서 차이가 있었다. 한편, 부가통신사업자는 전기통신회선설비의 설치 없이 기간통신역무 외의 전기통신역무인 부가통신역무를 제공하는 사업자로 이해된다. 기존에는 기간통신사업자의 경우 기간통신사업 허가를 통해, 별정통신사업자는 별정통신사업 등록을 통해, 부가통신사업자는 부가통신사업 신고(다만, 특수한 유형의 부가통신역무제공사업자는 등록)를 통해 시장에 진입하도록 한 바 있다.

표 2 과거 전기통신사업자의 3종류 간 비교

구분	설비 설치 · 보유	제공역무	시장진입방식
기간통신사업자	설비 설치 · 보유	기간통신역무	허가
별정통신사업자	설비 미설치 · 미보유	기간통신역무	등록
부가통신사업자	설비 미설치 · 미보유	부가통신역무	신고(예외적 등록)

2. 별정통신사업자. 별정통신사업자는 1997년 WTO 협정체결에 따라 외국 통신사업자의 국내 시장 진입을 용이(容易)하게 하려고 도입되었으나, 기존 기간통신사업자의 초과 이익(Rent)이 존재하는 시장에 별정통신사업자를 진입시켜 요금 인하 유도를[43] 의도하기 위한 목적도 이면에 존재하는 제도로 이해된다. 한편, 앞에서 설명한 바와 같이 2018년 12월, 전기통신사업법 개정을 통해 동 제도가 폐지되어 기간통신사업자와 일원화(一元化)되었다. 이러한 별정통신사업자는 〈표 3〉과 같이, 1. 기간통신사업자의 전기통신회선설비 등을 이용하여 기간통신역무를 제공하거나, 2. 대통령령으로 정하는 구내(構內)에 전기통신설비를 설치하거나 그 전기통신설비를 이용하여 그 구내에서 전기통신역무를 제공하는 사업자로서 4가지 종류의 별정사업자가 존재하였다.[44] 별정통신사업자는 별정통신제도를 도입할 때에는 당초 3가지 종류로 시작되었으나, 이동전화 도매제공(MVNO, Mobile Virtual Network Operator)인 이동전화 재판매, 소위 알뜰폰 제도의 활성화를 위해 별정제4호가 추가로 도입된 바 있다.[45]

표 3 별정통신사업자의 종류

구분	별정통신사업의 세부내용
별정제1호 (교환설비 보유사업)사업자	공중망–전용망–공중망 형태의 재판매 사업, 인터넷전화, 콜 백 등 자체 교환설비 등을 구성하여 독자적인 서비스를 직접 제공
별정제2호 (교환설비 미보유사업)사업자	호집중 사업과 재과금 사업이 있으며, 호(呼)집중 사업(Call Aggregator)은 여러 지역에 산재된 고객들을 영업 · 모집하고 기존 통신사업자로부터 다량 할인을 받아 차액을 수입원으로 하는 사업 형태인 반면, 재과금 사업(Rebiller)은 기간통신사업자의 대량 할인 제도를 활용하여 통신사업자로부터 과금 자료를 받아 자신의 가입자에게 재과금하는 사업 형태
별정제3호(구내통신사업) 사업자	구내에 전기통신설비를 설치하거나 이를 이용하여 구내에 전기통신역무를 제공하는 사업 형태(구내 교환기 및 LAN 등을 설치하고 구내에 종합적인 통신서비스를 제공)
별정제4호(도매제공 의무서비스 재판매 사업)사업자	기간통신사업자의 전기통신 도매제공 의무 서비스를 도매로 제공받아 재판매하는 사업 형태(소위 '알뜰폰(MVNO)')

2018년 12월 전기통신사업법 개정 이전에는 별정통신사업자는 기간통신사업자의 전기통신회선설비 등을 이용하여 기간통신역무를 제공하므로 전기통신회선설비를 설치하지 않은 반면, 기간통신사업자는 전기통신회선설비를 설치하고 그 회선설비를 이용하여 기간통신역무를 제공하도록 하였는데, 이렇게 기존에 전기통신회선설비의 설치 여부로 전기통신사업자를 기간통신사업자와 별정통신사업자로 구분하게 하고 〈표 4〉와 같이 규제의 차이를 두도록 한 것은 전기통신회선설비를 설치하는 전기통신사업자인 기간통신사업자는 규모가 큰 사업자이나 전기통신회선설비를 설치하지 않는 전기통신사업자인 별정통신사업자는 규모가 작은 사업자라는 전제(前提)에 따른 것이었다고 생각된다. 또한 이렇게 기간통신사업자와 별정통신사업자의 구분을 명확하게(Bright-line) 하고 설비투자를 요구받지 않는 별정통신사업자보다 설비투자를 요구받는 기간통신사업자에게 유리한 규제의 차이를 둔 것은 설비 기반 경쟁을 촉진하기 위한 정책적 목표도 있었던 것으로 이해된다.

표 4 과거 기간통신사업자와 별정통신사업자에 대한 규제의 차이

구분			기간통신사업자	별정통신사업자
유형	개별 규제			
통신의 공공성 관련 규제	외국인 지분제한		직접투자 시 49% 등	없음
	공익성 심사		필요(매출액 300억원 이상)	불필요
	진입 결격사유		국가 · 지자체, 非법인 등	非법인
	임원 결격사유		미성년자 · 파산자 등	없음
경쟁 활성화 및 이용자 보호 관련 규제	M&A시		인가	신고
	통신사업외 겸업		승인(매출액 300억원 이상)	없음
	사업 휴 · 폐지 시		승인	신고
	보편적 서비스	손실분담	의무(매출액 300억원 이상)	의무(매출액 300억원 이상)
		요금감면	의무	의무 없음
	회계 분리		의무	의무 없음
	이용약관		신고(SMP*는 인가) * Significant Market Player: 시장지배적 사업자	없음(사업개시 시에만 등록)
	약관위반 시 행정처분		있음(금지행위)	없음
통신설비의 임대 · 이용	상호접속		적용(SMP는 의무제공)	적용 없음

관련 규제	설비제공	적용(SMP는 의무제공)	적용 없음
	가입자망 공동활용	적용(SMP는 의무제공)	적용 없음
	로밍	적용	적용 없음
	도매제공	적용(SMP는 의무제공)	적용 없음

그러나 이렇게 전기통신회선설비의 설치 여부로 기간통신사업자와 별정통신사업자를 구분하던 기존 제도의 실효성에 대한 의문을 들게 하는 통신 기술과 시장 환경의 변화가 있어 왔는데, 2006년도에 이루어진 케이블티비(CATV, Cable Television) 사업자인 SO(System Operator)들에 대한 기간통신역무인 초고속인터넷 접속역무 허가와 2007년도부터 도입이 추진된 이동전화 재판매(MVNO, Mobile Virtual Network Operator) 제도에 따른 소위 알뜰폰 사업자와 같은 대규모 별정통신사업자의 등장과 같은 사안들이다. 과거 케이블티비사업자는 전국 단위가 아닌 지역단위로 방송 사업 허가를 받아 사업을 영위하는 경우가 대다수였으므로 전국 단위 기간통신역무 허가 사업자인 통신사업자보다 설비와 매출의 규모가 영세한 경우가 많았는데, 2006년도에 케이블티비사업자들에게 기간통신역무인 초고속인터넷 접속역무 허가가 이루어짐으로써 대규모 기간통신사업자와 소규모의 케이블티비사업자 간 전기통신사업법에 따른 사업자의 법적 지위가 같아지는 경우가 나타났었다. 또한, 별정통신사업자의 경우 대부분 기간통신사업자에 비해 자본금이나 매출의 규모가 적었으나 이동전화 재판매 사업을 영위하고 있던 (구)CJ헬로비전(현재 LGU+에 합병된 LG헬로비전)의 경우 이동통신 별정사업 매출액이 2천억 원이 넘는 경우도 나타나고 있었으며 일부 별정통신사업자들은 기간통신사업자인 케이블티비사업자들보다 매출이 큰 경우가 있었기 때문에 과연 별정통신사업자가 기간통신사업자 보다 작은 사업자인지 여부에 대한 의문과 함께 기간통신사업자와 별정통신사업자를 구분하는 것이 전기통신사업법상 제도적인 의미가 있는지에 대한 논란이 지속적으로 제기되어 왔었다. 이러한 논란과 문제를 해소하기 위해 2018년 12월 전기통신사업법의 개정을 통해 별정통신사업자 제도가 폐지된 것으로 생각된다.

42) 전기통신사업법은 전기통신설비란 전기통신을 하기 위한 기계·기구·선로 또는 그 밖에 전기통신에 필요한 설비를 말한다고 규정하고 있으며(전기통신사업법 제2조제2호), 전기통신회선설비란 전기통신설비 중 전기통신을 행하기 위한 송신·수신 장소 간의 통신로 구성설비로서 전송설비·선로설비 및 이것과 일체로 설치되는 교환설비와 이들의 부속설비를 말한다고 규정하고 있다(동법 제2조제3호).

43) 요금 인하 유도라는 목표는 별정통신사업자들에게 시장에서 기간통신사업자들 보다 낮은 요금을 설정하게 함으로써 기간통신사업자들이 향유(享有)하고 있던 초과이윤(Rent)에 대해 선별적 이윤추구(Cream-skimming 또는 Cherry-picking)를 할 수 있게 함으로써 기존 기간통신사업자들도 요금을 내릴 수밖에 없도록 유인하기 위한 정책적 고려를 바탕으로 추진된 것으로 이해되는데, 이와 유사한 예시로 알뜰 주유소를 들 수 있다.

(3) 손해배상, 손실보상 및 설비의 이전, 원상회복 의무

(가) 손해배상

전기통신사업법은 전기통신사업자는 다음, 1. 전기통신역무의 제공이 중단되는 등 전기통신역무의 제공과 관련하여 이용자에게 손해를 입힌 경우와, 2. 이 법 제32조(이용자 보호)제1항에 따른 이용자 보호에 관련된 의견이나 불만의 원인이 되는 사유의 발생 및 이의 처리 지연과 관련하여 이용자에게 손해를 입힌 경우에는 이용자에게 배상을 하여야 하나, 다만 그 손해가 불가항력으로 인하여 발생한 경우 또는 그 손해의 발생이 이용자의 고의나 과실로 인한 경우에는 그 배상책임이 경감되거나 면제된다고 규정하고 있으며(전기통신사업법 제33조제1항), 전기통신사업자는 전기통신역무의 제공이 중단된 경우 대통령령으로 정하는 바에 따라 이용자에게 전기통신역무의 제공이 중단된 사실과 손해배상의 기준 · 절차 등을 알려야 한다고 규정하고 있다(동법 제33조제2항). 또한 전기통신사업법은 이 법 제51조의3(이동통신사업자 등에 대한 시정명령)제1항 또는 제2항에 따른 조치가 있는 경우에 그 조치의 원인이 된 위반행위로 피해를 입은 자는 위반행위를 한 자에게 손해배상을 청구할 수 있으며, 그 위반행위를 한 자는 고의 또는 과실이 없었음을 증명하지 못하면 책임을 면할 수 없다고 규정하고 있고(동법 제55조제1항). 동법 제52조(금지행위에 대한 조치)제1항에 따른 조치가 있는 경우에 금지행위로 피해를 입은 자는 금지행위를 한 전기통신사업자에게 손해배상을 청구할 수 있으며, 그 전기통신사업자는 고의 또는 과실이 없었음을 증명하지 못하면 책임을 면할 수 없다고 규정하고 있다(동법 제55조제2항).

(나) 손실보상 및 설비의 이전

전기통신사업법은 기간통신사업자는 이 법 제72조(토지등의 사용) 및 동법 제73조(토지등의 일시 사용)에 따른 토지등의 사용이 끝나거나 사용하고 있는 토지등을 전기통신업무에 제공할 필요가 없게 되면 그 토지등을 원상으로 회복하여야 하며, 원상으로 회복하지 못하는 경우에는 그 소유자나 점유자가 입은 손실에 대하여 정당한 보상을 하여야 한다고 규정하고 있다(전기통신사업법 제76조). 또한 전기통신사업법은 기간통신사업자는 이 법 제73조(토지등의 일시 사용)제1항 · 동법 제74조(토지등에의 출입)제1항 또는 동법 제75조(장해물등

---

44) 신종철, 통신법 해설, 진한M&B(2013), pp42~44.

45) 신종철, 통신법 해설(개정판), 진한M&B(2019), pp49~50.

의 제거 요구)의 경우에 타인에게 손실을 끼친 경우에는 손실을 입은 자에게 정당한 보상을 하여야 한다고 규정하고 있는데(동법 제77조), 기간통신사업자는 다음, 1. 동법 제73조(토지등의 일시 사용)제1항에 따른 토지등의 일시 사용, 2. 동법 제74조(토지등에의 출입)제1항에 따른 토지등에의 출입, 3. 동법 제75조(장해물등의 제거 요구)에 따른 장해물등의 이전·개조·수리 또는 식물의 제거 등, 4. 동법 제76조(원상회복의 의무)에 따른 원상회복의 불가능의 어느 하나에 해당하는 사유로 동법 제76조 또는 동법 제77조(손실보상)에 따른 손실보상을 할 때에는 그 손실을 입은 자와 협의하여야 한다고 규정하고 있다(동법 제78조제1항).

한편, 전기통신사업법은 이 법 제78조(토지등의 손실보상의 절차)제1항에 따른 협의가 성립되지 아니하거나 협의를 할 수 없는 경우에는 「공익사업을 위한 토지 등의 취득 및 보상에 관한 법률」에 따른 관할 토지수용위원회에 재결(裁決)을 신청하여야 한다고 규정하고 있으며(동법 제78조제2항), 이 법에서 규정한 것 외에 동법 제78조제1항의 토지등의 손실보상 등에 관한 기준·방법 및 절차와 제78조제2항의 재결신청 등에 관하여는 「공익사업을 위한 토지 등의 취득 및 보상에 관한 법률」을 준용한다고 규정하고 있다(동법 제78조제3항).

(다) 원상회복 의무

전기통신사업법은 기간통신사업자의 전기통신설비가 설치되어 있는 토지등이나 이에 인접한 토지등의 이용목적이나 이용방법이 변경되어 그 설비가 토지등의 이용에 방해가 되는 경우에는 그 토지등의 소유자나 점유자는 기간통신사업자에게 전기통신설비의 이전이나 그 밖에 방해 제거에 필요한 조치를 요구할 수 있다고 규정하고 있으며(전기통신사업법 제80조제1항), 기간통신사업자는 이 법 제80조(설비의 이전 등)제1항에 따른 요구를 받은 경우 해당 조치를 하는 것이 업무의 수행상 또는 기술상 곤란한 경우가 아니면 필요한 조치를 하여야 한다고 규정하고 있는데(동법 제80조제2항), 동법 제80조제2항의 조치에 필요한 비용은 해당 설비의 설치 이후에 그 설비의 이전이나 그 밖에 방해 제거에 필요한 조치의 원인을 제공한 자가 부담하나, 다만, 기간통신사업자는 그 비용을 부담하는 자가 해당 토지등의 소유자나 점유자인 경우로서 다음, 1. 기간통신사업자가 해당 전기통신설비의 이전이나 그 밖에 방해요소를 없애기 위한 계획을 수립하여 시행하는 경우, 2. 해당 전기통신설비의 이전이나 그 밖에 방해요소 제거가 다른 전기통신설비에 유익하게 되는 경우, 3. 국가나 지방자치단체가 전기통신설비의 이전이나 그 밖에 방해요소 제거를 요구하는 경우, 4. 사유지 내의 전기통신설비가 해당 토지등을 이용하는 데에 크게 지장을 주어 이전하는 경우의 어느 하나에 해당하는 경우에는 해당

설비를 설치할 때 보상금액, 설비기간 등을 고려하여 그 토지등의 소유자나 점유자가 부담하는 비용을 감면할 수 있다고 규정하고 있다(동법 제80조제3항).

(4) 전기통신역무의 제공과 품질개선 및 보편적 역무의 제공 의무

(가) 전기통신역무의 제공과 품질개선 의무

전기통신사업법은 전기통신사업자는 정당한 사유 없이 전기통신역무의 제공을 거부하여서는 아니 된다고 규정하고 있으며(전기통신사업법 제3조제1항), 전기통신사업자는 그가 제공하는 전기통신역무의 품질을 개선하기 위하여 노력하여야 한다고 규정하고 있는데(동법 제56조제1항), 전기통신사업자가 전기통신역무의 제공을 거부할 수 있는 사유는 제한적으로 천재지변(天災地變) 등과 같이 부득이한 경우로 해석해야 할 것으로 생각된다. 또한 전기통신역무의 제공과 품질개선 의무는 기간통신사업자의 기본적인 의무로서 전기통신사업법은 과학기술정보통신부장관은 전기통신역무의 품질을 개선하고 이용자의 편익을 증진하기 위하여 전기통신역무의 품질 평가 등 필요한 시책을 마련하여야 한다고 규정하고 있으며(동법 제56조제2항), 과학기술정보통신부장관은 전기통신사업자에게 전기통신역무의 품질 평가 등에 필요한 자료를 제출하도록 명할 수 있다고 규정하고 있다(동법 제56조제3항).

(나) 보편적 역무의 제공 의무

전기통신사업법은 "보편적 역무"란 모든 이용자가 언제 어디서나 적절한 요금으로 제공받을 수 있는 기본적인 전기통신역무를 말한다고 규정하고 있으며(전기통신사업법 제2조제10호), 모든 전기통신사업자는 보편적 역무를 제공하거나 그 제공에 따른 손실을 보전(補塡)할 의무가 있다고 규정하고 있으나(동법 제4조제1항), 과학기술정보통신부장관은 이 법 제4조(보편적 역무의 제공 등)제1항에도 불구하고 다음, 1. 전기통신역무의 특성상 동법 제4조제1항에 따른 의무 부여가 적절하지 아니하다고 인정되는 전기통신사업자로서 대통령령으로[46] 정하는 전기통신사업자와, 2. 전기통신역무의 매출액이 전체 전기통신사업자의 전기통신역무 총매출액의 100분의 1의 범위에서 대통령령으로[47] 정하는 금액

46) 전기통신사업법 시행령은 이 법 제4조(보편적 역무의 제공 등)제2항제1호에서 "대통령령으로 정하는 전기통신사업자"란 부가통신사업자 및 지역무선호출사업자를 말한다고 규정하고 있다(전기통신사업법 시행령 제5조제2항).

47) 전기통신사업법 시행령은 이 법 제4조(보편적 역무의 제공 등)제2항제2호에서 "대통령령으로 정하는

이하인 전기통신사업자의 어느 하나에 해당하는 전기통신사업자에 대하여는 그 의무를 면제할 수 있다고 규정하고 있다(동법 제4조제2항).

전기통신사업법은 보편적 역무의 구체적 내용은 다음, 1. 정보통신기술의 발전 정도, 2. 전기통신역무의 보급 정도, 3. 공공의 이익과 안전, 4. 사회복지 증진, 5. 정보화 촉진의 사항을 고려하여 대통령령으로 정한다고 규정하고 있는데(동법 제4조제3항), 과학기술정보통신부장관은 보편적 역무를 효율적이고 안정적으로 제공하기 위하여 보편적 역무의 사업규모 · 품질 및 요금수준과 전기통신사업자의 기술적 능력 등을 고려하여 대통령령으로 정하는 기준과 절차에 따라 보편적 역무를 제공하는 전기통신사업자를 지정할 수 있다고 규정하고 있으며(동법 제4조제4항), 과학기술정보통신부장관은 보편적 역무의 제공에 따른 손실에 대하여 대통령령으로[48] 정하는 방법과 절차에 따라 전기통신사업자에게 그 매출액을 기준으로 분담시킬 수 있다고 규정하고 있다(동법 제4조제5항).

(5) 이용자 보호 의무와 요금한도 초과 등의 고지 의무 등

전기통신사업법은 전기통신사업자는 전기통신역무에 관하여 이용자 피해를 예방하기 위하여 노력하여야 하며, 이용자로부터 제기되는 정당한 의견이나 불만을 즉시 처리하여야 하며, 이 경우 즉시 처리하기 곤란한 경우에는 이용자에게 그 사유와 처리일정을 알려야 한다고 규정하고 있는 한편(전기통신사업법 제32조제1항), 기간통신역무를 제공하는 전기통신사업자가 이용요금을 이용자 등으로부터 미리 받고 그 이후에 전기통신서비스를 제공하는 사업(이하 "선불통화서비스"라 한다)을 하려는 경우에는 그 서비스를 제공할 수 없게 됨으로써 이용자 등이 입게 되는 손해를 배상할 수 있도록 서비스를 제공하기 전에 미리 받으려는 이용요금 총액의 범위에서 대통령령으로 정하는 기준에 따라 산정된 금액에 대하여 과학기술정보통신부장관이 지정하는 자를 피보험자로 하는 보증보험에 가입하여야 하나, 다만, 해당 전기통신사업자의 재정적 능력과 이용요금 등을 고려하여 대통령령으로[49] 정하는 경우에는 보증보험에 가입하지 아니할 수 있다고 규정

금액"이란 300억원을 말한다고 규정하고 있다(전기통신사업법 시행령 제5조제3항).

48) 전기통신사업법 시행령은 과학기술정보통신부장관은 보편적 역무제공사업자가 아닌 전기통신사업자에 대하여 보편적 역무제공사업자가 보편적 역무를 제공함으로써 발생하는 손실의 전부 또는 일부를 보전(補塡)하기 위한 자금(이하 "보편적 역무 손실보전금"이라 한다)을 그 매출액을 기준으로 분담시킬 수 있다고 규정하고 있다(전기통신사업법 시행령 제4조제1항).

49) 전기통신사업법 시행령은 이 법 제32조(이용자 보호)제4항 단서에서 "대통령령으로 정하는 경우"란 다음, 1. 전기통신사업자가 제공하는 전기통신역무의 최근 3년간 연 평균 매출액이 300억원 이상인 경

하고 있다(동법 제32조제4항). 또한 전기통신사업법은 이동통신사업자는 다음, 1. 이용자가 처음 약정한 전기통신서비스별 요금한도를 초과한 경우와, 2. 국제전화 등 국제전기통신서비스의 이용에 따른 요금이 부과될 경우의 어느 하나에 해당하는 경우에 그 사실을 이용자에게 알려야 한다고 규정하고 있다(동법 제32조제1항).

(6) 기간통신역무등 서비스의 안정성 확보 의무

전기통신사업법은 기간통신사업자는 이용자에게 전기통신설비 관리를 포함하여 전기통신역무(이하 "전기통신역무등"이라 한다)를 편리하고 안정적으로 제공하기 위하여 노력하여야 한다고 규정하고 있으며(전기통신사업법 제32조의10제1항), 전년도 전기통신역무 매출액, 가입자 수, 회선 수 등이 대통령령으로[50] 정하는 기준에 해당하는 기간통신사업자는 전기통신역무등을 제공하기 위하여 취약점 분석 · 평가, 핵심설비 관리 및 모니터링, 트래픽 분산 대책 등 기술적 · 관리적 조치를 이 법 제61조(전기통신설비의 유지 · 보수)에 따른 기술기준에 적합하게 취하여야 한다고 규정하고 있다(동법 제32조의10제2항). 또한 전기통신사업법은 과학기술정보통신부장관은 이 법 제32조의10(기간통신사업자의 서비스 안정성 확보 등)제2항에 따른 기간통신사업자에게 기술적 · 관리적 조치 이행실적을 제출하게 할 수 있다고 규정하고 있다(동법 제32조의10제3항).

한편, 전기통신사업법은 이 법 제32조의10(기간통신사업자의 서비스 안정성 확보 등)제2항에 따른 기간통신사업자는 매년 자신이 제공하는 전기통신역무등의 안정성에 관하여 다음, 1. 기간통신사업자가 전기통신역무등의 안정성 확보를 위하여 기울인 일반적인 노력에 관한 사항, 2. 전기통신역무등의 안정성 확보를 위하여 실시한 투자에 관한 사항, 3. 전기통신역무등의 안정성 확보를 위한 내부 교육의 실시와 지원에 관한 사항, 4. 그 밖에 대통령령으로 정하는 전기통신역무등의 안정성 확보에 관한 사항을 포함한 보고서를 작성하고, 이를 공개하여야 한다고 규정하고 있다(동법 제32조의10제4항). 전기통신사업법 제32조의10(기간통신사업자의 서비스 안정성 확보 등)은 2023년 12월 전기통신사업법을

우, 2. 선불통화발행액 총액이 전기통신사업자가 제공하는 전년도 전기통신역무 매출액의 10퍼센트 이하인 경우, 3. 최근 3년간 선불통화서비스를 제공하면서 해당 서비스의 휴업 또는 폐업 등이 없었던 경우의 모두에 해당하는 경우를 말한다고 규정하고 있다(전기통신사업법 시행령 제37조의4제4항).

50) 전기통신사업 시행령은 이 법 제32조의10(기간통신사업자의 서비스 안정성 확보 등)제2항에서 "대통령령으로 정하는 기준에 해당하는 기간통신사업자"란 다음, 1. 전년도 전기통신역무 매출액이 1조원 이상일 것과, 2. 전년도 말 기준 가입자 수가 10만명 이상이거나 회선 수가 50만 회선 이상일 것의 기준에 모두 해당하는 회선설비 보유사업자를 말한다고 규정하고 있다(전기통신사업법 제32조의10제1항).

통해 신설된 조항이며, 2023년 1월 전기통신사업법을 통해 신설된 같은 법 제22조의7(부가통신사업자의 서비스 안정성 확보 등)과 같은 취지의 규정으로 이해된다.

(7) 통신사업을 종료할 권리와 의무

전기통신사업법은 기간통신사업자는 그가 경영하고 있는 기간통신사업의 전부 또는 일부를 휴업하거나 폐업하려면 대통령령으로 정하는 바에 따라 그 휴업 또는 폐업 예정일 60일 전까지 이용자에게 알리고, 그 휴업 또는 폐업에 대한 과학기술정보통신부장관의 승인을 받아야 하나, 다만, 전년도 전기통신역무 매출액이 대통령령으로[51] 정하는 금액 미만인 기간통신사업자의 경우 대통령령으로 정하는 바에 따라 과학기술정보통신부장관에게 신고(정보통신망에 의한 신고를 포함한다)하여야 한다고 규정하고 있는데(전기통신사업법 제19조제1항), 이렇게 이용자에 대한 사전 고지와 과학기술정보통신부장관의 승인을 요건으로 규정하고 있는 것은 기간통신사업이 국가 경제와 국민 생활에 지대한 영향을 미치므로 임의적인 사업의 휴지 또는 폐지로 인해 발생할 수 있는 국가경제와 국민 생활에 막대한 손실을 최소화하기 위한 것으로 이해된다.

한편, 전기통신사업법은 과학기술정보통신부장관은 기간통신사업의 휴업 · 폐업으로 인하여 별도의 이용자 보호가 필요하다고 판단하면 해당 기간통신사업자에게 가입전환의 대행 및 비용 부담, 가입 해지 등 이용자 보호에 필요한 조치를 명할 수 있다고 규정하고 있다(동법 제19조제2항).

(8) 통계의 보고 및 자료의 제출 의무

전기통신사업법은 전기통신사업자는 전기통신역무별 시설현황 · 이용실적 및 이용자 현황과 요금의 부과 · 징수를 위하여 필요한 통화량 관련 자료 등 대통령령으로[52] 정하

---

51) 전기통신사업법 시행령은 이 법 제19조(사업의 휴업 · 폐업)제1항 단서에서 "전년도 전기통신역무 매출액이 대통령령으로 정하는 금액 미만인 기간통신사업자의 경우"란 다음, 1. 회선설비 보유사업자는 회선설비 보유사업의 매출액이 50억원 미만인 경우, 2. 회선설비 미보유사업자는 회선설비 미보유사업의 매출액이 800억원 미만인 경우, 3. 회선설비 보유사업과 회선설비 미보유사업을 모두 경영하는 자는 회선설비 보유사업의 매출액이 50억원 미만이면서 회선설비 미보유사업의 매출액이 800억원 미만인 경우의 구분에 따른 경우를 말한다고 규정하고 있다(전기통신사업법 시행령 제24조의2제1항).

52) 전기통신사업법 시행령은 전기통신사업자가 이 법 제88조(통계의 보고 등)제1항에 따라 과학기술정보통신부장관에게 보고하여야 할 통계의 종류는 다음, 1. 전기통신시설 현황으로 서비스별 선로시설 · 교환시설 · 전송시

는 전기통신역무의 제공에 관한 통계를 대통령령으로 정하는 바에 따라 과학기술정보통신부장관에게 보고하고 관련 자료를 갖추어 두어야 한다고 규정하고 있으며(전기통신사업법 제88조제1항), 기간통신사업자 및 그 주주는 대통령령으로 정하는 바에 따라 이 법 제8조(외국정부 또는 외국인의 주식소유 제한)의 사실을 확인하는 데에 필요한 관계 자료를 제출하여야 한다고 규정하고 있는 한편(동법 제88조제2항), 기간통신사업자는 대통령령으로 정하는 바에 따라 회계를 정리하고, 매 회계연도 종료 후 3개월 이내에 전년도 영업보고서를 작성하여 과학기술정보통신부장관에게 제출하고 관련되는 장부와 근거 자료를 갖추어 두어야 하나, 다만, 전년도 전기통신역무 매출액이 대통령령으로[53] 정하는 금액 미만인 기간통신사업자는 그러하지 아니하다고 규정하고 있다(동법 제49조제1항).

참고자료 및 질문

1. 기술기준. 기술기준은[54] 〈표 5〉와 같이 공중위생, 안전, 환경보호 등의 공공이익의 추구와 함께 사고 발생의 방지를 통한 국민의 생명과 신체 및 안전의 보호 등을 직접적 목적으로 하여 국가기관 주도로 마련되고 강제적인 것이 단일한 규정인 반면, 표준은 생산과 유통의 효율성 제고 등을 목적으로 하여 시장에 의해 자발적이고 사실적(de facto)으로 생성되는 다수의 규정으로 이해된다.[55]

설 · 전원시설 등, 2. 전기통신 이용실적으로 서비스별 · 거리단계별 · 기간별 · 시간대별 · 국가별(외국의 전기통신사업자별 실적을 포함한다) · 통화권별 · 통화권간 매출액 및 이용 건수 등, 3. 전기통신이용자 현황으로 서비스별 · 시도별 · 통화권별 가입자 수 등, 4. 통화량 관련 자료로 서비스별 · 거리단계별 · 기간별 · 시간대별 · 시도별 · 국가별(외국의 전기통신사업자별 통화량을 포함한다) · 통화권별 · 통화권간 통화량과 그 밖에 설비 제공 및 상호접속 관련 정산 자료 등, 4의2. 데이터 이용량 관련 자료로 기술방식별, 기간별 및 전기통신설비에 부하를 주는 트래픽별 데이터 이용량 관련 자료 등, 5. 회계 관련 자료로 제공 사업 및 서비스별로 분리하여 작성된 영업보고서 등 회계 관련 자료, 6. 이용자로부터 받은 월별 선불통화권의 발행총액 및 통화권 사용 명세(회선설비 미보유사업자만 해당한다)와 같다고 규정하고 있다(전기통신사업법 시행령 제58조제1항).

53) 전기통신사업 회계정리 및 보고에 관한 규정은 전기통신사업법 제49조(회계 정리)제1항 단서에서 "전년도 전기통신역무 매출액이 대통령령으로 정하는 금액 미만인 기간통신사업자"란 다음, 1. 「전기통신사업법 시행령」 제11조(등록의 결격사유)에 따른 회선설비 보유사업(이하 "회선설비 보유사업"이라 한다)을 경영하는 경우는 회선설비 보유사업의 전년도 매출액이 300억원 미만인 기간통신사업자, 2. 「전기통신사업법 시행령」 제20조(양수 및 합병 등의 인가신청)제11항 각 호 외의 부분에 따른 회선설비 미보유사업(이하 "회선설비 미보유사업"이라 한다)을 경영하는 경우는 회선설비 미보유사업의 전년도 매출액이 800억원 미만인 기간통신사업자, 3. 회선설비 보유사업과 회선설비 미보유사업을 모두 경영하는 경우는 회선설비 보유사업의 전년도 매출액이 300억원 미만이면서 회선설비 미보유사업의 전년도 매출액이 800억원 미만인 기간통신사업자의 구분에 따른 사업자를 말한다고 규정하고 있다(전기통신사업 회계정리 및 보고에 관한 규정 제2조제2항).

표 5 **기술기준과 표준의 비교**

구분	기술기준	표준
목적	안전 · 위생 · 환경보호 등 공공의 이익과 국민의 생명 · 신체의 보호	생산 · 유통의 효율성과 정확성 · 합리성의 제고
시행주체	국가기관	시장(자발적 · 사실적(de facto))
자율 또는 강제	강제적	자율적

2. 자가전기통신설비. 제4차산업혁명의 사물인터넷(IoT, Internet over Things) 활성화 및 지방자치단체들의 공공 와이파이(Wi-Fi)[56]와 유시티(u-City) 구축으로 인해 논란이 제기되었던 사안이 자가전기통신설비(소위 '자가망(自家網)') 문제이다. 전기통신사업법은 자가전기통신설비란 전기통신사업에 제공하기 위한 전기통신설비인 사업용전기통신설비 외의 것으로서 특정인이 자신의 전기통신에 이용하기 위하여 설치한 전기통신설비를 말한다고 규정하고 있는데(전기통신사업법 제2조제5호), 자가전기통신설비는 전기통신사업법의 전신(前身)인 전기통신법 제정 당시인 1961년에 '사설유선전기통신설비'라는 명칭으로 도입되었으며 허가 및 신고를 통해 제한적으로 설치가 허용되었다. 이후 전기통신사업법의 개정을 통해 허가제 폐지, 목적 외 사용의 완화, 여유 설비제공 제도 도입, 자가전기통신설비 관련 사무 지방이양 등 지속적인 규제 완화가 이루어진 바가 있다. 2023년 개정을 통해 전기통신사업법은 자가전기통신설비를 설치하려는 자는 대통령령으로 정하는 바에 따라 주된 설비가 설치되어 있는 사무소 소재지를 관할하는 특별시장·광역시장·특별자치시장·도지사·특별자치도지사(이하 "시·도지사"라 한다)에게 신고하여야 하며, 신고 사항 중 대통령령으로 정하는 중요한 사항을 변경하려는 경우에는 변경신고를 하여야 하나, 다만, 시·도지사가 자가전기통신설비를 설치하려는 경우에는 과학기술정보통신부장관에게 신고하여야 하며, 신고 사항 중 대통령령으로 정하는 중요한 사항을 변경하려는 경우에는 변경신고를 하여야 한다고 규정하고 있고(동법 제64조제1항), 이 법 제64조(자가전기통신설비의 설치)제1항에도 불구하고 무선방식의 자가전기통신설비 및 군용전기통신설비 등에 관하여 다른 법률에 특별한 규정이 있는 경우에는 그 법률에 따른다고 규정하고 있다(동법 제64조제2항). 앞에서 설명한 바와 같이 전기통신사업법은 주요 가치인 통신 시장의 경쟁과 혁신을 위해 민간 전기통신 사업자와 사업용 전기통신설비를 전제로 입법되고 시행되어 왔기 때문에 지방자치단체와 같은 공공부문의 전기통신사업으로 인해 민간 부문과 시장이 위축되는 구축효과(驅逐效果, Crowding-out effect)를 막기 위해 자가전기통신설비의 설치를 통한 통신 시장의 진입에 제한을 두었으나 이러한 규제에 대해 통신사업자가 제

54) 국가표준기본법은 "기술규정"이란 인체의 건강 · 안전, 환경보호와 소비자에 대한 기만행위 방지 등을 위하여 제품, 서비스, 공정(이하 "제품등"이라 한다)에 대하여 강제적으로 적용하는 기준을 말한다고 규정하고 있다(국가표준기본법 제3조제8호).

55) 신종철, 전파법해설, 진한M&B(2013), p154.

공하는 서비스 요금의 적정성 문제, 지방자치단체의 자체 통신 네트워크 구축을 통한 주민들에 대한 무료 서비스 제공 정책과 공약 등으로 자가전기통신설비 관련 찬반(贊反) 논란이 지속적으로 제기되었고 2024년부터 공익 목적의 비영리사업이라는 제한을 두기는 하였으나 지방자치단체의 등록을 통한 통신 시장진입이 허용된 것으로 이해된다. 전기통신사업법은 자가전기통신설비를 설치한 자는 그 설비를 이용하여 타인의 통신을 매개하거나 설치한 목적에 어긋나게 운용하거나 이 법 제64조(자가전기통신설비의 설치)제1항에 따라 신고 또는 변경신고한 사항과 다르게 운용하여서는 아니 되나, 다만 다른 법률에 특별한 규정이 있거나 그 설치 목적에 어긋나지 아니하는 범위에서 다음, 1. 경찰 또는 재해구조 업무에 종사하는 자로 하여금 치안 유지 또는 긴급한 재해구조를 위하여 사용하게 하는 경우, 2. 자가전기통신설비의 설치자와 업무상 특수한 관계에 있는 자 간에 사용하는 경우로서 과학기술정보통신부장관이 고시하는[57] 경우의 어느 하나에 해당하는 용도에 사용하는 경우에는 그러하지 아니하다고 규정하고 있다(동법 제65조제1항). 과거로부터 자가전기통신설비를 제한하고 있는 것은 전기통신사업법이 누구든지 전기통신사업자가 제공하는 전기통신역무를 이용하여 타인의 통신을 매개하거나 이를 타인의 통신용으로 제공하여서는 아니 되나, 다만, 다음 각 호의[58] 경우에는 그러하지 아니하다고 규정하고 있는(동법 제30조), 타인 사용의 제한과 그 맥락(脈絡)을 같이 하는 것으로 생각된다. 과거로부터 자가전기통신설비에 대한 규제를 해왔던 것은 중복투자를 방지하여 국가 전체적으로 안정적이고 효율적인 전기통신설비를 구축·운영하고, 전기통신사업자의 사업용전기통신설비를 중심의 투자를 촉진하기 위해 자가전기통신설비를 제한한 것으로 이해된다. 자가전기통신설비 구축을 찬성(贊成)하는 입장은, 1. 자가전기통신설비의 구축을 통해 비용을 절감하고 주민들에게 저렴하고 편리한 서비스의 제공이 가능하고, 2. 기존 전기통신사업자가 높은 비용을 요구하고 자가전기통신설비 구축 수요에 대응하고 있지 못하다는 점 등을 근거로 들고 있다. 한편, 반대(反對)하는 입장은, 1. 공공부문의 비효율성(부실한 유지보수, 기술변화 대응 실패 등)과 중복투자가 발생하고, 2. 민간 부문이 구축(驅逐, Crowding-out)되어 통신 산업과 시장이 위축된다는 점 등을 근거로 들고 있다. 자가전기통신설비에 대한 당신의 입장은 무엇이며, 향후 필요한 합리적인 정책 방향은 무엇이라고 생각하는가?

---

56) 전기통신사업법은 “와이파이”란 무선 접속 장치가 설치된 곳에서 전파 등을 이용하여 일정 거리 안에서 인터넷을 사용할 수 있는 근거리 통신망을 말한다고 규정하고 있는데(전기통신사업법 제2조제16호), 와이파이(Wi-Fi)는 주파수 공유모형(Common or Open access model)에 근거하여 타인의 이용에 간섭만 일으키지 않는다면 그 대역 내에서 과학실험, 의료, 산업용 개발 등을 목적으로 자유롭게 주파수를 이용할 수 있게 하는 비면허대역인 ISM(Industrial Scientific Medical)에서 제공되는 무선 초고속인터넷 접속 역무로서 2.4㎓와 5㎓ 주파수 대역이 이용된다.

57) 자가전기통신설비 목적외 사용의 특례 범위(과학기술정보통신부 고시 제2019-15호, 2019. 3. 15.).

58) 전기통신사업법은 누구든지 전기통신사업자가 제공하는 전기통신역무를 이용하여 타인의 통신을 매개하거나 이를 타인의 통신용으로 제공하여서는 아니 되나, 다만, 1. 국가비상사태에서 재해의 예방·구조, 교통·통신 및 전력공급의 확보, 질서유지를 위하여 필요한 경우, 2. 전기통신사업 외의 사업을 경영할 때 고객에게 부수적으로 전기통신서비스를 이용하도록 제공하는 경우, 3. 전기통신역무를

2. 부가통신사업자

가. 부가통신사업자의 의의

전기통신사업법은 부가통신사업은 부가통신역무를 제공하는 사업으로 한다고 규정하고 있으며(전기통신사업법 제5조제3항), "부가통신역무"란 기간통신역무 외의 전기통신역무를 말한다고 규정하고 있는데(동법 제2조제12호), 부가통신사업자는 기간통신사업자의 전기통신회선설비를 임차 또는 이용하여 검색, e-mail, 게임, 인터넷 쇼핑 등 다양한 부가통신서비스를 제공하는 구글(Google), 네이버(Naver)와 같은 인터넷 포털, 쿠팡(Coupang), G마켓과 같은 온라인 쇼핑몰, 인스타그램(Instagram), 카카오톡과 같은 SNS(Social Network Service) 제공 사업자, 온라인 동영상 콘텐츠를 제공하는 유튜브(Youtube), 드라마나 영화를 제공하는 넷플릭스(Netflix), 티빙(Tving)과 같은 OTT(Over the TOP) 사업자 등 다양한 형태가 존재한다. 부가통신사업자는 자유로운 아이디어를 바탕으로 이용자들의 요구를 최대한 충족시키기 위한 사업을 영위하기 때문에 동 사업자의 영업활동을 최대한 보장하고 자유로운 경쟁을 촉진하기 위한 규제 정책과 제도들이 있어 왔는데, 예를 들면 부가통신사업자의 통신 시장 진입은 원칙적으로 신고를 통해 특수한 유형의 부가통신역무를 제공하는 부가통신사업자의 통신 시장 진입은 예외적 등록을 통해 이루어져 왔다.

그러나 구글(Google), 메타(Meta, (구)페이스북(Facebook)), 넷플릭스(Netflix)와 같은 글로벌 인터넷 기업의 국내시장 진출로 인해 동 사업자들과 국내 인터넷 기업에 대한 역차별(逆差別) 문제가 제기되고 있으며, 온라인 플랫폼(Online platform)을 통한 마약과 같은 불법 정보와 가짜뉴스(Fake news) 등의 유통, 웹하드(Webhard)나 P2P(Peer-to-Peer) 사업자로 인한 음란물의 유통, 저작권 침해 등의 문제 또한 지속적으로 제기되고 있는 상황으로 이러한 문제들을 해소하기 위한 규제가 지속적으로 강화되어 온 것으로 이해된다.

이용할 수 있는 단말장치 등 전기통신설비를 개발 · 판매하기 위하여 시험적으로 사용하도록 하는 경우, 4. 이용자가 제3자에게 반복적이지 아니한 정도로 사용하도록 하는 경우, 5. 그 밖에 공공의 이익을 위하여 필요하거나 전기통신사업자의 사업경영에 지장을 주지 아니하는 경우로서 대통령령으로 정하는 경우에는 그러하지 아니하다고 규정하고 있다(전기통신사업법 제30조).

나. 부가통신사업자의 권리와 의무

(1) 부가통신사업을 영위 및 종료할 권리와 의무

부가통신사업을 경영하려는 자는 부가통신사업의 신고(또는 등록)를 통해 통신 시장에 진입하고 통신사업의 경영권을 갖는데, 전기통신사업법은 부가통신사업을 경영하려는 자는 대통령령으로 정하는 요건 및 절차에 따라 과학기술정보통신부장관에게 신고(정보통신망에 의한 신고를 포함한다)하여야 한다고 규정하고 있으며(전기통신사업법 제22조제1항), 이 법 제22조(부가통신사업의 신고 등)제1항에도 불구하고 특수한 유형의 부가통신역무를 제공하는 사업을 경영하려는 자는 다음[59] 각 호의 사항을 갖추어 과학기술정보통신부장관에게 등록(정보통신망에 의한 등록을 포함한다)하여야 한다고 규정하고 있는 한편(동법 제22조제2항), 또한 전기통신사업법은 이 법 제22조제1항에 따라 부가통신사업을 신고한 자 및 동법 제22조제2항에 따라 부가통신사업을 등록한 자는 신고 또는 등록한 날부터 1년 이내에 사업을 시작하여야 한다고 규정하고 있다(동법 제22조제6항). 한편, 전기통신사업법은 부가통신사업자가 그 사업의 전부 또는 일부를 휴업하거나 폐업하려면 대통령령으로 정하는 바에 따라 그 휴업 또는 폐업 예정일 30일 전까지 그 내용을 해당 전기통신서비스의 이용자에게 알리고 과학기술정보통신부장관에게 신고(정보통신망에 의한 신고를 포함한다)하여야 하며, 이 경우 1년 이상 계속하여 사업을 휴업하여서는 아니 된다고 규정하고 있고(동법 제26조제1항), 부가통신사업자인 법인이 합병 외의 사유로 해산한 경우에는 그 청산인(해산이 파산에 의한 경우에는 파산관재인을 말한다)은 지체 없이 과학기술정보통신부장관에게 신고(정보통신망에 의한 신고를 포함한다)하여야 한다고 규정하고 있다(동법 제26조제2항).

---

59) 전기통신사업법은 이 법 제22조(부가통신사업의 신고 등)제1항에도 불구하고 특수한 유형의 부가통신역무를 제공하는 사업을 경영하려는 자는 다음, 1. 동법 제22조의3(특수유형부가통신사업자의 기술적 조치 등)제1항 및 「저작권법」 제104조(특수한 유형의 온라인 서비스제공자의 의무 등)의 이행을 위한 기술적 조치 실시 계획(동법 제2조(정의)제14호가목에 해당하는 자에 한정한다), 1의2. 송신인의 전화번호가 변작 등 거짓으로 표시되는 것을 방지하기 위한 기술적 조치 실시 계획(동법 제2조제14호나목에 해당하는 자에 한정한다), 2. 업무수행에 필요한 인력 및 물적 시설, 3. 재무건전성, 4. 동법 제22조의11(전송자격인증)제3항에 따른 전송자격인증서(동법 제22조의11제1항에 따른 사업자에 한정한다), 5. 그 밖에 사업계획서 등 대통령령으로 정하는 사항을 갖추어 과학기술정보통신부장관에게 등록(정보통신망에 의한 등록을 포함한다)하여야 한다고 규정하고 있다(전기통신사업법 제22조제2항).

(2) 부가통신사업자의 불법촬영물 등 유통방지와 특수유형부가통신사업자의 기술적 조치 등

(가) 부가통신사업자의 불법촬영물 등 유통방지

전기통신사업법은 이 법 제22조(부가통신사업의 신고 등제1항에 따라 부가통신사업을 신고한 자(동법 제22조제5항 각 호의[60] 어느 하나에 해당하는 자를 포함한다) 및 특수유형부가통신사업자 중 동법 제2조(정의)제14호가목에 해당하는 자(이하 "조치의무사업자"라 한다)는 자신이 운영 · 관리하는 정보통신망을 통하여 일반에게 공개되어 유통되는 정보 중 다음, 1. 「성폭력범죄의 처벌 등에 관한 특례법」 제14조(카메라 등을 이용한 촬영)에 따른 촬영물 또는 복제물(복제물의 복제물을 포함한다), 2. 「성폭력범죄의 처벌 등에 관한 특례법」 제14조의2(허위영상물 등의 반포등)에 따른 편집물 · 합성물 · 가공물 또는 복제물(복제물의 복제물을 포함한다), 3. 「아동 · 청소년의 성보호에 관한 법률」 제2조(정의)제5호에 따른 아동 · 청소년성착취물의 정보(이하 "불법촬영물등"이라 한다)가 유통되는 사정을 신고, 삭제요청 또는 대통령령으로[61] 정하는 기관 · 단체의 요청 등을 통하여 인식한 경우에는 지체 없이 해당 정보의 삭제 · 접속차단 등 유통방지에 필요한 조치를 취하여야 한다고 규정하고 있으며(전기통신사업법 제22의5제1항), 전기통신역무의 종류, 사업규모 등을 고려하여 대통령령으로[62] 정하는 조치의무사업자는 불법촬영물등의 유통

---

60) 전기통신사업법은 이 법 제22조(부가통신사업의 신고 등)제1항에도 불구하고 다음, 1. 자본금 등이 대통령령으로 정하는 기준에 해당하는 소규모 부가통신사업을 경영하려는 자와, 2. 부가통신사업을 경영하려는 기간통신사업자의 어느 하나에 해당하는 자는 부가통신사업을 신고한 것으로 본다고 규정하고 있다(전기통신사업법 제22조제5항).

61) 전기통신사업법 시행령은 이 법 제22조의5(부가통신사업자의 불법촬영물 등 유통방지)제1항에서 "대통령령으로 정하는 기관 · 단체"란 다음, 1. 「성폭력방지 및 피해자보호 등에 관한 법률」 제10조(상담소의 설치 · 운영)제1항에 따른 성폭력피해상담소, 2. 「양성평등기본법」 제46조의2(한국여성인권진흥원의 설립 등)제1항에 따른 한국여성인권진흥원, 3. 그 밖에 다음, 가. 국가 또는 특별시 · 광역시 · 특별자치시 · 도 · 특별자치도로부터 동법 제22조의5제1항에 따른 불법촬영물등(이하 "불법촬영물등"이라 한다)의 삭제 지원 등에 관한 사업 수행에 필요한 비용을 보조받아 그 사업을 수행하는 기관 · 단체와, 나. 「성폭력방지 및 피해자보호 등에 관한 법률」 제10조제2항에 해당하는 성폭력피해상담소 중 여성가족부장관, 특별자치시장 · 특별자치도지사 또는 시장 · 군수 · 구청장(자치구의 구청장을 말한다)이 추천하는 성폭력피해상담소의 어느 하나에 해당하는 기관 · 단체로서 방송미디어통신위원회가 정하여 고시하는 기관 · 단체를 말한다고 규정하고 있는데(전기통신사업법 시행령 제30조의5제1항), 동 사안과 관련하여 불법촬영물등 신고 · 삭제요청 기관 · 단체 고시(방송미디어통신위원회 고시 제2025-3호, 2025. 3. 26.)가 제정 · 시행되고 있다.

62) 전기통신사업법 시행령은 이 법 제22조의5(부가통신사업자의 불법촬영물 등 유통방지)제2항에서 "대

을 방지하기 위하여 대통령령으로[63] 정하는 기술적 · 관리적 조치를 하여야 한다고 규정하고 있다(동법 제22조의5제2항).

또한 전기통신사업법은 이 법 제22조의5(부가통신사업자의 불법촬영물 등 유통방지)제2항에 따라 기술적 · 관리적 조치를 하여야 하는 조치의무사업자는 동법 제22조의5제2항에 따른 기술적 조치의 운영 · 관리 실태를 시스템에 자동으로 기록되도록 하고, 이를 대통령령으로[64] 정하는 기간 동안 보관하여야 한다고 규정하고 있으며(동법 제22조의5제4항), 방송미디어통신위원회는 소속 공무원으로 하여금 동법 제22조의5제1항 또는 제2항에 따른 조치의 운영 · 관리 실태를 점검하게 하거나, 조치의무사업자에게 필요한 자료의 제출을 명할 수 있는데, 이 경우 점검 절차와 방법은 동법 제51조(사실조사 등)를 준용한다고 규정하고 있다(동법 제22조의5제5항).

통령령으로 정하는 조치의무사업자"란 다음, 1. 특수유형부가통신사업자 중 동법 제2조(정의)제14호 가목에 해당하는 자와, 2. 동법 제22조제1항에 따라 부가통신사업을 신고한 자(같은 조 제4항 각 호의 어느 하나에 해당하는 자를 포함한다)로서 다음, 가. 부가통신서비스 부문 전년도(법인인 경우에는 전 사업연도를 말한다) 매출액이 10억원 이상이고 이 법 시행령 [별표 3의2]에 따른 부가통신서비스를 제공하는 자와, 나. 전년도 말 기준 직전 3개월간의 하루 평균 이용자 수가 10만명 이상이고 동법 시행령 [별표 3의2]에 따른 부가통신서비스를 제공하는 자의 어느 하나의 요건에 해당하는 자의 어느 하나에 해당하는 조치의무사업자(이하 "사전조치의무사업자"라 한다)를 말한다고 규정하고 있다(전기통신사업법 시행령 제30조의6제1항).

63) 전기통신사업법 시행령은 이 법 제22조의5(부가통신사업자의 불법촬영물 등 유통방지)제2항에서 "대통령령으로 정하는 기술적 · 관리적 조치"란 다음, 1. 불법촬영물등으로 의심되는 정보를 발견한 자가 사전조치의무사업자에게 정보통신망을 통하여 상시적으로 신고 · 삭제요청을 할 수 있는 기능을 마련하는 조치, 2. 이용자가 검색하려는 정보가 이전에 동법 제22조의5제1항에 따라 신고 · 삭제요청을 받은 불법촬영물등에 해당하는지를 이용자가 입력한 검색어와 그 불법촬영물등의 제목 · 명칭 등을 비교하는 방식으로 식별하여 검색결과를 삭제하는 등 검색결과 송출을 제한하는 조치, 3. 이용자가 게재하려는 정보의 특징을 분석하여 방송통신심의위원회에서 불법촬영물등으로 심의 · 의결한 정보에 해당하는지를 비교 · 식별 후 그 정보의 게재를 제한하는 조치(이 경우 다음, 가. 국가기관이 개발하여 제공하는 기술과, 나. 방송미디어통신위원회가 정하여 고시하는 기관 · 단체가 최근 2년 이내에 시행한 성능평가를 통과한 기술의 어느 하나에 해당하는 기술을 사용하여 비교 · 식별해야 한다), 4. 불법촬영물등을 유통할 경우 동법 제22조의5제1항에 따른 삭제 · 접속차단 등 유통방지에 필요한 조치가 취해지며, 관련 법률에 따라 처벌을 받을 수 있다는 내용을 정보통신망을 통하여 이용자에게 미리 알리는 조치를 말한다고 규정하고 있으며(전기통신사업법 시행령 제30조의6제2항), 이 법 시행령 제30조의6(불법촬영물등의 유통 방지를 위한 기술적 · 관리적 조치 등)제2항에 따른 기술적 · 관리적 조치에 관한 세부사항은 방송미디어통신위원회가 정하여 고시한다고 규정하고 있는데(동법 시행령 제30조의6제3항), 동 사안과 관련하여 성능평가 수행기관 지정 고시(방송미디어통신위원회 고시 제2021-2호, 2021. 2. 8.)가 제정 · 시행되고 있다.

64) 전기통신사업법 시행령은 이 법 제22조의5(부가통신사업자의 불법촬영물 등 유통방지)제4항에서 "대통령령으로 정하는 기간"이란 3년을 말한다고 규정하고 있다(전기통신사업법 시행령 제30조의6제6항).

한편, 전기통신사업법은 방송미디어통신위원회는 이 법 제22조의5(부가통신사업자의 불법촬영물 등 유통방지)제1항에 따른 불법촬영물등의 삭제 · 접속차단 등 유통방지에 필요한 조치를 의도적으로 취하지 아니한 자에게 대통령령으로 정하는 매출액의 100분의 3 이하에 해당하는 금액을 과징금으로 부과할 수 있다고 규정하고 있다(동법 제22조의6제1항).

(나) 특수유형부가통신사업자의 기술적 조치 등

전기통신사업법은 이 법 제22조(부가통신사업의 신고 등)제2항에 따라 특수한 유형의 부가통신사업을 등록한 자(이하 "특수유형부가통신사업자"라 한다) 중 제2조(정의)제14호가목에 해당하는 자는[65] 다음, 1.「정보통신망 이용촉진 및 정보보호 등에 관한 법률」제42조(청소년유해매체물의 표시), 이 법 제42조의2(청소년유해매체물의 광고금지) 및 동법 제45조(정보통신망의 안정성 확보 등)의 이행을 위한 기술적 조치와, 2.「정보통신망 이용촉진 및 정보보호 등에 관한 법률」제44조의7(불법정보의 유통금지 등)제1항제1호에 따른 불법정보의 유통 방지를 위하여 대통령령으로 정하는 기술적 조치를 하여야 한다고 규정하고 있다(전기통신사업법 제22조의3제1항).

또한 전기통신사업법은 특수유형부가통신사업자(이 법 제2조제14호가목에 해당하는 자에 한정한다)는 제22조의3(특수유형부가통신사업자의 기술적 조치 등)제1항에 따른 기술적 조치의 운영 · 관리 실태를 시스템에 자동으로 기록되도록 하고, 이를 대통령령으로[66] 정하는 기간 동안 보관하여야 한다고 규정하고 있으며(동법 제22조의3제3항), 과학기술정보통신부장관 또는 방송미디어통신위원회는 각각 소관 업무에 따라 소속 공무원으로 하여금 이 법 제22조의3제1항에 따른 기술적 조치의 운영 · 관리 실태를 점검하게 하거나, 특수유형부가통신사업자에게 제3항에 따른 기록 등 필요한 자료의 제출을 명할 수 있는데, 이 경우 점검 절차와 방법은 동법 제51조(사실조사 등)를 준용한다고 규정하고 있다(동법 제22조의3제4항).

한편, 전기통신사업법은 특수유형부가통신사업자(이 법 제2조제14호가목에 해당하는 자에 한정한다)는 동법 제22조의3(특수유형부가통신사업자의 기술적 조치 등)제1항에 따른 기술적 조

---

65) 전기통신사업법은 "특수한 유형의 부가통신역무"란 다음 각, 가.「저작권법」제104조에 따른 특수한 유형의 온라인서비스제공자의 부가통신역무에 해당하는 업무를 말한다고 규정하고 있는데(전기통신사업법 제2조제14호가목), 웹하드(Webhard)나 P2P(Peer-to-Peer) 서비스로 이해된다.

66) 전기통신사업법 시행령은 이 법 제22조의3(특수유형부가통신사업자의 기술적 조치 등)제3항에서 "대통령령으로 정하는 기간"이란 2년을 말한다고 규정하고 있다(전기통신사업법 시행령 제30조의3제2항).

치 또는 동법 제22조의5(부가통신사업자의 불법촬영물 등 유통방지)제2항에 따른 기술적 · 관리적 조치를 제3자에게 위탁하는 경우에는 그 수탁자의 주식 또는 지분을 소유할 수 없다고 규정하고 있는데(동법 제22조의3제6항), 동 조항은 뒤에서 설명할 소위 웹하드 카르텔(Webhard cartel) 문제를 해소하기 위해 기술적 조치의 독립성과 중립성을 확보하여 이용자 보호 및 건전한 시장 질서 확립을 위한 조치로 이해된다.

참고자료 및 질문

1. 웹하드 카르텔. 사회적으로 논란이 불거졌던 사안 중 하나로 웹하드를 통한 음란물 유포 및 웹하드 카르텔(Webhard cartel) 문제가 있는데, 웹하드는 몰래카메라(Hidden cam) 음란물이나 보복 음란물(Revenge porn) 등의 유통 창구로서 지속적인 문제가 제기되어 왔었다. 웹하드 카르텔 구조는 〈그림 10〉과 같이 헤비업로더(Heavy uploader, 인터넷 사이트에 대량으로 데이터를 올리는 사용자), 웹하드 업체, 필터링 업체, 디지털 장의사 등 4단계 생태계로 구성되어 있다. 헤비업로더가 성행위 동영상 등 불법 콘텐츠를 올려 웹하드 업체와 계약을 맺고 수익을 취하면, 동 업체는 불법 동영상을 묵인하고 해당 파일을 배포, 유통한다. 이러한 콘텐츠를 차단해야 할 필터링 업체도 이들과 유착 관계에 있어 이 같은 유통 구조를 방조한다. 한편, 일반인 피해자들은 자신의 영상을 삭제하려 '디지털 장의사'를 찾게 되는데, 이들은 영상을 지워준다는 대가성으로 부당이득을 취하고, 해당 영상물을 일단 삭제한 후 일정 기간이 지나면 다시 유통한다. 따라서 불법 촬영물은 4단계의 카르텔 구조에서 영원히 순환됨으로써 일반인 피해자들은 고통에서 벗어나지 못하게 된다.

이러한 웹하드 카르텔의 문제를 해소하기 위하여 2011년 전기통신사업법 개정을 통해 특수한 유형의 부가통신역무를 도입하고 동 역무를 제공하는 부가통신사업자는 신고가 아닌 등록하도록 하는 한편, 2020년 전기통신사업법 개정을 통해 특수한 유형의 부가통신사업자가 기술적 조치 또는 관리적 조치를 제3자에게 위탁하는 경우 수탁자의 주식 또는 지분을 소유할 수 없도록 개정한 것으로 이해되는데, 이러한 문제를 해소하기 위한 정책방향은 무엇이라고 생각하는가?

그림 10 **웹하드 카르텔(Webhard cartel)의 구조**

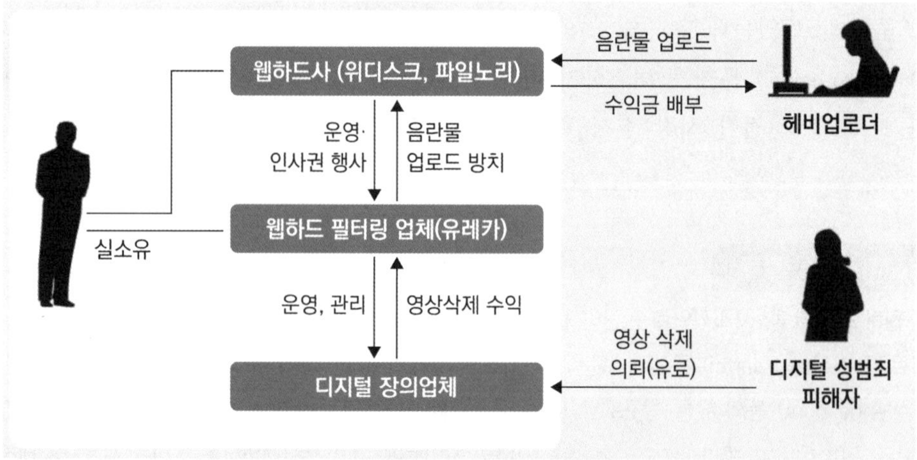

2. 통신품위법. 미국의 경우 전통적으로 미국 수정 헌법에 따라 언론의 자유를 최상의 가치로 놓고 이념과 사상의 자유로운 경쟁이라는 이념에 기초하여 1996년 통신품위법(The Communications Decency Act of 1996)이 제정되었는데, 통신품위법 제230조는 온라인 플랫폼에 올라온 콘텐츠에 대해 플랫폼 운영자의 법적 책임을 면책하는 내용을 포함하고 있다. 통신품위법의 면책 조항은 구글(Google), 메타(Meta) 등 온라인 플랫폼 기업들이 자유롭게 온라인 플랫폼 사업과 서비스를 제공할 수 있는 성장의 발판이 되어 왔으나 가짜 뉴스(Fake news)와 특정인을 조작한 음란물의 유통 등으로 통신품위법 개정에 대한 논란이 커지고 있다. 2023년 미국 연방대법원(U.S. Supreme Court)은 '곤잘레스 대 구글(Gonzalez v. Google)' 사건의[67] 심리를 통해 통신품위법의 위헌 여부를 논의하였으나 온라인 플랫폼 기업의 면책을 유지하였고 이에 미국 의회에서 온라인 플랫폼(Platform) 사업자의 책임을 확대하는 통신품위법의 개정이 논의되고 있다.

(3) 요금신고가 필요한 부가통신서비스의 요금신고 의무

전기통신사업법은 전기통신사업자가 이 법 제2조(정의)제14호나목의 부가통신서비스를[68] 제공하는 경우에는 과학기술정보통신부장관에게 해당 서비스의 요금을 신고(변경

---

67) Gonzalez v. Google LLC, 598 U.S. 617(2023).

68) 전기통신사업법은 "특수한 유형의 부가통신역무"란 다음 각, 나. 문자메시지 발송시스템을 전기통신사업자의 전기통신설비에 직접 또는 간접적으로 연결하여 문자메시지를 발송하는 부가통신역무를 말한다고 규정하고 있는데(전기통신사업법 제2조제14호나목), 다량의 대규모 문자전송을 위한 기업메시징 서비스로 이해된다.

신고를 포함한다. 이하 이 조에서 같다)하여야 하나, 다만, 해당 부가통신서비스 매출액이 시장상황, 시장점유율 등을 고려하여 과학기술정보통신부장관이 정하여 고시하는 금액 미만인 전기통신사업자는 제외한다고 규정하고 있는데(전기통신사업법 제22조의4제1항), 부가통신서비스 요금신고 대상에서 제외되는 전기통신사업자(과학기술정보통신부 고시 제2019-59호, 2019. 7. 25.)는 이 법 제22조의4(요금신고가 필요한 부가통신서비스)제1항 단서에 따라 "요금신고가 제외되는 전기통신사업자는 직전 3년간 해당 전기통신사업의 평균매출액이 800억원 미만인 전기통신사업자이다"라고 규정하고 있다(부가통신서비스 요금신고 대상에서 제외되는 전기통신사업자 제2조).

한편, 전기통신사업법은 전기통신사업자는 이 법 제22조의4제1항에 따라 신고한 내용을 공개하여야 한다고 규정하고 있으며(동법 제22조의4제2항), 동법 제22조의4제1항에 따른 신고 및 동법 제22조의4제2항에 따른 공개의 절차와 방법은 대통령령으로 정한다고 규정하고 있다(동법 제22조의4제3항).

(4) 부가통신사업자의 서비스 안정성 확보 의무 등

전기통신사업법은 이용자 수, 트래픽 량 등이 대통령령으로 정하는[69] 기준에 해당하는 부가통신사업자(이 법 제22조(부가통신사업의 신고 등)제1항에 따라 부가통신사업을 신고한 자, 같은 조 제2항에 따라 부가통신사업을 등록한 자 또는 같은 조 제5항에 따라 부가통신사업을 신고한 것으로 보는 자를 말한다. 이하 같다)는 이용자에게 편리하고 안정적인 전기통신서비스를 제공하기 위하여 서비스 안정수단의 확보, 이용자 요구사항 처리 등 대통령령으로 정하는 필요한 조치를 취하여야 한다고 규정하고 있으며(전기통신사업법 제22조의7제1항), 과학기술정보통신부장관은 부가통신사업자가 동법 제22조의7(부가통신사업자의 서비스 안정성 확보 등)제1항에 따른 기준에 해당하는지 여부를 확인하기 위하여 부가통신사업자 또는 관련 전기통신사업자에게 이용자 수, 트래픽 량 등의 현황을 요청할 수 있다고 규정하고 있는데(동법 제22조의7제2항), 소위 '디지털 안전 3법'[70] 중 하나였던 전기통신사업법에 따른

---

69) 전기통신사업법 시행령은 이 법 제22조의7(부가통신사업자의 서비스 안정성 확보 등)제1항에서 "대통령령으로 정하는 기준에 해당하는 부가통신사업자"란 다음, 1. 전년도 말 기준 직전 3개월간의 하루 평균 국내 이용자 수가 100만명 이상일 것과, 2. 전년도 말 기준 직전 3개월간의 하루 평균 국내 트래픽 발생량이 국내 기간통신사업자가 인터넷 서비스(무선 인터넷 서비스를 포함한다)를 제공하는 정보통신망에서 전년도 말 기준 직전 3개월간의 하루 평균 소통되는 전체 국내 트래픽 발생량의 100분의 1 이상일 것의 기준에 모두 해당하는 부가통신사업자를 말한다고 규정하고 있다(전기통신사업법 시행령 제30조의8제1항).

부가통신사업자의 서비스 안정성 확보 의무는 2022년 10월, SK C&C 판교 데이터센터 화재로 인한 소위 '카카오 먹통' 사태의 발생으로[71] 2023년 1월 개정된 사안으로서 과거 통신 재난(災難)과 통신서비스의 안정성 확보 문제는 주로 기간통신역무에서 논의되어 있던 사안인데 카카오톡을 비롯한 주요 카카오 서비스들과 같이 국민의 일상에 밀접한 부가통신역무가 증가함에 따라 개정된 것으로 이해된다.

전기통신사업법은 이 법 제22조의7제1항에 따른 부가통신사업자는 동법 제22조의7제1항에 따른 조치의 이행 현황 및 계획에 관한 자료를 작성하여 과학기술정보통신부장관에게 매년 1월 말까지 제출하여야 한다고 규정하고 있으며(동법 제22조의7제3항), 과학기술정보통신부장관은 전기통신서비스 전송 속도가 저하되는 등 전기통신서비스 제공에 장애가 발생하거나 전기통신서비스 제공이 중단되어 동법 제22조의7제1항에 따른 부가통신사업자가 제공하는 전기통신서비스의 안정성 확보에 저해가 되었다고 판단되는 경우 동법 제22조의7제1항에 따른 조치의 이행 현황을 확인하기 위하여 동법 제22조의7제1항에 따른 부가통신사업자에게 관련 자료의 제출을 요청할 수 있으나, 이 경우 요청을 받은 부가통신사업자는 정당한 사유가 없으면 그 요청에 따라야 한다고 규정하고 있는 한편(동법 제22조의7제4항), 동법 제22조의7제3항 및 동법 제22조의7제4항에 따라 제출받은 자료의 보호 및 폐기에 관하여는 「정보통신망 이용촉진 및 정보보호 등에 관한 법률」 제64조의2(자료 등의 보호 및 폐기)를 준용한다고 규정하고 있다(동법 제22조의7제5항).

---

70) 소위 '디지털 안전 3법'은 전기통신사업법, 정보통신망 이용촉진 및 정보보호 등에 관한 법률(약칭: 정보통신망법), 방송통신발전 기본법(약칭: 방송통신발전법)으로서 SK C&C 판교 데이터센터 화재로 인한 소위 '카카오 먹통' 사태의 재발을 막기 위해 2023년 1월 개정된 세 가지 법률로 이해된다.

71) 일상에 깊숙이 침투한 카카오의 영향력을 온몸으로 느낄 수밖에 없던 주말이었다. SK C&C 데이터센터 화재로 '국민 메신저' 카카오톡을 비롯한 카카오택시, 카카오페이 등 주요 서비스들이 10시간 넘게 먹통이 되면서 곳곳에서 혼란이 일고 국민들이 불편을 겪었다. 12년만의 역대 최장시간 장애로 기록된 이번 오류는 4천만이 넘는 이용자를 보유한 카카오톡이 멈추자 생활 전반에 지장이 오는 '카카오 과의존'을 고스란히 보여줬다. 이번 화재는 지난 15일 오후 3시쯤 카카오가 임대해 사용하는 경기도 성남시 분당구 판교의 SK C&C 데이터센터 전기실에서 발생했다. 인명피해 없이 불길은 잡혔지만 화재 영향으로 당일 오후 3시 30분부터 카카오톡과 포털사이트 다음을 비롯한 카카오택시, 카카오페이, 카카오맵, 카카오네비 등 관련 대부분 서비스에서 오류가 발생했다. 16일 오전 카카오톡 문자 송수신 기능은 복구가 됐지만, 일부 서비스에서는 오후 늦게까지 오류가 이어졌다. 시민들은 특히 각종 모임이 많은 주말 오후에 일어난 카카오 장애로 활동에 애를 먹었다. 오수정, CBS노컷뉴스 기자, '카톡 먹통'에 마비된 일상…대한민국이 멈췄다, 2022.10.17.(https://www.nocutnews.co.kr/news/5833436).

참고자료 및 질문

1. 디지털 안전 3법. 소위 '디지털 안전 3법'은 전기통신사업법, 정보통신망 이용촉진 및 정보보호 등에 관한 법률(약칭: 정보통신망법), 방송통신발전 기본법(약칭: 방송통신발전법)으로서 2022년 10월 발생한 SK C&C 판교 데이터센터 화재로 인한 소위 '카카오 먹통' 사태의 재발을 막기 위해 2023년 1월 개정된 세 가지 법률이다. 디지털 안전 3법은 데이터센터(집적정보통신시설)를 구축하여 운영하거나 이를 임차하여 부가통신서비스를 제공하는 사업자에 대해 서비스 안정성 확보 의무를 강화하는 내용으로 관련 법률들로 이해되는데, 1. 전기통신사업법 개정이 이루어진 사안들로는 부가통신서비스의 이용자 수 등 현황 요청 근거 신설, 조치 현황과 계획에 관하여 정기적인 자료제출 의무 부과, 장애 발생시 서비스 안정성 이행현황 확인, 국내대리인의 업무 범위 추가가 포함되었으며, 2. 정보통신망법 개정이 이루어진 사안들로는 정기적 정보통신시설 보호조치 이행점검, 과기정통부장관의 자료제출 요구권한 신설, 재난발생시 집적정보통신시설 사업자등의 보고의무, 집적정보통신시설을 임차한 자에 대하여 협조의무 등 부과가 포함된 한편, 3. 방통통신발전 기본법이 개정이 이루어진 사안들로는 방송통신재난관리기본계획의 대상 확대, 방송통신재난관리기본계획의 내용 추가가 포함되었다.

2. 디지털 재난 · 장애의 안전관리에 관한 법률(안). 「디지털 재난·장애의 안전관리에 관한 법률(안)」(약칭: "디지털 안전법(안)")이 2024년 12월 발의되어 국회에서 논의되고 있다. 2022년 10월 발생한 SK C&C 판교 데이터센터 화재로 인한 소위 '카카오 먹통' 사태의 재발을 막기 위해 과학기술정보통신부는 2023년 3월, 판교 데이터센터 화재 사고에 대한 후속 조치로 「디지털서비스 안정성 강화 방안」을 발표하였는데, 동 방안은, 1. 데이터센터 안정성·생존성 강화, 2. 디지털서비스 대응력·복원력 제고, 3. 디지털 위기관리 기반 구축을 포함하고 있었으며, 디지털 위기관리 기반 구축 방안으로서, 가. 재난관리 의무를 부담하는 사업자의 범위에 일정 기준을 충족하는 데이터센터 및 부가통신서비스 사업자를 추가하는 내용을 포함하여 전기통신사업법, 정보통신망법, 방송통신발전 기본법을 개정하는 방안 (ii) 디지털서비스 안정성 관련 제도들을 통합하는 법률 제정(안)을 마련하는 사안을 포함하고 있었다.[72] 또한 과학기술정보통신부는 2024년 5월, 새로운 디지털 질서 정립 추진계획」을[73] 발표하며 디지털 재난·장애관리를 위한 디지털 안전 분야의 통합 법제를 마련하겠다고 하였으며, 현행 디지털 안전 3법의 규정을 통합하고 디지털 재난·장애 전주기 안전관리(예방-대비-대응-복구)에 대한 법적 근거를 마련하기 위한 「디지털 재난·장애의 안전관리에 관한 법률(안)」이 발의되어 국회에서 논의가 진행 중이다. 한편, 디지털 안전법(안)은 종합계획의 수립, 사업자 대상 의무의 부과, 디지털 안전관리 책임자 및 국내대리인의 지정, 사고 대응, 관련 제재 등을 포함하고 있다.

---

72) 과학기술정보통신부, 디지털서비스 상시 위기관리 강화를 통해 신뢰할 수 있는 디지털 기반 구축 – 과기정통부, 「디지털서비스 안정성 강화 방안」 발표 – (보도자료), 2023.3.30.

(5) 국내대리인의 지정 의무

전기통신사업법은 국내에 주소 또는 영업소가 없는 부가통신사업자로서 이 법 제22조의7(부가통신사업자의 서비스 안정성 확보 등)제1항에서 정한 기준에 해당하는 자는 다음, 1. 동법 제22조의7제1항에 따른 이용자 요구사항 처리를 위한 국내 연락 수단의 확보, 2. 동법 제22조의7제3항 및 제4항에 따른 자료 제출, 3. 동법 제32조(이용자 보호)제1항에 따른 이용자 보호 업무, 4. 동법 제32조제2항 후단에 따른 자료제출명령의 이행의 사항을 대리하는 자(이하 "국내대리인"이라 한다)를 서면으로 지정하여야 한다고 규정하고 있는데(전기통신사업법 제22조의8제1항), 동 조항은 2020년 12월 전기통신사업법 개정을 통해 신설(新設)되었는데 「정보통신망 이용촉진 및 정보보호 등에 관한 법률(약칭: 정보통신망법)」과 같이[74] 부가통신서비스 제공 주체인 국외 사업자들에 대하여 동 사업자들의 국내 대리인을 통해 법률 집행 과정에서 필요한 절차의 이행 등을 위한 창구를 마련하기 위한 것으로 이해된다. 또한 2023년 1월 전기통신사업법의 개정을 통해 국내 대리인의 업무 범위에 부가통신사업자가 정기적인 서비스 안정 수단 확보 이행 현황 관련 자료 등을 과학기술정보통신부장관에게 제출하도록 추가한 것은 앞서 설명한 디지털 안전 3법의 개정 사안 중 하나이다. 한편, 국내대리인의 지정은 개인정보보호법에도 규정되어 있는데 이는 2020년 개정된 소위 '데이터 3법'(개인정보보호법, 정보통신망 이용촉진 및 정보보호 등에 관한 법률(약칭: 정보통신망법), 신용정보의 이용 및 보호에 관한 법률(약칭: 신용정보법))의 개정으로 인해 정보통신망법의 사안이 개인정보보호법으로 이전(移轉)되었기 때문이다.[75]

전기통신사업법은 국내대리인은 국내에 주소 또는 영업소가 있는 자로 하며, 이 경우 이 법 제22조의8(국내대리인의 지정)제1항에 따라 국내대리인을 지정하여야 하는 부가통신사업자는 다음, 1. 동법 제22조의8제1항에 따라 국내대리인을 지정하여야 하는 부가통신사업자가 설립한 국내 법인과, 2. 동법 제22조의8제1항에 따라 국내대리인을 지정하여야 하는 부가통신사업자가 임원 구성, 사업 운영 등에 대하여 지배적인 영향력을

---

73) 과학기술정보통신부, 대한민국이 새로운 디지털 질서 정립의 추진계획을 공개합니다(보도자료), 2024.5.20.

74) 정보통신망 이용촉진 및 정보보호 등에 관한 법률은 국내에 주소 또는 영업소가 없는 정보통신서비스 제공자등으로서 이용자 수, 매출액 등을 고려하여 대통령령으로 정하는 기준에 해당하는 자는 다음 각, 3. 이 법 제64조(자료의 제출 등)제1항에 따른 관계 물품·서류 등의 제출의 사항을 대리하는 자(이하 "국내대리인"이라 한다)를 서면으로 지정하여야 한다고 규정하고 있다(정보통신망법 제32조의5제1항).

75) 신종철, 개인정보보호법과 신용정보법, 박영사(2025), pp259~260.

행사하는 국내 법인의 어느 하나에 해당하는 법인이 존재하는 경우에는 해당 법인 중에서 선택한 자를 국내대리인으로 지정하여야 한다고 규정하고 있는데(동법 제22조의8제2항), 2022년 6월 전기통신사업법 개정을 통해 동 사안 추가한 것은 국내대리인 제도의 실효성을 제고하기 위한 것으로 이해된다.

또한, 전기통신사업법은 국내대리인이 이 법 제22조의8(국내대리인의 지정)제1항 각 호와 관련하여 이 법을 위반한 경우에는 해당 국내대리인을 지정한 부가통신사업자가 그 행위를 한 것으로 본다고 규정하고 있는데(동법 제22조의8제3항), 이는 국내대리인이 그를 지정한 국내에 주소 또는 영업소가 없는 부가통신사업자인 본인의 법률상 대리인이므로 당연히 대리인이 한 법률행위의 효과가 본인에게 귀속되나 주의(注意)적으로 국내대리인의 행위책임이 그를 지정한 국내에 주소 또는 영업소가 없는 부가통신사업자에 귀속됨을 명확히 하기 위해 규정한 것으로 생각된다. 한편, 전기통신사업법은 국내대리인은 이 법 제22조의8제1항에 따른 부가통신사업자와 유효한 연락수단을 확보하여야 한다고 규정하고 있는데(동법 제22조의8제4항), 동 조항도 2023년 1월 전기통신사업법 개정을 통해 신설(新設)된 사안으로 국내대리인 제도의 실효성을 제고하기 위한 것으로 이해된다.

(6) 부가통신사업 실태조사 협조의무

전기통신사업법은 과학기술정보통신부장관은 부가통신사업의 현황을 위하여 실태조사를 실시할 수 있다고 규정하고 있으며(전기통신사업법 제34조의2제1항), 과학기술정보통신부장관은 이 법 제34조의2(부가통신사업 실태조사)제1항에 따른 실태조사를 위하여 부가통신사업자에게 필요한 자료의 제출을 요청할 수 있는데, 이 경우 요청을 받은 자는 정당한 사유가 없으면 그 요청에 따라야 한다고 규정하고 있다(동법 제34조의2제2항). 또한 전기통신사업법은 이 법 제34조의2제1항에 따른 실태조사를 위한 조사 대상, 조사 내용 등에 관하여 필요한 사항은 대통령령으로 정한다고 규정하고 있다(동법 제34조의2제3항).

한편, 과거 전기통신사업법은 과학기술정보통신부장관은 이 법 제34조(경쟁의 촉진)제1항에 따라 전기통신사업의 효율적인 경쟁체제의 구축과 공정한 경쟁환경의 조성을 위한 경쟁정책을 수립하기 위하여 매년 기간통신사업에 대한 경쟁상황 평가를 실시하여야 한다고 규정하고 있었는데(동법 제34조제2항), 2018년 12월 전기통신사업법 개정을 통해 부가통신사업에 대해서도 과학기술정보통신부장관은 부가통신사업의 현황파악을 위하여 실태조사를 실시할 수 있다는 내용의 전기통신사업법 제34조의2를 신설한 것이다.

부가통신사업 실태조사를 도입한 한 취지는 구글(Google), 네이버(Naver), 카카오(Kakao) 등 대규모 부가통신사업자가 동영상, SNS, 인터넷 광고 등 시장을 독식하고 새로운 유형의 사업으로 진출함에 따라 기존 소상공인이 극심한 피해를 보고 있어 이러한 기울어진 운동장 문제를 해소하기 위해 부가통신사업자와 시장에 대한 실태조사가 필요하다는 차원(소위 'ICT 뉴노멀 법')에서 도입된 것으로 이해되며 동 제도는 2021년부터 시행되고 있다.[76]

3. 앱 마켓사업자

전기통신사업법은 "앱 마켓사업자"란 부가통신역무를 제공하는 사업 중 모바일콘텐츠 등을 등록·판매하고 이용자가 모바일콘텐츠 등을 구매할 수 있도록 거래를 중개하는 사업을 하는 자를 말한다고 규정하고 있다(동법 제2조제13호). 앞에서 설명한 바와 같이 앱 마켓사업자는 부가통신사업자에 포함됨에도 불구하고 2020년 전기통신사업법 개정을 통해 앱 마켓사업자를 특별히 별도로 규정하고 있는 것은 인앱결제 강제와 과도한 수수료 논란으로[77] 인한 것으로 이해된다.

이러한 구글의 인앱결제 정책에 대해 소위 '구글 갑질 방지법'으로써 2021년 인앱결제 금지 등을 내용으로 하는 전기통신사업법의 개정이 추진되었는데, 그 주요 내용으로는, 1. 앱 마켓사업자가 거래상의 지위를 부당하게 이용하여 모바일콘텐츠 등 제공사업자로 하여금 특정한 결제방식을 사용하도록 강제하는 행위와 앱 마켓사업자가 모바일콘텐츠 등의 심사를 부당하게 지연하는 행위 등을 금지함으로써 앱 마켓산업 참여자의 공정한 경쟁을 촉진하기 위한 전기통신사업법 제50조(금지행위)제1항제9호부터 제11호까지의 신설(新設)과, 2. 과학기술정보통신부장관 또는 방송미디어통신위원회가 앱 마켓 운영에 관한 실태조사를 실시할 수 있도록 함으로써 정부가 앱 마켓과 관련된 분쟁사항을 보다 적극적으로 파악하고 앱 마켓에서 공정한 경쟁을

---

76) 과학기술정보통신부, 2021 부가통신사업 실태조사 결과 발표(보도자료), 2020.5.9.

77) 2020년 7월, 구글(Google)은 국내 대형 인터넷 사업자 등을 상대로 인앱결제 관련 정책 변경을 추진하였는데, 게임 앱에 대해 자사의 결제 수단을 사용할 것을 요구하고 결제수수료 30%를 부과하는 인앱결제 정책을 도입하고는 한편, 추후 게임 외 나머지 앱에 대해서도 변경된 정책을 동일하게 적용하겠다는 것이었다. 이는 이미 이용자의 통일된 경험, 거래와 시스템의 안전 등을 이유로 모든 앱에 대해 인앱결제 강제 정책을 취하고 있는 애플(Apple)과 같은 정책을 가져가겠다는 취지로 이해된다.

저해하는 행위 또는 이용자의 이익을 저해하는 행위가 발생하는 것을 방지할 수 있도록 하기 위한 전기통신사업법 제22조의9(앱 마켓사업자의 의무 및 실태조사)의 신설(新設)이다.[78]

한편, 전기통신사업법은 온라인 동영상 서비스를 제공하는 부가통신사업자가 해당 서비스의 제공을 위하여 영상 콘텐츠를 자체제작하는 경우 장애인의 원활한 이용을 돕기 위하여 한국수어 · 폐쇄자막 · 화면해설 등을 제공할 수 있도록 노력하여야 한다고 규정하고 있으며(동법 제22조의10제1항), 정부는 예산의 범위에서 온라인 동영상 서비스를 제공하는 부가통신사업자가 이 법 제22조의10(한국수어 · 폐쇄자막 · 화면해설 등의 제공)제1항의 한국수어 · 폐쇄자막 · 화면해설 등을 제공하는 데 필요한 경비를 지원할 수 있다고 규정하고 있다(동법 제22조의10제2항).

참고자료 및 질문

1. 통신 시장의 적정사업자 수. OECD(Organisation for Economic Co-operation and Development, 경제협력개발기구) 국가들에서 통신망을 구축하고 통신사업을 영위하고 있는 이동통신사업자(MNO, Mobile Network Operator)의 개수는 평균 3.5개인 것으로 알려져 있다.[79] 일반적으로 시장에 경쟁사업자가 많을수록 경쟁이 활성화되고 소비자의 후생도 증대되는 것으로 이해된다. 한편, 지나친 과당경쟁은 시장의 경쟁사업자와 소비자 모두에게 결국 피해가 될 것이라는 견해도 있다. 과연 시장에 필요한 적정사업자의 개수가 존재한다고 생각하는가? 만일 시장에 사업자 수가 적어 정부가 인위적인 정책을 통해 시장에 사업자를 진입시키려고 한다면 과연 이것이 요금인하, 경쟁활성화, 이용자 후생증대로 이어질 수 있겠는가? 만일 정부의 노력에도 불구하고 새로운 통신사업자의 시장진입이 실패했다면 이미 시장에 적정 개수의 사업자가 존재한다고 말할 수 있는가? 우리나라의 경우 초기 SKT, (구)신세기이동통신, (구)KTF(현재 KT), (구)LGT(현재 LGU+), (구)한솔 텔레콤 이동통신 5사가 결국 SKT, KT, LGU+ 이동통신 3사로 인수합병(M&A, Merger and Acquisition)된 바가 있다. 과연 인수합병(M&A)을 통해 통신사업자 수가 감소한 것이 통신 시장의 적정사업자 수가 존재한다는 근거가 될 수 있겠는가?

2. 전기통신사업자 분류 제도의 변천 경과와 주요 내용. 전기통신사업자 분류제도는 네 차례의 구조 개편을 거쳐 1. 공중전기통신사업자(지정), 2. 기간통신사업자(일반(지정)과 특정(허가))와 부가통신사업자

---

78) 전기통신사업법은 과학기술정보통신부장관 또는 방송미디어통신위원회는 모바일콘텐츠 등의 거래를 중개하는 공간(이하 "앱 마켓"이라 한다)에 모바일콘텐츠 등을 등록 · 판매하기 위하여 제공하는 자(이하 "모바일콘텐츠 등 제공사업자"라 한다)의 보호 등을 위하여 필요한 경우 대통령령으로 정하는 바에 따라 앱 마켓사업자의 앱 마켓 운영에 관한 실태조사를 실시할 수 있다고 규정하고 있다(전기통신사업법 제22조의9제2항).

(등록), 3. 단일 기간통신사업자(허가)와 부가통신사업자(신고), 4. 기간통신사업자(허가), 별정통신사업자(등록), 부가통신사업자(원칙 신고 또는 예외 등록), 5. 단일 기간통신사업자(원칙적 등록 또는 예외적 신고)와 부가통신사업자(원칙 신고 또는 예외 등록)로 변천되었으며 이와 관련된 구체적인 내용은 〈표 6〉과 같다.

표 6 전기통신사업자 분류제도 변천 경과 및 주요 내용

<table>
<tr><th>구분</th><th colspan="2">분류제도</th><th>진입방식</th><th>정의</th></tr>
<tr><td>경쟁도입이전</td><td colspan="2">공중전기통신
사업자</td><td>지정</td><td>전기통신설비를 이용하여 타인의 통신을 매개하거나 기타 전기통신설비를 타인의 통신이용을 위해 제공하는 사업자
*한국전기통신공사(83), 한국데이터통신(84), 한국항만전화(88), 한국이동통신(88)</td></tr>
<tr><td rowspan="2">제1차
구조개편('91)</td><td rowspan="2">기간</td><td>일반</td><td>지정</td><td>전기통신회선설비를 설치하고 특정통신 사업자가 제공하는 전기통신역무 외 전기통신역무를 제공
*국제전화(91): 데이콤</td></tr>
<tr><td>특정</td><td>허가</td><td>전기통신회선설비를 설치하고 지리적으로나 기술적으로 제한된 전기통신역무를 제공
*무선호출(92): 서울이동통신 등 9개 사업자, 이동전화(94): 신세기통신</td></tr>
<tr><td rowspan="2">2차
구조개편('95)</td><td colspan="2">기간</td><td>허가</td><td>전기통신회선설비를 설치하고 이를 이용하여 기간통신역무를 제공
*시외전화(95): (주)데이콤, TRS(95): 한국통신파워텔, PCS(96): KTF, 한국통신엠닷컴, LG텔레콤, CT-2: 서울이동통신 등 11개</td></tr>
<tr><td colspan="2">부가</td><td>신고</td><td>기간통신사업자로부터 전기통신회선설비를 임차하여 부가통신역무(기간통신역무 이외의 전기통신역무)를 제공</td></tr>
<tr><td rowspan="2">3차
구조개편('97)</td><td colspan="2">기간</td><td>허가</td><td>전기통신회선설비를 설치하고 이를 이용하여 기간통신역무를 제공
*시내(97): 하나로통신, 시외(97): 온세통신 등 역무별 허가, 83개 기간통신사업자 허가('18. 12월 기준)</td></tr>
<tr><td colspan="2">별정</td><td>등록</td><td>기간통신사업자로부터 전기통신회선설비를 이용하여 기간통신역무를 제공
*568개 별정통신사업자 등록('18. 12월 기준)</td></tr>
</table>

	부가	신고 (등록)	기간통신사업자로부터 전기통신회선설비를 임차하여 부가통신역무(기간통신역무이외의 전기통신역무)를 제공
4차 구조개편('18)	기간	등록 (신고)	전기통신회선설비를 설치하거나 이용하여 기간통신역무를 제공
	부가	신고 (등록)	기간통신사업자로부터 전기통신회선설비를 임차하여 부가통신역무(기간통신역무이외의 전기통신역무)를 제공

현재의 전기통신사업자 분류 제도가 통신과 방송융합이라는 환경에서 원활하게 작동할 수 있다고 생각하는가? 만일 원활하게 작동할 수 없다고 생각한다면 어떠한 정책적 전제와 고려에 따라 어떠한 방향으로 제도를 정비해야 하겠는가?

제3절 전기통신사업자의 시장진입 절차

1. 기간통신사업의 원칙적 등록과 예외적 신고

〈전기통신사업법〉 제6조(기간통신사업의 등록 등) ① 기간통신사업을 경영하려는 자는 대통령령으로 정하는 바에 따라 다음 각 호의 사항을 갖추어 과학기술정보통신부장관에게 등록(정보통신망에 의한 등록을 포함한다)하여야 한다. 다만, 자신의 상품 또는 용역을 제공하면서 대통령령으로 정하는 바에 따라 부수적으로 기간통신역무를 이용하고 그 요금을 청구하는 자(이용요금을 상품 또는 용역의 대가에 포함시키는 경우도 같다)는 기간통신사업을 신고하여야 하며, 신고한 자가 다른 기간통신역무를 제공하고자 하는 경우에는 본문에 따라 등록하여야 한다.

1. 재정 및 기술적 능력
2. 이용자 보호계획
3. 그 밖에 사업계획서 등 대통령령으로 정하는 사항

② 과학기술정보통신부장관은 제1항에 따라 기간통신사업의 등록을 받는 경우에는 공정경쟁

79) Merrill Lynch, Global Wireless Matrix, 4Q(2016).

촉진, 이용자 보호, 서비스 품질 개선, 정보통신자원의 효율적 활용 등에 필요한 조건을 붙일 수 있다. 이 경우 그 조건을 관보와 인터넷 홈페이지에 공고하여야 한다.
③ 제1항에 따른 등록은 법인만 할 수 있다.

가. 기간통신사업의 원칙적 등록

(1) 기간통신사업 등록의 의의

기간통신사업은 국가 경제와 국민 생활에 큰 영향을 미치므로 전통적으로 기간통신사업의 허가(許可)를 취득한 사업자만이 동 산업을 경영할 수 있도록 시장 진입규제를 해왔으나 2018년 12월, 전기통신사업법 개정을 통해 기간통신사업의 진입규제를 허가에서 등록(登錄)으로 완화한 바가 있다. 기간통신사업 등록제도의 도입은 이미 대규모 투자를 수반하는 유선(有線)인 통신설비를 구축하고 이용하는 과거의 기간통신사업자는 시장이 포화(飽和)되어 사실상 대규모 신규사업자의 진입이 더 이상 기대하기 어렵고 또한 기간통신사업이 구축된 통신설비를 이용하는 과거 별정통신사업자를 편입하게 되었으므로 장기적으로 통신 시장 진입규제의 완화를 통해 새로운 유형의 전기통신사업자의 진입과 시장경쟁의 활성화를 통한 이용자 편익 증진과 산업 발전을 도모하기 위한 것으로 이해된다.

전기통신사업법의 개정을 통해 기간통신사업자와 별정통신사업자를 일원화(一元化)하고 진입절차를 허가제도에서 등록제도로 완화함으로 전기통신사업자 분류체계와 통신 시장 진입에 대한 규제 완화를 한 것의 긍정적인 측면은 있으나 일원화된 기간통신사업자들의 구축한 설비와 영위하는 통신사업 규모 등의 차이가 있는 현실을 반영하지 못하는 문제를 해소할 필요가 있다고 생각한다. 즉, 기간통신사업이 대규모의 자본투자가 필요한 거대 장치산업(裝置産業, Facility industry)이라는 본질은 변화가 없을 것으로 생각되는데 통신 산업과 같은 장치산업의 핵심은 전기통신설비의 설치를 할 수 있는 설비 포설권(또는 설비설치권, Right of way)에 있으나 일원화된 기간통신사업자의 규모가 다양하므로 모두 이러한 설비 포설권(또는 설비설치권)이 필요한 것은 아니므로 이러한 차이를 고려할 필요가 있다고 하겠다. 전기통신사업법 개정을 통해 일원화된 기간통신사업자의 현실적 규모 차이를 고려하여 설비 포설권(또는 설비설치권)에 대한 허가제도를 신설하는 것이 규제 체계의 정합성 제고를 위해 필요하다고 생각되며 설비 포설권(또는 설비설치권)에 대한 허가제도를 도입하는 것이 기간통신사업자 등록 요건의 간소화를 위해 더욱 바람직한 것으로 이해된다.

한편, 기간통신사업자의 시장 진입 제한을 위해 과거 기간통신사업의 허가가 하던 역할은 전파법 제10조(주파수할당)의 주파수할당으로 그 실질적인 역할이 이미 대체되었다고 생각되는데 이는 전파자원의 희소성(Scarcity of radio waves)으로 인해 주파수할당을 받지 않고서는 무선(無線)을 이용하는 기간통신역무를 제공할 수 없고 무선(無線)의 유선(有線)에 대한 대체가 심화(深化)되어 무선통신의 중요성이 더욱 커졌기 때문으로 생각한다.

(2) 기간통신사업 등록의 요건과 결격사유 등

(가) 기간통신사업 등록의 요건

전기통신사업법은 기간통신사업을 경영하려는 자는 대통령령으로 정하는 바에 따라, 1. 재정 및 기술적 능력, 2. 이용자 보호계획, 3. 그 밖에 사업계획서 등 대통령령으로 정하는 사항을 갖추어 과학기술정보통신부장관에게 등록(정보통신망에 의한 등록을 포함한다)하여야 한다고 규정하고 있는데(전기통신사업법 제6조제1항), 기간통신사업의 등록(登錄)은 신고가 수리되어야 신고의 효과가 발생하는 강학(講學)상의 수리를 요하는 신고로서 행위요건적 공법행위로서의 신고라 하겠다.[80] 따라서 신고의 요건을 갖춘 신고가 있었다고 하더라도 수리되지 않으면 신고가 되지 않은 것이며 행정청은 실질적 심사를 할 수 있고 행정청의 수리 거부는 등록에 대한 거부처분에 해당하므로 항고소송의 대상이 될 수 있다고 해석된다.

또한 전기통신사업법은 과학기술정보통신부장관은 이 법 제6조(기간통신사업의 등록 등)제1항에 따라 기간통신사업의 등록을 받는 경우에는 공정경쟁 촉진, 이용자 보호, 서비스 품질 개선, 정보통신자원의 효율적 활용 등에 필요한 조건을 붙일 수 있으며, 이 경우 그 조건을 관보와 인터넷 홈페이지에 공고하여야 한다고 규정하고 있는데(동법 제6조제2항), 전기통신사업법 제6조제2항의 조건(條件)은 행정청에 의하여 주된 행위에 부가된 종(從)된 규율인 강학(講學)상의 행정행위의 부관(附款) 중 하나인 부담(負擔)에 해당하는 것으로서 부담(負擔)은 특허, 허가 등 상대방에게 권리와 이익을 주는 수익적 행정행위에 붙여지는 것이며 이러한 행정행위의 부관 중 하나인 부담은 부당결부금지의 원칙, 과잉금지의 원칙 등을 위반하지 않고 행정 목적을 달성하기 위해 합리적인 범위에 있다

80) 박균성, 행정법 강의(제15판), 박영사(2018), pp229~231.

면 가능한 것으로 이해된다.[81)]

한편, 전기통신사업법은 이 법 제6조제1항에 따른 등록은 법인만 할 수 있다고 규정하고 있으며(동법 제6조제3항), 동법 제6조제1항 또는 제2항에 따른 등록의 요건, 절차, 그 밖에 필요한 사항은 대통령령으로 정한다고 규정하고 있는데(동법 제6조제4항), 전기통신사업법 시행령은 이 법 제6조제1항 각 호 외의 부분 본문(동법 제7조(등록의 결격사유 등) 제2항 각 호 외의 부분 후단에 따라 준용되는 경우를 포함한다)에 따른 기간통신사업의 등록 요건은 [별표 1]과 같다고 규정하고 있다(동법 시행령 제8조).

(나) 기간통신사업 등록의 결격사유 등

전기통신사업법은 전기통신회선설비의 종류와 설치 영역 등이 대통령령으로[82)] 정하는 기준에 해당하는 기간통신사업을 경영하려는 자가 다음, 1. 국가 또는 지방자치단체, 2. 외국정부 또는 외국법인, 3. 외국정부 또는 외국인이 이 법 제8조(외국정부 또는 외국인의 주식소유 제한)제1항에 따른 주식소유 제한을 초과하여 주식을 소유하고 있는 법인의 어느 하나에 해당하는 경우에는 동법 제6조(기간통신사업의 등록 등)제1항에 따른 기간통신사업의 등록을 할 수 없다고 규정하고 있는데(전기통신사업법 제7조제1항), 이 법 제7조(등록의 결격사유 등)제1항제1호에도 불구하고 지방자치단체가 공익 목적의 비영리사업으로서 다음, 1. 공공와이파이(국가와 지방자치단체가 공공장소 또는 그 밖에 대통령령으로 정하는 장소에서 공개적으로 제공하는 와이파이를 말한다) 사업과, 2. 「지방자치법」 제13조(지방자치단체의 사무 범위)에 따른 지방자치단체의 사무를 처리하기 위한 사물인터넷 사업의 어느 하나에 해당하는 사업을 하려는 경우에는 과학기술정보통신부장관에게 기간통신사업의 등록을 할 수 있으며, 이 경우 등록 기준 및 절차는 동법 제6조제1항을 준용하되, 같은 항 제1

---

81) 박균성, 앞의 책, pp244~259.

82) 전기통신사업법 시행령은 이 법 제7조(등록의 결격사유 등)제1항 각 호 외의 부분에서 "대통령령으로 정하는 기준에 해당하는 기간통신사업"이란 전기통신회선설비를 설치하고, 그 전기통신회선설비를 이용하여 기간통신역무를 제공하는 사업(이하 "회선설비 보유사업"이라 한다)을 말하나, 다만, 다음, 1. 동법 시행령 [별표 1] 제1호바목에 따른 구내통신사업, 2. 건물 등 일정한 구역 내에서 다음, 가. 4720메가헤르츠(MHz) 이상 4820메가헤르츠(MHz) 이하와, 나. 28.9기가헤르츠(GHz) 이상 29.5기가헤르츠(GHz) 이하에 해당하는 주파수를 이용하여 동법 시행령 제2조(보편적 역무의 내용)제2항제3호다목의 아이엠티이천이십(IMT-2020, 5세대 이동통신) 이상의 서비스를 이용하거나 제공하려는 자(국가 및 지방자치단체는 제외한다)가 자신이 직접 「전파법」 제2조(정의)제6호에 따른 무선국을 구축·운영하는 사업의 사업은 회선설비 보유사업에서 제외한다고 규정하고 있다(전기통신사업법 시행령 제11조).

호에 따른 재정 능력은 해당 사업의 수행에 필요한 경비의 조달 계획으로 갈음할 수 있다고 규정하고 있다(동법 제7조제2항). 기간통신사업은 주권(主權) 국가와 사회의 독립과 발전을 위한 핵심(核心) 산업으로서 통신보안 등 국가안보를 담보하고 국민 생활에 중대한 영향을 미치는 설비를 운용하는 사업이라는 점을 고려하여 전기통신사업법은 외국정부, 외국법인, 외국인의 기간통신사업 등록을 제한하고 있는 것으로 이해된다.

한편, 앞에서 설명한 바와 같이 과거 국가 독점에서 민간 경쟁을 통해 통신 시장의 발전과 혁신을 촉진하기 위해 전기통신사업법은 국가 또는 지방자치단체의 기간통신사업 등록을 제한하고 있었으나 2023년 7월 전기통신사업법의 개정을 통해 지방자치단체가 공익 목적의 비영리사업으로서 공공 와이파이(Wi-Fi) 또는 행정 목적의 사물인터넷(IoT, Internet of Things) 사업 등을 실시하는 경우 예외적으로 기간통신사업을 등록할 수 있도록 하였다. 다만, 전기통신사업법은 과학기술정보통신부장관은 이 법 제7조(등록의 결격사유 등)제2항에 따른 기간통신사업 등록을 하려는 경우에는 해당 지방자치단체에 대통령령으로 정하는 바에 따라 사업의 적합성 등에 관한 외부전문기관의 평가를 거치도록 요청할 수 있으며, 이 경우 해당 지방자치단체는 특별한 사유가 없으면 그 요청에 따라야 한다고 규정하고 있다(동법 제7조제3항).

(3) 기간통신사업 등록의 절차

(가) 기간통신사업 등록의 신청

전기통신사업법 시행령은 기간통신사업의 등록을 하려는 자는 이 법 제6조(기간통신사업의 등록 등)제1항 각 호 외의 부분 본문에 따라 기간통신사업 등록신청서(전자문서로 된 신청서를 포함한다)에 다음, 1. 사업계획서, 2. 법인(설립 예정 법인을 포함한다. 이하 이 조에서 같다)의 정관, 3. 법인의 주주명부 또는 주주 등의 주식 등의 소유에 관한 서류, 4. 이용자 보호와 관련된 내용이 포함된 이용약관, 이용자 보호기구의 설치 현황 및 운영계획서, 5. 사업용 주요 설비의 명세, 설치 장소 및 통신망 구성도의 서류(전자문서를 포함한다)를 첨부하여 과학기술정보통신부장관에게 제출해야 한다고 규정하고 있으며(전기통신사업법 시행령 제7조제1항), 지방자치단체는 이 법 제7조(등록의 결격사유 등)제2항 각 호 외의 부분 후단에 따라 준용되는 동법 제6조제1항 각 호 외의 부분 본문에 따라 기간통신사업의 등록을 하려는 경우에는 기간통신사업 등록신청서에 다음, 1. 사업계획서, 2. 해당 사업구역 내 기간통신역무 현황, 3. 이용자 보호와 관련된 내용이 포함된 이용약관, 이용자 보호기구의 설치 현황 및 운영계획서, 4. 사업용 주요 설비의 명세, 설치 장소 및 통신망 구성도, 5. 경비의 조달 계획의 서류를 첨부하여 과학기술정보통신부장관에게 제출해야 한다고 규정하고 있다(동법 시행령 제7조제2항).

또한 전기통신사업법 시행령은 이 법 시행령 제7조(기간통신사업의 등록신청)제1항 및 제2항에 따라 등록신청을 받은 과학기술정보통신부장관은 「전자정부법」 제36조(행정정보의 효율적 관리 및 이용)제1항에 따른 행정정보의 공동이용을 통하여 법인 등기사항증명서(지방자치단체의 경우는 제외한다)와 기술인력의 국가기술자격증을 확인해야 하나, 다만, 해당 기술인력이 국가기술자격증의 확인에 동의하지 않는 경우에는 그 서류의 사본을 첨부하게 해야 한다고 규정하고 있는 한편(동법 시행령 제7조제3항), 과학기술정보통신부장관은 전기통신사업법 시행령 제7조제1항 및 제2항에 따른 등록신청에 대하여 보완 또는 보정(補正)이 필요하다고 인정되는 경우에는 10일 이내의 기간을 정하여 그 보완 또는 보정을 요구할 수 있으며, 신청인이 신청한 경우에는 보완 또는 보정기간을 연장할 수 있으나, 이 경우 보완 또는 보정에 걸린 기간은 이 법 시행령 제10조(등록증 등의 발급 등)제1항의 처리기간에 산입(算入)하지 않는다고 규정하고 있다(동법 시행령 제7조제4항).

(나) 기간통신사업자 등록증의 발급 등

전기통신사업법 시행령은 과학기술정보통신부장관은 이 법 시행령 제7조(기간통신사업의 등록신청)제1항 및 제2항에 따라 등록신청서를 받았을 때에는 동법 시행령 제8조(기간통신사업의 등록 요건)에 따른 등록 요건을 갖추었는지를 확인한 후 다음 1. 등록번호 및 등록일자, 2. 상호 또는 명칭 및 대표자의 성명, 3. 주된 사무소의 소재지, 4. 제공 역무의 종류, 5. 사업구역, 6. 자본금, 7. 사업용 주요 설비의 명세 및 설치 장소, 8. 기술인력에 관한 사항, 9. 등록 조건의 사항을 기간통신사업자 등록대장에 적고 기간통신사업자 등록증을 신청일부터 30일 이내에 그 신청인에게 발급해야 하며, 이 경우 동법 시행령 제11조의2(기간통신사업의 적합성 평가 요청 등)제3항에 따른 외부전문기관의 적합성 평가 및 「전파법」 제10조(주파수할당)에 따른 주파수할당에 걸리는 기간은 전단에 따른 기간에 산입하지 않는다고 규정하고 있다(전기통신사업법 시행령 제10조제1항).

또한 전기통신사업법 시행령은 기간통신사업자는 다음, 1. 등록증 또는 신고증명서를 잃어버리거나 헐어 못 쓰게 된 경우와, 2. 상호 · 명칭 및 대표자 성명, 주된 사무소의 소재지 등 신고증명서의 기재사항이 변경된 경우의 어느 하나에 해당하는 경우에는 과학기술정보통신부장관에게 이 법 시행령 제10조(등록증 등의 발급 등)제1항 또는 제2항에 따라 발급받은 등록증 또는 신고증명서의 재발급을 신청할 수 있다고 규정하고 있으며(동법 시행령 제10조제3항), 동법 시행령 제7조(기간통신사업의 등록신청), 제9조(기간통신사업의 신고) 및 제10조제1항부터 제3항까지에서 규정한 사항 외에 기간통신사업의 등록 및 신고의 절차 등에 관하여 필요한 사항은 과학기술정보통신부장관이 정하여 고시한다고 규정하고 있다(동법 시행령 제10조제4항).

(4) 기간통신사업의 변경등록

전기통신사업법은 기간통신사업자는 이 법 제6조(기간통신사업의 등록 등)에 따라 등록한 사항 중 대통령령으로 정하는 중요 사항을 변경하려면 대통령령으로 정하는 바에 따라 과학기술정보통신부장관에게 변경등록(정보통신망에 의한 변경등록을 포함한다)을 하여야 한다고 규정하고 있는데(전기통신사업법 제16조제1항), 전기통신사업법 시행령은 이 법 제16조(등록 사항의 변경)제1항에 따른 기간통신사업의 변경등록을 하려는 자는 기간통신사업 변경등록신청서에 변경계획을 확인할 수 있는 서류를 첨부하여 과학기술정보통신부장관에게 제출하여야 한다고 규정하고 있으며(동법 시행령 제19조제1항), 이 법 제16조(등록 사항의 변경)제1항에서 "대통령령으로 정하는 중요 사항"이란 다음, 1. 상호 · 명칭 · 주소, 2. 대표자, 3. 제공 역무의 종류, 4. 자본금, 5. 기술인력, 6. 동법 제6조제1항에 따라 등록한 기간통신사업의 내용 변경에 관한 사항(동법 제20조(등록의 취소 등)제1항 본문에 따른 등록의 일부 취소 대상이 된 사업을 다시 제공하려는 경우를 포함한다), 7. 동법 제6조제2항에 따른 등록 조건에 관한 사항을 말한다고 규정하고 있다(동법 시행령 제19조제2항).

또한 전기통신사업법 시행령은 이 법 시행령 제19조(변경등록)제1항에 따라 변경등록 신청을 받은 과학기술정보통신부장관은 「전자정부법」 제36조(행정정보의 효율적 관리 및 이용)제1항에 따른 행정정보의 공동이용을 통하여 법인 등기사항증명서(지방자치단체의 경우는 제외한다)와 기술인력의 국가기술자격증을 확인해야 하나, 다만, 해당 기술인력이 국가기술자격증의 확인에 동의하지 않는 경우에는 그 서류의 사본을 첨부하게 해야 한다고 규정하고 있으며(동법 시행령 제19조제3항), 과학기술정보통신부장관은 동법 시행령 제19조제1항에 따라 변경등록신청을 받아 이를 등록했을 때에는 변경 사항이 적힌 등록증을 발급해야 한다고 규정하고 있다(동법 시행령 제19조제4항). 한편, 전기통신사업법은 이 법 제16조(등록 사항의 변경)제1항에 따른 변경등록에 관하여는 동법 제6조(기간통신사업의 등록 등)제2항과[83] 동법 제15조(사업의 시작 의무)를 준용한다고 규정하고 있다(동법 제16조제2항).

참고자료 및 질문

1. **주파수할당.** 전파법은 주파수할당이란 특정한 주파수를 이용할 수 있는 권리를 특정인에게 주는 것을 말한다고 규정하고 있는데(전파법 제2조제1항제3호), 뒤에서 자세하게 설명하겠지만 주파수할당(割當, Assignment)은 특정인인 상대방에 대해 배타적으로 새로운 권리, 능력, 법적 지위 또는 포괄적인 법률관계를 설정하는 행정행위인 강학(講學)상의 특허(特許)를[84] 말한다. 주파수할당은 전파법에 따라 규율되는 공법(公法)적 관계라고 할 수 있으며 특허권을 부여하는 행정주체의 전문성에 따른 재량이 인정될 수 있을 것으로 이해된다. 전파법은 이 법 제9조(주파수분배)에 따라 과학기술정보통신부장관은 다음, 1.「전기통신사업법」제5조(전기통신사업의 구분 등)제2항에 따른 기간통신사업과, 2.「방송법」제2조(정의)제2호 나목에 따른 종합유선방송사업이나 같은 조 제13호에 따른 전송망사업을 하려는 자가 그 사업을 위하여 직접 사용할 수 있는 주파수를 할당할 수 있다고 규정하고 있다(동법 제10조제1항). 주파수할당이 이루어지면 법적 효과로 전파법은 이 법 제11조(대가에 의한 주파수할당)에 따라 주파수할당을 받은 자는 해당 주파수를 배타적으로 이용할 수 있는 권리(이하 "주파수이용권"이라 한다)를 가진다고 규정하고 있는데(동법 제14조제1항), 주파수 할당에 의한 주파수 이용권은 공물(公物)의 특허사용관계의 성립으로 이해된다. 과거에는 전기통신사업법 제6조(기간통신사업의 허가 등)에 따라 기간통신사업의 허가를 받은 자에게 주파수 이용권한이 부여되었으나, 대가에 의한 주파수할당과 심사에 의한 주파수할당이 2000년도 전파법 개정으로 도입되고, 2010년 전파법 개정으로 대가할당이 가격경쟁에 의한 대가할당("주파수 경매")과 정부산정에 의한 대가할당으로 구분됨에 따라 기간통신역무를 제공할 수 있는 기간통신사업자가 주파수할당을 받을 수 있도록 제도가 변화되었다. 이러한 주파수할당의 종류로는 심사에 의한 주파수할당(동법 제12조), 가격경쟁 대가할당(동법 제11조제1항), 정부산정 대가할당(동법 제11조제1항 단서), 세 종류의 주파수할당방식이 있다.[85]

2. **통신 시장 경쟁정책 수단으로서 주파수할당의 중요성.** 과거에는 전기통신사업법에 따라 기간통신사업의 허가를 받을 때 주파수 이용권이 부수적으로 부여되었는데, 이는 종래 수직적 규제 체계에 따라 통신서비스 별로 개별 허가가 요구되었기 때문으로 이해된다. 그러나 수평적 규제 체계에 따라 기간통신역무가 통합되고 하나의 등록을 통해 다양한 통신서비스를 제공할 수 있게 됨에 따라 진입장벽이 낮아졌다고 할 수 있다. 그러나 전파(또는 주파수) 없이는 이동통신사업을 수행할 수 없으므로 주파수할당이 새로운 기존 허가의 역할을 하게 되었다고 생각된다. 따라서 기존 기간통신사업의 허가가 수행하던 많은 역할이 주파수할당으로 이전되었다고 하겠다. 특히, 상호접속 등 기존의 통신 시장에 대한 경쟁정책 규제 수단이 과거에 비해 기능이 약화(弱化)됨에 따라 주파수할당이 가장 중요한 통신 시장의 경쟁정책을 위한 수단 중 하나가 될 것으로 생각한다.

---

83) 전기통신사업법은 과학기술정보통신부장관은 이 법 제6조(기간통신사업의 등록 등)제1항에 따라 기간통신사업의 등록을 받는 경우에는 공정경쟁 촉진, 이용자 보호, 서비스 품질 개선, 정보통신자원의 효율적 활용 등에 필요한 조건을 붙일 수 있으며, 이 경우 그 조건을 관보와 인터넷 홈페이지에 공고하

나. 기간통신사업의 예외적 신고

(1) 기간통신사업 예외적 신고의 의의

앞에서 설명한 바와 같이 전기통신사업법은 기간통신사업에 대해 원칙적으로 등록을 시장진입 절차와 제도로 규정하고 있으나, 전기통신사업법은 다만, 자신의 상품 또는 용역을 제공하면서 대통령령으로 정하는 바에 따라 부수적으로 기간통신역무를 이용하고 그 요금을 청구하는 자(이용요금을 상품 또는 용역의 대가에 포함시키는 경우도 같다)는 기간통신사업을 신고하여야 하며, 신고한 자가 다른 기간통신역무를 제공하고자 하는 경우에는 본문에 따라 등록하여야 한다고 규정하고 있다(전기통신사업법 제6조제1항 단서). 동 조항은 제4차산업혁명에 따라 사물인터넷(IoT, Internet over things)[86] 등 기술발전에 따른 산업과 시장의 변화를 고려하여 제조사들이 사물인터넷을 결합한 상품을 판매하는 경우 기간통신사업을 등록(登錄)하는 절차를 면제하고 신고(申告)로 갈음해 줌으로써 불필요한 이중 규제 완화를 통한 사물인터넷 산업 활성화를 도모하기 위한 것으로 이해되며 2018년 전기통신사업법 개정을 통해 기간통신사업의 예외적 신고가 입법된 바가 있다. 그동안 자동차나 가전 등 통신사업 이외의 산업 분야의 사업자들이 통신 기능이 부수적으로 포함된 상품이나 서비스를 판매하려면 기간통신사업의 허가를 받거나 별정통신사업의 등록을 해야 했으므로 이러한 진입규제가 상품 및 서비스의 조기 출시에 장애물로 작용한다는 비판이 있어 온 점 등을 고려한 입법으로 생각된다.[87] 또한 기간통신역무 등록

여야 한다고 규정하고 있다(전기통신사업법 제6조제2항).

84) 박균성, 행정법강의(제15판), 박영사(2018), pp229~231.

85) 신종철, 전파법해설, 진한M&B(2013), p40~54.

86) 모든 사물이 인터넷에 연결이 되는 세상을 사물인터넷(Internet over things)이라 하며, 사물을 저사양의 사물로 제한하여 각 저사양의 사물들이 인터넷에 연결되는 세상을 따로 소물인터넷(Internet of Small Thing)이라 하고 있다. 사물(Things)은 전통적인 방법과 달리 인간의 도움이 없이 데이터를 수집, 가공, 전달하며 자신이 상태를 스스로 판단하는 컴퓨터를 말하며 소물(小物, Small Things)은 온도, 습도 무게, 위치 등 아주 단순한 정보를 측정하는 소형기기라서 빠른 전송속도를 요구하지 않는 사물(Thing)로서 소물의 특징은 낮은 전송속도(Low Data Rate), 저전력(Low Power Consumption), 저사양(Low Cost Computing)이다. 고득녕, 소물인터넷을 위한 Low Power Wide Area 기술 동향, OSIA S&TR Journal, Vol.29, No.3, September 2016, pp1~4.

87) 과학기술정보통신부는 28일 전기자동차 수입·판매사인 테슬라코리아가 기간통신사업 신고를 했다고 밝혔다. 테슬라코리아는 전기자동차를 판매하면서 커넥티비티 서비스를 부수적으로 제공하기 위해 전기통신사업법에서 규정하고 있는 신고요건을 모두 충족하는 것으로 판단했다고 과기정통부는 설명했다. 커넥티비티 서비스는 통신사업자 기간통신역무를 이용해 테슬라 차량에 실시간 교통정보, 음악·

(登錄) 의무를 갈음하여 신고(申告) 의무를 부여한 것은 수리를 요하는 신고가 아닌 최소한인 자기 완결적 또는 자족적 신고를 통해 신고 의무자의 부담을 최소화하면서 국가가 그 현황을 관리할 수 있도록 한 것으로 이해된다.

(2) 기간통신사업 예외적 신고의 요건과 절차 등

전기통신사업법 시행령은 이 법 제6조(기간통신사업의 등록 등)제1항 각 호 외의 부분 단서에 따라 자신의 상품 또는 용역을 제공하면서 부수적으로 기간통신역무를 이용하는 경우는 다음, 1. 상품 또는 용역에서 기간통신역무를 부수적으로 이용하는 기능을 제거하더라도 상품 또는 용역의 제공이 가능할 것, 2. 상품 또는 용역 제공 시 사물과의 데이터 송신 또는 수신을 위한 기간통신역무를 이용할 것, 3. 동법 시행령 제2조(보편적 역무의 내용)제2항제2호가목의 특수번호 전화 서비스 이용을 제외한 음성통화가 불가능할 것의 요건을 모두 갖춘 경우로 한다고 규정하고 있으며(전기통신사업법 시행령 제9조제1항),[88] 이 법 제6조(기간통신사업의 등록 등)제1항 각 호 외의 부분 단서에 따라 기간통신사업을 신고하려는 자는 기간통신사업 신고서(전자문서로 된 신고서를 포함한다)에 동

비디오 스트리밍 서비스 등을 제공하는 기술이다. 현재 국내에서 판매 중인 테슬라 전기자동차에는 LTE 모뎀이 탑재돼 있다. 테슬라코리아는 이를 활용해 운전자에게 실시간 정보 등을 제공할 계획이다. 테슬라코리아의 기간통신사업자로의 진입은 진입규제를 완화한 이후 최초의 기간통신사업 신고 사례로, 이번 신고로 국내 커넥티트카 시장 경쟁이 본격화될 것으로 보인다. 현재 현대 · 기아, 쌍용, 르노삼성, BMW, 메르세데스벤츠, 아우디폭스바겐, 포르쉐 등 자동차 회사들은 진입규제 완화 법률 이전에 별정통신사업 등록을 통해 서비스를 제공하고 있다. 앞서 과기정통부는 지난해 6월 통신이 아닌 산업 분야에 종사하는 사업자가 부수적으로 기간통신역무가 포함된 상품 · 용역을 판매하고자 할 때 등록 대신 '신고'를 하도록 진입규제를 완화했다. 과기정통부는 웨어러블, 자전거, 운동화 등 다른 산업 분야에서 기간통신역무를 부수적으로 이용하는 융합 서비스의 통신시장 진입이 확대될 수 있도록 할 방침이다. 이한승 연합뉴스 기자, 테슬라코리아, 기간통신사업 신고…차량에 정보 · 콘텐츠 서비스, 기간통신 진입규제 완화 후 첫 사례…커넥티드카 경쟁 본격화, 2020.4.28.(https://www.yna.co.kr/view/AKR20200428096800017).

88) 과학기술정보통신부(이하 '과기정통부')는 2020년 4월 28일 전기자동차 수입 · 판매사 테슬라코리아가 기간통신사업을 영위하기 위해 과기정통부에 기간통신사업을 신고하였다고 밝혔다. 테슬라코리아는 자신의 상품(전기자동차)을 판매하면서 고객 편의를 위해 부수적으로 기간통신역무를 이용하는 커넥티비티 서비스(국내 판매 테슬라 차량(LTE 모뎀 내장)에 통신사업자 기간통신역무를 이용하여 실시간 교통정보, 음악 · 비디오 스트리밍 서비스 등 제공)를 제공하는 것으로 전기통신사업법에서 규정하고 있는 신고요건(① 자신의 상품 또는 용역을 제공하면서 부수적으로 기간통신역무를 이용할 것, ② 부수적으로 이용하는 기능을 제거하더라도 상품 또는 용역의 제공이 가능할 것, ③ 특수번호 전화서비스 (112, 119 등) 이용을 제외한 음성통화가 불가능할 것, ④ 이용요금을 청구할 것)을 모두 충족한 것으로 판단하였다. 과학기술정보통신부, 과기정통부, 테슬라코리아의 기간통신사업 신고(보도자료), 2020.4.28.

법 시행령 제9조(기간통신사업의 신고)제1항에 따른 요건을 갖추었는지를 확인할 수 있는 설명서(전자문서를 포함한다)를 첨부하여 과학기술정보통신부장관에게 제출해야 한다고 규정하고 있다(동법 시행령 제9조제2항).

한편, 전기통신사업법 시행령은 과학기술정보통신부장관은 이 법 시행령 제9조제2항에 따른 신고서의 기재사항에 흠이 있거나 첨부서류가 미비한 경우에는 10일 이내의 기간을 정하여 신고인에게 그 보완을 요구할 수 있으며, 신고인이 신청한 경우에는 보완기간을 연장할 수 있다고 규정하고 있으며(동법 시행령 제9조제3항), 과학기술정보통신부장관은 이 법 시행령 제9조제2항에 따라 신고서를 받았을 때에는 기간통신사업 신고증명서를 신고인에게 발급해야 한다고 규정하고 있다(동법 시행령 제12조제2항). 또한 전기통신사업법 시행령은 기간통신사업자는 다음, 1. 등록증 또는 신고증명서를 잃어버리거나 헐어 못 쓰게 된 경우와, 2. 상호 · 명칭 및 대표자 성명, 주된 사무소의 소재지 등 신고증명서의 기재사항이 변경된 경우의 어느 하나에 해당하는 경우에는 과학기술정보통신부장관에게 이 법 시행령 제10조(등록증 등의 발급 등)제1항 또는 제2항에 따라 발급받은 등록증 또는 신고증명서의 재발급을 신청할 수 있다고 규정하고 있으며(동법 시행령 제10조제3항), 동법 시행령 제7조(기간통신사업의 등록신청), 제9조(기간통신사업의 신고) 및 제10조제1항부터 제3항까지에서 규정한 사항 외에 기간통신사업의 등록 및 신고의 절차 등에 관하여 필요한 사항은 과학기술정보통신부장관이 정하여 고시한다고 규정하고 있다(동법 시행령 제10조제4항).

참고자료 및 질문

1. **사물인터넷과 LPWA 무선통신.** 사물인터넷의 발전으로 인해 주목받고 있는 전파 기술이 LPWA(Low Power Wide Area, 저전력 광대역) 무선통신이다. 사물인터넷 중 원격검침과 같이 저사양, 저전력, 낮은 전송속도를 지원하는 소물(小物, Internet of Small Things) 인터넷 전용 통신 기술이 필요하게 되었고 이를 위한 기술이 LPWA로 이해된다. 기존의 통신에서는 얼마나 빨리, 얼마나 안정화되게 데이터를 보내느냐가 주요 관심사였다면 소물인터넷(Internet of Small Things, IoST)에서는 얼마나 싸게 단말을 만들고 얼마나 오랫동안 건전지 수명을 늘릴 것이냐가 관심사가 된다고 생각된다. LPWA 기술로는 LoRA(Long Range, 로라), Sigfox(시그폭스), LTE-M(TC: Machine Type Communication), LTE NB-IoT(Narrow Band, 협대역) 등이 있으며, 개별 기술의 특징과 주요 내용은 〈표 7〉과 같다. LoRA는 다른 LPWA 기술과 비교하여 더 많은 전력이 소모되나 전파 혼신과 간섭이 적고 Sigfox는 가장 넓고 많은 이용 대상을 보유하고 있으며 LTE-M은 기존 LTE 망을 활용하여 네트워크 구축 비용의 절감이 가능하고 LTE NB-IoT는 견고한 데이터 전송과 안전성을 갖는 특징이 있는 것으로 이해된다.

표 7 LPWA 기술의 특징과 주요 내용

구분	LoRA	Sigfox	LTE-M(TC)	LTE NB-IoT
주파수 대역	비면허 대역 (920㎒, RFID)	비면허 대역 (920㎒, RFID)	면허대역 (LTE 대역)	면허대역 (In/Guard-band)
네트워크 방식	전용망 방식	전용망 방식	비전용망 방식	비전용망 방식
표준화 단체	LoRa Alliance	ETSI	3GPP	3GPP
표준화	비표준	비표준	3GPP Rel.8	3GPP Rel.13
Coverage	~11㎞	~13㎞	~11㎞	~15㎞
통신 속도	~10Kbps	~100bps	~10Mbps	~150Kbps
로밍 가능 여부	불가	불가	가능	가능
배터리 수명	~10년	~10년	~10년	~10년

2. 기간통신사업 등록과 주파수할당의 관계. 이미 설명한 바와 같이 기간통신사업의 등록으로 진입규제를 완화함으로써 주파수할당으로 진입규제의 역할이 옮겨지는 것이 더욱 가속화될 것으로 이해된다. 과거에는 기간통신사업 허가와 주파수할당의 관계가 문제가 되었으며 이에 대해, 1. 주파수할당 공고 후 기간통신사업 허가와 주파수할당을 동시에 신청받아 동시에 심사 절차가 진행되어야 한다는 입장과, 2. 주파수할당을 받은 사업자는 기간통신사업 허가를 받은 것으로 의제(擬制)해야 한다는 입장이 대립한 바 있다. 과거 기간통신사업 허가와 주파수할당 절차의 중복문제는 기간통신사업 등록으로 많이 해소될 수 있게 되었다고 생각된다. 그러나 기간통신사업 등록과 주파수할당의 선후관계(先後關係) 문제는 지속될 수 있을 것이라 하겠다. 이러한 문제를 해소하기 위해, 1. 선(先) 주파수할당 후(後) 기간통신사업 등록과, 2. 선(先) 기간통신사업 등록 후(後) 주파수할당의 제도 설계가 가능할 것으로 생각된다. 전자는 주파수할당이 필요한 기간통신사업에 대해서는 주파수할당을 받은 경우에만 통신사업자로 등록할 수 있도록 하는 것으로 등록 후(後)·할당 전(前) 시간적 공백이 없어 주가 부풀리기 등 시장교란 행위를 차단할 수 있는 장점이 있으나 기간통신사업 면허가 없어 투자유치에 불리한 단점이 있는 반면에, 후자는 주파수할당을 받지 않더라도 기간통신사업의 등록을 허용하되 이용자 피해 예방을 위해 가입자모집 등은 주파수할당을 받아야 할 수 있는 것으로 조건을 부과하는 것이다. 후자는 기간통신사업 면허를 먼저 보유할 수 있게 되어 투자유치에 유리한 장점은 있지만 후(後)·할당 전(前) 시간적 공백에 주가 부풀리기 등으로 이용자나 소액주주들의 피해가 초래될 수 있는 단점이 있을 것으로 생각된다.

2. 부가통신사업의 원칙적 신고와 예외적 등록

〈전기통신사업법〉 제22조(부가통신사업의 신고 등) ① 부가통신사업을 경영하려는 자는 대통령령으로 정하는 요건 및 절차에 따라 과학기술정보통신부장관에게 신고(정보통신망에 의한 신고를 포함한다)하여야 한다.

② 제1항에도 불구하고 특수한 유형의 부가통신역무를 제공하는 사업을 경영하려는 자는 다음 각 호의 사항을 갖추어 과학기술정보통신부장관에게 등록(정보통신망에 의한 등록을 포함한다)하여야 한다.

1. 제22조의3제1항 및 「저작권법」 제104조의 이행을 위한 기술적 조치 실시 계획(제2조제14호가목에 해당하는 자에 한정한다)

1의2. 송신인의 전화번호가 변작 등 거짓으로 표시되는 것을 방지하기 위한 기술적 조치 실시 계획(제2조제14호나목에 해당하는 자에 한정한다)

2. 업무수행에 필요한 인력 및 물적 시설

3. 재무건전성

4. 제22조의11제3항에 따른 전송자격인증서(제22조의11제1항에 따른 사업자에 한정한다)

5. 그 밖에 사업계획서 등 대통령령으로 정하는 사항

③ 과학기술정보통신부장관은 제2항에 따라 부가통신사업의 등록을 받는 경우에는 같은 항 각 호의 사항을 준수하기 위하여 필요한 조건을 붙일 수 있다.

④ 과학기술정보통신부장관 또는 방송미디어통신위원회는 각각 소관 업무에 따라 소속 공무원으로 하여금 제2항 각 호에 따른 등록 요건의 준수 여부 및 제3항에 따른 조건의 이행 실태를 대통령령으로 정하는 바에 따라 연 1회 이상 정기적으로 점검하여야 하고, 점검을 위하여 필요한 경우 특수한 유형의 부가통신역무를 제공하는 사업을 경영하는 자에게 관련 자료의 제출을 명할 수 있다. 이 경우 점검 절차와 방법은 제51조를 준용한다.

⑤ 제1항에도 불구하고 다음 각 호의 어느 하나에 해당하는 자는 부가통신사업을 신고한 것으로 본다.

1. 자본금 등이 대통령령으로 정하는 기준에 해당하는 소규모 부가통신사업을 경영하려는 자

2. 부가통신사업을 경영하려는 기간통신사업자

⑥ 제1항에 따라 부가통신사업을 신고한 자 및 제2항에 따라 부가통신사업을 등록한 자는 신고 또는 등록한 날부터 1년 이내에 사업을 시작하여야 한다.

⑦ 과학기술정보통신부장관은 온라인 동영상 서비스를 제공하는 사업을 경영하려는 자로부터 제1항에 따른 부가통신사업 신고를 접수한 경우 3개월 이내에 그 사실을 문화체육관

광부장관과 방송미디어통신위원회에 통보하여야 한다. 제23조에 따른 신고 사항의 변경 신고 또는 제24조에 따른 사업의 양도 · 양수 등의 신고를 접수한 경우에도 또한 같다.

가. 부가통신사업의 원칙적 신고

(1) 부가통신사업 원칙적 신고의 의의

전기통신사업법은 부가통신사업을 경영하려는 자는 대통령령으로 정하는 요건 및 절차에 따라 과학기술정보통신부장관에게 신고(정보통신망에 의한 신고를 포함한다)하여야 한다고 규정하고 있는데(전기통신사업법 제22조제1항), 이미 앞에서 설명한 바와 같이 부가통신사업은 일반적으로 규제의 대상이 아니었으며 통신 시장에서 사업자들의 경쟁과 자유로운 사업이 보장되어야 하는 영역이므로 원칙적으로 신고만을 통해서도 사업을 개시할 수 있도록 한 것으로 생각된다. 부가통신사업의 신고(申告)는 신고의 요건을 갖춘 신고만 하면 신고 의무를 이행한 것이 되는 강학(講學)상의 수리를 요하지 않는 자기완결 또는 자족적 신고로서 자체완성적 공법행위로서의 신고로 이해된다.[89] 따라서 신고 요건을 갖춘 적절한 신고만 있으면 행정청의 수리가 없더라도 신고의 대상이 되는 행위를 적법하게 할 수 있고 과태료의 부과 등 어떠한 불이익이 없다고 하겠다. 또한 행정청이 하는 신고의 수리는 단순한 접수 행위로서 법적 효과를 발생시키지 않는 사실행위이므로 행정청의 신고에 대한 수리행위나 수리 거부행위는 원칙적으로 항고소송의 대상이 될 수 없다고 해석된다. 한편, 전기통신사업법은 「방송법」에 따른 종합유선방송사업자 · 전송망사업자 또는 중계유선방송사업자가 보유하고 있는 전송 · 선로설비 또는 유선방송설비를 이용하여 부가통신역무를 제공하려면 이 법 제22조(부가통신사업의 신고 등)제1항에 따라 과학기술정보통신부장관에게 신고하여야 한다고 규정하고 있다(동법 제31조제2항).

89) 박균성, 행정법강의(제15판), 박영사(2018), pp108~109.

(2) 부가통신사업 원칙적 신고의 요건과 절차 등

(가) 부가통신사업 원칙적 신고의 요건

전기통신사업법은 이 법 제22조(부가통신사업의 신고 등)제1항에도 불구하고 다음, 1. 자본금 등이 대통령령으로 정하는 기준에 해당하는 소규모 부가통신사업을 경영하려는 자와, 2. 부가통신사업을 경영하려는 기간통신사업자의 어느 하나에 해당하는 자는 부가통신사업을 신고한 것으로 본다고 규정하고 있는데(동법 제22조제5항), 전기통신사업법 시행령은 이 법 제22조제5항제1호에서 "대통령령으로 정하는 기준에 해당하는 소규모 부가통신사업"이란 인터넷을 이용하여 부가통신역무를 제공하는 자본금 1억원 이하인 부가통신사업자를 말한다고 규정하고 있으며(동법 시행령 제30조제1항), 이 법 시행령 제30조(부가통신사업자 신고의 면제)제1항에 따라 신고가 면제된 부가통신사업자는 자본금이 1억원을 초과하게 된 경우에는 그 사유가 발생한 날부터 1개월 이내에 동법 제22조(부가통신사업의 신고 등)제1항에 따라 과학기술정보통신부장관에게 신고하여야 한다고 규정하고 있다(동법 시행령 제30조제1항). 기간통신사업자가 부가통신사업을 경영하려는 경우에 부가통신사업에 대한 신고의무를 면제하고 있는 것은 기간통신사업자는 부가통신사업의 신고요건을 충족하고 있기 때문으로 이해된다.

(나) 부가통신사업 원칙적 신고의 절차

전기통신사업법 시행령은 이 법 제22조(부가통신사업의 신고 등)제1항 전단에 따라 부가통신사업을 신고하려는 자는 부가통신사업 신고서(전자문서로 된 신고서를 포함한다)와 다음, 1. 통신망구성도(새로운 유형의 부가통신역무를 신고하는 경우로서 과학기술정보통신부장관이 필요하다고 인정하여 요구하는 경우만 해당한다)와, 2. 개인정보보호조치 구축 명세서(개인정보를 취급하는 경우만 해당한다)의 서류(전자문서를 포함한다)를 과학기술정보통신부장관에게 제출하여야 한다고 규정하고 있다(전기통신사업법 시행령 제29조제1항).

또한 전기통신사업법 시행령은 이 법 시행령 제29조(부가통신사업의 신고절차 등)제1항에 따른 신고 또는 제2항에 따른 등록신청을 받은 과학기술정보통신부장관은 「전자정부법」 제36조(행정정보의 효율적 관리 및 이용)제1항에 따른 행정정보의 공동이용을 통하여 법인 등기사항증명서 또는 사업자등록증명을 확인해야 하나, 다만, 신고인 또는 신청인이 사업자등록증명의 확인에 동의하지 않는 경우에는 그 서류를 첨부하게 해야 한다고 규정하고 있으며(동법 시행령 제29조제3항), 과학기술정보통신부장관은 동법 시행령 제29조

제1항에 따른 부가통신사업 신고서 또는 제2항에 따른 특수한 유형의 부가통신사업자 등록신청서의 기재 사항에 흠이 있거나 첨부서류가 미비한 경우에는 10일 이내의 기간을 정하여 신고인 또는 신청인에게 그 보완을 요구할 수 있으며, 신고인 또는 신청인이 신청한 경우에는 보완기간을 연장할 수 있다고 규정하고 있다(동법 시행령 제29조제4항). 또한 전기통신사업법 시행령은 과학기술정보통신부장관은 이 법 시행령 제29조제1항에 따른 부가통신사업의 신고를 받았을 때에는 부가통신사업 신고증명서를 신고인에게 발급하여야 한다고 규정하고 있으며(동법 시행령 제29조제5항), 부가통신사업자는 이 법 시행령 제29조제5항에 따라 발급받은 신고증명서 또는 동법 시행령 제29조제6항에 따라 발급받은 등록증을 잃어버리거나 헐어 못 쓰게 된 경우에는 과학기술정보통신부장관에게 재발급을 신청할 수 있다고 규정하고 있다(동법 시행령 제29조제7항).

한편, 전기통신사업법은 과학기술정보통신부장관은 온라인 동영상 서비스를 제공하는 사업을 경영하려는 자로부터 이 법 제22조(부가통신사업의 신고 등)제1항에 따른 부가통신사업 신고를 접수한 경우 3개월 이내에 그 사실을 문화체육관광부장관과 방송미디어통신위원회에 통보하여야 하며, 동법 제23조(등록 또는 신고 사항의 변경)에 따른 신고 사항의 변경신고 또는 제24조(사업의 양도 · 양수 등)에 따른 사업의 양도 · 양수 등의 신고를 접수한 경우에도 또한 같다고 규정하고 있다(전기통신사업법 제22조제7항).

나. 부가통신사업의 예외적 등록

(1) 부가통신사업 예외적 등록의 의의

앞에서 설명한 바와 같이 부가통신사업자의 시장진입은 원칙적으로 신고(申告)를 통해 이루어지나 웹하드(Webhard)나 P2P(Peer-to-Peer)의 다운로드를 통한 음란물이나 불법복제물 등의 유통과 인터넷 문자 발송 서비스를 통한 원치 않는 문자광고 등 스팸 문자, 보이스피싱(Voice phishing), 스미싱(Smishing, SMS Phishing)과 같은 전기통신금융사기가 사회적 문제로 대두됨에 따라 2011년 전기통신사업법의 개정을 통해 「저작권법」 제104조에 따른 특수한 유형의 온라인서비스제공자의 부가통신역무(웹하드(Webhard)와 P2P(Peer-to-Peer))에 대해 예외적으로 부가통신사업자에 대한 등록(登錄)제도를, 2015년 전기통신사업법의 개정을 통해 문자메시지 발송시스템을 전기통신사업자의 전기통신설비에 직접 또는 간접적으로 연결하여 문자메시지를 발송하는 부가통신역무(인터넷발송문자서비스)에 대해 예외적으로 부가통신사업자에 대한 등록(登錄)제도를 도입하게 되었다. 한편, 2025년 전기통신사업법의 개정을 통해 이 법 제22조의11(전송자격인증)에 대량문자 전송자격인증 제도가 입법되었는데 이에 따라 부가통신사업 예외적 등록 요건에도 전기통신사업법 제22조의11(전송자격인증)제3항에 따른 전송자격인증서(동법 제22조의11제1항에 따른 사업자에 한정한다)가 포함되게 되었다.

(2) 부가통신사업 예외적 등록의 요건과 절차 등

(가) 부가통신사업 예외적 등록의 요건

전기통신사업법은 이 법 제22조(부가통신사업의 신고 등)제1항에도 불구하고 특수한 유형의 부가통신역무를 제공하는 사업을 경영하려는 자는 다음, 1. 동법 제22조의3(특수유형부가통신사업자의 기술적 조치 등)제1항 및 「저작권법」 제104조(특수한 유형의 온라인 서비스제공자의 의무 등)의 이행을 위한 기술적 조치 실시 계획(동법 제2조(정의)제14호가목에 해당하는 자에 한정한다), 1의2. 송신인의 전화번호가 변작 등 거짓으로 표시되는 것을 방지하기 위한 기술적 조치 실시 계획(동법 제2조제14호나목에 해당하는 자에 한정한다), 2. 업무수행에 필요한 인력 및 물적 시설, 3. 재무건전성, 4. 동법 제22조의11(전송자격인증)제3항에 따른 전송자격인증서(동법 제22조의11제1항에 따른 사업자에 한정한다), 5. 그 밖에 사업계획서 등 대통령령으로[90] 정하는 사항을 갖추어 과학기술정보통신부장관에게 등록(정보통신망에 의한 등록을 포함한다)하여야 한다고 규정하고 있으며(전기통신사업법 제22조제2항), 전기통신사업법 시행령은 이 법 제22조(부가통신사업의 신고 등)제2항에 따른 특수한 유형의 부가통신사업자의 등록 요건은 [별표 3]과 같다고 규정하고 있다(동법 시행령 제29조제9항).

(나) 부가통신사업 예외적 등록의 절차

전기통신사업법 시행령은 이 법 제22조(부가통신사업의 신고 등)제2항에 따라 특수한 유형의 부가통신사업을 등록하려는 자는 특수한 유형의 부가통신사업자 등록신청서(전자문서로 된 신청서를 포함한다)와 다음, 1. 정관(법인인 경우만 해당하며 설립 예정 법인을 포함한다)

---

90) 전기통신사업법 시행령은 이 법 제22조(부가통신사업의 신고 등)제2항제5호에서 "사업계획서 등 대통령령으로 정하는 사항"이란 사업계획서 및 이용자 보호계획서를 말한다고 규정하고 있다(전기통신사업법 시행령 제29조제8항).

과, 2. 동법 제22조제2항 각 호의 등록 요건을 갖추었음을 증명할 수 있는 서류(전자문서를 포함한다)를 과학기술정보통신부장관에게 제출하여야 한다고 규정하고 있으며(전기통신사업법 시행령 제29조제2항), 전기통신사업법 시행령 제29조(부가통신사업의 신고절차 등)제1항에 따른 신고 또는 제2항에 따른 등록신청을 받은 과학기술정보통신부장관은 「전자정부법」 제36조(행정정보의 효율적 관리 및 이용)제1항에 따른 행정정보의 공동이용을 통하여 법인 등기사항증명서 또는 사업자등록증명을 확인해야 하나, 다만, 신고인 또는 신청인이 사업자등록증명의 확인에 동의하지 않는 경우에는 그 서류를 첨부하게 해야 한다고 규정하고 있다(동법 시행령 제29조제3항).

또한 전기통신사업법 시행령은 과학기술정보통신부장관은 이 법 시행령 제29조제1항에 따른 부가통신사업 신고서 또는 제2항에 따른 특수한 유형의 부가통신사업자 등록신청서의 기재 사항에 흠이 있거나 첨부서류가 미비한 경우에는 10일 이내의 기간을 정하여 신고인 또는 신청인에게 그 보완을 요구할 수 있으며, 신고인 또는 신청인이 신청한 경우에는 보완기간을 연장할 수 있다고 규정하고 있는데(동법 시행령 제29조제4항), 과학기술정보통신부장관은 이 법 시행령 제29조제2항에 따른 등록신청을 받았을 때에는 동법 시행령 제29조제9항에 따른 등록 요건을 갖추었는지를 확인한 후 다음, 1. 등록번호 및 등록 연월일, 2. 상호 또는 명칭 및 대표자의 성명, 3. 주된 사무소의 소재지, 4. 자본금, 5. 제공 역무의 종류, 6. 사업용 주요 설비의 명세 및 설치 장소, 7. 등록 조건의 사항을 특수한 유형의 부가통신사업자 등록대장에 적고 특수한 유형의 부가통신사업자 등록증을 신청일부터 30일 이내에 그 신청인에게 발급하여야 한다고 규정하고 있다(동법 시행령 제29조제6항). 한편, 전기통신사업법 시행령은 부가통신사업자는 이 법 시행령 제29조제5항에 따라 발급받은 신고증명서 또는 동법 시행령 제29조제6항에 따라 발급받은 등록증을 잃어버리거나 헐어 못 쓰게 된 경우에는 과학기술정보통신부장관에게 재발급을 신청할 수 있다고 규정하고 있다(동법 시행령 제29조제7항).

(3) 부가통신사업 예외적 등록의 결격사유

전기통신사업법은 이 법 제27조(사업의 등록취소 및 폐업명령 등)제1항에 따라 등록이 취소된 날부터 3년이 지나지 아니한 개인 또는 법인이나 그 취소 당시 그 법인의 대주주(대통령령으로 정하는 출자자를 말한다)이었던 자는 동법 제22조(부가통신사업의 신고 등)제2항에 따른 등록을 할 수 없다고 규정하고 있으며(전기통신사업법 제22조의2), 전기통신사업법 시행령은 이 법 제22조의2(등록 결격사유)에서 "대통령령으로 정하는 출자자"란 다음, 1. 해당 법인의 의결권 있는 발행주식 또는 출자지분(이하 이 조에서 "주식등"이라 한다)을 기준으로 본인과 「금융회사의 지배구조에 관한 법률 시행령」 제3조(특수관계인의 범위)제1항 각 호의 어느 하나에 해당하는 특수관계인이 누구의 명의로 하든지 자기의 계산으로 소유하는 주식등을 합하여 그 수가 가장 많은 경우의 그 본인과, 2. 누구의 명의로 하든지 자기의 계산으로 해당 법인의 주식등의 100분의 10 이상을 소유하는 자 또는 임원의 임면 등의 방법으로 그 법인의 주요 경영사항에 대하여 사실상의 영향력을 행사하는 주주로서 「금융회사의 지배구조에 관한 법률」 제2조(정의) 제6호나목에 해당하는 자(이하 "주요주주"라 한다)의 어느 하나에 해당하는 자를 말한다고 규정하고 있다(전기통신사업법 시행령 제30조의2).

(4) 부가통신사업 예외적 등록의 조건 부여와 이행실태 점검

전기통신사업법은 과학기술정보통신부장관은 이 법 제22조(부가통신사업의 신고 등)제2항에 따라 부가통신사업의 등록을 받는 경우에는 같은 항 각 호의 사항을 준수하기 위하여 필요한 조건을 붙일 수 있다고 규정하고 있는데(전기통신사업법 제22조제3항), 전기통신사업법 제22조제3항의 조건(條件)은 행정청에 의하여 주된 행위에 부가된 종(從)된 규율인 강학(講學)상의 행정행위의 부관(附款) 중 하나인 부담(負擔)에 해당하는 것으로서 부담은 부당결부금지의 원칙, 과잉금지의 원칙 등을 위반하지 않고 행정 목적을 달성하기 위해 합리적인 범위에 있다면 가능한 것으로 이해된다. 한편, 전기통신사업법은 과학기술정보통신부장관 또는 방송미디어통신위원회는 각각 소관 업무에 따라 소속 공무원으로 하여금 이 법 제22조제2항 각 호에 따른 등록 요건의 준수 여부 및 동법 제22조제3항에 따른 조건의 이행 실태를 대통령령으로 정하는 바에 따라 연 1회 이상 정기적으로 점검하여야 하고, 점검을 위하여 필요한 경우 특수한 유형의 부가통신역무를 제공하는 사업을 경영하는 자에게 관련 자료의 제출을 명할 수 있으며, 이 경우 점검 절차와 방법은 전기통신사업법 제51조(사실조사 등)를 준용한다고 규정하고 있다(동법 제22조제4항).

다. 부가통신사업의 변경신고 또는 변경등록

전기통신사업법은 이 법 제22조(부가통신사업의 신고 등)제1항에 따라 부가통신사업을 신고한 자 또는 같은 조 제2항에 따라 부가통신사업을 등록한 자는 그 등록 또는 신고한 사항 중 대통령령으로 정하는 사항을 변경하려면 대통령령으로 정하는 바에 따라 과학기술정보통신부장관에게 변경등록 또는 변경신고(정보통신망에 의한 변경등록 또는 변경신고를 포함한다)를 하여야 한다고 규정하고 있는데(전기통신사업법 제23조), 전기통신사업법 시행령은 이 법 제23조(등록 또는 신고 사항의 변경)에서 "대통령령으로 정하는 사항"이란 다음, 1. 상호 · 명칭 · 주소, 2. 대표자, 3. 제공 역무의 종류, 4. 삭제, 5. 삭제, 6. 삭제, 7. 동법 제22조제1항 또는 같은 조 제2항에 따른 부가통신사업의 내용 변경에 관한 사항(동법 제27조(사업의 등록취소 및 폐업명령 등)제1항 본문에 따른 등록의 일부 취소 또는 사업의 일부 폐업 대상이 된 사업을 다시 제공하려는 경우를 포함한다) 각 호의 사항을 말한다고 규정하고 있다(동법 시행령 제31조제1항).

또한 전기통신사업법 시행령은 이 법 시행령 제31조(부가통신사업의 변경등록 또는 변경신고)제1항 각 호의 어느 하나에 해당하는 사항을 변경하려면 부가통신사업 변경신고서 또는 특수한 유형의 부가통신사업 변경등록신청서(전자문서로 된 신청서 또는 신고서를 포함한다)에 변경 사항을 확인할 수 있는 서류(전자문서를 포함한다)를 첨부하여 과학기술정보통신부장관에게 제출하여야 한다고 규정하고 있으며(동법 시행령 제31조제2항), 과학기술정보통신부장관은 이 법 시행령 제31조제2항에 따라 변경등록신청을 받아 이를 등록하거나 변경신고를 받았을 때에는 변경 사항이 적힌 등록증 또는 신고증명서를 발급하여야 한다고 규정하고 있다(동법 시행령 제31조제3항). 한편, 전기통신사업법 시행령은 이 법 시행령 제31조제2항에 따라 변경등록신청 또는 변경신고를 받은 과학기술정보통신부장관은 「전자정부법」 제36조(행정정보의 효율적 관리 및 이용)제1항에 따른 행정정보의 공동이용을 통하여 법인 등기사항증명서 또는 사업자등록증명을 확인하여야 하나, 다만, 신고인 또는 신청인이 사업자등록증명의 확인에 동의하지 아니하는 경우에는 그 서류를 첨부하게 하여야 한다고 규정하고 있다(동법 시행령 제31조제4항).

참고자료 및 질문

1. 기간통신사업자 임원의 결격사유. 전기통신사업법은 다음, 1. 미성년자 또는 피성년후견인, 2. 파산선고를 받고 복권되지 아니한 사람, 3. 이 법, 「전기통신기본법」, 「전파법」 또는 「정보통신망 이용촉진 및 정보보호 등에 관한 법률」(직접 전기통신사업과 관련되지 아니한 사항은 제외한다. 이하 "이 법등"이라 한다)을 위반하여 금고 이상의 실형을 선고받고 그 집행이 끝나거나(집행이 끝난 것으로 보는 경우를 포함한다) 집행이 면제된 날부터 3년이 지나지 아니한 사람, 4. 이 법등을 위반하여 금고 이상의 형의 집행유예를 선고받고 그 유예기간 중에 있는 사람, 5. 이 법등을 위반하여 벌금형을 선고받고 1

년이 지나지 아니한 사람, 6. 이 법 제20조(등록의 취소 등)제1항에 따른 등록의 전부 또는 일부의 취소처분, 동법 제27조제1항에 따른 사업의 전부 또는 일부의 폐업명령을 받은 후 3년이 지나지 아니한 자(이 경우 취소처분이나 폐업명령을 받은 자가 법인이면 등록취소 또는 사업폐업명령의 원인이 된 행위를 한 사람과 그 대표자를 말한다.)의 어느 하나에 해당하는 사람은 이 법 제8조(외국정부 또는 외국인의 주식소유 제한)제1항에 따른 기간통신사업자의 임원이 될 수 없다고 규정하고 있다(전기통신사업법 제9조제1항). 또한 전기통신사업법은 임원이 이 법 제9조(임원의 결격사유)제1항 각 호의 어느 하나에 해당하게 되거나 선임 당시 그에 해당하는 사람임이 밝혀진 경우에는 당연히 퇴직한다고 규정하고 있으며(동법 제9조제2항), 동법 제9조제2항에 따라 퇴직한 임원이 퇴직 전에 관여한 행위는 그 효력을 잃지 아니한다고 규정하고 있는데(동법 제9조제3항), 퇴직 전에 관여한 행위에 대해 소급효(遡及效)를 두지 않은 것은 거래의 안정성을 확보하기 위한 것으로 이해된다. 한편, 과거 동 조항과 관련하여 문제가 되었던 것이 (구)LGT(현재 LGU+)의 IMT-2000 사업 허가에 대한 사업 개시 의무위빈으로 인해 대표이사가 당연퇴직된 사건이다. 당시 3G이동전화서비스인 IMT-2000에 대해 유럽방식인 GSM에 기반을 둔 비동기식(W-CDMA) 허가를 SKT와 (구)KTF(현재 KT)가 받았고 (구)LGT는 미국방식인 CDMA에 기반을 둔 동기식(CDMA-2000) 허가를 취득한 바가 있다. (구)LGT는 1차례의 서비스 연기 끝에 결국 사업 개시를 포기하였고 결국 2006년 (구)정보통신부는 (구)LGT의 IMT-2000 사업허가를 사업 개시 의무위반으로 취소하였는데 이에 따라 당시 (구)LGT의 대표이사가 당연퇴직이 되었다. 임원의 결격사유 조항이 과연 행정법상의 부당결부금지의 원칙과 과잉금지의 원칙에 비추어 볼 때 타당하다고 생각하는가?

2. 기간통신사업의 허가 절차. 2018년 개정 이전 과거 기간통신사업의 허가 절차는 (구)전기통신사업법 제6조(기간통신사업의 허가 등)에 따라 〈그림 11〉과 같이 운영되었는데, (구)전기통신사업법은 과학기술정보통신부장관은 이 법 제34조제2항(경쟁의 촉진)에 따른 기간통신사업에 대한 경쟁상황평가 결과 및 「전파법」 제8조제3항제2호(전파진흥기본계획)에 따른 주파수 이용계획 등을 고려하여 기간통신사업의 허가에 관한 기본계획을 매년 수립할 수 있다고 규정하였으며((구)전기통신사업법 제6조제3항), 과학기술정보통신부장관은 이 법 제6조(기간통신사업의 허가 등)제1항에 따른 허가를 할 때에는 다음, 1. 기간통신역무 제공계획의 이행에 필요한 재정적 능력, 2. 기간통신역무 제공계획의 이행에 필요한 기술적 능력, 3. 이용자 보호계획의 적정성, 4. 그 밖에 기간통신역무의 안정적 제공에 필요한 능력에 관한 사항으로서 대통령령으로 정하는 사항을 종합적으로 심사하여야 한다고 규정하였다(동법 제6조제2항). 과거에는 매년 허가 기본계획에 따라 특정한 시점에만 기간통신사업 허가를 신청할 수 있었으나 규제 완화 차원에서 수시 허가제도로 변경하여 운영되었고, 기간통신사업 허가와 주파수할당 간의 관계 논란 해소를 위해 유선(有線)과 비면허(非免許) 주파수 대역에 대한 기간통신사업 허가는 수시 신청이 가능하도록 하였으나 「전파법」 제10조(주파수할당)에 따른 주파수할당을 받아 새로 기간통신사업을 경영하려는 자는 주파수할당 공고 이후에 주파수할당과 기간통신사업의 허가를 과학기술정보통신부장

관에게 함께 신청하여야 하도록 하여[91] 기간통신사업 허가와 주파수할당의 불일치 가능성을 최소화하도록 하였다.[92]

그림 11 과거 기간통신사업의 허가 절차

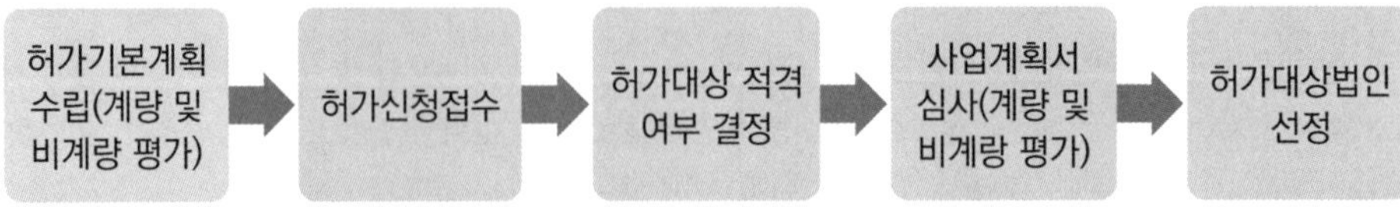

제4절 기간통신역무의 국경 간 공급과 국제전기통신업무의 승인

1. 기간통신역무의 국경 간 공급

〈전기통신사업법〉 제87조(기간통신역무의 국경 간 공급) ① 국내에 사업장을 두지 아니하고 국외에서 국내로 기간통신역무를 제공(이하 "기간통신역무의 국경 간 공급"이라 한다)하려는 자는 같은 기간통신역무를 제공하는 국내의 기간통신사업자와 기간통신역무의 국경 간 공급에 관한 협정을 체결하여야 한다.

가. 기간통신역무의 국경 간 공급의 의의

전기통신사업법은 국내에 사업장을 두지 아니하고 국외에서 국내로 기간통신역무를 제공(이하 "기간통신역무의 국경 간 공급"이라 한다)하려는 자는 같은 기간통신역무를 제공하는 국내의 기간통신사업자와 기간통신역무의 국경 간 공급에 관한 협정을 체결하여야

91) (구)전기통신사업법은 「전파법」 제10조(주파수할당)에 따른 주파수할당을 받아 새로 기간통신사업을 경영하려는 자는 주파수할당 공고 이후에 주파수할당과 기간통신사업의 허가를 과학기술정보통신부장관에게 함께 신청하여야 한다고 규정하였다((구)전기통신사업법 제6조제4항).

92) 신종철, 통신법해설, 진한M&B(2013), pp48~54.

한다고 규정하고 있는데(전기통신사업법 제87조제1항), 기간통신역무의 국경 간 공급(Cross border supply)이란 타국의 전기통신서비스 제공사업자가 우리나라에 상업적 주재(駐在, Commercial presence)를 두지 않고 우리나라에서 기간통신역무를 제공하는 것으로서 GATS(General Agreement on Trade in Service, 서비스 무역에 관한 일반협정)에서 규정하고 있는 서비스 공급 방식 중 Mode of supply 1에 해당이 되는 것으로 이해된다.[93]

기간통신역무의 국경 간 공급은 인력이나 자본 등 생산요소를 수반하지 않고 국가 간 통신서비스를 공급하는 것으로써 콜백(Call back) 서비스[94], 인터넷 전화(VoIP, Voice over Internet Protocol) 서비스[95], 국제단순재판매(ISR, International Simple Resale)[96], 위성 서비스[97], 해저 Cable[98], 항공기와 선박 내 초고속인터넷 서비스[99] 등이 있는데 기

---

93) 국경 간 공급(Cross border supply)은 서비스 공급자가 서비스 제공 국가에 주재(駐在, Presence)하지 않는 경우로서, 생산요소의 이동 없이 서비스 자체가 이동해 국가 간에 공급되는 것을 말한다. 서비스 무역에 대한 일반협정 GATS(General Agreement on Trade in Services), 국가기록원, http://www.archives.go.kr/next/search/listSubjectDescription.do?id=009985(2015.11.23).

94) 콜백(Call back) 서비스는 두 나라 사이의 국제전화 요금이 발신 측의 전기통신사업자에 따라 차이가 나는 것을 이용한 국제전화 서비스로서, 주로 국제전화 요금이 낮은 나라의 사업자들이 요금이 높은 나라에 진출하여 그 나라의 가입자가 거는 국제전화를 자기나라의 발신으로 처리해주고 요금을 받는 형태의 서비스이다. 강신원, 통신서비스의 국경 간 공급 관련 주요국의 규제 사례, ETRI 주간기술동향 통권 1296호(2007.5.16), p17.

95) 인터넷 전화(VoIP, Voice of Internet Protocol) 서비스는 기존의 회선 교환망(Circuit network)이 아닌 인터넷망(Internet Protocol Network)을 통해 패킷 단위로 전송하여 통화권의 구분 없이 음성 등을 송신하거나 수신하게 하는 전화 서비스이다. 강신원, 앞의 글, pp17~18.

96) 국제단순재판매(ISR, International Simple Resale)는 전용회선 양 끝에서 공중통신망과 접속하여 교환 서비스를 제공하는 서비스로서, 국제 전용회선을 이용하여 서비스 제공자의 교환기에서 직·간접적으로 공중통신망과 접속하거나 공중통신망과 접속된 가입자와 연결하여 간접적으로 공중통신망과 접속하는 것이다. 강신원, 앞의 글, pp18~19.

97) 위성 서비스는 인공위성의 넓은 서비스 커버리지를 이용하여 국제적으로 제공되는 Global 통신서비스로서 위성 서비스는 위성휴대통신(GMPCS, Global Mobile Personal Communication System), 위성회선임대, 위성방송, 해사위성통신, 항공이동위성(AMSS, Aeronautical Mobile Satellite Service) 서비스 등 다양한 형태가 있다. 강신원, 앞의 글, p19.

98) 해저 Cable은 통신을 목적으로 하여 바다 속에 설치한 케이블이며, 해저 Cable은 초고속인터넷 서비스, 국제전용회선(IPLs, International Private Leased Circuits), IDD(International Direct Dial) 트래픽, 멀티미디어 콘텐츠 서비스, 차세대 통신서비스 등에 이용된다. 강신원, 앞의 글, pp19~20.

99) 정보통신부는(현재 과학기술정보통신부) 27일 항공기 인터넷 제공을 위해 하나로 텔레콤(현재 SKB)과 보잉사간 체결된 '국경 간 기간통신역무 공급 계약'을 승인했다고 밝혔다. 이에 따라 지상에서 뿐 아니라 항공기에서도 인터넷을 자유롭게 이용해 메일을 주고받고 업무를 처리할 수 있는 시대가 열렸다. 국경 간 기간통신역무 공급 계약은 국내에 사업장을 두지 않고 국외에서 국내로 기간통신역무를 제공하고자 할 경우 국내의 기간통신사업자와 계약을 체결, 서비스를 제공할 수 있는 제도이다. 하나

술의 발전에 따라 통신서비스 시장에서 국경 간 공급이 확대되고 있는 상황으로[100] 기간통신역무의 국경 간 공급은 국가의 규제 체계를 우회하여 규제 체계를 무력화 할 수 있기 때문에 전 세계 각국은 동 사안에 대해 문제의식을 갖고 반경쟁행위 규제, 국내 소비자 보호, 조세 부과, 국가안보 등을 이유로 규제를 해왔으나 정보통신 기술의 발전으로 인해 기존의 규제가 더 이상 의미가 없으며 불가능하다는 의견도 대두되고 있다.

나. 기간통신역무의 국경 간 공급의 주요 내용

전기통신사업법은 국내에 사업장을 두지 아니하고 국외에서 국내로 기간통신역무를 제공(이하 "기간통신역무의 국경 간 공급"이라 한다)하려는 자는 같은 기간통신역무를 제공하는 국내의 기간통신사업자와 기간통신역무의 국경 간 공급에 관한 협정을 체결하여야 한다고 규정하고 있으므로(전기통신사업법 제87조제1항), 국내에 동종의 기간통신역무를 제공하는 기간통신사업자가 없다면 국경 간 공급 절차를 통해 국내시장에 진입할 수 없다고 해석된다.[101] 또한 전기통신사업법은 이 법 제87조(기간통신역무의 국경 간 공급)제1항에

로 텔레콤은 이번 계약으로 인터넷 전용회선을 위성으로부터 항공기까지 보잉사를 대신해 제공하고, 보잉사는 인터넷전용회선을 하나로 텔레콤으로부터 제공받아 기내 승객을 대상으로 인터넷서비스를 제공할 수 있게 됐다. 송정렬 디지털 타임즈 기자, 기내서도 인터넷서비스: 하나로 텔레콤-보잉 계약 체결, 2005.7.29.(http://www.dt.co.kr/contents.html?article_no=2005072902150531648002).

100) 스페이스X의 스타링크 등 해외 저궤도 위성통신이 국내에서 서비스를 개시하기 위한 사실상 마지막 관문을 통과했다. 과학기술정보통신부는 30일 스타링크코리아가 스페이스X와 맺은 국경 간 공급 협정과 한화시스템, KT SAT이 유텔샛 원웹(원웹)과 각각 맺은 국경 간 공급 협정 등 저궤도 위성통신 서비스의 국내 공급에 관한 총 3건의 협정을 모두 승인했다고 밝혔다. 전기통신사업법에 따라 스페이스X나 원웹과 같은 해외 사업자는 국내에서 직접 통신 서비스를 제공할 수 없다. 서비스를 제공하려면 국내 기간통신사업자와 국경 간 공급에 관한 협정을 맺어야 하는데 이에 대해 과기정통부 장관 승인이 내려진 것이다. 한국에 스타링크코리아를 설립한 스페이스X는 국내 기간통신사업자 등록을 마친 스타링크코리아와 국경 간 공급 협정을 맺고 이번에 승인받았다. 원웹의 경우 국내 기간통신사업자인 한화시스템, KT SAT과 맺은 협정이 승인됐다. 과기정통부는 이들 사업자의 저궤도 위성통신 서비스의 안정적인 제공 가능성, 국내 통신시장의 경쟁에 미치는 영향, 이용자 보호에 관한 사항 등을 종합적으로 심사해 협정을 모두 승인했다고 밝혔다. 조성미 연합뉴스 기자, 정부, 스페이스X · 원웹 위성통신 서비스 국내 공급 협정 승인, 2025.5.30.(https://www.yna.co.kr/view/AKR20250530058651017).

101) 과거 위성휴대통신(GMPCS)을 제공하는 외국 사업자가 국내에 동일한 종류의 기간통신역무를 제공하는 기간통신사업자가 없어 기간통신역무 허가로 시장에 진입한 사례가 있다. "이르면 5월께 위성휴대통신(GMPCS)이 국내에 다시 등장할 전망이다." 21일 (구)방송통신위원회(현재 방송미디어통신위원회)는 2009년 제3차 회의를 열어 세계적으로 시장이 협소한 데다 국내에서도 대중화하지 못한

따라 협정을 체결한 기간통신사업자의 협정에서 정하는 역무의 제공에 관하여는 동법 第28조(이용약관의 신고 등), 동법 第32조(이용자 보호), 동법 第33조(손해배상), 동법 第45조(방송미디어통신위원회의 재정)부터 第47조(출석 요구 및 의견 청취 등)까지, 동법 第50조(금지행위)부터 第55조(손해배상)까지, 동법 第83조(통신비밀의 보호), 동법 第84조(송신인의 전화번호의 고지 등), 동법 第84조의2(전화번호의 거짓표시 금지 및 이용자 보호), 동법 第85조(업무의 제한 및 정지), 동법 第88조(통계의 보고 등), 동법 第92조(시정명령 등) 및 「정보통신망 이용촉진 및 정보보호 등에 관한 법률」 第44조의7(불법정보의 유통금지)을 준용한다고 규정하고 있다(동법 第87조第2항).

다. 기간통신역무의 국경 간 공급계약의 승인취소 등

전기통신사업법은 과학기술정보통신부장관은 이 법 第87조(기간통신역무의 국경 간 공급)第1항에 따라 기간통신역무의 국경 간 공급을 하려는 자 또는 그와 협정을 체결한 기간통신사업자가 동법 第87조第2항에 따라 준용되는 해당 규정을 위반하는 경우에는 동법 第86조(국제전기통신업무에 관한 승인)第2항에 따른 승인을 취소하거나 1년 이내의 기간을 정하여 해당 협정에서 정하는 기간통신역무의 국경 간 공급의 전부 또는 일부를 정지하도록 명할 수 있다고 규정하고 있으며(전기통신사업법 第87조第3항), 이 법 第87조第3항에 따른 처분의 기준 및 절차, 그 밖에 필요한 사항은 대통령령으로 정한다고 규정하고 있는데(동법 第87조第4항), 전기통신사업법 시행령은 이 법 第87조第4항에 따른 기간통신역무의 국경 간 공급계약의 승인취소 및 기간통신역무의 국경 간 공급의 정지 기준은 다음, 1. 1회 위반 시에는 6개월 이내의 정지 또는 신규 이용자 모집 정지와, 2. 2회 위반 시에는 승인취소와 같다고 규정하고 있으며(동법 시행령 第57조第1항), 과학기술정보통신부장관은 이 법 시행령 第57조(기간통신역무의 국경 간 공급계약의 승인취소 등)第1항에 따른 승인취소 또는 정지 처분을 하였을 때에는 그 처분의 내용을 고시하고 이를 해당 전기통신사업자에게 서면으로 알려야 한다고 규정하고 있다(동법 시행령 第57조第2항).

GMPCS 사업을 추진하겠다고 신청한 아태위성산업에게 사업 허가를 내줬다. (구)방송통신위원회는 사업 허가조건으로 '2009년 5월 이전 서비스'를 못박았다. GMPCS는 정지궤도 위성을 이용한 개인휴대통신으로서 대형 수출입 선박 등 지구 어디서나 통화할 필요가 있는 곳에 유용하다. 아태위성산업은 작년 5월 사업 허가 획득에 실패한 뒤 8개월여 만에 사업권을 얻었다. 이은용 전자신문 기자, 위성휴대통신, 이번엔 성공할까?, 2009.1.21.(http://www.etnews.com/200901210193).

2. 국제전기통신업무에 관한 승인

〈전기통신사업법〉 ② 전기통신사업자는 제87조제1항에 따른 기간통신역무의 국경 간 공급에 관한 협정과 대통령령으로 정하는 국제전기통신업무에 관한 협정을 체결하려는 경우에는 대통령령으로 정하는 요건을 갖추어 과학기술정보통신부장관의 승인을 받아야 하고, 이를 변경하거나 폐지하려는 때에도 또한 같다. 다만, 다음 각 호의 요건을 모두 갖추거나 제6조제1항 단서에 해당하는 경우에는 과학기술정보통신부장관의 승인 없이 협정을 체결할 수 있다.

1. 기간통신역무를 제공하려는 자가 대한민국이 외국과 양자 간 또는 다자 간으로 체결하여 발효된 자유무역협정 중 과학기술정보통신부장관이 정하여 고시하는 자유무역협정 상대국의 외국인일 것
2. 방송사업자 간 텔레비전방송 또는 라디오방송 관련 음성 · 데이터 · 영상 등을 전송하는 기간통신역무를 위성을 이용하여 제공할 것
3. 국내에 있는 방송사업자 간 기간통신역무를 제공하는 것이 아닐 것

가. 국제전기통신업무에 관한 승인의 의의

전기통신사업법은 전기통신사업자는 이 법 제87조(기간통신역무의 국경 간 공급)제1항에 따른 기간통신역무의 국경 간 공급에 관한 협정과 대통령령으로 정하는 국제전기통신업무에 관한 협정을 체결하려는 경우에는 대통령령으로 정하는 요건을 갖추어 과학기술정보통신부장관의 승인을 받아야 하고, 이를 변경하거나 폐지하려는 때에도 또한 같으나, 다만, 다음 각 호의 요건을 모두 갖추거나 제6조(기간통신사업의 등록 등)제1항 단서에 해당하는 경우에는 과학기술정보통신부장관의 승인 없이 협정을 체결할 수 있다고 규정하고 있는데(전기통신사업법 제86조제2항), 2018년 전기통신사업법의 개정을 통해 전기통신사업법 제86조(국제전기통신업무에 관한 승인)제2항 단서는 차량, 가전 등 기간통신역무를 제공하는 통신이 아닌 비통신 분야를 영위하는 사업자가 통신 기능이 부수적으로 포함된 상품이나 용역을 판매하고자 할 때는 앞에서 설명한 바와 같이 기간통신사업자로서 신고만을 거치면 되게 하였고 또한 기간통신사업 국경 간 공급에 관한 협정에 대한 과학기술정보통신부장관의 승인도 면제될 수 있게 하였다. 국경 간 공급에 관한 협정에 대한 과학기술정보통신부장관의 승인 면제를 내용으로 하는 전기통신사업법의 개정은 차

량, 가전 제조사 등 전기통신사업자가 아닌 다른 분야의 사업자들이 사물인터넷(IoT, Internet over Things) 등과 같이 통신서비스를 결합한 상품을 판매하는 경우 기간통신사업 등록 절차를 면제하고 신고로 갈음하도록 한 제4차산업혁명 시대의 사물인터넷 산업을 활성화하고 불필요한 이중 규제를 완화한다는 입법취지를 반영하여 개정된 것으로 이해된다. 한편, 전기통신사업법은 국제전기통신업무에 관하여 정부가 가입한 조약이나 협정에 따로 규정이 있으면 그 규정에 따른다고 규정하고 있다(동법 제86조제1항).

나. 국제전기통신업무에 관한 승인의 주요 내용

전기통신사업법은 전기통신사업자는 이 법 제87조(기간통신역무의 국경 간 공급)제1항에 따른 기간통신역무의 국경 간 공급에 관한 협정과 대통령령으로 정하는 국제전기통신업무에 관한 협정을 체결하려는 경우에는 대통령령으로 정하는 요건을 갖추어 과학기술정보통신부장관의 승인을 받아야 하고, 이를 변경하거나 폐지하려는 때에도 또한 같으나, 다만, 다음, 1. 기간통신역무를 제공하려는 자가 대한민국이 외국과 양자 간 또는 다자 간으로 체결하여 발효된 자유무역협정 중 과학기술정보통신부장관이 정하여 고시하는[102] 자유무역협정 상대국의 외국인일 것, 2. 방송사업자 간 텔레비전방송 또는 라디오방송 관련 음성 · 데이터 · 영상 등을 전송하는 기간통신역무를 위성을 이용하여 제공할 것, 3. 국내에 있는 방송사업자 간 기간통신역무를 제공하는 것이 아닐 것의 요건을 모두 갖추거나 동법 제6조(기간통신사업의 등록 등)제1항 단서에 해당하는 경우에는 과학기술정보통신부장관의 승인 없이 협정을 체결할 수 있다고 규정하고 있으며(전기통신사업법 제86조제2항), 전기통신사업법 시행령은 이 법 제86조(국제전기통신업무에 관한 승인)제2항 각 호 외의 부분 본문에서 “대통령령으로 정하는 국제전기통신업무”란 국제전기통신서비스를 제공하기 위한 위성의 설치 및 임차를 말한다고 규정하고 있다(동법 시행령 제56조제1항).

전기통신사업법 시행령은 이 법 제86조제2항 각 호 외의 부분 본문에 따른 승인을 받으려는 자는 다음, 1. 협정서 또는 계약서 사본, 2. 협정 또는 계약의 신 · 구 대비표

102) 외국인의제법인의 예외가 되는 법인 등에 관한 기준(과학기술정보통신부 고시 제2022-14호, 2022. 4. 20.)은 이 법 제86조(국제전기통신업무에 관한 승인)제2항제1호에 따라 과학기술정보통신부장관이 정하여 고시하는 자유무역협정은 다음, 1. 대한민국과 유럽연합 및 그 회원국 간의 자유무역협정과, 2. 대한민국과 영국 간의 자유무역협정과 같다고 규정하고 있다(외국인의제법인의 예외가 되는 법인 등에 관한 기준 제3조).

(변경승인을 하는 경우만 해당한다), 3. 협정 또는 계약 폐지의 사실을 증명하는 서류(폐지승인을 신청하는 경우만 해당한다), 4. 사업계획서(동법 제87조제1항에 따른 기간통신역무의 국경 간 공급에 관한 협정의 승인을 신청하는 경우만 해당한다)의 서류를 과학기술정보통신부장관에게 제출하여야 한다고 규정하고 있으며(동법 시행령 제56조제2항), 과학기술정보통신부장관은 이 법 제86조제2항 각 호 외의 부분 본문에 따라 동법 제87조제1항에 따른 기간통신역무의 국경 간 공급에 관한 협정을 승인하려면 다음, 1. 서비스의 안정적인 제공 가능성, 2. 국내 통신시장의 경쟁에 미치는 영향, 3. 이용자 보호에 관한 사항을 종합적으로 심사하여야 한다고 규정하고 있다(동법 시행령 제56조제3항).

한편, 전기통신사업법은 기간통신역무를 제공하는 전기통신사업자는 외국정부 또는 외국인과 국제전기통신서비스의 취급에 따른 요금 정산에 관한 협정을 체결한 때에는 과학기술정보통신부장관에게 신고하여야 하나, 다만, 전기통신설비의 규모, 자본금, 번호 부여 여부 등이 대통령령으로 정하는 기준에 해당하는 때에는 그러하지 아니하다고 규정하고 있으며(동법 제86조제3항), 전기통신사업법 시행령은 이 법 제86조제3항 단서에서 "대통령령으로 정하는 기준"이란 자본금이 30억원 미만으로서 과학기술정보통신부장관이 부여한 국제전화 식별번호를 가지고 있지 아니한 전기통신사업자를 말한다고 규정하고 있다(동법 시행령 제56조제4항). 또한 전기통신사업법은 이 법 제86조제3항에 따른 신고와 관련된 사항은 과학기술정보통신부장관이 정하여 고시한다고 규정하고 있는데(동법 제86조제5항), 동 사안과 관련하여 국제전화요금 정산계약에 관한 신고방식 및 절차(과학기술정보통신부 고시 제2019-28호, 2019. 6. 20.)가 제정 · 시행되고 있다.

참고자료 및 질문

1. GATS의 서비스 공급방식. 1980년대 들어 전 세계적으로 국가 간 서비스교역이 급격히 증가하는 추세를 보이자, 1986년 9월 우루과이라운드(Uruguay Round) 출범 당시 WTO(World Trade Organization, 세계무역기구)는 서비스 무역 자유화 문제를 논의한 바가 있다. 이후 1994년까지 진행된 동 협상에서 서비스교역의 장벽을 제거하고 서비스교역의 자유화를 촉진하기 위한 다자간 규범으로 GATS(General Agreement on Trade in Services, 서비스 무역에 관한 일반협정)가 제정되었다. 상품무역의 경우에는 상품만 국경을 이동하면 되나 서비스 무역의 경우에는 상황에 따라 서비스뿐만 아니라 서비스 공급자나 서비스 소비자까지 국경을 이동한다는 점에서 더 복잡하고 다양한 상황이 고려되어야 하며 다양한 제약이 따르는데, 동 협정에서는 양자 간 항공 분야 및 정부 당국이 구매 또는 판매하는 서비스 즉, 정부조달 등을 제외한 모든 서비스교역을 규율하고 있으며 교역 대상 서비스를 사업,

통신, 건설, 유통, 교육, 환경, 금융, 은행, 건강, 오락, 여행, 운송, 기타 등 12개 분야로 분류하고 있다. 동 사안은 WTO 설립협정 부속서 ⅠB에 규정되어 있으며, 총 제6부 제29조의 본문과 부속서 및 결정, 양해 각서 등의 세 부분으로 되어있으며, 서비스 거래 방식(Mode of supply)은 〈표 8〉과 같이 Mode 1부터 4까지 나뉘어 있다.

표 8 GATS의 서비스 공급 방식별 특징

<table>
<tr><th>구분</th><th>공급형태</th><th>개념</th><th>서비스 전달지</th><th>공급자의 법적실체</th><th>이동(移動)물</th></tr>
<tr><td rowspan="2">서비스 공급자 주재 (駐在)</td><td>Mode 1
(국경 간 공급:
(Cross border supply)</td><td>생산요소의 이동없이 서비스 자체가 국가 간 공급</td><td>소비자 거주국</td><td rowspan="3">회사 (법인)</td><td>서비스의 이동</td></tr>
<tr><td>Mode 2
(해외소비:
Consumption abroad)</td><td>본국 이외의 영토에서 소비 행위가 완결</td><td>공급자 거주국</td><td>소비자의 이동</td></tr>
<tr><td rowspan="2">서비스 공급자 비주재 (非駐在)</td><td>Mode 3
(상업적 주재:
Commercial presence)</td><td>서비스 수입국 내에 서비스 공급체를 설립</td><td>소비자 거주국</td><td>자본의 이동</td></tr>
<tr><td>Mode 4
(자연인 주재:
Presence of natural Person)</td><td>서비스 수입국 내에 서비스 공급자의 주재</td><td>소비자 거주국</td><td>개인 (자연인)</td><td>노동력의 이동</td></tr>
</table>

2. GMPCS(위성휴대통신). GMPCS(Global Mobile Personal Communications by Satellite, 위성휴대통신)는 〈그림 12〉와 같이 위성을 이용한 이동통신 서비스로서 단말기와 위성을 직접 연결하여 음성과 데이터를 포함하는 통신서비스를 제공하는 것으로 이해된다. 전 세계적으로 글로벌스타(Globalstar), 오브콤(Orbcomm), 인말샛(Inmarsat), 뚜라야(Thuraya), 스타링크(Starlink), 원웹(OneWeb) 등이 정지궤도 또는 비정지 저궤도 위성망을 운용하여 GMPCS(위성휴대통신) 서비스를 제공하고 있다. 한편, GMPCS에 대해서는 과거 기간통신역무 허가와 주파수할당에 의해 사업자의 시장진입이 이루어졌었으나 GMPCS 서비스가 외국 사업자의 위성설비와 외국의 전파주관청이 국제 등록한 위성궤도와 주파수를 이용하는데도 불구하고 기간통신역무 허가와 주파수할당을 통해 시장진입을 허용해 온 문제점에 대해 기존 시장진입 방법인 심사에 의한 주파수할당("심사 할당")을 전기통신사업법 제87조(기간통신역무의 국경 간 공급)에 따른 '기간통신역무의 국경 간 공급 협정' 승인을 통한 방식으로 개선한 바 있

다.[103] 이러한 제도개선에 따라 이미 주파수를 할당받아 사업을 영위하는 기존 GMPCS 사업자에 대해서는 주파수의 이용 기간이 만료되는 2016. 6월 이후부터는 "국경 간 공급 협정" 승인으로 전환되었고 신규로 GMPCS 서비스를 제공하고자 하는 국내 사업자는 해외 사업자와 '국경 간 공급 협정'을 체결한 후 승인을 받으면 시장에 진입할 수 있게 되었다.

그림 12 GMPCS(위성휴대통신) 통신망의 구성

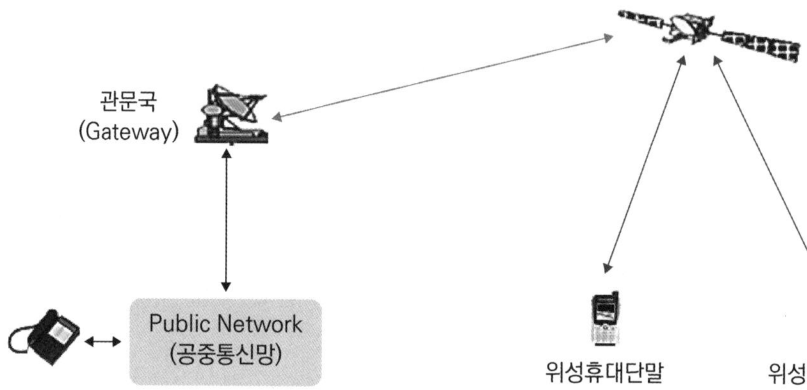

제5절 전기통신사업법의 적용 범위

전기통신사업법의 적용 범위에 대해 국외행위에 대한 적용과 다른 법률과의 관계의 문제가 있는데 국외행위에 대한 적용은 전기통신사업법 제2조의2(국외행위에 대한 적용)에 규정되어 있으며 다른 법률과의 관계는 전기통신사업법 제54조(다른 법률과의 관계)에 규정되어 있다. 한편, 국외행위에 대한 적용과 관련하여 전기통신사업법은 앞에서 설명한 국내대리인의 지정을 2020년 개정을 통해 이 법 제22조의8(국내대리인의 지정)에 규정하고 있다.

103) 미래창조과학부, 위성휴대통신(GMPCS) 서비스 시장진입 제도 개선 – 기간통신사업허가와 주파수할당 방식에서 국경 간 공급계약 승인으로 전환 – (보도자료), 2015.1.29.

1. 국외행위에 대한 적용

〈전기통신사업법〉 제2조의2(국외행위에 대한 적용) 이 법은 국외에서 이루어진 행위라도 국내 시장 또는 이용자에게 영향을 미치는 경우에는 적용한다.

구글(Google), 메타(Meta, (구)페이스북(Facebook)), 넷플릭스(Netflix)와 같은 글로벌 인터넷 기업의 국내시장 진출로 인해 국내 인터넷 기업에 대한 역차별(逆差別) 문제가 제기되었고[104] 지금도 지속적으로 제기되고 있는데, 2018년 전기통신사업법 개정을 통해 전기통신사업법은 이 법은 국외에서 이루어진 행위라도 국내 시장 또는 이용자에게 영향을 미치는 경우에는 적용한다고 규정하고 있다(전기통신사업법 제2조의2). 전기통신사업법 제2조의2(국외행위에 대한 적용)는 전기통신사업법이 국외에 있는 해외 전기통신사업자에 의해 국외에서 이루어진 행위라도 국내의 시장 또는 이용자에게 영향을 미치는 경우 적용되도록 한 것으로서 동 조항은 「독점규제 및 공정거래에 관한 법률(약칭: 공정거래법)」에도 이미 규정되어[105] 있으며 미국의 Long arm statute(확대관할법(擴大管轄法) 또는 역외적용법(域外適用法))와 유사한 것으로 이해된다. 미국의 개별 주(州, States)는 다른 주의 역외자(域外者)에 대해서도 최소한의 관련성(Minimum contact)만 있다면 재판관할권(Jurisdiction)이 미치도록 하고 있으나, 이러한 최소한의 관련성(Minimum contact)[106]에 대해서 구체적인 내용이 없으므로 다른 주의 역외자(域外者)가 인터넷이나 통신을 통해 자기 주에 대한 상업적 활동을 할 경우 등과 같은 경우를 입법을 통해 구체화하여 규정하고, 이렇게 입법된 긴 팔(Long arm)을 통해 다른 주의 역외자(域外者)를 자기 주의 법정(State court)으로 견인(牽引)하여 재판관할권(Jurisdiction)을 확대하는 것이 Long arm statute이다.

한편, 국외행위에 대한 적용과 같은 관할 조항은 한 국가의 행정력이 타 국가에 영향을 미칠 수 있는 집행력이 가장 중요하므로 공정거래법과 같이 국제적인 공조(共助)체

104) 노웅래 국회 과학기술정보방송통신위원장실, 국내외 인터넷 기업간 역차별, 그 해법은?, 2018.12.18.

105) 독점규제 및 공정거래에 관한 법률은 이 법은 국외에서 이루어진 행위라도 국내시장에 영향을 미치는 경우에는 적용한다고 규정하고 있다(독점규제 및 공정거래에 관한 법률 제2조의2).

106) 최소한의 관련성(Minimum contact)은 1945년 미국 연방대법원에 의해 '페어플레이와 실질적 정의의 전통적 관념에 반하지 않는 최저한의 관련'이 여부로 재판관할의 유무를 판단해야 한다고 판시된 것이다. International Shoe Co. v. State of Washington, 326 U.S. 310(1945).

계를 구축하여[107] 실질적인 집행력을 확보하도록 지속적인 정책적 노력을 기울이고 통상 마찰 가능성을 최소화하는 것이 요구된다고 생각된다. 또한 전기통신사업법은 국외행위에 대한 적용 조항의 실효성 제고를 위해 앞에서 설명한 바와 같이 2020년 12월 전기통신사업법 개정을 통해 이 법 제22조의7(부가통신사업자의 서비스 안정성 확보 등)에 "국내대리인" 제도를 도입한 바가 있다. 동 조항은 외국정부 또는 외국법인이 등록할 수 없는 기간통신사업자와 달리 부가통신사업자는 외국법인이 자유롭게 등록할 수 있으므로 이러한 부가통신사업자 중 국외 사업자들의 위법행위에 대하여 동 사업자들의 국내 대리인을 통해 법률 집행 과정에서 필요한 절차의 이행 등을 위한 창구를 마련하는 것으로 이해된다.

참고자료 및 질문

1. 국제사법(國際私法). 국제사법(또는 (구)섭외사법(涉外私法))은 외국과 관련된 사실관계가 있는 법률관계에 관하여 국제재판관할에 관한 원칙과 준거법을 정함을 목적으로 하는 법으로서 예를 들면, 일본에 거주하는 한국인이 미국에 있는 부동산을 상속하고 사망한 경우에 상속인을 정함에 있어 일본법, 한국법, 미국법 중 어느 나라의 상속법에 따르지를 결정하는 법이 국제사법[108]이다. 국제사법은 법의 저촉을 해결하는 법이므로 독일에서는 저촉(抵觸)법(Kollisionsrecht)이라고 하며 영미에서는 Conflict of Laws라고 한다. 국제사법은 대한민국 법원(이하 "법원"이라 한다)은 당사자 또는 분쟁이 된 사안이 대한민국과 실질적 관련이 있는 경우에 국제재판관할권을 가지며, 이 경우 법원은 실질적 관련의 유무를 판단할 때에 당사자 간의 공평, 재판의 적정, 신속 및 경제를 꾀한다는 국제재판관할 배분의 이념에 부합하는 합리적인 원칙에 따라야 한다고 규정하고 있다(국제사법 제2조제1항).

2. 국제사법(國際私法) 관련 판례. 대법원은 국제사법이 적용되는 사안에 대해 국제재판관할은 당사자 간의 공평, 재판의 적정, 신속 및 경제를 기한다는 기본이념에 따라 결정하여야 한다. 구체적으로는 소송당사자들의 공평, 편의 그리고 예측가능성과 같은 개인적인 이익뿐만 아니라 재판의 적정, 신속, 효율 및 판결의 실효성 등과 같은 법원 내지 국가의 이익도 함께 고려하여야 하고, 이러한 다양한 이익

107) 독점규제 및 공정거래에 관한 법률은 정부는 대한민국의 법률 및 이익에 반하지 않는 범위 안에서 외국정부와 이 법의 집행을 위한 협정을 체결할 수 있다고 규정하고 있으며(독점규제 및 공정거래에 관한 법률 제36조의2제1항), 공정거래위원회는 이 법 제36조의2(공정거래위원회의 국제협력)제1항의 규정에 의하여 체결한 협정에 따라 외국정부의 법집행을 지원할 수 있다고 규정하고 있는 한편(동법 제36조의2제2항), 공정거래위원회는 동법 제36조의2제1항의 규정에 의한 협정이 체결되어 있지 않은 경우에도 외국정부의 법집행 요청 시 동일 또는 유사한 사항에 관하여 대한민국의 지원요청에 응한다는 요청국의 보증이 있는 경우에는 지원할 수 있다고 규정하고 있다(동법 제36조의2제3항).

중 어떠한 이익을 보호할 것인지는 개별 사건에서 법정지(法廷地)와 당사자 사이의 실질적 관련성 및 법정지(法廷地)와 분쟁이 된 사안 사이의 실질적 관련성을 객관적인 기준으로 삼아 합리적으로 판단하여야 한다. … 외국적 요소가 있는 섭외 사건에서 불법행위로 인하여 생긴 채권의 성립 및 효력은 그 원인이 된 사실이 발생한 곳의 법에 의하여 판단하여야 하고, 불법행위에서 그 원인이 된 사실이 발생한 곳에는 불법행위를 한 행동지(行動地)뿐만 아니라 손해의 결과발생지도 포함된다고 판시한 바 있다.[109] 국제사법 관련 판례와 이론에 비추어 보았을 때 전기통신사업법 제2조의2(국외행위에 대한 적용)는 어떻게 평가될 수 있겠는가?

2. 다른 법률과의 관계

〈전기통신사업법〉 제54조(다른 법률과의 관계) ① 제50조제1항을 위반한 전기통신사업자의 행위에 대하여 제52조제1항에 따른 조치를 명하거나 제53조에 따른 과징금을 부과한 경우에는 그 사업자의 동일한 행위에 대하여 동일한 사유로 「독점규제 및 공정거래에 관한 법률」에 따른 시정조치 또는 과징금의 부과를 할 수 없다.

② 다음 각 호의 어느 하나에 해당하는 행위에 대하여 제51조에 따른 조사 또는 제51조의3에 따른 조치를 명하거나 제52조의3에 따른 과징금을 부과한 경우에는 그 사업자의 동일한 행위에 대하여 동일한 사유로 「독점규제 및 공정거래에 관한 법률」에 따른 시정조치 또는 과징금의 부과를 할 수 없다.

1. 제32조의11제1항 또는 제32조의15제1항을 위반한 행위. 다만, 제51조의3에 따른 조치를 명하는 경우만 해당한다.
2. 제32조의12제1항, 제32조의13제2항 · 제3항 · 제5항, 제32조의14제1항 · 제3항 · 제5항 또는 제32조의15제2항 · 제3항을 위반한 행위

전기통신사업법 제54조(다른 법률과의 관계)의 다른 법률과의 관계는 주로 「독점규제 및 공정거래에 관한 법률(약칭: 공정거래법)」과의 적용 우선순위 문제로 이해되는데,[110] 전

108) 국제사법은 조셉 스토리(Joseph Story)가 그의 저서인 법의 저촉 주해(Commentaries on the Conflict of Laws, 1834)에서 private international law라는 용어를 사용한 것에서 유래하고 독일어 Internationales Privatrecht와 프랑스어 Droit international privé도 동 저서에 기인한 것으로 이해된다. https://ko.wikipedia.org/wiki/%EA%B5%AD%EC%A0%9C%EC%82%AC%EB%B2%95(2025.7.4).

109) 대법원 2013. 7. 12. 선고 2006다17539 판결

기통신사업법은 이 법 제50조(금지행위)제1항을 위반한 전기통신사업자의 행위에 대하여 동법 제52조(금지행위에 대한 조치)제1항에 따른 조치를 명하거나 동법 제53조(금지행위 등에 대한 과징금의 부과)에 따른 과징금을 부과한 경우에는 그 사업자의 동일한 행위에 대하여 동일한 사유로「독점규제 및 공정거래에 관한 법률」에 따른 시정조치 또는 과징금의 부과를 할 수 없다고 규정하고 있으며(전기통신사업법 제54조제1항), 또한 전기통신사업법은 다음, 1. 이 법 제32조의11(지원금을 받지 아니한 이용자에 대한 혜택 제공)제1항 또는 동법 제32조의15(이동통신단말장치 구입비용 구분 고지 등)제1항을 위반한 행위(다만, 동법 제51조의3(이동통신사업자 등에 대한 시정명령)에 따른 조치를 명하는 경우만 해당한다.)와, 2. 동법 제32조의12(지원금의 차별 지급 금지)제1항, 동법 제32조의13제2항 · 제3항 · 제5항, 동법 제32조의14(판매점 선임에 대한 승낙 등)제1항 · 제3항 · 제5항 또는 동법 제32조의15(이동통신단말장치 구입비용 구분 고지 등)제2항 · 제3항을 위반한 행위의 어느 하나에 해당하는 행위에 대하여 동법 제51조(사실조사 등)에 따른 조사 또는 동법 제51조의3(이동통신사업자 등에 대한 시정명령)에 따른 조치를 명하거나 동법 제52조의3(이동통신사업자 등에 대한 과징금 부과)에 따른 과징금을 부과한 경우에는 그 사업자의 동일한 행위에 대하여 동일한 사유로「독점규제 및 공정거래에 관한 법률」에 따른 시정조치 또는 과징금의 부과를 할 수 없다고 규정하고 있다(동법 제54조제2항).

또한 2025년 1월,「이동통신단말장치 유통구조 개선에 관한 법률(약칭: 단말기유통법)」이 폐지되고 같이 전기통신사업법이 개정되면서 폐지된 단말기유통법이 전기통신사업법으로 편입되었는데, 이에 따라 전기통신사업법 제54조(다른 법률과의 관계)제2항이 신설되었고 동 조항은 폐지된 단말기유통법 제17조(다른 법률과의 관계)와[111] 동일한 사안으로 이해된다. 한편, 전기통신사업법 제54조(다른 법률과의 관계)의 다른 법률과의 관계는 1998년 (구)정보통신부의 통신위원회(현재 방송미디어통신위원회)와 공정거래위원회 모두로부터 시정조치를 명령받거나 과징금을 부과받는 중복규제의 불합리성과 일사부재리(一事不再

110) 대통령실이 네이버 · 카카오 등 대형 플랫폼을 사전 규제하는 공정거래위원회의 '플랫폼 경쟁촉진법'(가칭) 제정 추진에 제동을 걸었다. (구)방송통신위원회(현재 방송미디어통신위원회)의 규제 기능과 중복 우려가 있어서다. 박종진 머니투데이 기자, [단독]대통령실, 플랫폼법 추진에 제동..."중복규제, 조정 필요", 2023.12.17.(https://news.mt.co.kr/mtview.php?no=2023121713300947989).

111) 이동통신단말장치 유통구조 개선에 관한 법률은 이 법을 위반한 행위에 대하여 동법 제13조(사실조사 등)에 따른 조사 또는 동법 제14조(시정명령)에 따른 조치를 명하거나 동법 제15조(과징금)에 따른 과징금을 부과한 경우에는 그 사업자의 동일한 행위에 대하여 동일한 사유로「독점규제 및 공정거래에 관한 법률」 또는「전기통신사업법」에 따른 시정조치 또는 과징금의 부과를 할 수 없다고 규정하고 있었다(이동통신단말장치 유통구조 개선에 관한 법률 제17조).

理) 원칙의 위배 문제를 해소하기 위해 도입되었으나[112], 동 조항이 전기통신사업자가 방송미디어통신위원회와 공정거래위원회로부터 받는 중복규제와 중복 관할 문제를 근본적으로 해소하고 있지는 못한다고 생각된다. 왜냐하면 동 조항은 전기통신사업법에 따라 방송미디어통신위원회의 시정조치 명령과 과징금 부과가 있을 때 공정거래위원회가 독점규제 및 공정거래에 관한 법률에 따라 동일한 행위에 대하여 동일한 사유로 시정명령과 과징금의 부과를 할 수 없다는 것이지 공정거래위원회가 동일한 사건을 조사하는 것까지 제한하기는 어렵고 또한 동 조항은 동일한 행위에 대하여 동일한 사유로 한정되어 있어 규제기관의 우회(迂廻)가 가능하기 때문이다.

---

112) 전기통신사업자의 불공정행위에 대해 최초에는 공정거래위원회가 전속적인 규제 권한을 보유하고 있었으나, 1996년 10월, 「전기통신사업법」에 경쟁 촉진 등의 조항이 신설되면서 (구)정보통신부(현재 방송미디어통신위원회)가 전기통신사업자의 불공정거래행위에 대해 제재하는 규제 권한이 입법화되었다. 이후 1998년 9월, 「전기통신사업법」에 (구)정보통신부(현재 방송미디어통신위원회)가 통신사업자의 금지행위에 대해 과징금을 부과할 수 있도록 하는 조항과 (구)정보통신부(현재 방송미디어통신위원회)가 시정조치나 과징금 부과를 한 경우에는 그 사업자의 동일한 행위를 이유로 「독점규제 및 공정거래에 관한 법률」에 의한 시정조치 또는 과징금의 부과를 할 수 없도록 입법화되었다. 한편, 현재의 전기통신사업법 제54조(다른 법률과의 관계)는 2000년 1월, 「전기통신사업법」에서 시정조치와 과징금을 공정거래위원회와 중복 부과할 수 없는 사유를 기존의 "사업자의 동일한 행위를 이유로"에서 "사업자의 동일한 행위에 대하여 동일한 사유"로 개정됨에 따라 규정된 것이다. 조민행 외, 중복규제의 현황과 개선 방안 연구, 법제처(2008. 12), p61.

제3장

공정한 경쟁 환경을 조성하기 위해 어떠한 규제를 하는가?

독점기업에 의해 전기통신 서비스가 제공되던 과거와 달리 기술의 발전으로 인해 전기통신 시장에 신규 사업자들이 진입할 수 있게 되면서 전기통신사업의 효율적인 경쟁체계를 구축하고 공정한 시장경쟁 환경을 조성할 정책적 필요성이 지속되어 왔다. 공정한 경쟁시장은 시장 내에서 기업들이 경쟁적인 수준을 초과하는 가격을 부과하고 결과적으로 일반적인 경제적 이윤을 초과하는 이윤(소위 '초과이윤')을 획득할 수 있는 시장지배력(Market power)이 지배적으로 행사되지 못하고 시장경쟁과 혁신 제고 등을 촉진할 수 있는 기존과 다른 신생기업의 시장진입을 저해하는 시장진입장벽(Market entrance barrier)이 없는 시장으로 이해될 수 있다. 공정한 시장경쟁 활성화를 위한 제도로는 통신시장 경쟁상황 평가, 상호접속, 전기통신설비의 제공, 전기통신설비의 공동사용, 정보의 제공, 전기통신서비스의 도매제공(또는 재판매), 전기통신 서비스 번호, 전기통신사업 회계제도 등이 있는데 제3장에서는 공정한 경쟁 환경 조성을 위해 필요한 전기통신사업법상의 제도들에 대하여 설명하고자 한다.

제1절 통신시장 경쟁상황 평가

〈전기통신사업법〉 제34조(경쟁의 촉진) ① 과학기술정보통신부장관은 전기통신사업의 효율적인 경쟁체제를 구축하고 공정한 경쟁환경을 조성하기 위하여 노력하여야 한다.

② 과학기술정보통신부장관은 제1항에 따라 전기통신사업의 효율적인 경쟁체제의 구축과 공정한 경쟁환경의 조성을 위한 경쟁정책을 수립하기 위하여 매년 기간통신사업에 대한 경쟁상황 평가를 실시하여야 한다.

③ 제2항에 따른 경쟁상황 평가를 위한 구체적인 평가기준, 절차, 방법 등에 관하여 필요한 사항은 대통령령으로 정한다.

④ 과학기술정보통신부장관은 제2항에 따른 경쟁상황 평가의 결과에 따라 전기통신서비스의 요금, 이용조건 및 전기통신설비의 이용 대가 등을 이용자와 다른 전기통신사업자에 대하여 독립적으로 결정·유지할 수 있다고 인정되는 기간통신사업자를 전기통신서비스별로 지정하여 고시할 수 있다.

1. 통신시장 경쟁상황 평가의 의의

전기통신사업법은 과학기술정보통신부장관은 전기통신사업의 효율적인 경쟁체제를 구축하고 공정한 경쟁환경을 조성하기 위하여 노력하여야 한다고 규정하고 있으며(전기통신사업법 제34조제1항), 과학기술정보통신부장관은 이 법 제34조(경쟁의 촉진)제1항에 따라 전기통신사업의 효율적인 경쟁체제의 구축과 공정한 경쟁환경의 조성을 위한 경쟁정책을 수립하기 위하여 매년 기간통신사업에 대한 경쟁상황 평가를 실시하여야 한다고 규정하고 있는데(동법 제34조제2항), 통신시장 경쟁상황 평가는 통신시장 규제를 위한 나침반(Compass)과 같은 역할을 하는 제도로서 규제 당국은 통신시장 경쟁상황 평가를 바탕으로 통신시장 경쟁 촉진 관련 정책과 제도를 수립하고 운영하게 되는 것으로 이해된다. 한편, 통신시장 경쟁상황 평가는 기간통신사업에 대해서만 이루어지고 있어 방송법 제35조의5(방송시장경쟁상황평가위원회)에[113] 따른 방송시장 경쟁상황 평가와 앞에서 설명

113) 방송법은 방송미디어통신위원회는 매년 방송시장의 경쟁상황 평가를 실시하고 평가가 종료된 후 3개

한 전기통신사업법 제34조의2(부가통신사업 실태조사)에[114] 따른 부가통신사업 실태조사를 포함할 수 있는 법과 제도의 개선이 바람직하다고 생각한다.

전기통신사업법은 이 법 제34조(경쟁의 촉진)제2항에 따른 경쟁상황 평가를 위한 구체적인 평가기준, 절차, 방법 등에 관하여 필요한 사항은 대통령령으로 정한다고 규정하고 있으며(동법 제34조제3항), 과학기술정보통신부장관은 제2항에 따른 경쟁상황 평가의 결과에 따라 전기통신서비스의 요금, 이용조건 및 전기통신설비의 이용 대가 등을 이용자와 다른 전기통신사업자에 대하여 독립적으로 결정 · 유지할 수 있다고 인정되는 기간통신사업자를 전기통신서비스별로 지정하여 고시할 수 있다고 규정하고 있다(동법 제34조제4항).

2. 통신시장 경쟁상황 평가의 주요 내용

가. 통신시장 경쟁상황 평가의 대상과 기준

(1) 통신시장 경쟁상황 평가의 대상

통신시장 경쟁상황 평가는 〈그림 13〉과 같이 이동통신 시장, 초고속인터넷 시장, 유선전화 시장, 전용회선 시장을 평가대상으로 하고 있는데, 이동통신 시장은 휴대전화기와 가입자 기반 단말장치(스마트 워치, 태블릿 PC)를 묶어 하나의 개인용 이동통신 시장으로 획정하고 차량 관제, 원격 관제, 무선 결제를 묶어 하나의 사물지능통신 시장으로 획정하고 있으며 초고속인터넷 시장은 전송 속도 등을 구분하지 않고 단일한 시장으로 획정하고 있다. 유선전화 시장은 시내전화, 시외전화, 인터넷전화를 묶어 하나의 시장으로 획정하고 있으며 전용회선 시장은 국내전용회선, 국제전용회선 인터넷전용회선을 별도의 시장으로 구분하여 획정하고 있다.[115]

월 이내에 국회에 보고하여야 한다고 규정하고 있으며(방송법 제35조의5제4항), 경쟁상황 평가를 위한 구체적인 평가기준 · 절차 · 방법, 방송시장경쟁상황평가위원의 구성 및 운영 등에 관하여 필요한 사항은 대통령령으로 정한다고 규정하고 있다(동법 제35조의5제5항).

114) 전기통신사업법은 과학기술정보통신부장관은 부가통신사업의 현황 파악을 위하여 실태조사를 실시할 수 있다고 규정하고 있다(전기통신사업법 제34조의2제1항).

115) 정보통신정책연구원, 2024년도 통신시장 경쟁상황 평가(2024.12.31.), p1.

그림 13 통신시장 경쟁상황 평가의 평가대상과 시장획정

전기통신사업법 시행령은 이 법 제34조(경쟁의 촉진)제2항에 따른 경쟁상황 평가를 실시하기 위하여 단위시장을 획정(劃定)할 때에는 다음, 1. 서비스의 수요대체성 · 공급대체성, 2. 서비스 제공의 지리적 범위, 3. 소매(전기통신사업자와 그 전기통신사업자가 제공하는 서비스의 최종 이용자 사이의 거래를 말한다), 도매(소매서비스를 제공하기 위하여 설치된 전기통신설비 등을 다른 전기통신사업자에게 제공하는 거래를 말한다) 등 서비스 제공의 거래단계, 4. 구매력 · 협상력의 차이 또는 수요의 특수성 등 이용자의 특성의 모든 사항을 고려해야 한다고 규정하고 있는데(전기통신사업법 시행령 제38조제1항), 시장획정(市場劃定, Market definition)은 통신시장에 대한 규제정책과 통신시장 경쟁상황 평가에 있어 가장 중요한 핵심 요소로서 시장 획정은 경쟁 관계에 있는 시장군(市場群)의 범위를 정하는 것으로 상품시장 획정과 지리적 시장획정이 있으며 상품시장 획정은 경쟁 관계에 있는 상품 및 서비스의 범위를 정의하는 것이고 지리적 시장획정은 경쟁 관계에 있는 지리적 범위를 정의하는 것으로 이해된다.

시장획정이 중요한 것은 시장획정의 범위에 따라 시장에서 사업을 영위하고 있는 경쟁 사업자(Player)들 간의 시장지배력(Market power)에 대한 평가가 바뀔 수 있기 때문이다.[116] 예를 들어, 만일 이동통신 시장과 유선전화 시장을 개별의 다른 시장으로 획정한다면 개별시장에 각각 별개의 시장지배적 사업자가 존재할 수 있지만 이와 달리 이동통신 시장과 유선전화 시장을 통합하여 단일한 통신 시장으로 획정한다면 시장지배적 사업자가 존재하지 않을 수 있다. 즉 시장획정을 어떻게 하는지에 따라 시장지배력의 평

116) 공정거래위원회, 경쟁영향평가 매뉴얼(2018.11), p18~22.

가 결과가 바뀔 수도 있는 것이므로 시장획정이 통신 시장에 대한 규제정책의 출발점이 되는 것이다.

(2) 통신시장 경쟁상황 평가의 기준

전기통신사업법 시행령은 경쟁상황 평가는 이 법 시행령 제38조(경쟁상황 평가의 기준 · 절차 및 방법 등)제1항에 따라 획정된 단위시장을 대상으로 다음, 1. 시장점유율, 진입장벽 등 시장구조, 2. 서비스 이용에 관한 정보 취득의 용이성, 서비스 공급자 전환의 용이성 등 이용자의 대응력, 3. 요금 · 품질경쟁의 정도 및 기술혁신의 정도 등 전기통신사업자의 행위, 4. 요금 · 품질의 수준, 전기통신사업자의 초과이윤 규모 등 시장성과의 모든 사항을 종합적으로 고려하여 수행한다고 규정하고 있는데(전기통신사업법 시행령 제38조제2항), 〈그림 14〉와 같이 시장점유율 50%를 기준으로 시장지배력(Market power) 보유 여부를 1차로 추정하고 우수한 시장성과의 안정적 유지가 가능한 경우나 우수한 시장성과의 안정적 담보가 어려운 경우와 같은 예외적인 상황이 존재하는 때에는 1차 추정 결과를 변경할 수 있는 것으로 이해된다.117)

그림 14 통신시장 경쟁상황 평가의 지표와 기준

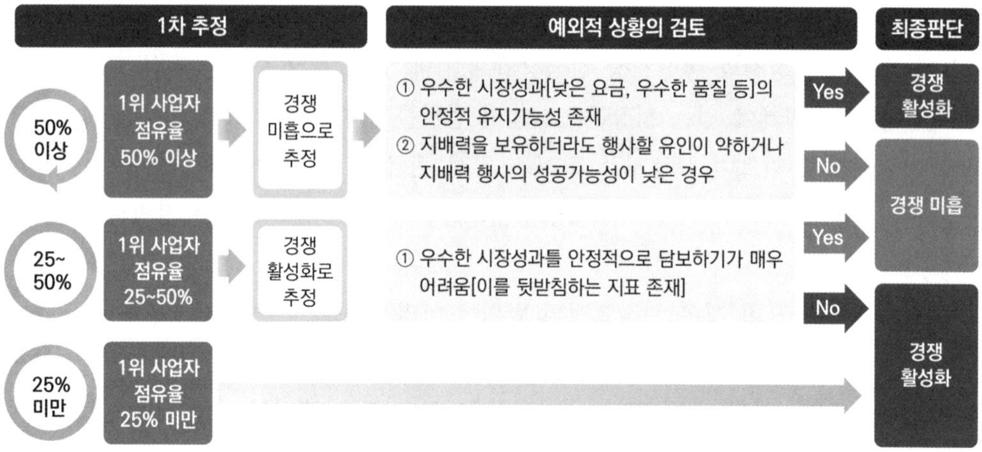

117) 정보통신정책연구원, 앞의 책, p592.

나. 통신시장 경쟁상황 평가의 절차

통신시장 경쟁상황 평가는 〈그림 15〉와 같이 진행되는데 통신시장 경쟁상황 평가를 위한 기본절차는 경쟁상황평가 대상의 선정, 자료수집의 수집, 관련 시장의 획정(Market definition), 평가지표의 개발, 측정과 지표 분석 및 평가, 결론 도출의 순서로 진행된다.118) 한편, 전기통신사업법 시행령은 과학기술정보통신부장관은 경쟁상황 평가를 수행하기 위하여 필요하다고 인정할 때에는 관계 전문가와 이해관계자의 의견을 들을 수 있다고 규정하고 있다(전기통신사업법 시행령 제38조제3항).

그림 15 통신시장 경쟁상황 평가의 절차

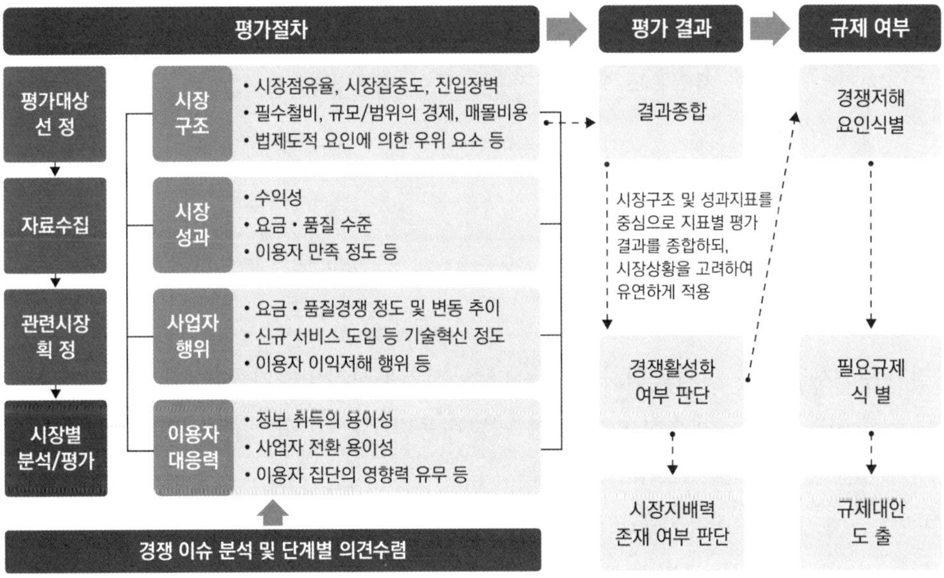

118) 정보통신정책연구원, 앞의 책, p574.

제2절 상호접속

〈전기통신사업법〉 제39조(상호접속) ① 전기통신사업자는 다른 전기통신사업자가 전기통신설비의 상호접속을 요청하면 협정을 체결하여 상호접속을 허용할 수 있다.

② 과학기술정보통신부장관은 제1항에 따른 전기통신설비 상호접속의 범위와 조건 · 절차 · 방법 및 대가의 산정 등에 관한 기준을 정하여 고시한다.

③ 제1항과 제2항에도 불구하고 다음 각 호의 어느 하나에 해당하는 기간통신사업자는 제1항에 따른 요청을 받으면 협정을 체결하여 상호접속을 허용하여야 한다.

1. 다른 전기통신사업자가 전기통신역무를 제공하는 데에 필수적인 설비를 보유한 기간통신사업자
2. 기간통신역무의 사업규모 및 시장점유율 등이 대통령령으로 정하는 기준에 해당하는 기간통신사업자

1. 상호접속의 의의

전기통신사업법은 전기통신사업자는 다른 전기통신사업자가 전기통신설비의 상호접속을 요청하면 협정을 체결하여 상호접속을 허용할 수 있다고 규정하고 있는데(전기통신사업법 제39조제1항), 상호접속(相互接續, Interconnection)이란 서로 다른 2개 이상의 전기통신설비(또는 통신망)의 이용자들 간에 통신이 가능하도록 접속교환기, 접속 회선 등 전기통신설비(또는 통신망)를 물리적으로 연결하고 그 대가로 상호접속을 요청한 사업자(상호접속 요청사업자 또는 상호접속 이용사업자)가 상호접속을 제공하는 사업자(상호접속 제공사업자)에게 상호접속료를 지급하는 것을 말한다. 즉, 상호접속은 특정한 통신사업자(발신 측)의 이용자들이 다른 통신사업자(착신 측)의 이용자들과 통화가 가능하도록 통신사업자들 간에 전기통신설비(또는 통신망)를 서로 연결하는 것으로서 통신사업자가 자신의 이용자에게 통신서비스를 제공하기 위해서는 다른 통신사업자와의 상호접속은 불가피하다고 생각되는데 시장지배력을 보유한 대규모의 통신사업자와 상호접속을 하지 못한 중소 통신사업자는 결국 통신 시장에서 규모의 경제(Economy of scale)로 인해 살아남지 못하기 때문이다.

통신 시장의 경쟁정책의 역사는 상호접속의 역사와 그 흐름을 같이 하는데[119], 상호접속은 통신 시장에 통신사업자가 하나만 있을 경우에는 필요가 없으나 시장경쟁이 활성화되어 다수의 통신사업자가 시장에 존재하게 되면 공정한 경쟁 환경구축을 위해 없어서는 안 될 제도이다. 상호접속은 음성통화를 제공하는 유·무선 전화(시내전화, 시외전화, 인터넷전화, 이동전화)망 간 상호접속과 인터넷접속서비스 및 인터넷전용회선 서비스를 제공하는 ISP(Internet Service Provider, 인터넷접속서비스 제공사업자) 간 인터넷트래픽(Internet traffic)의 교환을 위해 상호 간 인터넷망을 연동하는 인터넷망 간 상호접속으로 구분된다.

그림 16 상호접속의 사례

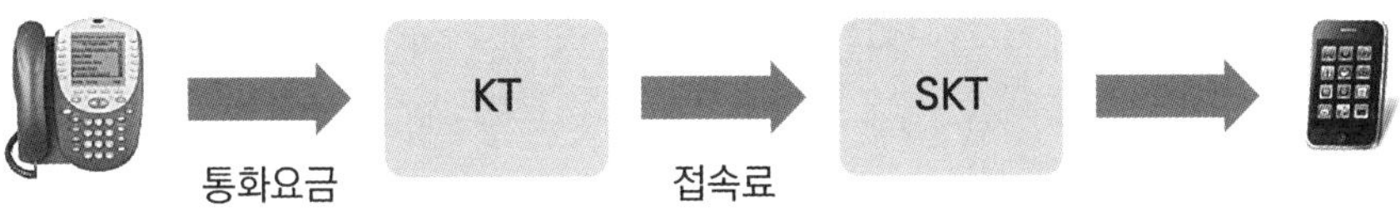

예를 들어, 만일 KT의 유선전화 이용자가 SKT의 이동전화 이용자에게 전화를 건다고 가정할 때 KT의 유선전화 이용자는 KT에 통화요금을 지불하게 되고 KT는 요금의 일부를 SKT에게 상호접속료로 지불하게 된다. 〈그림 16〉에서 이용자에게 통신서비스를 제공하는 발신 측의 통신사업자(KT에 해당)를 상호접속 요청사업자 또는 상호접속 이용사업자라고 하며 발신 측 통신사업자(KT에 해당)의 서비스에 필요한 전기통신설비(또는 통신망)를 제공하는 착신 측의 통신사업자(SKT에 해당)를 상호접속 제공사업자라고 한다. 상호접속료는 전기통신망을 상호 연결하는 경우 발신 측의 통신사업자가 착신 측의 통신사업자의 전기통신망 이용에 대해 지불하는 대가로 이해된다. 발신 측 통신사업자가 지불하는 상호접속료 비용은 통신요금의 원가를 구성하는 주된 비용 요소가 되나 착신 측 통신사업자의 상호접속료 수익은 매출의 주요 요소가 된다.

한편, 상호접속료는 음성전화 서비스의 경우 통신사업자들이 실제 운영하는 통신망의 접속 원가와 통화량에 기초하여 산정하게 되는데(접속료 = 통신망 원가 ÷ 통화량), 상호접속료의 산정 방법과 수준이 결정되면 통신사업자는 자율적으로 협정을 통해 상호접속료를 상호 정산하게 된다. 또한 인터넷서비스 상호접속의 경우 2004년 7월 인터넷접속

119) Stuart Minor Benjamin, Telecommunications Law and Policy Fourth Edition, Carolina Academic Press(2015), pp187~192.

역무가 기간통신역무로 지정된 이후 2005년 1월 관련 고시인 전기통신설비의 상호접속기준의 제정을 통해 인터넷망 상호접속을 제도화하였는데, 다만, 전 세계적으로 대부분의 국가에서 인터넷망 간 상호접속은 정부의 별도 규제개입 없이(상호접속료 무정산의 원칙, Bill and keep) 인터넷접속서비스 제공사업자들 간의 자발적이고 상업적인 협상에 기반하여 이루어지고 있는 현실을[120] 고려할 때 과연 이러한 제도가 바람직한지에 대해서는 생각해 볼 여지가 있다.

2. 상호접속의 유형

상호접속은 상호접속이 이루어지는 전기통신설비(또는 통신망) 간의 연결 체계로서 상호접속을 하고자 하는 사업자(상호접속 요청사업자 또는 상호접속 이용사업자)가 가입자선로 부문을 가지고 있는가에 따라 직접접속(直接接續)과 중계접속(中繼接續)으로 나눌 수 있다. 〈그림 17〉에서 직접접속(直接接續)은 가입자선로 부문을 가지고 있는 전기통신사업자의 전기통신설비(또는 통신망) 간의 접속이고, 중계접속(中繼接續)은 가입자선로 부문을 가지고 있지 않고 장거리 전화 등을 중계하는 전기통신사업자가 상호접속의 일반 당사자인 상호접속의 형태를 말한다.

즉, 직접접속(양방향 접속 또는 독립망 간 접속)은 시내전화 서비스나 이동전화 서비스와 같이 이용자를 가진 전기통신망 간 접속으로 두 사업자가 모두 가입자선로를 보유한 경우의 상호접속을 말하는 반면에 중계접속(또는 일방향 접속)은 국제전화 서비스와 같이 다

---

120) 미국의 경우 인터넷 백본(Backbone)망에 대한 직접적인 상호접속 관련 규제 없이 인터넷접속서비스 제공사업자 간의 자율적인 피어링(Peering)과 트랜짓(Transit)을 통해 인터넷접속서비스 제공사업자 간의 상호접속 제도를 운영하고 있다. 인터넷접속서비스 제공사업자는 백본(Backbone)망의 보유설비 규모에 따라 티어(Tier)1, 티어(Tier)2, 티어(Tier)3로 구분되는데, 같은 계위(Tier)의 사업자 간에는 피어링(Peering) 협정을 통해 상호접속료를 정산하지 않는 반면에(Bill and Keep, 상호접속료 무정산의 원칙), 다른 계위(Tier)의 사업자들 간에는 적은 설비를 보유하고 있는 하위 계위의 인터넷서비스 접속제공사업자(예를 들면, 티어(Tier)2, 티어(Tier)3)는 보다 많은 설비를 보유하고 있는 상위 계위의 인터넷접속서비스 제공사업자(예를 들면, 티어(Tier)1)에게 트랜짓(Transit)을 요청하고 이용하는 비용을 지불하게 된다. 한편, 피어링(Peering) 호(Call)는 계약당사자 간 교환되는 트래픽(Traffic) 중 타 망(Network)으로 전송할 의무가 없는 트래픽(Traffic)인 반면에, 트랜짓(Transit) 호(Call)는 계약당사자 간 교환되는 트래픽 중 타 망(Network)으로 전송할 의무가 부여된 트래픽(Traffic)이다. Stuart Minor Benjamin, Telecommunications Law and Policy 2nd Edition, Carolina Academic Press(2006), pp975~977.

른 전기통신사업자의 전기통신설비(또는 통신망)로부터 발신 또는 착신되는 호(Call)를 중계하는 전기통신설비(또는 통신망) 간의 접속으로 가입자선로를 보유하지 않고 국제전화 서비스를 중계하는 사업자와 전기통신설비(또는 통신망)를 보유한 시내전화 서비스사업자 등 기타 전기통신사업자 간의 상호접속을 말한다. 예를 들면, 가입자선로를 모두 가지고 있는 KT의 시내전화 서비스와 SKT의 이동전화서비스 간의 상호접속은 직접접속이나, SK텔링크와 같이 가입자선로를 보유하지 않고 국제전화 서비스를 통해 KT의 시내전화 전기통신설비(또는 통신망) 간 착신과 발신을 중계하는 경우 KT와 SK텔링크 간의 접속은 중계접속으로 이해된다.

그림 17 상호접속 중 직접접속과 중계접속

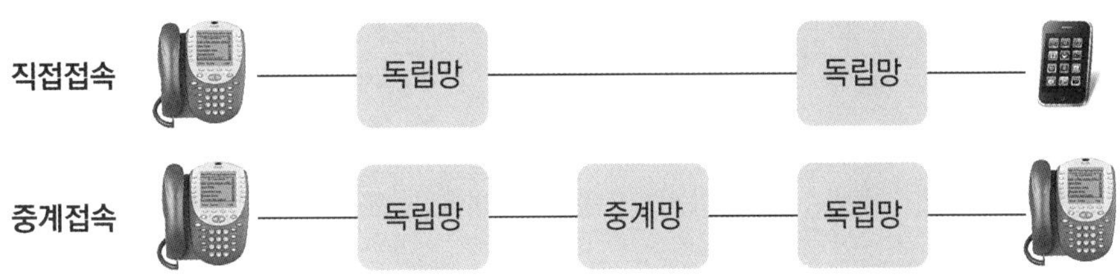

3. 상호접속의 협정체결과 대가 산정 · 정산 등

전기통신사업법은 과학기술정보통신부장관은 이 법 제39조(상호접속)제1항에 따른 전기통신설비 상호접속의 범위와 조건 · 절차 · 방법 및 대가의 산정 등에 관한 기준을 정하여 고시한다고 규정하고 있는데(동법 제39조제2항), 동 사안과 관련하여 전기통신설비의 상호접속기준(과학기술정보통신부 고시 제2022-25호, 2022. 9. 1.)이 제정 · 시행되고 있다.

가. 상호접속의 협정체결 등

(1) 상호접속 협정의 신고 등

전기통신사업법은 전기통신사업자는 다른 전기통신사업자가 전기통신설비의 상호접속을 요청하면 협정을 체결하여 상호접속을 허용할 수 있다고 규정하고 있는데(전기통신사업법 제39조제1항), 과거에는 기간통신사업자만이 상호접속(Interconnection) 협정을 체결할 수 있었고 별정통신사업자는 상호접속이 아닌 이용약관 제도를 이용해야만 했으나 기간통신사업자와 별정통신사업자의 차이 해소 차원에서 별정통신사업자를 포함하도록 전기통신사업자 간의 상호접속 협정체결로 그 범위를 확대함으로써 실질적으로 망 연동(Access)의 개념을 도입한 바 있으며, 2008년 12월 전기통신사업법의 개정으로 기간통신사업자와 별정통신사업자가 기간통신사업자로 일원화(一元化)됨으로써 더욱 명확해진 것으로 이해된다.

한편, 전기통신사업법은 기간통신사업자 및 시설관리기관은 다른 전기통신사업자가 설비등의 제공 · 공동이용 · 상호접속 또는 공동사용이나 정보의 제공 등을 요청한 경우에는 특별한 사유가 없으면 90일 이내에 이 법 제35조(설비등의 제공)제1항 · 제2항, 동법 제37조(무선통신시설의 공동이용)제1항 전단, 동법 제39조(상호접속)제1항, 동법 제41조(전기통신설비의 공동사용 등)제1항 또는 동법 제42조(정보의 제공)제1항에 따른 협정을 체결하고, 협정 체결 후 30일 이내에 대통령령으로 정하는 바에 따라 과학기술정보통신부장관에게 신고하여야 하며, 협정을 변경하거나 폐지한 때에도 또한 같다고 규정하고 있다(전기통신사업법 제44조제1항).[121]

(2) 상호접속 협정의 인가 등

전기통신사업법은 이 법 제44조(상호접속 등 협정의 신고 등)제1항에도 불구하고 동법 제37조(무선통신시설의 공동이용)제1항 후단 및 제2항, 동법 제39조(상호접속)제3항, 동법 제41조(전기통신설비의 공동사용 등)제3항 및 동법 제42조(정보의 제공)제3항에 따른 기간통

---

121) 전기통신사업법 시행령은 이 법 제38조(전기통신서비스의 도매제공)제5항, 동법 제44조(상호접속 등 협정의 신고 등)제1항부터 제3항까지의 규정에 따라 도매제공, 설비등의 제공 · 공동이용 · 상호접속 또는 공동사용 등이나 정보제공에 관한 협정 체결의 신고 · 변경신고 · 폐지신고를 하거나 인가 · 변경인가 · 폐지인가를 받으려는 자는 다음, 1. 협정서 사본, 2. 당사자가 지급하거나 수령하여야 할 금액 및 그 정산방법과 협정의 시행방법을 적은 서류, 3. 도매제공, 설비등의 제공, 공동이용, 상호접속 또는 공동사용 등이나 정보제공의 조건과 그 밖에 협정의 비용을 구체적으로 밝힌 서류, 4. 도매제공, 설비등의 제공, 공동이용, 상호접속 또는 공동사용 등이나 정보제공의 개요(접속망 구성 및 접속점의 위치 등을 포함한다)를 나타내는 도면, 5. 신 · 구 협정을 대비한 서류(변경신고 또는 변경인가를 신청하는 경우만 해당한다), 6. 폐지의 사실을 증명하는 서류(전자문서를 포함한다)의 서류를 과학기술정보통신부장관에게 제출하여야 하나, 다만, 폐지신고 또는 폐지인가의 경우에는 동법 시행령 제40조(상호접속 등에 관한 협정신고 등)제1항제1호 및 제6호의 서류만 제출한다고 규정하고 있다(전기통신사업법 시행령 제40조제1항).

신사업자를 당사자로 하는 협정은 그 협정의 체결을 요청받은 경우 특별한 사유가 없으면 90일 이내에 협정을 체결하고, 협정 체결을 요청받은 기간통신사업자가 협정 체결 후 30일 이내에 대통령령으로 정하는 바에 따라 과학기술정보통신부장관에게 인가신청을 하여 인가를 받아야 하는데,[122] 인가받은 날부터 30일 이내에 해당 협정의 내용을 공개하여야 하며, 협정을 변경하거나 폐지한 때에도 또한 같다고 규정하고 있다(동법 제44조제2항).

또한 전기통신사업법은 이 법 제44조(상호접속 등 협정의 신고 등)제2항에도 불구하고 이미 인가를 받은 협정에 근거하여 새로운 서비스를 추가하기 위하여 협정을 체결하는 등 부속협정을 체결하는 경우에는 협정 체결 후 30일 이내에 대통령령으로 정하는 바에 따라 과학기술정보통신부장관에게 신고하여야 하며, 신고한 날부터 30일 이내에 해당 협정의 내용을 공개하여야 하는데, 부속협정을 변경하거나 폐지한 경우에도 또한 같다고 규정하고 있다(동법 제44조제3항).

한편, 전기통신사업법은 과학기술정보통신부장관은 이 법 제44조제2항 또는 제3항에 따른 인가신청 또는 신고에 대하여 보완할 필요가 있으면 기간을 정하여 그 보완을 명할 수 있다고 규정하고 있으며(동법 제44조제5항), 이 법 제44조제1항부터 제3항까지에도 불구하고 변경되는 협정의 내용이 이용대가의 변동을 수반하지 아니하는 경우 등 과학기술정보통신부장관이 정하여 고시하는 경미한 사항에 관하여 협정을 변경하는 경우에는 인가 또는 신고 대상에서 제외하며, 이 경우 변경한 날부터 30일 이내에 해당 협정 변경의 내용을 공개하여야 한다고 규정하고 있다(동법 제44조제6항).

(3) 상호접속 의무

전기통신사업법은 이 법 제39조(상호접속)제1항과 제2항에도 불구하고 다음, 1. 다른 전기통신사업자가 전기통신역무를 제공하는 데에 필수적인 설비를 보유한 기간통신사업자와, 2. 기간통신역무의 사업규모 및 시장점유율 등이 대통령령으로 정하는 기준에 해

---

122) 전기통신사업법 시행령은 과학기술정보통신부장관은 이 법 시행령 제40조(상호접속 등에 관한 협정 신고 등)제1항에 따른 서류를 받았을 때에는 그 내용이 동법 제35조(설비등의 제공)제3항 · 제37조(무선통신시설의 공동이용)제3항 · 제38조의2(도매제공의무서비스의 지정 등)제3항 · 제39조(상호접속)제2항 · 제41조(전기통신설비의 공동사용 등)제2항 또는 동법 제42조(정보의 제공)제2항에 따른 설비등의 제공, 공동이용, 도매제공, 상호접속 또는 공동사용 등이나 정보제공에 관한 기준 등에 적합한지를 심사하여야 한다고 규정하고 있다(전기통신사업법 시행령 제40조제2항).

당하는 기간통신사업자의 어느 하나에 해당하는 기간통신사업자는 동법 제39조제1항에 따른 요청을 받으면 협정을 체결하여 상호접속을 허용하여야 한다고 규정하고 있는데(동법 제39조제3항), 전기통신사업법 시행령은 이 법 제35조(설비등의 제공)제2항제3호, 동법 제39조제3항제2호, 동법 제41조(전기통신설비의 공동사용 등)제3항제2호 및 동법 제42조(정보의 제공)제3항제2호에서 "대통령령으로 정하는 기준에 해당하는 기간통신사업자"란 동법 제38조(경쟁상황 평가의 기준 · 절차 및 방법 등)에 따라 획정된 단위시장에서 전년도 매출액을 기준으로 한 시장점유율이 가장 높은 기간통신사업자로서 과학기술정보통신부장관이 시장규모, 이용자 수, 경쟁상황 등을 고려하여 고시로 정하는 사업자를 말한다고 규정하고 있다(동법 시행령 제39조제1항).

또한 전기통신사업법 시행령은 과학기술정보통신부장관은 해마다 12월 31일까지 이 법 제35조제2항제1호 및 제3호, 동법 제39조(상호접속)제3항, 동법 제41조제3항, 동법 제42조제3항에 해당하는 기간통신사업자 및 동법 제35조제2항제3호에 해당하는 시설관리기관을 지정 · 고시한다고 규정하고 있다(동법 시행령 제39조제2항). 한편, 관련 고시(告示)인 이용약관 인가대상 기간통신서비스와 기간통신사업자(과학기술정보통신부 고시 제2019-57호, 2019. 7. 17.)는 이용약관 인가를 받아야 하는 기간통신서비스와 기간통신사업자는 시내전화의 ㈜KT와 이동전화의 SK텔레콤㈜을 말한다고 규정하고 있는데(이용약관 인가대상 기간통신서비스와 기간통신사업자 제1호), 시내전화의 ㈜KT와 이동전화의 SK텔레콤㈜가 시장지배력을 보유하고 있어 상호접속 의무를 부여한 것으로 이해된다.

나. 상호접속의 대가 산정과 정산

전기통신사업법은 상호접속의 이용대가는 공정하고 타당한 방법으로 산정하여 상호정산하여야 하며 구체적인 산정기준 및 절차와 지급방법은 이 법 제39조(상호접속)제2항의 기준에 따른다고 규정하고 있으며(전기통신사업법 제40조제1항), 전기통신사업자는 상호접속의 방법, 접속통화의 품질 또는 상호접속에 필요한 정보의 제공 등에서 자신의 책임이 아닌 사유로 불이익을 받은 경우에는 동법 제39조(상호접속)제2항의 기준에 따라 상호접속의 이용 대가를 줄여 상호정산할 수 있다고 규정하고 있다(동법 제40조제2항). 앞에서 설명한 바와 같이 상호접속 중 직접접속(直接接續)에서는 발신 측 전기통신사업자(상호접속 이용사업자)가 요금을 통한 수익을 얻고 착신 측 전기통신사업자(상호접속 제공사업자)

가 상호접속료를 통한 수익을 얻게 되나, 중계접속(中繼接續)에서는 국제전화 사업자와 같은 중계사업자(상호접속 이용사업자)가 요금을 통한 수익을 얻고 착신과 발신 측 전기통신사업자(상호접속 제공사업자)가 상호접속료를 통한 수익을 얻게 된다. 즉 상호접속 이용사업자가 통화료를 통해 얻은 수익 중 일부를 상호접속료로 상호접속 제공사업자에게 지불하게 된다고 하겠다. 한편, 전기통신설비의 상호접속기준(과학기술정보통신부 고시 제2022-25호, 2022. 9. 1.)은 전화계망간의 상호접속, 인터넷망간의 상호접속, 무선인터넷망 개방 등을 상호접속의 대상으로 규제하고 있으며, 우리나라의 경우 미국과 달리 인터넷망간의 상호접속에 대한 규제를 하고 있는 점은 앞에서 설명한 바와 같다.

참고자료 및 질문

1. 3G 이동통신망 단국접속 논란. 단국접속(端局接續)이란 〈그림 18〉과 같이[123] 상호접속 제공사업자가 상호접속 이용사업자에게 기술적으로 접속을 허용할 수 있는 설비 중 수신자에게 가장 근접해 있는 설비를 개방하는 것으로서 단국접속을 보장할 경우에 상호접속 이용사업자는 자기의 망을 경제적이고 효율적으로 이용할 수 있는 선택권을 가질 수 있게 된다.

그림 18 이동통신망의 단국접속

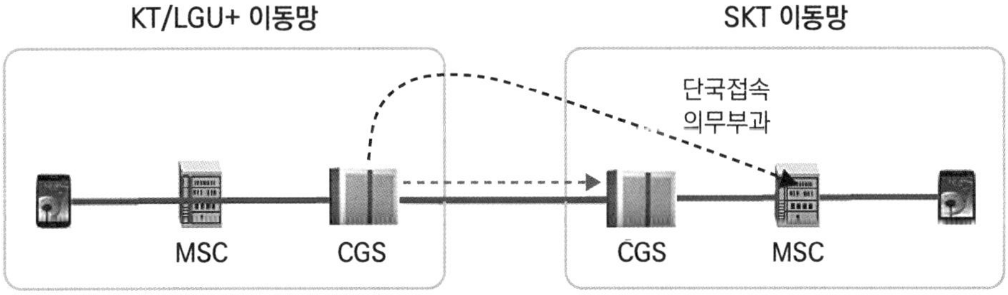

3G 이동통신망 단국접속 논란은 KT와 SKT 간의 3G 이동통신 접속료 분쟁은 2007년부터 시작되었다. 당시는 KT 유선전화 가입자가 SKT 3G 가입자와 통화하기 위해서는 이동중계교환기(CGS, Cellular Gateway Switch)를 한 번 더 거치는 간접 상호접속 방식을 쓸 수밖에 없었다.[124] KT는 2007년 9월부터 SKT에 지난 2003년 양사가 맺은 접속료에 관한 상호협정서를 근거로 단국교환기(MSC, Mobile Switch Center)에 직접 상호접속을 요청했으나 SKT는 이를 거부하였고 SKT가 직접접속을 거부하자 KT는 2009년 4월 협정 미이행을 이유로 (구)방송통신위원회(현재 방송미디어통신위원회)에 재정신청을 했다.[125] 한편, 2010년 12월 SKT가 소송을 제기하며 2G MSC 설비이용에 대한 대가로 청구한 금액은 719억 원이었다. 이에 KT는 2011년 5월 SK텔레콤에 2007년 9월부터 3G MSC 직접접속을 요

청했으나 상호접속 의무에 반해 이를 거부했다며 맞소송을 걸었다. KT가 청구한 손해배상은 SKT의 직접접속 거부로 추가 부담케 된 접속료 337억 원이었다.[126] 제1심인 서울중앙지방법원 민사합의15부는 SKT와 KT가 맞소송을 낸 약정금 등의 청구소송에 대해서는 원고(KT) 일부 승소 판결을 내렸으나 SKT가 제기한 소송에 대해서는 모두 기각하였다.[127] 재판부는 "KT는 3세대 이동전화망 가입자위치인식장치 및 이동단국교환기로의 직접 접속에 필요한 정보제공의무 및 접속제공의무와 관련해 SKT에 대한 손해배상 채무를 가지지 않는다."며 KT의 손을 들어줬다. 다만 법원은 SKT의 접속거절기간을 (구)방송통신위원회(현재 방송미디어통신위원회)가 SKT를 3G 상호접속 의무사업자로 지정해 접속제공의무가 발생한 지난 2009년 9월부터로 봤다. KT의 지난 2008년 6월 접속요청을 정보제공요청으로 판단한 것이다. 따라서 법원은 손해배상 금액은 당초 KT가 제기한 337억 원에서 정보제공에 필요한 기간과 접속에 필요한 기간인 1년을 고려해 155억 원으로 산정하였다. 한편, 제2심인 서울고등법원 민사31부는 SKT가 KT를 상대로 낸 약정금 등 청구소송에 대해 KT가 SK텔레콤에 346억여 원을 지급하라며 원고 일부 승소로 판결했다.[128] 재판부는 "KT가 지난 2004년 2월부터 2010년 12월까지 통화량에 대한 일부 접속료를 누락해 적게 지급한 점이 인정된다."며, "다만 SK텔레콤이 정보제공 요청에 응하지 않아 2009년 9월 이후에도 상호접속 방식을 바꾸지 못했다는 KT의 주장도 인정할 수 있으므로 SK텔레콤이 2009년 9월 이후의 접속료까지 추가로 달라고 하는 것은 맞지 않다."고 판단했다. 이어 "SK텔레콤이 KT의 정보제공 요청을 거절한 데 대한 손해배상 책임이 인정되지만 KT가 물어내야 할 접속통화료가 더 많다며 해당 금액을 상계하고 나면 KT가 SK텔레콤에 346억 원을 지급해야 한다."고 판시했다. 제2심 판결에 대해 대법원 민사3부는 SKT가 KT를 상대로 낸 약정금 등 청구소송에 대해 "KT는 346억여 원과 이자를 지급하라."며 원고 일부승소 판결한 원심을 확정했다.[129]

2. 통신요금과 상호접속료의 관계. 통신요금과 상호접속료의 관계는 앞에서 설명한 바와 같이 전기통신사업자는 이용자에게 착신과 발신을 동시에 제공하므로 상호접속료는 통화 발신에 따른 접속료 비용과 통화 착신에 따른 접속료 수익으로 동시에 존재하게 된다. 예를 들면, 이동통신 서비스제공사업자는 제공하는 이동통신 서비스 제공에 투입된 총비용의 회수를 위해 발신에 대해서는 이용자로부터 소매요금인 요금수익을 받고 착신에 대해서는 다른 사업자로부터 통신망 이용대가인 상호접속료수익을 받아 전체 비용을 회수하게 된다. 만일 상호접속료를 인하하게 된다면 통신사업자 별 상호접속 정산수지의 변화는 일부 있을 수 있으나 시장 전체의 상호접속 정산수지에는 영향이 없고 총매출규모만 감소되는 효과가 발생하게 된다. 이는 상호접속료가 다른 통신사업자로 발신할 때에는 비용이지만 다른 통신사업자로부터 착신할 때에는 수익이 되므로 상호접속료를 인하하는 경우 비용감소와 매출감소가 동시에 발생하기 때문으로 이해된다.

---

123) CGS는 Cellular Gateway Switch(이동통신 중계접속)이며, MSC는 Mobile Switching Center(이동통신 단국접속)이다.

3. 장기증분원가 방식. 장기증분원가(LRIC, Long Run Incremental Cost) 방식은 상호접속으로 인해 증가(增加)되는 추가적인 한계비용에 해당 전기통신 서비스를 제공하기 위해 소요되는 고정비용을 합한 것을 상호접속료로 보는 것으로서 전화계망 간 상호접속 대가의 산정 시 장기증분원가 방식을 적용하고 있다. 장기증분원가 방식은 전기통신사업자의 전기통신망의 원가를 회계(會計) 또는 역사(歷史)적 원가가 아닌 현재 가격 및 전기통신망이 효율적으로 구축·운영되는 원가로 산정하는 것을 말한다. 장기증분원가 방식은 증분비용(또는 한계비용)을 고려하므로 경제적 효율성을 달성할 수 있는 반면에 공통 경비를 충분히 보상받을 수 없다는 단점을 갖고 있다. 장기증분원가를 산정하기 위해서는 Top-down model(하향식 모형, 회계적 장기증분원가)과 Bottom-up model(상향식 모형, 공학적 장기증분원가)의 산정 방식이 혼합적으로 이용되는데, Top-down model은 회계적(또는 역사적) 원가로 기록된 자산을 현재가치로 재평가하는 것으로 Bottom-up model은 효율적인 전기통신망을 현재 시점에서 재구축 할 때[130] 발생하는 비용을 산정하는 것으로 이해된다. 즉, Top down model은 상호접속료 산정의 기준점이 되고 Bottom-up model은 접속료 변화의 기울기가 되는데, Top-down model을 통해 처음 기준점이 되는 상호접속료가 산정되며 Bottom-up model은 이렇게 설정된 처음 기준점이 되는 상호접속료를 보정(補整)하는 기울기로 이용되게 된다.

---

124) 이 경우 SKT의 망을 거치게 되므로 KT는 고객으로부터 받은 통화료 중 일부를 SKT에 접속료로 지불하여야 했으므로 KT 입장에서는 CGS를 거치지 않고 단국 교환기인 MSC(Mobile Switch Center)에 바로 연결하는 직접 상호접속(단국 상호접속) 방식이 유리하였다.

125) SKT가 설비 교체 기간을 늘리는 방식으로 고의로 직접 상호접속을 지연시켰다는 것이 KT의 주장이었고 반대로 SKT는 KT가 2000년대 중반부터 3G망에서 1차적으로 2G망을 통해 우회 접속을 하여 추가 접속료가 발생했다며 이에 대한 정산을 요구하고 나섰다.

126) KT는 상호접속료 고시에 따라 처음 3G 단국접속 요청을 한 2007년 9월에서 3개월여가 지난 2008년 1월부터 2010년 12월까지를 상호접속 거절 기간이라고 주장하였다.

127) 서울중앙지방법원 2012. 9. 19. 선고 2011가합43940 판결.

128) 서울고등법원 2014. 1. 24. 선고 2012나89360 판결.

129) 대법원 2017. 2. 15. 선고 2014다19776 판결.

130) Bottom-up model(상향식 모형, 공학적 장기증분원가)을 통해 효율적인 전기통신망을 현재 시점에서 재구축하는 것은 허허벌판(Green fields)에 현재의 기술로 동일한 전기통신망을 구축할 때 드는 비용을 최소한의 비용으로 재산정하려는 것으로 이해된다.

제3절 전기통신설비의 제공, 공동사용 및 정보의 제공 등

전기통신설비 규제와 관련된 전기통신사업법상의 제도로는 〈그림 19〉와 같이 전기통신설비를 이용하는 용도에 따라 전기통신사업법 제35조(설비등의 제공)의 설비 등의 제공과 이 법 제41조(전기통신설비의 공동사용 등)의 전기통신설비의 공동사용으로 구분된다. 전기통신사업법 제35조의 설비 등의 제공은 전기통신설비의 중복투자 방지를 통한 효율적 활용과 시장경쟁의 활성화를 위해 전기통신 서비스 제공에 필수적인 관로, 전주, 케이블(Cable) 등의 설비를 보유한 전기통신사업자 또는 도로, 철도, 지하철도, 상 · 하수도, 전기설비, 전기통신회선설비 등을 건설 · 운용 · 관리하는 기관("시설관리기관")의 여유설비를 경쟁사업자에게 제공하도록 하는 제도로서 설비 등의 제공은 설비제공의 대상에 따라 의무설비제공과 일반설비제공으로 구분된다.

전기통신사업법 제41조의 전기통신설비의 공동사용은 전기통신사업자가 이미 앞에서 설명한 상호접속 등에 필요한 전기통신설비의 설치 또는 운영을 위해 기간통신사업자의 전기통신설비 또는 시설을 공동으로 사용하는 것으로서 전기통신설비의 공동사용에는 상호접속을 위한 전기통신설비의 공동사용과 이 법 제36조(가입자선로의 공동활용)의 가입자선로의 공동활용(LLU, Local Loop Unbundling), 동법 제37조(무선통신시설의 공동이용)의 무선통신시설의 공동이용(소위 '무선망 로밍(Roaming)')이 있다. 한편, 전기통신설비의 원활한 제공과 공동사용 등을 위해서는 관련 정보의 제공이 필수적인데 전기통신사업법은 이를 위해 이 법 제42조(정보의 제공)의 정보의 제공과 동법 제43조(정보의 목적 외 사용 금지)의 정보의 목적 외 사용금지를 규정하고 있다.

그림 19 전기통신설비 규제와 관련된 전기통신사업법상의 제도

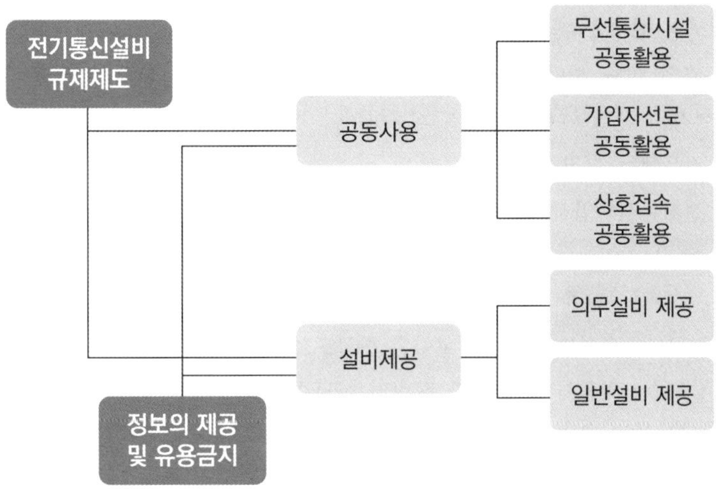

1. 전기통신설비의 제공

전기통신설비의 제공과 관련된 전기통신사업법상의 규제제도들로는 전기통신사업법 제35조(설비등의 제공)의 설비 등의 제공, 이 법 제31조(전송 · 선로설비 등의 사용)의 전송 · 선로설비 등의 사용제공이 있다. 전기통신사업법 제35조에 따른 설비 등의 제공은 기간통신사업자 또는 시설관리기관에 의한 설비제공이며 이 법 제31조에 따른 전송 · 선로설비 등의 사용제공은 「방송법」에 따른 종합유선방송사업자 · 전송망사업자 또는 중계유선방송사업에 의한 설비제공이다. 한편, 전기통신사업법 제35조에 따른 설비 등의 제공 대상은 의무설비제공과 일반설비제공으로 나눌 수 있다.

가. 설비 등의 제공

〈전기통신사업법〉 제35조(설비등의 제공) ① 기간통신사업자 또는 도로, 철도, 지하철도, 상 · 하수도, 전기설비, 전기통신회선설비 등을 건설 · 운용 · 관리하는 기관(이하 "시설관리기관"이라 한다)은 다른 전기통신사업자가 관로(管路) · 공동구(共同溝) · 전주(電柱) · 케이블이나 국사

(局舍) 등의 설비(전기통신설비를 포함한다. 이하 같다) 또는 시설(이하 "설비등"이라 한다)의 제공을 요청하면 협정을 체결하여 설비등을 제공할 수 있다.

② 다음 각 호의 어느 하나에 해당하는 기간통신사업자 또는 시설관리기관은 제1항에도 불구하고 협정을 체결하여 설비등을 제공하여야 한다. 다만, 시설관리기관의 사용계획 등이 있는 경우에는 그러하지 아니하다.

1. 다른 전기통신사업자가 전기통신역무를 제공하는 데에 필수적인 설비를 보유한 기간통신사업자
2. 관로 · 공동구 · 전주 등의 설비등을 보유한 다음 각 목의 시설관리기관
   가. 「한국도로공사법」에 따라 설립된 한국도로공사
   나. 「한국수자원공사법」에 따라 설립된 한국수자원공사
   다. 「한국전력공사법」에 따라 설립된 한국전력공사
   라. 「국가철도공단법」에 따라 설립된 국가철도공단
   마. 「지방공기업법」에 따른 지방공기업
   바. 「지방자치법」에 따른 지방자치단체
   사. 「도로법」에 따른 지방국토관리청
3. 기간통신역무의 사업규모 및 시장점유율 등이 대통령령으로 정하는 기준에 해당하는 기간통신사업자 및 시설관리기관

(1) 설비 등 제공의 의의

전기통신사업법은 기간통신사업자 또는 도로, 철도, 지하철도, 상 · 하수도, 전기설비, 전기통신회선설비 등을 건설 · 운용 · 관리하는 기관(이하 "시설관리기관"이라 한다)은 다른 전기통신사업자가 관로(管路) · 공동구(共同溝) · 전주(電柱) · 케이블이나 국사(局舍) 등의 설비(전기통신설비를 포함한다. 이하 같다) 또는 시설(이하 "설비등"이라 한다)의 제공을 요청하면 협정을 체결하여 설비등을 제공할 수 있다고 규정하고 있는데(전기통신사업법 제35조제1항), 설비 등의 제공은 전기통신사업자가 전기통신설비나 통신망을 구축하려고 할 때 이의 구축을 위해 필요한 관로(管路) · 공동구(共同溝) · 전주(電柱) · 케이블이나 국사(局舍), 전기통신설비 등의 설비나 시설인 "설비 등", 즉 필수설비(Essential facility)를 보유하지 않고 있더라도 다른 기간통신사업자 또는 시설관리기관으로부터 필요한 설비 등을 빌려서 사용할 수 있도록 하는 제도로 이해된다.

설비 등의 제공인 전기통신 설비제공 제도는 이미 앞에서 설명한 바와 같이 필수설비(Essential facility) 이론에 근거하여 규제와 제도의 정당성을 인정받아 왔는데, 예를 들어, 만일 전기통신사업자가 인구 밀집 지역에 전기통신 서비스 제공을 위한 전기통신설비를 설치한 물리적 공간을 확보하지 못한다면 전기통신사업자는 이미 이 지역에서 전기통신설비를 설치하여 전기통신 서비스를 제공하고 있는 다른 전기통신사업자 등으로부터 전기통신설비를 설치할 물리적 공간을 빌려 전기통신설비를 설치해야만 전기통신 서비스를 제공할 수 있을 것이다. 〈그림 20〉과 같이 이동통신망의 구축을 위해서는 건물 상면, 지하 공간 등에 기지국 장비를 설치하고 이를 통신 국사까지 연결해야 하며 광케이블 설치를 위한 관로, 전주 등 필요한데, 만일 관로와 전주 등을 보유하고 있지 못하다면 이동통신 서비스 개시를 위해 다른 전기통신사업자 등으로부터 이러한 설비 등을 빌려야만 할 것이다.

그림 20 이동통신 기지국 구축을 위한 필수설비 예시

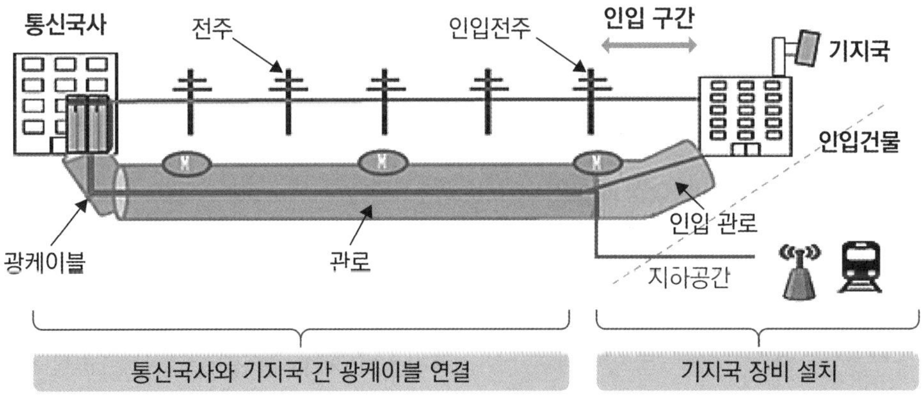

한편, 전기통신 설비제공 제도가 설비 기반 경쟁(Facility based competition)에 반(反)하여 전기통신설비에 대한 투자를 저해하고 전기통신 사업자들의 무임승차(Free riding 또는 Cherry picking)를 조장할 것이라는 주장이 있을 수도 있으나 필수설비 없이는 전기통신 서비스 제공을 개시할 수 없으므로 역설적으로 필수설비(Essential facility) 이외의 전기통신설비를 설치 경쟁을 유도하는 설비 기반 경쟁을 독려하는 규제정책의 수단으로 이용될 수도 있다고 생각된다.

전기통신 설비제공 제도는 상호접속 제도와 다른 제도로서 상호접속 제도는 다양한 다수의 전기통신사업자 간의 전기통신설비(또는 통신망)의 연동(連動)을 목표로 하는 규제인 반면에 전기통신 설비제공 제도는 하나의 전기통신사업자가 다른 전기통신사업자 등으로부터 통신 서비스의 제공개시를 위해 필요한 필수설비를 제공받게 하는 것을 목표로 하는 규제이다. 즉, 상호접속 제도는 공정한 경쟁을 촉진하기 위한 정책 수단인 반면에 전기통신 설비제공 제도는 공정한 경쟁의 확보와 함께 중복적인 과잉투자를 방지하기 위한 정책적 수단이라는 이중적 성격이 있는 것으로 이해된다.

(2) 설비 등 제공의 주요 내용

전기통신사업법은 과학기술정보통신부장관은 이 법 제35조(설비등의 제공)제1항 및 제2항에 따른 설비등의 범위와 설비등의 제공의 조건 · 절차 · 방법 및 대가의 산정 등에 관한 기준을 정하여 고시하며, 이 경우 동법 제35조제2항에 따라 제공하여야 하는 설비등의 범위는 같은 항 각 호의 어느 하나에 해당하는 기간통신사업자 및 시설관리기관의 설비등의 수요를 고려하여 정하여야 한다고 규정하고 있는데(전기통신사업법 제35조제3항), 동 사안과 관련하여 설비 등의 제공조건 및 대가산정기준(과학기술정보통신부 고시 제2023-36호, 2023. 11. 3.)이 제정 · 시행되고 있다.

(가) 설비 등 제공의 대상과 범위

전기통신사업법은 기간통신사업자 또는 도로, 철도, 지하철도, 상 · 하수도, 전기설비, 전기통신회선설비 등을 건설 · 운용 · 관리하는 기관(이하 "시설관리기관"이라 한다)은 다른 전기통신사업자가 관로(管路) · 공동구(共同溝) · 전주(電柱) · 케이블이나 국사(局舍) 등의 설비(전기통신설비를 포함한다. 이하 같다) 또는 시설(이하 "설비등"이라 한다)의 제공을 요청하면 협정을 체결하여 설비등을 제공할 수 있다고 규정하고 있으며(전기통신사업법 제35조제1항), 다음, 1. 다른 전기통신사업자가 전기통신역무를 제공하는 데에 필수적인 설비를 보유한 기간통신사업자, 2. 관로 · 공동구 · 전주 등의 설비등을 보유한 다음, 가. 「한국도로공사법」에 따라 설립된 한국도로공사, 나. 「한국수자원공사법」에 따라 설립된 한국수자원공사, 다. 「한국전력공사법」에 따라 설립된 한국전력공사, 라. 「국가철도공단법」에 따라 설립된 국가철도공단, 마. 「지방공기업법」에 따른 지방공기업, 바. 「지방자치법」에 따른 지방자치단체, 사. 「도로법」에 따른 지방국토관리청의 시설관리기관, 3. 기간통신역무의 사업규모 및 시장점유율 등이 대통령령으로 정하는 기준에 해당하는 기간통신사업자 및 시설관리기관의 어느 하나에 해당하는 기간통신사업자 또는 시설관리기관은 이 법 제35조(설비등의 제공)제1항에도 불구하고 협정을 체결하여 설비등을 제공하여야 하나, 다만, 시설관리기관의 사용계획 등이 있는 경우에는 그러하지 아니하다고 규정하고 있는데(동 법 제35조제2항), 전기통신사업법 제35조제1항은 설비 등의 일반 제공으로 이 법 제35조제2항은 설비 등의 의무 제공으로 이해된다.

전기통신사업법 시행령은 이 법 제35조(설비등의 제공)제2항제3호, 동법 제39조(상호접속)제3항제2호, 동법 제41조(전기통신설비의 공동사용 등)제3항제2호 및 동법 제42조(정보의 제공)제3항제2호에서 "대통령령으로 정하는 기준에 해당하는 기간통신사업자"란 동법 제38조(경쟁상황 평가의 기준 · 절차 및 방법 등)에 따라 획정된 단위시장에서 전년도 매출액을 기준으로 한 시장점유율이 가장 높은 기간통신사업자로서 과학기술정보통신부장관이 시장규모, 이용자 수, 경쟁상황 등을 고려하여 고시로 정하는 사업자를 말한다고 규정하고 있으며(동법 시행령 제39조제1항), 이 법 제35조제2항제3호에 따른 시설관리기관은 동법 제35조(설비등의 제공)제1항에 따른 설비등(이하 "설비등"이라 한다)의 전년도 보유 규모 또는 설비등의 제공에 따른 매출액이 과학기술정보통신부장관이 고시하는 기준을 초과하는 시설관리기관을 말한다고 규정하고 있고(동법 시행령 제39조제2항), 한편, 전기통신사업법 시행령은 과학기술정보통신부장관은 해마다 12월 31일까지 이 법 제35조(설비등의 제공)제2항제1호 및 제3호, 동법 제39조제3항, 동법 제41조제3항, 동법 제42조제3항에 해당하는 기간통신사업자 및 동법 제35조(설비등의 제공)제2항제3호에 해당하는 시설관리기관을 지정 · 고시한다고 규정하고 있다(동법 시행령 제39조제2항).

(나) 설비 등 제공의 절차와 전문기관 등

전기통신사업법은 설비등을 제공받고자 하는 전기통신사업자는 사전에 이 법 제35조(설비등의 제공)제1항에 따른 협정을 체결하여야 하고, 전기통신역무를 제공하기 위하여 필요한 범위에서 그 설비의 효율성을 높이는 장치를 붙일 수 있으나, 이 경우 대통령령으로 정하는 바에 따라 사전에 해당 설비등을 제공하는 기간통신사업자 또는 시설관리기관에 그 사실을 통보하여야 하고, 협정이 해지되거나 이용기간이 종료된 경우에는 그 장치를 제거하여야 한다고 규정하고 있는데(전기통신사업법 제35조제4항),[131] 전기통신 설비제공 협정체

131) 전기통신사업법 시행령은 이 법 제35조(설비등의 제공)제4항 전단에 따라 동법 제35조제1항에 따른 협정을 체결하여 설비등을 제공받은 전기통신사업자(이하 이 조에서 "이용사업자"라 한다)가 해당 설비등의 효율성을 높이는 장치를 부착하려는 때에는 장치를 부착하려는 날의 1일 전까지 해당 설비등

결은 설비 등을 제공하는 전기통신사업자 또는 시설관리기관과 이러한 설비를 이용하려는 전기통신사업자 간의 계약으로서 설비의 제공을 요청하는 전기통신사업자의 청약과 설비 등을 제공하는 전기통신사업자 또는 시설관리기관의 승낙으로 구성되어 있으며 반대급부로 전기통신설비 등에 대한 이용 대가인 설비제공 대가를 지불하는 당사자 간의 의사 합치를 내용으로 한다. 다만, 전기통신 설비제공에 대한 규제가 주로 이루어지는 영역은 설비 등의 전기통신설비 의무제공사업자의 지정과 이러한 의무제공사업자와 설비제공을 요청하는 전기통신사업자 간의 전기통신 설비제공 협정체결 등과 관련된 것으로 이해된다.

전기통신사업법은 과학기술정보통신부장관은 설비등의 효율적 활용과 관리를 위하여 설비등의 제공 및 이용 실태에 관하여 현장조사를 할 수 있는데, 이 경우 현장조사의 절차와 방법은 이 법 제51조(사실조사 등)제3항부터 제6항까지를 준용한다고 규정하고 있으며(동법 제35조제5항), 과학기술정보통신부장관은 이 법 제35조제1항 및 제2항에 따른 설비등의 제공을 위하여 전문기관을 지정할 수 있다고 규정하고 있다(동법 제35조제7항). 또한 전기통신사업법은 이 법 제35제7항에 따른 전문기관의 지정 및 그 업무 처리방법 등에 필요한 사항은 과학기술정보통신부장관이 정하여 고시한다고 규정하고 있으며(동법 제35조제8항), 과학기술정보통신부장관은 이 법 제35조제7항에 따라 설비 등의 제공을 위한 전문기관으로 "설비제공지원센터"를 지정하여 운영하고 있는데 설비제공지원센터는 중앙전파관리소에 설치되어 운영되고 있다.[132]

을 제공하는 기간통신사업자 또는 시설관리기관(이하 이 조에서 "제공사업자"라 한다)에 다음, 1. 장치의 종류, 규격 및 수량, 2. 장치의 부착 장소 및 기간, 3. 그 밖에 장치의 부착과 관련하여 필요한 사항을 통보하여야 한다고 규정하고 있으며(전기통신사업법 시행령 제39조의2제1항), 이 법 시행령 제39조의2(설비등의 장치 부착에 관한 절차)제1항에 따라 장치를 부착한 이용사업자는 동법 제35조제1항에 따른 협정이 해지되거나 장치의 부착 기간이 종료된 날부터 30일 이내에 그 장치를 제거하여야 한다고 규정하고 있다(동법 시행령 제39조의2제2항), 한편, 전기통신사업법 시행령은 이 법 시행령 제39조의2(설비등의 장치 부착에 관한 절차)제1항 및 제2항에도 불구하고 이용사업자와 제공사업자가 협의하여 장치의 통보 기간 · 내용 또는 제거 기간 등을 달리 정한 경우에는 그에 따른다고 규정하고 있다(동법 시행령 제39조의2제3항).

132) 설비제공지원센터는 중앙전파관리소에 설치하고 운영하기 이전에는 설비제공지원센터를 한국통신사업자연합회(KTOA, Korea Telecommunications Operations Association)에 설치하고 운영하도록 하였으나 통신사업자들이 자율로 설립한 사단법인 기관에 설비제공지원센터를 설치하고 운영하면 설비제공 정책 집행의 실효성 확보가 어렵다는 비판이 제기됨에 따라 이러한 문제를 해소하기 위해 중앙전파관리소로 설치와 운영의 주체를 변경한 것으로 생각된다.

참고자료 및 질문

1. 전기통신설비의 공동구축. 전기통신사업법은 기간통신사업자는 다른 기간통신사업자와 협의하여 전기통신설비를 공동으로 구축하여 사용할 수 있다고 규정하고 있는데(전기통신사업법 제63조제1항), 전기통신설비의 공동구축은 〈그림 21〉과 같이 굴착공사, 관로·맨홀 등의 포설을 통신사업자 간 공동으로 하고 전기통신설비의 공동구축에 드는 비용을 같이 분담하는 제도로서 전기통신설비 공동구축의 주요 대상은 도시개발구역, 택지개발지구, 신축건물에 인입 관로가 설치되는 구역으로 이해된다.

그림 21 전기통신설비의 공동구축

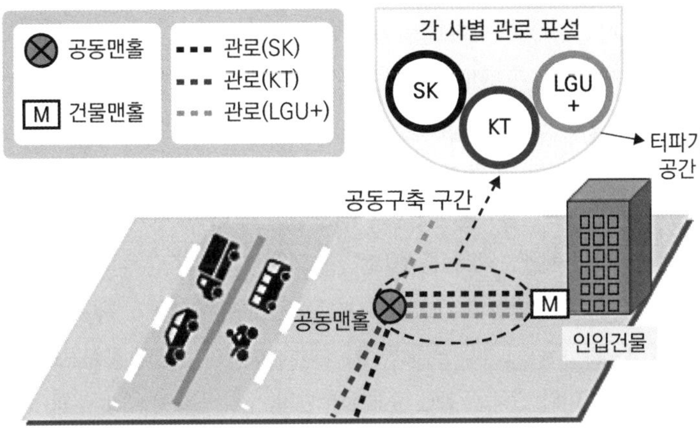

전기통신사업법은 사업규모 등이 대통령령으로 정하는 기준에 해당하는 기간통신사업자는 이 법 제63조(전기통신설비의 공동구축)제1항에 따른 전기통신설비의 공동구축 협의를 위하여 협의회를 구성·운영하여야 한다고 규정하고 있는데(동법 제63조제2항), 전기통신사업법 시행령은 이 법 제63조제2항에서 "대통령령으로 정하는 기준에 해당하는 기간통신사업자"란 동법 시행령 제2조(보편적 역무의 내용) 제2항제3호가목의 시내전화 서비스 및 같은 호 라목의 인터넷 가입자접속 서비스를 함께 제공하는 기간통신사업자를 말한다고 규정하고 있으며(동법 시행령 제51조의3제1항), 이 법 시행령 제51조의3(전기통신설비 공동구축 협의회)제1항에 따른 기간통신사업자 외의 기간통신사업자는 동법 제63조제2항에 따른 협의회에 참여할 수 있다고 규정하고 있다(동법 시행령 제51조의3제2항). 또한 전기통신사업법은 과학기술정보통신부장관은 이 법 제63조제1항에 따른 전기통신설비의 공동구축을 효율적으로 추진하기 위하여 필요한 경우에는 해당 업무를 전담할 기관을 지정할 수 있다고 규정하고 있으며(동법 제63조제4항),[133] 과학기술정보통신부장관은 다음, 1. 이 법 제63조제1항에 따른 협의가 성립되지 아니한 경우로서 해당 기간통신사업자가 요청한 경우와, 2. 공공의 이익을 증진하기 위하여 필요하다고 인정하는 경우의 어느 하나에 해당하는 경우에는 대통령령으로 정하는 바에 따라 동법 제63조제1항

및 제2항에 따른 기간통신사업자에게 전기통신설비의 공동구축을 권고할 수 있다고 규정하고 있다(동법 제63조제6항). 한편, 전기통신사업법은 기간통신사업자는 전기통신설비의 공동구축을 위하여 국가, 지방자치단체, 「공공기관의 운영에 관한 법률」에 따른 공공기관(이하 이 조에서 "공공기관"이라 한다) 또는 다른 기간통신사업자 소유의 토지 또는 건축물 등의 사용이 필요한 경우로서 이에 관한 협의가 성립되지 아니하는 경우에는 과학기술정보통신부장관에게 해당 토지 또는 건축물 등의 사용에 관한 협조를 요청할 수 있다고 규정하고 있다(동법 제63조제7항).

2. 공중케이블 정비 의무. 전기통신사업법은 전기통신사업자와 시설관리기관은 생활안전 및 도시미관의 보호를 위하여 전주에 설치되는 케이블(이하 이 조에서 "공중케이블"이라 한다)을 정비하여야 한다고 규정하고 있는데(전기통신사업법 제35조의2제1항), 공중케이블 또는 공중선(空中線) 정비는 통신설비 등의 낙하로 인한 안전사고를 예방하고 도시미관을 개선하기 위한 것으로 이해된다. 공중케이블 정비는 지상의 공중선을 정비하는 것과 엉킨 전력이나 통신 신호를 전송하기 위해 지상에 설치된 선로인 가공선로(架空線路)를 땅에 묻는 지중화로 나눌 수 있는데, 복잡하게 얽혀 있거나 여러 방향으로 설치돼 있는 인입선(引入線),[134] 같은 전주에 과다하게 설치된 통신설비 등이 정비 대상으로 생각된다. 전기통신사업법은 과학기술정보통신부장관은 이 법 제35조의2(공중케이블 정비의무)제1항에 따른 정비가 체계적으로 추진될 수 있도록 다음, 1. 정비계획의 기본방향 및 목표, 2. 공중케이블의 설치·철거 및 재활용 기준, 3. 공중케이블 정비 추진상황 점검 및 평가, 4. 그 밖에 공중케이블 정비에 필요한 사항이 포함된 공중케이블 정비계획(이하 이 조에서 "정비계획"이라 한다)을 매년 수립하여야 하는데, 이 경우 관계 부처 및 관련 전기통신사업자 등으로 구성된 공중케이블정비협의회의 심의를 거쳐야 한다고 규정하고 있으며(동법 제35조의2제2항), 이 법 제35조의2(공중케이블 정비의무)제2항에 따른 공중케이블정비협의회의 구성·운영 등에 필요한 사항은 대통령령으로 정한다고 규정하고 있다.[135] 한편, 전기통신사업법은 전기통신사업자와 시설관리기관은 정비계획에 따라야 하며, 정비계획의 시행에 소요되는 비용은 대통령령으로 정하는 바에 따라 해당 설비등을 제공·이용하는 자가 공동으로 분담한다고 규정하고 있는데(동법 제35조의2제3항), 전기통신사업법 시행령은 전기통신사업자와 시설관리기관은 이 법 제35조의2제3항에 따라 정비계획의 시행에 소요되는 비용 중 자기 소유의 설비등에 대한 정비 비용을 부담한다고 규정하고 있다(동법 시행령 제39조의6).

---

133) 전기통신설비 공동구축을 위한 전담기관 지정으로 전기통신설비 공동구축 고객지원센터가 한국통신사업자연합회(KTOA, Korea Telecommunications Operations Association)에 설치되어 운영되고 있다.

134) 인입선(引入線)이란 방송, 통신, 전력 서비스를 제공하기 위해 전주에서 건물로 설치하는 방송, 통신 선로와 전력선으로 이해된다.

135) 전기통신사업법 시행령은 이 법 제35조의2(공중케이블 정비의무)제2항 후단에 따른 공중케이블정비협의회(이하 이 법 시행령 제39조의4(공중케이블정비협의회의 구성 및 운영) 및 동법 시행령 제39조의5(정비협의회의 기능) 에서 "정비협의회"라 한다)는 위원장 1명을 포함하여 15명 이내의 위원으로 구성한다고 규정하고 있다(전기통신사업법 시행령 제39조의4제1항).

나. 전송 · 선로설비 등의 사용

〈전기통신사업법〉 제31조(전송 · 선로설비 등의 사용) ① 「방송법」에 따른 종합유선방송사업자 · 전송망사업자 또는 중계유선방송사업자는 대통령령으로 정하는 방법에 따라 보유하고 있는 전송 · 선로설비 또는 유선방송설비를 기간통신사업자에게 제공할 수 있다.

② 「방송법」에 따른 종합유선방송사업자 · 전송망사업자 또는 중계유선방송사업자가 보유하고 있는 전송 · 선로설비 또는 유선방송설비를 이용하여 부가통신역무를 제공하려면 제22조제1항에 따라 과학기술정보통신부장관에게 신고하여야 한다.

③ 제1항에 따른 전송 · 선로설비 또는 유선방송설비의 제공에 관하여는 제35조부터 제37조까지, 제39조부터 제55조까지의 규정을 준용한다.

④ 제2항에 따른 역무의 제공에 관하여는 「방송통신발전 기본법」 제28조제2항부터 제7항까지의 규정을 준용한다.

전기통신사업법은 「방송법」에 따른 종합유선방송사업자 · 전송망사업자 또는 중계유선방송사업자는 대통령령으로[136] 정하는 방법에 따라 보유하고 있는 전송 · 선로설비 또는 유선방송설비를 기간통신사업자에게 제공할 수 있다고 규정하고 있는데(전기통신사업법 제31조제1항), 전송 · 선로설비 등의 사용은 방송 사업자인 종합유선방송사업자(SO, System Operator), 전송망사업자(NO, Network Operator), 중계유선방송사업자(RO, Relay Operator)가 보유하고 있는 전송 · 선로설비 또는 유선방송설비를 기간통신사업자에게 제공할 수 있도록 하는 것으로서,[137] 통신과 방송의 융합 추세에 따라 통신과 방송시장 간 교차 경쟁을 활성화하기 위한 취지에서 도입된 것으로 이해된다.

또한 전기통신사업법은 「방송법」에 따른 종합유선방송사업자 · 전송망사업자 또는 중계유선방송사업자가 보유하고 있는 전송 · 선로설비 또는 유선방송설비를 이용하여 부가

---

136) 전기통신사업법 시행령은 이 법 제31조(전송 · 선로설비 등의 사용)제1항에 따라 「방송법」에 따른 종합유선방송사업자 · 전송망사업자 또는 중계유선방송사업자는 다음, 1. 전송 · 선로설비등의 매각 또는 임차, 2. 전송 · 선로설비등을 이용한 통화 또는 교환업무 등의 위탁 수행, 3. 이 법 시행령 제37조(전송 · 선로설비 등의 제공)제1호 및 제2호에 준하는 방법으로서 종합유선방송사업자 · 전송망사업자 또는 중계유선방송사업자와 기간통신사업자가 협의하여 정하는 방법의 어느 하나의 방법으로 전송 · 선로설비 또는 유선방송설비(이하 "전송 · 선로설비등"이라 한다)를 기간통신사업자에게 제공할 수 있다고 규정하고 있다(전기통신사업법 시행령 제37조).

137) 케이블티비(CATV, Cable Television) 사업자가 케이블 방송망 등을 기간통신사업자에게 제공하는 것이 사례로 이해된다.

통신역무를 제공하려면 이 법 제22조(부가통신사업의 신고 등)제1항에 따라 과학기술정보통신부장관에게 신고하여야 한다고 규정하고 있다(동법 제31조제2항). 한편, 전기통신사업법은 이 법 제31조(전송 · 선로설비 등의 사용)제1항에 따른 전송 · 선로설비 또는 유선방송설비의 제공에 관하여는 동법 제35조(설비등의 제공)부터 제37조(무선통신시설의 공동이용)까지, 동법 제39조(상호접속)부터 제55조(손해배상)까지의 규정을 준용한다고 규정하고 있으며(동법 제31조제3항), 이 법 제31조제2항에 따른 역무의 제공에 관하여는 「방송통신발전 기본법」 제28조(기술기준)제2항부터 제7항까지의 규정을 준용한다고 규정하고 있다(동법 제31조제2항).

참고자료 및 질문

1. 5G 이동통신과 필수설비. 5G는 초고속 무선 전송을 위해 초고주파수 대역의 사용이 불가피하며 3G나 4G에 비해 훨씬 많은 기지국의 설치가 요구되는데 〈그림 22〉와 같이 28㎓ 등 초고주파수는 도달 거리가 짧고 투과손실이 매우 커 기지국 당 커버리지가 크게 감소하므로 3G나 4G 대비 훨씬 촘촘한 기지국의 구축이 필요하게 된다.

그림 22 기존 이동통신 주파수와 5G 주파수의 차이

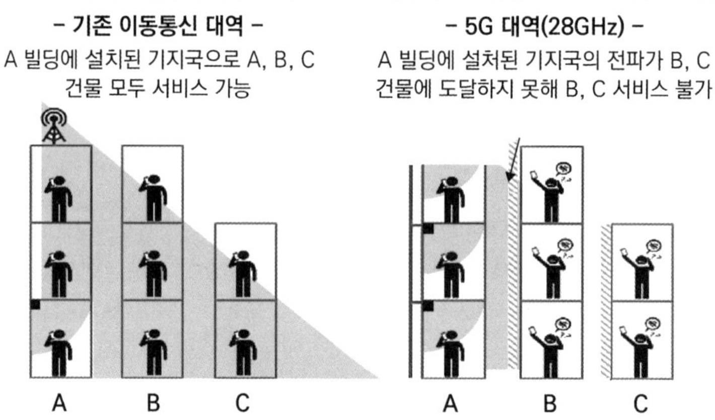

5G망은 주파수 도달 거리가 짧고 기지국 당 커버리지가 작은 28㎓, 3.5㎓ 등의 초고주파 대역을 활용하기 때문에 기존 4G LTE(Long Term Evolution)망 대비 4.3배 이상의 기지국이 필요하므로, 〈그림 23〉과 같이 광케이블(光Cable)로 구성된 유선 백 홀(Back haul) 및 프론트 홀(Front haul) 구축을 위한 가입자 구간의 설비확보가 필요하고 이러한 설비확보를 위한 필수설비의 중요성이 증대되게 된다.

그림 23 5G망 구축에 요구되는 가입자 구간

2. 광케이블의 전기통신 설비제공 대상 포함 문제. 전기통신 설비제공 제도는 앞에서 설명한 '설비 기반 경쟁(Facility based competition)'인가? 또는 '서비스 기반 경쟁(Service based competition)'인가?의 철학이 투영될 수 있는 주요한 규제 분야로 이해된다. 우리나라의 경우 전기통신 설비제공 제도가 많이 활성화되지 않았다고 할 수 있는데 이러한 점은 설비 기반 경쟁을 추구해 온 통신 정책에서 그 원인을 찾을 수 있다고 생각된다. 한편, 이미 설명한 바와 같이 전기통신 설비제공 제도는 공정한 시장경쟁 촉진과 국가 전체적인 중복투자 방지 등을 목표로 운영될 수 있는 사안이다. 문제는 만일 설비이용대가의 수준이 낮은 상황에서 필수설비(Essential facility) 뿐만 아니라 이외의 다른 설비도 제공하게 할 수 있다면 설비투자 유인이 약해질 수 있다는 점이다. 다만, 전기통신 설비제공 제도가 적절한 필수설비의 범위와 이용대가를 바탕으로 운영된다면 설비투자를 촉진할 수도 있다는 점도 간과할 수는 없다. 이러한 전기통신 설비제공 제도와 관련하여 대표적인 주요 쟁점 중 하나가 광케이블에 대한 설비제공 문제이다. 통신망과 방송망의 고도화로 인해 광케이블의 보유 여부가 시장에서 경쟁력을 좌우하게 되면서 광케이블에 대한 투자유인을 보장하고 후발 사업자의 선별적 이익추구(Cream skimming 또는 Cherry picking)를 막아야 하는 것이 필요하다는 견해와 후발 사업자들의 경쟁력 확보와 원활한 시장진입을 위해 광케이블에 대한 개방이 필요하다는 견해가 대립되고 있다. 이러한 견해에 대한 당신의 입장은 무엇이며 바람직한 정책 방안은 무엇이라고 생각하는가?

2. 전기통신설비의 공동사용 등

전기통신설비의 공동사용과 관련된 규제제도들로는 전기통신사업법 제41조(전기통신설비의 공동사용 등)의 상호접속을 위한 전기통신설비의 공동사용, 이 법 제36조(가입자선로의 공동활용)의 가입자선로의 공동활용(LLU, Local Loop Unbundling), 동법 제37조(무선통신시설의 공동이용)의 무선통신시설의 공동이용(소위 '무선망 로밍(Roaming)')이 있다.

가. 상호접속을 위한 전기통신설비의 공동사용

〈전기통신사업법〉 제41조(전기통신설비의 공동사용 등) ① 기간통신사업자는 다른 전기통신사업자가 전기통신설비의 상호접속에 필요한 설비를 설치하거나 운영하기 위하여 그 기간통신사업자의 관로 · 케이블 · 전주 또는 국사 등의 전기통신설비나 시설에 대한 출입 또는 공동사용을 요청하면 협정을 체결하여 전기통신설비나 시설에 대한 출입 또는 공동사용을 허용할 수 있다.

② 과학기술정보통신부장관은 제1항에 따른 전기통신설비 또는 시설에 대한 출입 또는 공동사용의 범위와 조건 · 절차 · 방법 및 대가의 산정 등에 관한 기준을 정하여 고시한다.

③ 제1항에도 불구하고 다음 각 호의 어느 하나에 해당하는 기간통신사업자는 제1항에 따른 요청을 받으면 협정을 체결하여 제1항에 따른 전기통신설비나 시설에 대한 출입 또는 공동사용을 허용하여야 한다.

1. 다른 전기통신사업자가 전기통신역무를 제공하는 데에 필수적인 설비를 보유한 기간통신사업자
2. 기간통신역무의 사업규모 및 시장점유율 등이 대통령령으로 정하는 기준에 해당하는 기간통신사업자

(1) 상호접속을 위한 전기통신설비 공동사용의 의의

전기통신사업법은 기간통신사업자는 다른 전기통신사업자가 전기통신설비의 상호접속에 필요한 설비를 설치하거나 운영하기 위하여 그 기간통신사업자의 관로 · 케이블 · 전주 또는 국사 등의 전기통신설비나 시설에 대한 출입 또는 공동사용을 요청하면 협정을 체결하여 전기통신설비나 시설에 대한 출입 또는 공동사용을 허용할 수 있다고 규정하고 있는데(전기통신사업법 제41조제1항), 상호접속을 위한 전기통신설비의 공동사용은 상호접속에 필요한 전기통신설비나 시설에 출입하고 이러한 설비와 시설을 함께 사용하게 함으로써 기간통신사업자 간 상호접속을 효과적으로 할 수 있게 하는 동시에 비용을 절감하기 위한 것으로 이해된다. 만일 상호접속 제공사업자의 시설에 출입할 수 없거나, 상호접속에 필요하나 구축이 불가하거나 구축에 많은 구축비용으로 인해 독자적으로 구축이 곤란한 국사(局舍) 등을 공동으로 사용할 수 없다면 기간통신사업자 간 원활한 상호접속이 될 수 없을 것이고 상호접속이 되지 못한다면 공정한 시장경쟁이 저해될 것이다.

(2) 상호접속을 위한 전기통신설비 공동사용의 주요 내용

전기통신사업법은 과학기술정보통신부장관은 이 법 제41조(전기통신설비의 공동사용 등) 제1항에 따른 전기통신설비 또는 시설에 대한 출입 또는 공동사용의 범위와 조건 · 절차 · 방법 및 대가의 산정 등에 관한 기준을 정하여 고시한다고 규정하고 있는데(전기통신사업법 제41조제2항), 동 사안과 관련하여 전기통신설비의 공동사용 등의 기준(과학기술정보통신부 고시 제2017-7호, 2017. 8. 24.)이 제정 · 시행되고 있다.

전기통신사업법은 기간통신사업자는 다른 전기통신사업자가 전기통신설비의 상호접속에 필요한 설비를 설치하거나 운영하기 위하여 그 기간통신사업자의 관로 · 케이블 · 전주 또는 국사 등의 전기통신설비나 시설에 대한 출입 또는 공동사용을 요청하면 협정을 체결하여 전기통신설비나 시설에 대한 출입 또는 공동사용을 허용할 수 있다고 규정하고 있으며(동법 제41조제1항), 이 법 제41조제1항에도 불구하고 다음, 1. 다른 전기통신사업자가 전기통신역무를 제공하는 데에 필수적인 설비를 보유한 기간통신사업자와, 2. 기간통신역무의 사업규모 및 시장점유율 등이 대통령령으로[138] 정하는 기준에 해당하는 기간통신사업자의 어느 하나에 해당하는 기간통신사업자는 동법 제41조제1항에 따른 요청을 받으면 협정을 체결하여 동법 제41조제1항에 따른 전기통신설비나 시설에 대한 출입 또는 공동사용을 허용하여야 한다고 규정하고 있는데(동법 제41조제2항), 전기통신사업법 제41조제1항은 상호접속을 위한 전기통신설비의 일반 공동사용으로 이 법 제41조제2항은 상호접속을 위한 전기통신설비의 의무 공동사용으로 이해된다.

---

138) 전기통신사업법 시행령은 이 법 제35조(설비등의 제공)제2항제3호, 동법 제39조(상호접속)제3항제2호, 동법 제41조(전기통신설비의 공동사용 등)제3항제2호 및 동법 제42조(정보의 제공)제3항제2호에서 "대통령령으로 정하는 기준에 해당하는 기간통신사업자"란 동법 제38조(경쟁상황 평가의 기준 · 절차 및 방법 등)에 따라 획정된 단위시장에서 전년도 매출액을 기준으로 한 시장점유율이 가장 높은 기간통신사업자로서 과학기술정보통신부장관이 시장규모, 이용자 수, 경쟁상황 등을 고려하여 고시로 정하는 사업자를 말한다고 규정하고 있으며(동법 시행령 제39조제1항), 과학기술정보통신부장관은 해마다 12월 31일까지 이 법 제35조제2항제1호 및 제3호, 동법 제39조제3항, 동법 제41조(전기통신설비의 공동사용 등)제3항, 동법 제42조제3항에 해당하는 기간통신사업자 및 동법 제35조제2항제3호에 해당하는 시설관리기관을 지정 · 고시한다고 규정하고 있다(동법 시행령 제39조제2항).

나. 가입자선로의 공동활용

〈전기통신사업법〉 제36조(가입자선로의 공동활용) ① 기간통신사업자는 이용자와 직접 연결되어 있는 교환설비에서부터 이용자까지의 구간에 설치한 선로(이하 이 조에서 "가입자선로"라 한다)에 대하여 과학기술정보통신부장관이 정하여 고시하는 다른 전기통신사업자가 공동활용에 관한 요청을 하면 이를 허용하여야 한다.

② 과학기술정보통신부장관은 제1항에 따른 가입자선로 공동활용의 범위와 조건 · 절차 · 방법 및 대가의 산정 등에 관한 기준을 정하여 고시한다.

전기통신사업법은 기간통신사업자는 이용자와 직접 연결되어 있는 교환설비에서부터 이용자까지의 구간에 설치한 선로(이하 이 조에서 "가입자선로"라 한다)에 대하여 과학기술정보통신부장관이 정하여 고시하는 다른 전기통신사업자가 공동활용에 관한 요청을 하면 이를 허용하여야 한다고 규정하고 있는데(전기통신사업법 제36조제1항), 가입자선로 공동활용(LLU, Local Loop Unbundling)은 이용자와 직접 연결되어 있는 교환설비에서부터 이용자까지의 구간에 설치한 선로인 "가입자선로", 즉 시내전화 서비스제공사업자의 가입자선로를 다른 경쟁 기간통신사업자들이 시내전화 서비스제공사업자와 동일한 조건으로 사용할 수 있도록 분리하여 제공하는 제도로서 과거 초고속인터넷 서비스와 시내전화 서비스 시장의 경쟁을 활성화하기 위해 2004년에 도입된 제도이다. 그러나 기존의 동(銅, 구리)으로 된 가입자선로가 광케이블로 대체되면서 제도적 의미는 크지 않다고 생각된다.

가입자선로 공동활용은, 1. 동선(銅線) 일괄제공, 2. 고주파수회선 분리제공, 3. 초고속인터넷접속망 개방으로 구분되는데, 동선(銅線) 일괄제공(Full unbundling)[139]은 해당 구간의 동선(銅線) 전체를 일괄로 제공하여 가입자선로 공동활용 이용사업자가 모든 주파수 대역을 사용하도록 하는 것인 반면에 고주파수회선 분리제공(Line sharing)[140]은 해당 구간 동선(銅線)의 사용주파수 대역 중 초고속인터넷 서비스에 이용되는 주파수 대역

139) 가입자선로의 공동활용기준은 "동선 일괄제공(Full Unbundling)"이라 함은 제공사업자가 동선(銅線)을 특정한 지점에서 물리적으로 분리하여 이용사업자에게 제공하는 것을 말한다고 규정하고 있다(가입자선로의 공동활용기준 제3조제1항제5호).

140) 가입자선로의 공동활용기준은 "고주파수회선 분리제공(Line Sharing)"이라 함은 제공사업자가 동선(銅線)중 고주파수 대역만을 전기적으로 분리하여 이용사업자에게 제공하는 것을 말한다고 규정하고 있다(가입자선로의 공동활용기준 제3조제1항제6호).

만을 분리하여 사용하도록 하는 것으로 가입자선로 공동활용 제공사업자와 이용사업자의 이용 주파수 대역이 분리되는 것이다. 한편, 초고속인터넷 접속망 개방(Broadband Internet Open Access)은 초고속인터넷 접속망[141]을 모든 인터넷서비스 제공사업자(ISP, Internet Service Provider)가 동등한 접속조건과 이용대가에 따라 자유롭게 접속할 수 있도록 개방하는 것으로서 동선(銅線)의 제공이외에 초고속인터넷 전송장비 등의 제공을 포함하게 된다.

전기통신사업법은 과학기술정보통신부장관은 이 법 제36조(가입자선로의 공동활용)제1항에 따른 가입자선로 공동활용의 범위와 조건 · 절차 · 방법 및 대가의 산정 등에 관한 기준을 정하여 고시한다고 규정하고 있는데(동법 제36조제1항), 동 사안과 관련하여 가입자선로의 공동활용기준(과학기술정보통신부 고시 제2019-55호, 2019. 6. 25.)이 제정 · 시행되고 있다.

다. 무선통신시설의 공동이용

〈전기통신사업법〉 제37조(무선통신시설의 공동이용) ① 기간통신사업자는 다른 기간통신사업자가 무선통신시설의 공동이용(이하 "공동이용"이라 한다)을 요청하면 협정을 체결하여 이를 허용할 수 있다. 이 경우 과학기술정보통신부장관이 정하여 고시하는 기간통신사업자 간의 공동이용의 대가는 공정하고 타당한 방법으로 산정하여 정산하여야 한다.

② 전기통신사업의 효율성을 높이고 이용자를 보호하기 위하여 과학기술정보통신부장관이 정하여 고시하는 기간통신사업자는 과학기술정보통신부장관이 정하여 고시하는 기간통신사업자가 공동이용을 요청하면 제1항에도 불구하고 협정을 체결하여 이를 허용하여야 한다.

③ 제1항 후단에 따른 공동이용 대가의 산정기준 · 절차 및 지급방법 등과 제2항에 따른 공동이용의 범위와 조건 · 절차 · 방법 및 대가의 산정 등에 관한 기준은 과학기술정보통신부장관이 정하여 고시한다.

141) 가입자선로의 공동활용기준은 "초고속인터넷접속망"이라 함은 가입자가 인터넷상의 문자, 그림, 동영상 등 모든 정보를 자유롭게 이용할 수 있도록 가입자의 단말기와 인터넷을 초고속으로 접속시켜주는 통신망으로서 디지털가입자망과 광동축혼합망 등이 있다고 규정하고 있다(가입자선로의 공동활용기준 제3조제1항제7호).

(1) 무선통신시설 공동이용의 의의

전기통신사업법은 기간통신사업자는 다른 기간통신사업자가 무선통신시설의 공동이용(이하 "공동이용"이라 한다)을 요청하면 협정을 체결하여 이를 허용할 수 있다고 규정하고 있는데(전기통신사업법 제37조제1항), 무선통신시설의 공동이용은 무선통신시설 간 소위 무선통신망 간 '로밍(Roaming)'으로서 이동통신 서비스이용자가 이용계약을 하지 않은 다른 이동통신사업자의 서비스 지역에서 이동통신 서비스가 끊기지 않고 이용할 수 있도록 무선통신 시설을 서로 공유(共有)하는 것으로 이해된다. 무선통신시설의 공동이용은 상호접속, 설비제공 등과 같이 다른 기간통신사업자의 전기통신설비 등을 공동으로 활용한다는 공통점이 있으나 무선통신시설의 공동이용은 자사의 이용자에게 이동통신 서비스를 제공하기 위해 다른 통신사업자의 무선통신시설을 공동으로 이용하는 것이나 상호접속은 다른 기간통신사업자의 이용자 간 통화를 가능하도록 연동하기 위한 것이라는 차이점이 있다. 또한 무선통신시설의 공동이용은 이동통신망인 무선통신시설을 공동으로 이용하는 것이다 설비제공은 관로(管路)·공동구(共同溝)·전주(電柱)·케이블이나 국사(局舍) 등의 설비와 전기통신설비를 배타적으로 임대하여 이용하도록 하는 것이라는 차이점이 있다.[142)]

무선통신시설의 공동이용은 (구)LGT(현재 LGU+)가 당시 소위 황금 주파수인 SKT의 800㎒ 주파수 대역을 공유하기 위해 규제기관에 소위 '강제 로밍(Roaming)'을 요청하면서 논란이 되었었는데 당시 SKT의 시장 지배력이 음성통화에 효율적인 800㎒ 저(低)주파수 대역에서 나오므로 이러한 필수설비인 저주파수 대역에 대해 강제 로밍(Roaming)이 필요하다는 것이 (구)LGT(현재 LGU+)의 주장이었다. 만일 앞으로 현재의 이동통신 3사(SKT, KT, LGU+) 이외에 신규 사업자(소위 '제4이동통신사업자')가 시장에 진입한다면 무선통신시설의 공동이용은 다시 쟁점화될 것으로 생각한다.

(2) 무선통신시설 공동이용의 주요 내용

전기통신사업법은 기간통신사업자는 다른 기간통신사업자가 무선통신시설의 공동이용(이하 "공동이용"이라 한다)을 요청하면 협정을 체결하여 이를 허용할 수 있으며, 이 경우 과학기술정보통신부장관이 정하여 고시하는 기간통신사업자 간의 공동이용의 대가는 공정하고 타당한 방법으로 산정하여 정산하여야 한다고 규정하고 있는 한편(전기통신사업법

142) 신종철, 통신법해설, 진한M&B(2013), p100.

제37조제1항), 전기통신사업의 효율성을 높이고 이용자를 보호하기 위하여 과학기술정보통신부장관이 정하여 고시하는 기간통신사업자는 과학기술정보통신부장관이 정하여 고시하는 기간통신사업자가 공동이용을 요청하면 제37조(무선통신시설의 공동이용)제1항에도 불구하고 협정을 체결하여 이를 허용하여야 한다고 규정하고 있는데(동법 제37조제2항), 전기통신사업법 제37조제1항은 무선통신시설의 일반 공동이용으로 이 법 제37조제2항은 무선통신시설의 의무 공동이용으로 이해된다.

한편, 전기통신사업법 이 법 제37조제1항 후단에 따른 공동이용 대가의 산정기준 · 절차 및 지급방법 등과 동법 제37조제2항에 따른 공동이용의 범위와 조건 · 절차 · 방법 및 대가의 산정 등에 관한 기준은 과학기술정보통신부장관이 정하여 고시한다고 규정하고 있는데(동법 제37조제3항), 아직까지 무선통신시설의 공동이용에 대한 고시는 지정되어 있지 않은 상황이다.

참고자료 및 질문

1. 제4이동통신. 제4이동통신사업자는 SKT, KT, LGU+ 3사로 굳어진 이동통신 시장에 신규로 진입하여 이동통신 시장의 경쟁을 촉진할 것으로 기대가 되는 네 번째 이동통신사업자로 이해되는데, 그동안 2010년 (구)미래창조과학부(현재 과학기술정보통신부) 시절부터 2016년까지 7차례에 걸친 한국모바일인터넷, 인터넷 스페이스타임, 세종텔레콤 등 알뜰폰 사업자 컨소시엄들의 제4이동통신사 설립추진이 있었으나 번번이 실패로 무산되었다. 제4이동통신사업자에 대한 허가심사 시 공통으로 지적된 사안은 재무적 능력이었으며, 당시 제4이동통신사업의 추진 시 주파수할당 대가 감면, 이동통신사업자와의 소위 '강제 로밍(Roaming)' 등이 요구되었다. 한편, 2023년 1월, 과학기술정보통신부는 제4이동통신사 신징을 위한 정책을 발표하며 관련 절치를 추진하였는데, 2022년 SKT, KT, LGU+ 이동통신 3사가 주파수할당 취소를 당한 5G 이동통신 서비스용 28㎓ 주파수 대역을 활용하여 신규 사업자를 이동통신 시장에 진입시키겠다는 것이었다. 스테이지엑스, 세종텔레콤, 마이모바일이 제4이동통신사 선정 절차에 신청하였고 2024년 1월, 28㎓ 주파수 대역에 대한 주파수할당을 위한 경매(競賣, Auction) 절차가 진행되어 스테이지엑스가 4,301억 원에 28㎓ 주파수 대역을 낙찰받았으나 2025년 5월, 스테이지엑스는 주파수할당 신청서에 적시한 자본금 2,050억 원에 미달하는 금액을 납입(納入)하여 주파수할당을 위한 필요 사항 중 하나인 자본금 미이행으로 취소사유에 해당이 되었고 과학기술정보통신부는 2024년 6월, 주파수할당 취소 처분을 위한 청문을 거쳐 2024년 7월, 주파수할당 취소 처분을 최종으로 확정하였다.[143] 그동안 제4이동통신사업자의 시장진입을 위해 추진되어 온 정책들에 대한 당신의 입장과 의견은 무엇인가? 만일 제4이동통신사업자를 이동통신 시장에 진입시키기 위해 정부 당국이 정책적 지원을 한다고 하면 어떠한 정책적 수단이 가능하겠는가?

2. 시장진입 규제 완화와 설비규제. 기간통신역무의 통합과 허가에서 등록으로의 시장진입 규제 완화를 통해 지속적으로 기간통신사업 시장진입 장벽은 낮아져 왔으나 기간통신사업이 대규모의 자본투자가 필요한 거대 장치 산업이라는 본질은 변화되지 않을 것으로 생각된다. 안정적 서비스의 제공을 위해 대규모 투자를 통한 설비설치가 요구되는데, 외국의 경우 시장진입 규제인 허가제도를 완화하여 등록제도로 제도를 변경한 국가들이 있으나 시장진입 규제의 완화로 인한 부작용을 최소화하기 위해 설비설치와 관련된 규제를 강화하는, 설비 포설권 또는 설비설치권(Right of way)에 대한 허가를 신설하여 시장진입 규제 완화로 인한 문제점을 보완한 것으로 알려져 있다. 일본의 경우, 〈표 9〉와 같이 시장진입 규제를 등록제도로 전환한 이후에도 설비설치에 대한 정부의 승인(인정(認定), approval)을 받도록 하고 있는 것으로 이해된다.

표 9 일본의 사업자 구분과 시장진입 제도 변화

구분	개정 전			개정 후	
	제1종	특별2종	일반2종	전국(대규모 설비)	지역
설비보유	설치	임대	임대	구분 없음	
사업진입	허가	등록	신고	등록	신고

시장진입 규제 완화에도 불구하고 설비설치권에 대한 규제를 강화하는 것이 타당하다고 생각하는가? 만일, 설비설치권에 대한 규제를 강화하는 대신 규제당국이 고민할 수 있는 정책적 대안은 무엇이 될 수 있겠는가?

143) 정부가 이동통신 3사 과점 체제를 깨고자 추진해 온 '제4 이동통신사' 선정이 8번째 무산됐다. 정부는 지난 1월 말 제4 이통용 주파수를 낙찰받은 스테이지엑스의 후보 자격을 취소하겠다고 14일 밝혔다. 약속한 자본금을 납입하지 않는 등 이행 조건을 지키지 않은 점이 이유다. 정부는 "사업자 신뢰성 문제"라고 했지만, 제4 이통 추진 자체를 무리하게 밀어붙였다는 지적이 나온다. 정부가 할당하려던 28GHz(기가헤르츠) 대역은 기존 통신 3사조차 "수익성이 없다"며 포기한 주파수다. 성유진 조선일보 기자, 끊겨버린 제4이동통신...수익성 없는데 정부가 밀어붙이다 좌초2024.06.17.(https://www.chosun.com/economy/industry-company/2024/06/14/B2FBYONVCJEFZHOP773XYBAVCM/).

3. 정보의 제공과 정보의 목적 외 사용금지

가. 정보의 제공

〈전기통신사업법〉 제42조(정보의 제공) ① 기간통신사업자는 다른 전기통신사업자로부터 설비등의 제공 · 도매제공 · 상호접속 또는 공동사용 등이나 요금의 부과 · 징수 및 전기통신번호 안내를 위하여 필요한 기술적 정보 또는 이용자의 인적사항에 관한 정보의 제공을 요청받으면 협정을 체결하여 요청받은 정보를 제공할 수 있다.

③ 제1항에도 불구하고 다음 각 호의 어느 하나에 해당하는 기간통신사업자는 제1항에 따른 요청을 받으면 협정을 체결하여 요청받은 정보를 제공하여야 한다.

1. 다른 전기통신사업자가 전기통신역무를 제공하는 데에 필수적인 설비를 보유한 기간통신사업자
2. 기간통신역무의 사업규모 및 시장점유율 등이 대통령령으로 정하는 기준에 해당하는 기간통신사업자

⑤ 이동통신사업자는 이용자가 해당 이동통신사업자를 거치지 아니하고 구입하는 이동통신단말장치의 제조, 수입, 유통 또는 판매를 위하여 필요한 범위에서 제조업자, 수입업자 또는 유통업자의 요청이 있을 경우 전기통신서비스 규격에 관한 정보를 제공하여야 한다.

전기통신사업법은 기간통신사업자는 다른 전기통신사업자로부터 설비등의 제공 · 도매제공 · 상호접속 또는 공동사용 등이나 요금의 부과 · 징수 및 전기통신번호 안내를 위하여 필요한 기술적 정보 또는 이용자의 인적사항에 관한 정보의 제공을 요청받으면 협정을 체결하여 요청받은 정보를 제공할 수 있다고 규정하고 있으며(전기통신사업법 제42조제1항), 이 법 제42조(정보의 제공)제1항에도 불구하고 다음, 1. 다른 전기통신사업자가 전기통신역무를 제공하는 데에 필수적인 설비를 보유한 기간통신사업자와, 2. 기간통신역무의 사업규모 및 시장점유율 등이 대통령령으로 정하는 기준에 해당하는 기간통신사업자의 어느 하나에 해당하는 기간통신사업자는 동법 제42조제1항에 따른 요청을 받으면 협정을 체결하여 요청받은 정보를 제공하여야 한다고 규정하고 있는데(동법 제42조제3항), 전기통신사업법 제42조제1항은 정보의 일반 제공으로 이 법 제42조제3항은 정보의 의무 제공으로 이해된다.

전기통신사업법은 이 법 제42조제3항에 따른 기간통신사업자는 그 전기통신설비에 다른 전기통신사업자나 이용자가 단말기기나 그 밖의 전기통신설비를 접속하여 사용하는 데에 필요한 기술적 기준, 이용 및 공급 기준, 그 밖에 공정한 경쟁환경을 조성하기

위하여 필요한 기준을 정하여 과학기술정보통신부장관의 승인을 받아 공시하여야 한다고 규정하고 있으며(동법 제42조제4항), 과학기술정보통신부장관은 이 법 제42조제1항에 따른 정보 제공의 범위와 조건 · 절차 · 방법 및 대가의 산정 등에 관한 기준을 정하여 고시한다고 규정하고 있는데(동법 제42조제3항), 동 사안과 관련하여 전기통신설비의 정보제공기준(과학기술정보통신부 고시 제2017-7호, 2017. 8. 24.)이 제정 · 시행되고 있다.

한편, 전기통신사업법은 이동통신사업자는 이용자가 해당 이동통신사업자를 거치지 아니하고 구입하는 이동통신단말장치의 제조, 수입, 유통 또는 판매를 위하여 필요한 범위에서 제조업자, 수입업자 또는 유통업자의 요청이 있을 경우 전기통신서비스 규격에 관한 정보를 제공하여야 한다고 규정하고 있는데(동법 제42조제5항),[144] 동 조항은 이동전화서비스 가입자가 해외로부터 직접 구매하거나 단말기 제조사로부터 스스로 구매하여 개통하는 자급제 단말기에 관한 사안으로서 이동전화 단말기의 다양한 유통 채널 간 경쟁을 통해 이동전화 단말기의 가격 인하를 유도하기 위한 정책적 목표가 고려된 것으로 이해된다. 또한 전기통신사업법은 이 법 제42조제5항에 따른 정보 제공의 범위 및 방법 등에 필요한 사항은 대통령령으로 정한다고 규정하고 있다(동법 제42조제6항).[145]

---

144) 전기통신사업법은 2025년 1월 개정 전 "「전파법」에 따라 할당받은 주파수를 사용하여 전기통신역무를 제공하는 기간통신사업자는 이용자가 해당 기간통신사업자를 거치지 아니하고 구입하는 통신단말장치(「전파법」에 따라 할당받은 주파수를 사용하여 전기통신역무를 이용할 수 있는 단말장치를 말한다. 이하 같다)의 제조, 수입, 유통 또는 판매를 위하여 필요한 범위에서 제조업자, 수입업자 또는 유통업자의 요청이 있을 경우 전기통신서비스 규격에 관한 정보를 제공하여야 한다."고 규정하고 있었는데(전기통신사업법 제42조제5항), 동 조항은 2013년 단말기 자급제의 활성화를 위해 신설된 것으로 이해된다.

145) 전기통신사업법 시행령은 이 법 제42조(정보의 제공)제5항에 따른 규격정보 제공대상 전기통신서비스는 다음, 1. 음성통화 및 영상통화 서비스(엘티이통신망을 통한 음성통화 서비스를 포함한다), 2. 단문메시지 및 멀티미디어 메시지 서비스(인터넷프로토콜 멀티미디어 시스템 기반의 단문메시지 및 멀티미디어 메시지 서비스를 포함한다), 3. 긴급전화 서비스, 4. 발신번호표시 서비스, 발신번호 제한서비스, 착신전환 서비스, 통화보류 서비스 및 통화 중 대기 서비스, 5. 그 밖에 동법 제42조제5항에 따른 통신단말장치(이하 "통신단말장치"라 한다)의 제조 · 수입 · 유통 · 판매를 위하여 그 규격에 관한 정보가 필요한 전기통신서비스로서 과학기술정보통신부장관이 정하여 고시하는 서비스와 같다고 규정하고 있으며(전기통신사업법 시행령 제40조의2제1항), 이 법 제42조제5항에 따른 전기통신서비스 규격에 관한 정보(이하 이 조에서 "규격정보"라 한다) 제공 요청은 다음, 1. 규격정보의 제공을 요청하는 자의 성명(법인인 경우에는 법인의 명칭) 및 주소와, 2. 규격정보의 범위, 사용 목적 및 제공시기의 사항을 기재한 서면으로 하여야 한다고 규정하고 있다(동법 시행령 제40조의2제2항). 또한 전기통신사업법 시행령은 「전파법」에 따라 할당받은 주파수를 사용하여 전기통신역무를 제공하는 기간통신사업자는 이 법 시행령 제40조의2(전기통신서비스 규격정보의 제공)제2항에 따른 요청서를 받은 날부터 7일 이내에 요청받은 규격정보를 제공하여야 하나, 다만, 부득이한 경우에는 요청서를 받은 날부터 30일 이내에 제공할 수 있으나, 그 사유를 미리 요청자에게 서면으로 알려야 한다고 규정

나. 정보의 목적 외 사용금지

〈전기통신사업법〉 제43조(정보의 목적 외 사용 금지) 전기통신사업자는 제42조제1항 및 제3항에 따라 제공받은 기술적 정보를 제공받은 목적으로만 사용하여야 하며, 다른 용도에 부당하게 사용하거나 제3자에게 제공하여서는 아니 된다.

전기통신사업법은 전기통신사업자는 이 법 제42조(정보의 제공)제1항 및 제3항에 따라 제공받은 기술적 정보를 제공받은 목적으로만 사용하여야 하며, 다른 용도에 부당하게 사용하거나 제3자에게 제공하여서는 아니 된다고 규정하고 있는데(전기통신사업법 제43조), 정보의 목적 외 사용금지는 전기통신사업자가 기간통신사업자로부터 정보를 제공받아 이용하는 것에 대한 반대급부인 정보유용의 금지의무로 이해되는데, 전기통신설비의 정보제공기준(과학기술정보통신부 고시 제2017-7호, 2017. 8. 24.)은 전기통신사업자는 이 기준에 따라 제공받은 정보를 제공받은 목적에 한하여 사용하여야 하며, 영업정보로의 유용 등 다른 용도에 부당하게 사용하거나 제3자에게 제공하여서는 아니 된다고 규정하고 있으며(전기통신설비의 정보제공기준 제5조제1항), 전기통신사업자는 이 기준에 따라 제공받은 정보에 대하여 정보유용 방지를 위한 대책을 강구하여야 한다고 규정하고 있다(동 고시 제5조제2항).

전기통신설비의 정보제공기준 제5조(정보유용의 금지)에 따른 정보유용의 금지는 동 고시가 제공사업사는 정보제공을 함에 있어 자신의 사업에 이용하거나 다른 사업자에게 제공하는 것과 부당하게 차별하여서는 아니되며, 적기에 정확한 정보를 제공하여야 한다고 규정하고 있는(동 고시 제4조) 것에 대한 반대급부로 생각된다. 한편, 전기통신설비의 정보제공기준은 요청사업자와 제공사업자는 정보제공을 함에 있어 신의성실의 원칙에 입각하여 업무를 수행하여야 한다고 규정하고 있다(동 고시 제6조).

하고 있으며(동법 시행령 제40조의2제3항), 규격정보의 제공방법은 온라인 전송, 책자에 의한 송부 등 당사자가 협의하여 정하는 방법에 따른다고 규정하고 있다(동법 시행령 제40조의2제4항).

제4절 전기통신서비스의 도매제공

〈전기통신사업법〉 제38조(전기통신서비스의 도매제공) ① 기간통신사업자는 다른 전기통신사업자가 요청하면 협정을 체결하여 자신이 제공하는 전기통신서비스를 다른 전기통신사업자가 이용자에게 제공(이하 "재판매"라 한다)할 수 있도록 다른 전기통신사업자에게 자신의 전기통신서비스를 제공하거나 전기통신서비스의 제공에 필요한 전기통신설비의 전부 또는 일부를 이용하도록 허용(이하 "도매제공"이라 한다)할 수 있다.

⑤ 기간통신사업자는 다른 전기통신사업자가 도매제공을 요청한 날부터 60일 이내에 협정을 체결하고, 기간통신사업자와 도매제공에 관한 협정을 체결한 다른 전기통신사업자는 협정 체결 후 30일 이내에 대통령령으로 정하는 바에 따라 과학기술정보통신부장관에게 신고하여야 한다. 협정을 변경하거나 폐지한 때에도 또한 같다.

⑥ 제5항에 따른 협정은 제38조의2제3항에 따라 과학기술정보통신부장관이 고시한 기준에 적합하여야 한다.

〈전기통신사업법〉 제38조의2(도매제공의무서비스의 지정 등) ① 과학기술정보통신부장관은 전기통신사업의 경쟁 촉진을 위하여 전기통신서비스를 재판매하려는 다른 전기통신사업자의 요청이 있는 경우 협정을 체결하여 도매제공을 하여야 하는 기간통신사업자(이하 "도매제공의무사업자"라 한다)의 전기통신서비스(이하 "도매제공의무서비스"라 한다)를 지정하여 고시할 수 있다. 이 경우 도매제공의무사업자의 도매제공의무서비스는 사업규모 및 시장점유율 등이 대통령령으로 정하는 기준에 해당하는 기간통신사업자의 전기통신서비스 중에서 지정한다.

② 과학기술정보통신부장관은 매년 통신시장의 경쟁상황을 평가한 후 전기통신사업의 경쟁이 활성화되어 전기통신서비스의 도매제공 목적이 달성되었다고 판단되는 경우 또는 지정기준에 미달되는 경우에는 도매제공의무사업자의 도매제공의무서비스 지정을 해제할 수 있다.

③ 과학기술정보통신부장관은 도매제공의무사업자가 도매제공의무서비스의 도매제공에 관한 협정을 체결할 때에 따라야 할 도매제공의 조건 · 절차 · 방법 및 대가 산정에 관한 기준을 정하여 고시한다. 이 경우 도매제공 대가는 제34조에 따른 경쟁상황 평가에 기반하여 통신시장의 공정경쟁 촉진과 이용자 편익 증진을 위하여 도매제공의무서비스의 제공비용, 소매요금, 도매제공량 등을 고려하여 산정하는 것을 원칙으로 한다.

1. 전기통신서비스 도매제공의 의의

전기통신사업법은 기간통신사업자는 다른 전기통신사업자가 요청하면 협정을 체결하여 자신이 제공하는 전기통신 서비스를 다른 전기통신사업자가 이용자에게 제공(이하 "재판매"라 한다)할 수 있도록 다른 전기통신사업자에게 자신의 전기통신 서비스를 제공하거나 전기통신 서비스의 제공에 필요한 전기통신설비의 전부 또는 일부를 이용하도록 허용(이하 "도매제공"이라 한다)할 수 있다고 규정하고 있는데(전기통신사업법 제38조제2항), 전기통신서비스 도매제공은 전기통신사업자가 다른 기간통신사업자로부터 전기통신서비스를 제공받거나 전기통신서비스의 제공에 필요한 전기통신설비의 전부 또는 일부를 이용하도록 허용을 받아 이용자에게 재판매(再販賣, Resale)하는 것으로서 전기통신서비스의 재판매 대상으로는 이동전화서비스 재판매, 초고속인터넷 서비스 재판매, 유선전화서비스 재판매 등이 있다.

그림 24 전기통신서비스 도매제공 또는 재판매의 개념

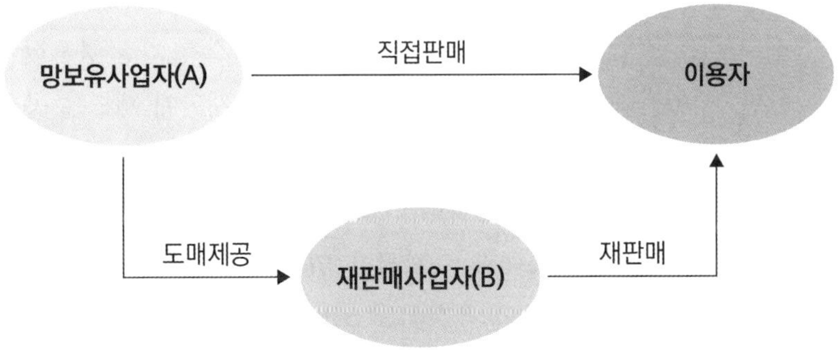

전기통신서비스의 도매제공 또는 전기통신서비스의 재판매는 〈그림 24〉에서 알 수 있듯이 전기통신서비스 재판매사업자(B)는 망보유사업자(A)의 전기통신서비스를 도매로 제공받아("도매제공") 이용자를 모집하여 전기통신서비스를 판매("재판매")하게 된다. 즉 재판매사업자(B)가 망보유사업자(A)의 전기통신서비스를 자신이 모집한 이용자에게 제공하는 것으로 이해된다. 전기통신서비스의 도매제공은 과거에도 별정통신사업자에 의해서도 사업이 영위된 바가 있으나,[146] 주로 별정통신사업자가 기간통신사업자로부터 다량 구

146) 전기통신서비스 재판매 사업자는 별정통신 제1호사업자(교환설비 보유)와 별정통신 제2호사업자(교환설비 미보유)의 형태로 존재하였는데, 2010년도 전기통신사업법 개정을 통해 전기통신서비스 도매제

매를 통한 할인(Volume discount)을 받는 자율적인 계약에 따른 것이었다. (구)정보통신부(현재 과학기술정보통신부)는 2007년 시장경쟁 활성화를 통한 이동전화 요금 인하를 목표로 통신규제 로드맵을 수립하고 전기통신서비스 도매제공 제도의 도입을 추진하였으며, 2010년 전기통신사업법의 개정을 통해 전기통신서비스 도매제공 제도가 도입되었다.

전기통신서비스 도매제공은 통신과 방송의 융합 추세에 따라 통신과 방송 사업자 간 교차 경쟁을 위해서 필수적인 제도라고 생각되는데, 통신과 방송 서비스 결합상품을 제공하지 못하는 사업자는 시장에서 경쟁력을 확보하지 못해 시장에서 도태되기 때문이다. 통신과 방송 서비스 결합상품은 케이블티비(CATV, Cable Television), 아이피티비(IPTV, Internet Protocol Television)와 같은 '방송 서비스'와 이동전화 서비스, 초고속인터넷 서비스, 유선전화 서비스와 같은 '통신 서비스'가 한 사업자로부터 가입자에게 동시에 제공되는 것인데 방송 · 통신 서비스 결합상품은 가입자를 고착(Lock-in)시키는 효과를 야기될 수 있다. 또한 방송 · 통신 서비스 결합상품에 있어서 가장 핵심이 되고 논란이 되는 것은 이동통신 서비스라고 생각되는데, 유선전화서비스는 인터넷전화 서비스로 대체가 가능하나 이동전화 서비스는 주파수 없이는 이동전화 서비스의 제공이 불가능하므로 시장진입장벽이 존재하고 유선통신서비스가 무선통신서비스로 대체(代替) 되는 경향이 심화(深化)되어 이용자가 방송 · 통신 서비스 결합상품을 선택할 때 이동전화서비스가 가장 중요한 결정요소이기 때문이다. 한편, 이동전화 서비스에 대한 도매제공 또는 재판매 제도는 공정경쟁 확보와 경쟁 활성화를 위한 주요 정책적 수단의 하나로서 주목을 받고 있으나 도매제공 또는 재판매 제도는 서비스 기반 경쟁(Service based competition)에 따른 것이므로 신규 서비스 도입과 신규 사업자의 시장진입 확대라는 장점이 있으나 설비 기반 경쟁(Facility based competition)이 저해되어 투자의 감소와 네트워크 고도화의 지연이라는 단점이 있다.

2. 이동전화서비스 재판매

이동전화서비스 재판매 또는 도매제공은 소위 '알뜰폰'으로 불리고 있다. 이동전화서비스 재판매 사업자(MVNO, Mobile Virtual Network Operator)는 〈그림 25〉와 같이 주파수를 보유하지 않은 전기통신사업자가 주파수와 이동통신망을 보유한 이동전화서비스 사

공이 도입되면서 도매제공의무서비스 재판매사업자라는 별정4호사업자가 추가되었으나 2018년 12월 전기통신사업법의 개정으로 기존 별정통신사업자는 기간통신사업자에 통합되게 되었다.

업자(MNO, Mobile Network Operator)의 망을 이용하여 이동전화 서비스를 제공하는 사업자이다. 이동전화서비스 재판매사업자는 이동통신망을 보유한 이동전화서비스 사업자로부터 음성통화와 데이터를 도매로 대량 구매하여 단순히 이동통신 서비스 재판매를 하거나 이동통신망을 보유한 이동전화서비스 사업자로부터 주파수나 이동통신 설비를 임대하고 차별화된 이동통신 서비스 제공을 통해 독자적인 이동통신 서비스 소매 상품을 구성하는 형태 등으로 구분된다. 이동전화서비스 재판매 사업자는 독자적 이동통신 설비의 구축 없이 기존 이동전화서비스 사업자의 이동통신 설비를 임대한다는 점에서 이동통신망을 보유한 이동전화서비스 사업자와 구분되며 자체 상표(Brand) 및 독립적 요금상품을 구성한다는 점에서 단순히 이동전화서비스를 판매하는 대리점 또는 판매점과 구분되는 것으로 이해된다.

그림 25 이동전화서비스 재판매의 개념

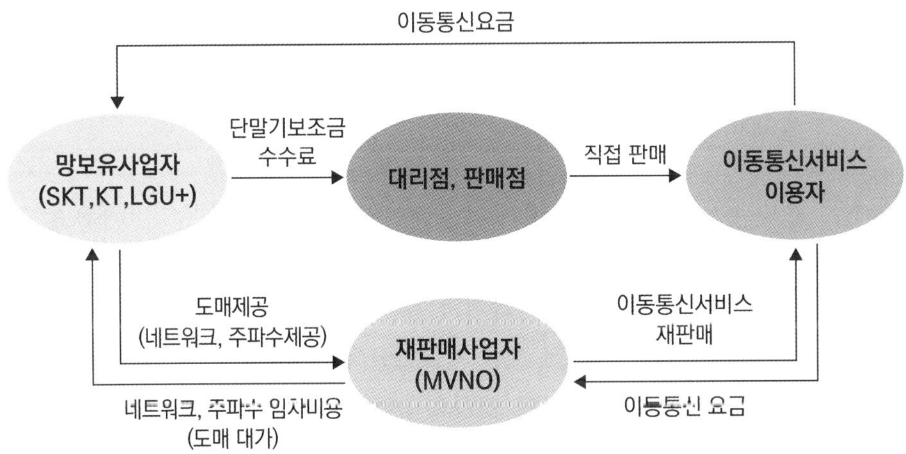

이동전화서비스 재판매 사업자는 〈그림 26〉과 같이 이동통신망을 보유한 이동전화서비스 사업자에 대한 의존 정도에 따라 완전 이동전화서비스 재판매 사업자(Full MVNO), 부분 이동전화서비스 재판매 사업자(Enhanced service provider), 단순 이동전화서비스 재판매 사업자(Service provider)로 나눌 수 있는데, 완전 이동전화서비스 재판매 사업자는 주파수를 포함하는 무선망과 같은 최소한의 이동통신 설비만을 이동통신망을 보유한 이동전화서비스 사업자로부터 임대하고 나머지 부분을 독자적으로 구축하여 이동통신망을 보유한 이동전화서비스 사업자와 동등한 수준의 서비스와 상호접속이 가능한 형태의 사업자이다. 부분 이동전화서비스 재판매 사업자는 이동통신망을 보유한 이

동전화서비스 사업자가 보유한 통신설비를 상당한 부분 이용하나 자체적으로 교환기를 보유하지 않고 다양한 부가서비스를 포함한 이동전화서비스를 제공하며 독자 상표와 요금제를 보유하고 있는 사업자이며, 단순 이동전화서비스 재판매 사업자는 대부분의 통신설비를 이동전화서비스 사업자에 의존하고 이동전화서비스 사업자와의 계약에 따라 가입자 모집, 과금 등을 대행하는 형태의 사업자로 이해된다.[147]

그림 26 완전·부분·단순 이동전화서비스 재판매 사업자의 구분

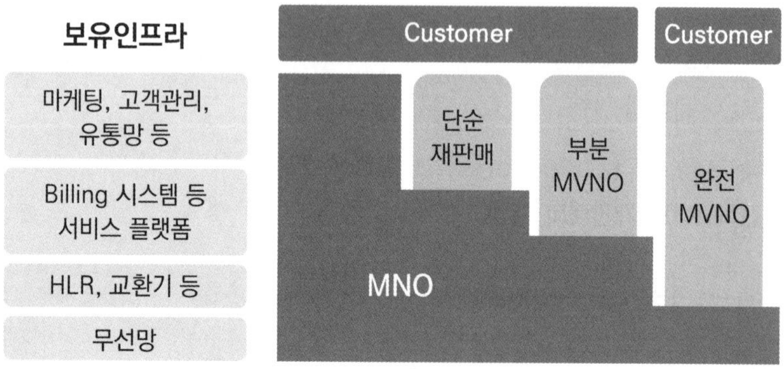

이동전화 서비스의 도매제공 또는 재판매는 이미 전기통신서비스 도매제공 제도의 도입 이전에도 별정통신제1호사업자(교환설비 보유사업자)와 별정통신제2호사업자(교환설비 미보유사업자)를 통해 이루어져 왔는데, 과거의 등록(登錄)을 통한 별정통신사업자의 전기통신서비스 도매제공 또는 재판매는 시장 자율적인 통신사업자 간의 협정의 체결을 통해 이루어져 정부 당국의 규제가 크게 영향을 미치지 못하던 영역이었던 것에 비하여 전기통신 서비스 도매제공 제도를 통한 이동전화 서비스의 도매제공 또는 재판매는 정부 당국의 규제가 크게 영향을 미치는 영역으로 이해된다.

147) 김병운, 전기통신사업법 개정에 따른 MVNO 통신시장 진입방향, 통신연합회보, 한국통신사업자연합회(2010 봄호), pp46~54.

3. 전기통신서비스 도매제공의 주요 내용

가. 전기통신서비스 도매제공의 대상과 절차 등

(1) 전기통신서비스 도매제공의 대상과 절차

전기통신사업법은 기간통신사업자는 다른 전기통신사업자가 요청하면 협정을 체결하여 자신이 제공하는 전기통신서비스를 다른 전기통신사업자가 이용자에게 제공(이하 "재판매"라 한다)할 수 있도록 다른 전기통신사업자에게 자신의 전기통신서비스를 제공하거나 전기통신서비스의 제공에 필요한 전기통신설비의 전부 또는 일부를 이용하도록 허용(이하 "도매제공"이라 한다)할 수 있다고 규정하고 있으며(전기통신사업법 제38조제1항), 기간통신사업자는 다른 전기통신사업자가 도매제공을 요청한 날부터 60일 이내에 협정을 체결하고, 기간통신사업자와 도매제공에 관한 협정을 체결한 다른 전기통신사업자는 협정 체결 후 30일 이내에 대통령령으로[148] 정하는 바에 따라 과학기술정보통신부장관에게 신고하여야 하며, 협정을 변경하거나 폐지한 때에도 또한 같다고 규정하고 있는데(동법 제38조제1항), 2023년 12월 전기통신사업법 개정을 통해 "기간통신사업자는 다른 전기통신사업자가 도매제공을 요청한 경우에는 특별한 사유가 없으면 90일 이내에 협정을 체결하고"에서 "기간통신사업자는 다른 전기통신사업자가 도매제공을 요청한 날부터 60일 이내에 협정을 체결하고"로 조문이 개정된 것은 전기통신서비스 도매제공 규제의 강화로 이해된다.

또한 전기통신사업법 시행령은 과학기술정보통신부장관은 이 법 시행령 제40조(상호

---

148) 전기통신사업법 시행령은 이 법 제38조(전기통신서비스의 도매제공)제5항, 동법 제44조(상호접속 등 협정의 신고 등)제1항부터 제3항까지의 규정에 따라 도매제공, 설비등의 제공 · 공동이용 · 상호접속 또는 공동사용 등이나 정보제공에 관한 협정 체결의 신고 · 변경신고 · 폐지신고를 하거나 인가 · 변경인가 · 폐지인가를 받으려는 자는 다음, 1. 협정서 사본, 2. 당사자가 지급하거나 수령하여야 할 금액 및 그 정산방법과 협정의 시행방법을 적은 서류, 3. 도매제공, 설비등의 제공, 공동이용, 상호접속 또는 공동사용 등이나 정보제공의 조건과 그 밖에 협정의 비용을 구체적으로 밝힌 서류, 4. 도매제공, 설비등의 제공, 공동이용, 상호접속 또는 공동사용 등이나 정보제공의 개요(접속망 구성 및 접속점의 위치 등을 포함한다)를 나타내는 도면, 5. 신 · 구 협정을 대비한 서류(변경신고 또는 변경인가를 신청하는 경우만 해당한다), 6. 폐지의 사실을 증명하는 서류(전자문서를 포함한다)의 서류를 과학기술정보통신부장관에게 제출하여야 하나, 다만, 폐지신고 또는 폐지인가의 경우에는 동법 시행령 제40조(상호접속 등에 관한 협정신고 등)제1항제1호 및 제6호의 서류만 제출한다고 규정하고 있다(전기통신사업법 시행령 제40조제1항).

접속 등에 관한 협정신고 등)제1항에 따른 서류를 받았을 때에는 그 내용이 동법 제35조(설비등의 제공)제3항 · 제37조(무선통신시설의 공동이용)제3항 · 제38조의2(도매제공의무서비스의 지정 등)제3항 · 제39조(상호접속)제2항 · 제41조(전기통신설비의 공동사용 등)제2항 또는 동법 제42조(정보의 제공)제2항에 따른 설비등의 제공, 공동이용, 도매제공, 상호접속 또는 공동사용 등이나 정보제공에 관한 기준 등에 적합한지를 심사하여야 한다고 규정하고 있으며(동법 시행령 제40조제2항), 한편, 전기통신사업법은 이 법 제38조(전기통신서비스의 도매제공)제5항에 따른 협정은 동법 제38조의2(도매제공의무서비스의 지정)제3항에 따라 과학기술정보통신부장관이 고시한 기준에 적합하여야 한다고 규정하고 있는데(동법 제38조제6항), 동 사안과 관련하여 도매제공의무사업자의 도매제공의무서비스 대상과 도매제공의 조건 · 절차 · 방법 및 대가의 산정에 관한 기준(과학기술정보통신부 고시 제2021-5호, 2021. 1. 21.)이 제정 · 시행되고 있다.

(2) 전기통신서비스 도매제공 협정 신고의 반려 등

전기통신사업법은 이 법 제38조(전기통신서비스의 도매제공)제5항 및 제6항에도 불구하고 과학기술정보통신부장관은 같은 조 제5항에 따라 신고가 접수된 협정이 도매제공의무서비스의 도매제공에 관한 협정인 경우로서 다음, 1. 신고가 접수된 협정에 따른 도매제공 대가가 소매요금, 회피가능비용(기간통신사업자가 이용자에게 직접 서비스를 제공하지 아니할 때 회피할 수 있는 관련비용을 말한다) 및 도매제공량 등에 비추어 동일한 협정 상대방과 체결하여 이미 신고된 협정에 따른 도매제공 대가에 비하여 부당하게 높아지는 경우와, 2. 그 밖에 도매제공의 범위와 조건 · 절차 및 방법 등에 관하여 불합리하거나 차별적인 조건 또는 제한을 부당하게 부과하는 행위로서 대통령령으로 정하는 경우의 어느 하나에 해당한다고 판단하는 경우에는 신고를 접수한 날부터 15일 이내에 해당 신고를 반려할 수 있으며, 도매제공의무사업자에게 그 해당하는 내용에 대한 시정을 명할 수 있다고 규정하고 있는데(전기통신사업법 제38조의2제4항), 전기통신사업법 시행령은 이 법 제38조의2(도매제공의무서비스의 지정 등)제4항제2호에서 "대통령령으로 정하는 경우"란 다음, 1. 도매제공의무사업자(동법 제38조의2제1항에 따른 도매제공의무사업자를 말한다. 이하 같다)가 다른 전기통신사업자에게 도매제공하는 전기통신서비스를 정당한 사유 없이 협정 상대방에게 제공하지 않는 경우, 2. 도매제공의무사업자가 협정 상대방에게 협정의 이행에 필요하지 않은 정보를 제공할 것을 요구하는 경우, 3. 도매제공의무사업자가 동일한 협정 상대방과 체결하여 이미 신고된 협정에서 정한 도매제공 대가의 산정 주기를 정당한 사유 없이 조정하는 경우의 어느 하나에 해당하는 경우를 말한다고 규정하고 있다(동법 시행령 제39조의9제1항). 또한 전기통신사업법 시행령은 과학기술정보통신부장관은 이 법 제38조의2제4항에 따른 반려 여부를 판단하기 위하여 필요한 경우 관계 전문가와 이해관계자의 의견을 들을 수 있다고 규정하고 있다(동법 시행령 제39조의8제2항). 한편, 전기통신사업법 제38조의2제4항에 따른 신고된 협정의 반려와 시정명령은 2023년 12월 전기통신사업법의 개정으로 신설된 조항으로서 전기통신서비스 도매제공 규제의 강화로 이해된다.

나. 전기통신서비스 도매제공 의무 서비스의 지정 등

전기통신사업법은 과학기술정보통신부장관은 전기통신사업의 경쟁 촉진을 위하여 전기통신서비스를 재판매하려는 다른 전기통신사업자의 요청이 있는 경우 협정을 체결하여 도매제공을 하여야 하는 기간통신사업자(이하 "도매제공의무사업자"라 한다)의 전기통신서비스(이하 "도매제공의무서비스"라 한다)를 지정하여 고시할 수 있으며, 이 경우 도매제공의무사업자의 도매제공의무서비스는 사업규모 및 시장점유율 등이 대통령령으로 정하는 기준에 해당하는 기간통신사업자의 전기통신서비스 중에서 지정한다고 규정하고 있는데(전기통신사업법 제38조의2제1항), 전기통신사업법 제38조의2(도매제공의무서비스의 지정 등)는 2023년 12월 전기통신사업법 개정을 통해 개정 전 이 법 제38조(전기통신서비스의 도매제공)의 일부 조항을 삭제하여 동법 제38조의2로 이전하고 추가로 조문들을 신설, 변경한 것이다. 한편, 도매제공의무사업자의 도매제공의무서비스 대상과 도매제공의 조건 · 절차 · 방법 및 대가의 산정에 관한 기준(과학기술정보통신부 고시 제2021 5호, 2021. 1. 21.)은 전기통신사업법 제38조제2항 및 동법 시행령 제39조의3에 따른 도매제공의무사업자의 도매제공의무서비스란 SK텔레콤(주)가 이용자에게 제공하는 IMT2000, LTE, IMT2020의 음성, 데이터, 단문메시지, [별표 1]의[149] 부가서비스를 말한다고 규정하고 있다(도매제공의무서비스 대상과 도매제공의 조건 · 절차 · 방법 및 대가의 산정에 관한 기준 제3조제1항).

또한 전기통신사업법은 과학기술정보통신부장관은 매년 통신시장의 경쟁상황을 평가한 후 전기통신사업의 경쟁이 활성화되어 전기통신서비스의 도매제공 목적이 달성되

149) 도매제공의무서비스 대상과 도매제공의 조건 · 절차 · 방법 및 대가의 산정에 관한 기준 [별표 1]에 규정되어 있는 국제로밍, Wi-Fi(와이파이), 발신번호 표시, 통화 중 대기, 스팸차단, 착신전환 등의 부가서비스이다.

었다고 판단되는 경우 또는 지정기준에 미달되는 경우에는 도매제공의무사업자의 도매제공의무서비스 지정을 해제할 수 있다고 규정하고 있다(전기통신사업법 제38조의2제2항).

다. 전기통신서비스 도매제공의 대가산정

전기통신사업법은 과학기술정보통신부장관은 도매제공의무사업자가 도매제공의무서비스의 도매제공에 관한 협정을 체결할 때에 따라야 할 도매제공의 조건 · 절차 · 방법 및 대가 산정에 관한 기준을 정하여 고시하며, 이 경우 도매제공 대가는 이 법 제34조(경쟁의 촉진)에 따른 경쟁상황 평가에 기반하여 통신시장의 공정경쟁 촉진과 이용자 편익 증진을 위하여 도매제공의무서비스의 제공비용, 소매요금, 도매제공량 등을 고려하여 산정하는 것을 원칙으로 한다고 규정하고 있는데(전기통신사업법 제38조의2제3항), 전기통신서비스 도매제공 또는 재판매의 대가산정은 전기통신사업자인 소위 '알뜰폰' 사업자와 이동통신사업자 간 가장 치열하고 중요한 사안으로 생각된다.

전기통신서비스 도매제공의 대가산정 방식은 사업자 간 자율협상 방식, 수익배분 방식, 정부가 규제하는 분당(分當) 요율 방식 등이 있으며 분당(分當) 요율 방식은 코스트플러스(Cost-plus, 제공비용 기반) 방식과 리테일마이너스(Retail-minus, 소매가 할인) 방식이 있다. 제공비용 기반 방식인 코스트플러스 방식은 전기통신망의 원가에 적정수준의 이윤(Mark-up, 수익률)을 보장해 주는 수준에서 도매제공 대가를 결정하는 방식인 반면에 소매가 할인 방식인 리테일마이너스 방식은 소매 통화요금에서 마케팅 비용과 유통비용 등 회피가능 비용을 차감하여 도매제공 대가를 산정하는 방식으로 이해된다. 제공비용 기반 방식인 코스트플러스 방식은 원가에 기초한 경제적으로 효율적 방식이며 이동전화 도매제공 사업자의 요금 인하 여력 확대를 통해 도매제공의 활성화를 촉진할 수 있는 장점이 있는 반면에 규제 비용이 높고 적정수준의 수익률이 지나치게 낮게 산정된다면 설비에 대한 투자유인이 저해될 수 있는 단점이 있다. 소매가 할인 방식인 리테일마이너스 방식은 산정 절차가 간편하고 규제 비용이 적어 제공비용 기반 방식인 코스트플러스 방식에 비해 단기간에 재판매 사업자를 시장에 용이(容易)하게 진입시킬 수 있다는 장점이 있으나 장기적으로는 상대적으로 높은 재판매 요금 수준으로 인해 도매제공 제도의 활성화가 저해된다는 단점이 있다.

2023년 12월 전기통신사업법 개정 이전에는 "과학기술정보통신부장관은 도매제공의무사업자가 도매제공의무서비스의 도매제공에 관한 협정을 체결할 때에 따라야 할 도매제공의 조건 · 절차 · 방법 및 대가의 산정에 관한 기준을 정하여 고시한다. 이 경우 대가의 산정은 도매제공의무서비스의 소매요금에서 회피가능비용(기간통신사업자가 이용자에게 직접 서비스를 제공하지 아니할 때 회피할 수 있는 관련비용을 말한다)을 차감하여 산정하는 것을 원칙으로 한다."라고 규정하여((구)전기통신사업법 제38조제4항), 소매가 할인 방식인 리테일마이너스 방식을 원칙으로 하였으나 2023년 12월 전기통신사업법 개정을 통해 동 조항을 삭제하고, "이 경우 도매제공 대가는 이 법 제34조에 따른 경쟁상황 평가에 기반하여 통신시장의 공정경쟁 촉진과 이용자 편익 증진을 위하여 도매제공의무서비스의 제공비용, 소매요금, 도매제공량 등을 고려하여 산정하는 것을 원칙으로 한다."라고 규정하여(전기통신사업법 제38조의2제3항), 제공비용 기반 방식인 코스트플러스 방식과 소매가 할인 방식인 리테일마이너스 방식을 모두 적용할 수 있게 된 것으로 이해된다.150)

참고자료 및 질문

1. 이동통신단말장치 유통구조 개선에 관한 법률(약칭: 단말기유통법). 단말기유통법은 반복되는 소위 '단말기 지원금 또는 보조금 대란(불법 단말기 지원금을 받기 위한 줄서기)'의 발생과 '호갱(호구+고객)'으로 불리는 이용자에 대한 판매 사기 피해를 막기 위한 취지로 근본적인 이동통신 유통구조 개선을 목표로 제정된 법이었다. 단말기유통법은 단말기 지원금 또는 보조금 규제에 대한 기본법으로서 2014년 10월 1일부터 시행되었으나 무수한 사회적 논란 끝에 2025년 7월 22일 자로 폐지되었다. 단말기유통법은 과도하고 불투명한 보조금 지급에 따른 문제점을 해소하고 투명하고 합리적인 단말기 유통구조를 만들어 나감으로써 이용자의 편익을 증진하는 것을 목적으로 하고 있었는데, 당시 단말기유통법이 제안된 배경으로는, 1. 이동통신 시장의 불투명하고 차별적인 보조금 지급으로 인한 소비자 후생 배분의 왜곡과 이동통신 시장의 건전한 발전 저해와 같은 문제점의 해소, 2. 단말기 지원금 또는 보조금은 결국 모든 이용자의 요금 수익을 바탕으로 재원이 마련되나 지급이 번호이동 중심의 일부 이용자 집중된 소비자 간 차별의 해소, 3. 동일한 이동전화 단말기를 구매해도 시기와 장소에 따라 단말기 지원금 또는 보조금이 천차만별로 다른 것으로 인한 단말기 구매 가격의 예측 가능성 제고, 4. 단말기 보조금을 지급하면서 고가 요금제 의무 약정, 불필요한 부가서비스 등을 강제하여 생기는 불필요한 통

150) 과기정통부는 도매제공의무서비스의 도매대가 산정 방식을 확대하는 도매제공의무서비스 고시 개정을 완료('25.2.21.)하였다. 기존 고시는 도매대가 산정 방식으로 소매가 할인 방식만 규정하고 있었으나, 개정 고시는 제공비용 기반 방식이 추가되었다. 이번 알뜰폰 도매대가는 고시 개정으로 신규 추가된 제공비용 기반 방식을 적용함으로써 요율을 대폭 인하할 수 있었다. 과학기술정보통신부, 알뜰폰 도매대가의 대폭 인하로 1만원대 5세대 이동통신 20기가 요금제 출시 이어져(보도자료), 2025.3.4.

신 과소비 해소, 5. 이동통신사업자의 과도한 보조금 경쟁과열로 이용자의 빈번한 단말기 교체로[151] 인한 가계통신비 증가와 자원 낭비 해소 등이었던 것으로 이해가 된다. 그러나 단말기유통법은 최초 입법(안)과 달리 국회 입법 과정 중 단말기 지원금 또는 보조금에 대한 상한을 포함하게 되어 국민에게 단말기 지원금 또는 보조금을 제한하는 법이라는 법 감정을 생기게 하여 반발을 불러왔고 단말기 지원금 또는 보조금 경쟁을 요금 인하 경쟁으로 유도하겠다는 입법의 목표가 이동통신사업자의 이익보호로 변질되었다는 지속적인 사회적 문제 제기로 단말기유통법은 폐지되고 관련 조항들은 수정되어 전기통신사업법으로 흡수되었다. 「이동통신단말장치 유통구조 개선에 관한 법률(약칭: 단말기유통법)」과 같은 단말기 지원금 또는 보조금에 대한 직접적 규제에 대해 당신의 입장은 무엇이며 바람직한 정책 방안은 어떠한 것으로 생각하는가?

2. 이동전화 재판매와 단말기 보조금. 이동전화 재판매인 소위 '알뜰폰' 서비스는 서비스 기반 경쟁(Service based competition)에 근거하여 다양한 아이디어와 부가 콘텐츠를 제공하는 이동전화 재판매 사업자의 시장진입을 촉진하여 시장경쟁과 요금 인하 등을 유도하기 위한 정책으로 이해되나 이동전화 재판매와 관련하여 고려할 중요한 변수들이 있는데 단말기 지원금 또는 보조금이 그것이다. 우리나라 이동전화 서비스 시장은 단말기 지원금 또는 보조금에 중독되었다는 표현이 있을 만큼 이용자는 요금 이외에 지원금과 장려금을 포함하는 소위 '단말기 보조금'을 이동통신 서비스사업자 선택에 있어 중요한 기준으로 생각하고 있는 것으로 이해된다. 한편, SKT, KT, LGU+ 이동통신 3사와 같이 단말기 지원금 또는 보조금을 지급할 수 있는 자금력이 부족한 이동전화 재판매 사업자가 이들처럼 단말기 보조금을 줄 여력은 없다고 생각된다. 또한 스마트폰의 보급으로 인해 이동전화 단말기의 가격이 급격히 상승하여 단말기 지원금 또는 보조금을 이용자들이 원하는 만큼 모두 주기는 어려운 상황이나 단말기 지원금 또는 보조금 경쟁도 요금 경쟁의 일부이므로 많은 단말기 지원금 또는 보조금이 이용자에게 최대한 지급되어야 한다는 의견에 따르면 이동전화 재판매 사업자들의 입지가 줄어들 소지가 크다. 단말기 지원금 또는 보조금에 중독된 시장 상황에서 이동전화 재판매 사업자인 소위 '알뜰폰' 사업자가 시장 경쟁력을 확보할 수 있는 통신 정책은 무엇이라 생각하는가?

151) 시장조사기관 Strategy Analytics 보고서에 따르면 우리나라가 2012년 기준 전 세계 국가 중 단말기 교체율 1위를 차지한 바가 있다. Strategy Analytics, 세계88개국 이동전화 시장 조사 보고서(2013. 3월).

제5절 전기통신번호

〈전기통신사업법〉 제2조(정의) 이 법에서 사용하는 용어의 뜻은 다음과 같다.

15. “전기통신번호”란 전기통신역무를 제공하거나 이용할 수 있도록 통신망, 전기통신서비스, 지역 또는 이용자 등을 구분하여 식별할 수 있는 번호를 말한다.

〈전기통신사업법〉 제48조(전기통신번호자원 관리계획) ① 과학기술정보통신부장관은 전기통신역무의 효율적인 제공 및 이용자의 편익과 전기통신사업자 간의 공정한 경쟁환경 조성, 유한한 국가자원인 전기통신번호의 효율적 활용 등을 위하여 전기통신번호체계 및 전기통신번호의 부여 · 회수 · 통합 등에 관한 사항을 포함한 전기통신번호자원 관리계획을 수립 · 시행하여야 한다.

1. 전기통신번호의 의의

전기통신사업법은 “전기통신번호”란 전기통신역무를 제공하거나 이용할 수 있도록 통신망, 전기통신서비스, 지역 또는 이용자 등을 구분하여 식별할 수 있는 번호를 말한다고 규정하고 있는데(전기통신사업법 제2조제15호), 전기통신번호는 전기통신을 하고자 하는 상대방을 식별하여 전기통신을 할 수 있도록 해주는 숫자의 조합(組合)으로 이해된다. 전기통신번호는 전기통신 서비스의 상대방, 지역, 국가, 전기통신설비, 전기통신역무 등을 식별하게 하는 역할을 하고 있으며 전기통신번호는 국가의 유한한 자원으로 생각되는데, 전기통신사업법은 누구든지 유한한 국가자원인 전기통신번호를 매매하여서는 아니 된다고 규정하고 있다(동법 제48조의2제1항).

앞에서 설명한 바와 같이 전기통신번호를 부여하는 방식에는 통신 사업자별 식별번호 방식과 통신 서비스별 식별번호 방식이 있는데 이동전화 서비스의 경우 통신 사업자별 식별번호 방식과 통신 서비스별 식별번호 방식이 병행(竝行)되어 사용되다가 소위 ‘010 번호 통합’ 과정으로 사회적 혼란이 있었던 것과 이동전화번호가 브랜드(Brand)로 변질됨으로써 통신사업자의 시장 지배력과 마케팅 수단으로 논란이 되어 통신 시장 경쟁정책으로 뒤에서 설명할 이동전화 번호이동을 도입한 것에 대해 앞으로 통신 시장 경쟁정책에 많은 시사점이 있다고 생각한다. 또한 앞에서 설명한 바와 같이 향후 개인 간의 통화 식별번호를 부여하는 것 이외에도 사물을 원격 제어하기 위한 사물인터넷(IoT, Internet of Things)을[152] 활성화하기 위해 2013년부터 기존 Paging(삐삐) 서비스가 이용하던 '012' 식별번호를 회수하여 사물인터넷에 부여한 것과 같이 장기적으로 국가 전체적인 식별번호 운영체계의 개편을 통해 전기통신 서비스 번호자원의 부족 문제해결과 효율적 이용을 위한 규제 체계를 재정비하는 것이 필요하다고 생각된다.

2. 전기통신번호의 주요 내용

전기통신을 제공하기 위한 호(呼, Call) 처리를 위해서는 통신서비스 이용자들 상호 간에 전기·전자적 신호가 전달되기 위한 매개체인 전기통신번호가 필요한데, 예를 들면, 전기통신역무는 이용자의 단말장치에서 교환기를 거쳐 다른 이용자의 단말장치로의 호 소통과 연결이 필요하므로 통신서비스 이용자를 인식하는 가입자 번호와 교환기를 인식하는 국 번호인 상호접속 번호가 필요한 것으로 이해된다. 즉, 전기통신번호는 교환기를 인식하는 국 번호인 상호접속 번호와 이용자 인식을 위한 가입자 번호로써 아라비아숫자(0~9)를 말하는데, 좀 더 자세하게 예를 들면, 031-5170-2233과 같은 시외전화 번호는 시외 식별번호-국(局) 번호-가입자 번호로 이루어져 있으며 549-2233과 같은 시내전화 번호는 시내 국(局) 번호-가입자 번호로 이루어져 있는데 시내전화 서비스는 동일한 통화권역 내에서 이루어지는 교환기 간의 호 소통이므로 시외 식별번호는 필요하지 않아 제외하기 때문이라 하겠다.

전기통신사업법은 과학기술정보통신부장관은 전기통신역무의 효율적인 제공 및 이용자의 편익과 전기통신사업자 간의 공정한 경쟁환경 조성, 유한한 국가자원인 전기통신번호의 효율적 활용 등을 위하여 전기통신번호체계 및 전기통신번호의 부여·회수·통합 등에 관한 사항을 포함한 전기통신번호자원 관리계획을 수립·시행하여야 한다고 규정하고 있으며(전기통신사업법 제48조제1항), 과학기술정보통신부장관은 이 법 제48조(전기통신번호자원 관리계획)제1항에 따른 계획을 수립하면 이를 고시하여야 하며, 수립된 계

152) 전기통신사업법은 "사물인터넷"이란 「지능정보화 기본법」 제2조(정의)제8호에 따른 정보통신망을 통하여 사물에 관한 정보를 전자적 방식으로 수집·가공·저장·검색·송신·수신 및 활용하거나 사물을 관리 또는 제어하는 등의 방식으로 사물과 사람을 상호 연결하는 것을 말한다고 규정하고 있다(전기통신사업법 제2조제17호).

획을 변경하였을 때에도 또한 같다고 규정하고 있는데(동법 제48조제2항), 동 사안과 관련하여 전기통신번호관리세칙(과학기술정보통신부 고시 제2021-93호, 2021. 12. 7.)이 제정·시행되고 있다. 또한 전기통신사업법은 전기통신사업자는 이 법 제48조제2항에 따라 고시한 사항을 지켜야 한다고 규정하고 있다(동법 제48조제3항).

전기통신번호는, 1. 전기통신사업자가 이용자에게 전기통신역무를 제공하기 위한 번호, 2. 전기통신사업자의 전기통신설비 간 상호접속을 하는 번호, 3. 그 밖에 공공질서 유지, 재난 및 안전 관리, 공공안전 보장을 위해 정부, 지방자치단체 및 공공기관(이하 "공공기관 등" 이라 한다)이 운영하는 전기통신역무 제공을 위해 과학기술정보통신부장관이 부여하는 특수번호 등으로 구성되어 있다고 이해된다. 한편, 과학기술정보통신부장관은 전기통신서비스 및 전기통신사업자별로 전기통신 식별번호를 부여하고 있는데, 이동전화 사업자에게 01Y(Y=0, 1, 6, 7, 8, 9) 전기통신 식별번호를, 부가통신역무 제공사업자에게 014XY 전기통신 식별번호를, 인터넷전화 사업자에게 070 전기통신 식별번호를, 사물지능통신 사업자에게 012 전기통신 식별번호를 부여하는 것을 사례로 들 수 있다. 또한 과학기술정보통신부장관은 공공질서의 유지와 공익증진 또는 전기통신사업에 필요한 경우에 사용될 수 있도록 특수번호를 부여할 수 있고 특수번호를 이용하여 대표번호서비스를 제공하는 사업자들에게 특수번호를 부여할 수 있는데, 범죄, 간첩, 화재 등 긴급한 민원사항의 신고를 위해 11Y와 12Y 전기통신 식별번호를, 공공기관에서 제공하는 기상, 관광 등 생활정보 안내, 상담 및 대국민 홍보를 위해 13YY 전기통신 식별번호를 부여하는 것을 사례로 들 수 있다.

참고자료 및 질문

1. 전기통신번호 매매 금지. 전기통신사업법은 누구든지 유한한 국가자원인 전기통신번호를 매매하여서는 아니 된다고 규정하고 있으며(전기통신사업법 제48조의2제1항), 과학기술정보통신부장관은 이 법 제48조의2(전기통신번호 매매 금지)제1항을 위반하여 전기통신번호를 매매하는 내용의 정보가 정보통신망에 게재된 경우 「정보통신망 이용촉진 및 정보보호 등에 관한 법률」 제2조(정의)제1항제3호에서 정한 정보통신서비스 제공자에게 해당 서비스의 폐쇄 또는 게시제한을 명할 수 있다고 규정하고 있다(동법 제48조의2제2항). 이동전화서비스 이용자들은 외우기 쉬운 전화번호(예를 들면, 1111, 0000, 7777) 또는 특정 의미(예를 들면, 2424, 4989)가 있는 소위 '골드번호'를 구하기 위해 전화번호 매매 사이트 등을 활용해 비싼 돈을 주고 번호를 음성적으로 거래해 왔는데, 음성적인 전기통신번호 매매를 금지하기 위해 전기통신사업법 제48조의2(전기통신번호 매매 금지)가 2016년 전기통신사업법 개정을 통해 신설

된 바가 있다. 한편, 정부는 골드번호가 모든 통신서비스 이용자에 공평하게 배정되는 기회를 제공하기 위해 이동통신사업자 별로 매년 2회 추첨을 통해 이용자에게 골드번호를 배정하기로 한 바 있다.

2. 사물지능통신서비스의 012 식별번호 부여. 사물지능통신서비스는 정보통신망을 이용하여 사물과 사물 간 데이터(Data) 등을 송신하거나 수신하는 전기통신 서비스로 제4차산업혁명의 핵심기술인 사물(事物)을 원격 제어하기 위한 사물인터넷(IoT, Internet of Things)을 활성화하기 위해 사물지능통신서비스에 대한 번호를 부여하는 것이 필요하게 되었다. 이에 정부는 2013년부터 기존 Paging(삐삐) 서비스가 이용하던 012 식별번호를 회수하여 사물인터넷의 근간이 되는 사물지능통신서비스에 012 식별번호를 부여하고 있다.

3. 사전선택제. 전기통신사업법은 과학기술정보통신부장관은 이용자가 전기통신서비스를 제공받으려는 전기통신사업자를 사전에 선택하는 제도(이하 "사전선택제"라 한다)를 시행하여야 하며, 이 경우 전기통신서비스는 복수(複數)의 전기통신사업자가 제공하는 같은 전기통신서비스 중 대통령령으로 정하는 전기통신서비스를 말한다고 규정하고 있는데(전기통신사업법 제57조제1항), 사전선택제는 이용자가 전기통신사업자를 사전(事前)에 선택하는 제도로서 1997년 시외전화 서비스에 대한 사전선택제가 도입된 바가 있으나 지금은 전기통신사업법 상 규제로서 큰 의미는 없는 것으로 생각된다. 1995년까지 KT만이 시외전화 서비스를 제공하였으나 (구)데이콤(현재 LGU+) 등의 후발 전기통신사업자가 시외전화 시장에 진입하게 됨에 따라 KT는 081 식별번호를, (구)데이콤(현 LGU+)은 082 식별번호를, (구)온세통신(현재 온세텔레콤)은 083 식별번호를 받음으로써 사전선택제가 도입되었다. 시외전화 서비스 사전선택제는 이용자가 시외전화 사업자를 미리 선택하여 별도의 식별번호인 081, 082, 083을 누르지 않아도 선택한 시외전화 사업자의 통화서비스를 이용할 수 있게 하는 제도였다. 예를 들면, 지금도 국제전화를 이용하기 위해서는 KT의 001 식별번호를 눌러야 하는데, 시외전화 사업자의 식별번호를 별도로 눌러야 하는 번거로움을 시외전화 사업자를 사전에 선택함으로써 없도록 한 것으로 이해된다. 한편, 사전선택제는 통신 시장의 경쟁 활성화를 위해 도입된 측면도 있지만 전기통신사업자가 이용자에게 특정한 전기통신사업자를 사전 선택하도록 강요하거나 부당한 방법으로 권유·유도하는 행위를 하여서는 아니 됨에도[153] 불구하고 당시 시외전화 사업자 간의 과당경쟁이 크게 문제가 되었다.

---

153) 전기통신사업법은 전기통신사업자는 이용자에게 특정한 전기통신사업자를 사전선택하도록 강요하거나 부당한 방법으로 권유 · 유도하는 행위를 하여서는 아니 된다고 규정하고 있다(전기통신사업법 제57조 제2항).

3. 전기통신번호 이동

〈전기통신사업법〉 제58조(전기통신번호이동성) ① 과학기술정보통신부장관은 이용자가 전기통신사업자 등의 변경에도 불구하고 종전의 전기통신번호를 유지할 수 있도록 전기통신번호이동성에 관한 계획(이하 이 조에서 "번호이동성계획"이라 한다)을 수립 · 시행할 수 있다.

가. 전기통신번호 이동의 의의

전기통신사업법은 과학기술정보통신부장관은 이용자가 전기통신사업자 등의 변경에도 불구하고 종전의 전기통신번호를 유지할 수 있도록 전기통신번호이동성에 관한 계획(이하 이 조에서 "번호이동성계획"이라 한다)을 수립 · 시행할 수 있다고 규정하고 있는데(전기통신사업법 제58조제1항), 전기통신 번호이동 제도는 이용자가 자신이 가입한 통신서비스 제공 사업자를 바꾸는 때에도 이용자가 사용하던 전기통신번호를 그대로 유지할 수 있도록 해주는 것이다. 개인, 가정, 회사 등은 오랫동안 이용한 자신들의 전화번호를 고유의 인식 수단으로 생각하고 전화번호를 바꾸면 명함의 교체 등과 같은 거래비용(去來費用)이 발생하므로 한번 사용하기 시작한 전화번호를 잘 바꾸지 않으려는 경향이 있다. 또한 앞에서 설명한 바와 같이 이동전화서비스에 대한 번호 부여에 있어 서비스별 식별번호 부여 방식이 아닌 사업자별 식별번호 부여 방식을 신택하였으나 통신사업자의 이동전화번호가 브랜드(Brand)로 변질되어 시장 지배력과 마케팅 수단으로 논란이 되고 이동전화 시장의 공정한 경쟁을 저해하는 원인 중의 하나라고 인식되었다. 이동전화 서비스뿐만 아니라 기존 PSTN(Public Switched Telephone Network, 공중 교환 전화망) 시내전화 서비스와의 시장경쟁 촉진을 위해 새롭게 도입되었던 인터넷전화(VoIP, Voice over the IP)에 스팸 전화에 이용되어 사회적 인식이 나쁘던 '070 번호'가 아닌 기존 시내전화 서비스와 동일한 전화번호를 이용하도록 해야 한다는 주장이 대두되었다. 전기통신번호 이동은 시장 공정경쟁의 촉진과 이용자 편익 제고를 위해 도입된 것으로 생각된다.

나. 전기통신번호 이동의 주요 내용

전기통신사업법은 과학기술정보통신부장관은 이용자가 전기통신사업자 등의 변경에도 불구하고 종전의 전기통신번호를 유지할 수 있도록 전기통신번호이동성에 관한 계획(이하 이 조에서 "번호이동성계획"이라 한다)을 수립 · 시행할 수 있다고 규정하고 있는데(전기통신사업법 제58조제1항), 번호이동성계획에는 다음, 1. 전기통신번호이동성 대상 서비스의 종류, 2. 전기통신번호이동성 대상 서비스별 도입시기, 3. 전기통신번호이동성 시행에 필요한 비용의 전기통신사업자별 분담에 관한 사항의 내용이 포함되어야 한다고 규정하고 있으며(동법 제58조제2항), 과학기술정보통신부장관은 번호이동성계획을 시행하기 위하여 관계 전기통신사업자에게 필요한 조치를 하도록 명할 수 있다고 규정하고 있다(동법 제58조제3항).

전기통신사업법은 과학기술정보통신부장관은 전기통신번호이동성을 효율적이고 중립적으로 시행하기 위하여 번호이동의 등록 · 변경업무 등을 수행하는 전문기관(이하 "번호이동성관리기관"이라 한다)을 지정할 수 있다고 규정하고 있는데(동법 제58조제4항), 전기통신사업법 제58조(전기통신번호이동성)에 따라 번호이동성관리기관으로 사단법인 한국통신사업자연합회(KTOA, Korea Telecommunications Operations Association)가 지정되어 있으며, 또한 전기통신사업법은 전기통신번호이동성의 시행에 관한 사항과 번호이동성관리기관의 지정 및 그 업무 처리 등에 필요한 사항은 과학기술정보통신부장관이 정하여 고시한다고 규정하고 있는데(동법 제58조제5항), 동 사안과 관련하여 이동전화서비스 번호이동성 시행 등에 관한 기준(과학기술정보통신부 고시 제2023-41호, 2023. 11. 9.)과 시내전화서비스 등 번호이동성 시행에 관한 기준(과학기술정보통신부 고시 제2023-40호, 2023. 11. 9.)이 제정 · 시행되고 있다.

(1) 전기통신번호 이동 방식

전기통신번호 이동 방식으로는 〈그림 27〉과 같이 3가지가 있는데, 비지능망 방식인 RCF(Remote Call Forwarding) 방식, 지능망 방식인 QoR(Query on Release) 방식과 ACQ(All Call Query) 방식이 있다. 우선 비지능망 방식인 RCF(Remote Call Forwarding) 방식은 일단 전화 신호가 번호이동 이전의 사업자인 변경 전 사업자의 교환기에 도달하여 이용자가 번호를 이동한 사실이 확인되면 변경 후 사업자로 전환되어 연결되는 방식으로서 RCF 방식은 매개(媒介) 번호를 필요로 하나 기존의 전화 부가서비스인 착신전환 기술과 동일한 기술 방식이므로 최소 비용과 기간이 소요되어 도입이 용이한 장점이 있는 반면에 통화 대기시간이 증가하고 음성서비스에만 적용이 가능한 제한이 있는 단점이 있다.

지능망 방식인 QoR(Query on Release) 방식은 전화 신호가 직접 연결되기 전에 변경 전 사업자에게 번호이동 여부를 검색하고 다른 사업자로 번호 이동되었으면 지능망의 번호이동 데이터베이스(NPDB, Number Portability Data Base)를 조회하여 변경 사업자로 연결하는 방식이다. 번호이동 정보를 중립적인 기간에서 관리하므로 공정한 경쟁이 가능하고 적용 서비스에 제약이 없는 장점이 있으나 도입 비용과 기간이 많이 드는 단점이 있다. 지능망 방식인 ACQ(All Call Query) 방식은 먼저 지능망의 번호이동 데이터베이스(NPDB, Number Portability Data Base)를 조회하여 정확한 착신자의 정보를 확인하고 변경 후 사업자로 연결하는 방식으로서 QoR(Query on Release) 방식처럼 많은 시간과 비용이 소요되며 번호 이동률이 높은 40% 이상인 경우에 적합한 방식으로 이해된다. 한편, 시내전화 서비스와 인터넷전화 서비스 간 번호이동을 위한 기술 방식으로는 RCF(Remote Call Forwarding) 방식이 주로 이용되고 있으며, 이동전화서비스 간 번호이동을 위한 기술 방식으로는 QoR(Query on Release) 방식과 ACQ(All Call Query) 방식이 이용되고 있다.

그림 27 전기통신번호 이동 방식

RCF	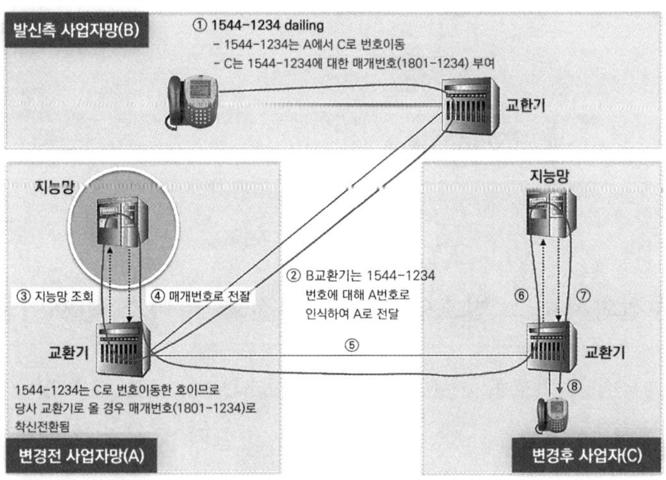

<table>
<tr><td>QoR</td><td>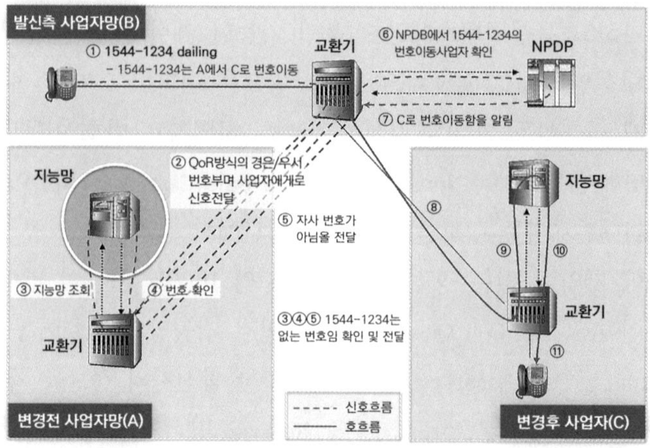
</td></tr>
<tr><td>ACQ</td><td>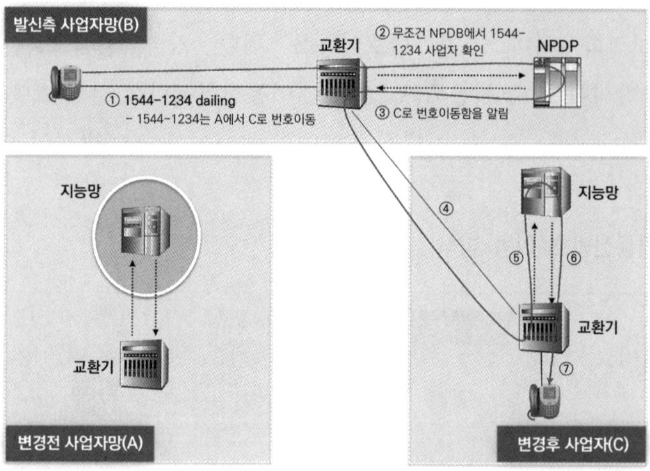
</td></tr>
</table>

(2) 이동전화서비스 번호이동과 시내전화 서비스 번호이동

이동전화서비스 번호이동(MNP, Mobile Number Portability)은 당시 시장지배적 사업자인 SKT의 '011' 식별번호가 브랜드(Brand)로 변질되어 시장 지배력을 유지하는 주요한 마케팅 수단 중 하나라고 판단한 정부 규제당국이 이동전화 시장의 경쟁 활성화와 이용자의 편익 증대를 위한 목적에 따라 도입되었는데, 선발 사업자인 SKT에게는 2004년 1월부터, 후발 사업자들인 (구)KTF(현재 KT), (구)LGT(현재 LGU+)에게는 각각 2004년 7월부터, 2005년 1월부터 시차(時差)를 두고 이동전화서비스 번호이동을 시행하게 하였다. 이동통신사업자 간 시차를 두고 이동전화서비스 번호이동을 도입한 것은 이동전화서비스에 대한 번호이동 정책이 경쟁 활성화라는 정책목표에 주안(主眼)점을 두고 시작된 것임을 알 수 있다. 이동전화서비스 번호이동 정책은 이동전화서비스 시장의 경쟁 활성화에 기여를 한 측면이 있으나 한편, 이동전화 단말기 지원금 또는 보조금의 불법 · 부당한 과열 경쟁의 원인 중 하나이기도 했다. 「이동통신단말장치 유통구조 개선에 관한 법률(약칭: 단말기유통법)」의 제정 · 시행 이후에는 이동전화서비스 번호이동이 과거에 비해 줄어들었으나[154] 2025년 7월 단말기유통법의 폐지와 2025년 4월 소위 'SKT 해킹 사고'인 SKT 유심 정보 유출 사고로 인해 이동전화서비스 번호이동이 급증한 바가 있다.[155]

시내전화 서비스 등에 대한 번호이동(LNP, Local Number Portability)의 도입은 시내전화 서비스와 시내전화 서비스 간의 번호이동을 2003년 6월부터, 시내전화 서비스와 인터넷전화 서비스 간 번호이동을 2008년 10월부터 이루어진 바가 있다. 시내전화 서비스 간의 번호이동보다 시내전화 서비스와 인터넷전화 서비스 간 번호이동이 더 시장에 큰 영향을 미쳤다고 평가되는데, 인터넷전화서비스(VoIP, Voice over Internet Protocol)의 저렴한 요금과 전국 어디에서나 자유로운 통화권이라는 통신서비스의 특징에서 그 이유가 있다고 이해된다. 인터넷전화 서비스 이용자는 전국 어디에서나 동일한 번호로 초고속인터넷이 접속되는 곳에서 인터넷전화 서비스를 이용하여 전화 통화가 가능하므로 기존의 통화권역과 장거리 요금 체계를 우회할 수 있었기 때문이다. 한편, 인터넷전화 서비스 도입과 시내전하 서비스와 인터넷전화 서비스 간의 번호이동 도입 시 지속적으로 논란이 제기되

---

154) 단통법 및 선택약정 할인율 확대에 따라 휴대전화 번호이동 가입자가 급감하면서, 이동통신시장이 설 대목에도 특수를 누리지 못하고 있는 것으로 나타났다. 5일 집단상가 판매점 관계자는 "설 연휴를 앞두고 이동통신사들이 보조금 지급에 소극적인 태도를 보이면서 방문객 수도 급격하게 줄었다"며 "주요 모델의 경우 지난해 추석 연휴 때와 비교해도 보조금 액수에 큰 변화가 없어 당분간 이 같은 추세가 이어질 것으로 보인다"고 말했다. 연찬모 뉴데일리 기자, 설 특수 사라진 이동통신 업계…번호이동 급감, 2019.2.5.(http://biz.newdaily.co.kr/site/data/html/2019/02/05/2019020500004.html).

155) 지난 4월 SK텔레콤에서 발생한 사이버 침해 사고로 인해 5월 한 달간 통신 시장에서 약 94만명의 이용자가 번호이동을 진행한 것으로 확인됐다. 2일 한국통신사업자연합회(KTOA)에 따르면 지난달 SK텔레콤, KT, LG유플러스, 알뜰폰(MVNO) 간 총 번호이동 가입자 수는 93만3천509명으로 해킹 사고가 발생하기 전인 지난 3월 52만5천937명에 비해 약 77% 증가했다. 3월 통계에서 볼 수 있듯 평소 이 숫자는 50만명 내외에 그친다. 최근 5년간 단 한 번도 60만명을 넘긴 적 없다. 올해 1월만 해도 49만4천530명 수준이었던 번호이동 가입자는 2월과 3월에는 평소처럼 50만명대에 머물렀으나, SK텔레콤에서 해킹 사고가 발생한 지난 4월 70만명에 가까운 숫자로 치솟더니 5월에는 100만명에 가까운 숫자를 기록한 것이다. 조현영 연합뉴스 기자, 'SKT 해킹'에 5월 94만명 번호이동…3월 대비 77%↑, 2025.6.2.(https://www.yna.co.kr/view/AKR20250602026000017).

었던 점들은 기존 PSTN(Public Switched Telephone Network, 공중 교환 전화망) 시내 전화망을 통해 통신서비스가 제공되는 시내전화 서비스와 달리 인터넷전화 서비스는 정전 시 통화가 불가능하고 접속 위치가 고정된 시내전화 서비스와 달리 인터넷전화 서비스 이용자가 단말장치(Device)를 이동할 수 있으므로 119 등 긴급통화 시 위치 확인에 어려움이 있을 수 있다는 것이었다. 한편, 시내전화 서비스와 인터넷전화 서비스 간 번호이동으로 인해 문제가 될 수 있는 것은 향후 이동전화서비스의 '010' 식별번호로의 번호 통합정책과 같이 유선전화 서비스도 기존 지역통화권역을 없애고 단일한 식별번호 체계로 이행하는 것이 국가 전체적인 번호자원 확보와 관리 차원에서 필요하나 시내전화 서비스와 인터넷전화 서비스 간 번호이동이 유선전화 번호통합에 장애 요소가 될 수 있다는 것이다.

4. 번호안내 서비스와 송신인의 전화번호 고지

가. 번호안내 서비스

〈전기통신사업법〉 제60조(번호안내서비스의 제공) ① 전기통신사업자는 이용자의 전기통신번호(이동통신서비스를 이용하기 위하여 필요한 전기통신번호는 제외한다)를 이용자의 동의를 받아 일반에게 음성 · 책자 · 인터넷 등으로 안내하는 서비스(이하 "번호안내서비스"라 한다)를 제공하여야 한다. 다만, 이용자의 수와 매출액 등을 고려하여 과학기술정보통신부장관이 정하여 고시하는 경미한 사업의 경우에는 그러하지 아니하다.

② 과학기술정보통신부장관은 개인정보를 보호하기 위하여 필요하면 번호안내서비스의 제공을 제한할 수 있다.

전기통신사업법은 전기통신사업자는 이용자의 전기통신번호(이동통신서비스를 이용하기 위하여 필요한 전기통신번호는 제외한다)를 이용자의 동의를 받아 일반에게 음성 · 책자 · 인터넷 등으로 안내하는 서비스(이하 "번호안내서비스"라 한다)를 제공하여야 하나, 다만, 이용자의 수와 매출액 등을 고려하여 과학기술정보통신부장관이 정하여 고시하는 경미한 사업의 경우에는 그러하지 아니하다고 규정하고 있는데(전기통신사업법 제60조제1항), 번호안내서비스는 '114' 번호안내 서비스, 전화번호부가[156] 대표적인 번호안내 서비스로 이해된다.

156) 전화번호부에는 인명(人名)이 자모순으로 되어 있는 화이트페이지(White pages), 사업체 목록이 분

한편, 전기통신사업법 제60조(번호안내서비스의 제공)제1항 단서에서 “다만, 이용자의 수와 매출액 등을 고려하여 과학기술정보통신부장관이 정하여 고시하는 경미한 사업의 경우에는 그러하지 아니하다”에 대하여 번호안내서비스를 제공하지 않아도 되는 경미한 사업(과학기술정보통신부 고시 제2020-75호, 2020. 12. 11.)가 제정 · 시행되고 있는데 동 고시(告示)는 「전기통신사업법」 제60조(번호안내서비스의 제공)제1항에 따른 경미한 사업은 이용자 수가 100만 이상인 음성통신서비스(음성을 송신하거나 수신하게 하는 전기통신역무) 사업을 제외한 전기통신사업을 말한다고 규정하고 있다(번호안내서비스를 제공하지 않아도 되는 경미한 사업 제1조).

전기통신사업법은 번호안내서비스의 제공에 필요한 사항은 대통령령으로 정할 수 있다고 규정하고 있는데(동법 제60조제3항), 전기통신사업법 시행령은 이 법 제60조제1항에 따라 번호안내서비스를 제공하는 전기통신사업자는 다음, 1. 이용자의 성명 또는 상호, 2. 이용자의 전화번호, 3. 이용자의 읍 · 면 · 동 단위까지의 주소 또는 「도로명주소법 시행령」 제6조(도로명주소의 구성 및 표기 방법)제1항제1호부터 제5호까지의 규정에 따른 도로명주소(다만, 상호로 가입한 이용자의 경우 읍 · 면 · 동, 리, 지번의 주소(건물의 이름, 동 번호, 호수를 포함한다) 또는 「도로명주소법 시행령」 제6조제1항제1호부터 제7호까지의 규정에 따른 도로명주소로 한다)의 정보를 제공할 수 있다고 규정하고 있다(동법 시행령 제50조의2제1항).

또한 전기통신사업법 시행령은 전기통신사업자는 번호안내서비스에 대한 이용자의 동의를 받을 때에는 자필서명 또는 전자서명 등 본인 여부를 확인할 수 있고 사후(事後)에 동의 사실을 입증할 수 있는 방법으로 받아야 한다고 규정하고 있으며(동법 시행령 제50조의2제2항), 이용자는 이 법 시행령 제50조의2(번호안내서비스의 제공)제2항에 따른 동의를 언제든지 철회할 수 있으며, 전기통신사업자는 동의를 철회한 이용자에 대한 번호안내서비스가 제공되지 아니하도록 지체 없이 필요한 조치를 하여야 하나, 다만, 책자로 번호안내서비스를 제공하는 경우 다음 발간일부터 30일 이전에 이용자가 동의에 대한 철회 의사를 표시하지 아니한 경우에는 그러하지 아니하다고 규정하고 있다(동법 시행령 제50조의2제3항).

번호안내 서비스 제공 사업의 경우 수익성이 낮아 전화번호부 책자의 보급 등을 미국과 같이 보편적 역무에 편입하여 제작을 지원해야 한다는 일부의 견해가 있으나 초고속인터넷 서비스를 통한 검색(檢索) 서비스 활성화로 인해 과거와 달리 인쇄된 전화번호

류와 자모순으로 되어 있는 옐로 페이지(Yellow pages)가 있으며, 이용자가 전화번호를 찾을 수 있도록 한 그레이 페이지(Gray pages)가 있으나 그레이 페이지(Gray pages)는 개인정보보호를 위해 널리 이용되지는 않고 있다.

부 책자에 대한 수요가 크지 않다는 점을 종합적으로 고려하여 정책을 수립할 필요가 있다고 생각한다. 한편, 전기통신사업법은 과학기술정보통신부장관은 개인정보를 보호하기 위하여 필요하면 번호안내서비스의 제공을 제한할 수 있다고 규정하고 있다(동법 제60조제2항).

나. 송신인의 전화번호 고지

〈전기통신사업법〉 제84조(송신인의 전화번호의 고지 등) ① 전기통신사업자는 수신인의 요구가 있으면 송신인의 전화번호를 알려줄 수 있다. 다만, 송신인이 전화번호의 송출을 거부하는 의사표시를 하는 경우에는 그러하지 아니하다.

② 전기통신사업자는 제1항 단서에도 불구하고 다음 각 호의 어느 하나에 해당하는 경우에는 송신인의 전화번호 등을 수신인에게 알려줄 수 있다.

1. 전기통신에 의한 폭언 · 협박 · 희롱 등으로부터 수신인을 보호하기 위하여 대통령령으로 정하는 요건과 절차에 따라 수신인이 요구를 하는 경우
2. 특수번호 전화서비스 중 국가안보 · 범죄방지 · 재난구조 등을 위하여 대통령령으로 정하는 경우

전기통신사업법은 전기통신사업자는 수신인의 요구가 있으면 송신인의 전화번호를 알려줄 수 있으나, 다만, 송신인이 전화번호의 송출을 거부하는 의사표시를 하는 경우에는 그러하지 아니하다고 규정하고 있는데(전기통신사업법 제84조제1항), 송신인의 전화번호 고지(CID, Caller ID)는 송신인의 전화번호가 통신서비스 상대방에게 보여지는 서비스로서 송신인의 전화번호 고지가 이루어지기 위해서는 전화기 등 단말장치에 디지털 판독 장치가 부착되어 있어야 한다. 송신인의 전화번호 고지는 2001년에 도입되어 2006년에 기존 유료 서비스에서 무료 서비스로 전환되었다.

한편, 송신인의 전화번호 고지로 문제가 되는 것은 전화번호의 위조(僞造)와 변조(變造)를 통한 보이스피싱(Voice phishing)과 같이 수신자를 기만하고 범죄에 악용하는 사례이다. 다른 사람을 속여 재산상 이익을 취할 목적 등으로 송신인의 전화번호를 조작하여 전기통신을 이용하는 행위를 규제하기 위해 전기통신사업법 제84조의2(전화번호의 거짓표시 금지 및 이용자 보호) 등이 입법되어 있다.

한편, 전기통신사업법은 전기통신사업자는 이 법 제84조(송신인의 전화번호의 고지 등) 제1항 단서에도 불구하고 다음, 1. 전기통신에 의한 폭언 · 협박 · 희롱 등으로부터 수신인을 보호하기 위하여 대통령령으로[157] 정하는 요건과 절차에 따라 수신인이 요구를 하는 경우, 2. 특수번호 전화서비스 중 국가안보 · 범죄방지 · 재난구조 등을 위하여 대통령령으로[158] 정하는 경우의 어느 하나에 해당하는 경우에는 송신인의 전화번호 등을 수신인에게 알려줄 수 있다고 규정하고 있다(동법 제84조제2항). 또한 전기통신사업법 시행령은 전기통신사업자는 이 법 제84조제1항 단서에 따라 송신인이 전화번호의 송출을 거부하는 의사표시를 하는 경우 이를 이유로 송신인에게 요금을 부과할 수 없다고 규정하고 있다(동법 시행령 제54조제1항).

5. 전화번호의 거짓표시 금지

〈전기통신사업법〉 제84조의2(전화번호의 거짓표시 금지 및 이용자 보호) ① 누구든지 다른 사람을 속여 재산상 이익을 취하거나 폭언 · 협박 · 희롱 등의 위해를 입힐 목적으로 전화(문자메시지를 포함한다. 이하 이 조에서 같다)를 하면서 송신인의 전화번호를 변작하는 등 거짓으로 표시하여서는 아니 된다.

② 누구든지 영리를 목적으로 송신인의 전화번호를 변작하는 등 거짓으로 표시할 수 있는 서비스를 제공하여서는 아니 된다. 다만, 공익을 목적으로 하거나 수신인에게 편의를 제공하는 등 정당한 사유가 있는 경우에는 그러하지 아니하다.

---

157) 전기통신사업법 시행령은 이 법 제84조(송신인의 전화번호의 고지 등)제2항제1호에 따라 송신인의 전화번호를 알려는 자는 전화에 의한 폭언 · 협박 · 희롱 등(이하 이 조에서 "전화협박등"이라 한다)을 받은 구체적인 사실을 확인할 수 있는 다음, 1. 전화협박등의 일시 및 내용을 서면으로 기록한 자료, 2. 전화협박등의 내용을 녹음한 테이프 등, 3. 전화협박등을 이유로 경찰관서에 범죄신고를 한 경우에는 이를 증명하는 서류, 4. 전화협박등에 의한 피해에 관하여 관련 상담소와 상담한 근거 자료, 5. 그 밖에 이 법 시행령 제54조(송신인의 전화번호 고지 등)제1호부터 제4호까지의 규정에 준하는 자료의 어느 하나에 해당하는 자료를 첨부하여 서면으로 전기통신사업자에게 요청하여야 한다고 규정하고 있다(전기통신사업법 시행령 제54조제2항).

158) 전기통신사업법 시행령은 이 법 제84조(송신인의 전화번호의 고지 등)제2항제2호에서 "대통령령으로 정하는 경우"란 다음, 1. 대테러국제범죄신고용(111), 2. 범죄신고용(112), 3. 간첩신고용(113), 4. 사이버테러신고 · 상담용(118), 5. 화재 · 조난신고용(119), 6. 해양사고 · 범죄신고용(122), 7. 밀수신고용(125)의 전화 서비스를 이용하는 경우를 말한다고 규정하고 있다(전기통신사업법 시행령 제54조제3항).

가. 전화번호 거짓표시 금지의 의의

전기통신사업법은 누구든지 다른 사람을 속여 재산상 이익을 취하거나 폭언 · 협박 · 희롱 등의 위해를 입힐 목적으로 전화(문자메시지를 포함한다)를 하면서 송신인의 전화번호를 변작하는 등 거짓으로 표시하여서는 아니 된다고 규정하고 있으며(전기통신사업법 제84조의2제1항), 누구든지 영리를 목적으로 송신인의 전화번호를 변작하는 등 거짓으로 표시할 수 있는 서비스를 제공하여서는 아니 되나 다만, 공익을 목적으로 하거나 수신인에게 편의를 제공하는 등 정당한 사유가 있는 경우에는 그러하지 아니하다고 규정하고 있는데(동법 제84조의2제2항), 보이스피싱(Voice phishing), 스미싱(Smishing, SMS Phishing)과 같은 전기통신금융사기가 사회적으로 문제가 됨에 따라 송신인의 전화번호 고지(CID, Caller ID) 서비스를 악용하여 다른 사람을 속임으로써 재산상 이익을 취하거나 폭언 · 협박 · 희롱 등의 위해를 입히는 행위를 사전적으로 방지해야 하는 정책적 필요성이 커지고 있다고 생각된다.

나. 전화번호 거짓표시 금지의 주요 내용

전기통신사업법은 전기통신사업자는 거짓으로 표시된 전화번호로 인한 이용자의 피해를 예방하기 위하여 다음, 1. 변작 등 거짓으로 표시된 전화번호의 전화 발신을 차단하거나 송신인의 정상적인 전화번호로 정정하여 수신인에게 송출하기 위한 조치, 2. 국외에서 국내로 발신된 전화에 대한 국외발신 안내를 위한 조치, 3. 변작 등 거짓으로 표시한 전화번호를 송신한 자의 해당 회선에 대한 전기통신역무 제공의 중지를 위한 조치, 4. 그 밖에 이용자 보호를 위하여 과학기술정보통신부장관이 정하는 사항의 조치를 하여야 하나, 다만, 이 법 제84조의2(전화번호의 거짓표시 금지 및 이용자 보호)제2항 단서에 따른 정당한 사유가 있는 경우는 제외한다고 규정하고 있으며(동법 제84조의2제3항), 과학기술정보통신부장관은 이 법 제84조의2제3항에 따른 조치의 이행 여부를 확인하거나 이용자의 피해가 확산되는 것을 방지하기 위하여 전기통신사업자에게 다음 각, 1. 변작 등 거짓으로 표시된 전화번호의 전화 발신을 차단한 경우 해당 전화번호, 차단시각, 발신 사업자명, 2. 수신자가 변작 등 거짓으로 표시된 전화번호에 대하여 신고한 경우 발신 사업자명, 3. 그 밖에 동법 제84조의2제3항 각 호의 조치 이행 여부를 확인할 수 있는 관계 자료에 해당하는 자료의 열람 · 제출을 요청하거나 필요한 검사를 할 수 있다고 규정하고 있다(동법 제84조의2제4항).

한편, 전기통신사업법은 과학기술정보통신부장관은 이 법 제84조의2제3항에 따른 조치의 이행 여부를 확인하고 동법 제84조의2제4항에 따른 조치를 시행하기 위하여 대통령령으로 정하는 바에 따라 「정보통신망 이용촉진 및 정보보호 등에 관한 법률」 제52조(한국인터넷진흥원)에 따른 한국인터넷진흥원에[159] 업무를 위탁하고 이에 소요되는 비용을 지원할 수 있다고 규정하고 있으며(동법 제84조의2제5항), 과학기술정보통신부장관은 이 법 제84조의2제2항 단서에 따른 정당한 사유, 동법 제84조의2제3항 각 호에 따른 조치 및 동법 제84조의2제4항의 이행을 위한 구체적인 절차 · 방법을 정하여 고시할 수 있다고 규정하고 있는데(동법 제84조의2제6항), 동 사안과 관련하여 거짓으로 표시된 전화번호로 인한 이용자의 피해 예방 등에 관한 고시(과학기술정보통신부 고시 제2023-23호, 2023. 6. 26.)가 제정 · 시행되고 있다. 또한 전기통신사업법은 이 법 제84조의2제4항에 따른 자료의 열람 · 제출 및 검사에 대하여는 「정보통신망 이용촉진 및 정보보호 등에 관한 법률」 제64조(자료의 제출 등), 제64조의2(자료 등의 보호 및 폐기) 및 제69조(벌칙 적용 시의 공무원 의제)를 준용한다고 규정하고 있다(동법 제84조의2제7항).

6. 착신전환 서비스

〈전기통신사업법〉 제32조의8(착신전환서비스) ① 전기통신사업자는 이용자의 전기통신번호로 수신된 전화 등을 이용자가 미리 설정한 전기통신번호로 연결하여 주는 전기통신역무(이하 "착신전환서비스"라 한다)를 제공할 수 있다.

② 제1항에 따른 착신전환서비스를 제공하는 전기통신사업자는 착신전환서비스의 내용 및 가입 · 설정 절차 등을 과학기술정보통신부장관에게 신고하여야 한다.

③ 제1항에 따른 착신전환서비스를 제공하는 전기통신사업자는 제2항에서 신고한 바와 다르게 착신전환서비스를 제공하여서는 아니 된다.

④ 제1항에 따른 착신전환서비스를 제공하는 전기통신사업자는 이용자의 신청 없이 임의로 착신전환서비스를 설정하여서는 아니 된다.

159) 한국인터넷진흥원(KISA, Korea Internet and Security Agency)은 정보통신망의 고도화와 안전한 이용 촉진 및 방송통신과 관련한 국제협력 · 국외진출 지원을 효율적으로 추진하기 위해 설립된 과학기술정보통신부 산하의 위탁집행형 준정부기관이다(https://www.kisa.or.kr/).

전기통신사업법은 전기통신사업자는 이용자의 전기통신번호로 수신된 전화 등을 이용자가 미리 설정한 전기통신번호로 연결하여 주는 전기통신역무(이하 "착신전환서비스"라 한다)를 제공할 수 있다고 규정하고 있는데(전기통신사업법 제32조의8제1항), 착신전환 서비스는 부재(不在) 중에 걸려 오는 전화를 다른 전화로 연결해 주는 것과 같은 부가서비스로 이해된다. 착신전환 서비스의 이용 절차는 〈그림 28〉과 같이 전기통신 서비스 이용자가 착신전환 서비스에 가입하고 착신전환 번호를 설정하면 전기통신사업자는 원래 단말기에 온 통화를 착신전환 단말기로 연결해 주어 착신전환 서비스를 제공하게 된다.

그림 28 착신전환 서비스의 호 처리

한편, 착신전환 서비스는 전기통신금융사기, 불법 광고, 여론조사 조작을 통한 불법 선거운동에 악용된 사례가 있어 전기통신사업법은 이 법 제32조의8(착신전환서비스)제1항에 따른 착신전환서비스를 제공하는 전기통신사업자는 착신전환서비스의 내용 및 가입·설정 절차 등을 과학기술정보통신부장관에게 신고하여야 한다고 규정하고 있다(동법 제32조의8제2항). 또한 전기통신사업법은 이 법 제32조의8제1항에 따른 착신전환서비스를 제공하는 전기통신사업자는 동법 제32조의8제2항에서 신고한 바와 다르게 착신전환서비스를 제공하여서는 아니 된다고 규정하고 있으며(동법 제32조의8제3항), 이 법 제32조의8제1항에 따른 착신전환서비스를 제공하는 전기통신사업자는 이용자의 신청 없이 임의로 착신전환서비스를 설정하여서는 아니 된다고 규정하고 있다(동법 제32조의8제4항).

참고자료 및 질문

1. 010 식별번호 통합정책. 앞에서 설명한 바와 같이 2G 이동전화서비스 사업자들에게 통신사업자 별 식별번호(SKT에 '011' 식별번호, (구)KTF(현재 KT)에 '016' 식별번호, (구)LGT(현재 LGU+)에 '019' 식별번호가 부여되었으나 3G 이동전화서비스 사업자들에게는 서비스별 식별 방식에 따라 동일한 '010' 식별번호가 부여되었다. 한편, 정부는 2002년 이동전화서비스 식별번호가 브랜드(Brand)로 변질되는 문제점을 해소하여 시장의 공정한 경쟁을 활성화하는 한편, 통신번호자원의 효율적 관리, 이용자 편익 증진 등을 위하여 이동전화서비스 식별번호를 '010'으로 통합하기로 하였다. 2004년부터는 신규 2G 이동전화 가입자에게 010 식별번호를 부여하기 시작하였으며 당시 (구)정보통신부는 010 번호로의 번호 통합비율이 80%에 이르면 통합정책을 마련하기로 하였다.[160] (구)방송통신위원회(현재 방송미디어통신위원회)는 2010년에 번호 통합비율이 80%를 초과하게 되어, 010 번호 통합정책 방안을 마련하게 되었다.[161] 010 번호 통합정책 방안은 010 번호 통합정책을 지속적으로 추진하고 최종적으로 2G 이동전화 서비스를 종료하는 시점에 완료하도록 하는 한편, 2011년부터 2013년까지 3년간 '011', '016', '019' 식별번호 이용자로 하여금 3G 이동전화서비스로의 전환 시 3G 이동전화서비스로의 한시적 번호이동과 01X 번호 표시 서비스를 선택할 수 있도록 허용하였다. 또한 010 번호 통합정책의 완성을 위해 2019년부터 2021년 6월까지 01X 번호로 3G, LTE를 쓸 수 있는 한시적 이동전화 번호이동을 허용한 바가 있다. KT는 2012년 3월, SKT는 2020년 7월, LGU+는 2021년 6월 2G 이동전화서비스가 종료되어 2021년 7월 1일, 010 번호 통합이 공식적으로 완료되었으나, 010 번호 자동연결 서비스는 2021년 12월까지 제공되어 2022년 1월 1일 이후로는 01X 번호로 전화와 문자를 전송해도 연결되지 않게 되었다. 종국적으로 2004년 1월부터 010 번호 통합정책이 시행된 지 18년 만에 2021년 '010' 식별번호로의 이동전화 서비스 번호의 통합 추진이 완료된 바 있다. 한편, 01X 번호 이용자는 이동전화 식별번호를 자신의 고유한 재산이라고 생각할 수 있는데, 010 식별번호 통합정책이 국민의 재산권을 정당한 사유와 부상 없이 침해하는 것이라는 주장에 대한 당신의 입장과 의견은 무엇인가?

2. 한시적 번호이동과 01X 번호표시 서비스. 3G 이동전화 서비스로의 한시적 번호이동과 01X 번호표시 서비스는 KT가 2012년 3월 2G 이동전화 서비스를 종료하게 됨에 따라 그 필요성이 대두되었다. 3G 이동전화 서비스로의 한시적 번호이동은 2G 이동전화 서비스 종료로 인한 01X 식별번호 이용자의 다른 2G 이동전화 사업자로의 쏠림현상을 완화하기 위하여 01X 식별번호 이용자의 3G 이동전화 서비스로의 이동을 3년간 한시적으로 허용하되 기존 01X 식별번호를 동기간(同期間) 내에 반드시 010 식별번호로 변경하도록 한 제도로 이해된다. 01X 번호 표시 서비스는 01X 식별번호 이용자의 불편을 최소화하기 위해 무료로 동 이용자가 010 식별번호로 번호를 변경한 후에도 전화를 걸 때 상대방에게 변경 전 01X 식별번호를 표시해 주는 서비스로서 01X 번호 표시 서비스 이용자는 010 식별번호로 변경한 시점부터 3년간 이용할 수 있도록 하고 2G 이동전화서비스 종료 이후에는 이용할 수 없도록 하였다.

3. 010 식별번호 통합 관련 판례. 헌법재판소는 2013년 3월, 이동전화번호 011과 016, 017, 018, 019를 사용하는 2G이동 통신서비스 이용자 1,681명이 (구)방송통신위원회(현재 방송미디어통신위원회)를 상대로 번호 통합 계획이 헌법상의 행복추구권과 개인정보자기결정권을 침해한다며 제기한 위헌 확인심판 헌법소원에서 재판관 전원일치 의견으로 청구를 각하하였고, 헌법재판소는 또한 (구)방송통신위원회(현재 방송미디어통신위원회)가 010 이외의 번호 사용자에 대해 010으로 번호를 변경하는 것에 동의하는 경우에만 한시적으로 번호이동을 허용하도록 한 2010년 10월 15일 자 이행 명령은 행복추구권을 침해하지 않는다며 재판관 5의 합헌 의견과 3인의 각하 의견으로 기각결정을 내린 바 있다.[162] 헌법재판소는 "이동전화번호를 구성하는 숫자가 개인의 인격 내지 인간의 존엄과 관련성을 가진다고 보기 어렵고, 2010년 10월 15일 자 이행 명령으로 인해 청구인들의 개인정보가 청구인들의 의사에 반해 수집되거나 이용되지 않으며, 이동전화번호는 유한한 국가자원으로서 청구인들의 번호 이용은 사업자와의 서비스 이용계약 관계에 의한 것일 뿐이므로 이행 명령으로 청구인들의 인격권, 개인정보자기결정권, 재산권이 제한된다고 볼 수 없다."라고 기각하였다. 그리고 "번호 통합은 식별번호를 통일해 이용자의 편익을 증대시키고, 미래의 번호 수요 및 신규서비스 도입에 대비해 충분한 예비 번호자원을 확보하며, 공정경쟁을 저해하는 식별번호의 브랜드화 문제를 해결한다는 점에서 그 필요성을 인정할 수 있고, 번호통합정책의 목적 달성을 위해 번호이동의 제한은 불가피하다."라고 덧붙였다. 또한 "2010년 10월 이행명령은 사용자의 의사에 반하는 번호의 변경을 강제하는 것은 아니고, 기존의 이동전화번호 표시 서비스, 기존의 이동전화번호로 착신되는 전화의 자동 연결 서비스 등 번호 변경에 따르는 사용자의 불편을 줄이기 위한 여러 방편도 마련하고 있다는 점에서 청구인들에게 수인하기 어려운 부담을 지우는 것이라 보기도 어렵다."라고 지적했다. 헌법재판소는 "나아가 현재 이동전화서비스 사용자의 95%가 010 번호를 사용하고 있는 점 등을 고려할 때 번호통합추진으로 인해 제한되는 사익이 이루고자 하는 공익보다 현저히 중대하다고 보기도 어렵다."라며 "따라서 2010년 10월 15일 자 이행 명령이 합리적 이유 없이 청구인들의 행복추구권을 침해한다고 볼 수 없다."라고 판시했다. 한편, 이정미 재판관, 김창종 재판관, 조용호 재판관은 이행 명령에 관해 "이는 010 이외의 번호 이용자에게 편의를 제공해 주는 수혜적인 조치일 뿐"이라며 "따라서 이행 명령으로 인해, 청구인들의 기본권이 침해될 가능성이나 위험성이 없어, 이행 명령에 대한 청구도 부적법하여 각하함이 옳다."라는 반대의견을 제시한 바가 있다. 이동전화 식별번호 통합 추진 위헌 확인심판 판결에 대한 당신의 입장과 의견은 무엇인가?

160) 성재식, 010 번호통합 정책방안의 주요내용, 통신연합회보. 한국통신사업자연합회(2010 가을호), p34.
161) 방송통신위원회, 010 번호 통합정책 방안에 관한 건, 의안번호 제2010-55-234호, 2010.9.15.
162) 헌법재판소 2013. 7. 25. 선고 2011헌마63 · 463 병합.

제6절 전기통신사업 회계

〈전기통신사업법〉 제49조(회계 정리) ① 기간통신사업자는 대통령령으로 정하는 바에 따라 회계를 정리하고, 매 회계연도 종료 후 3개월 이내에 전년도 영업보고서를 작성하여 과학기술정보통신부장관에게 제출하고 관련되는 장부와 근거 자료를 갖추어 두어야 한다. 다만, 전년도 전기통신역무 매출액이 대통령령으로 정하는 금액 미만인 기간통신사업자는 그러하지 아니하다.

② 과학기술정보통신부장관은 제1항에 따른 회계 정리에 관한 사항을 정하는 경우에는 미리 기획재정부장관과의 협의를 거쳐야 한다.

③ 과학기술정보통신부장관은 제1항에 따라 제출된 기간통신사업자의 영업보고서 내용을 검증할 수 있다.

④ 과학기술정보통신부장관은 제3항에 따른 검증을 위하여 필요한 경우에 기간통신사업자에게 관련 자료의 제출을 명하거나 사실 확인에 필요한 검사를 할 수 있다.

1. 전기통신사업 회계의 의의

회계(會計, Accounting)는 다양한 회계정보의 이용자들이 합리적인 판단이나 의사결정을 할 수 있도록 기업 실체에 대한 회사의 거래나 사건인 유용한 경제적 정보를 식별하고 측정하여 이해관계자들에게 전달하는 과정으로 이해된다.[163] 일반기업을 위한 재무회계는 투자자 등 기업 이해관계자들의 의사결정인 투자에 필요한 재무 정보의 제공을 위해 기업법인 전체의 경영 현황을 재무제표[164]로 작성한 것이나, 전기통신사업 회계는 〈표 10〉과 같이 통신규제기관이 주로 이용하는 회계로서 통신 시장의 공정경쟁 등을 확보하기 위한 규제정책의 결정 시 필요한 원가 정보제공을 위해 기간통신사업자의 사업부문별 경영 현황을 영업보고서로 작성한 것이다.

163) 김정호, 알기 쉽게 배우는 기초회계, Big book(2017), p43.

164) 재무제표(Financial Statement)란 기업의 회계정보를 다양한 정보 이용자의 합리적인 의사결정을 위한 회계보고서이다. 재무제표는 기업의 재무적 상태와 재무성과를 기업의 이해관계자에게 정보를 제공하여 그들의 경제적인 판단이나 의사결정에 도움을 제공한다. 재무제표는 재무상태표, 포괄손익계산서, 현금흐름표, 자본변동표로 구성되며 그 외에 주석을 포함한다. 재무제표에 포함되지 않은 이익잉여금처분계산서(또는 결손금처리계산서)는 재무제표 주석으로 작성한다. 김정호, 앞의 책, p45.

표 10 재무회계와 전기통신사업 회계의 비교

구분	재무회계	전기통신사업 회계
목적	이해관계자에게 경제적 의사결정에 유용한 정보제공	공정경쟁에 관한 합리적인 판단에 유용한 정보제공
이해관계자	투자자, 금융기관, 일반인 등	규제기관, 전기통신사업자
관련 규정	기업회계기준, 기업회계기준서 등	회계규정, 회계분리기준 등
성격	일반회계	원가회계
수익 · 비용 인식	회사전체	개별 역무별
결과물	재무제표	영업보고서
작성 · 제출 주기	분기	1년 기준(약식: 반기보고서)

일반기업을 위한 회계기준은 대규모 투자를 요구하는 규제 산업인 통신산업의 특수성[165]을 고려하는 것이 부족하므로 전기통신 서비스에 대한 규제정책 결정을 위해서는 기업 전체에 대한 회계정보보다는 전기통신 서비스별로 분리된 회계정보가 필요하다고 생각된다. 또한 전기통신사업자는 비용 또는 수익을 부당하게 분류하여 통신서비스 간 교차보조(交叉補助, Cross subsidy) 등을 위한 통신 요금을 산정하거나 전기통신 설비제공, 통신서비스 도매제공 또는 재판매, 상호접속, 전기통신설비 공동사용, 정보제공, 보편적 역무 손실보전금 등에 대한 대가를 부당하게 산정할 유인(誘因)이 있으므로 이를 방지하기 위한 별도의 회계 규칙이 필요하다.

한편, 전기통신사업 회계와 관련하여 대통령령인 전기통신사업 회계정리 및 보고에 관한 규정(대통령령 제31380호, 2021. 1. 5.)과 고시인 전기통신사업 회계분리기준(과학기술정보통신부 고시 제2025-23호, 2025. 5. 26.)이 제정 · 시행되고 있는데, 전기통신사업 회계정리 및 보고에 관한 규정은 제3조(전기통신사업회계의 목적)에서 "전기통신사업회계는 과학기술정보통신부장관, 해당 사업자 등이 전기통신역무 원가의 산정, 전기통신설비 간 상호접속료 · 설비제공대가의 산정, 보편적 역무 손실보전금의 산정, 역무 간 상호보조행위 등 전기통신사업의 공정경쟁과 관련한 사항에 관하여 합리적인 판단을 하는 데 유용한 정보를 제공하는 것을 목적으로 한다."라고 규정하고 있어 전기통신 회계가 일반기업을 위한 회계기준과는 다르다는 점을 명백히 보여주고 있는 것으로 생각된다. 즉 재

165) 통신산업의 특수성으로는 대규모 투자를 통한 규모의 경제(Economy of scale)가 요구되는 장치산업의 성격, 범위의 경제(Economy of scope) 성격이 나타나는 네트워크산업의 특성, 망외부성(Network externality), 서비스의 비저장성(Non-storability), 급속한 기술 발전, 자연독점으로 인한 규제 산업으로서의 성격 등을 들 수 있다.

무회계가 통신 규제당국이 요구하는 형태(形態) 별, 기능(機能) 별, 역무(役務) 별로 분리된 회계정보를 제공하는 것은 어려우므로 통신 규제당국의 정보에 대한 요구를 충족시키기 위해 독자적인 전기통신사업 회계가 필요한 것으로 이해된다.

2. 전기통신사업 회계의 주요 내용

가. 전기통신사업 회계분리

(1) 전기통신사업 회계분리의 의의

전기통신사업 회계분리(會計分離, Accounting separation)는[166] 전기통신사업자 간 공정한 경쟁을 확보하기 위한 것으로서 다수의 전기통신 서비스를 제공하는 전기통신사업자의 개별 전기통신 서비스 상호 간의 교차보조(Cross subsidy)를 방지할 수 있도록 합리적 기준에 따라 개별 전기통신 서비스별로 수익과 원가를 집계하고 배부하는 것으로 이해된다. 같은 통신망을 이용하여 다양한 전기통신 서비스를 제공하는 통신사업의 특성상 필연적으로 발생할 수밖에 없는 공통비용(共通費用)의 배분 문제를 전기통신사업 회계분리를 통해 합리적으로 해결할 수 있다고 하겠다. 즉 같은 통신망을 통해 발생하는 공통비용(共通費用)이 어떠한 전기통신 서비스의 제공을 위해 소요되었는지 파악함으로써 알기 곤란한 공통비용(共通費用)의 합리적 배분을 가능하게 할 수 있다고 생각된다.

---

166) 전기통신사업 규제를 위한 분리의 유형으로는 규제의 정도에 따라 회계분리와 조직 분리로 나누어진다. 조직 분리는 다시 영업 분리, 기능 분리, 법인 분리의 단계로 구분된다. 회계 분리가 가장 약한 단계의 분리이며, 영업 분리로부터 기능 분리, 법인 분리의 단계로 갈수록 규제의 강도는 강해지는 것으로 이해된다. 회계 분리는 법인 내의 복수 서비스 제공과 관련하여 발생한 공통원가 등을 일정한 배부기준에 따라 사후적으로 분리하여 개별서비스 원가를 산출하는 과정이며 영업 분리와 기능 분리는 공통원가의 발생 여지가 없도록 회사 내부에 독립된 부문으로 유통 인력을 포함하는 유통망과 설비 망 등을 사전에 분리하여 운영하는 것이다. 한편, 법인 분리는 회사 내의 특정 사업 부문을 자회사로 완전히 분리하여 별도의 회사로 운영하는 것으로서 자회사의 지분을 모회사가 소유하는 물적 분할과 모회사의 기존 주주가 소유하는 인적 분할로 나뉜다. 영국 BT(British Telecom)의 Open-reach는 기존 시내 전화망을 기능 분리한 사례이며 미국의 AT&T(American Telecom and Telegraph) 분할은 법인 분리의 사례이다.

(2) 전기통신사업 회계분리의 대상과 절차 등

전기통신사업 회계정리 및 보고에 관한 규정은 회계분리를 위한 전기통신역무는, 1. 기간통신역무와, 2. 부가통신역무로 분류한다고 규정하고 있으며(전기통신사업 회계정리 및 보고에 관한 규정 제16조제1항), 동 대통령령인 회계규정 제16조(역무의 분류)제1항에 따른 전기통신역무의 세부분류는 과학기술정보통신부장관이 정하여 고시한다고 규정하고 있는데(동 대통령령 제16조제2항), 전기통신사업 회계분리기준은 회계규정 제16조제2항에 따른 전기통신역무의 세부분류(이하 "서비스"라 한다)는 다음과 같다고 규정하고 있으며(전기통신사업 회계분리기준 제3조제1항), 자세한 전기통신역무의 세부분류는 〈표 11〉과 같다.

표 11 전기통신사업 회계분리를 위한 전기통신역무의 세부 분류

<table>
<tr><th>기간통신역무
(4개 역무)</th><th colspan="2">회계분리 대상 세부역무(27개 서비스)</th></tr>
<tr><td>전송역무(14개)</td><td>가. 일반전화가입자접속서비스
나. 시내전화서비스
다. 시외전화서비스
라. 국제전화서비스
마. 공중전화서비스
바. 전화번호안내서비스
사. 전화부가서비스</td><td>아. 인터넷가입자접속서비스
자. 인터넷전용회선서비스
차. 인터넷백본접속서비스
카. 인터넷전화서비스
타. 구내통신서비스
파. 비면허 사물인터넷서비스
하. 기타 전송서비스</td></tr>
<tr><td>주파수를 할당받아
제공하는 역무(9개)</td><td>가. 이동통신(IMT-2000)서비스
나. 이동통신(LTE)서비스
다. 이동통신(5G)서비스
라. 주파수공용통신서비스
마. 선박무선통신서비스</td><td>바. 위성통신서비스
사. 이동통신부가서비스
아. 면허 사물인터넷서비스
자. 기타 주파수를 할당받아 제공하는 서비스</td></tr>
<tr><td>전기통신회선설비
임대역무(3개)</td><td colspan="2">가. 국내회선설비임대서비스
나. 국제회선설비임대서비스
다. 기타회선설비임대서비스</td></tr>
<tr><td>부가통신역무(1개)</td><td colspan="2">기간통신역무외의 전기통신역무</td></tr>
</table>

전기통신사업 회계분리기준은 사업자는 다음, 1. 형태별 분류, 2. 기능별 분류, 3. 전기통신사업과 전기통신사업외의 사업간 분류, 4. 전기통신사업에 사용중인 자산등과 미사용중인 자산 등의 분류, 5. 전기통신사업에 사용중인 자산등의 역무별 회계분리의 순서에 따라 자산등을 회계분리 하여야 한다고 규정하고 있는데(동 고시 제4조), 전기통신

사업 회계분리의 절차는[167] 〈그림 29〉와 같은데 우선 전기통신사업 관련 자산, 수익 및 비용을 발생형태 별로 일차로 분류한 후 네트워크, 판매영업, 일반관리 등 기능 별로 이차로 분류하는 과정을 거쳐 최종적으로 각 역무 별로 회계분리를 수행하게 되며 단계별 회계분리 과정에서 특정한 기능 또는 역무와 직접적으로 인과관계가 있는 직접자산과비용은 직접 할당하고 둘 이상의 기능 또는 역무와 관련하여 발생하는 공통자산과 비용은 배부기준에 따라 배부하도록 하고 있다.

그림 29 전기통신사업 회계분리의 절차

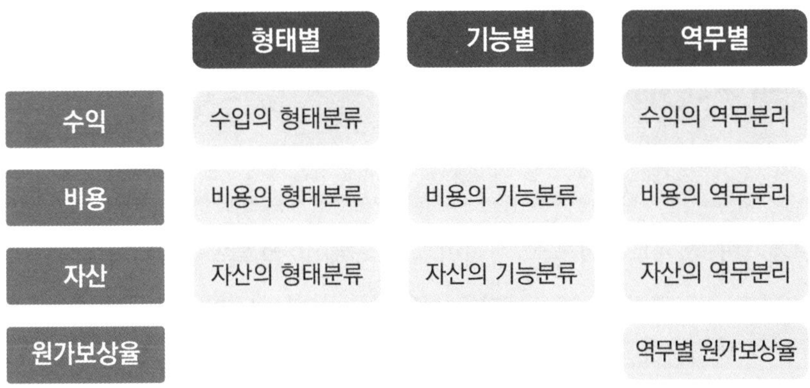

전기통신사업 회계분리기준은 영업수익을 요금수익, 접속료수익, 국제정산수익, 내부거래수익, 자가소비사업용수익, 보편적역무손실보전수익, 도매제공수익, 기타영업수익으로 구분한다고 규정하고 있으며(동 고시 제9조제1항), 요금수익을 가입비수익, 종량제요금수익, 정액제요금수익, 장치비수익, 부가서비스수익, 기타 요금수익으로 구분한다고 규정하고 있는데(동 고시 제9조제2항), 수익(收益, Revenue)의 회계분리 절차는 〈그림 30〉과 같다. 또한 전기통신사업 회계분리기준은 전기통신역무간 또는 전기통신역무와 전기통신역무외의 서비스 등을 결합판매하는 경우의 수익은 이용약관에 명시된 할인가격 또는 할인율을 적용하여 배부하나, 다만, 약관에 할인가격 또는 할인율이 명시되어 있지 않은 경우에는 다음, 1. 결합판매 심사(심사간소화를 포함한다)를 받는 경우에는 결합판매 심사결과 할인율과, 2. 결합판매 심사를 받지 않은 경우에는 각각 개별 제공하는 경우에 발생하는 수익비율의 배부기준을 적용한다고 규정하고 있다(동 고시 제12조).

---

167) 박철호, 전기통신사업 회계제도의 이해, 통신연합회보, 한국통신사업자연합회(2011 여름호), pp51~54.

그림 30 수익의 회계분리 절차

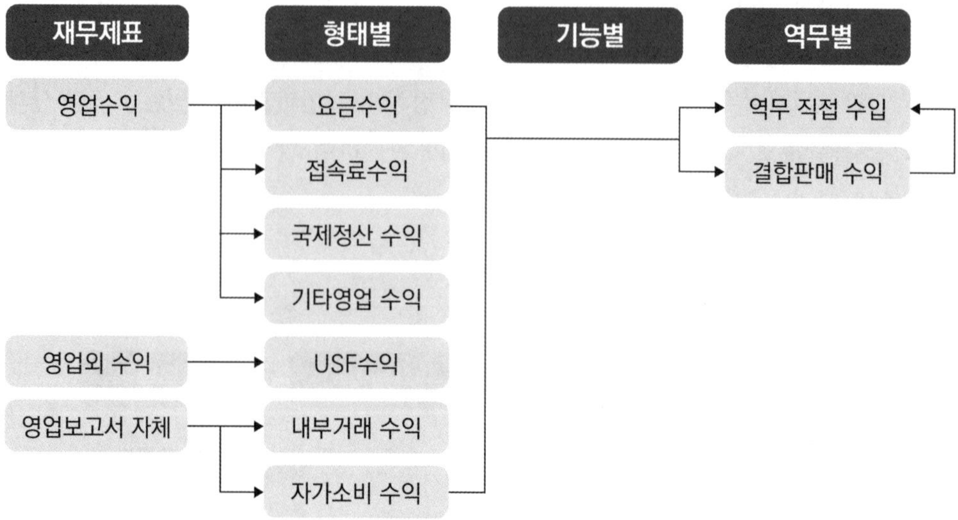

전기통신사업 회계분리기준은 영업비용의 형태별 분류는 다음, 1. 인건비인 급여, 잡급, 퇴직급여, 2. 경비인, 가. 복리후생비, 나. 여비 교통비, 다. 통신비, 라. 전력수도료등, 마. 전파사용료, 바. 제세공과금등, 사. 소모품비, 아. 지급임차료, 자. 수선유지비, 차. 차량비, 카. 보험료, 타. 지급수수료, 파. 교육훈련비, 하. 접대비, 거. 광고선전비, 너. 판매비, 더. 잡비, 3. 설비사용료인 다른 사업자의 설비를 사용하는 대가로서 지급하는 비용 중 전용회선료, 선로설비사용료, 도매제공대가, 기타설비사용료, 4. 감가상각비인 유형자산의 감가상각비, 5. 무형자산상각액인 무형자산의 상각액, 6. 대손상각비, 7. 경상개발비 및 연구비인 연구부문에서 발생된 비용 중 경상개발비 및 연구비, 8. 국제정산부담금인 다른 사업자의 전기통신망을 사용하는 대가로서 지급하는 비용 중 외국정부 또는 외국인과 국제전기통신역무의 취급에 따른 요금의 정산 부담금, 9. 접속료인 다른 사업자의 전기통신망을 사용하는 대가로서 지급하는 비용 중 접속설비비, 접속통화료, 접속통신료, 부대서비스비, 10. 내부거래비용인 동일한 사업자내의 특정 서비스가 다른 서비스를 구성 또는 지원하는 경우 이용 서비스가 제공 서비스에게 이용대가로서 지급하여야 하는 비용, 11. 자가소비사업용 비용인 사업자의 임직원이 사업자가 자체 생산한 서비스를 업무와 관련하여 소비하는 경우 해당 비용, 12. 콘텐츠비용인 모바일인터넷멀티미디어방송사업 콘텐츠, 인터넷멀티미디어방송사업 콘텐츠 비용과 같다고 규정하고 있다(동 고시 제9조제3항).

전기통신사업 회계분리기준은 이 고시 제9조(영업수익 및 영업비용의 형태별분류)제3항제1호 및 제2호에 따른 인건비, 경비 등 형태별 영업비용은 다음, 1. 교환운영비용,[168] 2. 전송운영비용,[169] 3. 선로운영비용,[170] 4. 단말운영비용,[171] 5. 정보처리운영비용,[172] 6. 전원(電源)운영비용,[173] 7. 전기통신공통설비운영비용,[174] 8. 일반지원자산등운영비용[175], 9. 판매영업기능비용[176], 10. 고객서비스기능비용[177], 11. 일반관리기능비용[178],

---

168) 교환운영비용은 전기통신사업 회계분리기준 제13조(전기통신설비의 기능별 분류)에 따른 교환기능설비의 운영, 유지를 위하여 발생한 비용이다.

169) 전송운영비용은 전기통신사업 회계분리기준 제13조(전기통신설비의 기능별 분류)에 따른 전송기능설비의 운영, 유지를 위하여 발생한 비용이다.

170) 선로운영비용은 전기통신사업 회계분리기준 제13조(전기통신설비의 기능별 분류)에 따른 선로기능설비의 운영, 유지를 위하여 발생한 비용이다.

171) 단말운영비용은 전기통신사업 회계분리기준 제13조(전기통신설비의 기능별 분류)에 따른 단말기능설비의 운영, 유지를 위하여 발생한 비용이다.

172) 정보처리운영비용은 전기통신사업 회계분리기준 제13조(전기통신설비의 기능별 분류)에 따른 정보처리기능설비의 운영, 유지를 위하여 발생한 비용이다.

173) 전원운영비용은 전기통신사업 회계분리기준 제13조(전기통신설비의 기능별 분류)에 따른 전원기능설비의 운영, 유지를 위하여 발생한 비용이다.

174) 전기통신공통설비운영비용은 전기통신사업 회계분리기준 제13조(전기통신설비의 기능별 분류)에 따른 전기통신공통설비의 운영, 유지를 위하여 발생한 비용이다.

175) 일반지원자산 등의 운영비용은 전기통신사업 회계분리기준 제15조(일반지원자산등의 기능별 분류)에 따른 일반지원자산 등의 기능별 자산을 운영유지하기 위하여 발생한 비용으로서, 가. 전기통신설비지원기능자산 운영비용, 나. 판매영업 기능자산 운영비용, 다. 고객서비스지원기능자산 운영비용, 라. 일반관리지원기능자산 운영비용, 마. 기업이미지 광고지원 기능자산 운영비용, 바. 일반지원기능 공통자산 운영비용과 같이 세분한다.

176) 판매영업기능비용은 전기통신역무의 제공에 관한 계약, 판매촉진활동 및 이에 관련되는 업무에서 발생한 비용으로서, 가. 판매촉진비(판매촉진비는 광고선전비와 광고선전비외의 판매촉진비로 구분한다. 광고선전비는 서비스 판매촉진을 위한 광고와 선전을 위하여 발생하는 비용을 말한다. 광고선전비외의 판매촉진비는 특정서비스모집수수료, 고객모집수수료 등 서비스의 이용 증진과 가입자의 유치 및 확대 등 판매촉진활동과 관련하여 발생한 비용을 말한다. 판매촉진활동에 따라 발생하는 수수료는 성격에 따라 보조기록부에 기록하여 보관한다)와, 나. 통신단말장치의 구입 지원비용(통신단말장치의 구입 지원비용은 내용에 따라 보조기록부에 기록하여 보관한다)과 같이 세분한다.

177) 고객서비스기능비용은, 가. 가입자관리비용(서비스의 이용제도 광고, 가입해지, 전출입 등 고객 관리 및 고객서비스 개선 등과 관련하여 발생한 비용을 말한다. 가입자관리활동과 관련하여 대리점 또는 수탁인에게 지불한 비용은 보조기록부에 기록하고 보관한다. 다만, 콜센터(가입자와의 전화응대를 통해 업무를 처리하는 부서)의 비용은 별도 구분한다), 나. 마일리지, 멤버십 관리 비용(가입자에게 마일리지 및 멤버십 혜택을 제공하기 위해 소요되는 비용을 말한다. 마일리지, 멤버십 관리비용의 상세내역은 보조기록부에 기록하여 보관한다), 다. 청구 · 수납비용(서비스의 요금청구서 작성, 요금청구와 수납, 체납청구와 수납, 요금의 환불 등과 관련하여 발생한 비용을 말한다. 청구와 수납 활동에 따라

12. 기업이미지광고기능비용과[179] 같이 기능별로 분류한다고 규정하고 있다(동 고시 제17조제1항). 비용(費用, Cost)은 〈그림 31〉과 같이 우선 일차적으로 형태별로 분류하고 이차적으로 기능별로 분류한다.

그림 31 비용의 회계분리 절차

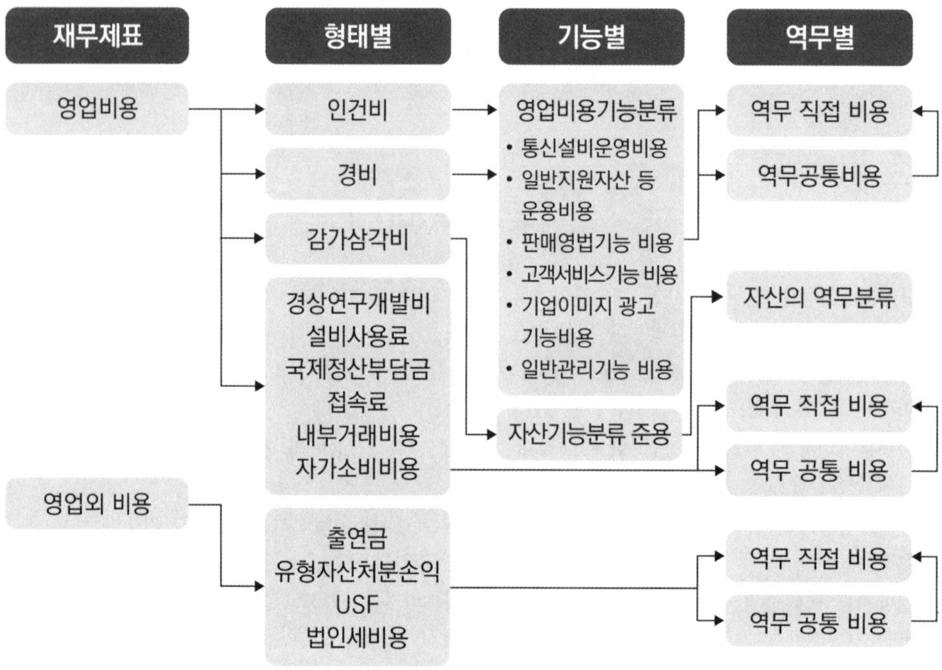

전기통신사업 회계분리기준은 유형자산 및 무형자산(이하 "유형자산등"이라 한다)의 형태별 분류는 회계규정인 전기통신사업 회계정리 및 보고에 관한 규정 제8조(사용 중인 전기통신설비의 분류) 내지 제12조(사용 중인 무형자산의 분류)의 규정에 따른다고 규정하고 있는데(동 고시 제6조), 자산(資産, Asset)은 〈그림 32〉와 같이 일차로 일반회계에서 분류되는 기계장치, 기타 유형자산, 무형자산을 전기통신설비 세부 유형, 일반지원자산등 세부 유형, 기타 유형자산 등 세부 유형으로 형태별 분류를 한 후, 전기통신사업 회계분리기준 제13조(전기통신설비의 기능별 분류), 제14조(전기통신기능설비의 세부분류), 제15조(일반지원

발생한 수수료는 성격에 따라 보조기록부에 기록하고 보관한다)으로 이루어져 있다.

178) 일반관리기능비용은 기획, 서무, 회계, 구매 등의 관리부문에서 발생한 비용이다.

179) 기업이미지광고기능비용은 구체적 상품 광고가 아닌 회사의 이미지 광고를 위해 발생하는 비용을 말한다.

자산등의 기능별 분류), 제16조(기타 유형자산 등의 기능별 분류)에 따라 해당 자산 항목이 수행하고 있는 기능별로 분류한다.

그림 32 자산의 회계분리 절차

한편, 전기통신사업 회계분리기준은 기능별로 분류된 비용 및 자산과 기능별로 분류되지 않은 형태별 비용 중 역무별 직접비와 직접자산은 해당역무에 할당한다고 규정하고 있으며(동 고시 제22조제1항), 이 고시 제22조(비용 및 자산의 역무별 회계분리 기준)제1항에 따른 비용 및 자산 중 둘 이상의 역무와 관련하여 발생된 공통비와 공통자산은 동 고시 제23조(전기통신설비운영 공통비의 역무별 배부) 내지 제33조(기타 역무공통자산의 역무별 배부)의 기준에 따라 배부한다고 규정하고 있다(동 고시 제22조제2항).

나. 전기통신사업 회계 정리와 보고

전기통신사업법은 기간통신사업자는 대통령령으로 정하는 바에 따라 회계를 정리하고, 매 회계연도 종료 후 3개월 이내에 전년도 영업보고서를 작성하여 과학기술정보통신부장관에게 제출하고 관련되는 장부와 근거 자료를 갖추어 두어야 하나, 다만, 전년도 전기통신역무 매출액이 대통령령으로 정하는 금액 미만인 기간통신사업자는 그러하지 아니하다고 규정하고 있는데(전기통신사업법 제49조제1항), 전기통신사업 회계정리 및 보고에 관한 규정은 전기통신사업법 제49조(회계 정리)제1항 단서에서 "전년도 전기통신역무 매출액이 대통령령으로 정하는 금액 미만인 기간통신사업자"란 다음, 1.「전기통신사업법 시행령」 제11조(등록의 결격사유)에 따른 회선설비 보유사업(이하 "회선설비 보유사업"이라 한다)을 경영하는 경우는 회선설비 보유사업의 전년도 매출액이 300억원 미만인 기간통신사업자, 2.「전기통신사업법 시행령」 제20조(양수 및 합병 등의 인가신청)제11항 각 호 외의 부분에 따른 회선설비 미보유사업(이하 "회선설비 미보유사업"이라 한다)을 경영하는 경우는 회선설비 미보유사업의 전년도 매출액이 800억원 미만인 기간통신사업자, 3. 회선설비 보유사업과 회선설비 미보유사업을 모두 경영하는 경우는 회선설비 보유사업의 전년도 매출액이 300억원 미만이면서 회선설비 미보유사업의 전년도 매출액이 800억원 미만인 기간통신사업을 말한다고 규정하고 있다(전기통신사업 회계정리 및 보고에 관한 규정 제2조제2항).

전기통신사업 회계정리 및 보고에 관한 규정은 이 영은「전기통신사업법」(이하 "법"이라 한다) 제5조(전기통신사업의 구분 등)에 따른 기간통신사업자(이하 "사업자"라 한다)에 대하여 적용한다고 규정하고 있는데(동 대통령령 제2조제1항), 2018년 전기통신사업법 개정 이전에는 전기통신사업 회계 정리와 보고의무는 별정통신사업자에게는 부여되지 않고 기간통신사업자들에게만 부여되었으나, 2018년 12월 이 법의 개정으로 기간통신사업자와 별정통신사업자가 기간통신사업자로 일원화(一元化)되어 전년도 전기통신역무 매출액이 대통령령으로 정하는 금액 미만인 기간통신사업자들에게는 회계 정리와 보고의무가 면제된 것으로 이해된다.

한편, 전기통신사업법은 과학기술정보통신부장관은 이 법 제49조(회계 정리)제1항에 따른 회계 정리에 관한 사항을 정하는 경우에는 미리 기획재정부장관과의 협의를 거쳐야 한다고 규정하고 있으며(전기통신사업법 제49조제2항), 과학기술정보통신부장관은 제49조제1항에 따라 제출된 기간통신사업자의 영업보고서 내용을 검증할 수 있다고 규정하고 있다(동법 제49조제3항). 또한 전기통신사업법은 과학기술정보통신부장관은 이 법 제49조제3항에 따른 검증을 위하여 필요한 경우에 기간통신사업자에게 관련 자료의 제출을 명하거나 사실 확인에 필요한 검사를 할 수 있다고 규정하고 있으며(동법 제49조제4항), 과학기술정보통신부장관은 동법 제49조제4항에 따라 검사를 하려는 경우에는 검사 7일 전까지 검사기간 · 이유 · 내용 등에 대한 검사계획을 해당 기간통신사업자에게 알려주어야 한다고 규정하고 있는 한편(동법 제49조제5항), 동법 제49조제4항에 따라 검사를 하는 자는 그 권한을 표시하는 증표를 관계인에게 보여주어야 하며, 최초 출입 시 성명 · 출입기간 · 출입목적 등이 표시된 문서를 관계인에게 주어야 한다고 규정하고 있다(동법 제49조제6항).

다. 전기통신사업 회계 정리 의무 위반에 대한 과징금

전기통신사업법은 과학기술정보통신부장관은 이 법 제49조(회계 정리)에 따라 영업보고서를 제출하는 기간통신사업자가 다음, 1. 동법 제49조에 따른 영업보고서를 제출하지 아니하거나 관련 자료의 제출에 관한 명령을 이행하지 아니한 때, 2. 동법 제49조에 따른 영업보고서의 중요 사항을 기재하지 아니하거나 거짓으로 기재한 때, 3. 동법 제49조제1항을 위반하여 회계를 정리하거나 장부 또는 근거 자료를 갖추어 두지 아니한 때의 어느 하나에 해당하는 경우에는 해당 기간통신사업자에게 대통령령으로 정하는 매출액의 100분의 3 이하에 해당하는 금액을 과징금으로 부과할 수 있다고 규정하고 있으며(전기통신사업법 제53조제2항), 전기통신사업법 시행령은 이 법 제53조(금지행위 등에 대한 과징금의 부과)제2항 각 호 외의 부분에서 "대통령령으로 정하는 매출액"이란 회계 정리 위반과 관련된 전기통신역무의 직전 3개 사업연도의 연평균 매출액을 말하나, 다만, 해당 사업연도 초일 현재 사업을 시작한 지 3년이 되지 아니하는 경우에는 그 사업 시작 후 직전 사업연도 말일까지의 매출액을 연평균 매출액으로 환산한 금액을 말하며, 해당 사업연도에 사업을 시작한 경우에는 사업을 시작한 날부터 위반행위를 한 날까지의 매출액을 연매출액으로 환산한 금액을 말한다고 규정하고 있다(동법 시행령 제47조제1항). 한편, 회계법령 위반행위에 대한 과징금 부과에 필요한 세부기준을 정하기 위하여 관련 고시(告示)로 회계위반에 대한 과징금 부과 세부기준(과학기술정보통신부 고시 제2018-46호, 2018. 7. 16.)이 제정 · 시행되고 있다.[180]

---

180) 과학기술정보통신부는 15개 기간통신사업자가 제출한 2017 회계연도 영업보고서를 검증, 회계규정 위반행위 총 109건을 적발하고 과징금 총 10억4800만원을 부과했다. 위반 유형으로는, 1. 모바일 IPTV

참고자료 및 질문

1. 회계(會計)의 이해. 회계(會計)를 이해하기[181] 위해서는 회계등식 또는 대차대조표 등식과 복식부기를 이해하는 것이 필요하다고 생각된다. 회계등식 또는 대차대조표 등식은 자산(資産) = 부채(負債) + 자본(資本)으로 이루어져 있다. 자산(資産, Asset)은 기업이 소유하고 있는 경제적 자원으로서 과거 거래나 사건의 결과로 기업이 보유하여 기대되는 자원으로 미래의 경제적 잠재력을 의미한다. 즉 기업이 영업활동 혹은 그 외의 목적을 달성하기 위하여 소유 또는 통제하고 있는 유형 및 무형의 재화, 용역 및 권리 등을 포함한 경제적 자원이다. 부채(負債, Liability)는 과거 거래나 사건의 결과로 인해 현재 기업이 부담하고 있고 미래의 재화나 용역을 이전하여야 하는 현재의 의무로부터 발생하는 미래의 경제적 편익의 희생을 의미한다. 즉 기업이 제3자에게 미래에 자산을 사용하거나 용역을 제공하는 등 경제적 자원의 희생이 예상될 부채로 분류된다. 자본(資本, Equity)은 기업의 자산 총액에서 부채 총액을 차감한 잔여(殘餘)액 또는 순자산으로서 소유주에 귀속되어야 할 몫을 나타내기 때문에 소유주 지분 또는 잔여 지분이라고 부르기도 한다. 한편, 부기(簿記)란 기업의 경영활동에 따른 재산의 증감변화를 일정한 원리에 따라 기록, 계산, 정리하는 것이며, 회계(會計)상의 거래는 반드시 그 원인과 결과를 동시에 가지고 있는데 이를 거래의 이중성(二重性)이라고 한다. 한편, 거래의 이중성을 모두 기록하는 방법이 바로 복식부기(複式簿記) 방식이다. 복식부기(複式簿記)란 회계(會計)상 거래를 장부상의 계정계좌 왼쪽의 차변(借邊) 요소와 장부상의 계정계좌 오른쪽의 대변(貸邊) 요소로 나누어 이를 각각 기록하므로 차변 금액의 합계와 대변 금액의 합계가 반드시 일치하게 되는데 이것을 '대차평균의 원리'라고 하며, 대차평균의 원리를 통하여 자기 검증이 가능하게 된다. 〈그림 33〉과 같이 대차대조표(貸借對照表, Balance sheet)의 계정계좌 왼쪽인 차변(借邊)에 자산을 기록하고 오른쪽인 대변(貸邊)에 부채와 자본을 기록하면 차변의 자산의 총합과 대변의 부채와 자본의 총합은 같게 되는데 이것이 대차평균의 원리인 것이다.

관련 무형자산을 전기통신사업 외 사업 자산으로 분류 등 30건, 2. 면허 사물인터넷서비스 수익을 이동통신(2G, 3G, LTE) 수익으로 분류 등 15건, 3. 전파사용료를 경상개발비 및 연구비로 분류 등 60건, 4. 내부거래 수익 · 비용 미인식 등 4건이다. 과징금은 각 SK텔레콤 3억8600만원, KT 2억9800만원, SK브로드밴드 1억6400만원, LGU+1억3500만원 등이다. 사업자는 변경된 전기통신사업 회계분리기준대로 역무별 · 형태별 회계분리를 하지 않아 2016년 3973억원에서 8044억원으로 오류금액이 증가했다. 과징금 규모도 107건, 6억 6000만원에서 늘었다. 과기정통부 관계자는 "과징금 산정 시 감경사유를 추가 반영했음에도 회계위반 오류발생금액이 30%~200% 이상 증가한 사업자가 다수 존재해 전년대비 과징금이 증가했다."고 설명했다. 과기정통부는 향후 사업자 회계정리 오류를 줄이기 위해 교육프로그램을 강화하고, 5세대(5G)이통통신 서비스 시작에 따른 회계분리기준도 정비할 계획이다. 정예린 전자신문 기자, 과기정통부, 회계규정 위반 기간통신사업자에 과징금 10억 4,800만 원 부과, 2018.12.24.(http://www.etnews.com/20181224000220).

181) 김정호, 알기 쉽게 배우는 기초회계, Big book(2017), pp4~16.

그림 33 **대차대조표의 차변과 대변**

대차대조표
제x(당)기 20 xx년 xx월 xx일 현재
제x(전)기 20 xx년 xx월 xx일 현재

(주) xx (단위:원)

자 산	**XXX**	**부 채**	**XXX**
유동자산	XXX	유동부채	XXX
당좌자산	XXX	비유동부채	XXX
재고자산	XXX	**자 본**	**XXX**
비유동자산	XXX	자본금	XXX
투자자산	XXX	자본잉여금	XXX
유형자산	XXX	자본조정	XXX
무형자산	XXX	기타포괄손익누계액	XXX
기타비유동자산	XXX	이익잉여금	XXX
자산총계	**XXX**	**부채와 자본총계**	**XXX**

2. 이동통신 서비스 원가(原價) 공개 판례. 2018년 4월, 대법원 1부(주심 박상옥 대법관)는 참여연대가 (구)미래창조과학부(현재 과학기술정보통신부)를 상대로 낸 정보공개 거부처분 취소소송 상고심에서 "통신 요금 원가 산정 근거자료 일부를 공개하라"고 판결한 원심판결을 확정했다.[182] 이동통신 서비스 원가(原價) 공개 판결은 2011년 참여연대가 "통신서비스는 국민의 생활 필수재(必需財)이므로 원가 자료를 공개해야 한다."라며 소송을 낸 지 7년 만에 최종 확정된 판결로서 이동통신 3사는 통신비 원가와 관련된 대차대조표, 손익계산서, 영업통계, 역무별 영업 외 손익명세서 등 주요 자료를 공개해야 하는데, 특히, 사실상 처음 공개되는 영업통계에는 총괄 원가와 서비스별 원가가 포함돼 있어서 2G 이동통신 서비스, 3G 이동통신 서비스 등의 통신 서비스별 원가도 세부적으로 공개되어야 한다. 법원은 이 자료들이 "영업비밀이 아니거나, 영업비밀이라고 하더라도 비밀로서 가치는 크지 않다."라고 판단하였으나, 다만, 공개 대상인 자료는 지난 2005년부터 2011년 5월까지 2G 이동통신 서비스와 3G 이동통신 서비스에만 해당하며, 2011년 7월부터 보급된 4G 이동통신 서비스인 LTE 서비스는 공개 대상이 아니다. 한편, 재판부는 "이동통신 서비스의 내용 및 요금이 적정하게 책정됐는지에 대한 국민 의혹 해소와 (구)방송통신위원회(현재 방송미디어통신위원회)의 업무 수행 과정의 투명성, 공정성 및 정당성을 확보하여야 할 공익적 요청보다 크다고 볼 수 없다."라고 판시하였다. 이동통신 서비스 원가(原價) 공개 판결에 대해서 민간기

182) 대법원 2018. 4. 17. 선고 2014두5477 판결.

업의 영업비밀은 보호받아야 하며 원가보상률(Mark-up)이라는 개념은 공기업에만 적용되는 것이며 국가 주식이 하나도 없는 민간기업이 영업비밀을 공개해야 한다는 것은 부당하다는 입장과 통신은 공공재(公共財)적 성격을 갖고 있으므로 이동통신사업자의 통신 요금 산정자료가 국민의 알 권리의 대상이라는 입장이 대립하고 있다. 이동통신 서비스 원가(原價) 공개 판결에 대한 당신의 의견은 무엇인가?

제4장

이용자 편익 증진을 위해 어떠한 규제를 하는가?

앞에서 설명한 바와 같이 전기통신사업법은 이 법은 전기통신사업의 적절한 운영과 전기통신의 효율적 관리를 통하여 전기통신사업의 건전한 발전과 이용자의 편의를 도모함으로써 공공복리의 증진에 이바지함을 목적으로 한다고 규정하고 있는데(전기통신사업법 제1조), 제3장에서 설명한 공정한 시장경쟁 환경 조성을 통한 전기통신사업의 건전한 발전과 함께 이용자의 편의를 도모하는 이용자 편익 증진 또한 목표하고 있는 것으로 이해된다. 과거 통신 산업과 시장의 발전 초기에는 공정한 시장경쟁 환경 조성을 통한 건전한 발전에 중심을 두고 통신 정책이 추진되었으나 통신 산업과 시장이 성숙함에 따라 이용자의 편의를 도모하는 이용자 편익 증진이 더욱 중요해지게 된 것으로 생각된다. 제4장에서는 이용자 편익 증진을 위한 제도들인 이용자 보호, 이용약관, 통신요금과 결합상품, 경제상의 이익제공, 보편적 역무(Universal service), 이동전화 단말기 규제, 통신비밀 보호, 통신서비스 품질평가, 정보통신역무의 정보제공 등에 대해 설명하고자 한다.

제1절 이용자 보호

〈전기통신사업법〉 제32조(이용자 보호) ① 전기통신사업자는 전기통신역무에 관하여 이용자 피해를 예방하기 위하여 노력하여야 하며, 이용자로부터 제기되는 정당한 의견이나 불만을 즉시 처리하여야 한다. 이 경우 즉시 처리하기 곤란한 경우에는 이용자에게 그 사유와 처리 일정을 알려야 한다.

② 방송미디어통신위원회는 제1항에 따른 이용자 보호 업무에 대하여 평가한 후 그 결과를 공개할 수 있다. 이 경우 방송미디어통신위원회는 전기통신사업자에게 평가에 필요한 자료를 제출하도록 명할 수 있다.

③ 전기통신역무의 종류, 사업규모, 이용자 보호 등을 고려하여 대통령령으로 정하는 전기통신사업자는 이용자와 전기통신역무의 이용에 관한 계약을 체결(체결된 계약 내용을 변경하는 것을 포함한다)하는 경우 대통령령으로 정하는 바에 따라 해당 계약서 사본을 이용자에게 서면 또는 정보통신망을 통하여 송부하여야 한다.

④ 기간통신역무를 제공하는 전기통신사업자가 이용요금을 이용자 등으로부터 미리 받고 그 이후에 전기통신서비스를 제공하는 사업(이하 "선불통화서비스"라 한다)을 하려는 경우에는 그 서비스를 제공할 수 없게 됨으로써 이용자 등이 입게 되는 손해를 배상할 수 있도록 서비스를 제공하기 전에 미리 받으려는 이용요금 총액의 범위에서 대통령령으로 정하는 기준에 따라 산정된 금액에 대하여 과학기술정보통신부장관이 지정하는 자를 피보험자로 하는 보증보험에 가입하여야 한다. 다만, 해당 전기통신사업자의 재정적 능력과 이용요금 등을 고려하여 대통령령으로 정하는 경우에는 보증보험에 가입하지 아니할 수 있다.

1. 이용자 보호의 의의

통신 시장과 산업에 대한 규제는 경쟁의 활성화를 통한 통신 시장과 산업의 건전한 발전과 함께 이용자의 편익 증진을 목표로 하고 있으나 이용자의 편익 증진은 경쟁의 활성화만을 통해서는 목표를 달성하지 못하는 경우가 있으므로 이용자 보호를 규제하는 것이 요구되는 것으로 생각된다. 전기통신사업법은 "이용자"란 전기통신역무를 제공받기 위하여 전기통신사업자와 전기통신역무의 이용에 관한 계약을 체결한 자를 말한다고 규정하고 있다(전기통신사업법 제2조제9호). 또한 전기통신사업법은 전기통신사업자는 전기통신역무에 관하여 이용자 피해를 예방하기 위하여 노력하여야 하며, 이용자로부터 제기되는 정당한 의견이나 불만을 즉시 처리하여야 하는데, 이 경우 즉시 처리하기 곤란한 경우에는 이용자에게 그 사유와 처리일정을 알려야 한다고 규정하고 있는데(동법 제32조제1항), 전기통신사업법 제32조(이용자 보호)제1항과 같은 이용자 보호 조항은 포괄적 원칙 규정(Catch all rule)으로서 이용자 보호의 기본 원칙을 천명(闡明)하는 것으로 이해된다.

전기통신사업법은 전기통신사업자는 정당한 사유 없이 전기통신역무의 제공을 거부하여서는 아니 된다고 규정하고 있으며(동법 제3조제1항), 전기통신사업자는 그 업무를 처리할 때 공평하고 신속하며 정확하게 하여야 한다고 규정하고 있는데(동법 제3조제2항), 전기통신사업법 제3조(역무의 제공 의무 등)의 기간통신사업자의 역무 제공 의무 조항도 이용자 보호의 기본 원칙에 해당이 된다고 생각한다. 전기통신사업법은 전기통신사업자는 다음, 1. 전기통신역무의 제공이 중단되는 등 전기통신역무의 제공과 관련하여 이용자에게 손해를 입힌 경우와, 2. 이 법 제32조(이용자 보호)제1항에 따른 의견이나 불만의 원인이 되는 사유의 발생 및 이의 처리 지연과 관련하여 이용자에게 손해를 입힌 경우에는 이용자에게 배상을 하여야 하나, 다만, 그 손해가 불가항력으로 인하여 발생한 경우 또는 그 손해의 발생이 이용자의 고의나 과실로 인한 경우에는 그 배상책임이 경감되거나 면제된다고 규정하고 있는데(동법 제33조제1항), 예를 들어 만일 전기통신 서비스가 화재(火災), 통신시설의 고장(故障) 등으로 인해 전기통신 서비스의 장애(障碍)가 발생했다면 전기통신사업자는 이용자에게 그 손해를 배상하여야 할 것이나, 다만 장애의 사유가 전기통신 서비스제공사업자가 통제할 수 없는 자연재해 등에 의한 불가항력(不可抗力, *Force majeure*)인 것이라면 그 손해배상의 범위가 제한될 수 있을 것으로 해석된다.

또한 전기통신사업법은 전기통신사업자는 전기통신역무의 제공이 중단된 경우 대통령령으로 정하는 바에 따라 이용자에게 전기통신역무의 제공이 중단된 사실과 손해배상의 기준 · 절차 등을 알려야 한다고 규정하고 있는데(동법 제33조제2항), 전기통신사업법 시행령은 전기통신사업자는 전기통신역무의 제공이 중단된 경우 이 법 제33조(손해배상)제2항에 따라 전기통신역무의 제공이 중단된 사실 및 그 원인, 대응조치 현황 및 관련 상담을 접수할 수 있는 연락처 등을 지체 없이 이용자에게 알려야 한다고 규정하고 있으며(동법 시행령 제37조의13제1항),[183) 전기통신사업자는 전기통신역무의 제공이 중단된 경우 이 법

183) 전기통신사업법 시행령은 다만, 다음, 1. 전기통신설비의 교체나 서비스 개선을 위하여 미리 고지한 범위에서 전기통신역무의 제공이 중단된 경우, 2. 기간통신사업자의 전기통신회선설비 장애로 인하여 부가통신역무의 제공이 중단된 경우, 3. 다음, 가. 전년도 전기통신역무 매출액이 100억원 미만인 자가 제공하는 부가통신역무와, 나. 전년도 말 기준 직전 3개월간 이용자 수가 일일평균 100만명 미만

제33조제2항에 따라 전기통신역무의 제공이 재개(再開)되거나 장애 원인이 해소된 날부터 30일 이내에 다음, 1. 손해배상의 청구권자, 2. 손해배상의 기준, 3. 손해배상의 절차 및 방법의 사항을 이용자에게 알려야 한다고 규정하고 있다(동법 시행령 제37조의13제2항).[184)]

한편, 전기통신사업법 시행령은 전기통신사업자는 이 법 시행령 제37조의13(전기통신역무 제공 중단 사실 등의 고지)제1항제1항 또는 제2항에 따른 고지를 하는 경우 다음, 1. 전자우편 이용, 2. 문자메시지 이용, 3. 인터넷 홈페이지 또는 이동통신단말장치에서 사용되는 애플리케이션(Application) 등의 접속화면에 게시, 4. 소셜네트워크서비스(SNS) 등 이용자에게 개별적으로 알릴 수 있는 전자고지 방법 이용의 어느 하나 이상의 방법으로 해야 하나, 다만, 전기통신역무의 제공이 중단된 사실에 대하여 전기통신설비를 이용한 고지가 어려울 경우에는 언론사에 중단 사실을 지체 없이 알린 후 다음 각 호의 방법으로 고지가 가능해지면 즉시 동법 시행령 제37조의13제1항 각 호 외의 부분 본문에 따른 고지를 해야 한다고 규정하고 있으며(동법 시행령 제37조의13제3항), 전기통신사업자는 이 법 시행령 제37조의13제3항에도 불구하고 이용자와의 계약 체결 시 별도의 고지방법을 미리 정한 경우에는 그에 따를 수 있다고 규정하고 있다(동법 시행령 제37조의13제4항).

인 부가통신역무의 어느 하나에 해당하는 부가통신역무의 제공이 중단된 경우, 4. 삭제, 5. 평소 예상하지 못한 불가피한 사유로 다음, 가. 전기통신서비스의 이용이 과도하게 집중된 경우, 나. 전기통신설비의 장애나 오류가 발생한 경우, 다. 전기통신서비스를 제공하기 위한 소프트웨어에 이상현상이 발생하는 등 동법 시행령 제37조의13(전기통신역무 제공 중단 사실 등의 고지)제1항제5호가목 또는 나목에 준하는 상황이 발생한 경우의 어느 하나에 해당하여 2시간 이내로 전기통신역무의 제공이 중단된 경우(다만, 중요통신시설(「방송통신발전 기본법」 제35조(방송통신재난관리기본계획의 수립)제1항에 따른 방송통신재난관리기본계획에 따라 같은 조 제2항제1호에 따른 방송통신설비로 지정된 시설을 말한다)의 장애나 오류로 인하여 전기통신역무의 제공이 중단된 경우는 제외한다), 6. 「클라우드컴퓨팅 발전 및 이용자 보호에 관한 법률」에 따른 클라우드컴퓨팅서비스가 중단된 경우의 어느 하나에 해당하는 경우는 제외한다고 규정하고 있다(전기통신사업법 시행령 제37조의13제1항 단서).

184) 전기통신사업법 시행령은 다만, 이 법 시행령 제37조의13(전기통신역무 제공 중단 사실 등의 고지)제1항제1호부터 제3호까지 및 제5호의 어느 하나에 해당하는 경우와 매월 또는 일정시기에 결제하는 이용요금 없이 이용자에게 제공되는 전기통신역무가 중단된 경우는 제외한다고 규정하고 있다(전기통신사업법 시행령 제37조의13제2항 단서).

2. 이용자보호 업무평가

전기통신사업법은 방송미디어통신위원회는 이 법 제32조(이용자 보호)제1항에 따른 이용자 보호 업무에 대하여 평가한 후 그 결과를 공개할 수 있으며, 이 경우 방송미디어통신위원회는 전기통신사업자에게[185] 평가에 필요한 자료를 제출하도록 명할 수 있다고 규정하고 있는데(전기통신사업법 제32조제2항), 이용자보호 업무평가는 전기통신역무에 관하여 이용자로부터 제기되는 정당한 의견이나 불만에 대한 전기통신사업자의 업무 처리에 대하여 방송미디어통신위원회가 평가하고 공개할 수 있도록 하는 제도로 이해된다. 이용자보호 업무평가는 전기통신 서비스 이용이 보편화되고 관련 민원이 증가함에 따라 이용자 보호업무에 대한 전기통신사업자 간 경쟁을 촉진하기 위해 2013년부터 민원이 많은 이동전화서비스, 초고속인터넷 서비스를 제공하는 주요 전기통신사업자를 대상으로 최초 실시되었으며 2014년 10월 전기통신사업법 개정을 통해 법적 근거를 마련하고 매년 실시되고 있다. 이용자보호 업무평가 항목은, 1. 이용자 보호업무 관리체계의 적합성, 2. 이용자 보호업무 관련 법규 준수 실적, 3. 이용자 피해예방 활동 실적, 4. 이용자 의견 및 불만 처리 실적, 5. 그 밖의 이용자보호 업무에 관한 사항 등이며,[186] 이용자보호 업무평가는 5단계 등급(매우 우수(95점 이상), 우수(90~95점), 양호(85~90점), 보통(80~85점), 미흡(80점 미만))에 따라 평가가 이루어지고 있다.[187] 한편, 전기통신사업법

185) 전기통신사업법 시행령은 방송미디어통신위원회는 이 법 제32조(이용자 보호)제2항에 따라 전기통신사업자의 이용자 보호 업무를 평가하는 경우 다음, 1. 전기통신사업자의 전기통신역무별 이용자 규모, 2. 이용자 불만의 발생 정도, 3. 동법 제50조(금지행위)제1항에 따른 금지행위 등 이용자의 이익을 해치는 행위의 발생 정도의 사항을 종합적으로 고려하여 평가 대상자를 선정한다고 규정하고 있다(전기통신사업법 시행령 제37조의2제1항).

186) 전기통신사업법 시행령은 방송미디어통신위원회는 매년 다음, 1. 이용자 보호 업무 관리체계의 적합성, 2. 이용자 보호 업무 관련 법규 준수 실적, 3. 이용자 피해 예방 활동 실적, 4. 이용자 의견이나 불만 처리 실적, 5. 그 밖에 이용자 보호 업무에 관한 사항 각 호의 평가기준에 따라 이 법 시행령 제37조의2(이용자 보호 업무의 평가 대상 등)제1항에 따른 평가 대상자의 이용자 보호 업무를 평가하여야 한다고 규정하고 있다(전기통신사업법 시행령 제37조의2제2항).

187) 이동통신·초고속인터넷 등 기간통신사업자와 온라인 관계망(SNS)·온라인동영상서비스(OTT) 등 부가통신사업자 47곳이 올해 이용자 보호업무 평가대상으로 선정됐다. (구)방송통신위원회(위원장 이진숙)는 23일 '2025년 제10차 회의'를 열고 '2025년도 전기통신사업 이용자 보호업무 평가계획'을 심의, 의결했다. 올해 평가대상은 이용자 규모 및 민원 수준, 서비스 특성 등을 고려해 총 47곳이 선정됐다. 이동통신·초고속인터넷·알뜰폰 등 기간통신사업자 21개 사와 온라인 관계망(SNS)·앱마켓·온라인동영상서비스(OTT)·인터넷 쇼핑 등 부가통신사업자 26개 사가 대상이다. 평가는 사업자 제출자료에 대한 서면 평가, 제출자료 검증을 위한 현장평가, 이용자 보호 담당 임원 면담, 자동응답시스템(ARS) 및

시행령은 방송미디어통신위원회는 이 법 시행령 제37조의2(이용자 보호 업무의 평가 대상 등)제1항에 따른 평가 대상자에게 평가 10일 전까지 평가 일정 및 내용 등이 포함된 평가계획을 서면으로 통지하고, 필요한 자료의 제출을 명할 수 있다고 규정하고 있으며(동법 시행령 제37조의2제3항), 방송미디어통신위원회는 이 법 시행령 제37조의2제2항에 따라 평가 대상자의 이용자 보호 업무를 평가한 결과를 각각 평가 대상자에게 통지하고 관련 정책의 추진에 반영하여야 한다고 규정하고 있다(동법 시행령 제37조의2제4항).

3. 선불통화서비스 보증보험

가. 선불통화서비스 보증보험의 의의

선불통화서비스는 사용자가 요금을 미리 지불하고 충전된 금액만큼 통화, 문자, 데이터를 사용하는 방식의 통신서비스로서 주로 선불폰이나 선불(先拂) 유심을 통해 제공되는데 약정 기간 없이 자유롭게 이용할 수 있는 무약정, 온라인, 오프라인 매장, 자동충전 등 다양한 충전 방식, 신용 불량이나 통신 요금 연체 등으로 인해 후불(後拂) 요금제를 이용하기 어려운 경우 이용이 가능하다는 특징이 있는 것으로 이해된다. 전기통신사업법은 기간통신역무를 제공하는 전기통신사업자가 이용요금을 이용자 등으로부터 미리 받고 그 이후에 전기통신서비스를 제공하는 사업(이하 "선불통화서비스"라 한다)을 하려는 경우에는 그 서비스를 제공할 수 없게 됨으로써 이용자 등이 입게 되는 손해를 배상할 수 있도록 서비스를 제공하기 전에 미리 받으려는 이용요금 총액의 범위에서 대통령령으로[188] 정하는 기준에 따라 산정된 금액에 대하여 과학기술정보통신부장관이 지정하

이용자 만족도 조사 등을 거쳐 진행된다. 이후 객관적이고 공정한 평가를 위해 정보통신, 법률, 경제·경영, 소비자 분야 외부 전문가로 구성된 평가위원회 심사와 방통위 의결을 통해 최종 확정된다. 평가 결과가 우수한 사업자에 대해서는 표창이 수여되고, 「전기통신사업법」에 따른 과징금 부과 시 매우우수 등급을 받으면 30% 이내, 우수 등급을 받은 경우 20% 이내에서 과징금이 감경되는 등 특전(인센티브)이 제공된다. 방송통신위원회, 전기통신 사업자 47곳, 이용자 보호 평가 받는다 – 통신서비스 피해 예방·불만처리 등 나서야…테무, 쿠팡이츠 등 신규 선정 – (보도자료), 2025.4.23.

188) 전기통신사업법 시행령은 이 법 제32조(이용자 보호)제4항 본문에서 "대통령령으로 정하는 기준에 따라 산정된 금액"이란 선불통화발행액 총액의 50퍼센트 이상의 범위에서 선불통화서비스 사업자의 자본금 및 선불통화발행액의 규모 등을 고려하여 과학기술정보통신부장관이 고시하는 기준에 따라 산정된 금액을 말한다고 규정하고 있다(전기통신사업법 시행령 제37조의4제3항).

는 자를 피보험자로 하는 보증보험에 가입하여야 하나,[189] 다만, 해당 전기통신사업자의 재정적 능력과 이용요금 등을 고려하여 대통령령으로[190] 정하는 경우에는 보증보험에 가입하지 아니할 수 있다고 규정하고 있는데(전기통신사업법 제32조제4항), 동 사안과 관련하여 선불통화서비스 보증보험의 피보험자, 가입금액 및 보험금 배분 등에 관한 기준(과학기술정보통신부 고시 제2019-30호, 2019. 6. 20.)이 제정 · 시행되고 있다.

나. 선불통화서비스 보증보험의 주요 내용

선불통화서비스 보증보험의 피보험자, 가입금액 및 보험금 배분 등에 관한 기준은 "선불통화서비스"라 함은 전화카드, 종이형 통화권 등의 형태나 명칭에 관계없이 서비스제공 이전에 전기통신사업자가 요금 등을 선납 받고 서비스를 제공하는 것을 말한다고 규정하고 있으며(선불통화서비스 보증보험의 피보험자, 가입금액 및 보험금 배분 등에 관한 기준 제2조제1호), "선불통화 사업자"는 선불통화서비스를 제공하는 전기통신사업자를 말한다고 규정하고

---

189) 전기통신사업법 시행령은 이 법 제32조(이용자 보호)제4항 본문에 따라 이용요금을 미리 받고 전기통신서비스를 제공하는 사업(이하 "선불통화서비스"라 한다)을 하려는 기간통신사업자는 다음, 1. 보증보험증서 사본, 2. 해당 연도 선불통화서비스 이용요금(이하 "선불통화발행액"이라 한다)의 총액에 관한 자료, 3. 선불통화서비스의 이용방법에 관한 자료, 4. 그 밖에 선불통화서비스의 업무처리기준 및 이용자 보호 등 과학기술정보통신부장관이 정하여 고시하는 자료를 과학기술정보통신부장관에게 제출하여야 하나, 다만, 회선설비 미보유사업자의 경우에는 중앙전파관리소장에게 제출한다고 규정하고 있으며(전기통신사업법 제37조의4제1항), 또한 전기통신사업법 시행령은 이 법 시행령 제37조의4(선불통화서비스 및 보증보험에의 가입 등)제1항에 따른 선불통화서비스를 제공하려는 전기통신사업자는 다음, 1. 선불통화서비스는 보증보험의 보험기간 이내에 제공할 것, 2. 보증보험의 보험기간 중 선불통화서비스를 추가 제공하기 위해서는 실제 사용된 선불통화발행액의 범위에서 제공할 것, 3. 선불통화발행액의 총액을 변경하려는 경우에는 변경하기 30일 전까지 보증보험을 갱신할 것(이 경우 갱신한 날부터 7일 이내에 해당 갱신 보증보험증서 사본을 과학기술정보통신부장관 또는 중앙전파관리소장에게 제출하여야 한다), 4. 보증보험의 보험기간 이후에도 계속하여 서비스를 제공하려는 경우에는 보험기간 종료일 30일 전까지 보증보험을 갱신할 것(이 경우 갱신한 날부터 7일 이내에 재무상태표 등 과학기술정보통신부장관이 정하는 자료를 과학기술정보통신부장관 또는 중앙전파관리소장에게 제출해야 한다), 5. 동법 시행령 제37조의4제1항제3호 및 제4호의 내용을 선불통화서비스의 이용자들이 알기 쉽도록 조치할 것의 기준을 따라야 한다고 규정하고 있다(동법 시행령 제37조의4제2항).

190) 전기통신사업법 시행령은 이 법 법 제32조(이용자 보호)제4항 단서에서 "대통령령으로 정하는 경우"란 다음, 1. 전기통신사업자가 제공하는 전기통신역무의 최근 3년간 연 평균 매출액이 300억원 이상인 경우, 2. 선불통화발행액 총액이 전기통신사업자가 제공하는 전년도 전기통신역무 매출액의 10퍼센트 이하인 경우, 3. 최근 3년간 선불통화서비스를 제공하면서 해당 서비스의 휴업 또는 폐업 등이 없었던 경우의 모두에 해당하는 경우를 말한다고 규정하고 있다(전기통신사업법 시행령 제37조의4제4항).

있는 한편(동 고시 제2조제2호), “선불통화 발행총액”이란 사업자가 일정 시점에 발행할 수 있는 선불통화서비스 이용요금의 총액을 말하며, 사업자는 발행 총액 범위 안에서 소진된 금액만큼 선불통화서비스를 추가 제공 할 수 있다고 규정하고 있으며(동 고시 제2조제3호), “선불통화 매출액”이란 일정 기간 동안 판매된 선불통화서비스의 총액을 말한다고 규정하고 있고(동 고시 제4호), 또한 선불통화서비스 보증보험의 피보험자, 가입금액 및 보험금 배분 등에 관한 기준은 전기통신사업법 제32조제4항에 따라 과학기술정보통신부장관이 지정하는 피보험자는 방송통신발전기본법 제15조(한국정보통신진흥협회)에 따라 설립된 한국정보통신진흥협회(이하 ‘진흥협회’라 한다)로[191] 한다고 규정하고 있다(동 고시 제4조).

전기통신사업법은 선불통화서비스를 하려는 전기통신사업자(이 법 제32조(이용자 보호) 제4항 단서에 해당하는 전기통신사업자는 제외한다)는 다음, 1. 보증보험으로 보장되는 선불통화 이용요금 총액을 넘어 선불통화서비스 이용권을 발행하지 아니할 것과, 2. 보증보험의 보험기간 내에서 선불통화서비스를 제공할 것의 기준을 따라야 한다고 규정하고 있으며(동법 제32조제5항), 이 법 제32조 제4항에 따라 피보험자로 지정받은 자는 이용요금을 미리 낸 후 서비스를 제공받지 못한 이용자 등에게 동법 제32조제4항에 따른 보증보험에 따라 지급받은 보험금을 지급하여야 한다고 규정하고 있는데(동법 제32조제6항), 전기통신사업법 시행령은 피보험자가 보험금을 수령한 경우에는 이 법 제32조제6항에 따라 수령일부터 60일 이내에 이용자에게 지급해야 하며, 이 경우 지급해야 할 금액이 보험금을 초과하면 손해액을 기준으로 비율대로 나눠 지급할 수 있다고 규정하고 있다(동법 시행령 제37조의4제5항).

참고자료 및 질문

1. 보험(保險). 보험(保險, Insurance)이란 우발(偶發)적으로 발생하는 일정한 위험 또는 사고에서 발생하는 경제적 손해나 부담을 경감해 주기 위하여 다수의 경제주체가 협동하여 합리적으로 산정(算定)된 금액을 조달하고 이를 지급하는 경제적 제도로 이해된다. 우선 보험 관련 법률 용어들에 대한 이해가 필요한데 상법은 보험계약은 당사자 일방이 약정한 보험료를 지급하고 재산 또는 생명이나 신체에 불확정한 사고가 발생할 경우에 상대방이 일정한 보험금이나 그 밖의 급여를 지급할 것을 약정함으로써 효력이 생긴다고 규정하고 있다(상법 제638조). 보험계약에서 보험자(保險者)란 보험계약의 직접 당사

191) 한국정보통신진흥협회(KAIT, Korea Association for ICT Promotion)는 정보통신서비스 제공자 등 회원의 협력과 유대강화를 통하여 방송통신의 발전 및 공공복리의 증진에 기여하기 위해 설립된 사단법인이다(https://www.kait.or.kr/).

자로서 보험사고가 발생한 때 보험금액을 지급할 의무를 지는 자인 보험회사이며, 피보험자(被保險者)란 손해보험에서는 피보험이익의 주체로서 손해의 보상을 받을 권리를 받을 자로서 보험금청구권을 갖는다.[192] 또한 보험계약을 이해하기 위해서는 보험계약자와 보험수익자 또는 보험수급자의 개념을 이해하는 것이 요구되는데 보험계약(契約)자는 보험자와 보험계약을 체결하고 보험료 납입의 의무를 지는 자이며, 보험수익(受益)자 또는 보험수급(受給)자는 보험자로부터 보험금을 받을 자로 지정된 자이다. 따라서 보험계약을 체결하는 보험계약자와 피보험자는 일치하는 것이 일반적이나 반드시 일치하는 것은 아니라 하겠으며, 또한 손해의 보상을 받을 권리를 갖는 피보험자와 실제 손해배상을 받는 보험수익자 또는 보험수급자가 반드시 일치하는 것은 아닌 것으로 이해된다.

2. 임의규정과 강행규정. 법령 중 선량한 풍속 기타 사회질서와 관계없는 규정이 임의규정 또는 임의법규이고 관계있는 규정이 강행규정 또는 강행법규인데, 강행규정 또는 강행법규는 법률이 사회질서 유지의 차원에서 강제적으로 정한 것이기 때문에 사적 자치가 허용되지 않으며 위반한 법률행위는 무효가 된다. 한편, 행정 법규 중에는 국가가 일정한 행위를 금지 내지 제한하는, '소위 금지 법규 또는 단속 법규'를 정하고 있는 것이 많다. 문제가 되는 것은 개인이 금지 법규에서 정하고 있는 금지나 제한을 위반하여 다른 개인가 거래하였을 때 그 사법(私法) 상의 효력의 인정 여부이다. 금지 법규는 효력규정 또는 강행법규와[193] 단속규정 또는 임의법규로 나누어질 수 있는데, 효력규정 또는 강행법규를 위반하는 행위의 사법상의 효과는 부정되나, 단속규정 또는 임의법규를 위반하는 행위는 벌칙의 적용이 있을 뿐이고 행위 자체의 사법상의 효과에는 영향이 없는 것으로 이해된다.[194] 예를 들면, 마약 거래, 도박 등과 같이 사회상규에 반하는 강행법규를 위반한 개인 간의 거래는 무효이지만 식품위생법에 따른 허가 없이 영업을 한 무허가 식당에서 음식을 사먹은 행위는 임의규정을 위반한 사안으로 무허가 영업에 대한 처벌 문제는 별개로 하더라도 개인 간의 거래는 유효한 것으로 이해된다.

192) 정찬형, 상법강의(하) 제18판, 박영사(2016), pp540~542.

193) 판례는 보통 효력규정을 강행법규로 부르고 양자를 혼용하는 것으로 이해된다.

194) 김준호, 민법강의, 법문사(2015), pp244~247.

4. 계약서 사본 송부와 전기통신역무 정보제공

가. 계약서 사본 송부

전기통신사업법은 전기통신역무의 종류, 사업규모, 이용자 보호 등을 고려하여 대통령령으로 정하는 전기통신사업자는 이용자와 전기통신역무의 이용에 관한 계약을 체결(체결된 계약 내용을 변경하는 것을 포함한다)하는 경우 대통령령으로 정하는 바에 따라 해당 계약서 사본을 이용자에게 서면 또는 정보통신망을 통하여 송부하여야 한다고 규정하고 있는데(전기통신사업법 제32조제3항), 전기통신사업법 시행령은 이 법 제32조(이용자 보호)제3항에서 "대통령령으로 정하는 전기통신사업자"란 기간통신역무를 제공하는 전기통신사업자를 말하나, 다만, 이용약관에 따라 이용자에게 계약서를 직접 교부하는 전기통신사업자는 제외한다고 규정하고 있으며(동법 시행령 제37조의3제1항), 이 법 시행령 제37조의3(계약서 사본의 송부 대상사업자 및 절차)제1항 본문에 따른 전기통신사업자는 동법 제32조제3항에 따라 계약 체결일부터 1개월 이내에 이용자가 선택한 다음, 1. 우편 또는 팩스와, 2. 전자우편 등「정보통신망 이용촉진 및 정보보호 등에 관한 법률」제2조(정의)제1항제1호에 따른 정보통신망(이하 "정보통신망"이라 한다)을 이용한 통지의 어느 하나에 해당하는 방법으로 이용자에게 계약서 사본(寫本)을 송부해야 하나, 다만, 이용자가 송부방법을 선택하지 않은 경우에는 이 법 시행령 제37조의3제2항제1호의 방법으로 송부해야 한다고 규정하고 있다(동법 시행령 제37조의3제2항). 기간통신역무를 제공하는 전기통신사업자가 계약서의 사본(寫本)을 이용자에게 송부하도록 한 것은 이용자가 이용계약서의 교부에 대한 법적 권리를 보장받을 수 있도록 명문화한 것으로 이해된다.

나. 전기통신역무 정보제공

전기통신사업법은 전기통신사업자는 이용자들에게 그가 제공하는 전기통신역무의 이용 가능 지역 및 제공 방식 등 전기통신역무를 선택하는 데 필요한 정보를 제공하여야 한다고 규정하고 있으며(전기통신사업법 제56조의2제1항), 이 법 제56조의2(전기통신역무의 정보 제공)제1항에 따라 제공하여야 하는 정보의 종류와 정보 제공 방법 및 절차는 과학기술정보통신부장관이 정하여 고시한다고 규정하고 있는데(동법 제56조의2제2항), 동 사안과 관련하여 전기통신역무 선택에 필요한 정보 제공 기준(과학기술정보통신부 고시 제2019-27호, 2019. 6. 10.)이 제정 · 시행되고 있다. 한편, 전기통신사업법은 과학기술정보통신부장관은 이 법 제56조의2제1항에 따른 정보 제공 현황을 정기적으로 점검하고 매년 그 결과를 공표하여야 한다고 규정하고 있는데(동법 제56조의2제3항), 전기통신사업자가 이용자들에게 제공하는 전기통신역무의 이용 가능 지역, 제공 방식 등 전기통신역무를 선택할 때 필요한 정보를 제공하도록 한 것은 전기통신 서비스이용자의 합리적인 선택에 도움이 되도록 하기 위함으로 이해된다.

5. 요금한도 초과 등의 고지

전기통신사업법은 이동통신사업자는 다음, 1. 이용자가 처음 약정한 전기통신서비스별 요금한도를 초과한 경우와, 2. 국제전화 등 국제전기통신서비스의 이용에 따른 요금이 부과될 경우의 어느 하나에 해당하는 경우에 그 사실을 이용자에게 알려야 한다고 규정하고 있으며(전기통신사업법 제32조의2제1항), 이 법 제32조의2(요금한도 초과 등의 고지)제1항에 따른 고지의 대상 · 방법 등에 필요한 사항은 과학기술정보통신부장관이 정하여 고시한다고 규정하고 있는데(동법 제32조의2제2항), 동 사안과 관련하여 요금한도 초과 등의 고지에 관한 기준(과학기술정보통신부 고시 제2019-56호, 2019. 7. 17.)이 제정 · 시행되고 있다. 요금한도 초과 등의 고지(告知)는 전기통신 서비스이용자가 처음에 약정(約定)한 통신 요금의 한도를 초과하거나 국제전화 사용에 따른 고액의 요금이 부과될 때 이동통신사업자가 그 사실을 즉시 이용자에게 알려야 하는 일명 '빌 쇼크(Bill Shock) 방지법'으로서 2012년 7월부터 시행되고 있는데, 전기통신 서비스이용자의 통신 과소비를 예방하고 통신 요금 발생의 원인을 파악하게 하여 통신 요금의 과다 청구로 인한 피해가 발생하지 않도록 하려는 것으로 이해된다.

6. 이동통신단말장치 부정이용 방지와 전기통신역무 제공의 제한 등

가. 이동통신단말장치 부정이용 방지 등

전기통신사업법은 누구든지 다음, 1. 자금을 제공 또는 융통하여 주는 조건으로 다른 사람 명의로 전기통신역무의 제공에 관한 계약을 체결하는 이동통신단말장치를 개통하여 그 이동통신단말장치에 제공되는 전기통신역무를 이용하거나 해당 자금의 회수에 이용하는 행위, 2. 자금을 제공 또는 융통하여 주는 조건으로 이동통신단말장치 이용에 필요한 전기통신역무 제공에 관한 계약을 권유 · 알선 · 중개하거나 광고하는 행위, 3. 「형법」 제247조(도박장소 등 개설), 제347조(사기) 및 제347조의2(컴퓨터등 사용사기)의 죄에 해당하는 행위, 「성매매알선 등 행위의 처벌에 관한 법률」 제2조제1항제2호 및 제3호에 따른 성매매알선 등 행위 및 성매매 목적의 인신매매에 이용할 목적으로 다른 사람 명의의 이동통신단말장치를 개통하여 그 이동통신단말장치에 제공되는 전기통신역무를 이용하는 행위의 어느 하나에 해당하는 행위를 하여서는 아니 된다고 규정하고 있는데(전기통신사업법 제32조의4제1항), 전기통신사업법 제32조의4(이동통신단말장치 부정이용 방지 등)는 보이스피싱(Voice phishing), 스미싱(Smishing, SMS Phishing)과 같은 인터넷 거래 사기 범죄에 주로 이용되는 소위 '대포(大砲)폰'의 개통과 이용을 방지하기 위한 것이다. 대포(大砲)폰은 대포(大砲)통장과 함께 이들을 이용한 범죄로 인해 사회문제가 되었는데 대포(大砲)폰은 이동전화서비스 가입자의 명의(名義)와 실제 이용자의 명의가 다르게 만든 이동전화 단말기로서 일반적으로 이동전화서비스 이용자 본인의 이름을 숨기고 불특정한 사람의 명의를 빌려 가입한 것으로 이해된다. 대포(大砲)는 사전적으로 허풍(虛風)이나 거짓말이라는 의미를 담고 있는데 대포폰은 이동전화서비스 이용자 본인의 지인(知人)에게서 명의(名義)를 개설한 차명(借名) 전화와 구별되며, 대부분의 경우 〈그림 34〉와 같이 대포폰은 분실된 이동전화기, 부랑자나 노숙자 등과 같은 다른 사람의 명의로 개통된 것으로서 사기 등 범죄에 주로 이용되고 있고 수사기관의 범죄자 검거에 어려움을 주는 등 사회문제를 야기하고 있는데, 대포폰으로 인한 사회적 문제를 해소하기 위해 2014년 10월, 전기통신사업법 제32조의4(이동통신단말장치 부정이용 방지 등)가 신설되었다.

그림 34 대포폰과 대포통장

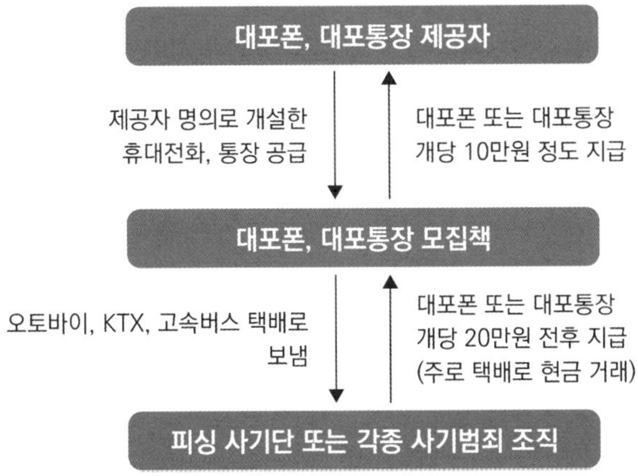

전기통신사업법은 전기통신역무의 종류, 사업규모, 이용자 보호 등을 고려하여 대통령령으로 정하는 전기통신사업자는 전기통신역무 제공에 관한 계약을 체결하는 경우(전기통신사업자를 대리하거나 위탁받아 전기통신역무의 제공을 계약하는 대리점과 판매점을 통한 계약 체결을 포함한다) 계약 상대방의 동의를 받아 이 법 제32조의5(부정가입방지시스템 구축)제1항에 따른 부정가입방지시스템 등을 이용하여 본인 여부를 확인하여야 하고, 본인이 아니거나 본인 여부 확인을 거부하는 경우 계약의 체결을 거부할 수 있으며, 전기통신역무 제공의 양도, 그 밖에 이용자의 지위승계 등으로 인하여 이용자 본인의 변경이 있는 경우 해당 변경에 따라 전기통신역무를 제공받으려는 자에 대하여도 또한 같다고 규정하고 있는데(동법 제32조의4제2항), 전기통신사업법 시행령은 이 법 제32조의4(이동통신단말장치 부정이용 방지 등)제2항에서 "대통령령으로 정하는 전기통신사업자"란 「전기통신사업법」 제2조(정의)제18호에 따른 이동통신서비스를 제공하는 전기통신사업자를 말한다고 규정하고 있다(동법 시행령 제37조의7제1항). 또한 전기통신사업법은 이 법 제32조의4제2항에 따라 본인 확인을 하는 경우 전기통신사업자는 계약 상대방에게 주민등록증(모바일 주민등록증을 포함한다), 운전면허증 등 본인임을 확인할 수 있는 증서 및 서류의 제시를 요구할 수 있다고 규정하고 있는데(동법 제32조의4제3항), 전기통신사업법 제32조의4제3항은 소위 '실지명의 확인(實地名義 確認)'을 요구하는 것으로 이해된다. 전기통신사업법은 이 법 제32조의4제2항에 따른 본인 확인방법, 동법 제32조의4제3항에 따른 본인임을 확인할 수 있는 증서 및 서류의 종류 등에 필요한 사항은 대통령령으로[195] 정한다고 규정하

고 있다(동법 제32조의4제4항). 한편, 대포(大砲)폰으로 인한 사회적 문제를 해소하기 위해 전기통신사업법 제32조의5(부정가입방지시스템 구축)에 따라 부정가입방지 시스템이 구축·운영되고 있으며 같은 법 제32조의6(명의도용방지서비스의 제공 등)에 따라 명의도용방지 서비스(M-Safer)가 제공되고 있다.

나. 전기통신역무 제공의 제한

전기통신사업법은 과학기술정보통신부장관은 관계 행정기관의 장으로부터 다음, 1. 「대부업 등의 등록 및 금융이용자 보호에 관한 법률」 제9조의6(불법 대부광고에 사용된 전화번호의 이용중지 등)에 따른 전기통신역무 제공의 중지 요청, 2. 「전기통신금융사기 피해 방지 및 피해금 환급에 관한 특별법」 제13조의3(전기통신금융사기에 이용된 전화번호의 이용중지 등)에 따른 전기통신역무 제공의 중지 요청, 3. 「전자금융거래법」 제6조의2(불법 광고에 이용된 전화번호의 이용중지 등)에 따른 전기통신역무 제공의 중지 요청, 4. 「정보통신망 이용촉진 및 정보보호 등에 관한 법률」 제49조의3에 따른 전기통신역무 제공의 중지 요청, 5. 「전기통신사업법」 제32조의4(이동통신단말장치 부정이용 방지 등)제1항의 위반에 따른 전기통신역무 제공의 중지 요청(수사기관의 장이 이 법 제32조의4제1항의 위반사실을 확인하여

---

195) 전기통신사업법 시행령은 이 법 시행령 제37조의7(계약 체결 시 본인확인)제1항에 따른 전기통신사업자는 이 법 제32조의4(이동통신단말장치 부정이용 방지 등)제3항 및 제4항에 따라 계약 상대방(법정대리인을 포함한다)이 제출하는 다음, 1. 개인은 주민등록증(모바일 주민등록증을 포함한다), 운전면허증, 장애인등록증, 국가보훈등록증 또는 대한민국 여권, 2. 법인은 사업자등록증 또는 고유번호증, 3. 법인이 아닌 단체는 고유번호증, 4. 외국인 및 재외국민은 외국인등록증, 주민등록증(모바일 주민등록증을 포함한다), 국내거소신고증 또는 여권의 어느 하나에 해당하는 증서 및 서류를 통하여 계약 상대방이 본인임을 확인하여야 하는데, 이 경우 정보통신망을 이용하여 계약을 체결하는 때에는 「전자서명법」 제2조(정의)제2호에 따른 전자서명(서명자의 실지명의를 확인할 수 있는 것으로 한정한다)을 통한 확인으로 대체할 수 있다고 규정하고 있으며(전기통신사업법 시행령 제37조의7제2항), 이 법 시행령 제37조의7제1항에 따른 전기통신사업자는 이 법 제32조의5(부정가입방지시스템 구축)제1항에 따른 부정가입방지시스템(이하 "부정가입방지시스템"이라 한다)을 이용하여 동법 시행령 제37조의7제2항 각 호의 증서 및 서류의 진위 여부를 확인하여야 한다고 규정하고 있는데(동법 시행령 제37조의7제3항), 전기통신사업법 시행령은 이 법 시행령 제37조의7제1항에 따른 전기통신사업자는 동법 시행령 제37조의7제2항 및 제3항에도 불구하고 계약 상대방이 동법 시행령 제37조의7제2항 각 호의 증서 및 서류를 제출할 수 없거나 부정가입방지시스템으로 동법 시행령 제37조의7제2항 각 호의 증서 및 서류의 진위 여부를 확인할 수 없는 경우에는 동법 시행령 제37조의7제2항 각 호의 증서 및 서류에 준하는 것으로서 해당 전기통신사업자가 이용약관으로 정하는 증서 등을 통하여 계약 상대방이 본인임을 확인하여야 한다고 규정하고 있다(동법 시행령 제37조의7제4항).

과학기술정보통신부장관에게 해당 전기통신번호에 대한 전기통신역무의 중지를 요청한 경우로 한정한다)의 어느 하나에 해당하는 요청이 있는 경우 1년 이상 3년 이내의 기간을 정하여 전기통신사업자에게 해당 전기통신번호(연결되어 있는 착신회선의 전기통신번호를 포함한다)에 대한 전기통신역무 제공의 중지를 명할 수 있다고 규정하고 있는데(전기통신사업법 제32조의3제1항), 전기통신사업법 제32조의3(전기통신역무 제공의 제한)은 앞에서 설명한 보이스피싱, 스미싱, 소위 '대포(大砲)폰'과 같은 유선전화나 이동전화를 이용한 불법행위를 차단하기 위한 것으로 이해된다.

한편, 전기통신사업법은 이 법 제32조의3(전기통신역무 제공의 제한)제1항에 따른 과학기술정보통신부장관의 명령을 받은 전기통신사업자는 전기통신역무를 중지하기 전에 해당 전기통신역무 이용자에게 전기통신역무 제공의 중지를 요청한 행정기관, 사유 및 이의신청 절차를 통지하여야 한다고 규정하고 있으며(동법 제32조의3제2항), 이 법 제32조의3제2항에 따른 이의신청 절차의 통지 방법 등에 필요한 사항은 대통령령으로[196] 정한다고 규정하고 있다(동법 제32조의3제3항).

196) 전기통신사업법 시행령은 이 법 제32조의3(전기통신역무 제공의 제한)제1항에 따라 과학기술정보통신부장관으로부터 전기통신역무 제공의 중지 명령을 받은 전기통신사업자는 같은 조 제2항에 따라 다음, 1. 해당 전기통신역무 제공의 중지를 요청한 행정기관, 담당부서 및 전화번호, 2. 해당 전기통신역무의 제공이 중지되는 사유, 3. 다음, 가. 동법 제32조의3제1항제1호에 따른 중지 요청을 받은 경우는 「대부업 등의 등록 및 금융이용자 보호에 관한 법률 시행령」 제6조의5(불법 대부광고에 사용된 전화번호의 이용중지 등)제2항에 따른 이의신청 기간 및 절차, 나. 동법 제32조의3제1항제2호에 따른 중지 요청을 받은 경우는 「전기통신금융사기 피해 방지 및 피해금 환급에 관한 특별법 시행령」 제10조의2(이의신청의 절차 등)제1항에 따른 이의신청 기간 및 절차, 다. 동법 제32조의3제1항제3호에 따른 중지 요청을 받은 경우는 「전자금융거래법 시행령」 제6조의2(이의신청의 절차 등)제1항에 따른 이의신청 기간 및 절차, 라. 동법 제32조의3제1항제4호에 따른 중지 요청을 받은 경우는 「정보통신망 이용촉진 및 정보보호 등에 관한 법률 시행령」 제60조의11(속이는 행위에 사용된 전화번호의 전기통신역무 제공의 중지 등)에 따른 이의신청 기간 및 절차, 마. 법 제32조의3제1항제5호에 따른 중지 요청을 받은 경우는 전기통신사업법 시행령 제37조의6(전기통신역무 제공 중지 이의신청의 절차)에 따른 이의신청 기간 및 절차의 사항을 해당 전기통신역무 이용자에게 통지해야 한다고 규정하고 있으며(전기통신사업법 시행령 제37조의5제1항), 전기통신사업법 시행령은 이 법 제32조의3(전기통신역무 제공의 제한)제3항에 따라 전기통신사업자는 다음, 1. 우편 또는 팩스, 2. 전자우편, 3. 전화 또는 문자메시지의 어느 하나에 해당하는 방법으로 동법 시행령 제37조의5(이의신청 절차의 통지 내용 및 방법)제1항에 따른 이의신청 절차 등을 해당 전기통신역무 이용자에게 통지해야 한다고 규정하고 있다(동법 시행령 제37조의5제2항).

참고자료 및 질문

1. 부정가입방지시스템. 전기통신사업법은 과학기술정보통신부장관은 부정한 방법을 통한 전기통신역무 제공계약 체결을 방지하기 위하여 가입자 본인 확인에 필요한 시스템(이하 "부정가입방지시스템"이라 한다)을 구축하여야 하고, 이 법 제32조의4(이동통신단말장치 부정이용 방지 등)제2항에 따른 전기통신사업자가 해당 시스템을 이용할 수 있도록 하여야 한다고 규정하고 있는데(전기통신사업법 제32조의5제1항), 2014년 10월 전기통신사업법 개정을 통해 전기통신역무의 종류, 사업 규모, 이용자 보호 등을 고려하여 대통령령으로 정하는 전기통신사업자인 이동통신 서비스를 제공하는 전기통신 사업자에게 계약 상대방에 대한 본인확인 의무가 부과되었고 2015년 4월부터 〈그림 35〉와 같은 부정가입방지시스템이 구축되어 운영되고 있다. 전기통신사업법은 과학기술정보통신부장관은 부정가입방지시스템의 구축·운영을 위하여 본인(법정대리인을 포함한다) 확인에 필요한 다음, 1. 개인의 주민등록 및 가족관계에 관한 정보, 2. 법인의 등기 및 사업자등록에 관한 정보, 3. 외국인과 재외국민의 등록·거소신고 및 출입국에 관한 정보, 4. 그 밖에 이 법 제32조의4(이동통신단말장치 부정이용 방지 등)제3항에 따라 제시한 증서 및 서류에 관한 정보를 보유한 국가기관·공공기관의 장에게 「전자정부법」 제36조(행정정보의 효율적 관리 및 이용)제1항에 따른 행정정보의 공동이용을 통하여 전기통신사업법 제32조의4제3항에 따라 제시한 증서 등의 진위 여부에 대한 확인을 요청할 수 있는데, 이 경우 요청을 받은 국가기관·공공기관의 장은 정당한 사유가 없으면 이에 따라야 한다고 규정하고 있으며(전기통신사업법 제32조의5제2항), 과학기술정보통신부장관은 부정가입방지시스템의 구축·운영 등의 업무를 대통령령으로 정하는 바에 따라 「방송통신발전 기본법」 제15조(한국정보통신진흥협회)에 따른 한국정보통신진흥협회(이하 "한국정보통신진흥협회"라 한다)에 위탁할 수 있다고 규정하고 있다(동법 제32조의5제3항).

그림 35 부정가입방지시스템

2. 명의도용방지서비스. 전기통신사업법은 전기통신역무의 종류, 사업규모, 이용자 보호 등을 고려하여 대통령령으로 정하는 전기통신사업자는 명의도용으로 인한 피해를 방지하기 위하여 다음, 1. 이용자의 동의를 받아 이용자의 명의로 전기통신역무의 이용계약이 체결된 사실을 문자메시지 또는 등기우편물로 해당 이용자에게 알려주는 서비스(이하 "명의도용방지서비스"라 한다),[197] 2. 이용자가 본인의 명의로 가입된 전기통신역무가 있는지 여부를 조회할 수 있는 서비스(이하 "가입사실현황조회서비스"라 한다), 3. 다른 사람이 이용자 본인의 명의로 전기통신역무 이용계약을 체결하는 것을 사전에 제한할 수 있는 서비스(이하 "가입제한서비스"라 한다)에 따른 서비스의 전부 또는 일부를 이용자에게 제공하여야 한다고 규정하고 있는데(전기통신사업법 제32조의6제1항), 명의도용방지서비스(M-Safer)는 신규로 이용자가 각종 전기통신 서비스(이동전화서비스, 유선전화서비스, 초고속인터넷서비스, 인터넷전화서비스, 유료방송서비스)에 가입하거나 명의변경을 통해 양도를 받을 때 그 사실을 본인 명의로 사용하고 있는 이동진화 회신을 통해 문자(SMS)로 알려줌으로써 명의도용(盜用) 피해를 예방하고자 제공하는 대국민 무료 서비스이며 홈페이지(www.msafer.or.kr)를 통해 명의도용 가입제한서비스, 가입현황조회서비스, 이메일(e-mail) 안내 서비스 등의 부가 서비스가 제공되고 있다. 명의도용방지서비스는 2005년 5월 개시되어 2014년 이동통신 3사에서 알뜰폰을 포함하는 이동통신 서비스를 제공하는 전기통신사업자 전체로 확대된 바가 있다. 또한 전기통신사업법은 이 법 제32조의6(명의도용방지서비스의 제공 등)제1항에 따른 서비스를 제공하는 전기통신사업자는 이용자와 전기통신역무의 이용계약을 체결하는 경우 이용자에게 명의도용방지서비스, 가입사실현황조회서비스 및 가입제한서비스에 관하여 명확하게 알리고, 인터넷 홈페이지에 게시하여야 한다고 규정하고 있으며(동법 제32조의6제2항), 과학기술정보통신부장관은 명의도용방지서비스, 가입사실현황조회서비스 및 가입제한서비스의 제공을 지원하기 위하여 한국정보통신진흥협회를 전담기관으로 지정할 수 있다고 규정하고 있다(동법 제32조의6제3항).

3. 대포(大砲)폰 관련 판례. 2016년 5월, 서울중앙지법 형사항소50부는 피고인이 甲과 공모하여 인터넷 사이트를 통해 알게 된 乙에게서 타인 명의의 휴대전화인 소위 '대포폰'을 돈을 주고 구입하고 사용하였다고 하여 전기통신사업법 위반으로 기소된 사안에서 대포폰을 직접 개통하지 않았더라도 다른 사람을 통해 개통된 대포폰을 교부받아 사용하는 것 역시 전기통신사업법 제32조의(이동통신단말장치 부정이용 방지 등)4제1항제1호를 위반한 것이라는 이유로 피고인에게 유죄를 인정하고 징역 1년 2개월을 선고하였는데[198], 판결의 요지는, 1. 2014년 10월 신설된 전기통신사업법 제32조의4제1항제1호의 제목이 '이동통신단말장치 부정이용 방지 등'이고 대포폰의 '개통'은 위 조항 신설 전에도 실무상 같은 법 제97조(벌칙)제7호, 제30조(타인 사용의 제한)에 의하여 별도로 처벌되고 있었으므로 위 조항은 '개통'보다는 '이용'에 초점이 있는 점, 2. 문언(文言)상 반드시 개통을 스스로 해야 한다고 해석되지는 않는 점, 3. 같은 법 제32조의4 신설에 관한 개정이유도 본인이 대포폰을 직접 개통하여 이용한 경우뿐 아니라 다른 사람을 통해 개통된 대포폰을 교부받아 이용하는 것도 처벌하고자 한 취지인 점 등을

종합하면 대포폰을 직접 개통하지 않았더라도 다른 사람을 통해 개통된 대포폰을 교부받아 사용하는 것 역시 전기통신사업법 제32조의4제1항제1호를 위반한 것이다. 피고인에게 유죄를 인정한 판결을 형법(刑法) 규정의 해석 원칙에 따라 평가하고 만일 현재의 전기통신사업법 제32조의4에 대한 개선 필요 사항이 있다면 무엇이 있을 수 있겠는가?

7. 청소년유해매체물 등의 차단

전기통신사업법은 이동통신사업자는 「청소년 보호법」에 따른 청소년과 전기통신서비스 제공에 관한 계약을 체결하는 경우 「청소년 보호법」 제2조(정의)제3호에 따른 청소년유해매체물 및 「정보통신망 이용촉진 및 정보보호 등에 관한 법률」 제44조의7(불법정보의 유통금지 등)제1항제1호에 따른 음란정보에 대한 차단수단을 제공하여야 한다고 규정하고 있으며(전기통신사업법 제32조의7제1항), 방송미디어통신위원회는 이 법 제32조의7(청소년유해매체물 등의 차단)제1항에 따른 차단수단의 제공 실태를 점검할 수 있다고 규정하고 있다(동법 제32조의7제2항). 또한 전기통신사업법은 이 법 제32조의7제1항에 따른 차단수단 제공 방법 및 절차 등에 필요한 사항은 대통령령으로 정한다고 규정하고 있는데(동법 제32조의7제3항), 전기통신사업법 시행령은 제37조의10(청소년유해매체물등의 차단수단 제공 방법 및 절차) ① 이 법 제32조의7(청소년유해매체물 등의 차단)제1항에 따라 「청소년 보호법」에 따른 청소년과 전기통신서비스 제공에 관한 계약을 체결하는 전기통신사업자는 해당 청소년이 전기통신서비스를 통하여 「청소년 보호법」 제2조(정의)제3호에 따른 청소년유해매체물 및 불법음란정보(이하 "청소년유해매체물등"이라 한다)에 접속하는 것을 차단하기 위하여 해당 청소년의 이동통신단말장치에 청소년유해매체물등을 차단하는 소프트웨어 등의 차단수단을 제공하여야 한다고 규정하고 있으며(동법 시행령 제37조의10제1항), 이 법 시행령 제37조의10(청소년유해매체물등의 차단수단 제공 방법 및 절차)제1항에 따라 차단수단을 제공하는 경우에는 다음, 1. 계약 체결 시는, 가. 청소년 및 법정대리인에 대한 차단수단의 종류와 내용 등의 고지와, 나. 차단수단의 설치 여부 확인과, 2. 계약

---

197) 이 경우 본인 명의로 개통된 이동통신단말장치가 없거나 이동통신단말장치 분실신고를 한 이용자 등 문자메시지를 수신할 수 없는 이용자에 대하여는 「주민등록법」 제7조(주민등록표 등의 작성)에 따른 주민등록표상의 주소지로 등기우편물을 발송하는 방법으로 명의도용방지서비스를 제공하여야 한다.

198) 서울중앙지방법원 2016. 5. 26. 선고 2016노276 판결.

체결 후는 차단수단이 삭제되거나 차단수단이 15일 이상 작동하지 아니할 경우 매월 법정대리인에 대한 그 사실의 통지의 절차에 따른다고 규정하고 있다(동법 시행령 제37조의10제2항). 한편, 이동통신사업자와 알뜰폰 사업자는 청소년 불법유해(不法有害) 정보의 차단을 위해 각사별 고유의 차단 앱과 부가서비스 등을 청소년 가입자와 부모 등 법정대리인에게 제공 중이다.

제2절 이용약관

〈전기통신사업법〉 제28조(이용약관의 신고 등) ① 전년도 전기통신역무 매출액이 대통령령으로 정하는 금액 이상인 기간통신사업자는 그가 제공하려는 전기통신서비스에 관하여 그 서비스별로 요금 및 이용조건(이하 "이용약관"이라 한다)을 정하여 과학기술정보통신부장관에게 신고(변경신고를 포함한다. 이하 이 조에서 같다)하여야 한다.

1. 이용약관의 의의

「약관의 규제에 관한 법률(약칭: 약관법)」은 "약관(約款)"이란 그 명칭이나 형태 또는 범위에 상관없이 계약의 한쪽 당사자가 여러 명의 상대방과 계약을 체결하기 위하여 일정한 형식으로 미리 마련한 계약의 내용을 말한다고 규정하고 있는데(약관의 규제에 관한 법률 제2조제1호), "사업자"란 계약의 한쪽 당사자로서 상대 당사자에게 약관을 계약의 내용으로 할 것을 제안하는 자를 말한다고 규정하고 있으며(동법 제2조제2호), "고객"이란 계약의 한쪽 당사자로서 사업자로부터 약관을 계약의 내용으로 할 것을 제안받은 자를 말한다고 규정하고 있다(동법 제2조제3호). 약관(約款)은 통신서비스 이용계약과 같이 오늘날 다수의 당사자에 대한 대량거래에 있어서 없어서는 안 될 필수불가결한 계약 방식으로 이해된다. 한편, 약관(約款)은 복잡한 다수의 당사자에 대한 대량거래를 신속하고 원만하게 처리할 수 있는 장점이 있으나 만일 약관 거래의 일방당사자가 우월적 지위(Bargaining power)를 남용(濫用) 할 때에는 부당한 거래상의 위험이나 부담이 이용자와 같은 약자인 일방당사자에게 일방적으로 전가될 수 있는 단점이 있다.

한편, 과거 전기통신사업법은 이 법 제28조(이용약관의 신고 등)제2항을 "동법 제28조제1항에도 불구하고 사업규모 및 시장점유율 등이 대통령령으로 정하는 기준에 해당하는 기간통신사업자의 기간통신서비스의 경우에는 과학기술정보통신부장관의 인가(변경인가를 포함한다)를 받아야 한다. 다만, 이미 인가받은 이용약관에 포함된 서비스별 요금을 인하하는 때에는 과학기술정보통신부장관에게 신고하여야 한다."라고 규정하고 있었는데, 2020년 6월 전기통신사업법의 개정을 통해 같은 조 같은 항을 "과학기술정보통신부장관은 이 법 제28조제1항에 따른 신고를 접수한 날의 다음 날까지 신고확인증을 발급하여야 한다. 다만, 다음, 1. 동법 제28조제3항에 따라 보완을 요구한 경우는 보완이 완료된 날과, 2. 신고가 접수된 이용약관이 제34조(경쟁의 촉진)제4항에 따라 지정 · 고시된 기간통신사업자의 해당 전기통신서비스에 관한 이용약관인 경우는 신고를 반려하지 아니하기로 결정한 날의 어느 하나에 해당하는 경우에는 각 호에서 정한 날의 다음 날까지 신고확인증을 발급하여야 한다."라고 규정함으로써 과거 이용약관에 대한 인가(認可)를 신고(申告)로 변경한 바가 있다.

2. 이용약관의 주요 내용

가. 이용약관의 신고

전기통신사업법은 전년도 전기통신역무 매출액이 대통령령으로[199] 정하는 금액 이상인 기간통신사업자는 그가 제공하려는 전기통신서비스에 관하여 그 서비스별로 요금 및 이용조건(이하 "이용약관"이라 한다)을 정하여 과학기술정보통신부장관에게 신고(변경신고를 포함한다)하여야 한다고 규정하고 있는데(전기통신사업법 제28조제1항), 이용약관(利用約款) 신고(申告)의 법적 성격에 대해, 1. 신고가 수리되어야 신고의 효과가 발생하는 강학(講學)상의 수리를 요하는 신고인 행위요건적(行爲要件的) 공법행위로서의 신고, 또는 2. 강학(講學)상의 수리를 요하지 않는 신고인 자기완결적(自己完結的) 또는 자체완성적(自體完成

199) 전기통신사업법 시행령은 이 법 제28조(이용약관의 신고 등)제1항에서 "전년도 전기통신역무 매출액이 대통령령으로 정하는 금액 이상인 기간통신사업자"란 회선설비 보유사업의 매출액이 300억원 이상이거나 회선설비 미보유사업의 매출액이 800억원 이상인 기간통신사업자를 말한다고 규정하고 있다(전기통신사업법 시행령 제34조).

的) 공법행위로서의 신고로 보는 견해가 있을 수 있다. 통신서비스 이용약관의 법적 성격을 살펴보기 위해서는 전기통신사업법의 목적과 당해 법령에서 나타나고 있는 관련 조문에 대한 합리적이고 유기적인 해석이 필요한데 전기통신사업법은 "이 법은 전기통신사업의 적절한 운영과 전기통신의 효율적 관리를 통하여 전기통신사업의 건전한 발전과 이용자의 편의를 도모함으로써 공공복리의 증진에 이바지함을 목적으로 한다."라고 규정하고 있으므로(동법 제1조), 이용약관 신고(申告)는 형식적인 요건만을 심사하는 강학(講學)상의 수리를 요하지 않는 자기완결적 또는 자체완성적 신고로 보기보다는 실질적인 요건을 심사가 필요한 강학(講學)상의 수리를 요하는 신고로 보는 것으로 해석된다.

한편, 전기통신사업법은 이 법 제28조제1항에 따라 전기통신서비스에 관한 이용약관을 신고하려는 자는 가입비, 기본료, 사용료, 부가서비스료, 실비 등을 포함한 전기통신서비스의 요금 산정 근거 자료(변경할 경우에는 신·구내용 대비표를 포함한다)를 과학기술정보통신부장관에게 제출하여야 한다고 규정하고 있으며(동법 제28조제5항),[200] 이 법 제28조제1항부터 제5항까지에서 규정한 사항 외에 신고의 절차 및 반려의 세부기준 등에 관하여 필요한 사항은 대통령령으로 정한다고 규정하고 있다(동법 제28조제6항).

나. 이용약관 신고의 수리와 반려

(1) 이용약관 신고의 수리

전기통신사업법은 과학기술정보통신부장관은 이 법 제28조(이용약관의 신고 등)제1항에 따른 신고를 접수한 날의 다음 날까지 신고확인증을 발급하여야 하나, 다만, 다음, 1. 동법 제28조제3항에 따라 보완을 요구한 경우는 보완이 완료된 날과, 2. 신고가 접수된 이용약관이 제34조(경쟁의 촉진)제4항에 따라 지정·고시된 기간통신사업자의 해당 전기통신서비스에 관한 이용약관인 경우는 신고를 반려하지 아니하기로 결정한 날의 어느 하나

200) 전기통신사업법 시행령은 이 법 제28조(이용약관의 신고 등)제1항에 따라 전기통신서비스에 관한 요금 및 이용조건(이하 "이용약관"이라 한다)을 신고(변경신고를 포함한다)하려는 자는 다음, 1. 전기통신서비스의 종류 및 내용, 2. 전기통신서비스를 제공하는 지역, 3. 수수료·실비(實費)를 포함한 전기통신서비스의 요금, 4. 전기통신사업자 및 그 이용자의 책임에 관한 사항, 5. 그 밖에 해당 전기통신서비스의 제공 또는 이용에 필요한 사항을 포함하여 작성한 이용약관에 같은 조 제5항에 따른 전기통신서비스의 요금 산정 근거 자료를 첨부하여 과학기술정보통신부장관에게 제출해야 한다고 규정하고 있다(전기통신사업법 시행령 제35조제1항).

에 해당하는 경우에는 각 호에서 정한 날의 다음 날까지 신고확인증을 발급하여야 한다고 규정하고 있으며(동법 제28조제2항), 과학기술정보통신부장관은 대통령령으로 정하는 이용약관의 포함사항 및 이 법 제28조제5항에 따라 제출한 자료의 누락 등으로 동법 제28조제1항에 따른 신고에 보완이 필요하다고 인정하는 경우에는 신고를 접수한 날부터 7일 이내의 기간을 정하여 보완을 요구하여야 한다고 규정하고 있다(동법 제28조제3항).

(2) 이용약관 신고의 반려

전기통신사업법은 이 법 제28조(이용약관의 신고 등)제1항에도 불구하고 과학기술정보통신부장관은 신고가 접수된 이용약관이 동법 제34조(경쟁의 촉진)제4항에 따라 지정 · 고시된 기간통신사업자의 해당 전기통신서비스에 관한 이용약관인 경우로서 다음, 1. 전기통신서비스의 요금 및 이용조건 등에 따라 특정 이용자를 부당하게 차별하여 취급하는 등 이용자의 이익을 해칠 우려가 크다고 인정되는 경우, 2. 동법 제38조(전기통신서비스의 도매제공)제1항에 따라 다른 전기통신사업자에게 도매제공하는 대가에 비하여 불공정한 요금으로 전기통신서비스를 제공하는 등 공정한 경쟁을 해칠 우려가 크다고 인정되는 경우, 3. 정당한 사유 없이 손해배상책임을 제한하는 경우(이 경우 과학기술정보통신부장관은 방송미디어통신위원회의 의견을 들어야 한다)의 어느 하나에 해당한다고 판단하는 경우에는 신고를 접수한 날(이 법 제28조제3항에 따라 보완요구를 한 경우에는 보완이 완료된 날을 말한다)부터 15일 이내에 해당 신고를 반려할 수 있으나, 다만, 이미 신고된 이용약관에 포함된 서비스별 요금을 인하하거나 대통령령으로 정하는 경미한 사항을 변경하는 내용인 경우에는 그러하지 아니하다고 규정하고 있는데(동법 제28조제4항), 전기통신사업법 제28조(이용약관의 신고 등)제4항은 2020년 6월, 전기통신사업법 개정을 통해 과거 요금 인가제를 폐지하고 유보 신고제를 도입한 것으로 이해된다.

또한 전기통신사업법 시행령은 이 법 제28조제4항 본문에 따른 반려의 세부기준은 다음, 1. 이용자의 이익을 해칠 우려가 크다고 인정되는 경우로서 다음, 가. 전기통신서비스의 이용조건 및 서비스 제공량 등이 포함된 요금제(이하 "요금제"라 한다)의 이용조건 및 서비스 제공량 등을 종합적으로 고려할 때 기존의 유사한 요금제와 비교하여 이용자의 비용 부담이 부당하게 높아지는 경우, 나. 장기(長期)이용 또는 다량(多量)이용 계약을 체결하였거나 체결하려는 이용자에게 그렇지 않은 이용자에 비하여 부당하게 차별적인 조건으로 전기통신서비스를 제공하는 등 이용자를 부당하게 차별하는 경우, 다. 이용자의 전기통신서비스 · 단말기기의 이용, 이용계약의 체결 또는 해지를 정당한 사유 없이 제한하거나 이용자의 책임 및 보호에 관한 사항을 이용자에게 부당하게 불리하게 정한 경우의 어느 하나에 해당하는 경우와, 2. 공정한 경쟁을 해칠 우려가 크다고 인정되는 경우로서 다음, 가. 이 법 제38조에 따라 다른 전기통신사업자에게 전기통신서비스를 도매제공하는 대가에 비하여 낮은 이용요금으로 그 전기통신서비스를 제공하는 등 다른 전기통신사업자를 배제시킬 우려가 있는 경우와, 나. 전기통신서비스를 다른 전기통신서비스, 「방송법」 제2조에 따른 방송 또는 「인터넷 멀티미디어 방송사업법」 제2조(정의)에 따른 인터넷 멀티미디어 방송과 묶어서 판매(이하 "결합판매"라 한다)하는 기간통신사업자가 그와 같거나 유사한 구성으로 결합판매하려는 다른 기간통신사업자에게 다음, 1) 결합판매에 필요한 동법 제35조(설비등의 제공)제2항 각 호 외의 부분 본문 또는 동법 제37조(무선통신시설의 공동이용)제2항에 따른 설비등의 제공이나 무선통신시설의 공동이용을 거부하거나 그 대가를 부당하게 차별하여 제공하는 행위와, 2) 결합판매에 필요한 전기통신서비스의 제공을 거부하거나 그 제공대가를 부당하게 차별하여 동법 시행령 [별표 4]제5호바목에 해당하는 행위의 어느 하나에 해당하는 행위를 하려는 경우의 어느 하나에 해당하는 경우와 같다고 규정하고 있으며(동법 시행령 제35조제1항), 과학기술정보통신부장관은 이 법 제28조제4항 본문에 따른 반려 여부를 판단하기 위하여 필요한 경우 관계 전문가와 이해관계자의 의견을 들을 수 있다고 규정하고 있다(동법 시행령 제35조제2항).

제3절 요금과 경제상의 이익 제공

1. 요금

〈전기통신사업법〉 제3조(역무의 제공 의무 등) ③ 전기통신역무의 요금은 전기통신사업이 원활하게 발전할 수 있고 이용자가 편리하고 다양한 전기통신역무를 공평하고 저렴하게 제공받을 수 있도록 합리적으로 결정되어야 한다.

가. 요금의 의의

전기통신사업법은 전기통신역무의 요금은 전기통신사업이 원활하게 발전할 수 있고 이용자가 편리하고 다양한 전기통신역무를 공평하고 저렴하게 제공받을 수 있도록 합리적으로 결정되어야 한다고 규정하고 있는데(전기통신사업법 제3조제3항), 요금(料金, Tariff)이란 전기통신사업자가 이용자로부터 전기통신 서비스를 제공한 반대급부인 대가로 받는 금액으로서 요금은 이용자에게는 비용이 되지만 전기통신 사업자에게는 수입이 되는 것으로 이해된다. 앞에서 설명한 바와 같이 독점(獨占)인 전기통신사업자에 대한 요금 규제는 가장 중요한 문제였으며 통신 시장과 산업에 대한 규제의 중심인 소위 '알파와 오메가', 시작과 끝이었다고 생각한다. 독점기업은 자신의 이윤을 극대화하기 위해 요금을 통제하고자 하므로 통신 규제당국은 요금 규제를 통하여 이용자의 후생을 증진하기 위한 노력을 해왔으나, 통신 기술의 발전으로 후발 경쟁 사업자들이 통신 시장에 다수 진입하게 되어 통신 시장의 경쟁이 활성화됨에 따라 과거와 같은 요금 규제의 필요성은 줄어들었다는 의견들이 제기되고 있으나 과연 경쟁에 따라 규제의 필요성이 줄어들었는지에 대해 생각해 볼 필요가 있다고 생각된다.

나. 요금 제도와 이론

요금에 대한 규제는 통신 기술의 발전과 시장 환경의 변화와 함께 같이 해왔다고 생각되는데, 요금에 대한 규제는 앞에서 설명한 바와 같이 독점(獨占)인 전기통신사업자에 대한 규제로부터 시작되고 발전되었다. 과거에는 요금에 대한 규제는 상호 접속료 규제와 보편적 역무 규제와도 밀접한 관련이 있었다고 하겠는데 발신 측 이용자와 착신 측 이용자가 요금을 균등하게 분담하여 통신서비스 제공 사업자 간 상호접속의 문제가 크게 중요하지 않은 미국의 경우와 달리 발신 측 이용자가 요금을 지불(支拂)하는 발신자 과금(課金) 방식이 운영되는 우리나라의 경우에 발신 측 이용자가 통신서비스 제공 사업자에게 내는 요금의 일부가 상호 접속료로 착신 측 다른 통신서비스 제공 사업자에게 지급되어 상호 접속료는 발신 측 이용자의 통신서비스 제공 사업자에게는 비용이 되고 수신 측 이용자의 통신서비스 제공 사업자에게는 수입이 된다. 따라서 통신 규제당국은 통신서비스 제공 사업자 간의 상호 접속료의 조정을 통해 간접적으로 요금을 조정할 수 있었던 것이며 또한 과거에는 보편적 역무(Universal service)에 대한 의무를 독점인 전기통신사업자에 대해 부과함으로써 요금을 통해 얻는 초과이윤을 회수(回收)하여 왔으나, 통신 기술의 발전으로 후발 경쟁 사업자들이 시장에 다수 진입하게 되어 통신 시장의 경쟁이 활성화됨에 따라 과거에 통신 규제당국이 독점인 전기통신사업자에 대해 요금, 상호 접속료, 보편적 역무 관련 규제를 하던 방식이 그대로 유지되기는 어렵게 되었다고 생각된다.

(1) 요금의 구성

요금은 다양한 구성요소로 나뉠 수 있는데 요금의 구성요소로는 기본료, 통화료, 가입비, 설치비 등을 들 수 있다. 기본료(基本料)는 전기통신사업자가 통신사업에 투자된 고정비용을 회수하기 위한 수단이면서 통신서비스 이용자가 언제나 서비스를 이용할 수 있는 가입(加入) 상태를 유지하기 위한 비용이며, 통화료(通話料)는 통신서비스 이용자가 통신서비스를 이용한 대가(代價)로서 통신서비스 이용량에 비례하여 지불(支拂)하게 된다. 설치비(設置費)는 통신사업의 초기 투자재원을 조달하고 과잉 수요를 억제하기 위해 가입자로부터 징수하는 일정한 금액으로서 이용자가 통신서비스의 가입 시 낸 금액을 통신서비스의 해지 시 돌려받는 비용이며, 가입비(加入費)는 이용자가 통신서비스 가입 시 가입 업무에 필요한 비용을 충당하기 위해 받는 금액이다.

한편, 요금은 NTS(Non-Traffic-Sensitive) 비용과 TS(Traffic-Sensitive) 비용으로 구분되어 이해되는데, NTS(Non-Traffic-Sensitive) 비용이란 통화량과 관련 없이 변동되는 비용이며 TS(Traffic-Sensitive) 비용이란 통화량에 비례하여 변동되는 비용이다. 과거에는 주로 요금의 구성요소 중 NTS 비용은 기본료(基本料)를 통해 TS 비용은 통화료(通話料)를 통해 보전된 것이 일반적이었다고 하겠으나, 다만 우리나라의 경우 초기 통신 시장의 확대와 통신서비스 가입자 수의 증대를 위해 정책적으로 기본료를 낮게 책정하기도 한 바가 있다. 그러나 스마트 폰의 보급으로 인해 음성통화 중심의 통신 시장구조가 데이터 중심의 통신 시장구조로 바뀜에 따라 정액 요금의 도입이 확대되었는데, 요금의 변화에 대한 이해의 편의를 위해 요금의 종류를 설명하고자 한다.

(2) 요금의 종류

요금은 크게 이부 요금(Two-tier tariff), 정액 요금(Flat tariff), 삼부 요금(Three-tier tariff) 등으로 구분할 수 있는데, 이부 요금(Two-tier tariff)은 기본료(基本料)와 통화료(通話料)로 구성되어 있으며 이미 앞에서 요금의 구성에 대하여 설명한 NTS(Non-Traffic-Sensitive) 비용과 TS(Traffic-Sensitive) 비용을 기본료(基本料)와 통화료(通話料)로 지불(支拂)하는 것인데 이용자는 정해진 일정한 기본료(基本料) 이외의 통화량에 비례하여 통화료(通話料)를 내게 된다. 정액 요금(Flat tariff)은 이용자가 일정한 기간 동안 통화량과 관계없이 정해진 요금만 내는 요금이다. 삼부 요금(Three-tier tariff)은 일정한 금액을 내면 일정 한도까지는 정액 요금처럼 정해진 한도 내에서는 자유롭게 통화할 수 있는 반면에 정해진 한도의 통화량을 초과하면 통화량에 따라 추가적인 통화료를 내는 요금이다.

한편, 우리나라의 경우 유선전화서비스와 2G 이동전화 서비스는 이부 요금을 통해서 3G 이동전화 서비스 이상의 이동전화 서비스는 정액 요금 또는 삼부 요금을 통해서 이용자에게 요금 부과가 되었고 되고 있다. 한편, 선불 요금(Prepaid tariff)이 있는데, 선불 요금은 이용자가 요금을 미리 지불(支拂)한 후 통화할 때마다 이용 요금이 미리 낸 금액에서 차감되는 요금으로서 가입비와 기본료가 없고 통화료만 내기 때문에 외국인이나 소량 통신서비스 이용자 등이 주로 사용하고 있는 것으로 이해된다.

(3) 요금 규제 이론

(가) 투자보수율 규제

요금 규제 이론으로는 투자보수율(Mark-up) 규제와 요금 상한제(Price-cap) 규제 등이 있는데, 투자보수율(Mark-up) 규제는 독점(獨占)인 통신서비스 사업자에 의해 통신시장이 운영되던 초기부터 이용되던 요금 규제로서 통신서비스를 제공하기 위해 요구되는 원가(原價)에 일정한 이윤(Mark-up)을 보전하여 주는 것이다. 즉, 투자보수율 규제에서 요금은 "총수입(총괄 원가) = 사업비용 + 투자보수(기준 자산×적정 투자보수율)"에 따라 결정되는 것으로 이해된다. 적정 투자보수율은 시장(市場)의 이자율이나 채권과 증권 등의 수익률 등을 고려하여 산정하는데, 적정 투자보수율은 투자로 인한 기회비용을 보전함과 동시에 향후 지속적인 투자의 유인(誘因)이 된다고 하겠으나, 다만, 투자보수율을 높이기 위해 요금 규제의 대상인 전기통신사업자가 자본을 과대 투입하고 노동을 과도 투입함으로써 과도하게 불필요한 자산을 증대시켜 왜곡을 일으키는 문제인 소위 '애버치 존슨 효과(Averch-Johnson Effects)'를 야기(惹起)할 수 있는데, 이를 해소하기 위해 통신 규제당국은 규제 대상인 전기통신사업자의 경영합리화를 위한 동기부여 방안을 모색해야 하는 필요가 있게 된다. 만일 투자보수율 규제가 성공적으로 이루어진다면 통신 규제당국은 완전경쟁시장의 균형달성과 같은 배분적 효율성을 달성할 수 있다고 하겠다.

(나) 요금 상한제 규제

요금 상한제(Price-cap) 규제는 전기통신사업자의 요금에 상한과 하한을 정하여 이를 충족하는 범위 내에서 전기통신 사업자에게 자율적으로 요금을 설정할 수 있도록 하는 요금 제도이다. 요금 상한제는 규제당국과 규제 대상인 전기통신 사업자 간의 정보의 비대칭성(Information Asymmetry)의 한계를 인식하는 것에서 출발한다고 하겠다. 요금 상한제 규제는 동일한 전기통신사업자가 다수의 통신서비스를 제공하는 경우 통신서비스의 특성과 시장경쟁 활성화의 정도를 고려하여 유사한 서비스끼리 묶어 다수의 묶음(Basket)을 만들고 각 묶음에 대해 요금의 상한과 하한을 정하는 것인데, 요금 상한제 규제의 대표적인 것이 RPI-X(Retail Price Index minus X)이다. RPI-X는 규제 대상인 전기통신 사업자에게 물가상승률에서 X값을 제외한 범위 내에서 요금을 책정하도록 규제하는 것이며 X값은 규제 대상 산업의 생산성 증가율과 규제 대상 산업을 제외한 경제 전반의 생산성 증가율의 차이를 나타내는 수치로 이해된다.[201] 요금 상한제 규제는 요금에 대한 상한 설정을 통해 소비자의 이익을 보호하고 경쟁이 다른 통신서비스 간의 교차보조(交叉補助, Cross-subsidy)를 막을 수 있는 장점이 있으며 요금에 대한 하한 설정을 통해 경쟁 사업자의 신규 시장진입을 막으려는 시장지배적 사업자(Dominant Market Player)의 약탈적가격설정(Predatory pricing)을 방지할 수 있으나, 경쟁이 활성화되지 못한 상황에서 요금 상한 규제가 이루어진다면 전기통신사업자는 이윤을 극대화하기 위해 품질을 낮추거나 요금이 이미 낮은 상황일 경우 가격상한까지 요금이 인상될 수 있다는 단점이 있다.

(4) 요금 신고와 인가

앞에서 이용약관에서 설명한 바와 같이 전기통신사업법 제28조(이용약관의 신고 등)제4항은 2020년 6월, 전기통신사업법 개정을 통해 과거 요금 인가제가 폐지되고 유보 신고제가 도입되었다. 요금은 통신서비스 이용약관(利用約款)을 구성하는 주요 요소 중 하

---

201) 정보통신정책연구원 편저, 통신서비스 정책의 이해, 법영사(2005), p290.

나로서 통신서비스 이용약관의 신고(申告)와 인가(認可)를 통해 규제받아 왔는데, 우리나라의 요금 규제제도는 큰 변화를 겪어 왔다. 1995년 이전까지는 요금에 대한 인가제가 운영되었으나 1995년도에 요금에 대한 신고제가 도입된 이래 2020년까지 요금에 대한 인가 제도와 신고 제도가 병행하여 운영되었다. 즉, 요금 규제제도는 인가제로부터 신고제로의 규제 완화가 이루어져 왔으며 이러한 제도의 변화는 통신 시장의 경쟁 활성화에 의한 것으로 이해된다.

요금 인가(認可) 제도는 통신 시장의 비대칭 규제(Asymmetry regulation)인 유효경쟁(有效競爭, Effective competition) 정책에 근거하여 정당성이 인정되었는데, 요금 인가 제도는 통신 시장에서 시장지배력을 억제하기 위하여 시장지배력을 보유한 선발(先發) 전기통신사업자를 선도(先導) 기러기(Flying geese)로 보고 선발 전기통신사업자에 대해서만 요금을 인가함으로써 후발 전기통신 사업자들이 선발 전기통신사업자보다 일정 비율 낮은 수준의 요금을 유지하게 하는 이른바 소위 '선도(先導, Leader-follower) 요금' 방식으로 이해된다. 따라서 후발 전기통신 사업자들은 요금 신고제도를 통해 요금 규제를 받지 않지만, 선발 전기통신사업자의 요금이 조정되면 이에 따라 요금을 조정하게 된다. 다만, 요금 인가 제도는 요금의 인상(引上)에만 적용되며 요금의 인하(引下) 시에는 적용되지 아니하는데, 요금 인하의 경우 요금 인상과 달리 요금 규제 관련 제도와 절차를 간소화함으로써 요금 인하를 유도하려는 정책적 고려가 있었던 것으로 생각된다. 한편, 요금 인가 제도가 선발 사업자의 시장지배력을 통한 약탈(掠奪)적 가격(Predatory price) 설정을 억제하는 것이 아니라, 오히려 전기통신 사업자들 간의 담합(談合)을 유도하여 요금의 하방경직성을 유지하게 하므로 요금 인가 제도를 폐지해야 한다는 주장이 지속적으로 제기되어 왔다. 한편, 2010년 이후부터는 앞에서 설명한 바와 같이 요금 인가를 받은 기존 통신서비스의 요금은 신고만으로 인하할 수 있었기 때문에 요금 인가 제도가 담합을 유도한다는 주장은 적절하지 못하다는 의견이 있다.[202)]

요금 인가 제도에 대한 논란에 대하여 반대하는 근거는 과연 요금에 대한 정부의 직접적인 규제가 필요하며 의미가 있는지에 대한 것에 대한 의문에서 출발한다고 하겠는데, 요금 인가 제도와 같은 직접적 규제는 통신 시장에 독점(獨占) 또는 과점(寡占)인 전기통신사업자가 존재할 때 의미가 있는 것이며 다수의 경쟁 사업자가 존재하는 경우 오히려 정부의 규제에 전기통신 사업자들이 안주할 수 있다는 점과 과연 정부 규제당국이 요금을 규제하기 위한 정확한 자료의 확보가 가능하며 규제할 능력이 있는지 여부에 대

202) 이내찬, 이동통신요금, 커뮤니케이션북스(2017), pp62~63.

해 회의적 시각이 있는 것 또한 사실이라고 생각된다. 그러나 요금 인가 제도에 반대하는 입장에 대하여 만일 요금 인가 제도를 폐지한다면 전기통신사업자가 정부의 통제에서 벗어나게 되어 오히려 요금이 높아지고 시장 1위인 전기통신사업자로의 쏠림 현상 심화가 될 수 있다며 인가제 폐지를 반대하는 입장 또한 적지 않다. 한편, 2015년부터 정부 규제당국은 요금 인가제의 개선 방안으로 요금 인가제와 신고제의 중간적인 형태로 유보(留保) 신고제의 도입을 추진하였고 2020년 6월, 전기통신사업법의 개정으로 유보 신고제가 입법된 바가 있다.

다. 요금의 감면

전기통신사업법은 기간통신사업자는 국가안전보장, 재난구조, 사회복지 등 공익을 위하여 필요하면 대통령령으로 정하는 바에 따라 전기통신서비스의 요금을 감면할 수 있으나, 다만, 전년도 전기통신역무 매출액이 대통령령으로 정하는 금액 미만인 기간통신사업자는 그러하지 아니하다고 규정하고 있는데(전기통신사업법 제29조), 전기통신사업법 시행령은 이 법 제29조(요금의 감면) 단서에서 "전년도 전기통신역무 매출액이 대통령령으로 정하는 금액 미만인 기간통신사업자"란 다음, 1. 회선설비 보유사업을 경영하는 경우는 회선설비 보유사업의 매출액이 300억원 미만인 기간통신사업자, 2. 회선설비 미보유사업을 경영하는 경우는 회선설비 미보유사업의 매출액이 800억원 미만인 기간통신사업자, 3. 회선설비 보유사업과 회선설비 미보유사업을 모두 경영하는 경우는 회선설비 보유사업의 매출액이 300억원 미만이면서 회선설비 미보유사업의 매출액이 800억원 미만인 기간통신사업자의 구분에 따른 사업자를 말한다고 규정하고 있다(동법 시행령 제36조제2항).

또한 전기통신사업법 시행령은 이 법 제29조(요금의 감면) 본문에 따라 요금을 감면할 수 있는 전기통신서비스는 다음, 1. 인명 · 재산의 위험 및 재해의 구조에 관한 통신 또는 재해를 입은 자의 통신을 위한 전기통신서비스, 2. 군사 · 치안 또는 국가안전보장에 관한 업무를 전담하는 기관의 전용회선통신과 국가, 지방자치단체 또는 「공공기관의 운영에 관한 법률」에 따른 공공기관의 자가통신망 일부를 기간통신사업자의 전기통신망에 통합하는 경우에 그 기관이 사용하는 전용회선통신의 전부 또는 일부를 위한 전기통신서비스, 3. 전시(戰時)에 군 작전상 필요한 통신을 위한 전기통신서비스, 4. 「신문 등의 진흥에 관한 법률」에 따른 신문, 「뉴스통신 진흥에 관한 법률」에 따른 뉴스통신 및 「방송법」에 따른 방송국의 보도용 통신을 위한 전기통신서비스, 5. 정보통신의 이용 촉진과 보급 확산을 위하여 필요로 하는 통신을 위한 전기통신서비스, 6. 사회복지 증진을 위하여 보호를 필요로 하는 자의 통신을 위한 전기통신서비스, 7. 남북 교류 및 협력의 촉진을 위하여 필요로 하는 통신을 위한 전기통신서비스, 8. 우정사업(郵政事業) 경영상 특히 필요로 하는 통신을 위한 전기통신서비스와 같다고 규정하고 있다(동법 시행령 제36조제1항).

한편, 요금의 감면은 전기통신사업법 제29조(요금의 감면) 이외에도 이 법 시행령 제2조(보편적 역무의 내용)에 따른 장애인과 저소득층 등에 대한 요금감면 서비스에도 규정되어 있는데, 전기통신사업법은 "보편적 역무"란 모든 이용자가 언제 어디서나 적절한 요금으로 제공받을 수 있는 기본적인 전기통신역무를 말한다고 규정하고 있어(동법 제2조제10호), 보편적 역무(Universal service)에 사회복지 증진을 위한 장애인과 저소득층 등에 대한 요금 감면이 포함되는 것이 과연 보편적 역무의 본질에 부합하는지에 대한 고민이 필요하다고 생각한다.

참고자료 및 질문

1. 유보(留保) 신고제. 20년 이상 된 요금 인가 제도의 개선을 위해 2015년 5월, (구)미래창조과학부(현재 과학기술정보통신부)는 요금 관련 제도개선으로 유보(留保) 신고제도의 도입을 추진한다고 개선 방안을 발표한 바가 있는데,[203] 이는 요금 인가 제도를 폐지함으로써 새로운 요금의 통신서비스 출시 절차를 단축하고 규제의 예측 가능성을 높이며 통신 시장에서의 경쟁 촉진을 정책목표로 한 것으로 이해된다. 유보 신고제는 과거 요금 인가제와 신고제의 중간 형태로서 〈그림 36〉과 같이 시장지배적 전기통신사업자도 신규로 출시하는 통신서비스의 요금을 신고(申告)하도록 하고 15일 이내에 문제가 없다고 판단하면 즉시 효력을 발생하게 하나 보완이 필요하다고 판단하면 신고일로부터 최대 30일까지 효력 발생을 유보하고 그 기간 내 보완이 이루어지지 않으면 신고를 반려하는 수리(受理)를 요하는 신고로 이해된다. 한편, 앞에서 설명한 바와 같이 유보 신고제는 2020년 6월, 전기통신사업법의 개정을 통해 도입되었다. 요금 인가제를 폐지하고 유보 신고제를 도입하는 것에 대한 당신의 의견은 무엇인가?

---

203) 정부가 지난 24년간 유지해온 휴대전화 요금인가제를 폐지할 전망이다. 미래창조과학부는 이달 중 발표하는 '통신시장경쟁 촉진방안'에 요금인가제를 폐지하고 자율경쟁을 통해 통신비를 낮춘다는 내용을 넣기로 가닥을 잡았다. 1991년 도입된 이 제도는 시장점유율 1위 통신회사를 '인가 통신회사'로 지정해 신규 요금제를 출시할 때 정부의 허가절차를 밟도록 한 것이다. 당초에는 경쟁력이 떨어지는 후발사업자를 보호하기 위해 도입했다. 하지만 1위사업자가 새 요금제를 내놓으면 정부가 검토하는 사이에 2·3위 사업자가 비슷한 요금제를 내놔 되레 묵시적인 담합을 초래한다는 비판을 받았다. 현재 무선시장에

그림 36 유보 신고제

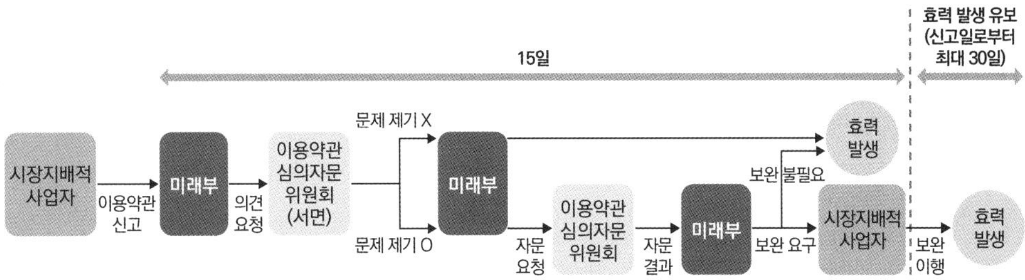

2. 보편 요금제. 보편 요금제는 시장지배적 이동통신사업자가 월 데이터 1기가바이트(GB, Giga Byte), 음성(音聲) 200분짜리 요금을 2만 원대에 의무적으로 출시하도록 하는 제도로 이해된다.[204] 보편 요금제에 대한 전기통신사업법 개정(안)에 따르면 과학기술정보통신부장관이 보편 요금제의 기준을 정하여 2년마다 고시할 수 있도록 하고 사업 규모 및 시장점유율 등이 대통령령에서 정하는 기준에 해당하는 기간통신사업자는 과학기술정보통신부장관의 고시(告示)에 부합하는 보편 요금제를 과학기술정보통신부장관에게 신고하도록 한 것이다(전기통신사업법 개정(안) 제28조의2제1항과 제2항). 보편 요금제에 대해 찬반(贊反)이 첨예하게 대립하였는데, 찬성(贊成)하는 입장은 이동통신사업자들이 여전히 초과이윤이 발생하고 있어 요금 인하 여력이 있으므로 보편 요금제를 도입할 필요가 있다는 것이었으며 반대(反對)하는 입장은 정부가 일괄적으로 요금을 책정하게 되므로 결국 다른 요금제에도 영향을 미치는 과도한 반시장적인 규제라는 것이었다. 한편, 보편 요금제는 알뜰폰 사업자들에게 큰 영향을 미칠 것이라는 우려 또한 제기되었는데, 만일 이동통신 3사와 알뜰폰 사업자들의 요금이 비슷하다면 통신서비스 이용자들은 알뜰폰이 아닌 이동통신 3사를 선택할 것이라는 예상 때문으로 생각된다. 보편 요금제 도입에 대한 당신의 의견은 무엇인가?

서는 SKT가 적용대상으로 KT와 LGU+는 새 요금제를 낼 때 인가를 받지 않고, 당국에 신고만 하면 된다. 경제협력개발기구(OECD) 회원 국가 중 요금인가제를 운영하고 있는 국가는 한국이 유일하다. 미래부 관계자는 "후발 사업자인 KT와 LGU+의 경쟁력이 높아지면서 요금인가제를 폐지해야 할 시점이라는 주장이 커졌다."며 "다만 제도폐지 이후 부작용을 막기 위해 일정 공시기간 후에 요금제가 시행되도록 하는 '유보(留保)신고제'를 도입하는 것을 검토 중"이라고 전했다. 그러나 KT와 LGU+를 중심으로 "이동통신사가 정부의 통제에서 벗어나면 오히려 통신요금이 높아지고, 1위 업체로의 쏠림현상이 심화될 수 있다."며 인가제 폐지를 반대하는 목소리도 적지 않다. 손해용 중앙일보 기자, 정부, 요금인가제 폐지…'유보신고제' 도입검토, 2015.5.10.(https://news.joins.com/article/17770122).

204) 지난 11일 국무총리실 산하 규제개혁위원회가 격론 끝에 보편요금제를 도입하는 법안(전기통신사업법 개정안)을 통과시켰습니다. 규개위 통과 사실이 알려지자, 해당 법안 도입을 추진하는 과학기술정보통신부와 시민단체들은 일제히 환영했습니다. 그런데 통신 서비스를 제공하는 이동통신사와 알뜰폰 사업자들은 요금제에 대해 여전히 불편한 기색을 드러내고 있습니다. 요금제에 대한 찬성·반대 의견은 여전히 팽팽히 맞서고 있습니다. 보편요금제란 월 2만원대 요금에 데이터 1GB, 음성 통화 200분, 문자를 무제한으로 사용할 수 있는 요금제를 가리킵니다. 시중에 나와 있는 통신사들의 비슷한

2. 경제상의 이익 제공

〈전기통신사업법〉 제32조의9(경제상의 이익 제공) ① 기간통신사업자는 이용자에게 전기통신서비스 이용에 따라 적립되는 경제상의 이익을 제공하는 때에는 경제상의 이익의 사용범위, 유효기간, 이용방법 등을 과학기술정보통신부장관에게 신고하여야 한다.

② 기간통신사업자는 이용자가 제1항에 따른 경제상의 이익을 사용할 수 있도록 이용자에게 경제상의 이익의 적립 현황 등을 알려야 한다.

전기통신사업법은 기간통신사업자는 이용자에게 전기통신서비스 이용에 따라 적립되는 경제상의 이익을 제공하는 때에는 경제상의 이익의 사용범위, 유효기간, 이용방법 등을 과학기술정보통신부장관에게 신고하여야 한다고 규정하고 있는데(전기통신사업법 제32조의9제1항), 전기통신사업법 제32조의9(경제상의 이익 제공)에 따른 경제상의 이익은 기간통신사업자들이 고객인 이용자들에게 부가적으로 제공하는 경제적 편익으로서 마일리지(Mileage)와 멤버십(Membership)이 있다. 마일리지와 멤버십은 이용자에 대해 개별적, 부수적으로 제공되는 부가적인 서비스라는 공통점이 있으나 기간통신사업자들이 칭하는 다양한 명칭에도 불구하고 〈표 12〉와 같은 차이가 있는 것으로 이해된다.

표 12 마일리지와 멤버십의 비교

구분	적립기준	적립시기	유효기간	채권(債權)성	주요 사용방식
마일리지	월사용실적	매월	7년(장기)	강함	자사서비스 (요금, AS 등)
멤버십	고객 등급	매년	1년(단기)	약함	제휴가맹점 할인

마일리지는 매월 서비스 사용 실적에 비례하여 일정 비율의 포인트가 적립되는 것으로서 이용자에게 권리가 귀속되는 채권성(債權性)이 강하나, 멤버십은 전년도 이용 실적에 따라 매년 고객 등급을 부여하고 고객 등급에 따라 할인 한도를 부여하는 것으로서

수준의 요금제보다 혜택이 더 많습니다. 정부는 이 요금제를 시장 1위 사업자인 SK텔레콤이 의무적으로 출시하게 하는 법안을 통과시키려고 합니다. 하선영 중앙일보 기자, [이번 주 경제 용어] 보편요금제는 무엇인가요?, 2018.5.28.(https://news.joins.com/article/22661429).

이용자에게 권리가 귀속되는 채권성이 강하지 않다고 하겠는데, 현실에서는 마일리지와 멤버십은 혼재되어 제공되고 있고 이동통신사들은 마일리지와 멤버십을 통합하여 운영하는 추세로 생각된다. 그러나 마일리지를 어떻게 사용하는지 모르는 이용자들이 많아 해마다 수백억 원어치씩 사라지는 문제로 인하여 이용자의 권리가 침해되고 있다는 지적에 따라[205] 전기통신사업법은 기간통신사업자는 이용자가 이 법 제32조의9(경제상의 이익 제공)제1항에 따른 경제상의 이익을 사용할 수 있도록 이용자에게 경제상의 이익의 적립 현황 등을 알려야 한다고 규정하고 있다(동법 제32조의9제2항).

한편, 전기통신사업법은 이 법 제32조의9제2항에 따른 고지의 내용 · 방법 등에 관한 사항은 대통령령으로 정한다고 규정하고 있는데(동법 제32조의9제3항), 전기통신사업법 시행령은 기간통신사업자는 이 법 제32조의9(경제상의 이익 제공)제2항에 따라 경제상의 이익에 관한 다음, 1. 적립 · 이용방법, 사용범위 및 유효기간 등 경제상의 이익을 사용하기 위하여 필요한 사항과, 2. 적립 · 사용 · 소멸점수 및 사용가능점수 등 경제상의 이익의 주요 현황의 내용을 이용자에게 알려야 한다고 규정하고 있으며(동법 시행령 제37조의11제1항), 기간통신사업자는 이 법 시행령 제37조의11(경제상의 이익 제공 고지)제1항의 내용을 다음, 1. 인터넷 홈페이지를 통하여 상시 안내할 것, 2. 매월 이용요금 청구서를 통하여 동법 시행령 제37조의11제1항제2호인 적립 · 사용 · 소멸점수 및 사용가능점수 등 경제상의 이익의 주요 현황의 내용을 안내할 것, 3. 사용가능점수가 1천원 상당 이상이면서 최근 1년 이내의 사용이력이 없는 경우에는 문자메시지를 통하여 사용가능점수

---

205) 이동통신 3사가 최근 5년간 소멸시킨 마일리지 포인트가 약 1700억 원에 이르는 것으로 나타났다. 이동통신사들은 납부요금의 100원당 5점에서 10점을 마일리지로 제공하고 7년의 유효기간을 제공한다. 통신사별로 각각 '레인보우 포인트'(SKT), 'STAR 포인트'(KT), 'EZ'(LGU+)라는 다른 명칭으로 관리되고 있다. 그러나 마일리지에 대한 낮은 인지도, 협소한 사용처, 사용금액 제한, 번호 이동시 자동소멸 등으로 인해 소비자의 권리가 제대로 지켜지지 않고 있다. 또 우리가 일반적으로 알고 있는 VIP · 골드 등의 통신사 멤버십 포인트는 소멸시한이 1년으로, 정확히 얼마나 사라지는지 확인하지 못하고 있다. 한국소비자원에서 지난달 28일 이동통신 멤버십 포인트 2년 이상 사용자 1000명을 대상으로 이용실태조사를 진행한 결과 포인트 사용량이 확인되는 142명을 기준으로 지난해 통신사로부터 받은 1인당 평균 8만1452 포인트 중 사용률은 40.7%(3만3155 포인트)로 나머지 59.3%(4만8297 포인트)는 사용하지 못하고 소멸되는 것으로 확인됐다. 이동통신사와 프랜차이즈 업체 간의 멤버십 포인트 비용분담 문제는 더욱 복잡하다. 이동통신사에서는 외식 프랜차이즈 업체 등과 제휴를 맺어 할인혜택을 제공하는데 가맹점(加盟店)주와 가맹본부별로 비용을 부담하는 비율이 천차만별인 것이다. 멤버십 포인트 혜택은 이동통신사 이름으로 제공하면서 그 비용은 가맹점(加盟店)주와 가맹본부에 떠넘기고 있거나 할인율을 자주 바꾼다는 지적도 제기되고 있다. 김은빈 중앙일보 기자, 멤버십 포인트와 다른 '통신사 마일리지'…소비자도 모르는 새 1700억 원 소멸, 2017.10.19.(https://news.joins.com/article/22028028).

를 분기별로 안내할 것의 방법으로 이용자에게 알려야 하는데, 이 경우 동법 시행령 제37조의11제2항제2호 및 제3호인 매월 이용요금 청구서와 문자메시지의 방법으로 알릴 때에는 상세 내역을 확인할 수 있는 인터넷 홈페이지 주소를 포함해야 한다고 규정하고 있다(동법 시행령 제37조의11제2항).

제4절 결합판매

1. 결합판매의 의의

결합판매를 통한 결합상품(Bundling)이란 이동전화서비스, 초고속인터넷 서비스, 시내전화와 인터넷전화를 포함하는 유선전화 서비스, 케이블티비, 아이피티비, 위성방송을 포함하는 유료 방송서비스와 같은 통신서비스와 방송서비스를 2개 이상 묶어서 이용자에게 한 번에 제공되는 것으로 이해된다. 결합상품은 통신서비스와 방송서비스를 각각 제공할 경우와 비교하여 더욱 저렴한 가격에 제공될 수 있는데, 전기통신사업자와 유료 방송 사업자가 여러 개의 통신과 방송서비스를 각각 판매할 때 소요되는 판매(Marketing) 비용보다 묶어서 파는 결합상품의 결합판매 비용이 적게 들고 이용자가 결합상품을 해지하는 것이 개별 통신서비스와 방송서비스를 해지하는 것에 비하여 보다 어렵기 때문에 결합판매를 하는 측에서는 안정적인 고객 확보를 통한 거래 비용이 절감되므로 결합상품의 요금할인이 가능하게 된다. 결합판매를 통한 결합상품의 요금할인이 지금까지 정부 규제당국의 주요한 요금 인하 정책 수단으로 여겨진 이유로 생각된다.

한편, 결합판매를 통한 결합상품은 이용자에 대한 요금할인과 이용자가 한 번에 여러 통신과 방송서비스에 가입할 수 있다는 편리성과 같은 이용자의 편익을 증대시키는 측면과 함께, 특정 통신 또는 방송서비스가 다른 통신서비스들과 방송서비스들의 시장에 영향을 미치는 소위 '시장지배력 전이(轉移, Leverage)' 문제와 이용자가 특정 통신서비스 사업자나 방송 서비스사업자에 얽매이는(Lock-in) 문제와 같이 시장경쟁을 제한하는 경쟁 제한성의 측면을 동시에 지니고 있어 결합상품은 이용자 편익 증진과 경쟁 제한성이라는 양면적 성격을 종합적으로 고려해야 한다고 생각한다.[206]

결합상품은 끼워 팔기(Tying)와 시장지배력 전이(轉移, Leverage) 논란을 일으키는 대표적인 사안인데,[207] 결합상품을 구성하는 다양한 통신과 방송서비스들 중 이용자들이 가장 선호하는 통신과 방송서비스를 중심으로 다른 통신과 방송서비스들이 같이 결합상품으로 선택되므로, 즉, 가장 선호되는 통신과 방송서비스를 중심으로 다른 통신과 방송서비스들이 결합상품을 통해 끼워 팔기(Tying)가 되어 가장 선호되는 통신과 방송서비스를 보유한 시장지배적 사업자의 시장지배력이 다른 통신과 방송서비스 시장으로 전이(轉移)되는 문제에 대한 논란이 제기되고 있다.[208] 시장지배력 전이 논란에 대해 시장지배력 전이의 원천이 이동전화라는 주장과 초고속인터넷과 유선전화라는 주장이 대립하였으며 이동통신서비스를 제공하지 못하는 케이블티비 업계는 결합상품으로 인한 불공정경쟁 문제를 강하게 제기한 바가 있다.[209]

결합상품의 종류는 통신과 방송서비스가 묶인 개수에 따라 구분될 수 있는데, 〈그림 37〉과 같이 2개의 통신과 방송서비스가 결합이 되면 DPS(Double Play Service), 3개의

206) 예를 들어, 만일 이용자가 이동전화서비스, 초고속인터넷 서비스, 유선전화 서비스, 아이피티비 서비스를 동시에 제공하는 결합상품에 가입했다고 가정하면 이용자는 별도로 개별 서비스에 가입하는 불편함 없이 한 번에 다양한 상품에 가입할 수 있고 또한 한 장의 고지서로 다양한 통신과 방송서비스들 전체의 이용 요금을 확인할 수 있어 이용 요금을 편리하게 통합 관리할 수 있으며 결합상품의 할인을 받게 되므로 이용자 편익이 증진된다. 그러나 결합상품의 판매가 일정 기간을 쓰기로 사전에 계약하는 의무 약정기간과 결합이 되면 결합상품 이용자는 결합상품을 제공하는 전기통신사업자 또는 방송 사업자에게 얽매이게(Lock-in) 되어 다른 경쟁 사업자로의 이동이 쉽지 않을 것이다.

207) Thomas D Morgan, Modern antitrust law and its origins, WEST(4th Edition), pp745~750.

208) 요즘 방송통신업계는 SKT와 반(反)SKT 진영으로 나뉘어 치열한 싸움을 벌이고 있다. 결합상품 때문이다. 결합상품이란 이동통신과 집전화, 초고속인터넷, 인터넷(IP)TV, 인터넷전화 등 여러 통신상품을 묶어서 각각의 서비스를 따로 가입할 때보다 싸게 판매하는 것을 말한다. 결합상품의 요금할인율이 높아서 가입자 유치 효과가 좋다 보니 SKT, KT, LGU+ 등 통신 3사는 물론이고 케이블TV업체들까지 뛰어들어 결합상품으로 가입자를 모으고 있다. 그 중에서도 SKT가 단연 독보적인데, 그렇다 보니 KT, LGU+, 케이블TV 업체들이 반(反)SKT 연합군을 구성해 맞서고 있다. 반(反) SKT 진영의 주장은 정부에서 나서서 이동통신 1위 업체인 SKT가 이동통신 시장의 지배력을 이용해 결합상품까지 장악하지 못하도록 막아 달라는 것이다. 이서희 한국일보 기자, 얽히고설켰다, 통신 결합상품 치열한 싸움, 2015.7.23.(http://www.hankookilbo.com/News/Read/201507230440967879).

209) 시장지배적 사업자의 결합상품이 허용된 지 9년만에, 이를 재검토할 필요가 있다는 주장이 제기됐다. 모바일 결합상품으로 인해 유료방송 산업이 황폐화된다는 이유 때문이다. 특히, SKT의 CJ헬로비전 인수합병 무산으로 케이블 업계의 출구전략이 원천 봉쇄돼 케이블 업계의 위기감이 팽배해지면서 이 같은 요구가 더 거세지고 있다. 그러나 일각에서는 지난 10년 간 투자에 소홀했던 케이블TV업계가 퇴로 찾기에만 몰두하면서 소비자 혜택이 큰 결합상품 규제 카드를 꺼내든 것 아니냐는 비판도 함께 나오고 있다. 김태진 지디넷 기자, 시장지배적 사업자 '결합상품' 논란: 허용 9년만에 도마 위…"동등결합 속도 내야", 2016.8.29.(http://www.zdnet.co.kr/view/?no=20160829175420&from=Mobile).

통신과 방송서비스가 결합이 되면 TPS(Triple Play Service), 4개의 통신과 방송서비스가 결합이 되면 QPS(Quadruple Play Service) 결합상품으로 이해된다.

그림 37 결합상품의 종류

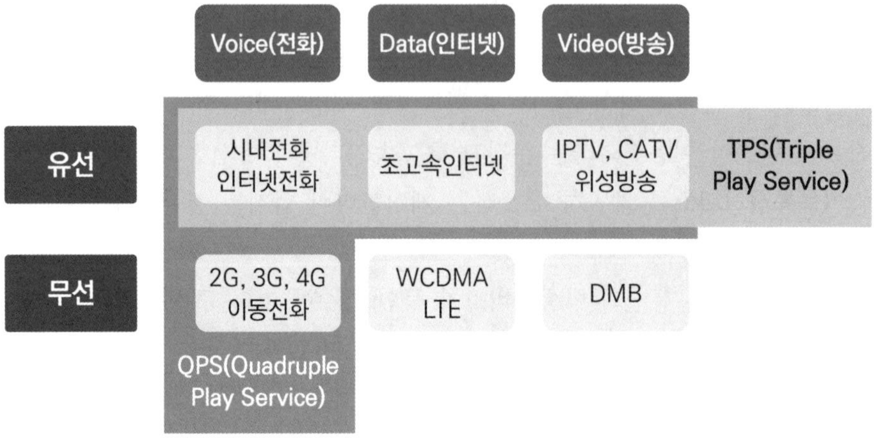

2. 결합판매의 규제

전기통신사업법은 전기통신사업자는 공정한 경쟁 또는 이용자의 이익을 해치거나 해칠 우려가 있는 다음, 5. 이용약관(이 법 제28조(이용약관의 신고 등)제1항에 따라 신고한 이용약관만을 말한다)과 다르게 전기통신서비스를 제공하거나 전기통신이용자의 이익을 현저히 해치는 방식으로 전기통신서비스를 제공하는 행위(이하 "금지행위"라 한다)를 하거나 다른 전기통신사업자 또는 제3자로 하여금 금지행위를 하도록 하여서는 아니 된다고 규정하고 있으며(전기통신사업법 제50조제1항제5호), 이 법 제50조(금지행위)제1항에 따른 금지행위의 유형 및 기준에 관하여 필요한 사항은 대통령령으로 정한다고 규정하고 있다(동법 제50조제3항).

전기통신사업법 시행령 [별표 4]인 금지행위의 유형 및 기준은 다음, 5. 이용자의 이익을 해치는 전기통신서비스의 제공 행위로 전기통신사업법 제50조(금지행위)제1항제5호 중 전기통신이용자의 이익을 현저히 해치는 방식으로 전기통신서비스를 제공하는 행위는 다음, 바. 결합판매하여 특정 구성상품의 과도한 할인 등 이용자의 이익을 해치거나 해칠 우려가 있는 행위(이 경우 이용자의 이익을 해치거나 해칠 우려가 있는지를 판단할 때에는 결합판매로 인한 비용절감, 이용자 편익 증대효과 및 시장지배력 전이(轉移) 등 공정경쟁 저해효과를 고려하여야 한다)로 한다고 규정하고 있다(동법 시행령 [별표 4]제5호).

한편, 결합상품의 금지행위 위반과 관련하여 결합판매의 금지행위 세부 유형 및 심사기준(방송미디어통신위원회 고시 제2022-13호, 2022. 7. 5.)이 제정 · 시행되고 있다. 전기통신사업법 제50조(금지행위)를 통해 결합판매로 인한 과도한 경품 또는 경제적 이익에 대한 사후적 규제가 시행되었는데 구체적으로 살펴보면 경품을 사업자가 이용자와 서비스 이용계약을 체결하면서 이용계약 체결에 부수하여 이용자에게 제공하거나 제공하기로 한 물품, 현금, 그 밖의 경제적 이익(할인권, 유료 초대권, 기타 유가증권 등)으로 규정하고, 초고속인터넷 서비스 등에 대한 경품 기준[210]을 마련하여 운영하고 있다.[211] 또한 경품 기준을 바탕으로 그 밖의 경제적 이익 등을 다른 이용자에 비하여 부당하게 차별적으로 제공하거나 제안하는 행위를 금지행위로 규정하고 있는 전기통신사업법 제50조(금지행위) 및 이 법 시행령 제47조(금지행위의 유형 및 기준) 등 관련 규정에 따라 불법적인 과도한 경품제공 등에 대한 제재가 이루어진 바가 있다.[212] 또한 경품 규제와 방송통신위원회의 사후제재에 대해 일부 전기통신사업자가 반발하여 소송이[213] 제기된 바가 있다.[214]

---

210) (구)방송통신위원회(현재 방송미디어통신위원회)의 심의 · 의결을 통해 경품제공 가능한도를 초고속인터넷 단품의 경우 16만원, DPS(Double Play Service, 초고속인터넷+인터넷전화 또는 IPTV)의 경우 19만원, TPS(Triple Play Service, 초고속인터넷+인터넷전화+IPTV)의 경우 22만원으로 정하고 있으며, 이는 서비스별 가입자 1인당 예상이익을 바탕으로 하고 있는데, 가입자 1인당 예상이익을 산정하기 위해 가입자당 월평균 이익[가입자당 월평균 매출액(약관 외 요금감면액 포함) – 가입자당 월평균 비용(경품비용 제외)], 평균 가입기간(월), 가입자 수 등이 고려된 것으로 이해된다.

211) 방송통신위원회 의결 제2011-11-21호부터 22호까지(2011. 1. 21), (주)KT와 SK브로드밴드(주)의 초고속인터넷서비스 등 경품 및 약관 외 요금감면 관련 이용자 이익 저해행위에 대한 시정조치.

212) 방송통신위원회 의결 제2012-27-103호부터 105호까지(2012. 5. 18), (주)KT, SK브로드밴드(주), (주)LG유플러스의 초고속인터넷 경품 등 제공 관련 이용자 이익 침해행위에 대한 시정조치.

213) 정부의 방송통신 결합상품 과다경품 제재를 둘러싼 논란이 쉽사리 가라앉지 않고 있다. 지난해 국정감사에서 (구)방송통신위원회(현재 방송미디어통신위원회)의 '사업자 봐주기 의혹'이 제기된 데 이어, 이번에는 과징금을 부과 받은 통신사가 행정소송을 제기하고 나섰다. LGU+는 지난해 결합상품 과다경품 제재와 관련해 방통위가 부과한 과징금이 부당하다며 지난 7일 서울행정법원에 행정소송을 제기했다. 방통위는 지난해 12월 6일 전체회의를 열고 결합상품을 판매하며 현금, 사은품 등 과다경품을 제공한 7개 방송통신사업자에 과징금 총 106억9890만원을 부과했다. 사업자별 과징금은 LGU+ 45억9000만원, SKB 24억7000만원, KT 23억3000만원, SKT 12억8000만원 등이었다. 위반율은 LGU+ 56.6%, SKB 52.0%, SKT 34.5%, KT 31.4% 등의 순이었다. 정윤희 디지털타임즈 기자, "결합상품 과다경품 과징금 부당"…방통위에 소송 건 LGU+, 2017.2.4.(http://www.dt.co.kr/contents.html?article_no=2017021502101131104001).

참고자료 및 질문

1. 양면시장 이론. 양면시장(兩面市場, Two-sided market)이란 두 이상의 서로 다른 유형(Type)의 이용자 집단이 플랫폼을 통하여 상호작용을 하며 이때 창출되는 가치가 간접적 네트워크 외부성의 영향을 받는 시장으로 이해된다.[215] 플랫폼(Platform, 정거장)이란 서로 다른 이용자 집단(Group)이 거래나 상호작용을 원활하게 할 수 있도록 제공된 물리적 가상적 또는 제도적 환경을 의미하며, 네트워크 효과(Network effect)는 이용자 수가 많아질수록 이용자의 효용이 증가하는 양의 외부효과를 의미하는데, 양면시장에서는 이러한 네트워크 효과가 다른 유형의 이용자 집단의 수가 증가하면서도 발생하므로 이를 간접(間接) 네트워크 효과라고 한다. 양면시장의 대표적인 사례가 신용카드 시장과 인터넷포털 시장인데, 이러한 시장에서는 플랫폼을 제공하는 사업자가 양측 또는 어느 한쪽에 플랫폼 이용료를 부과함으로써 수익을 창출하며 플랫폼사업자가 양측(兩側)에 책정하는 이용료의 수준(level)이나 구조(structure)는 플랫폼 이용자의 수와 거래 규모에 영향을 미치게 된다. 한편, 양면시장 이론은 기존의 시장 형태와 다른 형태의 시장에 대한 이론으로서 시장지배력, 담합, 끼워 팔기 등이 전통적으로 논의되고 있는 공정거래 분야에 새로운 문제와 논란들을 제기하고 있다. 결합상품 시장에 있어서도 일방적이고 단면적인 시장지배력 전이가 아닌 교차(交叉) 시장 간의 복잡한 시장지배력들의 전이를 고려해야 할 필요성이 대두되고 있다고 생각한다.

2. 경품. 일반적으로 통용되는 경품(景品)의 사전적인 의미는,[216] 1. 특정한 기간 동안 많은 상품을 팔고 손님의 호감을 얻기 위해, 일정한 액수 이상의 상품을 사는 손님에게 곁들어 주는 물품 또는, 2. 어떤 모임에서 제비를 뽑아 선물로 주는 물품으로 이해되고 있다. 경품은 〈표 13〉와 같이 소비자경품과 소비자현상 경품(懸賞景品)으로 구분될 수 있는데 소비자경품은 사업자가 자기 또는 자기와 거래관계

214) 서울고법 행정6부(박형남 부장판사)는 16일 LG유플러스가 (구)방송통신위원회(현재 방송미디어통신위원회)를 상대로 낸 시정명령 및 과징금납부 명령 취소소송에서 방통위의 항소를 기각했다. 방통위는 지난 2015년 1월부터 9월 말까지 LG유플러스가 초고속인터넷과 인터넷전화, 인터넷 멀티미디어 방송(IPTV), 이동전화 서비스 등 결합상품 가입자를 모집하는 과정에서 '결합상품 제도개선안'의 상한 기준을 초과해 경품을 지급했다며 2016년 12월 시정명령과 함께 45억9000만원의 과징금 처분을 내렸다. 이에 LG유플러스는 "사업자가 이용자에 경품 등을 제공하는 데 소요된 비용을 다른 이용자들에게 전가한다고 볼 수 없는데도 방통위는 이용자 이익 저해가 발생했는지 확인하지 않은 채 처분을 내렸다"며 2017년 행정법원에 불복 소송을 제기했고 법원은 지난해 11월 1심에서 LG유플러스의 주장을 수용했다. 결합상품 가입자 군 사이에 경품의 지급액수가 달라지는 것은 어떤 상품의 영업에 주력할 것인지에 관한 사업자의 판단으로 부당한 차별행위, 즉 공정한 경쟁 또는 이용자의 이익을 해치는 행위로 볼 수 없다는 이유 때문이다. 아울러 사업자간 서비스품질과 요금의 차이가 크게 다르지 않은 만큼 경품 등 영업행위를 제한할 경우 이통사를 변경할 이유가 없어 경쟁구도가 고착될 수 있다고 판단했다. 이에 방통위는 항소에 나섰으나 결국 2심 재판부도 똑같은 판결을 내렸다. 양진영 전기신문 기자, LG유플러스, '결합상품 과다경품' 46억 과징금 소송 2심 승소, 2019.1.16.(https://www.electimes.com/news/articleView.html).

에 있는 다른 사업자의 상품이나 용역의 거래에 부수하여 일반소비자에게 제공하는 경제적 이익으로써 모든 소비자가 제공 대상이 되나, 소비자현상경품은 소비자경품 중 추첨이나 기타 우연성을 이용하는 방법 또는 특정행위의 우열이나 정오에 의한 방법으로 일부 소비자만이 제공 대상이 되는 것이다.[217] 즉 소비자현상경품은 추첨이나 선착순과 같은 우연성이나 우열 또는 정오(正誤)에 의해 일부 이용자에게 제공되는 경제적 이익으로 이해된다.

표 13 공정거래법상 경품의 분류와 비교

구분	소비자경품	소비자현상경품
정의	상품과 용역의 거래에 부수하여 일반 소비자에게 제공하는 경품	추첨 기타 우연성을 이용하는 방법 또는 특정 행위의 우열이나 정오에 의하는 방법으로 제공하는 경품
과거 상한	상품 또는 용역 거래의 10%	경품부 상품 또는 용역의 예상매출액의 3%(다만, 경품 총액이 3,000만원 이하인 소규모 경품 행사의 경우에는, 이를 초과하여도 무방)
비고	2009년 관련 고시 폐지	2016년 관련 고시 폐지

제5절 보편적 역무

〈전기통신사업법〉 제4조(보편적 역무의 제공 등) ① 모든 전기통신사업자는 보편적 역무를 제공하거나 그 제공에 따른 손실을 보전(補塡)할 의무가 있다.

② 과학기술정보통신부장관은 제1항에도 불구하고 다음 각 호의 어느 하나에 해당하는 전기통신사업자에 대하여는 그 의무를 면제할 수 있다.

1. 전기통신역무의 특성상 제1항에 따른 의무 부여가 적절하지 아니하다고 인정되는 전기통신사업자로서 대통령령으로 정하는 전기통신사업자

215) 이상규, 양면시장의 정의 및 조건, 정보통신정책연구 제17권 제4호(2010. 12월), pp.75-76.

216) 네이버 국어사전, http://krdic.naver.com/detail.nhn?docid=2330500(2019.2.23.).

217) 권오승, 경제법(제4판), 법문사(2002), pp344~345.

2. 전기통신역무의 매출액이 전체 전기통신사업자의 전기통신역무 총매출액의 100분의 1의 범위에서 대통령령으로 정하는 금액 이하인 전기통신사업자

③ 보편적 역무의 구체적 내용은 다음 각 호의 사항을 고려하여 대통령령으로 정한다.

1. 정보통신기술의 발전 정도
2. 전기통신역무의 보급 정도
3. 공공의 이익과 안전
4. 사회복지 증진
5. 정보화 촉진

④ 과학기술정보통신부장관은 보편적 역무를 효율적이고 안정적으로 제공하기 위하여 보편적 역무의 사업규모 · 품질 및 요금수준과 전기통신사업자의 기술적 능력 등을 고려하여 대통령령으로 정하는 기준과 절차에 따라 보편적 역무를 제공하는 전기통신사업자를 지정할 수 있다.

⑤ 과학기술정보통신부장관은 보편적 역무의 제공에 따른 손실에 대하여 대통령령으로 정하는 방법과 절차에 따라 전기통신사업자에게 그 매출액을 기준으로 분담시킬 수 있다.

1. 보편적 역무의 의의

전기통신사업법은 "보편적 역무"란 모든 이용자가 언제 어디서나 적절한 요금으로 제공받을 수 있는 기본적인 전기통신역무를 말한다고 규정하고 있는데(전기통신사업법 제2조 제10호), 보편적 역무(Universal service)는 국민의 통신기본권 보장을 위해 중요한 제도로 생각된다. 한편, 앞에서 설명한 바와 같이 보편적 역무의 개념은 모든 국민이 시간과 장소의 제약과 차별 없이 기본적인 전기통신 서비스를 적절한 요금으로 이용해야 한다는 지금의 개념과는 달리, 과거에는 20세기 초반 미국의 통신 독점기업인 AT&T(American Telephone and Telegraph) 사장이었던 테어도어 베일(Theodore Vail)이 주장하였던 "One system, One policy, Universal Service"에 따라 하나의 독점기업을 통해 모든 통신 서비스 가입자가 안정적 서비스를 받을 수 있어야 하므로 반경쟁적인 통신 시장의 독점을 용인해달라는 논리적 근거에 불과하였으나 전기통신 기술이 발전함에 따라 다수의 후발 전기통신 사업자들이 통신 시장에 진입하고 통신 시장에 경쟁이 도입되어 지금의 보편적 역무의 개념으로 변화되었다.

현재의 보편적 역무의 개념은 1934년 미국 통신법(The Communications Act of 1934)에 최초로 입법되는데 주요 내용으로는 통신서비스나 요금에 대하여 불공정하고 불합리한 차별 또는 특별한 우대를 금지하는 것이었다.[218] 과거 보편적 역무는 통신 시장에서 독점적 지위를 누리던 독점(獨占)인 전기통신사업자에 의해 제공되었는데, 수익이 나는 부문의 이익을 적자가 나는 보편적 역무 관련 부문으로 교차보조(交叉補助, Cross-subsidy)하여 보편적 역무 제공 의무를 수행하였기 때문에 정부 규제당국도 보편적 역무에 대한 큰 정책적 고민 없이 독점인 전기통신사업자에 대한 보편적 역무 의무 부여만으로도 정책목표를 달성할 수 있었으나,[219] 다수의 후발 경쟁 전기통신사업자가 통신 시장에 진입하여 경쟁이 활성화된 통신 시장으로 시장구조 변화됨에 따라 과거의 교차보조에 의한 보편적 역무의 제공은 더 이상 불가능하게 되었다. 따라서 보편적 역무의 제공을 위해서 통신 시장에서 사업을 영위하는 모든 전기통신 사업자들에 대해 공정한 보편적 역무 관련 의무를 부여하기 위한 규제의 필요성이 커지게 되었고 또한 과거에는 보편적 역무가 요금, 상호 접속료 규제와 밀접하게 연관되어 전기통신 사업자들 간의 수익 분배와 관련된 정책 기능을 한 바가 있으나, 통신 시장의 경쟁 활성화로 인해 과거처럼 요금, 상호 접속료 규제와 더 이상 연관될 수 없게 되었다고 생각된다.

한편, 보편적 역무는 국민의 통신기본권 확보와 통신복지 증진을 위한 주요한 정책 수단으로 향후 독자적인 중요성이 더욱 커질 것으로 생각하는데, 우리나라의 경우 과거 KT 독점 체제하에서는 KT의 내부 사업 부문 간 교차보조를 통해 보편적 역무의 제공이 이루어졌으나[220], 다수의 후발 경쟁 전기통신사업자가 통신 시장에 진입하여 경쟁이

218) Stuart Minor Benjamin, Telecommunications Law and Policy 2nd Edition, Carolina Academic Press(2006), pp763~764.

219) 과거에는 통신 시장의 독점(獨占)인 전기통신사업자가 장거리 시외전화 서비스나 국제전화 서비스와 같이 수익이 발생하는 부문의 초과이윤을 시내전화 서비스와 같이 적자가 발생하는 부문으로 교차보조(交叉補助, Cross-subsidy)해 주는 것이 가능하였고 교차보조를 통해 보편적 역무가 제공될 수 있었던 것으로 이해된다.

220) 미국의 경우 1984년 AT&T(American Telephone & Telegraph) 기업분할(分割)과 통신 시장의 경쟁을 촉진하기 위한 1996년 통신법 (The Communications Act of 1996) 제정으로 더 이상 독점(獨占)인 기업의 교차보조에 근거한 보편적 역무 제도를 유지하기 어렵게 되었으며 통신서비스 이용자에게 요금을 통해 부과되어 통신사업자가 분담하는 보편적 역무 기금(Universal service funds)에 기반을 둔 보편적 역무 제도로 전환되었다. 보편적 역무의 내용으로 1996년 미국 통신법은 합리적이고 공정하며 적정한 요금, 서비스 품질 보장, 전 지역에서 접속, 공평하고 비차별적인 부담, 경쟁 중립적인 비용의 보전, 학교·도서관·의료기관의 접속보장 등의 내용을 규정하고 있다. Stuart Minor Benjamin, ibid, pp768~769.

활성화됨에 따라 기존의 교차보조에 근거한 보편적 역무의 제공이 더 이상 어렵게 되어 2000년도부터 보편적 역무 제도가 도입되어 운영되고 있다.[221]

2. 보편적 역무의 주요 내용

보편적 역무는 전기통신사업법 제4조(보편적 역무의 제공 등)와 이 법 시행령 제2조(보편적 역무의 내용)부터 제6조의2(보편역무정보시스템의 구축 · 운영 등)까지에 규정되어 있으며, 동 사안과 관련하여 보편적역무손실보전금 산정방법 등에 관한 기준(과학기술정보통신부 고시 제2025-32호, 2025. 7. 1.)이 제정 · 시행되고 있다.

가. 보편적 역무 제공 전기통신사업자와 손실 보전

전기통신사업법은 모든 전기통신사업자는 보편적 역무를 제공하거나 그 제공에 따른 손실을 보전(補塡)할 의무가 있다고 규정하고 있으며(전기통신사업법 제4조제1항), 과학기술정보통신부장관은 이 법 제4조(보편적 역무의 제공 등)제1항에도 불구하고 다음, 1. 전기통신역무의 특성상 동법 제4조제1항에 따른 의무 부여가 적절하지 아니하다고 인정되는 전기통신사업자로서 대통령령으로[222] 정하는 전기통신사업자, 2. 전기통신역무의 매출액이 전체 전기통신사업자의 전기통신역무 총매출액의 100분의 1의 범위에서 대통령령으로[223] 정하는 금액 이하인 전기통신사업자의 어느 하나에 해당하는 전기통신사업자에 대하여는 그 의무를 면제할 수 있다고 규정하고 있는데(동법 제4조제2항), 동 조항들은

221) 보편적 역무 제도는 통신 시장의 경쟁 도입으로 전기통신 사업자들 간의 고수익 분야와 고수익 지역에 대한 사업진출에 따른 지리적 · 경제적 · 사회적 약자에 대한 필연적 불평등 발생을 해소하기 위해 도입되었다. 보편적 역무 제도의 도입은 산간 격오지나 도서 벽지와 같은 통신서비스 이용 환경 소외지역에 대한 진입 회피 방지와 이용 환경 소외지역의 지속적인 통신서비스 제공 개선 유인을 제공하기 위한 정책적 목표에 따른 것으로 이해된다.

222) 전기통신사업법 시행령은 이 법 제4조(보편적 역무의 제공 등)제2항제1호에서 "대통령령으로 정하는 전기통신사업자"란 부가통신사업자 및 지역무선호출사업자를 말한다고 규정하고 있다(전기통신사업법 시행령 제5조제2항).

223) 전기통신사업법 시행령은 이 법 제4조(보편적 역무의 제공 등)제2항제2호에서 "대통령령으로 정하는 금액"이란 300억원을 말한다고 규정하고 있다(전기통신사업법 시행령 제5조제3항).

소위 'Play or pay' 원칙, 즉 보편적 역무 제공 의무를 지는 사업자가 직접 서비스를 제공하거나 비용을 분담하는 방식을 선택하는 것으로서 즉, 전기통신사업자는 보편적 역무를 제공하거나 다른 사업자에게 비용을 분담하여 서비스를 제공하도록 할 수 있는 것으로 이해된다. 소위 'Play or pay' 원칙은 보편적 서비스 제공을 위한 경쟁 중립성을 확보하고 효율적인 비용 분담을 가능하게 하는 것으로 생각된다.

(1) 보편적 역무를 제공하는 전기통신사업자의 지정

전기통신사업법은 과학기술정보통신부장관은 보편적 역무를 효율적이고 안정적으로 제공하기 위하여 보편적 역무의 사업규모 · 품질 및 요금수준과 전기통신사업자의 기술적 능력 등을 고려하여 대통령령으로 정하는 기준과 절차에 따라 보편적 역무를 제공하는 전기통신사업자를 지정할 수 있다고 규정하고 있는데(전기통신사업법 제4조제4항), 전기통신사업법 시행령은 과학기술정보통신부장관은 법 제4조제4항에 따라 보편적 역무를 제공하는 전기통신사업자(이하 "보편적 역무제공사업자"라 한다)를 지정하려는 경우에는 해당 전기통신사업자의 의견을 들은 후 지정할 수 있다고 규정하고 있으며(동법 시행령 제3조제1항), 과학기술정보통신부장관은 보편적 역무의 제공 현황을 확인하기 위하여 제3조(보편적 역무를 제공하는 전기통신사업자의 지정)제1항에 따라 보편적 역무제공사업자로 지정된 전기통신사업자에게 보편적 역무제공의 실적과 그 제공에 따른 비용 등에 관한 자료의 제출을 요청할 수 있는데, 이 경우 요청을 받은 보편적 역무제공사업자는 정당한 사유가 없으면 그 요청에 따라야 한다고 규정하고 있다(동법 시행령 제3조제2항).

(2) 보편적 역무의 제공에 따른 손실 보전

전기통신사업법은 과학기술정보통신부장관은 보편적 역무의 제공에 따른 손실에 대하여 대통령령으로 정하는 방법과 절차에 따라 전기통신사업자에게 그 매출액을 기준으로 분담시킬 수 있다고 규정하고 있는데(전기통신사업법 제4조제5항), 전기통신사업법 시행령은 과학기술정보통신부장관은 보편적 역무제공사업자가 아닌 전기통신사업자에 대하여 보편적 역무제공사업자가 보편적 역무를 제공함으로써 발생하는 손실의 전부 또는 일부를 보전(補塡)하기 위한 자금(이하 "보편적 역무 손실보전금"이라 한다)을 그 매출액을 기준으로 분담시킬 수 있다고 규정하고 있으며(동법 시행령 제4조제1항), 보편적 역무 손실보전금을 보전받으려는 보편적 역무제공사업자는 해당 회계연도가 끝난 후 3개월 이내에 보편적 역무의 제공에 따른 비용, 수입 및 손실 등이 포함된 보편적 역무제공 실적보고서를 과학기술정보통신부장관에게 제출하여야 한다고 규정하고 있는 한편(동법 시행령 제4조제2항), 과학기술정보통신부장관은 이 법 시행령 제4조(보편적 역무의 제공에 따른 손실 보전)제2항에 따른 보편적 역무제공 실적보고서를 검증하기 위하여 필요하다고 인정할 때에는 전문기관에 그 검토를 의뢰할 수 있다고 규정하고 있다(동법 시행령 제4조제3항). 한편, 과거에는 기간통신사업자에 대해서만 보편적 역무 제공 의무가 부여되었으나 기간통신사업자와 별정통신사업자 간의 차별 해소의 차원에서 보편적 역무 제공 의무 부여 대상이 기간통신사업자에서 모든 전기통신사업자로 확대되었고, 2018년 12월 전기통신사업법의 개정을 통해 기간통신사업자와 별정통신사업자가 기간통신사업자로 일원화(一元化)되어 더 이상의 구분은 무의미해졌다고 생각된다.

나. 보편적 역무의 내용

(1) 보편적 역무의 구체적 내용

전기통신사업법은 보편적 역무의 구체적 내용은 다음, 1. 정보통신기술의 발전 정도, 2. 전기통신역무의 보급 정도, 3. 공공의 이익과 안전, 4. 사회복지 증진, 5. 정보화 촉진의 사항을 고려하여 대통령령으로 정한다고 규정하고 있는데(전기통신사업법 제4조제3항), 전기통신사업법 시행령은 이 법 제4조(보편적 역무의 제공 등)제3항에 따른 보편적 역무의 내용은 다음, 1. “유선전화 서비스”, 1의2. “인터넷 가입자접속 서비스”, 2. “긴급통신용 전화 서비스”, 3. “장애인 · 저소득층 등에 대한 요금감면 서비스”와 같다고 규정하고 있다(동법 시행령 제2조제1항). 한편, 2020년 1월부터 전기통신사업의 개정에 따라 인터넷 가입자접속 서비스인 초고속인터넷 서비스가 보편적 역무의 구체적 내용에 포함되었는데, 과거 전기통신사업법은 초고속인터넷 서비스를 보편적 역무의 구체적 내용에 포함하고 있지 않아서 농어촌 지역과 같은 격오지의 경우 초고속인터넷 서비스 이용 제한에 대한 문제가 지속적으로 제기되어 왔었는데 정보화 격차(Digital divide)의 해소라는 차원에서 초고속인터넷 서비스를 보편적 역무의 구체적 내용에 포함을 시킨 것으로 이해된다. 또한 앞에서 설명한 바와 같이 장애인과 저소득층 등에 대한 요금감면 서비스를 전기통신사업법 제29조(요금의 감면)에 따른 요금의 감면과 별도로 이 법 제4조(보편적 역무의 제공 등)에 따른 보편적 역무에 포함을 시키는 것이 과연 보편적 역무의 본질에 부합하는지에 대한 고민이 필요하다고 생각한다.

(2) 보편적 역무의 세부 내용

전기통신사업법 시행령은 이 법 시행령 제2조(보편적 역무의 내용)제1항에 따른 보편적 역무의 세부 내용은 다음, 1. 유선전화 서비스인 과학기술정보통신부장관이 이용방법 및 조건 등을 고려하여 고시한 지역(이하 "통화권"이라 한다) 안의 전화 서비스 중 다음, 가. "시내전화 서비스"인 가입용 전화를 사용하는 통신을 매개하는 전화 서비스[동법 시행령 제2조제2항제1호다목의 도서통신(島嶼通信) 서비스는 제외한다], 나. "공중전화 서비스"인 공중용 전화를 사용하는 통신을 매개하는 전화 서비스, 다. "도서통신 서비스"인 육지와 섬 사이 또는 섬과 섬 사이에 무선으로 통신을 매개하는 전화 서비스, 라. "인터넷전화 서비스"인 인터넷을 사용하여 통신을 매개하는 전화 서비스(동법 시행령 제2조제2항제1호가목의 시내전화 서비스를 제공하기 위한 설비 등이 구축되어 있지 않은 지역에서 시내전화 서비스를 대체하여 제공하는 경우로 한정한다)의 어느 하나에 해당하는 전화 서비스, 1의2. "인터넷 가입자접속 서비스"인 과학기술정보통신부장관이 이용 현황, 보급 정도 및 기술 발전 등을 고려하여 속도 및 제공대상 등을 정하여 고시하는 인터넷 가입자접속 서비스, 2. "긴급통신용 전화 서비스"인 사회질서 유지 및 인명(人命)의 안전을 위한 다음, 가. 기간통신역무 중 과학기술정보통신부장관이 정하여 고시하는 "특수번호 전화 서비스"와, 나. "선박 무선전화 서비스"인 기간통신역무 중 육지와 선박 사이 또는 선박과 선박 사이의 통신을 매개하는 전화 서비스의 어느 하나에 해당하는 전화 서비스, 3. "장애인 · 저소득층 등에 대한 요금감면 서비스"인 사회복지 증진을 위한 장애인 · 저소득층 등에 대한 다음, 가. 시내전화 서비스 및 통화권 간의 전화 서비스(이하 "시외전화 서비스"라 한다), 나. "시내전화 서비스" 및 시외전화 서비스의 부대 서비스인 "번호안내 서비스", 다. 기간통신역무 중 "이동전화 서비스", "개인휴대통신 서비스", "아이엠티이천(IMT-2000, 3세대 이동통신) 서비스", "엘티이(LTE, 4세대 이동통신) 서비스" 및 "아이엠티이천이십(IMT-2020, 5세대 이동통신)" 서비스, 라. "인터넷 가입자접속 서비스"(동법 시행령 제2조(보편적 역무의 내용)제2항제1호의2에 따른 인터넷 가입자접속 서비스에 한정되지 않는다. 이하 동법 시행령 제5조(보편적 역무 손실보전금의 산정 대상 등)제1항제3호의3을 제외하고 같다), 마. "인터넷전화 서비스"(동법 시행령 제2조제2항제1호라목에 따른 인터넷전화 서비스에 한정되지 않는다), 바. 삭제의 어느 하나에 해당하는 서비스와 같다고 규정하고 있다(전기통신사업법 시행령 제2조제2항).

한편, 보편적 역무의 구체적 내용과 세부 내용을 합리적으로 재조정할 필요가 있다고 생각한다. 국가 전체적으로 국민이 많이 이용하지 않는 전기통신 서비스는 보편적 역무에서 제외하고 신규 전기통신 서비스라도 국민 전체의 후생(厚生)을 증진할 수 있다면 보편적 역무로 편입시킬 수 있는 정책적 노력이 주기적으로 진행되어야 할 것이다.

(3) 요금감면 서비스의 감면 대상자 등

전기통신사업법 시행령은 이 법 시행령 제2조(보편적 역무의 내용)제2항제3호에 따른 요금감면 서비스의 감면 대상자는 다음, 1.「장애인복지법」 제32조(장애인 등록)에 따라 등록한 장애인 또는 같은 법에 따른 장애인복지시설 및 장애인복지단체(다만, 시내전화 서비스, 시외전화 서비스, 인터넷 가입자접속 서비스 및 인터넷전화 서비스의 경우는 그 장애인이 속한 세대를 감면 대상자로 한다), 2.「초 · 중등교육법」에 따른 특수학교, 3.「아동복지법」에 따른 아동복지시설, 4.「국민기초생활 보장법」 제7조(급여의 종류)제1항제1호에 따른 생계급여 수급자 또는 같은 항 제3호에 따른 의료급여 수급자(다만, 시내전화 서비스, 시외전화 서비스, 인터넷 가입자접속 서비스 및 인터넷전화 서비스의 경우는 그 수급자가 포함된 가구로 한다), 5.「국가유공자 등 단체 설립에 관한 법률」에 따른 대한민국상이군경회 및 4 · 19민주혁명회, 6.「국가유공자 등 예우 및 지원에 관한 법률」에 따른 국가유공자 중 전상군경(戰傷軍警), 공상군경(公傷軍警), 4 · 19혁명부상자, 공상공무원, 국가사회발전 특별공로상이자 및 6 · 18자유상이자(다만, 시내전화 서비스, 시외전화 서비스, 인터넷 가입자접속 서비스 및 인터넷전화 서비스의 경우 해당 대상자가 속한 세대를 감면 대상자로 한다), 7.「5 · 18민주유공자예우 및 단체설립에 관한 법률」에 따른 5 · 18민주유공자 중 5 · 18민주화운동부상자(다만, 시내전화 서비스, 시외전화 서비스, 인터넷 가입자접속 서비스 및 인터넷전화 서비스의 경우 해당 대상자가 속한 세대를 감면 대상자로 한다), 8.「국민기초생활 보장법」 제2조(정의)제10호에 따른 차상위계층 중 다음, 가.「국민기초생활 보장법」 제9조(생계급여의 방법)제5항에 따른 자활에 필요한 사업에 참가하는 사람, 나.「국민건강보험법 시행령」[별표 2]제3호라목에 따른 희귀난치성질환자등으로서 본인부담액을 경감받는 사람, 다. 삭제, 라. 삭제, 마.「장애인복지법」 제49조(장애수당)에 따른 장애수당을 지급받는 사람과 같은 법 제50조(장애아동수당과 보호수당)제1항에 따른 장애아동수당을 지급받는 사람, 바.「한부모가족 지원법」 제5조(지원대상자의 범위)에 따른 지원대상자(이 경우 소득 인정액이 기준 중위소득의 100분의 52 이하인 사람을 포함한다), 사.「장애인연금법」 제10조(장애인연금 지급의 결정 등)에 따라 장애인연금을 지급받는 사람, 아. 「사회보장기본법」 제37조(사회보장정보시스템의 구축 · 운영 등)제2항에 따른 사회보장정보시스템에 차상위계층으로 등재된 자로서 과학기술정보통신부장관이 정하여 고시하는 요건에 해당하는 사람의 어느 하나에 해당되는 사람이 속한 가구의 가구원(家口員)[이 경우 한 가구당 감면 대상 가구원의 수는 과학기술정보통신부장관이 정하여 고시한다], 9. 「국민기초생활 보장법」에 따른 수급자 중 같은 법 제7조(급여의 종류)제1항제1호에 따른 생계급여 또는 같은 항 제3호에 따른 의료급여를 받지 아니하는 수급자(같은 항 제4호에 따른 교육급여 수급자의 가구원을 포함한다)[이 경우 한 가구당 감면 대상 가구원의 수는 과학기술정보통신부장관이 정하여 고시한다], 10. 「기초연금법」 제2조(정의)제3호에 따른 기초연금 수급자의 어느 하나에 해당하는 자로 하나, 다만, 제8호부터 제10호까지의 규정에 해당하는 사람에 대한 요금감면 서비스는 이동전화 서비스, 개인 휴대통신 서비스, 아이엠티이천 서비스, 엘티이 서비스 및 아이엠티이천이십 서비스로 한정한다고 규정하고 있다(전기통신사업법 시행령 제2조제3항).

또한 전기통신사업법 시행령은 이 법 시행령 제2조(보편적 역무의 내용)제2항제3호에 따른 요금감면 서비스는 다음, 1. 동법 시행령 제2조제3항제1호 단서, 같은 항 제4호 단서 또는 같은 항 제7호 단서에 따라 요금감면을 신청하는 경우는 가구의 가구원 중 감면 대상자 또는 세대주, 2. 삭제, 3. 동법 시행령 제2조제3항제1호 외의 요금감면을 신청하는 경우는 감면 대상자(동법 시행령 제2조제3항제8호 및 제9호의 경우에는 각각의 가구원을 말한다)의 구분에 따른 자가 신청하여야 한다고 규정하고 있으며(동법 시행령 제2조제4항), 이 법 시행령 제2조제2항제3호에 따른 요금감면 서비스의 감면 대상자에 대한 감면기준은 전기통신사업자의 사업규모, 서비스 요금수준 등을 고려하여 과학기술정보통신부장관이 정하여 고시한다고 규정하고 있다(동법 시행령 제2조제5항).

한편, 요금 감면 서비스와 감면 대상자에 대해서 사회적 합의를 바탕으로 주기적인 정비가 이루어져야 할 것으로 생각한다. 요금 감면이 절실한 사회적 약자에 대한 지원과 도덕적 해이(Moral hazard) 방지를 통한 국가와 사회 전체 자원의 합리적 배분이 이루어지도록 요금 감면 서비스와 감면 대상자의 범위와 대상을 원점에서 조정하는 것에 대해서도 고민할 필요가 있다고 생각된다.

다. 보편적 역무 손실보전금의 산정 대상과 산정 방법 등

전기통신사업법은 과학기술정보통신부장관은 보편적 역무의 제공에 따른 손실에 대하여 대통령령으로 정하는 방법과 절차에 따라 전기통신사업자에게 그 매출액을 기준으로 분담시킬 수 있다고 규정하고 있으며(전기통신사업법 제4조제5항), 전기통신사업법 시행령은 과학기술정보통신부장관은 보편적 역무제공사업자가 아닌 전기통신사업자에 대하여 보편적 역무제공사업자가 보편적 역무를 제공함으로써 발생하는 손실의 전부 또는 일부를 보전(補塡)하기 위한 자금(이하 "보편적 역무 손실보전금"이라 한다)을 그 매출액을 기준으로 분담시킬 수 있다고 규정하고 있다(동법 시행령 제4조제1항).

(1) 보편적 역무 손실보전금의 산정 대상 등

전기통신사업법 시행령은 보편적 역무 손실보전금의 산정 대상이 되는 보편적 역무의 범위는 다음, 1. 이 법 시행령 제2조(보편적 역무의 내용)제2항제1호가목의 시내전화 서비스 중 서비스 제공에 따른 비용 및 수입(통신망 운영의 효율성 등을 고려하여 과학기술정보통신부장관이 고시하는 방식으로 산정한 비용 및 수입을 말한다. 이하 동법 시행령 제6조(보편적 역무 손실보전금의 산정방법 등)에서 같다)을 고려하여 과학기술정보통신부장관이 정하여 고시하는 기준에 따라 선정된 지역에서의 "시내전화 서비스", 2. 동법 시행령 제2조제2항제1호나목의 공중전화 서비스 중 장소 특성 등을 고려하여 과학기술정보통신부장관이 정하여 고시하는 기준에 따라 선정된 지역에서의 "공중전화 서비스", 3. 동법 시행령 제2조제2항제1호다목의 "도서통신 서비스", 3의2. 동법 시행령 제2조제2항제1호라목의 인터넷전화 서비스 중 과학기술정보통신부장관이 정하여 고시하는 기준에 따라 선정된 지역 및 대상에 대한 "인터넷전화 서비스", 3의3. 동법 시행령 제2조제2항제1호의2의 인터넷 가입자접속 서비스 중 과학기술정보통신부장관이 정하여 고시하는 기준에 따라 선정된 대상에 대한 "인터넷 가입자접속 서비스", 4. 동법 시행령 제2조제2항제2호나목의 "선박무선전화 서비스"의 어느 하나와 같다고 규정하고 있다(전기통신사업법 시행령 제5조제1항).

(2) 보편적 역무 손실보전금의 산정 방법 등

전기통신사업법 시행령은 이 법 시행령 제5조(보편적 역무 손실보전금의 산정 대상 등)제1항 각 호의 어느 하나에 해당하는 보편적 역무의 제공으로 인한 손실은 그 역무의 제공에 따른 비용에서 수입을 뺀 금액으로 하는데, 이 경우 동법 시행령 제5조제1항제2호에 따른 보편적 역무의 제공으로 인한 손실을 산정할 때에는 수입에 브랜드 가치 및 가입자 선호도 증대효과 등 간접적 편익을 포함한다고 규정하고 있으며(전기통신사업법 시행령 제6조제1항), 잠정 보편적 역무 손실보전금은 이 법 시행령 제6조(보편적 역무 손실보전금의 산정방법 등)제1항에 따라 산정된 금액에 과학기술정보통신부장관이 정하여 고시하는 손실보전비율을 곱하여 산정하나, 다만, 동법 시행령 제5조제1항제4호의 선박 무선전화 서비스의 경우에는 과학기술정보통신부장관이 정하여 고시하는 경영효율목표금을 잠정 보편적 역무 손실보전금으로 한다고 규정하고 있다(동법 시행령 제6조제2항). 또한 전기통신사업법 시행령은 보편적 역무 손실보전금은 이 법 시행령 제6조제2항에 따라 산정된 잠정 보편적 역무 손실보전금에서 다음, 1. 동법 시행령 제5조제1항 각 호의 어느 하나의 보편적 역무를 제공하는 전기통신사업자가 해당 보편적 역무 외의 전기통신역무(부가통신역무는 제외한다)의 매출액을 기준으로 분담하는 금액과, 2. 과학기술정보통신부장관이 보편적 역무 손실보전금을 분담하는 전기통신사업자(이하 "손실분담사업자"라 한다)의 분담능력 등을 고려하여 산정한 금액을 뺀 금액으로 한다고 규정하고 있다(동법 시행령 제6조제3항).

보편적 역무 손실보전금의 산정 문제는 주로 시내전화, 공중전화, 도서통신, 선박무선 서비스의 의무제공사업자인 KT와 KT를 제외한 손실보전금의 분담 사업자들 간의 손실보전 금액 산정 규모와 관련된 것으로 이해되는데, 과거에는 KT의 시내전화 서비스와 공중전화 서비스의 경우 전국 144개 통화권역별 손실률(비용÷수익)이 시내전화 서비스의 경우 110%, 공중전화 서비스의 경우 130%인 고비용 · 저수익 지역의 손실 금액을 합산(合算)한 후, 광고효과와 같은 무형의 간접적 편익을 손실 금액에서 시내전화 서비스의 경우 10%, 공중전화 서비스의 경우 30%를 차감하고 시내전화 서비스의 손실보전 비율 70%와 공중전화 서비스의 손실보전 비율 90%를 곱하여 총(總)손실 금액의 63%를 각각의 손실보전 금액으로 산정하였으며, 시내전화 보편적 역무 손실보전금에 대하여 손실보전 상한(上限, Cap) 제도를[224] 둔 바 있다.

그러나 유선통신서비스의 이동통신 서비스로의 대체 가속화, 인터넷전화 서비스의 활성화, 결합판매의 활성화로 인한 요금할인 확대 등으로 인해 시내전화 서비스의 원가

224) 손실보전 상한제도는 전체 시내전화 서비스의 통화권역을 합하여 원가보상률(수입÷비용)이 100% 이상인 경우 KT의 보편적 역무 손실보전금을 보전하지 않으나, 원가보상률(수입÷비용)이 100% 미만인 경우 전체 시내전화 서비스 통화권역의 손실금액을 합하여 손실보전금의 상한(上限)으로 하는 제도였다. 손실보전 상한제도는 2007년 만성적 순손실권역 방식을 내용으로 하는 보편적 역무 제도개선으로 폐지되었다.

보상률이 100% 미만이 되어 보편적 역무 손실보전금 분담이 기하급수적으로 커질 것이라는 예상과 우려에 따라 시내전화 서비스의 손실보전금 산정 방식으로 만성적 순손실권역(PNLA, Potential Net Loss Area) 방식이 도입되었다. 만성적 순손실권역 방식은 도서지방과 산간지방 등과 같이 항상 손실이 발생할 수밖에 없는 구조인 통화권역에 대해서만 보편적 역무 손실보전금 손실분담 사업자들이 손실을 보전해주는 방식으로서 시내전화 서비스의 만성적 순손실권역은 보편적 역무 제공의무 사업자에게 수익성과의 연계 없이 예측이 가능한 손실을 보전(補塡)해 줌으로써 보편적 역무의 안정적 제공을 가능하게 하는 한편, 손실보전금 분담사업자들의 보편적 역무 손실보전금에 대한 불확실성을 최소화해 주는 장점이 있다.

한편, 전기통신사업법 시행령은 손실분담사업자는 이 법 시행령 제6조(보편적 역무 손실보전금의 산정방법 등)제3항에 따라 산정된 보편적 역무 손실보전금을 손실분담사업자의 전기통신역무(부가통신역무는 제외한다)의 매출액에 비례하여 분담한다고 규정하고 있는데(동법 시행령 제6조제4항), 손실분담사업자들의 산정된 보편적 역무 손실보전금 분담은 적립된 기금을 활용하는 실질기금방식이 아닌 보편적 역무 의무제공사업자와 손실분담사업자들 간의 정산에 의한 가상기금방식에 따라 매년 이루어지고 있다. 또한 전기통신사업법 시행령은 그 밖에 장애인, 저소득층 등에 대한 전화 서비스의 요금감면 비율과 보편적 역무 손실보전금의 산정방법 등에 관하여 필요한 세부 사항은 과학기술정보통신부장관이 정하여 고시한다고 규정하고 있다(동법 시행령 제6조제5항).

참고자료 및 질문

1. 가상기금 방식과 실질기금 방식. 현재 시행되고 있는 보편적 역무 손실보전 방식은 가상기금(假想基金) 방식이라고 불리고 있는데, 보편적 역무 기금(Universal service fund)의 적립과 활용을 통한 실질기금(實質基金) 방식과 달리 보편적 역무 기금의 적립 없이 매년 보편적 역무 손실보전금을 분담하는 전기통신 사업자들이 관련 매출액에 따라 보편적 역무 의무제공사업자에게 보편적 역무 손실분담 금액을 사후(事後) 정산하는 체계이기 때문이다. 가상기금 방식은 통신 시장의 상대가격을 왜곡할 가능성이 있고 보편적 역무의 장기적이고 안정적인 운영을 위한 재원확보가 곤란하다는 비판이 있으므로 현재의 보편적 역무의 손실분담 체계를 지속적으로 유지해야 하는가에 대해서는 고민이 필요하다고 생각한다. 한편, 미국, 일본, 프랑스 등과 같이 통신 서비스제공사업자가 매년 일정한 금액을 매출에 따라 보편적 역무 기금에 적립하도록 하거나 통신 서비스 이용자로부터 요금의 일정 비율을 보편적 역무 기금을 위한 재원으로 갹출(醵出)하여 안정적인 재원 마련을 하는 것과 같은 실질기금 방식으로의 전

환이 필요하다는 견해가 있다. 당신은 가상기금 방식과 실질기금 방식 중 어느 방식이 더 바람직하다고 생각하며, 바람직하다고 생각하는 이유는 무엇인가?

2. 손실보전 상한. 앞에서 설명한 바와 같이 보편적 역무의 손실보전금 산정과 관련하여 주된 문제는 보편적 역무 제공의무사업자인 KT에게 보편적 역무 손실보전금을 분담하는 전기통신사업자들이 보전해야 하는 보편적 역무 손실보전금의 규모로 이해된다. 한편, 손실보전금과 관련하여 전기통신사업자들 간의 논란이 되었던 사안이 시내전화의 손실보전 상한(上限, Cap)이었다. 시내전화에 대한 손실보전 상한은 전체 통화권역을 합산하여 원가보상률(수입÷비용)이 100% 이상인 경우 보편적 역무 제공으로 인한 손실을 보전하지 않으나 원가보상률이 100% 미만인 경우 전체 권역의 손실액을 합하여 보편적 역무 손실보전금의 상한으로 적용하는 것이었다. 시내전화의 손실보전 상한은 KT에 대한 보편적 역무 손실보전 금액의 상한으로서 보편적 역무 손실보전금을 분담하는 전기통신사업자들에 대한 안전판의 역할을 해왔으며 2000년 보편적 역무 제도 도입 시부터 유지되었었다. 한편, 2002년 잠시 손실보전 상한이 폐지되었는데 공교롭게도 그 해 민영화된 KT의 명예퇴직을 통한 구조조정으로 비용이 급증하여 원가보상률이 100% 미만이 되었고 보편적 역무 손실보전금이 급격하게 상승하게 되어 2003년부터 보편적 역무 손실보전금을 분담하는 전기통신 사업자들의 요구에 따라 다시 손실보전 상한이 부활하게 되었다. 그러나 2007년 만성적 순손실권역(PNLA, Potential Net Loss Area)의 도입으로 인해 손실보전 상한의 실익이 없어짐에 따라 폐지하게 되었다.

라. 보편적 역무 정보시스템의 구축과 운영 등

전기통신사업법은 과학기술정보통신부장관은 보편적 역무와 관련된 정보를 효율적으로 관리하고 활용할 수 있는 전자정보시스템(이하 "전자정보시스템"이라 한다)을 구축 · 운영할 수 있다고 규정하고 있으며(전기통신사업법 제4조제6항), 과학기술정보통신부장관은 전자정보시스템의 구축 · 운영 업무를 대통령령으로 정하는 기관에 위탁할 수 있다고 규정하고 있다(동법 제4조제6항). 또한 전기통신사업법은 전자정보시스템의 구축 · 운영 및 정보처리 등에 관하여 필요한 사항은 대통령령으로 정한다고 규정하고 있는데(동법 제4조제7항), 전기통신사업법 시행령은 과학기술정보통신부장관이 이 법 제4조(보편적 역무의 제공 등)제6항에 따라 전자정보시스템(이하 "보편역무정보시스템"이라 한다)을 구축 · 운영하려는 경우에는 이 법 시행령 제2조제2항제3호의 요금감면 서비스(이하 이 조에서 "요금감면서비스"라 한다) 제공에 필요한 정보가 연계 · 통합되도록 구축 · 운영해야 한다고 규정하고 있다(동법 시행령 제6조의2제1항).

전기통신사업법 시행령은 과학기술정보통신부장관은 보편역무정보시스템을 효율적으로 구축 · 운영하기 위하여 「전자정부법」 제36조(행정정보의 효율적 관리 및 이용)제1항에 따른 행정정보의 공동이용을 통하여 요금감면서비스의 감면 대상자를 확인할 수 있다고 규정하고 있으며(동법 시행령 제6조의2제2항), 과학기술정보통신부장관은 이 법 제4조제7항에 따라 보편역무정보시스템의 구축 · 운영 업무를 「방송통신발전 기본법」 제15조(한국정보통신진흥협회)에 따라 설립된 한국정보통신진흥협회에 위탁하는데, 이 경우 과학기술정보통신부장관은 위탁 업무 수행에 필요한 경비의 전부 또는 일부를 지원할 수 있다고 규정하고 있다(동법 시행령 제6조의2제3항).

한편, 전기통신사업법 시행령은 과학기술정보통신부장관은 보편적 역무제공사업자로 하여금 요금감면서비스의 제공에 필요한 범위에서 보편역무정보시스템의 정보를 이용하게 할 수 있다고 규정하고 있으며(동법 시행령 제6조의2제4항), 이 법 시행령 제6조의2(보편역무정보시스템의 구축 · 운영 등)제1항부터 제4항까지에서 규정한 사항 외에 보편역무정보시스템의 구축 · 운영에 필요한 세부사항은 과학기술정보통신부장관이 정하여 고시한다고 규정하고 있다(동법 시행령 제6조의2제5항).

3. 장애인 통신중계서비스

〈전기통신사업법〉 제4조의2(장애인 통신중계서비스) ① 「장애인차별금지 및 권리구제 등에 관한 법률」 제21조제4항에 따라 통신설비를 이용한 중계서비스(이하 "통신중계서비스"라 한다)를 제공하여야 하는 자는 통신중계서비스를 직접 제공하거나 과학기술정보통신부장관이 지정하는 운영기관 등에 위탁하여 제공할 수 있다.

가. 장애인 통신중계서비스의 의의

전기통신사업법은 「장애인차별금지 및 권리구제 등에 관한 법률」 제21조(정보통신 · 의사소통 등에서의 정당한 편의제공의무)제4항에 따라 통신설비를 이용한 중계서비스(이하 "통신중계서비스"라 한다)를 제공하여야 하는 자는 통신중계서비스를 직접 제공하거나 과학기술정보통신부장관이 지정하는 운영기관 등에 위탁하여 제공할 수 있다고 규정하고 있는데

(전기통신사업법 제4조의2제1항), 장애인 통신중계(中繼, Relay) 또는 손말이음 서비스(Telecommunication Relay Service)는 청각 언어장애인과 비장애인이 쉽게 의사 소통을 할 수 있도록 지원하는 실시간 전화 중계 서비스로서 2015년 11월 개시되었으며, 〈그림 38〉과 같이 청각 언어장애인이 초고속인터넷이나 휴대전화 등으로 이용하는 문자나 영상통화를 수화를 할 수 있는 107 손말이음센터의 중계사가 소리 언어로 상대방에게 전달을 해주는 서비스로 이해된다.

그림 38 장애인 통신중계서비스

나. 장애인 통신중계서비스의 주요 내용

전기통신사업법은 통신중계서비스를 제공하여야 하는 자는 통신중계서비스 제공계획을 회계연도마다 회계연도 개시 후 1개월 이내에 과학기술정보통신부장관에게 제출하여야 한다고 규정하고 있으며(동법 제4조의2제2항), 통신중계서비스에 종사하는 사람 또는 종사하였던 사람은 직무상 알게 된 타인의 비밀을 누설하여서는 아니 된다고 규정하고 있다(동법 제4조의2제3항).

한편, 전기통신사업법은 과학기술정보통신부장관은 다음, 1. 통신중계서비스를 직접 제공하거나 위탁하여 제공하는 기간통신사업자와, 2. 통신중계서비스를 위탁받아 제공하는 자의 어느 하나에 해당하는 자에게 재정 및 기술 등 필요한 지원을 제공할 수 있다고 규정하고 있으며(동법 제4조의2제4항), 이 법 제4조의2(장애인 통신중계서비스)제1항에 따른 운영기관의 지정에[225] 관한 기준, 절차 및 방법 등에 관한 구체적인 사항은 과학기

225) 통신설비를 이용한 중계서비스 제공 등에 관한 기준은 과학기술정보통신부장관은 청각 · 언어장애인

술정보통신부장관이 정하여 고시한다고 규정하고 있는데(동법 제4조의2제5항), 동 사안과 관련하여 통신설비를 이용한 중계서비스 제공 등에 관한 기준(과학기술정보통신부 고시 제2017-7호, 2017. 8. 24.)이 제정 · 시행되고 있다.

제6절 지원금과 장려금

〈전기통신사업법〉 제2조(정의) 이 법에서 사용하는 용어의 뜻은 다음과 같다.

27. "지원금"이란 이동통신단말장치 구매가격 할인, 현금 지급, 가입비 보조 등 이동통신단말장치의 구입비용을 지원하기 위하여 이용자에게 제공된 모든 경제적 이익을 말한다.
28. "장려금"이란 다음 각 목의 어느 하나에 해당하는 것을 말한다.
   가. 이동통신단말장치 제조업자가 이동통신사업자(그 계열회사를 포함한다), 대리점 또는 판매점 등에 이동통신단말장치 판매에 관하여 제공하는 모든 경제적 이익
   나. 이동통신사업자(그 계열회사를 포함한다)가 대리점 또는 판매점 등에 이동통신단말장치 판매에 관하여 제공하는 모든 경제적 이익

1. 지원금과 장려금의 의의

전기통신사업법은 "지원금"이란 이동통신단말장치 구매가격 할인, 현금 지급, 가입비 보조 등 이동통신단말장치의 구입비용을 지원하기 위하여 이용자에게 제공된 모든 경제적 이익을 말한다고 규정하고 있으며(전기통신사업법 제2조제27호), "장려금"이란 다음, 가. 이동통신단말장치 제조업자가 이동통신사업자(그 계열회사를 포함한다), 대리점 또는

에 대한 원활한 통신중계서비스 제공을 위하여 센터를 두나, 다만, 효율적 운영을 위하여 필요한 경우 센터 운영기관을 지정하여 위탁할 수 있다고 규정하고 있으며(통신설비를 이용한 중계서비스 제공 등에 관한 기준 제13조제1항), 센터 운영기관은 한국정보화진흥원으로 하며 한국정보화진흥원은 매년 사업계획을 수립하고 「ICT 기금사업 관리 지침」제3조제5호에 따른 전담기관인 한국방송통신전파진흥원과 협약을 체결하여 사업을 수행한다고 규정하고 있다(동 고시 제13조제2항).

판매점 등에 이동통신단말장치 판매에 관하여 제공하는 모든 경제적 이익과, 나. 이동통신사업자(그 계열회사를 포함한다)가 대리점 또는 판매점 등에 이동통신단말장치 판매에 관하여 제공하는 모든 경제적 이익의 어느 하나에 해당하는 것을 말한다고 규정하고 있는데(동법 제2조제28호), 전기통신사업법의 지원금과 장려금은 소위 '단말기 보조금'에 대한 사안으로 이동통신 시장은 이동전화 단말기와 이동통신 서비스가 결합(結合)되어 있는 것이 일반적인 시장으로서 이동통신 서비스 가입 시 이동통신사업자들은 이용자에게 단말기 보조금을 가입의 반대급부(反對給付)로 제공하는 것이 일반적이다. 특히, 우리나라의 경우 SIM(Subscriber Identify Module, 가입자 식별 모듈) 카드와 단말기가 결합(結合)된 CDMA(Code Division Multiple Access, 코드분할 다중접속) 방식을 통해 세계 최초로 2G 이동전화 서비스를 개시하였기 때문에 3G 이동전화 서비스 개시 이후 SIM 카드가 단말기와 분리되기 시작했음에도 불구하고 단말기와 서비스의 결합이 강한 편으로 생각된다.[226)]

전기통신사업법의 지원금과 장려금은 일반인들에게는 단말기 보조금이라는 명칭(名稱)으로 통용되고 있는데, 단말기 보조금은 일반적으로 이동통신 서비스의 가입 시 제공되는 이동전화 단말기 가격의 할인 금액, 이용약관에 없는 요금 할인 금액 등으로 이해된다. 단말기 보조금은 대리점과 판매점을 포함하는 이동통신 유통망에서 이용자에게 지급하는 단말기 가격 할인 금액이나 현금 지급액 전체를 총칭하는 것이라고 하겠는데, 단말기 보조금은 이동통신사와 제조사가 지원하는 각종 재원을 바탕으로 형성된다. 〈그림 39〉과 같이 대리점과 판매점을 포함하는 이동통신 유통망은 지원금과 함께 이동통신사업자와 이동통신 단말장치 제조업자로부터의 장려금(소위 '리베이트')을 재원으로 하여 이동통신 서비스 이용자에게 단말기 보조금을 지급하게 된다.

---

226) 우리나라의 경우 과거 CDMA(Code Division Multiple Access, 코드분할 다중방식) 방식으로 이동통신 서비스가 개시되어 단말기와 서비스의 결합이 강한 편으로 생각된다. CDMA 방식(과거 우리의 2G 이동전화 서비스)은 북미(北美)식 이동통신 서비스 방식으로 이동전화 단말기에 SIM(Subscriber Identify Module, 이용자 식별 모듈) 카드가 내장되어 있어 이동통신 서비스에 가입하기 위해서는 단말기를 같이 구매해야 하므로 단말기와 이동통신 서비스 간 결합의 정도가 강한 편이나, 유럽식 이동통신 서비스 방식인 GSM 방식(우리의 W-CDMA인 3G, LTE인 4G, 5G 이동전화 서비스)은 SIM 카드와 단말기가 분리되어 있어 단말기 구매를 이동통신 서비스 가입과 관계없이 별도로 할 수 있으므로 단말기와 이동통신 서비스 간 결합의 정도가 약한 편으로 이해된다. CDMA 방식과 GSM 방식의 기술적 차이로 인해 CDMA 방식으로 이동통신 서비스가 개시된 우리나라와 미국과 같은 국가들의 경우 이동통신 시장에서 이동통신사들의 이동전화 단말기 판매시장에서의 영향력이 강한 편이다. 신종철, 단말기유통법 해설, 진한M&B(2016), pp15~16.

그림 39 이동통신 시장의 유통구조

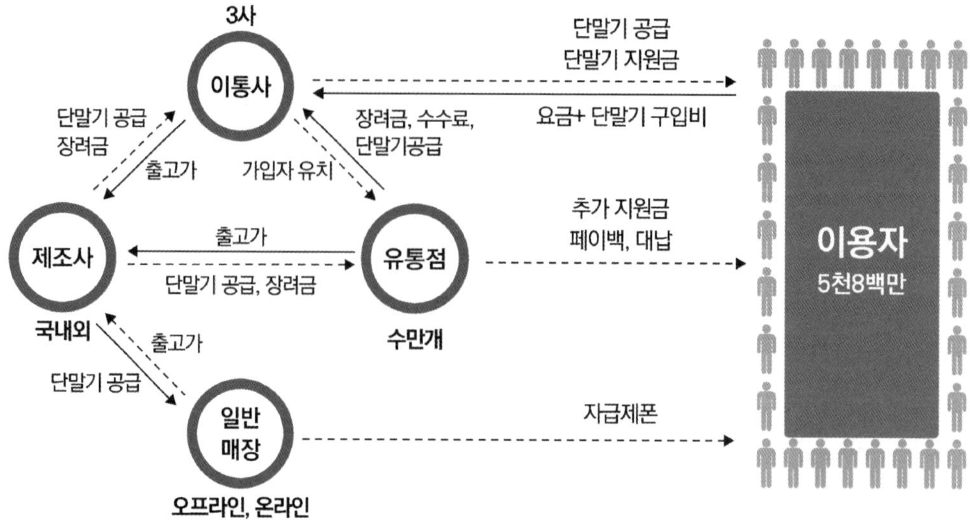

지원금과 장려금 소위 '단말기 보조금'은 말도 많고 탈도 많은 사안으로 규제의 필요성과 정당성, 규제의 방법까지 백가쟁명(百家爭鳴)의 분야로 생각되는데, 그 본질적인 이유는 이동전화 시장의 요금 경쟁에 단말기 보조금을 포함해야 하는가의 여부에 대한 논란이 지속되기 때문으로 생각한다. 단말기 보조금은 초기 이동통신 서비스 시장의 성장에 크나큰 기여를 한 것으로 평가되는데, 가입자의 단말기 구매 비용을 경감(輕減)하여 줌으로써 이동통신 서비스 시장의 확대, 고성능 스마트폰과 같은 국내 단말기 산업의 성장과 수출 경쟁력 제고, 대리점과 판매점을 통한 국내 일자리 확대 등의 효과를 창출하였다고 하겠으나, 단말기 보조금은 잦고 불필요한 고가(高價)의 단말기 교체, 가입 시 고액(高額) 요금과 불필요한 부가서비스 강제와 같은 과소비를 조장함으로써 가계통신비의 인상 요인이 되고, 특정 시간과 장소에 따라 이용자에 대한 단말기 지원금이 천차만별이어서 소위 '단말기 지원금 대란(大亂)'과 같은 당시 불법적이고 부당한 이용자 차별이 발생한다는 문제점이 지적된 바가 있다. 단말기 보조금과 관련하여 다양한 단말기 보조금 규제가 오랜 기간 동안 시행되었었고 2014년 10월, 「이동통신단말장치 유통구조 개선에 관한 법률(약칭: 단말기유통법)」이 제정 · 시행되었는데[227] 무수한 사회적 논란 끝에 2025년 7월, 단말기유통법은 폐지되고 관련 조항은 전기통신사업법으로 이관되었음은 앞에서 설명한 바가 있다.[228]

227) 신종철, 앞의 책, pp18~26.

2. 단말기 보조금 규제의 연혁

가. 단말기유통법 제정 · 시행 이전(2000년~2014년 9월 30일)

단말기 보조금 규제는 2000년 처음으로 도입된 이후, '원칙적 금지에서 원칙적 허용'이라는 흐름에 따라 변화해 온 것으로 이해된다. 단말기유통법 도입 이전의 시기는 크게 3단계로 구분할 수 있다고 하겠는데, 첫 번째 단계(2000년 6월~2006. 3. 27)는 보조금을 원칙적으로 금지하였던 단계이다. 당시 과도하게 짧은 단말기 교체 주기로 단말기 과소비 및 자원의 낭비, 신규 가입자와 기존 가입자 간의 이용자 차별 및 기존 가입자로의 비용전가 등 사회적 폐해가 심각해져, (구)정보통신부는 2006년 6월 공정거래위원회와의 협의를 거쳐 이용약관을 통해 단말기 지원금을 최초로 금지하였으며, 이후 2003년 3월에는 3년 일몰(2003. 3. 27~2006. 3. 26)인 한시적 입법으로서 「전기통신사업법」을 통해 단말기 지원금 금지가 법제화되었다.

두 번째 단계(2006. 3. 27~2008. 3. 26)는 단말기 지원금 지급 범위를 확대하던 시기로, 2006년 3월 단말기 지원금 금지 규정의 효력 만료 기간을 2년 더 연장하되, 기존 가입자의 이익을 증진하기 위해 18개월 이상 가입자에 대해서는 단말기 지원금을 허용하는 부분적인 허용(許容) 조치가 이루어졌다. 마지막 단계(2008. 3. 27~2014. 9. 30)는 단말기 지원금의 원칙적 허용과 부당한 이용자 차별규제를 하던 시기로, 2008년 3월 규제 완화의 차원에서 단말기 지원금 규제 관련 조항들이 일몰됨에 따라 단말기 지원금의 지급은 허용하되 이용자 차별적인 지원금 지급에 대해서 사후 규제가 이루어졌다. 「전기통신사업법」의 단말기 지원금 금지 관련 조항은 삭제되었으나, 일정 금액인 27만 원 이상의 단말기 보조금 지급은 이용자 차별행위로서 「전기통신사업법」의 금지행위에 해당하여 제재가 이루어졌기 때문에 단말기 지원금에 대한 규제는 이루어지고 있었다고 하겠다.

---

228) 지난해말 국회를 통과한 단말기유통법(단통법) 폐지법안의 시행일이 확정됐다. 지금으로부터 6개월 뒤인 7월 22일부터 단통법은 효력을 잃는다. 21일 과학기술정보통신부에 따르면 단통법 폐지법률이 이날 전자 관보를 통해 공포됐다. 국회를 통과한 법안은 이후 국무회의, 공포 등의 절차를 거쳐 시행된다. 2014년 10월 1일 시행된 단통법은 일부 사용자에게만 과도하게 지급된 보조금을 모두가 차별 없이 받게 하고 이통사 간 소모적 보조금 경쟁에서 벗어나 소비자 후생을 극대화하는 서비스와 요금 경쟁을 유도한다는 취지로 탄생했다. 하지만 단통법 시행 후 SK텔레콤, KT, LG유플러스 등 이동통신사업자 보조금 경쟁이 위축되면서 국민이 단말기를 더 저렴하게 살 기회가 제한됐다는 비판이 이어져왔다. 이후 지난해 정부가 폐지 방침을 발표했고 국회를 통과했다. 김광연 IT조선 기자, 단통법 7월 22일부터 폐지, 2025.1.21.(https://it.chosun.com/news/articleView.html?idxno=2023092132712).

한편, 이러한 이용자 차별적인 단말기 지원금 지급에 대한 제재는「전기통신사업법」 제50조(금지행위)와 이 법 시행령 제42조(금지행위의 유형 및 기준) 및 동법 시행령 [별표4]에 근거하여 이루어졌는데, 이러한 법령들은 전기통신설비 또는 그 밖의 경제적 이익 등을 다른 이용자에 비하여 부당하게 차별적으로 제공하는 행위는 이용자의 이익을 현저하게 해치는 행위로 규정하고 있었으며, 차별적인 보조금 지급으로 제재의 대상이 되는 기준은 1인당 평균 예상이익인 27만 원을 초과하는 것으로 정하여졌는데, 차별적인 보조금 지급으로 제재의 대상이 되는 기준은 1인당 평균 예상이익을 초과하는 단말기 지원금 지급은 다른 가입자에게 비용으로 전가될 수 있다는 판단에 근거한 것이었다고 생각된다.

나. 단말기유통법 제정 · 시행과 폐지(2014년 10월 1일~2025년 7월 21일)

반복되는 소위 단말기 지원금 "대란(불법 단말기 지원금을 받기 위한 줄서기)" 발생과 "호갱(호구+고객)"으로 불리는 이용자 피해를 막기 위해 근본적인 이동통신 유통구조 개선에 관한 사회적 요구가 꾸준히 제기되어 왔다. 이에 따라, 국회에서도 과도한 단말기 지원금 경쟁과열을 방지하기 위한 단말기 지원금 규제의 법적 근거 마련을 위한 입법 노력이 꾸준하게 시도되었었다. 한편, 2013년 5월「이동통신단말장치 유통구조 개선에 관한 법률(약칭: 단말기유통법)」제정(안)이 국회에 제출되었고, 동 법률(안)은 1년 정도의 국회에서의 논의와 이동통신사업자, 이동전화 단말기 제조사, 이동통신 유통점 등의 의견 수렴을 거쳐 2014년 4월 국회의 소관 상임위원회인 미래창조과학방송통신위원회를 통과된 후, 2014년 5월 국회 제324회 제2차 본회의에서 재석 215인 중 찬성 212명, 기권 3명으로 의결되었다.「이동통신단말장치 유통구조 개선에 관한 법률(약칭: 단말기유통법)」은 단말기 지원금 규제를 위한 기본법으로 2014년 10월 1일부터 시행되고 있었는데, 앞에서 설명한 바와 같이 사회적인 논란으로 2025년 7월 단말기유통법은 폐지되고 관련 조항은 전기통신사업법으로 이관이 되었다.

참고자료 및 질문

1. 단말기 보조금 규제에 대한 다양한 시각. 단말기 보조금 규제에 대해, 1. 단말기 지원금 규제 자체가 소비자 후생 및 자율적 시장 환경을 침해하므로 원천적으로 불필요하다는 시각, 2. 단말기 지원금 규제의 필요성은 인정되나 현재 단말기 지원금 규제 체계의 구조적 한계로 인해 규제의 실효성에 의문을 제기하는 시각, 3. 과도한 단말기 지원금은 규제 불순응(不順應) 시 받는 불이익이 기대이익보다 작아서 규제의 강도를 더 크게 해야 한다는 시각 등 다양한 시각이 존재하고 있다. 다양한 단말기 보조금 규제의 시각은 단말기 보조금 경쟁을 이동통신 요금과 서비스 경쟁에 포함(包含)시켜야 하는가의 문제로 생각하는데, 우리나라 이동통신 시장은 소위 '이동통신 3사'인 SKT(에스케이텔레콤), KT(케이티), LGU+(엘지 유플러스)의 요금과 서비스 품질에 큰 차이가 없으므로 단말기 보조금이 경쟁의 중요한 수단이라는 입장과 이용자에게 차별적인 보조금은 소위 '집토끼(장기 가입자)'가 아닌 소위 '산토끼(번호이동 가입자)'에게 혜택이 갈 뿐이고 과도한 단말기 보조금은 요금 인하와 투자 여력을 감소시킨다는 입장이 있다. 이러한 입장들에 대한 당신의 의견은 무엇인가?

2. 차별적 단말기 보조금 지급 관련 (구)방송통신위원회 심결. (구)방송통신위원회(현재 방송미디어통신위원회)는 2008년 단말기 보조금 규제조항 일몰 이후, 이동통신 3사의 번호이동 실적이 사상 최고치를 갱신하는 등 시장의 이상과열이 지속되자 2009년 이동통신 3사의 단말기 보조금 지급 실태에 대한 조사에 착수하였다. 한편, (구)방송통신위원회는 이동통신사업자가 단말기 보조금으로 지급한 비용이 단말기 보조금을 지급받은 가입자로부터 예상되는 이익을 초과할 경우, 이로 인한 손해가 다른 이용자에게 전가됨으로써, 이용자의 이익을 저해하는 한편, 요금 인하 및 투자 여력을 약화시켜 저렴한 요금·품질·서비스 등의 근본적 수단에 의한 이동통신 시장의 건전한 경쟁을 저해할 우려가 있다는 위법성 판단기준을 제시하였다. (구)방송통신위원회는 위법성 판단기준에 따라 2009년 상반기 중 가입자 1인당 평균 예상이익(가입자 1인당 월평균 예상이익×단말기 평균 교체주기)인 27만 원을 초과하는 보조금을 지급한 이동통신 3사를 제재한 바가 있다. 또한 (구)방송통신위원회는 연령대 및 가입 형태 등에 따른 단말기 보조금 차별기간은 계절적 마케팅에 국한하여 최소화되거나 지양되어야 하고 가입자 간 차별의 정도는 비용 절감 효과나 기대수익 차이 등의 합리적·객관적 기준을 근거로 산정되어야 한다는 기준도 제시한 바 있다.[229]

---

229) 방송통신위원회 의결 제2010-58-248호부터 250호까지(2010. 9. 24), 이동통신 3사의 차별적 보조금 지급행위로 인한 이용자이익 침해행위.

3. 지원금과 장려금의 주요 내용

가. 단말기유통법 폐지와 전기통신사업법 이관

앞에서 설명한 바와 같이 2025년 7월, 단말기유통법이 폐지되고 관련 사안은 전기통신사업법으로 이관되었는데 단말기유통법의 본질은 이 법 제4조(지원금의 과다 지급 제한 및 공시)제3항에 따른 지원금의 공시와 동법 제6조(지원금을 받지 아니한 이용자에 대한 혜택 제공)제1조에 따른 선택약정 요금할인인 소위 '25 프로(%)' 요금할인으로 생각된다. 단말기유통법은 이동통신사업자는 이동통신단말장치별 출고가,[230] 지원금액, 출고가에서 지원금액을 차감한 판매가 등 지원금 지급 내용 및 지급 요건에 대하여 이용자가 알기 쉬운 방식으로 공시하여야 한다고 규정하고 있었으며(단말기유통법 제4조제3항), 이동통신사업자는 이동통신서비스 가입 시 이용자 차별 해소와 이용자의 합리적 선택을 지원하기 위하여 이동통신사업자에게 지원금을 받지 아니하고 이동통신서비스에 가입하려는 이용자(이동통신단말장치를 구입하지 아니하고 서비스만 가입하려는 이용자를 포함한다)에 대하여 지원금에 상응하는 수준의 요금할인 등 혜택을 제공하여야 한다고 규정하고 있었다(동법 제6조제1항).

단말기유통법이 폐지되고 관련 사안이 전기통신사업법으로 이관됨에 따라 〈그림 40〉과 같은 변화가 나타나게 되었는데, 우선 단말기유통법에서 이동통신사들의 지원금을 사전 공시하도록 하였으나 과거 공시지원금을 공통 지원금으로 명칭을 바꾸면서 이동통신사들이 자율적으로 공개하도록 하여 단말기 지원금 공시의무를 폐지하였고, 단말기유통법은 대리점과 판매점을 포함하는 이동통신 유통망에 대해 공시지원금의 15% 이내로 추가 지원금에 대한 상한을 규정하고 있었으나 추가 지원금에 대한 상한을 폐지하였다. 또한 단말기유통법은 신규 가입, 번호이동, 기기 변경에 따른 가입 유형별 차별과 요금제별 차별을 금지하였으나, 가입 유형별 차별과 요금제별 차별을 폐지하였다. 다만, 단말기유통법이 규정하던 거주 지역, 나이, 신체적 조건에 따른 차별금지 규정은 단말기유통법의 폐지에도 불구하고 전기통신사업법으로 이관되어 유지되었는데, 전기통신사업법은 이동통신사업자, 대리점 또는 판매점은 이용자의 거주 지역, 나이 또는 신체적 조건을 이유로 부당하게 차별적인 지원금을 지급하여서는 아니 된다고 규정하고 있다(전기

230) 전기통신사업법은 "출고가"란 이동통신단말장치 제조업자, 이동통신사업자 또는 이동통신사업자의 계열회사(「독점규제 및 공정거래에 관한 법률」 제2조(정의)제12호에 따른 계열회사를 말한다) 등이 대리점에 이동통신단말장치를 공급하는 가격을 말한다고 규정하고 있다(전기통신사업법 제2조제26호).

통신사업법 제32조의12제1항).

한편, 단말기유통법의 폐지에도 불구하고 지원금을 받지 않는 이용자에 대해서도 요금할인 혜택을 제공하는 선택약정 요금할인 제도는 유지되는데, 전기통신사업법은 이동통신사업자는 이동통신서비스 가입 시 이용자 차별 해소와 이용자의 합리적 선택을 지원하기 위하여 이동통신사업자에게 지원금을 받지 아니하고 이동통신서비스에 가입하려는 이용자(이동통신단말장치를 구입하지 아니하고 이동통신서비스만 가입하려는 이용자를 포함한다)에 대하여 요금할인 등 혜택을 제공하여야 한다고 규정하고 있다(동법 제32조의11제1항).

그림 40 단말기유통법 폐지와 변화

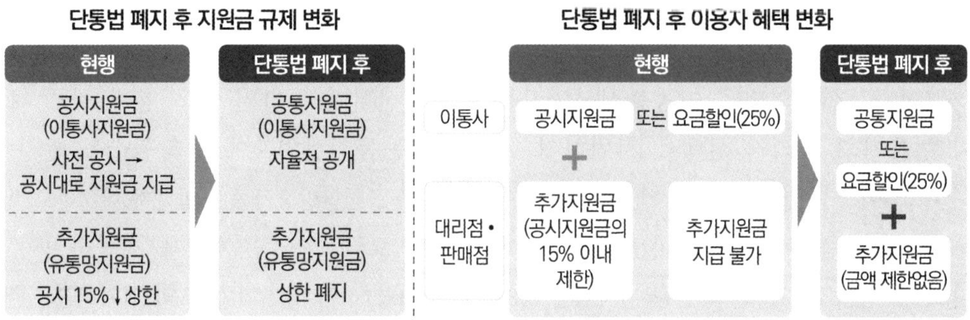

나. 지원금의 차별 지급 금지

전기통신사업법은 이동통신사업자, 대리점 또는 판매점은 이용자의 거주 지역, 나이 또는 신체적 조건을 이유로 부당하게 차별적인 지원금을 지급하여서는 아니 된다고 규정하고 있으며(전기통신사업법 제32조의12제1항), 이 법 제32조의12(지원금의 차별 지급 금지)제1항에 따른 부당하게 차별적인 지원금 지급의 유형 및 기준에 필요한 사항은 대통령령으로 정한다고 규정하고 있는데(동법 제32조의12제2항), 전기통신사업법 시행령은 이 법 제32조의12(지원금의 차별 지급 금지)제1항에 따른 지원금을 부당하게 차별적으로 지급하는 경우는 동일한 가입유형 · 요금제 · 이동통신단말장치임에도 불구하고 다음, 1. 이용자의 주소 등 거주 지역과 관련된 사항, 2. 이용자의 나이와 관련된 사항, 3. 이용자의 장애 등 신체적 조건에 따른 사항의 어느 하나에 해당하는 이유로 서로 다른 지원금을 지급하거나 지급하기로 제안하는 경우로 한다고 규정하고 있으며(동법 시행령 제37조의13제1항),

이 법 시행령 제37조의13(지원금의 부당한 차별적 지급 유형 및 기준)제1항에도 불구하고 고연령층 등 디지털 소외계층 중 다음, 1. 「도서 · 벽지 교육진흥법」 제2조(정의)에 따른 도서 · 벽지의 거주자, 2. 「노인복지법」 제26조(경로우대)에 따른 경로우대의 대상이 되는 노인, 3. 「장애인복지법」 제32조(장애인 등록)에 따라 등록한 장애인, 4. 그 밖에 소외계층 중 방송미디어통신위원회가 인정하는 자에 해당하는 자를 대상으로 일정기간 동안 우대하는 지원금을 지급하는 경우는 부당한 차별로 보지 아니한다고 규정하고 있다(동법 시행령 제37조의13제1항).

다. 지원금을 받지 아니한 이용자에 대한 혜택 제공

전기통신사업법은 이동통신사업자는 이동통신서비스 가입 시 이용자 차별 해소와 이용자의 합리적 선택을 지원하기 위하여 이동통신사업자에게 지원금을 받지 아니하고 이동통신서비스에 가입하려는 이용자(이동통신단말장치를 구입하지 아니하고 이동통신서비스만 가입하려는 이용자를 포함한다)에 대하여 요금할인 등 혜택을 제공하여야 한다고 규정하고 있으며(전기통신사업법 제32조의11제1항), 이 법 제32조의11(지원금을 받지 아니한 이용자에 대한 혜택 제공)제1항에 따른 혜택의 제공을 위한 이용약관의 변경에 관하여는 동법 제28조(이용약관의 신고 등)를 준용하나, 다만, 동법 제28조제1항 및 제4항에도 불구하고 과학기술정보통신부장관은 이용자의 이익을 해칠 우려가 클 경우에는 신고를 접수한 날부터 15일 이내에 해당 신고를 반려할 수 있다고 규정하고 있는데(동법 제32조의11제2항), 앞에서 설명한 유보 신고제와 동일한 맥락(脈絡)으로 이해되며, 전기통신사업법 제32조의11(지원금을 받지 아니한 이용자에 대한 혜택 제공)는 선택약정 요금할인인 소위 '25 프로(%)' 요금할인 정책을 유지하기 위한 조항으로 생각된다.

라. 이동통신단말장치 구입비용 구분 고지 등

전기통신사업법은 이동통신사업자는 이동통신단말장치 구입비용이 이동통신서비스 이용요금과 혼동되지 아니하도록 명확하게 구분 표기하여 고지 및 청구하여야 한다고 규정하고 있으며(전기통신사업법 제32조의15제1항), 이동통신사업자, 대리점 또는 판매점은 이용약관에 따라 서비스 약정 시 적용되는 요금할인액을 지원금으로 설명하거나 표시·광고하여 이용자로 하여금 이동통신단말장치 구입비용을 오인하게 하여서는 아니 된다고 규정하고 있는데(동법 제32조의15제2항), 전기통신사업법 제32조의15(이동통신단말장치 구입비용 구분 고지 등)는 단말기유통법의 폐지로 단말기 공시의무가 없어지는 점을 고려하여 이용자에게 단말기 선택권을 보장하고 공통 지원금, 요금, 부가서비스 등 계약 정보를 명확히 제공하기 위한 것으로 생각된다.

전기통신사업법은 이동통신사업자, 대리점 또는 판매점은 이동통신단말장치를 할부판매하는 경우 이용자가 합리적으로 선택할 수 있도록 할부기간과 추가적으로 청구되는 비용 등에 관하여 명확하게 고지하여야 하며, 계약을 체결할 때 지원금, 지원금 지급 조건, 그 밖에 대통령령으로 정하는 사항을 계약서에 명시하여야 한다고 규정하고 있는데(동법 제32조의15제3항), 전기통신사업법 시행령은 이 법 제32조의15(이동통신단말장치 구입비용 구분 고지 등)제3항에 따라 이동통신단말장치 계약 시 이동통신사업자, 대리점 또는 판매점이 이용자와의 계약서에 명시해야 하는 사항은 다음, 1. 이동통신단말장치 모델명, 출고가, 할부원금, 분할 상환 수수료 및 월 할부금 등 이동통신단말장치와 관련된 계약내용 및 할부 조건, 2. 지원금의 지급 내용, 지급 주체 및 지급 방식, 3. 이동통신서비스의 요금제 명칭, 금액, 위약금의 부과 조건과 금액 및 이용기간(이용해지 또는 요금제 변경 시 반환금 등이 발생하는 경우 의무 이용 기간을 포함한다) 등 이용조건, 4. 이동통신서비스와 연계된 부가서비스 등의 명칭, 금액 및 해지 조건과 이용기간(이용해지 또는 변경 시 반환금 등이 발생하는 경우 반환금, 해지 방법 및 의무 이용 기간을 포함한다) 등 이용조건, 5. 이 법 시행령 제2조(보편적 역무의 내용)제2항제3호라목의 인터넷 가입자접속 서비스와 그 밖에 전기통신서비스, 「방송법」 제2조(정의)제20호에 따른 유료방송, 「인터넷 멀티미디어 방송사업법」 제2조(정의)에 따른 인터넷 멀티미디어 방송을 포함하여 다른 서비스 이용과의 결합 여부 및 지원금 관련 결합 조건, 6. 그 밖에 지원금 관련 결합 조건과 같다고 규정하고 있다(동법 시행령 제37조의16). 전기통신사업법 시행령 제37조의16(이동통신단말장치 계약 체결 시 계약서 명시사항)는 이동통신사, 대리점, 판매점은 공통 지원금 지급 주체와 방식, 공통 지원금 지급과 연계된 이동통신 서비스 요금제나 부가서비스 이용 조건 등을 이용자와의 계약서에 구체적으로 명시해야 하는 것으로 이해된다.

마. 판매점 선임에 대한 승낙 등

(1) 대리점과 판매점

전기통신사업법은 "대리점"이란 이동통신사업자와의 협정에 따라 이동통신사업자와 이용자 간의 계약 체결(체결된 계약 내용을 변경하는 것을 포함한다) 등을 대리 또는 위탁받아 처리하는 자를 말한다고 규정하고 있으며(전기통신사업법 제2조제24호), "판매점"이란 대리점과의 협정에 따라 이동통신사업자와 이용자 간의 계약 체결(체결된 계약 내용을 변경하는 것을 포함한다) 등을 복대리 또는 재위탁받아 처리하는 자를 말한다고 규정하고 있는데(동법 제2조제25호), 대리점과 판매점은 〈표 14〉와 같은 차이점이 있다.

표 14 대리점과 판매점의 비교

구분	대리점	판매점
계약 당사자	SKT, KT, LGU+ 등 이동통신사와 공식적인 가맹점(업무위탁) 계약	대리점과 개별적(사적) 위탁계약
통신사와의 관계	대리(위탁)	복대리(재위탁)
업무형태	이동통신사로부터 대리점 코드를 받아 가입자를 유치, 휴대폰 판매마진과 가입자의 통신요금 수수료를 받음(단말기 판매마진 보다는 가입자를 유치하여 요금을 통한 수수료를 통해 수익창출)	대리점이나 본사직영점으로 휴대폰 단말기를 공급받아 단말기 판매수수료를 받음(번호이동, 신규 및 보상판매 등에 따른 수수료를 통해 수익창출)
혼매(혼합판매) 여부	혼매가 불가능하여, 특정 이동통신사만 취급이 가능	혼매가 가능하여, 이동통신 3사 모두 취급하는 것이 가능
장점	가입자 수가 많을수록 수익성이 높고, 전산업무가 가능하여 개통업무 등을 직접수행	위탁판매로 운영되어, 재고부담이 없으며, 판매수익이 높으므로 소자본 창업이 가능
단점	단말기 재고부담이 있으며, 초기투자 비용이 많이 요구됨	단순위탁 판매 이외의 요금수납 등 업무기능이 없음

(2) 판매점 선임에 대한 승낙 등의 주요 내용

전기통신사업법은 제32조의14(판매점 선임에 대한 승낙 등) ① 대리점은 이동통신사업자의 서면에 의한 사전승낙 없이는 판매점을 선임할 수 없으며, 사전승낙을 받지 아니한 자와 이동통신사업자와 이용자 간의 계약 체결(체결된 계약 내용을 변경하는 것을 포함한다) 등에 관한 거래를 하여서는 아니 된다고 규정하고 있으며(전기통신사업법 제32조의14제1항), 대리점은 이동통신사업자의 사전승낙을 받아 판매점을 선임한 때에는 이동통신사업자에게 그 선임감독에 관한 책임을 진다고 규정하고 있는데(동법 제32조의14제2항), 판매점 선임에 대한 승낙인 소위 '판매점에 대한 사전 승낙 제도'는 이동통신사와 공식적인 가맹점으로서 업무위탁 계약을 체결하여 이동통신사업자와 이용자 간의 계약 체결 등 업무를 수행하고 이동통신사의 직접적인 관리 · 감독의 대상이 될 수 있는 대리점과 달리, 이동통신 유통망 숫자의 대부분을 차지하나 이동통신사와의 직접계약이 아닌 대리점과의 개별적 위탁계약을 통해 이동통신사의 업무를 처리함으로써 이동통신사와 직접적인 계약 관계가 없어 관리 · 감독의 사각지대에 놓여있던 판매점에 대한 책임성을 높이기 위한 것으로 이해된다.

또한 전기통신사업법은 이동통신사업자는 이 법 제32조의14(판매점 선임에 대한 승낙 등)제1항에 따른 사전승낙의 거부, 지연, 철회 요건 및 기준을 정하여 사전에 공지하여야 하며, 판매점이 이 법에 따른 의무를 위반하는 것을 방지하거나 시정하기 위한 목적 외에 정당한 사유 없이 사전승낙을 거부하거나 지연, 철회하여서는 아니 된다고 규정하고 있으며(동법 제32조의14제3항), 사전승낙을 받은 판매점이 동법 제32조의14제3항에 따른 사전승낙 철회 요건에 해당하는 행위를 하는 경우 이동통신사업자는 해당 판매점의 사전승낙을 철회할 수 있다고 규정하고 있다(동법 제32조의14제4항).

한편, 전기통신사업법은 판매점은 이 법 제32조의14제1항에 따라 이동통신사업자의 사전승낙을 받은 사실을 표시하여 영업장에 게시하여야 하나 다만, 「정보통신망 이용촉진 및 정보보호 등에 관한 법률」 제2조(정의)제1항제1호에 따른 정보통신망을 이용하여 이동통신단말장치의 지원금을 지급하기로 제안 · 제시하는 등의 행위를 하는 경우에는 방송미디어통신위원회가 정하는 기준에 따라 게시하여야 한다고 규정하고 있으며(동법 제32조의14제5항), 이동통신사업자는 대리점 및 판매점 현황에 관한 자료를 분기마다 과학기술정보통신부장관과 방송미디어통신위원회에 각각 제출하여야 한다고 규정하고 있다(동법 제32조의14제6항).

바. 공정한 유통 환경 조성

(1) 이동통신단말장치 제조업자의 의무

전기통신사업법은 이동통신단말장치 제조업자는[231] 이동통신사업자(그 계열회사를 포함한다. 이하 이 조에서 같다)에 대하여 합리적 이유 없이 특정 사업자를 차별하는 등 부당하게 이동통신단말장치의 공급을 거절하여 이동통신단말장치의 공정한 유통질서를 저해하는 행위를 하여서는 아니 된다고 규정하고 있으며(전기통신사업법 제32조의13제1항), 이동통신단말장치 제조업자는 장려금을 제공할 때 이동통신사업자, 대리점 또는 판매점으로 하여금 이용자에게 부당하게 차별적인 지원금을 지급하도록 지시, 강요, 요구, 유도하는 등의 행위를 하여서는 아니 된다고 규정하고 있는데(동법 제32조의13제2항), 전기통신사업법 제32조의13(공정한 유통 환경 조성)제1항과 제2항은 이동통신단말장치 제조업자의 부당한 판매 장려금(소위 '리베이트')이 이용자에 대한 현금 페이백(Payback)과 같은 불법적인 단말기 지원금으로 전환되는 것을 방지하기 위한 규정으로 이해된다.

(2) 이동통신사업자의 의무

전기통신사업법은 이동통신사업자는 대리점과의 협정을 체결할 때 대리점으로 하여금 이용자에게 부당하게 차별적인 지원금을 지급하도록 지시, 강요, 요구, 유도하는 등의 행위를 하거나 특정 부가서비스 또는 요금제 등을 부당하게 차별적으로 권유하도록 하는 특약 또는 조건을 정하여서는 아니 된다고 규정하고 있으며(전기통신사업법 제32조의13제3항), 이동통신사업자는 대리점과의 협정에 관하여 표준 협정서를 마련하여 과학기술정보통신부장관에게 신고하여야 한다고 규정하고 있다(동법 제32조의13제4항). 또한 전기통신사업법은 이동통신사업자는 대리점 · 판매점 또는 다른 이동통신사업자에게 부당하게 특정한 이동통신단말장치 범용 가입자식별모듈의 유통과 관련된 사항을 지시, 강요, 요구, 유도하는 등의 행위를 하여서는 아니 된다고 규정하고 있다(동법 제32조의13제5항).

---

231) 전기통신사업법은 "이동통신단말장치 제조업자"란 이동통신단말장치를 제조 · 생산하는 자를 말한다고 규정하고 있다(전기통신사업법 제2조제22호).

(3) 방송미디어통신위원회의 조사와 조치 등

전기통신사업법은 방송미디어통신위원회는 이동통신단말장치 제조업자가 이 법 제32조의13(공정한 유통 환경 조성)제1항을 위반하는 행위를 한다고 신고를 받거나 이를 인지한 때에는 공정거래위원회에 필요한 조사 및 조치를 할 것을 요청할 수 있다고 규정하고 있으며(동법 제32조의13제6항), 방송미디어통신위원회는 이 법 제32조의13제1항부터 제5항까지의 내용을 포함하여 건전한 유통환경을 조성하기 위하여 필요한 시책을 수립·시행하여야 한다고 규정하고 있는데(동법 제32조의13제7항), 방송미디어통신위원회는 이 법 제32조의13제7항의 시책에 따라 이동통신사업자 또는 이동통신단말장치 제조업자에게 유통 실태 개선을 권고할 수 있으며, 이 경우 권고를 받은 이동통신사업자 또는 이동통신단말장치 제조업자는 이를 이행하기 위하여 성실하게 노력하여야 하고, 그 조치 결과를 방송미디어통신위원회에 알려야 한다고 규정하고 있다(동법 제32조의13제8항).

또한 전기통신사업법은 방송미디어통신위원회는 소속 공무원으로 하여금 이 법 제32조의13제8항에 따른 권고의 이행 실태를 점검하게 하거나 이동통신사업자 또는 이동통신단말장치 제조업자에게 점검에 필요한 자료의 제출을 명할 수 있다고 규정하고 있으며(동법 제32조의13제9항), 이 법 제32조의13제7항에 따른 시책의 마련 및 동법 제32조의13제10항에 따른 협의체의 구성·운영 등에 관하여 필요한 사항은 대통령령으로[232] 정한다고 규정하고 있다(동법 제32조의13제11항).

(4) 유통환경 개선 협의체의 구성과 운영

전기통신사업법은 방송미디어통신위원회는 이 법 제32조의13(공정한 유통 환경 조성)제7항에 따른 시책의 효율적인 시행을 위하여 사업자단체 등으로 구성되는 협의체를 구

---

232) 전기통신사업법 시행령은 방송미디어통신위원회는 법 제32조의13(공정한 유통 환경 조성)제7항에 따라 다음, 1. 이 법 제32조의13제1항부터 제5항까지를 포함하여 이동통신단말장치등의 유통 관련 이 법의 준수와 관련한 사항, 2. 이동통신단말장치등 유통 시장 모니터링 방안, 이용자의 이동통신단말장치등에 대한 정보 접근성 개선과 선택권 제고 등 공정한 경쟁을 위해 필요한 사항, 3. 이동통신단말장치등 유통시장에서의 이용자 피해 예방, 교육 및 회복과 관련된 사항, 4. 건전한 유통환경 조성을 위한 이동통신단말장치 제조업자, 이동통신사업자 또는 관련 단체의 자율 규제 활동 촉진 및 지원 방안, 5. 그 밖에 이동통신단말장치등 건전한 유통환경 조성을 위해 필요한 사항을 포함하여 이동통신단말장치 및 이동통신단말장치 범용가입자식별모듈(이하 "이동통신단말장치등"이라 한다)의 건전한 유통 환경 조성을 위한 시책을 수립하고 시행하여야 한다고 규정하고 있다(전기통신사업법 시행령 제37조의14제1항).

성 · 운영하여야 한다고 규정하고 있으며(전기통신사업법 제32조의13제10항), 이 법 제32조의13제7항에 따른 시책의 마련 및 동법 제32조의13제10항에 따른 협의체의 구성 · 운영 등에 관하여 필요한 사항은 대통령령으로 정한다고 규정하고 있는데(동법 제32조의13제11항), 전기통신사업법 시행령은 이 법 제32조의13제10항에 따른 협의체(이하 "단말기유통환경개선협의체"라 한다)는 이동통신사업자, 이동통신단말장치 제조업자, 관련 단체, 전문가 및 공무원 등을 포함하여 15명 내외로 구성한다고 규정하고 있으며(동법 시행령 제37조의15제1항), 단말기유통환경개선협의체는 다음, 1. 이 법 제32조의13제7항에 따른 시책의 수립을 위한 시장 모니터링 및 제언에 관한 사항, 2. 동법 제32조의13제7항에 따른 시책의 효율적인 시행을 위하여 필요한 사항, 3. 동법 제32조의13제8항에 따른 권고의 이행을 위하여 필요한 사항, 4. 그 밖에 건전한 유통환경 조성을 위하여 필요한 제언에 관한 사항 각 호의 사항을 협의하여야 한다고 규정하고 있다(동법 시행령 제37조의15제2항).

사. 긴급중지명령

(1) 긴급중지명령의 의의

전기통신사업법 제50조(금지행위)에 따른 금지행위의 위반과 같은 법 위반행위가 발생할 경우 사실조사를 실시하고 그 결과에 따라 시정조치와 과징금 부과 등의 제재를 해왔으나, 사실조사로부터 제재까지 수개월 이상의 시간이 소요되어 시장 과열에 따른 이용자의 피해를 조속히 방지하고 시장을 신속히 안정화하는 효과가 미흡하다는 지적이 있어 왔으며, 조속한 문제의 해결을 위해 단말기유통법은 법 위반행위의 발생 시 그 행위의 즉시 중지 또는 중지에 필요한 조치를 명함으로써 시장을 조속히 안정화하여 대규모 이용자의 피해 확산을 방지하기 위한 긴급중지명령을 단말기유통법 제11조(긴급중지명령)에 도입한 바가 있다. 2025년 7월 단말기유통법이 폐지되면서 긴급중지명령은 전기통신사업법 제32조의18(긴급중지명령)로 이관되게 되었다.

이동통신사업자는 급변하는 이동통신 시장의 특성을 이용하여 향후 제재로 받을 비용보다 법 위반행위를 하더라도 불법 단말기 지원금 지급을 통해 얻을 이익이 크다고 판단할 유인을 갖게 되므로, 긴급중지명령은 이동통신사업자의 불법 단말기 지원금 지급 유인을 최소화하기 위해 필요성이 인정된다고 생각된다. 긴급중지명령은 「표시 · 광고의 공정화에 관한 법률(약칭: 표시광고법)」에서도 유사한 입법례를 찾아볼 수 있고,[233] 특히 소비자보호정책과 관련하여 도입을 확대하는 추세를 보이는 것으로 이해된다.[234]

(2) 긴급중지명령의 주요 내용

전기통신사업법은 방송미디어통신위원회는 이 법 제32조의12(지원금의 차별 지급 금지) 제1항 또는 같은 법 제32조의13(공정한 유통 환경 조성)제2항 · 제3항 · 제5항을 위반한 행위가 다음, 1. 위반행위가 현저하여 이용자에게 회복하기 어려운 손해가 발생할 우려가 있어 이 법 제51조의3(이동통신사업자 등에 대한 시정명령)제2항에 따른 명령을 기다려서는 이용자의 피해를 방지하기가 현저히 곤란한 경우, 2. 위반행위가 현저하여 경쟁사업자의 사업활동에 중대한 방해가 되거나 재산상 중대한 피해를 줄 우려가 있어 동법 제51조의3제2항에 따른 명령을 기다려서는 경쟁사업자에게 회복하기 어려운 손해가 발생할 것으로 예상되는 경우의 어느 하나에 해당하는 경우 이를 방지하기 위하여 긴급히 필요하다고 인정하는 경우에는 이동통신사업자(그 계열회사를 포함한다), 대리점, 판매점 및 이동통신단말장치 제조업자에게 그 행위의 일시 중지를 명할 수 있는데, 이 경우 가입유형별로 구분하여 그 행위의 일시 중지를 명할 수 있다고 규정하고 있으며(전기통신사업법 제32조의18제1항), 이 법 제32조의18(긴급중지명령)제1항에 따른 명령에 불복하는 자는 그 명령을 받은 날부터 7일 이내에 방송미디어통신위원회에 이의를 제기할 수 있다고 규정하고 있다(동법 제32조의18제2항).

한편, 전기통신사업법은 이 법 제32조의18제1항에 따른 명령의 기준, 대상, 기간, 동법 제32조의18제2항에 따른 불복 절차 및 방법 등에 필요한 사항은 대통령령으로[235]

---

233) 표시 · 광고의 공정화에 관한 법률은 공정거래위원회는 표시 · 광고 행위가 다음, 1. 표시 · 광고 행위가 이 법 제3조(부당한 표시 · 광고 행위의 금지)제1항을 위반한다고 명백하게 의심되는 경우와, 2. 그 표시 · 광고 행위로 인하여 소비자나 경쟁사업자에게 회복하기 어려운 손해가 발생할 우려가 있어 이를 예방하기 위하여 긴급히 필요하다고 인정되는 경우 모두에 해당하는 경우에는 사업자등에 대하여 그 표시 · 광고 행위를 일시 중지할 것을 명할 수 있다고 규정하고 있다(표시 · 광고의 공정화에 관한 법률 제8조제1항).

234) 이인용, 이동통신단말장치 유통구조 개선에 관한 법률안 검토보고서, 국회 미래창조과학방송통신위원회(2013. 6), pp51~52.

235) 전기통신사업법 시행령은 방송미디어통신위원회는 이 법 제32조의18(긴급중지명령)제1항에 따라 지원금 또는 장려금의 지급 수준, 번호이동 상황 등 시장 환경, 이용자 피해 규모 등을 기준으로 30일 이내의 기간을 정하여 해당 위반행위의 중지 명령을 하거나 위반행위의 중지에 필요한 명령을 할 수 있는데, 이 경우 가입유형별로 구분하여 그 행위의 일시 중지를 명할 수 있다고 규정하고 있으며(전

정한다고 규정하고 있으며(동법 제32조의18제3항), 이 법 제32조의18제2항에서 규정한 사항 외에 이의신청에 관한 사항은 「행정기본법」 제36조(처분에 대한 이의신청)제3항부터 제6항까지를 따른다고 규정하고 있다(동법 제32조의18제4항).

아. 자료의 제출과 보관

전기통신사업법은 이동통신사업자(그 계열회사를 포함한다)는 이동통신단말장치의 판매량, 출고가, 매출액, 지원금, 이동통신사업자가 대리점 또는 판매점에 지급한 장려금 규모 및 재원 등 이동통신단말장치 유통과 관련된 자료를 대통령령으로 정하는 바에 따라 과학기술정보통신부장관과 방송미디어통신위원회에 각각 제출하고 관련 자료를 갖추어 두어야 하며, 이 경우 이동통신사업자가 제출하는 자료는 이동통신단말장치 제조업자별로 이동통신사업자에게 지급한 장려금 규모를 알 수 있도록 작성하여야 한다고 규정하고 있는데(전기통신사업법 제32조의19제1항), 전기통신사업법 제32조의19(자료 제출 및 보관)에 따른 자료의 제출과 보관은 이동통신 단말장치 유통구조의 개선을 위해서는 시장 현황과 관련된 자료의 확보가 전제되어야만 규제의 실효성을 확보할 수 있다는 점에서 불가피한 것이나, 자료의 제출과 보관으로 인하여 영업의 자유를 침해할 가능성도 동시에 존재하므로 정책 목적을 달성하기 위한 최소한의 범위에서 명확한 기준과 근거를 갖고 수행되어야 할 것으로 이해된다.

전기통신사업법은 이동통신단말장치 제조업자는 대리점 또는 판매점에 직접 지급한 장려금 규모와 이용자가 이동통신사업자를 거치지 아니하고 구입하는 이동통신단말장치의 출고가를 대통령령으로[236] 정하는 바에 따라 과학기술정보통신부장관과 방송미디어

기통신사업법 시행령 제37조의21제1항), 이 법 제32조의18(긴급중지명령)제1항에 따른 명령에 불복하는 자는 이의제기의 대상·내용 및 사유 등을 적은 이의신청서에 이의신청 내용 및 사유를 증명할 수 있는 자료를 첨부하여 방송미디어통신위원회에 제출하여야 한다고 규정하고 있다(동법 시행령 제37조의21제2항).

236) 전기통신사업법 시행령은 전기통신사업법 시행령은 이동통신사업자(그 계열회사를 포함한다)는 이 법 제32조의19제32조의19(자료 제출 및 보관)제1항에 따라 다음, 1. 이동통신서비스별로 구분된 이동통신단말장치별 판매량, 매출액 및 지원금, 2. 이동통신단말장치별 출고가, 3. 대리점 또는 판매점에 지급한 장려금 규모(재원별 및 수령자별로 구분하여 작성한 것을 말한다)에 해당하는 월별 자료를 매월 종료 후 45일 이내에 과학기술정보통신부장관과 방송미디어통신위원회에 각각 제출하여야 한다고 규정하고 있으며(전기통신사업법 시행령 제37조의22제1항), 이동통신단말장치 제조업자는 이 법 제32조의19제2항에 따라 다음, 1. 대리점 또는 판매점에 직접 지급한 장려금 규모(수령자 별로 구분하

통신위원회에 각각 제출하여야 한다고 규정하고 있으며(동법 제32조의19제2항), 이동통신단말장치 제조업자는 대리점 또는 판매점에 직접 지급한 장려금 규모와 이용자가 이동통신사업자를 거치지 아니하고 구입하는 이동통신단말장치의 출고가에 관한 자료를 갖추어 두어야 한다고 규정하고 있다(동법 제32조의19제3항).

한편, 전기통신사업법은 과학기술정보통신부장관과 방송미디어통신위원회는 이 법 제32조의19(자료 제출 및 보관)제1항 후단 및 제2항에 따라 제출받은 장려금 규모에 관한 자료를 이 법의 시행을 위한 목적 외에 제3자에게 제공하거나 일반에 공개할 수 없다고 규정하고 있으며(동법 제32조의19제4항), 이 법에 따른 직무에 종사하거나 종사하였던 공무원은 그 직무상 알게 된 이동통신사업자, 대리점, 판매점 및 이동통신단말장치 제조업자의 영업비밀(「부정경쟁방지 및 영업비밀보호에 관한 법률」 제2조(정의)제2호에 따른 영업비밀을 말한다)을 누설하거나 이 법의 시행을 위한 목적 외에 이용하여서는 아니 된다고 규정하고 있다(동법 제32조의19제5항).

제7절 이동통신단말장치 규제

전기통신사업법은 "이동통신단말장치"란 이용자가 이동통신서비스를 이용하기 위하여 필요한 단말장치를 말한다고 규정하고 있는데(전기통신사업법 제2조제20호), 이동통신단말장치로는 이동전화 단말기(Smart phone), 태블릿(Tablet PC), 스마트 워치(Smart watch) 등이 있다. 앞에서 전기통신사업법이 규정하고 있는 이동전화단말장치에 대한 규제로 소위 '대포폰', 부정 가입 방지시스템, 명의도용 방지 서비스 등을 포함하는 전기통신사업법 제32조의3(전기통신역무 제공의 제한), 제32조의4(이동통신단말장치 부정이용 방지 등), 제32조의5(부정가입방지시스템 구축), 제32조의6(명의도용방지서비스의 제공 등)에 대해 설명한 바가 있다. 제7절에서는 단말기 자급제, 제32조의16(중고 이동통신단말장치 거래 활성화 조성), 제

여 작성한 것을 말한다)와, 2. 이용자가 이동통신사업자를 거치지 아니하고 구입하는 이동통신단말장치별 출고가에 해당하는 월별 자료를 매월 종료 후 45일 이내에 과학기술정보통신부장관과 방송미디어통신위원회에 각각 제출하여야 한다고 규정하고 있는데(동법 시행령 제37조의22제2항), 한편 전기통신사업법 시행령은 이동통신사업자 및 이동통신단말장치 제조업자는 이 법 시행령 제37조의22(이동통신사업자 등의 자료 제출 및 보관)제1항 및 제2항에 따라 제출한 자료를 제출한 날부터 3년간 보존하여야 한다고 규정하고 있다(동법 시행령 제37조의22제3항).

32조의17(분실 · 도난 단말장치의 수출 방지), 제60조의2(분실 등으로 신고된 통신단말장치의 사용 차단), 제60조의3(고유식별번호 훼손 등의 금지), 제87조의2(경고문구의 표기 등)에 대해 설명하고자 한다.

1. 단말기 자급제

가. 단말기 자급제의 의의

단말기 자급(自給)제는 〈그림 41〉과 같이 이동통신사업자 중심의 폐쇄적인 이동통신단말장치 유통구조를 개선하여 이용자가 이동통신사업자뿐만 아니라 단말기 제조사, 온라인 쇼핑몰, 일반 마트 등에서도 이동통신단말장치를 구입하여 희망하는 이동통신사를 선택할 수 있도록 하는 제도이다. 단말기 자급제는 이용자의 이동통신단말장치 선택권 확대, 합리적인 통신 요금 선택을 유도하기 위한 것으로서 단말기 지원금을 지급할 여력이 적은 이동전화 재판매(MVNO, Mobile Virtual Network) 소위 '알뜰폰'의 경쟁력 확대와 다양한 중저가 이동통신단말장치가 유통될 수 있게 하는 제도이며 단말기 지원금 경쟁을 통신 요금 경쟁으로의 전환을 유도할 수 있는 정책적 수단으로 이해된다.

그림 41 단말기 자급제 시행 전과 후의 비교

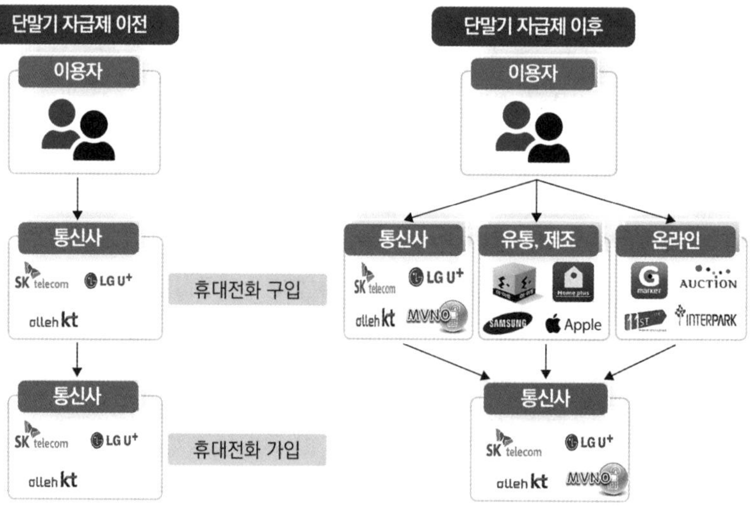

한편, 이러한 단말기 자급제를 활성화하기 위하여 2013년 8월, 전기통신사업법 제60조의2(분실 등으로 신고된 통신단말장치의 사용 차단)제1항이 개정되었다. 전기통신사업법은 이동통신사업자는 다음, 1. 이용자가 분실 또는 도난 등의 사유로 전기통신사업자에게 신고한 이동통신단말장치, 2. 검사 또는 수사관서의 장(군 수사기관의 장을 포함한다)이 수사과정에서 「전기통신금융사기 피해 방지 및 피해금 환급에 관한 특별법」 제2조(정의)제2호에 따른 전기통신금융사기에 이용된 것을 확인하여 같은 법 제4항(지급정지)에 따른 전문기관에 통보한 이동통신단말장치의 어느 하나에 해당하는 이동통신단말장치의 사용 차단을 위하여 해당 이동통신단말장치의 고유식별번호를 전기통신사업자 간에 공유하여야 한다고 규정하고 있는데(전기통신사업법 제60조의2제1항), 전기통신사업법 제60조의2(분실 등으로 신고된 이동통신단말장치의 사용 차단)은 이동통신단말장치의 고유식별번호(IMEI, International Mobile Equipment Identity) 관리 방식을 화이트리스트(White list, 폐쇄형 IMEI) 방식에서 블랙리스트(Black list, 개방형 IMEI) 방식으로 변경한 것으로 이해된다.

나. 단말기 식별번호 관리 방식

단말기의 고유식별번호(IMEI, International Mobile Equipment Identity)는 총 15자리(형식 승인코드 6자리, 단말기 모델 제조 코드 2자리, 단말기 모델별 일련번호 6자리, 검증용 숫자 1자리)로 이루어진 이동전화 단말기 식별번호로서 제조사 출고 시에 부여되며 분실이나 도난이 발생한 때 통화를 차단하기 위한 것이다. 이동전화 단말기 식별번호 관리 방식에는 〈표 15〉와 같이 화이트리스트(White list, 폐쇄형 IMEI) 방식과 블랙리스트(Black list, 개방형 IMEI) 방식이 있다.

화이트리스트(White list, 폐쇄형 IMEI) 방식에서는 각 이동통신사의 개별 화이트 리스트에 기록된 이동전화 단말기만이 이용 가능한데, 예를 들면, SKT, KT, LGU+ 각각의 이동통신사업자는 자사가 판매한 모든 단말기의 단말기 식별번호를 자사의 데이터베이스(DB, Data Base)에 등록하고 자사의 데이터베이스에 등록되지 않은 단말기의 경우 이동통신 서비스를 이용하지 못하게 하는 것이나, 이와 달리, 블랙리스트(Black list, 개방형 IMEI) 방식에서는 도난이나 분실과 같은 문제가 있는 단말기의 단말기 식별번호만을 공통 데이터베이스에 등록하여 관리하며, 블랙리스트에 해당되는 단말기의 경우에만 서비스를 이용하지 못하게 하는 것이다. 예를 들어, 우리나라와 사용 주파수 대역이 같은 다른 나라에서 여행객이 해외 이동전화 단말기를 구매하고 국내에 들어왔을 때 화이트리스트 방식에서는 해외에서 구매한 이동전화 단말기를 국내에서 개통하여 이용할 수 없지만, 블랙리스트 방식에서는 해외에서 구매한 이동전화 단말기를 국내에서 개통하여 이용할 수 있게 되는 것으로 이해된다.

표 15 화이트리스트와 블랙리스트 방식의 비교

구분	화이트리스트 방식	블랙리스트 방식
관리 방식	단말기 식별번호(IMEI)가 등록된 단말기만 통화를 허용	도난 및 분실 등 사고 단말기의 단말기 식별번호(IMEI)만 통화를 차단
유통 주도권	이동통신사	단말기 제조사
장점	단말기 도난 및 분실에 용이한 대응, 네트워크 안전성 확보	자유로운 단말기 유통으로 인한 소비자의 단말기 선택권 확대
단점	소비자의 단말기 선택권 제약	단말기 도난 및 분실의 문제에 대한 대응불편, 네트워크에 장해가 되는 불량 단말기 유통

참고자료 및 질문

1. 단말기 완전 자급제. 이동통신사업자의 이동통신 서비스 가입과 이동전화 단말기 구매를 분리하는 소위 '단말기 완전 자급제'는 이동통신 단말장치와 이동통신 서비스의 결합으로 나타나는 문제의 근본적 해소를 위한 방안으로, 단말기 완전 자급제는 이동통신 단말장치 제조사의 장려금과 이동통신사업자의 단말기 보조금 간의 연결고리를 끊음으로써 이동통신 단말장치 제조사는 단말기 공급 경쟁을 확대하고 이동통신사업자는 서비스와 요금 경쟁을 지향하며 대리점과 판매점 간의 단말기 유통시장 경쟁 활성화를 목표로 하는 것으로 이해된다. 단말기 완전 자급제 관련 입법이 제19대와 제20대 국회에서 시도되었으나[237] 회기가 만료되어 제출된 법률(안)들은 자동 폐기된 바가 있다. 한편, 단말기 완전 자급제를 반대(反對)하는 입장은, 1. 인위적으로 단말기 완전 자급제를 도입하는 것은 단말기와 서비스의 분리로 소비자의 불편을 초래할 수 있고, 2. 이동통신사업자가 단말기 지원금을 지급하지 않게 되어 단말기 초기 구매 비용 부담이 높아질 우려가 있으며, 3. 기존 유통망의 생존권 위협 및 혼란을 가중(加重)시킬 수 있을 뿐만 아니라, 4. 해외에서도 완전 자급제를 법률로 강제하는 사례는 없다는 것이다. 이에 반해, 단말기 완전 자급제를 찬성(贊成)하는 입장은, 1. 단말기 제조사가 다양한 가격대의 단말기를 출시하여 소비자의 선택권이 확대되고, 2. 중소 유통망의 단말기 유통으로 영세 상인들의 경제활동이 활발해질 것이며, 3. 이동통신사는 지원금을 마케팅 수단으로 사용할 수 없어 서비스와 요금경쟁이 촉진될 뿐만 아니라, 4. 단말기 구매와 서비스 가입의 분리로 단말기 유통구조가 투명(透明)해질 것이라는 것이다. 단말기 완전 자급제에 대한 당신의 입장과 의견은 무엇인가?

2. 경고문구의 표기. 전기통신사업법은 이동통신단말장치를 제조하거나 수입·판매하는 자는 이동 중 이동통신단말장치의 사용은 사고의 위험성이 있다는 내용의 경고문구를 이동통신단말장치에 표기할 수 있다고 규정하고 있으며(전기통신사업법 제87조의2제1항), 정부는 이 법 제87조의2(경고문구의 표기 등) 제1항에 따라 소요되는 경비 등 필요한 지원을 할 수 있다고 규정하고 있는데(동법 제87조의2제2항), 전기통신사업법 제87조의2(경고문구의 표기 등)는 좀비(Zombie)를 합성하여 만든 소위 '스몸비(Smombie)'[238] 현상이 사회문제로 대두되면서, '스몸비(Smombie)' 현상으로 인한 위험(危險)에 경각심을 고취하기 위해 2014년 10월, 전기통신사업 개정으로 입법되었다. 한편, 전기통신사업법은 이 법 제87조의2(경고문구의 표기 등)제1항에 따른 경고문구의 표기 내용·방법 등에 필요한 사항은 과학기술정보통신부장관이 정하여 고시한다고 규정하고 있는데(동법 제87조의2제3항), 동 사안과 관련하여 경고문구의 표기 내용 및 방법(과학기술정보통신부 고시 제2019-36호, 2019. 6. 20.)이 제정·시행되고 있다.

2. 분실 등으로 신고된 이동통신단말장치의 사용 차단과 분실 · 도난 단말장치의 수출 방지

가. 분실 등으로 신고된 이동통신단말장치의 사용 차단

(1) 분실 등으로 신고된 이동통신단말장치의 사용 차단의 의의

매년 113만대 가량의 이동전화 단말기가 분실이나 도난이 되나, 분실이나 도난당한 이

---

237) 정부가 통신사 서비스 가입과 휴대폰 단말기 구매를 분리하는 이른바 '단말기 완전자급제' 도입을 본격적으로 추진하면서 통신사 · 대리점 등 이해관계 당사자들의 갑론을박이 국정감사를 계기로 다시 불붙고 있다. 정부와 국회는 완전자급제 도입에 적극적인 입장이다. 지난 10일 열린 과학기술정보통신부 국정감사에서도 "제조사가 경쟁할 필요가 없으니 단말기 가격은 계속 올라갈 수밖에 없다"(김성수 더불어민주당 의원), "통신사는 여론 탓에 통신비를 낮추지만, 제조사는 비싼 단말기를 판매해 이익을 본다"(이철희 더불어민주당 의원)는 등 완전자급제 도입에 대한 주장이 나왔다. 유영민 과기정통부 장관도 이에 "완전자급제 도입에 찬성한다"며 긍정적인 입장을 밝혔다. 현 정부 들어서 선택약정 할인율 상향, 어르신 요금감면 등 통신비 인하 정책을 여럿 내놨지만, 여전히 높은 단말기 가격 때문에 소비자들의 통신비 인하 체감 효과는 정부의 기대만 못 하다. 이에 따라 국회에서도 지난해부터 김성태 의원(자유한국당), 김성수 의원(더불어민주당), 박홍근 의원(더불어민주당)이 각각 완전자급제 도입 법안을 발의한 상태다. 하선영 중앙일보 기자, 논란 불붙는 단말기 완전자급제…누가 찬성하고 누가 반대하나, 2018.10.22.(https://news.joins.com/article/23054191).

238) 스몸비(Smombie)는 스마트폰 화면을 들여다보느라 길거리에서 고개를 숙이고 걷는 사람을 넋 빠진 시체 걸음걸이에 빗대어 일컫는 말로 2015년 독일에서 용어(用語)가 처음 사용되었다.

동전화 단말기를 다시 찾을 확률은 56%에 불과한 것으로 추정된다.[239] 분실이나 도난당한 이동전화 단말기는 대포폰을 통한 각종 범죄의 수단으로 악용되어 사회적인 문제가 되고 있다. 전기통신사업법은 전기통신사업법은 이동통신사업자는 다음, 1. 이용자가 분실 또는 도난 등의 사유로 전기통신사업자에게 신고한 이동통신단말장치, 2. 검사 또는 수사관서의 장(군 수사기관의 장을 포함한다)이 수사과정에서 「전기통신금융사기 피해 방지 및 피해금 환급에 관한 특별법」 제2조(정의)제2호에 따른 전기통신금융사기에 이용된 것을 확인하여 같은 법 제4항(지급정지)에 따른 전문기관에 통보한 이동통신단말장치의 어느 하나에 해당하는 이동통신단말장치의 사용 차단을 위하여 해당 이동통신단말장치의 고유식별번호를 전기통신사업자 간에 공유하여야 한다고 규정하고 있으며(전기통신사업법 제60조의2제1항), 과학기술정보통신부장관은 중고 이동통신단말장치를 거래한 자(매도인과 매수인을 모두 포함한다)에 대하여 거래사실 확인서를 발급할 수 있다고 규정하고 있다(동법 제60조의2제2항).

(2) 분실 등으로 신고된 이동통신단말장치의 사용 차단의 주요 내용

전기통신사업법은 과학기술정보통신부장관은 이 법 제60조의2(분실 등으로 신고된 이동통신단말장치의 사용 차단)제1항 각 호의 어느 하나에 해당하는 이동통신단말장치의 사용 차단을 위하여 필요한 경우 관계 행정기관 및 공공기관의 장에게 협조를 요청할 수 있다고 규정하고 있으며(동법 제60조의2제3항), 과학기술정보통신부장관은 이 법 제60조의2 제1항에 따른 고유식별번호의 효율적인 공유 및 같은 조 제2항에 따른 거래사실 확인서의 효과적인 발급을 위하여 전문기관을 지정할 수 있다고 규정하고 있다(동법 제60조의2제4항). 한편, 전기통신사업법은 이 법 제60조의2제2항에 따른 거래사실 확인서의 발급 방법, 같은 조 제4항에 따른 전문기관의 지정 및 그 업무 처리 등에 필요한 사항은 대통

239) 매년 113만대 가량의 휴대전화가 분실되고 이로 인해 소비자피해가 5천650억원에 달하는 것으로 추산됐다. 분실한 휴대전화를 다시 찾을 확률은 56%에 불과한 것으로 나타났다. 23일 녹색소비자연대 정보통신소비자정책연구원(이하 녹소연)에 따르면 SK텔레콤과 KT, LG유플러스 등 이통 3사가 2011년부터 5년간 접수한 휴대전화 분실신고는 1천318만4천 건이다. 이통사나 대리점에 분실신고 후 휴대전화를 되찾은 경우는 750만 건으로 회수율은 56%였다. 실제 분실된 휴대전화는 5년간 568만3천대, 한 해 평균 113만대였다. 녹소연은 국정감사 자료를 인용해 2012년부터 2014년까지 3년간 이통 3사의 휴대전화분실보험에 가입한 사람이 2천118만 명이었다고 밝혔다. 녹소연은 "단말기 가격을 50만원이라고 가정하면 휴대전화 분실로 연간 5천650억원의 소비자 피해가 발생하고 있다"며 "제조사와 통신사가 분실방지, 도난방지 기술 등 이용자 보호를 위한 기술 개발에 뒷짐을 지고 있어서는 안 된다"고 해결을 위한 노력을 지적했다. 신재우 연합뉴스 기자, 휴대폰 연간 113만대 분실…되찾을 확률 56%, 2016.6.23.(https://www.yna.co.kr/view/AKR20160623144600017).

령령으로 정한다고 규정하고 있는데(동법 제60조의2제5항), 전기통신사업법 시행령은 과학기술정보통신부장관은 이 법 제60조의2제4항에 따라 전문기관을 지정하는 경우에는 다음, 1. 한국정보통신진흥협회와, 2. 그 밖에 과학기술정보통신부장관이 고유식별번호통합관리시스템의 구축 · 운영에 전문성이 있다고 인정하는 기관 중에서 지정해야 한다고 규정하고 있다(동법 시행령 제51조제6항).

나. 분실 · 도난 단말장치의 수출 방지

앞에서 설명한 바와 같이 분실이나 도난당한 이동전화 단말기를 다시 찾을 확률은 절반에 불과한데 분실이나 도난당한 이동전화 단말기의 전원을 꺼서 해외로 반출하면 다시 찾을 방법이 사실상 없고 분실이나 도난당한 스마트폰이 암흑의 경로를 통해 해외로 많이 수출되고 있는 것으로 이해된다.[240] 한편, 전기통신사업법은 누구든지 분실 또

240) 해마다 스마트폰을 분실하는 이들의 수가 상당하다. 이들 중 절반이 스마트폰을 찾지 못했다. 스마트폰 제조사와 이동통신사, 관련 기관까지 나서 주인 잃은 스마트폰 찾기에 나선 상황이지만 대응책이 부실하다는 지적이 나온다. 19일 이동통신 및 모바일 업계에 따르면 최근 스마트폰 분실에 따른 문제가 잇따른다. 분실된 스마트폰으로 개인정보가 유출되거나 관련 범죄에 악용되는 식이다. 스마트폰 분실에 따른 문제가 심각하지만 분실 시 기기를 되찾을 확률은 높지 않았다. 과거보다는 되찾는 비율이 올랐지만 여전히 분실 고객이 절반은 스마트폰을 되찾을 수 없었다. SK텔레콤 관계자는 "2019년 SK텔레콤 고객의 스마트폰 분실 상담 건수가 40만건이었다"며 "그 중 절반은 되찾았고 나머지 절반은 못 찾은 경우다"고 말했다. 이통사와 스마트폰 제조사 등은 기기 분실에 따른 문제를 개선하고자 여러 대책을 내놓은 상태다. SK텔레콤은 기기 분실 고객에게 맞춤 상남과 솔루션을 제공하고자 'T분실케어센터' 운영을 시작했다. KT와 LG유플러스도 각각 고객센터를 통해 분실물 신고를 받고 있다. 홈페이지를 통해 기기가 있는 곳을 알려주는 위치 추적 서비스도 제공한다. 삼성전자와 애플 등의 스마트폰 제조사도 각각 분실 단말의 위치 추적 서비스를 제공한다. 추가로 분실 스마트폰 안에 있는 연락처와 사진 등을 백업하는 기능을 지원한다. 원할 경우 데이터 삭제도 가능하다. 만약 분실 단말에서 구글 계정을 연동했다면 구글의 휴대전화 찾기 서비스를 이용할 수도 있다. 하지만 이같은 대응책에도 여전히 절반에 가까운 이용자는 스마트폰을 찾지 못하고 있다. 분실 기기를 습득한 이가 고의로 스마트폰 전원을 꺼놓으면 위에서 제시된 서비스 다수를 이용하지 못하기 때문이다. 설상가상 불법 유통의 목적으로 분실 기기가 해외로 반출될 경우 찾을 수 있는 방법은 요원해진다. 업계 관계자들이 "분실 기기 전원을 꺼서 해외로 반출할 경우 찾을 수 있는 방법이 없다"거나 "분실된 스마트폰이 암흑의 경로를 통해 해외로 수출이 많이 되는 것으로 알고 있다"고 말하는 이유다. 관련 기관이나 정부는 대응책을 마련하기 위해 노력 중이지만 부실한 것 아니냐는 지적을 받는다. 분실 단말 관련 서비스를 제공하는 한국정보통신진흥협회(KAIT)는 최근 해외 무단 반출과 부정사용에 따른 문제를 막고자 국제 연계 시스템을 구축하겠다고 밝혔다. 세계이동통신사업자협회(GSMA) 규격에 맞춘 휴대폰 고유식별번호(IMEI) 통합 관리 시스템을 구축해 국가별 IMEI 블랙리스

는 도난 등의 사유로 이동통신사업자 등에게 신고된 이동통신단말장치(이하 "분실 · 도난 단말장치"라 한다)를 해외로 수출하여서는 아니 되며, 분실 · 도난 단말장치의 수출을 목적으로 고유한 국제 식별번호(이하 "고유식별번호"라 한다)를 훼손하거나 위조 또는 변조하여서는 아니 된다고 규정하고 있다(전기통신사업법 제32조의17제1항).

또한 전기통신사업법은 중고 이동통신단말장치를 수출하고자 하는 자는 해당 이동통신단말장치가 분실 · 도난 단말장치인지 여부를 확인하여야 하는데, 그 확인 방법 등에 필요한 사항은 과학기술정보통신부장관이 정하여 고시한다고 규정하고 있으며(동법 제32조의17제2항), 과학기술정보통신부장관은 이 법 제32조의17(분실 · 도난 단말장치의 수출 방지) 제2항에 따른 확인에 필요한 업무를 대통령령으로 정하는 바에 따라 한국정보통신진흥협회에 위탁할 수 있다고 규정하고 있다(동법 제32조의17제3항). 한편, 전기통신사업법은 과학기술정보통신부장관은 분실 · 도난 단말장치의 해외수출을 차단하기 위하여 필요한 경우 관계 행정기관, 공공기관의 장에게 협조를 요청할 수 있다고 규정하고 있다(동법 제32조의17제4항).

3. 고유식별번호 훼손 등의 금지

전기통신사업법은 누구든지 이 법 제60조의2(분실 등으로 신고된 이동통신단말장치의 사용 차단)제1항 각 호의 어느 하나에 해당하는 이동통신단말장치의 사용 차단을 방해할 목적으로 이동통신단말장치의 고유식별번호를 훼손하거나 위조 또는 변조하여서는 아니 된다고 규정하고 있다(동법 제60조의3).

4. 중고 이동통신단말장치 거래 활성화 조성

전기통신사업법은 과학기술정보통신부장관은 중고 이동통신단말장치의 투명한 유통질서를 확립하고 이용자의 편의를 증진하기 위하여 이용자 보호 요건 등 대통령령으

트를 공유하는 식이다. 하지만 이같은 대책은 북미와 유럽 등 일부 국가에서만 유효한 상태다. 경찰에 따르면 분실 · 도난 스마트폰 중 불법 유통을 통해 해외로 반출되는 기기 다수는 중국으로 향하지만 이를 막을 방법은 없었다. 김평화 IT조선 기자, 분실 스마트폰 절반은 주인 못 찾는데…관련 대응책은 '부실', 2020.10.20.(https://it.chosun.com/news/articleView.html?idxno=2020102000104).

로[241] 정하는 인증기준을 충족하는 중고 이동통신단말장치 유통사업자를 안심거래 사업자로 인증할 수 있다고 규정하고 있으며(전기통신사업법 제32조의16제1항), 이 법 제32조의16(중고 이동통신단말장치 거래 활성화 조성)제1항에 따른 인증을 받으려는 자는 대통령령으로 정하는 바에 따라 과학기술정보통신부장관에게 인증을 신청하여야 한다고 규정하고 있는데(동법 제32조의16제2항), 이 법 제32조의16제제1항에 따른 인증의 유효기간은 5년을 초과하지 아니하는 범위에서 대통령령으로[242] 정한다고 규정하고 있다(동법 제32조의16제3항).

또한 전기통신사업법은 과학기술정보통신부장관은 이 법 제32조의16제1항에 따라 인증을 받은 중고 이동통신단말장치 유통사업자(이하 "안심거래 사업자"라 한다)가 같은 항에 따른 인증기준을 적합하게 유지하는지를 점검할 수 있으며, 이를 위하여 필요한 경우에는 자료의 제출을 요청할 수 있는데, 이 경우 자료제출을 요청받은 안심거래 사업자는 특별한 사정이 없으면 요청에 따라야 한다고 규정하고 있으며(동법 제32조의16제4항), 과학기술정보통신부장관은 안심거래 사업자가 다음, 1. 거짓이나 그 밖의 부정한 방법으로 인증을 받은 경우, 2. 정당한 사유 없이 이 법 제32조의16제4항에 따른 점검을 거부한 경우, 3. 동법 제32조의16제1항에 따른 인증기준에 적합하지 아니하게 된 경우의 어느 하나에 해당하는 경우에는 인증을 취소할 수 있으나, 다만, 이 법 제32조의16제5항제1호에 해당하는 경우인 거짓이나 그 밖의 부정한 방법으로 인증을 받은 경우에는 그 인증을 취소하여야 한다고 규정하고 있다(동법 제32조의16제5항). 한편, 전기통신사업법은 그 밖에 안심거래 사업자 인증의 기준 · 절차 및 인증기준 유지 여부 점검 등에 필요한 사항은 대통령령으로 정한다고 규정하고 있다(동법 제32조의16제6항).

---

241) 전기통신사업법 시행령은 이 법 제32조의16(중고 이동통신단말장치 거래 활성화 조성)제1항에서 "이용자 보호 요건 등 대통령령으로 정하는 인증기준"이란 다음, 1. 중고 이동통신단말장치 거래 시 개인정보 보호방안 등 이용자 보호 요건을 갖출 것, 2. 중고 이동통신단말장치 거래의 안정성과 신뢰성을 확보할 수 있는 품질 및 가격 등에 관한 정보 제공 및 관리 체계를 갖출 것, 3. 중고 이동통신단말장치 성능확인서 발급 및 반품 · 환불 절차 마련 등 판매 체계를 갖출 것, 4. 그 밖에 과학기술정보통신부장관이 중고 이동통신단말장치의 안심거래를 위하여 필요하다고 인정하여 고시하는 사항을 갖출 것과 같다고 규정하고 있으며(전기통신사업법 시행령 제37조의17제1항), 이 법 시행령 제37조의17(중고 이동통신단말장치 안심거래 사업자 인증기준)제1항에 따른 인증기준에 관한 세부사항은 과학기술정보통신부장관이 정하여 고시한다고 규정하고 있다(동법 시행령 제37조의17제2항).

242) 전기통신사업법 시행령은 이 법 제32조의16(중고 이동통신단말장치 거래 활성화 조성)제3항에 따른 인증의 유효기간은 5년으로 한다고 규정하고 있다(전기통신사업법 시행령 제37조의19제1항).

제8절 통신비밀 보호

〈전기통신사업법〉 제83조(통신비밀의 보호) ① 누구든지 전기통신사업자가 취급 중에 있는 통신의 비밀을 침해하거나 누설하여서는 아니 된다.

② 전기통신업무에 종사하는 사람 또는 종사하였던 사람은 그 재직 중에 통신에 관하여 알게 된 타인의 비밀을 누설하여서는 아니 된다.

③ 전기통신사업자는 법원, 검사 또는 수사관서의 장(군 수사기관의 장, 국세청장 및 지방국세청장을 포함한다. 이하 같다), 정보수사기관의 장이 재판, 수사(「조세범 처벌법」 제10조제1항 · 제3항 · 제4항의 범죄 중 전화, 인터넷 등을 이용한 범칙사건의 조사를 포함한다), 형의 집행 또는 국가안전보장에 대한 위해를 방지하기 위한 정보수집을 위하여 다음 각 호의 자료(이하 "통신이용자정보"라 한다)의 열람 또는 제출(이하 "통신이용자정보 제공"이라 한다)을 요청하면 그 요청에 따를 수 있다.

1. 이용자의 성명
2. 이용자의 주민등록번호
3. 이용자의 주소
4. 이용자의 전화번호
5. 이용자의 아이디(컴퓨터시스템이나 통신망의 정당한 이용자임을 알아보기 위한 이용자 식별부호를 말한다)
6. 이용자의 가입일 또는 해지일

④ 제3항에 따른 통신이용자정보 제공 요청은 요청사유, 해당 이용자와의 연관성, 필요한 통신이용자정보의 범위를 기재한 서면(이하 "정보제공요청서"라 한다)으로 하여야 한다. 다만, 서면으로 요청할 수 없는 긴급한 사유가 있을 때에는 서면에 의하지 아니하는 방법으로 요청할 수 있으며, 그 사유가 없어지면 지체 없이 전기통신사업자에게 정보제공요청서를 제출하여야 한다.

⑤ 전기통신사업자는 제3항과 제4항의 절차에 따라 통신이용자정보 제공을 한 경우에는 해당 통신이용자정보 제공 사실 등 필요한 사항을 기재한 대통령령으로 정하는 대장과 정보제공요청서 등 관련 자료를 갖추어 두어야 한다.

⑥ 전기통신사업자는 대통령령으로 정하는 방법에 따라 통신이용자정보 제공을 한 현황 등을 연 2회 과학기술정보통신부장관에게 보고하여야 하며, 과학기술정보통신부장관은 전기통신사업자가 보고한 내용의 사실 여부 및 제5항에 따른 관련 자료의 관리 상태를 점검할 수 있다.

⑦ 전기통신사업자는 제3항에 따라 통신이용자정보 제공을 요청한 자가 소속된 중앙행정기관의 장에게 제5항에 따른 대장에 기재된 내용을 대통령령으로 정하는 방법에 따라 알려야 한다. 다만, 통신이용자정보 제공을 요청한 자가 법원인 경우에는 법원행정처장에게 알려야 한다.
⑧ 전기통신사업자는 이용자의 통신비밀에 관한 업무를 담당하는 전담기구를 설치 · 운영하여야 하며, 그 전담기구의 기능 및 구성 등에 관한 사항은 대통령령으로 정한다.
⑨ 정보제공요청서에 대한 결재권자의 범위 등에 관하여 필요한 사항은 대통령령으로 정한다.

1. 통신비밀 보호의 의의

헌법은 모든 국민은 통신의 비밀을 침해받지 아니한다고 규정하고 있으며(헌법 제18조), 국민의 모든 자유와 권리는 국가안전보장 · 질서유지 또는 공공복리를 위하여 필요한 경우에 한하여 법률로써 제한할 수 있으며, 제한하는 경우에도 자유와 권리의 본질적인 내용을 침해할 수 없다고 규정하고 있는데(동법 제37조의2제2항), 통신비밀 보호는 통신 및 대화의 비밀과 자유에 대한 제한은 그 대상을 한정하고 엄격한 법적 절차를 거치도록 함으로써 통신비밀의 보호와 통신 자유의 보장을 국민의 기본권으로 엄격히 보장하기 위한 것으로 이해된다. 통신비밀 보호와 관련된 근거(根據)법으로는 「통신비밀보호법」과[243] 「전기통신사업법」이 있으며, 통신비밀 자료의 종류로는 〈표 16〉과 같이 통신제한 조치인 감청(監聽), 통신사실확인자료, 통신이용자정보가 있다.

한편, 전기통신사업법 제83조(통신비밀의 보호)제3항에 따른 "통신이용자정보"는 2023년 12월 전기통신사업법 개정 이전에는 "통신자료"로 규정되어 있었으나 2022년 7월, 헌법재판소가 수사기관 등이 성명, 주민등록번호, 주소 등을 제공받을 수 있는 통신자료 제공에 사후 통지 절차가 없는 부분에 대해 헌법에 위반되나 법적 공백을 막기 위하여 '헌법불합치' 결정을[244] 내리고, 2023년 12월 31일까지 개선 입법을 하도록 한 바가

243) 법무부와 과학기술정보통신부가 공동소관(共同所管)으로 통신비밀보호법을 시행하고 있는데, 법무부는 통신비밀보호법에 따른 감청 등 통신비밀 자료의 범위, 수사기관과 전기통신 사업자 간 자료 요청 및 제공 절차, 통신비밀보호법의 위반 시 제재 등 통신비밀 보호 전반에 관한 사항을 소관하고 있으며, 과학기술정보통신부는 2000년 9월부터 매년 반기(半期)별로 전기통신 사업자들이 수사기관에 제공한 통신사실확인자료 등의 협조 실적을 집계하고, 이외에 1년에 2회 실시하는 통신비밀 보호 관련 자료 관리에 대한 실태 점검, 감청설비의 제조 · 수입 · 판매 시 인가 업무를 수행하고 있다.

있는데, 2023년 12월 전기통신사업법 개정을 통해 전기통신사업법 제83조의2(통신이용자정보 제공을 받은 사실의 통지), 제83조의3(통신이용자정보 제공을 받은 사실 통지업무의 대행), 제83조의4(대행기관에 대한 관리 · 감독)을 추가로 입법하면서 제83조(통신비밀의 보호)제3항에 따른 "통신자료"를 "통신이용자정보"로 개정한 것으로 생각된다.

표 16 통신비밀 자료의 종류

구분	목적	대상범죄	대상자료	요청절차
통신제한조치 (감청(監聽)) (통신비밀보호법 제5조~제9조의2)	수사대상자의 통신내용 확인	살인, 강도, 마약, 폭력, 국가보안법 위반 등	대화 및 통화내용, 전자우편, 비공개모임 게시 내용, 모바일 메신저	수사기관이 법원의 허가서 또는 대통령 승인(외국인)을 받아 통신사업자들에 요청
통신사실 확인자료 (통신비밀보호법 제13조~제13조의4)	수사대상자의 통신사실 확인	형(刑)집행, 범죄수사, 국가안보	통신일시, 개시 및 종료시간, 상대방 전화번호, 사용빈도(頻度)수, 로그(Log) 기록, 접속(接續)지 IP주소, 발신기지국위치 추적자료	상동(上同)
통신이용자정보 (전기통신사업법 제83조제3항)	수사대상자의 인적사항 확인		성명, 아이디(ID), 주소, 전화번호, 가입일 및 해지일, 주민등록번호	검사, 총경, 4급 이상 공무원 등이 결재한 제공요청서를 받아 통신사업자들에게 협조요청(법원허가서 불필요)

통신제한 조치인 감청(監聽)은 통신비밀보호법 제5조(범죄수사를 위한 통신제한조치의 허가요건)부터 제9조의2(통신제한조치의 집행에 관한 통지)에 따라 검사 또는 수사기관이 범죄수사, 국가안보를 위하여 필요한 경우 내국인에 대해서는 법원의 허가 또는 외국인에 대해서는 대통령의 승인을 받아 수사 대상자의 대화 및 통화 내용, 전자우편(e-mail) 등의 통신 내용을 확인하는 것이며, 통신사실확인자료는 통신비밀보호법 제13조(범죄수사를 위한 통신사실 확인자료제공의 절차)부터 제13조의4(국가안보를 위한 통신사실 확인자료제공의 절차 등)에 따라 검사 또는 수사기관이 수사 또는 형의 집행을 위하여 필요한 경우 감청과 동일한 절차에 따라 통신일시, 통신의 개시와 종료 시간, 통신 상대방의 전화번호, 로그

244) 헌법재판소 2022. 7. 21. 선고 2016헌마388, 2022헌마126, 2022헌마105 · 110 병합.

(Log) 기록, 접속지(接續地) IP주소, 발신기지국 위치추적 등을 확인하는 것이다. 한편, 통신자료는 전기통신사업법 제83조(통신비밀의 보호)제3항에 따라 법원, 검사 또는 수사관서의 장, 정보수사기관의 장이 재판, 수사, 형의 집행 또는 국가안전보장에 대한 위해(危害)방지를 위해 필요한 경우 수사 대상자의 인적 확인 관련 정보 수집을 위한 이용자의 성명, 주민등록번호, 주소, 전화번호, 아이디(ID) 등을 전기통신 사업자들로부터 제공받는 것으로 이해된다.

한편, 전기통신사업법은 누구든지 전기통신사업자가 취급 중에 있는 통신의 비밀을 침해하거나 누설하여서는 아니 된다고 규정하고 있으며(전기통신사업법 제83조제1항), 전기통신업무에 종사하는 사람 또는 종사하였던 사람은 그 재직 중에 통신에 관하여 알게 된 타인의 비밀을 누설하여서는 아니 된다고 규정하고 있다(동법 제83조제2항).

2. 통신비밀 보호의 주요 내용

가. 통신비밀보호법에 따른 감청과 통신사실확인자료 제공

통신비밀보호법은 “감청”이라 함은 전기통신에 대하여 당사자의 동의없이 전자장치 · 기계장치등을 사용하여 통신의 음향 · 문언 · 부호 · 영상을 청취 · 공독하여 그 내용을 지득 또는 채록하거나 전기통신의 송 · 수신을 방해하는 것을 말한다고 규정하고 있으며(통신비밀보호법 제2조제7호), “통신사실확인자료”라 함은 다음, 가. 가입자의 전기통신일시, 나. 전기통신개시 · 종료시간, 다. 발 · 착신 통신번호 등 상대방의 가입자번호, 라. 사용도수, 마. 컴퓨터통신 또는 인터넷의 사용자가 전기통신역무를 이용한 사실에 관한 컴퓨터통신 또는 인터넷의 로그기록자료, 바. 정보통신망에 접속된 정보통신기기의 위치를 확인할 수 있는 발신기지국의 위치추적자료, 사. 컴퓨터통신 또는 인터넷의 사용자가 정보통신망에 접속하기 위하여 사용하는 정보통신기기의 위치를 확인할 수 있는 접속지의 추적자료의 어느 하나에 해당하는 전기통신사실에 관한 자료를 말한다고 규정하고 있는데(동법 제2조제11호), 통신제한 조치인 감청(監聽)과 통신사실확인자료 제공의 절차는 〈그림 42〉와 같은데, 검사 또는 수사기관 등은 범죄 수사, 국가안보, 형(刑)의 집행을 위하여 필요한 경우 내국인에 대해서는 법원의 허가 또는 외국인에 대해서는 대통령의 승인을 받은 후, 허가서 또는 승인받은 요청서를 전기통신 사업자에게 제출하고 전기통신 사업자들로부터 협조 또는 자료 제공을 받는 것으로 이해된다.

그림 42 감청과 통신사실확인자료 제공 절차

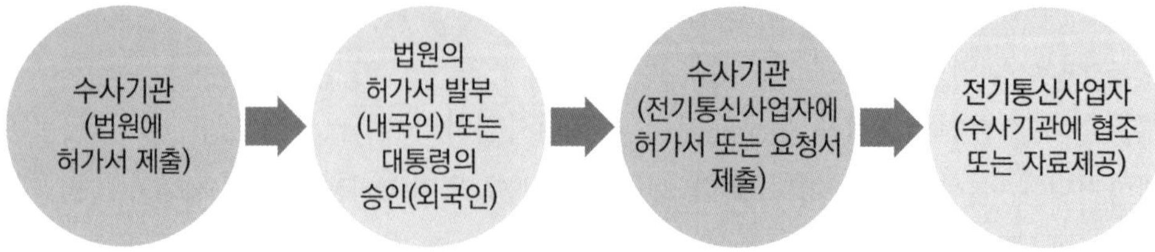

나. 전기통신사업법에 따른 통신이용자정보 제공

전기통신사업법은 전기통신사업자는 법원, 검사 또는 수사관서의 장(군 수사기관의 장, 국세청장 및 지방국세청장을 포함한다. 이하 같다), 정보수사기관의 장이 재판, 수사(「조세범 처벌법」 제10조(세금계산서의 발급의무 위반 등)제1항 · 제3항 · 제4항의 범죄 중 전화, 인터넷 등을 이용한 범칙사건의 조사를 포함한다), 형의 집행 또는 국가안전보장에 대한 위해를 방지하기 위한 정보수집을 위하여 다음, 1. 이용자의 성명, 2. 이용자의 주민등록번호, 3. 이용자의 주소, 4. 이용자의 전화번호, 5. 이용자의 아이디(컴퓨터시스템이나 통신망의 정당한 이용자임을 알아보기 위한 이용자 식별부호를 말한다), 6. 이용자의 가입일 또는 해지일의 자료(이하 "통신이용자정보"라 한다)의 열람 또는 제출(이하 "통신이용자정보 제공"이라 한다)을 요청하면 그 요청에 따를 수 있다고 규정하고 있는데(전기통신사업법 제83조제3항), 통신이용자정보 제공 절차는 〈그림 43〉과 같다.

그림 43 통신이용자정보 제공 절차

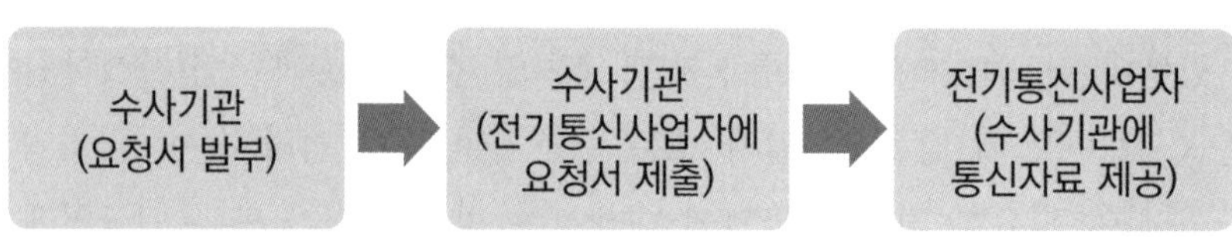

전기통신사업법은 이 법 제83조(통신비밀의 보호)제3항에 따른 통신이용자정보 제공 요청은 요청사유, 해당 이용자와의 연관성, 필요한 통신이용자정보의 범위를 기재한 서면(이하 "정보제공요청서"라 한다)으로 하여야 하나, 다만, 서면으로 요청할 수 없는 긴급한 사유가 있을 때에는 서면에 의하지 아니하는 방법으로 요청할 수 있으며, 그 사유가 없어지면 지체 없이 전기통신사업자에게 정보제공요청서를 제출하여야 한다고 규정하고 있다(동법 제83조제4항). 또한 전기통신사업법은 전기통신사업자는 이 법 제83조제3항과 같은 조 제4항의 절차에 따라 통신이용자정보 제공을 한 경우에는 해당 통신이용자정보 제공 사실 등 필요한 사항을 기재한 대통령령으로 정하는 대장과 정보제공요청서 등 관련 자료를 갖추어 두어야 한다고 규정하고 있으며(동법 제83조제5항),[245] 전기통신사업자는 대통령령으로 정하는 방법에 따라 통신이용자정보 제공을 한 현황 등을 연 2회 과학기술정보통신부장관에게 보고하여야 하며, 과학기술정보통신부장관은 전기통신사업자가 보고한 내용의 사실 여부 및 이 법 제83조제5항에 따른 관련 자료의 관리 상태를 점검할 수 있다고 규정하고 있는 한편(동법 제83조제6항),[246] 전기통신사업자는 이 법 제83조제3항에 따라 통신이용자정보 제공을 요청한 자가 소속된 중앙행정기관의 장에게 동법 제83조제5항에 따른 대장에 기재된 내용을 대통령령으로 정하는 방법에 따라 알려야 하나, 다만, 통신이용자정보 제공을 요청한 자가 법원인 경우에는 법원행정처장에게 알려야 한다고 규정하고 있다(동법 제83조제7항).

한편, 전기통신사업법은 전기통신사업자는 이용자의 통신비밀에 관한 업무를 담당하는 전담기구를 설치 · 운영하여야 하며, 그 전담기구의 기능 및 구성 등에 관한 사항은 대통령령으로[247] 정한다고 규정하고 있으며(동법 제83조제8항), 정보제공요청서에 대

245) 전기통신사업법 시행령은 전기통신사업자는 이 법 제83조(통신비밀의 보호)제5항에 따른 통신이용자정보 제공대장을 1년간 보존하여야 한다고 규정하고 있다(전기통신사업법 시행령 제53조제1항).

246) 전기통신사업법 시행령은 이 법 제83조(통신비밀의 보호)제6항에 따른 통신이용자정보 제공 현황 보고 및 같은 조 제7항에 따른 통신이용자정보 제공 현황 통보는 매 반기(半期) 종료 후 30일 이내에 하여야 한다고 규정하고 있다(전기통신사업법 시행령 제53조제2항).

247) 전기통신사업법 시행령은 이 법 제83조(통신비밀의 보호)제8항에 따른 전담기구(이하 "전담기구"라 한다)는 다음, 1. 이용자의 통신비밀에 관한 업무의 총괄, 2. 전기통신사업자의 내부 직원 또는 제3자가 이용자의 통신비밀을 위법 · 부당하게 침해하는 행위에 대한 단속, 3. 동법 제83조제6항에 따른 통신이용자정보 제공 현황 보고, 4. 동법 제83조제7항에 따른 통신이용자정보 제공대장 기재 내용의 통보, 5. 이용자로부터 제기되는 통신비밀에 관한 불만이나 의견의 처리, 6. 통신비밀에 관한 업무를 담당하는 직원에 대한 교육, 7. 그 밖에 이용자의 통신비밀 보호에 필요한 사항의 기능을 수행한다고 규정하고 있으며(전기통신사업법 시행령 제53조제3항), 전담기구는 해당 전기통신사업자의 본사에 설치하고 임원급 직원을 책임자로 둔다고 규정하고 있다(동법 시행령 제53조제4항).

한 결재권자의 범위 등에 관하여 필요한 사항은 대통령령으로[248] 정한다고 규정하고 있다(동법 제83조제9항).

(1) 통신이용자정보 제공을 받은 사실의 통지

전기통신사업법은 이 법 제83조(통신비밀의 보호)제3항에 따라 통신이용자정보 제공을 받은 검사, 수사관서의 장, 정보수사기관의 장(이하 "수사기관등"이라 한다)은 그 통신이용자정보 제공을 받은 날(이 법 제83조의2(통신이용자정보 제공을 받은 사실의 통지)제2항에 따라 통지를 유예한 경우에는 같은 조 제3항에 따른 통지유예기간이 끝난 날을 말한다)부터 30일 이내에 다음, 1. 통신이용자정보 조회의 주요 내용 및 사용 목적, 2. 통신이용자정보 제공을 받은 자, 3. 통신이용자정보 제공을 받은 날짜의 사항을 통신이용자정보 제공의 대상이 된 당사자에게 서면 또는 문자메시지, 메신저 등 전자적 방법으로 통지하여야 한다고 규정하고 있으며(전기통신사업법 제83조의2제1항), 수사기관등은 제83조의2(통신이용자정보 제공을 받은 사실의 통지)제1항에도 불구하고 다음, 1. 국가 및 공공의 안전보장을 위태롭게 할 우려가 있는 경우, 2. 피해자 또는 그 밖의 사건관계인의 생명이나 신체의 안전을 위협할 우려가 있는 경우, 3. 증거인멸, 도주, 증인 위협 등 공정한 사법절차의 진행을 방해할 우려가 있는 경우, 4. 피의자, 피해자 또는 그 밖의 사건관계인의 명예나 사생활을 침해할 우려가 있는 경우, 5. 질문 · 조사 등의 행정절차의 진행을 방해하거나 과도하게 지연시킬 우려가 있는 경우의 어느 하나에 해당하는 사유가 있는 경우에는 통지를 유예할 수 있다고 규정하고 있다(동법 제83조의2제2항). 또한 전기통신사업법은 이 법 제83조의2제2항에 따른 통지유예의 기간은 다음, 1. 동법 제83조의2제2항제1호 및 제2호의 사유가 있는 경우는 해당 사유가 해소될 때까지의 기간과, 2. 동법 제83조의2제2항제3호부터 제5호까지의 사유가 있는 경우는 두 차례에 한정하여 매 1회 3개

---

248) 전기통신사업법 시행령은 이 법 제83조(통신비밀의 보호)제9항에 따른 정보제공요청서의 결재권자는 판사, 검사, 수사관서(군 수사기관, 국세청 및 지방국세청을 포함한다)나 정보수사기관의 4급 이상 공무원(5급 공무원이 수사관서의 장이거나 정보수사기관의 장인 경우에는 5급 공무원을 포함한다) 또는 고위공무원단에 속하는 일반직공무원으로 하나, 다만, 경찰 및 해양경찰의 경우에는 총경 이상의 공무원(경정이 관서의 장인 경우에는 경정을 포함한다)으로 하고, 군 수사기관의 경우에는 군검사 또는 중령 이상의 군인(소령이 부대장인 군 수사기관의 경우에는 소령을 포함한다)으로 한다고 규정하고 있으며(전기통신사업법 시행령 제53조제5항), 이 법 제83조제9항에 따른 정보제공요청서에는 결재권자의 직급과 성명 등을 명확하게 적어야 하나, 다만, 「정보 및 보안 업무 기획 · 조정 규정」 제2조(정의)제6호에 따른 정보 · 수사기관의 경우에는 결재권자의 직위만 적을 수 있으며, 법원의 경우에는 결재권자의 직위와 성명을 명확하게 적는다고 규정하고 있다(동법 시행령 제53조제6항).

월의 범위에서 정한 기간의 구분에 따른다고 규정하고 있다(동법 제83조의2제3항).

전기통신사업법은 정보수사기관의 장은 국가안전보장에 대한 위해를 방지하기 위한 정보수집을 위하여 통신이용자정보 제공을 받은 경우로서 통신이용자정보 제공의 대상이 된 당사자가 다음, 1. 대한민국에 적대하는 국가, 반국가활동의 혐의가 있는 외국의 기관·단체와 외국인 또는 이와 연계된 내국인과, 2. 대한민국의 통치권이 사실상 미치지 아니하는 한반도 내의 집단이나 외국에 소재하는 그 산하 단체의 구성원 또는 이와 연계된 내국인의 어느 하나에 해당하는 경우에는 이 법 제83조의2제1항에도 불구하고 통지를 하지 아니할 수 있다고 규정하고 있으며(동법 제83조의2제4항), 수사기관등은 이 법 제83조의2제1항에 따른 통신이용자정보 제공을 받은 사실의 통지를 위하여 필요한 경우에는 다음, 1. 동법 제83조(통신비밀의 보호)제3항에 따라 통신이용자정보 제공을 한 전기통신사업자에 대한 요청의 경우는 해당 당사자의 통신이용자정보에 변경이 있는지 여부와, 2. 그 외의 전기통신사업자에 대한 요청의 경우는 그 당사자가 해당 전기통신사업의 이용자인지 여부의 구분에 따라 해당 사항에 대한 확인을 요청할 수 있는데, 이 경우 요청을 받은 전기통신사업자는 특별한 사유가 없으면 그 요청에 따라야 한다고 규정하고 있다(동법 제83조의2제5항).

한편, 수사기관등은 이 법 제83조의2제1항에 따른 통신이용자정보 제공을 받은 사실의 통지를 위하여 필요한 경우에는 행정안전부장관에게 「주민등록법」 제30조(주민등록전산정보자료의 이용 등)제1항에 따라 주민등록전산정보자료의 제공을 요청할 수 있는데, 이 경우 요청을 받은 행정안전부장관은 특별한 사유가 없으면 그 요청에 따라야 한다고 규정하고 있으며(동법 제83조의2제6항), 이 법 제83조의2제6항에 따른 주민등록전산정보자료 제공에 관한 사용료는 「주민등록법」 제30조제6항에도 불구하고 면제한다고 규정하고 있다(동법 제83조의2제7항). 또한 전기통신사업법은 이 법 제83조의2제1항에 따른 통신이용자정보 제공을 받은 사실의 통지 절차, 같은 조 제2항 및 제3항에 따른 통지유예 절차 등에 관하여 필요한 사항은 대통령령으로 정한다고 규정하고 있다(동법 제83조의2제8항).

(2) 통신이용자정보 제공을 받은 사실 통지업무의 대행과 대행기관에 대한 관리·감독

(가) 통신이용자정보 제공을 받은 사실 통지업무의 대행

전기통신사업법은 수사기관등은 다음, 1. 이 법 제83조의2(통신이용자정보 제공을 받은 사실의 통지)제1항에 따른 통신이용자정보 제공을 받은 사실의 통지업무, 2. 동법 제83조의2제5항에 따른 확인 요청 및 이에 대한 회신자료 접수 업무, 3. 동법 제83조의2제6항에 따른 주민등록전산정보자료의 제공 요청 및 이에 대한 회신자료 접수 업무를 한국정보통신진흥협회에 대행하게 할 수 있다고 규정하고 있으며(전기통신사업법 제83조의3제1항), 이 법 제83조의3(통신이용자정보 제공을 받은 사실 통지업무의 대행)제1항에 따라 업무를 대행하는 한국정보통신진흥협회(이하 "대행기관"이라 한다)는 해당 업무에 필요한 범위에서 통신이용자정보를 처리할 수 있다고 규정하고 있다(동법 제83조의3제2항).[249)]

전기통신사업법은 수사기관등은 이 법 제83조의2제2항 및 제3항에 따라 통신이용자정보 제공을 받은 사실 통지의 유예 결정을 한 경우에는 그 사실을 대행기관에 통보하여야 한다고 규정하고 있으며(동법 제83조의3제3항), 대행기관은 이 법 제83조의3제1항제1호에 따른 통신이용자정보 제공을 받은 사실의 통지업무를 대행하는 경우에는 통지사실 등 대통령령으로[250)] 정하는 사항을 기재한 통지관리대장과[251)] 동법 제83조의3제3항에 따른 통지유예 통보 관련 자료를 갖추어 두어야 하는데, 이 경우 대행기관은 이를 전자적으로 관리할 수 있다고 규정하고 있다(동법 제83조의3제4항).

또한 전기통신사업법은 대행기관이 이 법 제83조의3제1항제3호에 따른 주민등록전산정보자료의 제공 요청 업무를 대행하는 경우에는 동법 제83조의2제6항 및 「주민등록법」 제30조(주민등록전산정보자료의 이용 등)제1항에도 불구하고 과학기술정보통신부장관의 심사를 받아야 하는데, 이 경우 과학기술정보통신부장관의 심사를 받으면 「주민등록법」 제30조제1항에 따른 관계 중앙행정기관의 장의 심사를 거친 것으로 본다고 규정하고 있으며(동법 제83조의3제5항), 대행기관은 이용자의 통신비밀에 관한 업무를 담당하는 전담기구를 설치 · 운영하여야 하는데, 이 경우 그 전담기구의 기능 및 구성 등에 관한 사항은 대통령령으로[252)] 정한다고 규정하고 있다(동법 제83조의3제6항). 한편, 전기통신사업법

---

249) 전기통신사업법 시행령은 이 법 제83조의3(통신이용자정보 제공을 받은 사실 통지업무의 대행)제2항에 따른 대행기관(이하 "대행기관"이라 한다)은 같은 조 제1항에 따라 대행하는 업무(이하 "대행업무"라 한다)를 전자적으로 처리하기 위한 전산시스템을 구축 · 운영할 수 있다고 규정하고 있다(전기통신사업법 시행령 제53조의2).

250) 전기통신사업법 시행령은 이 법 제83조의3(통신이용자정보 제공을 받은 사실 통지업무의 대행)제4항 전단에서 "통지사실 등 대통령령으로 정하는 사항"이란 다음, 1. 통지 대상자의 성명과, 2. 통지 일시 · 방법 · 내용 등 통지사실의 사항을 말한다고 규정하고 있다(전기통신사업법 시행령 제53조의3제1항).

251) 전기통신사업법 시행령은 대행기관은 법 제83조의3(통신이용자정보 제공을 받은 사실 통지업무의 대행)제4항에 따른 통지관리대장을 1년간 보관해야 한다고 규정하고 있다(전기통신사업법 시행령 제53조의3제2항).

252) 전기통신사업법 시행령은 이 법 제83조의3(통신이용자정보 제공을 받은 사실 통지업무의 대행)제6항에 따른 대행기관의 전담기구(이하 이 조에서 "대행기관전담기구"라 한다)는 다음, 1. 통지 대상자의

은 수사기관등은 대행기관에 대하여 업무의 대행에 드는 비용을 대통령령으로[253] 정하는 바에 따라 지급하여야 한다고 규정하고 있으며(동법 제83조의3제7항), 대행기관의 임직원이거나 임직원이었던 자는 이 법 제83조의3제1항 각 호의 업무를 수행하면서 알게 된 타인의 정보를 누설하거나 업무 목적 외의 용도로 이용하여서는 아니 된다고 규정하고 있다(동법 제83조의3제8항).

(나) 대행기관에 대한 관리 · 감독

전기통신사업법은 수사기관등은 대통령령으로 정하는 바에 따라 대행기관에 대하여 다음, 1. 통신이용자정보 제공을 받은 사실의 통지 누락 여부와 그 통지 방법 및 절차의 적절성에 관한 사항, 2. 정보통신망 등을 통하여 제공받은 통신이용자정보의 유출 방지를 위한 제도적 · 기술적 보안조치에 관한 사항, 3. 대행기관의 업무 수행능력 및 기술유지 여부에 관한 사항, 이 법 4. 제83조의3(통신이용자정보 제공을 받은 사실 통지업무의 대행)제4항에 따른 통지관리대장과 통지유예 통보 관련 자료의 관리 등에 관한 사항을 관리 · 감독하고, 이에 필요한 자료의 제출을 요구하거나 대행업무의 수행 실태 등을 조사할 수 있다고 규정하고 있으며(전기통신사업법 제83조의4제1항), 전기통신사업법 시행령은 수사기관등은 이 법 제83조의4(대행기관에 대한 관리 · 감독)제1항에 따라 대행기관에 대한 관리 · 감독을 위하여 필요한 경우에는 대행기관에 다음, 1. 통신이용자정보 제공을 받은 사실의 현황에 관한 자료, 2. 통신이용자정보의 유출 방지를 위한 제도적 · 기술적 보안조치에 관한 자료,

---

통신비밀에 관한 업무의 총괄, 2. 대행기관의 임직원 또는 제3자가 통지 대상자의 통신비밀을 위법 또는 부당하게 침해하는 행위에 대한 단속, 3. 이 법 제83조의2(통신이용자정보 제공을 받은 사실의 통지)제6항에 따른 주민등록전산정보자료 제공 요청 현황 관리, 4. 동법 제83조의3제4항에 따른 통지관리대장 및 통지유예 통보 관련 자료 보관, 5. 통신비밀에 관한 업무를 담당하는 직원에 대한 교육, 6. 그 밖에 통지 대상자의 통신비밀 보호에 필요한 사항의 기능을 수행한다고 규정하고 있으며(전기통신사업법 시행령 제53조의4제1항), 대행기관전담기구에는 이 법 제83조제3항에 따른 통신이용자정보(이하 "통신이용자정보"라 한다)의 열람 또는 제출(이하 "통신이용자정보 제공"이라 한다)을 받은 사실의 통지업무를 총괄하는 부서를 두고, 해당 부서의 장을 대행기관전담기구의 책임자로 한다고 규정하고 있다(동법 시행령 제53조의4제2항).

253) 전기통신사업법 시행령은 이 법 제83조(통신비밀의 보호)제3항에 따라 통신이용자정보 제공을 받은 검사, 수사관서의 장, 정보수사기관의 장(이하 "수사기관등"이라 한다)은 동법 제83조의3(통신이용자정보 제공을 받은 사실 통지업무의 대행)제7항에 따라 대행기관에 대하여 업무의 대행에 드는 비용(이하 이 조에서 "대행비용"이라 한다)을 지급하는 경우에는 대행비용을 분할하여 지급할 수 있다고 규정하고 있으며(전기통신사업법 시행령 제53조의5제1항), 대행비용은 통신이용자정보 제공을 받은 사실의 통지업무에 소요되는 비용, 운영경비 등을 종합적으로 고려하여 수사기관등이 대행기관과 협의하여 정한다고 규정하고 있다(동법 시행령 제53조의5제2항).

3. 대행업무 수행 능력 및 기술을 갖추고 있음을 증명할 수 있는 자료, 4. 동법 제83조의3(통신이용자정보 제공을 받은 사실 통지업무의 대행)제4항에 따른 통지관리대장 및 통지유예 통보 관련 자료를 제출하도록 요구할 수 있다고 규정하고 있다(동법 시행령 제53조의6제1항).

또한 전기통신사업법은 수사기관등은 대행기관이 다음, 1. 이 법 제83조의3제4항을 위반하여 통지관리대장 또는 통지유예 통보 관련 자료를 갖추어 두지 아니한 경우와, 2. 정보통신망 등을 통하여 제공받은 통신이용자정보의 유출 방지를 위한 제도적 · 기술적 보안조치를 하지 아니한 경우 등 대통령령으로[254] 정하는 경우의 어느 하나에 해당하는 경우에는 대통령령으로 정하는 바에 따라 시정을 요구할 수 있다고 규정하고 있는데(동법 제83조의4제2항), 전기통신사업법 시행령은 수사기관등은 이 법 제83조의4제2항에 따라 대행기관에 시정을 요구하는 경우에는 그 사유와 이행 방법 및 기간 등을 적은 문서로 통보해야 한다고 규정하고 있으며(동법 시행령 제53조의6제2항), 대행기관은 이 법 시행령 제53조의6(대행기관에 대한 관리 · 감독 등)제2항에 따라 시정 요구를 받은 경우에는 특별한 사유가 없으면 지체 없이 필요한 조치를 하고, 그 조치 결과를 수사기관등에 통보해야 한다고 규정하고 있다(동법 시행령 제53조의6제3항).

참고자료 및 질문

1. 감청설비(監聽設備) 구축 의무화 논란. 통신비밀보호법은 "감청설비"라 함은 대화 또는 전기통신의 감청에 사용될 수 있는 전자장치·기계장치 기타 설비를 말하나, 다만, 전기통신 기기·기구 또는 그 부품으로서 일반적으로 사용되는 것 및 청각교정을 위한 보청기 또는 이와 유사한 용도로 일반적으로 사용되는 것 중에서, 대통령령이[255] 정하는 것은 제외한다고 규정하고 있다(통신비밀보호법 제2조제8호). 한편, 지난 제17대, 제18대, 제19대, 20대 국회에서 전기통신사업자의 감청설비 구축 의무화와 동 감청설비의 구축 비용을 정부가 부담하는 것을 내용으로 하는 전기통신사업법의 개정이 추진된 바 있다. 그러나 강력범죄, 산업 스파이 등에 대한 효율적 수사와 테러 등으로부터 국가안전 보장을 위해 요구되는 합법적 감청을 수행하기 위한 감청설비 구축이 불가피하다는 수사기관과 정보기관의 입장에 대해 감청 권한이 정치적으로 남용되고 국민의 사생활을 침해할 수 있다는 우려를 제기한 당시 야당과 일부 시민단체의 대립이 이어졌고, 감청설비 구축 의무화 관련 입법들은 번번이 무산된 바가 있다. 해외의 경우 〈표 17〉의 미국 통신법 집행 지원법(CALEA, Communications Assistance for Law Enforcement Act)과 같이 감청설비를 구축

254) 전기통신사업법 시행령은 이 법 제83조의4(대행기관에 대한 관리 · 감독)제2항제2호에서 "제도적 · 기술적 보안조치를 하지 아니한 경우 등 대통령령으로 정하는 경우"란 다음, 1. 통신이용자정보의 유출 방지를 위한 제도적 · 기술적 보안조치를 하지 않은 경우와, 2. 대행업무의 수행에 필요한 인력 · 기술 등을 갖추지 않은 경우를 말한다고 규정하고 있다(전기통신사업법 시행령 제56조의3제4항).

하도록 하고 있으나, 우리나라의 통신비밀보호법은 휴대전화를 포함한 모든 전기통신 서비스에 대한 감청을 합법화하고 있지만 수사기관은 감청 절차의 투명성 문제로 현재 첨단통신에 대한 자체 감청설비를 갖추지 못하고 있으며, 첨단통신을 악용하는 범죄에 대한 수사 과정에서 통신사업자의 도움을 받으려 하더라도 감청 협조 설비의 구비를 의무화한 법적 근거가 없어 실효성이 부족한 것으로 이해된다.

표 17 해외의 감청설비 구축 의무화 법제도

구분	미국	독일	호주	영국
관련법령	통신감청지원법 (CALEA法)	전기통신법	전기통신법	수사권 규율법
감청영역	유선과 부선	유선과 무선 및 데이터 감청	유선과 무선	유선과 무선
감청설비 구축 비용 부담주체	법의 발효 전에 설치된 감청설비 구축비용은 정부 부담, 발효 이후 구축비용은 통신업체가 부담	통신업체가 모든 비용부담	감청설비의 초기 구축비용은 통신업체가 부담하나, 추가되는 비용은 정부가 부담	감청설비 구축비용은 정부가 부담하나, 운영비용은 통신업체가 부담
불이행 제재	1일 1만$(달러)의 이행강제금	1만5천€(유로) 이하의 과태료	1일1000만$(달러) 이하의 강제금	2년 이하의 금고 또는 벌금

2. DPI 감청(監聽) 논란. DPI(Deep Packet Inspection, 심층 패킷 분석) 기술은 네트워크의 트래픽(Traffic)을 조정하여 네트워크의 과부하를 방지하기 위한 기술로서, 이메일(e-mail), 인터넷 금융거래, 인터넷전화 등의 트래픽을 감시(監視, Monitoring)하면서 우선 처리할 트래픽과 아닌 트래픽을 구분하고 패킷(Packet)을 바로 전송할지 지연하여 전송할지 여부를 결정하는 데 이용되고 있다. DPI 기술에 대해 논란이 제기되고 있는 것은 DPI 기술이 통신에 대한 감청(監聽)에 이용될 수 있기 때문이라고 생각된다. 한편, 헌법재판소는 2018년 8월, 통신제한조치 허가 위헌확인 등과 관련하여 통신비밀보호법 제5조(범죄수사를 위한 통신제한조치의 허가요건)제2항의 통신제한조치인 감청(監聽)을 허가할 수 있는 대상인 우편물이나 전기통신 중 인터넷 회선 감청에 관한 부분에 대해 재판관 6대 3 의견으로 헌법불합치 결정을 선고한 바가 있다.[256] 헌법재판소는 인터넷 회선을 통해 송신과 수신되는 패킷을 중간에 빼내 감청 대상자가 보는 컴퓨터 화면을 수사기관에서도 똑같이 실시간으로 보는 소위 '패킷감청'을 가능케 하는 통신비밀보호법 조항에 대해 헌법재판소가 헌법에 맞지 않는다고 결정하였는데, 범죄 수사를 위한 패킷감청 필요성은 인정되지만 수사기관이 패킷감청을 통해 광범위하게 취득한 통신자료에 대한 통제 수단이 현행법상 제대로 마련돼 있지 않아 통신 및 사생활 비밀과 자유를 침해한다는 취지로 이해된다. 다만, 통신비밀보호법 제5조제2항은 즉시 폐지 시 나타날 수 있는 중대 범죄 수사에 있

어서의 법적 공백 우려로 2020년 3월31일까지는 그대로 적용된다는 헌법불합치 결정을 내렸는데, 국회(國會)는 2020년 3월 통신비밀보호법 개정을 통해 이 법 제12조의2(범죄수사를 위하여 인터넷 회선에 대한 통신제한조치로 취득한 자료의 관리)를 신설(新設)한 바가 있다.

3. 통신자료 제공 관련 판례. 앞에서 설명한 바와 같이 전기통신사업법 제83조(통신비밀의 보호)제3항에 따른 "통신이용자정보"는 2023년 12월 전기통신사업법 개정 이전에는 "통신자료"로 규정되어 있었으나 2022년 7월, 헌법재판소가 수사기관 등이 성명, 주민등록번호, 주소 등을 제공받을 수 있는 통신자료 제공에 사후 통지 절차가 없는 부분에 대해 헌법에 위반되나 법적 공백을 막기 위하여 '헌법불합치' 결정을[257] 내린 바가 있다. 헌법재판소는 통신자료 제공 요청이 있는 경우, 정보 주체인 이용자에게는 통신자료 제공 요청이 있었다는 점이 사전에 고지되지 않으며 전기통신사업자가 수사기관 등에 통신자료를 제공한 경우도 이런 사실이 이용자에게 별도로 통지되지 않는다며, 효율적인 수사와 정보수집의 신속성, 밀행성 등을 고려해 사전에 이용자에게 관련 내역을 통지하도록 하는 것이 적절하지 않다면 수사기관 등이 통신자료를 취득한 후 수사 등 정보수집의 목적에 방해가 되지 않는 범위 내에서 통신자료의 취득 사실을 이용자에게 통지하는 것은 얼마든지 가능한데도 불구하고 전기통신사업법 제83조제3항은 통신자료 취득에 대한 사후 통지 절차를 두지 않아 적법절차 원칙에 위배가 되어 개인정보자기결정권을 침해한다고 판시하였다. 다만 헌법재판소는 수사기관 등이 통신자료를 받으면서 영장을 제시하지 않는 것 자체는 문제가 아니라고 판단하였는데, 헌법상 영장주의는 체포, 구속, 압수수색 등 기본권을 제한하는 강제처분에 적용되므로 강제력이 개입되지 않은 임의수사에 해당하는 수사기관 등의 통신자료 취득에는 영장주의가 적용되지 않는다는 것이다. 또한 헌법재판소는 제공 요청을 할 수 있는 정보의 범위가 성명, 주민등록번호, 주소 등 피의자나 피해자를 특정하기 위한 최소한의 기초정보에 한정되어 있고 민감한 정보를 포함하고 있지 않아 과잉금지원칙 위배가 아니라고 판단하였다.

---

255) 통신비밀보호법 시행령은 이 법 제2조(정의)제8호 단서에 따라 감청설비에서 제외되는 것은 감청목적으로 제조된 기기ㆍ기구가 아닌 것으로서 다음, 1.「전기통신사업법」제2조(정의)제4호에 따른 사업용전기통신설비, 2.「전기통신사업법」제64조(자가전기통신설비의 설치)에 따라 설치한 자가전기통신설비, 3. 삭제, 4.「전파법」제19조(허가를 통한 무선국 개설 등)에 따라 개설한 무선국의 무선설비, 5.「전파법」제58조의2(방송통신기자재등의 적합성평가)에 따라 적합성평가를 받은 방송통신기자재등, 6.「전파법」제49조(전파감시) 및 같은 법 제50조(국제전파 감시)에 따른 전파감시업무에 사용되는 무선설비, 7.「전파법」제58조(산업ㆍ과학ㆍ의료용 전파응용설비 등)에 따라 허가받은 통신용 전파응용설비, 8.「전기용품 및 생활용품 안전관리법」제2조(정의)제1호에 따른 전기용품 중 오디오ㆍ비디오 응용기기(직류전류를 사용하는 것을 포함한다), 9. 보청기 또는 이와 유사한 기기ㆍ기구, 10. 그 밖에 전기통신 및 전파관리에 일반적으로 사용되는 기기ㆍ기구의 어느 하나에 해당하는 것을 말한다고 규정하고 있다(통신비밀보호법 시행령 제3조).

256) 헌법재판소 2018. 8. 30. 선고 2016헌마263.

제9절 통신서비스 품질 평가

〈전기통신사업법〉 제56조(전기통신역무의 품질 개선 등) ① 전기통신사업자는 그가 제공하는 전기통신역무의 품질을 개선하기 위하여 노력하여야 한다.

② 과학기술정보통신부장관은 전기통신역무의 품질을 개선하고 이용자의 편익을 증진하기 위하여 전기통신역무의 품질 평가 등 필요한 시책을 마련하여야 한다.

③ 과학기술정보통신부장관은 전기통신사업자에게 제2항에 따른 전기통신역무의 품질 평가 등에 필요한 자료를 제출하도록 명할 수 있다.

전기통신사업법은 전기통신사업자는 그가 제공하는 전기통신역무의 품질을 개선하기 위하여 노력하여야 한다고 규정하고 있으며(전기통신사업법 제56조제1항), 과학기술정보통신부장관은 전기통신역무의 품질을 개선하고 이용자의 편익을 증진하기 위하여 전기통신역무의 품질 평가 등 필요한 시책을 마련하여야 한다고 규정하고 있는데(동법 제56조제2항), 통신서비스 품질 평가는 통신서비스 이용자들에게 통신서비스에 대한 객관적인 품질 정보를 제공함으로써 이용자의 통신서비스에 대한 선택권을 넓히고, 통신 사업자들로 하여금 통신서비스의 품질개선을 위한 투자 확대를 유도하는 한편, 통신서비스 품질 미흡(未洽) 지역을 파악하여 통신서비스 품질개선을 촉진하기 위한 것으로 이해된다.

통신서비스 품질 평가는 1999년 (구)정보통신부(현재 과학기술정보통신부)가 유선전화, 2세대 이동통신, 초고속인터넷을 대상으로 통신서비스 품질 평가를 최초로 실시하였으며, 현재는 무선인터넷(5세대 이동통신, LTE, 3세대 이동통신, WiFi), 유선인터넷(100Mbps급, 500Mbps급, 1Gbps급, 10Gbps급)에 대한 통신서비스 품질 평가가 이루어지고 있다. 한편, 전기통신사업법은 과학기술정보통신부장관은 전기통신사업자에게 이 법 제56조(전기통신역무의 품질 개선 등)제2항에 따른 전기통신역무의 품질 평가 등에 필요한 자료를 제출하도록 명할 수 있다고 규정하고 있는데(동법 제56조제3항), 통신서비스 품질 평가 기간은 매년 5월부터 11월까지 7개월간이며 과학기술정보통신부는 통신서비스 품질 평가 기본계획을 수립하고 통신서비스 품질 평가 결과에 대한 검토와 자문 등을 수행한다. 또한 통신서비스 품질 평가를 위해 통신서비스 품질 평가 수행기관과 통신서비스 품질 평가

257) 헌법재판소 2022. 7. 21. 선고 2016헌마388, 2022헌마126, 2022헌마105 · 110 병합.

자문위원회가 구성되어 있는데, 통신서비스 품질 평가 수행기관인 한국정보화진흥원은[258] 통신서비스 품질 평가 기본계획 수립을 지원하고, 통신사업자의 자체평가 대상이 되는 통신서비스 자체평가 결과를 검증하는 등 통신서비스 품질 평가 관련 지원 업무를 수행하고 있다.

통신서비스 품질 평가 결과는 스마트초이스(www.smartchoice.or.kr)와 공공데이터포털(www.data.go.kr)에 게시되는데, 전기통신사업법 제56조(전기통신역무의 품질 개선 등)에 따른 통신서비스 품질 평가는 국내에서 공인(公認)된 유일한 통신서비스에 대한 품질 평가이기 때문에 전기통신 사업자들이 민감하게 반응하는 경우가 많아서, 통신서비스 품질 평가 결과는 전기통신사업자의 마케팅(Marketing) 목적으로 악용될 소지가 많을 것으로 이해되나, 통신서비스 품질 평가는 이용자의 통신 선택권과 편익을 제고하고 통화품질이 낮은 지역에 대한 통신서비스 투자 확대를 위한 제도로 운영될 수 있도록 해야 할 것으로 생각한다.

---

258) 한국정보화진흥원(NIA, National Information Society Agency)은 대한민국 국가기관의 정보화 추진과 관련된 정책을 개발하고, 정보문화 조성, 정보격차 해소 등을 지원하려는 목적으로 만들어진 대한민국 과학기술정보통신부 산하 위탁집행형 준정부기관이며, (구)한국전산원이 개편된 조직이다(http://www.nia.or.kr/).

제5장

어떻게 통신 시장에서 탈퇴하며 구조조정을 하는가?

통신 시장에 진입하여 사업을 영위하고 있는 모든 전기통신사업자가 성공적으로 사업을 수행하는 것은 아니라고 생각되는데, 전기통신사업자는 사업의 실패 등의 이유로 스스로 사업을 휴업(休業)하거나 폐업(廢業)하기도 하지만, 관련 법령의 위반 등으로 인해 정부 당국으로부터 등록이 취소(取消)되거나 사업의 정지(停止) 또는 폐업(廢業)을 명령(命令)받기도 한다. 한편, 전기통신사업자 간의 인수합병(M&A, Merge and Acquisition)과 사업의 양수도(讓受渡) 등을 통하여 전기통신사업자의 구조조정과 시장 퇴출이 발생하기도 하며 또한 기존 전기통신사업자의 주식(株式)을 취득하거나 기존 전기통신 사업 이외의 사업을 시작함으로써 전기통신사업자의 구조조정이 일어나기도 한다. 제5장에서는 통신사업의 휴업과 폐업, 통신사업 등록의 취소, 사업 정지와 폐업 명령, 인수합병과 사업의 양수도, 사업의 겸업 승인, 외국 정부 또는 외국인의 주식 소유 제한, 공익성 심사(Public interests test), 주식의 상호소유 제한 등 전기통신사업자의 시장 퇴출, 구조조정과 관련된 전기통신사업법상의 제도들을 설명하고자 한다.

제1절 기간통신사업과 부가통신사업의 휴업과 폐업

1. 기간통신사업의 휴업과 폐업

〈전기통신사업법〉 제19조(사업의 휴업 · 폐업) ① 기간통신사업자는 그가 경영하고 있는 기간통신사업의 전부 또는 일부를 휴업하거나 폐업하려면 대통령령으로 정하는 바에 따라 그 휴업 또는 폐업 예정일 60일 전까지 이용자에게 알리고, 그 휴업 또는 폐업에 대한 과학기술정보통신부장관의 승인을 받아야 한다. 다만, 전년도 전기통신역무 매출액이 대통령령으로 정하는 금액 미만인 기간통신사업자의 경우 대통령령으로 정하는 바에 따라 과학기술정보통신부장관에게 신고(정보통신망에 의한 신고를 포함한다)하여야 한다.

② 과학기술정보통신부장관은 기간통신사업의 휴업 · 폐업으로 인하여 별도의 이용자 보호가 필요하다고 판단하면 해당 기간통신사업자에게 가입 전환의 대행 및 비용 부담, 가입 해지 등 이용자 보호에 필요한 조치를 명할 수 있다.

③ 과학기술정보통신부장관은 제1항에 따른 승인 신청을 받은 경우 다음 각 호의 어느 하나에 해당하는 경우를 제외하고는 그 승인을 하여야 한다.

1. 휴업 · 폐업하려는 사업의 내용 및 사업구역의 도면 등 대통령령으로 정하는 구비서류에 흠이 있는 경우
2. 이용자에 대한 휴업 · 폐업 계획의 통보가 적정하지 못하다고 인정되는 경우
3. 이용자 보호조치계획 및 그 시행이 미흡하여 휴업 · 폐업에 따라 현저한 이용자 피해 발생이 예상되는 경우
4. 전시 · 교전 또는 이에 준하는 국가비상상황에 대응하거나 중대한 재난을 방지 또는 수습하기 위하여 해당 기간통신사업의 유지가 긴급하게 필요하다고 인정되는 경우

가. 기간통신사업 휴업과 폐업의 의의

전기통신사업법은 기간통신사업자는 그가 경영하고 있는 기간통신사업의 전부 또는 일부를 휴업하거나 폐업하려면 대통령령으로 정하는 바에 따라 그 휴업 또는 폐업 예정일 60일 전까지 이용자에게 알리고, 그 휴업 또는 폐업에 대한 과학기술정보통신부장관

의 승인을 받아야 하나, 다만, 전년도 전기통신역무 매출액이 대통령령으로 정하는 금액 미만인 기간통신사업자의 경우 대통령령으로 정하는 바에 따라 과학기술정보통신부장관에게 신고(정보통신망에 의한 신고를 포함한다)하여야 한다고 규정하고 있는데(전기통신사업법 제19조제1항), 기간통신사업은 국민 생활과 국가 경제 전체에 중대한 영향을 미치는 산업인 점을 고려하여 과학기술정보통신부장관의 승인을 받도록 한 것으로 생각되며 과학기술정보통신부장관의 승인은 강학(講學)상의 인가(認可)로 이해된다. 과거에는 기간통신사업의 휴업(休止) 또는 폐업(廢止)은 무선호출(Paging) 서비스[259], CT-2(Cordless Telephone-2) 서비스[260], TRS(Trunked Radio System, 주파수공용통신) 서비스[261] 종료 등 이외에 사례가 많지 않았으나 2011년 KT의 2G 이동전화 서비스(PCS, Personal Communication Service), 2018년 와이브로 서비스(Wibro, Wireless Broadband) 종료와 같이 향후 통신 기술의 발전과 통신 서비스의 진화로 인해 경쟁력을 상실한 통신 서비스의 시장 퇴출과 함께 이용자 보호의 필요를 고려해야 하는 문제가 지속적으로 나타날 것으로 전망되므로 기간통신사업 휴업과 폐업의 중요성이 커질 것으로 생각한다.

259) 무선호출(Paging) 서비스는 전화를 통하여 무선호출기(Pager)를 휴대한 사람에게 용건이 있음을 알려주는 서비스로서 호출 알림 소리에 따라 삐삐(Beeper) 서비스라고도 불리기도 한다. 이동전화서비스가 대중화되기 전 1980년대와 1990년대에 널리 사용되었으나, 이동전화서비스의 사용이 대중화되면서, 무선호출 서비스의 사용자 수가 급격하게 줄어들었다. 1983년부터 무선호출 서비스가 개시되었으며 무선호출 서비스 가입자의 식별번호로 012, 015 등이 이용되었으나, 현재는 012 번호를 사용하는 무선호출 서비스 전국 사업자들이 사업을 종료하여 012 번호는 사물인터넷 서비스에 부여되고 있으며, 일부 015 번호를 사용하는 무선호출 서비스 지역 사업자들만이 서비스를 제공하고 있는 상황으로 이해된다.

260) CT-2(Cordless Telephone-2) 서비스는 발신만 가능한 무선전화 서비스이며 우리나라에서는 CT-2서비스를 '시티폰(City phone) 서비스'라는 이름으로 한국통신(현재 KT)이 서울 등 대도시를 중심으로 제공한 바 있다. 1996년에 신규 사업자들 역시 대도시를 중심으로 동 서비스를 제공하였으나 사업성 결여로 사업 면허를 반환하였으며, 한국통신이 통합하여 운영하다가 2000년 1월에 전면 중단한 바가 있다.

261) 주파수공용통신(TRS, Trunked Radio System) 서비스는 이동통신과 무전기가 결합된 통신시스템으로서 저렴한 비용으로 가입자 간 그룹 통화와 개별통화 같은 다양한 통신 방법이 가능하나, 통화 시간의 제한이 있고 같은 망의 가입자 이외의 불특정 다수와는 통신할 수 없는 단점이 있었다. TRS 서비스는 대형 운수업체나 택시회사, 대규모 현장관리 업무, 유통사업 분야, 보안 서비스 등에 적합하며, 국내에선 KT파워텔이 800㎒ 대역 등에서 TRS 서비스와 LTE 서비스를 결합한 이동통신 서비스 등을 하고 있었으나 2021년 ㈜아이디스에 회사를 매각하였다. 초기에는 TRS 서비스를 제공하는 지역 사업자들이 다수 존재하였으나 수익성 문제로 사업을 종료한 바 있다.

나. 기간통신사업 휴업과 폐업의 주요 내용

(1) 기간통신사업 휴업과 폐업의 승인

전기통신사업법은 기간통신사업자는 그가 경영하고 있는 기간통신사업의 전부 또는 일부를 휴업하거나 폐업하려면 대통령령으로 정하는 바에 따라 그 휴업 또는 폐업 예정일 60일 전까지 이용자에게 알리고, 그 휴업 또는 폐업에 대한 과학기술정보통신부장관의 승인을 받아야 한다고 규정하고 있는데(전기통신사업법 제19조제1항), 전기통신사업법 시행령은 이 법 제19조(사업의 휴업 · 폐업)제1항 본문에 따라 사업의 휴업 또는 폐업의 승인을 받으려는 자는 그 휴업 또는 폐업 예정일 60일 전까지 다음, 1. 휴업 또는 폐업하려는 사업의 내용 및 사업구역의 도면, 2. 휴업 또는 폐업하려는 사업에 관한 주요 전기통신설비의 명세를 적은 서류, 3. 등록증(사업의 전부를 폐업하는 경우만 해당한다), 4. 사유서, 5. 휴업 또는 폐업 사실의 통지에 관한 서류, 6. 휴업 또는 폐업에 따른 가입자 보호조치 계획을 적은 서류를 과학기술정보통신부장관에게 제출해야 한다고 규정하고 있다(동법 시행령 제24조제1항).

과학기술정보통신부장관은 이 법 제19조제1항에 따른 승인 신청을 받은 경우 다음, 1. 휴업 · 폐업하려는 사업의 내용 및 사업구역의 도면 등 대통령령으로 정하는 구비서류에 흠이 있는 경우, 2. 이용자에 대한 휴업 · 폐업 계획의 통보가 적정하지 못하다고 인정되는 경우, 3. 이용자 보호조치계획 및 그 시행이 미흡하여 휴업 · 폐업에 따라 현저한 이용자 피해 발생이 예상되는 경우, 4. 전시 · 교전 또는 이에 준하는 국가비상상황에 대응하거나 중대한 재난을 방지 또는 수습하기 위하여 해당 기간통신사업의 유지가 긴급하게 필요하다고 인정되는 경우의 어느 하나에 해당하는 경우를 제외하고는 그 승인을 하여야 한다고 규정하고 있는데(동법 제19조제3항), 전기통신사업법 시행령은 이 법 제19조제3항제1호에서 "휴업 · 폐업하려는 사업의 내용 및 사업구역의 도면 등 대통령령으로 정하는 구비서류"란 이 법 시행령 제24조(사업의 휴업 등의 승인 신청)제1항 각 호의 서류를 말한다고 규정하고 있다(동법 시행령 제24조제2항).

(2) 기간통신사업 휴업과 폐업의 신고

전기통신사업법은 다만, 전년도 전기통신역무 매출액이 대통령령으로 정하는 금액 미만인 기간통신사업자의 경우 대통령령으로 정하는 바에 따라 과학기술정보통신부장관에게 신고(정보통신망에 의한 신고를 포함한다)하여야 한다고 규정하고 있는데(전기통신사업법 제19조제1항 단서), 전기통신사업법 시행령은 이 법 제19조(사업의 휴업 · 폐업)제1항 단서에서 "전년도 전기통신역무 매출액이 대통령령으로 정하는 금액 미만인 기간통신사업자의 경우"란 다음, 1. 회선설비 보유사업자는 회선설비 보유사업의 매출액이 50억원 미만인 경우, 2. 회선설비 미보유사업자는 회선설비 미보유사업의 매출액이 800억원 미만인 경우, 3. 회선설비 보유사업과 회선설비 미보유사업을 모두 경영하는 자는 회선설비 보유사업의 매출액이 50억원 미만이면서 회선설비 미보유사업의 매출액이 800억원 미만인 경우의 구분에 따른 경우를 말한다고 규정하고 있으며(동법 시행령 제24조의2제1항),[262] 이 법 제19조제1항 단서에 따라 기간통신사업의 휴업 또는 폐업을 신고하려는 자는 기간통신사업 휴업 · 폐업신고서에 이용자에게 휴업 또는 폐업 사실을 통보했음을 증명하는 서류를 첨부하여 그 휴업 또는 폐업 예정일 15일 전까지 과학기술정보통신부장관에게 제출해야 한다고 규정하고 있다(동법 시행령 제24조의2제2항).

(3) 기간통신사업 휴업과 폐업의 이용자 보호조치

전기통신사업법은 과학기술정보통신부장관은 기간통신사업의 휴업 · 폐업으로 인하여 별도의 이용자 보호가 필요하다고 판단하면 해당 기간통신사업자에게 가입 전환의 대행 및 비용 부담, 가입 해지 등 이용자 보호에 필요한 조치를 명할 수 있다고 규정하고 있다(전기통신사업법 제19조제2항).

참고자료 및 질문

1. 기간통신사업 휴업(休業) 또는 폐업(廢業) 시 고려 사항. 기간통신사업은 국가 경제와 국민 생활 전체에 지대한 영향을 미치는 산업이므로 기간통신사업의 휴업과 폐업 시 국가 전체적인 통신 산업 발전과 이용자 보호 등이 고려되어야 할 것이다. (구)정보통신부(현재 과학기술정보통신부)의 기간통신사업의 휴지·폐지 승인에 관한 업무처리지침(통신정책국 통신기획과, 2002. 9. 12.)은 사업 폐지에 대한 승인심사 시, 1. 사업 폐지 계획의 적합성과 실현 가능성, 2. 사업 폐지 사유의 타당성, 3. 사업 폐지가 중요 통신 등 공익에 미치는 큰 사업인지 여부 등을 고려하였으나, 2011년 KT의 2G 이동전화서비스

---

262) 과거 별정통신사업자는 사업의 전부 또는 일부를 휴지(休止)하거나 폐지(廢止)하려면 신고(申告)를 하도록 하였으나, 2018년 12월 전기통신사업법 개정을 통해 기존의 기간통신사업자와 별정통신사업자가 기간통신사업자로 일원화(一元化)됨에 따라 이러한 제도적 변화를 고려한 것이라 하겠다.

폐지 시 고려한 사항은, 1. 남은 이용자 수와 특성, 2. 사업자의 가입전환 노력, 3. 국내외의 사례, 4. 대체 서비스의 유무, 5. 기술 발전 추세를 종합적으로 고려한 바가 있다. 과연 앞에서 언급된 고려 사항 이외에 기간통신사업 휴업 또는 폐업 시 고려될 수 있는 사항으로 무엇이 있을 수 있다고 생각하는가?

2. KT의 2G 이동통신 서비스 사업 폐지. KT는 4G 이동전화 서비스인 LTE(Long Term Evolution) 사업을 개시하기 위해 2011년 4월 2G 이동전화 서비스의 기간통신사업 일부 폐지를 신청하였고, 2011년 6월 (구)방송통신위원회(현재 방송미디어통신위원회)의 승인유보 등의 우여곡절 끝에 2G 이동전화 서비스의 폐지를 2011년 11월 (구)방송통신위원회로부터 승인받았다. (구)방송통신위원회는 2G 이동전화 서비스에 대한 폐지신청 승인의 공정한 심사를 위해 법률 전문가, 통신 전문가 및 소비자 단체 등 7인으로 전문가자문단을 구성하고 전문가자문단으로부터 2차례의 의견 수렴을 하는 동시에 KT와 다른 전기통신 사업자들로부터 의견 청취를 진행한 바가 있다. 한편, (구)방송통신위원회의 폐지 승인에 대해 2012년 12월 7일 일부 기존 KT 2G 이동통신 서비스 가입자들이 KT의 2G 이동통신 서비스 종료에 대한 금지 가처분(假處分)을 법원에 신청하여 승인을 받아내었으나, 결국 2012년 12월 26일 법원 항고심에서 가처분 신청이 최종적으로 기각되었고 2G 이동전화서비스는 종료되었다. KT의 2G 이동전화서비스 종료 사례는 향후 다수의 가입자를 확보한 통신 서비스가 고도화된 서비스로 가입자를 옮기는 것이 얼마나 어려울지를 단적으로 보여주는 것으로 이해된다.

3. SKT와 KT의 와이브로(WiBro) 서비스 사업 폐지. 삼성전자와 한국전자통신연구원(ETRI, Electronics and Telecommunications Research Institute) 중심으로 개발된 와이브로(WiBro, Wireless Broadband) 서비스[263]는 2006년 와이브로 서비스의 개시 당시 3G 이동통신 서비스와 비교하여 월등히 앞선 데이터 전송속도로 무선 인터넷 서비스를 제공했으나, 4G 이동통신 서비스인 LTE 기술 방식에 주도권을 내주게 되어 표준경쟁에서도 확고한 자리를 잡지 못했고 글로벌(Global) 진출을 하지 못한 채 국내에서만 와이브로 서비스가 제공되어 고립된 기술이 되었다. 와이브로 서비스가 이용하는 2.3㎓ 주파수 대역의 90㎒가 TDMA(Time Division Multi Access, 시분할 다중접속) 방식에 기반을 둔 LTE-TDD 서비스에 이용될 수 있도록 할당된 주파수 대역의 전환이 시도되었으나 허용되지 않았고, 2019년 3월까지 예정되어 있던 와이브로 서비스에 대한 주파수할당 기간의 만료 이전인 2018년 7월, SKT와 KT는 사업 폐지를 과학기술정보통신부에 신청하였고 2018년, 12월 과학기술정보통신부는 동 신청을 승인한 바가 있다.

---

263) 와이브로(WiBro, Wireless Broadband) 서비스는 이동하면서도 초고속인터넷 서비스를 이용할 수 있는 무선 휴대인터넷(Portable Internet) 서비스의 명칭이다. 와이브로 서비스는 기존 무선인터넷 서비스인 CDMA(Code Division Multiple Access, 코드 분할 다중접속) 방식과 와이파이(Wi-Fi) 서비스의 장점들을 합하여 새로이 만들진 것이었으며, 해외에는 모바일 와이맥스(Mobile WiMAX)로 알려져 있다. 와이브로 서비스는 2.3㎓ 주파수 대역을 사용하고 있었으며, 할당된 주파수 대역은 2019년 3월 주파수할당 기한이 만료된 바가 있다.

2. 부가통신사업의 휴업과 폐업

〈전기통신사업법〉 제26조(사업의 휴업 · 폐업 등) ① 부가통신사업자가 그 사업의 전부 또는 일부를 휴업하거나 폐업하려면 대통령령으로 정하는 바에 따라 그 휴업 또는 폐업 예정일 30일 전까지 그 내용을 해당 전기통신서비스의 이용자에게 알리고 과학기술정보통신부장관에게 신고(정보통신망에 의한 신고를 포함한다)하여야 한다. 이 경우 1년 이상 계속하여 사업을 휴업하여서는 아니 된다.

② 부가통신사업자인 법인이 합병 외의 사유로 해산한 경우에는 그 청산인(해산이 파산에 의한 경우에는 파산관재인을 말한다)은 지체 없이 과학기술정보통신부장관에게 신고(정보통신망에 의한 신고를 포함한다)하여야 한다.

전기통신사업법은 부가통신사업자가 그 사업의 전부 또는 일부를 휴업하거나 폐업하려면 대통령령으로 정하는 바에 따라 그 휴업 또는 폐업 예정일 30일 전까지 그 내용을 해당 전기통신서비스의 이용자에게 알리고 과학기술정보통신부장관에게 신고(정보통신망에 의한 신고를 포함한다)하여야 하나, 이 경우 1년 이상 계속하여 사업을 휴업하여서는 아니 된다고 규정하고 있으며(전기통신사업법 제26조제1항), 부가통신사업자인 법인이 합병 외의 사유로 해산한 경우에는 그 청산인(해산이 파산에 의한 경우에는 파산관재인을 말한다)은 지체 없이 과학기술정보통신부장관에게 신고(정보통신망에 의한 신고를 포함한다)하여야 한다고 규정하고 있는데(동법 제26조제2항), 전기통신사업법 제26조(사업의 휴업 · 폐업 등)는 부가통신서비스의 이용자들에게 다른 부가통신사업자로 이전할 수 있는 시간적 여유와 기회를 주고 최소한의 신고를 통해 부가통신사업자의 부담을 최소화하면서 국가가 그 현황을 관리할 수 있도록 한 것으로 이해되며, 1년 이상 계속하여 사업을 휴업하는 것은 사실상 폐업과 동일한 것이므로 장기간 휴업에 따른 이용자의 불편을 최소화하기 위한 것으로 생각된다.

한편, 전기통신사업법 시행령은 이 법 제26조(사업의 휴업 · 폐업 등)제1항에 따라 부가통신사업의 휴업 · 폐업을 신고하려는 자는 부가통신사업의 휴업 · 폐업 신고서에 이용자에게 휴업 · 폐업의 사실을 통보했음을 증명하는 서류를 첨부하여 그 휴업 또는 폐업 예정일 15일 전까지 과학기술정보통신부장관에게 제출해야 한다고 규정하고 있으며(동법 시행령 제33조제1항), 이 법 제26조제2항에 따라 부가통신사업자인 법인의 해산을 신고하려는 자는 법인해산 신고서(전자문서로 된 신고서를 포함한다)를 지체 없이 과학기술정보통신부장관에게 제출하여야 한다고 규정하고 있다(동법 시행령 제33조제2항).

제2절 기간통신사업과 부가통신사업 등록의 취소와 폐업명령 등

1. 기간통신사업 등록의 취소와 사업 정지

〈전기통신사업법〉 제20조(등록의 취소 등) ① 과학기술정보통신부장관은 기간통신사업자가 다음 각 호의 어느 하나에 해당하면 그 등록의 전부 또는 일부를 취소하거나 1년 이내의 기간을 정하여 사업의 전부 또는 일부의 정지를 명할 수 있다. 다만, 제1호에 해당하는 경우에는 그 등록의 전부 또는 일부를 취소하여야 한다.

1. 속임수나 그 밖의 부정한 방법으로 등록을 한 경우
2. 제6조제2항과 제18조제5항에 따른 조건을 이행하지 아니한 경우
3. 제12조제2항에 따른 명령을 이행하지 아니한 경우
4. 제15조제1항에 따른 기간(같은 조 제2항에 따른 기간의 연장을 받은 경우에는 연장된 기간을 말한다)에 사업을 시작하지 아니한 경우

4의2. 제19조제1항에 따른 승인을 받지 아니하고 대통령령으로 정하는 기간 이상 계속하여 기간통신역무를 제공하지 아니한 경우

5. 제28조제1항에 따라 신고한 이용약관을 지키지 아니한 경우
6. 제92조제1항에 따른 시정명령을 정당한 사유 없이 이행하지 아니한 경우

가. 기간통신사업 등록취소와 사업 정지의 의의

앞에서 설명한 바와 같이 2018년 12월, 전기통신사업법 개정으로 기간통신사업자와 별정통신사업자가 기간통신사업자로 일원화(一元化)가 되고 기간통신사업자의 시장 진입 절차가 허가(許可)에서 등록(登錄)으로 완화되어, 과거 허가의 취소도 등록의 취소로 개정(改正)되게 되었다. 강학(講學)상 취소(取消)는 일단 유효하게 발령된 행정행위를 처분청이

나 감독청이 그 행위의 위법 또는 부당한 하자(瑕疵)가 있음을 이유로 하여 직권으로 그 효력을 소급(遡及)하여 소멸시키는 새로운 행정행위를 말하며, 행정행위의 취소(取消)는 일단 유효하게 성립된 행정행위의 효과를 사후(事後)에 소멸시키는 점에서 처음부터 효력이 없는 행정행위의 무효(無效)와 구별되고, 성립에 하자가 있는 행정행위의 효과를 소급(遡及)하여 소멸시킨다는 점에서 적법한 요건을 갖추어 효력이 발생하였으나 사후(事後)적으로 발생한 사유로 인해 그 행위의 효력 전부 또는 일부를 장래(將來)에 향해 소멸시키는 행정행위의 철회(撤回)와 구별되는 것으로 이해된다.[264]

기간통신사업 등록의 취소는 강학(講學)상의 취소와 철회의 개념이 혼용(混用)되어 있다고 생각되는데, 기간통신사업 등록의 취소요건 중 전기통신사업법 제20조(등록의 취소 등)제1항제1호의 "속임수나 그 밖의 부정한 방법으로 등록을 한 경우"는 위법한 하자(瑕疵)가 있다고 하겠으나 나머지 등록취소 요건들은 사후(事後)적으로 발생한 사유인 점, 기간통신사업 등록에 따라 기간통신사업을 영위하고 있는 기간통신사업자가 이용자들에게 전기통신 서비스를 제공하고 있었으므로 이용자들과의 신뢰를 보호하기 위해 등록취소의 효력을 장래(將來)에 발생하도록 하고 있는 점 등을 통해서 강학(講學)상의 취소와 철회의 개념이 혼용되고 있음을 알 수 있다고 생각된다.

나. 기간통신사업 등록취소와 사업 정지의 주요 내용

(1) 기간통신사업 등록취소와 사업 정지의 사유

전기통신사업법은 과학기술정보통신부장관은 기간통신사업자가 다음, 1. 속임수나 그 밖의 부정한 방법으로 등록을 한 경우, 2. 이 법 제6조(기간통신사업의 등록 등)제2항과 제18조(사업의 양수 및 법인의 합병 등)제5항에 따른 조건을 이행하지 아니한 경우, 3. 동법 제12조(초과소유 주주에 대한 제한 등)제2항에 따른 명령을 이행하지 아니한 경우, 4. 동법 제15조(사업의 시작 의무)제1항에 따른 기간(같은 조 제2항에 따른 기간의 연장을 받은 경우에는 연장된 기간을 말한다)에 사업을 시작하지 아니한 경우, 4의2. 동법 제19조(사업의 휴업 · 폐업)제1항에 따른 승인을 받지 아니하고 대통령령으로[265] 정하는 기간 이상 계속하여 기간통신역

---

264) 홍정선, 신행정법특강, 박영사(2018), pp249~262.

265) 전기통신사업법 시행령은 이 법 제20조(등록의 취소 등)제1항제4호의2에서 "대통령령으로 정하는 기

무를 제공하지 아니한 경우, 5. 동법 제28조(이용약관의 신고 등)제1항에 따라 신고한 이용약관을 지키지 아니한 경우, 6. 동법 제92조(시정명령 등)제1항에 따른 시정명령을 정당한 사유 없이 이행하지 아니한 경우 어느 하나에 해당하면 그 등록의 전부 또는 일부를 취소하거나 1년 이내의 기간을 정하여 사업의 전부 또는 일부의 정지를 명할 수 있으나 다만, 이 법 제20조(등록의 취소 등)제1호에 해당하는 경우인 "속임수나 그 밖의 부정한 방법으로 등록을 한 경우"에는 그 등록의 전부 또는 일부를 취소하여야 한다고 규정하고 있다.

한편, 전기통신사업법 제20조(등록의 취소 등)제1항제6호의 "전기통신사업법 제92조(시정명령 등)제1항에 따른 시정명령을 정당한 사유 없이 이행하지 아니한 경우"는 종래 "기간통신사업자가 법령 및 법령에 의한 명령을 위반한 경우"로 규정되어 있던 것이었으나, 동 조항이 너무 포괄적이고 예측 가능성이 적은 규정이라는 비판에 따라 개정된 것으로 이해된다.

(2) 기간통신사업 등록취소와 사업 정지의 기준과 절차 등

전기통신사업법은 이 법 제20조(등록의 취소 등)제1항에 따른 처분의 기준, 절차, 그 밖에 필요한 사항은 대통령령으로 정한다고 규정하고 있는데(전기통신사업법 제20조제2항), 전기통신사업법 시행령은 이 법 제20조(등록의 취소 등)제2항 및 같은 법 제27조(사업의 등록취소 및 폐업명령 등)제2항에 따른 등록취소, 폐업명령 및 사업정지 처분의 기준은 이 법 시행령 [별표 2]와 같다고 규정하고 있으며(동법 시행령 제25조제2항), 과학기술정보통신부장관은 이 법 시행령 제25조(등록취소 등의 기준 · 절차 등)제2항에 따른 등록취소, 폐업명령 또는 사업정지 처분을 한 경우에는 그 사실을 지체 없이 공고해야 하고, 해당 전기통신사업자에게 서면으로 알려야 한다고 규정하고 있다(동법 시행령 제25조제3항).

한편, 전기통신사업법은 이 법 제20조(등록의 취소 등)제1항에 따라 등록의 전부 또는 일부를 취소하거나 사업의 전부 또는 일부의 정지를 명하는 경우 같은 법 제19조(사업의 휴업 · 폐업)제2항에 따른 이용자 보호에 필요한 조치를 명할 수 있다고 규정하고 있으며(동법 제20조제3항), 과학기술정보통신부장관은 전기통신사업자가 이 법 제20조(등록의 취소 등)제1항 각호에 해당하여 사업의 정지를 명하여야 하는 경우로서 그 사업의 정지가 해당 사업의 이용자 등에게 심한 불편을 주거나 그 밖에 공익을 해칠 우려가 있는 경우에는 그 사업정지처분을 갈음하여 대통령령으로 정하는 바에 따라 산출한 매출액의 100분의 3 이하에 해당하는 금액의 과징금을 부과할 수 있다고 규정하고 있다(동법 제90조제1항).

간"이란 6개월을 말한다고 규정하고 있다(동법 시행령 제25조제1항).

참고자료 및 질문

그림 44 사업정지 처분 고시

기간통신사업자 사업정지 처분

[시행 2014. 3. 13.] [미래창조과학부고시 제2014-23호, 2014. 3. 13, 제정]

과학기술정보통신부(통신정책기획과) 02-2110-1913

1. 사업정지 대상사업자

사업자명	대표자	사업장 소재지	기간통신사업 허가번호
(주)KT	황창규	경기도 성남시 분당구 정자동 205호	제1호
SK텔레콤(주)	하성민	서울특별시 중구 을지로2가 11	제3호
(주)LG유플러스	이상철	서울특별시 중구 남대문로 5가 827	제20호

2. 처분 사유 : 방송통신위원회의 금지행위(과도한 단말기 보조금 지급을 통한 부당한 이용자 차별행위) 중지 명령의 불이행
   - 관련 근거 : 전기통신사업법제20조제1항제6호

3. 처분 내용 : 사업정지 45일
   o 사업정지 기간
   - (주)KT: 2014.03.13 - 04.26(45일간)
   - SK텔레콤(주): 2014.04.05 - 05.19(45일간)
   - (주)LG유플러스: 2014.03.13 - 04.04(23일간), 04.27-05.18(22일간)

   o 사업정지 범위
   - 신규 가입자 모집 및 기기변경 업무정지

   ※ 사업정지 기간 중 업무 가능 범위 : M2M 사물통신, 해당 이용자가 24개월 이상 사용한 단말기 및 파손 분실에 의한 단말기의 변경

1. 사업정지 처분 고시(告示). 전기통신사업법 시행령은 과학기술정보통신부장관은 이 법 시행령 제25조(등록취소 등의 기준·절차 등)제2항에 따른 등록취소, 폐업명령 또는 사업정지 처분을 한 경우에는 그 사실을 지체 없이 공고해야 하고, 해당 전기통신사업자에게 서면으로 알려야 한다고 규정하고 있는데(전기통신사업법 시행령 제25조제3항), 사업정지 처분 고시(告示)에는 〈그림 44〉와 같이 1. 사업정지 대상사업자, 2. 처분사유, 3. 처분내용 등을 포함하도록 하고 있다.

2. 이동통신 3사에 대한 45일 영업정지. 2014년 3월, (구)미래창조과학부(현재 과학기술정보통신부)는 불법보조금 지급과 관련해 (구)방송통신위원회(현재 방송미디어통신위원회)의 금지행위 중지명령을 이

행하지 않은 이동통신 3사에게 45일간의 사업정지 명령을 내렸었는데, 사업정지 기간은 2014년 3월 13일부터 5월 19일까지였으며 이동통신 3사 모두가 동시에 영업정지를 하는 것이 아닌 순차적으로 진행된 영업정지였다. 구체적으로는 〈그림 45〉와 같이 SKT가 4월 5일부터 5월 19일까지, KT가 3월 13일부터 4월 26일까지, LGU+가 3월 13일부터 4월 4일까지 그리고 다시 4월 27일부터 5월 18일까지 영업이 정지되었는데, 영업정지 기간에도 하나의 이동통신사업자는 영업을 지속해 소비자들의 불편을 최대한 줄이기 위함이었다. 또한 영업정지 범위는 신규 가입자 모집과 기기변경이었으나, 다만, 기기변경의 경우 보조금 지급과 관련이 없는 M2M 사물통신, 파손 또는 분실된 단말기의 교체, 24개월 이상 사용한 단말기 교체는 예외적으로 허용되었다.

그림 45 이동통신 3사의 45일 영업정지 기간

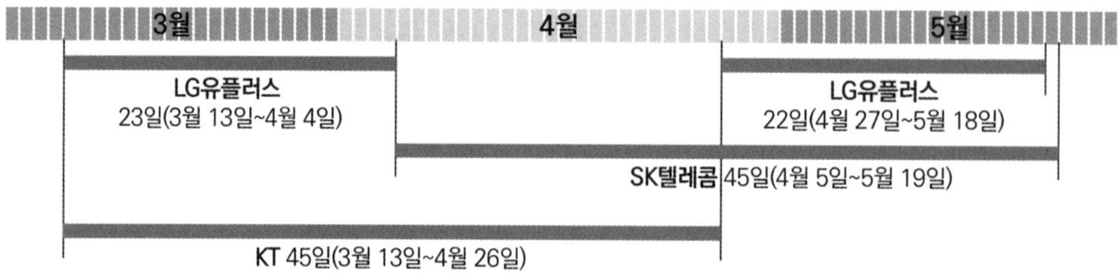

그러나 이동통신 3사에 대한 사업정지 명령의 효과에 대해 역설적(逆說的)으로 영업정지로 인하여 이동통신 3사는 이익이 증가하고 소비자, 대리점, 제조사는 피해를 입게 되었다는 비판도 제기되었다.[266)]

---

266) 오히려 이동통신 3사의 실적만 개선될 가능성이 높다. 현재 이동통신 3사의 마케팅 예산 대부분은 보조금 지급으로 소모되고 있는데, 영업이 정지됨으로써 보조금 지급이 동결되고 그만큼 영업이익이 늘어난다는 계산이다. 실제로 지난 2013년 초 (구)방송통신위원회가 이동통신 3사에 영업정지 처분을 내리자 3사의 1분기 영업이익이 전년 동기보다 증가하는 아이러니한 사태가 발생했다. 반면 소비자와 이동통신 관련 종사자(대리점, 단말기 유통망)는 미래부의 이번 영업정지 처분으로 피해를 입을 가능성이 높다. 소비자는 원하는 때 원하는 이동통신사에 가입할 수 있는 선택권을 박탈당하게 됐고, 이동통신 관련 종사자는 영업정지 기간만큼 단말기 판매량이 줄어들어 생계를 위협받게 됐다. 실제로 지난 4일 전국이동통신유통협회는 기자간담회를 개최하고 "미래부가 이동통신 3사에 영업정지 처분을 내리면 단말기 유통업에 종사하는 소상공인을 몰살당할 수밖에 없다"며, "불법 보조금의 주범은 이동통신 3사인데 피해는 말단 소상인과 소비자가 입고 있다"고 불만을 토로했다. 별다른 내색은 하고 있지 않지만 스마트폰 제조사도 이번 영업정지를 탐탁지 않게 바라보고 있다. 3~4월은 상반기를 책임질 전략 스마트폰이 출시되는 시기인데, 이때 이동통신 3사의 영업이 정지되면 그만큼 판매량에서 손해를 볼 수밖에 없다. 시장점유율이 높은 삼성전자에겐 큰 타격이 아니겠지만, 지난 2월 전략 스마트폰 G프로2를 출시한 LG전자와 지속되는 적자로 인해 워크아웃(기업회생절차)에 들어간 팬택에겐 치명적인 문제다. 영업정지 때문에 이동통신 3사는 이익이 증가하고 소비자, 대리점, 제조사는 피해를 입게 됐다. 이것이 미래부가 이동통신 3사에게 내린 행정처분(벌)의 현실이다. 강일용 동아일보 기자, 영업정지 45일, 이동통신사 웃고 소비자·대리점·제조사 울고, 2014.3.8.

2. 부가통신사업 등록의 취소와 폐업명령 등

〈전기통신사업법〉 제27조(사업의 등록취소 및 폐업명령 등) ① 과학기술정보통신부장관은 부가통신사업자가 다음 각 호의 어느 하나에 해당하면 사업의 전부 또는 일부의 폐업(특수유형 부가통신사업자의 경우에는 등록의 전부 또는 일부의 취소를 말한다)을 명하거나 1년 이내의 기간을 정하여 사업의 전부 또는 일부의 정지를 명할 수 있다. 다만, 제1호에 해당하는 경우에는 사업의 전부 또는 일부의 폐업을 명하여야 한다.

1. 속임수나 그 밖의 부정한 방법으로 신고 또는 등록을 한 경우
2. 제22조제3항에 따른 조건을 이행하지 아니한 경우
3. 정당한 사유 없이 제22조제6항을 위반하여 신고 또는 등록한 날부터 1년 이내에 사업을 시작하지 아니하거나 정당한 사유 없이 제26조제1항 후단을 위반하여 1년 이상 계속하여 사업을 휴업한 경우

3의2. 제22조의3제1항에 따른 기술적 조치를 하지 아니하여 방송미디어통신위원회가 요청한 경우

3의3. 제22조의3제6항을 위반하여 주식 또는 지분을 소유하여 방송미디어통신위원회가 요청한 경우

3의4. 제22조의5제1항에 따라 불법촬영물등의 삭제·접속차단 등 유통방지에 필요한 조치를 하지 아니하여 방송미디어통신위원회가 요청한 경우

3의5. 제22조의5제2항에 따른 기술적·관리적 조치를 하지 아니하여 방송미디어통신위원회가 요청한 경우

3의6. 제22조의11제4항에 따라 전송자격인증이 취소된 경우

4. 제92조제1항에 따른 시정명령을 정당한 사유 없이 이행하지 아니한 경우
5. 「정보통신망 이용촉진 및 정보보호 등에 관한 법률」 제64조제4항에 따른 시정조치의 명령을 정당한 사유 없이 이행하지 아니한 경우

(http://it.donga.com/17561/).

가. 부가통신사업 등록취소와 폐업명령 등의 의의

전기통신사업법은 과학기술정보통신부장관은 부가통신사업자가 다음 각 호의 어느 하나에 해당하면 사업의 전부 또는 일부의 폐업(특수유형부가통신사업자의 경우에는 등록의 전부 또는 일부의 취소를 말한다)을 명하거나 1년 이내의 기간을 정하여 사업의 전부 또는 일부의 정지를 명할 수 있으나, 다만, 이 법 제27조(사업의 등록취소 및 폐업명령 등)제1항제1호에 해당하는 경우에는 사업의 전부 또는 일부의 폐업을 명하여야 한다고 규정하고 있는데(전기통신사업법 제27조제1항), 전기통신사업법 제27조(사업의 등록취소 및 폐업명령 등)는 앞에서 설명한 바와 같이 부가통신사업자는 원칙적으로 신고(申告)를 통하여 예외적으로 특수한 유형의 부가통신사업자는 등록(登錄)을 통하여 통신 시장에 진입하는 점을 고려한 것으로 생각된다.

과거에는 전기통신사업법 제27조(사업의 등록취소 및 폐업명령 등)에 별정통신사업자 등록(登錄)의 취소와 사업정지 명령이 같이 규정되어 있었으나, 2018년 전기통신사업법 개정으로 기간통신사업자와 별정통신사업자가 기간통신사업자로 일원화(一元化)되어 별정통신사업자가 폐지됨에 따라 전기통신사업법 제27조에는 부가통신사업의 등록취소, 폐업명령, 사업 정지 명령 관련 규정만이 남게 된 것으로 이해된다.

나. 부가통신사업 등록취소와 폐업명령 등의 주요 내용

(1) 부가통신사업 등록취소와 폐업명령 등의 사유

전기통신사업법은 과학기술정보통신부장관은 부가통신사업자가 다음, 1. 속임수나 그 밖의 부정한 방법으로 신고 또는 등록을 한 경우, 2. 이 법 제22조(부가통신사업의 신고 등)제3항에 따른 조건을 이행하지 아니한 경우, 3. 정당한 사유 없이 동법 제22조제6항을 위반하여 신고 또는 등록한 날부터 1년 이내에 사업을 시작하지 아니하거나 정당한 사유 없이 같은 법 제26조(사업의 휴업 · 폐업 등)제1항 후단을 위반하여 1년 이상 계속하여 사업을 휴업한 경우, 3의2. 동법 제22조의3(특수유형부가통신사업자의 기술적 조치 등)제1항에 따른 기술적 조치를 하지 아니하여 방송미디어통신위원회가 요청한 경우, 3의3. 동법 제22조의3제6항을 위반하여 주식 또는 지분을 소유하여 방송미디어통신위원회가 요청한 경우, 3의4. 이 법 제22조의5(부가통신사업자의 불법촬영물 등 유통방지)제1항에 따라 불법촬영물등의 삭제 · 접속차단 등 유통방지에 필요한 조치를 하지 아니하여 방송미디어통신위원회가 요청한 경우, 3의5. 동법 제22조의5제2항에 따른 기술적 · 관리적 조치를 하지 아니하여 방송미디어통신위원회가 요청한 경우, 3의6. 이 법 제22조의11(전송자격인증)제4항에 따라 전송자격인증이 취소된 경우, 4. 이 법 제92조(시정명령 등)제1항에 따른 시정명령을 정당한 사유 없이 이행하지 아니한 경우, 5.「정보통신망 이용촉진 및 정보보호 등에 관한 법률」 제64조(자료의 제출 등)제4항에 따른 시정조치의 명령을 정당한 사유 없이 이행하지 아니한 경우, 6.「저작권법」 제142조(과태료)제1항 및 제2항제3호에 따라 3회 이상 과태료 처분을 받은 자가 다시 과태료 처분대상이 된 경우로서 같은 법 제112조(한국저작권위원회의 설립)에 따른 한국저작권위원회의 심의를 거쳐 문화체육관광부장관이 요청한 경우의 어느 하나에 해당하면 사업의 전부 또는 일부의 폐업(특수유형부가통신사업자의 경우에는 등록의 전부 또는 일부의 취소를 말한다)을 명하거나 1년 이내의 기간을 정하여 사업의 전부 또는 일부의 정지를 명할 수 있으나, 다만, 이 법 제27조(사업의 등록취소 및 폐업명령 등)제1항제1호에 해당하는 경우인 "속임수나 그 밖의 부정한 방법으로 신고 또는 등록을 한 경우"에는 사업의 전부 또는 일부의 폐업을 명하여야 한다고 규정하고 있다(전기통신사업법 제27조제1항).

(2) 부가통신사업 등록취소와 폐업명령 등의 기준과 절차 등

전기통신사업법은 이 법 제27조(사업의 등록취소 및 폐업명령 등)제1항에 따른 처분의 기준, 절차 및 그 밖에 필요한 사항은 대통령령으로 정한다고 규정하고 있는데(전기통신사업법 제27조제1항), 전기통신사업법 시행령은 이 법 제20조(등록의 취소 등)제2항 및 같은 법 제27조(사업의 등록취소 및 폐업명령 등)제2항에 따른 등록취소, 폐업명령 및 사업정지 처분의 기준은 이 법 시행령 [별표 2]와 같다고 규정하고 있으며(전기통신사업법 시행령 제25조제2항), 과학기술정보통신부장관은 이 법 시행령 제25조(등록취소 등의 기준 · 절차 등)제2항에 따른 등록취소, 폐업명령 또는 사업정지 처분을 한 경우에는 그 사실을 지체 없이 공고해야 하고, 해당 전기통신사업자에게 서면으로 알려야 한다고 규정하고 있다(동법 시행령 제25조제3항).

한편, 전기통신사업법은 과학기술정보통신부장관은 전기통신사업자가 이 법 제27조(사업의 등록취소 및 폐업명령 등)제1항 각 호의 어느 하나(다만, 동법 제27조제1항제3호의4인 "같은 법 제92조(시정명령 등)제1항에 따른 시정명령을 정당한 사유 없이 이행하지 아니한 경우에 해당하는 경우는 제외한다)에 해당하여 사업의 정지를 명하여야 하는 경우로서 그 사업의 정지가 해당 사업의 이용자 등에게 심한 불편을 주거나 그 밖에 공익을 해칠 우려가 있는 경우에는 그 사업정지처분을 갈음하여 대통령령으로 정하는 바에 따라 산출한 매출액의 100분의 3 이하에 해당하는 금액의 과징금을 부과할 수 있다고 규정하고 있다(동법 제90조제1항).

제3절 인수합병과 사업의 양수도

1. 인수합병의 의의

가. 인수합병의 개념

인수합병(M&A, Merge and Acquisition)은 일반적으로 기업합병(合併)을 의미하는 Merger와 기업의 인수(引受)를 의미하는 Acquisition이 합쳐진 용어로서267), 「독점규제 및 공정거래에 관한 법률(약칭: 공정거래법)」은 기업결합(企業結合)이라는 용어를 사용하고 있다. 공정거래법은 누구든지 직접 또는 대통령령으로 정하는 특수한 관계에 있는 자(이하 "특수관계인"이라 한다)를 통하여 다음, 1. 다른 회사 주식의 취득 또는 소유, 2. 임원 또는 종업원에 의한 다른 회사의 임원 지위의 겸임(이하 "임원겸임"이라 한다), 3. 다른 회사와의 합병, 4. 다른 회사의 영업의 전부 또는 주요 부분의 양수·임차 또는 경영의 수임이나 다른 회사의 영업용 고정자산의 전부 또는 주요 부분의 양수(이하 "영업양수"라 한다), 5. 새로운 회사설립에의 참여의 어느 하나에 해당하는 행위(이하 "기업결합"이라 한다)로서 일정한 거래분야에서 경쟁을 실질적으로 제한하는 행위를 하여서는 아니 된다고 규정하고 있다(공정거래법 제9조제1항).

기업결합(企業結合)은 기업 간의 자본적·인적·조직적 결합을 통해 기업 활동을 단일한 관리 체제하에 통합시킴으로써 개별기업의 경제적인 독립성을 소멸시키는 행위로서, 규모의 경제를 실현하고 자원배분의 효율성을 제고하여 경제발전에 기여할 수 있는 긍정적인 측면이 있으나 관련 시장의 구조를 독과점으로 전환(轉換)시켜 경쟁 사업자들 간의 담합(談合, Cartel) 가능성이 커지고 약탈적가격설정(Predatory pricing) 등 독과점으로

267) Posner Easterbrook, Antitrust(2nd Edition), West Publishing(2008), pp17~20.

인한 폐해가 나타날 수 있는 부정적인 측면이 있는 것으로 이해된다.[268] 기업결합에 대한 규제는 일단 기업결합이 완성되면 완성된 기업결합을 해체하여 원래의 상태로 되돌리는 것은 사실상 불가능하고 시장에 큰 혼란을 주게 되므로 사전(事前)적인 규제가 이루어지고 있다.

한편, 전기통신사업법은 다음, 1. 기간통신사업의 전부 또는 일부를 양수하려는 자, 2. 기간통신사업자인 법인을 합병, 분할(분할로 기간통신사업이 이전되는 경우로 한정한다) 또는 분할합병(분할된 기간통신사업자인 법인을 합병하는 경우로 한정한다)하려는 자, 3. 등록한 기간통신역무의 제공에 필요한 전기통신회선설비를 매각하려는 기간통신사업자, 4. 특수관계인과 합하여 기간통신사업자의 발행주식 총수의 100분의 15 이상을 소유하려는 자 또는 기간통신사업자의 최대주주가 되려는 자, 5. 기간통신사업자의 경영권을 실질적으로 지배하려는 목적으로 주식을 취득하려는 경우 또는 협정을 체결하려는 경우로서 대통령령으로 정하는 경우에 해당하는 자, 6. 등록하여 제공하던 기간통신역무의 일부를 제공하기 위하여 법인을 설립하려는 기간통신사업자의 어느 하나에 해당하는 자는 대통령령으로 정하는 바에 따라 과학기술정보통신부장관의 인가를 받아야 한다고 규정하고 있어(전기통신사업법 제18조제1항), 인수합병에 포함되는 행위를 규제 대상으로 다루고 있는 것으로 생각된다. 사업의 양수도(讓受渡)와 분리되는 단순한 설비 매각은 광의(廣義)의 인수합병으로 볼 수 있겠지만 규제의 목적은 합병(合倂)과는 다르게 보는 것이 일반적인 견해로 이해된다.

나. 인수합병의 유형

앞에서 설명한 바와 같이 공정거래법은 기업결합의 수단에 따라, 1. 다른 회사 주식의 취득 또는 소유, 2. 임원 겸임, 3. 합병, 4. 영업 양수, 5. 새로운 회사설립 참여로 분류하고 있다. 한편, 결합 회사 간의 상호 관계인 관련 시장의 연관성에 따라, 1. 수평(水平, Horizontal)적 기업결합, 2. 수직(垂直, Vertical)적 기업결합, 3. 혼합(混合, Mixed)적 기업결합으로 인수합병의 유형을 구분할 수 있는데, 결합 회사 간의 상호 관계인 관련 시장의 연관성에 따른 결합 형태에 의한 구별은 인수합병의 경쟁 제한적 효과를 분석하는 기본 틀(Framework)이 된다고 생각된다.[269] 인수합병을 거래(去來)형태와 결합(結合)

268) 권오승 · 서정, 독점규제법, 법문사(2018), pp184~187.

형태에 따라 구분하고자 하는데, 인수합병은 거래형태에 따라, 1. 합병(Merger), 2. 기업인수(Acquisition), 3. 영업 양수 또는 사업 양수로 구분되며, 결합 형태에 따라, 1. 수평적 인수합병, 2. 수직적 인수합병, 3. 혼합적 인수합병으로 구분된다.

(1) 거래형태에 따른 분류

(가) 합병

합병(合併, Merger)은 둘 이상의 법인격을 보유한 기업들이 하나의 법인격을 보유한 하나의 기업으로 합쳐지는 것으로서[270] 합병의 경우 합병회사 또는 신설회사는 소멸(消滅)된 회사의 모든 권리와 의무가 포괄적으로 승계되어 개별적인 승계를 위한 절차가 불필요하다고 보는 것이 일반적이다. 상법은 "합병 후 존속한 회사 또는 합병으로 인하여 설립된 회사는 합병으로 인하여 소멸된 회사의 권리의무를 승계한다."라고 규정하고 있다(상법 제235조). 한편, 합병은 합병 방식에 따라 신설합병(新設合併)과 흡수합병(吸收合併)으로 구분될 수 있는데, 신설합병(新設合併)은 모든 당사(當事) 회사들을 소멸시키고 새로이 신회사(新會社)를 설립하여 해산된 회사들의 사원 및 재산을 신회사(新會社)에 포괄적으로 승계시키는 형태이며, 흡수합병(吸收合併)은 당사(當事)회사 중 한 회사가 존속하고 다른 회사는 해산하여 그 사원 및 재산이 존속회사에 포괄적으로 승계되는 형태로 이해된다. 실무에서는 절차의 간편성 및 낮은 절차 진행 비용 등으로 인하여 흡수합병의 방법이 주로 이용되며, 흡수합병과 동시에 존속회사의 상호를 변경하면 사실상 신설합병과 같은 효과를 거둘 수 있다고 평가되고 있다.

---

269) 인수합병은 결합의 형태에 따라 시장에 미치는 영향이 상이하게 나타나게 되고 그 규제에 있어서도 각기 다른 기준이 적용된다. 결합(結合) 형태에 따라 인수합병의 경쟁 제한적 효과들이 서로 다르다는 측면에서 결합(結合) 형태에 따른 분류의 중요성은 크며, 인수합병 심사를 위해서는 먼저 해당 기업들 간의 관련 시장을 어떻게 획정(Market definition)할 것인지에 대한 검토가 필요하게 된다. 예를 들면, 진로와 하이트맥주의 인수합병에 대해서 소주 시장과 맥주 시장을 동일한 시장으로 볼 것인가에 대한 문제가 제기되었는데, 소주와 맥주 간 대체 가능성을 인정하고 소주와 맥주를 동일시장으로 본다면 하이트맥주의 진로에 대한 인수합병은 수평적 인수합병으로 분류되고 그렇지 않다면 혼합적 인수합병으로 분류하게 된다. 결합(結合) 형태에 따른 분류가 중요한 것은 통상적으로 혼합적 인수합병 보다 수평적 인수합병에 대해 더욱 엄격한 심사와 규제가 적용되기 때문으로 이해된다.

270) Posner Easterbrook, Antitrust(2nd Edition), West Publishing(2008), pp386~392.

(나) 기업인수

기업인수(企業引受, Acquisition)는 기업의 지배권 행사에 충분한 지분(持分)을 취득하는 것으로서[271] 대상기업의 주식인수(株式引受, Stock acquisition) 및 자산인수(資産引受, Asset acquisition)로 분류할 수 있는데, 주식인수(株式引受)는 주식의 매수를 통하여 경영권을 취득하는 것으로서 인수 대상기업 자체를 인수하여 경영권을 확보하는 한편 기업 외부의 제3자에 대한 기존의 권리의무 및 근로자의 고용계약 등을 모두 승계하는 인수합병의 대표적 형태이다. 자산인수(資産引受)는 기업 재산의 전부 또는 일부를 개별적으로 인수도하는 행위, 즉 계약을 통해 일부 자산이나 부채만을 매입하는 것을 의미하며 계약 내용 이외의 제3자에 대한 채무나 기존 근로자의 고용계약 승계 등의 의무는 없는 것으로 이해되고 있다.

(다) 영업양수 또는 사업의 양수

영업양수 또는 사업의 양수란 영리 목적으로 조직화(組織化)된 기능적 일체로서 객관적 의미의 영업 또는 재산을 영업의 동일성을 유지하면서 양도인이 양수인에게 이전할 것을 목적으로 하는 계약으로서, 양수도의 대상은 단순한 물건 또는 권리의무뿐만 아니라 거래선, 영업상 비밀, 노하우(Know-how) 등과 같은 경영조직의 사실관계를 포함한 유기적 일체이며 양수인은 영업의 양수도를 통해 양도인과 같은 영업자의 지위를 취득하게 된다. 한편, 영업을 해체하여 개별 영업자산별로 양도하는 때에는 영업의 양도에 해당하지 않으나 영업재산의 일부를 유보한 채 양도하더라도 그 양도한 부분만으로 종래의 조직이 유지되어 있다고 판단되는 때에는 동일성이 유지된 것으로 보아 영업의 양수도로 이해된다.

(2) 결합 형태에 따른 분류

(가) 수평적 인수합병

수평(水平, Horizontal)적 인수합병은 동일한 시장에서 활동하며 서로 대체 가능성이 큰 제품과 서비스를 생산하고 판매하는 기업 간의 인수합병으로서 예를 들면, 동일한

---

271) Charles J. Goetz, Antitrust Law: Interpretation and implementation(3rd Edition), Foundation Press(2006), pp676~731.

이동전화서비스를 제공하는 SKT와 (구)신세기통신 간의 인수합병과 같은 결합이다. 일반적으로 수평적 인수합병은 시장점유율의 증대를 통한 지배력의 확보, 규모의 경제 달성, 동종 기업 간의 구조조정 등의 목적으로 이루어지며 수평적 인수합병은 관련 시장의 기업 간 인수합병이므로 인수합병의 효과가 당해 시장에서 직접적인 시장점유율의 상승으로 나타나게 된다는 측면에서 규제기관에서는 가장 손쉽게 경쟁 제한성을 파악할 수 있게 되고 가장 엄격하게 심사할 필요성이 제기되는 인수합병의 형태로 이해된다.

(나) 수직적 인수합병

수직(垂直, Vertical)적 인수합병은 원자재의 생산부터 최종 소비재의 생산과 판매에 이르는 일련의 흐름 속에서 서로 인접하는 단계에 있는 기업 간의 인수합병이다. 수직적 인수합병은 원자재의 공급자인 소위 '하류시장(下流市場)'과 그 원자재를 공급받아 최종 산출물을 생산하는 자인 소위 '상류시장(上流市場)' 간의 인수합병으로서 예를 들면, 밀가루 공급 기업이 제빵제과업을 인수하는 것과 같은 기업결합이다. 수직적 인수합병은 결합의 주체가 누구인가에 따라 원자재 공급자가 그 구매자를 결합하는 경우인 "전방결합(前方結合)"과 원자재 구매자가 그 공급자를 결합하는 경우인 "후방결합(後方結合)"으로 나눌 수 있는데, 규제기관에서는 수직적 인수합병의 심사에 있어서 관련 시장 내의 다른 경쟁 사업자들이 수직적 인수합병으로 인해 원자재의 공급을 받는 소위 '하류시장'에 동등한 접근(Equal access)이 제한되는지 여부인 봉쇄효과(封鎖效果, Foreclosure effect)를 중심으로 인수합병 심사와 관련 규제를 진행하게 되는 것으로 이해된다.

(다) 혼합적 인수합병

혼합(混合, Mixed)적 인수합병은 수평적이거나 수직적인 관계에 있지 않은 기업 간의 인수합병으로서 혼합적 인수합병은 신규 시장진입을 통한 사업다각화의 목적인 경우가 많은데 예를 들면, 택배회사가 커피 프랜차이즈를 인수하는 것과 같은 기업결합이다. 규제당국의 입장에서는 혼합적 인수합병은 관련 시장의 시장점유율 변화를 즉각적으로 일으키는 수평적 결합이나 봉쇄효과로 인한 동등접근(同等接近, Equal access) 제한의 문제가 일어날 수 있는 수직적 결합보다 경쟁 제한성에 대한 우려가 낮아 덜 엄격하게 인수합병 심사와 관련 규제를 진행하는 경향이 있는 것으로 이해된다.

다. 왜 통신 시장의 인수합병을 규제하는가?

20세기 초 자본주의의 발전과 더불어 서구 선진국들[272]에서는 시장집중과 그에 따른 폐해의 경험으로부터 인수합병 등을 통한 기업의 지배력 증대에 대한 규제 필요성이 제기되었으며, 오늘날 일정한 규모 이상의 인수합병에 대해 규제기관의 승인을 요구하는 제도는 세계 각국에서 보편적으로 받아들여지고 있다.[273] 일반적으로 세계 각국은 인수합병에 대한 사전규제 제도를 채택하고 있는데, 인수합병에 대한 사전규제 제도는 기업 경영에 있어서 인수합병이 갖는 중요성을 반영하여 거래 당사자와 투자자의 경제행위에 대한 안정성을 보장하기 위한 것으로 이해된다.

한편, 통신 산업과 같이 공익 관련 산업에 대한 인수합병 규제는 인수합병에 따른 사업권(事業權, License)의 이전에 근거하여 필요하다는 것이 일반적인 견해인데, 기간통신사업 허가와 같은 진입규제를 채택하고 있었던 기간통신사업의 경우 공익성 심사(Public interests test)와 외국인 지분 심사 등을 통해 허가심사 시 허가 신청인이 해당 서비스를 제공하는 것이 공익적 관점(Public interest)에서 바람직한지를 심사하는 것이 일반적이며, 인수합병에 따라 사업권이 이전되는 경우 새로이 허가권을 인수받는 자에게 기존의 허가에 준한 인가심사를 하는 것이 필요하다는 논리적 근거 등이 제시되고 있다.

미국의 경우 미국 공정거래위원회(FTC, U.S. Federal Trade Commission)와 미국 법무부(DOJ, U.S. Department of Justice)가 인수합병과 관련된 경쟁 제한성에 대한 심사를 하더라도 최종적으로 인수합병에 대한 인가 권한을 갖고 있는 미국 방송통신위원회(FCC, U.S. Federal Communications Commission)는 공익(Public interest)의 관점에서 이에 반드시 구속되지 않으며 통신 시장의 특수성을 고려하여 독자적인 인수합병에 대한 심사를 진행하고 최종 결정을 내리고 있는 것으로 이해된다.[274] 한편, 우리나라의 경우 2018년

---

272) 미국의 경우 이미 1890년 독점규제법의 효시라고 할 수 있는 셔먼법(Sherman Act)을 제정하였고, 뒤이어 1914년에 제정된 클레이튼법(Clayton Act)을 통해 명시적으로 경쟁을 제한하는 인수합병을 금지하고 있다. 이후, 1976년에 제정된 하트-스콧-로디노법(Hart-Scott-Rodino Act)은 일정 규모 이상의 인수합병에 대한 미국 법무부(DOJ, U.S. Department of Justice)의 사전심사를 명문화하고 있는데, 인수합병에 대한 사전심사를 통하여 인수합병 자유로운 경쟁을 저해한다고 판단될 때 인수합병을 금지함으로써 독점적 기업의 형성을 사전적으로 방지한다는 것으로 이해된다.

273) Posner Easterbrook, Antitrust(2nd Edition), West Publishing(2008), pp1~36.

274) 미국 방송통신위원회(FCC, U.S. Federal Communications Commission)의 포괄적인 공익 심사 기준으로 다음의 사항들이 고려되고 있는데, 고려 사항으로는, 1. 당해 인수합병이 경쟁적인 시장 환경을 조성할 수 있을 것인가의 여부, 2. 셔먼법(Sherman Act)과 클레이튼법(Clayton Act) 등 경쟁법에 따른 경쟁 정책들을 촉진하는데 있어 도움이 될 것인가의 여부, 3. 미국 전 지역에 보편적인

기간통신사업의 진입규제를 허가제에서 등록제로 완화하고 기존 별정통신사업자와 기간통신사업자 간 구분을 폐지하고 기간통신사업자로 일원화(一元化)함으로써 과연 과거처럼 허가권의 이전에 따른 인수합병에 대한 심사의 필요성이 유지되는가의 여부에 대해 의문이 제기될 수 있으나 기간통신사업은 국가 경제와 국민 생활 전체에 지대한 영향을 미치는 중요산업이므로 인수합병에 대한 심사와 관련 규제는 앞으로도 필요할 것으로 생각된다.

라. 규제기관은 어떻게 인수합병을 심사하는가?

인수합병(M&A, Merge and Acquisition)에 대한 심사는 해당 인수합병에 따른 경쟁 제한성의 존재 여부를 검토하고 인수합병으로 인한 효율성 증대 효과, 회생 불가능한 기업의 구조조정 필요성 등과 같이 경쟁 제한성의 존재에도 불구하고 인수합병을 승인해야만 할 예외적인 이유의 존재 여부를 검토하는 과정으로 진행되고 있다. 일반적으로 효율성의 증대 효과는 당해 인수합병에 특정한 것이어야 하며(Merger specific), 규제당국은 인수합병으로 인한 경쟁 제한성과 효율성 증대 효과 등을 단지 수치적((數値的)으로 비교형량(比較衡量)하는 것이 아니라 특정한 정도의 경쟁 제한성에 대하여 보다 훨씬 큰 정도의 효율성 증대 효과를 요구하는 것이 일반적이다. 한편, 일반적으로 경쟁 제한성에 대한 입증책임은 규제당국이며 효율성 증대 및 회생 불가능한 기업에 대한 입증책임은 인수합병 당사자가 지는 것으로 이해되고 있다.

(1) 수평적 인수합병 심사

수평적 인수합병에 대한 심사는 시장획정(Market definition)과 시장집중도(Market definition)의 측정 등에 따라 당해 인수합병의 경쟁 제한성을 검증한 뒤 일정한 경쟁 제한성에도 불구하고 인수합병을 승인할 만한 예외적인 사유가 있는지를 검토하는 일련의

정보통신 서비스를 제공하는데 도움이 될 것인가의 여부, 4. 소비자들에게 양질의 서비스를 제공하는데 있어 도움이 될 것인가의 여부, 5. 신규 서비스를 개발하는데 있어 도움이 될 것인가의 여부 등이 있다. 한편, 미국 방송통신위원회는 인수합병이 경쟁에 미치는 영향을 분석함에 있어서 미국 법무부(DOJ, U.S. Department of Justice)의 수평적 합병 지침을 준용하나 반드시 이를 따를 의무는 없는 것으로 알려져 있다.

과정으로 진행된다. 즉, 수평적 인수합병 심사는, 1. 시장획정과 시장집중도의 분석을 통한 인수합병 심사 안전지대(Safe Harbor)의[275] 설정, 2. 산출물의 담합과 수요대체 가능성 등에 대한 정성적인 평가 등을 통한 잠재적인 경쟁 제한성의 검증, 3. 시장 진입장벽(Entry barrier)에 대한 분석, 4. 인수합병을 통한 효율성 증대 효과 분석, 5. 피합병기업의 회생 불가능 여부 분석 등을 통해 이루어지는 것으로 이해된다.

수평적 인수합병에 대한 심사 기준은 인수합병 후 시장가격이 경쟁을 통한 시장가격 수준 이상으로 상승할 가능성이 존재하는가의 여부를 검토하는 내용들로 구성되어 있다. 한편, 시장획정(Market Definition)에 대한 방법론은 인수합병 심사의 시발(始發)점이라고 생각되는데, 인수합병 결합 형태의 분류 그 자체가 시장획정에 따라 이루어지며 인수합병 심사 안전지대(Safe Harbor)의 설정 역시 시장획정에 따라 논의되고 해당 인수합병의 경쟁 제한성이 판가름되는 경우가 많기 때문이다. 대부분의 국가들은 수요 대체성에 근거한 SSNIP(Small but Significant and Non-transitory Increases in Price) Test를 시장획정을 위한 방법론으로 채택하고 있는데, SSNIP Test에 따르면 관련 상품시장은 "가상적인 독점판매자를 설정하고 그 독점판매자의 '작지만 의미 있고 일시적이지 않은 가격 인상(Small but Significant and Non-transitory Increases in Price)'을 통해 이윤을 증가시킬 수 있는 가장 작은 상품 집단"으로 정의된다.

또한 SSNIP Test와 함께 유럽연합(EU, European Union), 영국 등 상당수 국가에서는 공급 대체성 또한 중요한 시장획정을 위한 기준으로 이용되고 있으며, 시장획정을 위한 방법론으로 임계손실분석(臨界損失分析, Critical Loss Analysis)이 이용되고 있는데 임계손실분석은 SSNIP Test를 실용화하기 위한 노력에서 고안된 방법론으로서 수요의 가격탄력성 등 수요함수에 대한 일정한 정보를 바탕으로 SSNIP Test를 적용하는 것이다. 한편, 시장집중도의 측정을 위해서는 HHI(Hirschman-Herfindahl Index, 허쉬만-허핀달 지수)[276] 또는 CR(Concentration Ratio, 시장집중도)[277]이 사용되고 있으며 시장집중도의 측정을 바탕으로 규제심사 안전지대(Safe harbor)의 설정이 이루어지고 있다. 대부분의

275) 세이프하버 조항(Safe Harbor Provision, 피난항 또는 안전항구 조항)은 특정 행위가 법규나 규정을 위반하지 않는 것으로 간주되는 기준을 명시하는 법적 조항으로 이해된다.

276) HHI(Hirschman-Herfindahl Index, 허쉬만-허핀달 지수)는 개별기업 시장점유율의 제곱의 합으로 정의되며, HHI는 상위 몇 개사의 시장점유율이라는 제한된 정보가 아니라 시장에서 활동하는 모든 기업들의 시장점유율이라는 가능한 모든 정보를 활용함으로써 시장집중도에 관한 보다 유용한 정보를 제공해주는 것으로 평가되고 있다.

277) (Concentration Ratio, 시장집중도)x는 상위 x개 기업 시장점유율의 합으로 정의된다.

인수합병 가이드라인(M&A guideline)은 만일 인수합병 후 시장집중도 및 시장집중도의 상승분이 일정수준 이하일 때에는 인수합병으로 인한 경쟁제한성을 크게 문제 삼지 않는다는 규제심사 안전지대(Safe harbor) 관련 규정을 두고 있다. 그러나 만일 해당 인수합병에 따른 시장집중도의 상승분이 규제심사 안전지대(Safe harbor)를 벗어나는 경우 인수합병에 따른 반(反)경쟁행위 가능성 등 기타 심사기준에 의한 경쟁제한성 검토가 진행된다고 하겠다.

(2) 수직적 인수합병 심사

수직적 인수합병은 최종 생산물 산출시장인 소위 '상류시장(上流市場)'과 원료시장인 소위 '하류시장' 간의 정보흐름과 의사결정의 원활한 조정(Improved coordination)을 통한 비용 절감, 품질 제고, 이중이윤 제거(Elimination of double margin)를 통한 더 높은 효율성의 증대를 가져올 수 있다는 점이 기대되고[278], 수평적 인수합병에 비해 상대적으로 경쟁제한성에 대한 우려가 적다는 것이 일반적 견해로 이해된다. 수직적 또는 혼합적 인수합병은 수평적 인수합병과는 달리 직접적으로 시장에 참여하는 기업(Market player)의 수를 줄이거나 시장집중도를 상승시키는 효과를 갖지 않기 때문으로 생각된다.

한편, 일반적으로 수직적 인수합병에 대한 규제는 수직적 봉쇄(封鎖), 공동행위 가능성의 증가, 규제 회피(回避)에 대한 우려 등에 따라 이루어지고 있다. 또한 수직적 인수합병에 대해서도 시장집중도에 근거한 규제심사 안전지대(Safe Harbor) 규정을 인수합병 가이드라인(M&A guideline)에 명시적으로 표시하는 경우가 많은데, 비수평적 인수합병에 대한 규제 안전지대를 설정하더라도 모든 관련 시장이 충분히 경쟁적이라면 수직적 봉쇄 등의 반경쟁행위가 일어날 가능성이 낮다는 논리에 근거하고 있다.

수직적 봉쇄(Vertical foreclosure)는 앞에서 설명한 상류시장과 하류시장이 결합(結合)되어 경쟁 사업자들의 동등한 접근(Equal access)이 이루어지지 않는 것으로 이해되는데, 일반적으로 봉쇄(Foreclosure)는 경쟁사업자의 배제(Exclusion), 경쟁 사업자의 비용 증가

---

278) 상류시장의 독점기업이 하류시장과 분리되어 있고 하류시장이 불완전경쟁 시장구조인 경우 상류시장의 독점기업은 투입물의 원가에 이윤(First mark-up)을 붙여 독점적 투입물 가격을 설정할 때 하류시장의 기업들이 투입물 원가인 구매 가격에 추가 이윤(Second mark-up)을 붙이고 판매하여 나타나는 최종산출물 가격 인상과 산출 물량 감소 효과를 반영하지 않는다. 그러나 상류시장의 독점기업이 하류시장을 통합하게 되면 투입물 원가에 한번만 이윤을 붙일 수 있게 되어(Internalization of double mark-up, 이중 이윤의 내재화) 가격 인하, 산출물 증대라는 효율성 증대 효과가 나타날 수 있는 것으로 이해된다.

(Raising the cost of rivals) 등을 포괄하는 개념으로 사용되고 있다. 즉, 경쟁기업에 대한 직접적인 거래거절이 아니더라도 부당한 가격차별 또는 비가격차별 등에 의해 경쟁 사업자들이 생산비용을 인상하게 되는 행위 모두가 봉쇄(封鎖)에 해당이 되며, 수직적인 시장구조에서의 봉쇄는 그 형태에 따라 투입물봉쇄(投入物封鎖, Input foreclosure)와 고객봉쇄(Customer foreclosure)로 구분할 수 있다.

투입물봉쇄(投入物封鎖, Input foreclosure)는 상류시장과 하류시장이 수직적으로 결합된 수직적 결합기업이 상류시장에서 지배력을 가지고 있는 경우 하류시장의 경쟁기업에 대해 중간재 판매를 거부하거나 원자재 등의 가격을 올림으로써 경쟁기업을 봉쇄하거나 경쟁기업의 생산원가를 상승시키는 행위를 말하며, 투입물봉쇄에 따른 하류시장 경쟁기업들의 경쟁력 약화는 수직적 결합기업의 지배력 상승 등을 통해 직접적으로 하류시장의 경쟁 상황을 악화시킬 수 있다.[279)]

고객봉쇄(顧客封鎖, Customer foreclosure)는 상류시장과 하류시장이 수직적으로 결합된 기업이 하류시장의 시장 지배력을 이용하여 구매 거부와 같은 수단을 통해 상류시장의 경쟁기업들이 중간재에 대한 시장접근을 어렵게 하는 행위를 말하며, 고객봉쇄는 구매 거부, 구매량 축소, 악화(惡化)된 거래조건 강요 등의 다양한 형태로 나타날 수 있다. 고객봉쇄는 상류시장의 경쟁회사의 단위당 생산비용을 증가시킬 수 있고 상류시장의 경쟁회사의 단위당 생산비용 증가는 다시 중간재의 가격 상승을 가져와 상류시장의 최종산출물 간 경쟁을 악화시킬 수 있다는 문제점을 가지고 있다. 다만, 상류시장과 하류시장이 수지적으로 결합된 수직적 결합기업이 상류시장에서 지배력을 가지고 있다는 사실만으로 반경쟁적 봉쇄가 당연히 나타날 수 있는 것은 아니라고 하겠는데, 수직적 인수합병의 문제점을 파악하기 위해 경쟁 당국은, 1. 수직적 결합기업이 중간재에 대한 봉쇄를 실행할 수 있는 능력을 가지고 있는지 여부, 2. 수직적 결합기업이 봉쇄를 단행할 동기를 가지고 있는지 여부, 3. 진입장벽 등 기타 시장 상황에 비추어 봉쇄가 경쟁 상황을 악화시킬 수 있는지 여부를 분석하고 검토하는 것이 필요하다고 생각된다.[280)]

한편, 공동행위인 담합(談合, Cartel)의 가능성에 대해 경쟁 당국은 수직적으로 결합된

---

279) 극단적인 경우로 만일 하류시장의 경쟁기업 퇴출이 발생한다면 하류시장의 경쟁기업 퇴출은 다시 상류시장의 경쟁기업에 대한 공급을 위축시켜 중간재 가격 인상과 같은 또 다른 부작용을 낳을 수도 있다고 생각된다.

280) 수직적 인수합병 심사를 위한 세 가지 단계에 대한 분석은 서로 밀접한 관계가 있기 때문에 실제 합병 심사 과정에서 반드시 순차적으로 이루어져야 하는 것은 아니며, 세 가지 중 어느 하나의 조건이 충족되지 않는 경우 반경쟁적인 투입물봉쇄가 나타날 가능성은 낮다고 판단할 수 있는 것으로 이해된다.

기업은 다른 상류시장의 기업과 하류시장의 기업 간의 거래에 있어서 부품 공급자 간의 가격과 경쟁에 민감한 정보들을 상호 유통시키는 교환 창구로서의 역할을 할 수 있으므로, 수직적 인수합병에 따른 기업 간의 묵시적 또는 명시적 담합 가능성은 증가할 수 있다는 점을 검토할 필요가 있으며 또한 규제 회피 가능성에 대해 만일 한 시장에 가격 규제가 존재하는 때에는 수직적 또는 혼합적 인수합병을 통해 가격 규제에 대한 회피가 가능할 수 있는 점을 고려해야 한다고 생각한다.[281)]

(3) 혼합적 인수합병 심사

혼합적 인수합병으로 인해 나타날 수 있는 경쟁 제한성에 대한 문제는 잠재적 경쟁(Potential competition)의 가능성 저해와 시장 지배력 전이(轉移, Leverage)에 의한 것으로 구분되는 것으로 이해된다. 잠재적 경쟁(Potential competition)은 인지된 잠재적 경쟁과 실질적 잠재적 경쟁으로 나누어질 수 있는데, 인지된 잠재적 경쟁(Perceived potential competition)의 저해는 혼합적 인수합병으로 인해 잠재적 경쟁자가 제거됨으로써 기존 사업자들이 잠재적 경쟁 사업자의 신규 시장진입을 저지하기 위한 가격 설정(Limit pricing)의 유인(誘因)이 사라져 혼합적 인수합병에 따른 가격 상승과 같은 즉각적인 경쟁 상황의 악화가 나타날 수 있다는 논리에 근거하고 있다.

실질적 잠재적 경쟁(Actual potential competition)의 저해는 혼합적 인수합병으로 인해 혼합적 인수합병이 아닌 다른 방법을 통한 경쟁 사업자의 시장진입 가능성이 제거됨에 따라 혼합적 인수합병이 없었으면 가능했었을 시장경쟁 상황의 개선이 되지 못했다는 논리에 기반하고 있다. 한편, 시장 지배력 전이(轉移, Leverage)와 관련하여 혼합적 인수합병의 경쟁 제한성은 혼합적 결합기업에 의한 '끼워 팔기(Tying)'[282)], 결합 판매(結合販賣, Bundling)[283)], 봉쇄(封鎖, Foreclosure) 등에 따른 시장 지배력 전이에서도 찾을 수 있

281) 예를 들어, 만일 하류시장에만 가격 규제가 존재한다면 상류시장과 하류시장이 수직적으로 결합된 기업은 중간재 가격 상승을 통해 규제를 회피할 수 있으며, 중간재 가격 상승은 하류시장으로부터 상류시장으로의 이윤의 이전을 의미하는 것으로 이해된다.

282) 끼워 팔기(Tying)는 소비자가 어떤 기업으로부터 주 상품(Tying product)을 구매하고자 할 때 반드시 끼워 팔기를 하는 회사의 다른 부 상품(Tied product)을 구매하도록 하는 것으로서 일종의 강매 행위로 이해된다. 예를 들면, 마이크로소프트(Microsoft)의 운영체제인 윈도우(Windows) 구매 시 인터넷익스플로어(Internet explore)와 같은 웹브라우저(Web browser)가 같이 제공되었던 것이 대표적인 사례로 들 수 있다.

283) 결합 판매는 순수 결합(Pure bundling)과 혼합결합(Mixed bundling)으로 나누어지는데, 순수 결합

는 것으로 이해된다.[284)]

수직적 인수합병에 따른 시장 지배력 전이가 수직적 봉쇄를 통해 다른 경쟁기업들을 한 시장에서 배제하는 것을 의미하는 것이나, 혼합적 인수합병에 따른 시장 지배력 전이는 끼워팔기나 결합 판매와 같은 수단을 통한 시장경쟁 우위를 의미한다는 점에서 차이를 보인다. 시장가격에 미치는 영향도 수직적 봉쇄의 경우 다른 경쟁기업의 퇴출에 따른 가격 상승의 가능성이 크나, 결합 판매는 독점화에 대한 우려가 없다면 일반적으로 가격을 인하하는 효과가 나타날 수 있다는 차이점이 있다. 또한 혼합적 인수합병의 경우 봉쇄(封鎖, Foreclosure)는 합병된 기업이 다른 경쟁기업의 제품과 호환되는 제품을 생산하지 않음으로써 합병된 기업은 범위의 이익을 확보하는 한편, 시장 지배력 확대와 독점화의 결과를 초래할 수도 있다고 하겠다.

다만, 일반적으로 수평적 인수합병과 수직적 인수합병에 비해 혼합적 인수합병에 따른 경쟁 제한성에 대한 우려는 적은 편으로 생각되는데, 상황에 따라서는 잠재적 경쟁의 저해, 시장 지배력의 전이와 같은 우려가 제기될 수도 있으나 혼합적 인수합병의 경우 혼합적 인수합병 기업이 동일한 시장에서의 잠재적 경쟁자인가의 여부 또는 혼합적 결합이 된 기업이 시장에서 시장 지배력을 가지고 있는가에 대한 판단이 선행되어야 하며, 특히 결합 판매를 통한 시장 지배력 전이가 시장가격 인하라는 긍정적인 효과를 발생시킬 수 있다는 점도 종합적으로 고려되어야 할 것으로 생각된다.

또한, 시장 지배력 전이(轉移, Leverage)에 대해 단순히 다른 시장에 대한 시장 지배력이 커졌다는 사실 자체가 당연히 시장 지배력 전이로 인한 경쟁 제한성 자체를 입증하는 것은 아니며 시장 지배력 전이에 근거한 규제를 위해서는 지배적 사업자가 수직적 봉쇄, 결합 판매를 통한 약탈적가격설정과 같은 수단을 통해 다른 시장의 경쟁 사업자들의 퇴출과 독점화를 기도하거나 최소한 시장의 경쟁 상황을 악화시킬 수 있다는 예측과 같은 엄격한 기준이 적용되어야 할 것으로 이해된다.

은 소비자가 상품을 개별적으로 구매할 수 없는 경우, 즉 상품 군(群)을 전체적으로 구매해야 하는 경우이며, 혼합결합은 소비자가 상품을 개별적으로 구매할 수는 있으나 상품 군(群)을 전체로 구매하면 개별 상품의 가격이 하락하는 경우로 이해된다.

284) 끼워 팔기와 결합 판매는 종종 유사한 것으로 이해되고 있으나 끼워 팔기의 경우 상품의 가분성(可分性, Divisibility)과 좀 더 관련이 깊은데, 예를 들면 소비자가 A 상품을 구매하기 위해서는 반드시 B 상품을 구매해야 하는 끼워 팔기와 A 상품과 B 상품의 결합상품이 같지는 않은 것으로 이해된다.

2. 기간통신사업의 양수와 법인의 합병 등

〈전기통신사업법〉 제18조(사업의 양수 및 법인의 합병 등) ① 다음 각 호의 어느 하나에 해당하는 자는 대통령령으로 정하는 바에 따라 과학기술정보통신부장관의 인가를 받아야 한다. 다만, 제1호의 기간통신사업의 전년도 매출액이 대통령령으로 정하는 금액 미만인 경우, 제2호부터 제6호까지의 기간통신사업자의 전년도 전기통신역무 매출액이 대통령령으로 정하는 금액 미만인 경우 또는 제3호에도 불구하고 대통령령으로 정하는 주요한 전기통신회선설비를 제외한 전기통신회선설비를 매각하는 경우에는 대통령령으로 정하는 바에 따라 과학기술정보통신부장관에게 신고하여야 한다.

1. 기간통신사업의 전부 또는 일부를 양수하려는 자
2. 기간통신사업자인 법인을 합병, 분할(분할로 기간통신사업이 이전되는 경우로 한정한다. 이하 이 조 및 제96조제3호에서 같다) 또는 분할합병(분할된 기간통신사업자인 법인을 합병하는 경우로 한정한다. 이하 이 조 및 제96조제3호에서 같다)하려는 자
3. 등록한 기간통신역무의 제공에 필요한 전기통신회선설비를 매각하려는 기간통신사업자
4. 특수관계인과 합하여 기간통신사업자의 발행주식 총수의 100분의 15 이상을 소유하려는 자 또는 기간통신사업자의 최대주주가 되려는 자
5. 기간통신사업자의 경영권을 실질적으로 지배하려는 목적으로 주식을 취득하려는 경우 또는 협정을 체결하려는 경우로서 대통령령으로 정하는 경우에 해당하는 자
6. 등록하여 제공하던 기간통신역무의 일부를 제공하기 위하여 법인을 설립하려는 기간통신사업자

② 과학기술정보통신부장관은 제1항에 따른 인가를 하려면 다음 각 호의 사항을 종합적으로 심사하여야 한다. 다만, 기간통신사업의 양수 및 기간통신사업자인 법인의 합병 등이 기간통신사업의 경쟁에 미치는 영향이 경미한 경우에는 심사의 일부를 생략할 수 있다.

1. 재정 및 기술적 능력과 사업 운용 능력의 적정성
2. 주파수 및 전기통신번호 등 정보통신자원 관리의 적정성
3. 기간통신사업의 경쟁에 미치는 영향
4. 이용자 보호
5. 전기통신설비 및 통신망의 활용, 연구 개발의 효율성, 통신산업의 국제 경쟁력 등 공익에 미치는 영향

가. 기간통신사업 양수와 법인 합병 등의 의의

전기통신사업법은 다음, 1. 기간통신사업의 전부 또는 일부를 양수하려는 자, 2. 기간통신사업자인 법인을 합병, 분할 또는 분할합병하려는 자, 3. 등록한 기간통신역무의 제공에 필요한 전기통신회선설비를 매각하려는 기간통신사업자, 4. 특수관계인과 합하여 기간통신사업자의 발행주식 총수의 100분의 15 이상을 소유하려는 자 또는 기간통신사업자의 최대주주가 되려는 자, 5. 기간통신사업자의 경영권을 실질적으로 지배하려는 목적으로 주식을 취득하려는 경우 또는 협정을 체결하려는 경우로서 대통령령으로 정하는 경우에 해당하는 자, 6. 등록하여 제공하던 기간통신역무의 일부를 제공하기 위하여 법인을 설립하려는 기간통신사업자의 어느 하나에 해당하는 자는 대통령령으로 정하는 바에 따라 과학기술정보통신부장관의 인가를 받아야 한다고 규정하고 있는데(전기통신사업법 제18조제1항), 전기통신사업법 제18조(사업의 양수 및 법인의 합병 등)제1항의 인가(認可)는 타인의 법률적 행위를 보충하여 그 법률적 효력을 완성하여 주는 행정행위인 강학(講學)상의 인가(認可)로서[285], 기간통신사업은 국가 경제와 국민 생활에 큰 영향을 미치는 산업이므로 기간통신사업의 양수와 법인의 합병 등에 대해 규제 당국으로부터 공익(公益)의 관점에서 인가를 받도록 한 것으로 이해된다.

전기통신사업법은 다만, 이 법 제18조(사업의 양수 및 법인의 합병 등)제1항제1호의 기간통신사업의 전년도 매출액이 대통령령으로 정하는 금액 미만인 경우, 동법 제18조제1항제2호부터 제6호까지의 기간통신사업자의 전년도 전기통신역무 매출액이 대통령령으로 정하는 금액 미만인 경우 또는 동법 제18조제1항제3호에도 불구하고 대통령령으로 정하는 주요한 전기통신회선설비를 제외한 전기통신회선설비를 매각하는 경우에는 대통령령으로 정하는 바에 따라 과학기술정보통신부장관에게 신고하여야 한다고 규정하고 있는데(동법 제18조제1항 단서), 전기통신사업법 제18조(사업의 양수 및 법인의 합병 등)제1항 단서의 신고(申告)는 신고의 요건을 갖춘 신고만 하면 신고 의무를 이행한 것이 되는 강학(講學)상의 수리를 요하지 않는 자기 완결 또는 자족적 신고로 이해되며, 인가를 신고로 갈음하게 한 것은 경미한 기간통신사업의 양수 및 법인의 합병 등에 대한 현황을 파악하기 위한 것으로 생각된다. 물론 전기통신사업법 제18조(사업의 양수 및 법인의 합병 등)제1항 단서의 신고(申告)를 수리되어야 신고의 효과가 발생하는 강학(講學)상의 수리를 요하는 신고로서 행위요건적 공법행위로서의 신고로 해석하자는 의견이 있을 수 있으나 신고에

285) 박균성, 행정법강의(제15판), 박영사(2018), pp229~231.

대한 심사가 부수되는 등록(登錄)으로 해석하는 것은 바람직하지 않다고 생각한다.

한편, 전기통신사업법은 과학기술정보통신부장관은 이 법 제18조(사업의 양수 및 법인의 합병 등)제1항에 따른 인가를 하려면 공정거래위원회와의 협의를 거쳐야 한다고 규정하고 있는데(동법 제18조제6조), 전기통신사업법 제18조(사업의 양수 및 법인의 합병 등)제6항은 인가(認可)를 하려면 "공정거래위원회와의 '합의(合意)'가 아닌 '협의(協議)'를 거쳐야 한다"라고 규정하고 있으므로 「독점규제 및 공정거래에 관한 법률(약칭: 공정거래법)」에 따른 공정거래위원회의 기업결합 심사 의견에 구속되지 않는 것으로 생각된다.

나. 기간통신사업 양수와 법인 합병 등의 대상

(1) 기간통신사업 양수와 법인 합병 등의 인가 대상

전기통신사업법은 다음, 1. 기간통신사업의 전부 또는 일부를 양수하려는 자, 2. 기간통신사업자인 법인을 합병, "분할"(분할로 기간통신사업이 이전되는 경우로 한정한다. 이하 이 조 및 동법 제96조(벌칙)제3호에서 같다) 또는 "분할합병"(분할된 기간통신사업자인 법인을 합병하는 경우로 한정한다. 이하 이 조 및 동법 제96조제3호에서 같다)하려는 자, 3. 등록한 기간통신역무의 제공에 필요한 전기통신회선설비를 매각하려는 기간통신사업자, 4. 특수관계인과 합하여 기간통신사업자의 발행주식 총수의 100분의 15 이상을 소유하려는 자 또는 기간통신사업자의 최대주주가 되려는 자, 5. 기간통신사업자의 경영권을 실질적으로 지배하려는 목적으로 주식을 취득하려는 경우 또는 협정을 체결하려는 경우로서 대통령령으로 정하는 경우에 해당하는 자, 6. 등록하여 제공하던 기간통신역무의 일부를 제공하기 위하여 법인을 설립하려는 기간통신사업자의 어느 하나에 해당하는 자는 대통령령으로 정하는 바에 따라 과학기술정보통신부장관의 인가를 받아야 한다고 규정하고 있다(전기통신사업법 제18조제1항)

(가) 기간통신사업 전부 또는 일부의 양수

기간통신사업 전부 또는 일부의 양수는 등록이 된 기간통신사업의 전부 또는 일부를 양수받아 경영하려는 경우로서, 사업의 양수 또는 영업의 양수에 해당이 되는데, 예를 들면, 만일 다른 기간통신사업자가 KT가 수행하는 전체 기간통신사업 중 시내전화 서비스사업 부문을 양수받아 사업을 수행하려 한다면, KT 시내전화 서비스사업 부문의 양수가 기간통신사업 전부 또는 일부의 양수에 해당이 되는 것으로 이해된다.

(나) 기간통신사업자인 법인의 합병, 분할, 분할합병

기간통신사업자인 법인의 합병은 둘 이상의 기간통신사업자가 하나의 기간통신사업자로 합쳐지는 경우로서, 예를 들면, 유선 분야 기간통신사업을 수행하던 모기업 KT가 무선 분야 기간통신사업을 수행하던 자회사 (구)KTF(현재 KT)와 하나로 합쳐진 경우가 기간통신사업자인 법인의 합병, 분할, 분할합병에 해당이 되는 것으로 이해된다.

(다) 기간통신역무 제공에 필요한 전기통신회선설비의 매각

등록한 기간통신역무 제공에 필요한 전기통신회선설비를 매각하려는 경우 「방송통신설비의 기술기준에 관한 규정」 제3조(정의)제1항8호부터 제10호까지의 규정에 따른 교환설비, 전송설비, 선로설비의 매각 가액의 합계가 50억 원 이상 때에는 과학기술정보통신부장관의 인가심사를 받으나, 다만 매각 가액의 합계가 50억 원 미만인 때에는 인가를 갈음하여 신고하게 된다.

(라) 특수관계인과 합하여 기간통신사업자의 최대 주주가 되거나 기간통신사업자의 발행주식 총수 100분의 15 이상 소유

특수관계인은 「자본시장과 금융 투자업에 관한 법률(약칭: 자본시장법)」과 「독점규제 및 공정거래에 관한 법률(약칭: 공정거래법)」의 규정에 따른 특수관계인으로 이해되는데, 경영에 참여하려는 공동의 목적을 가지더라도 상호지분 소유 등에 따른 관계가 없는 때에는 특수관계인에 포함되지는 않는다고 해석해야 할 것이다. 따라서, 공정거래법에 따른 특수관계인에 해당이 되어 공정거래법의 기업결합 심사 대상이 될 수는 있겠으나 전기통신사업법의 기간통신사업 양수와 법인 합병 인가 대상에는 포함되지 않는 경우가 발생할 수 있다고 생각된다.

특수관계인과 합하여 기간통신사업자의 최대 주주가 되거나 기간통신사업자의 발행주식 총수 100분의 15 이상을 소유하는 경우는 주식인수에 해당이 되는데, 예를 들면, SKT가 (구)하나로텔레콤(현재 SKB)의 주식을 취득하여 인가를 받은 경우가 주식인수에 해당이 되는 것으로 이해된다.

(마) 기간통신사업자의 경영권을 실질적으로 지배하기 위한 목적의 주식 취득 또는 협정 체결

전기통신사업법 제18조(사업의 양수 및 법인의 합병 등)제1항제5호인 기간통신사업자의 경영권을 실질적으로 지배하려는 목적으로 주식을 취득하려는 경우 또는 협정을 체결하려는 경우로서 대통령령으로 정하는 경우에 해당하는 자에 대하여, 전기통신사업법 시행령은 이 법 제18조제1항제5호에서 "대통령령으로 정하는 경우"란 다음, 1. 기간통신사업자의 최대주주가 발행한 주식(최대주주의 특수관계인이 발행한 주식을 포함한다)을 동일인이 단독으로 또는 동일인의 특수관계인과 공동으로 취득하여 기간통신사업자 최대주주의 의결권을 실질적으로 행사하려는 경우, 2. 기간통신사업자의 경영을 지배하려는 공동의 목적을 가진 자(특수관계인을 포함한다)와 합하여 기간통신사업자 최대주주의 의결권 이상에 해당하는 주식을 취득하려는 경우, 3. 기간통신사업자 또는 그 최대주주와 영업임대 또는 경영 위임, 그 밖에 이와 유사한 협정을 통하여 기간통신사업자의 경영권을 실질적으로 지배하려는 경우, 4. 기간통신사업자의 주주로서 최대주주가 아닌 다른 주주와 협정을 체결하여 기간통신사업자의 최대주주의 의결권 이상에 해당하는 의결권을 공동으로 행사하려는 경우의 어느 하나에 해당하는 경우를 말한다고 규정하고 있다(전기통신사업법 시행령 제20조제6항).

예를 들면, 기간통신역무인 초고속인터넷 서비스를 제공하는 케이블티비(CATV, Cable Television) 사업자인 (구)티브로드(T-broad, 현재 SKB)가 같은 기간통신역무를 제공하는 케이블티비 사업자인 (구)큐릭스(Qrix) 지주회사(현재 SKB)의 주식을 취득하여 기간통신사업 경영권을 실질적으로 지배하게 된 것처럼 지주회사에 편입된 기간통신사업의 경영권을 실질적으로 지배하기 위해 지주회사의 주식을 취득하는 경우가 기간통신사업자의 경영권을 실질적으로 지배하려는 목적으로 주식을 취득하려는 경우 또는 협정을 체결하려는 경우이며, 주식인수로 이해된다.

(바) 제공하던 기간통신역무의 일부를 제공하기 위한 법인설립

기간통신사업 등록을 하여 제공하던 기간통신역무의 일부를 제공하기 위하여 법인을 설립하려는 경우는 기간통신사업자가 이미 등록을 통해 제공하던 일부의 기간통신역무를 별도 회사의 설립(分社, Spin-off)을 통해 제공하려는 경우가 해당이 되는데, 예를 들면, KT가 기존 위성 사업 부문이던 위성 사업단을 별도의 법인인 자회사 케이티샛(KT Sat)으로 설립하고 인가(認可)를 받은 사례가 해당이 된다고 하겠다.

(2) 기간통신사업 양수와 법인 합병 등의 신고 대상

전기통신사업법은 다만, 이 법 제18조(사업의 양수 및 법인의 합병 등)제1항제1호인 기간통신사업의 전부 또는 일부를 양수하려는 자의 기간통신사업의 전년도 매출액이 대통령령으로 정하는 금액 미만인[286] 경우, 같은 법 제18조제1항제2호부터 제6호까지인, 2. 기간통신사업자인 법인을 합병, 분할 또는 분할합병하려는 자, 3. 등록한 기간통신역무의 제공에 필요한 전기통신회선설비를 매각하려는 기간통신사업자, 4. 특수관계인과 합하여 기간통신사업자의 발행주식 총수의 100분의 15 이상을 소유하려는 자 또는 기간통신사업자의 최대주주가 되려는 자, 5. 기간통신사업자의 경영권을 실질적으로 지배하려는 목적으로 주식을 취득하려는 경우 또는 협정을 체결하려는 경우로서 대통령령으로 정하는 경우에 해당하는 자, 6. 등록하여 제공하던 기간통신역무의 일부를 제공하기 위하여 법인을 설립하려는 기간통신사업자의 전년도 전기통신역무 매출액이 대통령령으로 정하는 금액 미만인[287] 경우 또는 이 법 제18조제1항제3호인 등록한 기간통신역무의 제공에 필요한 전기통신회선설비를 매각하려는 기간통신사업자에도 불구하고 대통령령으로 정하는 주요한 전기통신회선설비를[288] 제외한 전기통신회선설비를 매각하는 경우에는 대통령령으로 정하는 바에 따라 과학기술정보통신부장관에게 신고하여야 한다고 규정하고 있다(전파법 제18조제1항 단서).

한편, 앞에서 설명한 바와 같이 과거에는 기간통신사업자와 별정통신사업자가 구분되어 있었으나 2018년 12월, 전기통신사업법 개정으로 인해 기간통신사업자로 일원화(一元化)됨에 따라 기간통신사업의 전부 또는 일부를 양수하려는 자가 그의 기간통신사업

286) 전기통신사업법 시행령은 이 법 제18조(사업의 양수 및 법인의 합병 등)제1항 각 호 외의 부분 단서에서 "기간통신사업의 전년도 매출액이 대통령령으로 정하는 금액 미만인 경우"란 다음, 1. 회선설비 보유사업은 300억원 미만인 경우와, 2. 회선설비 미보유사업은 800억원 미만인 경우의 구분에 따른 경우를 말한다고 규정하고 있다(전기통신사업법 시행령 제22조제1항).

287) 전기통신사업법 시행령은 이 법 제18조(사업의 양수 및 법인의 합병 등)제1항 각 호 외의 부분 단서에서 "기간통신사업자의 전년도 전기통신역무 매출액이 대통령령으로 정하는 금액 미만인 경우"란 다음, 1. 회선설비 보유사업자는 회선설비 보유사업의 매출액이 300억원 미만인 경우와, 2. 회선설비 미보유사업을 경영하는 자(이하 "회선설비 미보유사업자"라 한다)는 회선설비 미보유사업의 매출액이 800억원 미만인 경우의 구분에 따른 경우를 말한다고 규정하고 있다(전기통신사업법 시행령 제22조제2항).

288) 전기통신사업법 시행령은 이 법 제18조(사업의 양수 및 법인의 합병 등)제1항 각 호 외의 부분 단서에서 "대통령령으로 정하는 주요한 전기통신회선설비"란 「방송통신설비의 기술기준에 관한 규정」 제3조(정의)제1항제8호부터 제10호까지의 규정에 따른 교환설비, 전송설비, 선로설비로서 그 설비의 매각 가액의 합계가 50억원 이상인 경우를 말한다고 규정하고 있다(전기통신사업법 시행령 제21조).

전년도 매출액이 대통령령으로 정하는 금액 미만인 경우 등의 경우에는 인가(認可)가 아닌 신고(申告)로 갈음하게 된 것으로 이해된다.

다. 기간통신사업 양수와 법인 합병 등의 절차

(1) 기간통신사업 양수와 법인 합병 등의 인가 절차

(가) 기간통신사업 양수와 법인 합병 등의 인가 신청

전기통신사업법은 이 법 제18조(사업의 양수 및 법인의 합병 등)제1항 각 호의 어느 하나에 해당하는 자가 공익성심사의 대상인 경우에는 동법 제18조제1항에 따른 인가를 신청할 때 공익성심사 요청 서류를 함께 제출할 수 있다고 규정하고 있으며(전기통신사업법 제18조제10항), 전기통신사업법 시행령은 이 법 시행령 제20조(양수 및 합병 등의 인가신청)제1항부터 제5항까지 및 제7항에 따른 인가신청서와 각 호의 첨부서류는 전자문서로 제출할 수 있다고 규정하고 있다(동법 시행령 제20조제8항).

1) 기간통신사업 전부 또는 일부의 양수

전기통신사업법 시행령은 이 법 제18조(사업의 양수 및 법인의 합병 등)제1항제1호에 따라 기간통신사업자 사업의 전부 또는 일부의 양수 인가를 받으려는 자는 기간통신사업 양수 인가신청서에 다음, 1. 양도 · 양수 계약서 사본, 2. 양도인 · 양수인의 정관 및 양도 · 양수 관련 증명서류, 3. 양수인의 주주명부 또는 주주 등의 주식 등의 소유에 관한 서류, 4. 양도인 · 양수인의 사업 현황, 5. 양수 후의 사업계획서, 6. 이용자 보호와 관련된 내용이 포함된 이용약관, 이용자 보호기구의 설치 현황 및 운영계획서, 7. 사업용 주요 설비의 명세, 설치 장소 및 통신망 구성도의 서류를 첨부하여 과학기술정보통신부장관에게 제출하여야 한다고 규정하고 있다(전기통신사업법 시행령 제20조제1항).

2) 기간통신사업자인 법인의 합병, 분할, 분할합병

전기통신사업법 시행령은 이 법 제18조(사업의 양수 및 법인의 합병 등)제1항제2호에 따라 기간통신사업자인 법인의 합병, 분할(분할로 기간통신사업이 이전되는 경우로 한정한다. 이하 이 조 및 이 법 시행령 제22조(양수 및 합병 등의 신고)에서 같다) 또는 분할합병(분할된 기간통신사업자인 법인을 합병하는 경우로 한정한다. 이하 이 조 및 이 법 시행령 제22조에서 같다)의 인가를 받으려는 자는 기간통신사업 합병, 분할 또는 분할합병 인가신청서에 다음, 1. 합병 · 분할 · 분할합병 계약서 사본 또는 계획서, 2. 합병 · 분할 · 분할합병 당사자의 정관 및 합병 · 분할 · 분할합병 관련 증명서류, 3. 다음, 가. 합병 후 존속하는 법인이나 합병으로 설립되는 법인, 나. 분할로 설립되는 법인, 다. 분할합병 후 존속하는 법인이나 분할합병으로 설립되는 법인에 해당하는 법인의 주주명부 또는 주주 등의 주식 등의 소유에 관한 서류, 4. 합병 · 분할 · 분할합병 당사자의 사업 현황, 5. 합병 · 분할 · 분할합병 후의 사업계획서, 6. 이용자의 보호와 관련된 내용이 포함된 이용약관, 이용자 보호기구의 설치 현황 및 운영계획서, 7. 사업용 주요 설비의 명세, 설치 장소 및 통신망 구성도의 서류를 첨부하여 과학기술정보통신부장관에게 제출해야 한다고 규정하고 있다(전기통신사업법 시행령 제20조제2항).

3) 기간통신역무 제공에 필요한 전기통신회선설비의 매각

전기통신사업법 시행령은 이 법 제18조(사업의 양수 및 법인의 합병 등)제1항제3호에 따라 전기통신회선설비의 매각 인가를 받으려는 기간통신사업자는 전기통신회선설비 매각 인가신청서에 다음, 1. 전기통신회선설비 매각 · 매수 계약서 사본 및 관련 증명서류, 2. 매각인 · 매수인의 정관 및 매각 · 매수 관련 증명서류, 3. 매수인의 주주명부 또는 주주 등의 소유에 관한 서류, 4. 매각인 · 매수인의 사업 현황, 5. 매각 후의 사업계획서의 서류를 첨부하여 과학기술정보통신부장관에게 제출하여야 한다고 규정하고 있다(전기통신사업법 시행령 제20조제3항).

4) 특수관계인과 합하여 기간통신사업자의 최대 주주가 되거나 기간통신사업자의 발행주식 총수 100분의 15 이상 소유

전기통신사업법 시행령은 이 법 제18조(사업의 양수 및 법인의 합병 등)제1항제4호에 따라 기간통신사업자의 발행주식 총수의 100분의 15 이상을 소유하려 하거나 기간통신사업자의 최대주주가 되려는 자는 기간통신사업 주식소유(최대주주) 인가신청서에 다음, 1. 주식 취득 계약서 사본 등 주식 취득을 위한 관련 증명서류, 2. 주식 매수인 또는 최대주주가 되려는 자 및 상대회사의 정관, 3. 주식 매수인 또는 최대주주가 되려는 자 및 상대회사의 주주 현황, 4. 주식 매수인 또는 최대주주가 되려는 자 및 상대회사의 사업 현황, 5. 주식 취득을 하려는 목적과 사유 및 주식 취득에 따른 효과 분석, 6. 임원 겸임계획서(상대회사의 임원 겸임을 계획하고 있는 경우만 해당한다), 7. 주식 취득 후의 사업계획서(최대주주가 되려는 경우만 해당한다)의 모든 서류를 첨부하여 과학기술정보통신부장관에게 제출하여야 한다고 규정하고 있다(전기통신사업법 시행령 제20조제4항).

5) 기간통신사업자의 경영권을 실질적으로 지배하기 위한 목적의 주식 취득 또는 협정 체결

전기통신사업법 시행령은 이 법 제18조(사업의 양수 및 법인의 합병 등)제1항제5호에 따라 주식 취득 또는 협정 체결의 인가를 받으려는 자는 인가신청서에 다음, 1. 주식 취득 계약서 또는 협정서 사본 등 경영권을 실질적으로 지배하기 위한 행위 관련 증명서류, 2. 주식 매수인 또는 협정 당사자 및 상대회사의 정관, 3. 주식 매수인 또는 협정 당사자 및 상대회사의 주주 현황, 4. 주식 매수인 또는 협정 당사자 및 상대회사의 사업 현황, 5. 주식 취득 또는 협정 체결의 목적과 사유 및 효과 분석, 6. 임원 겸임계획서(상대회사의 임원 겸임을 계획하고 있는 경우만 해당한다), 7. 주식 취득 또는 협정 체결 후의 사업계획서의 서류를 첨부하여 과학기술정보통신부장관에게 제출하여야 한다고 규정하고 있다(전기통신사업법 시행령 제20조제5항).

6) 제공하던 기간통신역무의 일부를 제공하기 위한 법인설립

전기통신사업법 시행령은 이 법 제18조(사업의 양수 및 법인의 합병 등)제1항제6호에 따라 등록하여 제공하던 기간통신역무의 일부를 제공하기 위하여 법인설립의 인가를 받으려는 기간통신사업자는 기간통신역무제공 법인설립 인가신청서에 다음, 1. 설립 예정 법인의 정관, 2. 설립 예정 법인의 주주명부 또는 주주 등의 주식 등의 소유에 관한 서류, 3. 제공하려는 역무의 사업 현황(법인을 설립하여 제공하려는 역무를 제공 중인 기간통신사업자만 해당한다), 4. 설립 예정 법인의 사업계획서, 5. 이용자 보호와 관련된 내용이 포함된 이용약관, 이용자 보호기구의 설치 현황 및 운영계획서, 6. 사업용 주요 설비의 명세, 설치 장소 및 통신망 구성도의 서류를 첨부하여 과학기술정보통신부장관에게 제출하여야 한다고 규정하고 있다(전기통신사업법 시행령 제20조제7항).

(나) 기간통신사업 양수와 법인 합병 등의 신고 신청 서류 확인

전기통신사업법 시행령은 이 법 시행령 제20조(양수 및 합병 등의 인가신청)제1항부터 제7항까지의 규정에 따라 양수, 합병 · 분할 · 분할합병, 매각, 최대주주 변경, 주식 취득, 협정 체결 또는 법인설립의 인가신청을 받은 과학기술정보통신부장관은 「전자정부법」 제36조(행정정보의 효율적 관리 및 이용)제1항에 따른 행정정보의 공동이용을 통하여 다음, 1. "법인 등기사항증명서"(양수, 합병 · 분할 · 분할합병, 매각, 최대주주 변경, 주식 취득, 협정 체결 또는 법인설립 당사자의 경우에 해당한다)와, 2. "기술인력의 국가기술자격증"(양수인, 합병 후 존속하는 법인이나 합병으로 설립되는 법인, 분할로 설립되는 법인, 분할합병 후 존속하는 법인이나 분할합병으로 설립되는 법인, 설립 예정 법인의 경우에 해당한다)의 서류를 확인해야 하나, 다만, 해당 기술인력이 동법 시행령 제20조제9항제2호인 기술인력의 국가기술자격증의 확인에 동의하지 않는 경우에는 그 서류의 사본을 첨부하게 해야 한다고 규정하고 있다(전기통신사업법 제20조제9항).

(다) 기간통신사업 양수와 법인 합병 등의 인가심사와 심사의 일부 생략

전기통신사업법은 이 법 제18조(사업의 양수 및 법인의 합병 등)제2항에 따른 심사 사항별 세부 심사기준 및 심사절차 등에 관하여 필요한 사항은 과학기술정보통신부장관이 정하여 고시한다고 규정하고 있으며(전기통신사업법 제18조제3항), 동 사안과 관련하여 기간통신사업의 양수 · 합병 인가 등의 심사기준 및 절차(과학기술정보통신부 고시 제2019-46호, 2019. 6. 25.)가 제정 · 시행되고 있다.

1) 기간통신사업 양수와 법인 합병 등의 인가심사

전기통신사업법은 과학기술정보통신부장관은 이 법 제18조(사업의 양수 및 법인의 합병 등)제1항에 따른 인가를 하려면 다음, 1. 재정 및 기술적 능력과 사업 운용 능력의 적정성, 2. 주파수 및 전기통신번호 등 정보통신자원 관리의 적정성, 3. 기간통신사업의 경쟁에 미치는 영향, 4. 이용자 보호, 5. 전기통신설비 및 통신망의 활용, 연구 개발의 효율성, 통신산업의 국제 경쟁력 등 공익에 미치는 영향의 사항을 종합적으로 심사하여야 한다고 규정하고 있다(전기통신사업법 제18조제2항).

2) 기간통신사업 양수와 법인 합병 등의 인가심사 일부 생략

가) 기간통신사업 양수와 법인 합병 등의 인가심사 일부 생략의 의의

전기통신사업법은 다만, 기간통신사업의 양수 및 기간통신사업자인 법인의 합병 등이 기간통신사업의 경쟁에 미치는 영향이 경미한 경우에는 심사의 일부를 생략할 수 있다고 규정하고 있으며(전기통신사업법 제18조제2항 단서), 이 법 제18조(사업의 양수 및 법인의 합병 등)제2항 단서에 따른 기간통신사업의 경쟁에 미치는 영향이 경미한 경우 및 심사 생략의 절차에 필요한 사항은 대통령령으로 정한다고 규정하고 있는데(동법 제18조제11항), 전기통신사업법 제18조(사업의 양수 및 법인의 합병 등)제11항은 원래 관련 고시(告示)인 기간통신사업의 양수 · 합병 인가 등의 심사기준 및 절차(과학기술정보통신부 고시 제2017-7호, 2017.8.24.)에 규정되어 있었으나 2014년 10월, "기간통신사업의 경쟁에 미치는 영향이 경미한 경우 및 심사 생략의 절차에 필요한 사항은 대통령령으로 정한다."라는 내용으로 전기통신사업법 제18조제11항이 개정되었고, 이에 따라 이 법 시행령 제20조(양수 및 합병 등의 인가신청)제11항에 인가심사의 일부 생략 관련 사항이 규정되게 되었다.

한편, 전기통신사업법 시행령은 이 법 제18조제2항 각 호 외의 부분 단서 및 같은 조 제11항에 따라 과학기술정보통신부장관은 이 법 시행령 제20조(양수 및 합병 등의 인가신청)제11항에 해당하는 자에 대하여 동법 제18조제2항제4호에 따른 이용자 보호 조치의 적절성에 대한 사항만을 심사하여 같은 조 제6항에 따른 공정거래위원회와의 협의를 거친 후 인가할 수 있다고 규정하고 있다(동법 시행령 제20조제12항).

나) 기간통신사업 양수와 법인 합병 등의 인가심사 일부 생략의 대상

전기통신사업법 시행령은 이 법 제18조(사업의 양수 및 법인의 합병 등)제2항 각 호 외의 부분 단서 및 같은 조 제11항에 따른 기간통신사업의 경쟁에 미치는 영향이 경미한 경우는 각각 동법 제18조제1항 각 호의 어느 하나에 해당하는 자(동법 제18조제1항제3호 및 제6호에 해당하는 자와 이 법 시행령 제39조(기간통신사업자 등의 기준)제3항에 따라 지정 · 고시되는 기간통신사업자는 제외한다. 이하 이 조에서 "양수 · 합병인등"이라 한다)가 직전연도 기간통신사업의 매출액이 회선설비 보유사업의 경우에는 500억원 미만이고, 기간통신사업 중 회선설비 보유사업을 제외한 나머지 사업(이하 "회선설비 미보유사업"이라 한다)의 경우에는 1,000억원 미만인 기간통신사업자를 대상으로 이 법 제18조제1항 각 호의 어느 하나에 해당하는 행위(동법 제18조제1항제3호 및 제6호에 해당하는 행위는 제외하며, 이하 이 항에서 "양수 · 합병등"이라 한다)를 하여 다음, 1. 해당 양수 · 합병등으로 다음, 가. 양수 · 합병인등의 주식(지분을 포함한다. 이하 이 항에서 같다) 소유 비율이 100분의 50 이상인 경우와, 나. 양수 · 합병인등의 주식 소유 비율이 100분의 50 미만인 경우로서 다음, 1) 양수 · 합병인등이 최대주주로서 주식 분산도로 보아 주주권 행사에 따른 회사 지배가 가능한 경우와, 2) 양수 · 합병인등이 원자재의 100분의 50 이상을 공급하고 원자재의 생산분야에서 「독점규제 및 공정거래에 관한 법률」 제2조(정의)제3호의 시장지배적사업자인[289] 경우의 어느 하나에 해당되는 경우의 어느 하나에 해당하는 관계(이하 "지배관계"라 한다)가 형성되지 아니하는 경우, 2. 양수 · 합병인등이 이미 지배관계를 형성하고 있는 기간통신사업자의 기간통신사업을 양수하는 경우, 3. 양수 · 합병인등이 이미 지배관계를 형성하고 있는 기간통신사업자인 법인을 합병하는 경우의 어느 하나에 해당하는 경우로 한다고 규정하고 있다(전기통신사업법 시행령 제20조제11항).

(라) 기간통신사업 양수와 법인 합병 등의 인가 조건, 공정거래위원회 협의, 인가 결격사유 등

1) 기간통신사업 양수와 법인 합병 등의 인가 조건

전기통신사업법은 과학기술정보통신부장관은 이 법 제18조(사업의 양수 및 법인의 합병 등)제1항에 따라 인가를 하는 경우에는 동법 제6조(기간통신사업의 등록 등)제2항에 따른 조건을 붙일 수 있다고 규정하고 있는데(전기통신사업법 제18조제5항), 전기통신사업법 제18조(사업의 양수 및 법인의 합병 등)제5항의 조건(條件)은 행정청에 의하여 주된 행위에 부가된 종(從)된 규율인 강학(講學)상의 행정행위의 부관(附款) 중 하나인 부담(負擔)에 해당이 되는 것으로 이해된다.

2) 기간통신사업 양수와 법인 합병 등의 공정거래위원회 협의

전기통신사업법은 과학기술정보통신부장관은 이 법 제18조(사업의 양수 및 법인의 합병 등)제1항에 따른 인가를 하려면 공정거래위원회와의 협의를 거쳐야 한다고 규정하고 있는데(전기통신사업법 제18조제6항), 앞에서 설명한 바와 같이 전기통신사업법 제18조(사업의 양수 및 법인의 합병 등)제6항은 인가(認可)를 하려면 "공정거래위원회와의 '합의(合意)'가 아닌 '협의(協議)'를 거쳐야 한다"라고 규정하고 있으므로 「독점규제 및 공정거래에 관한 법률(약칭: 공정거래법)」에 따른 공정거래위원회의 기업결합 심사 의견에 구속되지 않는 것으로 해석된다.[290]

---

289) 공정거래법은 "시장지배적사업자"란 일정한 거래분야의 공급자나 수요자로서 단독으로 또는 다른 사업자와 함께 상품이나 용역의 가격, 수량, 품질, 그 밖의 거래조건을 결정 · 유지 또는 변경할 수 있는 시장지위를 가진 사업자를 말하며, 이 경우 시장지배적사업자를 판단할 때에는 시장점유율, 진입장벽의 존재 및 정도, 경쟁사업자의 상대적 규모 등을 종합적으로 고려한다고 규정하고 있다(공정거래법 제2조제3호).

290) 실무적으로도 과학기술정보통신부는 경쟁 제한성 관련 공정거래위원회의 의견을 참조할 뿐 구속되고

3) 기간통신사업 양수와 법인 합병 등의 인가 결격사유

전기통신사업법은 이 법 제18조(사업의 양수 및 법인의 합병 등)제1항에 따른 인가의 결격사유에 관하여는 같은 법 제7조(등록의 결격사유 등)를 준용한다고 규정하고 있는데(전기통신사업법 제18조제7항), 전기통신사업법 제18조(사업의 양수 및 법인의 합병 등)제1항에 따른 인가(認可)는 과거 기간통신사업 허가권의 이전 심사와 유사한 사안이므로 기간통신사업이 국가 경제와 국민 생활 전체에 지대한 영향을 미치는 중요산업임을 고려할 때 기간통신사업 등록의 결격사유가 요구되는 것으로 이해된다.

(마) 기간통신사업 양수와 법인 합병 등의 인가 후 등록증 · 신고증명서 발급 등

전기통신사업법은 과학기술정보통신부장관은 이 법 시행령 제20조(양수 및 합병 등의 인가신청)제1항 · 제2항 또는 제7항에 따른 양수 · 합병 · 분할 · 분할합병 또는 법인설립의 인가신청에 대하여 인가를 하였을 때에는 기간통신사업자 등록증 또는 신고증명서를 발급해야 한다고 규정하고 있다(전기통신사업법 시행령 제20조제10항).

(2) 기간통신사업 양수와 법인 합병 등의 신고 절차

(가) 기간통신사업 양수와 법인 합병 등의 신고 신청

전기통신사업법 시행령은 이 법 제18조(사업의 양수 및 법인의 합병 등)제1항 각 호 외의 부분 단서에 따라 신고하려는 자는 다음, 1. 동법 제18조제1항제1호에 해당하는 자는 기간통신사업 양수신고서, 2. 동법 제18조제1항제2호에 해당하는 자는 기간통신사업 합

있지는 않는데, 이러한 점은 2007년 (구)정보통신부(현재 과학기술정보통신부)가 SKT의 (구)하나로텔레콤(현재 SKB)에 대한 주식취득 인가심사 시 공정거래위원회가 제시한 경쟁제한성 관련 의견을 수용하지 않고 독자적인 인가조건을 부여한 사례에서 확인되며, 관련 고시(告示)인 기간통신사업의 양수 · 합병 인가 등의 심사기준 및 절차에서 기간통신사업의 경쟁제한 여부를 심사하기 위한 사항으로서 다음 각 목의 사항을 종합적으로 고려하되, 과학기술정보통신부장관은 전기통신사업법 제18조(사업의 양수 및 법인의 합병 등)제6항에 따라 공정거래위원회가 제시하는 경쟁제한성 관련 의견을 존중하여야 한다고 규정하고 있는데(기간통신사업의 양수 · 합병 인가 등의 심사기준 및 절차 제10조제1항제3호), 과학기술정보통신부가 공정거래위원회의 의견에 구속되지 않는다는 점을 뒷받침한다고 생각되며 앞에서 설명한 바와 같이 미국 공정거래위원회(FTC, U.S. Free Trade Commission)와 미국 법무부(DOJ, U.S. Department of Justice)가 제시하는 경쟁 제한성에 대한 의견을 미국 방송통신위원회(FCC, U.S. Federal Communications Commission)는 참고할 뿐이며 공익(Public Interest)의 관점에서 이러한 의견에 구속되지 않는 것과 유사한 것으로 이해된다.

병 · 분할 · 분할합병신고서, 3. 동법 제18조제1항제3호에 해당하는 자는 전기통신회선설비 매각신고서, 4. 동법 제18조제1항제4호에 해당하는 자는 기간통신사업 주식소유(최대주주)신고서, 5. 동법 제18조제1항제5호에 해당하는 자는 주식 취득 · 협정 체결신고서, 6. 동법 제18조제1항제6호에 해당하는 자는 기간통신역무제공 법인설립신고서, 7. 이 법 시행령 제21조(주요한 전기통신회선설비의 기준)에 따른 전기통신회선설비를 제외한 전기통신회선설비를 매각하려는 자는 전기통신회선설비(주요 전기통신회선설비 제외) 매각신고서의 구분에 따른 신고서(전자문서로 된 신고서를 포함한다)를 과학기술정보통신부장관에게 제출해야 한다고 규정하고 있다(전기통신사업법 시행령 제22조제3항).

(나) 기간통신사업 양수와 법인 합병 등의 신고 신청 서류 확인과 등록증 · 신고증명서 발급 등

전기통신사업법 시행령은 이 법 시행령 제22조(양수 및 합병 등의 신고)제3항에 따라 신고를 받은 과학기술정보통신부장관은 「전자정부법」 제36조(행정정보의 효율적 관리 및 이용) 제1항에 따른 행정정보의 공동이용을 통하여 다음, 1. “법인 등기사항증명서”(양수, 합병 · 분할 · 분할합병, 매각, 최대주주 변경, 주식 취득, 협정 체결 또는 법인설립 당사자의 경우에 해당한다)와, 2. “기술인력의 국가기술자격증”(양수인, 합병 후 존속하는 법인이나 합병으로 설립되는 법인, 분할로 설립되는 법인, 분할합병 후 존속하는 법인이나 분할합병으로 설립되는 법인, 설립 예정 법인의 경우에 해당한다)의 서류를 확인해야 하나, 다만, 해당 기술인력이 동법 시행령 제22조제4항제2호인 기술인력의 국가기술자격증의 확인에 동의하지 않는 경우에는 그 서류의 사본을 첨부하게 해야 한다고 규정하고 있다(전기통신사업법 시행령 제22조제4항)

전기통신사업법 시행령은 과학기술정보통신부장관은 이 법 시행령 제22조(양수 및 합병 등의 신고)제3항제1호 · 제2호 또는 제6호에 따른 양수 · 합병 · 분할 · 분할합병 또는 법인설립의 신고를 받았을 때에는 기간통신사업자 등록증 또는 신고증명서를 발급해야 한다고 규정하고 있으며(동법 시행령 제22조제5항), 한편 이 법 시행령 제22조제3항부터 제5항까지에서 규정한 사항 외에 신고의 절차 및 제출서류 등에 관하여 필요한 사항은 과학기술정보통신부장관이 정하여 고시한다고 규정하고 있는데(동법 시행령 제22조제6항), 동 사안과 관련하여 기간통신사업의 양수 · 합병 인가 등의 심사기준 및 절차(과학기술정보통신부 고시 제2019-46호, 2019. 6. 25.)가 제정 · 시행되고 있다.

라. 지위의 승계

전기통신사업법은 다음, 1. 이 법 제18조(사업의 양수 및 법인의 합병 등)제1항제1호에 따라 인가를 받거나 신고하여 기간통신사업을 양수한 법인, 2. 동법 제18조제1항제2호에 따라 인가를 받거나 신고하여 합병, 분할 또는 분할합병한 경우 다음, 가. 합병 후 존속하는 법인이나 합병으로 설립된 법인, 나. 분할로 설립된 법인, 다. 분할합병 후 존속하는 법인이나 분할합병으로 설립된 법인, 3. 동법 제18조제1항제6호에 따라 인가를 받거나 신고하여 기간통신역무의 일부를 제공하기 위하여 설립된 법인의 어느 하나에 해당하는 자는 해당 기간통신사업의 등록과 관련된 지위를 승계한다고 규정하고 있다(전기통신사업법 제18조제4항).

마. 위반 시 제재와 인가 전 금지행위 등

전기통신사업법은 과학기술정보통신부장관은 이 법 제18조(사업의 양수 및 법인의 합병 등)제1항제4호 또는 제5호에 해당하는 자가 같은 조 제1항의 인가를 받지 아니한 때에는 의결권 행사의 정지나 해당 주식의 매각을 명할 수 있고, 동법 제18조제5항에 따라 부여된 조건을 이행하지 아니한 때에는 기간을 정하여 조건의 이행을 명할 수 있다고 규정하고 있으며(전기통신사업법 제18조제8항), 전기통신사업법은 이 법 제18조(사업의 양수 및 법인의 합병 등)제1항에 따라 인가를 받으려는 자는 인가를 받기 전에 다음, 1. 통신망 통합, 2. 임원의 임명행위, 3. 영업의 양수, 법인의 합병 · 분할 · 분할합병이나 설비 매각 협정의 이행행위, 4. 회사 설립에 관한 후속조치의 행위를 하여서는 아니 된다고 규정하고 있다(동법 제18조제9항).

참고자료 및 질문

1. 기간통신사업 양수와 법인 합병 등의 인가심사 절차. 기간통신사업 양수와 법인 합병 등의 인가심사 절차는 〈그림 46〉과 같이 진행되는데, 과학기술정보통신부장관은 기간통신사업 양수와 합병 등에 대한 인가심사를 위해 경영, 법, 기술 등 관련 분야의 전문가들로 인가심사자문단을[291] 구성·운영하고 인가심사 자문단으로부터 의견을 수렴하게 되며, 필요시에는 경쟁 사업자 등 이해관계자들이 참여하는 청문 또는 의견수렴절차를 개별적으로 진행하고 있다.

그림 46 기간통신사업 양수와 법인 합병 등의 인가심사 절차

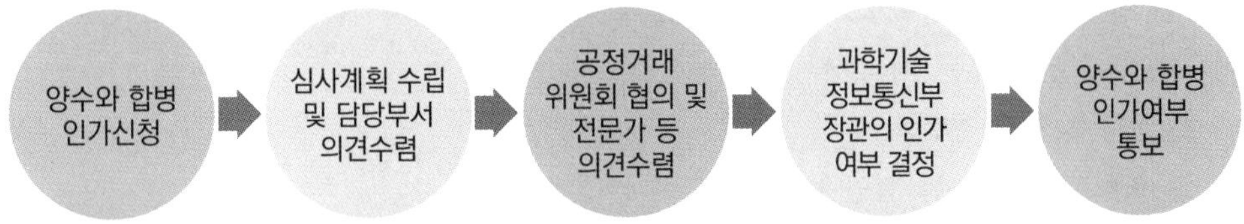

2. 인가 기간. 관련 고시(告示)인 기간통신사업의 양수·합병 인가 등의 심사기준 및 절차는 과학기술정보통신부장관은 기간통신사업의 양수 인가신청이 있을 경우에는 특별한 사유가 없는 한 공정거래위원회와의 협의를 거쳐 신청일로부터 60일 이내에 인가여부를 결정하여 양수자에게 통보하여야 한다고 규정하고 있는데(기간통신사업의 양수·합병 인가 등의 심사기준 및 절차 제11조제1항), 인가 기간(期間)의 법적 성격에 대해, 1. 대법원이 행정청 및 사법기관의 처분 기간과 관련하여 훈시(訓示)규정 또는 권고 규정으로 본 사례가[292] 다수 있다는 점을 근거로 훈시규정으로 보는 견해와, 2. 행정청의 양수와 합병 등에 대한 인가심사 결과의 통지가 있기 전까지 인가 신청자를 포함하는 거래의 당사자는 거래를 기다려야만 하는 불안정한 지위에 있게 되기 때문에 기본권의 최대한 보장을 추구하는 법치행정의 원리에 배치되므로 제척(除斥)기간으로 보아 기간이 도과(徒過)하게 되면 위법이라는 견해가 있다.[293] 기간통신사업 양수·합병 인가 등의 인가 기간(期間)의 법적 성격에 대한 당신의 입장과 의견은 무엇인가?

3. 부가통신사업의 양도 · 양수와 법인의 합병 · 상속

〈전기통신사업법〉 제24조(사업의 양도 · 양수 등) 부가통신사업의 전부 또는 일부의 양도 · 양수가 있거나 부가통신사업자인 법인의 합병 · 상속이 있으면 다음 각 호의 자는 대통령령으로 정하는 요건과 절차에 따라 과학기술정보통신부장관에게 신고(정보통신망에 의한 신고를

---

291) 인가심사자문단은 15인 내외로 구성 · 운영되며 기간통신사업 양수와 법인 합병 등의 규모에 따라 인원 구성의 숫자와 분야별 전문가들의 구성 비율이 조정된다.

292) 대법원은 주택건설사업계획의 승인 여부는 정당한 사유가 없는 한 신청수리 후 관계 기관의 장과의 협의기간 30일을 포함하여 60일 내에 결정하도록 되어 있지만, 그 규정은 가능한 한 조속히 그 승인 사무를 처리하도록 정한 훈시규정에 불과할 뿐 강행규정이나 효력규정이라고 할 수 없다고 판시한 바가 있다. 대법원 1996. 8. 20. 선고 95누10877 판결.

293) 이상돈 외, 공정거래법상 기업결합 심사기간의 법률적 효력, 2017 변호사(제50집), pp50~52.

포함한다)하여야 한다. 다만, 부가통신사업의 전부 또는 일부의 양도·양수 또는 부가통신사업자인 법인의 합병·상속으로 제22조제5항에 따라 부가통신사업을 신고한 것으로 보는 자에 해당하게 된 경우는 제외한다.

1. 해당 사업을 양수한 자
2. 합병 후 존속하는 법인이나 합병으로 설립된 법인
3. 해당 사업의 상속인

가. 부가통신사업 양도·양수와 법인 합병·상속의 의의

전기통신사업법이 기간통신사업의 양수 및 법인의 합병 등에 대해 과학기술정보통신부장관의 인가를 받도록 한 것과 달리 부가통신사업의 양도와 양수, 부가통신사업자의 합병과 상속에 대해서는 신고를 받도록 하고 있는데, 과거에는 기간통신사업자는 허가(許可)를 통하여, 별정통신사업자는 등록(登錄)을 통하여, 부가통신사업자는 원칙적 신고(申告)와 예외적 등록(登錄)을 통하여 전기통신 시장에 진입하도록 한 점을 고려하여 기간통신사업의 양수와 합병 등에 대해서는 과학기술정보통신부장관의 인가를 받도록 하였고, 별정통신사업과 부가통신사업에 대해서는 사업의 양도와 양수, 법인의 합병과 상속에 대해서는 과학기술정보통신부장관의 신고를 받도록 하였으나 2018년 12월, 전기통신사업법 개정으로 기간통신사업자와 별정통신사업자가 기간통신사업자로 일원화(一元化)되고 기간통신사업자가 등록(登錄)을 통해 통신 시장에 진입할 수 있도록 규제 완화가 됨에 따라 과거 인가(認可)와 신고(申告)를 구분한 논리적 근거로는 현재 전기통신사업법의 관련 제도들을 명확히 설명하기가 어려워졌다고 생각된다.

과거에는 기간통신사업자, 별정통신사업자, 부가통신사업자의 지위(地位)가 명확하게(Bright-line) 구분된 전제(前提)에 따라 관련 규제가 설계되었으나 2018년 12월, 전기통신사업법의 개정으로 별정통신사업자가 폐지되어 개별규제 별로 일원화(一元化)된 기간통신사업자를 종래 별정통신사업자가 존재하였던 것과 같이 규제를 세분화하고 차등하는 것은 불가피하다고 하겠는데, 전기통신사업법 제24조(사업의 양도·양수 등)도 이러한 전기통신사업법 변화의 연장선에 있는 것으로 이해된다.

나. 부가통신사업 양도 · 양수와 법인 합병 · 상속의 주요 내용

전기통신사업법은 부가통신사업의 전부 또는 일부의 양도 · 양수가 있거나 부가통신사업자인 법인의 합병 · 상속이 있으면 다음, 1. 해당 사업을 양수한 자, 2. 합병 후 존속하는 법인이나 합병으로 설립된 법인, 3. 해당 사업의 상속인의 자는 대통령령으로 정하는 요건과 절차에 따라 과학기술정보통신부장관에게 신고(정보통신망에 의한 신고를 포함한다)하여야 하나, 다만, 부가통신사업의 전부 또는 일부의 양도 · 양수 또는 부가통신사업자인 법인의 합병 · 상속으로 이 법 제22조(부가통신사업의 신고 등)제5항에 따라 부가통신사업을 신고한 것으로 보는 자에 해당하게 된 경우는 제외한다고 규정하고 있다(전기통신사업법 제24조).

(1) 부가통신사업 양도 · 양수와 법인 합병 · 상속의 신고 신청

전기통신사업법 시행령은 이 법 제24조(사업의 양도 · 양수 등)에 따라 부가통신사업의 양도 · 양수 신고를 하려는 자는 양도 · 양수 계약을 체결한 후 30일 이내에 양도 · 양수 신고서(전자문서로 된 신고서를 포함한다)에 다음, 1. 양도 · 양수 계약서 사본, 2. 이 법 시행령 제29조(부가통신사업의 신고절차 등)제1항 및 제2항 각 호의 서류, 3. 삭제의 서류(전자문서를 포함한다)를 첨부하여 과학기술정보통신부장관에게 제출해야 한다고 규정하고 있으며(전기통신사업법 시행령 제32조제1항), 이 법 제24조에 따라 부가통신사업자인 법인의 합병을 신고하려는 자는 합병계약을 체결한 후 30일 이내에 합병신고서(전자문서로 된 신고서를 포함한다)에 다음, 1. 합병계약서 사본, 2. 동법 시행령 제29조제1항 및 제2항 각 호의 서류, 3. 삭제의 서류(전자문서를 포함한다)를 첨부하여 과학기술정보통신부장관에게 제출해야 한다고 규정하고 있다(동법 시행령 제32조제2항). 또한 전기통신사업법 시행령은 이 법 제24조에 따라 부가통신사업의 상속을 신고하려는 자는 상속의 원인이 발생한 날부터 30일 이내에 상속신고서(전자문서로 된 신고서를 포함한다)에 상속인임을 증명하는 서류(전자문서를 포함한다)를 첨부하여 과학기술정보통신부장관에게 제출하여야 한다고 규정하고 있다(동법 시행령 제32조제3항).

(2) 부가통신사업 양도 · 양수와 법인 합병 · 상속의 신고 신청 서류 확인과 등록증 · 신고증명서 발급 등

전기통신사업법 시행령은 이 법 시행령 제32조(부가통신사업의 양도 등의 신고)제1항부터 제3항까지의 규정에 따라 신고를 받은 과학기술정보통신부장관은 「전자정부법」 제36조(행정정보의 효율적 관리 및 이용)제1항에 따른 행정정보의 공동이용을 통하여 양수인 또는 합병 당사자(존속 · 신설법인을 말한다)의 법인 등기사항증명서와 기술인력의 국가기술자격증 또는 상속인의 가족관계기록사항에 관한 증명서를 확인하여야 하나, 다만, 신고인이 확인에 동의하지 아니하는 경우에는 해당 서류(국가기술자격증 사본 또는 가족관계기록사항에 관한 증명서를 말한다)를 첨부하게 하여야 한다고 규정하고 있으며(전기통신사업법 시행령 제32조제4항), 과학기술정보통신부장관은 이 법 시행령 제32조제1항 또는 제2항에 따라 부가통신사업의 양도 · 양수 또는 합병의 신고를 받았을 때에는 부가통신사업 신고증명서 또는 특수한 유형의 부가통신사업자 등록증을 발급하여야 한다고 규정하고 있다(동법 시행령 제32조제5항).

다. 지위의 승계

전기통신사업법은 이 법 제24조(사업의 양도 · 양수 등)에 따라 부가통신사업의 양도 · 양수가 있거나 부가통신사업자인 법인의 합병 또는 부가통신사업자의 상속이 있으면 다음, 1. 사업을 양수한 자, 2. 합병 후 존속하는 법인이나 합병으로 설립된 법인, 3. 해당 사업의 상속인의 자는 종전의 부가통신사업자의 지위를 승계한다고 규정하고 있다(전기통신사업법 제25조).

참고자료 및 질문

1. KT와 KTF 합병. (구)방송통신위원회(현재 방송미디어통신위원회)는 2009년 3월 18일, KT와 KT의 자회사인 KTF 합병 인가신청에 대해 유·무선 융합과 통신·방송의 융합을 촉진하고 정보통신산업의 성장에 기여(寄與)할 수 있다는 판단에 따라 KT와 KT의 자회사인 KTF의 합병을 인가하기로 의결하였다. KT와 KT의 자회사인 KTF 합병의 추진 경과는 2009년 1월 21일, KT가 자회사인 KTF와의 합병 인가를 신청함에 따라 (구)방송통신위원회는 공정거래위원회와의 사전협의(2009. 1. 23~2009. 2. 26.),

(구)방송통신위원회의 내부 의견 수렴(2009. 1. 30~2009. 2. 20.), 이해당사자 의견 수렴(2009. 2. 18~2009. 2. 19.), 전문가 자문단 의견 수렴(2009. 2. 24~2009. 2. 27.), (구)방송통신위원회 공식 의견청취(2009. 3. 11.) 등의 절차가 진행되었다. 전문가 자문단은 법률·경영·경제·회계·기술 분야 등 14인의 전문가로 구성되었으며, 합병 인가신청 사업자에 대한 청문(2009. 2. 26.)도 병행되었다. 또한 (구)방송통신위원회는 심도 있는 심사를 위해 3월 초부터 여러 번의 상임위원 간담회를 통해 사전검토를 하였고 전반적인 사항에 대한 검토와 토론이 진행되었다. KT와 KT의 자회사인 KTF 합병 인가심사에서는 전기통신사업법과 관련 규정에 따라 재정 및 기술적 능력과 사업 운용 능력의 적정성, 주파수 및 전기통신번호 등 정보통신자원 관리의 적정성, 기간통신사업의 경쟁에 미치는 영향, 이용자 보호, 전기통신설비 및 통신망의 활용, 연구 개발의 효율성, 통신 산업의 국제 경쟁력 등 공익에 미치는 영향 등에 대하여 종합적으로 검토되었다. (구)방송통신위원회는 KT와 KT의 자회사인 KTF 합병으로 제기될 수 있는 전반적인 사항을 검토한 결과 경쟁에 미치는 영향 등에는 특별한 문제가 없다고 판단하였다. 다만, 전주·관로 등 설비에 대해서는 장기적으로 애로사항이 될 소지가 있어 제도개선과 함께 합병인가 조건을 부여하기로 하였으며, 공정경쟁과 이용자 보호를 위해 시내전화·인터넷전화 번호이동 절차 개선, 무선인터넷 접속 체계의 합리적인 개선도 합병인가 조건으로 부여하는 등 통신 산업의 발전을 위해 필요 최소한의 합병인가 조건을 부여하게 되었다. 합병인가 조건의 주요 내용으로는 우선 전주·관로 등 설비제공 제도의 효율성 제고를 위해 개선계획을 제출토록 하였는데 개선계획 제출을 통해 활성화되지 못한 전주·관로에 대한 설비제공 제도를 개선에 따른 선·후발 사업자들의 경쟁 여건 개선과 차세대 네트워크 투자 확대를 도모하고자 하였다. 그리고 시내전화·인터넷전화 번호이동 절차 개선계획을 제출토록 하였는데 개선계획 제출을 통해 인터넷전화가 활성화, 선·후발 사업자들 간 공정경쟁 보장, 소비자 선택권의 확대를 유도하고자 하였다. 또한 무선인터넷 접속 체계의 합리적 개선과 함께 내·외부 콘텐츠 사업자 간 차별을 하지 않도록 하였는데 이를 통해 무선인터넷 시장과 콘텐츠 시장을 활성화하고 소비자 편익의 제고를 추진하고자 하였다. 아울러 (구)방송통신위원회는 이러한 합병인가 조건 부여와 함께 전국 농어촌 지역 광대역통합망(BcN, Broadband Convergence Network)의 구축, 국가 주요 통신시설의 안정성 유지, 국가 정보통신기술 발전기여 등 공익에 대한 책무의 지속적 이행, 가입자 개인정보보호 관련 법령을 성실히 준수(遵守)할 것을 촉구한 바가 있다. KT와 KTF 합병의 기대효과로는 동 합병을 통해 유·무선 사업 통합에 따른 시너지 효과가 나타나고 규모의 확대에 따라 Global 사업자로서 발돋움하기 위한 기반을 갖출 것으로 전망하였고, 향후 통신사업자 간 다양한 결합상품 증가로 요금·품질·상품 경쟁이 제고되어 국민의 통신 편익과 선택권이 증대될 것으로 기대하였다. 또한 (구)방송통신위원회는 합병인가 조건과 병행하여 공정경쟁 환경 조성을 위한 설비제공 제도, 유선전화 번호이동제도, 회계제도에 대한 개선을 추진하고자 하였는데 이를 위해 (구)방송통신위원회, 통신업계, 학계 및 연구기관 전문가 등으로 제도정비반을 구성하여 실행이 가능한 제도부터 순차적으로 개선하고자 하였다.[294] 한편, 당시 KT의 필수설비 관련 합병인가 조건에 대해 KT는 민영화된 기업에 대

한 사유재산에 대한 침해라는 입장을 제기하였고 다른 통신 사업자는 KT의 필수설비는 불공정 경쟁의 원천이라는 입장을 제기한 바가 있는데, 이 두 입장에 대해 어떻게 생각하는가? KT의 인가조건에 대해 경쟁관련 인가조건 부여 이외에도 농어촌 광대역통합망(BcN) 구축 등 공익관련 사항을 준수하도록 촉구한 것이 바람직하지 않다는 주장이 대두되었는데, 이에 대한 당신의 의견은 무엇인가?

2. SKT와 CJ헬로비전 합병 불허. 2016년 7월, 공정거래위원회는 SKT의 CJ헬로비전 인수 및 SKB와 CJ헬로비전의 합병 건을 심사한 결과 SKT의 CJ헬로비전 인수 및 SKB(SK브로드밴드)와 CJ헬로비전의 기업결합이 유료 방송시장, 이동통신 소매시장 및 이동통신 도매시장 등 방송 및 통신시장에서의 경쟁을 실질적으로 제한할 우려가 있다고 판단하였다. 공정거래위원회는 형태적 조치나 일부 자산 매각만으로는 이들을 모두 치유하는 것이 어렵기 때문에 SKT의 CJ헬로비전 주식 취득 금지와 CJ헬로비전과 SKB 간 합병을 금지하는 시정조치 명령을 내렸다. 공정거래위원회는 가장 큰 논란이 됐던 지리(地理)적 시장 획정 문제와 관련해 유료 방송시장의 경우 CJ헬로비전이 케이블티비(CATV, Cable television) 방송 사업을 영위하고 있는 23개 방송구역 별 지역시장으로, 나머지 상품시장의 경우 전국 시장으로 획정하였는데, 유료 방송시장을 방송구역 별 지역시장으로 획정(劃定)한 것에 대하여 공정거래위원회는 케이블티비 방송사인 SO(System Operator)가 법·제도적 규제에 따라 허가받은 방송구역에서만 영업이 가능하고 SO, 위성방송, 아이피티비(IPTV, Internet Protocol television) 사업자들은 SO의 방송구역 내 소비자를 대상으로 상호 경쟁하는 것이기 때문에 이 같은 결정을 하였다는 입장이었다. 한편, SKT의 CJ헬로비전 인수 및 SKB와 CJ헬로비전 합병 당사자들은 유료 방송시장의 지리적 시장이 전국 시장이라고 주장하였으나 이론적·실증적 측면과 국내외 사례를 바탕으로 각 방송권역을 지리적 시장으로 획정했다는 공정거래위원회의 결정은 소비자들이 주거지를 변경하지 않고서는 다른 방송권역으로부터의 구매 전환이 불가능하고(수요 대체성), 케이블티비 사업자들은 허가받은 방송권역에서만 방송의 송출이 가능하다(공급 대체성)는 이유와 함께, 실증적 측면에서도 CJ헬로비전의 23개 방송권역별로 사업자별 시장점유율, 케이블방송 실제요금 등이 모두 상이(相異)한 점에 비춰 볼 때 실제 경쟁도 각 방송권역 별로 이뤄지고 있다는 공정거래위원회의 분석에 기반을 둔 것이었다. 또한 공정거래위원회는 케이블티비와 아이피티비 사업자 간의 기업결합으로 기존 이종(異種)) 플랫폼 간의 경쟁 구도의 변화와 경쟁압력 약화로 인하여 결합회사가 단독으로 요금을 인상할 가능성이 크고, 이동통신 1위 사업자인 SKT가 알뜰폰 1위 사업자로서 강력한 경쟁압력으로 작용하던 CJ헬로비전을 인수하게 된다면 이동통신 소매시장에서도 경쟁압력이 크게 감소될 것이라는 우려가 있다고 분석했다.[295] 공정거래위원회의 결론에 대한 당신의 입장과 의견은 무엇인가?

---

294) 신종철, KT와 KTF 합병 추진경과 및 향후전망, 통신연합회보, 한국통신사업자연합회(2009 봄호), pp46~50.

295) 공정거래위원회, 공정위, SK텔레콤-CJ헬로비전 인수 · 합병 금지: 유료 방송시장과 이동통신 시장의

제4절 사업의 겸업

〈전기통신사업법〉 제17조(사업의 겸업) ① 기간통신사업자는 다음 각 호의 어느 하나에 해당하는 사업을 영위하려는 경우에는 과학기술정보통신부장관의 승인을 받아야 한다. 다만, 전년도 전기통신역무 매출액이 300억원 이하인 기간통신사업자의 경우는 제외한다.

1. 통신기기제조업
2. 「정보통신공사업법」 제2조제3호에 따른 정보통신공사업(전기통신망의 개선 · 통합사업은 제외한다)
3. 「정보통신공사업법」 제2조제6호에 따른 용역업(전기통신망의 개선 · 통합사업은 제외한다)

② 과학기술정보통신부장관은 기간통신사업자가 제1항에 따른 사업을 경영함으로써 전기통신사업의 운영에 지장을 줄 우려가 없고 전기통신의 발전을 위하여 필요하다고 인정되는 경우에는 제1항에 따른 승인을 하여야 한다.

1. 사업 겸업의 의의

기간통신사업자에 대한 사업 겸업(兼業)의 승인은 기간통신사업자가 전기통신 시장에서 보유한 시장지배력을 이용하여 통신기기제조업, 정보통신공사업, 용역업(전기통신망의 개선 · 통합사업은 제외)을 겸영(兼營)함으로써 나타날 수 있는 불공정경쟁을 규제하기 위한 것으로 생각되는데, 전기통신사업법 제17조(사업의 겸업)는 1998년 이동통신사업자인 SKT가 단말기 제조 자회사인 SK텔레텍을 설립함으로써 이동전화서비스 시장의 시장지배력이 이동전화 단말기 시장으로 전이(轉移, Leverage)될 수 있다는 우려에서 도입된 바가 있다.[296] 전기통신사업법 제17조(사업의 겸업)에 따른 기간통신사업자에 대한 사업 겸

경쟁 제한 가능성 원천 차단(보도자료), 2016.7.18.

296) 당시 SKT는 (구)신세기이동통신을 합병하면서 (구)정보통신부(현재 과학기술정보통신부)로부터 시장지배적 사업자 판정을 받아 합병인가 조건으로 SK텔레텍의 단말기 생산 규모를 2005년까지 연간 120만 대로 제한받는 규제를 받은 바 있었고, 규제가 지속됨에 따라 생산 규모 제한규제의 해제를 놓고 당시 규제당국과 갈등 관계에 있던 SKT는 2005년 자회사인 SK텔레텍을 팬택(Pantech)으로 매각한 바가 있다.

업(兼業)의 승인(承認)은 강학(講學)상 인가(認可)로 이해된다.

한편, 「정보통신공사업법」은 "정보통신공사"란 정보통신설비의 설치 및 유지 · 보수에 관한 공사와 이에 따르는 부대공사(附帶工事)로서 대통령령으로[297] 정하는 공사를 말한다고 규정하고 있으며(정보통신공사업법 제2조제2호), "용역"이란 다른 사람의 위탁을 받아 공사에 관한 조사, 설계, 감리, 사업관리 및 유지관리 등의 역무를 하는 것을 말한다고 규정하고 있다(동법 제2조제5호).

2. 사업 겸업의 주요 내용

전기통신사업법은 기간통신사업자는 다음, 1. 통신기기제조업, 2. 「정보통신공사업법」 제2조(정의)제3호에 따른 정보통신공사업(전기통신망의 개선 · 통합사업은 제외한다), 3. 「정보통신공사업법」 제2조제6호에 따른 용역업(전기통신망의 개선 · 통합사업은 제외한다)의 어느 하나에 해당하는 사업을 영위하려는 경우에는 과학기술정보통신부장관의 승인을 받아야 하나 다만, 전년도 전기통신역무 매출액이 300억원 이하인 기간통신사업자의 경우는 제외한다고 규정하고 있는데(전기통신사업법 제17조제1항), 기간통신사업자에 대한 사업 겸업(兼業)의 승인에서 정보통신공사업 중 전기통신망의 개선 · 통합사업을 제외한 것은 기간통신사업자들이 효율적이고 신속하게 자사의 전기통신망(網)을 유지보수와 개선할 수 있도록 하기 위한 것이며, 전기통신역무 매출액이 300억 원 이하인 기간통신사업자에 대한 사업 겸업(兼業) 승인의 예외를 둔 것은 전기통신역무 매출액이 300억 원 이하인 기간통신사업자의 시장지배력이 전이(轉移)될 우려가 없다는 정책적 판단에 근거한 것으로 이해된다.

한편, 전기통신사업법은 과학기술정보통신부장관은 기간통신사업자가 이 법 제17조(사업의 겸업)제1항에 따른 사업을 경영함으로써 전기통신사업의 운영에 지장을 줄 우려

297) 정보통신공사업법은 이 법 제2조(정의)제2호에 따른 정보통신설비의 설치 및 유지 · 보수에 관한 공사와 이에 따른 부대공사는 다음, 1. 전기통신관계법령 및 전파관계법령에 따른 통신설비공사, 2. 「방송법」 등 방송관계법령에 따른 방송설비공사, 3. 정보통신관계법령에 따라 정보통신설비를 이용하여 정보를 제어 · 저장 및 처리하는 정보설비공사, 4. 수전설비를 제외한 정보통신전용 전기시설설비공사 등 그 밖의 설비공사, 5. 이 법 시행령 제2조(공사의 범위)제1항제1호부터 제4호까지의 규정에 따른 공사의 부대공사, 6. 동법 시행령 제2조제1항제1호부터 제5호까지의 규정에 따른 공사의 유지 · 보수공사와 같다고 규정하고 있으며(정보통신공사업법 시행령 제2조제1항), 이 법 시행령 제2조(공사의 범위)제1항에 따른 공사의 종류는 동법 시행령 [별표 1]과 같다고 규정하고 있다(동법 시행령 제2조제2항).

가 없고 전기통신의 발전을 위하여 필요하다고 인정되는 경우에는 동법 제17제1항에 따른 승인을 하여야 한다고 규정하고 있다(동법 제17조제2항).

제5절 외국정부 또는 외국인의 주식소유 제한

〈전기통신사업법〉 제8조(외국정부 또는 외국인의 주식소유 제한) ① 전기통신회선설비의 종류와 설치 영역 등이 대통령령으로 정하는 기준에 해당하는 기간통신사업자(제6조제1항에 따라 등록을 하거나 같은 항 단서에 따라 신고한 자를 말한다. 이하 같다)의 주식(「상법」 제344조의3 제1항에 따른 의결권 없는 종류주식은 제외하고, 주식예탁증서 등 의결권을 가진 주식의 등가물 및 출자지분은 포함한다. 이하 같다)은 외국정부 또는 외국인 모두가 합하여 그 발행주식 총수의 100분의 49를 초과하여 소유하지 못한다. 〈개정 2013. 8. 13., 2018. 12. 24.〉

② 제1항에도 불구하고 대한민국이 외국과 양자 간 또는 다자 간으로 체결하여 발효된 자유무역협정 중 과학기술정보통신부장관이 정하여 고시하는 자유무역협정의 상대국 외국정부 또는 외국인(「금융회사의 지배구조에 관한 법률」 제2조제6호가목에 따른 특수관계인을 포함한다. 이하 같다)이 최대주주(「금융회사의 지배구조에 관한 법률」 제2조제6호가목에 따른 최대주주를 말한다. 이 경우 "금융회사"는 "법인"으로 본다. 이하 같다)이고, 그 최대주주가 발행주식 총수의 100분의 15 이상을 소유하고 있는 법인은 제10조제1항제4호의 경우에 따른 공익성심사를 받을 때까지 제1항에 따른 기간통신사업자가 발행한 주식의 100분의 49를 초과하여 소유할 수 있으나 초과 소유한 주식에 대하여 의결권을 행사할 수 없다.

③ 외국정부 또는 외국인이 최대주주이고, 그 최대주주가 발행주식 총수의 100분의 15 이상을 소유하고 있는 법인(이하 "외국인의제법인"이라 한다)은 외국인으로 본다.

1. 외국정부 또는 외국인 주식소유 제한의 의의

외국 정부 또는 외국인 주식 소유의 제한을 전기통신사업법에 규정하고 있는 것은 통신산업이 국가 경제와 국민 생활 전체에 지대한 영향을 미치며 국가안보에 직결되는 핵심 국가 기반 시설을 운영하는 산업인 점과 국가안보를 담보하기 위하여 통신 주권(主

權, Sovereignty)을 확보하는 것이 필요한 점 등을 고려한 것으로 이해된다. 전기통신사업법 제8조(외국정부 또는 외국인의 주식소유 제한)는 1997년 세계무역기구(WTO, World Trade Organization)의 기본 통신 협상(GBT, Group on Basic Telecommunications)이 타결됨에 따라 통신서비스의 공공성과 국가안보를 보호하기 위해 외국 자본의 지배를 방지하고자 1998년에 제정되었는데, 당시 한국전기통신공사(현재 KT)에 대한 외국인 지분제한은 33%였으나 2001년 한국전기통신공사(현재 KT)에 대한 외국인 지분제한을 49%로 확대한 바가 있다.

또한 2013년 8월과[298] 2022년 5월,[299] 전기통신사업법 개정을 통해 외국인의 기간통신사업자에 대한 간접투자 지분을 49% 이상 확보할 수 있는 외국인의 범위를 확대하였으나, KT, SKT 등과 같은 기간통신사업자는 적용 대상에서 제외한 바가 있다. 한편, 전기통신사업법 제8조(외국정부 또는 외국인의 주식소유 제한)와 관련하여 고시(告示)인 외국인의제법인의 예외가 되는 법인 등에 관한 기준(과학기술정보통신부 고시 제2022-14호, 2022. 4. 20.)이 제정 · 시행되고 있는데, 고시(告示)인 외국인의제법인의 예외가 되는 법인 등에 관한 기준은 "외국인의제법인의 예외 요건"으로 이 법 제10조(기간통신사업자의 주식 취득 등에 관한 공익성심사)제1항제4호에 따라 과학기술정보통신부장관이 고시하는 자유무역협정은 다음, 1. 대한민국과 미합중국 간의 자유무역협정, 2. 대한민국과 유럽연합 및 그 회원국 간의 자유무역협정, 3. 대한민국과 캐나다 간의 자유무역협정, 4. 대한민국과 호주 간의 자유무역협정, 5. 대한민국과 영국 간의 자유무역협정과 같다고 규정하고 있다(외국인의제법인의 예외가 되는 법인 등에 관한 기준 제2조).

---

298) 2012년 3월 발효된 한 · 미 FTA(Free Trade Agreement, 자유무역협정) 체결, 2011년 7월 발효된 한 · EU FTA 체결(2011년 7월 발효) 등에 따라 외국 정부 또는 외국인의 주식 소유 제한에 변화가 불가피해졌는데, 과거에는 외국인이 최대 주주이고 15% 이상 지분을 소유한 국내 법인은 외국인으로 간주(看做)되어 외국인 주식 소유 한도 49%를 초과하여 기간통신사업자의 주식을 취득하는 것이 불가능하였다. 그러나 2013년 8월, FTA 협정을 반영하여 전기통신사업법을 개정함으로써 KT와 SKT를 제외하고 외국인 개인, 외국 법인, 외국 정부가 국내에 설립된 법인을 통해 투자하는 방식인 외국인의 간접투자 지분 제한을 기간통신사업자의 발행주식 총수의 100분의 49에서 동 사업자의 발행주식 총수의 100분의 100으로 완화하게 된 것으로 이해된다.

299) 2022년 5월, 전기통신사업법 개정을 통해 외국인의 간접투자 지분 제한을 완화하여 기간통신사업자의 지분을 49% 이상 확보할 수 있는 외국인의 범위가 OECD(Organisation for Economic Co-operation and Development, 경제협력개발기구) 회원국으로 확대되었으나, 주요 기간통신사업자인 KT, SKT, LGU+ 등은 대상에서 제외된 것으로 이해된다.

2. 외국정부 또는 외국인 주식소유 제한의 주요 내용

가. 외국정부 또는 외국인의 주식 소유 제한과 예외

전기통신사업법은 전기통신회선설비의 종류와 설치 영역 등이 대통령령으로[300] 정하는 기준에 해당하는 기간통신사업자(이 법 제6조(기간통신사업의 등록 등)제1항에 따라 등록을 하거나 같은 항 단서에 따라 신고한 자를 말한다)의 주식(「상법」 제344조의3제1항에[301] 따른 의결권 없는 종류주식은 제외하고, 주식예탁증서 등 의결권을 가진 주식의 등가물 및 출자지분은 포함한다)은 외국정부 또는 외국인 모두가 합하여 그 발행주식 총수의 100분의 49를 초과하여 소유하지 못한다고 규정하고 있다(전기통신사업법 제8조제1항).

한편, 전기통신사업법은 이 법 제8조(외국정부 또는 외국인의 주식소유 제한)제1항에도 불구하고 대한민국이 외국과 양자 간 또는 다자 간으로 체결하여 발효된 자유무역협정 중 과학기술정보통신부장관이 정하여 고시하는 자유무역협정의 상대국 외국정부 또는 외국인(「금융회사의 지배구조에 관한 법률」 제2조(정의)제6호가목에[302] 따른 특수관계인을 포함한다)이 최대주주(「금융회사의 지배구조에 관한 법률」 제2조제6호가목에 따른 최대주주를 말한다. 이 경우 "금융회사"는 "법인"으로 본다)이고, 그 최대주주가 발행주식 총수의 100분의 15 이상을 소유하고 있는 법인은 전기통신사업법 제10조(기간통신사업자의 주식 취득 등에 관한 공익성심사)제1항제4호의 경우에 따른 공익성심사를 받을 때까지 이 법 제8조제1항에 따른 기간통신사업자가 발행한 주식의 100분의 49를 초과하여 소유할 수 있으나 초과 소유한 주식에 대하여 의결권을 행사할 수 없다고 규정하고 있다(동법 제8조제2항).

---

300) 전기통신사업법 시행령은 이 법 제8조(외국정부 또는 외국인의 주식소유 제한)제1항에서 "대통령령으로 정하는 기준에 해당하는 기간통신사업자"란 회선설비 보유사업을 경영하는 자(이하 "회선설비 보유사업자"라 한다)를 말한다고 규정하고 있다(전기통신사업법 시행령 제12조).

301) 상법은 회사가 의결권이 없는 종류주식이나 의결권이 제한되는 종류주식을 발행하는 경우에는 정관에 의결권을 행사할 수 없는 사항과, 의결권행사 또는 부활의 조건을 정한 경우에는 그 조건 등을 정하여야 한다고 규정하고 있다(상법 제344조의3제1항).

302) 금융회사의 지배구조에 관한 법률(약칭: 금융사지배구조법)은 "대주주"란 다음, 가. 금융회사의 의결권 있는 발행주식(출자지분을 포함한다. 이하 같다) 총수를 기준으로 본인 및 그와 대통령령으로 정하는 특수한 관계가 있는 자(이하 "특수관계인"이라 한다)가 누구의 명의로 하든지 자기의 계산으로 소유하는 주식(그 주식과 관련된 증권예탁증권을 포함한다)을 합하여 그 수가 가장 많은 경우의 그 본인(이하 "최대주주"라 한다)의 어느 하나에 해당하는 주주를 말한다고 규정하고 있다(금융사지배구조법 제2조제6호가목).

나. 외국인 의제 조항과 예외

전기통신사업법은 외국정부 또는 외국인이 최대주주이고, 그 최대주주가 발행주식 총수의 100분의 15 이상을 소유하고 있는 법인(이하 "외국인의제법인"이라 한다)은 외국인으로 본다고 규정하고 있으나(전기통신사업법 제8조제3항), 다음, 1. 이 법 제8조(외국정부 또는 외국인의 주식소유 제한)제1항에 따른 기간통신사업자의 발행주식 총수의 100분의 1 미만을 소유한 법인과, 2. 이 법 제10조(국제전기통신업무에 관한 승인)제1항제4호의 경우에 따른 공익성심사 결과 과학기술정보통신부장관이 공공의 이익을 해칠 위험이 없다고 판단한 법인의 어느 하나에 해당하는 법인은 이 법 제8조제3항의 요건을 갖춘 경우에도 외국인으로 보지 아니하나, 다만, 이 법 제10조(기간통신사업자의 주식 취득 등에 관한 공익성심사)제1항제3호 및 동법 제86조제3항의 외국인은 예외로 한다고 규정하고 있다(동법 제8조제4항).

한편, 전기통신사업법은 이 법 제8조(외국정부 또는 외국인의 주식소유 제한)제4항에도 불구하고 같은 항 제2호에 해당하는 법인(「경제협력개발기구에 관한 협약」의 회원국의 외국정부 또는 외국인이 최대주주인 경우로 한정한다)이 다음, 1. 2021년 1월 1일 현재 이 법 제10조(기간통신사업자의 주식 취득 등에 관한 공익성심사)제6항제1호부터 제3호까지의 규정 중 어느 하나에 해당하는 기간통신사업자, 2. 「상법」 제342조의2(자회사에 의한 모회사주식의 취득)에[303] 따른 자회사로서 이 법 제8조제5항제1호의 기간통신사업자의 권리 · 의무를 승계한 기간통신사업자, 3. 그 밖에 기간통신사업의 양수 및 법인의 합병 등을 통하여 동법 제8조제5항제1호 또는 제2호의 기간통신사업자의 권리 · 의무를 승계한 자로서 과학기술정보통신부장관이 정하여 고시하는 기간통신사업자의 어느 하나에 해당하는 기간통신사업자의 발행주식을 소유하거나 소유하게 된 경우에는 외국인으로 본다고 규정하고 있다(동법 제8조제5항).

---

303) 상법은 다른 회사의 발행주식의 총수의 100분의 50을 초과하는 주식을 가진 회사(이하 "母會社"라 한다)의 주식은 다음, 1. 주식의 포괄적 교환, 주식의 포괄적 이전, 회사의 합병 또는 다른 회사의 영업전부의 양수로 인한 때와, 2. 회사의 권리를 실행함에 있어 그 목적을 달성하기 위하여 필요한 때의 경우를 제외하고는 그 다른 회사(이하 "子會社"라 한다)가 이를 취득할 수 없다고 규정하고 있는데(상법 제342조의2제1항), 이 법 제342조의2(자회사에 의한 모회사주식의 취득)제1항 각호의 경우 자회사는 그 주식을 취득한 날로부터 6월 이내에 모회사의 주식을 처분하여야 한다고 규정하고 있으며(동법 제342조의2제2항), 다른 회사의 발행주식의 총수의 100분의 50을 초과하는 주식을 모회사 및 자회사 또는 자회사가 가지고 있는 경우 그 다른 회사는 이 법의 적용에 있어 그 모회사의 자회사로 본다고 규정하고 있다(동법 제342조의2제2항).

3. 외국정부 또는 외국인 주식소유 제한의 위반에 대한 처분 등

전기통신사업법은 외국정부 또는 외국인이 이 법 제8조(외국정부 또는 외국인의 주식소유 제한)제1항을 위반하여 주식을 취득한 경우에는 그 초과 소유한 주식에 대하여 의결권을 행사할 수 없다고 규정하고 있으며(전기통신사업법 제12조제1항), 과학기술정보통신부장관은 이 법 제8조제1항을 위반하여 주식을 취득한 주주, 그 주주가 있는 기간통신사업자 또는 외국인의제법인의 주주에 대하여 6개월 이내의 범위에서 기간을 정하여 해당 사항을 시정할 것을 명할 수 있다고 규정하고 있다(동법 제12조제2항).

또한 전기통신사업법은 이 법 제12조(초과소유 주주에 대한 제한 등)제2항에 따라 시정명령을 받은 자는 그 정하여진 기간에 해낭 사항을 시정하여야 한다고 규정하고 있는데(동법 제12조제3항), 과학기술정보통신부장관은 이 법 제12조제2항에 따른 명령(이하 이 조에서 "시정명령"이라 한다)을 받은 후 시정명령에서 정한 기간에 이를 이행하지 아니하는 자에 대하여 이행강제금을 부과할 수 있으며, 이 경우 하루당 부과할 수 있는 이행강제금은 그 소유한 주식 매입가액의 1천분의 3 이내로 하되, 주식 소유와 관련되지 아니한 사항인 경우에는 1억원 이내의 금액으로 한다고 규정하고 있다(동법 제13조제1항). 한편, 전기통신사업법은 기간통신사업자는 이 법 제8조(외국정부 또는 외국인의 주식소유 제한)제1항을 위반한 주주에 대하여는 그 초과분에 대하여 주주명부나 사원명부의 개서(改書)를 거부할 수 있다고 규정하고 있다(동법 제12조제4항).

참고자료 및 질문

기간통신사업자의 주식 발행. 전기통신사업법은 기간통신사업자가 주식을 발행하는 경우 기명식(記名式)으로 하여야 한다고 규정하고 있다(전기통신사업법 제14조). 주식(株式)은 주식회사의 자본을 구성하는 권리의무의 최소 단위로서 주권에 주주의 성명이 기재되고 회사에 주주의 주소와 성명을 기재한 주주명부가 비치되는 기명주식(記名株式)과 그렇지 아니한 무기명주식(無記名株式)으로 구분된다. 기간통신사업자의 주식을 기명식으로 발행하도록 한 것은, 주식을 무기명으로 발행하면 주식거래를 활성화할 수 있다는 장점이 있으나 주주명부에 의한 주주 관리가 어렵고 소유가 제한된 주식의 초과 취득 시 규제가 어려운 점 등을 고려한 것으로 이해된다. 만일 기간통신사업자의 주식 발행을 무기명 방식으로 변경하면 외국인 지분 제한 제도에 어떠한 영향을 미칠 수 있을 것으로 생각하는가?

제6절 공익성 심사

〈전기통신사업법〉 제10조(기간통신사업자의 주식 취득 등에 관한 공익성심사) ① 다음 각 호의 어느 하나에 해당하는 경우가 국가안전보장, 공공의 안녕, 질서의 유지 등 대통령령으로 정하는 공공의 이익을 해치는지의 여부를 심사(이하 "공익성심사"라 한다)하기 위하여 과학기술정보통신부에 공익성심사위원회(이하 "위원회"라 한다)를 둔다.

1. 본인이 「금융회사의 지배구조에 관한 법률」 제2조제6호가목에 따른 특수관계인(이하 "특수관계인"이라 한다)과 합하여 기간통신사업자의 발행주식 총수의 100분의 15 이상을 소유하게 되는 경우
2. 기간통신사업자의 최대주주가 변경되는 경우
3. 기간통신사업자 또는 기간통신사업자의 주주가 외국정부 또는 외국인과 해당 기간통신사업자의 임원의 임면, 영업의 양도·양수 등 대통령령으로 정하는 중요 경영 사항에 대한 협정을 체결하는 경우
4. 대한민국이 외국과 양자 간 또는 다자 간으로 체결하여 발효된 자유무역협정 중 과학기술정보통신부장관이 정하여 고시하는 자유무역협정의 상대국 또는 「경제협력개발기구에 관한 협약」의 회원국의 외국인의제법인이 제8조제1항에 따른 기간통신사업자의 발행주식 총수의 100분의 49를 초과하여 소유하게 되는 경우
5. 그 밖에 기간통신사업자의 경영권을 사실상 가지고 있는 자가 변경되는 경우로서 대통령령으로 정하는 경우

② 기간통신사업자 또는 기간통신사업자의 주주는 제1항 각 호의 어느 하나에 해당하게 되면 그 사실이 발생한 날부터 30일 이내에 과학기술정보통신부장관에게 신고하여야 한다.

③ 기간통신사업자(기간통신사업의 등록을 하려는 자를 포함한다. 이하 이 조에서 같다) 또는 기간통신사업자의 주주는 제1항 각 호의 어느 하나에 해당하게 될 경우에는 해당 사실이 발생하기 전에 과학기술정보통신부장관에게 공익성심사를 요청할 수 있다.

④ 과학기술정보통신부장관은 제2항에 따른 신고 및 제3항에 따른 심사 요청을 받으면 이를 위원회에 회부하여야 한다.

⑤ 과학기술정보통신부장관은 공익성심사의 결과에 따라 제1항 각 호의 경우가 공공의 이익을 해칠 위험이 있다고 판단되면 협정 내용의 변경 및 그 실행의 중지, 의결권 행사의 정지 또는 해당 주식의 매각을 명할 수 있다.

1. 공익성 심사의 의의

공익성 심사(Public interests test)는 외국 정부 또는 외국인의 기간통신사업자 주식 취득 등에 대해 국가안전보장, 공공의 안녕, 질서의 유지 등 공공의 이익을 해칠 위험이 있는지를 심사하는 것으로서, 해외 각국에도 공익성 심사와 유사한 제도가 운영되고 있는 것으로 이해되는데, 공익성 심사는 2004년 전기통신사업법 개정을 통해 제6조의3(기간통신사업자의 주식취득 등에 관한 공익성 심사)에 최초로 규정되었으나 앞에서 설명한 바와 같이 2012년 3월 발효된 한 · 미 FTA(Free Trade Agreement, 자유무역협정) 체결로 인하여 외국인 간접투자 제도가 도입되면서 외국인 간접투자 제도로 인한 부작용을 해소하기 위해 2013년 7월, 전기통신사업법 제10조(기간통신사업자의 주식 취득 등에 관한 공익성심사)를 개정하고 공익성 심사를 시행하게 되었다.

전기통신사업법 제10조(기간통신사업자의 주식 취득 등에 관한 공익성심사)에 따른 공익성 심사는 미국 통신법(U.S. The Communications Act of 1934) 제310조(b)의 공익성 심사 규정과 엑슨-플로리오법(Exon-Florio Act)과 유사하다고 하겠다. 미국은 연방 방송통신위원회(FCC, U.S. Federal Communications Commission)가 표면적으로는 공익성 심사 권한을 보유하고 있는 것 같으나 실질적인 심사 권한은 미국 대통령에게 있으며 미국 대통령은 그의 심사 권한을 재무부 장관(U.S. Secretary of Treasury)을 위원장으로 하는 외국인투자위원회(CIFIUS, Committee on Foreign Investment in the United States)에 위임하고 있다. 외국인투자위원회에 의한 공익성 심사는 진 산업 분야를 대상으로 외국인에 의한 미국 회사의 인수합병이 국가안보에 위해(危害)가 되는지 여부인 엑슨-플로리오법 저촉(抵觸)을 심사하는 것이다.

전기통신사업법 제10조에 따른 우리나라의 공익성 심사는 특수관계인과 합하여 기간통신사업자의 발행주식 총수 100분의 15 이상 소유, 기간통신사업자의 최대주주 변경, 기간통신사업자 또는 기간통신사업자 주주의 외국정부 또는 외국인과 중요 경영 사항에 대한 협정 체결, 기간통신사업자의 경영권을 사실상 가지고 있는 자의 변경의 경우가 국가안전보장, 공공의 안녕, 질서의 유지 등 대통령령으로 정하는 공공의 이익을 해치는지의 여부를 심사하는 것으로서 미국의 엑슨-플로리오법과 같이 외국정부 또는 외국인으로 심사 대상을 한정하고 있지는 않다.

2. 공익성 심사의 주요 내용

가. 공익성심사위원회

(1) 공익성심사위원회의 구성

전기통신사업법은 다음 각 호의 어느 하나에 해당하는 경우가 국가안전보장, 공공의 안녕, 질서의 유지 등 대통령령으로 정하는 공공의 이익을 해치는지의 여부를 심사(이하 "공익성심사"라 한다)하기 위하여 과학기술정보통신부에 공익성심사위원회(이하 "위원회"라 한다)를 둔다고 규정하고 있는데(전기통신사업법 제10조제1항), 전기통신사업법 시행령은 공익성심사위원회는 위원장 1명을 포함한 5명 이상 15명 이하의 위원으로 구성한다고 규정하고 있으며(동법 제11조제1항), 공익성심사위원회의 위원장은 과학기술정보통신부차관 중 과학기술정보통신부장관이 지명하는 자가 되고, 공익성심사위원회의 위원은 대통령령으로[304] 정하는 관계 중앙행정기관의 3급 공무원 또는 고위공무원단에 속하는 일반직공무원과 다음, 1. 정보통신에 관한 학식과 경험이 풍부한 사람, 2. 국가의 안전보장이나 공공의 안녕, 질서 유지와 관련하여 정부가 출연한 연구기관에서 추천한 사람, 3. 「비영리민간단체 지원법」 제2조(정의)에 따른 비영리민간단체에서 추천한 사람, 4. 그 밖에 위원장이 필요하다고 인정하는 사람 중에서 위원장이 위촉하는 사람이 된다고 규정하고 있다(동법 제11조제2항).

또한 전기통신사업법 시행령은 공익성심사위원회 위원의 임기는 2년으로 하며, 연임할 수 있으나, 다만, 공무원인 위원의 임기는 그 직위의 재직기간으로 한다고 규정하고 있으며(동법 시행령 제16조제2항), 공익성심사위원회의 위원장은 이 법 제11조(위원회의 구성 및 운영 등)제2항에 따라 위촉된 위원이 다음, 1. 심신장애로 인하여 직무를 수행할 수 없게 된 경우, 2. 직무와 관련된 비위사실이 있는 경우, 3. 직무태만, 품위손상이나 그 밖의 사유로 인하여 위원으로 적합하지 아니하다고 인정되는 경우, 4. 위원 스스로 직무를 수행하는 것이 곤란하다고 의사를 밝히는 경우의 어느 하나에 해당하는 경우에는 해당 위원을 해촉(解囑)할 수 있다고 규정하고 있다(동법 시행령 제16조의2).

---

304) 전기통신사업법 시행령은 이 법 제11조(위원회의 구성 및 운영 등)제2항 각 호 외의 부분에서 "대통령령으로 정하는 관계 중앙행정기관"이란 다음, 1. 기획재정부, 2. 외교부, 3. 법무부, 4. 국방부, 5. 행정안전부, 6. 산업통상자원부, 7. 공정거래위원회, 8. 경찰청의 기관을 말한다고 규정하고 있다(전기통신사업법 제16조제1항).

(2) 공익성심사위원회의 운영

전기통신사업법은 공익성심사위원회는 공익성심사를 위하여 필요한 조사를 하거나 자료의 제공을 당사자 또는 참고인에게 요청할 수 있는데, 이 경우 해당 당사자 또는 참고인은 정당한 사유가 없으면 이에 따라야 한다고 규정하고 있으며(전기통신사업법 제11조제3항), 공익성심사위원회는 필요하다고 인정하면 당사자나 참고인을 위원회에 출석하게 하여 그 의견을 들을 수 있는데, 이 경우 해당 당사자 또는 참고인은 정당한 사유가 없으면 위원회에 출석하여야 한다고 규정하고 있다(동법 제11조제4항).

한편, 전기통신사업법은 공익성심사위원회의 조직 · 운영 등에 필요한 사항은 대통령령으로 정한다고 규정하고 있는데(동법 제11조제5항), 전기통신사업법 시행령은 공익성심사위원회의 위원장은 공익성심사위원회를 대표하며, 공익성심사위원회의 업무를 총괄한다고 규정하고 있으며(동법 시행령 제17조제1항), 공익성심사위원회의 위원장이 부득이한 사유로 직무를 수행할 수 없을 때에는 위원장이 미리 지명하는 위원이 그 직무를 대행한다고 규정하고 있다(동법 시행령 제17조제2항).

또한 전기통신사업법 시행령은 공익성심사위원회의 위원장은 공익성심사위원회의 회의를 소집하고 그 의장이 된다고 규정하고 있으며(동법 시행령 제17조제3항), 공익성심사위원회의 회의는 재적위원 과반수의 출석으로 개의(開議)하고 출석위원 과반수의 찬성으로 의결한다고 규정하고 있다(동법 시행령 제17조제4항). 한편, 전기통신사업법 시행령은 공익성심사위원회의 사무를 처리하기 위하여 공익성심사위원회에 간사 1명을 두며, 간사는 과학기술정보통신부 소속 공무원 중에서 위원장이 지명한다고 규정하고 있으며(동법 시행령 제17조제5항), 이 법 시행령 제17조(공익성심사위원회의 운영 등)제1항부터 제5항까지에서 규정한 사항 외에 공익성심사위원회의 운영에 필요한 사항은 공익성심사위원회의 의결을 거쳐 위원장이 정한다고 규정하고 있다(동법 시행령 제17조제6항).

나. 공익성심사의 대상

전기통신사업법은 다음, 1. 본인이 「금융회사의 지배구조에 관한 법률」 제2조(정의)제6호가목에[305] 따른 특수관계인(이하 "특수관계인"이라 한다)과 합하여 기간통신사업자의 발

305) 금융회사의 지배구조에 관한 법률(약칭: 금융사지배구조법)은 "대주주"란 다음, 가. 금융회사의 의결

행주식 총수의 100분의 15 이상을 소유하게 되는 경우, 2. 기간통신사업자의 최대주주가 변경되는 경우, 3. 기간통신사업자 또는 기간통신사업자의 주주가 외국정부 또는 외국인과 해당 기간통신사업자의 임원의 임면, 영업의 양도 · 양수 등 대통령령으로[306] 정하는 중요 경영 사항에 대한 협정을 체결하는 경우, 4. 대한민국이 외국과 양자 간 또는 다자 간으로 체결하여 발효된 자유무역협정 중 과학기술정보통신부장관이 정하여 고시하는[307] 자유무역협정의 상대국 또는 「경제협력개발기구에 관한 협약」의 회원국의 외국인의제법인이 이 법 제8조(외국정부 또는 외국인의 주식소유 제한)제1항에 따른 기간통신사업자의 발행주식 총수의 100분의 49를 초과하여 소유하게 되는 경우, 5. 그 밖에 기간통신사업자의 경영권을 사실상 가지고 있는 자가 변경되는 경우로서 대통령령으로[308] 정하는 경우의 어느 하나에 해당하는 경우가 국가안전보장, 공공의 안녕, 질서의 유지 등 대통령령으로[309] 정하는 공공의 이익을 해치는지의 여부를 심사(이하 "공익성심사"라 한다)

권 있는 발행주식(출자지분을 포함한다. 이하 같다) 총수를 기준으로 본인 및 그와 대통령령으로 정하는 특수한 관계가 있는 자(이하 "특수관계인"이라 한다)가 누구의 명의로 하든지 자기의 계산으로 소유하는 주식(그 주식과 관련된 증권예탁증권을 포함한다)을 합하여 그 수가 가장 많은 경우의 그 본인(이하 "최대주주"라 한다)의 어느 하나에 해당하는 주주를 말한다고 규정하고 있다(금융사지배구조법 제2조제6호가목).

306) 전기통신사업법 시행령은 이 법 제10조(기간통신사업자의 주식 취득 등에 관한 공익성심사)제1항제3호에서 "해당 기간통신사업자의 임원의 임면, 영업의 양도 · 양수 등 대통령령으로 정하는 중요 경영 사항"이란 다음, 1. 기간통신사업자의 대표이사의 임면 또는 임원의 3분의 1 이상의 임면, 2. 기간통신사업의 양도 · 양수, 2의2. 기간통신사업자인 법인의 합병, 3. 기간통신사업자의 신규 기간통신사업에의 진입의 사항을 말한다고 규정하고 있다(전기통신사업법 시행령 제13조제2항).

307) 외국인의제법인의 예외가 되는 법인 등에 관한 기준은 이 법 제10조(기간통신사업자의 주식 취득 등에 관한 공익성심사)제1항제4호에 따라 과학기술정보통신부장관이 고시하는 자유무역협정은 다음, 1. 대한민국과 미합중국 간의 자유무역협정, 2. 대한민국과 유럽연합 및 그 회원국 간의 자유무역협정, 3. 대한민국과 캐나다 간의 자유무역협정, 4. 대한민국과 호주 간의 자유무역협정, 5. 대한민국과 영국 간의 자유무역협정과 같다고 규정하고 있다(외국인의제법인의 예외가 되는 법인 등에 관한 기준 제2조).

308) 전기통신사업법 시행령은 이 법 제10조(기간통신사업자의 주식 취득 등에 관한 공익성심사)제1항제5호에서 "대통령령으로 정하는 경우"란 다음, 1. 기간통신사업자의 최대주주가 아닌 주주들이 공동으로 의결권을 행사하기로 합의하여 기간통신사업자의 경영권이 사실상 변경되는 경우, 2. 기간통신사업자의 지주회사(「독점규제 및 공정거래에 관한 법률」 제2조(정의)제7호에 따른 지주회사를 말한다)의 경영권이 사실상 변경되는 경우, 3. 기간통신사업자의 최대주주인 법인의 최대주주가 변경되어 기간통신사업자의 경영권이 사실상 변경되는 경우, 4. 기간통신사업자의 주주가 아닌 자가 기간통신사업자의 주주 또는 기간통신사업자의 경영권을 사실상 가진 자와 의결권 행사에 관한 합의를 하여 기간통신사업자의 경영권이 사실상 변경되는 경우의 어느 하나에 해당하는 경우를 말한다고 규정하고 있다(전기통신사업법 시행령 제13조제3항).

309) 전기통신사업법 시행령은 이 법 제10조(기간통신사업자의 주식 취득 등에 관한 공익성심사)제1항 각 호 외의 부분에서 "대통령령으로 정하는 공공의 이익"이란 국가안전보장, 공공의 안녕 · 질서의 유지

하기 위하여 과학기술정보통신부에 공익성심사위원회(이하 "위원회"라 한다)를 둔다고 규정하고 있다(전기통신사업법 제10조제1항).

다. 공익성심사의 절차 등

전기통신사업법은 이 법 제10조(기간통신사업자의 주식 취득 등에 관한 공익성심사)제2항 또는 제3항에 따른 신고 및 공익성심사의 절차, 그 밖에 필요한 사항은 대통령령으로 정한다고 규정하고 있다(전기통신사업법 제10조제7항).

(1) 공익성심사의 신청자

전기통신사업법은 이 법 제10조(기간통신사업자의 주식 취득 등에 관한 공익성심사)제2항 또는 제3항에 따라 신고를 하여야 하거나 공익성심사를 요청할 수 있는 기간통신사업자의 범위는 다음, 1. 동법 제92조(시정명령 등)제2항제3호에 따른 중요 통신을 운영 · 관리하고 있는 기간통신사업자, 2. 「전파법」 제20조의2(무선국의 개설조건)제3항에 따른 무선국 중 위성방송업무 외의 우주무선통신업무를 하는 무선국이 개설된 인공위성을 소유하고 있는 기간통신사업자, 3. 과학기술정보통신부장관이 전기통신사업법 제35조(설비등의 제공)제2항제1호 · 제3호, 이 법 제39조(상호접속)제3항, 동법 제41조(전기통신설비의 공동사용 등)제3항 및 동법 제42조(정보의 제공)제3항에 해당하는 기간통신사업자로 지정 · 고시한 기간통신사업자, 4. 「전파법」에 따라 할당받은 주파수를 사용하여 전기통신역무를 제공하는 전기통신사업법 제8조(외국정부 또는 외국인의 주식소유 제한)제1항에 따른 기간통신사업자(다만, 전년도 전기통신역무 매출액이 시장상황, 시장점유율 등을 고려하여 대통령령으로 정하는 금액 미만인 기간통신사업자는 제외한다), 5. 전년도 전기통신역무 매출액이 300억원 이상인 기간통신사업자 중 그 매출액이 과학기술정보통신부장관이 시장상황, 시장점유율 등을 고려하여 고시하는[310] 금액을 초과하는 이 법 제8조제1항에 따른 기간통신사업자,

---

를 말한다고 규정하고 있다(전기통신사업법 시행령 제13조제1항).

310) 「전기통신사업법」제10조(기간통신사업자의 주식 취득 등에 관한 공익성심사)제6항제5호에 따라 공익성심사의 대상이 되는 기간통신사업자의 전기통신역무 매출액 금액을 정하는 것을 목적으로 공익성심사의 대상이 되는 기간통신사업자의 범위(과학기술정보통신부 고시 제2017-7호, 2017. 8. 24.)가 제정 · 시행되고 있는데, 고시(告示)인 공익성심사의 대상이 되는 기간통신사업자의 범위는 「전기통신

6. 대한민국이 외국과 양자 간 또는 다자 간으로 체결하여 발효된 자유무역협정 중 과학기술정보통신부장관이 정하여 고시하는 자유무역협정의 상대국 또는 「경제협력개발기구에 관한 협약」의 회원국의 외국인의제법인이 이 법 제8조제1항에 따른 기간통신사업자의 발행주식 총수의 100분의 49를 초과하여 소유하게 되는 경우 해당 기간통신사업자와 같다고 규정하고 있다(전기통신사업법 제10조제6항).

(2) 공익성심사의 신청

전기통신사업법은 기간통신사업자 또는 기간통신사업자의 주주는 이 법 제10조(기간통신사업자의 주식 취득 등에 관한 공익성심사)제1항 각 호의 어느 하나에 해당하게 되면 그 사실이 발생한 날부터 30일 이내에 과학기술정보통신부장관에게 신고하여야 한다고 규정하고 있으며(전기통신사업법 제10조제2항), 기간통신사업자(기간통신사업의 등록을 하려는 자를 포함한다) 또는 기간통신사업자의 주주는 동법 제10조제1항 각 호의 어느 하나에 해당하게 될 경우에는 해당 사실이 발생하기 전에 과학기술정보통신부장관에게 공익성심사를 요청할 수 있다고 규정하고 있는데(동법 제10조제3항), 전기통신사업법 시행령은 이 법 제10조제2항 및 제3항에 따라 신고를 하거나 심사를 요청하려는 자는 다음, 1. 신고인 또는 심사 요청인의 성명 및 주소(법인인 경우에는 법인의 명칭 · 주소 및 그 대표자의 성명 · 주소), 2. 신고 또는 심사 요청의 취지 및 사유, 3. 동법 제10조제1항 각 호의 어느 하나에 해당하는 사실의 세부 내용의 사항을 적은 서류를 과학기술정보통신부장관에게 제출하여야 한다고 규정하고 있다(동법 시행령 제15조제1항).

(3) 공익성심사의 심사 회부와 심사결과 통보

전기통신사업법은 과학기술정보통신부장관은 이 법 제10조(기간통신사업자의 주식 취득 등에 관한 공익성심사)제2항에 따른 신고 및 제3항에 따른 심사 요청을 받으면 이를 공익성심사위원회에 회부하여야 한다고 규정하고 있으며(전기통신사업법 제10조제4항), 전기통신사업법 시행령은 과학기술정보통신부장관은 제출된 서류의 보완이 필요하다고 인정되는 경우에는 적절한 기간을 정하여 그 보완을 요구할 수 있다고 규정하고 있다(동법 시행령 제15조제2항).

사업법」제10조제6항제5호에 따라 과학기술정보통신부장관이 시장상황, 시장점유율 등을 고려하여 고시하는 매출액 금액은 300억원으로 한다고 규정하고 있다(공익성심사의 대상이 되는 기간통신사업자의 범위 제2조).

한편, 전기통신사업법 시행령은 이 법 제10조(기간통신사업자의 주식 취득 등에 관한 공익성심사)제1항에 따른 공익성심사위원회(이하 "공익성심사위원회"라 한다)는 특별한 사유가 있는 경우를 제외하고는 동법 제10조제4항에 따라 과학기술정보통신부장관이 공익성심사위원회에 회부한 사항에 대하여 공익성심사위원회에 회부한 날부터 3개월 내에 심사 결과를 과학기술정보통신부장관에게 통보하여야 한다고 규정하고 있으며(동법 시행령 제15조제3항), 과학기술정보통신부장관은 이 법 시행령 제15조(공익성심사의 절차 등)제3항에 따른 공익성심사의 결과를 신고인 또는 심사 요청인에게 통보하여야 한다고 규정하고 있다(동법 시행령 제15조제4항).

(4) 공익성심사의 결과에 따른 조치 등

전기통신사업법은 과학기술정보통신부장관은 공익성심사의 결과에 따라 이 법 제10조(기간통신사업자의 주식 취득 등에 관한 공익성심사)제1항 각 호의 경우가 공공의 이익을 해칠 위험이 있다고 판단되면 협정 내용의 변경 및 그 실행의 중지, 의결권 행사의 정지 또는 해당 주식의 매각을 명할 수 있다고 규정하고 있다(동법 제10조제5항).

제7절 주식의 상호소유 제한 등

〈전기통신사업법〉 제59조(주식의 상호소유의 제한 등) ① 제39조제3항제1호 또는 제2호에 해당하는 기간통신사업자(특수관계인을 포함한다)는 서로 다른 기간통신사업자의 의결권 있는 발행주식 총수의 100분의 5를 초과하여 소유하는 경우 그 한도를 초과하는 주식에 대하여는 의결권을 행사할 수 없다.

② 제1항은 제39조제3항제1호 또는 제2호에 해당하는 기간통신사업자와 그 기간통신사업자가 최대주주가 되어 설립한 기간통신사업자 간의 소유관계에 대하여는 적용하지 아니한다.

전기통신사업법은 이 법 제39조(상호접속)제3항제1호 또는 제2호에 해당하는 기간통신사업자(특수관계인을 포함한다)는 서로 다른 기간통신사업자의 의결권 있는 발행주식 총수의 100분의 5를 초과하여 소유하는 경우 그 한도를 초과하는 주식에 대하여는 의결권을 행사할 수 없다고 규정하고 있는데(전기통신사업법 제59조제1항), 제59조(주식의 상호소유의 제한 등)제1항은 2002년 SKT가 민영화된 KT의 주식을 취득하여 최대 주주로 부상(浮上)함에 따라, 유선과 무선통신 시장의 시장지배적 사업자 간의 주식 지분(持分) 보유로 인해 전기통신 시장의 건전하고 균형적인 발전이 저해될 수 있다는 우려에서 주식(株式)의 상호(相好) 소유 지분에 대한 제한을 두게 된 것으로 이해된다.

한편, 전기통신사업법은 이 법 제59조(주식의 상호소유의 제한 등)제1항은 제39조(상호접속)제3항제1호 또는 제2호에 해당하는 기간통신사업자와 그 기간통신사업자가 최대주주가 되어 설립한 기간통신사업자 간의 소유관계에 대하여는 적용하지 아니한다고 규정하고 있는데(동법 제59조제2항), 전기통신사업법 제59조(주식의 상호소유의 제한 등)제2항은 당시 유선통신 사업자였던 모(母) 기업 KT가 100% 무선통신 사업자였던 자(子) 회사인 (구)KTF(현재 KT)에 대한 지배관계를 인정하기 위하여 규정된 것으로 생각된다.

참고자료 및 질문

1. 망 이용대가. 망(網) 이용대가 논란은 국내 통신사업자와 국내 인터넷 플랫폼사업자 간뿐만 아니라 전 세계 통신사업자와 글로벌 인터넷 플랫폼사업자 간에 벌어지고 있는 소위 'Who pays?'(누가 비용을 낼 것인가?)의 문제로 생각되는데, 망 이용대가에 대한 명확한 개념 정의는 없으나[311] 메타(Meta, (구)페이스북(Facebook)), 구글(Google), 넷플릭스(Netflix), 네이버(Naver) 등과 같은 CP(Contents Provider, 콘텐츠 제공 사업자)가 전기통신사업자의 모든 네트워크 자원을 이용하는 대가로 〈표 18〉과 같이 전기통신사업자에 지급하는 인터넷 전용회선 요금, IDC 접속료와 이용료, 상호 접속료, CDN 전송 요금 등을 포함하는 비용으로 이해된다.

표 18 망 이용대가의 유형과 세부 내용

망(網) 이용대가 유형	세부 내용
인터넷 전용회선 요금	전기통신사업자의 통신국사와 통신서비스 이용기업까지 초고속인터넷서비스 전용회선으로 연결하는 비용
IDC 접속료와 이용료	IDC[312] 입주 이용비용 및 초고속인터넷 접속 역무 이용요금
상호접속료	전기통신사업자 간 상호 정산하는 상호접속료를 원가로 인식하고 상호접속료의 일부를 CP가 이용량 또는 일정액에 따라 부담하도록 하는 비용
CDN 전송요금	콘텐츠 전송을 대신 해주는 CDN에[313] 지급하는 비용

네이버(Naver), 카카오(Kakao), 아프리카티비(Afreeca TV) 등과 같은 국내 CP들은 각각 전기통신사업자에 인터넷 전용회선 요금, IDC 접속료 등 망 이용대가를 지급하고 CDN 업체 등에도 비용을 별도로 지불하고 있으나, 구글(Google), 넷플릭스(Netflix) 등과 같은 Global CP들은 자체 국제회선과 국내 캐시서버(Cache server)[314]를 구축하고 있다는 이유로 망 이용대가를 부담하고 있지 않은 것으로 이해된다. 국내 중소형 CP와 스타트업(Start up)의 망 이용대가가 대형 CP에 비해 높다는 불만과 함께 국내와 해외 인터넷 플랫폼사업자 간의 역차별(逆差別)인 소위 '기울어진 운동장' 논란이 제기되고 있다. 망 이용대가와 관련하여 전기통신 사업자들은 망 중립성 완화, 캐시서버의 국내 설치 의무화 등 우월적 지위에 있는 Global CP에 대한 규제와 제도개선이 필요하나 대형 CP와 중소형 CP의 요금 차이는 다량 할인(Volume discount)으로 인한 일반적 현상일 뿐이라는 입장인 반면, Global CP들은 국내 CP와 자신들의 서로 다른 비용 환경을 고려하지 않고 단순히 형평성 관점에서 실제 지급하는 비용을 획일적으로 비교하는 것은 타당하지 않고 인터넷 생태계에서 맡고 있는 각자의 역할에 충실해야 함에도 불구하고 전기통신사업자들의 비용만 일방적으로 분담해야 한다는 주장은 부당하다는 입장이다. 한편, 망 이용대가와 관련하여 국내 대형 CP들은 CP들 간의 망 이용대가의 차별이 있다면 게이트키퍼(Gate keeper)인[315] 전기통신 사업자들의 결정으로 초래된 것이며 전기통신 사업자들의 주장대로 우리나라의 망 이용대가가 세계적으로 비싼 수준이 아니라면 투명성 확보 차원에서 원가 공개가 필요하다는 입장이다. 중소형 CP들은 상호접속고시의 개정 이후 망 이용대가의 인상 효과가 중소형 CP, 스타트업, 중소형 CP와 스타트업이 주로 이용하는 CDN 등에게 집중적으로 발생하고 있으며 국내의 망이용대가가 비싼 편이고 또한 대형 CP는 협상력이 커서 할인된 망이용대가를 지불하나 중소형 CP는 그러하지 못해 대형 CP에 비하여 망 이용대가가 비싸고 전기통신사업자가 해외 CP에 대한 손실을 국내 CP와 이용자에게 전가하고 있으므로 중소형 CP와 스타트업에 대한 망 이용대가를 대폭 할인하거나 우대하는 망중립성에 입각한 망 이용대가 정책의 도입이 필요하다는 입장이다.[316] 한편, 망 이용대가 논란은 구글(Google), 메타(Meta), 넷플릭스(Netflix)와 같은 글로벌 인터넷 플랫폼과 콘텐츠사업자를 보유하고 있는 미국과 그렇지 못한 유럽, 우리나라의 통신사업자 간 분쟁과 국가 간 통상 문제로 비화(飛火)되고 있다.[317] 망 이용대가 관련 논란을 해소할 수 있는 바람직한 방안은 무엇이라고 생각하는가?

2. 페이스북(Facebook) 접속경로 변경 분쟁 관련 판례. 2018년 3월, (구)방송통신위원회(현재 방송미디어통신위원회)는 Facebook에 대해 전기통신 이용자의 이익을 현저하게 해치는 방식으로 전기통신서비스를 제공하는 행위를 금지하는 전기통신사업법 제50조(금지행위)제1항제5호와 정당한 사유 없이 전기통신서비스의 가입과 이용을 제한 또는 중단하는 행위를 금지하는 이 법 시행령 제42조(금지행위의 유형 및 기준)제1항[별표 4]의 위반을 이유로 과징금 3억9천6백만 원을 부과하였다.[318] 페이스북이 2017년 말까지 접속경로를 임의로 변경하여 SKB(SK브로드밴드), LGU+ 망을 통해 페이스북에 접속하는 이용자의 접속 속도를 떨어뜨린 것이며, 페이스북과 국내 인터넷접속서비스제공사업자(ISP,

Internet Service Provider) 간의 갈등이 원인이 되었다. SKB와 LGU+는 페이스북에 망 이용대가를 내고 캐시서버를 운영하라고 요구하였으나 페이스북은 이를 거절한 대신 페이스북은 〈그림 47〉과 같이 KT에만 망 이용대가를 내고 자사(自社)의 캐시서버를 운영하였고 여기에 SKB와 LGU+가 망을 접속하는 방식으로 데이터를 가져가고 있었다. 캐시서버(Cache server)는 앞에서 설명한 바와 같이 해외 콘텐츠 제공 사업자(CP, Contents Provider)가 콘텐츠 이용자가 많이 찾는 동영상이나 사진 등 콘텐츠를 국내 서버에 저장해 놓고 공급하는 것으로서 페이스북의 서비스 초기에는 미국에 있는 서버에서 콘텐츠를 직접 가져왔지만 이용자가 많아지면서 국내에 캐시서버를 도입하게 된 것이다.

그림 47 2017년 말까지 페이스북의 접속경로

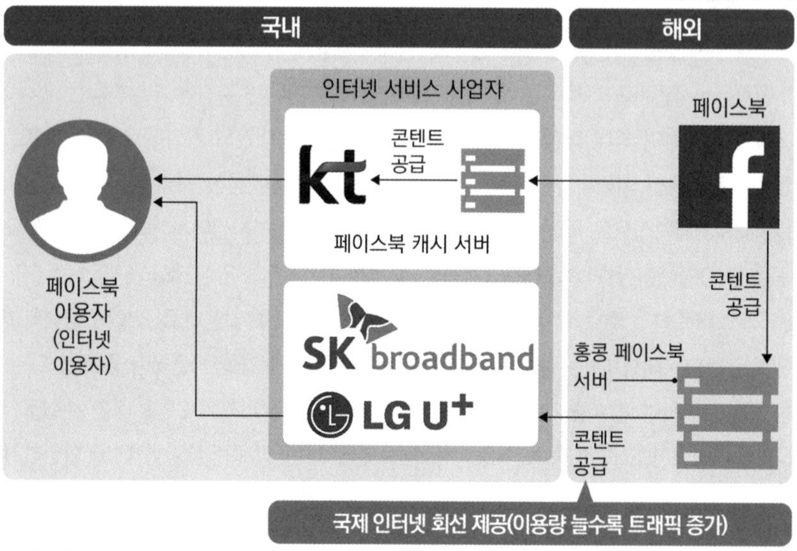

한편, 페이스북 콘텐츠의 이용량이 증가하게 되면서 인터넷트래픽이 늘어나자 망 이용대가의 문제가 불거졌는데 SKB와 LGU+가 KT를 상대로 상호접속료를 인상해달라고 요구한 것이다. 2016년 1월부터 상호접속 관련 규정이 개정되어 인터넷접속서비스제공사업자(ISP, Internet Service Provider) 간 상호접속료는 사용량이 늘면 그만큼 더 많은 금액을 받을 수 있게 되었고 SKB와 LGU+는 자사 인터넷망을 통해 페이스북 캐시서버에 접속하는 이용자가 늘었기 때문에 KT에게 상호접속료 인상을 요구했으나 KT는 이를 거부하였고, 페이스북은 SKB와 LGU+ 이용자들의 페이스북 접속 서버를 홍콩으로 바꾸어 국내 캐시서버 접속이 막히게 되었다. 페이스북 접속 경로의 변경으로 인하여 SKB와 LGU+의 인터넷서비스 이용자를 중심으로 페이스북의 접속이 느려졌다는 지적이 제기되었고 (구)방송통신위원회가 조사에 나서 과징금 부과를 결정했다. 그러나 페이스북은 (구)방송통신위원회가 부과한 과징금에 불복해 서울행정법원에 2018년 5월 소송을 제기하였는데 페이스북은 접속경로 변경 결정은 자유이고 응답

속도 지연은 이용자의 불편 사항에 해당은 되지만 이용 제한을 야기(惹起)한 것은 아니며 페이스북은 CP로서 콘텐츠와 정보를 전달하는 사업자일 뿐 인터넷접속서비스의 품질을 보장할 의무가 없다는 입장인 반면에, (구)방송통신위원회는 페이스북의 접속경로 변경에 따라 다른 서비스는 다 되는데 페이스북만 안 된다는 이용자들의 불만 건수가 비정상적으로 늘어났고 서비스 이용 장애(障碍)는 이용 제한에 해당이 되어서 현저한 이용자 이익 침해가 발생하였다는 입장이었다. 제1심인 서울행정법원은 (구)방송통신위원회의 과징금 처분을 취소하라는 판결을 내렸는데 서울행정법원은, 1. 페이스북이 인터넷접속서비스제공자가 아닌 콘텐츠제공사업자이므로 인터넷접속서비스의 품질을 관리와 통제할 수 없어 인터넷접속서비스의 품질에 대한 책임을 부담하지 않고, 2. 페이스북의 접속경로 변경이 '이용자의 이익을 현저하게 해치는 이용 제한'이라고 볼 수 없으며, 3. SKB와 LGU+가 해외 전송망을 충분히 갖추고 있었다면 접속경로 변경으로 인해 페이스북 이용자들의 이용이 지연되거나 이용에 불편을 초래하지는 않았을 것으로 판시하였다.[319] 제2심인 서울고등법원도 페이스북의 평균 응답 속도가 어느 정도 저하되기는 하였지만 이용자들이 고화질 동영상과 사진 등 일부 콘텐츠 이용 시에만 불편을 느꼈고 페이스북의 핵심 서비스인 게시물 작성, 메시지 발송 등은 변경 이전과 마찬가지로 큰 불편 없이 이용할 수 있었으므로 페이스북 이용자들의 이용이 지연되거나 이용에 불편을 초래하지는 않았을 것으로 판시하였다.[320] 대법원도 이용 자체는 가능하나 이용이 지연되거나 이용에 불편이 초래된 경우는 '이용의 제한'에 해당한다고 보기 어렵다고 상고를 기각하면서 페이스북의 승소를 확정한 바가 있다.[321]

3. SKB와 넷플릭스(Netflix) 망 이용대가 분쟁 관련 판례. SKB(SK브로드밴드)와 넷플릭스(Netflix) 간 망 사용료의 지급 의무가 있는지에 대한 채무부존재의 소가 제기된 분쟁으로 망 이용대가 관련 SKB와 넷플릭스 간의 갈등은 2019년 무렵부터 본격 시작되었는데, SKB는 넷플릭스의 콘텐츠 전송량이 급증해 네트워크 운영 부담이 커진다는 것을 이유로 대가 지불을 요구하였고 넷플릭스는 이용자와 콘텐츠제공 사업자(CP, Contents Provider)가 각각 자신들이 계약한 인터넷접속서비스제공사업자(ISP, Internet Service Provider)에 '접속료'를 내는 것은 당연하지만 그 뒤의 전송 과정에 대한 비용인 '전송료'는 지급하지 않는 것이 인터넷의 기본 원칙이라고 주장하면서 '무정산' 방식이 네트워크 연결의 관행이고 이미 넷플릭스가 자체적으로 구축한 CDN(Contents Delivery Network, 콘텐츠 전송 네트워크)인 OCA를[322] 설치해 부담을 줄이고 있는 만큼 망 사용료를 낼 수 없다고 맞선 바가 있다. 2019년 SKB가 (구)방송통신위원회(현재 방송미디어통신위원회)의 중재를 요청하여 넷플릭스가 응했으나 2020년 4월 넷플릭스는 중재를 거부하고 서울지방법원에 SKB를 대상으로 채무 부존재 확인 소송을 제기하였다. 넷플릭스는 망 관리 의무는 인터넷서비스제공사업자에 있으므로 망 사용료를 낼 의무는 없고 특정 서비스에 망 사용료를 요구하는 것은 콘텐츠 차별을 금지하는 '망 중립성 원칙'에 어긋난다고 주장한 반면, SKB는 망 사용료는 기본적으로 유상이고 미국과 프랑스 등에 있는 통신사에 망 사용료를 지급해 왔던 만큼 한국에서도 내야 한다면서 넷플릭스가 트래픽 관리에 중대한 영향을 끼치는 만큼 공동

관리 의무가 있어 망 사용료를 내야 한다고 주장하였다. 제1심인 서울지방법원은 "넷플릭스는 SKB의 인터넷망에 접속하고 있거나 적어도 연결이라는 유상(有償) 역무를 제공받고 있으므로 연결 대가를 지급할 의무가 있으나 구체적인 규모, 지불방식은 양사 간 협상을 해야 한다"라고 판시하여 SKB에 승소판결을 한 바가 있다.[323] 2021년 7월 넷플릭스는 서울고등법원에 항소하였고, 2021년 9월 SKB는 구체적 망 이용대가 지불금액을 결정해 달라며 서울고등법원에 넷플릭스를 상대로 부당이득 반환 소송을 제기하였다. 그러나 2023년 9월 SKB와 넷플릭스는 상호 소송 취하에 합의한 바가 있다. 한편, SKB와 넷플릭스의 소송전이 치열해진 이후 국회에서도 여야 모두 소위 '망무임승차방지법'이라는 내용의 법안을 다수 발의했었는데, 법안의 내용들은 주로, 1. 부가통신사업자의 망 이용대가 지급 의무화, 2. 망 이용계약 체결 의무화, 3. 부당한 망 이용대가 지급 거부 금지 등으로 이해된다.

---

311) 망 이용대가는 콘텐츠사업자(CP)가 발신한 트래픽이 통신망을 통해 최종 이용자에게 도달하기까지 드는 모든 비용을 말한다. 범위가 너무 넓다보니 사업자마다 생각하는 망이용대가 개념이 다르다. CP는 자사와 통신국사를 잇는 '인터넷전용회선 요금, 인터넷데이터센터(IDC) 입주요금, 상호접속료, 콘텐츠전송대행사(CDN) 요금 등을 모두 망이용대가로 간주한다. 반면에 통신사는 인터넷전용회선 요금만 망이용대가로 인정하려는 분위기다. 통신사가 직접 받는 대가는 CP 주장보다 훨씬 적다는 것이다. 입장 차가 크다. 황용석 건국대 교수는 "망 이용대가를 어떻게 보느냐에 따라 금액 편차가 크다."면서 "이는 망 이용대가 논의의 신뢰성 논쟁으로 이어졌다"고 지적했다. 김용주 전자신문 기자, 망 이용대가 가이드라인 작업 시작… '정의'부터 손본다, 2019.1.6. (http://www.etnews.com/20190104000436).

312) IDC(Internet Data Center, 인터넷 데이터 센터)는 인터넷서비스 연결의 핵심이 되는 서버(Server)를 한 장소에 모아서 집중시킬 필요가 있을 때 설립하는 시설이며, 서버 호텔(Server Hotel)이라고도 불리고 있다.

313) CDN(Contents Delivery Network, 콘텐츠 전송 네트워크)은 지리적 물리적으로 떨어져 있는 사용자에게 CP의 콘텐츠를 더 빠르게 제공할 수 있도록 사용자 근처의 캐시서버(Cache server)에 콘텐츠 저장하고 전송하는 기술이다.

314) 캐시서버(Cache server)란 국내 이용자들이 많이 보는 외국 콘텐츠(Contents)를 국내 이용자 근처에 미리 저장해 둠으로써 국내 이용자들이 외국 서버에 직접 접속하지 않아도 빠르게 콘텐츠를 이용할 수 있도록 도와주는 설비이다.

315) 글로벌 1위 게임방송 업체 트위치(Twitch)가 2024년 2월 27일 한국 사업을 종료한다고 발표하면서, 트위치 CEO 댄 클랜시(Dan Clancy)는 블로그를 통해 "한국은 규제로 인해 네트워크 수수료가 다른 국가와 비교해 10배 높다"며 "운영을 종료하는 핵심 원인은 명백히 망사용료 때문"이라고 주장한 바가 있다.

316) 인터넷상생발전협의회, 인터넷상생발전협의회 결과보고서(2018), pp58~66.

317) 최근 미국 트럼프 정부가 전세계적으로 관세 전쟁을 벌이고 있는 가운데 우리나라에도 통상압박이 커지고 있다. 이같은 상황에서 미국은 우리나라의 망 이용계약 공정화 법안을 '디지털 무역장벽'이라고 지적하고 있다. 망 이용대가 지급을 법적으로 의무화하는 것이 자유로운 무역을 저해할 수 있다는 게 미국 측의 주장이다. 당초 개별 기업 간 법적 공방을 중심으로 이뤄졌던 망 이용대가 논쟁이 국가 간 통상문제의 뜨거운 감자로 떠오르고 있는 셈이다. 윤성현 뉴시스 기자, 美 통상 압박에 재점화된 '망 대가' 논쟁…"AI 시대 무임승차 문제 더 커질 것", 2025.7.28.(https://www.newsis.com/view/NISX20250728_0003268814).

318) 방송통신위원회 의결 제2018-13-99호(2018. 3. 21), 페이스북 접속경로 변경 관련 전기통신사업법 위반행위에 대한 시정조치.

제6장

전기통신사업법 위반에 대한 조사와 처분을 어떻게 하는가?

전기통신사업자가 사업을 경영하다 보면 본의이든 아니든 간에 전기통신사업법 등 관련 법령을 위반하는 경우가 발생하게 된다. 만일 법령 위반행위가 공정한 경쟁 또는 이용자의 이익을 해치거나 해칠 우려가 있는 행위인 금지행위(禁止行爲)에 해당이 된다면, 법령 위반행위를 한 전기통신사업자는 시정명령, 과징금, 벌칙 등에 처하게 될 것이다. 금지행위 위반에 대한 제재는 관련 이해당사자 등의 신고 또는 정부 규제당국의 인지 등에 의해 개시된 금지행위 위반에 대한 처분을 위한 조사의 결과에 따라 이루어진다고 하겠다. 또한 금지행위 위반과 같은 전기통신사업법의 위반 이외에도 전기통신사업자와 이용자 간 분쟁이 있을 수 있는데 전기통신사업법은 전기통신사업자와 이용자 간 분쟁을 해결하기 위하여 소송 등 사법적인 수단 이외에 방송미디어통신위원회의 재정과 통신 분쟁조정을 규정하고 있다. 제6장에서는 전기통신사업법의 금지행위, 사실조사, 시정명령, 과징금, 이행강제금, 벌칙, 과태료, 손해배상, 청문, 방송미디어통신위원회의 재정과 통신 분쟁조정 등에 대하여 설명하고자 한다.

---

319) 서울행정법원 2019. 8. 22. 선고 2018구합64528 판결.

320) 서울고등법원 2020. 9. 11. 선고 2019누57017 판결.

321) 대법원 2023. 12. 21. 선고 2020두50348 판결.

322) OCA(Open Connect Appliance, 오픈커넥트어플라이언스)는 넷플릭스가 지난 2011년 개발한 CDN 솔루션으로서 CDN(Contents Delivery Network, 콘텐츠전송네트워크)은 비디오나 게임 등 대용량의 디지털 콘텐츠를 지리적 제약 없이 빠르고 안전하게 전송할 수 있게 도와주는 기술이다.

323) 서울중앙지방법원 2021. 6. 25. 선고 2020가합553859 판결.

제1절 금지행위

〈전기통신사업법〉 제50조(금지행위) ① 전기통신사업자(제9호부터 제11호까지의 경우에는 앱 마켓사업자로 한정한다. 이하 이 조에서 같다)는 공정한 경쟁 또는 이용자의 이익을 해치거나 해칠 우려가 있는 다음 각 호의 어느 하나에 해당하는 행위(이하 "금지행위"라 한다)를 하거나 다른 전기통신사업자 또는 제3자로 하여금 금지행위를 하도록 하여서는 아니 된다.
③ 제1항에 따른 금지행위의 유형 및 기준에 관하여 필요한 사항은 대통령령으로 정한다.

1. 금지행위의 의의

전기통신사업법 제50조(금지행위)에 따른 금지행위(禁止行爲)는 전기통신사업자가 공정한 경쟁 또는 이용자의 이익을 해치거나 해칠 우려가 있는 행위로 이해되는데, 일반적인 경쟁제한 행위는 「독점규제 및 공정거래에 관한 법률(약칭: 공정거래법)」에 따라 공정거래위원회가 규제하고 있으나, 전기통신사업법의 금지행위는 통신 시장의 특수성 등을 고려하여 방송미디어통신위원회가 규제하고 있다.

금지행위(禁止行爲)라는 용어는 일본의 전기통신사업법과 유사하다고[324] 생각되는

324) 昭和五十九年法律第八十六号 電気通信事業法 (電気通信事業者等の禁止行為) 第二十七条の二 電気通信事業者又は媒介等業務受託者は, 次に掲げる行為をしてはならない. 一 利用者に対し, 第二十六条第一項各号に掲げる電気通信役務の提供に関する契約に関する事項であつて, 利用者の判断に影響を及ぼすこととなる重要なものにつき, 故意に事実を告げず, 又は不実のことを告げる行為. 二 第二十六条第一項各号に掲げる電気通信役務の提供に関する契約の締結の勧誘を受けた者(電気通信事業者である者を除く.)が当該契約を締結しない旨の意思(当該勧誘を引き続き受けることを希望しない旨の意思を含む.)を表示したにもかかわらず, 当該勧誘を継続する行為(利用者の利益の保護のため支障を生ずるおそれがないものとして総務省令で定めるものを除く.) (第一種指定電気通信設備を設置する電気通信事業者等の禁止行為等) 第三十条 3 第一項の規定により指定された電気通信事業者は, 次に掲げる行為をしてはならない. 一 他の電気通信事業者の電気通信設備との接続の業務に関して知り得た当該他の電気通信事業者及びその利用者に関する情報を当該業務の用に供する目的以外の目的のために利用し, 又は提供すること. 二 当該電気通信事業者が法人である場合において, その電気通信業務について, 当該電気通信事業者の特定関係法人(第十二条の二第四項第一号に規定する特定関係法人をいう. 次条第一項において同じ.)である電気通信事業者であつて総務大臣が指定するものに対し, 不当に優先的な取扱いをし, 又は利益を与えること. 소화 59년 법률 제86호 전기통신사업법 (전기통신사업자 등의 금지행위) 제27조

데, 금지행위의 개념을 도입하게 된 것은 일본과 우리나라의 경우「독점규제 및 공정거래에 관한 법률」에 따라 공정거래위원회가 공정경쟁과 관련된 사항을 모두 규제하고 있어 통신과 같은 특수 분야의 경우 공정경쟁과 관련된 사항에 대해 사전규제와 사후 규제를 모두 포함하는 공정경쟁 저해가 아닌 사후 규제만인 금지행위의 개념을 통해 규제하도록 한 것에 따른 것으로 이해된다. 그러나 과연 통신 분야 사전규제와 사후 규제 전체가 아닌 사후 규제의 일부만 포함하는 금지행위로 법체계를 구성하여 운영하는 것이 바람직한지에 대한 의문이 들며 통신 분야 공정거래와 이용자 보호를 위한 개별 제재와 처분 등으로 전기통신사업법의 법체계를 구성하여 운영하는 것이 더 바람직하다고 생각한다.

2. 금지행위의 해석 문제

가. 열거주의와 예시주의

전기통신사업법 제50조(금지행위)제1항제1호부터 동법 제50조제1항제11호까지의 조항을 한정적인 열거(列擧)로 볼 것인가 단순한 예시(例示)로 볼 것인가에 대한 해석의 문제가 있는데, 이 법 제50조제1항제1호부터 제50조제1항제11호까지에 해당하는 행위만을 금지행위로 볼 것인지 아니면 같은 법 제50조제1항에 규정된 금지행위 이외에도 금지행위에 해당이 되는 다른 유형의 전기통신사업법 위반행위가 있을 수 있는지에 대한 문제로 이해된다.

의2 전기통신사업자 또는 중개인 등 업무수탁자는 다음의 행위를 하여서는 아니 된다. 1. 이용자에 대해 제26조제1항 각 호의 전기통신역무의 제공에 관한 계약에 관한 사항으로서 이용자의 판단에 영향을 미칠 수 있는 중요한 것들에 대해 고의로 사실을 말하지 아니하거나 허위로 말하는 행위. 2. 제26조제1항 각 호의 전기통신역무의 제공에 관한 계약의 체결을 권유 받은 자(전기통신사업자인 자를 제외한다)가 당해 계약을 체결하지 않는다는 의사(해당 권유를 계속 받기를 희망하지 않는다는 의사를 포함한다)를 표시했음에도 불구하고, 당해 권유를 계속하는 행위(이용자의 이익의 보호에 지장을 일으킬 우려가 없는 것으로 총무성령에서 정하는 것을 제외한다). (제1종 지정 전기통신설비를 설치하는 전기통신사업자 등의 금지행위 등) 제30조3 제1항의 규정에 의하여 지정된 전기통신사업자는 다음 각 호의 행위를 하여서는 아니 된다. 1. 다른 전기통신사업자의 전기통신설비와의 접속업무에 관하여 알게 된 당해 다른 전기통신사업자 및 그 이용자에 대한 정보를 당해 업무의 이용에 제공하는 목적 이외의 목적으로 이용하거나 제공하는 것. 2. 당해 전기통신사업자가 법인인 경우에 그 전기통신업무에 대하여 당해 전기통신사업자의 특정관계법인(제12조의2제4항제1호에 규정하는 특정관계법인을 말한다. 다음 조 제1항에서와 같다)인 전기통신사업자로서 총무대신이 지정하는 것에 대해 부당하게 우선적인 취급을 하거나 이익을 줄 수 있는 것.

전기통신사업법은 이 법 제50조(금지행위)제1항에 따른 금지행위의 유형 및 기준에 관하여 필요한 사항은 대통령령으로 정한다고 규정하고 있으며(전기통신사업법 제50조제3항), 전기통신사업법 시행령은 이 법 제50조제3항에 따른 금지행위의 유형 및 기준은 이 법 시행령 [별표 4]와 같다고 규정하고 있는데(동법 시행령 제42조제1항), 이 법 시행령 [별표 4]인 금지행위의 유형 및 기준은 "금지행위는 다음 각 목의 어느 하나에 해당하는 행위로 한다"라고 규정하고 있으므로 금지행위를 한정적 열거로 해석해야 한다는 다수의 의견과,[325] 전기통신사업법 제50조제1항제5호는 "이용약관(이 법 제28조(이용약관의 신고 등)제1항에 따라 신고한 이용약관만을 말한다)과 다르게 전기통신서비스를 제공하거나 전기통신이용자의 이익을 현저히 해치는 방식으로 전기통신서비스를 제공하는 행위"를 규정하고 있는데 '이용자 이익을 현저히 해치는 방식으로 전기통신서비스를 제공하는 행위'에는 전기통신사업법 제50조제1항제1호부터 제50조제1항제11호까지의 행위유형이 모두 포함되므로 금지행위를 예시적으로 해석해야 한다는 의견이 있다.

나. "부당하게"와 "정당한 사유 없이"의 구분

전기통신사업법 제50조(금지행위)제1항제1호부터 제50조제1항제11호까지의 금지행위 유형 중 "부당하게" 또는 "정당한 사유 없이"의 법률요건을 포함하고 있는 금지행위가 있는 반면에 그렇지 않은 금지행위도 있다. "부당하게" 또는 "정당한 사유 없이"를 어떻게 해석하고 입증책임(立證責任)을 부여할 것인지가 문제가 될 수 있다. "부당하게"와 "정당한 사유 없이"의 구분은 「독점규제 및 공정거래에 관한 법률(약칭: 공정거래법)」에서도 논의가 필요한 사안으로 생각되는데, 공정거래법 시행령의 [별표 1의2]인 불공정거래행위의 유형 및 기준에서도 "부당하게" 또는 "정당한 사유 없이"로 구분하고 있다. 한편, "부당하게"와 "정당한 사유 없이"의 구분 문제를 설명하기 위하여 이해가 필요한 사안으로서 당연위법(當然違法, Illegal Per se)과 합리성의 원칙(Rule of reason) 또는 조리의 원칙이 있는데, 이러한 법리들은 미국의 반독점법(Antitrust law)에서 계수(繼受)된 것으로 이해된다.

당연위법(當然違法, Illegal Per se)과 합리성의 원칙(Rule of reason)은 미국의 반독점법인 셔먼법(Sherman Act)이 너무 포괄적이어서 합리적으로 제한하기 위해 미국 연방대법

325) 서울대학교 공익산업법센터, 정보통신법 연구 Ⅲ - 통신법상 이용자보호 및 공정경쟁을 위한 규제제도의 주요쟁점과 개선방향 -, 경인문화사(2008), pp89~91.

원의 판례[326]로 확립된 것이다.[327] 당연위법(Illegal Per se)은 시장 분할 협정이나 가격의 담합(談合, Cartel)과 같은 상황이 발생하면[328] 그 자체로(Per se) 위법한 것으로 간주(Conclusive presumption)[329]되는 것이나, 합리성의 원칙(Rule of reason)은 당연위법에 해당이 되지 않는 경쟁 사업자들 간의 합의가 있더라도 그 합의로 인한 효과가 경쟁을 제한하는 효과가 있다는 추가적인 입증이 있어야만 위법하다고 할 수 있다는 것이다. 즉 합리성의 원칙은 사건의 개별적 사안마다 시장구조, 합의의 이유, 경쟁제한의 정도 및 기간 등을 고려한다는 것이다.[330]

한편, 당연위법과 합리성의 원칙을 해석할 때 고려해야 할 점은 미국과 우리나라의 소송(訴訟) 구조가 다르다는 점인데, 미국의 경우 당사자주의(當事者主義, Adversary system)에 따라 소송 구조가 구성되어 있으나, 우리나라의 경우 직권주의(職權主義, Inquisitory system)가 가미된 당사자주의에 따라 소송 구조가 구성되어 있다는 점을 고려할 필요가 있다고 생각된다. 미국은 당사자주의에 입각해 있기 때문에 보다 세분(細分)된 엄격한 증거법(Evidence)에 따라 입증책임의 분배가 이루어지고 있으나, 우리나라의 경우 꼭 그렇지만은 않다는 것이며, 또한 미국의 반독점법이 우리나라의 공정거래법에 계수되었을 때 미국의 간주(看做) 조항을 도입하지 못하고 추정(推定) 조항만을 도입한 우리의 경우 추가적인 입증을 요구하지 않는 한 당연위법을 원용하기는 곤란할 것으로 이해된다. 즉, "부당하게"인지 또는 "정당한 사유 없이"인지에 대한 입증책임이 요구되지 않는 당연위법과 달리 입증책임이 요구된다고 하겠다.

우리나라의 경우 판례도 "부당하게"인지 또는 "정당한 사유 없이"인지와 관계없이 입증책임을 요구하고 있으며, 단지 입증책임을 누구에게 분배할 것인가의 문제로 보고 있는 것으로 생각된다. 즉, 법원은 "정당한 사유 없이"의 입증책임을 규제 대상인 피규제자에게[331], "부당하게"의 입증책임을 정부 규제당국에게[332] 부담(負擔)을 시키고 있다

326) Standard Oil Co. v. U.S., 221 U.S. 1(1911).

327) Thomas D Morgan, Modern antitrust law and its origins, WEST(4th Edition), pp184~185.

328) 당연위법(當然違法, *Illegal Per se*)의 사례로는 담합을 통한 가격고정(Price fixing), 시장 분할 협정(Market division), 산출물 제한 협정(Output restriction) 등이 있으며, 이들을 제외한 나머지의 사례는 합리성의 원칙(Rule of reason)에 해당이 된다고 하겠다. 한편, 미국의 경우 당연위법으로 인정되는 범위가 지속적으로 줄어들고 있는 상황으로 이해된다.

329) 간주(看做)는 반대의 증거 제출을 허용하지 않고서 법률이 정한 효력을 당연하게 생기게 하는 것이나, 추정(推定)은 반대의 증거가 제출되면 법률이 정한 효력을 면할 수 있는 것으로 이해된다. 곽윤직, 민법총칙, 박영사(2010), p41.

330) 임영철, 공정거래법 제2판, 법문사(2008), pp225~227.

고 하겠으나, 직권주의가 강하게 가미된 우리나라의 소송구조에서는 법원은 입증책임과 관련이 없어도 적극적으로 사실을 검토하려는 경향이 강하기 때문에[333], 실무적으로도 규제대상인 피규제자와 정부 규제당국 모두 자신에게 유리한 증거를 모두 갖추는 것이 바람직하고 실제로도 그러한 것으로 이해된다.[334]

3. 금지행위의 적용 대상 등

가. 금지행위의 적용 대상

전기통신사업법은 전기통신사업자(이 법 제50조(금지행위)제1항제9호부터 제11호까지의 경우에는 앱 마켓사업자로 한정한다)는 공정한 경쟁 또는 이용자의 이익을 해치거나 해칠 우려가 있는 다음, 1. 설비등의 제공 · 공동활용 · 공동이용 · 상호접속 · 공동사용 · 도매제공 또는 정보의 제공 등에 관하여 불합리하거나 차별적인 조건 또는 제한을 부당하게 부과하는 행위, 2. 설비등의 제공 · 공동활용 · 공동이용 · 상호접속 · 공동사용 · 도매제공 또는 정보의 제공 등에 관하여 협정 체결을 부당하게 거부하거나 체결된 협정을 정당한 사유 없이 이행하지 아니하는 행위, 3. 설비등의 제공 · 공동활용 · 공동이용 · 상호접속 · 공동사용 · 도매제공 또는 정보의 제공 등으로 알게 된 다른 전기통신사업자의 정보 등을 자신의 영업활동에 부당하게 유용하는 행위, 4. 비용이나 수익을 부당하게 분류하여 전기통신서비스(전기통신서비스를 다른 전기통신서비스, 「방송법」 제2조(정의)제1호에 따른 방송 또는 「인터넷 멀티미디어 방송사업법」 제2조(정의)제1호에 따른 인터넷 멀티미디어 방송의 전부 또는 일부와 묶어서 판매하는 결합판매서비스를 포함한다)의 이용요금이나 설비등의 제공 · 공동활용 · 공동이용 · 상호접속 · 공동사용 · 도매제공 또는 정보의 제공 등의 대가 등을 산정하는 행위, 5. 이용약관(이 법 제28조(이용약관의 신고 등)제1항에 따라 신고한 이용약관만을 말한다)과 다르게 전기통신서비스를 제공하거나 전기통신

331) 대법원 2001. 12. 11. 선고 2000두833 판결.

332) 서울고등법원 2002. 10. 10. 선고 2001누16073 판결.

333) 정부 규제당국은 실무적으로 "부당하게"와 "정당한 사유 없이"를 모두 입증하려는 경향(傾向)을 보이고 있으며, 방송미디어통신위원회도 실무적으로 "부당하게"와 "정당한 사유 없이"를 모두 입증하려는 것으로 이해된다.

334) 이호영, 독점규제법, 홍문사(2010), pp248~249.

이용자의 이익을 현저히 해치는 방식으로 전기통신서비스를 제공하는 행위, 5의2. 전기통신사업자(이동통신사업자의 계열회사를 포함한다), 대리점 또는 판매점이 이용자에게 전기통신서비스의 이용요금, 약정 조건, 요금할인 등의 중요한 사항을 설명 또는 고지하지 아니하거나 거짓으로 설명 또는 고지하는 행위, 5의3. 「집합건물의 소유 및 관리에 관한 법률」을 적용받는 건물 등 다수가 공동으로 사용하는 건물의 소유자 등 건물관리주체와 전기통신서비스 이용계약[같은 법 제2조(정의)제3호에 따른 전유부분 등을 점유하는 자(이하 이 조에서 "점유자"라 한다)에게 전기통신서비스를 제공하려는 목적으로 체결하는 계약을 말한다]을 체결하면서 점유자에게 특정 전기통신서비스만 이용하도록 강제하는 행위(이 경우 건물의 세부유형과 건물관리주체의 범위 등에 대한 기준은 방송미디어통신위원회가 정하여 고시한다[335]), 6. 설비등의 제공 · 공동활용 · 공동이용 · 상호접속 · 공동사용 · 도매제공 또는 정보 제공의 대가를 공급비용에 비하여 부당하게 높게 결정 · 유지하는 행위, 7. 이동통신서비스를 이용하여 디지털콘텐츠를 제공하기 위한 거래에서 적정한 수익배분을 거부하거나 제한하는 행위, 8. 이동통신단말장치의 기능을 구현하는 데 필수적이지 아니한 소프트웨어의 삭제 또는 삭제에 준하는 조치를 부당하게 제한하는 행위 및 다른 소프트웨어의 설치를 부당하게 제한하는 소프트웨어를 설치 · 운용하거나 이를 제안하는 행위, 9. 앱 마켓사업자가 모바일콘텐츠 등의 거래를 중개할 때 자기의 거래상의 지위를 부당하게 이용하여 모바일콘텐츠 등 제공사업자에게 특정한 결제방식을 강제하는 행위, 10. 앱 마켓사업자가 모바일콘텐츠 등의 심사를 부당하게 지연하는 행위, 11. 앱 마켓사업자가 앱 마켓에서 모바일콘텐츠 등을 부당하게 삭제하는 행위의 어느 하나에 해당하는 행위(이하 "금지행위"라 한다)를 하거나 다른 전기통신사업자 또는 제3자로 하여금 금지행위를 하도록 하여서는 아니 된다고 규정하고 있다(전기통신사업법 제50조제1항).

335) 「전기통신사업법」 제50조(금지행위)제1항제5호의3에 따라 다수가 공동으로 사용하는 건물의 소유자 등 건물관리주체와 전기통신서비스 이용계약(이하 '이용계약'이라 한다)을 체결하면서 점유자에게 특정 전기통신서비스만 이용하도록 강제하는 행위를 금지하기 위해 다수가 공동으로 사용하는 건물의 세부유형과 건물관리주체의 범위 등에 대한 세부기준을 정함을 목적으로 「집합건물 등의 전기통신서비스 독점계약 금지 세부기준(방송미디어통신위원회 고시 제2025-1호, 2025. 2. 24.)」이 제정 · 시행되고 있다.

나. 대리점과 판매점 등에 대한 전기통신사업자 행위 의제

전기통신사업법은 대리점, 판매점 또는 그 밖에 전기통신사업자와의 협정에 따라 전기통신사업자와 이용자 간의 계약 체결(체결된 계약 내용을 변경하는 것을 포함한다) 등을 대리하는 자가 이 법 제50조(금지행위)제1항제5호 및 제5호의2의 행위를 한 경우에 그 행위에 대하여 동법 제52조(금지행위에 대한 조치)제1항과 제53조(금지행위 등에 대한 과징금의 부과)를 적용할 때에는 전기통신사업자가 그 행위를 한 것으로 보나, 다만, 전기통신사업자가 그 행위를 방지하기 위하여 상당한 주의를 한 경우에는 그러하지 아니하다고 규정하고 있는데(전기통신사업법 제50조제2항), 과거 전기통신사업법 제50조(금지행위)에 따른 적용 대상과 관련하여 논란이 되었던 사안 중 하나가 이동통신서비스 판매 대리점과 판매점에 대한 전기통신사업법의 금지행위의 적용 여부였는데, 이동통신서비스 판매 대리점과 판매점에 대한 전기통신사업법의 금지행위의 적용 문제는 「이동통신단말장치 유통구조 개선에 관한 법률(약칭: 단말기유통법)」의 입법을 통해 해소되었고, 2025년 7월 단말기유통법의 폐지와 관련 조항들의 전기통신사업법 이관으로 전기통신사업법 제50조(금지행위)제2항을 통해 대리점과 판매점 등에 대한 전기통신사업자 행위 의제(擬制)가 가능하게 된 것으로 이해된다. 한편, 대리점과 판매점에 대한 사안은 앞에서 설명한 바와 같다.

4. 금지행위의 유형과 기준

전기통신사업법은 이 법 제50조(금지행위)제1항에 따른 금지행위의 유형 및 기준에 관하여 필요한 사항은 대통령령으로 정한다고 규정하고 있으며(전기통신사업법 제50조제3항), 전기통신사업법 시행령은 이 법 제50조제3항에 따른 금지행위의 유형 및 기준은 이 법 시행령 [별표 4]와 같다고 규정하고 있다(동법 시행령 제42조제1항). 한편, 전기통신사업법 시행령은 방송미디어통신위원회는 특정 전기통신 분야 또는 특정 금지행위에 적용하기 위하여 필요하다고 인정하는 경우에는 이 법 시행령 제42조(금지행위의 유형 및 기준)제1항에 따른 금지행위의 유형 및 기준에 대한 세부기준을 정하여 고시할 수 있다고 규정하고 있는데(동법 시행령 제42조제2항), 동 사안과 관련하여 결합판매의 금지행위 세부 유형 및 심사기준(방송미디어통신위원회 고시 제2022-13호, 2022. 7. 5.)이 제정 · 시행되고 있다.

가. 불합리하거나 차별적인 조건 또는 제한을 부당하게 부과하는 행위

전기통신사업법 제50조(금지행위)제1항제1호에 따른 금지행위는 다음, (1) 설비등의 제공, 가입자선로의 공동활용, 무선통신시설의 공동이용, 전기통신서비스의 도매제공, 상호접속 또는 전기통신설비의 공동사용 등이나 정보의 제공 등(이하 "상호접속등"이라 한다)의 범위와 조건 · 절차 · 방법 및 대가의 산정 등에 관하여 같거나 유사한 역무를 제공하는 전기통신사업자 간에 불합리하거나 차별적인 조건 또는 제한을 부당하게 부과하는 행위, (2) 기간통신사업자가 전기통신서비스의 제공과 관련하여 부가통신사업자에게 전기통신설비의 임차 및 접속 등에 관하여 불합리하거나 차별적인 조건 또는 제한을 부당하게 부과하는 행위, (3) 상호접속등의 범위와 조건 · 절차 · 방법 및 대가의 산정 등에 관하여 같은 법 제10조(기간통신사업자의 주식 취득 등에 관한 공익성심사)제1항제1호에 따른 특수관계인(이하 "특수관계인"이라 한다)에게 불합리하거나 차별적인 조건 또는 제한을 부당하게 부과하는 행위의 어느 하나에 해당하는 행위로 한다.

나. 협정 체결을 부당하게 거부하는 행위 등

전기통신사업법 제50조(금지행위)제1항제2호에 따른 금지행위는 다음, (1) 상호접속등에 관한 협정 체결을 위한 협의, 협정의 체결 또는 체결된 협정의 변경 등에 대하여 같은 법 제35조(설비등의 제공)제3항 · 제36조(가입자선로의 공동활용)제2항 · 제37조(무선통신시설의 공동이용)제3항 · 제38조의2(도매제공의무서비스의 지정 등)제3항 · 제39조(상호접속)제2항 · 제41조(전기통신설비의 공동사용 등)제2항 · 제42조(정보의 제공)제2항에 따라 과학기술정보통신부장관이 고시하는 기준을 초과하여 부당하게 지연하거나 거부하는 행위 또는 같은 법 제35조제2항 · 제36조제1항 · 제37조제2항 · 제38조의2제1항 · 제39조제3항 · 제41조제3항 · 제42조제3항에 해당하는 기간통신사업자가 정당한 사유 없이 지연하거나 거부하는 행위, (2) 상호접속등에 관하여 체결된 협정을 정당한 사유 없이 이행하지 않거나 지연하는 행위, (3) 삭제의 어느 하나에 해당하는 행위로 한다.

다. 정보 등을 부당하게 유용하는 행위

전기통신사업법 제50조(금지행위)제1항제3호에 따른 금지행위는 상호접속등에 의하여 알게 된 다른 전기통신사업자의 전기통신기술, 회계 및 영업 관련 정보와 이용자의 이용실적 등 이용자 관련 정보 등을 직접 또는 제3자에게 제공하여 자신의 영업활동에 부당하게 유용하는 행위로 한다.

라. 이용요금(국제전기통신서비스의 이용요금을 포함한다) 등을 부당하게 산정하는 행위

전기통신사업법 제50조(금지행위)제1항제4호에 따른 금지행위는 다음, (1) 이 법 제49조(회계 정리)에 따른 회계 정리에 관한 사항 등에 어긋나는 방법으로 회계를 정리하거나 비용 · 수익을 부당하게 분류하여 전기통신서비스의 이용요금이나 상호접속등의 대가를 산정하는 행위, (2) 일정한 서비스의 비용이나 수익을 다른 서비스의 비용이나 수익으로 분류하는 것과 관련하여 다음, 1) 일정한 전기통신서비스의 비용이나 수익을 부당하게 다른 전기통신서비스의 비용이나 수익으로 분류하여 전기통신서비스의 이용요금이나 상호접속등의 대가를 산정하는 행위와, 2) 결합판매하면서 전기통신서비스의 비용이나 수익을 부당하게 다른 서비스의 비용이나 수익으로 분류하거나, 다른 서비스의 비용이나 수익을 부당하게 전기통신서비스의 비용이나 수익으로 분류하여 전기통신서비스의 이용요금(전기통신서비스와 다른 서비스의 이용요금의 구분이 불분명한 경우에는 결합판매서비스의 요금을 말한다)이나 상호접속등의 대가를 산정하는 행위의 어느 하나에 해당하는 행위, (3) 전기통신서비스 또는 결합판매서비스와 관련하여 계약관계 등을 갖고 있는 제3자에게 수수료 및 결제 조건 등의 거래 조건을 부당하게 제공하는 방식으로 비용이나 수익을 분류하여 전기통신서비스의 이용요금이나 상호접속등의 대가를 산정하는 행위, (4) 삭제의 어느 하나에 해당하는 행위로 한다.

마. 이용자의 이익을 해치는 전기통신서비스의 제공 행위

전기통신사업법 제50조(금지행위)제1항제5호 중 전기통신이용자의 이익을 현저히 해치는 방식으로 전기통신서비스를 제공하는 행위는 다음, (1) “부당한 요금청구”와 관련한 다음, 1) 이용계약과 다른 내용으로 요금을 청구하는 행위와, 2) 요금 관련 프로그램의 조작 등을 통하여 이용자가 부담해야 하는 요금과 다르게 요금을 청구하는 행위의 어느 하나에 해당하는 행위, (2) “이용계약의 체결, 해지 또는 전기통신서비스의 이용”과 관련한 다음, 1) 이용자(명의가 도용되는 등 본인의 의사에 반하여 전기통신사업자의 이용자로 처리되는 자를 포함한다)의 가입의사를 확인하지 않고 이용계약을 체결하는 행위, 2) 전기통신서비스의 추가적인 이용에 대하여 가입자의 의사를 확인하는 절차를 거치지 않고 이용계약을 체결하는 행위, 3) 법령이나 이용약관에서 정한 절차를 위반하여 이용계약을 체결하는 행위, 4) 정당한 사유 없이 이용계약의 해지를 거부 · 지연하거나 제한하는 행위, 5) 정당한 사유 없이 전기통신서비스의 가입 · 이용을 제한 또는 중단하는 행위, 6) 이용자의 전기통신서비스 신청 후 개통이 이루어지기 전까지 전기통신서비스의 신청 철회를 정당한 사유 없이 거부하거나 제한하는 행위, 7) 전기통신사업자가 정당한 사유 없이 타인의 명의로 개통하여 전기통신서비스를 제공하는 행위, 8) 정당한 사유 없이 이용계약에 관한 중요사항을 변경하거나 이용계약을 해지하는 행위, 9) 같은 법 제36조(가입자선로의 공동활용)에 따른 가입자선로가 설치되지 않거나 전기통신서비스 품질이 현저히 저하되는 지역으로의 이사 등 이용자의 귀책사유가 없는 경우 이용계약 해지 시 정당한 사유 없이 전기통신서비스의 위약금을 부과하는 행위, 10) 정당한 사유 없이 과도한 위약금을 제안 · 부과하거나 추가조건 등을 제안하는 등 이용자의 해지권을 제한하는 행위, 11) 이용자가 본인의 전기통신서비스 이용 조건 및 이용 내역 등을 확인하기 위하여 관련 자료를 요청하는 경우 정당한 사유 없이 이를 거부하는 행위의 어느 하나에 해당하는 행위, (3) 삭제, (4) “이용자[명의가 도용(盜用)되는 등 본인의 의사에 반하여 전기통신사업자의 이용자로 처리되고 있는 자를 포함한다]의 요금 연체”와 관련한 다음, 1) 「신용정보의 이용 및 보호에 관한 법률」 제15조(수집 및 처리의 원칙)에 따른 신용정보회사등 관계 기관에 이용자의 요금 연체정보를 제공하기 전에 이용자에게 요금연체 사실을 정당한 사유 없이 통지하지 않는 행위, 2) 요금 연체정보 제공과 관련된 자료를 요금 연체정보 제공일부터 1년이 지난 날 또는 요금 연체정보 제공 사유의 해소 사실을 신용정보집중기관 등 관계 기관에 통보한 날까지 보관하지 않는 행위, 3) 연체요금의 납부 등 요금체납의 원인이 소멸된 후 지체 없이 그 사실을 요금 연체정보를 제공한 기관에 통보하지 않는 행위의 어느 하나에 해당하는 행위, (5) "부당한 이용자 차별"과 관련한 다음, 1) 전기통신서비스 또는 결합판매서비스의 요금, 번호, 전기통신설비 또는 그 밖의 경제적 이익 등을 다른 이용자에 비하여 부당하게 차별적으로 제공하거나 이를 제안하는 행위, 2) 장기이용 또는 다량이용 계약 체결자에게 부당하게 차별적인 조건으로 전기통신서비스를 제공하는 행위, 3) 다른 전기통신사업자로부터 가입을 전환한 이용자 또는 다른 전기통신사업자로 가입을 전환하지 않기로 한 이용자에게 부당하게 차별적인 조건으로 전기통신서비스를 제공하는 행위, 4) 협정 등에 따라 이용자와의 계약 체결 등을 대리 또는 위탁받아 처리하는 자에게 정상적인 상거래 관행에 비추어 수수료 등 경제적 이익을 부당하거나 과도하게 제공하여 이용자의 차별을 유도하는 행위의 어느 하나에 해당하는 행위, (6) "결합판매"하여 특정 구성상품의 과도한 할인 등 이용자의 이익을 해치거나 해칠 우려가 있는 행위(이 경우 이용자의 이익을 해치거나 해칠 우려가 있는지를 판단할 때에는 결합판매로 인한 비용절감, 이용자 편익 증대효과 및 시장지배력 전이(轉移) 등 공정경쟁 저해효과를 고려하여야 한다), (7) "다른 전기통신서비스의 선택 또는 이용의 방해"와 관련한 다음, 1) 이용자의 자유로운 선택을 제한하는 전기통신설비를 설치 · 운용하거나 이를 제안하는 행위, 2) 기간통신사업자가 제3자에게 구내(構內)에 설치된 전기통신설비의 이용을 강요하는 행위, 3) 삭제, 4) 일정한 전기통신서비스를 이용하여 다른 서비스를 제공하려는 자에게 불합리하거나 차별적인 조건 또는 제한을 부당하게 부과하는 행위(이 경우 부당한 행위에 대한 세부기준은 방송미디어통신위원회가 정하여 고시한다), 5) 부당하게 광고와 광고가 아닌 정보를 명확하게 구분하지 않고 제공함으로써 이용자를 오인하게 하는 행위(다만, 「표시 · 광고의 공정화에 관한 법률」 제3조(부당한 표시 · 광고 행위의 금지)제1항제1호 · 제2호에 해당하는 행위 및 「신문 등의 진흥에 관한 법률」 제6조(독자의 권리보호)제3항에 해당하는 행위는 제외한다), 6) 광고를 배포 · 게시 · 전송하면서 부당하게 광고가 아닌 다른 정보를 가리는 광고의 삭제를 제한하는 행위의 어느 하나에 해당하는 행위, (8) 삭제의 어느 하나에 해당하는 행위로 한다.

바. 이용자에게 중요한 사항을 설명 또는 고지하지 않거나 거짓으로 설명 또는 고지하는 행위

전기통신사업법 제50조(금지행위)제1항제5호의2에 따른 금지행위는 다음, (1) 이용자를 모집하기 위하여 약정 조건 및 서비스 내용 등에 관한 중요한 사항을 거짓으로 또는 과장하여 설명 또는 고지하는 행위, ⑵ 이용계약을 체결할 때 사업자명, 이용요금, 지원금, 요금할인, 경품, 할부수수료, 보험료, 약정기간, 위약금, 손해배상, 결합판매 구성상품의 전체 · 개별 할인율 등의 약정 조건, 서비스 개시 전의 신청 철회권 행사방법 등 중요한 사항을 설명 또는 고지하지 않거나 거짓으로 설명 또는 고지하는 행위, ⑶ 이용계약을 체결한 경우 계약 체결 사실, 서비스 개시일 등을 고지하지 않는 행위, ⑷ 약정기간 중에 이용자의 요청에도 불구하고 이용자에게 서비스 및 이용계약 해지 등에 관한 중요한 사항을 설명 또는 고지하지 않거나 거짓으로 설명 또는 고지하는 행위, ⑸ 약정기간 중에 전기통신사업자가 전기통신서비스의 이용조건을 변경하려는 경우 이용자에게 이용조건의 변경 사항을 사전에 설명 또는 고지하지 않는 행위, ⑹ 약정기간 만료에 따라 이용계약이 자동으로 연장되는 경우 이용자에게 약정기간 만료일, 약정기간 만료 후의 이용요금 및 이용조건, 이용계약이 자동으로 연장된 이후에 이용요금 할인 등 혜택을 받을 수 있는지 여부, 해지(결합판매 구성상품의 일부 해지를 포함한다) 시 위약금이 부과되지 않는 사실 등을 사전에 설명 또는 고지하지 않는 행위, ⑺ 이용계약 해지 시 이용자에게 이용계약의 해지 접수 및 계약 해지 완료 사실 등을 설명 또는 고지하지 않는 행위의 어느 하나에 해당하는 행위로 한다.

사. 부당하게 높은 이용대가를 결정 · 유지하는 행위

전기통신사업법 제50조(금지행위)제1항제6호에 따른 금지행위는 상호접속등을 제공하는 사업자가 같거나 유사한 전기통신서비스의 공급원가, 요금 및 이 법 제38조의2(도매제공의무서비스의 지정 등)제3항에 따른 도매제공의무서비스의 제공비용, 소매요금, 도매제공량 및 같은 법 제38조의2제4항제1호에 따른 회피가능비용 등에 비추어 상호접속등의 이용대가를 높게 결정하거나 유지하는 행위로 하는데, 이 경우 상호접속등을 제공하는 사업자의 효율성, 기술발전 추세 및 시장경쟁 상황 등을 고려할 수 있다.

아. 적정한 수익배분을 거부하거나 제한하는 행위

전기통신사업법 제50조(금지행위)제1항제7호에 따른 금지행위는 다음, ⑴ 「전파법」에 따라 할당받은 주파수를 사용하는 전기통신역무를 이용하여 디지털콘텐츠를 제공하기 위한 거래(이하 "무선인터넷 콘텐츠 거래"라 한다)에서 콘텐츠 제공사업자에게 계약 내용과 다르게 수익배분을 거부하거나 제한하는 행위(다만, 전기통신사업자가 공정한 경쟁 또는 이용자의 이익을 해치거나 해칠 우려가 없음을 입증한 경우에는 금지행위에서 제외한다)와, (2) 무선인터넷 콘텐츠 거래에서 이루어지는 다음, 1) 콘텐츠 제공사업자에게 같거나 유사한 콘텐츠의 일반적인 시장 거래가격에 비추어 부당하게 낮거나 특수관계인에게 부당하게 높은 수익을 배분하는 행위와, 2) 과금 · 수납대행 수수료, 공동마케팅 비용분담, 무상 제공, 독점 제공 등 수익배분 관련 거래 조건을 부당하게 설정 · 변경함으로써 수익배분을 거부하거나 제한하는 행위의 어느 하나에 해당하는 행위의 어느 하나에 해당하는 행위로 한다.

자. 앱 마켓사업자가 거래상의 지위를 부당하게 이용하여 모바일콘텐츠등제공사업자에게 특정한 결제방식을 강제하는 행위

전기통신사업법 제50조(금지행위)제1항제9호에 따른 금지행위는 앱 마켓사업자가 거래상의 지위를 부당하게 이용한 다음, (1) 특정한 결제방식 외 다른 결제방식을 사용하는 모바일콘텐츠등제공사업자의 모바일콘텐츠 등의 등록 · 갱신 · 점검 등을 거부 · 지연 · 제한하거나 삭제 · 차단하여 특정한 결제방식을 강제하는 행위, (2) 특정한 결제방식 외 다른 결제방식을 사용하는 모바일콘텐츠등제공사업자의 앱마켓 이용을 거부 · 지연 · 정지 · 제한하여 특정한 결제방식을 강제하는 행위, (3) 특정한 결제방식 외 다른 결제방식을 사용하는 것을 기술적으로 제한하여 특정한 결제방식을 강제하는 행위, (4) 특정한 결제방식에 접근 · 사용하는 절차에 비하여 다른 결제방식에 접근 · 사용하는 절차를 어렵게 하거나 불편하게 하여 특정한 결제방식을 강제하는 행위, (5) 모바일콘텐츠등제공사업자가 결제방식에 따라 모바일콘텐츠 등의 이용조건을 합리적인 범위 내에서 다르게 설정하는 것을 제한하여 특정한 결제방식을 강제하는 행위, (6) 특정한 결제방식 외 다른 결제방식을 사용하는 모바일콘텐츠등제공사업자에게 앱마켓 노출, 검색, 광고, 데이터 처리, 수수료나 그 밖의 경제적 이익 등에 관하여 불합리하거나 차별적인 조건이나 제한을 부과하여 특정한 결제방식을 강제하는 행위의 어느 하나에 해당하는 행위로 하는데, 이 경우 부당한 행위에 대한 세부기준은 방송미디어통신위원회가 정하여 고시한다.

차. 앱 마켓사업자가 모바일콘텐츠 등의 심사를 부당하게 지연하는 행위

전기통신사업법 제50조(금지행위)제1항제10호에 따른 금지행위는 앱 마켓사업자가 앱 마켓 운영 과정에서 모바일콘텐츠 등의 등록 · 갱신 · 점검 등에 관한 심사를 부당하게 지연하는 행위로 하는데, 이 경우 부당한 행위에 대한 세부기준은 방송미디어통신위원회가 정하여 고시한다.

카. 앱 마켓사업자가 모바일콘텐츠 등을 부당하게 삭제하는 행위

전기통신사업법 제50조(금지행위)제1항제11호에 따른 금지행위는 앱 마켓사업자가 정당한 사유나 사전 고지 등이 없이 앱마켓 운영 과정에서 모바일콘텐츠 등을 부당하게 삭제하는 행위로 하는데, 이 경우 부당한 행위에 대한 세부기준은 방송미디어통신위원회가 정하여 고시한다.

5. 금지행위의 신고 등

전기통신사업법 시행령은 누구든지 이 법 제50조(금지행위)제1항에 따른 금지행위(이하 "금지행위"라 한다)가 있다고 인정되는 경우에는 방송미디어통신위원회에 그 사실을 신고하고 같은 법 제52조(금지행위에 대한 조치)제1항 각 호의 어느 하나에 해당하는 조치를 하여 줄 것을 요청할 수 있다고 규정하고 있으며(전기통신사업법 시행령 제41조1제1항), 이 법 시행령 제41조(금지행위의 신고 등)제1항에 따른 신고를 하려는 자는 다음, 1. 신고인의 성명(법인인 경우에는 법인의 명칭 및 대표자의 성명) 및 주소, 2. 피신고인의 상호 또는 명칭(법인인 경우에는 대표자의 성명) 및 주소, 3. 금지행위의 내용, 4. 금지행위의 시정을 위하여 필요한 조치 사항의 사항을 적은 서류를 방송미디어통신위원회에 제출하여야 한다고 규정하고 있다(동법 시행령 제41조제2항).

한편, 전기통신사업법 시행령은 방송미디어통신위원회는 이 법 시행령 제41조제2항에 따라 제출된 신고서류의 보완이 필요하다고 인정되는 경우에는 적절한 기간을 정하여 그 보완을 요구할 수 있다고 규정하고 있으며(동법 시행령 제41조제3항), 이 법 시행령

제41조제1항부터 제3항까지의 규정에 따른 신고 및 서류 보완 등 금지행위 위반행위에 대한 처리의 절차 및 방법 등에 관하여 필요한 세부 사항은 방송미디어통신위원회가 정하여 고시한다고 규정하고 있는데(동법 시행령 제41조제4항), 동 사안과 관련하여 방송통신사업 금지행위 등에 대한 업무 처리 규정(방송미디어통신위원회 고시 제2021-4호, 2021. 5. 26.)이 제정 · 시행되고 있다.

6. 금지행위에 대한 조치 등

가. 금지행위에 대한 조치의 내용

전기통신사업법은 방송미디어통신위원회는 이 법 제50조(금지행위)제1항을 위반한 행위가 있다고 인정하면 전기통신사업자에게 다음, 1. 전기통신역무 제공조직의 분리, 2. 전기통신역무에 대한 내부 회계규정 등의 변경, 3. 전기통신역무에 관한 정보의 공개, 4. 전기통신사업자 간 협정의 체결 · 이행 또는 내용의 변경, 5. 전기통신사업자의 이용약관 및 정관의 변경, 6. 금지행위의 중지, 7. 금지행위로 인하여 시정조치를 명령받은 사실의 공표, 8. 금지행위의 원인이 된 전기통신설비의 수거 등 금지행위로 인한 위법 사항의 원상회복에 필요한 조치, 9. 전기통신역무에 관한 업무 처리절차의 개선, 10. 이용자의 신규 모집 금지(금지기간을 3개월 이내로 하되, 이 법 제52조(금지행위에 대한 조치)제1항제1호부터 제9호까지의 조치에도 불구하고 같은 위반행위가 3회 이상 반복되거나 그 조치만으로는 이용자의 피해를 방지하기가 현저히 곤란하다고 판단되는 경우로 한정한다), 11. 이 법 제52조(금지행위에 대한 조치)제1항제1호부터 제10호까지의 조치를 위하여 필요한 사항으로서 대통령령으로 정하는 사항의 조치를 명할 수 있으나 다만, 이 법 제52조제1항제1호부터 제5호까지, 같은 법 제52조제1항제8호 및 제9호의 조치를 명하는 경우에는 과학기술정보통신부장관의 의견을 들어야 한다고 규정하고 있는데(전기통신사업법 시행령 제52조제1항), 전기통신사업법 시행령은 이 법 제52조(금지행위에 대한 조치)제1항제11호에서 "대통령령으로 정하는 사항"이란 다음, 1. 이 법 제52조제1항제1호부터 제10호까지의 조치를 이행하기 위한 "이행계획서의 제출", 2. 동법 법 제52조제1항제1호부터 제10호까지의 "조치에 대한 이행 결과의 보고", 3. 동법 제52조제1항제8호의 조치에 필요한 "관련 자료의 보존 및 이용자 피해 사실의 통지"의 사항을 말한다고 규정하고 있다(동법 시행령 제44조).

나. 금지행위에 대한 조치의 절차와 이행 등

전기통신사업법은 방송미디어통신위원회는 이 법 제52조(금지행위에 대한 조치)제1항에 따른 조치를 명하기 전에 그 조치의 내용을 당사자에게 알리고 기간을 정하여 의견을 진술할 기회를 주어야 하며, 필요하다고 인정하면 이해관계인 또는 참고인에 대한 출석 요구 및 의견 청취와 감정인에 대한 감정 요구를 할 수 있으나, 다만, 당사자가 정당한 사유 없이 이에 따르지 아니하는 경우에는 그러하지 아니하다고 규정하고 있으며(전기통신사업법 제52조제3항), 전기통신사업자는 이 법 제52조제1항에 따른 방송미디어통신위원회의 명령을 대통령령으로[336] 정한 기간에 이행하여야 하나, 다만, 방송미디어통신위원회는 천재지변이나 그 밖의 부득이한 사유로 전기통신사업자가 그 기간에 명령을 이행할 수 없다고 인정하는 경우에는 한 번만 그 기간을 연장할 수 있다고 규정하고 있다(동법 제52조제2항). 한편, 전기통신사업법은 방송미디어통신위원회는 이 법 제52조제1항부터 제3항까지의 규정에 따른 조치를 명한 때에는 그 사실을 과학기술정보통신부장관에게 통보하여야 한다고 규정하고 있다(동법 제52조제4항).

다. 금지행위에 대한 조치 위반의 사업 일부 정지 명령 등

전기통신사업법은 과학기술정보통신부장관은 이 법 제52조(금지행위에 대한 조치)제1항에 따른 명령을 정당한 사유 없이 같은 법 제52조제2항에 따라 정해진 기간 내에 이행하지 아니한 전기통신사업자에 대하여 사업의 일부 정지를 명할 수 있다고 규정하고 있으며(전기통신사업법 제52조제5항), 이 법 제52조제5항에 따른 처분의 기준, 절차, 그 밖에 필요한 사항은 대통령령으로 정한다고 규정하고 있는데(동법 제52조제6항), 전기통신사업법 시행령은 이 법 제52조제5항에 따른 사업의 일부 정지 명령의 기준은 이 법 시행령 [별표 5의2]와 같다고 규정하고 있으며(동법 시행령 제45조의2제1항), 방송미디어통신위원회가 법 제52조제5항에 따른 사업의 일부 정지 명령을 한 경우에는 그 사실을 지체 없이 해당 전기통신사업자에게 서면으로 알려야 하며, 해당 사실을 고시하여야 한다고 규

336) 전기통신사업법 시행령은 이 법 제52조(금지행위에 대한 조치)제2항에 따라 전기통신사업자가 방송미디어통신위원회의 시정조치명령을 이행하여야 하는 기간은 이 법 시행령 [별표 5]와 같다고 규정하고 있다(전기통신사업법 시행령 제45조).

정하고 있다(동법 시행령 제45조의2제2항).

한편, 전기통신사업법은 과학기술정보통신부장관은 이 법 제52조제5항에 따라 기간통신사업자에게 사업의 일부 정지를 명하는 경우 같은 법 제19조(사업의 휴업 · 폐업)제2항에 따른 이용자 보호에 필요한 조치를 명할 수 있다고 규정하고 있으며(동법 제52조제7항), 방송미디어통신위원회는 이 법 제50조(금지행위)제1항을 위반한 행위가 끝난 날부터 5년이 지나면 해당 행위에 대하여 같은 법 제52조(금지행위에 대한 조치)제1항에 따른 조치나 제53조(금지행위 등에 대한 과징금의 부과)에 따른 과징금 부과처분을 하지 아니하나, 다만, 이미 끝난 조치 또는 과징금의 부과가 법원의 판결에 따라 취소된 경우로서 그 판결이유에 따라 새로운 처분을 하는 경우에는 그러하지 아니하다고 규정하고 있다(동법 제52조제8항).[337)]

제2절 사실조사 등

〈전기통신사업법〉 제51조(사실조사 등) ① 방송미디어통신위원회는 신고나 인지에 의하여 제32조의13제8항에 따른 권고를 이행하지 아니하거나 제32조의12제1항, 제32조의13제2항 · 제3항 · 제5항, 제32조의14제1항 · 제3항 · 제5항, 제32조의15제2항 · 제3항 또는 제50조제1항을 위반한 행위가 있다고 인정하면 소속 공무원에게 이를 확인하기 위하여 필요한 조사를 하게 할 수 있다.

1. 사실조사의 의의

전기통신사업법은 방송미디어통신위원회는 신고나 인지에 의하여 이 법 제32조의13(공정한 유통 환경 조성)제8항에 따른 권고를 이행하지 아니하거나 같은 법 제32조의12

337) 전기통신사업법 제52조(금지행위에 대한 조치)제8항은 형법(刑法)의 공소시효와 유사한 기능을 갖는 것으로 이해되며 금지행위가 종료(終了)된 시점의 기산(起算)과 관련하여, 금지행위가 종료되더라도 금지행위로 인해 위법한 행위의 효과가 지속되고 있는 경우에는 위법한 효과가 종료된 시점을 금지행위가 종료된 시점으로 기산을 해야 할 것으로 해석된다.

(지원금의 차별 지급 금지)제1항, 제32조의13제2항 · 제3항 · 제5항, 동법 제32조의14(판매점 선임에 대한 승낙 등)제1항 · 제3항 · 제5항, 동법 제32조의15(이동통신단말장치 구입비용 구분 고지 등)제2항 · 제3항 또는 동법 제50조(금지행위)제1항을 위반한 행위가 있다고 인정하면 소속 공무원에게 이를 확인하기 위하여 필요한 조사를 하게 할 수 있다고 규정하고 있는데(전기통신사업법 제51조제1항), 전기통신사업법 제51조(사실조사 등)에 따른 사실조사의 착수는 인지(認知)를 통한 직권(職權)에 의한 조사의 착수가 원칙이나, 다만, 행정력의 한계를 보완하기 위해 보충적으로 신고(申告)에 의한 조사의 착수가 인정된다. 그러나 현실에서는 행정력의 한계로 인하여 신고(申告)에 의한 조사의 착수가 보편적인 것으로 생각된다. 사실조사를 통해 전기통신사업 위반에 대한 제재가 이루어지는데 실무적으로는 사실조사 이전에 실태 점검을 하는 것이 통상적이며, 실태 점검은 수사(搜査) 이전 단계인 내사(內查)에 사실조사는 수사(搜査)에 비유되는 것으로 이해된다.

2. 사실조사의 주요 내용

가. 사실조사의 대상

전기통신사업법은 방송미디어통신위원회는 신고나 인지에 의하여 이 법 제32조의13(공정한 유통 환경 조성)제8항에 따른 권고를 이행하지 아니하거나 같은 법 제32조의12(지원금의 차별 지급 금지)제1항, 제32조의13제2항 · 제3항 · 제5항, 동법 제32조의14(판매점 선임에 대한 승낙 등)제1항 · 제3항 · 제5항, 동법 제32조의15(이동통신단말장치 구입비용 구분 고지 등)제2항 · 제3항 또는 동법 제50조(금지행위)제1항을 위반한 행위가 있다고 인정하면 소속 공무원에게 이를 확인하기 위하여 필요한 조사를 하게 할 수 있다고 규정하고 있는데(전기통신사업법 제51조제1항), 앞에서 설명한 바와 같이 2025년 7월, 단말기유통법이 폐지되고 관련 조항은 전기통신사업법으로 이관되면서 이 법 제51조(사실조사 등)에 따른 사실조사의 대상이 확대된 바가 있다.

나. 사실조사의 절차 등

전기통신사업법은 방송미디어통신위원회는 이 법 제51조(사실조사 등)제1항에 따른 조사를 위하여 소속 공무원에게 다음, 1. 전기통신사업자(이동통신사업자의 계열회사를 포함한다), 2. 이동통신사업자(그 계열회사를 포함한다)의 대리점 · 판매점, 3. 이동통신단말장치 제조업자, 4. 이 법 제51조제2항제2호의 대리점 · 판매점을 제외하고 그 밖에 전기통신사업자의 업무를 위탁받아 취급하는 자(전기통신사업자로부터 위탁받은 업무가 같은 법 제50조(금지행위)와 관련된 경우 그 업무를 취급하는 자로 한정한다)에 해당하는 자의 사무소 · 사업장에 출입하여 장부, 서류, 그 밖의 자료나 물건을 조사하게 할 수 있다고 규정하고 있으며(전기통신사업법 제51조제2항), 방송미디어통신위원회는 이 법 제51조제1항에 따라 조사를 하려면 조사 7일 전까지 조사기간 · 이유 · 내용 등에 대한 조사계획을 해당 조사대상자에게 알려야 하나, 다만, 긴급한 경우나 사전에 통지하면 증거인멸 등으로 조사목적을 달성할 수 없다고 인정하는 경우에는 그러하지 아니하다고 규정하고 있는데(동법 제51조제3항), 실무적으로는 조사를 한다는 사실이 사전에 통지가 되면 증거인멸의 소지가 커서 조사 사실의 통지와 사실조사가 동시에 이루어지게 되는 것으로 이해된다.

전기통신사업법은 이 법 제51조제2항에 따라 해당 조사대상자의 사무소 · 사업장에 출입하여 조사하는 사람은 그 권한을 표시하는 증표를 관계인에게 보여주어야 하며, 조사를 할 때에는 해당 사무소나 사업장의 관계인을 참여시켜야 한다고 규정하고 있으며(동법 제51조제4항), 이 법 제51조제2항에 따라 조사를 하는 소속 공무원은 해당 조사대상자에 대하여 필요한 자료나 물건의 제출을 명할 수 있고, 제출된 자료나 물건을 폐기 · 은닉 · 교체하는 등 증거인멸을 할 우려가 있는 경우에는 그 자료나 물건을 일시 보관할 수 있다고 규정하고 있다(동법 제51조제5항). 한편, 전기통신사업법은 방송미디어통신위원회는 보관한 자료나 물건이 다음, 1. 보관한 자료나 물건을 검토한 결과 해당 조사와 관련이 없다고 인정되는 경우와, 2. 해당 조사 목적의 달성 등으로 자료나 물건을 보관할 필요가 없어진 경우의 어느 하나에 해당하면 즉시 반환하여야 한다고 규정하고 있다(동법 제51조제6항).

한편, 방송미디어통신위원회 소속 공무원은 형사소송법 제215조(압수, 수색, 검증)에 따른 압수수색의 권한을 행사할 수 없는데, 방송미디어통신위원회 소속 공무원은 형사소송법 제245조의10(특별사법경찰관리)과 「사법경찰관리의 직무를 수행할 자와 그 직무범위에 관한 법률(약칭: 사법경찰직무법)」에 따른 특별사법경찰관이 아니며 조사 권한은 임의조사에 한정되기 때문으로 이해된다.

다. 사실조사의 자료 제출명령 위반에 대한 재제출 명령과 이행강제금

전기통신사업법은 방송미디어통신위원회는 이 법 제51조(사실조사 등)제2항 각 호의 조사대상자가 같은 법 제51조제5항에 따른 자료나 물건의 제출명령을 이행하지 아니한 경우 그 자료나 물건이 이 법 제50조(금지행위)제1항의 위반 여부를 확인하는 데 필요하다고 인정하는 때에는 상당한 기한을 정하여 그 자료나 물건의 제출을 다시 명령(이하 이 조에서 "재제출명령"이라 한다)할 수 있다고 규정하고 있으며(전기통신사업법 제51조의2제1항), 방송미디어통신위원회는 이 법 제51조의2(사실조사 자료제출명령 위반에 대한 재제출명령 및 이행강제금)제1항에 따른 재제출명령을 이행하지 아니하는 자에게 대통령령으로 정하는 매출액의 1천분의 3 이내의 범위에서 하루당 금액을 정하여 이행강제금을 부과할 수 있으나, 다만, 매출액이 없거나 매출액의 산정이 곤란한 경우에는 하루당 200만원 이내의 범위에서 이행강제금을 부과할 수 있다고 규정하고 있는데(동법 제51조의2제2항), 이행강제금은 작위의무 또는 부작위의무를 불이행할 때 그 의무를 간접적으로 강제이행 시키기 위하여 일정한 기간 내에 의무이행이 없다면 일정한 이행강제금을 부과할 것을 미리 계고(戒告)하고 그 기간 내에 이행이 없는 경우 부과하는 것을 말하며,[338] 이행강제금을 집행벌(執行罰)이라고도 하는데 후술하는 이행강제금에서 자세히 설명하고자 한다.

제3절 과징금

〈전기통신사업법〉 제53조(금지행위 등에 대한 과징금의 부과) ① 방송미디어통신위원회는 제50조제1항을 위반한 행위가 있는 경우에는 해당 전기통신사업자에게 대통령령으로 정하는 매출액의 100분의 3 이하에 해당하는 금액을 과징금으로 부과할 수 있다. 이 경우 전기통신사업자가 매출액 산정 자료의 제출을 거부하거나 거짓 자료를 제출하면 해당 전기통신사업자 및 같거나 비슷한 종류의 역무제공사업자의 재무제표 등 회계 자료와 가입자 수 및 이용요금 등 영업 현황 자료에 근거하여 매출액을 추정할 수 있다. 다만, 매출액이 없거나 매

338) 박균성, 행정법강의(제15판), 박영사(2018), pp386~386.

출액을 산정하기 곤란한 경우로서 대통령령으로 정하는 경우에는 10억원 이하의 과징금을 부과할 수 있다.

② 과학기술정보통신부장관은 제49조에 따라 영업보고서를 제출하는 기간통신사업자가 다음 각 호의 어느 하나에 해당하는 경우에는 해당 기간통신사업자에게 대통령령으로 정하는 매출액의 100분의 3 이하에 해당하는 금액을 과징금으로 부과할 수 있다.

1. 제49조에 따른 영업보고서를 제출하지 아니하거나 관련 자료의 제출에 관한 명령을 이행하지 아니한 때
2. 제49조에 따른 영업보고서의 중요 사항을 기재하지 아니하거나 거짓으로 기재한 때
3. 제49조제1항을 위반하여 회계를 정리하거나 장부 또는 근거 자료를 갖추어 두지 아니한 때

〈전기통신사업법〉 제52조의3(이동통신사업자 등에 대한 과징금 부과) ① 방송미디어통신위원회는 이동통신사업자(그 계열회사를 포함한다) 또는 이동통신단말장치 제조업자가 제32조의12제1항, 제32조의13제2항 · 제3항 · 제5항, 제32조의14제3항 또는 제32조의15제2항 · 제3항을 위반한 경우에는 해당 이동통신사업자(그 계열회사를 포함한다) 또는 이동통신단말장치 제조업자에게 대통령령으로 정하는 매출액의 100분의 3 이하에 해당하는 금액을 과징금으로 부과할 수 있다. 다만, 매출액이 없거나 매출액을 산정하기 곤란한 경우로서 대통령령으로 정하는 경우에는 10억원 이하의 과징금을 부과할 수 있다.

〈전기통신사업법〉 제90조(과징금의 부과 등) ① 과학기술정보통신부장관은 전기통신사업자가 제20조제1항 각 호, 제27조제1항 각 호의 어느 하나(제27조제1항제3호의4에 해당하는 경우는 제외한다) 또는 제52조제5항에 해당하여 사업의 정지를 명하여야 하는 경우로서 그 사업의 정지가 해당 사업의 이용자 등에게 심한 불편을 주거나 그 밖에 공익을 해칠 우려가 있는 경우에는 그 사업정지처분을 갈음하여 대통령령으로 정하는 바에 따라 산출한 매출액의 100분의 3 이하에 해당하는 금액의 과징금을 부과할 수 있다. 이 경우 전기통신사업자가 매출액 산정 자료의 제출을 거부하거나 거짓 자료를 제출하였을 때에는 해당 전기통신사업자 및 같거나 비슷한 종류의 역무제공사업자의 재무제표 등 회계자료와 가입자 수 및 이용요금 등 영업 현황 자료를 근거로 매출액을 추정할 수 있다. 다만, 매출액이 없거나 매출액을 산정하기 곤란한 경우로서 대통령령으로 정하는 경우에는 10억원 이하의 과징금을 부과할 수 있다.

〈전기통신사업법〉 제22조의6(유통방지 조치 등 미이행에 대한 과징금의 부과) ① 방송미디어통신위원회는 제22조의5제1항에 따른 불법촬영물등의 삭제 · 접속차단 등 유통방지에 필요한 조치를 의도적으로 취하지 아니한 자에게 대통령령으로 정하는 매출액의 100분의 3 이하에 해당하는 금액을 과징금으로 부과할 수 있다.

1. 과징금의 의의

과징금(課徵金)은 행정법상 의무를 불이행하였거나 위반한 자에 대하여 당해 위반행위로 얻은 경제적 이익을 박탈하기 위하여 부과하거나 또는 사업의 취소와 정지에 갈음하여 부과되는 금전상의 제재로서 과징금은 형벌이 아니므로 형벌과 병과(竝科) 될 수 있는 것으로 이해되는데,[339] 헌법재판소는 과징금은 위반행위에 대하여 제재를 가하는 행정상의 제재금으로서의 기본적 성격과 함께 부당이득에 대한 환수적 요소도 포함되어 있는 것으로서, 헌법 제13조제1항에서 금지하는 국가형벌권 행사로서의 처벌에 해당된다고 할 수 없다고 판시한 바 있으며,[340] 대법원은 이중처벌 금지의 원칙(Double jeopardy)에 위반된다거나 무죄추정의 원칙에 위반된다고 할 수 없다고 판시한 바 있다.[341] 과징금은 형벌이 아니나 과징금의 부과는 침익적(侵益的) 행정행위이므로 원칙적으로 엄격한 법률유보가 요구되는 것으로 생각된다.

한편, 전기통신사업자가 전기통신사업법을 위반하여 얻을 수 있는 이익이 상당한 경우가 많은데, 과징금(課徵金) 부과를 통해 경제적 이익 흡수가 "적절하게" 이루어진다면 가장 효과적인 제재 수단이 될 것으로 생각한다. 만일 과징금의 "적절한" 부과를 통해 전기통신사업자가 전기통신사업법 위반을 통해 얻을 수 있는 경제적 이익이 흡수된다면 전기통신사업법 위반 유인(誘因)이 적어지기 때문에 형사 처벌보다 효과적으로 생각된다.

2. 과징금의 주요 내용

가. 금지행위 등에 대한 과징금

(1) 과징금의 부과 대상

(가) 전기통신사업법 제50조(금지행위) 위반

전기통신사업법은 방송미디어통신위원회는 이 법 제50조(금지행위)제1항을 위반한 행

339) 홍정선, 신행정법특강, 박영사(2018), p475.

340) 헌법재판소 2003. 7. 24. 선고 2001헌가25.

341) 대법원 2004. 3. 12. 선고 2001두7220 판결.

위가 있는 경우에는 해당 전기통신사업자에게 대통령령으로 정하는 매출액의 100분의 3 이하에 해당하는 금액을 과징금으로 부과할 수 있으며, 이 경우 전기통신사업자가 매출액 산정 자료의 제출을 거부하거나 거짓 자료를 제출하면 해당 전기통신사업자 및 같거나 비슷한 종류의 역무제공사업자의 재무제표 등 회계 자료와 가입자 수 및 이용요금 등 영업 현황 자료에 근거하여 매출액을 추정할 수 있으나, 다만, 매출액이 없거나 매출액을 산정하기 곤란한 경우로서 대통령령으로 정하는 경우에는 10억원 이하의 과징금을 부과할 수 있다고 규정하고 있는데(전기통신사업법 제53조제1항), 전기통신사업법 시행령은 이 법 제53조(금지행위 등에 대한 과징금의 부과)제1항 본문 전단에서 "대통령령으로 정하는 매출액"이란 해당 전기통신사업자의 금지행위와 관련된 전기통신역무의 직전 3개 사업연도의 연평균 매출액을 말하나, 다만, 해당 사업연도 초일 현재 사업을 시작한 지 3년이 되지 아니하는 경우에는 그 사업 시작 후 직전 사업연도 말일까지의 매출액을 연평균 매출액으로 환산한 금액을 말하며, 해당 사업연도에 사업을 시작한 경우에는 사업을 시작한 날부터 위반행위를 한 날까지의 매출액을 연매출액으로 환산한 금액을 말한다고 규정하고 있으며(동법 시행령 제47조제1항), 이 법 제53조제1항 단서에서 "대통령령으로 정하는 경우"란 다음, 1. 영업을 시작하지 아니하거나 영업 중단 등으로 인하여 영업실적이 없는 경우와, 2. 그 밖에 객관적인 매출액 산정이 곤란한 경우의 어느 하나에 해당하는 경우를 말한다고 규정하고 있다(동법 시행령 제47조제2항).

(나) 전기통신사업법 제49조(회계 정리) 위반

전기통신사업법은 과학기술정보통신부장관은 이 법 제49조(회계 정리)에 따라 영업보고서를 제출하는 기간통신사업자가 다음, 1. 이 법 제49조에 따른 영업보고서를 제출하지 아니하거나 관련 자료의 제출에 관한 명령을 이행하지 아니한 때, 2. 같은 법 제49조에 따른 영업보고서의 중요 사항을 기재하지 아니하거나 거짓으로 기재한 때, 3. 같은 법 제49조제1항을 위반하여 회계를 정리하거나 장부 또는 근거 자료를 갖추어 두지 아니한 때의 어느 하나에 해당하는 경우에는 해당 기간통신사업자에게 대통령령으로 정하는 매출액의 100분의 3 이하에 해당하는 금액을 과징금으로 부과할 수 있다고 규정하고 있는데(전기통신사업법 제53조제2항), 전기통신사업법 시행령은 이 법 제53조(금지행위 등에 대한 과징금의 부과)제2항 각 호 외의 부분에서 "대통령령으로 정하는 매출액"이란 회계 정리 위반과 관련된 전기통신역무의 직전 3개 사업연도의 연평균 매출액을 말하나, 다만, 해당 사업연도 초일 현재 사업을 시작한 지 3년이 되지 아니하는 경우에는 그 사업 시작 후 직전 사업연도 말일까지의 매출액을 연평균 매출액으로 환산한 금액을 말하며, 해당 사업연도에 사업을 시작한 경우에는 사업을 시작한 날부터 위반행위를 한 날까지의 매출액을 연매출액으로 환산한 금액을 말한다고 규정하고 있다(동법 시행령 제47조제1항).

전기통신사업법 제53조제2항에 따른 이 법 제49조(회계 정리) 위반에 대한 과징금 규정은 2010년 9월 전기통신사업법의 개정을 통해 도입된 사안이다. 전기통신사업에 대한 회계 검증은 1998년부터 도입되어 전기통신사업자가 제공하는 개별 서비스 간 내부보조 또는 교차보조의 사전 방지를 통해 공정경쟁 환경 조성에 기여(寄與)하였고 과거에는 회계 검증의 실효성 확보를 위해 과태료가 부과되었으나 2010년 9월 전기통신사업법 개정을 통해 과징금 부과로 상향된 바가 있다. 회계규정 위반에 대한 제재는 일반사회의 법익에 직접적인 영향을 미치지 않으나 신고 의무 위반과 같이 행정 목적을 간접적으로 침해하는 행정 법규 위반행위에 부과되는 과태료를 통해 이루어져야 한다는 견해도 있을 수 있으나, 회계제도는 전기통신사업자에 대한 규제와 공정경쟁 환경 조성을 위한 근간이므로 과징금을 통해 회계 검증의 정확성을 제고하려는 정책적 의지로 이해된다.

(2) 과징금의 산정 방법과 부과 절차 등

(가) 과징금의 산정 방법 등

전기통신사업법은 과학기술정보통신부장관 또는 방송미디어통신위원회는 이 법 제53조(금지행위 등에 대한 과징금의 부과)제1항 또는 제2항에 따른 과징금을 부과하는 경우에는 다음, 1. 위반행위의 내용 및 정도, 2. 위반행위의 기간 및 횟수, 3. 위반행위로 인하여 취득한 이익의 규모, 4. 위반행위를 한 전기통신사업자의 금지행위 또는 회계정리 위반과 관련된 매출액, 5. 자율준수 프로그램 운영 등 위반행위 방지를 위한 노력, 6. 같은 법 제32조(이용자 보호)제2항에 따른 이용자 보호 업무에 대한 평가 결과의 사항을 고려하여야 한다고 규정하고 있으며(전기통신사업법 제53조제3항), 이 법 제53조(금지행위 등에 대한 과징금의 부과)제1항 또는 제2항에 따른 과징금은 같은 법 제53조제3항을 고려하여 산정하되, 구체적인 산정기준과 절차는 대통령령으로 정한다고 규정하고 있는데(동법 제53조제4항), 전기통신사업법 시행령은 이 법 제53조제1항에 따라 과징금을 부과하는 위반행위의 종류별 과징금 부과 상한액 및 산정기준은 같은 법 시행령 [별표 6]과 같다고 규정하고 있으며(동법 시행령 제46조제1항), 이 법 제53조제2항에 따라 과징금을 부과하는 위반행위의 종류별 과징금 부과 상한액 및 산정기준은 같은 법 시행령 [별표 7]과 같다고 규정하고 있다(동법 시행령 제46조제2항).

(나) 과징금의 부과 절차 등

전기통신사업법 시행령은 방송미디어통신위원회는 이 법 제53조(금지행위 등에 대한 과징금의 부과)제1항 전단의 매출액 산정을 위하여 필요한 경우에는 20일 이내의 기간을 정하여 해당 전기통신사업자에게 재무제표 등 회계자료 및 영업현황 자료의 제출을 요청할 수 있다고 규정하고 있으며(전기통신사업법 시행령 제47조제3항), 과학기술정보통신부장관 또는 방송미디어통신위원회가 이 법 제53조에 따라 과징금을 부과하려는 경우에는 해당 위반행위를 조사·확인한 후 위반 사실, 부과 금액, 이의제기방법 및 이의제기기간 등을 서면으로 구체적으로 밝혀 이를 납부할 것을 과징금 부과대상자에게 알려야 한다고 규정하고 있다(동법 시행령 제48조제1항).

한편, 전기통신사업법은 방송미디어통신위원회는 이 법 제50조(금지행위)제1항을 위반한 행위가 끝난 날부터 5년이 지나면 해당 행위에 대하여 같은 법 제52조(금지행위에 대한 조치)제1항에 따른 조치나 제53조(금지행위 등에 대한 과징금의 부과)에 따른 과징금 부과처분을 하지 아니하나, 다만, 이미 끝난 조치 또는 과징금의 부과가 법원의 판결에 따라 취소된 경우로서 그 판결이유에 따라 새로운 처분을 하는 경우에는 그러하지 아니하다고 규정하고 있는데(전기통신사업법 제52조제8항), 전기통신사업법 제52조(금지행위에 대한 조치)제8항은 형법(刑法)의 공소시효와 유사한 기능을 갖는 것으로 이해되며 금지행위가 종료(終了)된 시점의 기산(起算)과 관련하여, 금지행위가 종료되더라도 금지행위로 인해 위법한 행위의 효과가 지속되고 있는 경우에는 위법한 효과가 종료된 시점을 금지행위가 종료된 시점으로 기산을 해야 할 것으로 해석된다.

(3) 과징금의 납부와 징수 등

(가) 과징금의 납부 등

전기통신사업법 시행령은 이 법 시행령 제48조(과징금의 부과 및 납부)제1항에 따라 통지를 받은 자는 그 통지를 받은 날부터 20일 이내에 과징금을 과학기술정보통신부장관 또는 방송미디어통신위원회가 지정하는 금융회사 등에 납부해야 한다고 규정하고 있으며(전기통신사업법 시행령 제48조제1항), 이 법 시행령 제48조제2항에 따라 과징금을 납부받은 금융회사 등은 과징금을 낸 자에게 영수증을 발급하여야 한다고 규정하고 있다(동법 시행령 제48조제2항).

전기통신사업법은 과학기술정보통신부장관 또는 방송미디어통신위원회는 이 법 제

52조의3(이동통신사업자 등에 대한 과징금 부과), 같은 법 제53조(금지행위 등에 대한 과징금의 부과) 및 제90조(과징금의 부과 등)에 따라 전기통신사업자 등이 내야 할 과징금이 대통령령으로[342] 정하는 금액을 초과하는 경우로서 다음, 1. 자연재해 또는 화재 등으로 재산에 현저한 손실을 입은 경우, 2. 사업 여건이 악화되어 사업이 중대한 위기에 있는 경우, 3. 과징금을 일시 납부하면 자금 사정에 현저한 어려움이 예상되는 경우의 어느 하나에 해당하는 사유로 과징금을 내야 할 자가 과징금의 전액을 일시에 내기 어렵다고 인정될 때에는 그 납부기한을 연장하거나 분할납부하게 할 수 있는데, 이 경우 필요하다고 인정하면 담보를 제공하게 할 수 있다고 규정하고 있다(전기통신사업법 제91조제1항).

(나) 과징금의 징수 등

전기통신사업법은 과학기술정보통신부장관 또는 방송미디어통신위원회는 이 법 제53조(금지행위 등에 대한 과징금의 부과)제1항 또는 제2항에 따른 과징금을 내야 할 자가 납부기한까지 내지 아니하면 납부기한의 다음 날부터 체납된 과징금에 대하여 연 100분의 6에 해당하는 가산금을 징수한다고 규정하고 있으며(전기통신사업법 제53조제5항), 과학기술정보통신부장관 또는 방송미디어통신위원회는 이 법 제53조제1항 또는 제2항에 따른 과징금을 내야 할 자가 납부기한까지 내지 아니하면 기간을 정하여 독촉하고, 그 지정된 기간에 과징금 및 같은 법 제53조제5항에 따른 가산금을 내지 아니하면 국세 체납처분의 예에 따라 징수한다고 규정하고 있는데(동법 제53조제6항), 전기통신사업법 시행령은 이 법 제53조제6항에 따른 독촉은 납부기한이 지난 후 7일 이내에 서면으로 하여야 한다고 규정하고 있으며(동법 시행령 제49조제1항), 이 법 시행령 제49조(과징금의 독촉)제1항에 따라 독촉장을 발급하는 경우 체납된 과징금의 납부기한은 발급일부터 10일 이내로 한다고 규정하고 있다(동법 시행령 제49조제2항). 한편, 전기통신사업법은 이 법 제53조제5항에 따른 가산금을 내야 하는 기간은 60개월을 초과하지 못한다고 규정하고 있다(동법 제53조제7항).

---

342) 전기통신사업법 시행령은 이 법 제91조(과징금의 납부기한 연장 및 분할납부)제1항 각 호 외의 부분 전단에서 "대통령령으로 정하는 금액"이란 이 법 시행령 제47조(과징금의 산정방법 및 절차)에 따른 매출액에 100분의 1을 곱한 금액 또는 3억원을 말한다고 규정하고 있다(전기통신사업법 시행령 제62 제2항).

(4) 과징금의 환급

전기통신사업법은 법원 판결 등의 사유로 이 법 제53조(금지행위 등에 대한 과징금의 부과)제1항 또는 제2항에 따라 부과된 과징금을 환급하는 경우에는 과징금을 낸 날부터 환급하는 날까지의 기간에 대하여 금융회사 등의 예금이자율 등을 고려하여 대통령령으로 정하는 이자율에 따라 계산한 환급가산금을 지급하여야 한다고 규정하고 있는데(전기통신사업법 제53조제8항), 전기통신사업법 시행령은 이 법 제53조제8항에서 "대통령령으로 정하는 이자율"이란 「국세기본법 시행령」 제43조의3(국세환급가산금)제2항 본문에 따른 기본이자율을 말한다고 규정하고 있다(동법 시행령 제49조의2). 한편, 전기통신사업법은 이 법 제53조제8항에도 불구하고 법원의 판결에 의하여 과징금 부과처분이 취소되어 그 판결이유에 따라 새로운 과징금을 부과하는 경우에는 당초 납부한 과징금에서 새로 부과하기로 결정한 과징금을 공제한 나머지 금액에 대해서만 환급가산금을 계산하여 지급한다고 규정하고 있다(동법 제53조제9항).

나. 이동통신사업자 등에 대한 과징금

전기통신사업법 제52조의3(이동통신사업자 등에 대한 과징금 부과)에 따른 이동통신사업자 등에 대한 과징금은 2025년 7월, 단말기유통법이 폐지됨에 따라 관련 조항이 전기통신사업법으로 이관된 사안으로 이해된다.

(1) 과징금의 부과 대상

(가) 제52조의3(이동통신사업자 등에 대한 과징금 부과)제1항

전기통신사업법은 방송미디어통신위원회는 이동통신사업자(그 계열회사를 포함한다) 또는 이동통신단말장치 제조업자가 이 법 제32조의12(지원금의 차별 지급 금지)제1항, 제32조의13(공정한 유통 환경 조성)제2항 · 제3항 · 제5항, 같은 법 제32조의14(판매점 선임에 대한 승낙 등)제3항 또는 제32조의15(이동통신단말장치 구입비용 구분 고지 등)제2항 · 제3항을 위반한 경우에는 해당 이동통신사업자(그 계열회사를 포함한다) 또는 이동통신단말장치 제조업자에게 대통령령으로 정하는 매출액의 100분의 3 이하에 해당하는 금액을 과징금으로 부과할 수 있으나, 다만, 매출액이 없거나 매출액을 산정하기 곤란한 경우로서 대통령령으로 정하는 경우에는 10억원 이하의 과징금을 부과할 수 있다고 규정하고 있다(전기통신사업법 제52조의3제1항).

(나) 제52조의3(이동통신사업자 등에 대한 과징금 부과)제2항

전기통신사업법은 방송미디어통신위원회는 이동통신사업자의 대리점 또는 판매점이 이 법 제32조의12(지원금의 차별 지급 금지)제1항 또는 제32조의15(이동통신단말장치 구입비용 구분 고지 등)제2항 · 제3항을 위반한 경우에는 그 이동통신사업자에 대하여 이 법 제52조의3(이동통신사업자 등에 대한 과징금 부과)제1항에 따른 과징금을 부과할 수 있으나, 다만, 이동통신사업자가 그 위반행위를 막기 위하여 상당한 주의와 감독을 게을리하지 아니한 경우에는 그러하지 아니하다고 규정하고 있다(전기통신사업법 제52조의3제2항).

(2) 과징금의 산정 방법과 부과 절차 등

전기통신사업법은 방송미디어통신위원회는 이 법 제52조의3(이동통신사업자 등에 대한 과징금 부과)제1항에 따른 과징금을 부과하는 경우에는 다음, 1. 위반행위의 내용 및 정도, 2. 위반행위의 기간 및 횟수, 3. 위반행위의 고의 · 과실 여부, 4. 위반행위로 취득한 이익의 규모, 5. 위반행위와 관련된 매출액의 사항을 고려하여 산정하되, 구체적인 산정 기준과 절차는 대통령령으로 정한다고 규정하고 있다(전기통신사업법 제52조의3제3항).

(3) 과징금의 납부와 징수 등

전기통신사업법은 방송미디어통신위원회는 이 법 제52조의3(이동통신사업자 등에 대한 과징금 부과)제1항 또는 제2항에 따른 과징금을 내야 할 자가 납부기한까지 내지 아니하면 납부기한의 다음 날부터 체납된 과징금에 대하여 연 100분의 6에 해당하는 가산금을 징수한다고 규정하고 있으며(전기통신사업법 제52조의3제4항), 방송미디어통신위원회는 이 법 제52조의3제1항 또는 제2항에 따른 과징금을 내야 할 자가 납부기한까지 내지 아니하면 기간을 정하여 독촉하고, 그 지정된 기간에 과징금 및 제4항에 따른 가산금을 내지 아니하면 국세 강제징수의 예에 따라 징수한다고 규정하고 있다(동법 제52조의3제5항). 한편, 전기통신사업법은 법원 판결 등의 사유로 이 법 제52조의3제1항 또는 제2항에 따라 부과된 과징금을 환급하는 경우에는 과징금을 낸 날부터 환급하는 날까지 연 100분의 6에 해당하는 환급가산금을 지급하여야 한다고 규정하고 있다(동법 제52조의3제6항).

다. 사업정지처분을 갈음하는 과징금

(1) 과징금의 부과 대상

(가) 제90조(과징금의 부과 등)제1항

전기통신사업법은 과학기술정보통신부장관은 전기통신사업자가 이 법 제20조(등록의 취소 등)제1항 각 호, 같은 법 제27조(사업의 등록취소 및 폐업명령 등)제1항 각 호의 어느 하나(다만, 동법 제27조제1항제3호의4에 해당하는 경우는 제외한다) 또는 같은 법 제52조(금지행위에 대한 조치)제5항에 해당하여 사업의 정지를 명하여야 하는 경우로서 그 사업의 정지가 해당 사업의 이용자 등에게 심한 불편을 주거나 그 밖에 공익을 해칠 우려가 있는 경우에는 그 사업정지처분을 갈음하여 대통령령으로 정하는 바에 따라 산출한 매출액의 100분의 3 이하에 해당하는 금액의 과징금을 부과할 수 있는데, 이 경우 전기통신사업자가 매출액 산정 자료의 제출을 거부하거나 거짓 자료를 제출하였을 때에는 해당 전기통신사업자 및 같거나 비슷한 종류의 역무제공사업자의 재무제표 등 회계자료와 가입자 수 및 이용요금 등 영업 현황 자료를 근거로 매출액을 추정할 수 있으나, 다만, 매출액이 없거나 매출액을 산정하기 곤란한 경우로서 대통령령으로 정하는 경우에는 10억원 이하의 과징금을 부과할 수 있다고 규정하고 있다(전기통신사업법 제90조제1항).

(나) 제90조(과징금의 부과 등)제2항

전기통신사업법은 과학기술정보통신부장관 및 시 · 도지사는 이 법 제65조(목적 외 사용의 제한 등)제4항 및 제67조(자가전기통신설비 설치자에 대한 시정명령 등)제2항에 따라 자가전기통신설비에 대한 사용정지를 명하려는 경우 그 사용정지가 해당 자가전기통신설비를 이용하여 제공되는 전기통신역무의 이용자에게 심한 불편을 주거나 그 밖에 공익을 해칠 우려가 있으면 그 사용정지명령을 갈음하여 10억원 이하의 과징금을 부과할 수 있다고 규정하고 있다(전기통신사업법 제90조제2항).

(2) 과징금의 산정 방법과 부과 절차 등

전기통신사업법은 이 법 제90조(과징금의 부과 등)제1항 및 제2항에 따른 과징금의 구체적인 부과기준은 대통령령으로 정한다고 규정하고 있는데(전기통신사업법 제90조제3항), 전기통신사업법 시행령은 이 법 제90조제1항에 따라 과징금을 부과하는 위반행위의 종류와 과징금의 금액은 같은 법 시행령 [별표 9]와 같다고 규정하고 있으며(동법 시행령 제61조제1항), 이 법 제90조제2항에 따라 과징금을 부과하는 위반행위의 종류와 과징금의 금액은 같은 법 시행령 [별표 10]과 같다고 규정하고 있다(동법 시행령 제61조제2항).

한편, 전기통신사업법 시행령은 과학기술정보통신부장관 및 시·도지사는 이 법 시행령 제61조(과징금을 부과할 위반행위와 과징금의 금액 등)제1항 또는 제2항에 따라 과징금의 금액을 정하는 경우에는 다음, 1. 전기통신사업 제공 서비스의 특수성, 2. 위반행위의 정도 및 횟수, 3. 위반행위의 고의·과실 여부, 4. 위반행위의 동기 및 내용, 5. 법을 위반하여 과징금을 부과받은 사실의 사항을 고려하여 2분의 1의 범위에서 가중하거나 감경할 수 있으나. 다만, 가중하는 경우에도 과징금의 총액은 이 법 법 제90조(과징금의 부과 등)제1항 또는 제2항에 따른 과징금의 상한액을 초과할 수 없다고 규정하고 있다(동법 시행령 제61조제3항).

(3) 과징금의 납부와 징수 등

전기통신사업법은 이 법 제90조(과징금의 부과 등)제1항 및 제2항에 따른 과징금의 가산금, 독촉·징수 및 환급가산금에 관하여는 같은 법 세53조(금지행위 등에 대한 과징금의 부과)제5항부터 제9항까지의 규정을 준용한다고 규정하고 있으며(전기통신사업법 제90조제4항), 전기통신사업법 시행령은 이 법 제90조에 따른 과징금의 부과·납부 및 독촉에 관하여는 이 법 시행령 제48조(과징금의 부과 및 납부) 및 제49조(과징금의 독촉)를 준용하는데, 이 경우 같은 법 시행령 제48조제1항 및 제2항 본문 중 "과학기술정보통신부장관 또는 방송미디어통신위원회"는 "과학기술정보통신부장관 또는 시·도지사"로 본다고 규정하고 있다(동법 시행령 제61조제4항).

라. 불법촬영물등의 삭제·접속차단 등 유통방지 조치 미이행에 대한 과징금

전기통신사업법은 방송미디어통신위원회가 이 법 제22조의6(유통방지 조치 등 미이행에 대한 과징금의 부과)제1항 및 제2항에 따라 과징금을 부과한 경우에는 「방송미디어통신위원회의 설치 및 운영에 관한 법률」 제18조(방송미디어통신심의위원회의 설치 등)에 따른 방송미디어통신심의위원회에 그 사실을 통보한다고 규정하고 있다(전기통신사업법 제22조의6제5항).

(1) 과징금의 부과 대상

전기통신사업법은 방송미디어통신위원회는 이 법 제22조의5(부가통신사업자의 불법촬영물 등 유통방지)제1항에 따른 불법촬영물등의 삭제·접속차단 등 유통방지에 필요한 조치를 의도적으로 취하지 아니한 자에게 대통령령으로 정하는 매출액의 100분의 3 이하에 해당하는 금액을 과징금으로 부과할 수 있다고 규정하고 있는데(전기통신사업법 제22조의6제1항), 전기통신사업법 시행령은 이 법 제22조의6(유통방지 조치 등 미이행에 대한 과징금의 부과)제1항 본문에서 "대통령령으로 정하는 매출액"이란 조치의무사업자가 제공하는 부가통신서비스 중 같은 법 제22조의5제1항에 따라 유통방지에 필요한 조치를 취해야 하는 불법촬영물등이 유통된 해당 부가통신서비스의 직전 3개 사업연도의 연평균 매출액을 말하나, 다만, 다음, 1. 이 법 제22조의5제1항을 위반하여 유통방지에 필요한 조치를 취하지 않은 날이 속한 사업연도의 첫날을 기준으로 사업을 개시한 지 3년이 되지 않은 경우[이 법 시행령 제30조의7(과징금의 산정기준 등)제1항제2호에 해당하는 경우는 제외한다]는 사업을 개시한 날부터 직전 사업연도 말일까지의 매출액을 연평균 매출액으로 환산한 금액과, 2. 이 법 제22조의5제1항을 위반하여 유통방지에 필요한 조치를 취하지 않은 날이 속한 사업연도에 사업을 개시한 경우는 사업을 개시한 날부터 위반행위를 한 날까지의 매출액을 연평균 매출액으로 환산한 금액의 어느 하나에 해당하는 경우에는 해당 호에 따른 금액을 말한다고 규정하고 있다(동법 시행령 제30조의7제1항).

(2) 과징금의 산정 방법과 부과 절차 등

전기통신사업법 시행령은 방송미디어통신위원회는 이 법 제22조의6(유통방지 조치 등 미이행에 대한 과징금의 부과)제1항에 따른 매출액의 산정을 위하여 필요한 경우에는 20일 이내의 기간을 정하여 해당 조치의무사업자에게 재무제표 등 회계자료 및 사업현황 자료의 제출을 요청할 수 있다고 규정하고 있으며(전기통신사업법 시행령 제30조의7제3항), 전기통신사업법은 방송미디어통신위원회는 조치의무사업자가 매출액 산정 자료의 제출을 거부하거나 거짓자료를 제출하면 해당 조치의무사업자 및 동종 유사 역무제공사업자의 재무제표 등 회계 자료와 가입자 수 및 이용요금 등 영업 현황 자료에 근거하여 매출액을 추정할 수 있으나, 다만, 매출액이 없거나 매출액을 산정하기 곤란한 경우로서 대통령령으로 정하는 경우에는 10억원 이하의 과징금을 부과할 수 있다고 규정하고 있는데(동법 제22조의6제2항), 전기통신사업법 시행령은 이 법 제22조의6제2항 단서에서 "대통령령으로 정하는 경우"란 다음, 1. 사업을 개시하지 않았거나 사업을 중단하는 등의 사유로 사업실적이 없는 경우, 2. 불법촬영물등 유통의 범위를 확정할 수 없어 이 법 시행령 제30조의7(과징금의 산정기준 등)제1항에 따른 매출액 산정이 곤란한 경우, 3. 재해 등으로 인하여 매출액 산정자료가 소멸 또는 훼손되는 등 객관적인 매출액 산정이 곤란한 경우의 어느 하나에 해당하는 경우를 말한다고 규정하고 있다(동법 시행령 제30조의7제2항).

한편, 전기통신사업법은 이 법 제22조의6(유통방지 조치 등 미이행에 대한 과징금의 부과) 제1항 및 제2항에 따른 과징금의 구체적인 부과기준은 대통령령으로 정한다고 규정하고 있는데(동법 제22조의6제3항), 전기통신사업법 시행령은 이 법 제22조의6제1항 및 제2항에 따라 부과하는 과징금의 산정기준과 산정절차는 같은 법 시행령 [별표 3의3]과 같다고 규정하고 있다(동법 시행령 제30조의7제4항).

(3) 과징금의 납부와 징수 등

전기통신사업법은 이 법 제22조의6(유통방지 조치 등 미이행에 대한 과징금의 부과)제1항 및 제2항에 따른 과징금의 가산금, 독촉 · 징수 및 환급가산금에 관하여는 같은 법 제53조(금지행위 등에 대한 과징금의 부과)제5항부터 제9항까지의 규정을 준용한다고 규정하고 있으며(전기통신사업법 제22조의6제4항), 전기통신사업법 시행령은 이 법 제22조의6에 따른 과징금의 부과 통지 및 납부에 관하여는 같은 법 시행령 제48조(과징금의 부과 및 납부)를 준용하는데, 이 경우 같은 조 제1항 및 같은 조 제2항 본문 중 "과학기술정보통신부장관 또는 방송미디어통신위원회"는 "방송미디어통신위원회"로 본다고 규정하고 있다(동법 시행령 제30조의7제5항).

제4절 시정명령 등

〈전기통신사업법〉 제92조(시정명령 등) ① 과학기술정보통신부장관 또는 방송미디어통신위원회는 각각 소관 업무에 따라 전기통신사업자(제51조를 위반하거나 이에 따른 명령을 위반한 경우에는 같은 조 제2항 각 호의 조사대상자를 포함한다. 이하 이 조에서 같다) 또는 시설관리기관이 다음 각 호의 어느 하나에 해당할 때에는 그 시정을 명할 수 있다. 이 경우 제22조의5를 위반한 행위에 대하여 방송미디어통신위원회가 시정을 명한 경우에는 「방송미디어통신위원회의 설치 및 운영에 관한 법률」 제18조에 따른 방송미디어통신심의위원회에 그 사실을 통보한다.

〈전기통신사업법〉 제10조(기간통신사업자의 주식 취득 등에 관한 공익성심사) ⑤ 과학기술정보통신부장관은 공익성심사의 결과에 따라 제1항 각 호의 경우가 공공의 이익을 해칠 위험이 있다고 판단되면 협정 내용의 변경 및 그 실행의 중지, 의결권 행사의 정지 또는 해당 주식의 매각을 명할 수 있다.

〈전기통신사업법〉 제12조(초과소유 주주에 대한 제한 등) ② 과학기술정보통신부장관은 제8조제1항을 위반하여 주식을 취득한 주주, 그 주주가 있는 기간통신사업자 또는 외국인의제법인의 주주에 대하여 6개월 이내의 범위에서 기간을 정하여 해당 사항을 시정할 것을 명할 수 있다.

〈전기통신사업법〉 제18조(사업의 양수 및 법인의 합병 등) ⑧ 과학기술정보통신부장관은 제1항 제4호 또는 제5호에 해당하는 자가 제1항의 인가를 받지 아니한 때에는 의결권 행사의 정지나 해당 주식의 매각을 명할 수 있고, 제5항에 따라 부여된 조건을 이행하지 아니한 때에는 기간을 정하여 조건의 이행을 명할 수 있다.

〈전기통신사업법〉 제51조의3(이동통신사업자 등에 대한 시정명령) ① 과학기술정보통신부장관은 이동통신사업자, 대리점 또는 판매점이 제32조의11제1항 또는 제32조의15제1항을 위반한 행위가 있다고 인정하면 그 시정을 명할 수 있다.

〈전기통신사업법〉 제67조(자가전기통신설비 설치자에 대한 시정명령 등) ① 과학기술정보통신부장관 또는 시·도지사는 자가전기통신설비를 설치한 자가 자가전기통신설비의 설치, 변경 및 운용(제65조제1항을 위반하여 운용한 경우는 제외한다)과 관련하여 이 법 또는 이 법에 따른 명령을 위반하였을 때에는 일정한 기간을 정하여 그 시정을 명할 수 있다.

1. 시정명령 등의 의의

전기통신사업법은 과학기술정보통신부장관 또는 방송미디어통신위원회는 각각 소관 업무에 따라 전기통신사업자(이 법 제51조(사실조사 등)를 위반하거나 이에 따른 명령을 위반한 경우에는 같은 조 제2항 각 호의 조사대상자를 포함한다) 또는 시설관리기관이 다음 각 호의 어느 하나에 해당할 때에는 그 시정을 명할 수 있다고 규정하고 있는데(전기통신사업법 제92조제1항), 시정명령은 법률의 위반으로 야기(惹起)된 위법한 상태를 제거하도록 명하는 행정행위로서 시정명령을 이행하지 않는 때에는 일정한 법적 강제가 수반되는 법적 효력이 있는 행위로 이해된다.

한편, 전기통신사업법 제92조(시정명령 등)와 같은 법 제52조(금지행위에 대한 조치)제1항에 따른 명령(이하 "시정조치명령"이라 한다)의 중복 문제가 제기될 수 있다고 생각되는데, 전기통신사업법 제92조제1항제2호는 "과학기술정보통신부장관 또는 방송미디어통신위원회는 각각 소관 업무에 따라 전기통신사업자 또는 시설관리기관이 다음, 2. 전기통신사업자의 업무 처리절차가 이용자의 이익을 현저히 해친다고 인정되는 경우에 해당할 때에는 그 시정을 명할 수 있다"라고 규정하고 있고, 특히 전기통신사업법 제92조제1항1호에 따른 시정명령에 같은 법 제50조(금지행위)에 따른 금지행위가 포함되어 있지 않아 논란이 있을 수 있다고 생각한다. 전기통신사업법 제92조(시정명령 등)와 같은 법 제52조(금지행위에 대한 조치)제1항의 중복 문제의 발생 시 특별법 우선의 원칙에 따라 이 법 제52조제1항에 따른 명령인 "시정조치명령"을 우선 적용하고 보충적으로 같은 법 제92조제1항제2호에 따른 시정명령을 적용하는 것이 바람직하다고 생각되나 전기통신사업법 제92조(시정명령 등)와 같은 법 제52조(금지행위에 대한 조치)제1항의 중복 문제는 실무적으로 발생하기는 어려울 것으로 이해된다.

다만, 과학기술정보통신부와 방송미디어통신위원회로 통신 규제 업무가 사전과 사후 규제로 이원화(二元化)되어 과학기술정보통신부장관이 전기통신사업법 제92조제1항제2호에 따른 시정명령을 할 수 있으므로, 중복규제 문제가 제기될 수 있는 현재의 전기통신사업법 관련 조문 체계를 유지하는 것이 바람직하지는 않으며 종국적으로 통신규제를 일원화(一元化)하고 전기통신사업법 제92조제1항제2호를 삭제하는 것이 바람직하다고 생각한다.

2. 시정명령 등의 주요 내용

가. 시정명령 등

전기통신사업법은 과학기술정보통신부장관 또는 방송미디어통신위원회는 천재지변이나 그 밖의 부득이한 사유로 이 법 제92조(시정명령 등)제1항부터 제3항까지의 규정에 따른 명령에서 정한 기간에 전기통신사업자가 명령을 이행할 수 없다고 인정하는 경우에는 한 번만 그 기간을 연장할 수 있다고 규정하고 있으며(전기통신사업법 제92조제4항), 정부는 이 법 제92조제2항제3호의 중요 통신을 확보하기 위하여 중요 통신의 구축 · 관리에 드는 경비를 보조할 수 있다고 규정하고 있다(동법 제92조제5항).

(1) 전기통신사업법 제92조제1항의 시정명령

전기통신사업법은 과학기술정보통신부장관 또는 방송미디어통신위원회는 각각 소관 업무에 따라 전기통신사업자(이 법 제51조(사실조사 등)를 위반하거나 이에 따른 명령을 위반한 경우에는 같은 조 제2항 각 호의 조사대상자를 포함한다. 이하 이 조에서 같다) 또는 시설관리기관이 다음, 1. 이 법 제3조(역무의 제공 의무 등), 제4조(보편적 역무의 제공 등), 제4조의2(장애인 통신중계서비스), 제6조(기간통신사업의 등록 등), 제9조(임원의 결격사유)부터 제11조(위원회의 구성 및 운영 등)까지, 제14조(주식의 발행)부터 제22조(부가통신사업의 신고 등)까지, 제22조의3(특수유형부가통신사업자의 기술적 조치 등)부터 제22조의5(부가통신사업자의 불법촬영물 등 유통방지)까지, 제22조의7(부가통신사업자의 서비스 안정성 확보 등)부터 제22조의9(앱 마켓사업자의 의무 및 실태조사)까지, 제22조의11(전송자격인증), 제23조(등록 또는 신고 사항의 변경), 제24조(사업의 양도 · 양수 등), 제26조(사업의 휴업 · 폐업 등)부터 제28조(이용약관의 신고 등)까지, 제30조(타인 사용의 제한)부터 제32조(이용자 보호)까지, 제32조의3(전기통신역무 제공의 제한), 제32조의4(이동통신단말장치 부정이용 방지 등), 제32조의6(명의도용방지서비스의 제공 등), 제32조의7(청소년유해매체물 등의 차단), 제32조의8(착신전환서비스), 제32조의10(기간통신사업자의 서비스 안정성 확보 등), 제33조(손해배상)부터 제35조(설비등의 제공)까지, 제35조의2(공중케이블 정비의무), 제36조(가입자선로의 공동활용)부터 제44조(상호접속 등 협정의 신고 등)까지, 제47조(출석 요구 및 의견 청취 등)부터 제49조(회계 정리)까지, 제51조(사실조사 등), 제56조(전기통신역무의 품질 개선 등)부터 제60조(번호안내서비스의 제공)까지, 제60조의2(분실 등으로 신고된 이동통신단말장치의 사용 차단), 제60조의3(고유식별번호 훼손 등의 금지), 제61조(전기통신설비의 유지 · 보수), 제62조(전기통신설비 설치의 신고 및 승인), 제64조(자가전기통신설비의 설치)부터 제66조(비상 시의 통신의 확보)까지, 제69조(구내용 전기통신선로설비 등의 설치), 제73조(토지등의 일시 사용)부터 제75조(장해물등의 제거 요구)까지, 제79조(전기통신설비의 보호) 또는 제82조(검사 · 보고 등)부터 제84조(송신인의 전화번호의 고지 등)까지, 제84조의2(전화번호의 거짓표시 금지 및 이용자 보호), 제85조(업무의 제한 및 정지)부터 제87조(기간통신역무의 국경 간 공급)까지 및 제88조(통계의 보고 등)를 위반하거나 이들 규정에 따른 명령을 위반한 경우, 2. 전기통신사업자의 업무 처리절차가 이용자의 이익을 현저히 해친다고 인정되는 경우, 3. 사고 등에 의하여 전기통신역무의 제공에 지장이 발생하였음에도 수리 등 지장을 제거하기 위하여 필요한 조치를 신속하게 실시하지 아니한 경우의 어느 하나에 해당할 때에는 그 시정을 명할 수 있으며, 이 경우 이 법 제22조의5(부가통신사업자의 불법촬영물 등 유통방지)를 위반한 행위에 대하여 방송미디어통신위원회가 시정을 명한 경우에는 「방송미디어통신위원회의 설치 및 운영에 관한 법률」 제18조(방송미디어통신심의위원회의 설치 등)에 따른 방송미디어통신심의위원회에 그 사실을 통보한다고 규정하고 있다(전기통신사업법 제92조제1항).

(2) 전기통신사업법 제92조제2항의 시정명령

전기통신사업법은 과학기술정보통신부장관은 전기통신의 발전을 위하여 필요하면 전기통신사업자에게 다음, 1. 전기통신설비 등의 통합운영 · 관리, 2. 사회복지를 증진하기 위한 통신시설의 확충, 3. 국가 기능의 효율적 수행에 필요한 대통령령으로 정하는 중요 통신을 위한 통신망의 구축 · 관리, 4. 그 밖에 대통령령으로 정하는 사항을 명할 수 있다고 규정하고 있다(전기통신사업법 제92조제2항).

(3) 전기통신사업법 제92조제3항의 시정명령

전기통신사업법은 과학기술정보통신부장관은 다음, 1. 이 법 제6조(기간통신사업의 등록 등)제1항에 따른 등록을 하지 아니하고 기간통신사업을 경영한 자, 2. 이 법 제22조(부가통신사업의 신고 등)제1항에 따른 신고를 하지 아니하고 부가통신사업을 경영한 자, 3. 같은 법 제22조제2항에 따른 등록을 하지 아니하고 특수한 유형의 부가통신사업을 경영한 자의 어느 하나에 해당하는 자에게 전기통신역무의 제공행위의 중지 또는 전기통신설비의 철거 등의 조치를 명할 수 있다고 규정하고 있다(전기통신사업법 제92조제3항).

나. 공익성심사의 결과에 따른 시정명령

전기통신사업법은 과학기술정보통신부장관은 공익성심사의 결과에 따라 이 법 제10조(기간통신사업자의 주식 취득 등에 관한 공익성심사)제1항 각 호의 경우가 공공의 이익을 해칠 위험이 있다고 판단되면 협정 내용의 변경 및 그 실행의 중지, 의결권 행사의 정지 또는 해당 주식의 매각을 명할 수 있다고 규정하고 있다(전기통신사업법 제10조제5항).

다. 외국정부 또는 외국인의 주식소유 제한 위반에 대한 시정명령

전기통신사업법은 과학기술정보통신부장관은 이 법 제8조제1항(외국정부 또는 외국인의 주식소유 제한)을 위반하여 주식을 취득한 주주, 그 주주가 있는 기간통신사업자 또는 외국인의제법인의 주주에 대하여 6개월 이내의 범위에서 기간을 정하여 해당 사항을 시정할 것을 명할 수 있다고 규정하고 있으며(전기통신사업법 제12조제2항), 이 법 제12조(초과소유 주주에 대한 제한 등)제2항에 따라 시정명령을 받은 자는 그 정하여진 기간에 해당 사항을 시정하여야 한다고 규정하고 있다(동법 제12조제3항).

라. 기간통신사업의 양수 및 법인의 합병 등에 대한 시정명령

전기통신사업법은 과학기술정보통신부장관은 이 법 제18조(사업의 양수 및 법인의 합병 등)제1항제4호 또는 제5호에 해당하는 자가 같은 법 제18조제1항의 인가를 받지 아니한 때에는 의결권 행사의 정지나 해당 주식의 매각을 명할 수 있고, 같은 법 제18조제5항에 따라 부여된 조건을 이행하지 아니한 때에는 기간을 정하여 조건의 이행을 명할 수 있다고 규정하고 있다(전기통신사업법 제18조제8항).

마. 이동통신사업자 등에 대한 시정명령

전기통신사업법은 이동통신사업자(그 계열회사를 포함한다), 대리점, 판매점 또는 이동통신단말장치 제조업자는 이 법 제51조의3(이동통신사업자 등에 대한 시정명령)제2항에 따른 방송미디어통신위원회의 명령을 대통령령으로 정한 기간에 이행하여야 하나, 다만, 방송미디어통신위원회는 천재지변이나 그 밖의 부득이한 사유로 해당 사업자가 그 기간에 명령을 이행할 수 없다고 인정하는 경우에는 한 차례에 한정하여 그 기간을 연장할 수 있다고 규정하고 있으며(전기통신사업법 제51조의3제3항), 방송미디어통신위원회는 이 법 제51조의3제2항에 따른 조치를 명하기 전에 그 조치의 내용을 당사자에게 알리고 기간을 정하여 의견을 진술할 기회를 주어야 하며, 필요하다고 인정하면 이해관계인 또는 참고인에 대한 출석 요구 및 의견 청취와 감정인에 대한 감정 요구를 할 수 있으나, 다만, 당사자가 정당한 사유 없이 이에 따르지 아니하는 경우에는 그러하지 아니하다고 규정하고 있다(동법 제51조의3제4항).

한편, 방송미디어통신위원회는 이 법 제32조의12(지원금의 차별 지급 금지)제1항, 제32조의13(공정한 유통 환경 조성)제2항 · 제3항 · 제5항, 제32조의14(판매점 선임에 대한 승낙 등)제1항 · 제3항 · 제5항 또는 제32조의15(이동통신단말장치 구입비용 구분 고지 등)제2항 · 제3항을 위반한 행위가 끝난 날부터 5년이 지나면 해당 행위에 대하여 이 법 제51조의3(이동통신사업자 등에 대한 시정명령)제2항에 따른 조치나 같은 법 제52조의3(이동통신사업자 등에 대한 과징금 부과)에 따른 과징금 부과처분을 하지 아니하나, 다만, 이미 끝난 조치 또는 과징금의 부과가 행정심판의 재결이나 법원의 판결에 따라 취소 · 철회된 경우에는 그 재결이나 판결이 확정된 날부터 2년이 지나기 전까지는 그 재결 또는 판결의 취지에 따라 새로운 처분을 할 수 있다고 규정하고 있다(동법 제51조의3제5항).[343]

(1) 전기통신사업법 제51조의3제1항의 시정명령

전기통신사업법은 과학기술정보통신부장관은 이동통신사업자, 대리점 또는 판매점이 이 법 제32조의11(지원금을 받지 아니한 이용자에 대한 혜택 제공)제1항 또는 제32조의15(이동통신단말장치 구입비용 구분 고지 등)제1항을 위반한 행위가 있다고 인정하면 그 시정을 명할 수 있다고 규정하고 있다(전기통신사업법 제51조의3제1항).

343) 전기통신사업법 제51조의3(이동통신사업자 등에 대한 시정명령)제5항은 형법(刑法)의 공소시효와 유사한 기능을 갖는 것으로 이해되며 위반행위가 종료(終了)된 시점의 기산(起算)과 관련하여, 위반행위가 종료되더라도 위반행위로 인해 위법한 행위의 효과가 지속되고 있는 경우에는 위법한 효과가 종료된 시점을 위반행위가 종료된 시점으로 기산을 해야 할 것으로 해석된다.

(2) 전기통신사업법 제51조의3제2항의 시정명령

전기통신사업법은 방송미디어통신위원회는 이 법 제32조의12(지원금의 차별 지급 금지) 제1항, 제32조의13(공정한 유통 환경 조성)제2항 · 제3항 · 제5항, 제32조의14(판매점 선임에 대한 승낙 등)제1항 · 제3항 · 제5항 또는 제32조의15(이동통신단말장치 구입비용 구분 고지 등) 제2항 · 제3항을 위반한 행위가 있다고 인정하면 이동통신사업자(그 계열회사를 포함한다), 대리점, 판매점 또는 이동통신단말장치 제조업자에게 다음, 1. 이동통신서비스 및 이동통신단말장치 판매에 관한 정보의 공개, 2. 이동통신사업자(그 계열회사를 포함한다), 대리점, 판매점 또는 이동통신단말장치 제조업자 간 협정의 체결 · 이행 또는 내용의 변경, 3. 이동통신사업자의 이용약관 및 정관의 변경, 4. 위반행위의 중지, 5. 위반행위로 인하여 시정조치를 명령받은 사실의 공표, 6. 이동통신사업자(그 계열회사를 포함한다), 대리점, 판매점 또는 이동통신단말장치 제조업자의 업무처리절차 개선, 7. 이용자의 신규 모집 금지(금지기간을 3개월 이내로 하되, 이 법 제51조의3(이동통신사업자 등에 대한 시정명령)제2항제1호부터 제6호까지의 조치에도 불구하고 같은 위반행위가 3회 이상 반복되거나 그 조치만으로는 이용자의 피해를 방지하기가 현저히 곤란하다고 판단되는 경우로 한정한다), 8. 이 법 제51조의3제2항제1호부터 제7호까지의 조치를 위하여 필요한 사항으로서 대통령령으로 정하는 사항의 조치를 명할 수 있으나, 다만, 이 법 제51조의3제2항제1호부터 제3호까지 또는 같은 법 제51조의3제2항제6호에 해당하는 조치를 명하는 경우에는 과학기술정보통신부장관의 의견을 들어야 한다고 규정하고 있다(전기통신사업법 제51조의3제2항).

바. 자가전기통신설비 설치자에 대한 시정명령 등

전기통신사업법은 과학기술정보통신부장관 또는 시 · 도지사는 자가전기통신설비를 설치한 자가 자가전기통신설비의 설치, 변경 및 운용(이 법 제65조(목적 외 사용의 제한 등)제1항을 위반하여 운용한 경우는 제외한다)과 관련하여 이 법 또는 이 법에 따른 명령을 위반하였을 때에는 일정한 기간을 정하여 그 시정을 명할 수 있다고 규정하고 있으며(전기통신사업법 제67조제1항), 과학기술정보통신부장관 또는 시 · 도지사는 자가전기통신설비를 설치한 자가 다음, 1. 이 법 제67조(자가전기통신설비 설치자에 대한 시정명령 등)제1항에 따른 시정명령을 이행하지 아니한 경우, 2. 이 법 제64조(자가전기통신설비의 설치)제3항을 위반하여 확인을 받지 아니하고 자가전기통신설비를 사용한 경우, 3. 삭제의 어느 하나에 해당하는 경우에는 1년 이내의 기간을 정하여 그 사용의 정지를 명할 수 있다고 규정하고 있다(동법 제67조제2항).

한편, 전기통신사업법은 과학기술정보통신부장관 또는 시 · 도지사는 자가전기통신설비가 타인의 전기통신에 장해가 되거나 타인의 전기통신설비에 위해를 줄 우려가 있다고 인정되는 경우에는 그 설비를 설치한 자에게 해당 설비의 사용정지 또는 개조 · 수리나 그 밖에 필요한 조치를 명할 수 있다고 규정하고 있다(동법 제67조제3항).

제5절 이행강제금

〈전기통신사업법〉 제13조(이행강제금) ① 과학기술정보통신부장관은 제10조제5항, 제12조제2항 또는 제18조제8항에 따른 명령(이하 이 조에서 "시정명령"이라 한다)을 받은 후 시정명령에서 정한 기간에 이를 이행하지 아니하는 자에 대하여 이행강제금을 부과할 수 있다. 이 경우 하루당 부과할 수 있는 이행강제금은 그 소유한 주식 매입가액의 1천분의 3 이내로 하되, 주식 소유와 관련되지 아니한 사항인 경우에는 1억원 이내의 금액으로 한다.

〈전기통신사업법〉 제51조의2(사실조사 자료제출명령 위반에 대한 재제출명령 및 이행강제금) ② 방송미디어통신위원회는 제1항에 따른 재제출명령을 이행하지 아니하는 자에게 대통령령으로 정하는 매출액의 1천분의 3 이내의 범위에서 하루당 금액을 정하여 이행강제금을 부과할 수 있다. 다만, 매출액이 없거나 매출액의 산정이 곤란한 경우에는 하루당 200만원 이내의 범위에서 이행강제금을 부과할 수 있다.

〈전기통신사업법〉 제52조의2(금지행위 관련 조치에 대한 이행강제금) ① 과학기술정보통신부장관은 제52조제1항에 따른 명령(이하 이 조에서 "시정조치명령"이라 한다)을 받은 후 시정조치명령에서 정한 기간에 이를 이행하지 아니하는 자에 대하여 매출액의 1천분의 3 이내의 범위에서 하루당 금액을 정하여 이행강제금을 부과할 수 있다. 이 경우 매출액의 산정기준은 위반행위와의 관련성, 위반행위의 기간 · 횟수 등을 고려하여 대통령령으로 정한다.

1. 이행강제금의 의의

이행강제금(履行强制金)은 작위의무, 부작위의무, 수인 의무의 불이행 시에 일정 액수의 금전이 부과될 것임을 의무자에게 미리 계고(戒告)함으로써 의무이행을 확보하기 위한 강제 수단으로서[344] 이행강제금은 집행벌이라고도 불리고 있다. 이행강제금은 위반행위에 대한 제재로서 형벌인 벌금형이 아니며 장래에 의무이행을 확보하기 위한 강제수단일 뿐이고 행정상 명령의 실행을 위한 집행수단으로 이해된다.[345] 또한 이행강제금은 처벌이라는 의미보다 의무의 이행이라는 의미를 가지므로 과태료와 성질을 달리하기 때문에 과태료나 형벌과 병과될 수 있는 것으로 해석된다.[346]

2. 이행강제금의 주요 내용

가. 시정명령 위반에 대한 이행강제금

전기통신사업법은 이 법 제13조(이행강제금)에 따른 이행강제금의 부과 · 납부 · 환급 등에 필요한 사항은 대통령령으로 정한다고 규정하고 있다(전기통신사업법 제13조제4항).

(1) 시정명령 위반에 대한 이행강제금의 부과대상 등

전기통신사업법은 과학기술정보통신부장관은 이 법 제10조(기간통신사업자의 주식 취득

344) 이행강제금은 시정명령의 불이행이라는 과거의 위반행위에 대한 제재가 아니라, 시정명령을 이행하지 않고 있는 건축주 등에 대하여 다시 상당한 이행 기간을 부여하고 그 기한 안에 시정명령을 이행하지 않으면 이행강제금이 부과된다는 사실을 고지(告知)함으로써 의무자에게 심리적 압박을 주어 시정명령에 따른 의무의 이행을 간접적으로 강제하는 행정상의 간접강제 수단에 해당한다. 대법원 2016. 7. 14. 선고 2015두46598 판결.

345) 홍정선, 신행정법특강, 박영사(2018), p397.

346) 이행강제금은 일정 기한까지 의무를 이행하지 않을 때에는 일정한 금전적 부담을 과할 뜻을 미리 계고함으로써 의무자에게 심리적 압박을 주어 장래에 그 의무를 이행하게 하려는 행정상 간접적인 강제집행 수단의 하나로서 과거의 일정한 법률 위반행위에 대한 제재로서의 형벌이 아니라 장래의 의무이행의 확보를 위한 강제 수단일 뿐이어서 범죄에 대하여 국가가 형벌권을 실행한다고 하는 과벌에 해당하지 아니하므로 헌법 제13조제1항이 금지하는 이중처벌금지의 원칙이 적용될 여지가 없다. 헌법재판소 2011. 10. 25. 선고 2009헌바140.

등에 관한 공익성심사)제5항, 같은 법 제12조(초과소유 주주에 대한 제한 등) 제2항 또는 제18조(사업의 양수 및 법인의 합병 등)제8항에 따른 명령(이하 이 조에서 "시정명령"이라 한다)을 받은 후 시정명령에서 정한 기간에 이를 이행하지 아니하는 자에 대하여 이행강제금을 부과할 수 있는데, 이 경우 하루당 부과할 수 있는 이행강제금은 그 소유한 주식 매입가액의 1천분의 3 이내로 하되, 주식 소유와 관련되지 아니한 사항인 경우에는 1억원 이내의 금액으로 한다고 규정하고 있으며(전기통신사업법 제13조제1항), 전기통신사업법 시행령은 과학기술정보통신부장관은 이 법 제13조(이행강제금)에 따른 이행강제금의 금액을 정할 때에는 시정명령 불이행의 사유, 시정명령 불이행으로 취득하게 되는 이익의 규모 등을 고려하여야 한다고 규정하고 있다(동법 시행령 제18조제1항). 한편, 전기통신사업법 시행령은 과학기술정보통신부장관은 이 법 제13조에 따른 이행강제금을 부과하려는 경우에는 1일당 이행강제금의 금액, 부과 사유, 납부기한 및 수납기관, 이의제기의 방법 및 기관 등을 구체적으로 밝혀 서면으로 알려야 한다고 규정하고 있다(동법 시행령 제18조제3항).

(2) 시정명령 위반에 대한 이행강제금의 부과대상 기간

전기통신사업법은 이 법 제13조(이행강제금)제1항에 따른 이행강제금의 부과대상 기간은 시정명령에서 정한 이행기간의 종료일 다음 날부터 시정명령을 이행하는 날까지로 하는데, 이 경우 이행강제금의 부과는 특별한 사유가 있는 경우를 제외하고는 시정명령에서 정한 이행기간의 종료일 다음 날부터 30일 이내에 하여야 한다고 규정하고 있으며(전기통신사업법 제13조제2항), 전기통신사업법 시행령은 이 법 제13조제2항에 따른 시정명령을 이행하는 날은 나음, 1. 주식의 처분인 경우는 주권(株券) 교부일, 2. 계약 내용의 변경인 경우는 변경된 계약 체결일, 3. 공공의 이익을 해치는 행위의 중지인 경우는 해당 행위가 중지된 날, 4. 조건 이행의 경우는 해당 조건의 이행을 완료한 날의 구분에 따른다고 규정하고 있다(동법 시행령 제18조제2항).

(3) 시정명령 위반에 대한 이행강제금의 납부와 징수 등

전기통신사업법 시행령은 이 법 시행령 제18조(이행강제금의 부과 및 납부 등)제3항에 따라 통지를 받은 자는 그 통지를 받은 날부터 30일 이내에 이행강제금을 내야 하나, 다만, 천재지변이나 그 밖의 부득이한 사유로 그 기한까지 이행강제금을 낼 수 없는 경우에는 그 사유가 없어진 날부터 30일 이내에 내야 한다고 규정하고 있으며(전기통신사업법 시행령 제18조제4항), 과학기술정보통신부장관은 이행강제금을 징수할 때에 시정명령에서 정한 기간의 종료일부터 90일이 지난 후에도 시정명령이 이행되지 아니하는 경우에는 그 종료일부터 기산하여 90일이 지날 때마다 이행강제금을 징수할 수 있다고 규정하고 있다(동법 시행령 제18조제5항). 한편, 전기통신사업법 시행령은 이행강제금의 독촉에 관하여는 이 법 시행령 제49조제49조(과징금의 독촉)를 준용한다고 규정하고 있으며(동법 시행령 제18조제6항), 전기통신사업법은 이행강제금의 가산금에 관하여는 이 법 제53조(금지행위 등에 대한 과징금의 부과)제5항 및 제7항을 준용한다고 규정하고 있다(동법 제13조제3항).

나. 사실조사 자료재제출명령 위반에 대한 이행강제금

전기통신사업법은 이 법 제51조의2(사실조사 자료제출명령 위반에 대한 재제출명령 및 이행강제금)제1항부터 제6항까지에서 규정한 사항 외에 이행강제금의 부과 · 납부 및 환급 등에 관한 사항은 대통령령으로 정한다고 규정하고 있으며(전기통신사업법 제51조의2제7항), 전기통신사업법 시행령은 이 법 시행령 제43조(이행강제금의 부과 · 징수 등)제1항부터 제6항까지에서 규정한 사항 외에 이행강제금의 부과 · 징수에 필요한 세부사항은 방송미디어통신위원회가 정하여 고시한다고 규정하고 있는데(동법 시행령 제43조제7항), 동 사안과 관련하여 사실조사 자료 재제출명령 불이행에 대한 이행강제금 부과 세부기준(방송미디어통신위원회 고시 제2022-9호, 2022. 5. 16.)이 제정 · 시행되고 있다.

(1) 사실조사 자료재제출명령 위반에 대한 이행강제금의 부과대상 등

(가) 사실조사 자료재제출명령 위반에 대한 이행강제금의 부과대상과 부과기준

전기통신사업법은 방송미디어통신위원회는 이 법 제51조의2(사실조사 자료제출명령 위반에 대한 재제출명령 및 이행강제금)제1항에 따른 재제출명령을 이행하지 아니하는 자에게 대통령령으로 정하는 매출액의 1천분의 3 이내의 범위에서 하루당 금액을 정하여 이행강제금을 부과할 수 있으나, 다만, 매출액이 없거나 매출액의 산정이 곤란한 경우에는 하루당 200만원 이내의 범위에서 이행강제금을 부과할 수 있다고 규정하고 있는데(전기통신사업법 제51조의2제2항), 전기통신사업법 시행령은 이 법 제51조의2제2항 본문에서 “대통령령으로 정하는 매출액”이란 방송미디어통신위원회가 같은 조 제1항에 따라 자료나 물건의 제출을 다시 명령(이하 이 조에서 "재제출명령"이라 한다)한 경우 그 재제출명령에서 정한 이행기간의 종료일이 속하는 사업연도를 기준으로 다음, 1. 직전 사업연도 말일 현재 총 사업기간이 3년 이상인 경우는 직전 3개 사업연도의 매출액을 합한 금액과, 2. 직전 사업연도 말일 현재 총 사업기간이 3년 미만인 경우는 사업개시 후 직전 사업연도 말일까지의 매출액을 합한 금액의 구분에 따른 금액을 해당 호에서 정한 매출액 합산 기간의 일수[비영업일(非營業日)을 포함한다]로 나눈 금액(이하 "하루평균매출액"이라 한다)을 말한다고 규정하고 있다(동법 시행령 제43조제1항). 한편, 전기통신사업법 시행령은 이 법 제51조의2제2항에 따른 이행강제금의 부과기준은 같은 법 시행령 [별표 4의2]와 같다고 규정하고 있다(동법 시행령 제43조제2항).

(나) 사실조사 자료재제출명령 위반에 대한 이행강제금의 부과방법

전기통신사업법은 방송미디어통신위원회는 이 법 제51조의2(사실조사 자료제출명령 위반에 대한 재제출명령 및 이행강제금)제2항에 따른 이행강제금을 부과하기 전에 이행강제금을 부과 · 징수한다는 사실을 미리 문서로 알려 주어야 한다고 규정하고 있는데(전기통신사업법 제51조의2제4항), 전기통신사업법 시행령은 방송미디어통신위원회는 재제출명령을 할 때 해당 명령에서 정한 이행기간의 종료일까지 그 명령을 이행하지 않는 경우에는 이행강제금을 부과 · 징수한다는 사실을 서면으로 알려야 한다고 규정하고 있으며(동법 시행령 제43조제3항), 방송미디어통신위원회가 이 법 제51조의2제2항에 따라 이행강제금을 부과하는 경우에는 이행강제금의 하루당 부과 금액, 부과 사유, 납부기한, 수납기관 및 이의제기 방법 · 기관 등을 명확하게 적어 서면으로 통지해야 한다고 규정하고 있다(동법 시행령 제43조제4항).

(2) 사실조사 자료재제출명령 위반에 대한 이행강제금의 부과대상 기간

전기통신사업법은 이 법 제51조의2(사실조사 자료제출명령 위반에 대한 재제출명령 및 이행강제금)제2항에 따른 이행강제금의 부과대상 기간은 재제출명령에서 정한 이행기간의 종료일 다음 날부터 재제출명령을 이행하는 날까지로 하는데, 이 경우 이행강제금의 부과는 특별한 사유가 있는 경우를 제외하고는 재제출명령에서 정한 이행기간의 종료일 다음 날부터 30일 이내에 하여야 한다고 규정하고 있다(전기통신사업법 제51조의2제3항).

(3) 사실조사 자료재제출명령 위반에 대한 이행강제금의 납부와 징수 등

전기통신사업법 시행령은 이 법 시행령 제43조(이행강제금의 부과 · 징수 등)제4항에 따라 이행강제금을 통지받은 자는 방송미디어통신위원회가 재제출명령의 이행을 완료한 날을 확인한 후 이행강제금을 확정하여 그 납부를 통지한 날부터 30일 이내에 그 이행강제금을 납부해야 하나, 다만, 천재지변이나 그 밖의 부득이한 사유로 그 기간 내에 이행강제금을 납부할 수 없는 경우에는 그 사유가 없어진 날부터 30일 이내에 납부해야 한다고 규정하고 있으며(전기통신사업법 시행령 제43조제5항), 방송미디어통신위원회는 이 법 제51조의2제2항에 따라 이행강제금을 부과한 경우 재제출명령에서 정한 이행기간의 종료일부터 30일이 경과한 후에도 재제출명령이 이행되지 않은 경우에는 그 종료일부터 기산하여 매 30일이 경과하는 날을 기준으로 하여 이행강제금을 징수할 수 있다고 규정하고 있다(동법 시행령 제43조제6항).

한편, 전기통신사업법은 방송미디어통신위원회는 재제출명령을 받은 자가 그 명령을 이행한 경우에는 새로운 이행강제금의 부과를 즉시 중지하되, 명령을 이행하기 전에 이미 부과된 이행강제금은 징수하여야 한다고 규정하고 있으며(동법 제51조의2제5항), 이행강제금의 가산금에 관하여는 이 법 제53조(금지행위 등에 대한 과징금의 부과)제5항 및 제7항을 준용한다고 규정하고 있다(동법 제51조의2제6항).

다. 금지행위 관련 조치에 대한 이행강제금

전기통신사업법은 이 법 제52조의2(금지행위 관련 조치에 대한 이행강제금)에 따른 이행강제금의 부과 · 납부 · 징수 및 이의 제기 절차 등에 관하여 필요한 사항은 대통령령으로 정한다고 규정하고 있으며(전기통신사업법 제52조의2제7항), 전기통신사업법 시행령은 이 법 시행령 제45조의3(이행강제금의 부과 등)제1항부터 제3항까지에서 규정한 사항 외에 관련 매출액의 산정 및 이행강제금의 부과에 필요한 사항은 방송미디어통신위원회가 정하여 고시한다고 규정하고 있는데(동법 시행령 제45조의3제4항), 동 사안과 관련하여 시정조치명령 불이행에 대한 이행강제금 부과 세부기준(방송미디어통신위원회 고시 제2016-12호, 2016. 11. 17.)이 제정 · 시행되고 있다.

(1) 금지행위 관련 조치에 대한 이행강제금의 부과대상 등

전기통신사업법은 과학기술정보통신부장관은 이 법 제52조(금지행위에 대한 조치)제1항에 따른 명령(이하 이 조에서 "시정조치명령"이라 한다)을 받은 후 시정조치명령에서 정한 기간에 이를 이행하지 아니하는 자에 대하여 매출액의 1천분의 3 이내의 범위에서 하루당 금액을 정하여 이행강제금을 부과할 수 있는데, 이 경우 매출액의 산정기준은 위반행위와의 관련성, 위반행위의 기간 · 횟수 등을 고려하여 대통령령으로 정한다고 규정하고 있으며(전기통신사업법 제52조의2제1항), 전기통신사업법 시행령은 이 법 제52조의2(금지행위 관련 조치에 대한 이행강제금)제1항에 따른 매출액은 해당 전기통신사업자가 같은 법 제50조(금지행위)제1항을 위반한 위반행위를 한 기간 동안 해당 위반행위로 인하여 직접적 또는 간접적으로 영향을 받는 서비스에 대한 매출액(이하 "관련 매출액"이라 한다)으로 한다고 규정하고 있다(동법 시행령 제45조의3제1항).

(2) 금지행위 관련 조치에 대한 이행강제금의 부과방법 등

전기통신사업법은 과학기술정보통신부장관은 이 법 제52조의2(금지행위 관련 조치에 대한 이행강제금)제1항에 따른 이행강제금을 부과하기 전에 이행강제금을 부과 · 징수한다는 사실을 미리 문서로 알려 주어야 한다고 규정하고 있으며(전기통신사업법 제52조의2제2항), 과학기술정보통신부장관은 이 법 제52조의2제1항에 따라 이행강제금을 부과할 때에는 이행강제금의 금액, 이행강제금의 부과 사유, 납부기한, 수납기관, 이의 제기 방법 및 이의 제기 기관 등을 적은 문서로 하여야 한다고 규정하고 있다(동법 제52조의2제3항).

한편, 전기통신사업법 시행령은 이 법 제52조의2제1항에 따른 이행강제금 부과처분을 받은 자가 그 부과처분에 대하여 이의를 제기하려는 경우에는 같은 조 제3항에 따른 이행강제금 부과처분의 고지를 받은 날부터 30일 이내에 하여야 한다고 규정하고 있다(동법 시행령 제45조의3제2항).

(3) 금지행위 관련 조치에 대한 이행강제금의 납부와 징수 등

전기통신사업법은 과학기술정보통신부장관은 최초의 시정조치명령을 한 날을 기준으로 90일마다 그 시정조치명령이 이행될 때까지 반복하여 이 법 제52조의2(금지행위 관련 조치에 대한 이행강제금)제1항에 따른 이행강제금을 부과 · 징수할 수 있다고 규정하고 있으며(전기통신사업법 제52조의2제4항), 과학기술정보통신부장관은 시정조치명령을 받은 자가 명령을 이행하면 새로운 이행강제금의 부과를 즉시 중지하되, 이미 부과된 이행강제금은 징수하여야 한다고 규정하고 있다(동법 제52조의2제5항).

한편, 전기통신사업법은 과학기술정보통신부장관은 이 법 제52조의2제1항에 따라 이행강제금 부과처분을 받은 자가 이행강제금을 기한까지 납부하지 아니하면 국세 체납처분의 예에 따라 징수한다고 규정하고 있으며(동법 제52조의2제6항), 전기통신사업법 시행령은 이행강제금의 독촉절차에 관하여는 이 법 제49조(과징금의 독촉)를 준용하는데, 이 경우 "체납된 과징금"은 "체납된 이행강제금"으로 본다고 규정하고 있다(동법 시행령 제45조의3제3항).

제6절 시정조치의 공표 등

전기통신사업법은 방송미디어통신위원회는 이 법 제50조(금지행위)제1항을 위반한 행위가 있다고 인정하면 전기통신사업자에게 다음, 7. 금지행위로 인하여 시정조치를 명령받은 "사실의 공표"의 조치를 명할 수 있다고 규정하고 있으며(전기통신사업법 제52조제1항제7호), 방송미디어통신위원회는 이 법 제32조의12(지원금의 차별 지급 금지)제1항, 제32조의13(공정한 유통 환경 조성)제2항 · 제3항 · 제5항, 제32조의14(판매점 선임에 대한 승낙 등)제1항 · 제3항 · 제5항 또는 제32조의15(이동통신단말장치 구입비용 구분 고지 등)제2항 · 제3항을 위반한 행위가 있다고 인정하면 이동통신사업자(그 계열회사를 포함한다), 대리점, 판매점 또는 이동통신단말장치 제조업자에게 다음, 5. 위반행위로 인하여 시정조치를 명령받은 "사실의 공표"의 조치를 명할 수 있다고 규정하고 있는데(동법 제51조의3제1항), 금지행위 또는 위반행위로 인하여 시정조치를 명령받은 "사실의 공표"는 강학(講學)상 명단의 공표로서, 명단(名單)의 공표(公表)[347]란 행정법상의 의무위반 또는 의무불이행이 있는 경우에 그 위반자의 성명, 위반 사실 등을 일반인에게 공개하여 명예 또는 신용에 침해를 가함으로써 심리적인 압박감을 가하여 행정법상의 의무이행을 확보하는 간접강제수단이다.

347) 박균성, 행정법강의(제15판), 박영사(2018), p412.

금지행위 또는 위반행위로 인하여 시정조치를 명령받은 사실의 공표는 전기통신사업자로 하여금 양심이나 확신에 반하여 사죄 또는 사과를 하라는 것이 아닌 단순히 금지행위를 이유로 시정조치 명령을 받았다는 객관적 내용을 신문에 게재하라는 것에 불과하므로 헌법에 위반되지 않는다는 것이 법원의 입장[348]으로 이해된다. 한편, 전기통신사업법 시행령은 과학기술정보통신부장관은 이 법 시행령 제25조(등록취소 등의 기준·절차 등)제2항에 따른 등록취소, 폐업명령 또는 사업정지 처분을 한 경우에는 그 사실을 지체 없이 공고해야 하고, 해당 전기통신사업자에게 서면으로 알려야 한다고 규정하고 있는데(동법 시행령 제25조제3항), 앞에서 설명한 바와 같이 사업정지 처분 고시(告示)에는, 1. 사업정지 대상사업자, 2. 처분사유, 3. 처분내용 등이 포함되어 있다.

제7절 벌칙

1. 벌칙의 의의

전기통신사업법은 제7장(벌칙)에서 이 법 제94조(벌칙)부터 제101조(벌칙)까지 행정형벌인 벌칙을 규정하고 있으며, 전기통신사업법은 이 법 제102조(미수범)에서 미수범을, 동법 제103조(양벌규정)에서 양벌규정을 규정하고 있다. 또한 전기통신사업법은 제7장(벌칙)에서 이 법 제104조(과태료)에 행정질서벌인 과태료를 규정하고 있다. 행정벌(行政罰)은 행정법의 간접적인 의무이행 확보 수단으로서 행정법상의 의무 위반에 대하여 제재로 부과되는 처벌이며[349], 행정벌은 형법(刑法)의 적용을 받는 행정형벌과 과태료(過怠料)인 행정질서벌로 구분된다.

348) 대법원 1994. 3. 11. 선고 93누19726 판결.

349) 홍정선, 신행정법특강, 박영사(2018), p416.

2. 행정형벌

가. 행정형벌의 의의

전기통신사업법 제7장의 벌칙(罰則) 중 이 법 제94조(벌칙)부터 제101조(벌칙)까지는 행정형벌로서, 행정형벌(行政刑罰)은 행정벌(行政罰)의 일종으로 행정 법규나 행정법상 의무를 위반한 자에게 형법에 규정되어 있는 형벌이 가해지는 것이며, 형법(刑法) 제41조(형의 종류)는 형의 종류는 다음, 1. 사형, 2. 징역, 3. 금고, 4. 자격상실, 5. 자격정지, 6. 벌금, 7. 구류, 8. 과료, 9. 몰수와 같다고 규정하고 있다(형법 제41조).

한편, 행정벌 중 행정질서벌인 과태료(過怠料)와 행정형벌의 병과(竝科) 가능성에 대하여, 1. 행정형벌과 행정질서벌은 그 목적이나 성질이 다르다고 볼 것이므로 과태료 부과 처분 후 행정형벌을 과하여도 일사부재리(一事不再理)의 원칙 또는 이중 처벌 금지의 원칙(Double jeopardy)에 반하지 않는다는 긍정설(肯定說)과, 2. 행정형벌과 행정질서벌은 모두 행정벌이므로 동일 법규 위반행위에 대하여 양자를 같이 부과할 수 없다는 부정설(否定說)이 대립하고 있는 것으로 이해된다.

대법원은 행정법상의 질서벌인 과태료의 부과 처분과 형사처벌은 그 성질이나 목적을 달리하는 것이므로 행정질서벌인 과태료를 납부한 후에 형사처벌을 한다고 하여 이를 일사부재리의 원칙에 반하는 것이라고 할 수는 없다고 판시하여[350] 긍정설을, 헌법재판소는 행정질서벌로서의 과태료는 목적과 기능이 중복되는 면이 없지 않으므로 행위를 대상으로 하여 형벌을 부과하면서 아울러 행정질서벌로서의 과태료까지 부과하는 것은 이중 처벌 금지의 원칙에 배치되어 국가 입법권의 남용으로 인정될 소지가 있다고 판시하여[351] 부정설을 취하고 있으나,[352] 행정질서벌인 과태료와 형사벌은 제재의 목적과 성질이 다르므로 병과가 가능한 것으로 생각된다.

---

350) 대법원 2000. 10. 27. 선고 2000도3874 판결.

351) 헌법재판소 1994. 6. 30. 선고 92헌바38 결정.

352) 박균성, 행정법강의 제15판, 박영사(2018), pp400~406.

나. 행정형벌의 대상

전기통신사업법은 제7장(벌칙)에서 이 법 제94조(벌칙)부터 제101조(벌칙)까지 행정형벌인 벌칙을 규정하고 있다.

(1) 전기통신사업법 제94조의 벌칙

전기통신사업법은 다음, 1. 이 법 제79조(전기통신설비의 보호)제1항을 위반하여 전기통신설비를 파손하거나 전기통신설비에 물건을 접촉하거나 그 밖의 방법으로 그 기능에 장해를 주어 전기통신의 소통을 방해한 자, 2. 이 법 제83조(통신비밀의 보호)제2항을 위반하여 재직 중에 통신에 관하여 알게 된 타인의 비밀을 누설한 자, 3. 동법 제83조제3항을 위반하여 통신이용자정보 제공을 한 자 및 그 제공을 받은 자의 어느 하나에 해당하는 자는 5년 이하의 징역 또는 2억원 이하의 벌금에 처한다고 규정하고 있다(전기통신사업법 제94조).

(2) 전기통신사업법 제95조의 벌칙

전기통신사업법은 다음, 1. 이 법 제3조(역무의 제공 의무 등)제1항을 위반하여 정당한 사유 없이 전기통신역무의 제공을 거부한 자, 2. 삭제, 3. 이 법 제6조(기간통신사업의 등록 등)제1항에 따른 등록을 하지 아니하고 기간통신사업을 경영한 자, 3의2. 이 법 제22조(부가통신사업의 신고 등)제2항에 따른 등록을 하지 아니하고 부가통신사업을 경영한 자, 4. 이 법 제20조(등록의 취소 등)제1항에 따른 등록의 일부 취소를 위반하여 기간통신사업을 경영한 자, 4의2. 이 법 제32조의17(분실 · 도난 단말장치의 수출 방지)제1항을 위반하여 분실 · 도난 단말장치를 해외로 수출하거나 수출을 목적으로 분실 · 도난 단말장치의 고유식별번호를 훼손하거나 위조 또는 변조한 자, 4의3. 이 법 제32조의18(긴급중지명령)제1항에 따른 긴급중지명령을 이행하지 아니한 이동통신사업자(그 계열회사를 포함한다) 또는 이동통신단말장치 제조업자, 4의4. 이 법 제51조의3(이동통신사업자 등에 대한 시정명령)제2항에 따른 명령을 이행하지 아니한 이동통신사업자(그 계열회사를 포함한다) 또는 이동통신단말장치 제조업자, 5. 이 법 제52조(금지행위에 대한 조치)제1항에 따른 명령을 이행하지 아니한 자, 5의2. 동법 제52조제5항에 따른 사업의 일부 정지 명령을 위반한 자, 6. 이 법 제73조(토지등의 일시 사용)제2항을 위반하여 선로등의 측량, 전기통신설비의 설치공사 또는 보전공사를 방해한 자, 7. 이 법 제83조(통신비밀의 보호)제1항을 위반하여 전기통신사업자가 취급 중에 있는 통신의 비밀을 침해하거나 누설한 자, 8. 이 법 제83조의3(통신이용자정보 제공을 받은 사실 통지업무의 대행)제8항을 위반하여 업무상 알게 된 타인의 정보를 누설하거나 업무 목적 외의 용도로 이용한 자의 어느 하나에 해당하는 자는 3년 이하의 징역 또는 1억5천만원 이하의 벌금에 처한다고 규정하고 있다(전기통신사업법 제95조).

(3) 전기통신사업법 제95조의2의 벌칙

전기통신사업법은 다음, 1. 이 법 제4조의2(장애인 통신중계서비스)제3항을 위반하여 재직 중에 알게 된 타인의 비밀을 누설한 사람, 1의2. 이 법 제22조의5(부가통신사업자의 불법촬영물 등 유통방지)제1항에 따른 불법촬영물등의 삭제 · 접속차단 등 유통방지에 필요한 조치를 취하지 아니한 자(다만, 불법촬영물등을 인식한 경우 지체 없이 해당 정보의 삭제 · 접속차단 등 유통방지에 필요한 조치를 취하기 위하여 상당한 주의를 게을리하지 아니하였거나 해당 정보의 삭제 · 접속차단 등 유통방지에 필요한 조치가 기술적으로 현저히 곤란한 경우에는 그러하지 아니하다), 1의3. 같은 법 제22조의5제2항에 따른 기술적 · 관리적 조치를 하지 아니한 자(다만, 동법 제22조의5제2항에 따른 기술적 · 관리적 조치를 하기 위하여 상당한 주의를 게을리하지 아니하였거나 동법 제22조의5제2항에 따른 기술적 · 관리적 조치가 기술적으로 현저히 곤란한 경우에는 그러하지 아니하다), 2. 이 법 제32조의4(이동통신단말장치 부정이용 방지 등)제1항제1호를 위반하여 자금을 제공 또는 융통하여 주는 조건으로 다른 사람 명의의 이동통신단말장치를 개통하여 그 이동통신단말장치에 제공되는 전기통신역무를 이용하거나 해당 자금의 회수에 이용하는 행위를 한 자, 3. 같은 법 제32조의4제1항제2호를 위반하여 자금을 제공 또는 융통하여 주는 조건으로 이동통신단말장치 이용에 필요한 전기통신역무 제공에 관한 계약을 권유 · 알선 · 중개하거나 광고하는 행위를 한 자, 3의2. 같은 법 제32조의4제1항제3호를 위반하여 「형법」 제247조(도박장소 등 개설), 제347조(사기) 및 제347조의2(컴퓨터등 사용사기)의 죄에 해당하는 행위, 「성매매알선 등 행위의 처벌에 관한 법률」 제2조(정의)제1항제2호 및 제3호에 따른 성매매알선 등 행위 및 성매매 목적의 인신매매에 이용할 목적으로 다른 사람 명의의 이동통신단말장치를 개통하여 그 이동통신단말장치에 제공되는 전기통신역무를 이용하는 행위를 한 자, 4. 이 법 제84조의2(전화번호의 거짓표시 금지 및 이용자 보호)제1항을 위반하여 다른 사람을 속여 재산상 이익을 취하거나 폭언 · 협박 · 희롱 등의 위해를 입힐 목적으로 전화(문자메시지를 포함한다)를 하면서 송신인의 전화번호를 변작하는 등 거짓으로 표시한 자, 5. 같은 법 제84조의2제2항을 위반하여 영리를 목적으로 송신인의 전화번호를 변작하는 등 거짓으로 표시하는 서비스를 제공한 자 각 호의 어느 하나에 해당하는 자는 3년 이하의 징역 또는 1억원 이하의 벌금에 처한다고 규정하고 있다(전기통신사업법 제95조의2).

(4) 전기통신사업법 제96조의 벌칙

전기통신사업법은 다음, 1. 이 법 제17조(사업의 겸업)제1항 및 같은 법 제42조(정보의 제공)제4항에 따른 승인을 받지 아니한 자, 2. 이 법 제18조(사업의 양수 및 법인의 합병 등) 제1항 각 호 외의 부분 본문에 따른 인가를 받지 아니하거나 동법 제19조(사업의 휴업 · 폐업)제1항에 따른 승인을 받지 아니한 자, 3. 같은 법 제18조제9항을 위반하여 인가를 받기 전에 통신망 통합, 임원의 임명행위, 영업의 양수, 법인의 합병 · 분할 · 분할합병이나 설비 매각 협정의 이행행위 또는 회사 설립에 관한 후속조치를 한 자, 4. 같은 법 제19조제2항 또는 이 법 제20조(등록의 취소 등)제3항에 따른 이용자 보호조치명령을 위반한 자, 5. 이 법 제22조(부가통신사업의 신고 등)제1항에 따른 신고를 하지 아니하고 부가통신사업을 경영한 자, 6. 이 법 제22조의3(특수유형부가통신사업자의 기술적 조치 등)제2항을 위반하여 정당한 권한 없이 같은 조 제1항에 따른 기술적 조치를 제거 · 변경하거나 우회하는 등의 방법으로 무력화한 자, 6의2. 이 법 제22조의5(부가통신사업자의 불법촬영물 등 유통방지)제3항을 위반하여 정당한 권한 없이 같은 조 제2항에 따른 기술적 조치를 제거 · 변경하거나 우회하는 등의 방법으로 무력화한 자, 7. 이 법 제20조(등록의 취소 등)제1항에 따른 사업정지처분을 위반한 자, 8. 이 법 제27조(사업의 등록취소 및 폐업명령 등)제1항에 따른 사업폐업명령을 위반한 자, 9. 이 법 제32조(이용자 보호)제4항 본문을 위반하여 보증보험에 가입하지 아니한 자, 9의2. 같은 법 제32조제5항제1호를 위반하여 보증보험으로 보장되는 선불통화 이용요금 총액을 넘어 선불통화서비스 이용권을 발행한 자, 9의3. 같은 법 제32조제5항제2호를 위반하여 보증보험의 보험기간을 넘어 선불통화서비스를 제공한 자, 10. 이 법 제43조(정보의 목적 외 사용 금지)를 위반하여 정보를 사용하거나 제공한 자, 10의2. 이 법 제60조의3(고유식별번호 훼손 등의 금지)을 위반하여 같은 법 제60조의2(분실 등으로 신고된 이동통신단말장치의 사용 차단)제1항 각 호의 어느 하나에 해당하는 이동통신단말장치의 사용 차단을 방해할 목적으로 이동통신단말장치의 고유식별번호를 훼손하거나 위조 또는 변조하는 자, 11. 이 법 제85조(업무의 제한 및 정지)에 따른 업무의 제한 또는 정지 명령을 이행하지 아니한 자, 12. 이 법 제86조(국제전기통신업무에 관한 승인)제2항에 따른 승인 · 변경승인 또는 폐지승인을 받지 아니한 자 각 호의 어느 하나에 해당하는 자는 2년 이하의 징역 또는 1억원 이하의 벌금에 처한다고 규정하고 있다(전기통신사업법 제96조).

(5) 전기통신사업법 제96조의2의 벌칙

전기통신사업법은 이 법 제32조의19(자료 제출 및 보관)제5항을 위반한 자는 2년 이하의 징역 또는 2천만원 이하의 벌금에 처한다고 규정하고 있다(전기통신사업법 제96조의2).

(6) 전기통신사업법 제97조의 벌칙

전기통신사업법은 다음, 1. 이 법 제10조(기간통신사업자의 주식 취득 등에 관한 공익성심사)제5항에 따른 명령을 이행하지 아니한 자, 같은 법 제12조(초과소유 주주에 대한 제한 등) 제2항(법률 제5385호 전기통신사업법중개정법률 부칙 제4조(다른 법률의 개정등)제4항에 따라 준용되는 경우를 포함한다) 또는 이 법 제18조제8항(사업의 양수 및 법인의 합병 등)에 따른 명령을 이행하지 아니한 자, 2. 같은 법 제18조제1항 각 호 외의 부분 단서에 따른 신고를 하지 아니한 자, 3. 이 법 제16조(등록 사항의 변경)에 따른 변경등록을 하지 아니한 자, 4. 이 법 제24조(사업의 양도 · 양수 등)에 따른 신고를 하지 아니한 자, 5. 이 법 제27조제1항에 따른 사업정지처분을 위반한 자, 6. 이 법 제28조(이용약관의 신고 등)제1항에 따른 신고 또는 변경신고를 하지 아니하고 전기통신서비스를 제공한 자, 7. 이 법 제30조(타인 사용의 제한) 각 호 외의 부분 본문을 위반하여 전기통신사업자가 제공하는 전기통신역무를 이용하여 타인의 통신을 매개하거나 이를 타인의 통신용으로 제공한 자의 어느 하나에 해당하는 자는 1년 이하의 징역 또는 5천만원 이하의 벌금에 처한다고 규정하고 있다(전기통신사업법 제97조).

(7) 전기통신사업법 제98조의 벌칙

전기통신사업법은 다음, 1. 이 법 제22조의4(요금신고가 필요한 부가통신서비스)제1항을 위반하여 요금 신고를 하지 아니하거나 신고한 내용과 다르게 전기통신서비스를 제공한 자, 2. 이 법 제62조(전기통신설비 설치의 신고 및 승인)제1항 본문에 따른 신고를 하지 아니하고 중요한 전기통신설비를 설치하거나 변경한 자 또는 같은 항 단서에 따른 승인을 받지 아니하고 전기통신설비를 설치한 자, 3. 이 법 제64조(자가전기통신설비의 설치)제1항에 따른 신고 또는 변경신고를 하지 아니하고 자가전기통신설비를 설치한 자, 4. 이 법 제65조(목적 외 사용의 제한 등)제1항을 위반하여 자가전기통신설비를 이용하여 타인의 통신을 매개하거나 설치한 목적에 어긋나게 이를 운용하거나 신고 또는 변경신고한 사항과 다르게 운용한 자, 5. 이 법 제66조(비상 시의 통신의 확보)제1항에 따른 전기통신업무나 그 밖에 중요한 통신업무를 취급하게 하거나 해당 설비를 다른 전기통신설비에 접속하도록 하는 명령을 위반한 자, 6. 이 법 제67조(자가전기통신설비 설치자에 대한 시정명령 등)제2항에 따른 사용정지명령 또는 같은 조 제3항에 따른 명령을 위반한 자, 7. 이 법 제82조(검사 · 보고 등)제2항에 따른 전기통신설비의 제거명령 또는 그 밖에 필요한 조치의 명령을 위반한 자의 어느 하나에 해당하는 자는 1년 이하의 징역 또는 1천만원 이하의 벌금에 처한나고 규정하고 있다(전기통신사업법 제98조).

(8) 전기통신사업법 제99조의 벌칙

전기통신사업법은 다음, 1. 이 법 제32조의12(지원금의 차별 지급 금지)제1항을 위반하여 부당하게 차별적인 지원금을 지급한 이동통신사업자, 2. 이 법 제32조의13(공정한 유통 환경 조성)제2항을 위반하여 장려금을 제공할 때 이동통신사업자(그 계열회사를 포함한다), 대리점 또는 판매점으로 하여금 이용자에게 부당하게 차별적인 지원금을 지급하도록 지시, 강요, 요구, 유도하는 등의 행위를 한 이동통신단말장치 제조업자, 3. 같은 법 제32조의13제3항을 위반하여 대리점으로 하여금 이용자에게 부당하게 차별적인 지원금을 지급하도록 지시, 강요, 요구, 유도하는 등의 행위를 하거나 특정 부가서비스 또는 요금제 등을 부당하게 차별적으로 권유하도록 하는 특약 또는 조건을 정한 이동통신사업자(그 계열회사를 포함한다), 4. 같은 법 제32조의13제5항을 위반하여 대리점 · 판매점 또는 다른 이동통신사업자에게 부당하게 특정한 이동통신단말장치 범용 가입자식별모듈의 유통과 관련된 사항을 지시, 강요, 요구, 유도하는 등의 행위를 한 이동통신사업자(그 계열회사를 포함한다), 5. 이 법 제50조(금지행위)제1항 각 호의 금지행위(동법 제50조제1항제5호의 행위 중 이용약관과 다르게 전기통신서비스를 제공하는 행위 및 같은 항 제5호의2의 행위는 제외한다)를 한 자 각 호의 어느 하나에 해당하는 자는 3억원 이하의 벌금에 처한다고 규정하고 있다(전기통신사업법 제99조).

(9) 전기통신사업법 제101조의 벌칙

전기통신사업법은 이 법 제79조(전기통신설비의 보호)제2항을 위반하여 전기통신설비를 망가뜨리거나 전기통신설비의 측량표를 훼손한 자는 100만원 이하의 벌금 또는 과료(科料)에 처한다고 규정하고 있다(전기통신사업법 제101조).

다. 미수범

(1) 미수범의 의의

형법은 범죄의 실행에 착수하여 행위를 종료하지 못하였거나 결과가 발생하지 아니한 때에는 미수범으로 처벌한다고 규정하고 있는데(형법 제25조제1항), 형법상의 미수범에는 장애미수, 불능미수, 중지미수의 세 가지 종류가 있다. 형법은 미수범의 형은 기수범보다 감경할 수 있다고 규정하고 있으며(동법 제25조제2항), 미수범을 처벌할 죄는 각칙의 해당 죄에서 정한다고 규정하고 있는데(동법 제29조), 미수범은 일반적으로 처벌되는 것이 아니라 개별적으로 처벌 규정을 둔 때 한하여 처벌받는 것으로 이해된다.[353)]

(2) 미수범의 주요 내용

전기통신사업법은 이 법 제94조(벌칙)제1호 · 제2호 및 같은 법 제95조(벌칙)제7호의 미수범은 처벌한다고 규정하고 있는데(전기통신사업법 제102조), 전기통신사업법 제94조제1호의 자는 이 법 제79조(전기통신설비의 보호)제1항을 위반하여 전기통신설비를 파손하거나 전기통신설비에 물건을 접촉하거나 그 밖의 방법으로 그 기능에 장해를 주어 전기통신의 소통을 방해한 자이며, 전기통신사업법 제94조제2호의 자는 이 법 제83조(통신비밀의 보호)제2항을 위반하여 재직 중에 통신에 관하여 알게 된 타인의 비밀을 누설한 자이다. 한편, 전기통신사업법 제95조제7호의 자는 이 법 제83조(통신비밀의 보호)제1항을 위반하여 전기통신사업자가 취급 중에 있는 통신의 비밀을 침해하거나 누설한 자이다.

---

353) 이재상, 형법총론 제4판, 박영사(2001), p355.

라. 양벌규정

전기통신사업법은 법인의 대표자나 법인 또는 개인의 대리인, 사용인, 그 밖의 종업원이 그 법인 또는 개인의 업무에 관하여 이 법 제94조(벌칙), 동법 제95조(벌칙), 동법 제95조의2(벌칙), 동법 제96조(벌칙), 동법 제96조의2(벌칙), 동법 제97조(벌칙)부터 제99조(벌칙)까지의 어느 하나에 해당하는 위반행위를 하면 그 행위자를 벌하는 외에 그 법인 또는 개인에게도 해당 조문의 벌금형을 과(科)하나, 다만, 법인 또는 개인이 그 위반행위를 방지하기 위하여 해당 업무에 관하여 상당한 주의와 감독을 게을리하지 아니한 경우에는 그러하지 아니하다고 규정하고 있는데(전기통신사업법 제103조), 전기통신사업법 제103조(양벌규정)는 양벌규정으로서 양벌규정(兩罰規定)이란 어떠한 범죄가 범해진 때에 행위자뿐만 아니라 그 행위와 일정한 관계가 있는 자연인 또는 법인인 타인에 대해서도 형을 과하도록 한 규정을 말하며 일종의 사용자 책임을 묻기 위한 것으로 이해되는데, 양벌규정에 대해서는 전통적인 대륙법계의 법인의 책임능력 부인 이론에 따라 양벌규정을 비판하는 견해가 있다.[354)]

그러나 법인의 경제적 · 사회적 활동과 기능이 강화되는 추세와 전파법의 위하력(威嚇力)을 증대시켜야 할 현실적 필요성 등을 고려할 때 이에 합당하도록 법인 등에 벌금을 병과(竝科)하는 것이 필요하다고 생각된다. 한편, 헌법재판소는 양벌규정에 대해 "형법상의 책임주의 원칙에 따라 법인의 대리인과 사용인, 기타의 종업원('종업원 등')의 범죄행위에 관해 범죄행위에 대해 비난할 근거가 되지 않는 법인의 의사결정 및 행위 구조, 즉 종업원 등이 저지른 행위의 결과에 대한 법인의 독자적인 책임에 관해 전혀 규정하지 않은 채, 단순히 법인이 고용한 종업원 등이 업무에 관해 범죄행위를 하였다는 이유만으로 법인에 대해 형사처벌을 하는 것은, 타인의 범죄에 대해 그 책임의 유무를 묻지 않고 형벌을 부과하는 것으로서, 헌법상 법치국가의 원리 및 죄형법정주의로부터 도출되는 책임주의에 위배 된다"라고 판시한 바 있다.[355)]

354) 이재상 외, 형법총론 제8판, 박영사(2015), pp97~101.

355) 헌법재판소 2012. 10. 25. 선고 2012헌가18.

3. 과태료

가. 과태료의 의의

과태료(過怠料)는 행정질서벌로서, 행정질서벌(行政秩序罰)은 행정벌(行政罰)의 일종이나 행정 법규나 행정법상 의무를 위반하여 형법(刑法)에 형의 이름이 있는 사형, 징역, 금고, 자격상실과 정지, 벌금, 구류, 과료, 몰수와 같은 형벌을 과하는 행정벌의 일종인 행정형벌(行政刑罰)과 달리[356], 행정질서벌은 일반 사회법익에 직접적인 영향을 미치지는 않으나 신고(申告) 의무 위반과 같이 행정 목적을 간접적으로 침해하는 행정 법규나 행정법상 의무 위반행위에 대해 부과되는 것으로 이해된다.[357]

행정질서벌인 과태료는 행정법의 간접적인 의무이행 확보 수단이며 과태료에 대한 일반법으로 「질서위반행위규제법」이 있는데, 질서위반행위규제법은 행정청이 질서위반행위에 대하여 과태료를 부과하고자 하는 때에는 미리 당사자(이 법 제11조(법인의 처리 등) 제2항에 따른 고용주등을 포함한다)에게 대통령령으로 정하는 사항을 통지하고, 10일 이상의 기간을 정하여 의견을 제출할 기회를 주어야 하나, 이 경우 지정된 기일까지 의견 제출이 없는 경우에는 의견이 없는 것으로 본다고 규정하고 있으며(질서위반행위규제법 제16조제1항), 행정청은 당사자가 이 법 제16조(사전통지 및 의견 제출 등)에 따른 의견 제출 기한 이내에 과태료를 자진하여 납부하고자 하는 경우에는 대통령령으로 정하는 바에 따라 과태료를 감경할 수 있다고 규정하고 있다(동법 제18조제1항).

나. 과태료의 대상

전기통신사업법은 제7장(벌칙)에서 이 법 제104조(과태료)에 행정질서벌인 과태료를 규정하고 있다.

356) 박균성, 행정법강의(제15판), 박영사(2018), p404.

357) 홍정선, 신행정법특강, 박영사(2018), pp375~379.

(1) 5,000만 원 이하의 과태료

전기통신사업법은 다음, 1. 이 법 제22조의3(특수유형부가통신사업자의 기술적 조치 등)제1항을 위반하여 기술적 조치를 하지 아니한 자, 2. 같은 법 제22조의3제6항을 위반하여 주식 또는 지분을 소유한 자, 3. 이 법 제22조의5(부가통신사업자의 불법촬영물 등 유통방지)제2항을 위반하여 기술적 · 관리적 조치를 하지 아니한 자, 4. 이 법 제51조(사실조사 등)제2항에 따른 조사를 거부 · 방해 또는 기피한 자, 5. 「대 · 중소기업 상생협력 촉진에 관한 법률」 제2조(정의)제2호에 따른 대기업 또는 대기업 계열사(「독점규제 및 공정거래에 관한 법률」 제2조(정의)제3호에 따른 계열회사를 말한다)인 전기통신사업자이거나 그 전기통신사업자에 속하여 업무를 위탁받아 취급하는 자(전기통신사업자로부터 위탁받은 업무가 전기통신사업법 제50조(금지행위)와 관련된 경우 그 업무를 취급하는 자로 한정한다)로서 같은 법 제51조(사실조사 등)제5항에 따른 자료나 물건의 제출명령 또는 제출된 자료나 물건의 일시 보관을 거부 또는 기피하거나 이에 지장을 주는 행위를 한 자, 6. 이 법 제84조의2(전화번호의 거짓표시 금지 및 이용자 보호)제3항 각 호에 따른 조치를 하지 아니한 자, 7. 「대 · 중소기업 상생협력 촉진에 관한 법률」 제2조(정의)제2호에 따른 대기업 또는 대기업 계열사인 전기통신사업자이거나 그 전기통신사업자에 속하여 업무를 위탁받아 취급하는 자로서 전기통신사업법 제92조(시정명령 등)제1항제1호(같은 법 제51조를 위반하거나 같은 조에 따른 명령을 위반한 경우만 해당한다)에 따른 시정명령을 이행하지 아니한 자의 어느 하나에 해당하는 자에게는 5천만원 이하의 과태료를 부과한다고 규정하고 있다(전기통신사업법 제104조제1항).

(2) 3,000만 원 이하의 과태료

전기통신사업법은 다음, 1. 이 법 제48조의2(전기통신번호 매매 금지)제1항을 위반하여 전기통신번호를 매매한 자, 2. 이 법 제73조(토지등의 일시 사용)제2항을 위반하여 사유(私有)의 전기통신설비 또는 토지등의 일시 사용을 정당한 사유 없이 방해한 자, 3. 이 법 제74조(토지등에의 출입)제2항을 위반하여 토지등에의 출입을 정당한 사유 없이 방해한 자, 4. 이 법 제75조(장해물등의 제거 요구)제1항에 따른 장해물등의 이전 · 개조 · 수리나 그 밖의 조치 및 같은 조 제2항에 따른 식물의 제거 요구를 정당한 사유 없이 거부한 자, 5. 삭제, 6. 이 법 제92조(시정명령 등)제1항제1호(같은 법 제32조의4(이동통신단말장치 부정이용 방지 등)제2항을 위반한 경우만 해당한다)에 따른 시정명령을 이행하지 아니한 자의 어느 하나에 해당하는 자에게는 3천만원 이하의 과태료를 부과한다고 규정하고 있다(전기통신사업법 제104조제2항).

(3) 2,000만 원 이하의 과태료

전기통신사업법은 다음, 1. 이 법 제22조의3(특수유형부가통신사업자의 기술적 조치 등)제3항을 위반하여 기술적 조치의 운영·관리 실태를 기록·관리하지 아니한 자, 1의2. 이 법 제22조의5(부가통신사업자의 불법촬영물 등 유통방지)제4항을 위반하여 기술적 조치의 운영·관리 실태를 기록·관리하지 아니한 자, 1의3. 이 법 제22조의8(국내대리인의 지정)제1항을 위반하여 국내대리인을 지정하지 아니하거나 같은 조 제2항을 위반하여 국내대리인을 지정한 자, 2. 이 법 제32조의3(전기통신역무 제공의 제한)제1항에 따른 명령을 위반하거나 같은 조 제2항을 위반하여 이의신청 절차를 통지하지 아니한 자, 3. 이 법 제44조(상호접속 등 협정의 신고 등)제2항을 위반하여 협정 체결에 대한 인가신청을 하지 아니한 자의 어느 하나에 해당하는 자에게는 2천만원 이하의 과태료를 부과한다고 규정하고 있다(전기통신사업법 제104조제3항).

(4) 1,500만 원 이하의 과태료

전기통신사업법은 다음, 1. 이 법 제32조의13(공정한 유통 환경 조성)제4항을 위반하여 대리점과의 협정에 관한 표준 협정서를 마련하여 과학기술정보통신부장관에게 신고하지 아니한 자, 2. 이 법 제44조(상호접속 등 협정의 신고 등)제1항 또는 제3항에 따른 협정 체결에 대한 신고를 하지 아니한 자, 3. 이 법 제86조(국제전기통신업무에 관한 승인)제3항 본문에 따른 신고를 하지 아니한 자의 어느 하나에 해당하는 자에게는 1천500만원 이하의 과태료를 부과한다고 규정하고 있다(전기통신사업법 제104조제4항).

(5) 1,000만 원 이하의 과태료

전기통신사업법은 다음, 1. 이 법 제10조(기간통신사업자의 주식 취득 등에 관한 공익성심사)제2항에 따른 신고를 하지 아니하거나 같은 법 제11조(위원회의 구성 및 운영 등)제3항 또는 제4항에 따른 자료의 제공 요청이나 출석명령에 따르지 아니한 자, 2. 이 법 제19조(사업의 휴업·폐업)제1항을 위반하여 기간통신사업의 휴업 또는 폐업 예정일 60일 전까지 이용자에게 알리지 아니한 자, 2의2. 이 법 제22조의3(특수유형부가통신사업자의 기술적 조치 등)제4항 또는 같은 법 제22조의5(부가통신사업자의 불법촬영물 등 유통방지)제5항에 따른 방송미디어통신위원회의 자료 제출 명령을 따르지 아니하거나 거짓으로 자료를 제출한 자, 2의3. 이 법 제22조의7(부가통신사업자의 서비스 안정성 확보 등)제3항에 따른 자료제출을 하지 아니하거나 거짓으로 자료 제출을 한 자, 2의4. 같은 법 제22조의7제4항에 따른 자료의 제출 요청에 정당한 사유 없이 따르지 아니하거나 거짓으로 자료 제출을 한 자, 3. 이 법 제26조(사업의 휴업 · 폐업 등)에 따른 신고를 하지 아니한 자, 4. 이 법 제32조(이용자 보호)제1항에 따른 이용자의 보호에 관한 의무(이용자 피해 예방 노력은 제외한다)를 위반한 자, 4의2. 같은 법 제32조제2항 후단에 따른 자료 제출 명령을 이행하지 아니한 자, 4의3. 같은 법 제32조제3항을 위반하여 계약서 사본을 송부하지 아니한 자, 4의4. 이 법 제32조의2(요금한도 초과 등의 고지)제1항에 따른 요금한도 초과 등의 고지를 하지 아니한 자, 4의5. 이 법 제32조의8(착신전환서비스)을 위반하여 신고하지 아니하거나 신고한 내용과 다르게 전기통신역무를 제공한 자, 4의6. 이 법 제32조의9(경제상의 이익 제공)제2항을 위반하여 이용자에게 경제상의 이익의 적립 현황 등을 알리지 아니한 자, 4의7. 이 법 제32조의10(기간통신사업자의 서비스 안정성 확보 등)제4항을 위반하여 보고서를 공개하지 아니한 자, 4의8. 이 법 제32조의12(지원금의 차별 지급 금지)제1항을 위반하여 부당하게 차별적인 지원금을 지급한 대리점 또는 판매점, 4의9. 이 법 제32조의13(공정한 유통 환경 조성)제8항을 위반하여 조치 결과를 방송미디어통신위원회에 알리지 아니한 자, 4의10. 같은 법 제32조의13제9항에 따른 검사를 거부 · 방해하거나 자료를 제출하지 아니한 자, 4의11. 이 법 제32조의14(판매점 선임에 대한 승낙 등)제1항에 따른 사전승낙을 받지 아니하고 대리점과 이동통신사업자와 이용자 간의 계약 체결(체결된 계약 내용을 변경하는 것을 포함한다) 등에 관한 거래를 한 자, 4의12. 같은 법 제32조의14제1항을 위반하여 이동통신사업자의 사전승낙을 받지 아니한 자와 거래를 한 자, 4의13. 같은 법 제32조의14제4항에 따라 사전승낙이 철회되었음에도 대리점과 이동통신사업자와 이용자 간의 계약 체결(체결된 계약 내용을 변경하는 것을 포함한다) 등에 관한 거래를 한 자, 4의14. 같은 법 제32조의14제5항을 위반하여 이동통신사업자의 사전승낙을 받은 사실을 게시하지 아니하거나 거짓으로 게시한 자, 4의15. 같은 법 제32조의14제6항에 따른 자료를 제출하지 아니하거나 거짓의 자료를 제출한 자, 4의16. 이 법 제32조의15(이동통신단말장치 구입비용 구분 고지 등)제1항을 위반하여 이동통신단말장치 구입비용이 이동통신서비스 이용요금과 혼동되지 아니하도록 명확하게 구분 표기하여 고지 및 청구하지 아니한 자, 4의17. 같은 법 제32조의15제2항을 위반하여 요금할인액을 지원금으로 설명하거나 표시 · 광고하여 이용자로 하여금 이동통신단말장치 구입비용을 오인하게 한 자, 4의18. 같은 법 제32조의15제3항을 위반하여 할부기간과 할부 구매 시 추가 청구되는 비용 등에 관하여 명확하게 고지하지 아니하거나 계약서상에 지원금 및 지원금 지급 조건 등을 명시하지 아니한 자, 4의19. 이 법 제32조의17(분실 · 도난 단말장치의 수출 방지)제2항을 위반하여 이동통신단말장치가 분실 · 도난 단말장치인지 여부를 확인하지 아니한 자, 4의20. 이 법 제32조의18(긴급중지명령)제1항에 따른 긴급중지명령을 이행하지 아니한 대리점 또는 판매점, 4의21. 이 법 제32조의19(자료 제출 및 보관)제1항 또는 제2항에 따른 자료를 제출하지 아니하거나 거짓의 자료를 제출한 자, 5. 이 법 제33조(손해배상)제2항을 위반하여 이용자에게 전기통신역무의 제공이 중단된 사실과 손해배상의 기준 · 절차 등을 알리지 아니한 자, 6. 이 법 제42조(정보의 제공)제4항을 위반하여 기술적 기준, 이용 및 공급 기준, 그 밖에 공정한 경쟁환경을 조성하기 위하여 필요한 기준을 공시하지 아니한 자, 6의2. 같은 법 제42조제5항을 위반하여 전기통신서비스 규격에 관한 정보를 제공하지 아니한 자, 7. 이 법 제48조(전기통신번호자원 관리계획)제3항을 위반하여 같은 조 제2항에 따라 고시한 사항을 지키지 아니한 자, 7의2. 이 법 제48조의2(전기통신번호 매매 금지)제2항에 따른 과학기술정보통신부장관의 폐쇄 또는 게시제한 명령을 이행하지 아니한 자, 8. 이 법 제51조(사실조사 등)제5항에 따른 자료나 물건의 제출명령 또는 제출된 자료나 물건의 일시 보관을 거부 또는 기피하거나 이에 지장을 주는 행위를 한 자, 8의2. 이 법 제51조의3(이동통신사업자 등에 대한 시정명령)제1항에 따른 시정명령을 이행하지 아니한 자, 8의3. 같은 법 제51조의3제2항에 따른 명령을 이행하지 아니한 대리점 또는 판매점, 9. 이 법 제56조(전기통신역무의 품질 개선 등)제3항에 따른 자료 제출명령을 이행하지 아니한 자, 10. 이 법 제64조(자가전기통신설비의 설치)제3항을 위반하여 확인을 받지 아니하고 자가전기통신설비를 사용한 자, 11. 이 법 제82조(검사 · 보고 등)제1항에 따른 검사를 거부 · 방해 또는 기피한 자, 12. 같은 법 제82조제1항에 따른 보고를 하지 아니하거나 거짓으로 보고한 자, 13. 이 법 제83조(통신비밀의 보호)제5항을 위반하여 관련 자료를 갖추어 두지 아니하거나 거짓으로 기재하여 갖추어 둔 자, 14. 같은 법 제83조제7항을 위반하여 중앙행정기관의 장에게 통신이용자정보 제공 사실 등이 기재된 대장의 내용을 알리지 아니한 자, 15. 이 법 제84조의2(전화번호의 거짓표시 금지 및 이용자 보호)제4항에 따른 자료의 열람 · 제출 및 검사 요구에 따르지 아니하거나 거짓으로 자료제출을 한 자, 16. 이 법 제88조(통계의 보고 등)에 따른 보고 또는 자료 제출을 하지 아니하거나 거짓으로 보고 또는 자료 제출을 한 자, 17. 이 법 제92조(시정명령 등)제1항부터 제3항까지에 따른 시정명령 등을 이행하지 아니한 자의 어느 하나에 해당하는 자에게는 1천만원 이하의 과태료를 부과하고, 이 법 제104조(과태료)제5항제4호의8부터 제4호의21까지, 제8호, 제8호의2 또는 제8호의3에 해당하는 자가 대규모유통업자에 해당하는 경우에는 5천만원 이하의 과태료를 부과한다(다만, 이 법 제104조(과태료)제5항제8호 또는 제17호에 해당하는 자가 같은 법 제104조제1항제5호 · 제6호 또는 제104조제2항제6호에 해당하는 자인 경우는 제외한다)고 규정하고 있다(전기통신사업법 제104조제5항).

다. 과태료의 부과와 징수

전기통신사업법은 이 법 제104조(과태료)제1항제6호 및 제2항부터 제5항까지의 규정에 따른 과태료는 대통령령으로 정하는 바에 따라 과학기술정보통신부장관이 부과 · 징수한다고 규정하고 있는데(전기통신사업법 제104조제6항), 전기통신사업법 시행령은 이 법 제104조제1항부터 제5항까지의 규정에 따른 과태료의 부과기준은 같은 법 시행령 [별표 11]과 같다고 규정하고 있다(동법 시행령 제66조).

한편, 전기통신사업법은 다만, 이 법 제104조(과태료)제1항제1호부터 제5호까지 및 제7호, 같은 법 제104조제3항제1호, 제1호의2, 같은 법 제104조제5항제2호의2 · 제4호의2 · 제4호의8부터 제4호의14까지 · 제4호의17 · 제4호의18 · 제4호의20 · 제8호 · 제8호의3에 따른 과태료는 방송미디어통신위원회가 부과 · 징수하고, 같은 법 제104조제5항제10호에 따른 과태료는 시 · 도지사가 부과 · 징수하며, 같은 항 제4호의15 · 제4호의21 · 제17호에 따른 과태료는 과학기술정보통신부장관 또는 방송미디어통신위원회가 각각 소관 업무에 따라 부과 · 징수한다고 규정하고 있다(동법 104조제6항 단서).

제8절 손해배상

〈전기통신사업법〉 제33조(손해배상) ① 전기통신사업자는 다음 각 호의 경우에는 이용자에게 배상을 하여야 한다. 다만, 그 손해가 불가항력으로 인하여 발생한 경우 또는 그 손해의 발생이 이용자의 고의나 과실로 인한 경우에는 그 배상책임이 경감되거나 면제된다.

1. 전기통신역무의 제공이 중단되는 등 전기통신역무의 제공과 관련하여 이용자에게 손해를 입힌 경우
2. 제32조제1항에 따른 의견이나 불만의 원인이 되는 사유의 발생 및 이의 처리 지연과 관련하여 이용자에게 손해를 입힌 경우

〈전기통신사업법〉 제55조(손해배상) ① 제51조의3제1항 또는 제2항에 따른 조치가 있는 경우에 그 조치의 원인이 된 위반행위로 피해를 입은 자는 위반행위를 한 자에게 손해배상을 청구할 수 있으며, 그 위반행위를 한 자는 고의 또는 과실이 없었음을 증명하지 못하면 책임을 면할 수 없다.

② 제52조제1항에 따른 조치가 있는 경우에 금지행위로 피해를 입은 자는 금지행위를 한 전기통신사업자에게 손해배상을 청구할 수 있으며, 그 전기통신사업자는 고의 또는 과실이 없었음을 증명하지 못하면 책임을 면할 수 없다

1. 손해배상의 의의

손해배상은 타인이 고의 또는 과실로 야기(惹起)한 위법한 행위로 인해 발생한 손해를 전보(塡補)하여 손해가 없던 상태로 되돌리는 것으로서,[358] 국가나 지방자치단체 또는 공공기관의 적법한 공권력의 행사로 손실이 발생했을 경우 보상을 해주는 손실보상과 구별되는 것으로 이해된다. 한편, 전기통신사업법 제55조(손해배상)제1항에 따른 손해배상은 2025년 7월, 단말기유통법이 폐지됨에 따라 관련 조항이 전기통신사업법으로 이관된 사안으로 이해된다.

358) 김동희, 행정법 I (제19판), 박영사(2013), p544.

2. 손해배상의 주요 내용

가. 전기통신사업법 제33조(손해배상)에 따른 손해배상

전기통신사업법은 전기통신사업자는 다음, 1. 전기통신역무의 제공이 중단되는 등 전기통신역무의 제공과 관련하여 이용자에게 손해를 입힌 경우와, 2. 이 법 제32조(이용자 보호)제1항에 따른 의견이나 불만의 원인이 되는 사유의 발생 및 이의 처리 지연과 관련하여 이용자에게 손해를 입힌 경우에는 이용자에게 배상을 하여야 하나, 다만, 그 손해가 불가항력으로 인하여 발생한 경우 또는 그 손해의 발생이 이용자의 고의나 과실로 인한 경우에는 그 배상책임이 경감되거나 면제된다고 규정하고 있는데(전기통신사업법 제33조제1항), 앞에서 설명한 바와 같이 전기통신 서비스가 화재(火災), 통신시설의 고장(故障) 등으로 인해 전기통신 서비스의 장애(障碍)가 발생했다면 전기통신사업자는 이용자에게 그 손해를 배상하여야 할 것이나, 만일 장애의 사유가 전기통신 서비스제공사업자가 통제할 수 없는 자연재해 등에 의한 불가항력(不可抗力, Force majeure)인 것이라면 그 손해배상의 범위가 제한될 수 있을 것으로 해석된다.

나. 전기통신사업법 제55조(손해배상)에 따른 손해배상

전기통신사업법은 이 법 제51조의3(이동통신사업자 등에 대한 시정명령)제1항 또는 제2항에 따른 조치가 있는 경우에 그 조치의 원인이 된 위반행위로 피해를 입은 자는 위반행위를 한 자에게 손해배상을 청구할 수 있으며, 그 위반행위를 한 자는 고의 또는 과실이 없었음을 증명하지 못하면 책임을 면할 수 없다고 규정하고 있으며(전기통신사업법 제55조제1항), 이 법 제52조(금지행위에 대한 조치)제1항에 따른 조치가 있는 경우에 금지행위로 피해를 입은 자는 금지행위를 한 전기통신사업자에게 손해배상을 청구할 수 있으며, 그 전기통신사업자는 고의 또는 과실이 없었음을 증명하지 못하면 책임을 면할 수 없다고 규정하고 있는데(동법 제55조제2항), 전기통신사업법 제55조(손해배상)는 위반행위로 피해를 입은 자 또는 금지행위로 피해를 입은자는 입증책임 없이 손해배상을 청구할 수 있으며 위반행위를 한 자 또는 금지행위를 한 전기통신사업자는 고의 또는 과실이 없었음을 증명하지 못하면 책임을 면할 수 없다고 규정하고 있으므로, 위반행위를 한 자 또는 금지행위를 한 전기통신 사업자에게 입증책임을 전환(轉換)한 조항으로 이해된다. 위반행위를 한 자 또는 금지행위를 한 전기통신사업자에 입증책임을 전환(轉換)한 것은 위반행위로 피해를 입은 자 또는 금지행위로 피해를 입은 자의 손해배상을 용이(容易)하게 하기 위한 것으로 생각된다.

제9절 청문

〈전기통신사업법〉 제89조(청문) 과학기술정보통신부장관은 다음 각 호의 어느 하나에 해당하는 처분을 하려면 청문을 하여야 한다.

1. 제20조제1항에 따른 기간통신사업자에 대한 등록의 전부 또는 일부의 취소
2. 제27조제1항에 따른 부가통신사업의 전부 또는 일부의 폐업
3. 제87조제3항에 따른 승인의 취소

청문(聽聞, Hearing)은 행정절차의 참가자가 자신을 표현할 수 있는 기회 또는 행정기관의 행위에 영향을 받거나 불이익을 받게 될 자가 자신의 의견을 밝히거나 자신을 방어할 수 있는 기회로 이해되는데,[359] 행정절차법은 "청문"이란 행정청이 어떠한 처분을 하기 전에 당사자등의 의견을 직접 듣고 증거를 조사하는 절차를 말한다고 규정하고 있다(행정절차법 제2조제5호).

전기통신사업법은 과학기술정보통신부장관은 다음, 1. 이 법 제20조(등록의 취소 등)제1항에 따른 기간통신사업자에 대한 등록의 전부 또는 일부의 취소, 2. 이 법 제27조(사업의 등록취소 및 폐업명령 등)제1항에 따른 부가통신사업의 전부 또는 일부의 폐업, 3. 이 법 제87조(기간통신역무의 국경 간 공급)제3항에 따른 승인의 취소의 어느 하나에 해당하는 처분을 하려면 청문을 하여야 한다고 규정하고 있는데(전기통신사업법 제89조), 전기통신사업법 제89조(청문)에 따른 청문은 자기 방어권을 보장하는 법치주의의 근간이 되는 제도로 생각된다.

359) 홍정선, 신행정법특강, 박영사(2018), p379.

제10절 방송미디어통신위원회의 재정과 통신분쟁조정위원회의 통신 분쟁조정

과거 전기통신사업법의 분쟁 해결 제도로는 이 법 제45조(방송미디어통신위원회의 재정)에 따른 재정(裁定)과 같은 법 제46조(분쟁의 알선)에 따른 알선(斡旋)이[360] 규정되어 있었으나, 2018년 12월 전기통신사업법 개정을 통해 기존 재정(裁定)과 알선(斡旋) 이외에 이 법 제45조의2(통신분쟁조정위원회 설치 및 구성)에 따른 통신 분쟁조정이 도입되어 2019년 6월부터 시행되었다.

1. 방송미디어통신위원회의 재정

〈전기통신사업법〉 제45조(방송미디어통신위원회의 재정) ① 전기통신사업자 상호 간에 발생한 전기통신사업과 관련한 분쟁 중 당사자 간 협의가 이루어지지 아니하거나 협의를 할 수 없는 경우 전기통신사업자는 방송미디어통신위원회에 재정(裁定)을 신청할 수 있다.

가. 방송미디어통신위원회 재정의 의의

전기통신사업법은 전기통신사업자 상호 간에 발생한 전기통신사업과 관련한 분쟁 중 당사자 간 협의가 이루어지지 아니하거나 협의를 할 수 없는 경우 전기통신사업자는 방송미디어통신위원회에 재정(裁定)을 신청할 수 있다고 규정하고 있는데(전기통신사업법 제45조제1항), 전기통신사업법 제45조(방송미디어통신위원회의 재정)에 따른 방송미디어통신위원회의 제정은 대체적 분쟁해결제도(ADR, Alternative Dispute Resolution)로 이해된다.

우리 사회가 발전함에 따라 사회 구성원 간 분쟁의 양상이 다양 · 복잡해지고 있으나

---

360) 전기통신사업법은 방송미디어통신위원회는 이 법 제45조(방송미디어통신위원회의 재정)제1항에 따른 재정신청을 받은 경우에 재정을 하기에 부적합하거나 그 밖에 필요하다고 인정하는 경우에는 분쟁사건별로 분과위원회를 구성하여 이에 관한 알선을 할 수 있다고 규정하고 있다(전기통신사업법 제46조).

소송(訴訟) 등 기존 사법적 절차는 절차적으로 매우 엄격하고 많은 시간과 비용이 요구된다는 점에서 분쟁을 원만하고 신속하게 해결하는 데 한계를 노정(露呈)하게 되었고 소송(訴訟)을 보완하고 대체하는 제도적 수단으로 등장한 것이 대체적 분쟁해결제도(ADR, Alternative Dispute Resolution)이다.[361]

대체적 분쟁해결제도는 협상 · 조정 · 중재 등의 방법을 통해 신속하고 저렴한 분쟁해결을 가능하게 하고 당사자 간 자율적인 협조를 기반으로 원만한 해결을 도모하는 제도로 생각되는데, 대체적 분쟁해결제도는 제3자의 개입 정도, 불복 절차 등의 차이에 따라 〈표 19〉와 같이 법률상 '알선(합의주선)', '조정(화해시킴)', '재정(재정결정)', '중재(중재판정)' 등으로 구분되는 것으로 이해된다.

표 19 대체적 분쟁해결제도의 비교

구분	알선(斡旋) '합의주선'	조정(調停) '화해시킴'	재정(裁定) '재정결정'	중재(仲裁) '중재판정'
제3자 개입 정도	낮음	중간	높음	매우 높음
사례	방송통신위(통신) 대한상사중재원 환경분쟁조정위	방송통신위(방송) 소비자분쟁조정위 환경분쟁조정위	방송통신위(통신) 환경분쟁조정위 특허청장	노동위원회 대한상사중재원 언론중재위
신청절차	당사자 신청	당사자 신청	당사자 신청	중재합의를 전제로 당사자 신청
준사법적 절차	미해당 (의견진술)	미해당 (의견진술, 사실확인)	해당 (의견진술, 사실조사, 변론 보장, 대심구조)	해당 (의견진술, 사실조사, 변론 보장, 대심구조)
성립여부	당사자간 합의서 작성	조정안 당사자 수락	일정기간 내 소송 미제기	중재판정이 내려진 때
효력	민사상 합의	민사상 합의, 재판상 화해	민사상 합의, 재판상 화해[362]	재판상 화해
불복	–	조정안 미수락	소송 제기	엄격한 요건이 만족되었을 경우에만 취소의 소 제기 가능

361) 권기원, 전기통신사업법 일부개정법률(안) 검토보고서, 과학기술정보방송통신위원회(2017.6.13), p8.

종래 (구)방송통신위원회(현재 방송미디어통신위원회)의 재정(裁定)은 전기통신사업자와 이용자 간 분쟁을 재정의 대상에 포함하고 있었으나 2018년 12월, 전기통신사업법 개정을 통해 전기통신사업자와 이용자 간 분쟁은 (구)방송통신위원회의 재정에서 제외(除外)시키고 2019년 6월부터 신설된 통신분쟁조정위원회의 분쟁조정 대상이 되도록 함으로써, 방송미디어통신위원회의 재정은 전기통신사업자 간의 분쟁만을 대상으로 하게 된 것으로 이해된다.

나. 방송미디어통신위원회 재정의 주요 내용

(1) 방송미디어통신위원회 재정의 신청

전기통신사업법은 전기통신사업자 상호 간에 발생한 전기통신사업과 관련한 분쟁 중 당사자 간 협의가 이루어지지 아니하거나 협의를 할 수 없는 경우 전기통신사업자는 방송미디어통신위원회에 재정(裁定)을 신청할 수 있다고 규정하고 있는데(전기통신사업법 제45조제1항), 전기통신사업법 시행령은 이 법 제45조(방송미디어통신위원회의 재정)제1항에 따라 재정(裁定)을 신청하려는 자는 재정신청서에 다음, 1. 재정신청의 개요에 관한 서류, 2. 당사자 간 협의 경과에 관한 서류, 3. 이 법 시행령 제40조(상호접속 등에 관한 협정신고 등)제1항 각 호의 서류를 첨부하여 방송미디어통신위원회에 제출하여야 하나, 다만, 이 법 시행령 제40조의3(재정신청)제1항제3호의 서류는 설비등의 제공 · 공동이용 · 도매제공 · 상호접속 · 공동사용이나 정보의 제공 등에 관한 협정의 이행 또는 손해의 배상에 관한 재정신청인 경우에만 제출한다고 규정하고 있다(동법 시행령 제40조의3제1항).

(2) 방송미디어통신위원회 재정의 접수와 처리 등

(가) 방송미디어통신위원회 재정의 접수

전기통신사업법은 방송미디어통신위원회는 이 법 제45조(방송미디어통신위원회의 재정) 제1항에 따른 재정신청을 받은 때에는 그 사실을 다른 당사자에게 통지하고 기간을 정

362) 전기통신사업법 제45조(방송미디어통신위원회의 재정)에 따른 재정의 효력은 민사상 합의이며, 재판상 화해의 효력을 갖지 않는다고 하겠다.

하여 의견을 진술할 기회를 주어야 하나, 다만, 당사자가 정당한 사유 없이 이에 따르지 아니하는 때에는 그러하지 아니하다고 규정하고 있으며(전기통신사업법 제45조제2항), 전기통신사업법 시행령은 방송미디어통신위원회는 이 법 시행령 제40조의3(재정신청)제1항에 따른 신청서류의 심사 결과 다음, 1. 첨부서류가 미비된 경우와, 2. 신청서 및 첨부서류에 적어야 할 내용이 명확하지 아니한 경우의 어느 하나에 해당하는 경우에는 적절한 기간을 정하여 그 보완을 요구할 수 있다고 규정하고 있는데(동법 시행령 제40조의3제2항), 방송미디어통신위원회는 신청인이 이 법 시행령 제40조의3제2항에 따른 기간 이내에 보완을 하지 아니하면 그 사유를 구체적으로 밝혀 그 신청서류를 되돌려 보내야 한다고 규정하고 있다(동법 시행령 제40조의3제3항).

(나) 방송미디어통신위원회 재정의 처리 등

전기통신사업법은 방송미디어통신위원회는 재정신청을 접수한 날부터 90일 이내에 재정을 하여야 하나, 다만, 부득이한 사정으로 그 기간 내에 재정을 할 수 없는 경우에는 한 번만 90일의 범위에서 방송미디어통신위원회의 의결로 그 기간을 연장할 수 있다고 규정하고 있는데(동법 제45조제3항), 방송미디어통신위원회는 이 법 제45조(방송미디어통신위원회의 재정)제3항 단서에 따라 처리기간을 연장한 경우에는 기간연장의 사유와 기한을 명시하여 당사자에게 통지하여야 한다고 규정하고 있다(동법 제45조제4항).

한편, 전기통신사업법은 방송미디어통신위원회는 재정절차의 진행 중에 한쪽 당사자가 소를 제기한 경우에는 재정절차를 중지하고 그 사실을 다른 당사자에게 통보하여야 하는데, 재정신청 전에 이미 소가 제기된 사실이 확인된 경우에도 같다고 규정하고 있다(동법 제45조제5항).

1) 분쟁의 알선

전기통신사업법은 방송미디어통신위원회는 이 법 제45조(방송미디어통신위원회의 재정)제1항에 따른 재정신청을 받은 경우에 재정을 하기에 부적합하거나 그 밖에 필요하다고 인정하는 경우에는 분쟁사건별로 분과위원회를 구성하여 이에 관한 알선을 할 수 있다고 규정하고 있다(전기통신사업법 제46조).

2) 출석 요구와 의견 청취 등

전기통신사업법은 방송미디어통신위원회는 재정사건의 처리를 위하여 필요하다고 인정하는 경우에는 당사자의 신청 또는 직권으로 다음, 1. 당사자 또는 참고인에 대한 출석의 요구 및 의견 청취, 2. 감정인에 대한 감정의 요구, 3. 분쟁사건과 관계있는 문서 또는 물건의 제출 요구 및 제출된 문서나 물건의 영치(領置)의 행위를 할 수 있다고 규정하고 있으며(전기통신사업법 제47조제1항), 이 법 제47조(출석 요구 및 의견 청취 등)제1항, 같은 법 제45조(방송미디어통신위원회의 재정) 및 제46조(분쟁의 알선)에서 규정한 사항 외에 방송미디어통신위원회의 재정 및 알선의 절차 등에 관하여 필요한 세부사항은 방송미디어통신위원회가 정하여 고시한다고 규정하고 있는데(동법 제47조제2항), 동 사안과 관련하여 방송미디어통신위원회 재정 및 알선 등에 관한 규정(방송미디어통신위원회 고시 제2024-5호, 2024. 5. 21.)이 제정 · 시행되고 있다.

(3) 방송미디어통신위원회 재정문서의 송달과 효력 등

방송미디어통신위원회는 이 법 제45조(방송미디어통신위원회의 재정)제1항에 따른 재정신청에 대하여 재정을 한 경우에는 지체 없이 재정문서를 당사자에게 송달하여야 한다고 규정하고 있는데(전기통신사업법 제45조제6항), 전기통신사업법 시행령은 방송미디어통신위원회의 재정은 문서로 하여야 한다고 규정하고 있으며(동법 시행령 제40조의4제1항), 이 법 시행령 제40조의4(재정서)제1항에 따른 재정서에는 주문 및 그 이유와 재정 날짜를 적고 방송미디어통신위원회 위원장과 회의에 참석한 위원이 서명날인한 후 당사자에게 송달하여야 한다고 규정하고 있다(동법 시행령 제40조의4제2항).

전기통신사업법은 방송미디어통신위원회의 재정문서의 정본(正本)이 당사자에게 송달된 날부터 60일 이내에 해당 재정의 대상인 사업자 간 분쟁을 원인으로 하는 소송이 제기되지 아니하거나 소송이 취하된 경우 또는 양쪽 당사자가 방송미디어통신위원회에 재정의 내용에 대하여 분명한 동의의 의사를 표시한 경우에는 당사자 간에 그 재정의 내용과 동일한 합의가 성립된 것으로 본다고 규정하고 있는데(동법 제45조제7항), 전기통신사업법 제45조(방송미디어통신위원회의 재정)에 따른 방송미디어통신위원회의 재정의 효력은 민사상 합의로서 재판상 화해(和解)의[363] 효력을 갖지 않는 것으로 이해된다.

---

363) 민사소송법은 화해, 청구의 포기 · 인낙을 변론조서 · 변론준비기일조서에 적은 때에는 그 조서는 확정판결과 같은 효력을 가진다고 규정하고 있는데(민사소송법 제220조), 재판상의 화해란 소송계속 중 소송물인 권리관계에 대하여 당사자 쌍방의 합의가 성립하여 당사자 쌍방의 합의를 조서화하면 소송이 종결되는 것으로서 조서에 기재한 당사자 간의 합의는 확정판결과 동일한 효력이 있는 것으로 이해된다. 이시윤, 신민사소송법, 박영사(2018), pp513~514.

2. 통신분쟁조정위원회의 통신 분쟁조정

〈전기통신사업법〉 제45조의2(통신분쟁조정위원회 설치 및 구성) ① 방송미디어통신위원회는 전기통신사업자와 이용자 사이에 발생한 다음 각 호의 어느 하나에 해당하는 분쟁을 효율적으로 조정하기 위하여 통신분쟁조정위원회(이하 "분쟁조정위원회"라 한다)를 둘 수 있다.

1. 제33조에 따른 손해배상과 관련된 분쟁
2. 이용약관(제28조제1항 및 제2항에 따라 신고하거나 인가받은 이용약관에 한정되지 아니한다)과 다르게 전기통신서비스를 제공하여 발생한 분쟁
3. 전기통신서비스 이용계약의 체결, 이용, 해지 과정에서 발생한 분쟁
4. 전기통신서비스 품질과 관련된 분쟁
5. 전기통신사업자가 이용자에게 이용요금, 약정 조건, 요금할인 등의 중요한 사항을 설명 또는 고지하지 아니하거나 거짓으로 설명 또는 고지하는 행위와 관련된 분쟁
6. 앱 마켓에서의 이용요금 결제, 결제 취소 또는 환급에 관한 분쟁
7. 그 밖에 대통령령으로 정하는 전기통신역무에 관한 분쟁

가. 통신 분쟁조정의 의의

전기통신사업법은 방송미디어통신위원회는 전기통신사업자와 이용자 사이에 발생한 다음 각 호의 어느 하나에 해당하는 분쟁을 효율적으로 조정하기 위하여 통신분쟁조정위원회(이하 "분쟁조정위원회"라 한다)를 둘 수 있다고 규정하고 있는데(전기통신사업법 제45조의2제1항), 전기통신사업법 제45조의2(통신분쟁조정위원회 설치 및 구성)에 따른 통신분쟁조정위원회의 통신 분쟁조정 또한 앞에서 설명한 방송미디어통신위원회의 재정과 같이 대체적 분쟁해결제도(ADR, Alternative Dispute Resolution)로 이해된다.

앞에서 설명한 대체적 분쟁조정제도(ADR, Alternative Dispute Resolution) 중 하나인 조정(調停, Mediation)은 중립적인 제3자가 분쟁 현안에 개입하여 분쟁 당사자들 간의 협상과 문제해결에 있어 도움을 주는 방식이며, 재정(裁定, Arbitration)은 조정에 비해 보다 강제성을 갖는 분쟁 해결 방식으로서 분쟁 사안에 대한 사실조사 및 심문(審問) 등을 통하여 법률적인 판단인 재정결정을 내리는 준(準)사법절차로 이해된다.[364] 한편, 앞에서

364) Laura Cooper, Dennis Nolan, et al, ADR in the Workplace(American Casebook Series), West

설명한 바와 같이 과거 전기통신사업법에는 대체적 분쟁조정제도로 이 법 제45조(방송미디어통신위원회의 재정)에 따른 재정(裁定)과 같은 법 제46조(분쟁의 알선)에 따른 알선(斡旋)만이 규정되어 있었으나, 재정(裁定)은 처리 기간이 길고 절차가 복잡하여 이용자의 소규모 분쟁을 처리하는 데 어려움이 있고 다수의 이용자가 유사한 피해를 당했을 때 효율적으로 피해를 구제할 수 없다는 논란이 지속적으로 제기되었으며, 또한 사업자와 소비자 간 분쟁조정에 관한 일반법인 「소비자기본법」 제60조(소비자분쟁조정위원회의 설치)에서 분쟁조정 제도를 규정하고 있기는 하나, 통신과 방송 분야의 전문성이 부족하여 효과적 처리에 한계가 있다는 지적도 제기되어 왔다. 이러한 논란을 해소하기 위해 통신 분야에서의 전기통신사업자와 이용자 간의 분쟁에 관한 사항을 2018년 12월 전기통신사업법의 개성을 통해 기존 방송미니어동신위원회의 재정(裁定)에서 2019년 6월 신설된 통신분쟁조정으로 〈표 20〉과 같이 이관(移管)된 것으로 이해된다.

표 20 재정과 통신 분쟁조정

구분	재정(裁定) 제도 (전기통신사업법 제45조)	통신 분쟁조정 제도 (전기통신사업법 제45조의2)
담당기관	방송미디어통신위원회	통신분쟁조정위원회 (방송미디어통신위원회 산하)
대상	전기통신사업자 간 분쟁	전기통신사업자와 이용자 간 분쟁
효력	민사상 합의	민사상 합의

나. 통신 분쟁조정의 대상

전기통신사업법은 방송미디어통신위원회는 전기통신사업자와 이용자 사이에 발생한 다음, 1. 이 법 제33조(손해배상)에 따른 손해배상과 관련된 분쟁, 2. 이용약관(이 법 제28조(이용약관의 신고 등)제1항 및 제2항에 따라 신고하거나 인가받은 이용약관에 한정되지 아니한다)과 다르게 전기통신서비스를 제공하여 발생한 분쟁, 3. 전기통신서비스 이용계약의 체결, 이용, 해지 과정에서 발생한 분쟁, 4. 전기통신서비스 품질과 관련된 분쟁, 5. 전기통신사업자가 이용자에게 이용요금, 약정 조건, 요금할인 등의 중요한 사항을 설명 또는 고지하지 아니하거나 거짓으로 설명 또는 고지하는 행위와 관련된 분쟁,

Academic Publishing(3rd Edition, February 6, 2014), pp7~21.

6. 앱 마켓에서의 이용요금 결제, 결제 취소 또는 환급에 관한 분쟁, 7. 그 밖에 대통령령으로 정하는 전기통신역무에 관한 분쟁의 어느 하나에 해당하는 분쟁을 효율적으로 조정하기 위하여 통신분쟁조정위원회(이하 "분쟁조정위원회"라 한다)를 둘 수 있다고 규정하고 있다(전기통신사업법 제45조의2제1항).

다. 통신분쟁조정위원회 설치와 구성 등

(1) 통신분쟁조정위원회의 설치와 구성

전기통신사업법은 통신분쟁조정위원회는 방송미디어통신위원회 위원장이 지명하는 통신분쟁조정위원회 위원장 1명을 포함하여 30명 이하의 통신분쟁조정위원회 위원으로 구성하되, 이 중 5명은 상임위원으로 한다고 규정하고 있는데(전기통신사업법 제45조의2제2항), 전기통신사업법 시행령은 이 법 제45조의2(통신분쟁조정위원회 설치 및 구성)제1항에 따른 통신분쟁조정위원회(이하 "분쟁조정위원회"라 한다)는 위원장 1명을 포함한 상임위원 5명과 비상임위원으로 구성한다고 규정하고 있으며(동법 시행령 제40조의5제1항), 통신분쟁조정위원회의 위원장 등 상임위원은 이 법 제45조의2제3항에 따른 위원 중 방송미디어통신위원회 위원장이 지명한다고 규정하고 있다(동법 시행령 제40조의5제2항).

(2) 통신분쟁조정위원회의 위원장

전기통신사업법 시행령은 통신분쟁조정위원회 위원장은 통신분쟁조정위원회를 대표하고, 통신분쟁조정위원회의 업무를 총괄한다고 규정하고 있으며(전기통신사업법 시행령 제40조의5제4항), 통신분쟁조정위원회 위원장이 부득이한 사유로 직무를 수행할 수 없는 경우에는 통신분쟁조정위원회 위원 중에서 방송미디어통신위원회 위원장이 지명하는 사람이 그 직무를 대행한다고 규정하고 있다(동법 시행령 제40조의5제5항). 한편, 전기통신사업법은 통신분쟁조정위원회 위원장은 재적위원 3분의 1 이상이 요구하거나 통신분쟁조정위원회 위원장이 필요하다고 인정하는 경우에 분쟁조정위원회의 회의를 소집하고, 그 의장이 된다고 규정하고 있다(동법 제40조의5제6항).

(3) 통신분쟁조정위원회의 위원

(가) 통신분쟁조정위원회 위원의 자격과 임기 등

전기통신사업법은 통신분쟁조정위원회 위원은 다음, 1. 대학이나 공인된 연구기관에서 부교수 이상 또는 이에 상당하는 직에 재직하고 있거나 재직하였던 사람, 2. 판사·검사 또는 변호사로 5년 이상 재직한 사람, 3. 공인회계사로 5년 이상 재직한 사람, 4. 4급 이상의 공무원 또는 이에 상당하는 공공기관의 직에 있거나 있었던 사람으로서 전기통신과 관련된 업무에 실무경험이 있는 사람, 5. 그 밖에 전기통신에 관한 지식과 경험이 풍부한 사람의 어느 하나에 해당하는 사람 중에서 방송미디어통신위원회 위원장이 방송미디어통신위원회의 동의를 받아 성별을 고려하여 위촉한다고 규정하고 있으며(전기통신사업법 제45조의2제3항), 전기통신사업법 시행령은 방송미디어통신위원회 위원장은 통신분쟁조정위원회 위원 중 결원이 생긴 때에는 이 법 제45조의2(통신분쟁조정위원회 설치 및 구성)제3항에 따라 보궐위원을 위촉해야 하는데, 이 경우 보궐위원의 임기는 전임위원 임기의 남은 기간으로 한다고 규정하고 있다(동법 시행령 제40조의5제3항). 한편, 전기통신사업법은 통신분쟁조정위원회 위원의 임기는 2년으로 하되, 한 차례만 연임할 수 있다고 규정하고 있다(동법 제45조의2제4항).

(나) 통신분쟁조정위원회 위원의 신분보장과 제척·기피·회피

통신분쟁조정위원회의 통신 분쟁조정은 준사법(準司法)적 절차이므로 조정의 독립성과 공정성이 보장되어야 하는 점 등을 고려하여 전기통신사업법은 통신분쟁조정위원회 위원의 신분보장과 제척·기피·회피를 규정하고 있는데, 제척(除斥)은 구체적 사건에 대하여 법률에 규정되어 있는 사유에 해당하는 때에 배제(排除)시키는 제도이고, 기피(忌避)는 공정을 기대하기 어려운 사정이 있는 경우 당사자의 신청을 통하여 배제시키는 제도이며, 회피(回避)는 스스로 제척 또는 기피 사유가 있는 때 자발적으로 배제하는 제도로 이해된다.

1) 통신분쟁조정위원회 위원의 신분보장

전기통신사업법은 통신분쟁조정위원회의 위원은 자격정지 이상의 형을 선고받거나 심신상의 장애로 직무를 수행할 수 없는 경우 또는 이 법 제45조의4(위원의 제척·기피·회피)제1항의 사유에 해당함에도 회피하지 아니하는 경우를 제외하고는 그의 의사에 반하여 면직되거나 해촉되지 아니한다고 규정하고 있다(전기통신사업법 제45조의3).

2) 통신분쟁조정위원회 위원의 제척·기피·회피

전기통신사업법은 통신분쟁조정위원회의 위원은 다음, 1. 위원 또는 그 배우자나 배우자였던 사람이 그 사건의 당사자가 되거나 그 사건에 관하여 공동의 권리자 또는 의무자의 관계에 있는 경우, 2. 위원이 그 사건의 당사자와 친족관계에 있거나 있었던 경우, 3. 위원이 그 사건에 관하여 증언, 감정, 법률자문을 한 경우, 4. 위원이 그 사건에 관하여 당사자의 대리인으로서 관여하거나 관여하였던 경우의 어느 하나에 해당하는 경우에는 분쟁조정위원회에 신청된 분쟁조정사건(이하 이 조에서 "사건"이라 한다)의 심의 · 의결에서 제척(除斥)된다도 규정하고 있으며(전기통신사업법 제45조의4제1항), 당사자는 위원에게 공정한 심의 · 의결을 기대하기 어려운 사정이 있으면 분쟁조정위원회에 기피신청을 할 수 있고, 분쟁조정위원회는 의결로 이를 결정하는데, 이 경우 기피 신청의 대상인 위원은 그 의결에 참여하지 못한다고 규정하고 있다(동법 제45조의4제2항). 한편, 전기통신사업법은 위원이 이 법 제45조의4(위원의 제척 · 기피 · 회피)제1항의 사유에 해당하는 경우에는 스스로 그 사건의 심의 · 의결에서 회피하여야 하고, 같은 법 제45조의4제2항에 해당하는 경우에는 스스로 심의 · 의결에서 회피할 수 있다고 규정하고 있다(동법 제45조의4제3항).

(4) 사무국과 소위원회의 설치와 운영 등

(가) 사무국의 설치와 운영 등

전기통신사업법은 방송미디어통신위원회는 통신분쟁조정위원회의 업무를 지원하기 위하여 필요한 경우에는 방송미디어통신위원회 소속으로 사무국을 둘 수 있다고 규정하고 있으며(전기통신사업법 제45조의2제5항), 그 밖에 통신분쟁조정위원회 및 이 법 제45조의2(통신분쟁조정위원회 설치 및 구성)제5항에 따른 사무국의 구성과 운영 등에 필요한 사항은 대통령령으로 정한다고 규정하고 있다(동법 제45조의2제6항).

(나) 소위원회의 설치와 운영 등

전기통신사업법 시행령은 통신분쟁조정위원회는 심의를 효율적으로 수행하기 위하여 필요하다고 인정하면 소위원회를 설치 · 운영할 수 있다고 규정하고 있는데(동법 제40조의6제1항), 소위원회는 통신분쟁조정위원회 위원장이 통신분쟁조정위원회 위원 중에서 지명한 6명 이내의 위원으로 구성한다고 규정하고 있으며(동법 시행령 제40조의6제2항), 소위원회의 위원장은 소위원회 위원 중에서 통신분쟁조정위원회 위원장이 지명한다고 규정하고 있다(동법 시행령 제40조의6제3항).

라. 통신 분쟁조정의 절차 등

(1) 통신 분쟁조정의 신청 등

전기통신사업법은 전기통신에 관한 분쟁의 조정을 원하는 자는 대통령령으로 정하는 사항을 기재하여 분쟁조정위원회에 조정을 신청할 수 있다고 규정하고 있는데(전기통신사업법 제45조의5제1항), 전기통신사업법 시행령은 이 법 제45조의5(분쟁조정 절차)제1항에 따라 분쟁의 조정을 신청하려는 자는 다음, 1. 신청인과 피신청인의 성명 및 주소(당사자가 법인인 경우에는 법인의 명칭, 주된 사무소의 소재지, 그 대표자의 성명 및 주소를 말한다), 2. 대리인이 있는 경우에는 그 성명 및 주소, 3. 신청의 취지 및 이유의 사항이 기재된 서면을 분쟁조정위원회에 제출(전자문서에 의한 제출을 포함한다)해야 한다고 규정하고 있으며(동법 시행령 제40조의8제1항), 이 법 시행령 제40조의8(분쟁조정의 신청 등)제1항에 따른 서면에는 다음, 1. 분쟁조정 신청의 원인 및 사실을 증명하는 서류, 2. 대리인이 신청하는 경우 그 위임장, 3. 그 밖에 분쟁조정에 필요한 증거서류 또는 자료의 서류를 첨부해야 한다고 규정하고 있다(동법 시행령 제40조의8제2항).

(가) 대표자의 선정

전기통신사업법 시행령은 다수의 당사자는 공동으로 분쟁의 조정을 신청하는 경우 신청인 중 3인 이내의 대표자를 선정할 수 있다고 규정하고 있는데(전기통신사업법 제40조의9제1항), 통신분쟁조정위원회 위원장은 공동으로 분쟁의 조정을 신청한 자가 이 법 시행령 제40조의9(대표자의 선정)제1항에 따른 대표자를 선정하지 않은 경우 대표자를 선정할 것을 권고할 수 있다고 규정하고 있으며(동법 시행령 제40조의9제2항), 신청인은 대표자를 선정하거나 변경하는 경우에는 그 사실을 지체 없이 통신분쟁조정위원회 위원장에게 통지해야 한다고 규정하고 있다(동법 시행령 제40조의9제3항).

(나) 분쟁당사자의 지위승계

전기통신사업법 시행령은 통신분쟁조정위원회는 조정절차가 종료되기 전에 당사자가 사망하거나 능력의 상실 또는 그 밖의 사유로 절차를 진행할 수 없는 경우에는 법령에 따라 그 지위를 승계한 자로 하여금 당사자의 지위를 승계하게 할 수 있다고 규정하고 있는데(전기통신사업법 시행령 제40조의10제1항), 이 법 시행령 제40조의10(분쟁당사자의 지위승계)제1항에 따라 당사자의 지위를 승계하려는 자는 분쟁조정위원회에 서면으로 지위승계를 신청해야 한다고 규정하고 있으며(동법 시행령 제40조의10제2항), 통신분쟁조정위원회는 이 법 시행령 제40조의10제2항에 따른 신청을 받으면 지체 없이 심사하여 승계 여부를 결정하고, 그 내용을 신청한 자에게 서면으로 통지해야 한다고 규정하고 있다(동법 시행령 제40조의10제3항).

(2) 통신 분쟁조정의 접수와 처리 등

(가) 통신 분쟁조정의 접수

전기통신사업법은 통신분쟁조정위원회는 이 법 제45조의5(분쟁조정 절차)제1항에 따른 분쟁조정 신청을 받은 때에는 그 사실을 다른 당사자에게 통지하여야 한다고 규정하고 있는데(전기통신사업법 제45조의5제2항), 전기통신사업법 시행령은 통신분쟁조정위원회는 이 법 시행령 제40조의8(분쟁조정의 신청 등)제1항에 따른 통신 분쟁조정 신청에 대하여 보완이 필요하다고 인정되면 상당한 기간을 정하여 그 보완을 요구해야 하나, 이 경우 보완에 걸리는 기간은 이 법 제45조의5제6항에 따른 기간에 산입하지 않는다고 규정하고 있으며(동법 시행령 제40조의8제3항), 통신분쟁조정위원회는 이 법 시행령 제40조의8제1항에 따른 분쟁조정 신청의 접수일, 사건번호 등을 지체 없이 당사자에게 통보하고, 당사자와 분쟁의 구체적인 내용을 관리대장에 기록해야 한다고 규정하고 있다(동법 시행령 제40조의8제4항).

(나) 통신 분쟁조정의 처리 등

1) 의사·의결 정족수와 절차 등의 비공개

전기통신사업법 시행령은 통신분쟁조정위원회의 회의는 재적위원 과반수의 출석으로 개의하고, 출석위원 과반수의 찬성으로 의결한다고 규정하고 있으며(전기통신사업법 시행령 제40조의5제7항), 통신분쟁조정위원회의 조정절차 및 조정결과는 공개하지 않으나, 다만, 통신분쟁조정위원회가 필요하다고 인정하는 경우에는 조정결과의 전부 또는 일부를 공개할 수 있다고 규정하고 있다(동법 시행령 제40조의12).

2) 자료제출 요구와 당사자 등의 의견청취 등

전기통신사업법은 통신분쟁조정위원회는 분쟁의 조정을 위하여 필요하다고 인정하는 경우에는 당사자, 이해관계인 등에 필요한 자료의 제출을 요구할 수 있다고 규정하고 있으며(동법 제45조의5제4항), 통신분쟁조정위원회는 당사자 또는 이해관계인이 의견을 진술하려는 경우에는 특별한 사유가 없으면 의견진술의 기회를 주어야 하나, 다만, 당사자가 정당한 사유 없이 이에 따르지 아니하는 때에는 그러하지 아니하다고 규정하고 있는데(동법 제45조의5제3항), 전기통신사업법 시행령은 통신분쟁조정위원회는 당사자 또는 이해관계인의 의견을 들을 필요가 있다고 인정되는 경우 이들에게 회의에 출석하여 의견을 진술할 것을 요청할 수 있다고 규정하고 있으며(동법 시행령 제40조의11제1항), 통신분쟁조정위원회는 이 법 시행령 40조의11(당사자 등의 의견청취)제1항에 따라 의견을 들으려는 경우에는 긴급한 경우가 아니면 의견청취 7일 전까지 시기 및 장소를 당사자 및 이해관계인에게 통지해야 한다고 규정하고 있다(동법 시행령 제40조의11제2항).

한편, 전기통신사업법 시행령은 이 법 시행령 제40조의11제2항의 통지를 받은 당사자 또는 이해관계인은 회의에 출석할 수 없는 부득이한 사유가 있으면 미리 서면(전자문서를 포함한다)으로 의견을 제출할 수 있다고 규정하고 있으며(동법 시행령 제40조의11제3항), 이 법 시행령 제40조의11제1항에 따른 요청 또는 이 법 제45조의5(분쟁조정 절차)제3항에 따라 의견을 진술하려는 자는 대리인으로 하여금 출석하여 의견을 진술하게 할 수 있다고 규정하고 있다(동법 시행령 제40조의11제4항).

3) 심사와 조정안 작성 등

전기통신사업법은 통신분쟁조정위원회는 이 법 제45조의5(분쟁조정 절차)제1항에 따라 분쟁조정 신청을 받았을 때에는 당사자에게 그 내용을 제시하고 조정 전 합의를 권고할 수 있다고 규정하고 있으며(전기통신사업법 제45조의5제5항), 통신분쟁조정위원회는 분쟁조정 신청을 접수한 날부터 60일 이내에 이를 심사하여 조정안을 작성하여야 하나 다만, 부득이한 사정이 있는 경우에는 한 차례만 30일의 범위에서 분쟁조정위원회의 의결로 처리기간을 연장할 수 있는데(동법 제45조의5제6항), 통신분쟁조정위원회는 이 법 제45조의5제6항 단서에 따라 처리기간을 연장한 경우에는 기간연장의 사유와 기한을 명시하여 당사자에게 통지하여야 한다고 규정하고 있다(동법 제45조의5제7항).

마. 직권조정 결정

(1) 직권조정 결정의 대상

전기통신사업법은 통신분쟁조정위원회는 당사자 간에 합의가 이루어지지 아니한 경우 또는 신청인의 주장이 이유 있다고 판단되는 경우에는 당사자들의 이익과 그 밖의 모든 사정을 고려하여 신청 취지에 반하지 아니하는 한도에서 분쟁조정위원회의 의결을 거쳐 직권으로 조정을 갈음하는 결정(이하 "직권조정결정"이라 한다)을 할 수 있다고 규정하고 있는데(전기통신사업법 제45조의6제1항), 직권조정결정에는 다음, 1. 분쟁 원인행위의 중지, 2. 손해배상이나 그 밖에 필요한 구제조치, 3. 같거나 유사한 분쟁 원인행위의 재발을 방지하기 위하여 필요한 조치의 사항을 포함할 수 있다고 규정하고 있다(동법 제45조의6제2항).

(2) 직권조정 결정의 절차와 효력 등

(가) 직권조정 결정의 절차와 효력

전기통신사업법은 통신분쟁조정위원회는 직권조정결정을 한 때에는 지체 없이 직권조정결정서를 작성하여야 하는데, 이 경우 직권조정결정서에는 주문(主文)과 결정 이유를 적고 이에 관여한 분쟁조정위원회의 위원 모두가 서명 또는 기명 · 날인하여야 하며, 그 정본을 지체 없이 당사자에게 송달하여야 한다고 규정하고 있으며(전기통신사업법 제45조의6제3항), 당사자가 이 법 제45조의6(직권조정결정)제3항에 따라 직권조정결정서를 송달받은 날부터 14일 이내에 서면으로 이의를 신청하거나 수락의 의사를 표시하지 아니한 경우에는 직권조정결정을 불수락한 것으로 본다고 규정하고 있다(동법 제45조의6제4항). 또한 전기통신사업법은 이 법 제45조의6제4항의 기간 내에 이의신청 또는 거부 의사가 있는 경우에는 분쟁조정위원회는 그 상대방에게 그 사실을 지체 없이 통지하여야 한다고 규정하고 있다(동법 제45조의6제5항).

(나) 소위원회의 구성과 운영

전기통신사업법은 통신분쟁조정위원회는 이 법 제45조의6제1항에 따른 직권조정결정의 효율적인 업무처리를 위하여 소위원회를 둘 수 있다고 규정하고 있으며(동법 제45조의6제6항), 이 법 제45조의6제6항에 따른 소위원회의 구성 · 운영 및 그 밖에 직권조정결정에 필요한 사항은 대통령령으로 정한다고 규정하고 있다(동법 제45조의6제7항).

바. 통신 분쟁조정의 거부와 중지

전기통신사업법은 통신분쟁조정위원회는 이중으로 조정을 신청한 경우(조정결정 또는 조정종결 사건에 관하여 다시 조정을 신청한 경우도 포함한다) 또는 신청의 내용이 부적법하거나 부당한 목적으로 신청하였다고 인정되는 경우에는 조정 신청을 거부할 수 있는데, 이 경우 조정거부 사유 등을 당사자에게 알려야 한다고 규정하고 있으며(전기통신사업법 제45조의7제1항), 통신분쟁조정위원회는 조정절차 진행 중에 당사자 중 일방이 조정의 대상인 분쟁을 원인으로 하는 소를 제기하거나 조정 개시 전에 이미 소가 제기된 사실이 확인된 경우에는 그 조정절차를 중지하고 이를 당사자에게 통지하여야 하나, 다만, 소가 취하된 경우 통신분쟁조정위원회는 조정절차를 속개할 수 있다고 규정하고 있다(동법 제45조의7제2항).

사. 통신 분쟁조정의 효력 등

전기통신사업법은 통신분쟁조정위원회는 분쟁조정을 마친 때에는 조정안을 작성하여 지체 없이 당사자에게 통지하여야 한다고 규정하고 있는데(전기통신사업법 제45조의8제1항), 이 법 제45조의8(분쟁조정의 효력 등)제1항에 따른 통지를 받은 당사자는 그 통지를 받은 날부터 15일 이내에 조정안에 대한 수락 여부를 분쟁조정위원회에 알려야 하며, 이 경우 15일 이내에 당사자가 수락의 의사를 표시하지 아니한 경우에는 조정을 거부한 것으로 본다고 규정하고 있으며(동법 제45조의8제2항), 이 법 제45조의8제2항에 따라 당사자 전원이 조정안을 수락하는 경우 조정이 성립되며 분쟁조정위원회 위원장은 지체 없이 조정서를 작성하여 당사자 전원에게 송달하여야 한다고 규정하고 있다(동법 제45조의8제3항). 또한 전기통신사업법은 통신분쟁조정위원회의 위원장 및 각 당사자는 조정서에 서명 또는 기명 · 날인하여야 한다고 규정하고 있다(동법 제45조의8제4항).

한편, 전기통신사업법은 이 법 제45조의8(분쟁조정의 효력 등)제4항에 따라 당사자가 강제집행을 승낙하는 취지의 내용이 기재된 조정서에 서명 또는 기명 · 날인한 경우 조정서의 정본은 「민사집행법」 제56조(그 밖의 집행권원)에도[365] 불구하고 집행력 있는 집행권원과 같은 효력을 가지나, 다만, 청구에 관한 이의의 주장에 대하여는 「민사집행법」 제44조(청구에 관한 이의의 소)제2항을[366] 적용하지 아니한다고 규정하고 있는데(동법 제45조의8제5항), 전기통신사업법 제45조의8(분쟁조정의 효력 등)에 따른 조정서에 대하여 재판상 화해(和解)와 같은 효력을 인정하고 있지 않은 것으로 이해된다.

최초 전기통신사업법 개정(안)에서는 (구)방송통신위원회(현재 방송미디어통신위원회)의 재정(裁定)에 대해서는 민사상 합의의 효력을 인정하고 조정서에 대해서는 재판상 화해의 효력을 인정하고자 하였으나, 대심구조(對審構造)로 진행되는 준사법절차(準司法節次)를 거치고 규범적 판단이 이루어지는 재정(裁定)에 대해서는 민사상 합의의 효력을 부여하면서 분쟁 당사자들 간의 협상과 문제해결에 있어 도움을 주는 방식인 조정(調停)에 대해서는 재판상의 효력을 부여하는 것이 대체적 분쟁해결제도 구조의 균형에 맞지 않는 측면이 있을 뿐만 아니라, 방송미디어통신위원회가 직접 수행하는 재정에는 민사상 합의의 효력을 부여하면서 방송미디어통신위원회의 산하에 설치된 통신분쟁조정위원회가 수행하는 조정에 재판상 화해를 부여하는 것에 대한 문제가 제기되었다.[367]

또한 통신분쟁조정위원회의 분쟁조정 대상은 전문성과 지식을 가지는 대등한 사업자들 상호 간에 발생한 분쟁이 아닌 업무에 대한 전문성이나 지식이 부족한 이용자와 전기통신사업자 사이의 분쟁이므로 일반적으로 이용자인 국민은 단순히 전기통신사업자와 민사상 합의를 한다는 의사로 통신분쟁조정위원회의 조정에 임하는 것이지 통신 분쟁조정이 확정된 때 더 이상 소송을 제기할 수 없다는 재판상 화해의 효력이 있다는 점까지

---

365) 민사집행법은 강제집행은 다음, 1. 항고로만 불복할 수 있는 재판, 2. 가집행의 선고가 내려진 재판, 3. 확정된 지급명령, 4. 공증인이 일정한 금액의 지급이나 대체물 또는 유가증권의 일정한 수량의 급여를 목적으로 하는 청구에 관하여 작성한 공정증서로서 채무자가 강제집행을 승낙한 취지가 적혀 있는 것, 5. 소송상 화해, 청구의 인낙(認諾) 등 그 밖에 확정판결과 같은 효력을 가지는 것 가운데 어느 하나에 기초하여서도 실시할 수 있다고 규정하고 있다(민사집행법 제56조).

366) 민사집행법은 채무자가 판결에 따라 확정된 청구에 관하여 이의하려면 제1심 판결법원에 청구에 관한 이의의 소를 제기하여야 한다고 규정하고 있으며(민사집행법 제44조제1항), 이 법 제44조(청구에 관한 이의의 소)제1항의 이의는 그 이유가 변론이 종결된 뒤(변론 없이 한 판결의 경우에는 판결이 선고된 뒤)에 생긴 것이어야 한다고 규정하고 있다(동법 제44조제2항).

367) 강병훈, 전기통신사업법 일부개정법률안(대안) 검토보고서, 법제사법위원회(2016.6.17.), pp7~9.

인식하면서 조정에 임하는 것은 아니며, 사기나 강요 등에 의하여 조정이 성립될 개연성을 배제할 수 없어서 법관에 의한 재판을 받을 기회를 부여할 필요가 있으므로 통신분쟁조정위원회의 조정에 재판상 화해의 효력까지 부여하는 것은 바람직하지 않다는 의견에 따라 재판상 화해(和解)가 아닌, 전기통신사업법 제45조의8(분쟁조정의 효력 등)제5항의 "당사자가 강제집행을 승낙하는 취지의 내용이 기재된 조정서에 서명 또는 기명·날인한 경우 조정서의 정본은 「민사집행법」 제56조에도 불구하고 집행력 있는 집행권원과 같은 효력을 가진다. 다만, 청구에 관한 이의의 주장에 대하여는 「민사집행법」 제44조제2항을 적용하지 아니한다."와 같이 최종적인 입법이 된 것으로 이해된다.

아. 통신 분쟁조정의 종결

전기통신사업법은 통신 분쟁조정은 다음, 1. 이 법 제45조의5(분쟁조정 절차)제5항에 따른 합의 권고를 통하여 합의가 이루어진 경우, 2. 통신분쟁조정위원회가 해당 조정사건에 대하여 당사자 간 합의가 이루어질 가능성이 없다고 인정하는 경우, 2의2. 이 법 제45조의6(직권조정결정)에 따라 직권조정결정이 이루어진 경우, 3. 이 법 제45조의7(분쟁조정의 거부 및 중지)에 따라 통신분쟁조정위원회가 조정을 거부한 경우, 4. 당사자가 이 법 제45조의8(분쟁조정의 효력 등)제2항에 따라 지정 기간 내에 조정안에 대한 수락의 의사를 표시하지 아니하거나 수락 거부의 의사를 표시한 경우, 5. 같은 법 제45조의8제3항에 따라 조정이 성립된 경우, 6. 조정의 대상인 분쟁을 원인으로 하는 소송의 판결이 확정된 경우의 어느 하나에 해당하는 경우에는 종결된다고 규정하고 있으며(전기통신사업법 제45조의9제1항), 통신분쟁조정위원회는 이 법 제45조의9(조정의 종결)제1항에 따라 조정이 종결되었을 때에는 종결 사실과 그 이유를 적시하여 당사자에게 통지하여야 한다고 규정하고 있다(동법 제45조의9제2항).

참고자료 및 질문

1. **EU Digital Market Act(EU 디지털 시장법).** EU(European Union, 유럽연합)의 디지털 시장법은 개인정보 보호의 강화, 이용자 데이터에 대한 접근성 제고, 보다 경쟁적이고 공정한 디지털 산업과 시장 환경의 조성을 위한 것으로서, 2020년 12월 발의되어 2022년 7월 유럽 의회(European parliament)를 통과하였고 2024년 3월부터 시행되었다.[368] EU 디지털 시장법은 이용자의 수, 시장 영향력 등 여러 기준에

따라 대형 온라인 플랫폼을 게이트 키퍼(Gate keeper)로 정의하고 구체적인 준수사항들을 제시하고 있는데, 게이트 키퍼는 시장에 대한 영향력이 큰 기업으로서 EU 역내 시장에 상당한 영향을 미치며 최종 이용자에게 도달하는 중요한 통로(Gateway)의 역할을 하는 핵심 플랫폼 서비스를 운영하는 한편, 견고하고 지속적인 지위를 보유하거나 장래에 이러한 지위를 보유할 것으로 예상되는 경우 지정되는 것으로 이해된다. 또한 EU 디지털 시장법은 타 기업에 대한 공정한 서비스 접근을 보장하기 위한 결합판매·자사우대·최혜국 대우 요구의 금지 확대, 광고주에 대한 광고효과 측정에 필요 데이터 제공, 이용자의 동의 없는 게이트 키퍼 자체의 서비스·플랫폼 간 이용자 데이터 공유 금지 등의 내용을 포함하고 있다.[369]

2. EU Digital Service Act(EU 디지털 서비스법). EU(European Union, 유럽연합)의 디지털 서비스법은 온라인 플랫폼 서비스 제공자의 정보서비스에 대한 투명성을 강화하고 온라인 플랫폼 서비스 이용자들의 개인정보를 보호하기 위한 것으로서, 2020년 12월 발의되어 2022년 7월 유럽 의회(European parliament)를 통과하였고 2023년 8월부터 시행되었다.[370] EU 디지털 서비스 법은 디지털 온라인 환경의 도래와 온라인 플랫폼의 세계화로 인해 나타나고 있는 개인정보의 유출, 불법 콘텐츠와 가짜 뉴스의 확산 등의 문제를 해결하고 디지털 서비스 이용자의 기본권을 보장하기 위하여 제정된 것으로 이해된다. EU 디지털 서비스법은 정보전송 방식과 기능에 따라 단순 전달 서비스(Mere conduit service), 캐싱 서비스(Caching service), 호스팅 서비스(Hosting service), 온라인 플랫폼(Online platform), 초대형 온라인 플랫폼·초대형 온라인 검색엔진(Very large online platform·Very large search engine)으로 대상 사업자를 분류하고 있다. 또한 EU 디지털 서비스법은 다크패턴(Dark pattern)[371] 금지, 미성년자에 대한 온라인 맞춤형 광고 규제, 민감정보를 활용한 이용자 타켓팅(Targeting) 광고 금지와 같은 온라인 광고의 투명성 향상, 추천 시스템의 투명성 적용 확대 등 강화된 투명성 의무 부여와 개인정보 유출, 저작권 침해, 불법적 혐오 표현 등 EU의 법에 저촉되는 불법 콘텐츠에 대한 대응 의무 강화 등의 내용을 포함하고 있다.

3. EU GDPR(General Data Protection Regulation, EU 개인정보 보호법). EU(European Union, 유럽연합)의 개인정보보호에 대한 일반법인 GDPR(General Data Protection Regulation)은 2016년 제정되어 2018년 5월부터 시행되고 있다. EU GDPR은 1995년부터 시행되던 기존 Data Protection Directive(개인정보 보호지침)를 상향 입법한 것이다. 우선 EU 법체계의 Directive(지침)와 Regulation(규정) 간의 차이점을 이해할 필요가 있는데 Directive는 EU 내의 개별 회원국들에 대한 직접적인 구속력이 없어 EU 개별 회원국들은 Directive의 내용을 반영하여 각각 입법을 하거나 기존 법을 개정해야 하나, Regulation은 EU 내의 개별 회원국에 직접적인 구속력을 갖게 되는 점에서 큰 차이가 있다고 하겠다. 한편, EU GDPR은 자연인에 관한 기본권과 자유를 보호하고 EU 역내(域內)에서 개인정보의 자유로운 이동을 보장하기 위한 것을 목적으로 하며(GDPR Article 1), 서문(Preamble) 173항과 총 11장

(Chapter)[372] 99조(Article)로 구성되어 있다. EU GDPR은 EU 내에 사업장(Establishment)을 운영하며 개인정보를 처리하거나 EU 시민에게 재화, 서비스를 제공 또는 EU 시민의 EU 내의 행동을 모니터링하는 경우 적용대상이 되는데(GDPR Article 3), 즉 EU GDPR은 국적이 아닌 정보주체의 위치를 기준으로 적용되는 것으로 이해된다. 또한 EU GDPR은 개인정보 처리의 7가지 원칙으로, 1. 적법성과 공정성 및 투명성, 2. 목적의 제한, 3. 개인정보 처리의 최소화, 4. 정확성, 5. 보유기간의 제한, 6. 무결성과 기밀성, 7. 책임성을 제시하고 있다(GDPR Article 5). 한편 EU GDPR은 과징금(Administrative fines)을 대폭 상향하였는데, 1. 일반적인 위반의 경우 전 세계 연간 매출액의 2% 이내 또는 1천만 유로 이내 중 높은 금액을, 2. 중대한 위반의 경우 전 세계 연간 매출액의 4% 이내 또는 2천만 유로 이내 중 높은 금액을 과징금으로 부과할 수 있도록 하였다(GDPR Article 83).

4. EU Artificial Intelligence Act(EU의 인공지능법). EU(European Union, 유럽연합)의 인공지능에 대한 일반법인 EU 인공지능법(EU Artificial Intelligence Act)은 2024년 3월 EU의 입법기관인 유럽의회(European parliament)를 통과하고 2024년 5월 EU의 집행기관인 유럽연합 이사회(Council of the European Union)의 승인을 받아 2024년 8월 발효되었다. EU 인공지능법의 시행일은 발효일로부터 2년 후인 2026년 8월이나 일부 조항들은 시행이 순차적으로 진행된다. 우선 발효 6개월 후인 2025년 2월에는 제1장인 총칙(General Provisions)과 제2장인 금지된 인공지능 관행(Prohibited Artificial Intelligence Practices)이 시행되고 발효 1년 후인 2025년 8월에는 제3장인 고위험 인공지능 시스템(High-Risk AI System) 중 제4절인 통보기관과 피통보대상(Notifying authorities and notified bodies), 제5장인 범용 인공지능 모형(General-Purpose AI Models), 제7장인 거버넌스(Governance), 제12장인 벌칙(Penalties) 중 제101조인 범용 인공지능 모형의 제공자(공급자)에 대한 벌금(Fines for Providers of General-Purpose AI models)은 제외하고 제12장과 제78조인 비밀준수(Confidentiality)가 시행되는 한편 마지막으로 이 법 제6조제1항인 고위험 인공지능 시스템의 분류규칙(Classification rules for High-Risk AI systems) 및 이 규정에 상응하는 의무들은 3년 후인 2027년 8월부터 시행되게 된다(EU AI Act Article 113). EU 인공지능법은 서문(Preamble) 180항과 총 13장(Chapter)[373], 113조(Article) 및 13개의 부속서(Annex)로 구성되어 있다. EU 인공지능법은 세계 최초로 인공지능 규제를 위해 마련된 포괄적인 법체계로서 EU GDPR이 전 세계 개인정보 보호법 체계와 규제에 지대한 영향을 미친 것과 같이 다른 국가들의 인공지능의 규제에 큰 영향을 미칠 것으로 생각된다. EU 인공지능법은 위험기반(Risk-based) 규율 체계로서의 특징을 보이고 있는데 EU 인공지능법은 인공지능에 대한 위험을 수용 불가(Unacceptable risk), 고위험(High-Risk), 제한된 위험(Limited risk), 최소 위험(Minimal risk)의 4가지 단계로 구별하고 규제 내용과 수준이 다르게 적용되도록 입법되었다. 한편, EU 인공지능법은 개인정보 보호에 대한 기본권은 특히 유럽 의회와 이사회의 규정인 EU GDPR에 따라 보호된다고 규정하고 있다.[374]

368) 유럽연합(EU) 27개국 전역에서 7일(현지시간)부터 이른바 '빅테크 갑질'을 규제하는 디지털시장법(DMA)이 전면 시행된다. DMA는 거대 플랫폼 사업자의 시장 지배력 남용을 방지하고자 일정한 규모의 플랫폼 사업자를 '게이트 키퍼'로 지정, 특별 규제하는 법이다. DMA는 거대 플랫폼 사업자의 시장 지배력 남용을 방지하고자 일정한 규모의 플랫폼 사업자를 '게이트 키퍼'로 지정, 특별 규제하는 법이다. 구글 모회사 알파벳, 틱톡 모회사 바이트댄스를 비롯해 아마존, 애플, 메타, 마이크로소프트 등 6곳이 게이트 키퍼로 지정됐다. EU는 6개사가 각각 운용 중인 운영 체제, 소셜미디어(SNS), 검색엔진, 온라인 광고 서비스 등 총 20여개 서비스에 대한 별도 의무 사항을 부여했다. 우선 지정 기업들은 외부 앱 및 대체 앱스토어 설치 등 자사 플랫폼과 제3자 서비스 간 상호 운용을 허용해야 한다. 서비스 운용을 통해 획득한 데이터의 결합 · 이전 · 광고 활용 행위나 자사 서비스를 경쟁업체보다 더 잘 노출되도록 하는 '우대행위'가 금지된다. 구글, 메타처럼 여러 서비스를 운용하는 기업은 이용자 동의 없이 특정 플랫폼에서 개인정보를 획득한 뒤 이를 자사의 다른 플랫폼의 맞춤형 광고에 활용하는 관행도 규제 대상이다. 의무 위반 시 과징금 액수는 천문학적이다. 전 세계 연간 총매출액의 최대 10%가 과징금으로 부과될 수 있고 반복적으로 위반하면 이 비율이 20%까지 올라갈 수 있다. 정빛나 연합뉴스 기자, EU 디지털시장법 오늘 전면 시행…'빅테크 갑질' 막을까, 2024.3.7.(https://www.yna.co.kr/view/AKR20240306163700098).

369) 예를 들면, 게이트키퍼는 신원 확인 서비스 · 웹브라우저 엔진 · 결제 서비스 관련 기술 등을 결합 판매할 수 없고, 자사가 제공하는 재화 · 용역의 순위 관련 색인화(indexing)와 크롤링(Crawling)을 더 유리하게 취급해서는 안되는 한편, 순위에 투명하고 공정하며 비차별적인 조건을 적용해야 한다. 또한 게이트키퍼는 다른 사업자가 게이트키퍼의 온라인 중개 서비스를 통해 제공하는 것과 다른 가격 · 조건으로 최종 이용자에게 동일한 재화 · 용역을 제공하는 것을 방해할 수 없으며, 게이트키퍼의 운영체제 · 가상비서 · 웹브라저의 기본 설정을 최종이용자가 쉽게 변경할 수 있도록 허용하고 기술적으로 가능하게 해야 할 의무가 있는 한편, 광고주 등 에게 온라인 광고 관행에 관한 투명한 가격 및 보수 정보와 함께 성과 측정에 필요한 데이터에 대한 접근을 제공하여야 한다. 이와 함께 최종 이용자가 개별적으로 동의하지 않은 경우 개인정보를 결합하기 위해 게이트키퍼의 다른 서비스에 최종 이용자의 데이터 공유를 할 수 없다.

370) 지난 8. 25. EU의 디지털서비스법(Digital Services Act, 이하 "DSA")이 예정대로 시행되었습니다. 2020. 12. EU 집행위원회가 제안하고, 2022. 7. 의회의 최종승인을 받아 약 3년의 시간이 지난 후 시행된 것이지만, 각종 디지털 사업자들을 대상으로 광범위한 규제와 높은 과징금 부과 제도를 갖추고 있어 그 파급효과가 어디까지 미칠지 예상하기 어렵습니다. 게다가 이번 시행은 선제적으로 거대 규모의 빅테크 기업들을 대상으로 적용되는 것이고, 내년부터는 규모와 관계없이 적용될 예정입니다. 더 이상 디지털 세계는 일상과 떼려야 뗄 수 없는 곳이 된 만큼, EU에서 시행되는 법률이지만 이미 EU 외 지역에까지 영향력을 행사할 것이라는 예측이 나오고 있습니다. 법률신문, EU Digital Services Act (DSA) 본격 시행, 2024.8.30.(https://www.lawtimes.co.kr/LawFirm-NewsLetter/191283).

371) 다크패턴(Dark Pattern)이란 이용자를 속이기 위해 교묘하게 설계된 사용자 인터페이스(UI)를 말한다. 애플리케이션(앱)이나 쇼핑몰 등 웹사이트에서 이용자를 상대로 무료 또는 할인 가격으로 서비스를 제공한 뒤, 사전고지 없이 자동 결제를 하는 식이다. 이렇게 소비자를 기만하기 때문에, 다크패턴은 '눈속임 설계'라고도 부른다. 이런 눈속임 설계의 또 다른 사례로는 이용약관 글씨 크기를 조정해, 소비자가 제대로 된 판단을 할 수 없게 유도하는 경우도 있다. 예컨대 사업자에 유리한 선택지는 눈에 잘 보일 수 있도록 큰 문자, 화려한 색상으로 표기하고, 소비자에게 불리한 선택지는 잘 안 보이게 해놓는 식이다. 여기에 '마케팅 알람 수신'을 기본으로 설정하게 한 뒤, 지속해서 메시지를 보내는 유형의 앱도 있다. 한국소비자원 자료에 따르면 다크패턴 소비자 피해상담 건수는 2017년 36건에서 2021년 51건(42%)으로 늘었다. 피해 유형별로는 소비자의 의사에 반한 자동결제가 97건으로 가장 많았다. 온라인 콘텐츠 등의 이용해지 방해(80건), 가격 총액을 제대로 표시하지 않는 행위(16건), 상품

이 1개밖에 남아 있지 않다고 하여 소비자에게 구매 충동을 일으키게 하는 압박 판매(11건) 순이었다. 반면 다크패턴 피해에 대한 구제는 같은 기간 22건으로 전체 피해상담 건수의 10%에 불과했다. 소비자원 관계자는 "다크패턴은 소비자가 독립적이고 자율적인 의사결정을 하지 못하도록 정보의 비대칭, 정보의 제한 등을 이용한다는 점이 특징"이라고 설명했다. 한승곤 아시아 경제 기자, [뉴스속 용어]눈속임 설계 '다크패턴', 2023.1.12.(https://www.asiae.co.kr/article/2023011209114539856).

372) 총 11장의 구체적인 내용을 설명하면, 1. 제1장은 총칙(General Provisions)으로 목적, 적용범위와 정의규정을, 2. 제2장은 원칙(Principle)으로 개인정보처리원칙, 처리의 적법성, 동의의 유효요건, 아동정보, 개인정보 보호법 및 범죄정보의 처리원칙을, 3. 제3장은 정보주체의 권리(Rights of the data subject)로 모든 통지 및 양식의 투명성을 보장하기 위한 개인정보처리의 투명화, 열람, 정정 및 삭제 요구권, 처리 제한권, 정보이동권, 반대권, 프로파일링 거부권을, 4. 제4장은 개인정보처리자와 개인정보취급지(Controller and Processor)로 Privacy by Design and Default, 대리인 지정, 처리활동 기록, 감독당국 협력 등 일반의무, DPIA(Data Protection Impact Assessment, 개인정보 영향평가) 및 사전협의, DPO(Data Protection Officer, 개인정보보호책임자) 지정, 행동규약 및 정보보호 인증을, 5. 제5장은 제3국 또는 국제기구로의 개인정보 이전(Transfers of personal data to third countries or international organisations)으로 적정성 결정(Adequacy Decision), 적절한 안전장치, BCRs(Binding Corporate Rules, 구속력 있는 기업규칙)을, 6. 제6장은 독립된 감독 당국(Independent Supervisory Authorities)의 독립성과 권능, 직무 권한을, 7. 제7장은 협력과 일관성(Cooperation and consistency)으로 총괄 감독기구인 EDPB(EU Data Protection Board, EU 개인정보 보호 이사회)와 EU 회원국 개별 개인정보 감독당국 간의 협력, 동 감독당국들 간 지원 및 공동활동, EDPB의 독립성과 직무를, 8. 제8장은 구제, 법적 책임 및 벌칙(Remedies, liability and penalties)으로 민원제기권, 개인정보주체의 대리, 사법적 구제절차, 과징금(Administrative fines) 및 벌칙 등을, 9. 제9장은 특정한 처리상황에 대한 규정(Provisions relating to specific processing situations)으로 표현의 자유와 개인정보 보호, 공공 자료에 대한 접근, 개인식별 번호 처리, 고용 관련 개인정보 보호, 공공의 이익과 과학기술 및 역사와 통계적 목적을 위한 개인정보 처리 특칙을, 10. 제10장은 위임입법과 이행입법(Delegated acts and implementing acts)으로 위임사항과 전문위원회 구성을, 제11장은 최종규정(Final provisions)으로 경과규정과 부칙을 규정하고 있다. ITGP, EU GDPR: An implementation and compliance guide(3rd Ed, 2019), pp1~4.

373) 총 13장의 구체적인 내용을 설명하면, 1. 제1장은 총칙(General Provisions)으로 목적, 적용범위와 정의규정, 인공지능 리터러시(AI literacy)를, 2. 제2장은 금지된 인공지능 관행(Prohibited AI Practices)으로 금지되는 인공지능 업무를, 3. 제3장은 고위험 인공지능 시스템(High-Risk AI Systems)으로 고위험 인공지능 시스템의 분류, 요건, 제공자(공급자)와 배포자(활용자) 및 기타 당사자의 의무, 통보기관과 피통보대상, 표준과 적합성 평가 및 인증과 등록 등을, 4. 제4장은 일부 인공지능 시스템 공급자(제공자)와 활용자(배포자)의 투명성 의무(Transparency obligations for providers and deployers of certain AI systems)로 사람과 상호작용하는 인공지능 시스템, 생성형 인공지능시스템(범용을 포함), 딥페이크를 생성하는 인공지능 시스템 배포자(활용자)의 의무 등을, 5. 제5장은 범용 인공지능 모형(General-Purpose AI Models)으로 분류규칙, 범용 인공지능 모형 공급자(제공자)와 시스템적인 위험을 갖는 범용 인공지능 공급자(제공자)의 의무, 실행 규범 등을, 6. 제6장은 혁신지원을 위한 조치(Measures in Support of Innovation)로 인공지능 규제 샌드박스의 구성과 기능, 인공지능 규제 샌드박스에서 공익을 위한 특정 인공지능 시스템 개발을 위한 개인 데이터의 추가 처리, 고위험 인공지능 시스템의 현장 실증, 인공지능 개발 스타트업과 중소기업을 위한 지원 조치 등을, 7. 제7장은 거버넌스(Governance)로 인공지능 사무소, 인공지능 위원회의 설립과 구조, 자문 포럼, 독립된 전문가로 구성된 과학 패널, 회원국 국내 관할 당국의 지정 등을, 8. 제8장은 고위험

인공지능 시스템을 위한 EU 데이터베이스(EU Database for High-Risk AI Systems)로 부속서(Annex) 3에 해당하는 고위험 인공지능 시스템을 위한 EU 데이터베이스의 구축과 운영을, 9. 제9장은 사후 시장관찰과 정보 공유 및 시장 감독(Post-market monitoring, Information Sharing and Market Surveillance)으로 고위험 인공지능 대상의 사후 시장 모니터링, 중대한 사고에 대한 보고와 집행 및 상호원조, 범용 인공지능 모형 공급자(제공자)에 대한 감독, 조사, 관철과 집행 등을, 10. 제10장은 행동강령과 지침(Codes of Conduct and Guidelines)으로 구체적 요건의 자발적 적용(준수)을 위한 행동강령과 EU 인공지능법 집행을 위한 집행위원회의 지침 등을, 11. 제11장은 권한의 위임과 위원회의 절차(Delegation of Power and Committee Procedure)로 위임의 행사, EU 27개 회원국의 대표와 집행위원회 의장인 조직 등을 포함하는 위원회의 절차 등을, 12. 제12장은 벌칙(Penalties)으로 벌금, EU 행정기관에 대한 과태료, 과징금 등을, 13. 제13장은 최종규정(Final provisions)으로 경과규정과 부칙을 규정하고 있다.

374) The fundamental right to the protection of personal data is safeguarded in particular by Regulations (EU) 2016/679 and (EU) 2018/1725 of the European Parliament and of the Council and Directive (EU) 2016/680 of the European Parliament and of the Council. EU AI Act Preamble (10).

제2편

전파법

제1장

왜 전파를 규제하는가?

〈전파법〉 제1조(목적) 이 법은 전파의 효율적이고 안전한 이용 및 관리에 관한 사항을 정하여 전파이용과 전파에 관한 기술의 개발을 촉진함으로써 전파 관련 분야의 진흥과 공공복리의 증진에 이바지함을 목적으로 한다.

전파법은 "이 법은 전파의 효율적이고 안전한 이용 및 관리에 관한 사항을 정하여 전파 이용과 전파에 관한 기술의 개발을 촉진함으로써 전파 관련 분야의 진흥과 공공복리의 증진에 이바지함을 목적으로 한다."라고 규정하고 있는데(전파법 제1조), 전파법은 전파 관련 산업 활성화, 기술개발, 인력 양성 등을 통한 전파 이용 촉진과 전파자원의 희소성으로 인한 필수설비 문제 완화, 전파 간 혼신과 간섭의 제거, 전자파 인체 영향과 같은 전자파 역기능 문제를 해소하기 위한 전파 이용 규제를 목적으로 제정된 것으로 이해된다.

전파(Radio Waves)는 통신과 방송을 태동시킨 원천이자 국가와 사회의 발전 및 국민 생활의 편익 증진을 위해 필수자원 중 하나이다. 전파는 이용 초기에는 라디오(Radio)와 TV(Television) 지상파 방송에 주로 이용되었으나 1980년대 이후 이동통신(Mobile Telecommunication) 기술의 발전으로 이용 방식과 시장 형태에 큰 변화가 있어 왔다. 휴대전화의 보급으로 인해 과거 음성뿐만 아니라 데이터를 활용한 문자, 채팅(Chatting), 동영상 등이 활용되는 플랫폼(Platform)이 등장하고 온라인 검색, 온라인 상거래, 온라인 금융거래 등 다양한 서비스가 전파를 기반으로 하는 네트워크를 통해 이루어짐에 따라 중요성이 더욱 커지고 있다. 또한 이동전화(Mobile phone)의 사용 확대에 따라 전자파가 인체에 부정적인 영향을 미칠지 모른다는 전자파 인체 영향에 대한 개인들의 우려와 관심이 커지고 있다.

한편, 전파를 규제하기 시작한 주요한 이유 중 하나는 전파가 누구나 자유롭게 사용할 수 없는 희소성(Scarcity)이 있는 자원이기 때문으로 이해된다. 물론 전파 기술의 발전으로 인해 보다 높고 넓은 주파수 대역(Frequency bandwidth)을 사용할 수 있게 되고 있지만 앞으로도 전파의 희소성 문제는 지속될 것으로 생각된다. 또한 전파는 특히 이동통신 산업의 경쟁을 좌우할 필수설비(Essential facility)이므로 미래에도 통신 산업의 규제에 있어 가장 중요한 정책 수단이 될 것으로 생각한다.

제1장에서는 전파법은 기술적인 이해 없이는 법령의 해석이 곤란한 점을 고려하여 전파의 개념과 특성을 설명하고 전파법 해석과 전파 정책의 기본 철학이라 할 수 있는 국가 지정 모형(Command and control model), 시장 기반 모형(Exclusive use model), 공유 모형(Common or Open access model)의 차이점을 설명하고자 한다. 또한 전파의 혼신과 간섭 방지라는 질서유지 문제, 전파의 희소성으로 인한 부족 문제, 전파 기술의 발전에 따른 시장경쟁의 활성화, 인체 영향 보호 문제 등 전파규제 정책 환경의 변화를 설명하고 전파규제와 통신과 방송시장 규제의 관계 및 차이점 등을 설명하려고 한다.

제1절 전파의 개념과 특성

1. 전파의 개념

〈전파법〉 제2조(정의) ① 이 법에서 사용하는 용어의 뜻은 다음과 같다.

1. "전파"란 인공적인 유도(誘導) 없이 공간에 퍼져 나가는 전자파로서 국제전기통신연합이 정한 범위의 주파수를 가진 것을 말한다.

전파법은 전파(電波, Radio waves)는 인공적인 유도(人工的 誘導, Artificial guidance) 없이 공간에 퍼져나가는 전자파(電磁波, Magnetic waves)로서 국제전기통신연합(ITU, International Telecommunication Union)이 정한 범위의 주파수를 말한다고 규정하고 있으

며(전파법 제2조제1항제1호), 국제전기통신연합 전파규칙(ITU-RR, ITU Radio Regulations)은 "인공적인 유도 없이 공간을 전파(傳播)하는 3,000㎓ 이하 주파수의 전자파를 말한다." 라고 전파를 정의하여[1] 규정하고 있다(ITU 전파규칙 제1조제1항제5호). 한편, 전파는 국경을 초월하여 사용되므로 국제적인 협력과 규범이 요구되는데, 「헌법」은 헌법에 의하여 체결·공포된 조약과 일반적으로 승인된 국제법규[2]는 국내법과 같은 효력을 가진다고 규정하고 있다(헌법 제6조제1항).

전파에 관한 국제전기통신연합의 전파규칙은 국제조약으로서 헌법 제6조제1항의 "헌법에 의하여 체결·공포된 조약과 일반적으로 승인된 국제법규는 국내법과 같은 효력을 가진다."에 따라 국내법인 전파법과 같은 효력을 갖으며, 전파법은 국제전기통신연합 전파규칙의 주요 내용을 계수(繼受)하고 있는 것으로 이해된다. 조약(條約)이란 단일의 문서에 의해 또는 둘 또는 그 이상의 관련 문서에 의해 구현되고 있는가에 관계없이 또한 그 특정의 명칭(名稱)에 관계없이 서면(書面)의 형식으로 국가 간에 체결되고 또한 국제법(國際法)에 의하여 규율되는 국제적 합의를 말하는데(조약법에 관한 비엔나협약 제2조), 만일 조약이 국내법과 동일한 효력을 가지면서 양자(兩者)의 관련 규정이 상충될 때에는 특별법 우선의 원칙이 적용된다고 일반적으로 이해되고 있으며, 특별법 우선의 원칙이란 일반적인 사항과 다른 특정의 경우를 한정하거나 특정의 사람 또는 지역을 한정하여 적용하는 법령인 특별법이 일반법에 대해 우선하여 적용된다는 것이다.

한편, 전파(Radio waves)와 혼동되는 전파법상의 주요한 용어가 주파수(周波數, Frequency)인데, 주파수란 전파가 공간을 진행할 때 파동이 1초 동안에 진동하는 횟수를 말하며 단위로는 ㎐(Hertz, 헤르츠)[3]를 사용한다. 주파수는 일정한 속도로 주기적으로 반복하는 상태가 1초 동안에 몇 번 발생하는지를 나타내는 수치, 즉 진동수로 이해된다.

---

1) Radio waves is electromagnetic waves of frequencies arbitrarily lower than 3,000㎓, propagated in space without artificial guide. ITU Radio Regulation, Article 1, Section I, 1.5 (Edition of 2020).

2) 일반적으로 승인된 국제법규라고 함은 국제법의 일반원칙과 국제관습법 등을 말하는 것으로서 국내입법행위 없이 자동적으로 국내법에 수용되며, 이러한 일반적으로 승인된 국제법규의 예로는 세계우편연맹 규정이나, 포로 대우에 관한 제네바협약 등을 들 수 있다. 권영성, 헌법학원론(2009년 판), 법문사(2009), p175.

3) 주파수의 단위인 ㎐(헤르츠, Hertz)는 독일의 물리학자인 Heinrich Rudolf Hertz의 이름에서 유래되었다. https://ko.wikipedia.org/wiki/%ED%97%A4%EB%A5%B4%EC%B8%A0 (2025.5.28.).

그림 48 주파수의 개념

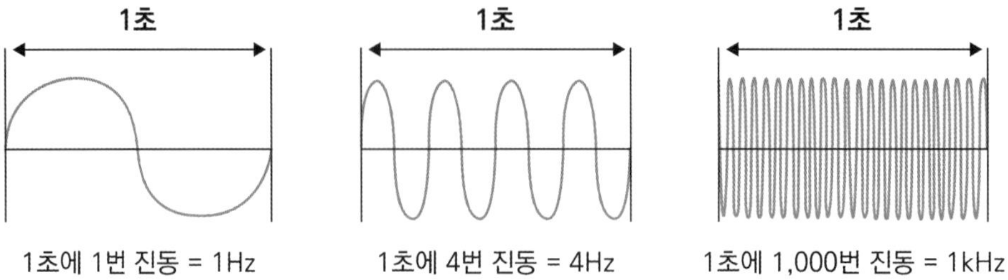

〈그림 48〉과 같이 1초 동안 진동수가 한 번인 경우는 1Hz(헤르츠), 1초 동안 진동수가 천 번인 경우는 1kHz(킬로헤르츠), 1초 동안 진동수가 백만 번인 경우는 1MHz(메가헤르츠), 1초 동안 진동수가 십억 번인 경우는 1GHz(기가헤르츠)이다.

그림 49 파장의 개념

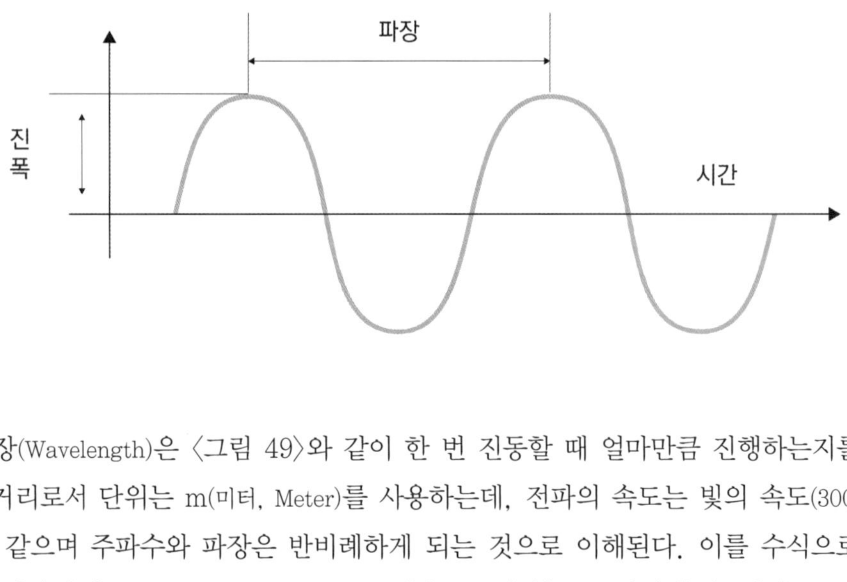

파장(Wavelength)은 〈그림 49〉와 같이 한 번 진동할 때 얼마만큼 진행하는지를 나타내는 거리로서 단위는 m(미터, Meter)를 사용하는데, 전파의 속도는 빛의 속도(300,000km/초)와 같으며 주파수와 파장은 반비례하게 되는 것으로 이해된다. 이를 수식으로 설명하면 "전파의 속도 = (300,000km/초) = 주파수 × 파장"으로 나타낼 수 있다. 주파수 대역과 파장의 길이는 반비례하기 때문에 전파는 주파수 대역이 낮을수록 파장이 길어져 장파라고 불리며 주파수 대역이 높을수록 파장이 짧아져 단파라고 불리는데, 주파수 대역과 파장의 길이에 따른 전파의 분류는 아래의 〈표 21〉과 같다.[4)]

4) ITU 전파규칙(Radio Regulations)은 3kHz 이하의 주파수 대역에 대해 규정하고 있지 않고 3kHz이상

표 21 전파의 분류

주파수 구분	주파수 범위	파장 구분	파장 범위	이용 분야
VLF	3KHz~30KHz	초장파	10,000m~100,000m	해상통신
LF	30KHz~300KHz	장파	1,000m~10,000m	항공통신
MF	300KHz~3,000KHz	중파	100m~1,000m	국제단파통신
HF	3MHz~30MHz	단파	10m~100m	아마추어무선 통신
VHF	30MHz~300MHz	초단파	1m~10m	TV, FM, 무선호출
UHF	300MHz~3,000MHz	데시미터파	0.1m~1m	이동전화
SHF	3GHz~30GHz	센티미터파	1cm~10cm	인공위성
EHF	30GHz~300GHz	밀리미터파	1mm~10mm	우주통신
THF	300GHz~3,000GHz	데시밀리미터파	0.1mm~1mm	전파천문

전파의 주파수 대역에 따른 분류가 중요한 것은 전파는 주파수 대역에 따라 다른 특성을 갖게 되고 이에 따라 이용 분야와 용도가 달라지기 때문으로 이해되며, 한편 전파법의 전파는 인공적인 유도 없이 공간에 퍼져나가는 3,000GHz 이하 주파수 대역의 전자파로 정의되고 있으나 위의 〈표 21〉에서 알 수 있듯 주파수의 대역은 실질적 이용은 3kHz부터 시작된다고 하겠다.

참고자료 및 질문

1. **전파의 역사.** 전파는 1864년 영국의 제임스 맥스웰(James Maxwell)이 Maxwell 방정식을 통해 전자기학의 기초가 마련되었고, 이탈리아의 마르코니(Marconi)가 모스 부호를 이용하여 최초의 대륙 간 무선통신에 성공함으로써 전파를 이용한 통신이 시작되었다. 한편, 전파를 이용한 방송은 1906년 12월 24일 크리스마스이브(Christmas eve)에 캐나다의 발명가인 레지날드 페센든(Reginald Fessenden)이 자신이 한 바이올린 연주(오 거룩한 밤)와 성경 구절 낭송 등을 미국 매사추세츠 주(The commonwealth of Massachusetts)에서 진행함으로써 시작되었다.[5] 전파를 이용한 통신과 방송은 진공관, 레이더, 라디오 기술 등의 발전으로 인하여 급속도로 성장하게 되었으며 1973년 미국 모토롤라(Motorola)가 개인용 휴대전화를 개발하고 미국 AT&T(American Telephone and Telegraph)가 이동전화 서비스를 개시

의 주파수 대역을 전파로 다루고 있는데, 이는 3kHz이하의 대역의 물리적 전파는 존재하나 이러한 전파에 어떠한 정보나 콘텐츠를 실어 보낼 수 없으므로 이용 가치가 없기 때문으로 이해된다. ITU Radio Regulation, Article 2, Section I, 2.1 (Edition of 2020).

한 이래 우리 생활의 필수품 중 하나가 되었다. 또한 전파는 센서(Sensor, 감지기), RFID(Radio Frequency Identification, 무선주파수인식), 전파응용 의료기기, 산업용 제어와 검침, 위성 통신 등 다양한 분야에 이용되고 있으며 앞으로도 전파의 중요성은 증대할 것으로 생각된다.

2. 전자기파, 전파, 주파수의 구분. 전자기파(電磁氣波, Electromagnetic waves)는 전기장과 자기장의 두 가지로 구성된 파동으로서 전자기파를 줄여서 전자파(電磁波)로 부르는데, 전자파는 주파수 대역이 높은 순서대로 구분되는 감마선, X선, 자외선, 가시광선, 적외선, 전파(마이크로파, 초고주파, 고주파, 저주파) 등을 포괄하는 것으로 이해된다. 앞에서 설명한 전파(電波, Radio waves)와 주파수(周波數, Frequency)는 주파수가 전파의 단위 당 진동수인 측정 단위로 개념의 정의가 되나, 전파와 주파수의 개념을 혼용하여 사용하자는 견해도 있고[6] 우리 전파법에도 두 용어가 혼재하여 사용되고는 있음에도 불구하고 전파와 주파수는 법적으로 명확히 구별되어 사용되어야 할 것으로[7] 생각된다. 왜냐하면 주파수는 전파의 물리적 특성 중 하나에 불과하나 전파는 다른 다양한 특성을 가지므로 주파수와 전파를 동일하다고 보기는 어렵기 때문에 전파법상의 주파수 분배와 할당은 전파의 일정 구역을 주파수 대역 기준에 따라 분배하고 할당하는 것으로 이해하는 것이 바람직하다고 생각한다.[8]

2. 전파의 특성

전파는 시간에 따라 변하는 전기장과 자기장의 상호작용에 따라 빛의 속도로 퍼져나가는 파동에너지로서 전파는 전파를 발사하는 송신기에서 전파를 수신하는 수신기로 직접 보내지는 직접파, 대지나 대기층 및 전리층에서 반사파 등 주변 환경에 따라 다양하게 전달된다.[9] 전파는 전달 방식에 따라 지상파와 공간파로 구분할 수 있으며, 지상파는 직접파, 반사파, 지표파, 회절파로 구분할 수 있으며, 공간파는 대류권파(굴절파와 산란파), 전리층파(반사파와 산란파)로 구분할 수 있다.

전파의 특성으로는 〈표 22〉와 같이 직진성, 반사성(Reflection), 굴절성(Refraction),

---

5) Stuart Minor Benjamin, Telecommunications Law and Policy 2nd Edition, Carolina Academic Press (2006), pp15~16.

6) 김기문, 기초 전파통신이론 및 응용, 도서출판 미래컴(2008), p21.

7) 계경문 외, 전파법 연구, 법문사(2013), p52.

8) 신종철, 전파법 해설, 진한M&B(2013), p15.

9) ETRI 전파기술연구부, 훤히 보이는 전파기술, 전자신문사(2009), p12.

간섭성, 회절성(Diffraction), 산란성 등이 있다.[10] 전파의 성질 중 하나인 직진성은 하나의 점에서 다른 점까지 최단 거리로 이동하는 성질이며, 반사성은 전파가 물질에 부딪혀 경로를 달리하는 성질이다. 또한 전파의 성질 중 하나인 굴절성은 성질이 다른 물질에 유입되어 진행할 때 진행 방향 및 진행 속도가 변하는 현상이며, 간섭성은 둘 이상의 전파가 겹치어 지면서 전파의 세기나 진동수가 다르게 보이는 성질이다. 한편, 전파의 성질 중 하나인 회절성은 전파가 장애물을 만났을 때 장애물 뒤쪽까지 돌아서 도달하는 성질이며, 산란성은 전파가 진행하다가 만난 물체 표면에서 구조 특성에 따라 사방으로 흩어지는 현상이다.[11]

표 22 전파의 특성

구분	주요 내용	
직진성	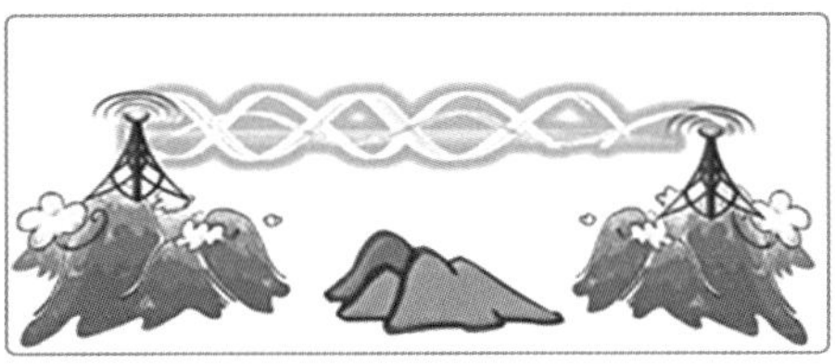	하나의 점에서 다른 점까지 최단거리로 이동하는 성질
반사성	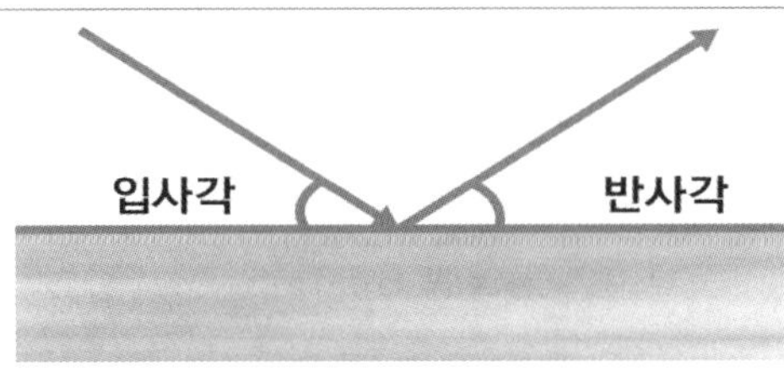	전파가 물질에 부딪혀 경로를 달리하는 현상
굴절성	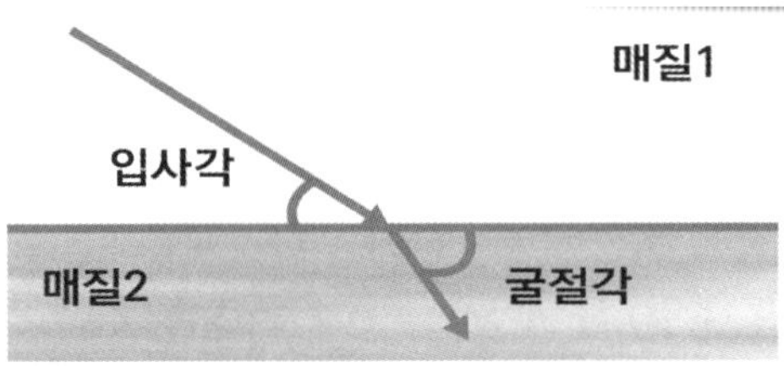	성질이 다른 물질에 유입되어 진행할 때 진행방향 및 진행속도가 변하는 현상

10) 김영수, 전파와 주파수, 전파통신과 법 포럼(2013.7.5.), pp3~5.

11) 회절성은 파장이 길수록, 즉 주파수가 낮을수록 크게 나타나며, 산란성은 평평하고 완만한 굴곡에서 적게 발생하나 뾰족한 모서리에서 많이 발생하는 현상으로 이해된다.

간섭성		둘 이상의 전파가 겹쳐지면서 전파의 세기나 진동수가 다르게 보이는 현상
회절성		전파가 장애물을 만났을 때, 장애물의 뒤쪽까지 돌아서 도달하는 성질
산란성	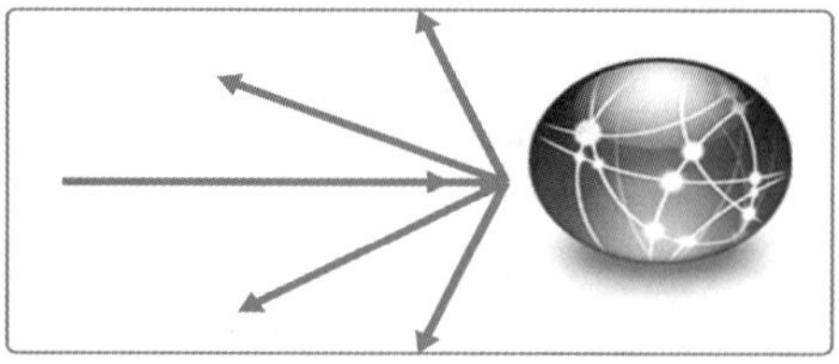	전파가 진행하다가 만난 물체 표면에서 구조 특성에 따라 사방으로 흩어지는 현상

전파의 특성이 중요한 것은 주파수 대역에 따라 전파의 성질이 다르게 나타나, 주파수 대역이 다른 성질과 경제적 용도를 갖게 되기 때문으로 이해된다. 예를 들면 주파수 대역이 높을수록 직진성이 강하고 다른 건물이나 사물에 부딪혔을 때 감쇠(減衰, Attenuation)가 심하나 대량의 정보의 전송이 가능하므로 고정통신 및 초고속 통신에 유리하나, 주파수 대역이 낮을수록 다른 건물이나 사물에 부딪혔을 때 회절성(回折性)이 강하고 감쇄(減衰)가 적으나 전송이 가능한 정보량은 적어 해상과 항공통신 등 장거리 통신에 유리하다.[12)]

12) 주파수 대역이 올라갈수록 빛(Light)의 성질을 갖게 되고 빛은 장애물에 부딪혀 그림자가 되어 지나가지 못하는 현상을 고려하면 이해하기 쉬울 것이다. ETRI 전파기술연구부, 앞의 책, pp22~23.

그림 50 주파수 대역과 전자파의 구분

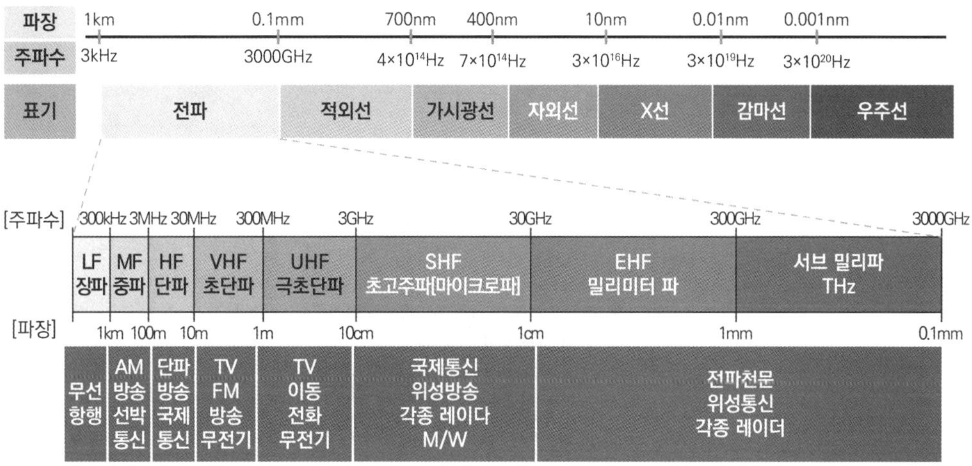

과거에 음성통화 중심의 이동통신에서는 강한 회절성과 넓은 방향으로의 송신에 강점 등을 갖는 800㎒ 대역과 같은 저주파 대역이 선호되었으나 최근의 동영상과 데이터 중심의 이동통신에서는 전송이 가능한 정보량이 많고 특정 방향으로의 송신 등이 유리한 1.8㎓ 대역이나 3.5㎓ 대역과 같은 고주파 대역이 선호되는 상황이다. 〈그림 50〉과 같은 주파수 대역은 앞으로도 기술 발전과 시장 환경에 따라 선호되는 주파수 대역이 지속적으로 변화할 것으로 전망된다.[13)]

참고자료 및 질문

1. 전파의 발생과 안테나. 전파는 전원으로 공진회로에 에너지를 공급하여 안테나의 두 극 사이에서 전자기파가 발생함으로써 생성되며, 이때 전기장과 자기장은 서로 직각을 이루고 공간에 넓게 퍼져나가는 방사(放射)가 된다. 안테나(Antenna)는 전기적인 신호를 전파로 바꾸어 주거나 반대의 기능을 수행하는 장치로서 라틴어의 '곤충의 촉각'이란 용어에서 유래되었으며, 송신기에서는 전기에너지를 전파로 변환하여 공간으로 복사하고 수신기에서는 공간으로 복사(輻射)되어 온 전파를 전기에너지로 변환을 시켜주는 장치이다. 안테나는 이론적으로 전파의 파장의 1/4파장 이상이면 수신이 가능하고 1/2 길이일 때 성능이 좋으므로 파장이 길수록(주파수가 낮을수록) 크기가 커지게 된다. 안테나의 종

13) 신종철, 전파와 통신산업, 통신연합회보, 한국통신사업자연합회(2013 여름호), p21.

류에는 생긴 모양이나 발명자의 이름에 따라 〈그림 51〉과 같이 다이폴(Dipole), 야기(Yagi), 루프(Loop), 파라볼라(Parabola) 안테나 등이 있다.

그림 51 전파의 발생과 안테나의 종류

전파의 발생	다이폴 안테나	파라볼라 안테나
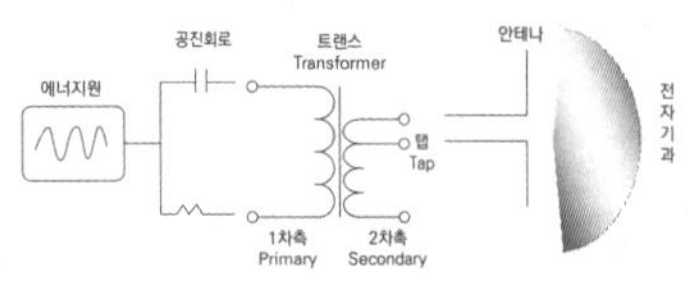	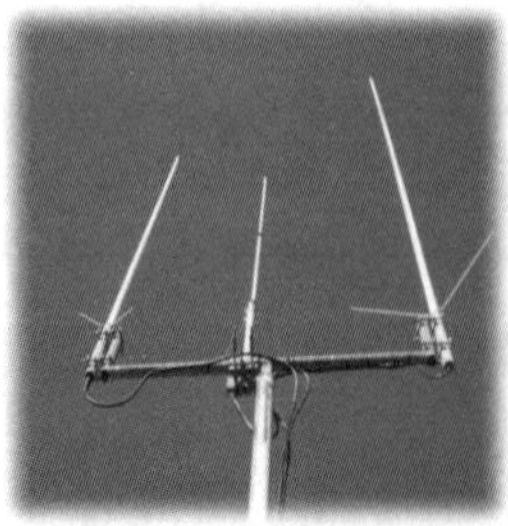	

2. 변조 방식. 전파는 특정 주파수에 정보를 실어 나르는 운반 장치라는 의미로 반송파(Carrier)라고 한다.[14] 전파를 이용하여 정보 신호를 전송하기 위해서는 변조가 요구되는데 변조(變調, Modulation)는 원하는 정보 신호를 전송로의 특성에 알맞은 형태로 변화시키는 기술로서 정보 신호를 전송로의 특성에 맞도록 변화시키고 반송파(Carrier)에 실어내는 기술을 말한다. 한편, 변조된 정보 신호를 다시 원래의 정보 신호로 바꾸는 것을 복조(複調, Demodulation)라 한다. 주파수 변조 방식으로는 진폭 변조, 주파수 변조, 위상 변조, 디지털 변조가 있다. 진폭 변조(AM, Amplitude Modulation)는 원하는 정보 신호를 이용하여 반송파의 진폭을 변화시키는 변조 기술로, 수신 측에서 반송파의 진폭 변화를 감지하여 정보를 복원하게 되며, 주파수 변조(FM, Frequency Modulation)는 원하는 정보 신호를 이용하여 반송파의 주파수를 변화시키는 변조 기술로 수신 측에서 반송파의 주파수 변화를 감지하여 정보를 복원하게 되는 방식이다. 위상 변조(PM, Phase Modulation)는 주파수 변조와 같이 반송파의 진폭을 일정하게 하나 신호파의 크기에 의해서 반송파 신호의 위상이 변화되는 방식으로 각 변조(Angle modulation)라고도 불리며, 디지털 변조(DM, Digital Modulation)는 전달하고자 하는 신호가 디지털(자연에서 발생하는 아날로그 신호를 인위적인 조작을 통해서 0과 1로 나타내는 컴퓨터 신호) 신호일 때 변조하는 방식이다.[15]

14) ETRI 전파기술연구부, 앞의 책, pp 38~39.

15) 국립전파연구원, 전파법령 해설집(개정판), RRA-2018-ETC-601(2018), pp34~35.

3. 전파규제의 이유: 희소성, 혼신과 간섭, 전자파 인체 영향

가. 전파자원의 희소성으로 인한 필수설비의 문제

전파자원의 이용은 토지의 이용과 유사한 성격이 있다고 생각되는데 바다를 메워 간척지를 넓히는 것과 같이 전파 활용의 확대를 위한 밀리미터파 주파수 대역 이상의 영역을 발굴과 같은 다양한 연구가 진행되고 있으나 현재까지 이용되는 주파수 대역은 한정적이며 토지에 대한 수요와 공급과 같이 전파의 수요가 공급보다는 많은 것으로 이해된다. 전파자원의 희소성(Scarcity)은 다양하고 많은 전파에 대한 수요를 공급이 충족시키지 못해 나타나는 현상으로, 전파의 희소성으로 인해 전파는 통신과 방송산업의 필수설비(Essential facility)로서 진입장벽의 역할을 해왔다.

필수설비(Essential facility)[16]는 앞에서 설명한 바와 같이 동 설비가 없다면 사업의 수행이 불가하거나 사업 운영에 애로사항(Bottleneck)으로 작용하는 설비를 말하는데, 예를 들면 이동전화 사업의 경우 전파가 없다면 사업을 수행할 수 없는 것과 같이 필수설비는 필수설비를 보유한 사업자에게 시장 지배력(Market power)을 확보할 수 있게 하는 것으로 이해된다. 기술의 발전으로 기존에 이용되지 못한 주파수 대역이 개발되고 전파 이용 기술이 효율화되어 동일한 주파수 대역에서 더 많은 음성과 데이터가 처리될 수 있게 되었지만, 전파의 부족으로 인한 필수설비의 문제는 해소되지 못하고 있고 앞으로도 궁극적인 해소는 어렵지 않을까 전망되는데, 전파자원의 희소성은 일찍부터 전파를 규제하는 정당성의 근거였으며[17] 앞으로도 전파자원의 희소성으로 인한 전파규제의 정당성은 지속될 것으로 생각된다.[18]

한편, 전파규제를 정당화하는 이론으로서 전파자원의 희소성 이외에도 경제적 효율성 이론, 국유재산 이론 등이 있는데, 경제적 효율성 이론은 코오즈 정리(The Coase

---

16) 필수설비(Essential facility) 또는 병목설비(Bottleneck facility)란 시장 참여를 위해 필수적인 투입물로써 이를 보유한 기업은 시장의 지배력(Market power)을 갖게 되므로 이러한 위험을 방지하기 위해 경쟁 기업들 또한 이러한 필수적인 투입물을 동등하게 거래하여 갖출 수 있게 하기 위한 반독점법(Antitrust law)에서 발달한 이론이다. 정보통신정책연구원, 시장지배적 사업자의 필수설비 규제에 대한 법경제학적 접근(2001), pp 7~11.

17) National Broadcasting Co. v. United States, 319 U.S. 190(1943).

18) Red Lion Broadcasting Co. v. FCC, 395 U.S. 367(1969).

theorem)[19]에 따라 주파수로 발생하는 문제는 정부의 규제가 아닌 가격(Price)체계인 시장기제(Market mechanism)와 재산권(Property right)에 의해 해결하는 것이 바람직하다는 것이며, 국유재산 이론은 전파는 공중(公衆)의 신탁(信託, Public trust)에 따라 국가가 보유하고 있는 자원이고 관련 법에 국가가 전파자원을 보유하는 것이 인정되므로[20], 전파자원의 효율적 이용을 위해 국가가 규제하는 것은 정당화가 된다는 것으로 이해된다.[21]

전파규제와 관련된 다양한 이론들과 관련하여 희소성 이론을 바탕으로 하여 경제적 효율성 이론과 국유재산 이론의 성격이 보완적으로 근거가 되어야 한다고 생각된다. 왜냐하면 앞에서 설명한 바와 같이 전파자원의 희소성 문제는 궁극적으로 해소되기 어려울 것이며 경제적 효율성 이론은 모든 문제가 가격체계를 바탕으로 개인 간의 합리성과 협상 등을 통해 해결될 수 없다는 시장실패(Market failure)가 발생하는 현실적 운영의 한계가 발생하기 때문이다. 한편, 국유재산 이론은 영미법(英美法) 상의 신탁(信託, Trust)이라는 이론적 유산에 기반을 두고 미국 연방법에는 전파자원의 보유와 신탁과 관련된 조항이 존재하나 우리의 경우 명확하지가 않아 희소성 이론을 보완하는 역할을 할 수는 있을지 모르나 대체하기는 곤란한 것으로 이해된다. 이러한 점은 우리 전파법에 반영되고 있는 것으로 이해되는데, 전파법은 이 법은 전파의 효율적이고 안전한 이용 및 관리에 관한 사항을 정하여 전파 이용과 전파에 관한 기술의 개발을 촉진함으로써 전파 관련 분야의 진흥과 공공 복리의 증진에 이바지함을 목적으로 한다고 규정하고 있으며(전

19) 코오즈 정리(The Coase theorem)는 로널드 코오즈(Ronald H. Coase)가 만든 경제학 이론으로서 민간 경제의 주체들이 자원의 배분 과정에서 아무런 비용을 치르지 않고 협상을 할 수 있다면 외부효과로 인해 초래되는 비효율성을 시장에서 그들 스스로 해결할 수 있다는 것이다. 이 정리는 경제적 효율성 및 정부의 자산 분배와 관련이 있으며, 거래 비용의 존재에 대한 이론적 바탕이 된다. 예를 들면, 만일 전파를 이용하는 두 통신 사업자가 있고 주파수 대역 간 서로 간섭 현상이 일어나게 된다면 가장 효율적인 방식의 분배를 위해 협상을 하게 된다는 것이다. 코오즈 정리는 두 재산권의 경계가 분명하다면 분배 방식은 시장에서 최종적으로 가장 효율적인 상태에 도달하게 된다는 것이나, 다만, 이는 거래 비용이 전혀 없다는 상황에서만 성립하는 것이며, 협상 비용과 소송비용 등 거래 비용이 있는 경우에는 시장에서의 분배 협상에 장애가 될 수 있다. 따라서, 분배자(정부)는 당연히 거래 비용이 나타날 수 있는 상황을 최대한 줄여서 시장 참여자들이 거래하는 데에 충분한 상태로 만들어 주는 역할을 해야 하며 이러한 모습이 나타나는 시장은 경제적으로 효율적인 상태에 최종적으로 충분히 도달하게 된다는 이론으로 이해된다. http://ko.wikipedia.org/wiki/%EC%BD%94%EC%A6%88%EC%9D%98_%EC%A0%95%EB%A6%AC (2025.6.5.).

20) 47 U.S.C. §301(1982).

21) 국유재산 이론은 미국의 특수한 상황에서 발생한 것으로서 이미 언급한 Red Lion Broadcasting v. FCC (1969) 판결에서 이론적으로 전개가 되어 미국에서 전파를 이용하는 방송을 규제하는 근거로 많이 언급되는 이론이다.

파법 제1조), 정부는 한정된 전파자원(電波資源)을 공공 복리의 증진에 최대한 활용하기 위하여 전파자원의 이용 촉진에 필요한 시책을 마련하고 시행하여야 한다고 규정하고 있어(동법 제3조), 전파의 희소성 등을 포함한 다양한 이론적 근거가 포섭되어 적용될 수 있는 것으로 해석된다.

나. 전파 간의 혼신과 간섭 문제의 발생

주파수 대역이 서로 다른 전파 신호는 서로 영향을 미치지 않지만[22], 동일한 주파수 대역을 이용하게 되면 전파 간의 혼신과 간섭 문제(Interference)가 발생할 수 있다. 전파 간의 혼신과 간섭(Interference)은 전송하고자 하는 신호 이외에 동일한 주파수 대역을 사용하는 외부의 신호가 방해전파로써 신호에 중첩되어 나타나는 전파 교란 현상이다.[23] 전파 간의 혼신과 간섭이 심하면 전파의 이용자는 이용 목적을 달성할 수 없게 되는데, 이는 도로와 토지에 허락받지 않은 자들이 무단으로 침입과 점유하여 본래 이용 권한이 있는 이용자의 이용을 방해하는 것과 유사한 것으로 이해된다. 전파 간의 혼신과 간섭의 문제 또한 희소한 전파자원을 이용하면서 나타날 수 있는 현상으로 이해되며, 전파 간의 혼신과 간섭을 방지하기 위한 전파규제는 개인의 합리성에 바탕을 둔 시장기제가 작동하지 못하는, 즉 시장실패(Market failure)의 문제를 해소하기 위한 질서 유지 행정으로서 전파의 이용 초기부터 국가의 근본적인 역할이며 규제 정당성의 근거로 생각되어 왔다.

전파 간의 혼신과 간섭 문제의 해소를 위해 전파법은 과학기술정보통신부장관은 전파의 효율적 이용을 촉진하고 혼신의 신속한 제거 등 전파 이용 질서를 유지하고 보호하기 위하여 전파감시 업무를 수행하여야 한다고 규정하고 있으며(전파법 제49조제1항), 과학기술정보통신부장관은 외국의 무선국이 발사한 전파의 감시, 혼신 분석 및 제거 등 국제전파감시 업무를 수행하여야 한다고 규정하고 있는(동법 제50조제1항) 한편, 과학기술정보통신부장관은 전파자원을 확보하기 위하여 다음, 4. 국가간 전파의 혼신(混信)을 없애고 방지하기 위한 협의 · 조정의 시책을 마련하고 시행하여야 하며, 그 시행에 필요한 지원방

22) 주파수가 다른 전파 신호는 상호 간에 직교성(Orthogonal)을 만족한다고 하는데 직교성이 성립하면 주파수는 서로 독립적 신호로서 영향을 미치지 않게 된다. 따라서 통신에 이용되는 전파는 주파수를 다르게 하여 서로 간의 영향을 최소화하도록 하고 있다.

23) 방해전파를 간섭신호라고 하고 간섭신호를 발생시키는 것을 간섭원(干涉源)이라고 한다.

안을 마련하여야 한다고 규정하고 있다(동법 제5조제1항제4호). 또한 전파법은 전파자원은 혼신 · 간섭 등을 일으켜 타인의 전파 이용을 방해 또는 차단하지 않도록 이용되어야 한다고 규정하고 있으며(동법 제29조제1항), 무선국은 다른 무선국의 운용을 저해할 혼신이나 그 밖의 방해를 하지 아니하도록 운용하여야 한다고 규정하고 있다(동법 제29조제2항).

한편, 전파 간의 혼신과 간섭 문제의 해소를 위해 전파법은 전자파장해를 주거나 전자파로부터 영향을 받는 기자재에 대한 전자파장해 방지기준 및 보호기준(이하 "전자파적합성기준"이라 한다)은 대통령령으로 정한다고 규정하고 있으며(동법 제47조의3제1항), 방송통신기자재와 전자파장해를 주거나 전자파로부터 영향을 받는 기자재(이하 "방송통신기자재등"이라 한다)를 제조 또는 판매하거나 수입하려는 자는 해당 기자재에 대하여 다음 각 호의 기준(이하 "적합성평가기준"이라 한다)에 따라 이 법 제58조의2(방송통신기자재등의 적합성평가)제2항에 따른 적합인증, 동법 제58조의2제3항에 따른 적합등록, 동법 제58조의2제4항에 따른 자기적합확인 또는 동법 제58조의2제9항에 따른 잠정인증(이하 "적합성평가"라 한다)을 받아야 한다고 규정하고 있다(동법 제58조의2제1항).

다. 전자파 인체 영향 문제에 대한 규제 필요성의 증대

전자파의 인체에 대한 영향 문제(Health effects of EMF(Electromagnetic fields))는 전파의 이용과 관련하여 가장 중요하고 첨예하게 논란이 되는 쟁점 중의 하나로서, 전자파의 인체에 대한 영향은 전자파가 생체조직의 염색체와 세포 등에 영향을 미쳐 암, 백혈병, 유전질환 등을 일으킬 수 있다는 점에서 규제에 대한 논의가 되어 왔다. 특히 기술 발전으로 인해 이동전화 등 전파를 이용하는 기기들이 늘어남에 따라 전자파의 인체 유해성 논란은 확대되고 있는데, 그동안의 연구 성과에 따르면 전자파의 인체 유해성 여부에 대한 불확실성은 완전하게 해소되고 있지 못한 상황으로 이해된다. 물론 송전탑과 같이 강한 전자파(强電界)에 노출(露出, Exposure)되는 것은 인체에 부정적 영향을 미칠 수 있다는 것에 대해서는 이견이 없으나, 이동전화 단말기와 같이 약한 전자파(弱電界)에 장기간 노출될 경우의 인체에 부정적 영향을 미칠 수 있는지에 대해서는 이견이 존재하고 있다.[24)]

---

24) 2011년 5월 WHO(World Health Organization) 산하 국제암연구소(IARC)에서 휴대전화로부터 발생하는 전자파의 발암 등급을 2B(Possibly carcinogenic to humans)로 발표하여 큰 파장을 일으켰다. 이는 10년 동안 매일 약 30분간 휴대전화를 사용할 때 뇌종양의 발생률이 높아진다는 연구 결과에 따른 것이다. 계경문 외, 앞의 책, pp322~323.

한편, 전자파의 인체 영향 가능성 등에 대해 전파규제의 필요성이 높아지고 있으며 전파법도 이에 따라 전자파 인체 보호 관련 규정을 두고 있는데, 전파법은 과학기술정보통신부장관은 전자파가 인체, 기자재, 무선설비 등에 미치는 영향을 최소화하고 안전한 전파환경을 조성하기 위하여 다음, 1. 전파 이용과 관련된 역기능 방지 및 안전한 전파환경 조성대책의 수립 · 추진, 2. 전자파가 인체에 미치는 영향 등에 관한 종합적인 보호대책의 수립 · 추진, 3. 기자재의 전자파장해를 방지하고 전자파로부터 기자재를 보호하기 위한 전자파적합성에 관한 정책의 수립 · 추진, 4. 전자파 인체흡수율, 전자파강도 및 전파환경 등에 대한 관련 기준 마련 및 측정 · 조사, 5. 전자파 차폐 · 차단 및 저감(低減) 기술 등 전자파 역기능 해소를 위한 기반기술 연구, 6. 안전한 전파환경 기반 조성을 위한 교육 및 홍보계획의 수립 · 시행의 시책을 마련하여야 한다고 규정하고 있으며(전파법 제44조의3제1항), 과학기술정보통신부장관은 전자파가 인체에 미치는 영향에 관한 연구 · 조사 등을 실시하여야 하고(동법 제44조의4제1항), 과학기술정보통신부장관은 전자파가 인체에 미치는 영향에 관한 정보 전달과 방송통신기자재 등의 안전한 사용 등에 관한 교육 및 홍보를 위하여 적극 노력하여야 한다라고 규정하고 있다(동법 제44조의4제2항).

또한 전파법은 무선설비는 인체에 위해를 주거나 물건에 손상을 주지 아니하도록 과학기술정보통신부령으로 정하는 안전시설기준에 따라 설치하여야 한다고 규정하고 있으며(동법 제47조), 과학기술정보통신부장관은 무선설비, 전기 · 전자기기 등(이하 "무선설비 등"이라 한다)에서 발생하는 전자파가 인체에 미치는 영향을 고려하여 다음, 1. 전자파 인체보호기준, 2. 전자파 등급기준, 3. 전자파 강도 측정기준, 4. 전자파 흡수율 측정기준, 5. 전자파 측정대상 기자재와 측정방법, 6. 전자파 등급 표시대상과 표시방법, 7. 그 밖에 전자파로부터 인체를 보호하기 위하여 필요한 사항 각 호의 사항을 정하여 고시하여야 한다고 규정하고 있다(동법 제47조의2제1항).

참고자료 및 질문

1. 다중화. 다중화(Multiplexing)는 여러 신호를 단일 전송로를 통하여 동시에 전송하여 전송로의 이용 효율을 높이는 기술이다. 전파는 유한한 자원이며 희소성(Scarcity) 때문에 한정된 전파자원을 효율적으로 이용하기 위해 구간을 나누어 주파수를 재사용하거나 동일 주파수를 동시에 여러 사람이 사용하도록 다중접속(Multiple Access) 방식을 사용한다. 다중화 방식에는 〈그림 52〉와 같이 FDMA(Frequency Division Multiple Access, 주파수분할 다중접속), TDMA(Time Division Multiple Access, 시분할 다중접속), CDMA(Code Division Multiple Access, 코드 분할 다중접속) 방식 등이 있다.

그림 52 **다중화와 다중접속 방식: FDMA, TDMA, CDMA**

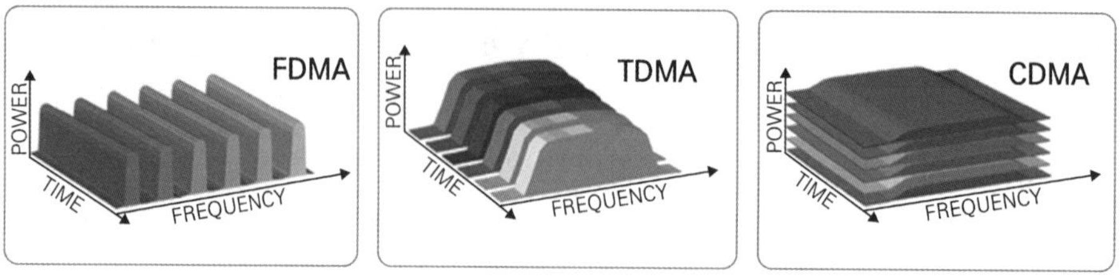

주파수분할 다중접속(FDMA, Frequency Division Multiple Access) 방식은 단일 전송로의 주파수 대역을 분할(分割)하여 전송하는 기술로, 예를 들면 Cable TV가 전송로를 일정한 대역(6㎒, 채널)으로 나누어 정보(프로그램)를 전송하는 것으로서 주어진 주파수를 각 사용자가 서로 다른 신호 간의 간섭을 방지할 수 있을 정도의 주파수 대역으로 나누어 사용하는 방식이며, 분할이 많아질수록 주파수 대역이 좁아져 성능이 떨어지는 단점이 있다. 시분할방식 다중접속(TDMA, Time Division Multiple Access) 방식은 단일 전송로를 시간으로 분할(分割)하여 여러 정보 신호를 시간 간격(Time slot)에 따라 순차적으로 전송하는 기술로, 하나의 주파수 대역을 주기적인 일정한 타임 슬롯(Time slot, 시간 간격)으로 나누어서 각 사용자가 차례차례로 자신에게 할당된 시간 간격에 자신의 신호를 실어 보내는 방식이며, 타임 슬롯을 모두 사용하지 않을 때는 남아도는 슬롯으로 인해 성능이 향상되지 못할 수도 있다. 마지막으로 코드분할 다중접속(CDMA, Code Division Multiple Access) 방식은 각 정보 신호마다 개개의 독립된 코드(Code)를 부여하여 여러 정보 신호를 단일 전송로를 이용하는 기술로, 예를 들면 동일한 공간에서 다른 언어로 이야기하는 것과 유사한 것으로서 주어진 주파수 대역 전체를 여러 사용자가 동시에 각각의 인식부호를 사용하여 통신하는 방식이며 이동통신에 디지털(Digital) 방식을 도입하면서 사용되었고 통화품질과 보안성이 우수한 것으로 이해된다.

2. 동기방식과 비동기방식. 동기(Synchronous)방식과 비동기(Asynchronous)방식은 이동통신 기지국과 이동전화 단말기 등 단말장치(裝置) 간에 연결시간을 맞추기 위한 기술로서 이동통신 기술의 이해를 위해 필요한 것이다. 동기(同期, Synchronous)방식은 미국의 GPS(Global Positioning System, 위성항법시스템)[25] 위성을 이용하여 시간대를 맞춘 후 기지국 장비 등을 통해 음성이나 데이터를 전송하는 방식으로 미국 퀄컴(Qualcomm)사의 CDMA 기술 등이 동기방식을 이용하고 있다. 이에 비해, 비동기(非同期, Asynchronous)방식은 유럽 통신장비회사들이 만든 기지국이나 중계국을 통해 데이터를 주고받는 방식으로 유럽의 에릭슨(Ericsson), 노키아(Nokia) 등의 W-CDMA 기술, LTE 기술 등이 비동기방식을 이용하고 있다.

25) GPS(Global Positioning System)는 위성항법시스템으로 미국 국방부가 개발하였으며, 무기 유도,

4. 전파의 공물(公物)로서의 성격

전파법의 규율 대상이 되는 전파(電波, Radio waves)는 인공적인 유도 없이 공간에 퍼져나가는 3㎑ 이상 3,000㎓ 이하 주파수 대역의 전자파로서 전파의 공물(公物)로서의 성격을 논의하기 위해 우선 전파가 민법상의 물건(物件)이 되는가에 대하여 검토할 필요가 있다. 우리 민법은 "본법에서 물건(物件)이라 함은 유체물 및 전기 기타 관리할 수 있는 자연력을 말한다."라고 규정하고 있으므로(민법 제98조), 전파가 전기 기타 관리할 수 있는 자연력에 포함되는가에 대해 살펴볼 필요가 있는데 다른 견해가 존재하기는 하지만[26] 전파는 전기와 같이 독립적인 관리할 수 있는 자연력으로서 물건에 포섭(包攝)되는 것으로 이해된다.[27] 또한 민법상의 물건인 전파는 민법이 "토지 및 그 정착물은 부동산이다."라고 규정하고 있으며(동법 제99조제1항), 또한 "부동산 이외의 물건은 동산이다."라고 규정하고 있으므로(동법 제99조제2항), 동산에 해당하는 것으로 해석된다.[28]

한편, 전파의 공물(公物)로서의 성격이 논의될 필요성은 사법(私法)의 적용을 받는 물건이라도 일정한 관점과 일정한 범위에서 공공 복리 등의 목적으로 인해 공법상 권리의 제약과 의무의 부과 등을 받을 수 있다는 것, 즉 공법(公法)의 적용을 받을 수 있다는 점에 있다고 하겠다. 만일 전파의 공물로서의 성격으로 인해 공법이 적용된다면 공법 적용의 범위 내에서 물건으로서 민법상의 권리는 배제되고 특별법인 공법이 적용되는 것으로 해석된다.[29] 공물(公物)에 대해 전통적인 견해는 공물을 행정주체가 직접 행정 목적(공공목적)에 제공한 개개의 유체물로 좁게 정의하고 있으나 유력한 견해는 공물에 대해 관습법(慣習法)을 포함하여 법령이나 행정주체에 의해 직접 공적 목적에 제공된 유체물과 무체물 및 물건의 집합체로 넓게 정의하고 있으므로[30], 따라서 앞에서 설명한 바와 같이 전파는 기타 관리할 수 있는 자연력으로서 물건으로서의 성격이 인정되며 국가

항법, 측량, 지도 제작, 시각 동기화 등의 군용 및 민간용 목적으로 사용되고 있으며 미국 정부는 전 세계에 무상으로 제공하고 있다. http://ko.wikipedia.org/wiki/GPS (2025.6.5.).

26) 전파의 물건으로서의 성격을 부정하는 견해도 있으나, 물건으로서의 성격을 부정하더라도 행정법상의 공물로서의 성격을 인정하고 있다. 박종수, 주파수 이용의 효율성 제고를 위한 전파법제의 개선방안, 공법연구 제36집 제3호(2006), p42.

27) 기존 학설들도 전파의 물건으로서의 성격을 긍정하는 것이 일반적인 것으로 이해된다. 계경문 외, 앞의 책, pp53~54.

28) 곽윤직, 민법총칙, 박영사(2010), p257.

29) 홍정선, 행정법 특강(제8판), 박영사(2009), p1070.

30) 홍정선, 앞의 책, p1070.

에 의해 공공의 이익과 목적을 위해 제공되는 것이므로 공물로서의 성격이 인정될 수 있다고 이해된다.[31)]

참고자료 및 질문

1. 전파법에 대한 사법(私法) 규정의 적용 가능성. 수산업법[32)], 광업법[33)] 등과 같이 공법관계에 대해 명문으로 사법(私法) 규정을 적용 또는 준용하도록 규정을 두는 경우가 있으나, 전파법은 이러한 별도의 규정을 두고 있지 않아 민법과 같은 사법의 규정이 어느 범위까지 적용될 수 있는지에 대한 문제가 있다. 공법관계에 대한 사법 규정의 적용에 관해서는 긍정설, 부정설, 개괄적 구별설 등의 학설이 있는데, 우리나라의 통설과 판례는 개괄적 구별설의 입장으로 이해된다. 개괄적 구별설은 사법(私法) 규정을, 1. 신의성실의 원칙 등과 같은 일반법 원리적 규정, 2. 기간의 계산 등과 같은 법기술(法技術)적 규정, 3. 사인(私人) 상호 간의 이해조정을 목적으로 하는 이해 조절적 규정으로 구분하고, 이 중 일반법 원리적 규정 및 법기술적 규정은 권력적 관계 및 비권력적 관계 모두에 적용되나, 이해조절적 규정은 비권력적 관계에서만 유추하여 적용될 수 있다는 것이다.[34)] 대법원은 민법상의 기간 관련 규정은 행정법 관계에도 적용할 수 있다고 판시하였으나[35)], 공법관계의 당사자 사이에서는 뚜렷한 법령상 및 계약상 근거 없이 사법상 하자담보책임을 인정할 수는 없다고 판시하는[36)] 등 공법관계에 매매 등과 관련된 사법 규정을 적용하는 것에 대해서는 부정적으로 개괄적 구별설과 유사한 입장으로 이해된다. 만일 이동통신사업자가 할당받은 주파수가 혼신과 간섭으로 사용할 수 없는 경우에 전파법이 아닌 민법 등 사법이 과연 적용될 수 있겠는가? 또한 만일 적용된다면 사법이 어느 정도까지 적용될 수 있겠는가?

---

31) 송시강, 주파수 이용권의 성질과 효율적 전파관리제도, 행정법연구 제28호(2010), pp9~10.

32) 수산업법은 어업권은 물권(物權)으로 하며, 이 법에서 정한 것 외에는 「민법」 중 토지에 관한 규정을 준용한다고 규정하고 있으며(수산업법 제16조제2항), 어업권과 이를 목적으로 하는 권리에 관하여는 「민법」 중 질권(質權)에 관한 규정을 적용하지 아니한다고 규정하는 한편(동법 제16조제3항), 법인이 아닌 어촌계가 취득한 어업권은 그 어촌계의 총유(總有)로 한다고 규정하고 있다(동법 제16조제4항).

33) 광업법은 광업권은 물권으로 하고, 이 법에서 따로 정한 경우 외에는 부동산에 관하여 「민법」과 그 밖의 법령에서 정하는 사항을 준용한다고 규정하고 있으며(광업법 제10조제1항), 광업권은 광업의 합리적 개발이나 다른 공익과의 조절을 위하여 이 법이 규정하는 바에 따라 제한할 수 있다고 규정하고 있다(동법 제10조제2항).

34) 홍정선, 앞의 책, pp59~62.

35) 대법원 1982. 2. 23. 선고 81누204 판결.

36) 대법원 2011. 12. 27. 선고 2009다56993 판결

2. 전파와 토지이용의 비유. 전파자원의 이용은 토지의 이용과 유사한 성격이 있는데, 예를 들면 전파자원의 이용을 토지에 도로를 건설하고 자동차를 이용하는 것에 비유(比喩)할 수 있다. 전달하고 받으려는 정보는 사람 또는 물건에 전파인 반송파(Carrier)는 사람 또는 물건에 해당이 되는 정보를 옮기는 자동차에 비유할 수 있으며, 주파수를 이용하는 대역폭은 도로의 폭에 비유될 수 있다. 데이터의 속도(Bps, Bits per second)는 1초 동안에 송신할 수 있는 정보(Bit)의 양(Quantity)인데 데이터의 속도는 주파수의 대역폭이 클수록 빨라지게 되므로, 전 세계적으로 통신사업자 등 전파를 이용하는 사업자들은 넓은 주파수 대역을 확보하고자 노력하고 있다. 전파자원은 토지가 대한민국의 주권이 미치는 범위에 한정되어 이용할 수 있는 것과 같이 전파도 같은 주파수 대역을 동시에 사용하게 되는 때에는 혼신과 간섭이 발생하게 되어 자유로운 사용에 제한이 뒤따르는 유한한 자원이다. 또한 토지가 이용 및 계발계획에 따라 주거용, 상업용 등으로 용도를 획정하는 것과 같이 전파도 주파수 대역별로 통신용, 방송용 등 주파수의 용도를 정하여 계획적이고 효율적으로 자원을 이용하도록 하고 있다. 한편, 전파는 토지와 같이 사용을 제한하는 경우가 있는데 신도시 개발 등을 위해 소유권자로부터 토지를 강제로 수용하는 것처럼 전파도 주파수의 용도변경을 통한 이용의 효율 촉진을 위해 손실에 상응하는 보상을 전제로 주파수 이용권을 사용자로부터 강제 회수가 가능하다. 그러나 전파자원과 토지는 이용 행태와 이용 기준에서 서로 다른 점이 있는데, 사적 재산권의 대상인 토지는 당사자의 자율적 계약인 사적 자치에 따라 영구적인 소유가 가능하나 공공자원인 전파는 소유권이 인정되지 않고 정부로부터 이용 기간이 정해진 배타적 이용권을 부여받아 사용이 가능하다. 또한 토지는 국내 특유의 이용 환경에 따라 사용 용도와 기준이 결정되나 전파는 국가 간 전파 혼신과 간섭의 방지와 새로운 전파 이용 기술의 공통적인 도입을 위해 국제전기통신연합(ITU, International Telecommunication Union)의 이용 기준에 따라 사용해야 하는 국제적인 제약이 있다.[37]

37) 국립전파연구원, 앞의 책, pp44~45.

제2절 전파 규제정책과 전파법 해석의 기본 철학: 국가 지정 모형(Command and control model)인가?, 시장 기반 모형(Exclusive use model)인가?, 또는 공유 모형(Common or Open access model)인가?

전파규제 정책과 전파법 해석의 기본 철학을 이해하기 위해 전파 이용과 관리에 대한 세 가지의 모형(Model)을 설명하는 것이 필요한 것으로 생각되는데, 이러한 전파 이용과 관리에 대한 세 가지 모형으로 〈그림 53〉과 같이, 1. 국가 지정 모형(Command and control model), 2. 시장 기반 모형(Exclusive use model), 3. 공유 모형(Common or Open access model)이 있다.[38)]

그림 53 전파 이용과 관리의 3가지 모형: 국가 지정 모형, 시장 기반 모형, 공유모형

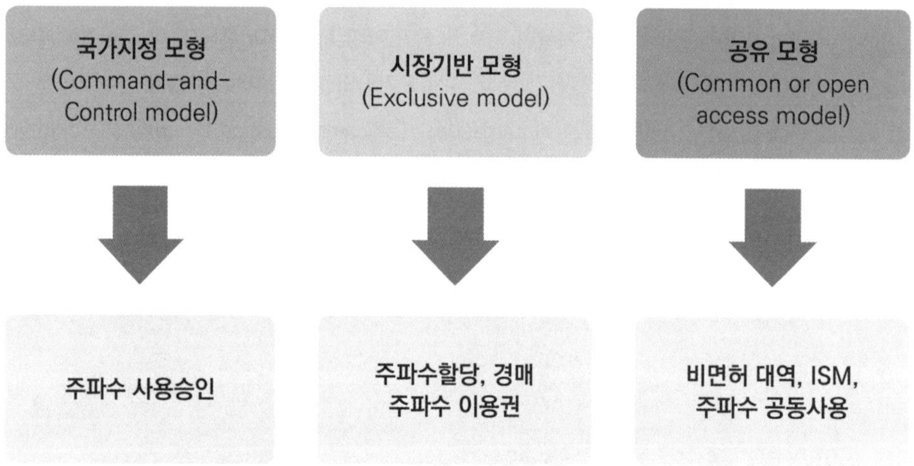

38) 신종철, 통신법 해설(개정판), 진한M&B(2019), pp336~337.

국가 지정 모형(Command and control model)은 군용 또는 긴급구조용 주파수와 같이 정부가 특정한 용도를 정해 주파수를 배분하는 것으로서 전파규제가 시작되었을 때부터 존재한 이론적 근거이며 혼신과 간섭 방지와 같은 질서유지에 유리한 장점이 있으나 효율적이고 탄력적인 주파수의 이용에 불리한 단점이 있다. 공유 모형(Common or Open access model)은 주파수 간섭의 문제만 없다면 최소한의 기술적 기준만을 설정하여 다수의 이용자가 주파수를 자유롭게 이용할 수 있도록 주파수 공동사용을 위해 배분하는 것으로서 창의적이고 탄력적인 주파수의 이용이 가능하다는 장점이 있으나 혼신과 간섭의 문제로 인해 주파수의 품질(QoS, Quality of Service)을 보장할 수 없다는 단점이 있는 데, 공유모형의 예로는 비면허대역[39]과 ISM(Industrial Scientific Medical) 대역[40] 등을 들 수 있나. 한편, 시장 기반 모형 (Exclusive use model)은 경제적 목적을 위해 주파수를 할당받은 사업자에게 배타적인 이용권을 설정해 주는 것으로서 할당받은 주파수는 영원히 사용할 수 있는 것이 아닌 이용 대가에 따라 일정 기간 사용이 가능하도록 한 것이며, 전파 기술의 발전과 이동통신 등 새로운 서비스의 등장과 시장이 확대에 따라 전파 이용의 효율성과 탄력성을 제고하기 위한 이론으로서 중요성이 커지고 있다. 시장 기반 모형은 시장수요에 따른 정확한 대가 산정과 효율적이고 탄력적인 전파의 이용을 가능하게 한다는 장점이 있으나 소수의 자본력이 있는 시장 참여자(Market player)에게 전파의 이용이 집중되는 독과점과 승자의 저주(Curse of winner) 문제라는 단점이 있을 수 있다, 즉 전파 이용과 관리의 3가지 모형들은 〈표 23〉과 같은 장점과 단점이 있다.

39) 비면허대역은 불특정인 중 범위를 한정하여 주파수를 이용할 수 있도록 하는 방법으로서 무선국 개설의 허가 또는 신고 없이 대역을 사용할 수 있도록 하는 것이며, 비면허대역은 타인의 무선국에 혼신이 적을 것으로 보이는 소출력 무선국 등을 대상으로 하고 있는데, 비면허대역과 소출력 무선국의 예로는, 가정용 무선 전화기(Cordless phone), 무선 마이크, 생활 무전기 등을 들 수 있다.

40) ISM(Industrial Scientific Medical) 대역은 타인의 이용에 간섭만 일으키지 않는다면 그 대역 내에서 과학실험, 의료, 산업용 개발 등을 목적으로 자유롭게 주파수를 이용할 수 있게 하는 비면허대역으로서 우리가 흔히 이용하는 2.4㎓의 와이파이(Wi-Fi)가 대표적인 예라고 하겠다.

표 23 전파 이용과 관리의 3가지 모형의 장점과 단점

구분	내용	장점	단점
국가 지정 모형 (Command and control model)	정부 주도의 전파 분배와 할당	전파 혼신과 간섭의 해소가 용이	시장수요에 근거한 정확한 대가산정 곤란
시장 기반 모형 (Exclusive use model)	시장원리에 기반한 전파 분배 · 할당 및 배타적 이용	시장수요에 근거한 정확한 대가산정	과도한 대가로 인한 신규 시장진입 저해
공유모형 (Common or Open access model)	다수이용자의 전파 공동이용	창의 · 혁신적인 전파의 신속한 사용	전파 혼신과 간섭으로 인한 품질보장 곤란

국가 지정 모형(Command and control model), 시장 기반 모형(Exclusive use model), 공유모형(Common or Open access model)은 전파법의 이론적 토대로 이해된다. 예를 들면, 전파법은 "주파수 사용승인"이란 안보 · 외교적 목적 또는 국제적 · 국가적 행사 등을 위하여 특정한 주파수의 사용을 허용하는 것을 말한다고 규정하고 있으며(전파법 제2조제1항제4의2호), 이 법 제19조(허가를 통한 무선국 개설 등)제1항에도 불구하고 대통령령으로 정하는 바에 따라 과학기술정보통신부장관으로부터 주파수 사용승인을 받은 자는 무선국을 개설할 수 있다고 규정하고 있는데(동법 제19조제5항), 이러한 주파수의 사용승인은 국가 지정 모형에 기반한 조항으로 생각된다. 전파가 발견되어 이용되던 초기 단계에서는 전파의 혼신과 간섭(Interference)을 방지하는 것이 주요한 정책목표였기 때문에 국가 지정 모형이 전파규제 정책과 전파법 해석의 중심이 되는 기본 철학이었다고 하겠다.

한편, 전파법은 "주파수할당"이란 특정한 주파수를 이용할 수 있는 권리를 특정인에게 주는 것을 말한다고 규정하고 있고(동법 제2조제1항제3호), 과학기술정보통신부장관은 이 법 제10조(주파수 할당)제1항 또는 제2항에 따라 공고된 주파수를 가격경쟁에 의한 대가를 받고 할당할 수 있다고 규정하고 있으며(동법 제11조제1항), 동법 제11조(대가에 의한 주파수할당)에 따라 주파수할당을 받은 자는 해당 주파수를 배타적으로 이용할 수 있는 권리(동법 제41조(위성주파수이용권의 양도 · 임대 등)에 따른 위성주파수이용권은 제외하며, 이하 "주파수이용권"이라 한다)를 가진다고 규정하고 있는데(동법 제14조제1항), 이러한 주파수할당, 소위 경매(競賣)인 대가에 의한 주파수할당, 주파수 이용권은 시장 기반 모형에 입각한 조항으로 이해된다. 이동통신 산업의 발전으로 전파를 활용하는 시장과 산업이 비약적으로 성장함에 따라 전파의 경제적 가치와 중요성이 증대되고 있는데, 이러한 이유로 인해 과거 국가 기반 모형으로 인한 경제적 비효율을 줄이고 전파 이용의 효율성을 제고하기 위하여 시장 기반 모형의 중요성이 증대되고 있다.

또한 전파법은 "주파수 공동사용"이란 둘 이상의 주파수 이용자가 동일한 범위의 주파수를 상호 배제하지 아니하고 사용하는 것을 말한다고 규정하고 있으며(동법 제2조제1항제4의4호), 과학기술정보통신부장관은 주파수할당, 주파수지정, 주파수 사용승인을 받은 자에게 주파수의 전부 또는 일부를 주파수 공동사용에 제공하도록 할 수 있다고 규정하고 있는데(동법 제6조의3제1항), 이러한 주파수 공동사용(Sharing)과 앞에서 설명한 비면허대역, ISM(Industrial Scientific Medical) 대역 등은 공유모형에 기반한 조항이라 생각된다. 한편, 공유보형은 서로 내립이 되는 국가 기반 모형과 시장 기반 모형과 달리 국가 기반 모형과 시장 기반 모형을 보완하는 것으로 이해되는데, 특히 주파수의 부족 문제가 심화(深化)되면서 공유모형의 중요성이 커지고 있는 것으로 이해된다.

앞에서 설명한 바와 같이 전파법의 규정과 조항들은 주파수 이용과 관리의 세 가지 모형에 기반하여 구성되고 운영되고 있기 때문에 전파정책과 전파법의 해석에 있어 세 가지 모형의 내용과 장점 및 단점을 고려하는 것이 요구된다고 생각한다. 주목할 만한 점은 통신 시장과 산업의 발전에 따라 시장 기반 모형의 중요성은 앞으로도 증대될 것이나, 국가 지정 모형과 공유모형의 가치가 고려되어야 할 부분은 지속적으로 존재할 것이라는 점이다. 정책 담당자들과 법률가들은 이러한 점들을 고려하여 전파 관련 법령을 해석하는 것이 필요하며, 이러한 고려들이 전파 정책의 수립과 전파법 해석에 있어 시발점이 되어야 할 것이다.

제3절 전파규제 정책 환경의 변화

이미 앞에서 설명한 바와 같이 전파가 발견되어 이용되던 초기 단계부터 전파의 희소성(Scarcity), 혼신과 간섭(Interference)의 방지를 이유로 정부의 전파에 대한 규제가 이루어져 왔으며, 당시의 전파에 대한 정부 규제는 국가 지정 모형(Command and control model)에 근거한 것이라고 이해된다. 즉, 정부 주도의 전파자원에 대한 배분이 중심이 되었는데 이러한 정부의 전파에 대한 분배와 할당은 시장의 수요에 탄력적으로 대응하지 못하는 경제적 비효율성이라는 문제를 발생시켰다. 한편, 이동전화와 같은 신규 서비스가 등장함에 따라 전파 이용 산업과 시장이 발전하고 전파 이용 수요는 폭발적으로 증대하게 되었는데, 이러한 전파에 대한 수요 증가에 비해 공급이 부족하여 전파의 부족 문제가 심화(深化)되고 있다.

이러한 전파의 부족 문제를 해소하기 위해 시장 기반 모형(Exclusive use model)에 근거하여 시장의 수요와 요구를 반영하고 경제적 효율성을 제고하기 위한 전파자원의 분배와 할당이 확대되고 있는데, 예를 들면, 전파법은 과학기술정보통신부장관은 이 법 제10조(주파수 할당)제1항 또는 제2항에 따라 공고된 주파수를 가격경쟁에 의한 대가를 받고 할당할 수 있다고 규정하고 있으며(전파법 제11조제1항), 동법 제11조(대가에 의한 주파수할당)에 따라 주파수할당을 받은 자는 대통령령으로 정하는 기간 이후에는 주파수 이용권을 양도하거나 임대할 수 있으나, 다만, 주파수할당을 받은 자가 파산하거나 경제적 여건의 급변 등 대통령령으로 정하는 사유에 해당하는 경우에는 그 기간 전에도 주파수 이용권을 양도하거나 임대할 수 있다고 규정하고 있다(동법 제14조제2항). 이러한 소위 주파수 경매(競賣), 주파수 이용권의 양도와 임대와 같은 규정과 조항들은 시장 기반 모형의 확대를 반영하고 있는 것으로 이해된다.

또한 〈그림 54〉와 같이 시장 기반 모형의 확대와 함께 공유모형(Common or Open access model)의 중요성이 증대되고 있는데, 이러한 현상은 전파자원의 부족 문제를 시장 기반 모형으로만 해소하는 데 한계가 있기 때문이라고 생각된다. 공유모형에 입각한 기술개발과 정책적 노력이 진행되고 있는데, 비면허대역이나 ISM(Industrial Scientific Medical) 대역 이외에도 부족한 전파자원을 효율적으로 이용하기 위해 주파수 공유(Sharing) 기술[41], 인지 무선(Cognitive radio) 기술[42] 등의 개발과 함께, 전파법은 "주파수 공동사용"이란 둘 이상의 주파수 이용자가 동일한 범위의 주파수를 상호 배제하지 아니하고 사용하는 것을 말한다고 규정하고 있으며(동법 제2조제1항제4의4

---

41) 주파수 공유(Sharing) 기술은 동일한 주파수 대역이 복수의 이용자 또는 용도(서비스)에 의해 이용될 수 있도록 하는 주파수의 이용 기술을 의미한다. 계경문 외, 앞의 책, p223.

42) 인지 무선(Cognitive radio) 기술은 지역(공간), 시간, 주파수의 통신환경 영역에서 현재의 주파수(Spectrum) 이용 현황을 실시간으로 감지한 후 지능적으로 판단하여 최적의 신호 포맷(Format), 주파수 대역, 변조 방식, 출력 등의 파라미터(Parameter)들을 결정하는 무선 기술로 지역 및 시간에 따라 변하는 유휴 주파수 자원을 능동적으로 인지하고 기존의 무선 서비스 사용자에게 간섭을 주지 않으면서 이용하는 기술을 말한다. 계경문 외, 앞의 책, p224.

호), 과학기술정보통신부장관은 주파수할당, 주파수지정, 주파수 사용승인을 받은 자에게 주파수의 전부 또는 일부를 주파수 공동사용에 제공하도록 할 수 있다고 규정하고 있는 한편(동법 제6조의3제1항), 주파수 공동사용을 위한 ASA(Authorized Share Access)[43]와 같은 정책적 노력 등도 시도되고 있는 것으로 이해된다.

그림 54 전파규제 정책 환경의 변화

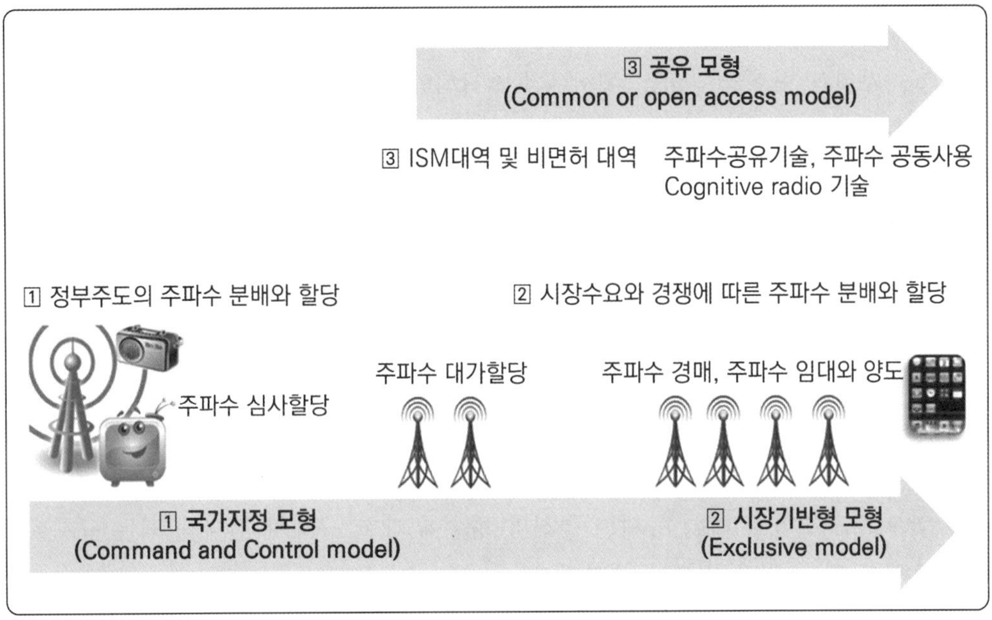

43) ASA(Authorized Shared Access)는 퀄컴(Qualcomm)과 노키아(Nokia) 등이 지지하는 공유 기술로서, 전파의 주된 이용자의 주파수 대역 이용(Primary service)에 간섭을 주지 않기 위해, 시간과 공간적인 간섭 회피를 통해 주파수 대역을 공유하는 기술이다. 예를 들면, 군(軍)이 이용하는 주파수 대역에 대해 군이 특정한 시간만을 이용한다면 그 시간을 피해 주파수 대역을 이용하게 하는 기술이다. ETRI 스펙트럼공학연구팀, 스펙트럼 관리 및 동적 접속기술 동향, ETRI 전자통신동향분석 제26권 제6호(2011년 12월), p134.

제4절 전파규제와 방송 및 통신 규제

전파규제는 전파와 관련 기술에 관한 규제를 주요 내용으로 하나 전파규제의 결과는 통신과 방송시장에 큰 영향을 미치게 된다. 즉 전파법은 전파와 관련 기술에 관한 규제를 내용으로 하는 기술법이지만 전파법을 통한 규제의 결과는 통신과 방송시장에 심대한 영향을 미치게 되는 것이다. 이미 앞에서 설명한 바와 같이 통신과 방송에 대한 규제는 전파자원의 희소성(Scarcity)에서부터 시작되었으며 전파는 통신과 방송에 있어 필수설비(Essential facilities)이므로 전파에 대한 규제에 따라 통신과 방송시장의 방향이 바뀔 수 있다고 하겠다. 한편, 전파규제는 〈그림 55〉와 같이 전파 간의 혼신과 간섭을 막기 위한 이용 질서 확립을 중요한 규제의 목표 중 하나로 삼고 있는데, 미국의 경우 이미 20세기 초에 전파를 이용한 라디오 방송의 정치적 영향력을 인식한 미국 의회는 통신과 방송에 대한 규제의 필요성을 인식하여 방송통신규제기관인 FCC(Federal Communications Commission, 연방 방송통신위원회)의 설립과 함께 규제 관련 법과 제도의 마련을 추진해 왔으며 이러한 전파에 대한 규제는 희소한 자원의 효율적 배분과 전파 이용 질서의 확립이라는 목표 달성을 통해 통신과 방송시장에 영향을 미쳐왔을 뿐만 아니라 앞으로도 전파에 대한 규제는 통신과 방송에 대한 규제의 전제가 되는 규제로서 그 중요성이 더욱 커질 것으로 생각된다.

그림 55 전파규제와 방송 및 통신 규제

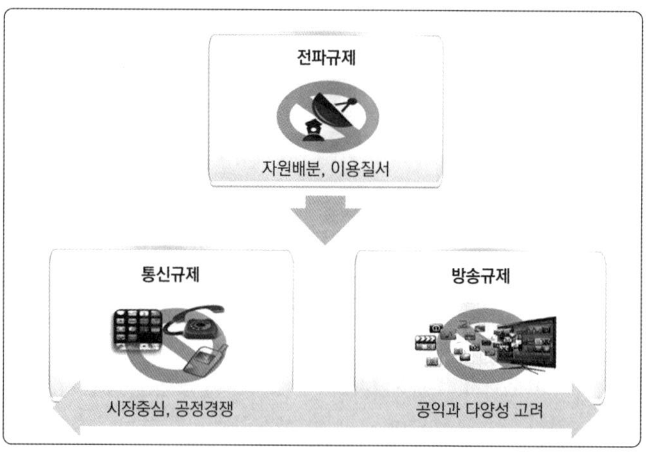

제2장

어떻게 전파에 관한 권리를 확보하고 규제 대상이 되는가?

전파는 이동전화, 텔레비전, 사물인터넷(IoT, Internet of Things) 등 다양한 기기와 무선국을 통해 이용하게 되는데, 전파를 이용하기 위해서는 먼저 전파를 이용할 수 있는 권리가 확보되어야 한다. 우선 전파를 이용할 수 있는 권리 확보를 위해서는 주파수에 대한 용도가 정해져야 하는데 이러한 용도의 지정을 주파수의 분배(分配, Allocation)라고 한다. 앞에서 전파와 토지이용의 비유에서 설명한 바와 같이 토지가 이용 및 계발계획에 따라 주거용, 상업용 등으로 용도를 획정하는 것과 같이 전파도 주파수 대역별로 통신용, 방송용 등 주파수의 용도를 정하여 계획적이고 효율적으로 자원을 이용하도록 하고 있는 것이 주파수분배이다. 주파수의 분배가 이루어지면 분배된 주파수 내역에 대해 주파수 할당(割當, Assignment), 주파수 사용승인, 주파수지정을 통해 주파수를 이용할 권리가 부여되게 된다. 한편, 주파수 분배, 주파수 할당, 주파수 사용승인, 주파수 사용승인 이외에도 전파 이용의 효율성과 탄력성을 제고하기 위한 주파수 회수, 주파수 재배치, 주파수 공동사용, 주파수 이용권의 양도와 임대, 비면허대역의 이용 등을 통해서도 전파의 이용 권리가 확보될 수 있다. 제2장에서는 전파의 권리 확보와 관련된 전파법상의 제도와 규정들에 대해 살펴보고자 한다.

제1절 주파수분배

〈전파법〉 제2조(정의) ① 이 법에서 사용하는 용어의 뜻은 다음과 같다.

2. "주파수분배"란 특정한 주파수의 용도를 정하는 것을 말한다.

〈전파법〉 제9조(주파수분배) ① 과학기술정보통신부장관은 다음 각 호의 사항을 고려하여 주파수분배를 하여야 한다.

1. 국방 · 치안 및 조난구조 등 국가안보 · 질서유지 또는 인명안전의 필요성
2. 주파수의 이용현황 등 국내의 주파수 이용여건
3. 국제적인 주파수 사용동향
4. 전파이용 기술의 발전추세
5. 전파를 이용하는 서비스에 대한 수요

② 과학기술정보통신부장관은 제1항에 따라 주파수분배를 하는 경우에는 주파수 용도가 제1순위인 업무와 주파수 용도가 제2순위인 업무를 구분하여 주파수분배를 할 수 있다.

③ 과학기술정보통신부장관은 제1항에 따라 주파수분배를 한 경우에는 이를 고시하여야 한다. 주파수분배를 변경한 경우에도 또한 같다.

④ 과학기술정보통신부장관은 제1항의 주파수분배에 따라 주파수를 사용할 수 있는 기간이 특정되는 경우에는 해당 주파수를 사용하는 방송통신기자재의 적합성 평가 유효기간과 해당 방송통신기자재를 수입 · 판매할 수 있는 기간을 함께 고시할 수 있다.

1. 주파수분배의 의의

전파법은 "주파수분배"란 특정한 주파수의 용도를 정하는 것을 말한다고 규정하고 있는데(전파법 제2조제2호), 주파수분배(分配, Allocation)는 앞에서 전파와 토지이용의 비유에서 설명한 바와 같이 토지가 이용 및 개발계획에 따라 주거용, 상업용 등으로 용도를 획정하는 것과 같이 전파도 주파수 대역별로 통신용, 방송용 등 주파수의 용도를 정하여 계획적이고 효율적으로 자원을 이용하도록 하는 것이다. 한편, 전파법에 명시적인 규정은 없지만 주파수분배가 사전(事前)에 되어야 주파수 할당, 주파수 사용승인, 주파수 지정 등의 전파의 이용이 가능한 것으로 해석되는데, 왜냐하면 주파수분배는 용도를 정

하는 것이기 때문에 미리 전파의 용도가 정해지지 않은 전파 이용은 불가능하므로 주파수분배는 전파 이용의 전제가 되는 것으로 이해된다.

주파수분배는 주파수의 국제 분배와 국내 분배 2단계(段階)의 순서로 진행되는데 전파자원은 한 국가를 벗어나 다른 국가에 혼신과 간섭과 같은 영향을 미칠 수 있으므로 토지가 대한민국의 주권이 미치는 범위에 한정되어 이용할 수 있는 것과 유사하게 전파는 국제전기통신연합(ITU, International Telecommunication Union)의 국제 분배 후 우리나라 정부의 주파수분배가 이루어지게 된다. 주파수의 국제 분배는 국제전기통신연합이 지역별, 국가별로 특정 주파수 대역에서 제공이 가능한 전파를 이용하는 서비스의 용도를 정하는 것으로 전 세계 145개국이 참여하는 ITU-WRC(World Radio communication Conference, 전파통신 부문 최고 의결 회의)를 통해 국제적인 합의에 따라 내역별 주파수 대역별 이용을 위한 국제적 용도를 권고한다. 국제전기통신연합은 ITU-RR(Radio Regulations, 국제전기통신연합 전파규칙)에서 국제적인 전파의 효율적인 이용을 위해 전체 주파수 대역을 고정용, 이동용, 위성용 등 41개의 용도로 구분하고 〈그림 56〉과 같이 전 세계를 1권역으로 유럽과 아프리카 등을 2권역으로 미국 등 아메리카를 3권역으로 우리나라 등 아시아와 오세아니아 지역을 포함하여 3개의 권역(Region)으로 나누어 국제 분배를 하고 있다.

그림 56 주파수 국제 분배 3권역

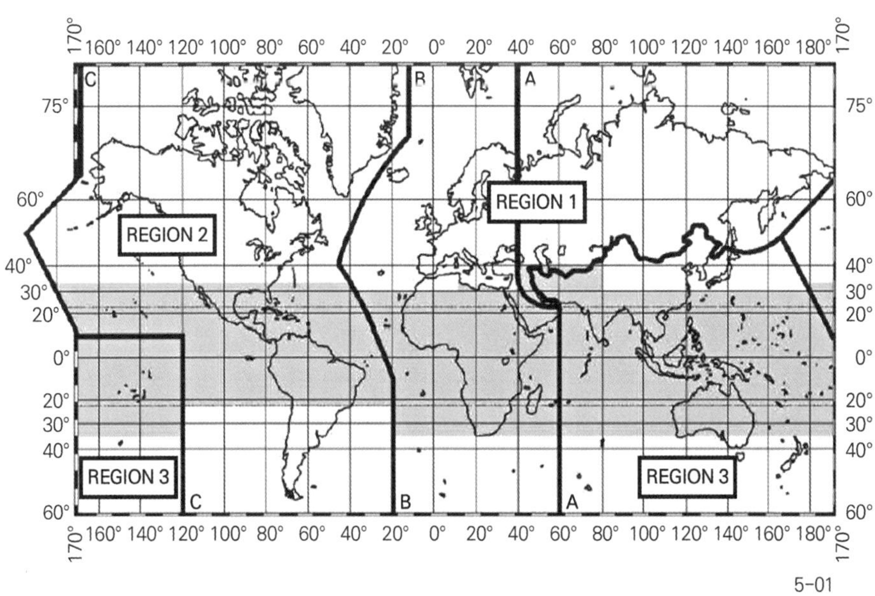

전파법은 과학기술정보통신부장관은 다음, 1. 국방 · 치안 및 조난구조 등 국가안보 · 질서유지 또는 인명안전의 필요성, 2. 주파수의 이용현황 등 국내의 주파수 이용여건, 3. 국제적인 주파수 사용동향, 4. 전파이용 기술의 발전추세, 5. 전파를 이용하는 서비스에 대한 수요의 사항을 고려하여 주파수분배를 하여야 한다고 규정하고 있는데(동법 제9조제1항), 주파수분배의 법적 성격에 대해, 1. 고시(告示)의 외형을 갖는 점을 근거로 일종의 행정규칙에 불과하다는 행정규칙설, 2. 특정 주파수의 향후 용도를 지정한다는 점을 근거로 행정계획에 해당한다는 행정계획설, 3. 공물(公物) 성립의 의사표시 요소인 공용지정(公用指定)으로서[44] 고시에 의한 행정행위에 해당한다는 행정행위설이 있는 것으로 이해되는데,[45] 주파수분배 고시는 직접 국민에게 영향을 미치지는 않으나 일종의 공용지정 행위의 성격을 갖고 있으므로 일반적이고 대물적인 처분성(處分性)을 갖는 물적 행정행위이며 재량행위(裁量行爲)로 생각된다. 전파법은 과학기술정보통신부장관은 이 법 제9조(주파수분배)제1항에 따라 주파수분배를 한 경우에는 이를 고시하여야 하며 주파수분배를 변경한 경우에도 또한 같다고 규정하고 있는데(동법 제9조제3항), 주파수분배를 구체화하기 위해 대한민국 주파수분배표(Table of Frequency Allocation)가 고시로 제정되어 있으며(과학기술정보통신부 고시 제2024-44호, 2025. 2. 17.), 대한민국 주파수분배표 고시에 따라 〈그림 57〉과 같이 대한민국 주파수분배도표가 작성되어 공표되고 있다.

44) 공용지정(公用指定)은 물건에 대한 공법적 성격의 부여, 즉 물건의 공법적 지위의 내용과 범위를 정하는 법적 행위로서 공용개시 또는 공용개시 행위라고도 한다. 홍정선, 앞의 책, p1072.

45) 계경문 외, 앞의 책, pp126~127.

그림 57 대한민국 주파수분배도표

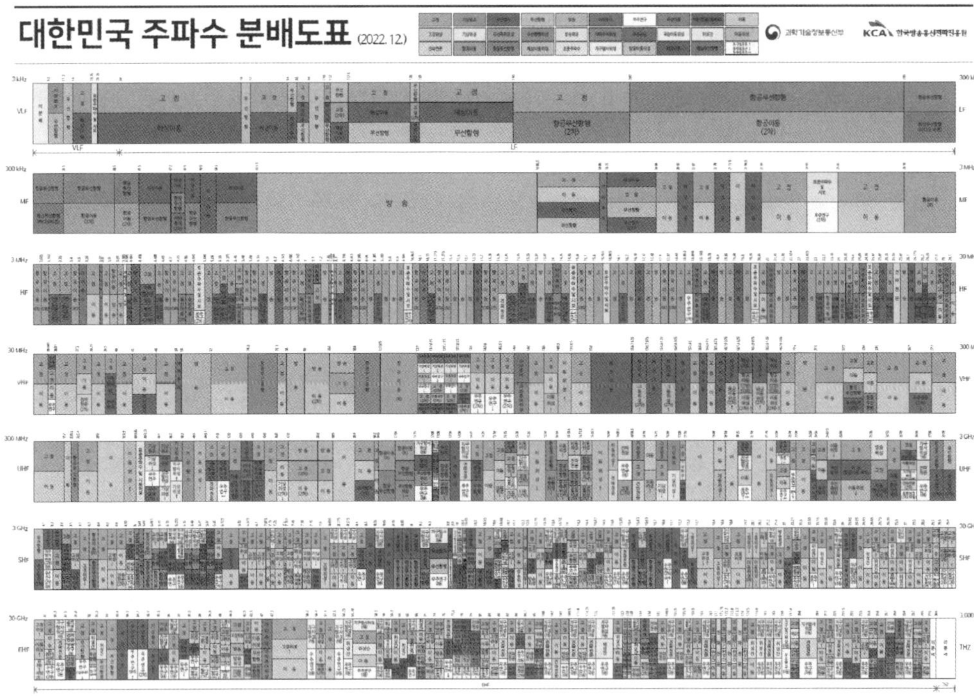

한편, 전파법은 과학기술정보통신부장관은 전파자원의 공평하고 효율적인 이용을 촉진하기 위하여 필요하면 다음, 1. 주파수분배의 변경의 사항을 시행하여야 한다고 규정하고 있으며(동법 제6조제1항), 과학기술정보통신부장관은 제6조(전파자원 이용효율의 개선) 제1항 각 호의 사항을 시행하기 위하여 필요하면 대통령령으로 정하는 바에 따라 주파수의 이용 현황을 조사하거나 확인할 수 있다고 규정하고 있는 한편(동법 제6조제2항), 주파수를 새롭게 분배하거나 회수 또는 재배치하고자 할 경우 국무조정실장을 위원장으로 하는 주파수심의위원회의 심의를 거쳐야 한다고 규정하고 있다(동법 제6조의2제3항).[46)]

46) 전파법은 이 법 제6조의2(주파수회수 또는 주파수재배치)제3항에 따른 주파수심의위원회의 구성과 운영 등에 필요한 사항은 대통령령으로 정한다고 규정하고 있다(전파법 제6조의2제4항).

2. 주파수분배의 주요 내용

앞에서 설명한 바와 같이 전파법은 국제조약인 전파규칙에 따라 국제 분배 후 국내분배를 하게 되는데, 대법원은 "국제전기통신연합의 전파규칙과 1992년도 세계전파주관청회의(World Administrative Radio Conference) 결의 528 및 구 전파법(2000. 1. 21. 법률 제6197호로 전문 개정되기 전의 것)의 관계 규정을 종합하여 보면, 국제전기통신연합의 전파규칙이 주파수대역의 사용 용도에 관하여 우선순위가 같은 다양한 용도를 규정하고 있더라도, 국내에서 특정주파수대역을 어느 용도에 우선적으로 사용할 것인지를 결정하는 것은 우리나라 전파주관청의 전파정책에 관한 고유권한이다."라고 판시한 바 있다.[47)]

한편, 〈표 24〉는 주파수분배표의 일부를 발췌한 것인데, 〈표 24〉 중 제(1)란에서 제(3)란까지는 국제전기통신연합의 전파규칙에 규정된 주파수분배표를 기재한 것이며 〈표 24〉 중 제(4)란 및 제(5)란은 대한민국 과학기술정보통신부의 주파수 정책에 따른 주파수분배표를 기재한 것이다. 또한 대한민국 주파수분배표 중 제(4)란에는 각 주파수(단위는 왼쪽 상단에 표시) 대역에 분배된 업무를 표시하였고, 제(5)란에는 제(4)란의 각 업무에 대한 세부 항목 및 용도 등을 표시하였다.

전파법은 과학기술정보통신부장관은 이 법 제9조(주파수분배)제1항에 따라 주파수분배를 하는 경우에는 주파수 용도가 제1순위인 업무와 주파수 용도가 제2순위인 업무를 구분하여 주파수분배를 할 수 있다고 규정하고 있는데(전파법 제9조제2항), 〈표 24〉 중 제(4)란에서 구분된 하나의 주파수대역에 대해 두 가지 이상의 업무가 표시된 경우 그 업무의 종별 및 기재순서는 다음, 1. 제1순위 업무는 업무명칭에 밑줄표시가 없고, 2. 제2순위 업무는 업무명칭에 밑줄표시가 있음과 같다. 또한 두 가지 이상의 업무에 분배 한 경우 기재순서는 상대적 우선순위가 아니고, 제2순위 업무 무선국은 다음, 1. 이미 분배하였거나 향후 분배될 제1순위 업무 무선국에 유해 혼신을 일으켜서는 아니 되며, 2. 이미 분배하였거나 향후 분배될 제1순위 업무 무선국에 의한 유해 혼신으로부터 보호를 요청하지 못하나, 3. 향후 분배될 동일 또는 다른 제2순위 업무 무선국에 의한 유해 혼신으로부터 보호를 요청할 수 있음을 준수하는 조건으로 사용할 수 있다. 즉, 제1순위 업무 무선국은 분배된 용도에 따라 우선적으로 이용이 가능하나, 제2순위 업무 무선국은 제1순위 무선국의 업무에 의해 발생한 유해 전파 혼신과 간섭으로부터 보호받지 못한다는 것으로 이해된다.

각 주파수 대역에서 업무 우측에 표시한 주석은 해당 업무에만 적용하고 하단에 표

47) 대법원 2007. 4. 12. 선고 2004두7924 판결.

시한 것은 당해 주파수 대역의 모든 업무에 적용하는데, K로 시작하는 것은 국내 주석을 말하며 제(4)란의 주파수 대역 중 할당할 특정 주파수가 정해진 경우에는 제(5)란에 당해 주파수를 명시한다. 〈표 24〉 중 제(4)란 주파수대역별 분배의 주파수 대역 중 할당할 특정 주파수가 정해진 경우에 〈표 24〉 중 제(5)란에 용도 등이 당해 주파수로 명시되어 있는데, 이렇게 용도 등으로 주파수가 명시되어 있는 것은 특정한 주파수를 이용할 수 있는 권리를 특정인에게 주는 전파법 제10조(주파수 할당)에 따른 주파수 할당이 아니라 허가나 신고로 개설하는 무선국에서 이용할 특정한 주파수를 지정하는 전파법 제2조(정의)제1항제4호의 주파수 지정으로 이해된다.

표 24 주파수분배표 예시(2000㎑ – 2495㎑)

<table>
<tr><th colspan="3">국제</th><th colspan="2">한국</th></tr>
<tr><th>(1)</th><th>(2)</th><th>(3)</th><th>(4)</th><th>(5)</th></tr>
<tr><th>제1지역</th><th>제2지역</th><th>제3지역</th><th>주파수대별 분배</th><th>용도등</th></tr>
<tr><td>2000–2025
고정
이동(항공이동(R) 제외)

5.92 5.103</td><td colspan="2" rowspan="3">2000–2065
고정
이동</td><td rowspan="3">2000–2065
고정
이동</td><td rowspan="3">2002.5 ㎑
(라디오부이용) K13</td></tr>
<tr><td>2025–2045
고정
이동(항공이동(R) 제외)
기상원조 5.104

5.92 5.103</td></tr>
<tr><td rowspan="3">2045–2160
해상이동
고정
육상이동

5.92</td></tr>
<tr><td colspan="2">2065–2107
해상이동 5.105

5.106</td><td>2065–2107
해상이동

5.106</td><td>2091 ㎑(조난호출) K16</td></tr>
<tr><td colspan="2" rowspan="2">2107–2170
고정
이동</td><td rowspan="2">2107–2170
고정
이동</td><td rowspan="2"></td></tr>
<tr><td>2160–2170
무선탐지

5.93 5.107</td></tr>
</table>

<table>
<tr><td colspan="2">2170-2173.5
해상이동</td><td>2170-2173.5
해상이동</td><td></td></tr>
<tr><td colspan="2">2173.5-2190.5
이동(조난 및 호출)
5.108 5.109 5.110 5.111</td><td>2173.5-2190.5
이동
5.108 5.109 5.110 5.111</td><td>2174.5 KHz(국제조난)
2182 KHz(국제조난호출, 수색구조)
2187.5 KHz(국제조난)</td></tr>
<tr><td colspan="2">2190.5-2194
해상이동</td><td>2190.5-2194
해상이동</td><td></td></tr>
<tr><td>2194-2300
고정
이동(항공이동(R) 제외)
5.92 5.103 5.112</td><td>2194-2300
고정
이동
5.112</td><td rowspan="2">2194-2495
고정
이동</td><td rowspan="2">2250 KHz(도로관리용)
K16A</td></tr>
<tr><td>2300-2498
고정
이동(항공이동(R) 제외)
방송 5.113
5.103</td><td>2300-2495
고정
이동
방송 5.113</td></tr>
</table>

한편, 전파법은 과학기술정보통신부장관은 이 법 제9조(주파수분배)제1항의 주파수분배에 따라 주파수를 사용할 수 있는 기간이 특정되는 경우에는 해당 주파수를 사용하는 방송통신기자재의 적합성 평가 유효기간과 해당 방송통신기자재를 수입 · 판매할 수 있는 기간을 함께 고시할 수 있다고 규정하고 있다(동법 제9조제4항).

참고자료 및 질문

1. 전파진흥기본계획. 전파법은 과학기술정보통신부장관은 전파이용의 촉진과 전파와 관련된 새로운 기술의 개발과 전파방송기기 산업의 발전 등을 위하여 전파진흥기본계획(이하 "기본계획"이라 한다)을 5년마다 세워야 한다고 규정하고 있는데(전파법 제8조제1항), 전파진흥기본계획 관련 규정은 2008년 6월 전파법 개정을 통해 기존 전파법 제59조(전파진흥기본계획)의 전파진흥기본계획과 이 법 제8조(전파이용중·장기계획)의 전파이용중·장기계획 조항들이 단일 규정으로 통합된 것으로서 양자(兩者)를 통합하여 수립하는 것이 보다 효과적이라는 판단하에 두 계획을 통합한 것으로 이해된다. 전파법은 과학

기술정보통신부장관은 기본계획을 세우거나 기본계획 중 주파수분배계획 등 대통령령으로 정하는 중요한 사항을 변경하는 경우에는 공청회 등을 통한 의견수렴을 거쳐야 한다고 규정하고 있으며(동법 제8조제2항), 기본계획에는 다음, 1. 전파방송산업육성의 기본방향, 2. 중·장기 주파수 이용계획, 3. 새로운 전파자원의 개발, 4. 전파이용 기술 및 시설의 고도화 지원, 5. 전파매체의 개발 및 보급, 6. 우주통신의 개발, 7. 전파이용질서의 확립, 8. 전파 관련 표준화에 관한 사항, 9. 전파환경의 개선, 10. 그 밖에 전파방송진흥에 필요한 사항이 포함되어야 한다고 규정하고 있으며(동법 제8조제2항), 과학기술정보통신부장관은 기본계획에 따른 세부시행계획(이하 "시행계획"이라 한다)을 세우고 시행하여야 한다고 규정하고 있다(동법 제8조제3항). 또한 전파법은 과학기술정보통신부장관은 기본계획에 따른 세부시행계획(이하 "시행계획"이라 한다)을 세우고 시행하여야 한다고 규정하고 있다(동법 제8조제4항).

2. 전파자원확보시책의 수립과 시행. 전파법은 과학기술정보통신부장관은 전파자원을 확보하기 위하여 다음, 1. 새로운 주파수의 이용기술 개발, 2. 이용 중인 주파수의 이용효율 향상, 2의2. 주파수 공동사용기술 개발, 3. 주파수의 국제등록, 4. 국가간 전파의 혼신(混信)을 없애고 방지하기 위한 협의·조정의 시책을 마련하고 시행하여야 하며, 그 시행에 필요한 지원방안을 마련하여야 한다고 규정하고 있는데(전파법 제5조제1항), 동 조항은 과학기술정보통신부장관이 전파자원을 확보하기 위한 정부시책을 수립하고 시행할 책임이 있음을 규정하고 이에 따라 과학기술정보통신부장관이 강구하여야 하는 시책의 기본적인 내용을 포함하고 있는 것으로 이해된다. 전파법은 이 법 제5조(전파자원의 확보)제1항제3호에 따른 등록대상 주파수, 등록비용 및 등록절차 등에 필요한 사항은 대통령령으로 정한다고 규정하고 있는데(동법 제5조제2항), 전파법 시행령은 「전파법」(이하 "법"이라 한다) 제5조제2항에 따른 등록대상 주파수는 「국제전기통신연합 전파 규칙」이 정하는 바에 따른다고 규정하고 있으며(동법 시행령 제3조제1항), 이 법 시행령 제3조(국제등록대상주파수 등)제1항에 따른 등록대상 주파수를 사용하는 무선국을 개설하려는 자는 과학기술정보통신부장관에게 해당 주파수에 대한 국제등록신청을 요청하여야 하며,[48] 국제등록을 한 사항을 변경하는 경우에도 또한 같다고 규정하고 있다(동법 시행령 제3조제2항).

3. 주파수심의위원회. 전파법은 주파수를 새롭게 분배하거나 회수 또는 재배치하고자 할 경우 국무조정실장을 위원장으로 하는 주파수심의위원회의 심의를 거쳐야 한다고 규정하고 있으며(전파법 제6조의2제3항), 이 법 제6조의2(주파수회수 또는 주파수재배치)제3항에 따른 주파수심의위원회의 구성과 운영 등에 필요한 사항은 대통령령으로 정한다고 규정하고 있는데(동법 제6조의2제4항), 전파법 시행령은 이 법 제6조의2제3항에 따른 주파수심의위원회(이하 이 조에서 "위원회"라 한다)는 위원장을 포함한 7명 이내의 위원으로 구성하고, 위원은 다음, 1. 국무조정실, 과학기술정보통신부 및 방송미디어통신위원회의 고위공무원단에 속하는 공무원 중에서 해당 기관의 장이 지명하는 사람 각 1명과, 2. 다음, 가. 「고등교육법」 제2조(학교의 종류)에 따른 학교에서 전자공학·전파공학 등 주파수 관련 학과의 교수

로 5년 이상 재직 중인 사람과, 나. 공인된 연구기관에서 주파수와 관련된 분야의 연구원으로 5년 이상 재직하였거나 재직 중에 있는 사람의 어느 하나에 해당하는 사람 중에서 위원장이 위촉하는 사람으로 한다고 규정하고 있으며(동법 시행령 제7조의2제1항), 이 법 시행령 제7조의2(주파수심의위원회의 구성과 운영 등)제1항제2호에 따른 위원의 임기는 2년으로 하되, 한차례만 연임할 수 있다고 규정하고 있다(동법 시행령 제7조의2제2항). 또한 전파법 시행령은 이 법 시행령 제7조의2제1항제1호에 따라 위원을 지명한 자는 해당 위원이 다음, 1. 심신장애로 인하여 직무를 수행할 수 없게 된 경우, 2. 직무와 관련된 비위사실이 있는 경우, 3. 직무태만, 품위손상이나 그 밖의 사유로 인하여 위원으로 적합하지 아니하다고 인정되는 경우, 4. 위원 스스로 직무를 수행하는 것이 곤란하다고 의사를 밝히는 경우의 어느 하나에 해당하는 경우에는 그 지명을 철회할 수 있다고 규정하고 있으며(동법 시행령 제7조의2제3항), 위원장은 동법 시행령 제7조의2제1항제2호에 따른 위원이 동법 시행령 제7조의2제3항 각 호의 어느 하나에 해당하는 경우에는 해당 위원을 해촉(解囑)할 수 있다고 규정하고 있다(동법 시행령 제7조의2제4항). 한편, 전파법 시행령은 위원회에 간사위원 1명을 두며, 간사위원은 이 법 시행령 제7조의2제1항제1호에 따라 과학기술정보통신부의 고위공무원단에 속하는 공무원 중에서 과학기술정보통신부장관이 지명하는 사람이 된다고 규정하고 있으며(동법 시행령 제7조의2제5항), 위원회의 회의는 재적위원 과반수의 출석으로 개의(開議)하고, 출석위원 과반수의 찬성으로 의결한다고 규정하고 있다(동법 시행령 제7조의2제6항).

3. 주파수분배의 변경에 따른 이용자 지원과 비면허무선기기 지원센터의 지정 등

가. 주파수분배의 변경에 따른 이용자 지원 등

(1) 주파수분배의 변경에 따른 이용자 지원 등의 의의

주파수분배가 변경되면 기존에 주파수 대역을 이용하던 무선국용 무선설비, 방송통신기자재를 더 이상 이용하지 못하게 되는데, 이는 주파수의 국제 분배나 국내 분배의 변경, 주파수의 회수와 재배치 등으로 발생하게 된다. 과거 아날로그 텔레비전(Analogue

48) 전파법 시행령은 이 법 시행령 제3조(국제등록대상주파수 등)제2항에 따라 주파수의 국제등록을 요청한 자는 국제전기통신연합이 정하는 등록비용을 부담하여야 한다고 규정하고 있다(전파법 시행령 제3조제3항).

Television)의 디지털 텔레비전(Digital Television)으로의 전환에 따른 방송용 주파수였던 700㎒ 대역의 회수와 재배치에서 동 대역에서 이용되던 방송용 무선 마이크, 900㎒ 주파수 대역에서 이용되던 전파를 이용해 사물에 부착된 태그(Tag) 정보를 무선으로 인식하는 기술인 RFID(Radio Frequency Identification, 무선주파수인식), 소출력 무선 마이크, 무선 전화기(Cordless phone)가 이용되던 900㎒ 주파수 대역을 이동통신용으로 회수와 재배치하게 됨에 따라 기존에 이용하던 무선설비, 방송통신기자재들이 더 이상 사용될 수 없게 된 것들이 사례들로 이해된다.

(2) 주파수분배의 변경에 따른 이용자 지원 등의 주요 내용

전파법은 과학기술정보통신부장관은 이 법 제19조의2(신고를 통한 무선국 개설 등)제2항에 따라 신고하지 아니하고 개설할 수 있는 무선국용 무선설비의 이용자가 주파수분배의 변경으로 인하여 해당 무선설비를 사용할 수 없게 되는 경우에 해당 무선설비의 이용자(제조 · 수입 · 판매자는 제외한다)를 지원하기 위한 방안을 마련할 수 있다고 규정하고 있으며(전파법 제9조의2제1항), 동법 제9조의2(주파수분배의 변경에 따른 이용자 지원 등)제1항에 따른 지원은 주파수분배의 변경으로 사용할 수 없게 되는 방송통신기자재의 잔존가치 전부 또는 일부를 예산의 범위에서 금전으로 지원하거나 해당 방송통신기자재를 다시 사용할 수 있도록 변경 · 개조하는 방법으로 할 수 있다고 규정하고 있는 한편(동법 제9조의2제2항), 동법 제9조의2제2항에 따른 지원의 대상 · 방법 · 절차 등은 대통령령으로 정하나,[49] 다만, 금전 지원의 경우에는 예고기간 및 내용연수 등을 참작하여야 한다고 규정하고 있고(동법 제9조의2제3항), 과학기술정보통신부장관은 동법 제9조의2제2항에 따라 지원을 한 경우 새로 주파수할당, 주파수지정 또는 주파수 사용승인을 받은 자에게 지

49) 전파법 시행령은 이 법 제9조의2(주파수분배의 변경에 따른 이용자 지원 등)제2항에 따른 지원의 대상은 주파수분배의 변경으로 인하여 사용할 수 없게 되는 방송통신기자재를 이미 구매하여 사용하고 있는 자 중 방송통신기자재의 내용연수와 주파수분배의 변경을 위한 예고기간 등을 고려하여 과학기술정보통신부장관이 정하여 고시하는 요건을 충족하는 자로 한다고 규정하고 있으며(전파법 시행령 제10조의2제1항), 전파법 제9조의2제2항에 따른 지원은 다음, 1. 방송통신기자재의 평균 사용기간, 내구연한, 판매금액 등을 종합적으로 고려하여 산정한 금액의 지원과, 2. 방송통신기자재의 변경 또는 개조를 통하여 다른 주파수를 이용할 수 있도록 지원의 방법으로 하고, 이 경우 구체적인 금액 산정, 방송통신기자재의 변경이나 개조 방법 등 세부적인 지원 방법에 대해서는 과학기술정보통신부장관이 정하여 고시한다고 규정하고 있는데(동법 시행령 제10조의2제2항), 한편, 동 사안과 관련하여 주파수분배의 변경에 따른 방송통신기자재의 이용자 지원 · 표시방법 등에 관한 고시(과학기술정보통신부 고시 제2017-7호, 2017. 8. 24.)가 제정 · 시행되고 있다.

원에 소요된 비용을 징수할 수 있다고 규정하고 있으며(동법 제9조의2제4항), 동법 제9조의2제2항에 따른 지원비용 및 동법 제9조의2제4항에 따른 징수금은 방송통신발전기금의 지출 및 수입으로 한다고 규정하고 있다(동법 제9조의2제5항).

한편, 전파법은 과학기술정보통신부장관은 이 법 제6조의2(주파수회수 또는 주파수재배치에 따른 손실보상 등)에 따라 주파수회수 또는 주파수재배치를 할 때에 해당 시설자와 동법 제18조의2(주파수 사용승인의 신청 등)제3항에 따라 주파수의 사용승인을 받은 자(이하 "시설자등"이라 한다)에게 통상적으로 발생하는 손실을 보상하여야 하나, 다만, 다음, 1. 시설자등의 요청에 따른 경우, 2. 국제전기통신연합이 모든 국가가 공통적으로 수용하여야 할 주파수 국제분배를 변경함에 따라 주파수분배를 변경한 경우, 3. 주파수의 용도가 제2순위 업무(해당 주파수를 운용할 때에 제1순위 업무를 보호하여야 하고, 제1순위 업무로부터 보호받을 수 없는 업무를 말한다. 이하 같다)인 주파수를 사용하는 경우에는 그러하지 아니하고 규정하고 있는데(동법 제7조제1항), 전파법이 이 법 제7조(주파수회수 또는 주파수재배치에 따른 손실보상 등)제1항에 따른 손실보상(損失補償)을 규정하고 있음에도 불구하고 동법 제9조의2(주파수분배의 변경에 따른 이용자 지원 등)제1항에 따른 주파수분배의 변경에 따른 이용자 지원 등을 규정하고 있는 것은 뒤에서 설명하겠지만 손실보상 제도의 적용이 어려운 사안에 대해 빠른 주파수의 분배, 주파수의 회수와 재배치를 위해 현실적인 필요성을 고려하여 손실보상이 아닌 이용자 지원 등으로 입법이 이루어진 것으로 이해된다.

나. 비면허무선기기지원센터의 지정 등

전파법은 과학기술정보통신부장관은 이 법 제9조의2(주파수분배의 변경에 따른 이용자 지원 등)제2항에 따라 주파수분배의 변경으로 사용할 수 없는 방송통신기자재에 대한 금전지원 또는 변경 · 개조 등의 사업을 수행하기 위하여 전문인력과 시설 등 대통령령으로 정하는 요건을 갖춘 기관 또는 단체를 비면허무선기기지원센터(이하 이 조에서 "센터"라 한다)로 지정할 수 있다고 규정하고 있으며(동법 제9조의3제1항), 과학기술정보통신부장관은 센터의 사업 등에 필요한 경비의 전부 또는 일부를 지원할 수 있다고 규정하고 있는 한편(동법 제9조의3제2항), 과학기술정보통신부장관은 센터가 다음, 1. 거짓이나 그 밖의 부정한 방법으로 지정을 받은 경우, 2. 지정받은 사항을 위반하여 업무를 수행한 경우, 3. 동법 제9조의3(비면허무선기기지원센터의 지정 등)제1항에 따른 지정요건에 맞지 아니하게 된 경우, 4. 거짓이나 그 밖의 부정한 방법으로 이 법에 따른 지원을 받았거나 지원받은 자금을 다른 용도로 사용한 경우의 어느 하나에 해당하는 경우에는 그 지정을 취소할 수 있으나 다만, 동법 제9조의3제3항제1호에 해당하면 지정을 취소하여야 한다고 규정하고 있으며(동법 제9조의3제3항), 동법 제9조의3제1항부터 제3항까지에서 규정한 사항 외에 센터의 지정과 운영 등에 필요한 사항은 대통령령으로 정한다고 규정하고 있다(동법 제9조의3제4항).

한편, 주파수분배의 변경에 따른 이용자 지원과 비면허무선기기지원센터의 지정 등에 대해 생각해 볼 점이 있다고 하겠는데, 물론 주파수분배의 변경으로 인해 무선국용 무선설비, 방송통신기자재를 더 이상 이용하지 못하게 되어 재산권에 대한 침해가 일어나게 되는 점은 이해가 되지만 발사하는 전파가 미약한 무선국 등 비면허무선기기와 방송통신기자재 등은 앞에서 설명한 주파수 공유모형(Common or Open access model)에 기반하여 혼신과 간섭의 문제로 인한 주파수의 품질(QoS, Quality of Service)을 보장할 수 없다는 것을 전제하므로 과연 주파수분배의 변경에 따른 이용자 지원과 비면허무선기기지원센터의 지정 등이 바람직한가에 대한 근원적 의구심이 든다. 또한 비면허무선기기는 이용현황을 파악하기 것조차 사실상 불가능한 경우가 많기 때문에 비면허무선기기에 대한 사용기간인 내용연수를 충분히 고려하여 장기간(長期間)의 주파수분배 변경, 장기간(長期間)의 주파수 회수와 재배치를 하는 것이 근원적인 해결 방안이라고 생각한다.

참고자료 및 질문

1. 비면허대역과 손실보상. 특정인에게 배타적인 이용 권한을 주는 주파수 할당과 달리 비면허대역은 예외적으로 불특정인 가운데 범위를 한정하여 주파수 대역을 이용할 수 있도록 하는 것이며 비면허대역에서 이용자는 신고 없이 자유롭게 그 대역을 사용할 수 있는데, RFID(Radio Frequency Identification), 소출력 무선 마이크, 무선 전화기(Cordless phone) 등이 이러한 비면허대역을 이용하는 대표적인 소출력 무선국으로 이해된다. 발사하는 전파가 미약한 비면허대역은 주파수 공유모형(Common or open access model)에 따라 기술기준의 범위 내에서 이용자 상호 간의 최소한의 간섭은 용인하며 이용하는 것으로 무선국 허가를 통해 이용되는 것이 아니기 때문에 주파수분배, 주파수 회수와 재배치로 인한 손실보상의 대상이 되지 않는다고 전통적으로 해석되었는데, 즉, 공물의 일반사용으로서 손실보상이 제한되는 것으로 여겨져 왔으나 현실적으로는 신속한 비면허대역에 대한 주파수의 분배, 주파수의 회수와 재배치를 위해서는 비면허대역을 이용하는 기기 이용자에 대한 지원이 불가피한 점이 있다.

2. 700㎒ 대역의 회수 및 재배치. 아날로그 텔레비전(Analogue Television)의 디지털 텔레비전(Digital Television)으로의 전환에 따른 방송용 주파수였던 700㎒ 대역 중 108㎒ 폭의 여유 주파수가 생기게 되었으며, 당시 700㎒ 대역은 전파특성이 좋아 투자비가 적게 들어 이동통신사업에 유리하며 미래 LTE의 핵심 대역으로 잠재 가치가 높은 대역으로 여겨졌고, 한편, 700㎒에 대한 방송용 주파수로서의 수요 또한 제기되어 방송계는 UHD(Ultra High Definition) 텔레비전 등 차세대 방송과 난시청 해소 등을 위해 주파수 회수 및 재배치를 해줄 것을 요구한 바가 있다. 정부는 2015년 7월, 〈그림 58〉과 같이 지상파 UHD 방송의 선도적 도입 및 광대역 주파수 공급을 통한 이동통신 경쟁력을 강화하기 위해 700㎒ 대역 주파수를 방송에 30㎒ 폭을(방송용 주파수는 HD 방송에서 UHD 방송 전환 기간에 한정하여 분배), 이동통신에 40㎒ 폭을 분배하기로 결정한 바가 있다.[50] 한편, 이동통신용으로 700㎒ 대역의 주파수 회수와 재배치가 이루어지면서 2013년부터 동 대역에서 이용되었던 방송용 무선 마이크에 대한 판매 및 사용 중지 조치가 되었으나 이용자의 불편과 민원을 최소화하기 위해 2020년까지 단속이 유예된 바가 있다.

그림 58 **700㎒ 대역 주파수분배(안)**

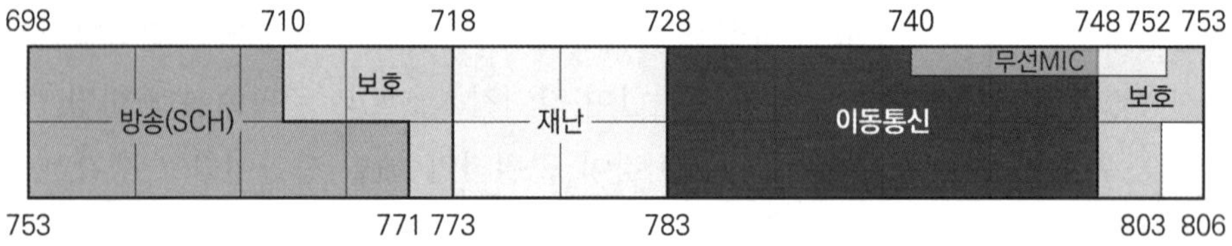

3. 통신용 주파수와 방송용 주파수 관리 이원화. 전파법은 「방송법」 제2조(정의)제2호의 방송사업을 위하여 이용하는 주파수는 방송미디어통신위원회가 관리한다고 규정하고 있어(전파법 제6조의4), 통신용 주파수와 방송용 주파수에 대한 관리가 이원화(二元化)되어 있는 것으로 이해되는데 전파법 제6조의4(방송용 주파수의 관리)는 2013년 정부 조직 개편에 따른 전파법 개정을 통해 신설되었다. 문제는 〈그림 59〉와 같이 통신용 주파수와 방송용 주파수로 구별하여 관리하는 것이 국가 전체적으로 전파자원을 효율적으로 관리하는데 애로사항이 될 수 있다는 것이다. 물론 방송의 공공성과 다양성이라는 측면에서 이견이 있을 수 있지만 전파 기술의 발전과 시장수요의 변화에 탄력적으로 대응하기 위해서는 주파수 관리를 일원화하는 것이 바람직하다고 생각한다.

---

50) 국무조정실, 미래창조과학부, 방송통신위원회, 정부, 700㎒대역 주파수분배안 마련(보도자료), 2015.7.27.

그림 59 **통신용 주파수와 방송용 주파수의 관리 이원화**

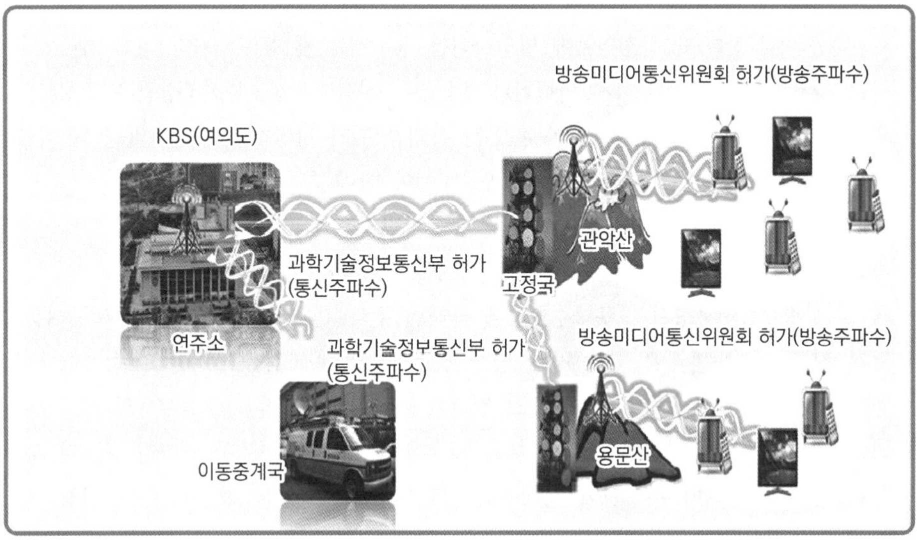

제2절 주파수할당

〈전파법〉 제2조(정의) ① 이 법에서 사용하는 용어의 뜻은 다음과 같다.

3. "주파수할당"이란 특정한 주파수를 이용할 수 있는 권리를 특정인에게 주는 것을 말한다.

〈전파법〉 제10조(주파수할당) ① 과학기술정보통신부장관은 제9조에 따라 다음 각 호의 어느 하나에 해당하는 사업의 용도로 정한 주파수를 특정인에게 할당하려는 경우에는 해당 주파수할당이 기간통신사업 등에 미치는 영향을 고려하여 할당을 신청할 수 있는 자의 범위와 할당하는 주파수의 용도 및 기술방식 등 대통령령으로 정하는 사항을 공고하여야 한다.

1. 「전기통신사업법」 제5조제2항에 따른 기간통신사업
2. 「방송법」 제2조제2호나목에 따른 종합유선방송사업이나 같은 조 제13호에 따른 전송망사업

② 제1항에도 불구하고 위성주파수(위성망에서 사용되는 주파수를 말한다. 이하 같다) 중 제18조의6제1항에 따른 공익 목적의 위성주파수를 제외한 위성주파수와 위성궤도(이하 "위성주파수등"이라 한다)를 특정인에게 할당하려는 경우에는 제1항 각 호의 어느 하나에 해당하는 사업의 용도로 한정하지 아니한다. 이 경우 과학기술정보통신부장관은 위성망의 보호 등을 고려하여 할당을 신청할 수 있는 자의 범위와 할당하는 주파수의 용도 및 기술방식 등 대통령령으로 정하는 사항을 공고하여야 한다.
③ 제1항 또는 제2항에 따라 공고된 주파수를 할당받으려는 자는 대통령령으로 정하는 바에 따라 과학기술정보통신부장관에게 주파수할당을 신청하여야 한다.
④ 과학기술정보통신부장관은 주파수할당을 하려면 주파수할당을 받을 자 및 그와 대통령령으로 정하는 특수관계에 있는 자에 의한 전파자원의 독과점을 방지하고 적정한 수준의 경쟁을 촉진하기 위하여 대통령령으로 정하는 바에 따라 조건을 붙일 수 있다.
⑤ 과학기술정보통신부장관은 제3항에 따른 신청이 제1항 또는 제2항에 따라 공고된 사항에 적합하지 아니하거나 신청인이 제13조의 결격사유에 해당하는 경우에는 그 신청서를 되돌려 보낼 수 있다.

1. 주파수할당의 의의

전파법은 과학기술정보통신부장관은 이 법 제9조(주파수분배)에 따라 다음, 1. 「전기통신사업법」 제5조(전기통신사업의 구분 등)제2항에 따른 기간통신사업과, 2. 「방송법」 제2조(정의)제2호나목에 따른 종합유선방송사업이나 같은 조 제13호에 따른 전송망사업의 어느 하나에 해당하는 사업의 용도로 정한 주파수를 특정인에게 할당하려는 경우에는 해당 주파수할당이 기간통신사업 등에 미치는 영향을 고려하여 할당을 신청할 수 있는 자의 범위와 할당하는 주파수의 용도 및 기술방식 등 대통령령으로 정하는 사항을 공고하여야 한다고 규정하고 있으며(전파법 제10조제1항), "주파수할당"이란 특정한 주파수를 이용할 수 있는 권리를 특정인에게 주는 것을 말한다고 규정하고 있다(동법 제2조제1항제3호).

주파수 할당은 특정인에 대해 새로운 권리능력 또는 포괄적인 법률관계를 설정하는 행정행위인 강학(講學)상의 특허(特許)[51]에 해당하는 것으로서 주파수 할당은 전파법 따라 규율되는 공법(公法)적 관계라고 할 수 있으며 특허권 설정 주체인 전파 규제기관의

51) 홍정선, 앞의 책, p339.

전문성에 따른 재량이 인정될 수 있는 것으로 생각된다. 주파수 할당은 2000년 전파법 개정을 통해 도입된 것으로서 2000년 전파법 개정 이전에는 전기통신사업법 제6조(기간통신사업의 허가 등)에 따라 기간통신사업의 허가를 받은 자에게 주파수 이용 권한이 부여되었으나, 2000년 전파법 개정을 통해 대가에 의한 주파수할당("대가할당")과 심사에 의한 주파수할당("심사할당")이 도입되었고 2010년 전파법 개정을 통해 대가에 의한 주파수 할당은 가격경쟁에 의한 대가할당(소위 '주파수 경매')과 정부산정에 의한 대가할당("정부산정 대가할당")으로 구분되게 되었다. 현재 전파법상의 주파수할당은 주파수 할당에 대한 대가(代價)가 반대급부로 요구되는, 1. 가격경쟁에 의한 대가할당("주파수 경매"), 2. 정부산정에 의한 대가할당("정부산정 대가할당"), 대가(代價)가 반대급부로 요구되지 아니하는 3. 심사에 의한 주파수 할당("심사할당")으로 구분되는 것으로 이해된다.

참고자료 및 질문

1. 비교심사와 경매 방식. 주파수에 대한 이용 권한을 부여하기 위한 방식으로 비교심사(Beauty contest), 경매(競賣, Auction), 추첨(Lottery) 방식이 있는데 20세기 초 미국에서 지상파 방송용 주파수에 대한 이용 권한을 부여하기 위해 잠시 추첨(Lottery) 방식이 적용된 것 이외에 대부분의 국가는 비교심사(Beauty contest)나 경매(競賣, Auction) 방식을 활용하고 있고 주파수에 대한 이용 권한을 부여하기 위한 방식으로 비교심사에서 경매 방식으로 이전되는 것이 추세(趨勢)로 이해된다. 전파법의 정부산정에 의한 대가할당("정부산정 대가할당")과 심사에 의한 주파수 할당("심사할당")은 비교심사 방식에 해당되며 가격경쟁에 의한 대가할당(소위 '주파수 경매')은 경매 방식에 해당되는데, 비교심사 방식과 경매심사 방식을 비교하면 〈표 25〉와 같다.

표 25 비교심사와 경매 방식의 비교

구분	경매 방식	비교심사 방식
개념	일정한 자격 심사를 통과한 사업자 중 경매를 통해 최고가로 입찰한 자를 주파수할당 대상자로 선정	사업수행능력, 공공복리증진 기여도 등 일정 항목을 비교심사 후 심사 결과를 기준으로 주파수할당 대상자를 선정
해외 사례	우리나라, 뉴질랜드, 미국, 호주, 영국, 독일, 이탈리아 등 대부분 OECD 국가	일본, 프랑스, 우리나라 등
장점	• 주파수할당 절차의 투명성, 할당기준의 공정성 확보 • 주파수의 시장 가치의 반영	• 정부의 경쟁정책에 주파수할당 결과의 반영 • 사업자의 전문성, 사업 수행능력 등의

	• 진입절차 간소화 및 신규 사업자의 시장진입 용이	고려
단점	• 과도한 경매 대가로 인한 요금 인상 및 투자 감소(소위 '승자의 저주') • 외국자본의 시장진입 용이 • 대규모 자본에 의한 전파자원 집중 가능성	• 사업수행의 본질이 아닌 사업계획서 작성 능력에 따른 대상자 결정 • 주파수할당 절차의 객관성과 투명성 문제

2. 주파수분배와 주파수할당의 선후관계. 주파수분배와 주파수할당의 선후관계(先後關係)에 대해서 전파법은 명시적으로 규정하고 있지 않으나 도로(道路)로 용도가 정해져서 주행이 허락되어야 자동차가 달릴 수 있는 것처럼 주파수분배를 통해 용도가 지정되지 않으면 주파수할당 등을 통한 전파의 이용은 불가능하다고 하겠다. 〈그림 60〉은 주파수분배와 주파수할당의 예시이다.

그림 60 주파수분배와 주파수할당의 예시

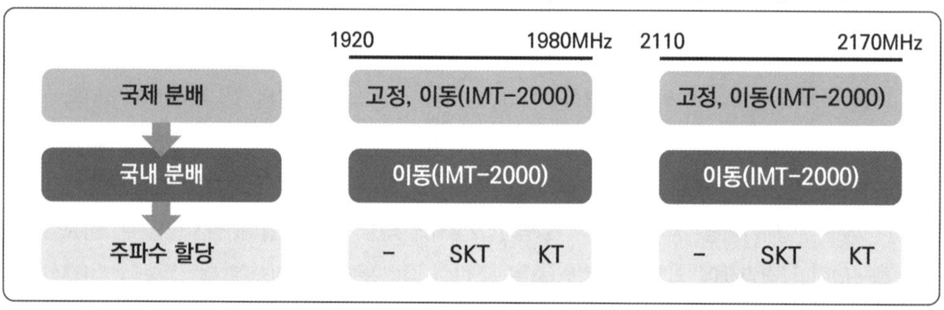

2. 주파수할당의 종류: 가격경쟁에 의한 대가 할당(주파수 경매), 정부 산정에 의한 대가 할당, 심사에 의한 주파수할당

가. 가격경쟁에 의한 대가할당("주파수 경매")

전파법은 과학기술정보통신부장관은 이 법 제10조(주파수할당)제1항 또는 제2항에 따라 공고된 주파수를 가격경쟁에 의한 대가를 받고 할당할 수 있다고 규정하고 있으며(전파법 제11조제1항), 과학기술정보통신부장관은 제1항 본문에 따라 주파수를 할당하는 경우에는 그 가격 미만으로는 주파수를 할당받을 수 없는 경쟁가격(이하 이 조에서 "최저경쟁가격"이라 한다)을 정할 수 있다고 규정하고 있는데(동법 제11조제2항), 동 조항들은 경쟁적 수요가 존재하는 경우 가격경쟁에 의한 대가할당(소위 '주파수 경매')을 규정하고 있는 것으로 이해된다. 경매(競賣, Auction)는 계약의 내용에 관해 다수인으로 하여금 서로 경쟁하게 하여 그 가운데 가장 유리한 내용을 표시하는 자를 골라 계약을 체결하는 것으로서[52] 각 경쟁자가 다른 경쟁자의 표시한 내용을 알 수 있는 경우를 경매(競賣)라고 하고 경쟁자가 서로 다른 경쟁자의 표시하는 내용을 알 수 없는 경우 입찰(入札)이라고 한다. 경매의 방식으로 세 가지가 있는데, 1. 오름차순 경매(낮은 가격부터 높은 가격으로 진행), 2. 내림차순 경매(높은 가격으로부터 낮은 가격으로 진행을 하나 우선 의사표시를 한 순으로 진행), 3. 최고가(또는 최저가) 밀봉입찰 경매가 있다.

전파법은 과학기술정보통신부장관은 이 법 제10조제3항(주파수할당)에 따라 주파수할당을 신청하는 자에게 다음, 각 1. 동법 제11조(대가에 의한 주파수할당)제1항 본문에 따라 주파수할당을 하는 경우(최저경쟁가격을 정한 경우에 한정한다)에는 최저경쟁가격의 100분의 10의 범위에서 대통령령으로 정하는 보증금을 주파수할당을 신청할 때에 내도록 할 수 있다고 규정하고 있다(동법 제11조제4항제1호).

나. 정부산정에 의한 대가할당("정부산정 대가할당")

전파법은 과학기술정보통신부장관은 이 법 제10조(주파수할당)제1항 또는 제2항에 따라 공고된 주파수를 가격경쟁에 의한 대가를 받고 할당할 수 있으나, 다만, 해당 주파수에 대한 경쟁적 수요가 존재하지 아니하는 등 특별한 사정이 있다고 인정되는 경우에는 동법 제11조(대가에 의한 주파수할당)제3항 후단에 따라 산정한 대가를 받고 주파수할당을 할 수 있다고 규정하고 있는데(전파법 제11조제1항), 전파법 제11조(대가에 의한 주파수할당)제1항 단서 부분인 "다만, 해당 주파수에 대한 경쟁적 수요가 존재하지 아니하는 등 특별한 사정이 있다고 인정되는 경우에는 동법 제11조제3항 후단에 따라 산정한 대가를 받고 주파수할당을 할 수 있다."에서 규정한 주파수할당 방식이 정부산정에 의한 대가할당("정부산정 대가할당")으로 이해된다.

전파법은 과학기술정보통신부장관은 이 법 제11조제1항 단서에 따라 주파수를 할당하는 경우에는 동법 제12조(심사에 의한 주파수할당) 각 호의 사항과[53] 해당 주파수할당이

52) 곽윤직, 채권총론, 박영사(2009), p51.

기간통신사업 또는 위성망 보호 등(위성주파수 할당의 경우에 한정한다)에 미치는 영향을 심사하여 할당할 수 있으며, 이 경우 주파수할당 대가는 주파수를 할당받아 경영하는 사업에서 예상되는 매출액, 할당대상 주파수 및 대역폭 등 주파수의 경제적 가치를 고려하여 산정한다고 규정하고 있다(동법 제11조제3항).

표 26 가격경쟁 대가할당(주파수 경매)과 정부산정 대가할당의 비교

구분	요건	법적 근거	주요 내용
가격경쟁에 의한 대가할당 ("주파수 경매")	경쟁적 수요가 존재하는 경우	전파법 제11조제1항 본문	입찰 경쟁을 통한 최고 가격 사업자 할당, 할당대가 결정
정부산정에 의한 대가할당 ("정부산정 대가할당")	경쟁적 수요가 존재하지 아니하는 등 특별한 사정이 있다고 인정되는 경우	전파법 제11조제1항 단서	예상 매출액, 주파수 · 대역폭 등 경제적 가치 고려 할당 대가 결정

전파법은 과학기술정보통신부장관은 이 법 제10조제3항(주파수할당)에 따라 주파수할당을 신청하는 자에게 다음, 각 2. 동법 제11조(대가에 의한 주파수할당)제1항 단서에 따라 주파수할당을 하는 경우에는 동법 제11조제3항 후단에 따른 주파수할당 대가의 100분의 10의 범위에서 대통령령으로 정하는 보증금을 주파수할당을 신청할 때에 내도록 할 수 있다고 규정하고 있다(동법 제11조제4항제2호). 한편, 〈표 26〉은 가격경쟁 대가할당("주파수 경매")과 정부산정 대가할당을 비교하여 설명한 것이다.

다. 심사에 의한 주파수 할당("심사할당")

전파법은 과학기술정보통신부장관은 이 법 제10조(주파수할당)제1항 또는 제2항에 따라 공고된 주파수에 대하여 동법 제11조(대가에 의한 주파수할당)에 따른 주파수할당을 하지 아니하는 경우에는 다음, 1. 전파자원 이용의 효율성, 2. 신청자의 재정적 능력, 3. 신청자

53) 전파법은 과학기술정보통신부장관은 이 법 제10조(주파수할당)제1항 또는 제2항에 따라 공고된 주파수에 대하여 동법 제11조(대가에 의한 주파수할당)에 따른 주파수할당을 하지 아니하는 경우에는 다음, 1. 전파자원 이용의 효율성, 2. 신청자의 재정적 능력, 3. 신청자의 기술적 능력, 4. 할당하려는 주파수의 특성이나 그 밖에 주파수 이용에 필요한 사항을 심사하여 주파수할당을 한다고 규정하고 있다(전파법 제12조).

의 기술적 능력, 4. 할당하려는 주파수의 특성이나 그 밖에 주파수 이용에 필요한 사항을 심사하여 주파수할당을 한다고 규정하고 있는데(전파법 제12조), 동 조항은 주파수 할당 시 대가(代價)가 없는 심사에 의한 주파수 할당("심사할당")으로 이해된다. 심사할당은 2G 이동통신 주파수, 주파수공용통신(TRS, Trunked Radio System),[54] 무선호출(Paging),[55] 무궁화위성 등 2000년 주파수할당 제도 도입 이전에 주파수 이용을 허가한 주파수 대역에 적용되고 있다. 한편, 〈표 27〉은 대가할당과 심사할당을 비교하여 설명한 것이다.

표 27 대가할당과 심사할당의 비교

구분	대가할당	심사할당
할당 대상	기간통신사업자, 종합유선방송 사업자, 전송망사업자	
반대급부 대가	있음	없음
주파수 이용권	있음	없음
이용 기간	20년의 범위 내	10년의 범위 내
무선국 개설 방식	신고	
무선국 개설 유효기간	없음	
이용 기간 만료 후 재할당	가능	
주요 사례	이동통신 등	주파수공용통신(TRS), 무선호출, 위성통신 등

54) 주파수공용통신(TRS, Trunked Radio System) 서비스는 이동통신과 무전기가 결합된 통신시스템으로서 저렴한 비용으로 가입자 간의 그룹 통화, 개별통화와 같은 다양한 통신 방법이 가능하나 통화시간의 제한이 있고 같은 망의 가입자 이외의 불특정 다수와는 통신할 수 없는 단점이 있었다. TRS 서비스는 대형 운수업체나 택시회사, 대규모 현장 관리업무, 유통 사업 분야, 보안 서비스 등에 적합한 서비스로서 초기에는 동 서비스를 제공하는 지역 사업자들이 다수 존재하였으나 수익성 문제로 대부분 사업을 종료한 바 있으며 TRS 서비스와 LTE 이동통신 서비스가 결합해 서비스가 제공 중이다. 신종철, 통신법 해설(개정판), 진한M&B(2019), p284.

55) 무선호출(Paging) 서비스는 전화를 통하여 무선호출기(Pager)를 휴대한 사람에게 용건이 있음을 알려 주는 서비스로서 호출 알림 소리에 따라 삐삐(Beeper) 서비스라고도 불린다. 이동전화서비스가 대중화되기 전 1980년대와 1990년대에 널리 사용되었으나, 이동전화서비스의 사용이 대중화되면서, 동 서비스의 사용자 수가 급격하게 줄어들었다. 1983년부터 무선호출서비스가 개시되었으며 무선호출 서비스 가입자의 식별번호로 012, 015 등이 이용되었으나, 현재는 012번호의 무선호출서비스 전국사업자들이 사업을 종료하여 012번호는 사물인터넷서비스에 부여되고 있으며, 일부 015번호의 무선호출 서비스 지역 사업자들만이 서비스를 제공하고 있다. 신종철, 앞의 책, p283.

3. 주파수할당의 절차

주파수할당은 우선 전파법 제10조(주파수할당)와 이 법 시행령 제11조(주파수할당의 공고)에 따른 과학기술정보통신부장관의 주파수할당 공고(公告)에 따라 동법 제10조와 동법 시행령 제12조(주파수할당 신청)에 따른 주파수할당을 받으려는 자의 할당 신청이 이루어지게 된다. 또한 이러한 주파수할당 신청에 대해 동법 제13조(주파수할당의 결격사유)에 따른 과학기술정보통신부장관의 주파수할당 적격의 검토 후 대가에 의한 주파수할당(가격경쟁에 의한 대가할당("주파수 경매") 내지 정부산정에 의한 대가할당("정부산정 대가할당")) 또는 심사에 의한 주파수 할당("심사할당")의 절차가 진행되며 최종적으로 동법 제10조와 동법 시행령 제13조(전파자원의 독과점방지)에 따른 과학기술정보통신부장관의 주파수할당 조건 부과, 동법 제10조와 동법 시행령 제14조(주파수할당 대가의 산정기준 및 부과절차 등)에 따른 주파수할당 대가의 부과 등을 포함하는 주파수할당이 이루어지게 된다.

가. 주파수할당 공고

전파법은 과학기술정보통신부장관은 이 법 제9조(주파수분배)에 따라 다음, 1. 「전기통신사업법」 제5조(전기통신사업의 구분 등)제2항에 따른 기간통신사업과, 2. 「방송법」 제2조(정의)제2호나목에 따른 종합유선방송사업이나 같은 조 제13호에 따른 전송망사업의 어느 하나에 해당하는 사업의 용도로 정한 주파수를 특정인에게 할당하려는 경우에는 해당 주파수할당이 기간통신사업 등에 미치는 영향을 고려하여 할당을 신청할 수 있는 자의 범위와 할당하는 주파수의 용도 및 기술방식 등 대통령령으로 정하는 사항을 공고하여야 한다고 규정하고 있으며(전파법 제10조제1항), 전기통신사업법 시행령은 과학기술정보통신부장관은 이 법 제10조(주파수할당)제1항에 따라 주파수할당을 하려는 때에는 다음, 1. 할당대상 주파수 및 대역폭, 2. 할당방법 및 시기, 3. 주파수할당 대가, 4. 주파수 이용기간, 5. 주파수용도 및 기술방식에 관한 사항, 5의2. 주파수할당을 신청할 수 있는 자의 범위, 6. 동법 시행령 제13조(전파자원의 독과점방지)제2항에 따라 붙이는 조건, 6의2. 가격경쟁주파수할당의 방법 및 절차, 6의3. 동법 제11조(대가에 의한 주파수할당)제2항에 따른 최저경쟁가격(이하 "최저경쟁가격"이라 한다), 7. 그 밖에 주파수할당에 관하여 필요한 사항을 공고하여야 하나, 다만, 제3호인 주파수할당 대가는 동법 제11조(대가에 의한 주파수할당)제1항 단서에 따른 대가산정 주파수할당의 경우에만 해당하고, 제6호의2인 가격경쟁주파수할당의 방법 및 절차 및 제6호의3인 최저경쟁가격은 동법 제11조제1항 본문에 따른 가격경쟁 주파수할당(이하 "가격경쟁주파수할당"이라 한다)에만 해당한다고 규정하고 있는데(동법 시행령 제11조제1항), "다만, 제3호인 주파수할당 대가는 동법 제11조제1항 단서에 따른 대가산정 주파수할당의 경우"는 정부산정에 의한 대가할당("정부산정 대가할당")으로 해석된다.

또한 전파법은 이 법 제10조(주파수할당)제1항에도 불구하고 위성주파수(위성망에서 사용되는 주파수를 말한다. 이하 같다) 중 동법 제18조의6(공공용 주파수 수급계획의 수립)제1항에 따른 공익 목적의 위성주파수를 제외한 위성주파수와 위성궤도(이하 "위성주파수등"이라 한다)를 특정인에게 할당하려는 경우에는 동법 제10조제1항 각 호의 어느 하나에 해당하는 사업의 용도로 한정하지 아니하며 이 경우 과학기술정보통신부장관은 위성망의 보호 등을 고려하여 할당을 신청할 수 있는 자의 범위와 할당하는 주파수의 용도 및 기술방식 등 대통령령으로 정하는 사항을 공고하여야 한다고 규정하고 있는데(동법 제10조제2항), 전파법 시행령은 이 법 제10조제2항에 따른 위성주파수와 위성궤도(이하 "위성주파수등"이라 한다)의 할당 공고에 관하여는 동법 시행령 제11조(주파수할당의 공고)제1항을 준용하며, 이 경우 동법 시행령 제11조제1항제1호의 "할당대상 주파수"는 "할당대상 위성주파수등"으로 본다고 규정하고 있다(동법 시행령 제11조제2항). 한편, 전파법 시행령은 이 법 시행령 제11조(주파수할당의 공고)제1항 및 제2항에 따른 공고는 주파수할당을 하는 날부터 1월전까지 하여야 한다고 규정하고 있다(동법 시행령 제11조제3항).

나. 주파수할당 신청과 보증금 납부

(1) 주파수할당 신청

전파법은 이 법 제10조(주파수할당)제1항 또는 제2항에 따라 공고된 주파수를 할당받으려는 자는 대통령령으로 정하는 바에 따라 과학기술정보통신부장관에게 주파수할당을 신청하여야 한다고 규정하고 있으며(전파법 제10조제3항), 전파법 시행령은 이 법 제10조제3항에 따라 주파수할당을 신청하는 경우에는 다음, 1. 법인(설립예정법인을 포함한다. 이하 이 조(條), 이 법 시행령 제17조(주파수이용권의 양수 · 임차의 승인신청 등) 및 동법 시행령 제19조(전환의 절차 등)에서 같다)의 정관, 2. 법인의 주주명부 및 주주 등의 주식 등의 소유에 관한 서류, 3. 주파수이용계획서, 4. 동법 제10조제1항 또는 제2항에 따라 주파수할당 공고에서 정하는 서류(전자문서를 포함한다)를 제출하여야 한다고 규정하고 있다(동법 시행령 제12조제1항).

전파법 시행령은 이 법 시행령 제12조(주파수할당 신청)제1항에 따른 주파수할당 신청을 받은 과학기술정보통신부장관은 「전자정부법」 제36조(행정정보의 효율적 관리 및 이용)제1항에 따른 행정정보의 공동이용을 통하여 법인 등기사항증명서를 확인하여야 한다고 규정하고 있으며(동법 시행령 제12조제2항), 동법 시행령 제12조제1항 및 제2항에서 규정한 사항 외에 주파수할당의 신청 절차 및 방법 등에 관하여 필요한 세부사항은 과학기술정보통신부장관이 정하여 고시한다고 규정하고 있는데(동법 시행령 제12조제3항), 동 사안과 관련하여 주파수할당 신청 절차 및 방법 등 세부사항(과학기술정보통신부 고시 제2022-68호, 2022. 11. 29.)이 제정 · 시행되고 있다. 또한 전파법 시행규칙은 「전파법」(이하 "법"이라 한다) 제10조(주파수할당)제3항 및 이 법 시행령 제18조(재할당)제1항에 따른 주파수할당 · 재할당 신청서(전자문서로 된 신청서를 포함한다)는 별지 제2호서식과 같다고 규정하고 있다(전파법 시행규칙 제3조).

한편, 주파수할당 신청 절차 및 방법 등 세부사항(과학기술정보통신부 고시 제2022-68호, 2022. 11. 29.)은 할당신청서류는 주파수할당신청서, 주파수이용계획서(법인의 정관, 주주명부 및 주주 등의 주식 등의 소유에 관한 서류 포함) 및 할당공고에서 정하는 서류 등이며 주파수이용계획서는 이 고시(告示) [별표 1]의 "할당신청서류 작성세부지침"에 따라 작성하여야 한다고 규정하고 있는데(주파수할당 신청 절차 및 방법 등 세부사항 제5조), 할당신청법인은 동 고시 제5조(할당신청서류)에 따른 할당신청서류를 과학기술정보통신부에 직접 제출하여야 한다고 규정하고 있으며(동 고시 제6조), 할당신청법인은 제출한 신청서류의 수정이 필요한 경우에는 동고시 제8조(할당신청 적격여부 결정)에 따른 할당신청 적격여부 결정통보 전까지 수정할 수 있다고 규정하고 있다(동 고시 제7조제1항).

(2) 보증금 납부

전파법은 과학기술정보통신부장관은 이 법 제10조제3항(주파수할당)에 따라 주파수할당을 신청하는 자에게 다음, 1. 동법 제11조(대가에 의한 주파수할당)제1항 본문에 따라 주파수할당을 하는 경우(최저경쟁가격을 정한 경우에 한정한다)에는 최저경쟁가격의 100분의 10의 범위에서 대통령령으로 정하는 보증금, 또는 2. 동법 제11조제1항 단서에 따라 주파수할당을 하는 경우에는 동법 제11조제3항[56] 후단에 따른 주파수할당 대가의 100분의 10의 범위에서 대통령령으로 정하는 보증금을 주파수할당을 신청할 때에 내도록 할 수 있다고 규정하고 있는데(동법 제11조제4항), "동법 제11조(대가에 의한 주파수할당)제1항 본문에 따라 주파수할당을 하는 경우(최저경쟁가격을 정한 경우에 한정한다)"는 가격경쟁에 의한 대가할당("주파수 경매")로 해석되며 "동법 제11조제1항 단서에 따라 주파수할당을 하는 경우"는 정부산정에 의한 대가할당("정부산정 대가할당")으로 이해된다.

전파법 시행령은 이 법 제11조(대가에 의한 주파수할당)제4항에 따른 보증금(이하 "보증금"이라 한다)은 다음, 1. 동법 시행령 제14조(주파수할당 대가의 산정기준 및 부과절차 등)제1항 본문에 따른 주파수할당의 경우에는 동법 시행령 [별표 3]제2호에 따라 예상매출액을 기준으로 산정한 납부금의 100분의 10에 해당하는 금액, 2. 동법 시행령 제14조제1항 단서에 따른 주파수 할당의 경우에는 주파수할당 대가의 100분의 10에 해당하는 금액[57], 3. 가격경쟁주파수할당의 경우에는 최저경쟁가격의 100분의 10에 해당하는 금액의 구분에 따라 산정한다고 규정하고 있으며(동법 시행령 제15조제1항), 한편 전파법 시행령은 보증금은 현금 또는 「국가를 당사자로 하는 계약에 관한 법률 시행령」 제37조(입찰보증금)제2항 각 호의 어느 하나의 보증서 등으로 납부하게 하여야 한다고 규정하고 있다(동법 시행령 제15조제2항).

또한 주파수할당 신청 절차 및 방법 등 세부사항(과학기술정보통신부 고시 제2022-68호, 2022. 11. 29.)은 전파법 제11조(대가에 의한 주파수할당)제1항에 따른 할당의 경우에는 이 법 제11조제4항, 동법 시행령 제15조(보증금)제1항에 따른 보증금을 납부하고, 할당신청 시

56) 전파법은 과학기술정보통신부장관은 이 법 제11조(대가에 의한 주파수할당)제1항 단서에 따라 주파수를 할당하는 경우(정부산정에 의한 대가할당("정부산정 대가할당"))에는 동법 제12조(심사에 의한 주파수할당) 각 호의 사항과 해당 주파수할당이 기간통신사업 또는 위성망 보호 등(위성주파수 할당의 경우에 한정한다)에 미치는 영향을 심사하여 할당할 수 있으며, 이 경우 주파수할당 대가는 주파수를 할당받아 경영하는 사업에서 예상되는 매출액, 할당대상 주파수 및 대역폭 등 주파수의 경제적 가치를 고려하여 산정한다고 규정하고 있으며(전파법 제11조제3항), 과학기술정보통신부장관은 이 법 제10조(주파수할당)제1항 또는 제2항에 따라 공고된 주파수에 대하여 동법 제11조(대가에 의한 주파수할당)에 따른 주파수할당을 하지 아니하는 경우에는 다음, 1. 전파자원 이용의 효율성, 2. 신청자의 재정적 능력, 3. 신청자의 기술적 능력, 4. 할당하려는 주파수의 특성이나 그 밖에 주파수 이용에 필요한 사항을 심사하여 주파수할당을 한다고 규정하고 있다(동법 제12조).

57) 전파법 시행령은 이 법 제11조(대가에 의한 주파수할당)제3항 후단에 따른 주파수할당 대가의 산정기준은 [별표 3]과 같으나, 다만, 할당대상 주파수와 동일하거나 유사한 용도의 주파수가 가격경쟁주파수할당의 방식에 따라 할당된 적이 있는 경우에는 다음, 1. 동일하거나 유사한 용도의 주파수에 대한 주파수할당 대가, 2. 할당대상 주파수의 특성 및 대역폭, 3. 할당대상 주파수의 이용기간 · 용도 및 기술방식, 4. 그 밖에 할당대상 주파수의 수요전망 등 과학기술정보통신부장관이 필요하다고 인정하는 사항을 고려하여 주파수할당 대가를 산정할 수 있다고 규정하고 있다(전파법 시행령 제14조제1항).

보증금 납부 증거서류를 과학기술정보통신부에 제출하여야 한다고 규정하고 있다(주파수할당 신청 절차 및 방법 등 세부사항 제5조제2항).

한편, 전파법은 과학기술정보통신부장관은 주파수할당을 신청한 자가 주파수할당의 신청기간이 지난 후에 신청을 철회하거나 할당받은 주파수를 사용하지 아니하고 반납하는 경우 또는 담합, 그 밖의 부정한 방법으로 가격경쟁을 한 경우에는 이 법 제11조(대가에 의한 주파수할당)제4항에 따른 보증금을 방송통신발전기금 및 정보통신진흥기금의 수입금으로 편입한다고 규정하고 있다(동법 제11조제5항).

다. 주파수할당 공고사항 적합성과 결격사유의 검토 및 반려

전파법은 과학기술정보통신부장관은 이 법 제10조(주파수할당)제3항에 따른 신청이 동법 제10조제1항 또는 제2항에 따라 공고된 사항에 적합하지 아니하거나 신청인이 동법 제13조(주파수할당의 결격사유)의 결격사유에 해당하는 경우에는 그 신청서를 되돌려 보낼 수 있다고 규정하고 있는데(전파법 제10조제5항), 한편 전파법은 다음, 1. 이 법 제20조제1항(무선국 개설의 결격사유)에 따른 무선국 개설의 결격사유에 해당하는 자, 2. 기간통신사업을 하려는 자로서 「전기통신사업법」 제7조(등록의 결격사유 등)에 따른 기간통신사업 등록의 결격사유에 해당하는 자, 3. 종합유선방송사업이나 전송망사업을 하려는 자로서 「방송법」 제13조(결격사유)에 따른 종합유선방송사업 허가나 전송망사업 등록의 결격사유에 해당하는 자의 어느 하나에 해당하는 자는 주파수할당을 받을 수 없다고 규정하고 있다(전파법 제13조).

주파수할당 신청 절차 및 방법 등 세부사항(과학기술정보통신부 고시 제2022-68호, 2022. 11. 29.)은 과학기술정보통신부장관은 이 고시(告示) 제6조(할당신청서류 제출)에 따른 할당신청에 대하여 할당신청이 적합한지 여부(이하 "할당신청 적격여부"라 한다)를 특별한 사정이 없으면 할당신청기간 만료 후 1개월 이내에 결정하여 할당신청법인에게 통보하여야 한다고 규정하고 있는데(주파수할당 신청 절차 및 방법 등 세부사항 제8조제1항), 과학기술정보통신부장관은 동고시 제8조(할당신청 적격여부 결정)제1항의 할당신청 적격여부를 결정할 때에는 접수된 할당신청서류를 토대로 할당공고된 사항에 적합한지 여부, 전파법 제13조(주파수할당의 결격사유)에 따른 할당의 결격사유에 해당하는지 여부 등을 종합적으로 검토한다고 규정하고 있으며(동 고시 제8조제2항), 과학기술정보통신부장관은 동 고시 제8조제2항에 따라 할당신청 적격여부를 검토하기 위하여 필요한 경우에는 공청회 또는 청문회 절차를 거칠 수 있다고 규정하고 있다(동 고시 제8조제3항). 또한 주파수할당 신청 절차 및 방법 등 세부사항은 과학기술정보통신부장관은 할당신청 적격으로 결정된 가격경쟁 주파수할당 신청자에게는 입찰 일정 · 장소 등 가격경쟁에 필요한 사항을 통보한다고 규정하고 있다(동 고시 제8조제4항).

라. 주파수할당을 위한 가격경쟁(소위 '주파수 경매') 또는 심사 절차의 진행

대가에 의한 주파수할당("대가할당") 중 가격경쟁에 의한 대가할당의 경우 소위 '주파수 경매' 절차를 통해, 심사에 의한 주파수할당("심사할당")과 대가에 의한 주파수할당("대가할당") 중 정부산정에 의한 대가할당("정부산정 대가할당")의 경우 심사(審査, Beauty contest) 절차를 통해 주파수할당을 받을 자를 결정하게 된다.

(1) 주파수할당을 위한 가격경쟁(소위 '주파수 경매') 절차 진행

대가에 의한 주파수할당("대가할당") 중 가격경쟁에 의한 대가할당의 경우 소위 '주파수 경매(競賣, Auction)' 절차를 통해 주파수할당을 받을 자를 결정하게 되는데, 앞에서 설명한 바와 같이 경매(競賣, Auction)는 계약의 내용에 관해 다수인으로 하여금 서로 경쟁하게 하여 그 가운데 가장 유리한 내용을 표시하는 자를 골라 계약을 체결하는 것으로 주파수 경매에서는 주파수할당을 받으려는 신청자들의 오름차순 경매(낮은 가격부터 높은 가격으로 진행) 등 입찰 경쟁을 통해 가장 높은 가격을 제시하는 금액으로 낙찰자가 결정된다. 전파법은 과학기술정보통신부장관은 이 법 제11조(대가에 의한 주파수할당)제1항 본문에 따라 주파수를 할당하는 경우에는 그 가격 미만으로는 주파수를 할당받을 수 없는 경쟁가격(이하 이 조에서 "최저경쟁가격"이라 한다)을 정할 수 있다고 규정하고 있는데(전파법 제11조제3항), 대가에 의한 주파수할당("대가할당") 중 가격경쟁에 의한 대가할당의 경우 소위 '주파수 경매'에서는 과학기술정보통신부장관이 최저경쟁가격을 정할 수 있는 것으로 이해된다.

한편, 전파법 시행령은 최저경쟁가격은 다음, 1. 이 법 시행령 제14조(주파수할당 대가의 산정기준 및 부과절차 등)제1항제1호부터 제3호까지에 관한 사항,[58] 2. 할당대상 주파수

58) 전파법 시행령은 이 법 제11조(대가에 의한 주파수할당)제3항 후단에 따른 주파수할당 대가의 산정기

를 이용한 서비스의 예상매출액, 3. 할당대상 주파수에 대한 수요의 사항을 고려하여 결정하며, 이 경우 동법 시행령 [별표 3]에서 정한 방식을 참조하여 결정할 수 있다고 규정하고 있다(동법 시행령 제14조의2).

(2) 주파수할당을 위한 심사 절차 진행

심사에 의한 주파수할당("심사할당")의 심사 절차에 대해 전파법은 과학기술정보통신부장관은 이 법 제10조(주파수할당)제1항 또는 제2항에 따라 공고된 주파수에 대하여 동법 제11조(대가에 의한 주파수할당)에 따른 주파수할당을 하지 아니하는 경우에는 다음, 1. 전파자원 이용의 효율성, 2. 신청자의 재정적 능력, 3. 신청자의 기술적 능력, 4. 할당하려는 주파수의 특성이나 그 밖에 주파수 이용에 필요한 사항을 심사하여 주파수할당을 한다고 규정하고 있으며(전파법 제12조), 대가에 의한 주파수할당("대가할당") 중 정부산정에 의한 대가할당("정부산정 대가할당")의 심사절차에 대해 전파법은 과학기술정보통신부장관은 이 법 제11조(대가에 의한 주파수할당)제1항 단서에 따라 주파수를 할당하는 경우에는 동법 제12조(심사에 의한 주파수할당) 각 호의 사항과 해당 주파수할당이 기간통신사업 또는 위성망 보호 등(위성주파수 할당의 경우에 한정한다)에 미치는 영향을 심사하여 할당할 수 있는데, 이 경우 주파수할당 대가는 주파수를 할당받아 경영하는 사업에서 예상되는 매출액, 할당대상 주파수 및 대역폭 등 주파수의 경제적 가치를 고려하여 산정한다고 규정하고 있어(동법 제11조제3항), 주파수할당을 위한 가격경쟁(소위 '주파수 경매') 절차가 적용되지 않는 것으로 이해된다.

주파수할당 신청 절차 및 방법 등 세부사항(과학기술정보통신부 고시 제2022-68호, 2022. 11. 29.)은 할당심사의 경우 주파수이용계획서에 대한 심사사항별 세부심사기준은 이 고시(告示) [별표 2]와 같다고 규정하고 있으며(주파수할당 신청 절차 및 방법 등 세부사항 제9조제

준은 [별표 3]과 같으나, 다만, 할당대상 주파수와 동일하거나 유사한 용도의 주파수가 가격경쟁주파수할당의 방식에 따라 할당된 적이 있는 경우에는 다음, 1. 동일하거나 유사한 용도의 주파수에 대한 주파수할당 대가, 2. 할당대상 주파수의 특성 및 대역폭, 3. 할당대상 주파수의 이용기간·용도 및 기술방식, 4. 그 밖에 할당대상 주파수의 수요전망 등 과학기술정보통신부장관이 필요하다고 인정하는 사항을 고려하여 주파수할당 대가를 산정할 수 있다고 규정하고 있으며(전파법 시행령 제14조제1항), 과학기술정보통신부장관은 통신요금의 절감을 위하여 필요한 경우에는 「전기통신사업법」에 따른 기간통신사업자(이하 "기간통신사업자"라 한다)의 전기통신서비스에 대한 요금 인하실적 및 인하계획 등을 고려하여 동법 시행령 제14조(주파수할당 대가의 산정기준 및 부과절차 등)제1항에 따라 산정한 주파수할당 대가를 조정할 수 있다고 규정하고 있다(동법 시행령 제14조제2항).

1항), 주파수이용계획서 심사는 할당신청 적격으로 결정된 할당신청법인을 대상으로 계량평가와 비계량평가로 구분하여 실시한다고 규정하고 있는데(동 고시 제10조제1항), 과학기술정보통신부장관은 주파수이용계획서 심사를 위해 방송통신, 경영, 회계분야 등의 학식과 경험이 풍부한 자를 20명 이내의 범위에서 심사위원으로 위촉하여 심사하게 할 수 있다고 규정하고 있으며(동 고시 제10조제2항), 심사 또는 평가를 보완하고 심사항목간의 일치성 등을 확인하기 위해 필요한 경우에는 할당신청법인의 의견을 청취할 수 있다고 규정하고 있다(동 고시 제10조제4항).

마. 할당대상법인 선정, 할당대가 납부와 필요서류 제출, 할당통지서 교부 등

(1) 할당대상법인 선정

주파수할당 신청 절차 및 방법 등 세부사항(과학기술정보통신부 고시 제2022-68호, 2022. 11. 29.)은 가격경쟁주파수할당의 경우에는 할당공고에서 정하는 가격경쟁주파수할당의 방법 및 절차에 따른 낙찰자를 할당대상법인으로 선정한다고 규정하고 있으며(주파수할당 신청 절차 및 방법 등 세부사항 제11조제1항), 할당심사에 따른 주파수이용계획서 심사 결과 이 고시(告示) [별표 2]의 심사사항별로 100점 만점 기준으로 60점 이상이어야 하고, 총점은 70점 이상을 받아야 할당대상법인으로 선정하나, 다만, 할당신청법인 간 경합이 있는 경우에는 할당대상법인 선정기준점수 이상을 획득한 법인 중에서 총점의 고득점순으로 할당대상법인을 선정한다고 규정하고 있다(동 고시 제11조제2항). 한편, 주파수할당 신청 절차 및 방법 등 세부사항은 과학기술정보통신부장관은 특별한 사정이 없으면 신청일부터 6개월 이내에 할당대상법인 선정여부를 할당신청법인에게 통보한다고 규정하고 있다(동 고시 제11조제3항).

(2) 할당대가 납부와 필요서류 제출

전파법은 주파수할당 대가의 산정방법과 징수절차, 최저경쟁가격의 결정방법과 이 법 제11조(대가에 의한 주파수할당)제5항 및 제6항에 따른 수입금의 배분 등에 필요한 사항은 대통령령으로 정한다고 규정하고 있는데(전파법 제11조제7항), 전파법 시행령은 과학기술정보통신부장관은 주파수할당 대가를 부과하는 경우 납부금 및 납부기한 등을 명시하여 한국은행에 개설되는 방송통신발전기금 및 정보통신진흥기금의 출납관리를 위한 각 계정에 납부할 것을 서면으로 알려야 한다고 규정하고 있으며(동법 시행령 제14조제3항), 주파수할당대가의 산정 및 부과에 관한 세부사항은 과학기술정보통신부장관이 정하여 고시한다고 규정하고 있다(동법 시행령 제14조제4항). 동 사안과 관련하여 주파수할당대가의 산정 및 부과에 관한 세부사항(과학기술정보통신부 고시 제2025-10호, 2025. 3. 12.)이 제정 · 시행되고 있다.

한편, 주파수할당 신청 절차 및 방법 등 세부사항(과학기술정보통신부 고시 제2022-68호, 2022. 11. 29.)은 할당대상법인은 전파법 등 관련 법령에서 정하는 필요사항을 이행하여야 하며, 전파법 제11조(대가에 의한 주파수할당)제1항에 따른 주파수할당 대가 납부 증거서류, 할당조건 이행각서, 법인설립등기(설립예정법인의 경우) 등 필요서류를 특별한 사정이 없으면 할당대상법인 선정 통보일부터 3개월 이내에 과학기술정보통신부에 제출하여야 하나, 다만, 할당대상법인 선정 통보일부터 3개월 이내에 해당 주파수의 이용기간이 만료되는 때에는 과학기술정보통신부장관은 필요서류 등의 제출기한을 별도로 정할 수 있다고 규정하고 있으며(동 고시 제12조제1항), 과학기술정보통신부장관은 정당한 사유가 있는 경우 필요서류의 제출기한을 한 번만 연장할 수 있다고 규정하고 있다(동 고시 제12조제2항).

(3) 할당통지서 교부

주파수할당 신청 절차 및 방법 등 세부사항(과학기술정보통신부 고시 제2022-68호, 2022. 11. 29.)은 과학기술정보통신부장관은 할당대상법인이 이 고시(告示) 제12조(필요서류의 제출 등)제1항 본문에 따른 사항을 모두 이행한 경우에 주파수할당통지서[별지 제9호서식]를 교부한다고 규정하고 있다(주파수할당 신청 절차 및 방법 등 세부사항 제13조). 〈그림 61〉은 가격경쟁 대가할당(주파수 경매) 절차와 정부산정 대가할당 절차를 비교한 것이다.

그림 61 가격경쟁 대가할당(주파수 경매) 절차와 정부산정 대가할당 절차의 비교

(가격경쟁 대가할당) 할당계획 확정·공고	• 할당대상 주파수 및 대역폭 • 할당방법 및 시기 • 최저경쟁가격 • 가격경쟁할당의 방법 및 절차 • 주파수이용기간 • 용도 및 기술방식 • 신청자의 범위 • 할당조건
⬇	
할당신청	• 할당신청서, 주주명부, 주파수 이용계획서 등 제출 • 보증금 납부(최저경쟁 가격의 10%)
⬇	
할당신청 적격검토	• 공고사항 적합여부 • 무선국개설 결격사유 • 할당 결격사유 ※ 신청기간 종료 후 1개월 이내 결과 통보
⬇	
경매개시 및 종료	• 최저경쟁가격 이상 최고가 제시자를 할당대상법인으로 선정
⬇	
할당대가 납부 및 주파수할당	• 할당대가 납부 • 할당조건 이행각서 제출

(정부산정 대가할당) 할당계획 확정·공고	• 할당대상 주파수 및 대역폭 • 할당방법 및 시기 • 할당대가 • 주파수이용기간 • 용도 및 기술방식 • 신청자의 범위 • 할당조건
⬇	
할당신청	• 할당신청서, 주주명부, 주파수 이용계획서 등 제출 • 보증금 납부(할당대가의 10%)
⬇	
할당신청 적격검토	• 공고사항 적합여부 • 무선국개설 결격사유 • 할당 결격사유 ※ 신청기간 종료 후 1개월 이내 결과 통보
⬇	
할당심사	• 전파자원 이용의 효율성, 재정·기술적 능력을 심사하여 할당대상법인 선정
⬇	
할당대가 납부 및 주파수할당	• 할당대가 납부 • 할당조건 이행각서 제출

4. 주파수할당 조건의 부여

전파법은 과학기술정보통신부장관은 주파수할당을 하려면 주파수할당을 받을 자 및 그와 대통령령으로 정하는 특수관계에 있는 자에 의한 전파자원의 독과점을 방지하고 적정한 수준의 경쟁을 촉진하기 위하여 대통령령으로 정하는 바에 따라 조건을 붙일 수 있다고 규정하고 있으며(전파법 제10조제3항), 전파법 시행령은 이 법 제10조(주파수할당)제4항에서 "대통령령으로 정하는 특수관계에 있는 자"란 「독점규제 및 공정거래에 관한 법률 시행령」 제14조(주파수할당)제1항 각 호의 어느 하나에 해당하는 자를 말한다고 규정하고 있으며(동법 시행령 제13조제1항), 전파법 제10조제4항에 따라 과학기술정보통신부장관이 주파수할당을 하는 경우 붙일 수 있는 조건은 다음, 1. 주파수할당을 받은 자 및 이 법 시행령 제13조(전파자원의 독과점방지)제1항에 해당하는 자가 할당받을 수 있는 주파수의 총량에 관한 사항(이 경우 주파수의 총량은 새로 할당하는 주파수 및 그와 역무의 대체성이 있는 이미 할당한 주파수의 양을 고려하여 정한다), 2. 동법 시행령 13조제2항제1호에 따른 총량을 초과하는 주파수의 회수시기 및 방법에 관한 사항, 3. 할당받은 주파수를 이용하여 제공하는 역무의 제공시기 · 제공지역 및 품질수준에 관한 사항의 어느 하나와 같다고 규정하고 있다(동법 시행령 제13조제2항). 전파법 제10조제3항과 이 법 시행령 제13조의 조건(條件)은 행정청에 의하여 주된 행위에 부가된 종(從)된 규율인 강학(講學)상의 행정행위의 부관(附款) 중 하나인 부담(負擔)에 해당하는 것으로서 부담(負擔)은 특허, 허가 등 상대방에게 권리와 이익을 주는 수익적 행정행위에 붙여지는 것이며 이러한 행정행위의 부관 중 하나인 부담은 부당결부금지의 원칙, 과잉금지의 원칙 등을 위반하지 않고 행정 목적을 달성하기 위해 합리적인 범위에 있다면 가능한 것으로 이해된다.[59]

5. 주파수할당 대가 또는 최저경쟁가격의 산정

가. 주파수할당 대가의 산정

전파법은 다만, 해당 주파수에 대한 경쟁적 수요가 존재하지 아니하는 등 특별한 사정이 있다고 인정되는 경우에는 이 법 제11조(대가에 의한 주파수할당)제3항 후단에 따라

59) 박균성, 앞의 책, pp244~259.

산정한 대가를 받고 주파수할당을 할 수 있다고 규정하고 있으며(전파법 제11조제1항 단서), 과학기술정보통신부장관은 전파법 제11조제1항 단서에 따라 주파수를 할당하는 경우에는 이 법 제12조(심사에 의한 주파수할당)[60] 각 호의 사항과 해당 주파수할당이 기간통신사업 또는 위성망 보호 등(위성주파수 할당의 경우에 한정한다)에 미치는 영향을 심사하여 할당할 수 있다. 이 경우 주파수할당 대가는 주파수를 할당받아 경영하는 사업에서 예상되는 매출액, 할당대상 주파수 및 대역폭 등 주파수의 경제적 가치를 고려하여 산정한다고 규정하고 있다(동법 제11조제3항).

한편, 전파법은 주파수할당 대가의 산정방법과 징수절차, 최저경쟁가격의 결정방법과 이 법 제11조(대가에 의한 주파수할당)제5항 및 제6항에 따른 수입금의 배분 등에 필요한 사항은 대통령령으로 정한다고 규정하고 있는데(전파법 제11조제7항), 전파법 시행령은 이 법 제11조(대가에 의한 주파수할당)제3항 후단에 따른 주파수할당 대가의 산정기준은 동법 시행령 [별표 3]과 같으나, 다만, 할당대상 주파수와 동일하거나 유사한 용도의 주파수가 가격경쟁주파수할당의 방식에 따라 할당된 적이 있는 경우에는 다음, 1. 동일하거나 유사한 용도의 주파수에 대한 주파수할당 대가, 2. 할당대상 주파수의 특성 및 대역폭, 3. 할당대상 주파수의 이용기간 · 용도 및 기술방식, 4. 그 밖에 할당대상 주파수의 수요전망 등 과학기술정보통신부장관이 필요하다고 인정하는 사항을 고려하여 주파수할당 대가를 산정할 수 있다고 규정하고 있으며(전파법 시행령 제14조제1항), 과학기술정보통신부장관은 통신요금의 절감을 위하여 필요한 경우에는 「전기통신사업법」에 따른 기간통신사업자(이하 "기간통신사업자"라 한다)의 전기통신서비스에 대한 요금 인하실적 및 인하계획 등을 고려하여 동법 시행령 제14조(주파수할당 대가의 산정기준 및 부과절차 등)제1항에 따라 산정한 주파수할당 대가를 조정할 수 있다고 규정하고 있다(동법 시행령 제14조제2항).

또한 전파법 시행령은 주파수할당대가의 산정 및 부과에 관한 세부사항은 과학기술정보통신부장관이 정하여 고시한다고 규정하고 있는데(동법 시행령 제14조제4항), 동 사안과 관련하여 주파수할당대가의 산정 및 부과에 관한 세부사항(과학기술정보통신부 고시 제2025-10호, 2025. 3. 12.)이 제정 · 시행되고 있다.

---

60) 전파법은 과학기술정보통신부장관은 이 법 제10조(주파수할당)제1항 또는 제2항에 따라 공고된 주파수에 대하여 동법 제11조(대가에 의한 주파수할당)에 따른 주파수할당을 하지 아니하는 경우에는 다음, 1. 전파자원 이용의 효율성, 2. 신청자의 재정적 능력, 3. 신청자의 기술적 능력, 4. 할당하려는 주파수의 특성이나 그 밖에 주파수 이용에 필요한 사항을 심사하여 주파수할당을 한다고 규정하고 있다(전파법 제12조).

나. 최저경쟁가격의 산정

전파법은 과학기술정보통신부장관은 이 법 제11조(대가에 의한 주파수할당)제1항 본문에 따라 주파수를 할당하는 경우에는 그 가격 미만으로는 주파수를 할당받을 수 없는 경쟁가격(이하 이 조에서 “최저경쟁가격”이라 한다)을 정할 수 있다고 규정하고 있으며(전파법 제11조제2항), 주파수할당 대가의 산정방법과 징수절차, 최저경쟁가격의 결정방법과 이 법 제11조제5항 및 제6항에 따른 수입금의 배분 등에 필요한 사항은 대통령령으로 정한다고 규정하고 있는데(전파법 제11조제7항), 전파법 시행령은 최저경쟁가격은 다음, 1. 이 법 시행령 제14조(주파수할당 대가의 산정기준 및 부과절차 등)제1항제1호부터 제3호까지에 관한 사항, 2. 할당대상 주파수를 이용한 서비스의 예상매출액, 3. 할당대상 주파수에 대한 수요의 사항을 고려하여 결정하며, 이 경우 동법 시행령 [별표 3]에서 정한 방식을 참조하여 결정할 수 있다고 규정하고 있다(동법 시행령 제14조의2). 한편, 전파법 시행령은 이 법 시행령 제11조(주파수할당의 공고)제1항제6의3호인 동법 제11조(대가에 의한 주파수할당)제2항에 따른 최저경쟁가격(이하 “최저경쟁가격”이라 한다)은 동법 제11조제1항 본문에 따른 가격경쟁 주파수할당(이하 “가격경쟁주파수할당”이라 한다)에만 해당한다고 규정하고 있다(동법 시행령 제11조제1항).

6. 주파수이용권과 위성주파수이용권

가. 주파수이용권

(1) 주파수이용권의 의의

전파법은 이 법 제11조(대가에 의한 주파수할당)에 따라 주파수할당을 받은 자는 해당 주파수를 배타적으로 이용할 수 있는 권리(동법 제41조(위성주파수이용권의 양도 · 임대 등)에 따른 위성주파수이용권은 제외하며, 이하 “주파수이용권”이라 한다)를 가진다고 규정하고 있는데(전파법 제14조제1항), 앞에서 설명한 바와 같이 전파의 공물성(公物性)을 전제로 할 때 주파수할당은 공물에 대한 특허사용 관계를 설정하여 당해 주파수에 대한 독점적 사용권을 설정(設定)하는 행위이고 대가에 의한 주파수할당으로 부여받은 주파수이용권은 주파수를 할당받은 사업자가 혼신과 간섭과 같은 다른 제3자에 의한 전자파장해 없이 주파수를 이용할 수 있도록 하는 독점적 권리로 이해된다. 한편, 주파수이용권이 배타적으로 전파를 이용할 수 있는 권리에 대해서는 다양한 의견이 있을 수 있겠지만 주파수를 할당받은 사업자는 혼신과 간섭 등 다른 제3자로 인해 야기되는 전자파장해(障害, Interference) 없이 주파수를 이용할 수 있어야 한다는 점에서 독점적 권리를 부여받는 것으로 생각된다.

(2) 주파수이용권의 양도와 임대

(가) 주파수이용권 양도와 임대의 의의

전파법은 이 법 제11조(대가에 의한 주파수할당)에 따라 주파수할당을 받은 자는 대통령령으로[61] 정하는 기간 이후에는 주파수이용권을 양도하거나 임대할 수 있으나, 다만, 주파수할당을 받은 자가 파산하거나 경제적 여건의 급변 등 대통령령으로[62] 정하는 사유에 해당하는 경우에는 그 기간 전에도 주파수이용권을 양도하거나 임대할 수 있다고 규정하고 있는데(전파법 제14조제2항), 주파수이용권의 양도와 임대는 주파수할당을 받은 자가 자신의 주파수이용권을 제3자에게 양도 또는 임대하는 것으로서 전파의 제2차 시장(Secondary market)을 통한 주파수 이용권의 거래로 이해된다. 주파수이용권의 양도(讓渡)는 계약 등에 의해 권리가 이전되는 권리의 특정 승계로서 상속이나 합병 등을 원인으로 하는 권리의 포괄승계와는 구분된다. 한편, 주파수이용권의 임대(賃貸)가 민법상의 임대차와 동일한 법적 성격을 갖을 수 있는가에 대한 의문이 제기될 수 있는데 전파는 공물(公物)로서의 특수성을 지니며 주파수할당은 재량이 인정되는 특허(特許)인 행정행위이므로 전문성에 근거한 주파수 정책에 의한 제한을 받게 되어 민법상의 임대차 관련 규정이 그대로 적용되기는 어렵다고 생각된다.

---

61) 전파법 시행령은 이 법 제14조(주파수이용권)제2항 본문에서 "대통령령으로 정하는 기간"이란 주파수할당을 받은 날부터 3년을 말한다고 규정하고 있다(전파법 시행령 제16조제1항).

62) 전파법 시행령은 이 법 제14조(주파수이용권)제2항 단서에서 "대통령령으로 정하는 사유에 해당하는 경우"란 주파수이용권 양도의 경우에는 동법 시행령 제16조(주파수이용권의 양도 · 임대)제2항제1호 및 제2호에 해당하는, 1. 주파수할당을 받은 자가 파산한 경우와, 2. 경제적 여건의 급변에 대처하거나 사업의 효율화를 위하여 주파수할당을 받은 자가 합병되거나 그가 영위하는 사업의 전부 또는 일부를 양도하는 경우를 말하며, 주파수이용권 임대의 경우에는 동법 시행령 제16조제2항제3호에 해당하는, 3. 전파법 제16조(재할당)에 따라 재할당을 받은 경우를 말한다고 규정하고 있다(전파법 시행령 제16조제2항).

(나) 주파수이용권 양도와 임대의 주요 내용

전파법은 이 법 제14조(주파수이용권)제2항에 따라 주파수이용권을 양수하거나 임차하려는 자는 대통령령으로 정하는 바에 따라 미리 과학기술정보통신부장관의 승인을 받아야 한다고 규정하고 있으며(동법 제14조제3항), 과학기술정보통신부장관은 동법 제14조제3항에 따른 승인을 하는 경우에는 동법 제12조(심사에 의한 주파수할당) 각 호의 사항을 고려하여야 하며 전파자원의 효율적이고 공평한 이용을 위하여 필요한 조건을 붙일 수 있다고 규정하고 있는데(동법 제14조제4항), 전파법 제14조제3항의 조건(條件)은 행정청에 의하여 주된 행위에 부가된 종(從)된 규율인 강학(講學)상의 행정행위의 부관(附款) 중 하나인 부담(負擔)에 해당이 되는 것으로 이해된다.

또한 전파법은 이 법 제14조제3항에 따라 주파수이용권 양수의 승인을 얻은 자는 동법 제11조에 따라 주파수할당을 받은 자 및 시설자(주파수할당을 받은 자가 무선국 개설허가를 받거나 개설신고를 한 경우에 한정한다)의 지위를 승계한다고 규정하고 있으며(동법 제14조제5항), 주파수이용권을 양수하거나 임차하려는 자의 결격사유에 관하여는 동법 제13조(주파수할당의 결격사유)를 준용한다고 규정하고 있는 한편(동법 제14조제6항), 동법 제14조제3항에도 불구하고 「전기통신사업법」 제18조(사업의 양수 및 법인의 합병 등)에 따라 과학기술정보통신부장관의 인가를 받거나 신고하여 주파수이용권을 가진 기간통신사업자의 사업의 전부 또는 일부를 양수하거나 기간통신사업자인 법인을 합병한 자는 해당 주파수를 할당받은 자의 지위를 승계한다고 규정하고 있다(동법 제14조제7항).

한편, 전파법은 과학기술정보통신부장관은 이 법 제14제3항에 따라 승인을 받은 자가 다음, 1. 거짓이나 그 밖의 부정한 방법으로 승인을 받은 경우, 2. 동법 제14조(주파수이용권)제4항에 따른 승인 조건을 이행하지 아니하거나 위반한 경우, 3. 동법 제10조(주파수할당)제1항에 따라 공고한 주파수 용도나 기술방식을 위반한 경우, 4. 본문에 따른 시정명령을 이행하지 아니한 경우의 어느 하나에 해당하는 경우에는 시정을 명하거나 승인을 취소할 수 있으나, 다만, 동법 제14조제8항제1호인, 1. 거짓이나 그 밖의 부정한 방법으로 승인을 받은 경우, 또는 제4호에 해당하는, 4. 본문에 따른 시정명령을 이행하지 아니한 경우에는 승인을 취소하여야 한다고 규정하고 있으며(동법 제14조제8항), 동법 제14조제8항에 따른 시정명령 또는 승인 취소에 관한 세부적인 기준과 그 밖에 필요한 사항은 대통령령으로 정한다고 규정하고 있다(동법 제14조제9항).

나. 위성주파수이용권

전파법은 위성주파수등을 이 법 제10조(주파수할당)제2항에 따라 할당받거나 동법 제18조의4(주파수 지정)에 따라 지정받은 자는 해당 위성주파수등을 이용할 수 있는 권리(이하 "위성주파수이용권"이라 한다)를 가진다고 규정하고 있는데(전파법 제41조제1항), 위성주파수이용권 또한 공물(公物)의 특허사용 관계의 성립으로 이해된다. 또한 전파법은 위성주파수등을 이 법 제10조제2항에 따라 할당받거나 동법 제18조의4에 따라 지정받은 자는 3년 이상의 범위에서 대통령령으로[63] 정하는 기간이 지난 후에는 위성주파수이용권을 양도 · 임대하거나 위성주파수등의 이용을 중단할 수 있으나, 다만, 위성주파수등을 동법 제10조제2항에 따라 할당받거나 동법 제18조의4에 따라 지정받은 자가 파산하거나 경제적 여건이 급변하는 등 대통령령으로[64] 정하는 사유에 해당하는 경우에는 그 기간 전에도 위성주파수이용권을 양도 · 임대하거나 위성주파수등의 이용을 중단할 수 있다고 규정하고 있는데(동법 제41조제2항), 이 법 제41조(위성주파수이용권의 양도 · 임대 등)제2항에 따라 위성주파수이용권을 양수하거나 임차하려는 자와 위성주파수등의 이용을 중단하려는 자는 대통령령으로 정하는 바에 따라 미리 과학기술정보통신부장관의 승인을 받아야 하며, 이 경우 위성주파수이용권을 양도하거나 임대하려는 자도 위성주파수이용권을 양수 · 임차하려는 자와 함께 승인을 받아야 한다고 규정하고 있다(동법 제41조제3항).

전파법은 과학기술정보통신부장관은 이 법 제41조제3항에 따른 승인을 하는 경우 위성망등의 국제등록 유지 및 관리 등을 위하여 필요할 때에는 조건을 붙일 수 있다고 규정하고 있으며(동법 제41조제4항), 위성주파수이용권 양수인의 결격사유에 관하여는 동법 제13조(주파수할당의 결격사유)를 준용한다고 규정하고 있고(동법 제41조제5항), 또한 이 법 제41조제3항에 따라 승인을 받은 양수인은 양도인의 지위를 승계한다고 규정하고 있

63) 전파법 시행령은 이 법 제41조(위성주파수이용권의 양도 · 임대 등)제2항 본문에서 "대통령령으로 정하는 기간"이란 위성주파수등을 동법 제10조(주파수할당)제2항에 따라 할당받거나 동법 제18조의4(주파수 지정)에 따라 지정받은 날부터 3년을 말한다고 규정하고 있다(전파법 시행령 제64조의2제1항).

64) 전파법 시행령은 이 법 제41조(위성주파수이용권의 양도 · 임대 등)제2항 단서에서 "대통령령으로 정하는 사유에 해당하는 경우"란 다음, 1. 위성주파수이용권의 양도의 경우는 다음, 가. 위성주파수등을 할당받거나 지정받은 자가 파산하는 경우와, 나. 경제적 여건의 급변에 대처하거나 사업의 효율화를 위하여 위성주파수등을 할당받거나 지정받은 자가 합병되거나 그가 영위하는 사업의 전부를 양도하는 경우, 2. 위성주파수이용권의 임대의 경우는 동법 제16조(재할당)에 따라 재할당을 받은 경우, 3. 위성주파수등의 이용 중단의 경우는 위성의 전부 또는 일부에 중대한 고장이나 장애가 발생하여 위성주파수등의 정상적인 이용이 불가능한 경우의 구분에 따른 경우를 말한다고 규정하고 있다(전파법 시행령 제64조의2제2항).

다(동법 제41조제6항). 한편, 전파법은 과학기술정보통신부장관은 이 법 제41조제3항에 따라 승인을 받은 자가 다음, 1. 거짓이나 그 밖의 부정한 방법으로 승인을 받은 경우, 2. 동법 제41조제4항에 따른 승인 조건을 이행하지 아니하거나 위반한 경우, 3. 동법 제10조제2항에 따라 공고한 주파수 용도나 기술방식을 위반한 경우, 4. 동법 제25조(무선국의 운용)제2항을 위반하여 허가 또는 신고사항의 범위를 벗어나 무선국을 운용한 경우, 5. 본문에 따른 시정명령을 이행하지 아니한 경우의 어느 하나에 해당하는 경우에는 시정을 명하거나 승인을 취소할 수 있으나, 다만, 동법 제41조제7항제1호인, 1. 거짓이나 그 밖의 부정한 방법으로 승인을 받은 경우,또는 제5호인, 5. 본문에 따른 시정명령을 이행하지 아니한 경우에 해당하는 경우에는 승인을 취소하여야 한다고 규정하고 있으며(동법 제41조제7항), 이 법 제41조제7항에 따른 시정명령 및 승인 취소에 관한 세부적인 기준과 그 밖에 필요한 사항은 대통령령으로 정한다고 규정하고 있다(동법 제41조제8항).

7. 할당받은 주파수의 이용기간

전파법은 과학기술정보통신부장관은 주파수의 이용여건 등을 고려하여 이 법 제11조(대가에 의한 주파수할당)에 따라 할당하는 주파수는 20년의 범위에서, 동법 제12조(심사에 의한 주파수할당)에 따라 할당하는 주파수는 10년의 범위에서 그 이용기간을 정하여야 한다고 규정하고 있으며(전파법 제15조제1항), 이 법 제15조(할당받은 주파수의 이용기간)제1항에 따른 이용기간이 지나면 할당받은 주파수를 이용할 수 있는 권리가 소멸된다고 규정하고 있는 한편(동법 제15조제2항), 동법 제14조제2항에 따라 양수한 주파수의 이용기간은 동법 제15조제1항에 따른 이용기간 중 남은 기간으로 한다고 규정하고 있다(동법 제15조제3항). 할당받은 주파수의 이용기간은 이미 전파와 토지이용의 비유에서 설명한 바와 같이 토지는 당사자의 자율적 계약인 사적 자치에 따라 영구적인 소유가 가능하나 토지와 달리 공공자원인 전파는 소유권이 인정되지 않고 정부로부터 이용 기간이 정해진 배타적 이용권을 부여받아 사용이 가능한 점을 입법한 것으로 이해된다.

8. 주파수할당의 취소

가. 주파수할당 취소의 의의

전파법은 과학기술정보통신부장관은 이 법 제11조(대가에 의한 주파수할당) 및 동법 제12조(대가에 의한 주파수할당)에 따라 주파수할당을 받은 자가 다음, 1. 거짓이나 그 밖의 부정한 방법으로 주파수할당을 받은 경우, 2. 동법 제11조 및 동법 제12조에 따라 주파수할당을 받은 자가 「전기통신사업법」 제20조(등록의 취소 등)에 따라 기간통신사업의 등록이 취소되거나 「방송법」 제18조(허가 · 승인 · 등록의 취소 등)에 따라 종합유선방송사업의 허가나 진송망사업의 등록이 취소된 경우, 3. 동법 제10조(주파수할당)제1항 또는 제2항에 따라 공고한 주파수 용도나 기술방식을 위반한 경우, 4. 동법 제10조제4항에 따른 조건을 이행하지 아니한 경우, 5. 동법 제11조제1항에 따라 주파수할당을 받은 자가 그 대가를 내지 아니한 경우의 어느 하나에 해당하는 경우에는 주파수할당을 취소할 수 있으나, 다만, 제1호에 해당하는 거짓이나 그 밖의 부정한 방법으로 주파수할당을 받은 경우에는 주파수할당을 취소하여야 한다고 규정하고 있는데(전파법 제15조의2제1항), 주파수할당의 취소(取消)는 공물의 특허사용 관계를 소멸시키는 행정행위로서[65] 주파수를 할당받은 자의 귀책 사유 등을 이유로 기존 주파수할당의 효력을 소멸시키는 행정행위로 이해된다.

주파수할당의 취소는 조문은 취소(取消)로 규정되어 있으나 강학(講學)상의 취소와 철회의 개념이 혼용되어 사용되고 있다고 생각되는데, 앞에서 이미 설명한 바와 같이 행정행위의 취소(取消)는[66] 일단 유효하게 성립한 행정행위를 위법 또는 부당한 하자가 있음을 이유로 소급(遡及)하여 그 효력을 소멸시키는 행정처분이나, 행정행위의 철회(撤回)는[67] 적법한 요건을 갖추어 완전하게 효력이 발생한 행정행위를 사정의 변경 등을 이유로 사후에 그 효력의 전부 또는 일부를 장래를 향해 소멸시키는 것으로서[68] 주파수할당의 취소는 전파법 법조문 상에는 "취소"로 되어 있으나 이 두 가지 강학(講學)상의 취소와 철회의 요건과 효과가 동시에 포함되기 때문이다.

---

65) 김동희, 행정법Ⅱ, 박영사(2010), pp223~224.

66) 김동희, 행정법Ⅰ, 박영사(2010), pp300~301.

67) 김동희, 앞의 책, pp293~294.

68) 대법원 2006. 5. 11. 선고 2003다37969 판결.

나. 주파수할당 취소의 절차

전파법은 과학기술정보통신부장관은 이 법 제15조의2(주파수할당의 취소)제1항(제1호인 거짓이나 그 밖의 부정한 방법으로 주파수할당을 받은 경우는 제외한다)에 따라 주파수할당을 취소하기 전에 한 차례에 한정하여 시정을 명할 수 있다고 규정하고 있으며(동법 제15조의2제2항), 과학기술정보통신부장관 또는 방송미디어통신위원회는 다음, 3. 이 법 제15조의2(주파수할당의 취소)에 따른 주파수할당의 취소에 해당하는 처분을 하려면 청문(聽聞)을 하여야 한다고 규정하고 있다(동법 제77조제3호). 한편, 5G(5 Generation, 5세대 이동통신) 주파수 대역 중 밀리미터파 대역 무선 주파수인 28㎓에 대해 최초로 주파수할당의 취소가 이루어졌는데, 5G 주파수 대역 중 28㎓는 3.5㎓과 달리 대역폭이 넓은 특성이 있어 대역폭이 넓으면 네트워크 용량이 늘어 빠른 전송이 가능하나 전파 도달 거리가 짧고 장애물을 피하기 힘들어 장비를 더 촘촘하게 구축해야 하므로 비용이 많이 드는 문제가 있다. 이동통신 3사는 2018년 정부로부터 할당받은 3.5㎓ 대역에서는 망구축 의무를 이행했으나 28㎓ 대역 망구축 실적은 의무 대비 약 10%만 구축했는데 28㎓의 경우 수익성이 나지 않는다며 사실상 투자를 포기하였고, 이에 정부는 2022년 KT(케이티)와 LGU+(엘지 유플러스)로부터[69] 2023년 SKT(에스케이텔레콤)로부터[70] 28㎓ 주파수 대역의

---

69) 정부가 처음으로 이동통신사에 주파수 할당 취소 처분을 내렸다. KT와 LG유플러스가 내년 말까지 이용키로 했던 28㎓ 주파수 대역의 이용권리를 박탈한 것이다. 네트워크 투자 조건을 채우지도 못했으며 향후 추가 투자계획도 소극적이란 이유에서다. 28㎓ 주파수 이용권리를 겨우 유지한 SK텔레콤도 내년 5월까지 기존 네트워크 투자를 10배 가량 늘려야 재할당이 가능하고, 이 조건을 지키지 못하면 할당 취소 위기에 내몰리게 된다. KT와 LG유플러스가 이용하던 28㎓ 대역 주파수 중 한 곳은 새로운 사업자에 준다는 방침이다. 정책적으로 모든 방법을 동원해 새로운 회사가 28㎓ 주파수를 이용케 하고, 통신 3사 가운데 한 곳은 28㎓ 대역 주파수를 가져가지 못할 것이란 강한 정책적 의지도 내비쳤다. 과학기술정보통신부는 5G 주파수 할당 조건 이행점검 결과 28㎓ 대역에서는 기준에 미달한 KT와 LG유플러스에게 할당 취소 처분을, SK텔레콤은 이용 기간 10%을 단축하기로 했다고 18일 밝혔다. 또 28㎓ 대역과 달리 5G 스마트폰 가입자가 쓰고 있는 3.5㎓ 대역의 할당 조건은 잘 지켜지고 있다고 봤다. 박수형 ZDNet Korea 기자, 국내 첫 주파수 할당 취소...의미와 파장은, 2022.11.18.(https://zdnet.co.kr/view/?no=20221118171034).

70) 케이티(KT)와 엘지유플러스(LGU+)에 이어 에스케이텔레콤(SKT)도 28㎓ 대역 5세대(5G) 이동통신용 주파수 할당을 취소당했다. 주파수를 할당받을 때 약속했던 것의 10분의 1 정도에 그칠 정도로 통신망 설비투자가 부진해서다. 우리나라에서 이동통신 사업자들이 통신망 구축 투자 소홀을 이유로 할당받았던 주파수를 내어주기는 이번이 처음이다. 과학기술정보통신부는 에스케이텔레콤에 대한 28㎓ 대역 5세대 이동통신 주파수 할당 조건 이행 정도 점검 결과를 근거로 할당 취소 처분 방침을 사전 통지했다고 12일 밝혔다. 앞서 정부는 2018년 5세대 이동통신 주파수 할당 시 참여 사업자들에게 '3년 안에 3.5㎓ 대역 기지국 2만2500개와 28㎓ 대역 기지국 1만5000개를 구축해야 한다'는 조건을

주파수할당을 취소한 바가 있다.

또한 앞에서 설명한 바와 같이 2023년 과학기술정보통신부는 SKT, KT, LGU+ 이동통신 3사가 주파수할당 취소를 당한 5G 이동통신서비스용 28㎓ 주파수 대역을 활용하여 신규사업자를 이동통신 시장에 진입시키겠다는 제4이동통신사 선정을 위한 정책을 발표하며 2024년 1월, 28㎓ 주파수 대역에 대한 주파수할당을 위한 경매(競賣, Auction) 절차를 진행하였다. 스테이지엑스가 28㎓ 주파수 대역을 낙찰받았으나 2025년 5월, 스테이지엑스는 주파수할당 신청서에 적시한 자본금 2,050억 원에 미달하는 금액을 납입(納入)하여 주파수할당을 위한 필요 사항 중 하나인 자본금 미이행으로 취소사유에 해당이 되었고 과학기술정보통신부는 2024년 6월, 주파수할당 취소 처분을 위한 청문을 거쳐 2024년 7월, 주파수할당 취소 처분을 최종으로 확정한 바가 있다.[71)]

9. 주파수 재할당

가. 주파수 재할당의 의의

전파법은 과학기술정보통신부장관은 이용기간이 끝난 주파수를 이용기간이 끝날 당시의 주파수 이용자에게 재할당할 수 있으나, 다만, 다음, 1. 주파수 이용자가 재할당을 원하지 아니하는 경우, 2. 해당 주파수를 국방 · 치안 및 조난구조용으로 사용할 필요가 있는 경우, 3. 국제전기통신연합이 해당 주파수를 다른 업무 또는 용도로 분배한 경우의 어느 하나에 해당하는 경우에는 그러하지 아니하다고 규정하고 있는데(전파법 제16조 제1항), 주파수 재할당은 기존에 주파수할당 시 부여된 할당 조건과 다르게 주파수 재할

달았다. 또한 28㎓ 대역 주파수와 관련해 “앞으로 시장 잠재력이 크지만 시장 활성화 여부가 불확실하다”며 이용 기간을 5년으로 제한하는 대신 최저 가격 경쟁과 망 구축 의무를 최소화해주는 등 투자 위험을 줄여줬다. 과기정통부는 지난해 11월 이동통신 사업자들이 구축한 28㎓ 대역 통신망 설비가 주파수 할당 시 약속한 물량의 10%대에 그친다며, 케이티와 엘지유플러스엔 28㎓ 대역 주파수 할당 취소 처분을, 에스케이텔레콤엔 할당 기간 단축(기존 5년에서 4년6개월) 처분을 내린 바 있다. 또한 에스케이텔레콤에 대해 ‘주파수 할당 시 약속한 1만5천개 설비 구축을 이용기간이 끝나는 이달 31일까지 채우지 못하면 할당을 취소하겠다’고 지난해 12월 최종 통지했다. 정인선 한겨레신문 기자, KT · LGU+ 이어 SKT도 28㎓ 대역 5G 주파수 ‘할당 취소’, 2023.5.12.(https://www.hani.co.kr/arti/economy/it/1091560.html).

71) 과학기술정보통신부 '스테이지엑스' 이동통신용 주파수 할당대상법인 선정 취소 확정 - 향후, 통신정책 방향 및 주파수할당 제도개선 등을 위한 연구반 구성·운영할 계획(보도자료), 2024.7.31.

당 시 할당 조건을 부여될 수 있는 것과 같이 주파수 재할당의 내용과 조건이 변경될 수 있으므로 주파수 재할당은 기존 주파수할당의 갱신(更新)이 아닌 신규 주파수할당인 새로운 특허 행위로 이해된다.

주파수 재할당은 이미 주파수할당을 받아 주파수 대역을 이용하고 있는 기존사업자의 매몰 비용(Sunk cost) 최소화, 예측이 가능한 기대이익을 통한 안정적 투자 확대, 이미 주파수할당을 받은 주파수 대역을 통해 전기통신 서비스를 제공받고 있는 이용자의 보호 등 긍정적인 측면이 있으나 신기술의 발전 및 새로운 전기통신 서비스의 도입 등 정책적 고려가 필요한 경우 반드시 주파수 재할당을 해야만 하는 것은 아닌 재량(裁量) 규정으로 생각된다. 한편, 주파수 재할당과 관련하여 논란이 되는 사안은 주파수 재할당 시 부과되는 주파수 재할당 대가산정(代價算定)인데 주파수 재할당 때마다 대가에 대한 논란과 갈등이 반복되고 있다. 과학기술정보통신부는 과거 주파수 경매를 통해 부과된 주파수할당대가를 기준으로 하는 소위 '벤치마크(Benchmark)' 방식을 활용하고 있으나, 이동통신사업자들은 예상 매출에 기반하여 주파수 재할당 대가가 산정되어야 하며 벤치마크(Benchmark) 방식은 시장 변화를 반영하지 못한 주파수 재할당 산정 방식이라는 입장이다.[72] 주파수 재할당 대가산정 방식은 주파수 재할당 때마다 대가 산정에 차이가 존재하고 세부 산정 방식도 비공개여서 갈등이 반복되고 있으므로 실제 매출액을 반영한 산정 방식을 기반으로 명확화할 필요가 있다고 생각한다. 2021년에 이용 기간이

---

72) 통신사는 재할당 부담을 최소화할 수 있는 합리적 산정방식이 필요하다는 입장이다. 신규할당 경매방식과 정부 재량에 달려있는 재할당은 대가산정 기준을 다르게 봐야 한다는 것이다. 업계 관계자는 "재할당은 기존 서비스 유지와 이용자 보호를 위해 주파수 이용권을 다시 부여하는 것으로 신규할당과는 성격이 완전히 다르다"면서 "신규할당과 유사한 산정방식을 적용하면 재할당 주파수의 실제 가치에 비해 과도한 대가가 부과돼 이용자 후생이 저하될 수 있다"고 우려했다. 세계이동통신사업자연합회(GSMA)도 높은 주파수 대가가 투자·기술혁신을 위축시켜 네트워크 품질 저하를 초래한다는 분석을 내놨다. 일각에서는 재할당 대가 산정을 과거 경매가격과 분리하고 재할당 주파수로 발생되는 매출액만을 반영해야 한다는 의견도 나온다. 아낀 재원으로 AI·클라우드 등 신사업 투자 촉진이 가능하다는 설명이다. SK텔레콤은 향후 5년간 AI 투자 비중을 기존의 3배로 늘린다는 방침이며 지난해 KT도 5년간 AI에 7조원을 투자하겠다는 계획을 밝힌 바 있다. 해외 주요국도 할당대가 부담 완화를 통해 투자를 독려하는 기조로 전환 중이다. 앞서 스페인 정부는 이용기간이 만료 예정이던 이동통신 주파수 라이선스를 10년간 무상 연장한다고 밝혔다. 재할당 불확실성을 제거해 기술 혁신과 망 투자를 촉진하겠다는 취지다. 국내에서도 사업 예측가능성을 높이기 위한 명확한 산정 기준 마련이 필요하다는 주문이 나온다. 전파법은 재할당 대가 산정 상당 부분을 정부 재량에 맡기고 있다. 이로 인해 대가 규모의 적절성에 대한 소모적 갈등이 지속되는 상태다. 이에 부담금 성격의 재할당 대가 산정 기준을 전파법에 명확하게 규정할 필요가 있다는 지적이다. 박준호 전자신문 기자, AI 투자 늘리는 통신사, 주파수 재할당 대가 마련 부담, 2024.10.7.(https://www.etnews.com/20241007000298).

종료되는 3G 및 LTE 이동통신 주파수 대역 320㎒ 폭 중 310㎒ 폭을 향후 5년간 다시 사용하는 주파수할당 대가로 5G 무선국 구축 수량에 따라 최소 3조 1,700억 원부터 최대 3조 7,700억 원이 2020년 12월에 부과되었는데,[73] 2020년 6월, 과학기술정보통신부는 해당 주파수 대역을 4조 4천억 원에 재할당 하기로 하였으나 이동통신 3사가 적정 주파수할당 대가로 1조 6천억 원을 주장하며 양측의 입장이 평행선을 달린 바가 있다.

나. 주파수 재할당의 절차와 방법 등

전파법은 과학기술정보통신부장관은 이 법 제16조(재할당)제1항에 따라 재할당을 하려는 경우에는 이해관계자에게 의견을 제출하도록 할 수 있다고 규정하고 있으며(전파법 제16조제2항), 과학기술정보통신부장관은 이 법 제16조제1항제2호인 해당 주파수를 국방 · 치안 및 조난구조용으로 사용할 필요가 있는 경우나 동법 제16조제1항제3호인 국제전기통신연합이 해당 주파수를 다른 업무 또는 용도로 분배한 경우에 해당하여 재할당을 하지 아니하는 경우 또는 동법 제12조(심사에 의한 주파수할당)에 따라 할당한 주파수를 동법 제11조(대가에 의한 주파수할당)제1항 단서인 정부산정에 의한 대가할당("정부산정 대가할당")에 따라 주파수할당 대가를 받고 재할당하는 등 새로운 조건을 붙이려는 경우에는 이용기간이 끝나기 1년 전에 미리 주파수 이용자에게 알려야 한다고 규정하고 있다(동법 제16조제3항).

또한 전파법은 이 법 제11조(대가에 의한 주파수할당)제1항 단서에 따라 주파수할당 대가를 받고 재할당하는 경우에는 같은 조인 동법 제11조제2항부터 제5항까지(다만, 가격경쟁에 의한 대가를 받고 주파수할당을 하는 경우에 해당하는 규정은 제외한다)를 준용하되, 그러하지 아니하는 경우인 주파수 할당 시 대가(代價)가 없는 심사에 의한 주파수 할당("심사할당")의 경우에는 동법 제12조(심사에 의한 주파수할당)를 준용한다고 규정하고 있으며(동법 제16

73) 정부가 3세대(3G), 4세대(4G) 롱텀에볼루션(LTE)용 주파수 재할당 대가로 5년간 3조1700억~3조7700억 원을 책정했다. 10월 공개 설명회를 통해 공개한 안보다 300억~1700억 원가량 줄었다. 30일 과학기술정보통신부는 이 같은 내용을 담은 '이동통신 주파수 재할당 세부 정책방안'을 확정 발표했다. 재할당 대상은 이통 3사가 사용 중인 310㎒(메가헤르츠) 폭의 주파수다. 대역에 따라 내년 6월과 12월에 이용 기한이 끝난다. 이건혁 동아일보 기자, 주파수 재할당 대가 3조1700억~3조7700억, 2020.12.1.(https://www.donga.com/news/Economy/article/all/20201130/104221941/1).

조제4항), 주파수를 재할당하는 경우에는 동법 제10조(주파수할당)제4항에 따른 조건을 붙일 수 있다고 규정하고 있다(동법 제16조제5항).

한편, 전파법은 이 법 제16조(재할당)제1항부터 제5항까지의 규정에 따른 재할당 절차 및 방법 등에 필요한 사항은 대통령령으로 정한다고 규정하고 있는데(동법 제16조제6항), 전파법 시행령은 이 법 제16조제1항 본문에 따라 주파수할당을 받은 자가 주파수이용기간이 만료되어 주파수재할당을 받으려면 주파수이용기간 만료 6개월 전에 재할당신청을 하여야 한다고 규정하고 있으며(동법 시행령 제18조제1항), 이 법 시행령 제18조(재할당)제1항에 따른 주파수 재할당의 신청절차 및 그 할당 대가의 산정 · 징수 등에 관하여는 동법 시행령 제12조(주파수할당 신청) 및 동법 시행령 제14조(주파수할당 대가의 산정기준 및 부과절차 등)를 준용한다고 규정하고 있다(동법 시행령 제18조제2항).

10. 주파수 추가할당과 전환

가. 주파수 추가할당

전파법은 과학기술정보통신부장관은 할당하는 주파수와 용도 및 기술방식이 동일한 주파수를 이미 할당받은 자가 주파수할당을 신청하는 경우에는 이 법 제11조(대가에 의한 주파수할당) 또는 동법 제12조(심사에 의한 주파수할당)에 따라 주파수를 할당할 수 있다고 규정하고 있다(전파법 제16조의2). 한편, 5G 주파수 대역 중 3.4㎓와 3.7㎓의 주파수 추가할당에 대한 논란이 제기되었는데 〈그림 62〉와 같이 3.4㎓에 대한 주파수 추가할당은 2022년 LGU+의 요청에 따라 단독으로 신청하여 주파수할당이 이루어졌으나[74] 3.7㎓

---

74) 정부가 추진 중인 5G 주파수 추가 할당 신청이 4일 오후 6시 마감한 가운데 이동통신 3사 중 LG유플러스만 유일하게 입찰에 참여했다. 과학기술정보통신부는 이날 3.4~3.42㎓ 대역 20㎒ 폭의 주파수 추가 할당 신청 접수를 마감한 결과 LG유플러스가 단독 신청했다고 밝혔다. 이 대역은 현재 LG유플러스가 사용 중인 3.42~3.50㎓의 80㎒폭 바로 옆에 붙어 있다. LG유플러스는 별도의 기술과 장비없이 기지국의 펌웨어(하드웨어 구동 운영체제) 업데이트만으로도 새로 할당받은 주파수를 활용할 수 있다. … 반면 SK텔레콤과 KT는 이번 입찰에 참여하지 않았다. 만약 새 대역을 낙찰받더라도 CA(주파수묶음기술)를 사용하는 등의 상당한 추가 비용이 발생하기 때문이다. 이런 점 때문에 SK텔레콤과 KT는 이번 할당이 LG유플러스에만 유리한 불공정 할당이라고 반발해왔다. SK텔레콤 측은 입장문을 내고 "오랜 고민 끝에 이번 주파수 경매엔 불참하기로 했다"며 "SK텔레콤은 국민편익 향상과 투자 활성화를 위해, 당사가 요청한 주파수와 관련해 정부와 계속 협의할 계획"이라고 했다. KT 측 역시 "이번 추가할당은 정부에서 고심 끝에 결정한 것으로 이해하나, LG유플러스 단독입찰이 가능한 경매할당에 해당

의 주파수 추가할당은 2022년 SKT의 요구에도 불구하고 2024년 과학기술정보통신부는 동 대역에 대한 주파수할당을 하지 않은 바 있다.[75] 주파수 추가할당이 이동통신 시장 경쟁정책의 주요 수단으로 이용될 수 있는 점은 이해가 되나 통신 시장에서 요구되는 주파수의 적기 공급이라는 점 또한 중요하게 고민되어야 할 사안으로 생각한다.

그림 62 3.4㎓와 3.7㎓의 주파수 추가할당

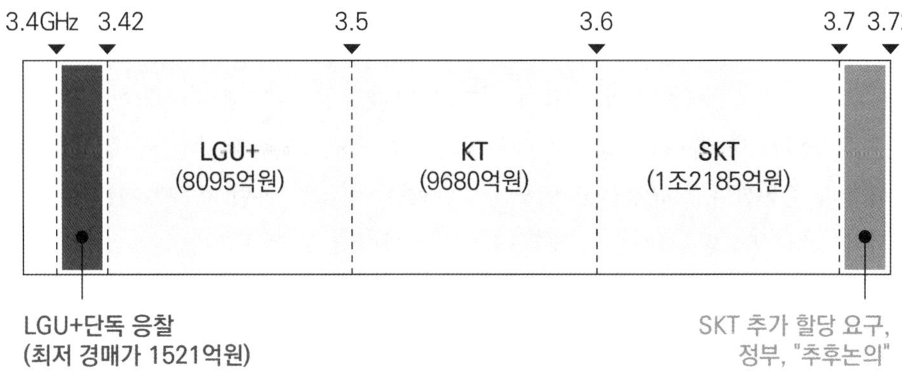

돼 당사는 참여하지 않기로 결정했다"고 밝혔다. 김승한 머니투데이 기자, LGU+, 5G 주파수 추가할당 단독 응찰 SKT · KT는 불참 왜?, 2022.7.4.(https://news.mt.co.kr/mtview.php?no=2022070418372012836).

75) 과학기술정보통신부는 올해 5G 주파수를 추가 공급하지 않기로 했다. 대신 2026년 이용 기간이 만료되는 3G · 4G 주파수의 재할당과 연계해 5G 주파수 추가 공급을 결정할 방침이다. 과기정통부는 1일 이 같은 내용을 담은 '2024~2027년 대한민국 스펙트럼 플랜'을 발표했다. 해당 계획은 디지털 산업의 핵심 자원인 주파수의 공급과 활용에 대한 중장기 전략을 담고 있다. 정부는 이번 발표에서 주파수 효율성을 높이기 위한 '광대역화'를 강조했다. 이에 따라 SK텔레콤이 자사가 사용하는 5G 3.7㎓ 대역 인근 20㎒ 폭 주파수 추가 할당을 신청했던 것은 받아들이지 않기로 했다. SK텔레콤에만 주파수를 쪼개서 주기보다는 3.7~4.0㎓ 대역에서 300㎒ 폭을 통으로 활용하겠다는 것이다. 과기정통부는 "3.7㎓ 대역의 경우 광대역의 높은 활용 가치가 훼손되지 않고 여러 사업자가 경쟁적으로 참여할 수 있는 공급을 추진한다"고 설명했다. 하지만 SK텔레콤 역시 인공지능(AI) 중심으로 사업을 재편하면서 20㎒ 폭 주파수 추가 할당에서 관심을 거둔 상황이다. 주파수 할당과 인프라 구축에 막대한 돈을 쓰는 대신 미래 성장 동력 확보를 위한 AI 분야 투자로 방향을 튼 것이다. 주파수 수요가 시들해진 것은 5G 시장 포화와도 연관이 있다. 5G 가입자는 이미 3400만명을 넘어섰고, 전체 무선 데이터트래픽은 늘지 않고 있다. 통신업계 관계자는 "5G 기술이 이전 LTE(4G)에 비해 대규모 데이터를 처리하는 데 효율적이다보니 추가적인 주파수 니즈(요구)가 크지 않다"고 말했다. 하지만 통신사가 낸 주파수 할당대가를 정부 기금으로 활용하고 있는 데다, 통신 생태계 활성화 문제도 얽혀 있어 주파수 공급을 놔버릴 순 없는 상황이다. 배문규 경향신문 기자, 정부 "내년 하반기 5G 주파수 추가 공급 검토"…SKT 20㎒ 할당 없어, 2024.9.1.(https://www.khan.co.kr/article/202409011518001).

나. 주파수 전환

전파법은 과학기술정보통신부장관은 이 법 제12조(심사에 의한 주파수할당)에 따라 심사하여 할당된 주파수의 경제적 가치와 기술적 파급효과가 크다고 인정되는 등 전파 관련 분야의 진흥을 위하여 필요하다고 인정되는 경우에는 해당 주파수를 할당받은 자를 동법 제11조(대가에 의한 주파수할당)에 따라 대가에 의한 주파수할당을 받은 자로 전환하게 할 수 있다고 규정하고 있으며(전파법 제17조제1항), 과학기술정보통신부장관은 동법 제11조제1항에 따라 주파수할당을 전환받으려는 자에게 대통령령으로 정하는 기준에 따라 산정된 금액을 내도록 할 수 있다고 규정하고 있다(동법 제17조제2항). 또한 전파법은 이 법 제17조(전환)제1항에 따른 전환에 대하여는 동법 제10조(주파수할당)제4항 및 동법 제11조제6항을 준용한다고 규정하고 있으며(동법 제17조제4항), 동법 제17조제1항에 따른 전환의 절차 등에 필요한 사항은 대통령령으로 정한다고 규정하고 있다(동법 제17조제5항).

전파법 시행령은 이 법 제17조(전환)제1항에 따라 전환을 받으려는 자는 다음, 1. 법인의 정관, 2. 법인의 주주명부 및 주주 등의 주식 등의 소유에 관한 서류, 3. 주파수이용계획서의 서류를 갖추어 과학기술정보통신부장관에게 전환신청(전자문서로 된 신청서를 포함한다)을 하여야 한다고 규정하고 있으며(동법 시행령 제19조제1항), 과학기술정보통신부장관은 이 법 시행령 제19조(전환의 절차 등)제1항에 따른 신청을 받은 날부터 6개월 이내에 전환대상의 여부, 전환의 시기 및 주파수할당대가 등을 결정하여 신청인 및 이해관계인에게 미리 그 결정 내용을 알려야 한다고 규정하고 있다(동법 시행령 제19조제2항).

또한 전파법 시행령은 이 법 시행령 제19조제2항에 따른 통지를 받은 신청인은 그 통지를 받은 날부터 3개월 이내에 서면으로 전환신청을 철회할 수 있다고 규정하고 있으며(동법 시행령 제19조제3항), 과학기술정보통신부장관은 동법 시행령 제19조제3항에 따른 철회가 없는 경우에는 주파수를 전환하게 하고 전환의 대상 및 시기, 주파수 이용기간, 주파수할당대가 그 밖에 전환에 필요한 사항을 관보, 인터넷 홈페이지 또는 일간신문 등에 공고하여야 한다고 규정하고 있다(동법 시행령 제19조제4항). 한편, 전파법 시행령은 이 법 시행령 제19조제1항에 따른 주파수할당 전환신청절차에 관하여는 동법 시행령 제12조(주파수할당 신청)제2항을 준용하고, 동법 시행령 제19조제4항에 따라 전환을 받은 신청인이 납부하여야 할 주파수할당대가의 산정 및 징수에 관하여는 동법 시행령 제14조(주파수할당 대가의 산정기준 및 부과절차 등) 를 준용한다고 규정하고 있다(동법 시행령 제19조제5항).

참고자료 및 질문

1. **주파수이용권.** 전파법은 이 법 제11조(대가에 의한 주파수할당)에 따라 주파수할당을 받은 자는 해당 주파수를 배타적으로 이용할 수 있는 권리(동법 제41조(위성주파수이용권의 양도·임대 등)에 따른 위성주파수이용권은 제외하며, 이하 "주파수이용권"이라 한다)를 가진다고 규정하고 있는데(전파법 제14조제1항), 주파수이용권은 앞에서 설명한 바와 같이 대가에 의한 주파수할당으로 부여받은 주파수 이용에 대한 권리로서 주파수이용권을 부여받은 자는 주파수 혼신과 간섭과 같은 다른 제3자에 의한 전자파장해 없이 주파수를 이용할 수 있어야 하는 독점적 권리이며, 주파수이용권이 배타적으로 전파를 이용할 수 있는 권리에 대해서는 다양한 의견이 있을 수 있겠지만 주파수를 할당받은 사업자는 혼신과 간섭 등 다른 제3자로 인해 야기되는 전자파장해(障害, Interference) 없이 주파수를 이용할 수 있어야 한다는 점에서 독점적 권리를 부여받는 것으로 이해된다. 즉 주파수이용권은 공물(公物)인 주파수에 대한 특허사용권(特許使用勸)으로서 주파수할당 대가에 대한 반대급부로 일정한 기간 동안 주파수의 배타적 이용권한을 부여하는 것이라고 생각되는데,[76] 왜냐하면 주파수 이용권은 국가의 주파수 정책적 측면에서 소유권을 포함하는 사적 재산권과 동일한 정도의 보호를 보장받기는 어렵기 때문이다.

2. **주파수이용권 관리대장.** 과학기술정보통신부장관은 주파수이용권을 효율적으로 관리하기 위하여 대통령령으로 정하는 바에 따라 주파수이용권에 관한 사항을 적은 대장(이하 "주파수이용권 관리대장"이라 한다)을 유지하고 관리하여야 한다고 규정하고 있는데(전파법 제18조제1항), 주파수이용권 관리대장은 당해 주파수의 전부 또는 일부의 양도나 임대가 가능한 대가에 의한 주파수할당으로 부여받은 주파수이용권이 다양한 주파수 대역에서 다양한 거래가 이루어질 때 권리관계를 명확히 하기 위한 것으로 이해된다. 주파수이용권 관리대장은 주파수 이용권의 변동에 대하여 부동산등기부 관리와 유사한 성격의 주파수이용권의 관리를 위해 필요한 것으로서 주파수 이용에 대한 권리관계의 확인을 위해 관리대장의 열람, 사본의 교부신청을 할 수 있도록 하고 있는데, 전파법은 주파수이용권 관리대장을 열람하거나 그 사본을 발급받으려는 자는 대통령령으로 정하는 바에 따라 과학기술정보통신부장관에게 신청하여야 한다고 규정하고 있으며(동법 제18조제2항), 이 법 제18조(주파수이용권 관리대장)제1항의 주파수이용권 관리대장은 전자적 처리가 불가능한 특별한 사유가 있는 경우 외에는 전자적 방법에 따라 유지하고 관리하여야 한다고 규정하고 있다(동법 제18조제3항).

3. **주파수할당 대가의 산정기준.** 전파법 시행령은 이 법 제11조(대가에 의한 주파수할당)제3항 후단에 따른 주파수할당 대가의 산정기준은 이 법 시행령 [별표 3]과 같으나, 다만, 할당대상 주파수와 동일하거나 유사한 용도의 주파수가 가격경쟁주파수할당의 방식에 따라 할당된 적이 있는 경우에는 다음, 1. 동일하거나 유사한 용도의 주파수에 대한 주파수할당 대가, 2. 할당대상 주파수의 특성 및 대역폭, 3. 할당대상 주파수의 이용기간·용도 및 기술방식, 4. 그 밖에 할당대상 주파수의 수요전망 등 과학기술정

보통신부장관이 필요하다고 인정하는 사항을 고려하여 주파수할당 대가를 산정할 수 있다고 규정하고 있는데(전파법 시행령 제14조제1항), 전파법 시행령 [별표 3]인 주파수할당 대가의 산정기준(전파법 제14조제1항 관련)은 주파수할당 대가는 예상매출액을 기준으로 부과하는 납부금 + 실제매출액을 기준으로 부과하는 납부금의 산식에 따라 산정하는데(동 시행령 [별표 3]제1호), 예상매출액을 기준으로 부과하는 납부금은 주파수 이용기간 동안의 시장[77] 전체 예상매출액[78] × x × 무선투자촉진계수[79] × 주파수 할당률의[80] 산식에 따라 산정하며(동 시행령 [별표 3]제2호), 실제매출액을[81] 기준으로 부과하는 납부금은 개별 사업자의 연간 실제매출액 × y의[82] 산식에 따라 산정한다고 규정하고 있다(동 시행령 [별표 3]제3호). 한편, 전파법 시행령 [별표 3]은 이 법 시행령 [별표 3]제1호에도 불구하고 다음, 가. 새로운 서비스를 위한 주파수할당으로서 시장 전체 예상매출액 예측이 곤란한 경우, 나. 주파수할당 공고 시 할당한 전체 주파수 대역폭의 1/2 이상의 대역폭을 새롭게 할당하는 경우, 다. 동일한 시장에서 일반적으로 사용하는 주파수 대역과 기술적 특성이 현저히 다른 주파수 대역을 새롭게 할당하는 경우의 어느 하나에 해당하는 경우에는 단위 대역폭당 단가[83] × 주파수 이용기간 × 주파수 대역폭의 산식에 따라 주파수할당 대가를 산정할 수 있다고 규정하고 있다(동 시행령 [별표 3]제4호).

4. 주파수할당 대가의 산정기준으로서 "실제매출액"의 의미. 전파법 시행령 제14조(주파수할당 대가의 산정기준 및 부과절차 등)제1항 및 이 법 시행령 [별표 3]에 따라 주파수할당대가 중 실제매출액을 기준으로 부과하는 납부금을 산정함에 있어, 사업자가 주파수할당을 받고 최초 무선국개설신고증명서를 교부받았으나 예상하지 못한 기술적 사유로 할당받은 주파수를 이용할 수 없는 상황이어서 실제 영업활동에 이용하지 못한 경우에도 주파수할당대가의 산정 및 부과에 관한 세부사항(방송미디어통신위원회 고시 제2013-9호, 2013. 2. 21.)제9조제1항에 따른 실제매출액을 기준으로 하는 납부금을 부과할 수 있는지에 대해, 법제처는 "동 고시 제9조(실제매출액 기준 할당대가의 산정)제1항에 따른 실제매출액을 기준으로 하는 납부금을 부과할 수 없다고 할 것입니다."라고 유권해석한 바가 있다.[84]

---

76) 한편, 특정한 주파수를 배타적으로 할 수 있는 권리로서 물권(物權)과 유사하게 국가와 제3자의 침해를 배제할 수 있는 사법(私法)적 권리로 보는 견해와 공물의 특허사용권과 사법적인 권리로서의 성격을 모두 갖는다는 견해가 있다. 계경문 외, 앞의 책, pp214~215.

77) 전파법 시행령은 이 법 시행령 [별표 3]제2호 산식에서 "시장"이란 역무의 유사성 등을 고려하여 과학기술정보통신부장관이 정하는 사업자 집단을 말한다고 규정하고 있다(전파법 시행령 [별표 3]비고1).

78) 전파법 시행령은 이 법 시행령 [별표 3]제2호 산식의 "주파수 이용기간 동안의 시장 전체 예상매출액"에서 동법 시행령 [별표 3]제4호에 따라 할당대가를 산정한 주파수 대역폭에 따른 예상매출액에 상응하는 금액은 제외한다고 규정하고 있다(전파법 시행령 [별표 3]비고2).

79) 전파법 시행령은 이 법 시행령 [별표 3]제2호 산식에서 "무선투자촉진계수"란 주파수 이용기간 동안 전파기술발전 및 무선국 구축 · 운용비용 등을 고려하여 과학기술정보통신부장관이 고시하는 값을 말하며, 이 경우 "무선투자촉진계수"의 최대치는 1로 한다고 규정하고 있다(전파법 시행령 [별표 3]비고3).

제3절 주파수 사용승인

〈전파법〉 제2조(정의) ① 이 법에서 사용하는 용어의 뜻은 다음과 같다.
4의2. "주파수 사용승인"이란 안보 · 외교적 목적 또는 국제적 · 국가적 행사 등을 위하여 특정한 주파수의 사용을 허용하는 것을 말한다.

1. 주파수 사용승인의 의의

전파법은 "주파수 사용승인"이란 안보 · 외교적 목적 또는 국제적 · 국가적 행사 등을 위하여 특정한 주파수의 사용을 허용하는 것을 말한다고 규정하고 있다(전파법 제2조제1항 제4의2호). 주파수 사용승인은 2000년 전파법 전면 개정 시 도입되었는데 2000년 이전에는 행정기관, 군 등에서 요청하는 공공기관이 이용하는 주파수에 대하여 별도의 절차 없이 주파수가 배분되었었다. 주파수 사용승인은 앞에서 설명한 국가 지정 모형(Command and control model)에 기반한 제도로서 전파법은 과학기술정보통신부장관은 안

80) 전파법 시행령은 이 법 시행령 [별표 3]제2호 산식에서 "주파수 할당률"이란 (개별 사업자가 할당받은 주파수 대역폭 × 대역폭 조정계수) ÷ (주파수할당 공고 시 할당한 전체 주파수 대역폭 × 대역폭 조정계수)의 산식에 따른 값을 말하는데, "대역폭 조정계수"란 주파수 이용기간 동안 할당대상 주파수가 매출에 기여하는 정도를 고려하여 과학기술정보통신부장관이 정하는 값을 말하나, 이 경우 "대역폭 조정계수"의 최대치는 1로 하며, "주파수할당 공고 시 할당한 전체 주파수대역폭"에서 동법 시행령 [별표 3]제4호에 따라 할당대가를 산정한 주파수 대역폭은 제외한다고 규정하고 있다(전파법 시행령 [별표 3]비고5).

81) 전파법 시행령은 이 법 시행령[별표 3]제3호 산식에서 "실제매출액"이란 영업활동으로 발생한 수익에서 다른 전기통신사업자의 통신망을 이용하고 지급하는 대가를 차감하여 산정한 값을 말한다고 규정하고 있다(전파법 시행령 [별표 3]비고6).

82) 전파법 시행령은 이 법 시행령 [별표 3]제2호 산식 및 제3호 산식에서 "x" 및 "y"란 과학기술정보통신부장관이 해당시장의 특성 등을 고려하여 고시하는 율을 말하는데, 이 경우 x와 y를 합한 값은 100분의 3으로 한다고 규정하고 있다(전파법 시행령 [별표 3]비고4).

83) 전파법 시행령은 이 법 시행령 [별표 3]제4호 산식에서 "단위 대역폭당 단가"란 할당대상 주파수로 제공하는 서비스 종류 · 특성, 기대수익 및 서비스 대상 인구 수 등 할당대상 주파수의 경제적 가치를 고려하여 과학기술정보통신부장관이 정하는 값을 말한다고 규정하고 있다(전파법 시행령 [별표 3]비고7).

84) 법제처 13-0137, 2013. 6. 7., 미래창조과학부 - 주파수할당 대가의 산정기준으로서 "실제매출액"의 의미(「전파법 시행령」 별표 3 등 관련).

보 · 외교적 목적 또는 국제적 · 국가적 행사 등을 위하여 특정한 주파수의 사용이 필요하다고 인정되는 경우에는 주파수 사용승인(위성주파수 사용승인의 경우 위성궤도의 사용승인을 포함한다)을 할 수 있다고 규정하고 있는데(동법 제18조의2제1항), 전파법 제18조의2(주파수 사용승인의 신청 등)제1항에 규정되어 있는 주파수 사용승인 제도에 포함되지 않은 중앙행정부처, 지자체, 공공기관 등은 이 법 제19조(허가를 통한 무선국 개설 등)에 따른 무선국개설 허가 요청과 함께 이용하는 동법 제18조의4(주파수 지정)에 따른 주파수를 지정하는 절차에 따르는 것으로 해석된다. 한편, 주파수 사용승인을 폐지하고 주파수할당 제도를 개편하여 주파수할당으로 편입하자는 견해가 있으나[85], 주파수 사용승인은 국가 지정 모형(Command and control model)에 기반해 있기 때문에 시장 기반 모형(Exclusive use model)에 기반한 주파수할당과 다른 고유의 기능이 있으므로 주파수 사용승인 제도 관련 규정들을 정비하고 유지하는 것이 바람직하다고 생각된다.

2. 주파수 사용승인의 주요 내용

가. 주파수 사용승인을 받아 개설된 무선국과 주파수 사용승인의 유효기간

(1) 주파수 사용승인을 받아 개설된 무선국

전파법은 이 법 제19조(허가를 통한 무선국 개설 등)제1항에도 불구하고 대통령령으로 정하는 바에 따라 과학기술정보통신부장관으로부터 주파수 사용승인을 받은 자는 무선국을 개설할 수 있다고 규정하고 있으며(전파법 제19조제5항), 전파법 시행령은 이 법 제19조제5항에 따라 주파수 사용승인을 받아 개설할 수 있는 무선국은 다음, 1. 「군용전기통신법」 제3조(관리주체)에 따라 국방부장관이 관리 · 운용하는 무선국, 2. 외국의 국가원수 등이 대한민국을 방문하는 중에 의전 · 경호 등의 목적으로 사용하기 위하여 외교부장관의 요청에 따라 개설하는 무선국, 3. 주한 외국공관이 대한민국에서 해당 국가의 외교 및 영사업무를 위하여 외교부장관의 요청에 따라 개설하는 무선국, 4. 국내에서 열리는 국제적 또는 국가적 행사를 위하여 관계 국가기관의 장의 요청에 따라 외국인이 그 행

85) 계경문 외, 앞의 책, p259.

사기간 중에 개설하는 무선국, 5. 「대한민국과 아메리카합중국간의 상호방위조약 제4조에 따른 시설과 구역 및 대한민국에서의 합중국군대의 지위에 관한 협정」에 따라 아메리카합중국 군대가 관리 · 운용하는 무선국 중 같은 협정 제3조제2호에 따른 약정의 적용을 받는 무선국, 6. 국가안전보장과 관련된 정보 및 보안업무를 관장하는 기관의 장이 그 업무를 위하여 관리 · 운용하는 무선국의 어느 하나에 해당하는 무선국으로 하나, 이 경우 전파법 시행령 제23조(주파수 사용승인을 받아 개설하는 무선국)제1항제1호의 「군용전기통신법」 제3조(관리주체)에 따라 국방부장관이 관리 · 운용하는 무선국으로서 국가안보상 필요할 때에는 우선적으로 승인할 수 있다고 규정하고 있다(동법 시행령 제23조).

(2) 주파수 사용승인의 유효기간

전파법은 이 법 제18조의2(주파수 사용승인의 신청 등)제3항에 따른 주파수 사용승인의 유효기간은 10년 이내의 범위에서, 동법 제19조(허가를 통한 무선국 개설 등)제1항에 따른 무선국 개설허가의 유효기간은 7년 이내의 범위에서 대통령령으로 각각 정하며, 그 기간이 끝나면 재승인이나 재허가를 할 수 있다고 규정하고 있는데(동법 제22조제1항), 전파법 시행령은 이 법 제22조(주파수 사용승인 및 무선국 개설허가의 유효기간)제1항에 따른 주파수 사용승인의 유효기간은 다음, 1. 동법 시행령 제23조(주파수 사용승인을 받아 개설하는 무선국)제1호[86] 및 제5호의[87] 무선국은 10년, 2. 동법 시행령 제23조제3호[88] 및 제6호의[89] 무선국은 5년, 3. 동법 시행령 제23조제2호[90] 및 제4호의[91] 무선국은 해당 무선국의 개설 목적을 달성하는 데에 필요하다고 과학기술정보통신부장관이 인정하는 기간

86) 「군용전기통신법」 제3조(관리주체)에 따라 국방부장관이 관리 · 운용하는 무선국을 말한다.

87) 「대한민국과 아메리카합중국간의 상호방위조약 제4조에 따른 시설과 구역 및 대한민국에서의 합중국군대의 지위에 관한 협정」에 따라 아메리카합중국 군대가 관리 · 운용하는 무선국 중 같은 협정 제3조제2호에 따른 약정의 적용을 받는 무선국을 말한다.

88) 주한 외국공관이 대한민국에서 해당 국가의 외교 및 영사업무를 위하여 외교부장관의 요청에 따라 개설하는 무선국을 말한다.

89) 국가안전보장과 관련된 정보 및 보안업무를 관장하는 기관의 장이 그 업무를 위하여 관리 · 운용하는 무선국을 말한다.

90) 외국의 국가원수 등이 대한민국을 방문하는 중에 의전 · 경호 등의 목적으로 사용하기 위하여 외교부장관의 요청에 따라 개설하는 무선국을 말한다.

91) 국내에서 열리는 국제적 또는 국가적 행사를 위하여 관계 국가기관의 장의 요청에 따라 외국인이 그 행사기간 중에 개설하는 무선국을 말한다.

과 같다고 규정하고 있다(동법 시행령 제37조제1항).

전파법 시행령은 과학기술정보통신부장관은 이 법 시행령 제37조(주파수 사용승인의 유효기간)제1항에도 불구하고 주파수분배가 변경되는 경우 또는 사용승인의 목적달성에 필요한 기간이 동법 시행령 제37조제1항제1호인 10년 또는 제2호인 5년에 따른 유효기간보다 단기인 경우 등의 사유로 동법 시행령 제37조제1항제1호 또는 제2호에 따른 유효기간 동안 사용승인을 하는 것이 전파자원의 효율적 이용을 저해한다고 판단되는 경우에는 주파수 사용승인의 요청자와 협의하여 동법 시행령 제37조제1항제1호 또는 제2호에 따른 유효기간의 범위에서 유효기간을 달리 정할 수 있다고 규정하고 있다(동법 시행령 제37조제2항). 한편, 전파법은 이 법 제22조(주파수 사용승인 및 무선국 개설허가의 유효기간)제1항에 따른 승인이나 허가의 유효기간은 다음, 1. 주파수 사용승인은 동법 제18조의2(주파수 사용승인의 신청 등) 제3항에 따라 주파수 사용승인을 받은 날부터 기산한다고 규정하고 있다(동법 제22조제3항).

나. 주파수 사용승인의 신청 등

전파법은 이 법 제18조의2(주파수 사용승인의 신청 등)제1항에 따른 주파수 사용승인을 받으려는 자는 대통령령으로 정하는 바에 따라 과학기술정보통신부장관에게 신청하여야 하며, 주파수 사용승인을 받은 사항을 변경하려는 경우에도 또한 같다고 규정하고 있는데(전파법 제18조의2제1항), 전파법 시행령은 이 법 제18조의2에 따라 주파수 사용승인을 받으려는 자는 다음, 1. 용도, 2. 전파의 형식, 점유주파수대역폭 및 주파수(위성주파수의 경우에는 위성궤도를 포함한다), 3. 안테나공급전력, 4. 안테나의 형식 · 구성 및 이득, 5. 사용지역 각 호의 사항을 적은 신청서를 과학기술정보통신부장관에게 제출하여야 하며, 승인받은 사항 중 다음 각 호의 사항을 변경하려는 경우에도 또한 같다고 규정하고 있다(동법 시행령 제20조의2제1항).

전파법 과학기술정보통신부장관은 이 법 제18조의2제2항에 따른 신청을 받은 때에는 전파자원 이용의 효율성, 주파수 사용의 가능성 및 전파혼신 등을 심사하여 그 결과가 적합하면 주파수 사용승인을 하고, 다음, 1. 전파의 형식, 점유주파수대역폭 및 주파수, 2. 안테나공급전력[안테나의 급전선(給電線)에 공급되는 전력을 말한다], 3. 안테나의 형식 · 구성 및 이득의 사항을 포함한 사용승인서를 발급하여야 한다고 규정하고 있으며(동법 제18조의2제3항), 전파법 시행령은 과학기술정보통신부장관은 이 법 시행령 제

20조의2(주파수 사용승인의 신청 등)제1항에 따른 신청에 대한 승인을 위하여 필요한 경우 동법 시행령 제20조의2제1항에 따른 신청을 한 자에게 무선설비의 시설개요서(승인받은 사항의 변경을 신청한 경우는 제외한다)와 사용승인 변경내역서(승인받은 사항의 변경을 신청한 경우만 해당한다)의 제출을 요청할 수 있다고 규정하고 있다(동법 시행령 제20조의2제2항).

한편, 전파법은 이 법 제18조의2제3항에 따라 주파수 사용승인을 받은 자가 무선국 폐지 등으로 해당 주파수를 사용하지 아니하는 경우에는 동법 제22조(주파수 사용승인 및 무선국 개설허가의 유효기간)에 따른 유효기간에도 불구하고 지체 없이 과학기술정보통신부장관에게 해당 주파수를 반납하여야 한다고 규정하고 있으며(동법 제18조의2제4항), 전파법 시행령은 이 법 제18조의2제4항에 따라 사용승인을 받은 주파수를 반납하려는 자는 무선국 폐시 등으로 인하여 해당 주파수를 사용하지 아니하는 경우 지체 없이 과학기술정보통신부장관에게 주파수 반납을 통지하여야 한다고 규정하고 있다(동법 시행령 제20조의2제3항).

다. 주파수 사용승인의 재승인

전파법은 이 법 제22조(주파수 사용승인 및 무선국 개설허가의 유효기간)제1항에 따른 재승인이나 재허가의 절차와 그 밖에 필요한 사항은 대통령령으로 정한다고 규정하고 있는데(전파법 제22조제4항), 전파법 시행령은 과학기술정보통신부장관은 주파수 사용승인의 유효기간이 끝나는 날의 1년 전까지 사용승인을 받은 자에게 재승인 절차와 이 법 시행령 제39조(재승인)에 따른 재승인 신청기간 내에 신청하지 않으면 재승인을 받을 수 없다는 사실을 미리 알려야 하고, 이 경우 통지는 문서, 전화 또는 팩스의 방법 등으로 할 수 있다고 규정하고 있으며(동법 시행령 제37조제3항), 전파법 시행령은 이 법 제22조제1항에 따라 재승인 받으려는 자는 주파수 사용승인의 유효기간 만료일 전 6개월 이상 12개월 이내에 과학기술정보통신부장관에게 재승인을 신청하여야 하나, 다만, 이 법 시행령 제37조(주파수 사용승인의 유효기간)제1항제3호에 따라[92] 유효기간이 정하여진 경우는 그러하지 아니하다고 규정하고 있다(동법 시행령 제39조).

92) 전파법 시행령 제23조(주파수 사용승인을 받아 개설하는 무선국)제2호인 외국의 국가원수 등이 대한민국을 방문하는 중에 의전·경호 등의 목적으로 사용하기 위하여 외교부장관의 요청에 따라 개설하는 무선국과 제4호의 국내에서 열리는 국제적 또는 국가적 행사를 위하여 관계 국가기관의 장의 요청에 따라 외국인이 그 행사기간 중에 개설하는 무선국은 해당 무선국의 개설 목적을 달성하는 데에 필요하다고 과학기술정보통신부장관이 인정하는 기간을 주파수 사용승인의 유효기간으로 정하고 있다.

라. 주파수 사용승인의 취소 등

전파법은 과학기술정보통신부장관은 이 법 제18조의2(주파수 사용승인의 신청 등)에 따라 주파수 사용승인을 받은 자가 다음, 1. 동법 제18조의2제3항에 따라 사용승인을 받은 주파수의 범위를 벗어나 무선국을 운용하는 경우, 2. 동법 제18조의2제3항에 따라 사용승인을 받은 주파수를 사용하지 아니하는 경우로서 같은 조 제4항에 따라 해당 주파수를 반납하지 아니하는 경우, 3. 동법 제24조(검사)제8항에 따른 검사를 거부하거나 방해하는 경우, 4. 동법 제25조(무선국의 운용)제4항에 따른 시험성적서를 제출하지 아니하는 경우의 어느 하나에 해당하는 경우에는 위반행위의 시정을 명하거나 주파수 사용승인을 취소할 수 있다고 규정하고 있는데(전파법 제18조의3제1항), 주파수 사용승인의 취소는 조문은 취소(取消)로 규정되어 있으나 앞에서 설명한 주파수할당의 취소와 같이 강학(講學)상의 취소와 철회의 개념이 혼용되어 사용되고 있는 것으로 이해된다.

전파법은 이 법 제18조의3(주파수 사용승인의 취소 등)제1항에 따른 시정명령 또는 주파수 사용승인 취소에 관한 세부적인 기준과 그 밖에 필요한 사항은 대통령령으로 정한다고 규정하고 있는데(동법 제18조의3제2항), 전파법 시행령은 이 법 제18조의3제1항에 따른 행정처분의 일반기준은 동법 시행령 [별표 22의2]인 행정처분의 일반기준과 같고, 그 세부기준은 다음, 1의2. 동법 제18조의3제1항에 따른 주파수 사용승인을 받은 자에 대한 행정처분 기준은 동법 시행령 [별표 22의4]인 주파수 사용승인을 받은 자에 대한 행정처분기준과 같다고 규정하고 있으며(동법 시행령 제118조), 과학기술정보통신부장관은 이 법 제118조(행정처분의 기준)의 처분사유가 되는 위반행위가 고의 또는 중대한 과실에 기인하지 아니한 것으로서 시정이 가능한 경미한 위반행위인 경우에는 동법 시행령 [별표 24]인 지정시험기관에 대한 행정처분기준부터 동법 시행령 [별표 26]인 무선종사자에 대한 행정처분기준까지의 규정에 따른 처분을 하지 아니하고 시정지시 및 경고를 할 수 있다고 규정하고 있다(동법 시행령 제119조).

참고자료 및 질문

1. 공공용 주파수 수급계획. 전파법은 과학기술정보통신부장관은 관계 중앙행정기관, 지방자치단체 및 그 밖에 대통령령으로 정하는 기관·단체(이하 "관계중앙행정기관등"이라 한다)가 해당 기관의 업무 및 연구 등 공익 목적으로 업무에 이용하려는 주파수(이하 "공공용 주파수"라 한다)를 효율적으로 수급하기 위하여 매년 공공용 주파수 수급계획을 수립하여야 한다고 규정하고 있는데(전파법 제18조의6제1

항), 공공용 주파수 수급계획의 수립은 2015년 전파법 개정 시 도입되었는데 이전에는 중앙행정기관, 지방자치단체, 공공기관이 자체적으로 무선통신망 국가사업 등을 우선 추진하고 필요 주파수를 사전 예고 없이 요청하면 과학기술정보통신부에서는 기술 방식, 소요량 분석 및 후보 대역 발굴, 채널 폭 검토 등을 통한 주파수 공급계획을 마련하여 해당 기관과 협의를 통해 주파수를 선입선출 방식(First come, first serve based)으로 배분되었었다. 선입선출 방식의 주파수 배분은 다양한 공공기관의 수요를 사전에 파악할 수 있는 제도적 장치가 없어 주파수 소요량, 이용 가능 대역 등을 고려한 주파수 공급 방안을 마련하기 위한 사전 검토가 이루어지지 못하고 중복 수요에 대한 공동사용, 단계적 공급 등을 고려한 효율적 주파수 공급 및 주파수 공급에 장기간 소요되어 이의신청 시 추가적인 시간과 행정비용이 발생하였다. 또한 한정된 주파수 자원으로 모든 주파수 수요를 동시에 충족시킬 수 없고 주파수 공급에 대한 협의절차가 없어 사업 시급성이 있는 중요 국가무선망 사업이 지연되고, 기술 발전과 공공 부문의 수요를 고려한 주파수 확보, 중복 수요 조정, 회수와 재배치 등 체계적인 주파수 확보와 공급이 곤란한 문제점이 있었는데, 이러한 문제점을 해소하기 위해 공공용 주파수 수급계획 수립이 도입된 것으로 이해된다.[93]

2. 공공용 주파수 정책협의회. 전파법은 공공용 주파수의 합리적인 공급 방안에 관한 다음, 1. 이 법 제18조의6(공공용 주파수 수급계획의 수립)제3항 및 제4항에 따른 이용계획서의 적정성 평가에 관한 사항, 2. 공공용 주파수 공급 우선순위에 관한 사항, 3. 그 밖에 공공용 주파수의 공급에 관하여 과학기술정보통신부장관이 정책협의회의 논의가 필요하다고 인정하는 사항을 협의·조정하기 위하여 과학기술정보통신부에 공공용 주파수 정책협의회(이하 "정책협의회"라 한다)를 둔다고 규정하고 있는데(전파법 제18조의9제1항), 공공용 주파수 정책협의회는 매년 9월과 10월 사이에 운영되고 있다. 또한 전파법은 공공용 주파수 정책협의회의 위원장은 과학기술정보통신부차관이 되고, 위원은 중앙행정기관의 고위공무원단에 속하는 관련 공무원이나 지방자치단체의 3급 이상 공무원 중에서 소속기관의 장이 지명하는 사람이 된다고 규정하고 있으며(동법 제18조의9제2항), 공공용 주파수 정책협의회는 논의에 필요한 경우 이해관계자 또는 전문가 등을 공공용 주파수 정책협의회의 회의에 출석시켜 의견을 들을 수 있다고 규정하고 있다(동법 제18조의9제3항).

3. 주파수 이용 현황의 조사와 확인. 전파법은 과학기술정보통신부장관은 전파자원의 공평하고 효율적인 이용을 촉진하기 위하여 필요하면 다음, 1. 주파수분배의 변경, 2. 주파수회수 또는 주파수재배치, 3. 새로운 기술방식으로의 전환, 4. 주파수의 공동사용의 사항을 시행하여야 한다고 규정하고 있으며(전파법 제6조제1항), 과학기술정보통신부장관은 이 법 제6조(전파자원 이용효율의 개선)제1항 각 호의 사항을 시행하기 위하여 필요하면 대통령령으로 정하는 바에 따라 주파수의 이용 현황을 조사하거나 확인할 수 있다고 규정하고 있는데(동법 제6조제2항), 전파법 시행령은 이 법 제6조제2항에 따른

주파수 이용 현황의 조사·확인은 다음, 1. 주파수분배·주파수할당·주파수지정 및 주파수사용승인의 현황, 2. 주파수 이용과 관련한 사회·경제적 지표, 3. 주파수 이용기술개발 및 관련 산업의 동향, 4. 무선설비의 이용 및 운영 실태, 4의2. 제25조에 따라 신고하지 아니하고 개설할 수 있는 무선국용 무선기기의 이용 및 운영실태, 5. 동법 제8조(전파진흥기본계획)에 따른 전파진흥기본계획의 수립에 관한 사항을 대상으로 하여 매년 실시한다고 규정하고 있으며(동법 시행령 제4조제1항), 과학기술정보통신부장관은 이 법 시행령 제4조(주파수 이용 현황의 조사·확인)제1항에 따른 이용현황의 조사를 위하여 필요한 경우에는 다음, 1. 해당 시설자 또는 동법 제18조의2(주파수 사용승인의 신청 등)제3항에 따라 주파수의 사용승인을 받은 자(이하 "시설자등"이라 한다)와, 2. 동법 시행령 제25조(신고하지 아니하고 개설할 수 있는 무선국) 각 호의 어느 하나에 해당하는 무선기기를 수입·제조·판매한 자와 이용자의 어느 하나에 해당하는 자에게 필요한 자료의 제출을 요청할 수 있다고 규정하고 있다(동법 시행령 제4조제2항). 주파수 이용 현황의 조사와 확인은 주파수의 이용량을 실측 조사하고 분석함으로써 미사용 또는 사용 빈도가 적은 주파수 대역의 발굴을 통해 전파자원의 확보, 할당 및 재배치 계획 수립 등 전파정책 마련을 위한 기초자료로 제공되고 있는 것으로 이해된다. 한편, 전파법 시행령은 과학기술정보통신부장관은 이 법 시행령 제4조제2항 각 호의 어느 하나에 해당하는 자를 대상으로 동법 제6조제1항 각 호의 사항에 대한 수요를 조사·분석하고 그 결과를 전파자원의 이용효율 개선을 위한 기초자료로 활용할 수 있다고 규정하고 있다(동법 시행령 제4조제3항).

제4절 주파수지정

〈전파법〉 제2조(정의) ① 이 법에서 사용하는 용어의 뜻은 다음과 같다.

4. "주파수지정"이란 허가나 신고로 개설하는 무선국에서 이용할 특정한 주파수를 지정하는 것을 말한다.

93) 국립전파연구원, 앞의 책, p90.

1. 주파수지정의 의의

전파법은 "주파수지정"이란 허가나 신고로 개설하는 무선국에서 이용할 특정한 주파수를 지정하는 것을 말한다고 규정하고 있으며(전파법 제2조제1항제4호), 과학기술정보통신부장관은 이 법 제10조(주파수할당)에 따른 주파수할당 및 동법 제18조의2(주파수 사용승인의 신청 등)에 따른 주파수 사용승인 외에 주파수를 이용하게 하려는 경우에는 동법 제19조(허가를 통한 무선국 개설 등) 및 동법 제19조의2(신고를 통한 무선국 개설 등)에 따른 무선국 개설을 통하여 무선국이 이용할 주파수를 지정(위성주파수 지정의 경우 위성궤도의 지정을 포함한다)할 수 있다고 규정하고 있는데(동법 제18조의4), 주파수지정은 전파법에서 이 법 제18조의4(주파수 지정)에 따라 주파수를 이용하려는 권리를 부여하는 강학(講學)상의 특허(特許)로서의 성격과 동법 제2조(정의)제1항제4호와 동법 제21조(무선국 개설허가 등의 절차)제2항제1호에 따라 무선국에서 주파수를 실질적으로 이용하게 하는 무선국 개설의 구체적인 절차로서의 성격이라는 이중적 지위를 갖는 것으로 생각된다. 무선국 개설의 구체적인 절차로서 주파수지정을 하는 이유는 주파수 혼선과 간섭의 방지에 있다고 이해되는데, 주파수분배에 따른 주파수들은 각각의 용도에 따라 당해 용도에 적합한 최소한 주파수 폭을 요구하기 때문에 주파수분배가 이루어진 주파수 혼선과 간섭의 방지를 위해 무선국 개설의 구체적인 절차로서 주파수지정을 해야 하는 것이다.

주파수지정이 주파수를 이용하려는 권리를 부여하는 강학(講學)상의 특허(特許)로서의 성격을 갖고 있는 점은 전파법 제2조(정의)제1항제4의3호가 "주파수회수"란 주파수할당, 주파수지정 또는 주파수 사용승인의 전부나 일부를 철회하는 것을 말한다고 규정하고 있는 것이나 이 법 제2조제1항제4의4호가 "주파수재배치"란 주파수회수를 하고 이를 대체하여 주파수할당, 주파수지정 또는 주파수 사용승인을 하는 것을 말한다고 규정하고 있어 주파수지정을 주파수할당, 주파수 사용승인과 동일한 지위를 부여하고 있는 점에서 확인된다. 한편, 2015년 전파법 개정을 통해 제18조의4(주파수 지정)가 입법되었는데 2015년 이전에는 이 법 제2조(정의)제1항제4호와 동법 제21조(무선국 개설허가 등의 절차)제2항제1호에 따른 주파수지정은 무선국에서 주파수를 실질적으로 이용하게 하는 무선국 개설의 구체적인 절차로서의 규정임에도 불구하고 동법 제18조의4(주파수 지정)와 같은 강학(講學)상의 특허(特許)로서 주파수를 이용하려는 권리를 부여하는 규정 없이 주파수를 이용하려는 권리를 부여하는 기능을 담당하였는데 실질적으로는 두 가지의 기능이 혼재되어 있더라도 관념적으로 분리한 동 입법을 바람직하게 생각한다.

2. 주파수지정의 주요 내용

전파법은 과학기술정보통신부장관은 이 법 제10조(주파수할당)에 따른 주파수할당 및 동법 제18조의2(주파수 사용승인의 신청 등)에 따른 주파수 사용승인 외에 주파수를 이용하게 하려는 경우에는 동법 제19조(허가를 통한 무선국 개설 등) 및 동법 제19조의2(신고를 통한 무선국 개설 등)에 따른 무선국 개설을 통하여 무선국이 이용할 주파수를 지정(위성주파수 지정의 경우 위성궤도의 지정을 포함한다)할 수 있다고 규정하고 있는데(동법 제18조의4), 주파수지정은 명시적으로 특정한 주파수 대역을 이용할 수 있는 기간을 별도로 정하지 않고 전파법 제22조(주파수 사용승인 및 무선국 개설허가의 유효기간)에 따른 무선국 개설허가의 유효기간에 따라 무선국 개설허가의 유효기간이 경과되면 그에 수반되어 전파의 이용이 사실상 불가능해지는 것으로 해석된다.[94] 즉 무선국 개설허가 기간이 종료함으로써 자동으로 주파수 지정의 효과도 소멸하게 되는 무선국 개설이 주(主)된 것이고 주파수 지정은 종(從)된 것으로 이해된다.

주파수지정은 주로 지상파방송사업을 위한 방송국의 개설허가 또는 재허가에 적용되게 되는데, 전파법은 방송미디어통신위원회는 이 법 제34조(방송국의 개설허가)제1항에 따라 방송국의 개설허가 또는 재허가 신청을 받으면 다음, 1. 방송용으로 분배된 주파수의 범위에서 주파수 지정이 가능한지 여부의 사항에 대한 심사를 과학기술정보통신부장관에게 의뢰하여야 한다고 규정하고 있다(동법 제34조제2항). 또한 전파법은 과학기술정보통신부장관은 이 법 제21조(무선국 개설허가 등의 절차)제1항에 따른 신청을 받은 때에는 다음, 1. 주파수지정이 가능한지의 여부의 사항을 심사하여야 한다고 규정하고 있는데(동법 제21조제2항), 이동통신사업을 위해 주파수할당을 받은 경우에는 전파법 제19조(허가를 통한 무선국 개설 등)에 따른 무선국 허가가 아닌 이 법 제19조의2(신고를 통한 무선국 개설 등)에 따른 신고를 통해 무선국 개설을 하게 되고 이동통신사업을 위한 주파수지정은 주파수할당을 받은 주파수의 범위 내에서 허가나 신고로 개설하는 무선국에서 이용할 특정한 주파수를 지정하는 것을 말하는 전파법 제2조(정의)제1항제4호의 개념에 부합(符合)하는 것이 되나, 주파수할당 또는 주파수 사용승인을 통해 주파수 이용권을 확보하지 않는 방송국 개설허가 또는 재허가의 경우에는 주파수지정이 전파법 제18조의4(주파수

---

94) 오병철, 제3차 전파진흥기본계획에 따른 수평적 규제체계로의 전파법 개정 제안, THE JOURNAL OF KOREAN INSTITUTE OF ELECTROMAGNETIC ENGINEERING AND SCIENCE(July 2019), pp431~432.

지정)에 따른 강학(講學)상의 특허(特許)로서의 주파수 이용권의 부여 외에도 특정 무선국을 개설하는 구체적 절차로서 주파수지정의 이중적 기능을 갖게 되는 것으로 생각된다.

제5절 주파수회수와 주파수재배치

〈전파법〉 제2조(정의) ① 이 법에서 사용하는 용어의 뜻은 다음과 같다.
4의3. "주파수회수"란 주파수할당, 주파수지정 또는 주파수 사용승인의 전부나 일부를 철회하는 것을 말한다.
4의4. "주파수재배치"란 주파수회수를 하고 이를 대체하여 주파수할당, 주파수지정 또는 주파수 사용승인을 하는 것을 말한다.

1. 주파수회수와 주파수재배치의 의의

전파법은 "주파수회수"란 주파수할당, 주파수지정 또는 주파수 사용승인의 전부나 일부를 철회하는 것을 말한다고 규정하고 있으며(전파법 제2조제1항제4의3호), "주파수재배치"란 주파수회수를 하고 이를 대체하여 주파수할당, 주파수지정 또는 주파수 사용승인을 하는 것을 말한다고 규정하고 있는데(동법 제2조제1항제4의4호), 과학기술정보통신부장관은 전파자원의 공평하고 효율적인 이용을 촉진하기 위하여 필요하면 다음, 2. 주파수회수 또는 주파수재배치의 사항을 시행하여야 한다고 규정하고 있다(동법 제6조제1항). 주파수는 대역별로 이동통신, 지상파방송 등의 각종 용도로 정해져서 이용되고 있으나 주파수 대역별 경제적 가치는 기술의 발전과 시장수요 변화 등으로 인해 수시로 바뀔 수 있는데, 주파수 이용의 효율성 제고, 주파수 이용의 혼신과 간섭 방지, 국제 주파수분배 변경 등에 대응하기 위해 이미 사용 중인 주파수를 국가로 귀속시키는 것이 주파수회수이며, 국가로 회수된 주파수를 새롭게 필요한 용도로 사용하기 위해 기존의 용도를 변경하여 새로운 가용 주파수를 확보하게 하는 것을 주파수재배치라고 한다. 주파수회수와 주파수재배치는 〈그림 63〉과 같이 비경제적으로 난립(亂立)되어 있는 판자촌이나 소규모 택지를 도시개발 계획을 위해 수용(收用)하고 대단위 신도시로 재개발하는 것에 비유(比喩)할 수 있다.

그림 63 주파수회수와 주파수재배치에 대한 토지수용과 토지 재개발의 비유

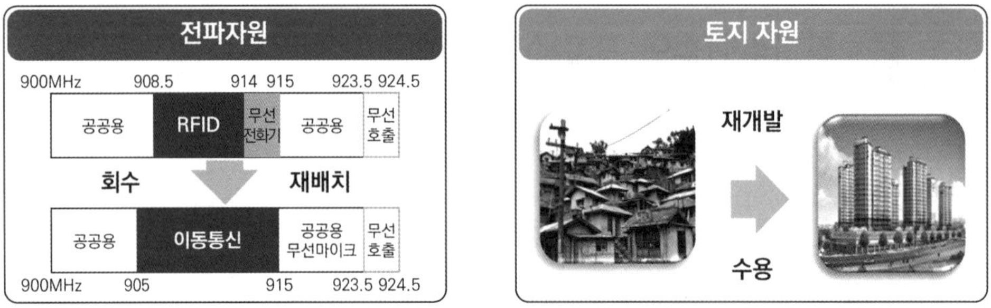

주파수회수는 강학(講學)상의 철회(撤回)로서 앞에서 설명한 바와 같이 행정행위의 철회[95]는 적법하게 요건을 갖추어 완전한 효력이 발생한 행정행위에 대해 그 효력이 성립한 후 나타난 근거 법령의 변경, 사실관계의 변경, 공공의 필요 등 새로운 사정으로 인해 공익상 더 이상 효력을 존속시킬 수 없는 경우에 사후적으로 그 행정행위 효력의 전부 또는 일부를 장래에 향해 소멸시키는 행정행위인데,[96] 주파수회수와 주파수재배치는 침익적(侵益的) 행정행위로서 엄격한 법률유보가 요구되는 것으로 이해된다. 향후 주파수 부족의 심화와 기술변화에 따른 주파수 수요에 대한 변화가 클 것으로 예상되므로 주파수회수와 주파수재배치가 더욱 많이 활용될 것으로 전망된다.

2. 주파수회수와 주파수재배치의 주요 내용

가. 주파수회수와 주파수재배치의 요건

전파법은 과학기술정보통신부장관은 다음, 1. 주파수분배가 변경된 경우와, 2. 주파수 이용실적이 낮은 경우 또는 주파수 대역(帶域)을 정비하여 주파수의 이용효율을 높일

95) 김동희, 앞의 책, pp293~294.

96) 대법원 2006. 5. 11. 선고 2003다37969 판결.

필요가 있는 경우의 어느 하나에 해당하는 경우에는 이 법 제6조(전파자원 이용효율의 개선)제1항제2호에 따라 주파수회수 또는 주파수재배치를 할 수 있다고 규정하고 있으며(전파법 제6조의2제1항), 과학기술정보통신부장관은 전파자원의 공평하고 효율적인 이용을 촉진하기 위하여 필요하면 다음, 2. 주파수회수 또는 주파수재배치의 사항을 시행하여야 한다고 규정하고 있다(동법 제6조제1항).

전파법은 이 법 제6조의2(주파수회수 또는 주파수재배치)제1항에 따른 주파수회수 또는 주파수재배치의 절차, 주파수 이용실적의 판단기준, 주파수 대역 정비의 요건 등에 필요한 사항은 대통령령으로 정한다고 규정하고 있는데(동법 제6조의2제1항), 전파법 시행령은 이 법 제6조의2제1항 및 제2항에 따른 주파수 이용실적의 판단기준은 다음, 1. 해당 주파수의 이용현황 및 수요전망, 2. 전파이용기술의 발전추세, 3. 국제적인 주파수의 사용동향, 4. 국가안보 또는 인명안전 등의 공익적 필요성과 같다고 규정하고 있으며(동법 시행령 제6조), 과학기술정보통신부장관이 이 법 제6조의2제2항에 따라 동일한 용도 안에서 주파수 대역정비를 실시할 수 있는 요건은 다음, 1. 새로운 서비스의 도입 등을 위하여 여유 주파수의 확보가 필요한 경우, 2. 전파이용기술의 발전 등으로 점유주파수대폭의 변경이 필요한 경우, 3. 혼신의 방지를 위하여 필요한 경우, 4. 그 밖에 주파수 이용효율의 개선 등을 위하여 대역정비가 필요하다고 인정되는 경우의 어느 하나로 한다고 규정하고 있다(동법 시행령 제7조).

나. 주파수회수와 주파수재배치의 절차

전파법은 이 법 제6조의2(주파수회수 또는 주파수재배치)제1항에 따른 주파수회수 또는 주파수재배치의 절차, 주파수 이용실적의 판단기준, 주파수 대역 정비의 요건 등에 필요한 사항은 대통령령으로 정한다고 규정하고 있는데(전파법 제6조의2제1항), 주파수회수와 주파수재배치의 절차는 〈그림 64〉와 같이[97] 일반적으로 정책 준비 단계, 정책 수립 단계, 정책 결정 단계, 정책 집행 단계 등으로 구분되는 것으로 이해된다.

97) 전파연구원, 앞의 책, pp55~56.

그림 64 주파수회수와 주파수재배치의 절차

전파법은 과학기술정보통신부장관은 이 법 제6조(전파자원 이용효율의 개선)제1항 각, 2. 주파수회수 또는 주파수재배치의 사항을 시행하기 위하여 필요하면 대통령령으로 정하는 바에 따라 주파수의 이용 현황을 조사하거나 확인할 수 있다고 규정하고 있는데(동법 제6조제2항), 주파수 이용 현황의 조사와 확인을 바탕으로 주파수회수와 주파수재배치를 위한 정책 준비와 정책 수립 및 정책 결정이 이루어지게 된다.

전파법 시행령은 과학기술정보통신부장관은 이 법 제6조의2제1항에 따라 주파수회수 또는 주파수재배치를 하려는 때에는 다음, 1. 주파수회수 또는 주파수재배치의 목적,

2. 주파수회수 또는 주파수재배치의 대상, 3. 주파수회수 또는 주파수재배치의 시행시기, 4. 손실보상금의 산정기준, 5. 손실보상금의 청구 및 지급방법, 6. 그 밖에 주파수회수 또는 주파수재배치의 시행에 필요한 사항을 관보, 인터넷 홈페이지 또는 일간신문 등을 통하여 공고하여야 한다고 규정하고 있으며(동법 시행령 제5조제1항), 과학기술정보통신부장관은 이 법 시행령 제5조(주파수회수 또는 주파수재배치의 공고 등)제1항에 따른 공고를 할 때에는 시설자등에게 그 공고에 따른 의견서를 제출할 수 있다는 뜻을 통지하여야 하나, 다만, 송달이 불가능하거나 통상의 방법으로 시설자등의 주소 · 거소 · 영업소 · 사무소 또는 전자우편주소를 확인할 수 없어 통지할 수 없는 경우에는 동법 시행령 제5조제1항에 따른 공고일부터 30일이 경과한 날에 그 통지가 시설자등에게 도달한 것으로 본다고 규정하고 있나(동법 시행령 제5조제2항).

한편, 전파법은 주파수를 새롭게 분배하거나 회수 또는 재배치하고자 할 경우 국무조정실장을 위원장으로 하는 주파수심의위원회의 심의를 거쳐야 한다고 규정하고 있으며(동법 제6조의2제3항), 이 법 제6조의2제3항에 따른 주파수심의위원회의 구성과 운영 등에 필요한 사항은 대통령령으로 정한다고 규정하고 있는데(전파법 제6조의2제4항), 주파수심의위원회에 대해서는 앞에서 설명한 바 있다.

3. 주파수회수와 주파수재배치의 손실보상

가. 주파수회수와 주파수재배치 손실보상의 의의

전파법은 과학기술정보통신부장관은 이 법 제6조의2(주파수회수 또는 주파수재배치)에 따라 주파수회수 또는 주파수재배치를 할 때에 해당 시설자와 동법 제18조의2(주파수 사용승인의 신청 등)제3항에 따라 주파수의 사용승인을 받은 자(이하 "시설자등"이라 한다)에게 통상적으로 발생하는 손실을 보상하여야 하나, 다만, 다음, 1. 시설자등의 요청에 따른 경우, 2. 국제전기통신연합이 모든 국가가 공통적으로 수용하여야 할 주파수 국제분배를 변경함에 따라 주파수분배를 변경한 경우, 3. 주파수의 용도가 제2순위 업무(해당 주파수를 운용할 때에 제1순위 업무를 보호하여야 하고, 제1순위 업무로부터 보호받을 수 없는 업무를 말한다. 이하 같다)인 주파수를 사용하는 경우에는 그러하지 아니하다고 규정하고 있다(전파법 제7조제1항). 행정상 손실보상(損失補償)은 공공의 필요에 의한 적법한 공권력 행사로 인하여 국민의 재산권에 직접적 침해가 가해짐으로써 발생한 특별한 손해에 대해 국가 등이 그 손해를 보상하여 주는 것으로서[98] 주파수회수와 주파수재배치로 인한 손실보상은 행정상 손실보상으로 이해된다.

한편, 전파법 제7조(주파수회수 또는 주파수재배치에 따른 손실보상 등)제1항은 "통상적으로 발생하는 손실을 보상하여야 하나"로 규정하고 있어 헌법 제23조제3항이 "공공필요에 의한 재산권의 수용·사용 또는 제한 및 그에 대한 보상은 법률로써 하되, 정당한 보상을 지급하여야 한다."라고 규정하고 있는 것에 대해 손실보상의 범위와 관련된 해석의 문제가 있다고 생각되는데, 헌법에서 규정하고 있는 정당한 보상에 대해, 1. 침해당한 재산권이 가지는 재산적 가치를 충분하고 완전하게 보상하여야 한다는 완전보상설, 2. 사회국가의 원리에 따라 적당한 보상에서 손실보상의 기준을 찾아야 한다는 상당보상설, 3, 원칙적으로 정당한 보상은 완전한 보상이어야 하나 특별한 경우에는 상당한 보상도 가능하다는 절충설이 있으나[99], 헌법재판소는 "헌법 제23조제3항이 규정하는 정당한 보상이란 원칙적으로 피수용재산의 객관적인 재산 가치를 완전하게 보장하는 완전보상을 의미하며"라고 판시하고 있어[100] 통설과 판례는 완전한 보상을 의미한다고 하는 것으로 이해된다[101]. 이러한 통설과 판례의 입장에 따라 "정당한 손실을 보상하여야 한다"로 조문을 개정하거나 "통상적으로 발생하는 손실을 보상하여야 한다"를 삭제하는 것이 바람직하다는 입장이 있으며[102], 주파수회수와 주파수재배치는 국가 전체 주파수 이용의 효율성 제고, 주파수 이용의 혼신과 간섭 방지 등에 대응을 위한 전파 정책의 변경으로 인해 특허(特許)를 통해 주파수 이용에 대한 권리가 부여된 주파수 이용자의 손실을 보전해주는 특수성이 있으므로 신속하고 탄력적인 주파수회수와 주파수재배치를 위해 "통상적으로 발생하는 손실을 보상하여야 한다"는 조문이 유지되는 것이 필요하다는 입장이 있다.

---

98) 김동희, 앞의 책, pp467~470.

99) 김동희, 앞의 책, pp483~484.

100) 헌법재판소 1990. 6. 25. 선고 1989헌마107.

101) 헌법재판소 2001. 4. 26. 선고 2000헌바31.

102) 계경문 외, 앞의 책, p204.

나. 주파수회수와 주파수재배치 손실보상의 주요 내용

전파법은 과학기술정보통신부장관은 이 법 제6조의2(주파수회수 또는 주파수재배치)에 따라 주파수회수 또는 주파수재배치를 할 때에 해당 시설자와 동법 제18조의2(주파수 사용승인의 신청 등)제3항에 따라 주파수의 사용승인을 받은 자(이하 "시설자등"이라 한다)에게 통상적으로 발생하는 손실을 보상하여야 하나, 다만, 다음, 1. 시설자등의 요청에 따른 경우, 2. 국제전기통신연합이 모든 국가가 공통적으로 수용하여야 할 주파수 국제분배를 변경함에 따라 주파수분배를 변경한 경우, 3. 주파수의 용도가 제2순위 업무(해당 주파수를 운용할 때에 제1순위 업무를 보호하여야 하고, 제1순위 업무로부터 보호받을 수 없는 업무를 말한다. 이하 같다)인 주파수를 사용하는 경우에는 그러하지 아니하다고 규정하고 있는데(전파법 제7조제1항), 우선 국제분배가 아닌 국내 주파수분배가 변경될 때에는 주파수회수와 주파수재배치 요건에 해당되어 전파법 제7조(주파수회수 또는 주파수재배치에 따른 손실보상 등)에 따른 손실보상이 요구되며 주파수할당, 주파수지정, 주파수 사용승인과 같은 주파수 이용 형태에 따라 손실보상이 필요한 것으로 이해된다. 또한 전파법은 과학기술정보통신부장관은 이 법 제11조(대가에 의한 주파수할당)제1항에 따라 할당한 주파수가 동법 제6조의2(주파수회수 또는 주파수재배치)제1항 각 호의 어느 하나에 해당하여 할당한 주파수를 회수한 경우에는 대통령령으로 정하는 바에 따라 동법 제15조(할당받은 주파수의 이용기간) 제1항에 따른 이용기간 중 남은 기간에 해당하는 주파수할당 대가를 반환하여야 하나, 다만, 주파수할당을 받은 자의 요청에 따라 주파수분배를 변경한 경우에는 그러하지 아니하다고 규정하고 있다(동법 제7조제4항).

주파수 국제분배 변경의 경우 일반적으로 모든 국가가 공통적으로 수용해야 하는 국제분배 변경이 발생할 때에는 주파수회수와 주파수재배치에 따른 손실보상을 하지 않도록 규정하고 있는 것으로 이해되나, 다만 대가에 의한 주파수할당의 경우 이용기간 중 남은 기간에 해당하는 주파수할당 대가를 반환하여야 하는 것으로 해석된다. 또한 주파수회수와 주파수재배치가 요구되는 사유가 시설자등의 요청에 의한 것이거나 제2순위 업무인 경우에는 주파수회수와 주파수재배치에 따른 손실보상의 대상에서 제외가 되는 것으로 이해되는데 기간통신사업 등록의 취소와 같이 사업자의 귀책 사유로 주파수를 사용할 수 없게 된 때에는 손실보상 대상에 해당이 되지 않고 주파수할당 대가가 반환 대상에도 해당이 되지 않는 것으로 해석된다. 한편, 주파수 이용실적이 저조한 사유로 인해 주파수 이용현황 조사 결과와 주파수 이용실적 판단기준을 고려하여 주파수회수와 주파수재배치를 시행할 경우에는 주파수할당, 주파수지정, 주파수 사용승인의 경우에는 주파수 이용 형태에 따라 주파수회수와 주파수재배치에 따른 손실보상이 요구되며, 대가에 의한 주파수할당의 경우 이용기간 중 남은 기간에 해당하는 주파수할당 대가를 반환하여야 하는 것으로 해석된다.

다. 주파수회수와 주파수재배치의 손실보상 절차와 산정기준 등

전파법은 이 법 제7조(주파수회수 또는 주파수재배치에 따른 손실보상 등)제1항 각 호 외의 부분 본문 및 동법 제7조제4항에 따른 손실보상금의 산정기준과 지급절차, 동법 제7조제2항에 따른 징수금의 징수, 동법 제7조제5항에 따른 주파수할당 대가의 반환 및 배분 등에 필요한 사항은 대통령령으로 정한다고 규정하고 있으며(전파법 제7조제7호), 동 사안과 관련하여 손실보상금 산정기준 · 절차 및 이자율 등에 관한 고시(과학기술정보통신부 고시 제2025-11호, 2025. 3. 12.)가 제정 · 시행되고 있다.

(1) 주파수회수와 주파수재배치의 손실보상 절차

전파법 시행령은 과학기술정보통신부장관은 이 법 제6조의2(주파수회수 또는 주파수재배치)제1항에 따라 주파수회수 또는 주파수재배치를 하려는 때에는 다음, 4. 손실보상금의 산정기준과, 5. 손실보상금의 청구 및 지급방법의 사항을 관보, 인터넷 홈페이지 또는 일간신문 등을 통하여 공고하여야 한다고 규정하고 있으며(전파법 시행령 제5조제1항), 전파법 시행령은 이 법 제7조(주파수회수 또는 주파수재배치에 따른 손실보상 등)제1항 각 호 외의 부분 본문 및 같은 조 제4항에 따라 손실보상을 청구하려는 시설자등은 동법 시행령 제5조(주파수회수 또는 주파수재배치의 공고 등)제1항에 따른 공고일부터 120일 이내에 손실의 내용을 적은 손실보상청구서에 그 증명서류를 첨부하여 과학기술정보통신부장관에게 제출하여야 한다고 규정하고 있다(동법 시행령 제8조제2항).

전파법 시행령은 과학기술정보통신부장관은 이 법 시행령 제8조(손실보상금의 산정기준 및 청구절차 등)제2항에 따른 손실보상청구서를 받은 날부터 60일 이내에 시설자등과 동법 제6조의2(주파수회수 또는 주파수재배치)에 따라 새로 주파수할당 · 주파수지정 또는 주파수 사용승인을 받은 자(이하 "신규이용자"라 한다)에게 손실보상금액을 결정 · 통지하여야 하나, 다만, 그 기간에 손실보상금액을 결정 · 통지할 수 없는 정당한 사유가 있는 경우에는 그 사유를 통지하고 1회에 한하여 30일의 범위에서 그 기간을 연장할 수 있다고 규정하고 있으며(동법 시행령 제8조제3항), 전파법은 과학기술정보통신부장관은 이 법 제7조제1항 각 호 외의 부분 본문에 따라 손실을 보상한 경우 해당 주파수에 대하여 새로 주파수할당, 주파수지정, 주파수 사용승인을 받은 자(이하 "신규이용자"라 한다)에게 동법 제7조제1항에 따라 보상한 금액을 징수할 수 있다고 규정하고 있다(동법 제7조제2항).

전파법은 과학기술정보통신부장관은 이 법 제7조제1항 각 호 외의 부분 본문에도 불구하고 신규이용자가 시설자등에게 그 손실을 직접 보상하게 할 수 있다고 규정하고 있으며(동법 제7조제4항), 전파법 시행령은 과학기술정보통신부장관 또는 이 법 제7조제4항에 따라 직접 손실을 보상하는 신규이용자는 주파수회수 또는 주파수재배치의 시행일까지 시설자등에게 동법 시행령 제8조제3항에 따른 손실보상금을 지급하여야 한다고 규정하고 있다(동법 시행령 제8조제4항).

(2) 주파수회수와 주파수재배치의 손실보상 산정기준 등

전파법 시행령은 이 법 제7조(주파수회수 또는 주파수재배치에 따른 손실보상 등) 제1항 각 호 외의 부분 본문 및 같은 조 제4항에 따른 손실보상금의 산정기준은 각각 동법 시행령 [별표 1]과 같다고 규정하고 있으며(전파법 시행령 제8조제1항), 전파법은 과학기술정보통신부장관은 이 법 제7조제1항에 따른 손실보상 금액을 결정할 때에는 미리 해당 시설자등의 의견을 들어야 한다고 규정하고 있다(동법 제7조제3항).

(가) 주파수회수와 주파수재배치의 손실보상금 산정식

전파법 시행령 [별표 1]인 손실보상금의 산정기준(전파법 제8조제1항 관련)은 손실보상금의 산정식으로 주파수회수의 경우에는 손실보상금 = 기존시설의 잔존가액+철거비용+부대비용의 산식에 따라 산정한다고 규정하고 있으며(동법 시행령 [별표 1]제1호가목), 주파수재배치의 경우에는 손실보상금 = 기존시설의 잔존가액+신규시설의 취득에 따른 금융비용+철거비용+이전비용+부대비용의 산식에 따라 산정한다고 규정하고 있다(동법 시행령 [별표 1]제1호나목). 또한 전파법 시행령 [별표 1]은 "기존시설"이란 무선설비 등 무선국을 운영하기 위하여 직접적으로 필요한 시설을 말하며, 이 경우 무선국은 주파수회수 또는 주파수재배치를 공고한 날 이전에 허가·신고 또는 주파수사용승인을 받아 개설한 것을 말한다고 규정하고 있으며(동법 시행령 [별표 1]제2호가목), "기존시설의 잔존가액"이란 주파수회수 또는 주파수재배치로 철거되는 기존시설에 대하여 「감정평가 및 감정평가사에 관한 법률」에 따른 평가방법 및 기준에 따라 평가한 잔존가액을 말한다고 규정하고 있다(동법 시행령 [별표 1]제2호나목). 그리고 전파법 시행령 [별표 1]은 "철거비용"이란 주파수회수 또는 주파수재배치에 따라 기존시설의 철거에 소요되는 비용을 말하나, 다만, 해당 시설자등이 철거시설의 구성부분을 처분하거나 재사용할 목적으로 철거하는 경우는 제외한다고 규정하고 있으며(동법 시행령 [별표 1]제2호다목), "신규시설의 취득에 따른 금융비용"이란 〈표 28〉의 산식에 따른 금융비용을 말한다고 규정하고 있다(동법 시행령 [별표 1]제2호라목).

표 28 대체 신규시설과 추가 신규시설의 취득에 따른 금융비용 산식

구분	신규시설의 취득에 따른 금융비용
대체 시설	금융비용 = (신규시설의 취득가액−기존시설의 잔존가액)$\times\left(1-\frac{1}{(1+\text{이자율})^{\text{잔여내용연수}}}\right)$
추가 시설	금융비용 = (신규시설의 취득가액[103])$\times\left(1-\frac{1}{(1+\text{이자율})^{\text{잔여내용연수}}}\right)$[104][105]

한편, 전파법 시행령 [별표 1]은 "이전비용"이란 주파수재배치로 기존시설의 설치장소를 이전하거나 무선설비의 부품교체 등 설비 변경공사에 소요되는 비용을 말하나, 다만, 이전비용은 기존시설을 대체하거나 추가하는 신규시설 취득가액의 50퍼센트를 초과할 수 없다고 규정하고 있으며(동법 시행령 [별표 1]제2호마목), "부대비용"이란 주파수회수 또는 주파수재배치에 따른 무선국 허가 · 검사수수료, 손실보상금 산정비용 등 부수적으로 발생하는 비용을 말한다고 규정하고 있다(동법 시행령 [별표 1]제2호바목).

---

103) 전파법 시행령 [별표 1]은 신규시설의 취득가액이란 기존 시설과 동등한 수준의 서비스를 제공하기 위하여 기존시설을 신규시설로 대체하거나 추가로 구매하는 경우에 소요되는 비용(설치비용을 포함한다)을 말한다고 규정하고 있다(전파법 시행령 [별표 1]비고1).

104) 전파법 시행령 [별표 1]은 이자율은 「은행법」에 따른 은행에서 적용하는 대출금리 등을 고려하여 과학기술정보통신부장관이 정하여 고시한다고 규정하고 있다(전파법 시행령 [별표 1]비고2).

105) 전파법 시행령 [별표 1]은 잔여 내용연수란 「감정평가 및 감정평가사에 관한 법률」에 따른 평가방법 및 기준에 따라 평가한 잔여 내용연수를 말하나, 다만, 잔여 내용연수를 산정할 수 없는 경우에는 「법인세법」에서 정하는 기준 내용연수 중 보상액의 산정을 위한 평가시점 이후에 남아 있는 내용연수로 한다고 규정하고 있다(전파법 시행령 [별표 1]비고3).

(나) 주파수 회수와 주파수 재배치의 손실보상금 산정방법

전파법 시행령 [별표 1]인 손실보상금의 산정기준(전파법 제8조제1항 관련)은 손실보상금의 산정방법으로 과학기술정보통신부장관은 손실보상금 산정을 위하여 필요한 경우에는 기존 시설자등에게 관련된 증빙 · 보완자료의 제출을 요구할 수 있으며, 이 경우 기존 시설자등은 과학기술정보통신부장관이 요구하는 자료를 지체 없이 제출하여야 한다고 규정하고 있다(전파법 시행령 [별표 1]제3조가목). 또한 전파법 시행령 [별표 1]은 과학기술정보통신부장관은 전파 또는 감정평가 관련 전문기관으로 하여금 손실보상금 산정을 위한 용역조사를 하게 할 수 있으며, 「감정평가 및 감정평가사에 관한 법률」에 따른 평가방법 및 기준에 따라 2인 이상의 감정평가법인등에게 손실보상금 산정을 위한 평가를 의뢰할 수 있는데 이 경우 손실보상금은 감정평가법인등이 평가한 손실보상금을 산술평균한 값으로 한다고 규정하고 있으며(동법 시행령 [별표 1]제3조나목), 과학기술정보통신부장관은 용역조사나 보상액 평가를 의뢰받은 자(이하 "조사평가자"라 한다)가 그 조사 또는 평가를 하면서 관계 법령에 위반하거나 부당한 행위를 하였다고 인정하는 경우 또는 이 법 제7조의2(이의신청 등)제1항에 따른 이의신청이 이유 있다고 인정하는 경우에는 다른 조사평가자에게 보상액의 조사 또는 평가를 의뢰할 수 있으며, 이 경우 보상액의 산정은 다시 평가한 손실보상금의 산술평균값으로 한다고 규정하고 있다(동법 시행령 [별표 1]제3조다목). 한편, 전파법 시행령 [별표 1]은 보상액의 산정은 보상액 산정을 위한 평가시점을 기준으로 하나, 다만, 이 법 시행령 [별표 1]제3조다목에 따라 다시 조사 또는 평가를 의뢰하는 경우에는 다시 평가한 시점을 기준으로 한다고 규정하고 있다(동법 시행령 [별표 1]제3조라목).

라. 주파수회수와 주파수재배치의 손실보상 이의신청

전파법은 시설자등은 이 법 제7조(주파수회수 또는 주파수재배치에 따른 손실보상 등)제1항에 따른 손실보상금액에 이의가 있으면 손실보상금에 대한 통지를 받은 날부터 30일 이내에 과학기술정보통신부장관에게 이의신청을 할 수 있다고 규정하고 있으며(전파법 제7조의2제1항), 과학기술정보통신부장관은 이 법 제7조의2(이의신청 등)제1항에 따른 이의신청을 받으면 그 신청을 받은 날부터 30일 이내에 손실보상금의 증감 여부를 결정하고 지체 없이 그 결과를 이의신청한 시설자등에게 알려야 하나, 다만, 부득이한 사유가 있는 경우에는 30일의 범위에서 그 기간을 연장할 수 있다고 규정하고 있다(동법 제7조의2제2항).

제6절 주파수 공동사용

〈전파법〉 제2조(정의) ① 이 법에서 사용하는 용어의 뜻은 다음과 같다.
4의5. "주파수 공동사용"이란 둘 이상의 주파수 이용자가 동일한 범위의 주파수를 상호 배제하지 아니하고 사용하는 것을 말한다.

1. 주파수 공동사용의 의의

전파법은 "주파수 공동사용"이란 둘 이상의 주파수 이용자가 동일한 범위의 주파수를 상호 배제하지 아니하고 사용하는 것을 말한다고 규정하고 있으며(전파법 제2조제1항제4의5호), 과학기술정보통신부장관은 주파수할당, 주파수지정, 주파수 사용승인을 받은 자에게 주파수의 전부 또는 일부를 주파수 공동사용에 제공하도록 할 수 있으나, 다만, 이 법 제6조의4(방송용 주파수의 관리)에 따라 방송사업을 위하여 이용하는 주파수에 대해서는 방송미디어통신위원회와 합의하여야 한다고 규정하고 있다(동법 제6조의3제1항). 2015년 전파법 개정 이전에는 이 법 제6조(전파자원 이용효율의 개선)는 "과학기술정보통신부장관은 전파자원의 공평하고 효율적인 이용을 촉진하기 위하여 필요하면 다음, 4. 주파수의 공동사용의 사항을 시행하여야 한다고만 규정하고 있을 뿐(동법 제6조제1항), 주파수 공동사용의 개념이나 요건 등에 대해서는 아무런 규정을 두고 있지 않았으나 2015년 전파법 개정을 통해 이 법 제2조(정의)제1항제4의5와 동법 제6조의3(주파수 공동사용)을 입법함으로써 주파수 공동사용의 개념을 정립하고 공동사용의 기술개발을 하도록 하는 한편, 주파수 공동사용의 범위와 조건 등에 관한 기준을 정할 수 있도록 법적 근거를 신설한 것에 대해 바람직하다고 생각한다.

2. 주파수 공동사용의 주요 내용

주파수 공동사용은 앞에서 설명한 공유 모형(Common or Open access model)에 기반한 조항으로서 주파수 공동사용은 다수의 다른 주파수 이용자, 동일한 범위의 주파수 대역, 주파수 이용자 간 상호배제 금지라는 3가지 개념상의 특징을 가지는 것으로 이해되는데, 주파수 공동사용은 동일한 범위의 주파수 대역에서 다수의 다른 주파수 이용 주체가 복수의 무선국(無線局, Radio station)을 세부적으로 이용 지역, 이용 주파수 대역, 이용 시간 등을 달리하여 사용하는 것이다. 전파법은 "주파수 공동사용"이란 둘 이상의 주파수 이용자가 동일한 범위의 주파수를 상호 배제하지 아니하고 사용하는 것을 말한다고 규정하고 있어(전파법 제2조제1항제4의5호), 다수의 다른 주파수 이용자, 동일한 범위의 주파수 대역, 주파수 이용자 간 상호배제 금지라는 3가지 개념상의 특징을 포함하고 있다.

주파수 공동사용은 주파수 공유 기술을 전제로 하는데 주파수 공유 기술은 크게 언더레이(Underlay) 방식과 오버레이(Overlay) 방식으로 구분될 수 있는데, 언더레이(Underlay) 방식은 무선국의 출력을 낮추어 제1순위 업무(Primary service)에 간섭을 주지 않으면서 제1순위 업무로부터의 간섭을 수용하는 방식으로서[106] 넓은 주파수 대역에 걸쳐 기술기준 이하의 낮은 주파수 밀도의 신호를 송신하여 기존 무선기기들에 간섭을 일으키지 않는 UWB((Ultra-Wideband, 초광대역) 기술을 예로 들 수 있다. 오버레이(Overlay) 방식은 제1순위 업무와 동일한 수준의 무선국의 출력을 사용하나 시간, 공간적인 간섭 회피를 통해 제1차 업무와 주파수를 공유하는 방식으로서 예를 들면, TV 화이트 스페이스(TV White Space) 기술과 같이 주파수 공동사용 대역에서 다수 사용자 간의 효율적인 주파수 공동사용을 위하여 공동사용 대역별 주파수할당, 주파수지정, 주파수 사용승인 등의 현황, 각 주파수 대역별 사용자, 이용 지역, 이용 조건, 이용 가능 여부, 공동사용에 이용되고 있는 무선기기 현황 등에 대한 정보들을 체계적으로 저장 · 구축하고 하는 방식인 "주파수 공동사용 데이터베이스" 이용 방식이나 인지 무선(Cognitive Radio) 기술과 같이 각 주파수 이용 지역, 이용 시간, 이용 대역 등이 다른 다양한 무선통신 환경에서 현재의 주파수 이용 현황을 실시간으로 감지한 후 지능적으로 판단하여 적절한 주파수 등을 선택하여 전송하는 "스펙트럼 센싱(Spectrum sensing) 기술" 이용 방식이 오버레이(Overlay) 방식에 해당이 된다고 하겠다. 언더레이(Underlay) 방식은 기존 주파수 이용과의 혼신과 간섭을 일으키지 않도록 무선국의 출력 수준을 낮추어 조정할 수 있기 때문에 무선국의

---

106) 여재현 외, 주파수 공유기술 적용을 위한 전파관리 모형 연구, 정보통신정책연구원(2009), pp18~22.

출력 수준에 대한 설정의 문제만 야기되나, 오버레이(Overlay) 방식은 주파수의 기존 주파수의 배타적 이용을 시간 또는 공간적으로 제한하는 문제가 발생할 수 있어 주파수 공유를 위해 고려되어야 할 사항이 더 복잡하고 어려운 것으로 이해된다.[107)]

한편, 전파법은 과학기술정보통신부장관은 주파수 공동사용의 범위와 조건, 절차, 방법 등에 관한 기준을 정하여 고시하나, 다만, 이 법 제6조의4(방송용 주파수의 관리)에 따라 방송사업을 위하여 이용하는 주파수에 대해서는 방송미디어통신위원회와 합의하여야 한다고 규정하고 있는데(동법 제6조의3제2항), 동 사안과 관련하여 주파수 공동사용 범위와 조건, 절차, 방법 등에 관한 기준(과학기술정보통신부 고시 제2019-96호, 2019. 12. 6.)이 제정 · 시행되고 있다. 또한 전파법은 과학기술정보통신부장관은 전파자원을 확보하기 위하여 다음, 2의2. 주파수 공동사용기술 개발의 시책을 마련하고 시행하여야 하며, 그 시행에 필요한 지원방안을 마련하여야 한다고 규정하고 있다(동법 제5조제1항).

참고자료 및 질문

1. 2011년 8월 주파수 경매. (구)방송통신위원회(현재 방송미디어통신위원회)는 2011년 6월 주파수 대역 중 800㎒ 대역의 10㎒ 폭, 1.8㎓ 대역의 20㎒ 폭, 2.1㎓ 대역의 20㎒ 폭, 총 50㎒ 폭에 대하여 주파수 경매를 통한 주파수할당을 하기로 결정하고 2011년 8월에 국내 최초로 주파수 경매를 시행하였다. 주파수 경매는 2011년 8월 17일부터 29일까지 총 9일 동안 진행되어 SKT가 1.8㎓ 대역을 9,950억 원에 KT가 800㎒ 대역을 2,610억 원에 LGU+가 2.1㎓ 대역을 4,455억 원에 낙찰받은 바가 있다. 주파수 경매는 동시오름입찰 방식으로 진행되었으며 2.1㎓ 대역의 경우 이 대역을 이미 보유하고 있던 SKT와 KT에 대해서는 입찰이 제한되었다. 당시 경매 시행을 통해 시장가치의 반영을 통한 국가 자원의 효율적 배분, 주파수할당의 투명성과 공정성 제고 등 긍정적 효과에도 불구하고 당시 SKT와 KT가 1.8㎓를 두고 주파수 확보를 위한 경쟁함으로써 동 대역의 주파수 경매 대가가 1조 원에 육박하는 9,950억 원에 달하자 과도한 주파수 경매 대가로 인한 소위 '승자의 저주' 등 부정적인 견해가 대두된 바가 있다. 한편, 주파수 경매 대가는 이동통신 요금과 상관관계가 없다는 주장이 있는데,[108)] 이러한 주장에 대한 당신의 입장과 의견은 무엇인가?

2. 2013년 8월 주파수 경매. (구)미래창조과학부(현재 과학기술정보통신부)는 LTE 서비스 확대로 인해 주파수 광대역화의 필요가 제기됨에 따라 주파수 경매를 2013년 8월 19일부터 8월 30일까지 10일간 진행

---

107) 계경문 외, 앞의 책, p224.

108) 여재현, 정인준, 주파수 경매제 추진현황 및 주요 이슈, 정보통신정책연구원(2012), p17.

한 바가 있다. 주파수 경매 결과 SKT가 C2 블록 1.8㎓ 대역의 35㎒ 폭을 1조 500억 원에(다만, SKT는 1.8㎓ 대역의 20㎒를 반납하여 반납한 대역의 가치인 6천억 원을 감면받아 실제 낙찰가격은 4천500억 원), KT는 D2 블록 1.8㎓ 대역의 15㎒ 폭을 9,001억 원에, LGU+는 B2 블록 2.6㎓ 대역의 40㎒ 폭을 4,788억 원에 낙찰받았다. 2013년 주파수 경매는 'KT 주파수 인접 대역 문제'로 뜨거운 논란이 되었는데 이는 D2 블록이 KT가 기존에 보유하고 있던 주파수 대역과 연속하고 있어 다른 큰 투자 없이 기존 설비를 업그레이드(upgrade)하는 것만으로도 광대역 서비스의 제공이 가능하였기 때문이었다. D2 인접 대역이 경매에 나오지 않기를 희망하는 SKT, LGU+와 이 대역이 경매에 나오기를 희망한 KT의 입장을 고려하고 시장가치를 반영하기 위해서 〈그림 65〉와 같은 복수 주파수 밴드플랜(Band plan)이 설계되었다.

그림 65 2013년 8월 주파수 경매의 복수 주파수 밴드플랜

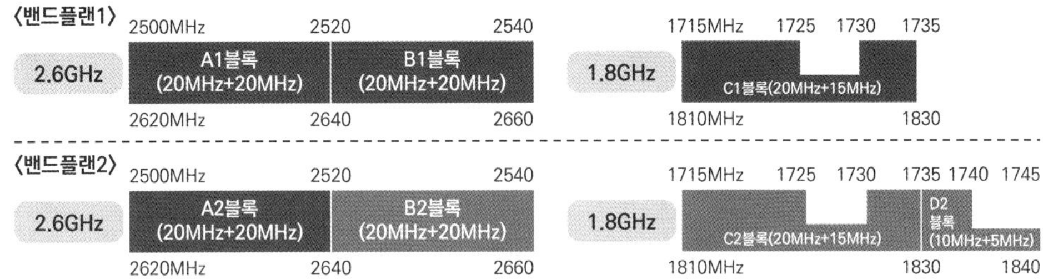

복수 주파수 밴드플랜을 통한 경매 방안은 밴드플랜 1과 2를 복수로 제시하고 주파수 경매를 통해 입찰가의 합이 높은 밴드플랜과 블록(Block) 별 낙찰자를 결정하는 방식으로서 주파수 경매는 50라운드(Round, 회(回))의 오름 입찰 방식과 함께 만일 50라운드 이후에도 낙찰되지 않을 경우 밀봉입찰 방식을 병행하도록 진행되었다. 복수 주파수 밴드플랜 경매 방안에 대해 일부 사업자의 반대와 논란에도 불구하고 광대역화와 주파수 자원의 효율적 배분 등의 정책 목적을 성공적으로 달성하였다는 평가가 있으며, 한편 당시 일부 주파수 경매 참여 사업자는 묵시적 담합을 조장하는 경매 방안이라는 주장을 전개하였는데, 당신의 입장과 의견은 무엇인가?

3. 2016년 4월 주파수 경매와 재할당. (구)미래창조과학부(현재 과학기술정보통신부)는 2016년 4월 29일부터 5월 2일까지 2일간 주파수 경매를 진행하였는데 2016년 4월 주파수 경매는 그동안 진행된 주파수 경매 때보다 더 많은 주파수와 대역폭이 경매의 대상이 되었고 A블록 700㎒ 대역의 40㎒ 폭, B블록 1.8㎓ 대역의 20㎒ 폭, C블록 2.1㎓ 대역의 20㎒ 대역폭, D블록은 2.6㎓ 대역의 40㎒ 폭, E블록은 2.6㎓ 대역의 20㎒ 폭이었다. 앞에서 설명한 바와 같이 2015년 7월, 700㎒ 대역 주파수 중 30㎒ 폭을 지상파 UHD 방송에 40㎒ 폭을 이동통신에 분배하기로 한 A블록과 2016년 1월 제4이동통신사업자 선정이 또다시 무산되면서 2.5㎓ 대역이 아닌 2.6㎓ 대역이 경매의 대상이 되었다. 한편, 2.1㎓ 대역

에서는 원칙적으로 100㎒ 폭이 경매 대상이었으나 2.1㎓ 대역 중 SKT가 60㎒ 폭을 KT가 40㎒ 폭을 사용하고 있어서 기존 이용자 편의를 고려하여 SKT가 사용 중인 20㎒ 폭만 경매하기로 하고 나머지 80㎒ 폭은 기존사업자인 SKT와 KT에 재할당하기로 하였다. 논란이 된 사항들은 2.1㎓ 대역을 재할당하는 것 자체가 특혜라는 것과 2.1㎓ 재할당 대가를 주파수 경매가와 연동한다는 것이었는데 주파수 재할당 대가가 오를 것을 우려한 SKT와 KT는 주파수 경매에 적극적으로 참여하기가 곤란하다는 입장을 피력했었고 실제로 주파수 경매에서 LGU+가 2.1㎓ 대역에 단독 입찰하였다. 한편, 최저경쟁가격은 A블록 7,620억 원, B블록 4,513억 원, C블록 3,816억 원, D블록은 6,553억 원, E블록은 3,277억 원이었는데 이동통신 3사는 최저경쟁가격이 과거 5년간 1㎒당 1.3배 오른 것에 비해 4년간 1㎒당 1.6배 오르게 된 것은 지나친 부담이라며 반발하였다. 2016년 4월 주파수 경매는 2가지 규칙(Rule)이 적용되었는데, 1. 한 번에 60㎒ 폭까지만 경매 참여가 가능하다는 것으로 한 사업자가 여러 주파수를 가져가는 것을 막기 위한 제한이며, 2. 광대역화가 가능한 대역은 2개 이상 참여가 불가하다는 것으로 일단 낙찰을 받으면 바로 광대역 LTE로 사용할 수 있는 700㎒ 대역, 2.6㎓ 대역 중 40㎒ 폭, 경매 이후 광대역화가 가능한 2.1㎓는 동시 입찰이 제한된다는 것으로서, 즉 3개 중 1개의 주파수 대역만 할당받을 수 있는 것으로 이해된다. SKT가 2.6㎓ 대역의 D블록과 E블록을 각각 9,500억 원과 3,277억 원에, KT가 1.8㎓ 대역 B블록을 4,513억 원에, LGU+가 2.1㎓ 대역 C블록을 3,816억 원에 낙찰받았으나 700㎒ 대역 A블록은 유찰되었다. 낙찰가격으로 보면 SKT의 D블록만 최저경쟁가격 6,553억 원 대비 2,947억 원이 오른 9,500억 원에 낙찰되었을 뿐 나머지 대역은 최저경쟁가격에 낙찰됐다. 막상 경매가 시작되자 이전만큼 과열 양상은 나타나지 않았는데, 지난 2013년 8월 주파수 경매에서 확보한 주파수는 LTE 서비스 도입 직후였던 만큼 이용자 확충을 위해 꼭 필요한 필수재 성격이 강했으나 2016년 4월 주파수 경매에서 확보한 주파수는 보완재 성격이 강했고 재할당 대가를 주파수 경매가에 연동시킨 방식이 SKT와 KT가 무리하게 가격경쟁을 하지 않도록 한 안전장치가 되었기 때문으로 생각된다.

4. 광대역, CA(Carrier Aggregation), MC(Multi Carrier). 이동통신망은 도로와 같아서 넓은 도로일수록 많은 차가 빨리 달릴 수 있는 것처럼 넓은 폭의 주파수 대역을 사용할수록 많은 정보를 빨리 보낼 수 있게 된다. 한때 이동통신사의 광고에서 소위 '광대역'을 강조한 적이 있는데 광대역은 주파수 폭 자체가 넓어 데이터의 전송속도가 빠르고 전송량이 많다는 것이다. CA(Carrier Aggregation, 캐리어 어그리게이션) 기술은 여러 개의 주파수를 합쳐 동시에 사용하는 기술이며 MC(Multi Carrier, 멀티 캐리어) 기술은 여러 개의 주파수 중 더 빠른 쪽의 주파수를 사용하도록 관리하는 기술로 〈그림 66〉과 같다. 멀티 캐리어 기술은 최대속도에는 변화가 없으나 안정적으로 최대속도를 낼 수 있게 하는 기술로 캐리어 어그리게이션 기술은 광대역처럼 주파수 대역을 넓혀 최대속도를 높이고 데이터의 전송량을 증대시키기 위한 기술로 이해된다. 캐리어 어그리게이션 기술을 활용하더라도 주파수 폭 자체가 넓은 광대역에는 미치기가 어려워 이동통신 사업의 경쟁력 확보를 위해서는 광대역 주파수를 확보하는 것이 중요하다고 생각한다.

그림 66 광대역, CA 기술, MC 기술의 비교

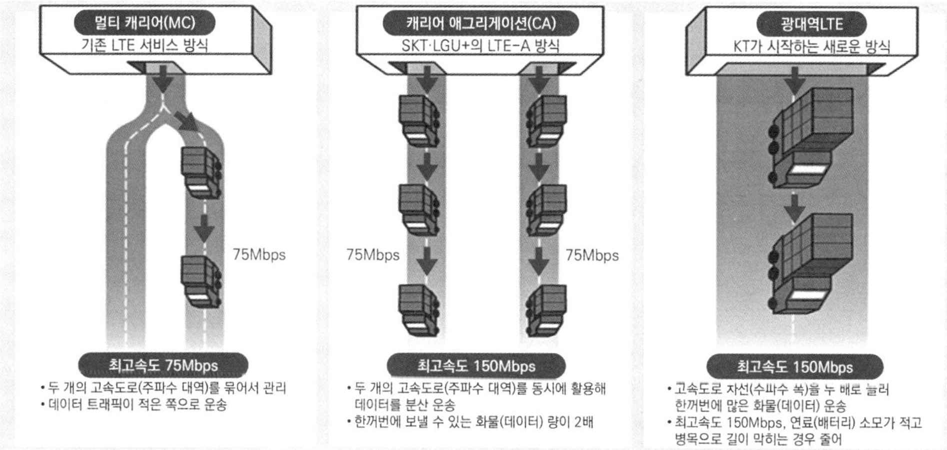

5. 주파수 경매와 담합. 독점규제 및 공정거래에 관한 법률(약칭: 공정거래법)은 사업자는 계약·협정·결의 또는 그 밖의 어떠한 방법으로도 다른 사업자와 공동으로 부당하게 경쟁을 제한하는 다음, 8. 입찰 또는 경매를 할 때 낙찰자, 경락자, 입찰가격, 낙찰가격 또는 경락가격, 그 밖에 대통령령으로 정하는 사항을 결정하는 행위를 할 것을 합의(이하 "부당한 공동행위"라 한다)하거나 다른 사업자로 하여금 이를 하도록 하여서는 아니 된다고 규정하고 있는데(공정거래법 제40조제1항), 부당공동행위(Cartel)는 사업자가 타 사업자와 공동으로 상품 또는 용역의 가격, 거래조건, 거래량, 거래상대방 또는 지역 등을 제한하여 경쟁을 부당하게 저해하는 행위인[109] 소위 담합(談合)으로 이해된다. 부당공동행위가 성립하기 위해서는 사업자가 다른 사업사와 공동으로 부당하게 경쟁을 저해하는 공동행위를 할 것을 약정하는 합의가 있어야 하는데, 합의(合意)를 입증하기가 어려웠던 것은 합의의 입증은 단순한 담합의 가능성이 아닌 담합을 위한 사실상의 합의를 입증할 수 있는 자필 메모, 음성 녹취 파일, 협의한 문서 등과 같은 물적증거가 요구되었기 때문으로 생각된다. 그러나 2020년 공정거래법이 전면 개정되면서 공정거래법은 이 법 제40조(부당한 공동행위의 금지)제1항 각 호의 어느 하나에 해당하는 행위를 하는 둘 이상의 사업자가 다음, 2. 동법 제40조제1항 각 호의 행위에 필요한 정보를 주고받은 때에는 그 사업자들 사이에 공동으로 동법 제40조제1항 각 호의 어느 하나에 해당하는 행위를 할 것을 합의한 것으로 추정한다고 규정하게 되었는데(동법 제40조제5항제2호), 정보교환을 통한 담합행위에 대한 추정 조항이 신설됨으로써 정보교환을 통한 담합에 대한 규제가 크게 강화되고 있으며 앞으로도 더욱 규제가 강화될 것으로 생각한다.

109) 권오승, 경제법(제4판), 법문사(2002), p272.

제3장

전파자원의 이용에 대해 어떠한 규제를 하는가?

전파자원에 대한 권리를 확보하게 되면 확보된 전파자원을 이용할 수 있게 된다. 확보된 전파자원에 대한 권리에 따라 전파를 이용하기 위해서는 무선국을 개설하여 운영하는 것이 요구되는데, 무선국의 개설과 운영에 대해 자격이 없는 자가 무선국을 이용하거나 개설된 무선국의 이용 범위를 벗어나 운영하는 것과 같은 문제에 대한 규제가 불가피한 것으로 이해된다. 제3장에서는 무선국의 개설 및 운용과 함께 일반 무선국과 다른 특수성과 중요성이 있는 방송국의 개설허가 및 운용 그리고 우주통신의 운용에 대하여 설명하고자 한다. 또한 무선설비 기술기준은 주파수 이용을 위해 필요한 법 · 제도적 장치이므로 함께 설명하려고 한다.

제1절 무선국의 개설 및 운용 등

1. 무선국의 의의

가. 무선국의 개념

〈전파법〉 제2조(정의) ① 이 법에서 사용하는 용어의 뜻은 다음과 같다.

6. "무선국(無線局)"이란 무선설비와 무선설비를 조작하는 자의 총체를 말한다. 다만, 방송수신만을 목적으로 하는 것은 제외한다.

전파법은 "무선국(無線局)"이란 무선설비와 무선설비를 조작하는 자의 총체를 말하나, 다만, 방송수신만을 목적으로 하는 것은 제외한다고 규정하고 있는데(전파법 제2조제1항제6호), 확보된 전파자원에 대한 권리에 따른 전파의 이용은 전파 발생시설을 통해 이루어지게 되며 무선국(無線局, Radio station)은 전파 발생시설로서 물적인 요소인 무선설비와 인적인 요소인 무선설비를 조작하는 사람이 결합(結合)된 것으로 이해된다. 물적인 요소인 무선설비와 인적인 요소인 무선설비를 조작하는 사람이 결합(結合)된다는 것에 대하여 쉽게 이해해 보자면 일상생활에서 무선설비인 휴대전화를 통해 무선설비를 조작하는 사람인 이용자가 통화하는 것을 생각해 보면 될 것이다. 전파법에서 무선국에 대해 규제하고 있는 것은 주파수 혼신과 간섭(Interference)과 같이 현실에서 전파를 이용할 때 나타날 수 있는 문제를 해소하기 위한 것으로 생각된다. 한편, 방송수신만을 목적으로 하는 것은 제외하고 있는데, 텔레비전(Television) 수상기의 경우와 같이 전파의 송신(送信) 기능 없이 단순히 수신(受信) 기능만을 수행하는 것은 전파 이용 시 나타날 수 있는 주파수 혼신과 간섭과 같은 문제가 무선국과는 다르다는 점을 고려한 것으로 이해된다.

나. 무선국의 종류

〈전파법〉 제20조의2(무선국의 개설조건) ③ 무선국이 하는 업무와 무선국의 분류에 관한 것은 대통령령으로 정한다.

전파법은 무선국이 하는 업무와 무선국의 분류에 관한 것은 대통령령으로 정한다고 규정하고 있으며(전파법 제20조의2제3항), 전파법 시행령은 이 법 제20조의2(무선국의 개설조건)제3항에 따라 무선국이 하는 업무는 다음 각 호와 같이 분류한다고 규정하고 있는데(동법 시행령 제28조제1항), 무선국의 업무는 22가지로 구분된다. 또한 전파법 시행령은 과학기술정보통신부장관은 전파자원의 이용 및 전파이용에 관한 기술개발을 촉진하기 위하여 필요한 경우에는 주파수의 이용현황 등을 고려하여 이 법 시행령 제28조(업무의 분류)제1항 각 호에서 정한 무선국의 업무 외에 무선국의 업무를 정하여 고시할 수 있다고 규정하고 있는데(동법 시행령 제28조제2항), 동 사안과 관련하여 무선국이 하는 업무 및 무선국의 분류(과학기술정보통신부 고시 제2018-28호, 2018. 5. 3.)가 제정 · 시행되고 있다.

〈전파법 시행령〉 제28조(업무의 분류) ① 법 제20조의2제3항에 따라 무선국이 하는 업무는 다음 각 호와 같이 분류한다.

1. 고정업무: 일정한 고정지점 간의 무선통신업무
2. 방송업무
   가. 지상파방송업무: 공중이 직접 수신하도록 할 목적으로 지상의 송신설비를 이용하여 송신하는 무선통신업무
   나. 위성방송업무: 공중이 직접 수신하도록 할 목적으로 인공위성의 송신설비를 이용하여 송신하는 무선통신업무
   다. 지상파방송보조업무: 지상파방송의 난시청을 해소할 목적으로 지상의 송신설비를 이용하여 지상파방송신호를 중계하는 무선통신업무
   라. 위성방송보조업무: 위성방송의 난시청을 해소할 목적으로 지상의 송신설비를 이용하여 위성방송신호를 중계하는 무선통신업무
3. 육상이동업무: 기지국과 육상이동국 간, 육상이동국 상호 간 또는 이동중계국의 중계에 의한 이들 상호 간의 무선통신업무
4. 해상이동업무: 선박국과 해안국 간, 선박국 상호 간 또는 선상통신국 상호 간의 무선

통신업무[구명부기국 및 비상위치지시용(위성)무선표지국이 하는 업무를 포함한다]

5. 항공이동업무: 항공기국과 항공국 간 또는 항공기국 상호 간의 무선통신업무[구명부기국 및 비상위치지시용(위성)무선표지국이 하는 업무를 포함한다]
6. 이동업무: 이동국과 육상국 간, 이동국 상호 간 또는 이동중계국의 중계에 의한 이들 상호 간의 무선통신업무
7. 무선측위업무: 무선측위를 위한 다음 각 목의 무선통신업무
   가. 무선항행업무: 무선항행을 위한 무선측위업무
      1) 해상무선항행업무: 선박을 위한 무선항행업무
      2) 항공무선항행업무: 항공기를 위한 무선항행업무
      3) 무선표지업무: 이동체에 개설한 무선국에 대하여 전파를 발사하여 그 전파발사 위치에서의 방향 또는 방위를 그 무선국이 결정하게 할 수 있도록 하기 위한 무선항행업무
   나. 무선탐지업무: 무선항행업무 외의 무선측위업무
8. 기상원조업무: 기상(氣象) 및 수상(水象)의 관측과 조사를 위한 무선통신업무
9. 표준주파수 및 시보업무: 과학 · 기술, 그 밖의 목적을 위하여 공중이 수신 가능하도록 높은 정확도를 가진 표준주파수 및 시각정보를 송신하는 무선통신업무
10. 무선조정업무: 무선에 의한 원격조정을 하는 업무
11. 무선조정이동업무: 무선조정국과 무선조정이동국 간, 무선조정이동국 상호 간 또는 무선조정중계국의 중계에 의한 이들 상호 간의 무선통신업무
12. 아마추어업무: 금전상의 이익을 목적으로 하지 아니하고 개인적인 무선기술의 흥미에 따라 하는 자기훈련과 기술연구 목적의 통신업무
13. 비상통신업무: 지진 · 태풍 · 홍수 · 해일 · 눈피해[雪害] · 화재, 그 밖의 비상사태가 발생하거나 발생할 우려가 있는 경우에 인명구조 · 재해구호 · 교통통신의 확보 또는 질서유지를 위하여 하는 무선통신업무
14. 우주무선통신업무: 우주국 · 수동위성 또는 우주 내에 있는 그 밖의 물체를 이용하여 하는 무선통신업무
15. 고정위성업무: 우주국을 이용하여 특정한 고정지점의 지구국 상호 간의 우주무선통신업무
16. 육상이동위성업무: 우주국과 육상이동지구국 간, 우주국을 이용하는 육상이동지구국 상호 간 또는 우주국을 이용하는 일정한 고정지점의 지구국과 육상이동지구국 간의 우주무선통신업무
17. 해상이동위성업무: 우주국과 선박지구국 간, 우주국을 이용하는 선박지구국 상호 간 또는 우주국을 이용하는 일정한 고정지점의 지구국과 선박지구국 간의 우주무선통신

업무(구명부기국 및 비상위치지시용위성무선표지국이 하는 업무를 포함한다)

18. 항공이동위성업무: 우주국과 항공기지구국 간, 우주국을 이용하는 항공기지구국 상호 간 또는 우주국을 이용하는 일정한 고정지점의 지구국과 항공기지구국 간의 우주무선통신업무(구명부기국 및 비상위치지시용위성무선표지국이 하는 업무를 포함한다)
19. 이동위성업무: 우주국과 이동지구국 간, 우주국을 이용하는 이동지구국 상호 간, 우주국을 이용하는 일정한 고정지점의 지구국과 이동지구국 간 또는 우주국 상호 간의 우주무선통신업무
20. 무선측위위성업무: 우주국을 이용하여 무선측위를 하는 우주무선통신업무
21. 표준주파수 및 시보 위성업무: 우주국을 이용하여 표준주파수 및 시각정보를 보내는 우주무선통신업무
22. 전파천문업무: 전파를 이용하여 하는 천문업무

전파법은 무선국이 하는 업무와 무선국의 분류에 관한 것은 대통령령으로 정한다고 규정하고 있으며(전파법 제20조의2제3항), 전파법 시행령은 이 법 제20조의2(무선국의 개설조건)제3항에 따라 무선국은 다음 각 호와 같이 분류한다고 규정하고 있는데(동법 시행령 제29조제1항), 무선국은 43가지로 구분된다. 또한 전파법 시행령은 과학기술정보통신부장관은 전파자원의 이용 및 전파이용에 관한 기술개발을 촉진하기 위하여 필요한 경우에는 이 법 시행령 제29조(무선국의 분류)제1항 각 호에서 정한 무선국 외에 무선국을 정하여 고시할 수 있다고 규정하고 있는데(동법 시행령 제29조제2항), 동 사안과 관련하여 무선국이 하는 업무 및 무선국의 분류(과학기술정보통신부 고시 제2018-28호, 2018. 5. 3.)가 제정·시행되고 있다.

〈전파법 시행령〉 제29조(무선국의 분류) ① 법 제20조의2제3항에 따라 무선국은 다음 각 호와 같이 분류한다.

1. 고정국: 고정업무를 하는 무선국
2. 방송국
   가. 지상파방송국: 지상파방송업무를 하는 무선국
   나. 위성방송국: 위성방송업무를 하는 무선국
   다. 지상파방송보조국: 지상파방송보조업무를 하는 무선국
   라. 위성방송보조국: 위성방송보조업무를 하는 무선국

3. 육상이동국: 육상(하천이나 그 밖에 이에 준하는 수역을 포함한다)에서 육상이동업무를 하는 무선국
4. 선박국: 선박에 개설하여 해상이동업무를 하는 무선국
5. 선상통신국: 선박의 선내통신, 구명정의 구조훈련 또는 구조작업이 이루어지는 때의 선박과 그 구명정이나 구명뗏목 간의 통신, 끄는 배와 끌리는 배 또는 미는 배와 밀리는 배로 구성되는 선단(船團) 내의 통신과 밧줄연결 및 계류지시를 목적으로 해상이동업무를 하는 저전력의 무선국
6. 구명부기국: 구명정·구명복, 그 밖의 구명설비에 개설하여 해상이동(위성)업무 또는 항공이동(위성)업무를 하는 무선국
7. 항공기국: 항공기에 개설하여 항공이동업무를 하는 무선국
8. 이동국: 이동체에 개설하거나 휴대하여 이동업무를 행하는 무선국으로서 육상이동국·선박국·선상통신국·구명부기국 및 항공기국에 해당하지 아니하는 무선국
9. 기지국: 육상이동국과의 통신 또는 이동중계국의 중계에 의한 통신을 하기 위하여 육상의 일정한 고정지점에 개설하는 무선국. 다만, 재난상황 또는 심각한 통신장애 등에 대비하기 위하여 이동체에 개설하거나 휴대 가능한 형태로 개설하는 무선국을 포함한다.
10. 해안국: 선박국과 통신을 하기 위하여 육상의 일정한 고정지점에 개설하는 무선국
11. 항공국: 항공기국과 통신을 하기 위하여 육상의 일정한 고정지점에 개설하는 무선국. 다만, 선박상 또는 지구위성상에 개설하는 경우에는 이동하는 무선국을 포함한다.
12. 육상국: 육상의 일정한 고정지점에 개설하여 이동업무를 하는 무선국으로서 기지국·해안국·항공국 및 이동중계국에 해당하지 아니하는 무선국. 다만, 재난상황 또는 심각한 통신장애 등에 대비하기 위하여 이동체에 개설하거나 휴대 가능한 형태로 개설하는 무선국을 포함한다.
13. 이동중계국: 기지국과 육상이동국, 육상국과 이동국, 육상이동국 상호 간 및 이동국 상호 간의 통신을 중계하기 위한 다음 각 목의 어느 하나에 해당하는 무선국
    가. 육상의 일정한 고정 지점에 개설하는 무선국
    나. 선박에 개설하는 무선국
    다. 자동차에 개설하여 육상의 일정하지 아니한 지점에서 정지 중에 운용하는 무선국
14. 무선항행육상국: 무선항행업무를 하는 이동하지 아니하는 무선국
15. 무선항행이동국: 무선항행업무를 하는 이동하는 무선국
16. 무선표지국: 무선표지업무를 하는 무선국
17. 비상위치지시용무선표지국: 탐색과 구조작업을 쉽게 하기 위하여 비상위치지시용 무선표지설비만을 사용하여 전파를 발사하는 무선표지국

18. 무선탐지육상국: 무선탐지업무를 하는 이동하지 아니하는 무선국
19. 무선탐지이동국: 무선탐지업무를 하는 이동하는 무선국
20. 무선방향탐지국: 무선방향탐지를 하는 무선국
21. 무선측위국: 무선측위업무를 하는 무선국으로서 무선항행육상국 · 무선항행이동국 · 무선표지국 · 비상위치지시용무선표지국 · 무선탐지육상국 · 무선탐지이동국 및 무선방향탐지국에 해당하지 아니하는 무선국
22. 기상원조국: 기상원조업무를 하는 무선국
23. 표준주파수 및 시보국: 표준주파수 및 시보업무를 하는 무선국
24. 무선조정국: 무선조정업무 및 무선조정이동업무를 하는 무선국
25. 무선조정이동국: 이동체에 개설하여 무선조정이동업무를 하는 무선국
26. 무선조정중계국: 무선조정국과 무선조정이동국 간, 무선조정이동국 상호 간의 무선통신을 중계하는 다음 각 목의 어느 하나에 해당하는 무선국
    가. 육상의 일정한 고정지점에 개설한 무선국
    나. 이동체에 개설하여 이동 중 또는 일정하지 아니한 지점에서 정지 중에 운용하는 무선국
27. 아마추어국: 개인적인 무선기술에의 흥미에 따라 자기훈련과 기술연구에 전용하는 무선국
28. 비상국: 비상통신업무만을 하는 것을 목적으로 개설하는 무선국
29. 우주국: 인공위성에 개설하여 위성방송업무 외의 우주무선통신업무를 하는 무선국
30. 일반지구국: 육상의 일정한 고정 지점에 개설하여 고정위성업무 또는 위성방송업무를 하는 지구국
31. 기지지구국: 육상의 일정한 고정 지점에 개설하여 육상이동위성업무를 하는 지구국
32. 해안지구국: 육상의 일정한 고정 지점에 개설하여 해상이동위성업무를 하는 지구국
33. 항공지구국: 육상의 일정한 고정 지점에 개설하여 항공이동위성업무를 하는 지구국
34. 육상지구국: 육상의 일정한 고정 지점에 개설하여 이동위성업무를 하는 지구국으로서 기지지구국 · 해안지구국 및 항공지구국에 해당하지 아니하는 지구국
35. 육상이동지구국: 육상(하천이나 그 밖에 이에 준하는 수역을 포함한다)의 이동체에 개설하거나 휴대하여 육상이동위성업무를 하는 지구국

35의2. 육상이동형지구국: 육상(하천이나 그 밖에 이에 준하는 수역을 포함한다)의 이동체에 개설하여 고정위성업무를 하는 우주국과 통신하는 지구국

36. 선박지구국: 선박에 개설하여 해상이동위성업무를 하는 지구국

36의2. 해상이동형지구국: 선박에 개설하여 고정위성업무를 하는 우주국과 통신하는 지구국

37. 항공기지구국: 항공기에 개설하여 항공이동위성업무를 하는 지구국
37의2. 항공이동형지구국: 항공기에 개설하여 고정위성업무를 하는 우주국과 통신하는 지구국
38. 이동지구국: 이동체에 개설하거나 휴대하여 이동위성업무를 하는 지구국으로서 육상이동지구국 · 선박지구국 및 항공기지구국에 해당하지 아니하는 지구국
39. 비상위치지시용위성무선표지국: 위성을 이용하는 비상위치지시용무선표지국
40. 전파천문국: 전파천문업무를 하는 무선국
41. 실험국: 과학 또는 기술의 발전을 위한 실험에 전용하는 무선국
42. 실용화시험국: 해당 무선통신업무를 실용에 옮길 목적으로 시험적으로 개설하는 무선국
43. 간이무선국: 일정 지역에서 간단한 업무연락을 위하여 사용할 목적으로 과학기술정보통신부장관이 정하여 고시한 전파형식 · 주파수 및 안테나공급전력 등의 기준에 적합한 무선국

전파법은 무선국을 43개 종류로 구분하고 있는데, 무선국의 종류는 무선통신망을 이용하여 회선을 구성할 때 어떻게 무선 업무, 통신 상대방, 무선통신망을 구성하는가에 따라 결정된다.[110] 또한 무선국의 분류에 대해 국제전기통신연합(ITU, International Telecommunication Union)은 전파규칙(ITU-RR, Radio Regulations)에 규정하고 있다.

(1) 고정국

전파법 시행령은 고정국을 고정업무를 하는 무선국으로 규정하고 있는데(전파법 시행령 제29조제1항제1호), 고정국은 마이크로웨이브(Micro wave, 극초단파 대역 이상의 주파수 대역) 통신 중계국과 같이 고정지점 간의 업무를 행하는 무선국이다. 고정국은 〈그림 67〉과 같이 송신과 수신을 위한 2개의 무선국으로 구성되며 1개 무선국의 무선설비에는 통화 및 전송용량에 따라 한 개에서 수십 개의 장치가 설치될 수 있다. 고정국으로는 KT의 통신용 마이크로웨이브 시스템, 방송국의 연주소와[111] 방송국의 송신소 · 중계소 간 무선 링크(Link) 시스템 등을 예로 들 수 있다.

110) 전파연구소, 앞의 책, pp104～116.

111) 전파법 시행령은 "연주소"란 방송사항의 제작 · 편성 및 조정에 필요한 설비와 그 종사자의 총체를 말한다고 규정하고 있다(전파법 시행령 제2조제15호).

그림 67 고정국

고정국(단말) 고정국(중계용) 고정국(단말)

(2) 육상국과 이동국

전파법 시행령은 육상국을 육상의 일정한 고정지점에 개설하여 이동업무를 하는 무선국으로서 기지국 · 해안국 · 항공국 및 이동중계국에 해당하지 아니하는 무선국이나, 다만, 재난상황 또는 심각한 통신장애 등에 대비하기 위하여 이동체에 개설하거나 휴대가능한 형태로 개설하는 무선국을 포함한다고 규정하고 있는데(전파법 시행령 제29조제1항제12호), 육상국은 이동하면서 사용하는 것을 목적으로 하지는 않으나 이동업무를 하는 무선국으로 이해된다. 또한 전파법 시행령은 이동국을 이동체에 개설하거나 휴대하여 이동업무를 행하는 무선국으로서 육상이동국 · 선박국 · 선상통신국[112] · 구명부기국[113] 및 항공기국에 해당하지 아니하는 무선국으로 규정하고 있는데(동법 시행령 제1항제8호), 이동국은 이동 중 또는 특정하지 않은 지점에서 정지 중에 이동업무를 행하는 무선국으로 이해된다. 〈그림 68〉은 사무실의 무선국과 차량의 무선국인 육상국과 이동국의 예시이다.

---

112) 전파법 시행령은 선상통신국을 선박의 선내통신, 구명정의 구조훈련 또는 구조작업이 이루어지는 때의 선박과 그 구명정이나 구명뗏목 간의 통신, 끄는 배와 끌리는 배 또는 미는 배와 밀리는 배로 구성되는 선단(船團) 내의 통신과 밧줄연결 및 계류지시를 목적으로 해상이동업무를 하는 저전력의 무선국으로 규정하고 있다(전파법 시행령 제29조제1항제5호).

113) 전파법 시행령은 구명부기국을 구명정 · 구명복, 그 밖의 구명설비에 개설하여 해상이동(위성)업무 또는 항공이동(위성)업무를 하는 무선국으로 규정하고 있다(전파법 시행령 제29조제1항제6호).

그림 68 육상국과 이동국

육상국(사무실) 이동국(차량)

(3) 방송국

전파법은 "방송국"이란 공중(公衆)이 방송신호를 직접 수신할 수 있도록 할 목적으로 개설한 무선국을 말한다고 규정하고 있으며(전파법 제2조제1항제9호), 전파법 시행령은 방송국을, 가. 지상파방송업무를 하는 무선국인 지상파방송국, 나. 위성방송업무를 하는 무선국인 위성방송국, 다. 지상파방송보조업무를 하는 무선국인 지상파방송보조국, 라. 위성방송보조업무를 하는 무선국을 포함하는 것으로 규정하고 있다(동법 시행령 제29조제1항제2호). 〈그림 69〉는 방송국의 연주소와 방송 송신소 · 중계소간 지상파방송업무를 하는 방송국의 예시이다.[114]

그림 69 방송국

방송국 연주소(演奏所) 방송 송신소와 중계소

114) 방송국은 중파방송(525~1,605㎑), FM 방송(88~108㎒), 지상파 텔레비전방송(54~72㎒, 76~88㎒, 174~216㎒, 470~752㎒, 752~806㎒(DTV 임시 대역)), 위성방송(상향 14㎓/하향 12㎓ 등)을 행하는 무선국으로 이해된다.

(4) 해안국과 선박국

전기통신사업법 시행령은 해안국을 선박국과 통신을 하기 위하여 육상의 일정한 고정지점에 개설하는 무선국으로 규정하고 있는데(전파법 시행령 제29조제1항제10호), 해안국은 조난 신호 수신과 전파, 구조요청 지원, 해상 안전 정보제공과 같은 해상 안전과 구조, 선박 간 통신 중계, 해상 교통 흐름 관리, 선박 위치 정보 제공과 같은 해상 교통관제, 어선 간 통신 중계, 어업 정보제공, 어업 활동 지원과 같은 어로 지원, 기상정보제공, 항행 안전 정보제공과 같은 기타 해상통신 지원을 위한 무선국으로 이해된다. 또한, 전파법 시행령은 선박국을 선박에 개설하여 해상이동업무를 하는 무선국으로 규정하고 있다(동법 시행령 제29조제1항제4호). 〈그림 70〉은 사무실의 무선국과 선박의 무선국으로 해안국과 선박국의 예시이다.

그림 70 해안국과 선박국

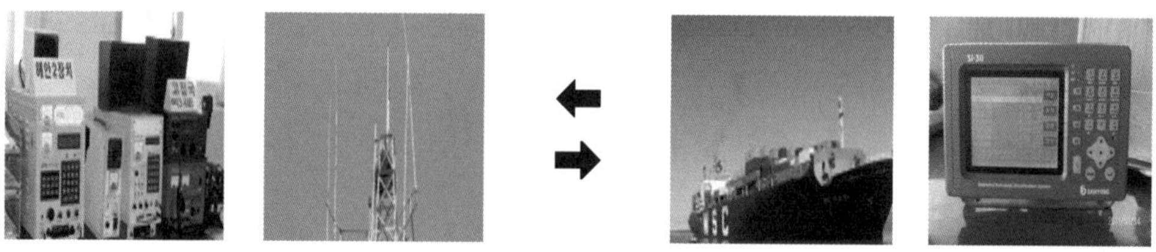

해안국(육상 사무실) 선박국(해상)

(5) 항공국과 항공기국

전파법 시행령은 항공국을 항공기국과 통신을 하기 위하여 육상의 일정한 고정지점에 개설하는 무선국이나, 다만, 선박상 또는 지구위성상에 개설하는 경우에는 이동하는 무선국을 포함한다고 규정하고 있는데(전파법 시행령 제29조제1항제11호), 항공기국(航空機局)과 통신을 하기 위하여 육상에 개설하고 이동하지 아니하는 무선국으로 이해된다.[115] 또한 전파법 시행령은 항공기국을 항공기에 개설하여 항공이동업무를 하는 무선국으로 규정하고 있는데(동법 시행령 제29조제1항제7호), 항공기국은 항공기 조종사가 공항(空港,

115) 항공국은 지방항공청, 항공교통관제소(空港), 공항 공사, 대한항공 등이 지상에 설치 운용하는 무선국이며, 항공국은 관제사가 항공기와 교신하기 위한 무선국으로 전국 공항(空港, Airport)에 모두 설치되어 있다.

Airport) 관제사와 교신하기 위한 무선국으로 모든 항공기에 설치되어 있다. 〈그림 71〉은 공항의 무선국과 항공기의 무선국으로 항공국과 항공기국의 예시이다.

그림 71 항공국과 항공기국

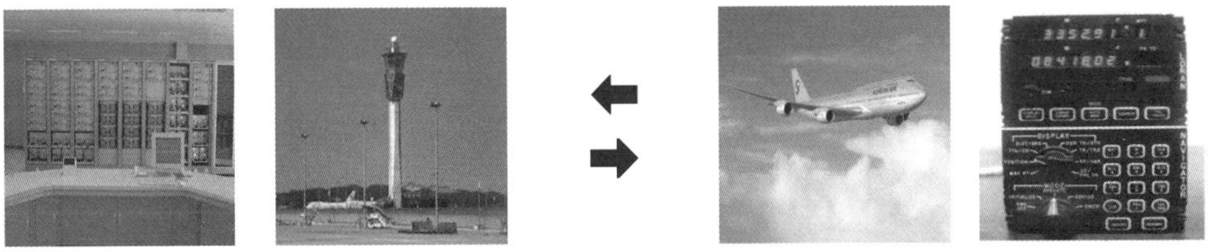

항공국(무선설비와 안테나) 항공기국

(6) 기지국, 육상이동국과 이동중계국

전파법 시행령은 기지국을 육상이동국과의 통신 또는 이동중계국의 중계에 의한 통신을 하기 위하여 육상의 일정한 고정지점에 개설하는 무선국이나, 다만, 재난상황 또는 심각한 통신장애 등에 대비하기 위하여 이동체에 개설하거나 휴대 가능한 형태로 개설하는 무선국을 포함한다고 규정하고 있으며(전파법 시행령 제29조제1항제9호), 육상이동국을 육상(하천이나 그 밖에 이에 준하는 수역을 포함한다)에서 육상이동업무를 하는 무선국으로 규정하고 있다(동법 시행령 제29조제1항제3호). 또한 전파법 시행령은 이동중계국을 기지국과 육상이동국, 육상국과 이동국, 육상이동국 상호 간 및 이동국 상호 간의 통신을 중계하기 위한 다음, 가. 육상의 일정한 고정 지점에 개설하는 무선국, 나. 선박에 개설하는 무선국, 다. 자동차에 개설하여 육상의 일정하지 아니한 지점에서 정지 중에 운용하는 무선국의 어느 하나에 해당하는 무선국으로 규정하고 있다(동법 시행령 제29조제1항제13호). 〈그림 72〉처럼 가스회사, 택시회사 등이 주로 상업용으로 사용하는 무선국과 같이 기지국과 차량 및 휴대 단말기와 같은 육상이동국 간에 통신이 이루어질 때 산으로 인해 전파가 막히거나 거리가 멀어 통신이 끊어지는 경우 중간 지점에 이동중계국을 설치하여 통신거리를 늘리게 하는 것을 예로 들 수 있다.

그림 72 **기지국, 육상이동국과 이동중계국**

기지국　　　　이동중계국　　　　육상이동국(차량 및 휴대)

(7) 우주국과 지구국

전파법은 "우주국(宇宙局)"이란 인공위성에 개설한 무선국을 말한다고 규정하고 있으며(전파법 제2조제1항제10호), 전파법 시행령은 우주국을 인공위성에 개설하여 위성방송업무 외의 우주무선통신업무를 하는 무선국으로 규정하고 있는데(동법 시행령 제29조제1항제29호), 우주국은 무궁화 위성과 같은 인공위성을 통해 지구 대기권 밖에 설치되어 있는 무선국으로 이해된다. 또한 전파법은 "지구국(地球局)"이란 우주국과 통신을 하기 위하여 지구에 개설한 무선국을 말한다고 규정하고 있는데(전파법 제2조제1항제11호), 지구국은 우주국과의 통신을 위해 지구의 표면이나 지구 대기권에 설치되어 있는 무선국으로 이해된다. 전파법 시행령은 이 법 시행령 제29조(무선국의 분류)제1항제30호부터 제38호까지에서 일반지구국, 기지지구국, 해안지구국, 항공지구국, 육상지구국, 육상이동지구국, 육상이동형지구국, 선박지구국, 해상이동형지구국, 항공기지구국, 항공이동형지구국, 이동지구국에 대해 규정하고 있다.116) 〈그림 73〉은 인공위성에 설치된 무

116) 전파법 시행령은 이 법 제20조의2(무선국의 개설조건)제3항에 따라 무선국은 다음, 30. 일반지구국은 육상의 일정한 고정 지점에 개설하여 고정위성업무 또는 위성방송업무를 하는 지구국, 31. 기지지구국은 육상의 일정한 고정 지점에 개설하여 육상이동위성업무를 하는 지구국, 32. 해안지구국은 육상의 일정한 고정 지점에 개설하여 해상이동위성업무를 하는 지구국, 33. 항공지구국은 육상의 일정한 고정 지점에 개설하여 항공이동위성업무를 하는 지구국, 34. 육상지구국은 육상의 일정한 고정 지점에 개설하여 이동위성업무를 하는 지구국으로서 기지지구국·해안지구국 및 항공지구국에 해당하지 아니하는 지구국, 35. 육상이동지구국은 육상(하천이나 그 밖에 이에 준하는 수역을 포함한다)의 이동체에 개설하거나 휴대하여 육상이동위성업무를 하는 지구국, 35의2. 육상이동형지구국은 육상(하천이나 그 밖에 이에 준하는 수역을 포함한다)의 이동체에 개설하여 고정위성업무를 하는 우주국과 통신하는 지구국, 36. 선박지구국은 선박에 개설하여 해상이동위성업무를 하는 지구국, 36의2. 해상이동형지구국은 선박에 개설하여 고정위성업무를 하는 우주국과 통신하는 지구국, 37. 항공기지구국은 항공기에 개설하여 항공이동위성업무를 하는 지구국, 37의2. 항공이동형지구국은 항공기에 개설하여

선국과 지상에 설치된 무선국인 우주국과 지구국의 예시이다.

그림 73 우주국과 지구국

(8) 해안지구국과 선박지구국

전파법 시행령은 해안지구국을 육상의 일정한 고정 지점에 개설하여 해상이동위성업무를 하는 지구국으로 규정하고 있으며(전파법 시행령 제29조제1항제32호), 선박지구국을 선박에 개설하여 해상이동위성업무를 하는 지구국으로 규정하고 있다(동법 시행령 제29조제1항제36호). 〈그림 74〉는 인공위성을 이용한 해상이동통신 시스템으로 해안지구국과 선박지구국의 예시이다.

그림 74 해안지구국과 선박지구국

고정위성업무를 하는 우주국과 통신하는 지구국, 38. 이동지구국은 이동체에 개설하거나 휴대하여 이동위성업무를 하는 지구국으로서 육상이동지구국 · 선박지구국 및 항공기지구국에 해당하지 아니하는 지구국과 같이 분류한다고 규정하고 있다(전파법 시행령 제29조제1항제30호부터 제38호까지).

(9) 항공지구국과 항공기지구국

전파법 시행령은 항공지구국을 육상의 일정한 고정 지점에 개설하여 항공이동위성업무를 하는 지구국으로 규정하고 있으며(전파법 시행령 제29조제1항제33호), 항공기지구국을 항공기에 개설하여 항공이동위성업무를 하는 지구국으로 규정하고 있다(동법 시행령 제29조제1항제37호). 〈그림 75〉는 인공위성을 이용한 항공이동통신 시스템으로 항공지구국과 항공기지구국의 예시이다.

그림 75 항공지구국과 항공기지구국

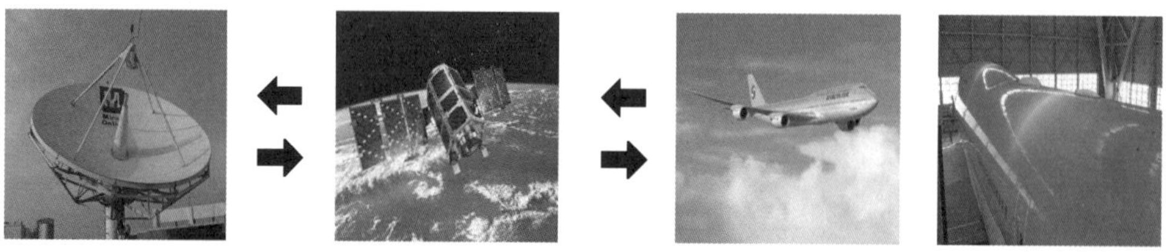

항공지구국 우주국(인공위성) 항공기지구국

(10) 육상지구국과 이동지구국

전파법 시행령은 육상지구국을 육상의 일정한 고정 지점에 개설하여 이동위성업무를 하는 지구국으로서 기지지구국 · 해안지구국 및 항공지구국에 해당하지 아니하는 지구국으로 규정하고 있으며(전파법 시행령 제29조제1항제34호), 이동지구국을 이동체에 개설하거나 휴대하여 이동위성업무를 하는 지구국으로서 육상이동지구국 · 선박지구국 및 항공기지구국에 해당하지 아니하는 지구국으로 규정하고 있다(동법 시행령 제29조제1항제38호). 이동지구국은 육상과 해상의 구분 없이 고정지점에서 통신이 가능한 것으로 이해되며, 〈그림 76〉은 이동위성업무 시스템으로 육상지구국과 이동지구국의 예시이다.

그림 76 육상지구국과 이동지구국

육상 지구국 우주국(인공위성) 차량 및 선박 등 이동지구국

(11) 기지지구국과 육상이동지구국

전파법 시행령은 기지지구국을 육상의 일정한 고정 지점에 개설하여 육상이동위성업무를 하는 지구국으로 규정하고 있으며(전파법 시행령 제29조제1항제31호), 육상이동지구국을 육상(하천이나 그 밖에 이에 준하는 수역을 포함한다)의 이동체에 개설하거나 휴대하여 육상이동위성업무를 하는 지구국으로 규정하고 있다(동법 시행령 제29조제1항제35호). 〈그림 77〉은 이동위성업무 시스템으로 기지지구국과 육상이동지구국의 예시이다.

그림 77 기지지구국과 육상이동기지국

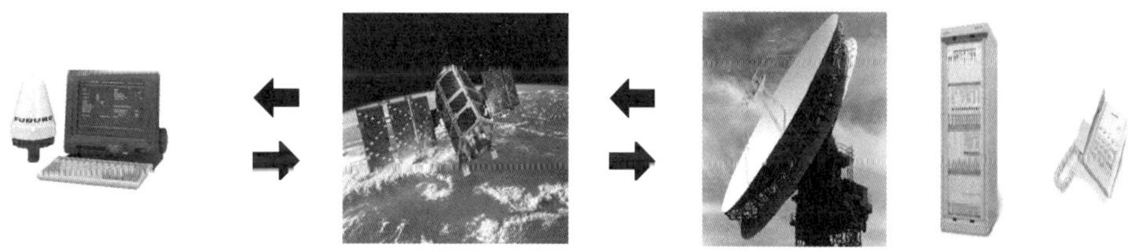

육상이동지구국 우주국(인공위성) 기지지구국, 교환기, 가입자

(12) 간이무선국

전파법 시행령은 간이무선국을 일정 지역에서 간단한 업무연락을 위하여 사용할 목적으로 과학기술정보통신부장관이 정하여 고시한 전파형식 · 주파수 및 안테나공급전력 등의 기준에 적합한 무선국으로 규정하고 있는데(전파법 시행령 제29조제1항제43호), 〈그림 78〉과

같이 건설 현장 등 일정한 좁은 지역에서 업무를 위해 사용하는 무선국으로 공중선(空中線, Antenna)의 전력이 5W(와트, Watt) 이하의 소출력 무선설비를 예로 들 수 있다.

그림 78 간이무선국

간이무선국(고정용) 간이무선국(차량용) 간이무선국(휴대용)

(13) 무선측위국

전파법 시행령은 "무선측위(無線測位)"란 전파의 전파특성(傳播特性)을 이용하여 위치 · 속도 및 기타 사물의 특징에 관한 정보를 취득하는 것을 말한다고 규정하고 있으며(전파법 시행령 제2조제16호),[117] 무선측위국을 무선측위업무를 하는 무선국으로서 무선항행육상국 · 무선항행이동국 · 무선표지국 · 비상위치지시용무선표지국 · 무선탐지육상국 · 무선탐지이동국 및 무선방향탐지국에 해당하지 아니하는 무선국으로 규정하고 있다(동법 시행령 제29조제1항제21호). 〈그림 79〉와 같은 공항 레이더(Radar) 설비와 안테나, 지적 측량을 위한 시스템을 예시로 들 수 있으나 지적 측량 시스템은 대부분 GPS(Global Positioning System, 위성항법시스템)로 전환되었다.

---

117) 전파법 시행령은 무선측위업무를 무선측위를 위한 다음, 가. "무선항행업무"는 무선항행을 위한 무선측위업무로 다음, 1) 해상무선항행업무(선박을 위한 무선항행업무), 2) 항공무선항행업무(항공기를 위한 무선항행업무), 3) 무선표지업무(이동체에 개설한 무선국에 대하여 전파를 발사하여 그 전파발사 위치에서의 방향 또는 방위를 그 무선국이 결정하게 할 수 있도록 하기 위한 무선항행업무)와, 나. "무선탐지업무"(무선항행업무 외의 무선측위업무)의 무선통신업무로 규정하고 있다(전파법 시행령 제28조제1항제7호).

그림 79 무선측위국

공항 레이더 설비

공항 레이더 안테나

(14) 무선항행육상국과 무선항행이동국

전파법 시행령은 "무선항행"이란 항행을 위하여 하는 무선측위를 말한다(장애물의 탐지를 포함한다)고 규정하고 있는데(전파법 시행령 제2조제17호), 무선항행육상국을 무선항행업무를[118] 하는 이동하지 아니하는 무선국으로 규정하고 있으며(동법 시행령 제29조제1항제14호), 무선항행이동국을 무선항행업무를 하는 이동하는 무선국으로 규정하고 있다(동법 시행령 제29조제1항제15호). 〈그림 80〉은 무선항행육상국과 무선항행이동국의 예시이다.

---

118) 전파법 시행령은 무선항행업무를 무선측위를 위한 무선통신업무 중 무선항행을 위한 무선측위업무로 규정하고 있는데, 무선항행업무에는, 1. 해상무선항행업무, 2. 항공무선항행업무, 3. 무선표지업무가 있다. 또한 전파법 시행령은, 1. 해상무선항행업무를 무선항행을 위한 무선측위업무인 무선항행업무 중 선박을 위한 무선항행업무로, 2. 항공무선항행업무를 무선항행을 위한 무선측위업무인 무선항행업무 중 항공기를 위한 무선항행업무로, 3. 무선표지업무를 무선항행을 위한 무선측위업무인 무선항행업무 중 이동체에 개설한 무선국에 대하여 전파를 발사하여 그 전파발사 위치에서의 방향 또는 방위를 그 무선국이 결정하게 할 수 있도록 하기 위한 무선항행업무로 규정하고 있다(전파법 시행령 제28조제1항제7호).

그림 80 무선항행육상국과 무선항행이동국

무선항행육상국(레이더 설비) 무선항행이동국(선박과 레이더 · 안테나 설비)

(15) 무선탐지육상국과 무선탐지이동국

전파법 시행령은 "무선탐지"란 무선항행 외의 무선측위를 말한다고 규정하고 있는데(전파법 시행령 제2조제18호), 무선탐지업무는 무선측위를 위한 무선통신업무 중 무선항행업무 외의 무선측위업무로 이해된다. 또한 전파법 시행령은 무선탐지육상국을 무선탐지업무를 하는 이동하지 아니하는 무선국으로 규정하고 있으며(동법 시행령 제29조제1항제18호), 무선탐지이동국을 무선탐지업무를 하는 이동하는 무선국으로 규정하고 있다(동법 시행령 제29조제1항제19호). 〈그림 81〉은 무선탐지육상국과 무선탐지이동국의 예시이다.

그림 81 무선탐지육상국과 무선탐지이동국

무선탐지육상국(무선설비와 안테나) 무선탐지이동국(무선설비와 안테나)

(16) 무선방향탐지국

전파법 시행령은 "무선방향탐지"란 무선국 또는 물체의 방향을 결정하기 위하여 전파를 수신하여 하는 무선측위를 말한다고 규정하고 있으며(전파법 시행령 제2조제19호), 무선방향탐지국을 무선방향탐지를 하는 무선국으로 규정하고 있다(동법 시행령 제29조제1항제20호). 무선방향탐지국은 삼각 측량 기법을 활용하여 무선의 방향을 탐지하기 위해 이용되는 무선국으로 이해되며, 〈그림 82〉는 무선방향탐지국의 예시이다.

그림 82 무선방향탐지국

(17) 무선표지국

전파법 시행령은 무선표지업무를 이동체에 개설한 무선국에 대하여 전파를 발사하여 그 전파발사 위치에서의 방향 또는 방위를 그 무선국이 결정하게 할 수 있도록 하기 위한 무선항행업무로 규정하고 있으며(전파법 시행령 제28조제1항제7호가목의3), 무선표지국을 무선표지업무를 하는 무선국으로 규정하고 있다(동법 시행령 제29조제1항제16호). 무선표지국의 예시로 〈그림 83〉와 같은 항공기 활주로 무선표시 시스템을 들 수 있다.

그림 83 무선표지국

무선표지국(표지설비, 활주로와 표지설비 안테나)　　　항공기

(18) 비상국

전파법은 이 법 제25조(무선국의 운용)제2항제4호에서 "비상통신"을 지진 · 태풍 · 홍수 · 해일 · 화재, 그 밖의 비상사태가 발생하였거나 발생할 우려가 있는 경우로서 유선통신을 이용할 수 없거나 이용하기 곤란할 때에 인명의 구조, 재해의 구호, 교통통신의 확보 또는 질서유지를 위하여 하는 무선통신을 말한다고 규정하고 있으며(전파법 제25조제2항제4호), 전파법 시행령은 비상국을 비상통신업무만을 하는 것을 목적으로 개설하는 무선국으로 규정하고 있다(동법 시행령 제29조제1항제28호). 비상국의 예시로 〈그림 84〉와 같은 민방위 재해 전파 시스템을 들 수 있다.

그림 84 비상국

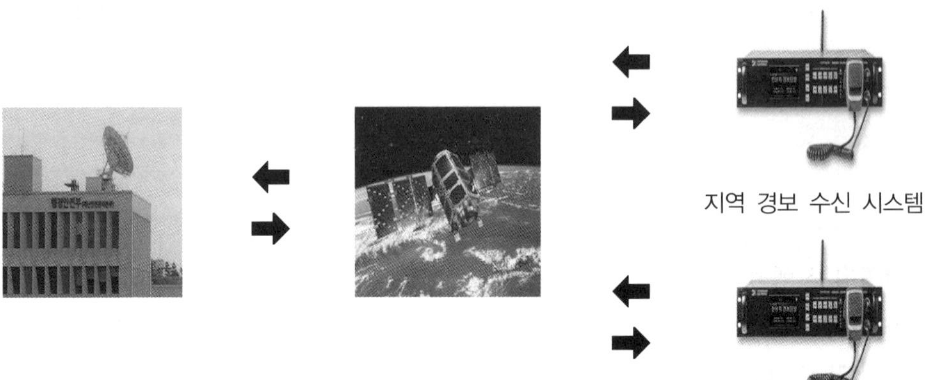

지역 경보 수신 시스템

민방위 통제본부　　　인공위성　　　지역 경보 수신 시스템

(19) 기상원조국

전파법 시행령은 기상원조업무를 기상(氣象) 및 수상(水象)의 관측과 조사를 위한 무선통신업무로 규정하고 있으며(전파법 시행령 제28조제1항제8호), 기상원조국을 기상원조업무를 하는 무선국으로 규정하고 있다(동법 시행령 제29조제1항제22호). 기상원조국의 예시로 〈그림 85〉와 같은 한국 석유공사의 기상 시스템을 들 수 있다.

그림 85 기상원조국

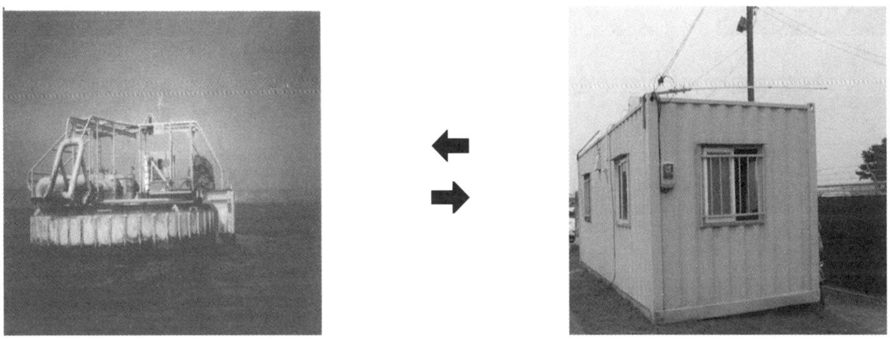

기상원조국 육상상황실

(20) 무선조정국, 무선조정이동국과 무선조정중계국

전파법 시행령은 무선조정업무를 무선에 의한 원격조정을 하는 업무로 규정하고 있으며(전파법 시행령 제28조제1항제10호), 무선조정이동업무를 무선조정국과 무선조정이동국 간, 무선조정이동국 상호 간 또는 무선조정중계국의 중계에 의한 이들 상호 간의 무선통신업무로 규정하고 있다(동법 시행령 제28조제1항제10호). 또한 전파법 시행령은 무선조정국을 무선조정업무 및 무선조정이동업무를 하는 무선국으로 규정하고 있는데(전파법 시행령 제29조제1항제24호), 무선조정이동국을 이동체에 개설하여 무선조정이동업무를 하는 무선국으로 규정하고 있으며(동법 시행령 제29조제1항제25호), 무선조정중계국을 무선조정국과 무선조정이동국 간, 무선조정이동국 상호 간의 무선통신을 중계하는 다음, 가. 육상의 일정한 고정지점에 개설한 무선국과, 나. 이동체에 개설하여 이동 중 또는 일정하지 아니한 지점에서 정지 중에 운용하는 무선국의 어느 하나에 해당하는 무선국으로 규정하고 있다(동법 시행령 제29조제1항제26호). 무선조정국은 〈그림 86〉과 같이 가로등 원격제어 시스템을 예로 들 수 있으며, 무선조정이동국은 드론, 무인 자동차 등 이동체에 개설하여 무선조정국, 무선조정중계국 등과의 무선통신을 통해 무선조정이동업무를 하는 무선국으로 이해된다.

그림 86 무선조정국

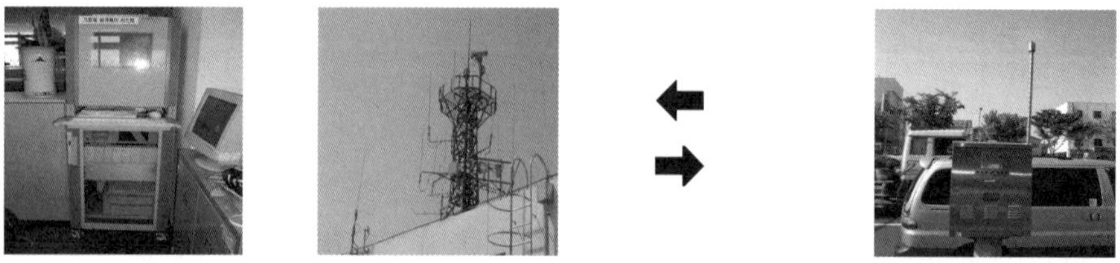

무선조정국(무선설비와 안테나)　　　　원격 수신기기(가로등)

(21) 전파천문국

전파법 시행령은 전파천문업무를 전파를 이용하여 하는 천문업무로 규정하고 있으며(전파법 시행령 제28조제1항제22호), 전파천문국을 전파천문업무를 하는 무선국으로 규정하고 있는데(동법 시행령 제29조제1항제40호), 〈그림 87〉의 우주전파 관측망과 같이 우주로부터 오는 전파를 수신하여 천문학을 연구하기 위한 무선국으로 이해된다.

그림 87 전파천문국

한국천문연구원　　　　전파천문국

2. 무선국의 개설

가. 무선국 개설의 의의

무선국의 개설은 주파수할당, 주파수 사용승인, 주파수지정을 통해 확보된 전파의 이용 권한을 실질적으로 이용하게 하는 것으로서 무선통신 업무를 할 수 있는 지위를 설정하는 것으로 이해된다. 무선국의 개설은 "무선국(無線局)"은 무선설비와 무선설비를 조작하는 자의 총체(總體)이므로 무선설비 설치, 공중선(空中線, Antenna) 연결, 전원 접속 등의 설치 공사를 통해 물적 요소인 무선설비의 기능을 갖추고 인적 요소인 무선설비를 조작하는 자를 갖춘다는 것을 말한다.

주파수분배, 주파수할당, 주파수 사용승인, 주파수지정에 관한 내용은 전파를 이용할 수 있는 권한을 부여하는 법적 기반을 마련하는 것이나 무선국의 개설에 관한 내용은 전파를 실질적으로 현실에서 이용하는데 있어서 발생하는 법적인 문제를 규율하기 위한 것이다. 전파법은 무선국의 개설에 대해 과학기술정보통신부에 의한 규제를 받도록 하고 있는데, 주파수 간 혼신과 간섭을 방지하고 전자파로 인한 인체 영향을 최소화하기 위해 일정한 조건에 부합하는 경우에만 무선국을 개설하여 운용할 수 있도록 하고 있다. 다만 전파법에 따른 무선국 개설에 대한 규제의 정도는 개설하고자 하는 무선국에 따라 전파법 제19조(허가를 통한 무선국 개설 등)제1항에 따른 허가와 같은 조 제2항에 따른 허가 의제, 전파법 제19조의2(신고를 통한 무선국 개설 등)제1항에 따른 신고, 같은 조 제2항에 따른 신고 예외와 같은 조 제5항에 따른 사용승인 등으로 차이를 두고 있다.

나. 무선국 개설과 주파수지정

앞에서 주파수지정에서 설명한 바와 같이 주파수지정은 전파법에서 이 법 제18조의4(주파수 지정)에 따라 주파수를 이용하려는 권리를 부여하는 강학(講學)상의 특허(特許)로서의 성격과 동법 제2조(정의)제1항제4호와 동법 제21조(무선국 개설허가 등의 절차)제2항제1호에 따라 무선국에서 주파수를 실질적으로 이용하게 하는 무선국 개설의 구체적인 절차로서의 성격이라는 이중적 지위를 갖는 것으로 생각된다. 무선국 개설의 구체적인 절차로서 주파수지정을 하는 이유는 주파수 간의 혼선과 간섭(Interference)의 방지에 있다고 하겠는데, 주파수분배에 따른 주파수들은 각각의 용도에 따라 당해 용도에 적합한 최소한 주파수 폭을 요구하기 때문에 주파수분배가 이루어진 주파수 간의 혼선과 간섭의 방지를 위해 무선국 개설의 구체적인 절차로서 주파수지정을 해야 하는 것으로 이해된다.

다. 무선국의 개설조건

전파법은 이 법 제20조의2(무선국의 개설조건)와 동법 시행령 제27조(무선국의 개설조건)에 무선국의 개설조건을 규정하고 있는데, 무선국의 적극적 개설조건으로 일반 무선국의 개설조건과 개별 무선국의 개설조건이 있다. 또한 전파법은 이 법 제20조(무선국 개설의 결격사유)에 무선국의 소극적 개설조건으로 무선국 개설의 결격사유를 규정하고 있다.

(1) 일반 무선국의 개설조건

전파법은 무선국은 다음, 1. 통신사항이 개설목적에 적합할 것, 2. 시설자가 아닌 타인에게 그 무선설비를 제공하는 것이 아닐 것[다만, 다음, 가. 이 법 제25조(무선국의 운용)제2항제4호에 따른 비상통신을 하는 무선국 무선설비, 나. 동법 제42조의2(우주국 무선설비의 양도 · 임대)제1항에 따라 타인에게 양도하거나 임대하는 우주국 무선설비, 다. 동법 제48조(무선설비의 효율적 이용)제1항에 따라 타인에게 임대하는 무선국 무선설비, 라. 업무상 긴밀한 관계가 있는 자 간의 원활한 통신을 위하여 개설하는 무선국으로서 과학기술정보통신부장관이 인정하는 무선국 무선설비의 어느 하나에 해당하는 경우는 제외한다], 3. 개설목적 · 통신사항 및 통신상대방의 선정이 법령에 위반되지 아니할 것, 4. 개설목적의 달성에 필요한 최소한의 주파수 및 안테나공급전력을 사용할 것, 5. 무선설비는 인명 · 재산 및 항공의 안전에 지장을 주지 아니하는 장소에 설치할 것, 6. 이미 개설되어 있는 다른 무선국의 운용에 지장을 주지 아니할 것의 개설조건을 갖추어야 한다고 규정하고 있다(전파법 제20조의2제1항).

(2) 개별 무선국의 개설조건

전파법은 이 법 제20조의2(무선국의 개설조건)제1항에 따른 개설조건 외에 동법 제20조의2제3항의 무선국의 분류에 따른 개설조건에 관하여 필요한 사항은 대통령령으로 정한다고 규정하고 있는데(전파법 제20조의2제2항), 전파법 시행령은 실험국은 이 법 제20

조의2제1항에 따른 개설조건 외에 다음, 1. 신청인이 그 실험을 수행할 적정한 능력을 가지고 있을 것, 2. 실험의 목적과 내용이 과학기술의 진보·발전 또는 과학지식의 보급에 공헌할 합리적인 가능성이 있을 것, 3. 실험의 목적과 내용이 공공복리를 해하지 아니할 것, 4. 신청인이 그 실험의 목적을 달성하기 위하여 전파의 발사를 필요로 하고, 합리적인 실험의 계획과 이를 실행하기 위한 적당한 설비를 갖추고 있을 것의 개설조건을 갖추어야 한다고 규정하고 있다(동법 시행령 제27조제1항).

또한 전파법 시행령은 아마추어국은 이 법 제20조의2제1항에 따른 개설조건 외에 다음, 1. 신청인이 다음, 가. 해당 아마추어국의 무선설비를 운용할 수 있는 무선종사자의[119] 자격이 있는 사람(외국에서 아마추어무선기사 자격을 취득하고 국내에 잠시 머무르는 동안 해당 자격의 아마추어국을 운용하려는 사람으로서 과학기술정보통신부장관이 지정하는 단체의 추천을 받은 사람을 포함한다), 나. 아마추어업무의 건전한 보급발달의 도모를 목적으로 하는 사단법인으로서 다음, 1) 영리를 목적으로 하지 아니할 것, 2) 목적, 명칭, 사무소, 자산, 이사의 임면과 사원자격의 득실에 관한 사항을 명시한 정관이 작성되고, 적당하다고 인정되는 대표자가 선임되어 있을 것, 3) 아마추어국의 무선설비를 운용할 수 있는 무선종사자의 자격이 있는 사람이 포함되어 있을 것의 요건을 구비한 자, 다. 해당 아마추어국의 무선설비를 운용할 수 있는 3명 이상의 무선종사자의 자격을 가진 사람을 구성원으로 하는 단체의 어느 하나에 해당하는 자일 것, 2. 무선설비의 안테나공급전력이 1킬로와트(이동하는 아마추어국의 경우에는 50와트) 이하일 것, 3. 아마추어국 운용의 목적과 내용이 공공복리를 해하지 아니할 것의 개설조건을 갖추어야 한다고 규정하고 있다(동법 시행령 제27조제2항).

한편, 전파법 시행령은 중계를 목적으로 개설하는 아마추어국은 이 법 시행령 제27조(무선국의 개설조건)제2항에 따른 개설조건 외에 다음, 1. 신청인이 동법 시행령 제27조제2항제1호나목에 해당하는 자이거나[120] 아마추어국 간의 중계를 위하여 아마추어업무용 위성을 설치한 자일 것과, 2. 시설의 유지·관리에 적합한 대책을 갖출 것의 개설조건을 갖추어야 한다고 규정하고 있다(동법 시행령 제27조제3항).

---

119) 전파법은 "무선종사자"란 무선설비를 조작하거나 설치공사를 하는 사람으로서 이 법 제70조(무선종사자의 자격)제2항에 따라 기술자격증을 발급받은 사람을 말한다고 규정하고 있다(전파법 제2조제1항제7호).

120) 전파법 시행령은 이 법 시행령 제27조(무선국의 개설조건)제2항제1호나목에 해당하는 자를 아마추어업무의 건전한 보급발달의 도모를 목적으로 하는 사단법인으로서 다음, 1) 영리를 목적으로 하지 아니할 것, 2) 목적, 명칭, 사무소, 자산, 이사의 임면과 사원자격의 득실에 관한 사항을 명시한 정관이 작성되고, 적당하다고 인정되는 대표자가 선임되어 있을 것, 3) 아마추어국의 무선설비를 운용할 수 있는 무선종사자의 자격이 있는 사람이 포함되어 있을 것의 요건을 구비한 자로 규정하고 있다(전파법 시행령 제27조제2항제1호나목).

라. 무선국 개설의 결격사유와 예외 사유

무선국 개설의 결격사유는 무선국의 소극적 개설조건으로서 전파법 제20조(무선국 개설의 결격사유)에 규정되어 있으며 결격사유에 대한 예외 사유도 규정되어 있다.

(1) 무선국 개설의 결격사유

전파법은 다음, 1. 대한민국의 국적을 가지지 아니한 자, 2. 외국정부 또는 그 대표자, 3. 외국의 법인 또는 단체, 4. 이 법을 위반하여 금고 이상의 실형을 선고받고 그 집행이 끝나거나 집행을 받지 아니하기로 확정된 날부터 3년이 지나지 아니한 자, 5. 이 법을 위반하여 금고 이상의 형의 집행유예를 선고받고 그 유예기간 중에 있는 자, 6. 「형법」 중 내란의 죄와 외환의 죄, 「군형법」 중 이적의 죄 또는 「국가보안법」을 위반한 죄를 저질러 실형을 선고받고 그 형의 집행이 끝나거나 집행을 받지 아니하기로 확정된 날부터 3년이 지나지 아니한 자, 7. 이 법 제72조(무선국의 개설허가 취소 등)제2항에 따라 무선국 개설허가의 취소나 개설신고된 무선국의 폐지 명령을 받고 그 사유가 없어지지 아니한 자, 8. 대표자가 이 법 제20조(무선국 개설의 결격사유)제1항제4호부터 제7호까지의 규정 중 어느 하나에 해당하는 법인 또는 단체의 어느 하나에 해당하는 자는 무선국을 개설할 수 없다고 규정하고 있다(전파법 제20조제1항).

(2) 무선국 개설 결격사유에 대한 예외 사유

(가) 일반 무선국 개설 결격사유에 대한 예외 사유

전파법은 다만, 이 법 제19조(허가를 통한 무선국 개설 등)제2항, 동법 제19조의2(신고를 통한 무선국 개설 등)제1항제1호 · 제2호 및 같은 조 제2항에 따라 개설하는 것은 그러하지 아니하다고 규정하고 있는데(전파법 제20조제1항 단서), 전파법 제20조제1항 단서에서 규정하고 있는 무선국 개설 결격사유에 대한 예외 사유는, 1. 이동전화 단말기와 같이 「전기통신사업법」 제2조(정의)제6호에 따른 전기통신역무를 제공받기 위한 무선국으로서 대통령령으로[121] 정하는 무선국을 개설하려는 자가 해당 전기통신역무를 제공하는 자와 이

---

121) 전파법 시행령은 이 법 제19조(허가를 통한 무선국 개설 등)제2항 전단에서 "대통령령으로 정하는 무선국"이란 다음, 1. 전파법 제10조(주파수할당)에 따라 과학기술정보통신부장관이 할당한 주파수를 이용하는 무선국과, 2. 다음, 가. 국내에 설치된 다른 무선국(이 법 시행령 제29조(무선국의 분류)제1항제30호

용계약을 체결하였을 때에는 그 무선국은 과학기술정보통신부장관의 허가를 받은 것으로 보는 무선국인 소위 '허가 의제(擬制) 무선국', 2. 발사하는 전파가 미약한 무선국이나 무선설비의 설치공사를 할 필요가 없는 무선국, 3. 수신전용의 무선국, 4. 과학기술정보통신부장관에게 신고하지 아니하고 개설할 수 있는 발사하는 전파가 미약한 무선국 등으로서 대통령령으로[122] 정하는 무선국으로 이해된다.

(나) 국적으로 인한 무선국 개설 결격사유에 대한 예외 사유

전파법은 이 법 제20조(무선국 개설의 결격사유)제1항제1호부터 제3호까지의 규정은 다음, 1. 실험국(과학이나 기술발전을 위한 실험에만 사용하는 무선국을 말한다.), 2. 「선박안전법」, 「어선법」 또는 「수상레저기구의 등록 및 검사에 관한 법률」에 따른 선박의 무선국, 3. 「항공안전법」 제101조(외국항공기의 국내 사용) 단서 및 「항공사업법」 제55조(외국항공기의 유상운송)에 따른 허가를 받아 국내항공에 사용되는 항공기의 무선국, 4. 다음, 가. 대한민국에서 해당 국가의 외교와 영사 업무를 하는 대사관 등의 공관에서 특정 지점 간의 통신을 위하여 공관 안에 개설하는 무선국, 나. 아마추어국(개인적으로 무선기술에 흥미를 가지고 자기훈련과 기술연구에만 사용하는 무선국을 말한다.), 다. 육상이동 업무를 하는 무선국으로서 대통령령으로[123] 정하는 것의 어느 하나에 해당하는 무선국으로서 대한민국의 정

부터 제34호까지의 어느 하나에 해당하는 무선국을 말한다)과, 나. 「전기통신사업법」 제86조(국제전기통신업무에 관한 승인)제2항에 따른 승인을 받은 협정에 따라 외국위성을 이용하는 무선설비의 어느 하나에 해당하는 무선국 또는 무선설비로부터 주파수, 출력, 전파형식 등 송신의 제어를 받는 지구국(다만, 전파법 제22조(주파수 사용승인 및 무선국 개설허가의 유효기간)제2항에 따른 의무선박국 및 의무항공기국은 제외한다.)의 어느 하나에 해당하는 무선국을 말한다고 규정하고 있다(전파법 시행령 제21조).

122) 전파법 시행령은 이 법 제19조의2(신고를 통한 무선국 개설 등)제2항에서 "대통령령으로 정하는 무선국"이란 다음, 1. 표준전계발생기 · 헤테르다인방식 주파수 측정장치, 그 밖의 측정용 소형발진기와, 2. 동법 제58조의2(방송통신기자재등의 적합성평가)제1항에 따른 적합성평가(이하 "적합성평가"라 한다)를 받은 무선기기로서 개인의 일상생활에 자유로이 사용하기 위하여 과학기술정보통신부장관이 정한 주파수를 이용하여 개설하는 생활무선국용 무선기기, 3. 이 법 시행령 제24조(신고하고 개설할 수 있는 무선국)제1항제2호에 따른 무선기기 외의 수신전용 무선기기, 4. 적합성평가를 받은 무선기기로서 다른 무선국의 통신을 방해하지 아니하는 출력의 범위에서 사용할 목적으로 과학기술정보통신부장관이 용도 및 주파수와 안테나공급전력 또는 전계강도 등을 정하여 고시하는 무선기기의 어느 하나에 해당하는 무선기기를 사용하는 무선국을 말한다고 규정하고 있다(전파법 시행령 제25조).

123) 전파법 시행령은 이 법 제20조(무선국 개설의 결격사유)제2항제4호다목에서 "대통령령으로 정하는 것"이란 다음, 1. 기지국, 2. 육상이동국, 3. 간이무선국의 어느 하나에 해당하는 무선국을 말한다고 규정하고 있다(전파법 시행령 제26조).

부 · 대표자 또는 국민에게 자국(自國)에서 무선국 개설을 허용하는 국가의 정부 · 대표자 또는 국민에게 그 국가가 허용하는 무선국과 같은 종류의 무선국, 5. 국내에서 열리는 국제적 또는 국가적인 행사를 위하여 필요한 경우 그 기간에만 과학기술정보통신부장관이 허용하는 무선국, 6. 아마추어국으로서 다음, 가. 이 법 제70조(무선종사자의 자격)에 따라 대한민국의 아마추어무선기사 자격을 취득한 자와, 나. 대한민국에 잠시 머무르는 동안 무선국을 운용하려는 자(자국에서 아마추어무선기사 자격을 취득한 자에 한정한다)로서 과학기술정보통신부장관이 지정하는 단체의 추천을 받은 자의 어느 하나에 해당하는 자가 개설하는 무선국, 7. 대한민국에 들어오거나 대한민국에서 나가는 항공기나 선박에서 전기통신역무를 제공하기 위하여 해당 항공기 또는 선박 안에 개설하는 무선국의 어느 하나에 해당하는 무선국에 대하여는 적용하지 아니한다고 규정하고 있는데(동법 제20조제2항), 전파법 제20조(무선국 개설의 결격사유)제2항에서 규정하고 있는 무선국 개설 결격사유에 대한 예외 사유는 대한민국의 국적을 가지지 아니한 자, 외국정부 또는 그 대표자, 외국의 법인 또는 단체에 대한 사항으로 이해된다.

마. 무선국 개설의 방식과 절차

전파법은 무선국 개설에 대한 규제의 정도를 무선국의 종류에 따라 다르게 규정하고 있는데 무선국의 종류에 따라 무선국 개설에 대한 규제의 정도를 다르게 하고 있는 것은 무선국 개설 목적, 주파수 혼신과 간섭을 일으킬 수 있는 출력 등을 고려한 것으로 이해되며, 무선국 개설 방식과 절차의 유형으로는 〈표 29〉와 같이 허가, 허가 의제, 신고, 신고하지 않는 비신고, 주파수 사용승인을 통한 무선국의 개설이 있다.

표 29 무선국 개설 방식과 절차의 유형

무선국 개설 방식과 절차	전파법 규정	대상 무선국
허가	제19조제1항	일반 무선국
허가 의제	제19조제2항	이동전화 단말기와 같이 할당받은 주파수를 이용하여 전기통신역무를 제공받기 위해 동 역무를 제공하는 자와 이용계약을 체결한 무선국 등

신고	제19조의2제1항	발사하는 전파가 미약한 무선국이나 무선설비의 설치공사를 할 필요가 없는 무선국, 수신전용의 무선국, 주파수할당을 받은 자가 전기통신역무 등을 제공하기 위해 개설하는 무선국, 이동멀티미디어방송을 위하여 개설하는 무선국 등
비신고	제19조의2제2항	생활무선국용 무선기기와 같이 발사전파가 미약한 무선국 등으로서 대통령령으로 정하는 무선국
주파수 사용승인	제19조제5항	군(軍), 외국공관의 무선국과 같이 사용승인을 받은 무선국 등

한편, 〈그림 88〉과 같이 일반적으로 무선국 개설은 무선국 개설 허가신청, 허가 적부심사, 허가증의 발급, 준공 신고, 준공검사, 준공검사 증명서 발급, 무선국 운용의 순서에 따라 진행되게 된다.

그림 88 무선국 개설 절차

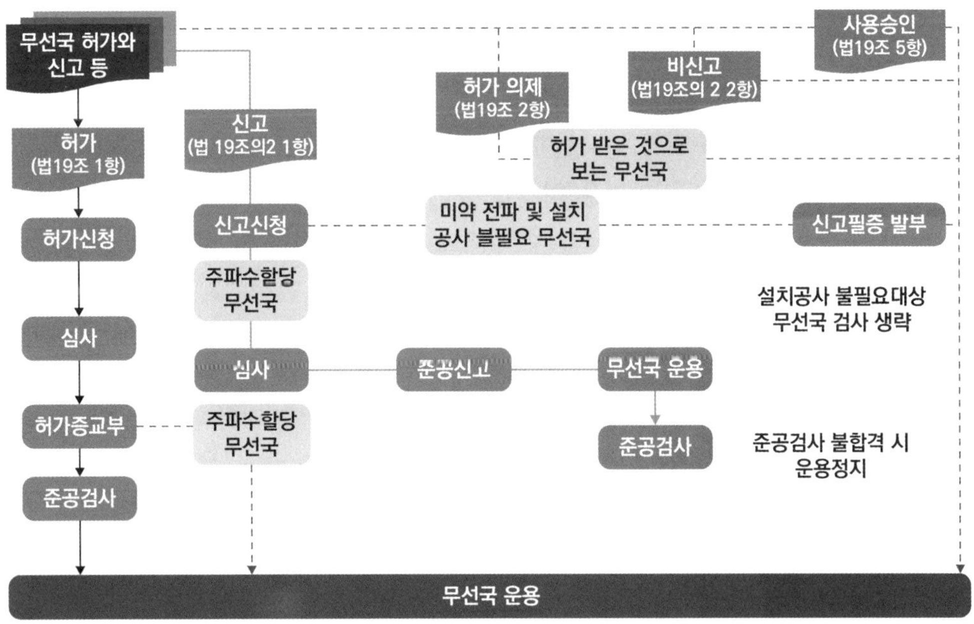

(1) 허가를 통한 무선국 개설

〈전파법〉 제19조(허가를 통한 무선국 개설 등) ① 무선국을 개설하려는 자는 대통령령으로 정하는 바에 따라 과학기술정보통신부장관의 허가를 받아야 한다. 허가받은 사항 중 대통령령으로 정하는 사항을 변경하려는 경우에도 또한 같다.

(가) 허가를 통한 무선국 개설의 의의

전파법은 무선국을 개설하려는 자는 대통령령으로 정하는 바에 따라 과학기술정보통신부장관의 허가를 받아야 하며, 허가받은 사항 중 대통령령으로 정하는 사항을 변경하려는 경우에도 또한 같다고 규정하고 있는데(전파법 제19조제1항), 전파는 희소성을 갖는 국가의 자원이며 주파수 간의 혼신과 간섭, 전자파 인체 영향으로 인한 문제를 해소하기 위해 국가에 의해 관리되는 공물(公物)이므로 누구에게나 자유롭게 무선국의 개설이 허용되는 것은 아닌 것으로 생각된다. 허가를 통한 무선국 개설은 무선국 개설의 일반원칙으로서 전파법은 조문은 허가(許可)를 통한 무선국 개설로 규정하고 있으나 전파법 제19조(허가를 통한 무선국 개설 등)의 허가는 일반적 자유의 해제라는 강학(講學)상의 허가(許可)가 아닌 주파수 이용 권한을 구체화하는 권리를 설정하는 점에서 강학(講學)상의 특허(特許)로 이해된다. 한편, 전파법은 허가를 통한 무선국 개설이라는 원칙 이외에 예외적으로 허가 의제, 신고, 신고하지 않는 비신고 무선국 개설을 규정하고 있다.

(나) 무선국 개설 허가의 신청

전파법은 이 법 제19조(허가를 통한 무선국 개설 등)제1항에 따라 무선국의 개설허가 또는 허가받은 사항을 변경하기 위한 허가(이하 "변경허가"라 한다)를 받으려는 자는 대통령령으로 정하는 바에 따라 과학기술정보통신부장관에게 신청하여야 한다고 규정하고 있으며(전파법 제21조제1항), 전파법 시행령은 이 법 제21조(무선국 개설허가 등의 절차)제1항에 따라 무선국의 개설허가를 받으려는 자는 허가신청서(전자문서로 된 신청서를 포함한다)에 다음, 1. 무선설비의 시설개요서와 공사설계서(다만, 동법 제24조의2(검사의 면제 등)제1항제1호 및 제3호에 따른 무선국인 어선에 설치하는 무선국, 소규모의 무선국 및 아마추어국으로서 대통령령으로 정하는 무선국과 무선설비의 설치공사가 필요 없거나 간단한 무선국으로서 대통령령으로 정하는 무선국은 제외한다.), 2. 「여권법」에 따른 여권의 사본(전파법 제20조(무선국 개설의 결격사유)제1항제1호부터 제3호까지에 해당하는 자인 대한민국의 국적을 가지지 아니한 자, 외국정부 또는 그 대표자, 외국의 법인 또는 단체로서 전파법 시행령 제31조(허가의 신청)제3항제2호인 「출입국관리법」 제88조(사실증명의 발급 및 열람)에 따른 외국인등록사실증명에 따라 확인할 수 없는 경우만 해당한다), 3. 「수상레저기구의 등록 및 검사에 관한 법률」 제8조(등록증 · 등록번호판의 발급 등)제1항에 따른 동력수상레저기구 등록증 사본 등 무선국의 시설자에게 무선설비가 설치되는 이동체에 대한 소유권 또는 점유권이 있는지를 확인할 수 있는 서류(전파법 시행령 제31조제3항에 따라 행정정보의 공동이용을 통하여 확인할 수 있는 서류는 제외한다)의 서류(전자문서를 포함한다)를 첨부하여 과학기술정보통신부장관에게 제출하여야 한다고 규정하고 있다(동법 시행령 제31조제1항).

전파법 시행령은 무선국의 개설허가신청이 다음, 1. 이 법 시행령 제24조(신고하고 개설할 수 있는 무선국)제1항제1호 단서 및 제3호 단서에 따른 휴대용 무선기기인 간이무선국용 무선설비 중 휴대용 무선기기(다만, 차량 · 선박 등 이동체에 설치하는 경우는 제외한다)와 이동국 · 육상이동국용 무선설비 중 휴대용 무선기기(다만, 차량 · 선박 등 이동체에 설치하는 경우는 제외한다)로서 같은 종별에 속하는 둘 이상의 무선국을 동시에 허가신청하는 경우, 2. 지상파방송보조국(동법 시행령 제24조제3항제2호에 따른 지하 · 터널내에 개설하는 지상파방송보조국은 제외한다)을 둘 이상 동시에 허가신청하는 경우, 3. 전기통신역무를 제공하기 위하여 항공기지구국을 둘 이상 동시에 허가신청하는 경우, 4. 사용지역 · 용도 등에 관하여 과학기술정보통신부장관이 정하여 고시하는 요건을 갖춘 소규모의 실험국 또는 실용화시험국으로서 같은 무선국 종별에 속하는 둘 이상의 무선국을 동시에 허가신청하는 경우의 어느 하나에 해당하는 경우에는 동법 시행령 제31조제1항에도 불구하고 무선국의 수에 관계없이 허가신청서 1부와 동법 시행령 제31조제1항 각 호의 서류 각 1부만을 제출할 수 있으나, 다만, 동법 시행령 제31조제2항제2호의 경우에는 방송국별로, 동법 시행령 제31조제2항제3호의 경우에는 항공기지구국별로, 동법 시행령 제31조제2항제4호의 경우에는 실험국 및 실용화시험국별로 설치장소 · 안테나형식 또는 안테나공급전력 등이 일부 다를 때에는 그 명세를 별도로 제출하여야 한다고 규정하고 있다(동법 시행령 제31조제2항).

(다) 무선국 개설 허가신청의 단위

전파법 시행령은 무선국의 허가신청은 이 법 시행령 제29조(무선국의 분류)의 무선국의 분류에 따라 송신설비의[124] 설치장소(휴대용 무선기기를 이용한 무선국의 경우에는 송신장치[125])별로 하여야 한다고 규정하고 있는데(전파법 시행령 제30조제1항), 송신설비는 송신장치와 송신 안테나로 구성되어 전파를 보내는 설비이므로 신호(信號, Signal)를 발생시키고 변조와 증폭을 시키는 송신설비와 공간에 방사(放射, Radiation)시키는 공중선(空中線, Antenna)을 포함하여 무선국 개설 허가의 단위로 정해야 하는 것으로 이해된다. 무선국의 설치 장소는 공간에 전파 에너지를 방사하는 시설인 안테나가 위치한 장소를 의미하는 것으로서 설치 장소를 무선국의 허가신청 장소로 정해야 한다는 것으로 해석된다.

전파법 시행령은 방송국의 허가신청은 이 법 시행령 제30조(허가신청의 단위)제1항에 따르는 것 외에 중파방송[126] · 단파방송[127] · 초단파방송[128] · 텔레비전방송[129] · 데이터방송[130] 등 방송별로 하거나 주파수별로(단파방송의 경우는 제외한다) 하여야 하나, 다만, 하나의 주파수로 여러 방송을 할 수 있는 경우에는 방송별로 허가신청을 하여야 한다고 규정하고 있으며(동법 시행령 제30조제2항), 이동하는 무선국 중 개인이 개설하는 아마추어국과 송신장치마다 신청하는 것이 불합리하다고 인정되는 무선국에 대하여는 이 법 시행령 제30조제1항에도 불구하고 둘 이상의 송신장치를 포함하여 단일무선국으로 신청할 수 있다고 규정하고 있다(동법 시행령 제30조제3항).

한편, 전파법 시행령은 과학기술정보통신부장관은 무선국의 허가신청을 간소화하기 위하여 필요한 경우에는 이 법 시행령 제30조제1항 및 제2항 단서에도 불구하고 과학기

---

124) 전파법 시행령은 “송신설비”란 전파를 보내는 설비로서 송신장치와 송신안테나계로 구성되는 설비를 말한다고 규정하고 있다(전파법 시행령 제2조제2호).

125) 전파법 시행령은 “송신장치”란 무선통신의 송신을 위한 고주파 에너지를 발생하는 장치와 이에 부가되는 장치를 말한다고 규정하고 있다(전파법 시행령 제2조제4호).

126) 전파법 시행령은 “중파방송”이란 300킬로헤르츠(㎑)부터 3메가헤르츠(㎒)까지의 주파수대역 중 방송용으로 분배된 주파수의 전파를 이용하여 음성 · 음향 등을 보내는 방송을 말한다고 규정하고 있다(전파법 시행령 제2조제8호).

127) 전파법 시행령은 “단파방송”이란 3메가헤르츠(㎒)부터 30메가헤르츠(㎒)까지의 주파수대역 중 방송용으로 분배된 주파수의 전파를 이용하여 음성 · 음향 등을 보내는 방송을 말한다고 규정하고 있다(전파법 시행령 제2조제9호).

128) 전파법 시행령은 “초단파방송”이란 30메가헤르츠(㎒)부터 300메가헤르츠(㎒)까지의 주파수대역 중 방송용으로 분배된 주파수의 전파를 이용하여 음성 · 음향 등을 보내는 방송으로서 이 법 시행령 제2조(정의)제11호 및 제12호의 방송인 텔레비전방송과 데이터방송에 해당하지 아니하는 방송을 말한다고 규정하고 있다(전파법 시행령 제2조제10호).

129) 전파법 시행령은 “텔레비전방송”이란 정지 또는 이동하는 사물의 순간적 영상과 이에 따르는 음성 · 음향 등을 보내는 방송을 말한다고 규정하고 있다(전파법 시행령 제2조제11호).

130) 전파법 시행령은 “데이터방송”이란 데이터와 이에 따르는 영상 · 음성 · 음향 등을 보내는 방송으로서 이 법 시행령 제2조(정의)제8호부터 제11호까지의 방송에 해당하지 아니하는 방송을 말한다고 규정하고 있다(전파법 시행령 제2조제12호).

술정보통신부장관이 정하여 고시하는 바에 따라 통신망별 또는 설치장소나 주파수별로 허가를 신청하게 할 수 있다고 규정하고 있는데(동법 시행령 제30조제4항), 동 사안과 관련하여 방송국 허가신청의 단위(과학기술정보통신부 고시 제2017-7호, 2017. 8. 24.)가 제정 · 시행되고 있다.

(라) 무선국 개설 허가심사

전파법은 과학기술정보통신부장관은 이 법 제21조(무선국 개설허가 등의 절차)제1항에 따른 신청을 받은 때에는 다음, 1. 주파수지정이 가능한지의 여부, 2. 설치하거나 운용할 무선설비가 동법 제45조(기술기준)에 따른 기술기준에 적합한지의 여부, 3. 무선종사자의 배치계획이 동법 제71조(무선종사자의 배치)에 따른 자격 · 정원배치기준에 적합한지의 여부, 4. 동법 제20조의2(무선국의 개설조건)에 따른 무선국의 개설조건에 적합한지의 여부의 사항을 심사하여야 한다고 규정하고 있으며(전파법 제21조제2항), 전파법 시행령은 이 법 시행령 제31조(허가의 신청)제1항에 따라 허가신청을 받은 과학기술정보통신부장관은 「전자정부법」 제36조(행정정보의 효율적 관리 및 이용)제1항에 따른 행정정보의 공동이용을 통하여 다음, 1. 법인 등기사항증명서(기존의 무선국 시설자가 추가로 무선국의 개설허가를 받으려는 경우에는 그 대표자 또는 임원이 변경된 경우만 해당한다), 2. 「출입국관리법」 제88조(사실증명의 발급 및 열람)에 따른 외국인등록사실증명(전파법 제20조(무선국 개설의 결격사유)제1항 제1호부터 제3호까지에 해당하는 자인 대한민국의 국적을 가지지 아니한 자, 외국정부 또는 그 대표자, 외국의 법인 또는 단체만 해당한다), 3. 법인의 대표자 · 방송편성책임자의 가족관계기록사항에 관한 증명서(위성방송국 개설허가 신청의 경우만 해당한다), 4. 「자동차관리법」 제5조(등록)에 따른 자동차등록원부, 5. 「건설기계관리법」 제3조(등록 등)에 따른 건설기계등록증, 6. 「어선법」 제13조(어선의 등기와 등록)에 따른 선박국적증서, 선적증서 또는 등록필증, 7. 「선박법」 제8조(등기와 등록)에 따른 선박국적증서의 서류를 확인하여야 하나, 다만, 신청인(법인의 경우 대표자를 말한다) · 방송편성책임자가 동법 시행령 제31조제3항제2호부터 제7호까지의 확인에 동의하지 아니하는 경우에는 해당 서류를 첨부하도록 하여야 한다고 규정하고 있다(동법 시행령 제31조제3항).

한편, 전파법은 과학기술정보통신부장관은 이 법 제21조(무선국 개설허가 등의 절차)제2항에 따른 심사를 할 때에 필요하다고 인정하면 신청인에게 자료 제출을 요구하거나 신청인의 의견을 들을 수 있다고 규정하고 있다(동법 제21조제3항).

(마) 무선국 개설 허가증의 발급 등

1) 무선국 개설 허가증의 발급과 기재 사항

전파법은 과학기술정보통신부장관은 이 법 제21조(무선국 개설허가 등의 절차)제2항에 따라 심사한 결과 그 신청이 적합하면 무선국 개설허가 또는 변경허가를 하고 신청인에게 무선국의 준공기한과 그 밖에 대통령령으로 정하는 사항이 적힌 허가증을 발급하여야 한다고 규정하고 있는데(전파법 제21조제4항), 전파법 시행령은 이 법 제21조(무선국 개설허가 등의 절차)제4항에 따라 무선국의 허가증에 적을 사항은 다음, 1. 허가연월일 및 허가번호, 2. 시설자의 성명 또는 명칭, 3. 무선국의 종별 및 명칭, 4. 무선국의 목적, 5. 통신의 상대방 및 통신사항(방송국의 경우에는 방송사항 및 방송구역을 말한다), 6. 무선설비의 설치장소, 7. 허가의 유효기간, 8. 호출부호 또는 호출명칭, 9. 전파의 형식 · 점유주파수대폭 및 주파수(아마추어국 등 주파수 대역으로 표시가 가능한 무선국의 경우에는 주파수 대역으로 표시할 수 있다), 10. 안테나공급전력, 11. 안테나의 형식 · 구성 및 이득(아마추어국의 경우에는 안테나 형식만 해당한다), 12. 운용허용시간, 13. 무선종사자의 자격 및 정원, 14. 무선국의 준공기한, 15. 시험전파의 발사기간 및 내용(시험전파의 발사를 신청한 경우만 해당한다), 16. 무선기기의 명칭 및 기기일련번호(아마추어국의 경우에는 무선기기의 명칭만 해당한다)와 같다고 규정하고 있다(동법 시행령 제33조제1항).

2) 무선국 개설 허가증의 정정과 재발급 및 변경

전파법 시행령은 시설자는 허가증의 정정을 받으려는 때에는 과학기술정보통신부장관에게 정정신청을 하여야 한다고 규정하고 있으며(전파법 시행령 제33조제2항), 시설자는 허가증의 파손 · 오손 · 분실 등으로 허가증의 재발급을 받으려는 때에는 과학기술정보통신부장관에게 재발급신청을 하여야 한다고 규정하고 있다(동법 시행령 제33조제3항). 또한 전파법 시행령은 이 법 시행령 제33조(허가증의 기재사항)제1항 각 호에 따른 허가증 기재사항 중 동법 시행령 제31조(허가의 신청)제4항 각 호 외의 사항을 변경하려는 경우에는 허가변경명세서(전자문서로 된 명세서를 포함한다)를 과학기술정보통신부장관에게 제출하여야 한다고 규정하고 있으며(동법 시행령 제33조제4항), 시설자가 동법 시행령 제33조제4항에 따라 허가변경명세서를 제출한 경우 과학기술정보통신부장관은 허가증을 변경하여 발급하여야 한다고 규정하고 있다(동법 시행령 제33조제5항).

(바) 무선국 개설 허가의 고시

전파법은 과학기술정보통신부장관은 대통령령으로 정하는 무선국의 개설허가 또는 변경허가를 한 경우에는 대통령령으로 정하는 바에 따라 이를 고시하여야 한다고 규정하고 있는데(전파법 제21조제5항), 전파법 시행령은 이 법 제21조(무선국 개설허가 등의 절차) 제5항에 따라 무선국의 개설허가를 한 경우에 고시하여야 할 무선국은 다음, 1. 방송국(지상파방송보조국 및 위성방송보조국은 제외한다), 2. 해안국, 3. 항공국, 4. 육상에 개설하는 무선측위국, 5. 표준주파수 및 시보국과 같으나,[131] 다만, 이 법 시행령 제34조(고시대상무선국)제2호부터 제4호까지에 해당하는 무선국 중 국방 또는 치안에 사용되는 무선국의 경우에는 그러하지 아니하다고 규정하고 있으며(동법 시행령 제34조), 이 법 제21조제5항에 따라 동법 시행령 제34조에 따른 고시대상무선국을 허가한 경우에 고시하여야 하는 사항은 다음, 1. 허가연월일 및 허가번호, 2. 시설자의 성명 또는 명칭, 3. 무선국의 명칭 및 종별과 무선설비의 설치장소, 4. 호출부호 또는 호출명칭, 5. 주파수, 전파의 형식, 점유주파수대폭 및 안테나공급전력와 같다고 규정하고 있다(동법 시행령 제35조제1항). 한편, 과학기술정보통신부장관은 이 법 시행령 제35조(무선국의 고시사항)제1항에 따라 고시한 사항에 변경이 있는 경우 지체 없이 이를 고시하여야 한다고 규정하고 있다(동법 시행령 제35조제2항).

(사) 무선국 개설 허가의 유효기간

전파법은 이 법 제18조의2(주파수 사용승인의 신청 등)제3항에 따른 주파수 사용승인의 유효기간은 10년 이내의 범위에서, 동법 제19조(허가를 통한 무선국 개설 등)제1항에 따른 무선국 개설허가의 유효기간은 7년 이내의 범위에서 대통령령으로 각각 정하며, 그 기간이 끝나면 재승인이나 재허가를 할 수 있다고 규정하고 있으나(전파법 제22조제1항), 이 법 제22조(주파수 사용승인 및 무선국 개설허가의 유효기간)제1항에도 불구하고 「선박안전법」, 「어선법」 또는 「수상레저기구의 등록 및 검사에 관한 법률」에 따라 선박에 의무적으로 개설하여야 하는 무선국(이하 "의무선박국"이라 한다)이나 「항공안전법」에 따라 항공기 또는 경량항공기에 의무적으로 개설하여야 하는 무선국(이하 "의무항공기국"이라 한다)의 개설허

---

131) 전파법 시행령은 "표준주파수 및 시보업무"를 과학 · 기술, 그 밖의 목적을 위하여 공중이 수신 가능하도록 높은 정확도를 가진 표준주파수 및 시각정보를 송신하는 무선통신업무로 규정하고 있으며(전파법 시행령 제28조제1항제9호), "표준주파수 및 시보국"을 표준주파수 및 시보업무를 하는 무선국으로 규정하고 있다(동법 시행령 제29조제1항제23호).

가 유효기간은 무기한으로 한다고 규정하고 있다(동법 제22조제2항).

한편, 무선국 개설 허가를 받은 뒤 무선국 개설 허가의 유효기간 만료로 인하여 허가의 효력이 상실된 때 법률상 보호되는 이익이 있는가에 대해서 판례는 종합유선방송 전송로 시설 제공 역무를 사업으로 하는 전송망사업자로 지정받은 자가 특정한 주파수 대역을 이용한 무선국 개설 허가를 받은 뒤 허가의 유효기간 만료로 무선국 개설 허가의 효력을 상실한 경우에 법률상 보호되는 이익이 없다고 판시한 바가 있다.[132] 무선국 개설 허가의 유효기간은 강학(講學)상의 부관(附款)[133] 중 행정행위 효력의 발생과 소멸을 장래에 발생 여부가 확실한 사실인 장래의 특정 시점에 종속시키는 기한(期限)으로 이해되며 기한 내에 허가 기간의 연장신청이 없다면 허가의 효력은 상실되는 것으로 해석된다.[134]

1) 무선국 종류별 개설 허가의 유효기간

전파법 시행령은 이 법 제22조(주파수 사용승인 및 무선국 개설허가의 유효기간)제1항에 따른 무선국 개설허가의 유효기간은 다음, 1. 실험국 및 실용화시험국은 "1년", 2. 이동국 · 육상국 · 육상이동국 · 기지국 · 이동중계국 · 선박국[「선박안전법」, 「어선법」 또는 「수상레저기구의 등록 및 검사에 관한 법률」에 따라 선박에 의무적으로 개설하여야 하는 무선국(이하 "의무선박국"이라 한다)은 제외한다] · 선상통신국 · 무선표지국 · 무선측위국 · 우주국 · 일반지구국 · 해안지구국 · 항공지구국 · 육상지구국 · 이동지구국 · 기지지구국 · 육상이동지구국 · 아마추어국 · 간이무선국 · 항공국 · 고정국 · 무선항행육상국 · 무선항행이동국 · 무선탐지육상국 · 무선탐지이동국 · 비상국 · 기상원조국 · 항공기지구국 · 무선조정국 · 무선조정이동국 · 무선조정중계국 · 전파천문국 · 선박지구국 · 항공기국[「항공안전법」에 따라 항공기 또는 경량항공기에 의무적으로 개설하여야 하는 무선국(이하 "의무항공기국"이라 한다)은 제외한다] · 비상위치지시용무선표지국 · 비상위치지시용위성무선표지국 · 해안국 및 무선방향탐지국은 "5년", 2의2. 방송국은 "5년"(위성방송국과 위성방송보조국은 "7년"으로 한다), 3. 이 법 시행령 제36조(무선국 개설허가의 유효기간)제1호 · 제2호 및 제2호의2 외의 무선국은 "3년"과 같다고 규정하고 있다(동법 시행령 제36조제1항).

---

132) 대법원 2007. 4. 12. 선고 2004두7924 판결.

133) 부관(附款)은 주된 행정행위의 효과를 제한 또는 보충하기 위해 주된 행위 또는 의사표시에 부가된 종(從)된 규율 또는 의사표시로서 부관에는 조건(條件), 기한(期限), 부담(負擔)이 있다. 홍정선, 앞의 책, p309.

134) 대법원 2004. 3. 25. 선고 2003두12837 판결.

2) 무선국 개설 허가 유효기간의 기산점과 단축 등

전파법은 이 법 제22조(주파수 사용승인 및 무선국 개설허가의 유효기간)제1항에 따른 승인이나 허가의 유효기간은 다음, 2. 무선국 개설허가는 동법 제24조(검사)제3항 본문에 따른 검사증명서를 발급받은 날(다만, 동법 제24조의2(검사의 면제 등)제1항 각 호에 따른 무선국의 개설허가는 그 허가를 받은 날로 한다.)부터 기산한다고 규정하고 있다(전파법 제23조제3항).

전파법은 시행령은 과학기술정보통신부장관은 이 법 시행령 제36조(무선국 개설허가의 유효기간)제1항 각 호에도 불구하고 같은 시설자의 같은 종별 또는 통신망에 속하는 무선국에 대하여는 각 무선국의 허가시기가 다르더라도 그 유효기간이 동시에 끝나도록 허가할 수 있다고 규정하고 있으며(동법 시행령 제36조제2항), 과학기술정보통신부장관은 이 법 제20조(무선국 개설의 결격사유)제2항제4호 및 제5호에 따른 무선국의 시설자 또는 신청인이[135] 원하는 경우에는 동법 시행령 제1항 각 호에 따른 허가유효기간의 범위에서 허가의 유효기간을 달리 정할 수 있다고 규정하고 있다(동법 시행령 제36조제3항). 또한 전파법 시행령은 과학기술정보통신부장관(이 법 제34조(방송국의 개설허가)에 따라 개설허가를 하는 방송미디어통신위원회를 포함한다)은 이 법 시행령 제36조제1항제2호의2에도 불구하고 전파의 효율적인 이용 및 관리를 통한 공공복리증진을 위하여 필요하다고 판단하는 경우에는「방송법」제10조(심사기준 · 절차)제1항 또는 동법 제17조(재허가 등)제3항에 따른 심사결과를 고려하여 2년을 초과하지 아니하는 범위에서 허가의 유효기간을 단축하여 허가할 수 있다고 규정하고 있다(동법 시행령 제36조제4항). 한편, 전파법 시행령은 과학기술정보통신부장관은 무선국 개설허가의 유효기간이 끝나는 날의 4개월 전까지 시설자에게 재허가 절차와 이 법 시행령 제38조(재허가)제1항에 따른 재허가 신청기간 내에 신청하지 않으면 재허가를 받을 수 없다는 사실을 미리 알려야 하는데, 이 경우 통지는 문서, 전화 또는 팩스의 방법 등으로 할 수 있다고 규정하고 있다(동법 시행령 제36조제5항).

---

135) 전파법 제20조(무선국 개설의 결격사유)제2항제4호 및 제5호에 따른 무선국의 시설자 또는 신청인은, 4. 다음, 가. 대한민국에서 해당 국가의 외교와 영사 업무를 하는 대사관 등의 공관에서 특정 지점 간의 통신을 위하여 공관 안에 개설하는 무선국, 나. 아마추어국(개인적으로 무선기술에 흥미를 가지고 자기훈련과 기술연구에만 사용하는 무선국을 말한다), 다. 육상이동 업무를 하는 무선국으로서 대통령령으로 정하는 것의 어느 하나에 해당하는 무선국으로서 대한민국의 정부 · 대표자 또는 국민에게 자국(自國)에서 무선국 개설을 허용하는 국가의 정부 · 대표자 또는 국민에게 그 국가가 허용하는 무선국과 같은 종류의 무선국과, 5. 국내에서 열리는 국제적 또는 국가적인 행사를 위하여 필요한 경우 그 기간에만 과학기술정보통신부장관이 허용하는 무선국을 말한다(전파법 제20조제2항제4호 및 제5호).

(아) 무선국 개설 재허가

전파법은 이 법 제22조(주파수 사용승인 및 무선국 개설허가의 유효기간)제1항에 따른 재승인이나 재허가의 절차와 그 밖에 필요한 사항은 대통령령으로 정한다고 규정하고 있는데(전파법 제22조제4항), 전파법 시행령은 이 법 제22조(주파수 사용승인 및 무선국 개설허가의 유효기간)제1항에 따라 재허가를 받으려는 자는 유효기간 만료 전 2개월 이상 4개월 이내의 기간에 과학기술정보통신부장관에게 재허가신청을 하여야 하나, 다만, 허가의 유효기간이 1년인 무선국에 대하여는 그 유효기간 만료일 2개월 전까지 신청하여야 하며, 허가의 유효기간이 1년 미만인 무선국에 대하여는 그 유효기간 만료일 1개월 전까지 신청하여야 한다고 규정하고 있다(동법 시행령 제38조제1항).

전파법 시행령은 이 법 제22조제1항에 따라 위성방송국의 재허가를 받으려는 자는 재허가신청서(전자문서로 된 신청서를 포함한다)에 무선설비 시설개요서와 공사설계서를 첨부하여야 한다고 규정하고 있으며(동법 시행령 제38조제2항), 이 법 시행령 제38조(재허가)제1항에 따라 위성방송국 재허가 신청을 받은 과학기술정보통신부장관은 「전자정부법」 제36조(행정정보의 효율적 관리 및 이용)제1항에 따른 행정정보의 공동이용을 통하여 다음, 1. 법인 등기사항증명서와, 2. 법인의 대표자 · 방송편성책임자의 가족관계기록사항에 관한 증명서의 서류를 확인하여야 하나, 다만, 신청인 · 방송편성책임자가 동법 시행령 제38조제3항제2호의 확인에 동의하지 아니하는 경우에는 해당 서류를 첨부하도록 하여야 한다고 규정하고 있다(동법 시행령 제38조제3항).

한편, 전파법 시행령은 과학기술정보통신부장관은 재허가신청을 심사한 결과 그 신청이 이 법 제21조제2항 각 호에 적합하다고 인정하는 경우에는 재허가를 하나, 다만, 허가신청 시와 주파수 이용현황 등이 달라진 경우에는 다음, 1. 전파의 형식 · 점유주파수대폭 및 주파수, 2. 호출부호 또는 호출명칭, 3. 안테나공급전력, 4. 운용허용시간, 5. 무선종사자의 자격 및 정원, 6. 안테나의 형식 · 구성 및 이득, 7. 방송을 목적으로 하는 무선국에 있어서는 방송사항 및 방송구역의 사항을 다시 지정하여 무선국의 허가를 할 수 있다고 규정하고 있는데(동법 시행령 제38조제4항), 무선국 개설 허가신청 시와 주파수 이용 현황이 달라진 경우에는 최초의 허가신청과 동일성을 상실한 경우이므로 기존 허가의 연장으로 보기는 어려울 것으로 해석된다.

(자) 무선국 개설 변경허가

전파법 시행령은 이 법 제19조(허가를 통한 무선국 개설 등)제1항 후단 및 동법 시행령

제21조(무선국 개설허가 등의 절차)제1항에 따라 다음, 1. 무선국의 목적, 2. 통신의 상대방 및 통신사항(방송국의 경우에는 방송사항 및 방송구역을 말한다), 3. 무선설비의 설치 장소(무선설비가 설치된 차량을 교체하는 경우는 제외한다), 4. 호출부호 또는 호출명칭, 5. 전파의 형식, 점유주파수대폭 및 주파수(간이무선국이 같은 주파수대역 내에서 주파수를 변경하는 경우는 제외한다), 6. 안테나공급전력, 7. 안테나의 형식 · 구성 및 이득(아마추어국의 경우에는 안테나 형식만 해당한다), 8. 운용허용시간, 9. 송신장치의 증설(아마추어국으로서 안테나공급전력 10와트 이하의 송신장치는 제외한다), 10. 무선기기의 대치(과학기술정보통신부장관 고시로[136] 정하는 무선기기는 제외한다)의 사항에 대하여 변경허가를 받으려는 자는 변경허가 신청서(전자문서로 된 신청서를 포함한다)에 무선설비의 공사설계서(다만, 동법 시행령 제31조(허가의 신청)제1호 · 제2호 · 제4호 및 제8호를 변경하는 경우는 제외한다.) 및 무선국 변경내역서(전자문서를 포함한다)를 첨부하여 과학기술정보통신부장관에게 제출하여야 한다고 규정하고 있다(동법 시행령 제31조제4항). 또한 전파법 시행령은 이 법 시행령 제31조(허가의 신청)제4항에 따라 위성방송국 변경허가 신청을 받은 과학기술정보통신부장관은「전자정부법」제36조(행정정보의 효율적 관리 및 이용)제1항에 따른 행정정보의 공동이용을 통하여 다음, 1. 법인 등기사항증명서와, 2. 법인의 대표자의 가족관계기록사항에 관한 증명서의 서류를 확인하여야 하나, 다만, 신청인이 동법 시행령 제31조제5항제2호의 확인에 동의하지 아니하는 경우에는 해당 서류를 첨부하도록 하여야 한다고 규정하고 있다(동법 시행령 제31조제5항). 한편, 무선국 개설 변경허가 심사, 허가증의 발급, 변경허가의 고시 관련 내용은 앞에서 설명한 무선국 개설 허가의 내용과 동일하다.

(2) 허가 의제를 통한 무선국 개설

〈전파법〉 제19조(허가를 통한 무선국 개설 등) ② 제1항 전단에도 불구하고「전기통신사업법」제2조제6호에 따른 전기통신역무를 제공받기 위한 무선국으로서 대통령령으로 정하는 무선국을 개설하려는 자가 해당 전기통신역무를 제공하는 자와 이용계약을 체결하였을 때에는 그 무선국은 과학기술정보통신부장관의 허가를 받은 것으로 본다. 이 경우 제1항 후단, 제22조, 제24조, 제25조의2 및 제69조제1항제2호는 적용하지 아니한다.

---

136) 동 사안과 관련하여 변경허가가 필요하지 아니한 무선기기 및 전파응용설비(중앙전파관리소 고시 제2021-4호, 2021. 9. 27.)가 제정 · 시행되고 있다.

(가) 허가 의제를 통한 무선국 개설의 의의

전파법은 이 법 제19조(허가를 통한 무선국 개설 등)제1항 전단에도 불구하고 「전기통신사업법」 제2조(정의)제6호에 따른 전기통신역무를 제공받기 위한 무선국으로서 대통령령으로 정하는 무선국을 개설하려는 자가 해당 전기통신역무를 제공하는 자와 이용계약을 체결하였을 때에는 그 무선국은 과학기술정보통신부장관의 허가를 받은 것으로 보며, 이 경우 동법 제19조제1항 후단, 동법 제22조(주파수 사용승인 및 무선국 개설허가의 유효기간), 동법 제24조(검사), 동법 제25조의2(무선국의 폐지 및 운용 휴지) 및 동법 제69조(수수료)제1항제2호는 적용하지 아니한다고 규정하고 있으며(전파법 제19조제2항), 전파법 시행령은 이 법 제19조제2항 전단에서 "대통령령으로 정하는 무선국"이란 다음, 1. 동법 제10조(주파수할당)에 따라 과학기술정보통신부장관이 할당한 주파수를 이용하는 무선국과, 2. 다음, 가. 국내에 설치된 다른 무선국(동법 시행령 제29조(무선국의 분류)제1항제30호부터 제34호까지의 어느 하나에 해당하는 무선국을 말한다)과, 나. 「전기통신사업법」 제86조(국제전기통신업무에 관한 승인)제2항에 따른 승인을 받은 협정에 따라 외국위성을 이용하는 무선설비의 어느 하나에 해당하는 무선국 또는 무선설비로부터 주파수, 출력, 전파형식 등 송신의 제어를 받는 지구국(다만, 동법 제22조제2항에 따른 의무선박국 및 의무항공기국은 제외한다.)의 어느 하나에 해당하는 무선국을 말한다고 규정하고 있는데(동법 시행령 제21조제1항), 전파법 제19조제2항과 이 법 시행령 제21조(허가받은 것으로 보는 무선국)는 소위 '허가 의제(擬制)'인 허가받은 것으로 보는 무선국에 대한 조문들로서 허가 의제의 대표적인 사례는 휴대전화 단말기로 이해된다.

소위 '허가 의제(擬制)'인 허가받은 것으로 보는 무선국을 규정한 취지는 휴대전화와 같은 휴대용 무선국은 특별한 허가심사 절차를 거치지 않더라도 단말기 생산 시에 관련 기술기준에 적합하도록 생산된 기기이므로 이미 무선설비에 대한 검증이 이루어졌으며, 약 5천만 명의 이동통신 가입자에게 개별적으로 모두 무선국 허가를 받도록 하는 것이 곤란(困難)하고 실질적으로 불가능할 뿐만 아니라, 전기통신 사업자와 이용계약을 체결하지 않은 경우는 당해 이동전화 단말기의 사용이 불가능하므로 역무 제공 사업자와 이용계약을 체결하는 때에는 무선국 허가를 받은 것과 동일한 효과를 거둘 수 있기 때문으로 생각된다.

(나) 허가받은 것으로 보는 무선국의 이용계약 체결 통보

전파법은 전기통신사업자는 이 법 제19조(허가를 통한 무선국 개설 등)제2항에 따른 무선국을 개설하려는 자와 이용계약을 체결하였을 때에는 대통령령으로 정하는 바에 따라 신규로 이용계약을 체결한 가입자의 수와 전체 가입자의 수를 과학기술정보통신부장관에게 통보하여야 한다고 규정하고 있으며(전파법 제19조제3항), 전파법 시행령은 전기통신사업자는 이 법 제19조제3항에 따라 이용계약을 체결한 경우에는 매 분기 말일부터 15일 이내에 다음, 1. 해당 분기 중 신규로 이용계약을 체결한 가입자의 수, 2. 매 분기 말일 기준의 가입자의 수, 3.「병역법」에 따른 징집 또는 지원에 따라 입영한 현역병[같은 법 제24조제2항 또는 제25조(추천에 의한 전환복무)제1항(같은 항 제2호 중 경찰대학 졸업예정자로서 의무경찰대에 복무하도록 추천을 받은 자는 제외한다)에 따라 전환복무하는 자를 포함한다] 또는「대체역의 편입 및 복무 등에 관한 법률」에 따라 소집된 대체복무요원으로서 전파법 시행령 제21조(허가받은 것으로 보는 무선국)에 따른 무선국의 이용을 정지한 가입자의 수, 4. 이용계약에 따른 이용요금의 연체로 인하여 이 법 시행령 제21조에 따른 무선국의 이용이 정지된 가입자의 수의 사항을 과학기술정보통신부장관에게 통보하여야 한다고 규정하고 있는데(동법 시행령 제22조), 전파법 제19조제3항과 이 법 시행령 제22조(이용계약의 체결통보)는 소위 '허가 의제(擬制)'인 이동전화 단말기의 가입 현황을 파악하여 허가받은 것으로 보는 무선국의 현황을 파악하기 위한 것으로 이해된다.

(3) 신고를 통한 무선국 개설

〈전파법〉 제19조의2(신고를 통한 무선국 개설 등) ① 제19조제1항에도 불구하고 다음 각 호의 어느 하나에 해당하는 무선국으로서 국가 간, 지역 간 전파혼신 방지 등을 위하여 주파수 또는 안테나공급전력을 제한할 필요가 없다고 인정되거나 인명안전 등을 목적으로 개설하는 것이 아닌 무선국 등 대통령령으로 정하는 무선국을 개설하려는 자는 과학기술정보통신부장관에게 신고하여야 한다. 신고한 사항 중 대통령령으로 정하는 사항을 변경하려는 경우에도 또한 같다.

1. 발사하는 전파가 미약한 무선국이나 무선설비의 설치공사를 할 필요가 없는 무선국
2. 수신전용의 무선국
3. 제11조 또는 제12조에 따라 주파수할당을 받은 자가 전기통신역무 등을 제공하기 위하여 개설하는 무선국
4.「방송법」 제2조제1호라목에 따른 이동멀티미디어방송을 위하여 개설하는 무선국

(가) 신고를 통한 무선국 개설의 의의

전파법은 이 법 제19조(허가를 통한 무선국 개설 등)제1항에도 불구하고 다음, 1. 발사하는 전파가 미약한 무선국이나 무선설비의 설치공사를 할 필요가 없는 무선국, 2. 수신전용의 무선국, 3. 이 법 제11조(대가에 의한 주파수할당) 또는 제12조(심사에 의한 주파수할당)에 따라 주파수할당을 받은 자가 전기통신역무 등을 제공하기 위하여 개설하는 무선국, 4. 「방송법」 제2조(정의)제1호라목에 따른 이동멀티미디어방송을 위하여 개설하는 무선국의 어느 하나에 해당하는 무선국으로서 국가 간, 지역 간 전파혼신 방지 등을 위하여 주파수 또는 안테나공급전력을 제한할 필요가 없다고 인정되거나 인명안전 등을 목적으로 개설하는 것이 아닌 무선국 등 대통령령으로 정하는 무선국을 개설하려는 자는 과학기술정보통신부장관에게 신고하여야 하며, 신고한 사항 중 대통령령으로 정하는 사항을 변경하려는 경우에도 또한 같다고 규정하고 있다(전파법 제19조의2제1항).

(나) 신고를 통한 무선국 개설의 종류

1) 발사하는 전파가 미약한 무선국이나 무선설비의 설치공사를 할 필요가 없는 무선국과 수신전용의 무선국

전파법 시행령은 이 법 제19조의2(신고를 통한 무선국 개설 등)제1항제1호 및 제2호에 따라 신고하고 개설할 수 있는 무선국은 다음, 1. 간이무선국용 무선설비 중 휴대용 무선기기(다만, 차량 · 선박 등 이동체에 설치하는 경우는 제외한다), 2. 전파천문업무를 하는 수신전용 무선기기, 3. 이동국 · 육상이동국용 무선설비 중 휴대용 무선기기(다만, 차량 · 선박 등 이동체에 설치하는 경우는 제외한다), 4. 삭제,[137], 5. 건물 등 일정한 구역 내에서만 4,720메가헤르츠(MHz) 이상 4,820메가헤르츠(MHz) 이하 또는 28.9기가헤르츠(GHz) 이상 29.5기가헤르츠(GHz) 이하의 주파수를 이용하는 육상국 · 기지국 또는 이동중계국을 설치하는 자가 해당 무선국과 통신하기 위하여 개설하는 이동국 · 육상이동국용 무선기기 각 호의 어느 하나에 해당하는 무선기기를 사용하는 무선국으로 한다고 규정하고 있다(전파법 시행령 제24조제1항).

간이무선국용 무선설비 중 휴대용 무선기기는 발사하는 전파가 5W(와트, Watt) 정도로 소위 허가 의제(擬制)를 받고 사용해야 하는 휴대전화 단말기와 출력에 큰 차이가 없

137) 2025년 4월 1일 삭제된 사항은 다른 일반지구국으로부터 주파수, 출력, 전파형식 등 송신의 제어를 받는 일반지구국의 무선기기이다.

어 발사하는 전파가 미약한 무선국이 아니나 무선설비의 설치공사를 할 필요가 없는 무선국에 해당하는 것으로 이해된다. 과거 전파법 시행령은 허가를 받고 이용해야 하는 간이무선국용 무선설비 중 휴대용 무선기기의 경우 신고 없이도 이용할 수 있는 생활무선국용 무선기기와 그 형태와 기능이 유사하여 허가를 받지 않고 사용하는 경우가 발생할 수 있었기 때문에 전파법상의 벌칙 조항의 적용을 받아 형사처벌을 받을 수 있는 문제가 있었는데 허가에서 신고를 통한 무선국 개설로 규제를 완화함으로써 과도한 형사처벌의 문제를 해소하게 된 것으로 생각된다.

수신전용의 무선국은 전파를 송신(送信)함이 없이 오로지 수신만을 위해서 개설하는 무선국으로서 전파의 수신만이 이루어지기 때문에 발사하는 전파가 없어 다른 무선국에 대한 혼신과 간섭을 일으킬 우려가 적어 신고를 통해 무선국을 개설하는 것으로 이해된다. 전파천문업무를 하는 수신전용 무선기기가 전파법 시행령 제24조제1항의 신고를 통해 개설하는 무선국에 해당하는데, 전파천문업무를 하는 수신전용 무선기기와 같은 수신전용 무선국은 신고를 통해 무선국을 개설하는 것이 아닌 신고를 하지 않고 무선국 개설을 하는 비신고 무선국으로 규정할 수도 있겠으나 전파천문업무를 하는 수신전용 무선기기는 전파천문업무라는 공익적 업무를 수행하는 무선국으로서 업무의 특성상 타 무선국으로부터 발생되는 전파로부터 방해를 받지 않아야 올바른 업무의 수행이 가능하므로 국가의 보호가 필요한 무선국으로 이해된다. 국가의 보호를 위해 전파천문업무를 하는 수신전용 무선기기에 대한 설치 장소와 같은 현황을 국가가 파악해야 할 필요가 있고 전파천문업무를 하는 수신전용 무선기기의 관리와 통제가 요구됨에 따라 신고 통한 무선국 개설로 규정하고 있다.

2) 주파수할당을 받은 자가 전기통신역무 등을 제공하기 위하여 개설하는 무선국

전파법 시행령은 이 법 제19조의2(신고를 통한 무선국 개설 등)제1항제3호에 따라 신고하고 개설할 수 있는 무선국은 다음, 1. 「전기통신사업법」 제2조(정의)제11호 본문에 따른 기간통신역무를 제공하기 위한 무선국 중 다음, 가. 이동통신, 나. 휴대인터넷, 다. 위치기반서비스, 라. 무선데이터통신, 마. 서비스제공지역이 전국인 주파수공용통신 및 무선호출, 바. 그 밖에 국가간 · 지역간 전파혼신 방지 등을 위하여 과학기술정보통신부장관이 무선국의 설치장소, 운영시간, 주파수 또는 안테나공급전력 등을 제한할 필요가 없다고 인정하여 고시하는 무선국의 어느 하나에 해당하는 무선국과, 2. 「방송법」 제2조(정의)제2호나목에 따른 종합유선방송사업을 하기 위한 무선국 또는 같은 조 제13호에 따른 전송망사업을 하기 위한 무선국의 어느 하나에 해당하는 무선국을 말한다고 규정하고 있는데(전파법 시행령 제24조제2항), 주파수할당을 통해 주파수 대역의 배타적 이용권을 확보하여 다른 무선국에 대한 혼신과 간섭을 일으킬 소지가 적다고 판단되어 규제완화의 차원에서 허가에서 신고를 통한 무선국의 개설로 전환된 것으로 이해된다.

3) 이동멀티미디어방송을 위하여 개설하는 무선국

전파법 시행령은 이 법 제19조의2(신고를 통한 무선국 개설 등)제1항제4호에 따라 신고하고 개설할 수 있는 무선국은 다음, 1. 위성방송보조국과, 2. 지하 · 터널내에 개설하는 지상파방송보조국의 어느 하나에 해당하는 무선국을 말한다고 규정하고 있는데(전파법 시행령 제24조제3항), 지상파 DMB(Digital Multimedia Broadcasting, 디지털 멀티미디어 방송)와 위성 DMB와 같은 이동멀티미디어방송을 위해 개설하는 무선국은 제한된 음영(陰影) 지역을 대상으로 하여 저출력으로 송출(送出)됨에도 불구하고 과거 방송국으로 분류되어 신고가 아닌 허가를 통해 무선국이 개설되는 어려움이 있었는데 무선국 허가로 인한 불필요한 행정비용의 낭비를 줄이고 이동멀티미디어방송의 발전을 위해 무선국 허가에서 신고를 통한 무선국 개설로 전환된 것으로 이해된다.

(다) 무선국 개설 신고 등의 절차

전파법은 이 법 제19조의2(신고를 통한 무선국 개설 등)제1항 전단에 따라 무선국 개설신고를 하려는 자는 무선국을 개설하기 전까지 과학기술정보통신부장관에게 신고하여야 하며, 동법 제19조의2제1항 후단에 따라 신고한 사항을 변경하기 위한 신고(이하 "변경신고"라 한다)를 하려는 경우에도 또한 같다고 규정하고 있는데(전파법 제22조의2제1항), 전파법 시행령은 이 법 제22조의2(무선국 개설신고 등의 절차)제1항 전단에 따라 무선국의 개설신고를 하려는 자는 무선국개설신고서(전자문서로 된 신고서를 포함한다)에 무선설비의 시설개요서 및 공사설계서(동법 제19조의2제1항제1호 및 제2호에 따른 무선국인 발사하는 전파가 미약한 무선국이나 무선설비의 설치공사를 할 필요가 없는 무선국과 수신전용의 무선국은 제외한다)를 첨부하여 과학기술정보통신부장관에게 제출하여야 한다고 규정하고 있다(동법 시행령 제39조의2제1항).

또한 전파법 시행령은 이 법 시행령 제39조의2(무선국 개설신고 등의 절차) 제1항에도 불구하고 무선국의 개설신고가 다음, 1. 동법 시행령 제24조(신고하고 개설할 수 있는 무선국)제1항제1호 본문 및 제3호 본문에 따른 휴대용 무선기기로서 같은 종별에 속하는 둘 이상의 무선국을 동시에 개설신고하는 경우와, 2. 동법 시행령 제24조제3항에 따른 위성방송보조국 또는 지하 · 터널내에 개설하는 지상파방송보조국을 둘 이상 동시에 개설신고하는 경우의 어느 하나에 해당하는 경우에는 무선국의 수에 관계 없이 무선국개설신고서 1부만을 제출할 수 있으나, 다만, 이 법 시행령 제39조의2제2항제2호의 경우에는 무선설비의 시설개요서와 공사설계서 각 1부를 제출하여야 한다고 규정하고 있다(동법 시행령 제39조의2제2항).

(라) 무선국 신고증명서의 발급

전파법은 과학기술정보통신부장관은 이 법 제22조의2(무선국 개설신고 등의 절차)제1항에 따라 개설신고를 받거나 변경신고를 받은 경우에는 무선국 신고증명서를 발급하여야 한다고 규정하고 있는데(전파법 제22조의2제2항), 전파법 시행령은 이 법 제22조의2제2항에 따른 무선국 신고증명서에는 다음, 1. 동법 시행령 제33조(허가증의 기재사항)제1항제2호부터 제5호까지 및 제8호부터 제16호까지에 관한 사항, 2. 신고번호 및 수리일자, 3. 무선설비의 설치장소 또는 상치장소(휴대용 무선기기를 사용하는 간이무선국의 경우는 제외한다)의 사항을 기재하여야 하나, 다만, 이 법 시행령 제24조(신고하고 개설할 수 있는 무선국)제1항에 따른 무선국의 경우에는 동법 시행령 제33조제1항제4호 및 제11호부터 제15호까지의 사항은 제외한다고 규정하고 있다(동법 시행령 제39조의3제1항).

한편, 전파법 시행령은 무선국 신고증명서의 정정 및 재발급에 관하여는 이 법 시행령 제33조제2항부터 제5항까지의 규정을 준용하는데, 이 경우 "허가증"은 "신고증명서"로, 동법 시행령 "제31조(허가의 신청)제4항 각 호 외의 사항"은 동법 시행령 "제39조의2(무선국 개설신고 등의 절차)제3항 각 호 외의 사항"으로, "허가변경명세서"는 "신고변경명세서"로 본다고 규정하고 있다(동법 시행령 제39조의3제2항).

(마) 무선국 개설 변경신고

전파법 시행령은 이 법 시행령 제39조의2(무선국 개설신고 등의 절차)제1항 및 제2항에 따라 무선국을 개설한 자가 이 법 제22조의2(무선국 개설신고 등의 절차)제1항 후단에 따라 다음, 1. 동법 시행령 제31조(허가의 신청)제4항제1호 · 제2호 · 제4호 및 제6호부터 제8호까지에 관한 사항, 2. 무선설비의 설치장소 또는 상치장소(常置場所, 휴대용 무선기기를 사용하는 간이무선국의 경우는 제외한다), 3. 전파의 형식 · 점유주파수대폭 및 주파수(기간통신사업자가 전파법 제11조(대가에 의한 주파수할당) 및 제12조(심사에 의한 주파수할당)에 따라 할당받은 주파수대역 내에서 주파수를 변경하는 경우는 제외한다), 4. 송신장치의 증설, 5. 무선기기의 대치 각 호의 사항을 변경하려는 경우에는 무선설비의 공사설계서(동법 시행령 제31조(허가의 신청)제4항제1호 · 제2호 · 제4호 및 제8호에 관한 사항을 변경하는 경우와 동법 제19조의2(신고를 통한 무선국 개설 등)제1항제1호 및 제2호에 따른 무선국을 변경하는 경우는 제외한다) 및 무선국 변경내역서를 첨부하여 과학기술정보통신부장관에게 변경신고를 하여야 한다고 규정하고 있는데(전파법 시행령 제39조의2제3항), 주파수할당을 받은 주파수대역 내에서 주파수를 변경하는 경우를 변경신고의 대상에서 제외하고 있는 것은 이미 이용 권한을 갖고 있는 주파수에 대해 변경하는 것이므로 변경신고를 하지 않도록 한 것으로 이해된다.

(4) 신고하지 않는 무선국 개설

〈전파법〉 제19조의2(신고를 통한 무선국 개설 등) ② 제1항에도 불구하고 발사하는 전파가 미약한 무선국 등으로서 대통령령으로 정하는 무선국은 과학기술정보통신부장관에게 신고하지 아니하고 개설할 수 있다.

전파법은 이 법 제19조의2(신고를 통한 무선국 개설 등)제1항에도 불구하고 발사하는 전파가 미약한 무선국 등으로서 대통령령으로 정하는 무선국은 과학기술정보통신부장관에게 신고하지 아니하고 개설할 수 있다고 규정하고 있는데(전파법 제19조의2제2항), 전파법 시행령은 이 법 제19조의2(신고를 통한 무선국 개설 등)제2항에서 "대통령령으로 정하는 무선국"이란 다음 각, 1. 표준전계발생기 · 헤테르다인방식 주파수 측정장치, 그 밖의 측정용 소형발진기, 2. 동법 제58조의2(방송통신기자재등의 적합성평가)제1항에 따른 적합성평가(이하 "적합성평가"라 한다)를 받은 무선기기로서 개인의 일상생활에 자유로이 사용하기 위하여 과학기술정보통신부장관이 정한 주파수를 이용하여 개설하는 생활무선국용 무선기기, 3. 동법 시행령 제24조(신고하고 개설할 수 있는 무선국)제1항제2호에 따른 무선기기 외의 수신전용 무선기기, 4. 적합성평가를 받은 무선기기로서 다른 무선국의 통신을 방해하지 아니하는 출력의 범위에서 사용할 목적으로 과학기술정보통신부장관이 용도 및 주파수와 안테나공급전력 또는 전계강도 등을 정하여 고시하는 무선기기의 어느 하나에 해당하는 무선기기를 사용하는 무선국을 말한다고 규정하고 있으며(동법 시행령 제25조), 동 사안과 관련하여 신고하지 아니하고 개설할 수 있는 무선국용 무선기기(과학기술정보통신부 고시 제2025-14호, 2025. 3. 27.)가 제정 · 시행되고 있다. 신고하지 않는 무선국 개설인 소위 '비신고 무선국 개설'은 발사하는 전파가 아주 미약하여 다른 무선국에 주파수 혼신과 간섭 등의 영향을 미치지 않거나 자유롭게 사용하여도 일반적인 전파환경에 영향을 주지 않는 무선국으로 이해된다.

(5) 주파수 사용승인을 통한 무선국의 개설

〈전파법〉 제19조(허가를 통한 무선국 개설 등) ⑤ 제1항에도 불구하고 대통령령으로 정하는 바에 따라 과학기술정보통신부장관으로부터 주파수 사용승인을 받은 자는 무선국을 개설할 수 있다.

전파법은 이 법 제19조(허가를 통한 무선국 개설 등)제1항에도 불구하고 대통령령으로 정하는 바에 따라 과학기술정보통신부장관으로부터 주파수 사용승인을 받은 자는 무선국을 개설할 수 있다고 규정하고 있다(전파법 제19조제5항). 주파수 사용승인을 통한 무선국 개설 관련 내용은 이미 앞에서 주파수 사용승인에서 설명한 바와 같다.

바. 무선국 시설자의 지위 승계

(1) 무선국 시설자 지위 승계의 의의

전파법은 다음, 1. 시설자가 사업을 양도하면서 그 사업과 관련된 무선국을 양도한 경우의 양수인, 2. 시설자인 법인이 합병한 경우에 합병 후 존속하거나 합병에 따라 설립된 법인, 3. 시설자가 사망한 경우의 상속인, 4. 무선국이 있는 선박이나 항공기의 소유권 이전 또는 임대차계약 등에 의하여 선박이나 항공기를 운항하는 자가 변경된 경우에 해당 선박이나 항공기를 운항하는 자의 어느 하나에 해당하는 자는 시설자(다만, 이 법 제14조(주파수이용권)제5항에[138] 따라 시설자의 지위를 승계하는 자는 제외한다.)의 지위를 승계한다고 규정하고 있는데(전파법 제23조제1항), 무선국 개설 허가는 대물에 대한 허가와 대인

138) 전파법은 이 법 제14조(주파수이용권)제3항에 따라 주파수이용권 양수의 승인을 얻은 자는 동법 제11조(대가에 의한 주파수할당)에 따라 주파수할당을 받은 자 및 시설자(주파수할당을 받은 자가 무선국 개설허가를 받거나 개설신고를 한 경우에 한정한다)의 지위를 승계한다고 규정하고 있다(전파법 제14조제5항).

에 대한 허가의 성격을 모두 갖고 있기 때문에 만일 허가받은 자의 동일성이 변경된다면 원칙적으로는 무선국 개설 허가의 효력은 소멸(消滅)된다고 하겠으나, 전파 이용관계의 계속성 확보를 위해 무선국 개설 허가를 받은 자가 바뀌더라도 무선국 개설 허가를 통해 부여된 법적 지위가 승계되어야 할 현실적 필요성이 있으므로 전파법은 사업의 양수도, 법인의 인수합병, 상속, 선박이나 항공기의 소유권 이전 또는 임대차계약과 같은 법률관계의 포괄승계의 경우 무선국 시설자의 지위 승계를 인정하고 이 법 제23조(시설자의 지위승계)에 동 사안을 규정하고 있는 것으로 이해된다.

(2) 무선국 시설자 지위 승계의 주요 내용

(가) 인가에 의한 무선국 시설자 지위 승계

전파법은 이 법 제23조(시설자의 지위승계)제1항제1호 또는 제2호에 해당하는 자인 시설자가 사업을 양도하면서 그 사업과 관련된 무선국을 양도한 경우의 양수인 또는 시설자인 법인이 합병한 경우에 합병 후 존속하거나 합병에 따라 설립된 법인은 대통령령으로 정하는 바에 따라 과학기술정보통신부장관의 인가를 받아야 하나, 다만, 지상파방송사업을 위한 방송국 시설자의 경우 대통령령으로 정하는 바에 따라 방송미디어통신위원회의 인가를 받아야 한다고 규정하고 있는데(전파법 제23조제2항), 무선국 시설자 지위 승계에 대한 인가(認可)는 강학(講學)상 인가(認可)로서 인가는 제3자 또는 사인(私人)들 간의 법률행위를 행정청이 동의(同意)를 통해 보충적으로 법률적 효력을 완성하여 주는 행정행위이며 공익과 관련 있는 제3자 또는 사인들 간의 법률행위에 대해 공익을 실현하기 위하여 행정기관의 간섭을 허용함으로써 그 법률행위의 효력 발생을 행정기관의 의사에 종속시키는 것으로 이해된다.[139]

전파법 시행령은 이 법 제23조(시설자의 지위승계)제2항 본문 및 단서에 따라 시설자 지위승계의 인가를 받으려는 자는 과학기술정보통신부령 또는 방송미디어통신위원회 고시로 정하는 인가신청서에 다음, 1. 동법 제23조제1항제1호에 해당하는 경우인 시설자가 사업을 양도하면서 그 사업과 관련된 무선국을 양도한 경우는 사업양도 · 양수계약서 사본, 2. 동법 제23조제1항제2호에 해당하는 경우인 시설자인 법인이 합병한 경우는, 가. 법인합병계약서 사본, 나. 합병을 결의한 주주총회 또는 사원총회의 의사록, 그 밖

139) 김동희, 앞의 책, p247.

에 합병에 관한 의사결정을 증명하는 서류, 다. 합병 후 존속하는 법인 또는 합병에 따라 설립된 법인의 정관 사본의 서류를 첨부하여 과학기술정보통신부장관 또는 방송미디어통신위원회에 제출해야 한다고 규정하고 있다(동법 시행령 제40조제1항).

또한 전파법 시행령은 과학기술정보통신부장관 또는 방송미디어통신위원회는 이 법 시행령 제40조(시설자 지위승계의 인가 신청)제1항에 따라 인가신청서를 제출받은 경우에는 「전자정부법」 제36조(행정정보의 효율적 관리 및 이용)제1항에 따른 행정정보의 공동이용을 통하여 다음, 1. 법인 등기사항증명서, 2. 「출입국관리법」 제88조(사실증명의 발급 및 열람)에 따른 외국인등록사실증명(전파법 제20조(무선국 개설의 결격사유)제1항제1호부터 제3호까지에 해당하는 자인 대한민국의 국적을 가지지 아니한 자, 외국정부 또는 그 대표자, 외국의 법인 또는 단체만 해당한다), 3. 법인의 대표자의 가족관계기록사항에 관한 증명서(위성방송국 시설자 지위승계 인가 신청의 경우만 해당한다)의 서류를 확인하여야 하나, 다만, 신청인(법인의 경우 대표자를 말한다)이 동법 시행령 제40조제2항제2호 또는 제3호의 확인에 동의하지 아니하는 경우에는 해당 서류를 첨부하도록 하여야 한다고 규정하고 있다(동법 시행령 제40조제2항).

한편, 전파법은 과학기술정보통신부장관은 이 법 제23조제2항 본문에 따른 인가의 신청을 받은 날부터 7일 이내에 인가 여부를 신청인에게 통지하여야 한다고 규정하고 있으며(동법 제23조제4항), 과학기술정보통신부장관이 이 법 제23조제4항에서 정한 기간 내에 인가 여부 또는 민원 처리 관련 법령에 따른 처리기간의 연장을 신청인에게 통지하지 아니하면 그 기간(민원 처리 관련 법령에 따라 처리기간이 연장 또는 재연장된 경우에는 해당 처리기간을 말한다)이 끝난 날의 다음 날에 인가를 한 것으로 본다고 규정하고 있다(동법 제23조제5항).

(나) 신고에 의한 무선국 시설자 지위 승계

전파법은 이 법 제23조(시설자의 지위승계)제1항제3호 또는 제4호에 해당하는 자인 시설자가 사망한 경우의 상속인 또는 무선국이 있는 선박이나 항공기의 소유권 이전 또는 임대차계약 등에 의하여 선박이나 항공기를 운항하는 자가 변경된 경우에 해당 선박이나 항공기를 운항하는 자와 대통령령으로[140] 정하는 무선국을 승계받으려는 자는 대통

140) 전파법 시행령은 이 법 제23조(시설자의 지위승계)제3항 본문에서 "대통령령으로 정하는 무선국"이란 간이무선국 및 동법 제19조의2(신고를 통한 무선국 개설 등)제1항에 따라 신고하고 개설하는 무선국을 말한다고 규정하고 있다(전파법 시행령 제41조제1항).

령령으로 정하는 바에 따라 과학기술정보통신부장관에게 신고하여야 하나, 다만, 지상파방송사업을 위한 방송국 시설자의 경우 대통령령으로 정하는 바에 따라 방송미디어통신위원회에 신고하여야 한다고 규정하고 있는데(전파법 제23조제3항), 무선국 시설자 지위승계에 대한 신고(申告)는 강학(講學)상 신고(申告)로서 신고는 사인(私人)이 행정기관에 대해 일정한 사실 또는 관념을 통지하여 공법적 효과를 발생시키는 행위로 이해된다.[141)]

전파법 시행령은 이 법 법 제23조제3항 본문 및 단서에 따라 시설자 지위승계를 신고하려는 자는 과학기술정보통신부령 또는 방송미디어통신위원회 고시로 정하는 신고서에 승계사실을 증명하는 서류를 첨부하여 과학기술정보통신부장관 또는 방송미디어통신위원회에 제출해야 한다고 규정하고 있으며(동법 시행령 제41조제2항), 전파법 시행규칙은 이 법 시행령 제40조(시설자 지위승계의 인가 신청) 및 제41조(신고에 따른 시설자 지위승계)에 따른 시설자 지위승계 인가신청서 · 신고서(전자문서로 된 신청서 · 신고서를 포함한다)는 별지 제37호서식과 같다고 규정하고 있다(동법 시행규칙 제13조).

또한 전파법 시행령은 과학기술정보통신부장관 또는 방송미디어통신위원회는 이 법 시행령 제41조(신고에 따른 시설자 지위승계)제2항에 따라 인가신청서를 제출받은 경우에는 「전자정부법」 제36조(행정정보의 효율적 관리 및 이용)제1항에 따른 행정정보의 공동이용을 통하여 다음, 1. 법인 등기사항증명서, 2. 「출입국관리법」 제88조(사실증명의 발급 및 열람)에 따른 외국인등록사실증명(전파법 제20조(무선국 개설의 결격사유)제1항제1호부터 제3호까지에 해당하는 자인 대한민국의 국적을 가지지 아니한 자, 외국정부 또는 그 대표자, 외국의 법인 또는 단체만 해당한다), 3. 법인의 대표자의 가족관계기록사항에 관한 증명서(위성방송국 시설자 지위승계 인가 신청의 경우만 해당한다)의 서류를 확인하여야 하나, 다만, 신청인(법인의 경우 대표자를 말한다)이 동법 시행령 제41조제3항제2호 또는 제3호의 확인에 동의하지 아니하는 경우에는 해당 서류를 첨부하도록 하여야 한다고 규정하고 있다(동법 시행령 제41조제3항).

(다) 무선국 시설자 지위 승계의 결격사유 등

전파법은 이 법 제23조(시설자의 지위승계)제2항에 따른 인가 및 제3항에 따른 신고의 결격사유에 관하여는 동법 제20조(무선국 개설의 결격사유)를 준용한다고 규정하고 있으며(전파법 제23조제6항), 법인의 합병이나 상속에 따라 시설자의 지위를 승계한 자가 2명 이

141) 김동희, 앞의 책, p116.

상인 경우에는 그중 1명을 대표자로 선정하여야 한다고 규정하고 있다(동법 제23조제7항). 한편, 전파법은 이 법 제23조제1항에서 “전파법 제14조(주파수이용권) 제5항에[142] 따라 시설자의 지위를 승계하는 자는 제외한다.”라고 규정하고 있어 주파수이용권의 양수인은 전파법 제23조에 따른 무선국 시설자 지위의 승계자에 포함되지 않는 것으로 해석된다.

3. 무선국의 검사와 운용

무선국 검사는 무선설비의 전파법에서 정하는 기술기준 적합성 여부, 무선종사자 배치의 적절성, 무선국 개설 시 정해진 제반 사항의 이행 여부를 확인하는 절차로 이해되며, 무선국 운용은 무선국을 이용하는 업무 활동으로서 시설자 등은 무선국의 운용 원칙을 준수해야 하는 의무가 있다.

가. 무선국의 검사

〈전파법〉 제24조(검사) ① 다음 각 호의 어느 하나에 해당하는 자는 무선설비가 준공된 경우 과학기술정보통신부장관에게 준공신고를 하고 그 무선설비가 기술기준 및 무선종사자의 자격·정원배치기준에 적합한지의 여부에 대하여 검사(이하 “준공검사”라 한다)를 받아야 한다. 다만, 제19조의2제1항제3호에 따라 신고하고 개설할 수 있는 무선국 중 대통령령으로 정하는 경우에는 표본추출 방법으로 검사(이하 “표본검사”라 한다)할 수 있다.

1. 제21조제4항에 따라 무선국 개설허가 또는 변경허가를 받은 자
2. 제22조의2제1항에 따라 제19조의2제1항제3호 또는 제4호에 해당하는 무선국의 개설신고 또는 변경신고를 한 자

---

142) 전파법은 이 법 제14조(주파수이용권)제3항에 따라 주파수이용권 양수의 승인을 얻은 자는 동법 제11조(대가에 의한 주파수할당)에 따라 주파수할당을 받은 자 및 시설자(주파수할당을 받은 자가 무선국 개설허가를 받거나 개설신고를 한 경우에 한정한다)의 지위를 승계한다고 규정하고 있다(전파법 제14조제5항).

(1) 무선국 검사의 의의

전파법은 다음, 1. 이 법 제21조제4항(무선국 개설허가 등의 절차)에 따라 무선국 개설허가 또는 변경허가를 받은 자와, 2. 동법 제22조의2(무선국 개설신고 등의 절차)제1항에 따라 동법 제19조의2(신고를 통한 무선국 개설 등)제1항제3호 또는 제4호에 해당하는 무선국의 개설신고 또는 변경신고를 한 자의 어느 하나에 해당하는 자는 무선설비가 준공된 경우 과학기술정보통신부장관에게 준공신고를 하고 그 무선설비가 기술기준 및 무선종사자의 자격 · 정원배치기준에 적합한지의 여부에 대하여 검사(이하 "준공검사"라 한다)를 받아야 하나, 다만, 동법 제19조의2제1항제3호에 따라 신고하고 개설할 수 있는 무선국 중 대통령령으로 정하는 경우에는 표본추출 방법으로 검사(이하 "표본검사"라 한다)할 수 있다고 규정하고 있는데(전파법 제24조제1항), 무선국은 전파를 보내거나 받는 전기 시설이기 때문에 타인의 전파 이용에 주파수 혼신과 간섭을 줄 수 있으므로 이러한 문제를 최소화하기 위해 무선설비와 무선설비를 조작하는 자에 대한 검사가 필요한 것으로 생각된다.

전파법은 이 법 제24조(검사)제1항 · 제4항 · 제5항 및 제8항에 따른 검사의 대상 · 시기 · 방법 및 절차에 관하여 필요한 사항은 대통령령으로 정한다고 규정하고 있는데(동법 제24조제9항), 전파법은 제24조(검사)에서 무선국 검사의 종류로 준공검사, 표본검사, 정기검사, 수시검사 또는 임시검사, 주파수 사용승인을 받은 무선국 검사를 규정하고 있는 것으로 이해된다. 준공검사는 무선국을 운용하기 위해 최초로 무선국 개설 시 실시하는 검사이며 정기검사는 정기검사의 유효기간 내에서 정기적으로 실시하는 검사이다. 또한 표본검사는 무선국에 대해 전수조사가 아닌 표본추출 방식으로 검사를 하는 것이며, 수시 또는 임시검사는 무선국이 있는 선박이나 항공기가 외국에 출항하려는 경우나 그밖에 전파의 효율적 이용이나 관리를 위해 특히 필요한 경우에 하는 검사이다. 한편, 이동전화 기지국과 같은 주파수 혼신과 간섭의 우려가 적은 무선국에 대해서는 과거에 전수조사로 검사하던 것에서 2010년 7월, 전파법 개정으로 표본추출 방식을 통한 표본검사로 규제 완화함으로써 검사 비용 절감과 검사 시간을 단축한 것은 바람직하나 과연 이동전화 기지국과 같은 주파수 혼신과 간섭의 우려가 적은 무선국에 대해 검사를 하는 것에 대한 근원적인 고민이 필요하다고 생각한다.

(2) 준공검사

전파법은 다음, 1. 이 법 제21조제4항(무선국 개설허가 등의 절차)에 따라 무선국 개설허가 또는 변경허가를 받은 자와, 2. 동법 제22조의2(무선국 개설신고 등의 절차)제1항에 따라 동법 제19조의2(신고를 통한 무선국 개설 등)제1항제3호 또는 제4호에 해당하는 무선국의 개설신고 또는 변경신고를 한 자의 어느 하나에 해당하는 자는 무선설비가 준공된 경우 과학기술정보통신부장관에게 준공신고를 하고 그 무선설비가 기술기준 및 무선종사자의 자격 · 정원배치기준에 적합한지의 여부에 대하여 검사(이하 "준공검사"라 한다)를 받아야 한다고 규정하고 있으며(전파법 제24조제1항), 과학기술정보통신부장관은 이 법 제24조(검사)제1항 각 호의 어느 하나에 해당하는 자로부터 허가증 또는 무선국 신고증명서에 적힌 준공기한의 연장신청을 받은 경우 그 사유가 합당하다고 인정하면 준공기한을 연장할 수 있으나, 이 경우 총 연장기간은 1년을 초과할 수 없다고 규정하고 있는데(동법 제24조제2항), 전파법 시행령은 이 법 제24조제2항에 따라 준공기한을 연장하려는 자는 과학기술정보통신부장관에게 준공기한연장을 신청하여야 한다고 규정하고 있다(동법 시행령 제43조).

전파법은 과학기술정보통신부장관은 이 법 제24조(검사)제1항, 제5항 또는 제8항에 따라 검사한 결과 그 무선설비가 동법 제45조(기술기준)에 따른 기술기준에 적합하고 무선종사자의 자격과 정원이 동법 제71조(무선종사자의 배치)에 따른 자격 · 정원배치기준에 적합하면 지체 없이 검사를 받은 자에게 검사증명서를 발급하여야 하나, 다만, 검사한 결과가 적합하지 아니한 무선국의 경우에는 대통령령으로 정하는 기한까지 재검사를 받아야 한다고 규정하고 있으며(동법 제24조제3항), 전파법 시행령은 이 법 제24조제3항 단서 및 제25조(무선국의 운용)제3항 단서에서 "대통령령으로 정하는 기한"이란 준공검사의 결과를 통보받은 날부터 6개월 이내의 기한을 말한다고 규정하고 있다(동법 시행령 제43조의2). 한편, 무선국 준공검사의 절차는 〈그림 89〉와 같다.

그림 89 무선국 준공검사 절차

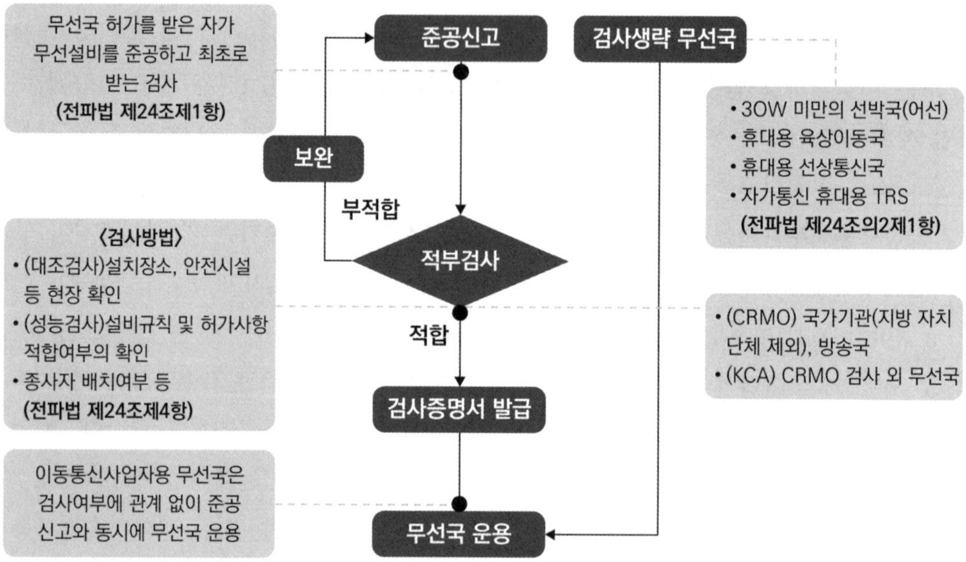

(3) 표본검사

전파법은 다만, 이 법 제19조의2(신고를 통한 무선국 개설 등)제1항제3호에 따라 신고하고 개설할 수 있는 무선국 중 대통령령으로 정하는 경우에는 표본추출 방법으로 검사(이하 "표본검사"라 한다)할 수 있다고 규정하고 있는데(전파법 제24조제1항 단서), 전파법 시행령은 이 법 제24조(검사)제1항 각 호 외의 부분 단서에 따른 표본검사(이하 "표본검사"라 한다)를 하기 위하여는 검사관할구역별로 표본모집기간 내에 준공신고한 무선국 중 100분의 30 이하의 비율(이하 "표본추출비율"이라 한다)로 표본을 추출(소수점 이하는 절상한다)하여야 하며, 이 경우 검사관할구역, 표본모집기간, 표본추출비율 등 표본검사의 운영에 관한 세부적인 사항은 과학기술정보통신부장관이 정하여 고시한다고 규정하고 있는데(동법 시행령 제42조의2제1항), 동 사안과 관련하여 무선국 및 전파응용설비의 검사업무 처리기준(중앙전파관리소 고시 제2024-3호, 2024. 7. 22.)이 제정 · 시행되고 있다. 또한 전파법 시행령은 이 법 제24조제1항 각 호 외의 부분 단서에서 "대통령령으로 정하는 경우"란 동법 제24조제2항제1호에 따른 무선국에 대하여 동법 제24조제1항 각 호 외의 부분 본문에 따른 검사(이하 "준공검사"라 한다)를 하는 경우를 말한다고 규정하고 있다(동법 시행령 제42조의2제2항).

한편, 전파법은 이 법 제24조제1항 각 호 외의 부분 단서에 따른 무선국 표본검사의 결과, 불합격률이 일정 기준을 초과하는 등 대통령령으로 정하는 경우에는 표본검사를 받지 아니한 무선국에 대하여도 같은 항 본문에 따른 검사를 받아야 한다고 규정하고 있는데(동법 제24조제7항), 전파법 시행령은 이 법 제24조제7항에서 "불합격률이 일정 기준을 초과하는 등 대통령령으로 정하는 경우"란 동법 시행령 제42조의2(표본검사)제1항에 따른 표본검사 결과 그 불합격률이 100분의 15를 초과하는 경우를 말한다고 규정하고 있다(동법 시행령 제42조의2제3항).

(4) 정기검사

전파법은 과학기술정보통신부장관은 다음, 1. 이 법 제21조(무선국 개설허가 등의 절차) 제4항에 따라 개설허가를 받은 무선국과, 2. 동법 제22조의2(무선국 개설신고 등의 절차)제1항에 따라 개설신고를 한 무선국(다만, 동법 제19조의2(신고를 통한 무선국 개설 등)제1항제3호 또는 제4호에 해당하는 무선국에 한정한다)의 어느 하나에 해당하는 무선국에 대하여 5년의 범위에서 무선국별로 대통령령으로 정하는 기간마다 정기검사를 실시하여야 한다고 규정하고 있는데(전파법 제24조제4항), 정기검사의 절차는 〈그림 90〉과 같다.

그림 90 무선국 정기검사 절차

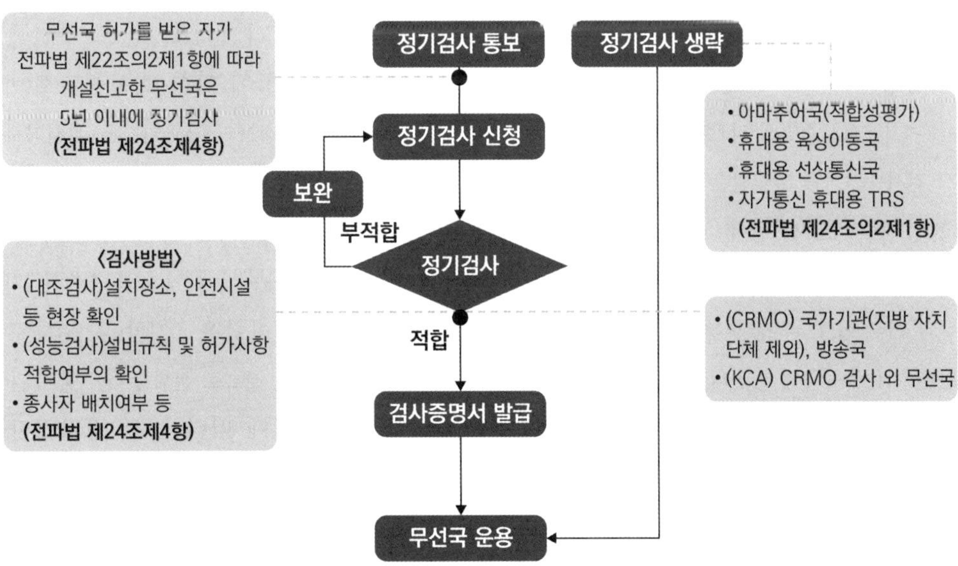

(가) 정기검사의 유효기간

전파법 시행령은 이 법 제24조(검사)제4항 각 호 외의 부분에서 “대통령령으로 정하는 기간”이란 다음, 1. 다음, 가. 의무선박국(이 법 시행령 제44조(정기검사의 유효기간)제1항제2호가목 및 나목에 따른 의무선박국은 제외한다), 나. 의무항공기국(동법 시행령 제44조제1항제2호다목에 따른 의무항공기국은 제외한다), 다. 실험국, 라. 실용화시험국에 따른 무선국은 “1년”, 2. 다음, 가. 총톤수 40톤 미만인 어선의 의무선박국, 나. 「선박안전법 시행령」 제2조(적용제외 선박)제1항제3호가목에 따른 평수구역 안에서만 운항하는 선박(여객선 및 어선은 제외한다)의 의무선박국, 다. 「항공안전법」 제2조(정의)제1호 및 제2호에 따른 헬리콥터 및 경량항공기의 의무항공기국에 따른 무선국은 “2년”, 3. 동법 시행령 제36조제36조(무선국 개설허가의 유효기간)제1항제2호의2 및 제3호에 따른 무선국은 “3년”, 4. 동법 시행령 제36조제1항제2호에 따른 무선국은 “5년”(다만, 인명구조 및 재난 관련 무선국으로서 과학기술정보통신부장관이 정하여 고시하는 무선국은 “2년”으로 한다)의 구분에 따른 기간을 말한다고 규정하고 있다(전파법 시행령 제44조제1항).

전파법 시행령은 이 법 시행령 제44조(정기검사의 유효기간)제1항에 따른 정기검사의 유효기간은 다음, 1. 최초로 정기검사를 받는 무선국은 이 법 제24조(검사)제3항에 따른 검사증명서(이하 “준공검사증명서”라 한다)를 발급받은 날(동법 제24조의2제1항 각 호에 따른 무선국의 경우에는 무선국의 허가를 받은 날을 말한다), 2. 정기검사 유효기간이 만료되어 다시 정기검사를 받는 무선국은 종전의 정기검사 유효기간의 만료일 다음날, 3. 정기검사의 유효기간 중에 같은 법 제24조제5항에 따른 검사(이하 “수시검사”라 한다)를 받은 무선국은 수시검사를 받고 이 법 시행령 제45조(검사의 시기 · 방법 등)제7항에 따른 검사증명서(이하 이 조에서 “검사증명서”라 한다)를 발급받은 날(이 경우 종전의 정기검사의 유효기간은 수시검사를 받고 검사증명서를 발급받은 날의 전날 만료된 것으로 본다), 4. 정기검사의 유효기간 중에 동법 시행령 제45조제2항제1호에 따라 같은 시기에 정기검사를 받은 무선국은 해당 무선국 중 종전의 정기검사 유효기간의 만료일이 가장 먼저 도래하는 무선국(이하 이 호에서 “기준무선국”이라 한다)의 종전의 정기검사 유효기간의 만료일 다음날(이 경우 종전의 정기검사 유효기간은 기준무선국의 종전의 정기검사 유효기간의 만료일에 모두 만료된 것으로 본다), 5. 정기검사의 유효기간 중에 동법 시행령 제45조제2항제2호 또는 제3호에 따라 다시 정기검사를 받은 무선국은 해당 정기검사를 받고 검사증명서를 발급받은 날(이 경우 종전의 정기검사의 유효기간은 검사증명서를 발급받은 날의 전날 만료된 것으로 본다)의 어느 하나에 해당하는 날부터 기산한다고 규정하고 있다(동법 시행령 제44조제3항). 〈표 30〉은 무선국 종류별 개설허가 유효기간, 정기검사 유효기간과 시기이다.

표 30 무선국 개설허가 유효기간, 정기검사 유효기간과 시기

<table>
<tr><th>무선국 종류</th><th>개설허가
유효기간
(년)</th><th>정기검사
유효기간
(년)</th><th>정기검사
시기
(만료일
기준)</th></tr>
<tr><td>실험국, 실용화시험국</td><td>1</td><td rowspan="2">1</td><td rowspan="2">전후 2월
이내</td></tr>
<tr><td>의무선박국, 의무항공기국</td><td>무기한</td></tr>
<tr><td>육상이동국, 선상통신국, 간이무선국, 항공국, 무선표지국, 무선측위국, 우주국, 기지국, 이동중계국, 육상국, 이동국, 선박국(의무선박국 제외), 아마추어국, 지구국(일반지구국, 해안지구국, 항공지구국, 육상지구국, 이동지구국, 기지지구국, 육상이동지구국), 고정국, 항공고정국, 해안국, 무선방향탐지육상국, 무선방향탐지국, 비상국, 항공기지구국, 방송국</td><td rowspan="2">5</td><td rowspan="2">5</td><td rowspan="2">전후 6월
이내</td></tr>
<tr><td>비의무(5톤미만) 어선선박국</td></tr>
<tr><td>선박국: 총톤수 40톤 미만인 어선의 의무선박, 선박안전법시행령 제2조제2호의 규정에 의한 평수구역 안에서만 운항하는 선박(여객선 및 어선을 제외한다)의 의무선박국</td><td rowspan="2">무기한</td><td rowspan="2">2</td><td rowspan="4">전후 3월
이내</td></tr>
<tr><td>항공기국: 항공법 제2조제1호 및 제25호의 규정에 의한 회전익항공기 및 초경량 비행장치의 의무항공기국</td></tr>
<tr><td>공동체 라디오 방송국</td><td rowspan="2">3</td><td rowspan="2">3</td></tr>
<tr><td>표준주파수국</td></tr>
</table>

(나) 정기검사의 시기와 방법 등

1) 정기검사의 시기

전파법 시행령은 이 법 제24조(검사)제4항에 따른 정기검사의 시기는 다음, 1. 이 법 시행령 제44조(정기검사의 유효기간)제1항제1호에 따른 무선국은 해당 무선국의 정기검사 유효기간의 만료일 전후 2개월 이내와, 2. 동법 시행령 제44조제1항제2호 · 제3호 및 같은 항 제4호 단서에 따른 무선국은 해당 무선국의 정기검사 유효기간의 만료일 전후 3개월 이내, 3. 동법 시행령 제44조제1항제4호에 따른 무선국은 해당 무선국의 정기검사 유효기간의 만료일 전후 6개월 이내의 구분에 따르며, 이 시기에 정기검사에 합격한 경우에는 정기검사 유효기간의 만료일에 정기검사를 받은 것으로 보나, 다만, 과학기술정보통신부장관은 「재난 및 안전관리 기본법」에 따른 재난이 발생하여 다음 각 호의 구분에 따른 정기검사 시기에 정기검사가 곤란한 경우에는 그 정기검사 시기의 종료일부터 1년 이내의 범위에서 정기검사 시기를 따로 정할 수 있다고 규정하고 있다(전파법 시행령 제45조제1항).

한편, 전파법 시행령은 과학기술정보통신부장관은 다음, 1. 다음, 가. 이 법 시행령 제44조(정기검사의 유효기간)제1항제4호 본문에 따른 정기검사의 유효기간이 5년인 무선국일 것과, 나. 동일한 설치장소에 위치하거나 동일한 시설자가 운용하는 2개 이상의 무선국(동법 시행령 제42조의2(표본검사)제1항 후단에 따른 검사관할구역이 동일한 무선국만 해당한다)일 것의 요건을 모두 갖춘 무선국에 대하여 과학기술정보통신부장관이 전파의 효율적인 관리 및 시설자의 편익을 위하여 같은 시기에 정기검사를 실시할 필요가 있다고 인정하는 경우, 2. 시설자가 요청하는 경우, 3. 그 밖에 과학기술정보통신부장관이 정기검사 시기 이전에 정기검사를 실시할 필요가 있다고 인정하는 경우의 어느 하나에 해당하는 경우에는 무선국에 대하여 이 법 시행령 제45조(검사의 시기 · 방법 등)제1항 각 호의 구분에 따른 정기검사 시기 이전에 정기검사를 실시할 수 있다고 규정하고 있다(동법 시행령 제45조제2항).

2) 정기검사의 방법

전파법 시행령은 정기검사, 수시검사 및 이 법 제24조(검사)제8항에 따른 검사는 다음, 1. "성능검사"인 안테나공급전력 · 주파수 · 불요발사(不要發射) · 점유주파수대폭 · 등가등방복사전력(等價等方輻射電力) · 실효복사전력(實效輻射電力) · 변조도 등 무선설비의 성능에 대하여 행하는 검사와 2. "대조검사"인 시설자 · 무선설비 · 설치장소 및 무선종사자의 배치 등이 무선국허가 · 신고사항 등과 일치하는지 여부를 대조 · 확인하는 검사의 구분에 따라 실시하며, 구체적인 검사항목 등 검사에 필요한 세부사항은 과학기술정보통신부장관이 정하여 고시한다고 규정하고 있다(전파법 시행령 제45조제3항).

성능검사는 〈표 31〉과 같이 무선설비의 성능이 기술기준에 적합한가의 여부를 확인하는 절차로서 스펙트럼 분석기, 출력 미터기 등 계측장비를 통해 무선설비의 실제 성능검사를 실시하는 것으로 이해된다.

표 31 무선국 성능검사 항목

검사항목	검사방법	기준 및 성적
공중선전력	급전선에 공급되는 전력이 지정된 전력의 허용치를 초과 또는 미달하여 전력을 발사하는가를 확인	허용 기준치 초과 및 미달시 부적합
점유주파수 대폭	변조 후 발사되는 고주파에너지의 99%가 허가된 대역폭 이내인지를 확인	상이한 경우 부적합
불요발사 허용치	통신에 필요한 전파이외에 발사되는 불필요한 전파가 기술기준 허용치 이내인지를 확인	허용 기준치 초과 및 미달시 부적합
주파수 허용편차	허가 시 지정받은 주파수와 발사되는 주파수의 차가 기술기준 허용 주파수 편차 이내인지를 확인	상이한 경우 부적합
인접채널 누실 전력비	인접채널로 누설되는 전력이 기술기준 허용치 이내인지를 확인	규정과 상이한 경우 부적합
부차적 전파발사강도	수신주파수 발진자 불안정으로 인해 수신기에서 발생되는 전파가 기술기준에서 정한 허용치 이내인지를 확인	규정과 상이한 경우 부적합

대조검사는 〈표 32〉와 같이 무선국 시설 현장에서 시설자, 무선설비, 설치 장소, 무선종사자의 배치 등이 무선국 허가 또는 신고 사항과 일치하는가의 여부를 현장에서 확인하는 것으로 이해된다.

표 32 무선국 대조검사 항목

검시항목	검사방법	기준 및 성적
시설자	허가 시 지정받은 시설자와의 일치여부를 확인	상이한 경우 부적합
설치장소	허가받은 무선설비 설치장소와 실제 설치장소가 동일한지 확인	상이한 경우 부적합
무선종사자	무선국종별로 전파법령에서 지정하는 기술자격자 배치 여부 확인	종사자 배치자격 및 정원기준에 맞지 않을 경우 부적합
기기번호, 일련번호, 전파형식 주파수	허가 시 지정받은 사항과 설치된 무선설비가 일치하는지 확인	상이한 경우 부적합
전원설비	전원전압계로 전원설비의 전압을 측정하여 무선설비 동작상태를 확인	규정과 상이한 경우 부적합
보호장치	전원회로에 퓨즈 또는 자동차단기기 설치여부 확인	규정과 상이한 경우 부적합

안전시설	피뢰기 및 접지장치 등 안전시설 설치여부 확인	규정과 상이한 경우 부적합
공중선, 공용화, 환경친화	형식, 높이, 이득 등 허가증 및 공사설계서 기재사항 확인과 공동사용, 환경친화 여부 확인	상이한 경우 부적합

전파법 시행령은 정기검사를 하는 기관의 장은 정기검사대상 무선국의 시설자에게 정기검사일 및 정기검사수수료 등에 관한 사항을 정하여 정기검사일 1개월 전까지 통보하여야 한다고 규정하고 있으며(동법 시행령 제45조제4항), 이 법 제24조제1항 · 제4항 · 제5항 및 제8항에 따른 검사를 하는 자는 무선국검사관임을 증명하는 증표나 공무원증을 관계인에게 내보여야 한다고 규정하고 있다(동법 시행령 제45조제9항). 한편, 전파법 시행령은 이 법 제24조제4항 · 제5항 및 제8항에 따른 검사에 합격한 경우에는 검사증명서를 발급한다고 규정하고 있다(동법 시행령 제45조제7항).

(5) 수시검사 또는 임시검사[143)]

전파법은 과학기술정보통신부장관은 무선국이 있는 선박이나 항공기가 외국에 출항하려는 경우나 그 밖에 전파의 효율적 이용이나 관리를 위하여 특히 필요한 경우에는 무선설비의 기술기준, 무선종사자의 자격과 정원, 그 밖에 필요한 사항 등을 검사할 수 있다고 규정하고 있는데(전파법 제24조제5항), 전파법 제24조(검사)제5항의 검사를 수시검사 또는 임시검사라고 한다. 전파법 시행령은 수시검사는 다음, 1. 표본추출비율을 100분의 30 미만으로 한 표본검사의 결과 그 불합격률이 100분의 15 이하인 경우, 2. 무선국 시설자가 수시검사를 요청한 경우(혼신 제거나 혼신 영향 파악을 위한 경우로 한정한다), 3. 무선국이 있는 선박이나 항공기가 외국에 출항하려는 경우 또는 이 법 제29조(혼신 등의 방지)제2항에 따른 혼신 등을 방지하려는 경우 등 과학기술정보통신부장관이 전파의 효율적 이용이나 관리를 위하여 특히 필요하다고 인정하는 경우의 어느 하나에 해당하는 경우 실시할 수 있으나, 다만, 이 법 시행령 제45조(검사의 시기 · 방법 등)제5항제1호에 따른 수시검사의 대상이 되는 무선국의 비율은 100분의 30에서 표본추출비율을 공제한 비율을 초과하지 않는 범위에서 표본검사의 불합격률을 고려하여 과학기술정보통신부장관이 정하여 고시한다고 규정하고 있으며(동법 시행령 제45조제5항), 수시검사를 하는 기관

143) 기존의 "임시검사"가 2014년 8월, 전파법 시행령 개정으로 "수시검사"로 명칭이 변경되었다.

의 장은 수시검사 대상 무선국의 시설자에게 수시검사일 및 수시검사수수료 등에 관한 사항을 정하여 미리 통보하여야 한다고 규정하고 있다(동법 시행령 제45조제6항). 한편, 전파법 시행령은 이 법 제24조제4항 · 제5항 및 제8항에 따른 검사에 합격한 경우에는 검사증명서를 발급한다고 규정하고 있다(동법 시행령 제45조제7항).

(6) 주파수 사용승인을 받은 무선국 검사

전파법은 과학기술정보통신부장관은 전파의 효율적인 이용이나 관리를 위하여 필요한 경우에는 이 법 제19조제5항에 따라 주파수 사용승인을 받아 개설된 무선국이 사용승인서에 적힌 대로 개설되어 운용되고 있는지를 검사할 수 있다고 규정하고 있는데(동법 제24조제8항), 전파법 시행령은 이 법 제24조(검사)제8항에서 전파의 효율적인 이용이나 관리를 위하여 필요한 경우는 다음, 1. 사용승인을 받은 주파수의 실제 사용 여부를 확인할 필요가 있는 경우와, 2. 동법 제29조(혼신 등의 방지)제2항에 따른 혼신 등을 방지하려는 경우 등 과학기술정보통신부장관이 전파의 효율적인 이용이나 관리를 위하여 특히 필요하다고 인정하는 경우로 한다고 규정하고 있다(동법 시행령 제45조제8항). 한편, 전파법 시행령은 이 법 제24조제4항 · 제5항 및 제8항에 따른 검사에 합격한 경우에는 검사증명서를 발급한다고 규정하고 있다(동법 시행령 제45조제7항).

(7) 무선국 검사의 연기, 면제 또는 생략

허가 또는 신고를 통해 개설된 일정한 무선국은 준공검사와 정기검사를 받도록 하고 있으나 전파법은 제24조의2(검사의 면제 등)에서 일종의 예외로서 무선국 검사의 연기, 면제 또는 생략을 규정하고 있다.

(가) 무선국 검사의 연기

전파법은 과학기술정보통신부장관은 이 법 제24조(검사)제4항에도 불구하고 정기검사 시기에 외국을 항행 중인 선박 또는 항공기의 무선국, 그 밖에 정기검사를 실시할 필요가 없다고 인정되는 무선국의 경우에는 정기검사 시기를 연기하거나 정기검사를 면제 또는 생략할 수 있다고 규정하고 있는데(전파법 제24조의2제2항), 전파법 시행령은 이 법 제24조의2(검사의 면제 등)제2항에 따라 정기검사의 시기를 연기하려는 자는 동법 시행령 제45조(검사의 시기 · 방법 등)제4항에 따라 통보한 정기검사일이 지나기 전에 검사기관의 장에게 서면(전자문서를 포함한다)으로 정기검사시기의 연기를 요청하여야 한다고 규정하고 있으며(동법 시행령 제46조제1항), 검사기관의 장은 이 법 시행령 제46조(정기검사의 연기) 제1항에 따른 정기검사의 연기사유가 합당하다고 인정하는 경우에는 동법 시행령 제45조제1항에 따른 정기검사시기를 넘지 아니하는 범위에서 이를 승인할 수 있다고 규정하고 있다(동법 시행령 제46조제2항).

(나) 무선국 검사의 면제 또는 생략

1) 무선국 준공검사의 면제 또는 생략

전파법은 과학기술정보통신부장관은 이 법 제24조(검사)제1항에도 불구하고 다음, 1. 어선에 설치하는 무선국, 소규모의 무선국 및 아마추어국으로서 대통령령으로 정하는 무선국, 2. 동법 제22조(주파수 사용승인 및 무선국 개설허가의 유효기간)제1항에 따라 재허가를 받은 무선국, 3. 무선설비의 설치공사가 필요 없거나 간단한 무선국으로서 대통령령으로 정하는 무선국, 4. 외국에서 취득한 후 국내의 목적지에 도착하지 못한 선박 또는 항공기의 무선국, 5. 동법 제20조(무선국 개설의 결격사유)제2항제7호의 무선국 중 시설자가 외국인인 무선국의 어느 하나에 해당하는 무선국의 경우에는 준공검사를 면제 또는 생략할 수 있다고 규정하고 있는데(전파법 제24조의2제1항), 전파법 시행령은 이 법 제24조의2(검사의 면제 등)제1항제1호에서 “대통령령으로 정하는 무선국”이란 다음, 1. 30와트 미만의 무선설비를 시설하는 어선의 선박국, 2. 아마추어국으로서 다음, 가. 적합성평가를 받은 무선기기를 사용하는 무선국과, 나. 외국에서 아마추어무선기사 자격을 취득하고 과학기술정보통신부장관이 지정하는 단체의 추천을 받은 자가 1개월 이내의 국내 체류기간 동안 개설·운용하는 무선국의 어느 하나에 해당하는 무선국, 3. 국가안보 또는 대통령 경호를 위하여 개설하는 무선국, 4. 정부 또는 기간통신사업자가 비상통신을 위하여 개설한 무선국으로서 상시 운용하지 않는 무선국, 5. 공해 또는 극지역에 개설한 무선국, 6. 외국에서 운용할 목적으로 개설한 육상이동지구국, 7. 소규모의 무선국으로서 사용지역·용도 등에 관하여 과학기술정보통신부장관이 정하여 고시하는 요건을 갖춘 실험국 또는 실용화시험국 각 호의 무선국을 말한다고 규정하고 있다(동법 시행령 제45조의2제1항).

또한 전파법 시행령은 이 법 제24조의2제1항제3호에서 “대통령령으로 정하는 무선국”이란 다음, 1. 적합성평가를 받은 다음, 가. 이동국용 무선설비 중 휴대용 무선기기, 나. 육상이동국용 무선설비 중 휴대용 무선기기, 다. 선상통신국용 무선설비 중 휴대용 무선기기, 라. 주파수공용무선전화용 무선설비 중 자가통신용 휴대용 무선기기, 마. 무선측위업무용 무선설비 중 차량설치용 또는 휴대용 무선기기 각 목의 어느 하나에 해당하는 무선기기를 사용하는 무선국, 2. 중계기능만 수행하는 무선설비로서 회로의 변경 없이 전파의 형식 또는 수신주파수를 변경하는 무선국, 3. 그 밖에 터널이나 건축물 등의 지하층에 설치하는 무선설비의 안테나 구성만을 변경하는 무선국 등 과학기술정보통신부장관이 정하여 고시하는 무선국을 말한다고 규정하고 있다(동법 시행령 제45조의2제2항).

2) 무선국 정기검사의 면제 또는 생략

전파법은 과학기술정보통신부장관은 이 법 제24조(검사)제4항에도 불구하고 정기검사 시기에 외국을 항행 중인 선박 또는 항공기의 무선국, 그 밖에 정기검사를 실시할 필요가 없다고 인정되는 무선국의 경우에는 정기검사 시기를 연기하거나 정기검사를 면제 또는 생략할 수 있다고 규정하고 있는데(전파법 제24조의2제2항), 전파법 시행령은 이 법 제24조의2(검사의 면제 등)제2항에 따라 정기검사를 면제 또는 생략할 수 있는 무선국은 다음, 1. 동법 제24조의2제1항제5호에 따른 무선국과,[144] 2. 동법 시행령 제45조의2(준공검사의 면제 등)제1항제2호부터 제6호까지 및 같은 조 제2항에 따른 무선국과 같다고 규정하고 있다(동법 시행령 제47조).

나. 무선국의 운용

〈전파법〉 제25조(무선국의 운용) ① 제24조제1항에 따라 준공검사를 받아야 하는 무선국은 준공검사를 받은 후 운용하여야 한다. 다만, 제24조의2제1항에 따라 준공검사를 면제 또는 생략한 경우에는 그러하지 아니하다.

② 무선국은 제18조의2제3항에 따른 사용승인서, 제21조제4항에 따른 허가증 또는 제22조의2제2항에 따른 무선국 신고증명서에 적힌 사항의 범위에서 운용하여야 한다. 다만, 다

144) 전파법 제24조의2제1항제5호에 따른 무선국은 이 법 제20조(무선국 개설의 결격사유)제2항제7호의 무선국인 대한민국에 들어오거나 대한민국에서 나가는 항공기나 선박에서 전기통신역무를 제공하기 위하여 해당 항공기 또는 선박 안에 개설하는 무선국 중 시설자가 외국인인 무선국이다.

음 각 호의 어느 하나에 해당하는 통신을 하는 경우에는 그러하지 아니하다.

1. 조난통신(선박이나 항공기가 중대하고 급박한 위기에 처한 경우에 조난신호를 먼저 보낸 후에 하는 무선통신을 말한다. 이하 같다)
2. 긴급통신(선박이나 항공기가 중대하고 급박한 위험에 처할 우려가 있는 경우나 그 밖에 긴박한 사태가 발생한 경우에 긴급신호를 먼저 보낸 후에 하는 무선통신을 말한다. 이하 같다)
3. 안전통신(선박이나 항공기의 항행 중에 발생하는 중대한 위험을 예방하기 위하여 안전신호를 먼저 보낸 후에 하는 무선통신을 말한다. 이하 같다)
4. 비상통신(지진 · 태풍 · 홍수 · 해일 · 화재, 그 밖의 비상사태가 발생하였거나 발생할 우려가 있는 경우로서 유선통신을 이용할 수 없거나 이용하기 곤란할 때에 인명의 구조, 재해의 구호, 교통통신의 확보 또는 질서유지를 위하여 하는 무선통신을 말한다. 이하 같다)
5. 그 밖에 대통령령으로 정하는 통신

(1) 무선국 운용의 의의

전파법은 이 법 제24조(검사)제1항에 따라 준공검사를 받아야 하는 무선국은 준공검사를 받은 후 운용하여야 한다고 규정하고 있으며(전파법 제25조제1항), 무선국은 이 법 제18조의2(주파수 사용승인의 신청 등)제3항에 따른 사용승인서, 동법 제21조(무선국 개설허가 등의 절차)제4항에 따른 허가증 또는 동법 제22조의2(무선국 개설신고 등의 절차)제2항에 따른 무선국 신고증명서에 적힌 사항의 범위에서 운용하여야 한다고 규정하고 있다(동법 제25조제2항).

(2) 무선국 운용의 예외

전파법은 이 법 제24조(검사)제1항에 따라 준공검사를 받아야 하는 무선국은 준공검사를 받은 후 운용하여야 하나, 다만, 동법 제24조의2(검사의 면제 등)제1항에 따라 준공검사를 면제 또는 생략한 경우에는 그러하지 아니하다고 규정하고 있으며(전파법 제25조제1항 단서), 무선국은 이 법 제18조의2(주파수 사용승인의 신청 등)제3항에 따른 사용승인서, 동법 제21조(무선국 개설허가 등의 절차)제4항에 따른 허가증 또는 동법 제22조의2(무선국 개설신고 등의 절차)제2항에 따른 무선국 신고증명서에 적힌 사항의 범위에서 운용하여야 하나, 다만, 다음, 1. "조난통신"(선박이나 항공기가 중대하고 급박한 위기에 처한 경우에 조난신호를 먼저 보낸 후에 하는 무선통신을 말한다), 2. "긴급통신"(선박이나 항공기가 중대하고 급박한 위험에 처할 우려가 있는 경우나 그 밖에 긴박한 사태가 발생한 경우에 긴급신호를 먼저 보낸 후에 하는 무선통신을 말한다), 3. “안전통신”(선박이나 항공기의 항행 중에 발생하는 중대한 위험을 예방하기 위하여 안전신호를 먼저 보낸 후에 하는 무선통신을 말한다), 4. “비상통신”(지진 · 태풍 · 홍수 · 해일 · 화재, 그 밖의 비상사태가 발생하였거나 발생할 우려가 있는 경우로서 유선통신을 이용할 수 없거나 이용하기 곤란할 때에 인명의 구조, 재해의 구호, 교통통신의 확보 또는 질서유지를 위하여 하는 무선통신을 말한다), 5. 그 밖에 대통령령으로 정하는 통신의 어느 하나에 해당하는 통신을 하는 경우에는 그러하지 아니하다고 규정하고 있다(동법 제25조제2항 단서).

전파법 시행령은 이 법 제25조(무선국의 운용)제2항제5호에서 “기타 대통령령이 정하는 통신”이란 다음, 1. 무선기기의 시험 또는 조정을 하기 위하여 하는 통신, 2. 기상의 조회 또는 시각(時刻)의 조합을 위하여 하는 해안국과 선박국 간, 선박국 상호 간 또는 항공국과 항공기국 간, 항공기국 상호 간의 통신, 3. 의료통보(항행 중의 선박 또는 항공기 내에서의 환자의 의료에 관한 통보를 말한다)에 관한 통신, 4. 선박 또는 항공기의 위치 통보(선박 또는 항공기가 조난한 경우에 구조나 탐색상의 필요로 국내 또는 외국의 행정기관이 수집하는 선박 또는 항공기의 위치에 관한 통보로서 해당 행정기관과 해당 선박 또는 항공기간에 송 · 수신되는 것을 말한다)에 관한 통신, 5. 방위를 측정하기 위하여 하는 해안국과 선박국 간, 선박국 상호 간, 항공국과 항공기국 간 또는 항공기국 상호 간의 통신, 6. 선박국에서 그 시설자의 업무를 위한 전보를 해안국에 보내기 위하여 하는 통신, 7. 항공기국에서 그 시설자의 업무를 위한 전보를 항공국에 보내기 위하여 하는 통신, 8. 항공국에서 항공기국에 보내는 통신, 그 밖에 항공기의 항행안전에 관한 통신으로서 시급한 것을 송신하기 위하여 하는 다른 항공국과의 통신(다른 전기통신계통에 따라 해당 통신의 목적을 달성하기 곤란한 경우만 해당한다), 9. 항공무선전화 통신망을 형성하는 항공국 상호 간에 하는 다음, 가. 항공기국에서 발신하는 통보로서 해당 통신망 내의 다른 항공국에 보내는 것의 중계와, 나. 해당 통신망 내에서의 통신의 유효한 소통을 위하여 필요한 통신, 10. 항공기국과 해상이동업무의 무선국 간에 하는 다음, 가. 전기통신역무를 제공하는 업무를 취급하는 통신, 나. 항공기의 항행안전에 관한 통신, 다. 조난선박 또는 조난항공기의 구조 등에 관하여 선박과 항공기가 협동작업을 하기 위하여 필요한 통신, 11. 같은 시설자에 속하는 항공기국과 그 시설자에 속하는 해상이동업무 · 육상이동업무 또는 이동업무의 무선국 간에 하는 해당 시설자의 업무를 위한 시급한 통신, 12. 같은 시설자에 속하는 이동국과 그 시설자에 속하는 해상이동업무 · 항공이동업무 또는 육상이동업무의 무선국 간에 하는 해당 시설자의 업무를 위한 시급한 통신, 13. 국가 또는 지방자치단체의 해안국과 선박국 간 또는 선박국 상호 간에 하는 항만 내에서의 선박의 교통, 해상 유류오염발생, 항만 내의 정리, 그 밖의 항만 내에서의 단속, 해항검역사무에 관한 통신, 14. 국가 또는 지방자치단체의 항공관제탑의 항공국과 해당 공항 내를 이동하는 육상이동국 또는 이동국 간에 하는 공항의 교통정리, 단속 · 검역사무, 그 밖에 공항 내 안전을 위하여 시급한 통신, 15. 해안국과 어선의 선박국 간 또는 어선의 선박국 상호 간에 하는 어업통신 또는 어로의 지도 · 감독에 관한 통신, 16. 해상보안을 위한 해상이동업무 또는 항공이동업무의 무선국과 그 밖의 선박국, 항공기국 또는 무선측위업무의 무선국 간에 하는 해상보안업무에 관한 시급한 통신, 17. 치안유지를 관장하는 행정기관의 무선국 상호 간에 하는 치안유지에 관한 시급한 통신, 18. 비상통신의 통신체제 확보를 위한 훈련 목적의 통신을 말하나, 이 경우 동법 시행령 제49조(무선국 운용의 예외)제1호의 통신 외의 통신은 선박국에 있어서는 그 선박의 항행 중에, 항공기국에 있어서는 그 항공기의 항행 중 또는 항행 준비 중으로 한정한다고 규정하고 있다(동법 시행령 제49조).

(3) 신고를 통해 개설된 무선국 운용의 예외

전파법은 이 법 제24조(검사)제1항에 따라 준공검사를 받아야 하는 무선국은 준공검사를 받은 후 운용하여야 한다고 규정하고 있는데(전파법 제25조제1항), 전파법 제25조(무선국의 운용)제1항에도 불구하고 이 법 제19조의2(신고를 통한 무선국 개설 등)제1항제3호의 무선국은 준공신고를 한 후에 운용할 수 있으나, 다만, 동법 제24조(검사)제1항에 따른 검사에 불합격한 경우에는 무선국의 운용을 정지하고 대통령령으로 정하는 기한까지 재검사를 받아야 한다고 규정하고 있으며(동법 제25조제3항), 전파법 시행령은 이 법 제24조제3항 단서 및 제25조(무선국의 운용)제3항 단서에서 "대통령령으로 정하는 기한"이란 준공검사의 결과를 통보받은 날부터 6개월 이내의 기한을 말한다고 규정하고 있다(동법 시행령 제43조의2).

(4) 주파수 사용승인을 받아 개설된 무선국 운용

전파법은 과학기술정보통신부장관은 이 법 제19조(허가를 통한 무선국 개설 등)제5항에 따라 주파수 사용승인을 받아 무선국을 개설한 자가 해당 무선국을 운용하기 전에 무선설비의 점유주파수대역폭 및 대역외발사(帶域外發射) 등이 적힌 시험성적서를 제출하도록 할 수 있다고 규정하고 있다(전파법 제25조제4항).

(5) 무선설비의 접속과 사용

전파법 시행령은 과학기술정보통신부장관은 무선국의 시설자가 그 무선설비를 다른 시설자의 무선설비에 접속 · 사용하려는 경우 응급구조 등 공공복리의 증진을 위하여 특히 필요하다고 인정하면 이를 허용할 수 있다고 규정하고 있는데(전파법 시행령 제50조제1항), 무선설비의 접속과 사용에 제한을 규정하고 있는 것은 무선국의 시설자가 다른 무선국 시설자의 무선설비를 통해 접속함으로써 소위 '자가망'을 통한 기간통신역무의 제공을 막기 위한 취지로 이해된다. 한편, 전파법은 과학기술정보통신부장관은 이 법 시행령 제50조(무선설비의 접속 · 사용)제1항에 따라 무선설비의 접속 · 사용을 허용한 때에는 그 내용을 고시하여야 한다고 규정하고 있는데(동법 시행령 제50조제2항), 동 사안과 관련하여 무선설비의 접속사용 범위(과학기술정보통신부 고시 제2024-34호, 2024. 8. 19.)가 제정 · 시행되고 있다.

(6) 무선국 운용자의 의무

무선국 운용자는 앞에서 설명한 바와 같이 사용승인서, 허가증, 무선국 신고증명서에 적힌 사항의 범위에서 운용하여야 하며 통신 방법, 조난통신, 혼신 등의 방지, 통신보안의 준수, 실험국 등의 통신과 같은 무선국 운용자의 의무를 준수하여야 한다.

(가) 통신방법 등

전파법은 무선국은 과학기술정보통신부장관이 정하여 고시하는 바에 따라 무선국의 호출방법 · 응답방법 · 운용시간 · 청취의무, 그 밖에 통신방법 등에 관한 사항을 지키며 운용하여야 한다고 규정하고 있는데(전파법 제27조), 동 사안과 관련하여 무선국의 운용 등에 관한 규정(중앙전파관리소 고시 제2020-1호, 2020. 9. 22.)이 제정 · 시행되고 있다.

(나) 조난통신 등

전파법은 의무선박국 또는 의무항공기국이 갖추어야 할 사용주파수와 전파형식 등의 조건은 과학기술정보통신부장관이 정하여 고시한다고 규정하고 있으며(전파법 제28조제1항), 다음, 1. 해안국(海岸局)[선박국(船舶局)과 통신을 하기 위하여 육상에 개설하고 이동하지 아니하는 무선국을 말한다], 2. 선박국(선박에 개설하여 해상이동 업무를 하는 무선국을 말한다), 3. 항공국(航空局)[항공기국(航空機局)과 통신을 하기 위하여 육상에 개설하고 이동하지 아니하는 무선국을 말한다], 4. 항공기국(항공기에 개설하여 항공이동 업무를 하는 무선국을 말한다)의 무선국은 조난통신을 수신한 경우에는 다른 모든 무선통신에 우선하여 즉시 응답하고 조난을 당한 선박이나 항공기를 구조하기 위하여 가장 편리한 위치에 있는 무선국에 통보하는 등 최선의 조치를 하여야 하고, 긴급통신이나 안전통신을 수신한 경우에는 과학기술정보통신부장관이 정하여 고시하는 바에 따라 필요한 조치를 하여야 한다고 규정하고 있는데(동법 제28조제2항), 동 사안과 관련하여 무선국의 운용 등에 관한 규정(중앙전파관리소 고시 제2020-1호, 2020. 9. 22.)이 제정 · 시행되고 있다.

한편, 전파법은 선박국은 해안국의 통신권에 들어왔을 때와 통신권을 벗어날 때에는 대통령령으로 정하는 바에 따라 그 사실을 해안국에 알려야 한다고 규정하고 있는데(동법 제28조제3항), 전파법 시행령은 선박국은 이 법 제28조(조난통신 등)제3항에 따라 다음, 1. 통신권에 들어왔을 때 또는 통신권을 떠나려고 할 때와, 2. 입항으로 폐국하려고 할 때 또는 출항으로 개국하려고 할 때, 3. 운용의무시간이 없는 선박국의 경우에는 동법 시행령 제52조(해안국에 대한 통지)제1항제2호의 경우 외에 폐국하려고 할 때의 어느 하나에 해당하는 경우에는 그 선박이 소재하는 통신권의 해안국에 그 뜻을 통지하여야 한다고 규정하고 있으며(동법 시행령 제52조제1항), 선박국은 이 법 시행령 제52조제1항에도 불구하고 다음, 1. 그 선박이 소재하는 통신권의 해안국이 청취하는 주파수의 전파를 가지지 아니하는 경우, 2. 정부 또는 공공단체의 선박국으로서 업무상 그 선박의 행동을 비밀로 할 필요가 있는 경우, 3. 정기선의 선박국으로서 그 선박이 정시에 입출항하는 경우의 어느 하나에 해당하는 경우에는 해안국에 대한 통지를 하지 아니할 수 있다고 규정하고 있다(동법 시행령 제52조제2항). 또한 전파법 시행령은 이 법 시행령 제52조(해안국에 대한 통지)제1항에 따른 해안국의 통신권은 과학기술정보통신부장관이 정하여 고시한다고 규정하고 있다(동법 시행령 제52조제3항). 또한 전파법은 항공기국은 그 항공기의 항행 중에는 과학기술정보통신부장관이 정하여 고시하는 바에 따라 항공국과 연락하여야 한다고 규정하고 있는데(동법 제28조제4항), 동 사안과 관련하여 무선국의 운용 등에 관한 규정(중앙전파관리소 고시 제2020-1호, 2020. 9. 22.)이 제정 · 시행되고 있다.

(다) 혼신 등의 방지

전파법은 전파자원은 혼신 · 간섭 등을 일으켜 타인의 전파이용을 방해 또는 차단하지 않도록 이용되어야 한다고 규정하고 있으며(전파법 제29조제1항), 무선국은 다른 무선국의 운용을 저해할 혼신이나 그 밖의 방해를 하지 아니하도록 운용하여야 하나, 다만, 이 법 제25조(무선국의 운용)제2항제1호부터 제4호까지의 통신인 조난통신, 긴급통신, 안전통신, 비상통신에 관하여는 그러하지 아니하다고 규정하고 있다(동법 제29조제2항).

(라) 통신보안의 준수

전파법은 시설자, 무선통신 업무에 종사하는 자 및 무선설비를 이용하는 자는 통신보안 책임자의 지정, 통신보안 교육의 이수 등 과학기술정보통신부장관이 정하여 고시하는 통신보안에 관한 사항을 지켜야 한다고 규정하고 있으며(전파법 제30조제1항), 이 법 제30조(통신보안의 준수)제1항에 따른 통신보안의 교육 등에 필요한 사항은 과학기술정보통신부장관이 정하여 고시한다고 규정하고 있는데(동법 제30조제2항), 동 사안과 관련하여 무선국의 운용 등에 관한 규정(중앙전파관리소 고시 제2020-1호, 2020. 9. 22.)이 제정 · 시행되고 있다.

(마) 실험국 등의 통신

전파법은 실험국(과학이나 기술발전을 위한 실험에만 사용하는 무선국을 말한다)은 외국의 실험국과 통신을 하여서는 아니 된다고 규정하고 있으며(전파법 제31조제1항), 실험국과 아마추어국이 통신할 때에는 암어(暗語, Cryptogram)를 사용하여서는 아니 된다고 규정하고 있다(동법 제31조제2항). 또한 전파법은 아마추어국은 제3자를 위한 통신을 하여서는 아니 되나, 다만, 다른 아마추어국을 개설한 자를 위한 통신이나 비상 · 재난구조를 위한 통신의 경우에는 그러하지 아니하다고 규정하고 있으며(동법 제31조제3항), 아마추어국은 무선설비에 유 · 무선 접속장치를 접속하여 비상 · 재난구조를 위한 중계통신을 할 수 있다고 규정하고 있다(동법 제31조제4항).

4. 무선국의 폐지와 운용 휴지 등

전파법은 시설자가 무선국을 폐지하려고 하거나 무선국의 운용을 1개월 이상 휴지하려는 경우 또는 1개월 이상 운용을 휴지한 무선국을 재운용하려는 경우에는 대통령령으로 정하는 바에 따라 과학기술정보통신부장관에게 신고하여야 하나, 다만, 지상파방송사업을 위한 방송국 시설자의 경우 대통령령으로 정하는 바에 따라 방송미디어통신위원회에 신고하여야 한다고 규정하고 있는데(전파법 제25조의2제1항), 전파법 시행령은 이 법

제25조의2(무선국의 폐지 및 운용 휴지)제1항에 따라 무선국의 폐지 · 휴지 또는 무선국의 재운용을 신고하려는 자는 그 사유를 첨부하여 과학기술정보통신부장관 또는 방송미디어통신위원회에 신고하여야 한다고 규정하고 있으며(동법 시행령 제51조제1항), 이 법 시행령 제51조(폐지 · 운용휴지 등)제1항에 따른 무선국의 휴지기간은 1개월 이상 1년 이내의 기간으로 한다고 규정하고 있다(동법 시행령 제51조제2항). 또한 전파법은 시설자가 무선국의 폐지를 신고한 때에는 그 허가 또는 개설신고에 따른 효력은 소멸된다고 규정하고 있다(동법 제25조의2제1항).

제2절 방송국의 개설허가와 운용

〈전파법〉 제2조(정의) ① 이 법에서 사용하는 용어의 뜻은 다음과 같다.

9. "방송국"이란 공중(公衆)이 방송신호를 직접 수신할 수 있도록 할 목적으로 개설한 무선국을 말한다.

1. 방송국의 개설허가와 운용의 의의

전파법은 "방송국"이란 공중(公衆)이 방송신호를 직접 수신할 수 있도록 할 목적으로 개설한 무선국을 말한다고 규정하고 있으며(전파법 제2조제1항제9호), 전파법의 방송국의 개설허가와 운용은 방송법 제9조(허가 · 승인 · 등록 등)와 밀접한 사안인데, 앞에서 설명한 바와 같이 방송국에는, 1. 지상파방송국(지상파방송업무를 하는 무선국), 2. 위성방송국(위성방송업무를 하는 무선국), 3. 지상파방송보조국(지상파방송보조업무를 하는 무선국), 4. 위성방송보조국(위성방송보조업무를 하는 무선국)이 있으며, 방송국이 하는 업무에는, 1. 가. 지상파방송업무(공중이 직접 수신하도록 할 목적으로 지상의 송신설비를 이용하여 송신하는 무선통신업무), 2. 위성방송업무(공중이 직접 수신하도록 할 목적으로 인공위성의 송신설비를 이용하여 송신하는 무선통신업무), 3. 지상파방송보조업무(지상파방송의 난시청을 해소할 목적으로 지상의 송신설비를 이용하여 지상파방송신호를 중계하는 무선통신업무), 4. 위성방송보조업무(위성방송의 난시청을 해소할 목적으로 지상의 송신설비를 이용하여 위성방송신호를 중계하는 무선통신업무)가 있다.

한편, 방송국은 무선국이나 방송국 간의 혼신과 간섭의 방지, 시청자의 보편적 시청권 확보와 같은 특수성이 고려되어야 할 것으로 생각되는데 과거로부터 방송은 국가의 정치, 경제, 사회, 문화 전반에 영향을 미치는 것임에도 불구하고 전파를 이용하는 방송은 주파수의 희소성(Scarcity)으로 인해 누구에게나 방송국을 개설하는 것이 허용될 수 없었기 때문에 방송에 대한 규제의 정당성은 인정되어 온 것으로 이해된다.[145] 그러나 전파활용 기술과 광케이블과 같은 유선 통신망 기술의 발전으로 인해 과거 전파를 활용하는 지상파방송 이외에도 소위 '뉴미디어(New Media)'로 불리는 케이블티비(CATV, Cable Television), 아이피티비(IPTV, Internet Protocol Television), 위성방송(Satellite broadcasting)과 같은 다채널 방송 사업자(MVPD, Multichannel Video Programming Distributor)뿐만 아니라 온라인 동영상 서비스(OTT, Over the TOP) 사업자가 등장함에 따라 전파를 활용하는 지상파방송의 시청을 수신 안테나를 통해 직접 수신하는 시청자가 매우 저조하다는 현실을[146] 고려하여 환경 변화에 맞는 새로운 통신, 전파, 방송 정책을 수립하고 추진하는 것이 필요하다고 생각한다.

2. 방송국의 개설허가 등

전파법에 따른 방송국의 개설허가 등에는 이 법 제34조(방송국의 개설허가)에 따른 지상파방송사업을 위한 방송국의 개설허가 등과 같은 법 제34조의2(위성방송사업을 위한 무선국 등의 개설 등)에 따른 위성방송을 위한 무선국 등의 개설허가 등이 있다.

---

145) 헌법재판소 2001. 5. 31. 선고 2000헌바43.

146) 지상파 방송의 UHD 직접수신율은 2.2%로 도입 이후 가장 낮은 것으로 나타났다. 29일 국회 과학기술정보방송통신위원회(이하 약칭 '과방위') 소속 박완주 의원(무소속)에 따르면 지난해 말까지 지상파 방송의 UHD 직접수신율은 2.2%로 도입 이후 역대 최저치를 기록했다. 가구당 UHD TV 보유율은 지난해 기준 14.7%로 전년 10.3%과 비교해 4.4% 소폭 늘었지만, 지상파 UHD방송을 보기 위해서는 별도의 셋톱박스를 설치하거나 IPTV나 케이블방송 등과 같은 유료서비스를 통해 재전송되는 방식으로 시청해야 한다. 이러한 번거로움 때문에 지상파 UHD의 직접수신율은 UHD TV 보급과 별개로 매년 하락 추세인 것으로 보인다. 백지영 디지털데일리 기자, 안테나로는 안봐요…지상파 UHD 직접수신율 2.2%로 역대 최저, 2022.9.29.(https://m.ddaily.co.kr/page/view/2022092910470674954).

가. 지상파방송사업을 위한 방송국의 개설허가 등

방송법은 지상파방송사업을 하고자 하는 자는 방송미디어통신위원회의 허가를 받아야 하며, 이 경우 방송미디어통신위원회는 과학기술정보통신부장관에게 「전파법」에 따른 무선국 개설과 관련된 기술적 심사를 의뢰하고, 과학기술정보통신부장관으로부터 송부 받은 심사 결과를 허가에 반영하여야 한다고 규정하고 있는데(방송법 제9조제1항), 전파법은 이 법 제19조(허가를 통한 무선국 개설 등)제1항에도 불구하고 「방송법」 제9조(허가·승인·등록 등)제1항 및 제17조(재허가 등)제1항에 따른 지상파방송사업을 위한 방송국의 개설허가 또는 재허가를 받으려는 자는 대통령령으로 정하는 바에 따라 방송미디어통신위원회에 신청하여야 한다고 규정하고 있으며(전파법 제34조제1항), 전파법 시행령은 이 법 제34조(방송국의 개설허가)제1항에 따라 지상파방송사업을 위한 방송국의 개설허가를 신청하려는 자는 허가신청서(전자문서로 된 신청서를 포함한다)에 무선설비의 시설개요서와 공사설계서를 첨부하여 방송미디어통신위원회에 제출하여야 한다고 규정하고 있다(전파법 시행령 제54조제1항).[147] 또한 전파법은 방송국의 허가신청은 이 법 제30조(허가신청의 단위)제1항에 따르는 것 외에 중파방송·단파방송·초단파방송·텔레비전방송·데이터방송 등 방송별로 하거나 주파수별로(단파방송의 경우는 제외한다) 하여야 하나, 다만, 하나의 주파수로 여러 방송을 할 수 있는 경우에는 방송별로 허가신청을 하여야 한다고 규정하고 있다(전파법 제30조제2항).

전파법은 방송미디어통신위원회는 전파법 제34조(방송국의 개설허가)제1항에 따라 방송국의 개설허가 또는 재허가 신청을 받으면 다음, 1. 방송용으로 분배된 주파수의 범위에서 주파수 지정이 가능한지 여부, 2. 설치하거나 운용할 무선설비가 전파법 제45조(기술기준)에 따른 기술기준에 적합한지 여부, 3. 무선종사자의 배치계획이 전파법 제71조

---

147) 전파법 시행령은 방송국의 개설허가신청 시 지상파방송보조국(이 법 시행령 제24조(신고하고 개설할 수 있는 무선국)제3항제2호에 따른 지하·터널 내에 개설하는 지상파방송보조국은 제외한다)을 둘 이상 동시에 허가신청하는 경우에는 이 법 시행령 제54조(방송국의 개설허가 신청)제1항에도 불구하고 무선국의 수에 관계없이 허가신청서 1부와 무선설비의 시설개요서 및 공사설계서 각 1부만을 제출할 수 있으나, 다만, 방송국별로 설치장소·안테나형식 또는 안테나공급전력 등이 일부 다를 때에는 그 명세를 별도로 제출해야 한다고 규정하고 있으며(전파법 시행령 제54조제1항), 전파법 시행령은 이 법 시행령 제54조(방송국의 개설허가 신청)제1항에 따라 허가신청을 받은 방송미디어통신위원회는 「전자정부법」 제36조(행정정보의 효율적 관리 및 이용)제1항에 따른 행정정보의 공동이용을 통하여 법인 등기사항증명서(기존의 무선국 시설자가 추가로 무선국의 개설허가를 받으려는 경우에는 그 대표자 또는 임원이 변경된 경우만 해당한다)를 확인하여야 한다고 규정하고 있다(동법 시행령 제54조제2항).

(무선종사자의 배치)에 따른 자격 · 정원배치기준에 적합한지 여부, 4. 전파법 제35조(방송국의 개설조건 등)에 따른 방송국의 개설조건을 충족하는지의 여부, 5. 그 밖에 방송 업무를 적절히 수행하기 위하여 필요한 것으로서 대통령령으로[148] 정하는 사항에 대한 심사를 과학기술정보통신부장관에게 의뢰하여야 한다고 규정하고 있는데(전파법 제34조제2항), 과학기술정보통신부장관은 이 법 제34조제2항 각 호에 대한 심사를 하여 그 결과를 방송미디어통신위원회에 송부하여야 한다고 규정하고 있다(동법 제34조제3항). 한편, 전파법은 방송미디어통신위원회는 이 법 제34조(방송국의 개설허가)제3항에 따른 심사 결과를 반영하여 허가 · 재허가 여부를 결정하며, 허가받은 사항 중 대통령령으로 정하는 사항을 변경하려는 경우에도 또한 같다고 규정하고 있는데(동법 제34조제4항), 전파법 시행령은 이 법 제34조제4항 후단에서 "대통령령으로 정하는 사항"이란 이 법 시행령 제31조(허가의 신청)제4항 각 호의 사항을 말한다고 규정하고 있다(전파법 시행령 제54조제4항).

나. 위성방송을 위한 무선국 등의 개설허가 등

전파법은 과학기술정보통신부장관은 이 법 제21조(무선국 개설허가 등의 절차)제1항에 따라 위성방송을 위한 무선국 등의 개설허가 신청을 받으면 같은 조 제2항제1호부터 제3호까지의 사항[149] 이외에 다음, 1. 전파법 제35조(방송국의 개설조건 등)에 따른 방송국의 개설조건을 충족하는지 여부와, 2. 그 밖에 방송 업무를 적절히 수행하기 위하여 필요한 것으로서 대통령령으로 정하는 사항을 심사하여야 한다고 규정하고 있는데(전파법 제

148) 전파법 시행령은 이 법 제34조(방송국의 개설허가)제2항제5호 및 제34조의2제2호에서 "대통령령으로 정하는 사항"이란 다음, 1. 신청인이 설립 중인 법인인 경우에는 해당 법인의 설립이 확실한지 여부, 2. 연주소 시설의 보유 여부(다만, 다른 방송국의 방송사항을 중계하는 것을 전담으로 하는 경우에는 그러하지 아니하다), 3. 방송국의 시설설치계획이 합리적인지 여부, 4. 방송국을 운용할 수 있는 기술적 능력의 보유 여부, 5. 중파방송을 하는 방송국인 경우에는 안테나공급전력이 50킬로와트 이하인지 여부(다만, 과학기술정보통신부장관이 특히 필요하다고 인정하는 경우에는 그러하지 아니하다)와 같다고 규정하고 있다(전파법 시행령 제55조).

149) 전파법은 과학기술정보통신부장관은 이 법 제21조(무선국 개설허가 등의 절차)제1항에 따른 신청을 받은 때에는 다음, 1. 주파수지정이 가능한지의 여부, 2. 설치하거나 운용할 무선설비가 이 법 제45조(기술기준)에 따른 기술기준에 적합한지의 여부, 3. 무선종사자의 배치계획이 동법 제71조(무선종사자의 배치)에 따른 자격 · 정원배치기준에 적합한지의 여부, 4. 동법 제20조의2(무선국의 개설조건)에 따른 무선국의 개설조건에 적합한지의 여부의 사항을 심사하여야 한다고 규정하고 있다(전파법 제21조제2항).

34조의2), 전파법 시행령은 이 법 제34조(방송국의 개설허가)제2항제5호 및 제34조의2제2호에서 "대통령령으로 정하는 사항"이란 다음, 1. 신청인이 설립 중인 법인인 경우에는 해당 법인의 설립이 확실한지 여부, 2. 연주소 시설의 보유 여부(다만, 다른 방송국의 방송사항을 중계하는 것을 전담으로 하는 경우에는 그러하지 아니하다), 3. 방송국의 시설설치계획이 합리적인지 여부, 4. 방송국을 운용할 수 있는 기술적 능력의 보유 여부, 5. 중파방송을 하는 방송국인 경우에는 안테나공급전력이 50킬로와트 이하인지 여부(다만, 과학기술정보통신부장관이 특히 필요하다고 인정하는 경우에는 그러하지 아니하다)와 같다고 규정하고 있다(동법 시행령 제55조).

3. 방송국의 개설조건 등

전파법은 방송국을 개설하려는 자는 다른 방송의 수신에 혼신을 일으키지 아니하도록 설치하여야 한다고 규정하고 있으며(전파법 제35조제1항), 혼신을 방지하기 위한 방송국의 설치장소, 송신안테나의 높이 · 출력 및 지향특성 등 방송국의 개설조건에 필요한 사항은 대통령령으로 정한다고 규정하고 있는데(동법 제35조제2항), 전파법 시행령은 이 법 시행령 제56조(중파방송을 행하는 방송국의 개설조건)에 따른 중파방송을 행하는 방송국의 개설조건과 같은 법 시행령 제57조(초단파방송국 또는 텔레비전방송국의 개설조건)에 따른 초단파방송국 또는 텔레비전방송국의 개설조건을 규정하고 있다. 한편, 전파법은 방송미디어통신위원회는 방송국을 개설하려는 자의 허가신청 내용이 이 법 제35조(방송국의 개설조건 등)제2항에 따른 개설조건에 적합하지 아니하면 설치장소의 이전 등 보완을 명할 수 있다고 규정하고 있다(동법 제35조제3항).

가. 중파방송을 행하는 방송국의 개설조건

전파법 시행령은 "중파방송"이란 300킬로헤르츠(㎑)부터 3메가헤르츠(㎒)까지의 주파수대역 중 방송용으로 분배된 주파수의 전파를 이용하여 음성 · 음향 등을 보내는 방송을 말한다고 규정하고 있다(전파법 시행령 제2조제8호). 또한 전파법 시행령은 중파방송을 행하는 방송국의 송신안테나의 설치장소는 다음, 1. 개설하려는 방송국의 블랭킷에어리어[150] 내의 가구 수는 그 방송국의 방송구역 내 가구 수의 0.35퍼센트 이하일 것, 2. 개설하려는 방송국의 송신안테나의 위치는 과학기술정보통신부장관이 인구밀도 등을 고려하여 지정하는 지점의 어느 곳에서도 다음 〈표 33〉에서 정한 거리 이상 떨어져 있을 것(다만, 그 거리 이상 떨어지는 것이 지형상 현저히 곤란하거나 그 필요가 없는 경우에는 과학기술정보통신부장관이 따로 정하는 거리에 따른다), 3. 개설하려는 방송국의 방송구역의 전부 또는 대부분이 다른 중파방송을 하는 방송국의 방송구역의 전부 또는 대부분이 되는 경우에는 송신안테나 상호 간의 전자적 결합 등에 따라 방송의 수신에 나쁜 영향을 미치지 아니하는 한도에서 그 방송국의 송신안테나의 설치장소는 될 수 있는 대로 다른 중파방송을 하는 방송국의 송신안테나의 설치장소에 접근한 장소일 것의 개설조건에 적합하여야 한다고 규정하고 있다(동법 시행령 제56조제1항).

표 33 안테나 공급전력과 최소한의 이격거리

공중선(空中線, Antenna) 공급 전력	과학기술정보통신부장관이 지정하는 지점에서 최소한 떨어져야 하는 거리
100와트 초과 1킬로와트까지	0.5 킬로미터
1킬로와트 초과 5킬로와트까지	2.0 킬로미터
5킬로와트 초과 20킬로와트까지	4.0 킬로미터
20킬로와트 초과	9.0 킬로미터

한편, 전파법 시행령은 과학기술정보통신부장관은 공공복리의 증진 등 특히 필요하다고 인정하는 경우에는 이 법 시행령 제56조(중파방송을 행하는 방송국의 개설조건)제1항에 따른 조건을 완화하여 적용할 수 있으며, 이 경우 시설자에 대하여 해당 방송의 수신 장애를 제거하거나 그 밖의 필요한 조치를 명할 수 있다고 규정하고 있다(동법 시행령 제56조제2항).

150) 전파법 시행령은 "블랭킷에어리어"란 방송국의 송신안테나로부터 발사되는 강한 전파로 다른 전파와의 간섭이 일어나는 지역을 말하며, 이 경우 중파방송의 경우에는 지상파의 전계강도가 미터마다 1볼트 이상인 지역을 말한다고 규정하고 있는데(전파법 시행령 제2조제14호), 블랭킷에어리어(Blanket Area)는 담요로 둘러싸인 지역이라는 뜻으로 방송 난시청(難視聽)지역을 말한다. 블랭킷에어리어를 두 개의 방송국에서 방송되는 전파가 중복됨으로써 그 어느 쪽의 방송도 들리지 않는 지역 또는 1국의 송신용 안테나에서 너무 인접돼 있어 다른 방송은 잘 들리지 않는 지역을 가리키기도 한다.

나. 초단파방송국 또는 텔레비전방송국의 개설조건

전파법 시행령은 "초단파방송"이란 30메가헤르츠(㎒)부터 300메가헤르츠(㎒)까지의 주파수대역 중 방송용으로 분배된 주파수의 전파를 이용하여 음성·음향 등을 보내는 방송으로서 이 법 시행령 제2조(정의)제11호인 텔레비전방송 및 제12호인 데이터방송에 해당하지 아니하는 방송을 말한다고 규정하고 있으며(전파법 시행령 제2조제10호), "텔레비전방송"이란 정지 또는 이동하는 사물의 순간적 영상과 이에 따르는 음성·음향 등을 보내는 방송을 말한다고 규정하고 있다(동법 시행령 제2조제11호).

전파법 시행령은 초단파방송 또는 텔레비전방송을 하는 방송국의 송신안테나는 다음, 1. 송신안테나의 설치장소는 방송하려는 지역의 인구밀도 등을 고려하여 능률적인 전계강도의 분포를 발생할 수 있어야 하고, 방송하려는 지역 외의 지역에 대한 전파발사를 최대한 억제할 수 있는 낮은 위치일 것, 2. 송신안테나의 높이와 실효복사전력 및 지향특성은 방송하려는 지역 안의 하나 이상의 주요 도시 전역이 방송구역에 들어가도록 하되, 불필요한 전파를 최대한 억제할 수 있도록 할 것, 3. 이 법 시행령 제56조(중파방송을 행하는 방송국의 개설조건)제1항제3호의 조건에 적합할 것의 개설조건에 적합하여야 한다고 규정하고 있으며(동법 시행령 제57조제1항), 초단파방송을 하는 방송국 중 「방송법」 제2조(정의)제3호마목에 따른 공동체라디오방송사업자가 개설하는 방송국(이하 "공동체라디오방송국"이라 한다)은 이 법 시행령 제57조(초단파방송국 또는 텔레비전방송국의 개설조건)제1항에도 불구하고 다음, 1. 안테나공급전력은 10와트 이하일 것, 1의2. 허가받은 안테나공급전력을 초과할 수 없도록 하는 출력제한장치를 갖출 것(이 경우 출력제한장치는 쉽게 개봉할 수 없도록 하여야 한다), 2. 송신안테나의 높이와 지향특성은 방송구역을 초과하지 아니하도록 할 것, 3. 그 밖에 주파수대역 및 안테나 높이 등 과학기술정보통신부장관이 정하여 고시하는 기술기준에 적합할 것의 개설조건에 적합하여야 한다고 규정하고 있다(동법 시행령 제57조제2항). 한편, 전파법 시행령은 과학기술정보통신부장관은 공공복리의 증진 등 특히 필요하다고 인정하는 경우에는 이 법 시행령 제57조제1항 및 제2항에 따른 조건을 완화하여 적용할 수 있다고 규정하고 있다(동법 시행령 제57조제3항).

4. 방송구역

전파법 시행령은 "방송구역"이란 방송을 양호하게 수신할 수 있는 구역으로서 전계강도(電界强度)가 과학기술정보통신부장관이 정하여 고시하는 기준 이상인 구역을 말한다고 규정하고 있으며(전파법 시행령 제2조제13호), 동 사안과 관련하여 방송구역전계강도의 기준 · 작성요령 및 표시방법(과학기술정보통신부 고시 제2020-82호, 2020. 12. 31.)이 제정 · 시행되고 있다.

전파법 시행령은 방송국(위성방송국은 제외한다)별 방송구역은 특별시 · 광역시 · 도 · 특별자치도 · 시 · 군 · 구(자치구를 말한다) 등의 구별에 따라 지도에 이를 표시하고, 그 구역 내의 총 가구 수 · 방송청취예상 세대 수 등 방송청취예상자에 관한 사항을 적어야 한다고 규정하고 있으며(동법 시행령 제58조제1항), 이 법 시행령 제58조(방송구역)제1항에 따른 방송구역의 세부적인 표시방법과 작성요령은 과학기술정보통신부장관이 정하여 고시한다고 규정하고 있다(동법 시행령 제58조제2항). 한편, 전파법 시행령은 방송국의 허가를 받은 자는 방송국 운용개시 후 3개월 이내에 방송구역 전계강도 실측자료를 과학기술정보통신부장관에게 제출하여야 한다고 규정하고 있다(동법 시행령 제58조제3항).

5. 방송수신의 보호 등

전파법은 일반적으로 수신이 가능한 방송의 수신에 장애를 일으키는 건축물의 소유자는 해당 수신장애를 제거하기 위하여 필요한 조치를 하여야 한다고 규정하고 있으며(전파법 제36조제1항), 이 법 제36조(방송수신의 보호)제1항에 따른 일반적으로 수신이 가능한 방송의 기준은 방송미디어통신위원회 고시로 정하고, 방송의 수신장애 제거에 필요한 사항은 대통령령으로 정한다고 규정하고 있다(동법 제36조제2항).

가. 방송수신의 보호

전파법 시행령은 이 법 제36조(방송수신의 보호)제1항에 따라 방송(텔레비전방송만 해당한다)의 수신장애(이하 "수신장애"라 한다)를 일으키는 건축물의 소유자(이하 "소유자"라 한다)는 해당 수신장애를 제거하기 위하여 필요한 시설을 설치하고 이를 유지·관리하여야 한다고 규정하고 있으며(전파법 시행령 제59조제1항), 이 법 제36조제1항에 따른 통상적으로 수신이 가능한 방송의 기준과 수신장애 제거의 수준은 과학기술정보통신부장관이 정하여 고시한다고 규정하고 있다(동법 시행령 제59조제2항).

나. 수신장애 분쟁의 발생과 조정

전파법 시행령은 수신장애를 받는 지역의 주민(이하 "지역주민"이라 한다)은 해당 건축물의 허가기관의 장에게 수신장애 발생사실을 신고할 수 있다고 규정하고 있으며(전파법 시행령 제60조제1항), 이 법 시행령 제60조(분쟁의 발생과 조정)제1항에 따른 신고를 접수한 해당 건축물의 허가기관의 장은 소유자에게 이를 알려야 한다고 규정하고 있다(동법 시행령 제60조제2항). 또한 전파법 시행령은 소유자와 지역주민 간의 수신장애 제거에 관한 합의가 이루어지지 아니한 때에는 지역주민은 해당 건축물의 허가기관의 장에게 중재를 요청할 수 있다고 규정하고 있으며(동법 시행령 제60조제3항), 해당 건축물의 허가기관의 장은 분쟁을 해결하기 위하여 적절한 조치를 하여야 하며, 필요한 경우 과학기술정보통신부장관의 협조를 요청할 수 있다고 규정하고 있다(동법 시행령 제60조제4항).

한편, 방송 수신장애와 관련하여 법원은 방송의 송신(送信)과 수신(受信)이 방송전파의 전달이라는 일련의 과정을 통해 실현되어 상호 불가분의 관련성을 갖고 있다고 하더라도 규범적 보호 대상으로서 방송의 송신과 수신은 구별되기 때문에 민간 지상파방송사업자의 방송을 위한 전파송신은 특별한 사정이 없는 한 방송의 자유나 독립과는 별개의 문제로서 헌법이나 법률에 의하여 당연히 보호되는 이익이라고 할 수 없고 적법한 건축허가를 받아 건축행위를 함으로써 방송송신의 장애를 일으키는 자에게 불법행위가 성립된다고 볼 수 없으며 방송송신의 장애를 제거할 일반적인 의무가 없다고 판시한 바가 있다.[151] 그러나 판례의 송신과 수신을 구분하는 관념적인 문리(文理)해석에 치중한 판결이 전파의 특성과 기술적 변화를 수용하고 있는지에 대해서는 의문이 든다고 생각한다.

---

151) 대법원 2003. 11. 28. 선고 2003다43322 판결.

다. 방송국 시설자의 조치와 장애조사 등

전파법 시행령은 소유자가 과학기술정보통신부장관이 정하여 고시하는 무선설비로 인하여 수신장애를 제거하려는 경우 수신장애를 받는 방송의 방송국 시설자는 수신장애를 제거하기 위한 무선국의 허가신청 등 필요한 조치를 하여야 한다고 규정하고 있는데(전파법 시행령 제61조제1항), 동 사안과 관련하여 방송수신보호용 무선설비(중앙전파관리소 고시 제2016-4호, 2016. 6. 23.)가 제정 · 시행되고 있다. 또한 전파법 시행령은 방송국 시설자는 이 법 시행령 제61조(방송국 시설자의 조치)제1항에 따른 무선국을 개설하는 데 드는 비용 등을 소유자에게 부담하게 할 수 있다고 규정하고 있다(동법 시행령 제61조제2항).

한편, 전파법 시행령은 과학기술정보통신부장관은 수신장애를 일으키는 건축물의 허가기관의 장이 다음, 1. 수신장애의 발생내용 및 범위의 조사, 2. 수신장애의 제거방안, 3. 해당 지역의 통상 수신이 가능한 방송수신 기준의 등급판정의 사항에 대하여 협의를 요청할 경우 이에 따라야 한다고 규정하고 있다(동법 시행령 제62조).

6. 방송표준방식

전파법은 과학기술정보통신부장관은 방송사업용 주파수의 효율적 이용과 이용자의 편의를 위하여 방송표준방식을 과학기술정보통신부령으로 정한다고 규정하고 있는데(전파법 제37조제1항), 방송 표준은 방송이 국가와 사회에 미치는 영향력과 방송 장비와 방송 콘텐츠 산업의 중요성을 고려할 때 전파 규제정책에 있어 중요한 분야 중 하나로 생각된다. 과거 지상파방송의 디지털 전송방식에 대한 논란의 경험을 통해서도 알 수 있는데, 결국 2004년 7월 미국 디지털 텔레비전 전송방식으로 결정되긴 하였지만 당시 지상파방송의 디지털 전송방식을 놓고 미국 디지털 텔레비전 표준인 ATSC(Advanced Television Systems Committee)의 8-VSB 방식과 유럽 디지털 텔레비전 표준인 ETSI(European Telecommunications Standards Institute)의 DVB-T 방식을 놓고 수년간 극심한 사회갈등을 겪은 바가 있다.[152)]

152) 디지털방송 전송방식을 둘러싼 논란이 뜨겁다. 정보통신부는 1997년 채택한 미국식(ATSC) 방식을 고수하겠다는 입장이고, 방송 현업자와 시민단체는 유럽식(DVB) 방식으로 빨리 변경해야 한다는 주

전파법 제37조(방송표준방식)는 영상압축 방식, 음성압축 방식, 다중화 방식 등 방송표준 분야의 기술을 규정하고 있는 반면에 이 법 제45조(기술기준)는 주파수 허용편차, 주파수 대역 등 전파 품질의 허용 조건을 규정하고 있는 것으로 이해되며, 지상파방송국에게 일반 무선국의 기술기준을 충족하도록 할 뿐만 아니라 방송표준방식을 준수하도록 함으로써 지상파방송 사업자가 임의로 방송표준방식을 도입하는 것으로 인한 텔레비전 수상기 교체 등과 같은 시청자 불편을 최소화하도록 전파법과 전파법 시행령으로 규정하고 있는 것으로 생각된다. 한편, 전파법은 과학기술정보통신부장관은 이 법 제37조(방송표준방식)제1항에 따른 방송표준방식을 정하거나 변경하는 경우에는 미리 이해관계자의 의견을 들어야 한다고 규정하고 있다(동법 제37조제2항).

참고자료 및 질문

1. UHD TV. UHD TV(Ultra High Definition Television, 초고화질 텔레비전)는 기존 HDTV(High Definition Television, 고화질 텔레비전)가 제공하는 고선명 비디오 화질(2K: 1,920×1,080) 보다 4배에서 16배 선명한 초고선명 비디오(4K: 3,840×2,160 ~8K: 7,680×4,320)와 10개 채널 이상의 다채널 오디오 재현으로 초현장감의 체험을 가능하게 하는 〈그림 91〉과 같은 차세대 실감방송 기술로 이해된다. 한편, 과학기술정보통신부는 2017년 8월, 방송표준방식 및 방송업무용 무선설비의 기술기준(과학기술정보통신부 고시 제2017-7호, 2017. 8. 24.)에 지상파 UHD 방송표준방식을 정하여 고시(告示)한 바가 있다.

그림 91 UHD TV

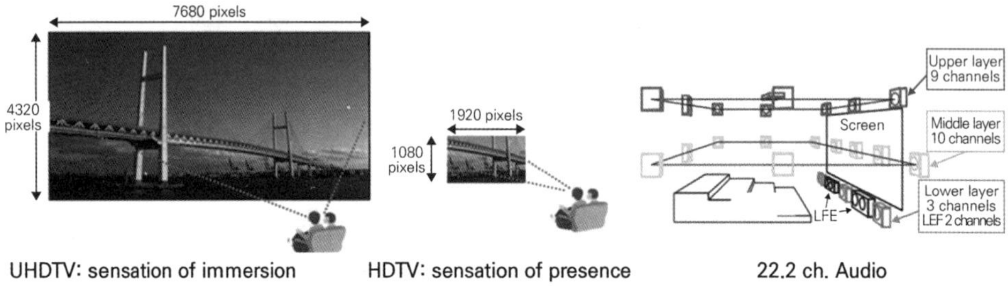

장이다. 특히 방송·시민 단체는 대선 후보들에게 공개적인 입장 표명을 요구하는 등 적극적인 실력행사에 나서고 있다. 문향란 한국일보 기자, 디지털방송 미국식이냐 유럽식이냐/"미국式 백지화" 요구 논란가열, 2020.8.29.(https://www.hankookilbo.com/News/Read/200208290036174034).

2. **TV White space.** TV 화이트 스페이스(TVWS, Television White Space)는 〈그림 92〉와 같이 텔레비전 방송대역(채널 2~51: 54~698㎒, 총 300㎒) 중 전파간섭 방지를 위해 지역적으로 사용하지 않고 보호대역(Guard band)으로 비어 있는 주파수 채널이다. TV 화이트 스페이스는 저주파수 대역으로 전파 특성이 우수하여 도달거리가 길고 투과율이 좋아 다양한 용도에 활용이 가능할 것으로 생각된다. 주파수 공유를 통하여 TV 화이트 스페이스를 활용한 농어촌 정보격차 해소 와이파이(Wi-Fi), 원격검침 스마트그리드(Smart Grid), 지역 정보와 재난 정보 전송 시스템, 독거노인 안전 원격 확인 시스템 등의 서비스 도입이 가능할 것으로 이해된다. 한편, TV 화이트 스페이스를 이용하기 위해서는 주파수 대역의 이용 가능 장소와 시간 관련 데이터베이스(DB, Data Base) 구축과 인지 무선(CR, Cognitive Radio) 기술 등이 요구된다고 하겠다. 다만 농어촌 지역의 경우 많은 유휴 채널이 있을 수 있겠으나 TV 방송국이 밀집된 수도권이나 대도시 지역은 유휴 채널이 1~2개에 불과할 수 있으며, 주파수 부족을 해소하는 수단이 될 수 있으나 타인과의 혼신과 간섭을 용인하는 공유 기술에 기반을 두고 있다는 점을 염두에 둬야 할 필요가 있다. TV 화이트 스페이스의 활성화를 위해 어떠한 노력이 필요하다고 생각하는가?

그림 92 TV 화이트 스페이스

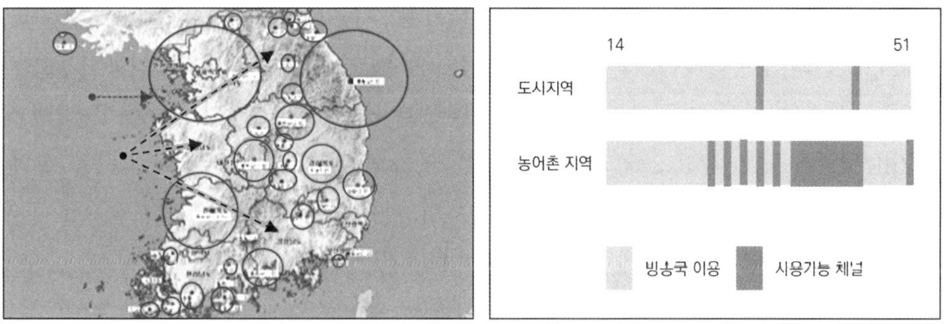

제3절 우주통신의 운용

〈전파법〉 제2조(정의) ① 이 법에서 사용하는 용어의 뜻은 다음과 같다.

10. "우주국(宇宙局)"이란 인공위성에 개설한 무선국을 말한다.

11. "지구국(地球局)"이란 우주국과 통신을 하기 위하여 지구에 개설한 무선국을 말한다.

12. "위성망"이란 우주국과 지구국으로 구성된 통신망(위성주파수와 위성궤도를 포함한다. 이하 같다)의 총체를 말한다.
13. "위성궤도"란 우주국의 위치나 궤적(軌跡)을 말한다.
가. 「저작권법」 제104조에 따른 특수한 유형의 온라인서비스제공자의 부가통신역무
나. 문자메시지 발송시스템을 전기통신사업자의 전기통신설비에 직접 또는 간접적으로 연결하여 문자메시지를 발송하는 부가통신역무

1. 우주통신의 의의

전파법은 "위성망"이란 우주국과 지구국으로 구성된 통신망(위성주파수와 위성궤도를 포함한다)의 총체를 말한다고 규정하고 있는데(전파법 제2조제1항제12호), 인공위성(Satellite)을 활용한 우주통신은 전송시간의 지연(遲延, delay)과 같은 단점이 있으나 광범위한 지역에 신속하게 대용량의 정보를 전송할 수 있으며 지형, 기후조건, 자연 재난과 같은 지상(地上) 제약 조건의 영향을 거의 받지 않는 장점이 있는 것으로 이해된다. 인공위성을 이용한 우주통신의 개념은 영국의 SF 작가인 아서 클라크(Arthur C. Clarke)가 1945년 외계 중계기(Extra-terrestrial Relays)라는 기고문을 영국의 잡지 Wireless World를 통해 발표함으로써 개념화되었으며 구(舊)소련이 최초의 인공위성을 1957년 발사함으로써 우주통신이 시작되었다고 하겠는데 우주통신은 대륙 간 장거리 국제전화 서비스, 글로벌스타(Globalstar), 인말샛(Inmarsat), 뚜라야(Thuraya), 스타링크(Starlink) 등과 같이 정지궤도 또는 비정지 저궤도 위성을 이용한 위성휴대통신 서비스(GMPCS, Global Mobile Personal Communication by Satellite), 위성항법시스템(GPS, Global Positioning System) 등 다양한 용도로 이용되고 있으며 앞으로도 인공위성을 이용한 우주통신은 더욱 발전할 것으로 생각된다. 인공위성은 우주공간에 떠 있는 일종의 극초단파 무선국으로서 극초단파 신호를 반사하거나 극초단파 신호를 받은 후 다른 주파수를 이용하여 다시 전송하는 기능과 역할을 하는데, 인공위성은 광역성(廣域性), 동보성(同報性), 외국과의 주파수 조정의 필요성과 같은 일반무선국과는 다른 우주국으로서의 특성을 갖는 것으로 이해된다.

가. 인공위성과 위성궤도

전파법은 "위성궤도"란 우주국의 위치나 궤적(軌跡)을 말한다고 규정하고 있는데(전파법 제2조제1항제13호), 인공위성을 통한 우주통신은 지상 통신망과[153] 달리 통신을 위한 무선국인 위성체가 우주국으로서 지상으로부터 수백 킬로미터(㎞) 이상의 우주에서 기능하여 이루어진다. 인공위성이 위치하는 궤도(軌道, Orbit)에 따라 정지궤도 위성과 비정지궤도 위성으로 구분되는데 〈그림 93〉과 같이 정지궤도 위성(GEO, Geostationary Orbit)은 적도 상공 약 35,800㎞에 위치하는데 정지궤도 위성은 지구 자전과 같은 속도로 적도면을 따라 이동하므로 지상에서 보았을 때 움직이지 않고 특정 지점에 머무르는 것처럼 보이게 된다. 비정지궤도 위성(NGEO, Non-Geostationary Orbit)은 지상 수백 ㎞에서 수만 ㎞의 고도에서 지구 자전주기와 다르게 지구 주위를 회전하는 인공위성으로서 정지궤도 위성과 다르게 특정 지점에 머무르지 않고 움직이는 위성이며 비정지궤도 위성에는 저궤도 위성(LEO, Low Earth Orbit), 중궤도 위성(MEO, Medium Earth Orbit), 고궤도 위성(HEO, High Earth Orbit)이 있다. 저궤도 위성은 약 500~2,000㎞의 고도에서 하루에 11회에서 15회 정도 지구를 회전하는 인공위성으로서 기상, 과학, 군사, 위성휴대통신 서비스 등에 이용된다. 중궤도 위성은 약 10,000~20,000㎞의 고도에서 하루에 2회에서 4회 정도 지구를 회전하는 인공위성으로서 탐사, 위치 측정, 위성휴대통신 서비스 등에 이용되고 있으며, 고궤도 위성은 약 20,000㎞ 이상의 고도서 지구를 회전하는 인공위성이다.

그림 93 인공위성의 종류

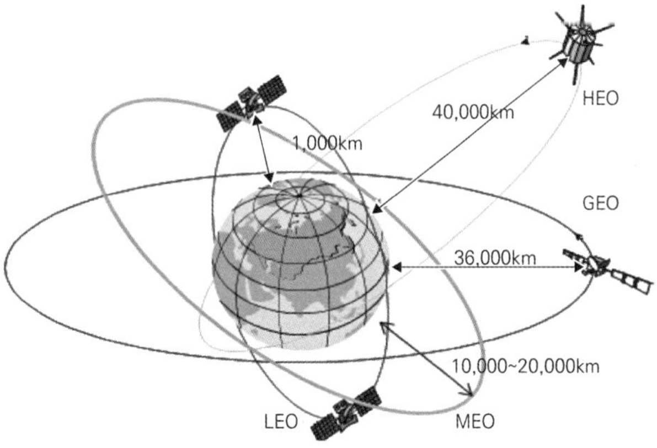

153) 지상 통신은 고도 약 10㎞ 상공까지의 항공기 통신과 고도의 성층권 통신을 포함하는 개념으로서 우주통신과 상대적으로 구분되는 것으로 이해된다.

나. 위성주파수

위성망에서 사용되는 위성주파수는 전리층에 의한 전파 감쇄(減衰), 대기 가스나 강우에 의한 감쇄(減殺) 등에 의해 인공위성을 이용하는 우주통신에 장애가 발생할 수 있으므로 위성주파수는 주파수 대역의 지구 대기상 전파 전달 특성을 고려하여 1~10㎓ 주파수 대역이 많이 이용되어 온 것으로 이해된다. 한편, 인공위성을 이용한 우주통신 서비스의 증가, 광대역과 대용량 우주통신 서비스를 위한 넓은 주파수대역폭 확보의 필요에 따라 우주통신에서 이용되는 위성주파수는 20~40㎓ 이상의 높은 대역으로 상승하고 있으며, 비정지궤도 위성의 40㎓ 이상 주파수 대역에 대한 수요가 증가하고 있어 더욱 높은 주파수 대역을 이용하기 위한 연구가 진행되고 있다. 지상에서 인공위성을 향해 발사하는 전파는 상향 링크(Up link), 인공위성에서 지상으로 발사하는 전파는 하향 링크(Down link)라 하며 서로 다른 주파수 대역을 사용하는데 일반적으로 상향 링크가 하향 링크보다 더 높은 주파수 대역을 사용한다. 왜냐하면 동일한 전파의 출력을 확보하기 위해서는 주파수 대역이 높을수록 더 큰 전력이 요구되기 때문에 크기와 공간의 제약이 있고 전력공급이 제한적일 수밖에 없는 위성체보다는 지구국에서 높은 주파수를 다루는 것이 효율적이기 때문으로 생각된다.

참고자료 및 질문

그림 94 정지궤도 위성과 비정지궤도 위성

정지궤도 위성	비정지궤도 위성
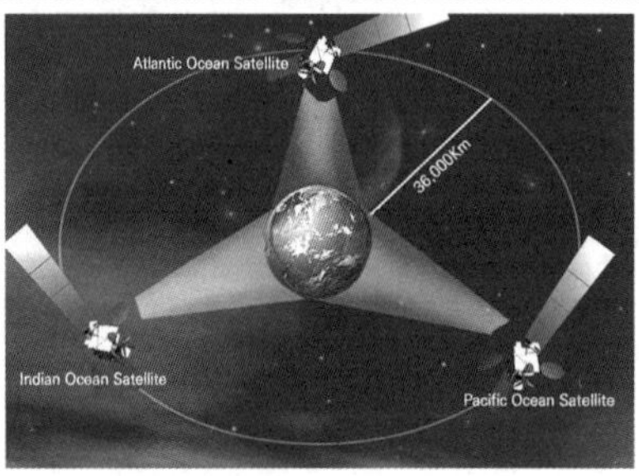	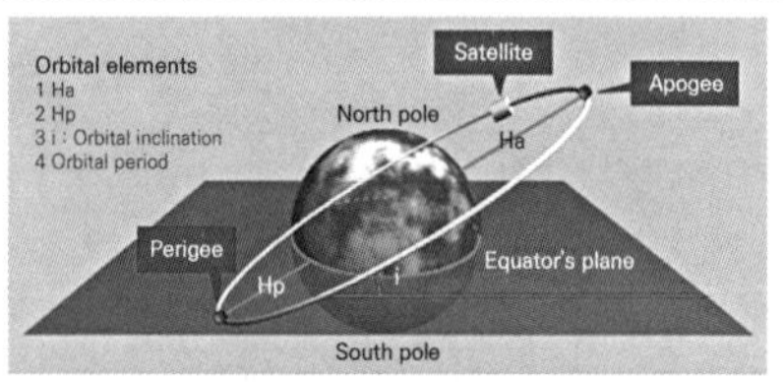 Ha : 장반경 Hp : 단반경 Apogee : 원지점 Perigee : 근지점 Orbital inclination : 적도면과 궤도면과의 각도 Orbital period : 지구를 한바퀴 도는 데 소요되는 시간

1. **정지궤도 위성과 비정지궤도 위성.** 정지궤도 위성(GEO, Geostationary Orbit)은 적도 상공 약 36,000㎞에 위치하여 일정한 속도로 하루에 한 번씩 적도를 따라 지구 주위를 회전하는데 지구 자전

속도와 위성 공전 속도가 같으므로 지상에서는 정지한 것처럼 보이게 된다. 〈그림 94〉와 같이 정지궤도 위성은 3개의 인공위성으로 전 세계 서비스가 가능하므로 주로 통신 및 방송위성 용도로 이용되며 무궁화 위성 (동경 113, 116도) 및 한별 위성 (동경 144도) 등이 정지궤도 위성에 해당된다. 한편, 비정지궤도 위성은 고도가 수십㎞~수만㎞로 다양하며 지구 자전 속도와 위성 공전 속도가 다르므로 1개의 위성은 하루 2~3차례 지상국과 교신이 필요하며 지속적인 통신을 위해서는 다수의 인공위성이 요구된다. 비정지궤도 위성 중 위성의 고도 중 장반경과 단반경이 같으면 원궤도 위성, 다르면 타원궤도 위성인데, 지구 표면으로부터 400㎞ 떨어진 저궤도 위성(LEO, Low Earth Orbit)은 원궤도 위성이다.

2. 위성주파수 대역과 특성. 인공위성은 〈표 34〉와 같이 UHF(300㎒~3,000㎒) 주파수대역부터 SHF(3㎓~30㎓) 주파수대역이 주로 이용되는데, L 밴드는 위성휴대통신 서비스(GMPCS, Global Mobile Personal Communication by Satellite), 위성항법시스템(GPS, Global Positioning System)과 같은 저궤도 위성용으로 위성주파수가 할당되어 있으며, S 밴드는 위성 관제(TT&C, Tracking, Telemetry and Command)용으로 이용되고 있다. L 밴드와 S 밴드는 전파손실이 적고 소형화된 지상 단말기의 이용이 가능한 장점이 있다. C 밴드는 정지궤도 위성용으로 위성주파수가 할당되어 있는데 광범위한 구역을 적용 범위(Coverage)로 하고 강우에 의한 출력 감쇄(減殺)가 적으나 큰 규모의 안테나가 필요하다. C 밴드는 통신과 방송위성에 많이 사용 중이다. X 밴드는 저궤도 위성이나 정지궤도 위성용으로 위성주파수가 할당되어 있으며, 강우에 의한 출력 감쇄가 적고 주파수가 높은 소위 '황금 대역'으로 일반적으로 군사용인 군의 레이더와 군의 위성 통신으로 이용되고 있다. Ku 밴드는 정지궤도 위성용으로 위성주파수가 할당되어 있으며 10㎓ 이상에서 강우에 의한 출력 감쇄의 단점이 있으나 강우 감쇄의 영향이 적고 주파수가 높아 안테나가 소형화되는 장점이 있다. 소형 지구국 안테나(2~3m)를 사용함에 따라 통신과 방송위성에 많이 사용 중이다. Ka 밴드는 초소형 지구국 안테나를 활용할 수 있고 광대역 서비스가 가능하나 강우 감쇄의 영향이 큰 단점이 있다. 한편, V 밴드는 현재 연구실험 단계의 주파수 대역이다.

표 34 위성주파수

구분	주파수 대역(㎓)	특징	주요용도
L	1~2	전파손실이 적고, 소형 지상 단말기 이용 가능	GMPCS, GPS
S	2~4		위성 DMB
C	4~8	강우에 의한 출력 감쇄가 적어 통신과 방송위성에 많이 사용 중, 대형 지구국 안테나가 필요	위성통신, 위성방송

X	8~12	군 레이더 군 위성 통신으로 사용 중, 강우에 의한 출력 감쇄 발생, 중형 지구국 안테나가 필요	군용 지구관측, 군용 위성통신
Ku	12~18	통신과 방송위성에 많이 사용 중, 큰 강우 감쇄의 영향, 소형(2~3m) 지구국 안테나가 필요	위성통신, 위성방송
Ka	18~40	광대역 서비스가 가능하나 매우 큰 강우 감쇠의 영향, 초소형 지구국 안테나가 필요	고정 위성통신
V	40~75	연구실험 단계	실험위성

2. 위성주파수등과 위성망의 확보

전파법은 과학기술정보통신부장관은 전파자원을 확보하기 위하여 다음, 3. 주파수의 국제등록의 시책을 마련하고 시행하여야 하며, 그 시행에 필요한 지원방안을 마련하여야 한다고 규정하고 있으며(전파법 제5조제1항제3호), 과학기술정보통신부장관은 우주통신을 위한 위성주파수등의 확보 및 관리에 필요한 시책을 마련하여야 한다고 규정하고 있는데(동법 제38조), 전파법은 제10조(주파수할당)제2항에서 "위성주파수와 위성궤도를 '위성주파수등'이라 한다."라고 규정하고 있으므로 위성주파수등의 확보와 관리에 필요한 시책은 위성주파수와 위성궤도의 확보와 관리의 필요한 시책으로 이해된다. 국제연합(UN, United Nations)의 「달과 기타 천체를 포함한 외기권의 탐색과 이용에 있어서 국가활동을 규율하는 규칙에 관한 조약(약칭: 우주조약)」인[154] 조약 제262호제2조는 "달과 기타 천체를 포함한 외기권은 주권의 주장에 의하여 또는 이용과 점유에 의하여 또는 기타 모든 수단에 의한 국가 전용의 대상이 되지 아니한다."라고 규정하고 있어 위성주파수와 위성궤도에도 이러한 원칙이 적용되나 위성주파수와 위성궤도의 자원은 인류 전체에 한정된 공유자원이므로 각 국가가 무분별하고 무질서하게 사용할 때 발생하는 전파의 혼신과 간섭과 같은 혼란을 국가 간 상호 합의와 협력을 통해 막을 필요성이 있다.

154) Treaty on principles governing the activities of States in the exploration and use of outer space, including the moon and other celestial bodies. Moscow, London and Washington, 27 January 1967.

또한 인공위성이 위치해야 할 우주공간인 위성궤도와 인공위성이 이용할 수 있는 주파수 대역인 우주주파수는 이미 포화가 되어 있는 경우가 많아서 위성주파수와 위성궤도의 자원 획득과 이를 위한 외국과의 조정 등을 통한 노력이 국가자원 확보의 차원에서 필요하다고 생각된다.

가. 위성망의 국제등록

전파법은 우주국을 개설하기 위하여 위성주파수등을 확보하려는 자는 대통령령으로 정하는 바에 따라 과학기술정보통신부장관에게 위성망 국제등록 신청을 요청하여야 한다고 규정하고 있는데(전파법 제39조제1항), 전파법 시행령은 이 법 제39조(위성망의 국제등록)제1항에 따라 위성망국제등록신청을 요청하려는 자(이하 "요청자"라 한다)는 다음, 1. 「국제전기통신연합전파규칙」에서[155] 정한 서류, 2. 위성사업계획서의 서류를 갖추어 과학기술정보통신부장관에게 요청하여야 한다고 규정하고 있다(동법 시행령 제63조제1항).

전파법은 과학기술정보통신부장관은 이 법 제39조(위성망의 국제등록)제1항에 따른 위성망 국제등록 신청 요청의 내용이 다음, 1. 요청자가 개설하려는 우주국에 주파수의 지정이 가능할 것, 2. 위성사업계획이 적정할 것, 3. 요청자가 위성망 혼신조정능력이 있을 것에 적합한 경우에는 「국제전기통신연합 전파규칙」에 따라 국제전기통신연합에[156] 위성망 국제등록을 신청하고, 적합하지 아니한 경우에는 그 요청서를 되돌려 보내거나 기간을 구체적으로 밝혀 보완하도록 할 수 있다고 규정하고 있는데(동법 제39조제2항), 전파법 시행령은 과학기술정보통신부장관은 이 법 시행령 제63조(위성망의 국제등록신청)제1항에 따른 요청 내용이 다음, 1. 요청자가 개설하려는 우주국에 주파수 할당 · 지정이 가능할 것, 2. 위성사업계획이 적정할 것, 3. 요청자가 위성망 혼신조정능력이 있을 것에

155) 국제전기통신연합 전파규칙(ITU-RR, ITU Radio Regulations)은 위성망의 운용을 위한 위성궤도와 위성주파수를 확보하기 위한 위성망 국제등록 절차와 국제등록을 완료한 위성망에서 운용하는 지구국의 국제등록 절차를 규정하고 있다.

156) 국제전기통신연합(ITU, International Telecommunication Union)은 전파 관리의 실질적 권한을 행사하고 국제전기통신연합이 정한 의무를 수행하는 정부부처 또는 업무 담당기관을 주관청으로 지정하는데, 전파법 시행령은 과학기술정보통신부장관은 이 법 제78조(권한의 위임 · 위탁)제1항에 따라 다음, 1. 이 법 제5조(전파자원의 확보)에 따른 주파수의 국제등록과, 1의5. 동법 제44조의2(위성운용계획의 제출 등)에 따른 위성운용계획의 제출 요청 등에 관한 사항의 권한을 국립전파연구원장에게 위임한다고 규정하고 있다(전파법 시행령 제123조제1항제1호와 제1의5호).

적합하다고 인정하는 경우에는 국제전기통신연합에 위성망국제등록을 신청하여야 한다고 규정하고 있으며(동법 시행령 제63조제2항), 과학기술정보통신부장관은 요청내용이 동법 시행령 제63조제2항 각 호에 적합하지 아니한 경우에는 기간을 명시하여 보완하게 할 수 있다고 규정하고 있다(동법 시행령 제63조제3항).

한편, 법원은 전파 주관청이 국제 공용자원인 위성궤도와 위성주파수를 우리나라의 자원으로 확보하기 위해 국제전기통신연합(ITU, International Telecommunication Union)의 전파규칙(RR, Radio Regulations)에 따라 국제전기통신연합에 대하여 하는 위성망 국제등록 신청은 항고소송의 대상이 되는 행정처분이라고 할 수 없다고 판시한 바가 있다.157)

전파법은 이 법 제39조(위성망의 국제등록)제2항에 따라 위성망 국제등록 신청이 된 경우에 동법 제39조제1항에 따라 과학기술정보통신부장관에게 위성망 국제등록 신청을 요청한 자는 국제전기통신연합에서 정하는 바에 따라 위성망 국제등록 비용을 부담하여야 한다고 규정하고 있는데(전파법 제39조제3항), 전파법 시행령은 이 법 제39조제3항에 따른 위성망국제등록비용은 국제전기통신연합이 정하는 바에 따른다고 규정하고 있으며(동법 시행령 제64조제1항), 과학기술정보통신부장관은 국제전기통신연합이 정하는 바에 따라 매년 위성망국제등록비용이 면제되는 위성망을 선정할 수 있다고 규정하고 있다(동법 시행령 제64조제2항). 한편, 전파법은 과학기술정보통신부장관은 이 법 제39조제2항에 따라 국제등록 신청을 한 위성주파수등이 확보되면 해당 요청자에게 우선하여 위성주파수등을 동법 제10조(주파수할당)제2항에 따라 할당하거나 동법 제18조의2(주파수 사용승인의 신청 등)에 따라 사용승인 또는 동법 제18조의4(주파수 지정)에 따라 지정하여야 한다고 규정하고 있다(동법 제39조제4항).

---

157) 전파 주관청이 위성망 국제등록 신청요청에 대하여 그 요건을 심사하여 이를 수리하는 행위와 이를 전제로 국제전기통신연합에 대하여 하는 위성망 국제등록 신청은 개념상 구별되는 것이고 등록신청은 전파 주관청이 국제 공용자원인 위성궤도 및 주파수를 우리나라 자원으로 확보하기 위하여 국제전기통신연합의 전파규칙에 따라 국제전기통신연합에 대하여 하는 신청 행위일 뿐 국민을 직접 상대방으로 하는 행위가 아니며 전파 주관청이 확보된 주파수를 구(舊)전파법 제41조제2항에 따라 이 사건 등록신청의 요청자에게 할당하는 경우 지정받은 주파수의 일부를 이용할 수 없게 되는 등의 불이익을 입는다고 할지라도 이는 위 전파규칙의 위성망 국제등록 절차를 거쳐 실제로 위성궤도 및 주파수가 확보되는 경우에 비로소 문제가 될 수 있는 것으로서 등록신청 단계에 있어서는 국민의 권리와 의무에 아무런 영향을 미치지 못하므로 등록신청은 행정소송법상 취소소송의 대상이 되는 행정처분이라고 할 수 없다고 판시하였다. 대법원 2007. 4. 12. 선고 2004두7924 판결.

나. 위성망의 혼신조정

전파법은 과학기술정보통신부장관은 외국이 관할하는 위성망과의 혼신을 조정하기 위하여 필요한 시책을 마련하여야 한다고 규정하고 있으며(전파법 제40조제1항), 과학기술정보통신부장관은 이 법 제39조(위성망의 국제등록)제1항에 따라 위성망 국제등록 신청을 요청한 자에게 혼신 조정에 필요한 자료를 제출하도록 요구할 수 있다고 규정하고 있는데(동법 제40조제2항), 위성망의 혼신조정은 위성망의 국제등록신청 이후에 다른 나라로부터 전파의 혼신과 간섭에 관련된 이의가 제기될 때 전파의 혼신과 간섭을 해소하기 위해 우주국 또는 지구국을 조정하는 것으로 이해된다. 한편, 전파법 시행령은 과학기술정보통신부장관은 위성망 혼신조정을 위하여 필요하다고 인정하는 경우에는 요청자로 하여금 외국의 관할 하에 있는 위성망과의 혼신조정을 하게 할 수 있다고 규정하고 있다(동법 시행령 제63조제4항).

3. 위성주파수 자원의 관리

2016년 전파법 개정을 통해 위성주파수 자원의 관리, 우주국 이용의 활성화 등과 관련된 조항들을 신설하고 개정하여 기존에 나타난 문제점들을 보완하려 한 것으로 이해된다.

가. 위성주파수이용권의 양도와 임대 등

(1) 위성주파수이용권의 양도와 임대 등의 의의

전파법은 위성주파수등을 이 법 제10조(주파수할당)제2항에 따라 할당받거나 동법 제18조의4(주파수 지정)에 따라 지정받은 자는 해당 위성주파수등을 이용할 수 있는 권리(이하 "위성주파수이용권"이라 한다)를 가진다고 규정하고 있는데(전파법 제41조제1항), 과거 전파법 제41조(위성궤도등의 할당 등)는 위성궤도등을 이용하게 하는 경우에 주파수할당과 주파수 지정, 위성궤도등을 이용하는 경우에 우주국의 개설허가 시 우주국의 위성궤도등의 지정 등을 규정하고 있었으나, 2016년 전파법 개정을 통해 위성주파수와 위성궤도를 이용할 수 있는 권리인 위성주파수등을 이용할 수 있는 권리를 위성주파수이용권으로 규정하고 위성주파수이용권을 양도와 임대 조건을 정하는 조항이 신설된 것으로 이해된다.

(2) 위성주파수이용권의 양도와 임대 등의 주요 내용

전파법은 위성주파수등을 이 법 제10조제2항에 따라 할당받거나 동법 제18조의4에 따라 지정받은 자는 3년 이상의 범위에서 대통령령으로[158] 정하는 기간이 지난 후에는 위성주파수이용권을 양도 · 임대하거나 위성주파수등의 이용을 중단할 수 있으나, 다만, 위성주파수등을 이 법 제10조제2항에 따라 할당받거나 동법 제18조의4에 따라 지정받은 자가 파산하거나 경제적 여건이 급변하는 등 대통령령으로[159] 정하는 사유에 해당하는 경우에는 그 기간 전에도 위성주파수이용권을 양도 · 임대하거나 위성주파수등의 이용을 중단할 수 있다고 규정하고 있으며(동법 제41조제2항), 이 법 제41조(위성주파수이용권의 양도 · 임대 등)제2항에 따라 위성주파수이용권을 양수하거나 임차하려는 자와 위성주파수등의 이용을 중단하려는 자는 대통령령으로[160] 정하는 바에 따라 미리 과학기술정

---

158) 전파법 시행령은 이 법 제41조(위성주파수이용권의 양도 · 임대 등)제2항 본문에서 “대통령령으로 정하는 기간”이란 위성주파수등을 동법 제10조(주파수할당)제2항에 따라 할당받거나 동법 제18조의4(주파수 지정)에 따라 지정받은 날부터 3년을 말한다고 규정하고 있다(전파법 시행령 제64조의2제1항).

159) 전파법 시행령은 이 법 제41조(위성주파수이용권의 양도 · 임대 등)제2항 단서에서 “대통령령으로 정하는 사유에 해당하는 경우”란 다음, 1. 위성주파수이용권의 양도는, 가. 위성주파수등을 할당받거나 지정받은 자가 파산하는 경우와, 나. 경제적 여건의 급변에 대처하거나 사업의 효율화를 위하여 위성주파수등을 할당받거나 지정받은 자가 합병되거나 그가 영위하는 사업의 전부를 양도하는 경우, 2. 위성주파수이용권의 임대는 동법 제16조(재할당)에 따라 재할당을 받은 경우, 3. 위성주파수등의 이용 중단은 위성의 전부 또는 일부에 중대한 고장이나 장애가 발생하여 위성주파수등의 정상적인 이용이 불가능한 경우의 구분에 따른 경우를 말한다고 규정하고 있다(전파법 시행령 제64조의2제2항).

160) 전파법 시행령은 이 법 제41조(위성주파수이용권의 양도 · 임대 등)제2항 본문 또는 단서에 따라 위성주파수등의 이용을 중단하려는 자는 같은 조 제3항에 따라 과학기술정보통신부령으로 정하는 승인신청서에 위성망 및 이용자 보호대책에 관한 서류(전자문서를 포함한다)를 첨부하여 과학기술정보통신부장관에게 제출하여야 한다고 규정하고 있으며(전파법 시행령 제64조의4제1항), 이 법 제41조제2항 단서에 따라 위성주파수등의 이용을 중단하려는 자는 동법 시행령 제64조의4(위성주파수등의 이용 중단 승인)제1항의 서류 외에 동법 제64조의2(위성주파수이용권의 양도 · 임대 등의 제한기간 등)제2항제3호에 해당하는 사실을 증명하는 서류를 함께 첨부하여야 한다고 규정하고 있다(동법 시행령 제64조의4제2항). 또한 전파법 시행령은 과학기술정보통신부장관은 이 법 시행령 제64조의4(위성주파수등의 이용 중단 승인)제1항에 따라 승인신청서를 제출받은 경우에는 「전자정부법」 제36조(행정정보의 효율적 관리 및 이용)제1항에 따른 행정정보의 공동이용을 통하여 법인의 등기사항증명서를 확인하여야 한다고 규정하고 있으며(동법 시행령 제64조의4제3항), 과학기술정보통신부장관은 이 법 시행령 제64조의4(위성주파수등의 이용 중단 승인)제1항에 따라 승인신청서를 제출받은 경우에는 해당

보통신부장관의 승인을 받아야 하는데, 이 경우 위성주파수이용권을 양도하거나 임대하려는 자도 위성주파수이용권을 양수 · 임차하려는 자와 함께 승인을 받아야 한다고 규정하고 있다(동법 제41조제3항).

한편, 과학기술정보통신부장관은 이 법 제41조제3항에 따른 승인을 하는 경우 위성망등의 국제등록 유지 및 관리 등을 위하여 필요할 때에는 조건을 붙일 수 있다고 규정하고 있는데(동법 제41조제4항), 전파법 제41조제3항의 조건(條件)은 강학(講學)상의 행정행위의 부관(附款) 중 하나인 부담(負擔)으로 이해된다. 또한 전파법은 위성주파수이용권 양수인의 결격사유에 관하여는 이 법 제13조(주파수할당의 결격사유)를 준용한다고 규정하고 있으며(동법 제41조제5항), 이 법 제41조제3항에 따라 승인을 받은 양수인은 양도인의 지위를 승계한다고 규정하고 있다(동법 제41조제6항).

전파법은 과학기술정보통신부장관은 이 법 제41조제3항에 따라 승인을 받은 자가 다음, 1. 거짓이나 그 밖의 부정한 방법으로 승인을 받은 경우, 2. 동법 제41조제4항에 따른 승인 조건을 이행하지 아니하거나 위반한 경우, 3. 동법 제10조(주파수할당)제2항에 따라 공고한 주파수 용도나 기술방식을 위반한 경우, 4. 동법 제25조(무선국의 운용)제2항을 위반하여 허가 또는 신고사항의 범위를 벗어나 무선국을 운용한 경우, 5. 본문에 따른 시정명령을 이행하지 아니한 경우의 어느 하나에 해당하는 경우에는 시정을 명하거나 승인을 취소할 수 있으나, 다만, 이 법 제41조제7항제1호인 거짓이나 그 밖의 부정한 방법으로 승인을 받은 경우 또는 같은 법 제41조제7항제5호에 해당하는 경우인 본문에 따른 시정명령을 이행하지 아니한 경우에는 승인을 취소하여야 한다고 규정하고 있으며(동법 제41조제7항), 이 법 제41조제7항에 따른 시정명령 및 승인 취소에 관한 세부적인 기준과 그 밖에 필요한 사항은 대통령령으로 정한다고 규정하고 있다(동법 제41조제8항).

나. 우주국 무선설비의 양도와 임대

전파법은 우주국의 시설자등은 대통령령으로[161] 정하는 바에 따라 미리 과학기술정

승인신청서를 제출받은 날부터 30일 이내에 다음, 1. 위성망 보호에 미치는 영향과, 2. 이용자 보호에 미치는 영향의 사항을 고려하여 승인 여부를 결정하고, 그 결과를 신청인에게 알려야 한다고 규정하고 있다(동법 시행령 제64조의4제4항).

161) 전파법 시행령은 이 법 제42조의2(우주국 무선설비의 양도 · 임대)제1항에 따라 우주국 무선설비의 전부나 일부를 다른 자에게 양도하거나 임대(무선설비를 위탁운용하거나 다른 자와 공동으로 사용하는

보통신부장관의 승인을 받아 우주국 무선설비의 전부나 일부를 다른 자에게 양도하거나 임대(무선설비를 위탁운용하거나 다른 자와 공동으로 사용하는 경우를 포함한다)할 수 있는데, 이 경우 우주국 무선설비를 양수하거나 임차하려는 자도 양도하거나 임대하려는 자와 함께 승인을 받아야 한다고 규정하고 있으며(전파법 제42조의2제1항), 우주국 무선설비 양수인의 결격사유와 이 법 제42조의2(우주국 무선설비의 양도 · 임대)제1항에 따른 승인의 조건에 관하여는 동법 제13조(주파수할당의 결격사유) 및 동법 제41조(위성주파수이용권의 양도 · 임대 등) 제4항을 준용한다고 규정하고 있다(동법 제42조의2제2항). 또한 전파법은 이 법 제42조의2(우주국 무선설비의 양도 · 임대)제1항에 따른 승인을 받은 양수인은 양도인의 지위를 승계한다고 규정하고 있으며(동법 제42조의2제3항), 과학기술정보통신부장관은 이 법 제42조의2제1항에 따라 승인을 받은 자가 다음, 1. 거짓이나 그 밖의 부정한 방법으로 승인을 받은 경우, 2. 동법 제42조의2제2항에 따른 승인 조건을 이행하지 아니하거나 위반한 경우, 3. 동법 제25조(무선국의 운용)제2항을 위반하여 허가 또는 신고사항의 범위를 벗어나 무선국을 운용한 경우, 4. 본문에 따른 시정명령을 이행하지 아니한 경우의 어느 하나에 해당하는 경우에는 시정을 명하거나 승인을 취소할 수 있으나, 다만, 이 법 제42조의2제4항제1호인 거짓이나 그 밖의 부정한 방법으로 승인을 받은 경우 또는 동법 제42조의2제4항제4호인 본문에 따른 시정명령을 이행하지 아니한 경우에는 승인을 취소하여야 한다고 규정하고 있다(동법 제42조의2제4항). 한편, 전파법은 이 법 제42조의2제4항에 따른 시정명령 및 승인 취소에 관한 세부적인 기준과 그 밖에 필요한 사항은 대통령령으로 정한다고 규정하고 있다(동법 제42조의2제5항).

경우를 포함한다)하려는 우주국의 시설자등은 해당 무선설비를 양수하거나 임차하려는 자와 함께 과학기술정보통신부령으로 정하는 승인신청서에 다음, 1. 양도 · 양수 계약서(양도 · 양수의 경우만 해당한다), 임대 · 임차 계약서(임대 · 임차의 경우만 해당한다), 위탁운용합의서(위탁운용의 경우만 해당한다) 또는 공동사용계약서(공동사용의 경우만 해당한다)의 사본, 2. 해당 법인의 정관, 3. 해당 법인의 주주명부 및 주주 등의 주식 등의 소유에 관한 서류, 4. 위성사업계획서의 서류(전자문서를 포함한다)를 첨부하여 과학기술정보통신부장관에게 제출하여야 한다고 규정하고 있으며(전파법 시행령 제64조의5제1항), 이 법 시행령 제64조의5(우주국 무선설비의 양도 · 임대 등)제1항에 따라 승인신청서를 제출받은 과학기술정보통신부장관은 「전자정부법」 제36조(행정정보의 효율적 관리 및 이용)제1항에 따른 행정정보의 공동이용을 통하여 법인의 등기사항증명서를 확인하여야 한다고 규정하고 있는 한편(동법 시행령 제64조의5제2항), 과학기술정보통신부장관은 이 법 시행령 제64조의5(우주국 무선설비의 양도 · 임대 등)제1항에 따라 승인신청서를 제출받은 날부터 30일 이내에 다음, 1. 우주국 무선설비의 효율적인 이용, 2. 위성 전파이용 질서의 유지, 3. 위성망 보호에 미치는 영향의 사항을 고려하여 승인 여부를 결정하고, 그 결과를 신청인에게 알려야 한다고 규정하고 있다(동법 시행령 제64조의5제3항).

다. 우주국의 개설과 운용

(1) 우주국의 개설조건

전파법은 우주국은 관제설비(管制設備)에서 원격조작에 의하여 전파의 발사를 즉시 정지할 수 있고 그 궤도를 변경할 수 있는 기능을 갖추어야 한다고 규정하고 있는데(전파법 제42조), 우주국은 일반적 무선국의 개설조건 외에도 우주에 있는 인공위성을 지구의 관제시설을 통하여 통제할 필요성을 고려한 추가적인 무선국의 개설조건이 요구되는 것으로 이해된다.

(2) 위성궤도의 변경

전파법은 과학기술정보통신부장관은 혼신을 조정하거나 전파자원을 효율적으로 이용하기 위하여 필요하다고 인정하면 목적수행에 중대한 지장을 주지 아니하는 범위에서 우주국의 시설자에게 위성궤도를 변경하게 할 수 있다고 규정하고 있다(전파법 제43조).

(3) 위성운용계획의 제출 등

전파법은 과학기술정보통신부장관은 대한민국이 국제등록한 위성망등에서 인공위성을 운용 중인 자에게 후속 인공위싱의 확보 및 운용계획(이하 "위성운용계획"이라 한다)의 제출을 요청할 수 있다고 규정하고 있는데(전파법 제44조의2제1항), 이 법 제44조의2(위성운용계획의 제출 등)제1항에 따른 요청을 받은 자는 요청받은 날부터 6개월 이내에 위성운용계획을 과학기술정보통신부장관에게 제출하여야 한다고 규정하고 있으며(동법 제44조의2제2항), 이 법 제44조의2제2항에 따라 위성운용계획을 제출한 자는 위성운용계획이 변경되는 경우에는 변경사항을 즉시 과학기술정보통신부장관에게 통보하여야 한다고 규정하고 있다(동법 제44조의2제3항). 한편, 전파법은 이 법 제44조의2제1항부터 제3항까지의 규정에 따른 위성운용계획의 제출 및 변경에 필요한 세부사항은 대통령령으로 정한다고 규정하고 있는데(동법 제44조의2제4항), 전파법 시행령은 과학기술정보통신부장관은 이 법 제44조의2(위성운용계획의 제출 등)제1항에 따라 대한민국이 국제등록한 위성망에서 인공위성을 운용 중인 자에게 해당 인공위성의 예상 수명기한(이 법 시행령 제12조(주파수할당 신청)제1항제3호의 주파수이용계획서 및 동법 시행령 제63조(위성망의 국제등록신청)제1항제2

호의 위성사업계획서 상의 예상 수명기한을 말한다)이 종료되기 5년 이전에 후속 인공위성의 확보 및 운용계획(이하 "위성운용계획"이라 한다)의 제출을 요청할 수 있다고 규정하고 있으며(동법 시행령 제64조의6제1항), 위성운용계획에는 다음, 1. 후속 인공위성의 위성궤도 및 주파수, 2. 후속 인공위성의 제작 일정 및 발사 예정일, 3. 후속 인공위성의 예상 수명기한, 4. 위성사업계획의 사항이 포함되어야 한다고 규정하고 있다(동법 시행령 제64조의6제2항).

라. 인공위성의 국제연합 등록

전파법은 우주항공청장은 「외기권에 발사된 물체의 등록에 관한 협약」에 따라 대한민국 국민이 발사한 인공위성을 국제연합에 등록하여야 한다고 규정하고 있으며(전파법 제44조제1항), 우주항공청장은 인공위성을 발사한 자에게 해당 인공위성의 등록에 필요한 자료를 제출하도록 요구할 수 있다고 규정하고 있다(동법 제44조제2항), 앞에서 설명한 바와 같이 국제연합(UN, United Nations)의 「달과 기타 천체를 포함한 외기권의 탐색과 이용에 있어서 국가 활동을 규율하는 규칙에 관한 조약(약칭: 우주조약)」은 우주는 평화적으로 전 인류의 이익을 위해 이용되어야 하고 특정국가의 독점적인 이용과 소유를 인정하지 않는다는 원칙과 함께 위성궤도와 위성주파수 자원은 전 세계가 균등한 권리를 갖고 이용해야 하고 특정 국가의 항구적인 소유물로 인정할 수 없다는 점을 규정하고 있기 때문에 국제전기통신연합 전파규칙(ITU-RR, ITU Radio Regulations)은 위성망의 국제등록 시 이용 기간을 명시하도록 하고 있는 것으로 이해된다. 또한 전파법은 우주항공청장은 이 법 제44조(인공위성의 국제연합 등록)제1항에 따라 국제연합에 등록한 내용에 변경이 발생한 경우에는 이를 국제연합에 통보하여야 한다고 규정하고 있는데(동법 제44조제3항), 동 조항은 위성궤도와 위성주파수에 관한 위성망 국제등록의 차원이 아니라 물리적 형상을 가진 위성체의 등록을 의미하는 것으로 해석된다.

참고자료 및 질문

KT의 무궁화 3호 위성 매각 논란. 2011년 케이티(KT)가 무궁화 3호 위성을 홍콩 에이비에스(ABS, Asia Broadcast Satellite)에 5억 원에 매각했다고 하여 소위 '헐값 매각' 논란을 일으켰는데, 무궁화 3호 위성 자체는 5억 원에 매각하였으나 무궁화 3호 위성의 관제 용역에 대한 반대급부로 200억 원을 추가로 받은 것으로 이해된다. 당시 KT는 무궁화 3호 위성을 활용한 위성방송 마케팅을 위해 홍콩 ABS와 협력하면서 무궁화 3호 위성 매각 계약을 추진하였으나 문제는 무궁화 3호 위성은 국가의 전략 자산이므로 국가로부터 승인과 같은 법적 절차를 받지 않은 것과 국가로부터 할당받은 위성 주파수와 위성궤도에 대한 권한을 홍콩 ABS에 양도하게 된 것으로 생각한다. KT의 무궁화 3호 위성 매각은 KT와 홍콩 ABS의 협력 관계에 문제가 발생하여 당시 주무 부처인 (구)미래창조과학부(현재 과학기술정보통신부)에 보고하게 되면서 알려지게 되었다. 2013년 12월, (구)미래창조과학부는 '무궁화 3호 매각계약 무효 통보 및 시정명령'을 KT에 내렸고, KT는 홍콩 ABS와 무궁화 3호 위성의 재매입 협상을 추진하였으나 홍콩 ABS의 소유권 소송 제기로 난항을 겪었다. 2018년 3월, ICC(International Chamber of Commerce, 국제상공회의소)의 국제중재기구는 최종적으로 홍콩 ABS의 무궁화 3호 위성의 소유권을 인정하였고, KT의 위성 사업 자회사인 케이티샛(KT Sat)에게 11억 원의 손해배상을 홍콩 ABS에 하라고 명한 바가 있다. 한편, KT Sat은 2018년 5월, 미국 뉴욕연방법원에 ICC의 결정을 취소해 달라는 소송을 제기하였으나 패소하였다.

제4장

전파의 이용으로 발생하는 문제해결을 위해 어떠한 규제를 하는가?

〈전파법〉 제44조의3(안전한 전파환경 기반 조성) 과학기술정보통신부장관은 전자파가 인체, 기자재, 무선설비 등에 미치는 영향을 최소화하고 안전한 전파환경을 조성하기 위하여 다음 각 호의 시책을 마련하여야 한다.

1. 전파 이용과 관련된 역기능 방지 및 안전한 전파환경 조성대책의 수립 · 추진
2. 전자파가 인체에 미치는 영향 등에 관한 종합적인 보호대책의 수립 · 추진
3. 기자재의 전자파장해를 방지하고 전자파로부터 기자재를 보호하기 위한 전자파적합성에 관한 정책의 수립 · 추진
4. 전자파 인체흡수율, 전자파강도 및 전파환경 등에 대한 관련 기준 마련 및 측정 · 조사
5. 전자파 차폐 · 차단 및 저감(低減) 기술 등 전자파 역기능 해소를 위한 기반기술 연구
6. 안전한 전파환경 기반 조성을 위한 교육 및 홍보계획의 수립 · 시행

전파를 이용할 때 무선국들은 주파수 혼신과 간섭을 일으킬 수 있으므로 전파 혼신과 간섭의 문제를 해소하지 못한다면 전파의 이용에 있어서 큰 장애가 될 것이다. 또한 전파법은 과학기술정보통신부장관은 전자파가 인체, 기자재, 무선설비 등에 미치는 영향을 최소화하고 안전한 전파환경을 조성하기 위하여 다음, 1. 전파 이용과 관련된 역기능 방지 및 안전한 전파환경 조성대책의 수립 · 추진, 2. 전자파가 인체에 미치는 영향 등에 관한 종합적인 보호대책의 수립 · 추진, 3. 기자재의 전자파장해를 방지하고 전자파로부터 기자재를 보호하기 위한 전자파적합성에 관한 정책의 수립 · 추진, 4. 전자파 인체흡수율, 전자파강도 및 전파환경 등에 대한 관련 기준 마련 및 측정 · 조사, 5. 전자

파 차폐 · 차단 및 저감(低減) 기술 등 전자파 역기능 해소를 위한 기반기술 연구, 6. 안전한 전파환경 기반 조성을 위한 교육 및 홍보계획의 수립 · 시행 각 호의 시책을 마련하여야 한다고 규정하고 있는데(동법 제44조의3), 전파 혼신과 간섭은 무선국뿐만 아니라 전파 이용설비, 방송통신기자재와 같은 다양한 전파를 이용하는 기기로 인해 발생할 수 있어서 전파 혼신과 간섭의 문제의 해소를 위해 전파감시, 기술기준, 적합성 평가, 우주전파 재난관리 등과 같은 제도들이 시행되고 있다. 한편, 전파를 이용하는 시설과 기기들이 급증함에 따라 전자파 인체 영향에 대한 우려와 관심이 증대하고 있어서 전자파의 인체 보호에 대한 규제로서 전자파 강도 측정, 전자파 등급제 등과 같은 제도들이 시행되고 있으며 이동전화 기지국과 같은 전파를 이용하는 시설로 인한 자연환경과 도시미관 훼손 문제를 해소하기 위하여 무선설비 공동 구축, 환경친화적 무선국 구축 등과 같은 제도들이 시행되고 있다. 제4장에서는 전파의 이용으로 발생하는 문제해결을 위한 전파법의 규정과 제도들에 대하여 설명하고자 한다.

제1절 전파 혼신과 간섭 문제의 해소 등

1. 전파 혼신과 간섭의 의의

전파법은 전파자원은 혼신 · 간섭 등을 일으켜 타인의 전파이용을 방해 또는 차단하지 않도록 이용되어야 한다고 규정하고 있는데(전파법 제29조제1항), 전파 혼신(混信)은 전송하고자 하는 신호 이외에 동일한 주파수 대역을 사용하는 외부 신호가 방해파로서 신호에 중첩되어 나타나는 교란 현상이며 외부 신호인 방해파를 간섭신호라고 하고 간섭신호를 보내는 것을 간섭원(干涉源)이라 한다. 전파자원을 이용하기 위한 기술의 발전에 따라 주파수 이용 대역은 확대되고 있으나 유한한 자원이며 누구나 제한 없이 자유롭게 사용하게 한다면 전파 혼신과 간섭으로 인하여 결국 모두가 전파를 사용할 수 없게 되는 소위 '공유지의 비극(Tragedy of commons)'이 야기되므로 국가뿐만 아니라 국제적으로도 전파 혼신과 간섭의 해소를 위한 규제와 노력이 필요하다고 생각된다.

참고자료 및 질문

전파차단장치. 전파차단장치(Radio jammer or blocker)는 특정 주파수 대역 전파의 송신과 수신을 의도적으로 방해하거나 차단하는 장치로 이해되는데, 전파법은 이 법 제29조(혼신 등의 방지)제1항 및 제2항에도[162] 불구하고 공공안전을 위하여 불가피한 경우로서 다음, 1.「대통령 등의 경호에 관한 법률」제5조(경호구역의 지정 등)제3항에 따른 안전활동, 2.「통합방위법」,「군사기지 및 군사시설 보호법」등에 따른 국가안전보장 목적의 군사활동, 3.「국민보호와 공공안전을 위한 테러방지법」제2조(정의)제6호에 따른 대테러활동, 4.「공항시설법」제56조(금지행위)제7항에 따른 위반행위의 제지, 5.「원자력시설 등의 방호 및 방사능 방재 대책법」제2조(정의)제1항제3호에 따른 물리적방호, 6. 제1호부터 제5호까지와 관련하여 행하여지는「경찰관 직무집행법」제5조(위험 발생의 방지 등)제1항제3호에 따른 위험 발생의 방지 또는 같은 법 제6조(범죄의 예방과 제지)에 따른 범죄의 예방과 제지를 위한 활동의 어느 하나에 해당하는 경우에는 그 활동 또는 조치 등의 범위에서「드론 활용의 촉진 및 기반조성에 관한 법률」제2조(정의)제1항제1호에 따른 드론 및 폭발물 등 공공안전 위협 수단을 대상으로 전파이용을 방해 또는 차단하는 장치(이하 "전파차단장치"라 한다)를 사용할 수 있다고 규정하고 있다(전파법 제29조제3항). 또한 전파법은 중앙행정기관(그 소속기관을 포함한다) 또는 그 감독을 받는 기관이[163] 전파차단장치를 도입하거나 폐기하는 경우 해당 중앙행정기관의 장은 그 제원 및 수량 등 대통령령으로 정하는 사항을 과학기술정보통신부장관에게 신고하여야 한다고 규정하고 있으며(동법 제29조제4항), 전파차단장치를 제조·수입 또는 판매하고자 하는 자는 과학기술정보통신부장관의 인가를 받아야 한다고 규정하고 있다. 한편, 전파법은 이 법 제29조(혼신 등의 방지)제3항에 따른 전파차단장치 사용으로 타인을 사상(死傷)에 이르게 한 경우 그 전파차단장치 사용이 불가피하고 전파차단장치를 운용한 자에게 고의 또는 중과실이 없는 때에는 그 정상을 참작하여 사상에 대한 형사책임을 감경하거나 면제할 수 있다고 규정하고 있으며(동법 제29조의2제1항), 전파차단장치를 사용한 중앙행정기관(그 소속기관을 포함한다) 또는 그 감독을 받는 기관은 그 전파차단장치 사용이 불가피하고 전파차단장치를 운용한 자에게 고의 또는 과실이 없을 때에는 전파차단장치 사용으로 인하여 손실을 입은 자에게 대통령령으로 정하는 바에 따라 그 손실을 보상하여야 한다고 규정하고 있는데(동법 제29조의2제2항), 이 법 제29조의2(면책)제2항에 따라 손실을 보상한 중앙행정기관(그 소속기관을 포함한다) 또는 그 감독을 받는 기관은 전파차단장치 사용의 원인이 된 드론 및 폭발물 등을 사용한 자에 대하여 구상권을 행사할 수 있다고 규정하고 있다(동법 제29조의2제3항).

---

162) 전파법은 전파자원은 혼신·간섭 등을 일으켜 타인의 전파이용을 방해 또는 차단하지 않도록 이용되어야 한다고 규정하고 있으며(전파법 제29조제1항), 무선국은 다른 무선국의 운용을 저해할 혼신이나 그 밖의 방해를 하지 아니하도록 운용하여야 하나, 다만, 이 법 제25조(무선국의 운용)제2항제1호부터 제4호까지의 통신에 관하여는 그러하지 아니하다고 규정하고 있다(동법 제29조제2항).

2. 전파감시와 국제전파 감시

전파 혼신과 간섭 문제의 해소를 위한 업무로는 불법무선국 탐색, 무선국 운용감시, 주파수 이용현황 조사 등을 포함하는 전파법 제49조(전파감시)에 따른 전파감시 업무와 같은 법 제50조(국제전파 감시)에 따른 국제전파 감시 업무로 구분된다.

가. 전파감시

〈전파법〉 제49조(전파감시) ① 과학기술정보통신부장관은 전파의 효율적 이용을 촉진하고 혼신의 신속한 제거 등 전파이용 질서를 유지하고 보호하기 위하여 전파감시 업무를 수행하여야 한다.

전파법은 과학기술정보통신부장관은 전파의 효율적 이용을 촉진하고 혼신의 신속한 제거 등 전파이용 질서를 유지하고 보호하기 위하여 전파감시 업무를 수행하여야 한다고 규정하고 있으며(전파법 제49조제1항), 이 법 제49조(전파감시)제1항에 따른 전파감시 업무는 다음, 1. 무선국에서 사용하고 있는 주파수의 편차 · 대역폭(帶域幅) 등 전파의 품질 측정, 2. 혼신을 일으키는 전파의 탐지, 3. 허가받지 아니한 무선국에서 발사한 전파의 탐지, 4. 동법 제28조(조난통신 등)제2항에 따른 통신, 허가받지 아니한 무선국에서 발사한 전파, 혼신에 관하여 조사를 의뢰받은 전파 등의 방향 탐지, 5. 동법 제25조(무선국의 운용) 및 제27조(통신방법 등)부터 제30조(통신보안의 준수)까지의 규정에 따른 사항의 준수 여부, 6. 그 밖에 전파이용 질서를 유지하고 보호하기 위하여 대통령령으로 정하는 사항과 같다고 규정하고 있는데(동법 제49조제2항), 전파감시는 전파감시시스템을 이용하여 육상, 해상, 상공의 무선설비에서 발사되는 전파를 측정하여 전파법 준수 여부를 확인하고 혼신과 간섭의 발생 시 원인 조사와 제거 등을 하는 활동으로 이해된다.

한편, 전파법 시행령은 이 법 제49조(전파감시)제2항제6호에서 "대통령령으로 정하는 사항"이란 다음, 1. 가전제품 및 공장자동화설비 등으로부터 발사되는 불요파(不要波)의 탐지, 2. 삭제, 2의2. 삭제, 3. 전파통신에 지장을 초래하는 혼신방해통신, 불요통신, 허위

---

163) 전파법은 이 법 제29조(혼신 등의 방지)제4항에 따라 전파차단장치를 도입한 기관은 의도하지 않은 전파 혼신의 최소화 등 전파차단장치의 안전한 운용을 위한 자체 운용계획을 수립하여야 한다고 규정하고 있다(전파법 제29조6항).

통신의 감시 및 조치, 4. 전파의 이동감시, 5. 그 밖에 전파이용질서의 유지 및 보호에 필요한 자료조사 · 조치 및 홍보에 관한 사항을 말한다고 규정하고 있다(동법 시행령 제70조).

나. 국제전파 감시

〈전파법〉 제50조(국제전파 감시) ① 과학기술정보통신부장관은 외국의 무선국이 발사한 전파의 감시, 혼신 분석 및 제거 등 국제전파감시 업무를 수행하여야 한다.

전파법은 과학기술정보통신부장관은 외국의 무선국이 발사한 전파의 감시, 혼신 분석 및 제거 등 국제전파감시 업무를 수행하여야 한다고 규정하고 있으며(전파법 제50조제1항), 과학기술정보통신부장관은 이 법 제50조(국제전파 감시)제1항에 따른 업무를 수행하기 위하여 필요한 시설을 설치하거나 운용하여야 한다고 규정하고 있는데(동법 제50조제2항), 전파는 한 국가에만 영향을 미치는 것이 아니기 때문에 외국의 무선국이 국제전기통신연합 전파규칙(ITU-RR, ITU Radio Regulations)에 따라 올바르게 운용되고 있는지를 확인함으로써 국내 무선국 운용에 주파수 혼신과 간섭을 줄 수 있는 외국으로부터 유입되는 전파를 감시하는 국제전파 감시 업무가 필요한 것으로 생각된다. 즉 국가의 전파권익을 위하여 국제전기통신연합 전파규칙(ITU-RR, ITU Radio Regulations)의 규정에 따라 국가 간에 전파 혼신과 간섭의 제거를 위한 상호 노력, 공중과 해상에서의 인명 안전에 관한 중요 통신의 보호 등을 포함하는 국제전파 감시 업무가 수행되는데, 우리나라는 북한, 중국, 일본 등 인접국에서 유입되는 외래 전파의 수신 현황을 조사하고 주파수 혼신과 간섭을 제거하여 국내 전파 사용자를 보호하고 있는 것으로 이해된다.

3. 전파환경 측정 등

〈전파법〉 제55조(전파환경의 측정 등) ① 과학기술정보통신부장관은 전파환경의 측정 등 전파환경을 보호하기 위하여 필요한 조치를 하여야 한다.

전파법은 과학기술정보통신부장관은 전파환경의 측정 등 전파환경을 보호하기 위하여 필요한 조치를 하여야 한다고 규정하고 있으며(전파법 제55조제1항), "전파환경"이란 인체, 기자재, 무선설비 등을 둘러싸고 있는 전파의 세기, 잡음 등 전자파의 총체적인 분포 상황을 말한다고 규정하고 있다(동법 제2조제1항제17호). 또한 전파법은 이 법 제55조(전파환경의 측정 등)제1항에 따른 전파환경의 측정 등에 필요한 사항은 과학기술정보통신부장관이 정하여 고시한다고 규정하고 있는데(동법 제55조제2항), 동 사안과 관련하여 전파환경 측정 등에 관한 규정(국립전파연구원 고시 제2022-11호, 2022. 5. 31.)이 제정 · 시행되고 있으며, 동 고시(告示)는 전파환경의 보호를 위한 전파환경 측정의 종류는 다음, 1. 전파환경[164] 조사, 2. 전자파 차폐성능 측정,[165] 3. 시험장적합성 측정,[166] 4. 전자파흡수율 측정과[167] 같다고 규정하고 있다(전파환경 측정 등에 관한 규정 제3조제1항).

4. 무선방위측정장치의 보호

〈전파법〉 제52조(무선방위측정장치의 보호) ① 무선방위측정장치보호구역(과학기술정보통신부장관이 설치한 무선방위측정장치의 설치장소로부터 1킬로미터 이내의 지역을 말한다)에 전파를 방해할 우려가 있는 건축물 또는 인공구조물로서 대통령령으로 정하는 것을 건설하고자 하는 자는 과학기술정보통신부장관의 승인을 얻어야 한다.

전파법은 무선방위측정장치보호구역(과학기술정보통신부장관이 설치한 무선방위측정장치의 설치장소로부터 1킬로미터 이내의 지역을[168] 말한다)에 전파를 방해할 우려가 있는 건축물 또는

164) 전파환경 측정 등에 관한 규정은 "전파환경"이라 함은 일정한 장소에 존재하는 전파의 세기 · 잡음 등 전파의 분포현상을 말한다고 규정하고 있다(전파환경 측정 등에 관한 규정 제2조제1호).

165) 전파환경 측정 등에 관한 규정은 "전자파 차폐성능 측정"이라 함은 전자파를 차단할 수 있는 구조물이나 특정 물질이 전자파를 차단하는 성능을 측정하는 것을 말한다고 규정하고 있다(전파환경 측정 등에 관한 규정 제2조제2호).

166) 전파환경 측정 등에 관한 규정은 "시험장적합성 측정"이라 함은 전자파장해 및 전자파내성을 측정하는 시험장에 대하여 신청인이 제시한 기준에 적합한지를 측정하는 것을 말한다고 규정하고 있다(전파환경 측정 등에 관한 규정 제2조제3호).

167) 전파환경 측정 등에 관한 규정은 "전자파흡수율(SAR, Specific Absorption Rate) 측정"이라 함은 생체조직의 단위 질량당 흡수되는 에너지의 비율(W/kg)을 측정하는 것을 말한다고 규정하고 있다(전파환경 측정 등에 관한 규정 제2조제4호).

인공구조물로서 대통령령으로[169] 정하는 것을 건설하고자 하는 자는 과학기술정보통신부장관의 승인을 얻어야 한다고 규정하고 있는데(전파법 제52조제1항), “무선방위측정장치(無線方位測定裝置)”는 전파의 전파특성을 이용하여 무선국 또는 전파 발사체의 방향과 위치를 결정하기 위한 전파측정인 무선방위측정을 하는 장치이며, “무선방위측정장치 설치장소”는 무선방위측정장치의 각 안테나의 중심점들 간의 지리적 중심(中心)으로 이해된다.

또한 전파법 시행령은 이 법 시행령 제71조(승인을 받아야 할 건축물 등)제1항 각 호의 어느 하나에 해당하는 건축물등을 건설하려는 자는 과학기술정보통신부장관에게 고층부분의 외형을 나타내는 입면도 및 평면도(축적 · 방위 · 높이 및 폭을 명시하여야 한다)를 갖추어 건축물등 건설의 승인을 신청하여야 하는데, 승인받은 사항에 대하여 변경승인을 신청하는 경우에도 같다고 규정하고 있으며(동법 시행령 제71조제2항), 과학기술정보통신부장관은 이 법 시행령 제71조제2항에 따른 승인의 신청이 있는 경우 전파장해 여부를 판단하기 위하여 필요하면 그 신청인에게 일정기간을 정하여 필요한 자료의 제출을 요구할 수 있다고 규정하고 있다(동법 시행령 제71조제3항). 그리고 전파법 시행령은 과학기술정보통신부장관은 이 법 시행령 제71조제2항에 따른 승인 또는 변경승인의 신청을 접수한 경우에는 전파장해 여부를 검토하여 14일 이내에 신청인에게 그 승인 여부를 알려야 한다고 규정하고 있다(동법 시행령 제71조제4항).

한편, 전파법은 이 법 제52조(무선방위측정장치의 보호)제1항에 따른 무선방위측정장치의 설치장소는 과학기술정보통신부장관이 공고하나, 다만, 통신보안을 위하여 필요한 경우에는 관계 행정기관의 장에게 그 설치장소를 알리고 이를 공고하지 아니할 수 있다

---

168) 무선방위측정을 할 때 측정용 안테나(Antenna) 근처에 송전선, 건물, 수도관의 매설물 등 전파를 방해할 물체가 있으면 정확한 방위 측정을 할 수 없으므로 방해 물체가 적은 곳에 방위측정기를 설치하게 된다.

169) 전기통신사업법 시행령은 이 법 제52조(무선방위측정장치의 보호)제1항에 따라 과학기술정보통신부장관의 승인을 얻어야 할 건축물 또는 공작물(이하 “건축물등”이라 한다)은 다음, 1. 무선방위측정장치(無線方位測定裝置)의 설치장소로부터 1킬로미터 이내의 지역에 건설하려는 다음, 가.송신안테나와 수신안테나(다만, 방송수신용인 소형의 것과 이에 준하는 것은 제외한다), 나. 가공선과 고가 케이블(전력용 · 통신용 · 전기철도용, 그 밖에 이에 준하는 것을 포함한다), 다. 건물(목조 · 석조 · 콘크리트조, 그 밖에 구조의 것을 포함한다)[다만, 높이가 무선방위측정장치의 설치장소로부터 상향각 3도 미만의 것은 제외한다], 라. 철조 · 석조 또는 목조의 탑주와 이의 지지 물건 · 연통 · 피뢰침(다만, 높이가 무선방위측정장치의 설치장소로부터 상향각 3도 미만의 것은 제외한다), 마. 철도 및 궤도의 것과, 2. 무선방위측정장치의 설치장소로부터 500미터 이내의 지역에 매설하는 수도관 · 가스관 · 전력용케이블 · 통신용케이블, 그 밖에 이에 준하는 매설물과 같다고 규정하고 있다(전기통신사업법 제71조제1항).

고 규정하고 있는데(동법 제52조제2항), 동 사안과 관련하여 무선방위측정장치 보호구역 관리지침(중앙전파관리소예규 제192호, 2024. 7. 8.)이 제정 · 시행되고 있다.

제2절 기술기준

〈전파법〉 제45조(기술기준) 무선설비(방송수신만을 목적으로 하는 것은 제외한다)는 주파수 허용편차와 안테나공급전력등 과학기술정보통신부령으로 정하는 기술기준에 적합하여야 한다.

1. 기술기준의 의의

전파법은 "무선설비"란 전파를 보내거나 받는 전기적 시설을 말한다고 규정하고 있으며(전파법 제2조제1항제5호), 무선설비(방송수신만을 목적으로 하는 것은 제외한다)는 주파수 허용편차와 안테나공급전력등 과학기술정보통신부령으로 정하는 기술기준에 적합하여야 한다고 규정하고 있는데(동법 제45조), 기술기준은 표준 중에서 공통된 판단의 근거가 되는 조건, 수준, 한계 등을 규정한 것으로서 법령에 정해진 바에 따라 엄격하게 준수되어야 하는 강제 표준으로 이해된다. 앞에서 설명한 바와 같이 기술기준과 표준에 대한 명확한 법적 정의는 없으나 기술기준은 공중위생, 안전, 환경보호 등의 공공이익의 추구와 함께 사고 발생의 방지를 통한 국민의 생명과 신체 및 안전의 보호 등을 직접적 목적으로 하여 국가기관 주도로 마련되고 강제적인 것이 단일한 규정인 반면, 표준은 생산과 유통의 효율성 제고 등을 목적으로 하여 시장에 의해 자발적이고 사실적(de facto)으로 생성되는 다수의 규정으로 이해된다. 기술기준은 국가기관의 주도록 제정되고 시행되며 강제적인 것이 일반적인 것으로 생각된다. 한편, 전파법 제45조(기술기준)은 "주파수 허용편차와 안테나공급전력등 과학기술정보통신부령으로 정하는 기술기준에 적합하여야 한다."라고 규정하고 있는데(동법 제45조), 동 사안과 관련하여 무선설비규칙(과학기술정보통신부령 제86호, 2022. 1. 4.)이 제정 · 시행되고 있다.

2. 무선설비규칙

무선설비규칙(과학기술정보통신부령 제86호, 2022. 1. 4)은 이 규칙은 「전파법」 제37조(방송표준방식), 제45조(기술기준) 및 제47조(안전시설의 설치)에 따라 방송표준방식, 무선설비의 기술기준, 무선설비의 안전시설기준 등 무선설비의 기술기준을 규정함을 목적으로 한다고 규정하고 있는데(무선설비규칙 제1조), 무선설비규칙은 전파를 이용하는 무선설비의 기술기준을 규정하고 있는 과학기술정보통신부령인 시행규칙(施行規則)으로 대외적 구속력을 가지는 법규성(法規性)이 인정되는 것으로 해석된다. 무선설비규칙이 중요한 것은 무선설비규칙이 무선국의 검사, 전파 이용 기기의 시험과 인증의 근간이 된다는 것인데, 예를 들면 만일 무선설비기준이 없다면 이동전화기지국, 이동전화 중계기, 이동전화 단말기의 시험과 인증인 적합성 평가, 무선국 검사를 할 수 없으므로 이동전화 서비스의 개시(開始)가 불가능할 것으로 생각된다.

한편, 한 · 미 자유무역 협정(FTA, Free Trade Agreement)이 체결되어 2011년 발효됨에 따라 무선설비 기술기준의 개정 시 요구되는 기간이 기존보다 60일에서 보다 더 길어지게 되었다는 것인데, 한 · 미 FTA 자유무역 협정문 제9.6조의 3(투명성)은 "당사국이 제안된 기술규정 및 적합성평가절차에 대하여 의미 있는 의견을 제출할 수 있는 기회를 제고하기 위해 무역에 대한 기술장벽(TBT, Technical Barrier on Trade)에 관한 협정에 따라 세계무역기구(WTO, World Trade Organization) 회원국에 그 제안을 통보할 때에 이와 동시에 대한민국의 제안인 경우에는, 제안을 전달한 후 다른 쪽 당사국이 그 제안에 대한 의견을 서면으로 제시할 수 있도록 최소 60일을 부여하여야 할 것이다."라고 규정하고 있는데, 동 조항을 문리(文理) 해석한다면 아무리 사소한 무선설비 기술기준의 개정이라도 60일의 의견진술 절차를 거쳐야 할 것으로 이해되는데, 그러나 이러한 해석은 기술변화의 탄력적 대응에 있어 문제가 되고 새로운 통신과 방송 서비스의 시장진입을 지연시킬 소지가 있다고 생각된다.

제3절 적합성평가

〈전파법〉 제58조의2(방송통신기자재등의 적합성평가) ① 방송통신기자재와 전자파장해를 주거나 전자파로부터 영향을 받는 기자재(이하 "방송통신기자재등"이라 한다)를 제조 또는 판매하거나 수입하려는 자는 해당 기자재에 대하여 다음 각 호의 기준(이하 "적합성평가기준"이라 한다)에 따라 제2항에 따른 적합인증, 제3항에 따른 적합등록, 제4항에 따른 자기적합확인 또는 제9항에 따른 잠정인증(이하 "적합성평가"라 한다)을 받아야 한다.

1. 제37조 및 제45조에 따른 기술기준
2. 제47조의2에 따른 전자파 인체보호기준
3. 제47조의3제1항에 따른 전자파적합성기준
4. 「방송통신발전 기본법」 제28조에 따른 기술기준
5. 「전기통신사업법」 제61조 · 제68조 · 제69조에 따른 기술기준
6. 「방송법」 제79조에 따른 기술기준
7. 다른 법률에서 방송통신기자재등과 관련하여 과학기술정보통신부장관이 정하도록 한 기술기준이나 표준

1. 적합성평가의 의의

가. 적합성평가의 개념

적합성평가는 전파 혼신과 간섭의 방지, 전자파장해를[170] 주거나 전자파장해로 영향을 받는 방송통신기자재등의 전자파로부터의 보호, 전자파로부터의 인체 영향에 대한 보호 등을 위해 적합성평가 기준에 부합하는가의 여부를 시험하고 확인하는 제도로 전파 분야의 안전과 품질 관리제도로 이해된다. 한편, 적합성평가의 이해를 위해서는 시

---

170) 전파법은 "전자파장해"란 전자파를 발생시키는 기자재로부터 전자파가 방사(放射, 전자파에너지가 공간으로 퍼져나가는 것을 말한다) 또는 전도[傳導, 전자파에너지가 전원선(電源線)을 통하여 흐르는 것을 말한다]되어 다른 기자재의 성능에 장해를 주는 것을 말한다고 규정하고 있다(전파법 제2조제1항제14호).

험(試驗, Test), 인증(認證, Certification), 인정(認定, Accreditation) 간의 관계를 살펴볼 필요가 있는데, 시험(試驗, Test)은 시험기관에서 제품, 서비스, 공정 등이 특정 기준을 만족하는지 확인하기 위해 실시하는 평가이며, 인증(認證, Certification)은 인증기관에서 특정 기준이나 요구사항을 충족함을 공식적으로 증명하는 행위 또는 그 증명이다. 인정(認定, Accreditation)은 인정기관에서 시험기관이나 인증기관의 시험과 평가 능력에 대한 평가를 통하여 인정을 부여하는 것인데, 시험, 인증, 인정 간의 관계는 〈그림 95〉와 같다.

그림 95 시험, 인증, 인정 간의 관계

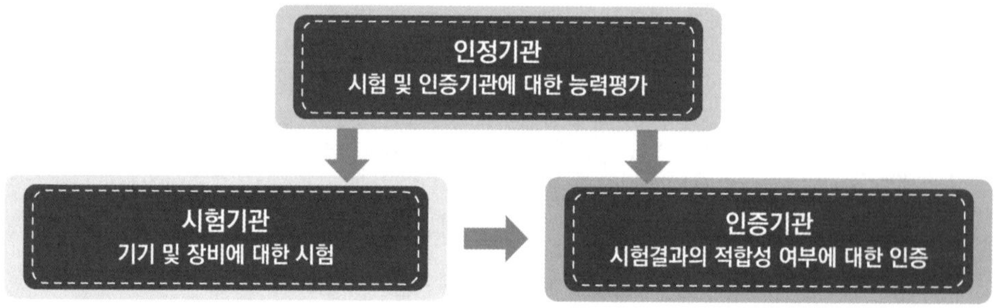

과거에는 대상 기자재별로 다양하게 용도(用度) 중심의 적합성평가를 운영하여 왔으나 〈그림 96〉과 같이 2011년 위해도(危害度, Risk) 중심으로 적합성평가를 간소화한 바가 있는데, 적합성평가 제도의 개편은 다양한 융복합 기기의 사용 증가, 미국 등 주요 교역국과의 자유무역협정(FTA, Free Trade Agreement) 협상 시 동등한 수준의 적합성평가 체계 도입 요구 등으로 인한 적합성평가 정책의 변화가 불가피했던 점이 고려된 것으로 이해된다. 과거 정부 주도의 적합성평가 체계를 사전규제 완화와 민간 주도의 적합성평가 체계로 개편함으로써 융복합 기기의 중복 적합성평가를 최소화하고 기업의 불필요한 부담이 경감될 수 있게 된 것으로 생각된다. 또한 과거 전자파, 전기와 관련된 적합성평가의 중복규제를 최소화하고 적합성평가의 전문성을 제고하기 위해 전자파에 대한 적합성평가는 과학기술정보통신부의 국립전파연구원이, 전기에 대한 적합성평가는 산업통상자원부의 국가기술표준원이 수행하는 전자파와 전기에 대한 적합성평가 간 규제 분리가 2012년부터 시행되고 있다.

그림 96 적합성평가 제도 개편

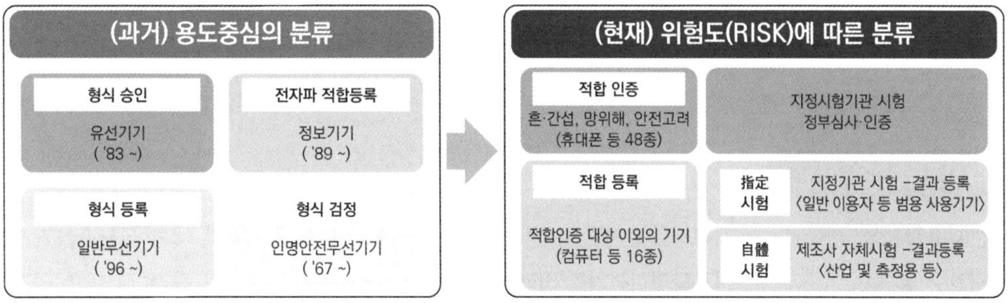

한편, 적합성평가에 대해 관련 고시(告示)인 방송통신기자재등의 적합성평가에 관한 고시(국립전파연구원 고시 제2025-4호, 2025. 5. 7.)가 제정 · 시행되고 있다.

나. 적합성평가의 대상과 기준 등

전파법은 방송통신기자재와 전자파장해를 주거나 전자파로부터 영향을 받는 기자재(이하 "방송통신기자재등"이라 한다)를 제조 또는 판매하거나 수입하려는 자는 해당 기자재에 대하여 다음, 1. 이 법 제37조(방송표준방식) 및 제45조(기술기준)에 따른 기술기준, 2. 동법 제47조의2(전자파 인체보호기준 등)에 따른 전자파 인체보호기준, 3. 동법 제47조의3(전자파적합성 등)제1항에 따른 전자파적합성기준, 4.「방송통신발전 기본법」제28조(기술기준)에 따른 기술기준, 5.「전기통신사업법」제61조(전기통신설비의 유지 · 보수) · 제68조(공동구 또는 관로 등의 설치 등) · 제69조(구내용 전기통신선로설비 등의 설치)에 따른 기술기준, 6.「방송법」제79조(유선방송국설비 등에 관한 기술기준 등)에 따른 기술기준, 7. 다른 법률에서 방송통신기자재등과 관련하여 과학기술정보통신부장관이 정하도록 한 기술기준이나 표준의 기준(이하 "적합성평가기준"이라 한다)에 따라 이 법 제58조의2(방송통신기자재등의 적합성평가)제2항에 따른 "적합인증", 같은 조 제3항에 따른 "적합등록", 같은 조 제4항에 따른 "자기적합확인" 또는 같은 조 제9항에 따른 "잠정인증"(이하 "적합성평가"라 한다)을 받아야 한다고 규정하고 있으며(전파법 제58조의2제1항), "방송통신기자재"란 방송통신설비에 사용하는 장치 · 기기 · 부품 또는 선조(線條) 등을 말한다고 규정하고 있다(동법 제2조제1항제16호). 한편, 전파법은 이 법 제58조의2(방송통신기자재등의 적합성평가)제1항부터 제11항까지에서 규정한 사항 외에 적합성평가기준과 적합성평가 및 변경신고의 대상, 방법, 절차, 자기적합확인 사실의 서면 관리 및 공개 등에 관하여 필요한 사항은 대통령령으로 정한다고 규정하고 있다(동법 제58조의2제12항).

참고자료 및 질문

전자파적합성. 전파법은 전자파장해를 주거나 전자파로부터 영향을 받는 기자재에 대한 전자파장해 방지기준 및 보호기준(이하 "전자파적합성기준"이라 한다)은 대통령령으로 정한다고 규정하고 있는데(전파법 제47조의3제1항), "전자파장해"란 전자파를 발생시키는 기자재로부터 전자파가 방사(放射, 전자파에너지가 공간으로 퍼져나가는 것을 말한다) 또는 전도[傳導, 전자파에너지가 전원선(電源線)을 통하여 흐르는 것을 말한다]되어 다른 기자재의 성능에 장해를 주는 것을 말한다고 규정하고 있으며(동법 제2조제1항제14호), "전자파적합"이란 전자파장해를 일으키는 기자재나 전자파로부터 영향을 받는 기자재가 이 법 제47조의3(전자파적합성 등)제1항에 따른 전자파장해 방지기준 및 보호기준에 적합한 것을 말한다고 규정하고 있다(동법 제2조제1항제15호). 전자파적합성(EMC, Electromagnetic Compatibility)은 〈그림 97〉과 같이 기자재가 전자파장해를 일으키는 주변 기자재로부터 받는 영향인 전자파내성(EMS, Electromagnetic Susceptibility)과 기자재가 주변 기자재에 전자파장해를 일으키는 전자파간섭(EMI, Electromagnetic Interference)을 포함하는 것으로 이해된다. 전파법 시행령은 이 법 제47조의3(전자파적합성 등)제1항에 따른 전자파적합성기준(이하 "전자파적합성기준"이라 한다)은 다음, 1. 전자파장해를 주는 기자재는 다음, 가. 전원선 또는 신호선을 통하여 흐르는 전압 또는 전류에 의한 전자파에너지가 다른 통신망 또는 주변기기 등에 영향을 주지 아니할 것과, 나. 공간으로 퍼져나가는 전기장의 세기 또는 전력 등의 전자파에너지가 다른 통신망 또는 주변기기에 영향을 주지 아니할 것의 기준에 따라 방송통신망을 보호하고 다른 기자재의 성능에 장해를 주지 아니하도록 할 것과, 2. 전자파로부터 영향을 받는 기자재는 다음, 가. 공간에 존재하는 전자파에너지 및 전원선·신호선 등에 의한 전자파에너지의 영향으로 오동작 또는 성능 저하가 발생하지 아니할 것과, 나. 정전기 등 순간적인 전자파에너지의 변동과 정격전압 변화 등의 영향으로 오동작 또는 성능 저하가 발생하지 아니할 것의 기준에 따라 전자파가 존재하는 환경에서 오동작 또는 성능 저하가 발생하지 아니하도록 할 것과 같다고 규정하고 있다(전파법 시행령 제67조의2제1항).

그림 97 전자파적합성

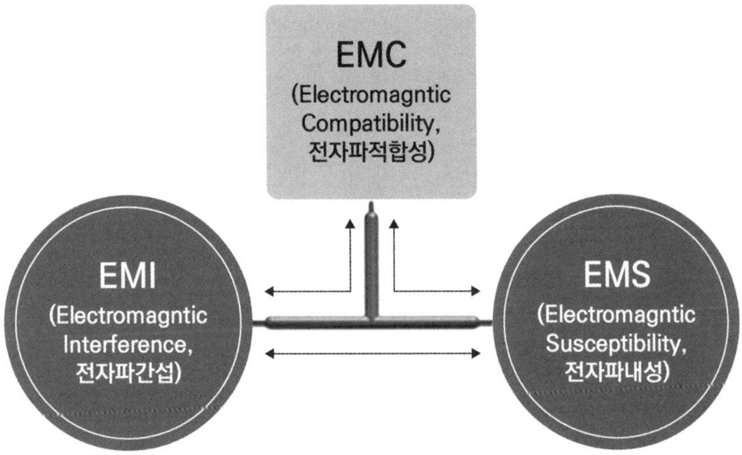

전파법은 전자파장해를 주거나 전자파로부터 영향을 받는 기자재를 제작하거나 수입하려는 자는 전자파적합성기준을 초과하지 아니하도록 하여야 한다고 규정하고 있는데(동법 제47조의3제2항), 과학기술정보통신부장관은 전자파장해를 주거나 전자파로부터 영향을 받는 기자재에서 발생하는 전자파가 전자파적합성기준을 초과할 가능성이 있다고 판단할 경우에는 해당 기자재에 대하여 전자파적합성 여부를 측정하거나 조사할 수 있다고 규정하고 있으며(동법 제47조의3제3항), 과학기술정보통신부장관은 이 법 제47조의3제3항에 따라 측정·조사된 전자파가 전자파적합성기준을 초과하는 경우에는 해당 기자재의 전자파 저감 및 차폐를 위하여 필요한 조치를 권고할 수 있다고 규정하고 있다(동법 제47조의3제5항). 한편, 전파법 시행령은 이 법 시행령 제67조의2(전자파적합성기준)제1항에 따른 전자파적합성기준의 세부적인 내용에 관하여는 과학기술정보통신부장관이 정하여 고시한다고 규정하고 있는데(동법 시행령 제67조의2제2항), 동 사안과 관련하여 전자파적합성 기준(국립전파연구원 고시 제2023-13호, 2023. 6. 30.)이 제정·시행되고 있다.

2. 적합인증과 적합등록 등

전파법은 "적합성평가"에 이 법 제58조의2(방송통신기자재등의 적합성평가)제2항에 따른 "적합인증", 같은 조 제3항에 따른 "적합등록", 같은 조 제4항에 따른 "자기적합확인" 또는 같은 조 제9항에 따른 "잠정인증"을 포함하여 규정하고 있다. 한편, 전파법은 적합성평가를 받은 자가 해당 기자재를 판매 · 대여하거나 판매 · 대여할 목적으로 진열(인터넷에 게시하는 경우를 포함한다)·보관·운송하거나 무선국·방송통신망에 설치하려는 경우에는 해당 기자재 또는 포장에 적합성평가를 받은 사실을 표시(이하 "적합성평가표시"라 한다)하여야 하며, 이 경우 적합성평가표시와는 별도로 자기적합확인을 한 자는 이 법 제58조의2(방송통신기자재등의 적합성평가)제4항에 따라 서면으로 관리한 사실을 기자재에 대한 설명서 등에 표시(이하 "자기적합확인표시"라 한다)하여야 한다고 규정하고 있는데(전파법 제58조의2제8항),[171] 적합성평가를 받은 기자재에 반드시 적합성평가표시를 하도록 의무화하는 것은 소비자의 알 권리를 보호하고 적합성평가를 받지 않은 불법 기자재의 유통을 차단하기 위한 것으로 이해된다.

가. 적합인증

전파법은 전파환경 및 방송통신망 등에 위해를 줄 우려가 있는 기자재와 중대한 전자파장해를 주거나 전자파로부터 정상적인 동작을 방해받을 정도의 영향을 받는 기자재를 제조 또는 판매하거나 수입하려는 자는 해당 기자재에 대하여 이 법 제58조의5(시험기관의 지정 등)에 따른 지정시험기관의 적합성평가기준에 관한 시험을 거쳐 과학기술정보통신부장관의 적합인증을 받아야 한다고 규정하고 있으며(전파법 제58조의2제2항), 전파법 시행령은 이 법 제58조의2(방송통신기자재등의 적합성평가)제2항에 따른 적합인증(이하 "적합인증"이라 한다)을 받아야 하는 방송통신기자재와 전자파장해를 주거나 전자파로부터 영향을 받는 기자재(이하 "방송통신기자재등"이라 한다)는 다음, 1. 전파환경 및 방송통신망 등에 위해를 줄 우려가 있는 방송통신기자재등, 2. 중대한 전자파장해를 주거나 전자파로부터 정상적인 동작을 방해받을 정도의 영향을 받는 방송통신기자재등, 3. 그 밖에

171) 전파법 시행령은 이 법 제58조의2(방송통신기자재등의 적합성평가)제8항 전단에 따른 적합성평가표시(이하 "적합성평가표시"라 한다)를 하려는 자는 다음, 1. 적합성평가를 받은 자의 상호 또는 성명, 2. 기자재 명칭, 3. 기자재의 제조시기, 4. 기자재의 제조자 및 제조국가, 5.「국가표준기본법」제22조의4(국가통합인증마크의 도입)에 따른 국가통합인증마크, 6. 기자재의 모델명 및 고유번호의 사항을 표시해야 하나, 다만, 자기적합확인을 한 자는 동법 시행령 제77조의5(적합성평가의 표시)제1항제5호 및 제6호의 사항만 표시할 수 있다고 규정하고 있으며(전파법 시행령 제77조의5제1항), 이 법 제58조의2제8항 후단에 따른 자기적합확인표시(이하 "자기적합확인표시"라 한다)를 기자재에 대한 설명서 등에 하려는 자는 동법 시행령 제77조의3(적합등록 및 자기적합확인)제4항에 따른 인터넷 홈페이지의 주소 및 동법 시행령 제77조의5(적합성평가의 표시)제1항제1호부터 제4호까지의 사항을 표시해야 한다고 규정하고 있다(동법 시행령 제77조의5제2항).

사람의 생명과 안전 등에 중대한 위해를 줄 우려가 있는 방송통신기자재등과 같다고 규정하고 있다(동법 시행령 제77조의2제1항).

또한 전파법 시행령은 적합인증을 받으려는 자는 적합인증신청서(전자문서로 된 신청서를 포함한다)에 부품배치도 및 외관도 등 과학기술정보통신부장관이 고시하는 서류(전자문서를 포함한다)를 첨부하여 과학기술정보통신부장관에게 제출하여야 하며(동법 시행령 제77조의2제2항), 과학기술정보통신부장관은 제77조의2(적합인증)제2항에 따른 신청에 대하여 적합인증을 한 경우에는 신청인에게 적합인증서를 발급하고, 그 사실을 관보에 공고하여야 한다고 규정하고 있다(동법 시행령 제77조의2제3항).

나. 적합등록과 자기적합확인

전파법은 이 법 제58조의2(방송통신기자재등의 적합성평가)제2항에 따른 적합인증의 대상이 아닌 방송통신기자재등을 제조 또는 판매하거나 수입하려는 자는 동법 제58조의5(시험기관의 지정 등)에 따른 지정시험기관의 적합성평가기준에 관한 시험을 거쳐 해당 기자재가 적합성평가기준에 적합함을 확인한 후 그 사실을 과학기술정보통신부장관에게 등록(이하 "적합등록"이라 한다)하여야 한다고 규정하고 있는데(전파법 제58조의2제3항), 이 법 제58조의2제3항에도 불구하고 전파환경 및 방송통신망 등에 위해를 줄 우려가 낮은 기자재 등 대통령령으로[172] 정하는 기자재(이하 "자기적합확인 대상 기자재"라 한다)를 제조 또는 판매하거나 수입하려는 자는 해당 기자재를 스스로 시험하거나 동법 제58조의5에 따른 지정시험기관 또는 대통령령으로[173] 정하는 시험 가능한 기관의 시험을 거쳐 해당

172) 전파법 시행령은 이 법 제58조의2(방송통신기자재등의 적합성평가)제4항에서 "전파환경 및 방송통신망 등에 위해를 줄 우려가 낮은 기자재 등 대통령령으로 정하는 기자재"란 다음, 1. 측정 · 검사용으로 사용되는 방송통신기자재등, 2. 산업 · 과학용으로 사용되는 방송통신기자재등, 3. 전파환경 및 방송통신망 등에 위해를 줄 우려가 낮은 방송통신기자재등, 4. 그 밖에 기자재의 특성이나 용도 등에 비추어 지정시험기관의 시험이 필요하지 아니한 방송통신기자재등의 어느 하나에 해당하는 방송통신기자재등으로서 과학기술정보통신부장관이 정하여 고시하는 기자재를 말한다고 규정하고 있는데(전파법 시행령 제77조의3제2항), 동 사안과 관련하여 방송통신기자재등의 적합성평가에 관한 고시(국립전파연구원 고시 제2025-4호, 2025. 5. 7.)가 제정 · 시행되고 있다.

173) 전파법 시행령은 이 법 제58조의2(방송통신기자재등의 적합성평가)제4항에서 "대통령령으로 정하는 시험 가능한 기관"이란 다음, 1. 동법 제58조의8(적합성평가의 국가 간 상호 인정)제5항에 따른 상호인정협정에 따른 시험기관과, 2.「국가표준기본법」 제25조(적합성평가에 대한 상호인정)제1항에 따른 국제인정협력기구와 적합성평가에 대한 상호인정협정을 체결한 국내외 인정기구가 인정한 시험기

기자재가 적합성평가기준에 적합함을 확인한 후 그 사실을 서면으로 관리하고 공개(이하 "자기적합확인"이라 한다)하거나 적합등록을 하여야 한다고 규정하고 있다(동법 제58조의2제4항). 한편, 전파법은 적합등록 또는 자기적합확인을 한 자는 해당 기자재가 적합성평가기준을 충족함을 증명하는 서류를 보관하여야 하는데, 이 법 제58조의2제7항에 따라 자기적합확인한 사실을 변경하는 경우에도 또한 같다고 규정하고 있다(동법 제58조의2제5항).

다. 적합성평가의 변경신고

전파법은 이 법 제58조의2(방송통신기자재등의 적합성평가)제2항 및 제3항에 따라 적합성평가를 받은 자가 적합성평가를 받은 사항을 변경하려는 때에는 과학기술정보통신부장관에게 신고하여야 하는데, 이 경우 변경하려는 사항 중 적합성평가기준과 관련된 사항의 변경이 포함된 경우에는 해당 사항에 대하여 동법 제58조의2제2항 및 제3항에 따른 적합성평가를 받아야 한다고 규정하고 있으며(전파법 제58조제6항), 전파법 시행령은 이 법 제58조의2제6항 전단에 따라 적합성평가를 받은 사항을 변경하려는 경우에는 적합성평가 변경신고서(전자문서로 된 신고서를 포함한다)에 변경사실을 증명하는 서류(전자문서를 포함한다)를 첨부하여 과학기술정보통신부장관에게 제출하여야 하는데, 이 경우 적합성평가기준과 관련된 사항의 경우에는 적합성평가를 받은 이후에 신고하여야 한다고 규정하고 있다(동법 시행령 제77조의4제1항).

한편, 전파법은 이 법 제58조의2제4항에 따라 자기적합확인을 한 자가 자기적합확인한 사실을 변경하려는 때에는 변경하려는 사항을 서면으로 관리하고 공개하여야 하는데, 이 경우 변경하려는 사항 중 적합성평가기준과 관련된 사항의 변경이 포함된 경우에는 해당 사항에 대하여 자기적합확인을 하여야 한다고 규정하고 있으며(동법 제58조제7항), 전파법 시행령은 자기적합확인을 한 자는 이 법 제58조의2제7항에 따라 자기적합확인한 사실을 변경하려는 경우에는 동법 시행령 제77조의3(적합등록 및 자기적합확인)제4항 각 호의 사항 중 변경하려는 사항을 서면으로 관리하고, 과학기술정보통신부장관이 정하는 인터넷 홈페이지에 공개해야 한다고 규정하고 있다(동법 시행령 제77조의4제2항).

관의 어느 하나에 해당하는 기관을 말한다고 규정하고 있다(전파법 시행령 제77조의3제3항).

3. 잠정인증

전파법은 과학기술정보통신부장관은 방송통신기자재등에 대한 적합성평가기준이 마련되어 있지 아니하거나 그 밖의 사유로 이 법 제58조의2(방송통신기자재등의 적합성평가)제2항부터 제4항까지의 적합성평가가 곤란한 경우로서 다음, 1. 방송통신망의 침해를 초래하지 아니하는 등 망 이용에 피해를 주지 않는 경우, 2. 전파에 혼신을 초래하지 아니하는 등 전파이용 환경에 피해를 끼치지 않는 경우, 3. 이용자의 인명, 재산 등에 피해를 주지 아니하는 등 기자재 이용상 위해가 없는 경우에 해당하는 경우에는 관련 국내외 표준, 규격 및 기술기준 등에 따른 적합성평가를 한 후 지역, 유효기간 등의 조건을 붙여 해당 기자재의 제조 · 수입 · 판매를 허용(이하 "잠정인증"이라 한다)할 수 있다고 규정하고 있는데(전파법 제58조의2제9항), 잠정인증은 예를 들어, 새롭게 도입하려는 통신 서비스에 대한 기술기준이 기존과 유사하나 아직 제정되지 않은 경우, 잠정인증을 신속한 통신 서비스 개시를 지원하기 위한 제도로 이해된다.

다만, 전파법은 이 법 제58조의2(방송통신기자재등의 적합성평가)제9항에 따라 잠정인증을 받은 자는 해당 기자재에 대한 적합성평가기준이 제정되거나 적합성평가가 곤란한 사유가 없어진 경우에는 일정한 기한 내에 동법 제58조의2제2항부터 제4항까지의 적합성평가를 받아야 한다고 규정하고 있으며(동법 제58조의2제10항), 잠정인증을 받은 자가 동법 제58조의2제10항에 따른 기한 내에 적합성평가를 받지 아니한 경우에는 잠정인증의 효력은 소멸한다고 규정하고 있는데(동법 제58조의2제11항), 전파법 시행령은 이 법 제58조의2제10항에 따라 적합성평가를 받으려는 잠정인증을 받은 자는 해당 기자재에 대한 적합성평가기준이 제정되어 통지된 날 또는 그 밖에 적합성평가가 곤란한 사유가 없어진 사실을 알게 된 날부터 90일이 되는 날까지 동법 제58조의2제2항부터 제4항까지에 따른 적합성평가를 받아야 한다고 규정하고 있다(동법 시행령 제77조의6제4항).

한편, 전파법 시행령은 이 법 제58조의2제9항에 따른 잠정인증(이하 "잠정인증"이라한다)의 절차 · 방법 및 공고 등에 관하여는 동법 시행령 제77조의2(적합인증)제2항부터 제4항까지의 규정을 준용한다고 규정하고 있는데(동법 시행령 제77조의6제1항), 과학기술정보통신부장관은 이 법 시행령 제77조의6(잠정인증)제1항에 따른 잠정인증 신청의 심사를 위하여 필요하다고 인정하는 경우에는 과학기술정보통신부장관이 정하여 고시하는 바에 따라 잠정인증심사위원회를 구성 · 운영할 수 있다고 규정하고 있으며(동법 시행령 제77조의6제2항), 동법 시행령 제77조의6제1항에 따라 잠정인증을 신청하거나 잠정인증을 받은 자는 그 업무를 위하여 필요한 경우에는 적합성평가기준의 제정이나 개정을 과학기술정보통신부장관에게 요청할 수 있다고 규정하고 있다(동법 시행령 제77조의6제2항).

4. 적합성평가의 면제와 취소

가. 적합성평가의 면제

전파법은 다음, 1. 시험 · 연구, 기술개발, 전시 등 사용목적이 한정되는 기자재를 제조하거나 수입하는 경우, 2. 국내에서 판매하지 아니하고 수출 전용으로 제조하는 경우, 3. 과학기술정보통신부장관이 이 법 제58조의2(방송통신기자재등의 적합성평가)제9항에 따라 잠정인증을 하는 때 잠정인증을 요청하는 자가 해당 기자재에 대하여 동법 제58조의5(시험기관의 지정 등)에 따른 지정시험기관의 시험 결과를 제출한 경우, 4. 다음, 가. 「산업표준화법」 제15조(제품의 인증)에 따라 인증을 받은 품목, 나. 삭제, 다. 삭제, 라. 「자동차관리법」에 따라 자기인증을 한 자동차, 마. 「소방시설 설치 및 관리에 관한 법률」에 따라 형식승인 또는 성능인증을 받은 소방기기, 바. 「의료기기법」에 따라 품목류별 또는 품목별 인증 및 허가를 받거나 신고한 의료기기, 사. 「철도안전법」에 따라 형식승인을 받은 철도차량 및 철도용품, 아. 「계량에 관한 법률」에 따라 형식승인을 받은 계량기에 해당하는 기자재로서 관계 법령에 따라 이 법에 준하는 전자파장해 및 전자파로부터의 보호에 관한 적합성평가를 받은 경우의 어느 하나에 해당하는 경우로서 대통령령으로 정하는 기자재에 대하여는 적합성평가의 전부 또는 일부를 면제할 수 있다고 규정하고 있는데(전파법 제58조의3제1항), 적합성평가의 면제가 논란이 된 것은 개인의 소위 '해외직구'가 증가하면서 해외에서 개인이 개별로 구매한 전자기기 등의 경우 비용과 시간이 소요되는 적합성평가를 개인이 받기가 사실상 불가능하고 적합성평가를 받아 국내에 정식으로 출시하는 사업자와의 형평성 문제가 대두되었기 때문으로 생각된다.[174] 지

---

174) 해외직구 KC 인증이 왜 문제인지 보여주는 대표적인 사례가 있습니다. 바로 2010년 유인촌 문체부 장관의 아이패드 사건입니다. 당시 아이패드가 해외에서는 공식 출시됐지만 한국은 전파법 등의 이유로 국내 반입을 금지하고 있었습니다. 그 시절 아이패드를 사용하기 위해선 전파 인증을 받아야 했는데 고가의 비용과 회로도 등을 제출해야 했기 때문에 일반인들은 거의 불가능했습니다. 그런 와중에 현직 장관이 공식 브리핑 자리에 아이패드를 들고 나타나 논란이 된 것입니다. 누리꾼들은 정부가 해외에서 개인적으로 구매한 아이패드조차 불법이라고 규정해 놓고 장관은 버젓이 사용했다며 비판했습니다. 결국 정부는 '시험 연구용은 반입 가능'이라고 해명했다가 개인용으로 해외에서 수입하거나 구매하는 경우 1인당 1개는

금까지 적합성평가의 면제에 대해 여론의 동향에 따라 규제 완화가 이루어진 측면이 강한데, 적합성평가에 대한 면제가 아닌 현실을 고려하여 유보(留保)하는 것이 바람직하다고 생각한다.

한편, 전파법은 적합성평가의 면제의 방법 및 절차 등에 관하여 필요한 사항은 대통령령으로 정한다고 규정하고 있는데(동법 제58조의3제1항), 전파법 시행령은 이 법 58조의3(적합성평가의 면제)제1항에 따라 적합성평가를 면제할 수 있는 기자재는 [별표 6의2]와 같다고 규정하고 있으며(동법 시행령 제77조의7제1항), 이 법 시행령 제77조의7(적합성평가의 면제)제1항에 따른 적합성평가의 면제 절차 및 방법 등에 관하여는 동법 시행령 제77조의2(적합인증)제2항부터 제4항까지의 규정을 준용한다고 규정하고 있다(동법 시행령 제77조의7제2항).

나. 적합성평가의 취소

전파법은 과학기술정보통신부장관은 적합성평가를 받은 자가 다음, 1. 해당 방송통신기자재등이 적합성평가기준에 적합하지 아니하게 된 경우, 2. 적합성평가표시 및 자기적합확인표시를 하지 아니하거나 거짓으로 표시한 경우, 3. 이 법 제58조의2(방송통신기자재등의 적합성평가)제2항에 따른 적합인증 및 적합등록의 변경신고를 하지 아니한 경우, 4. 동법 제58조의2제5항을 위반하여 관련 서류를 보관하지 아니한 경우, 5. 동법 제58조의2제7항을 위반하여 자기적합확인의 변경 사항을 서면으로 관리하지 아니하거나 공개하지 아니한 경우, 6. 동법 제58조의13제1항을 위반하여 국내대리인을 허위로 지정한 경우 각 호의 어느 하나에 해당하는 경우에는 대통령령으로 정하는 바에 따라 해당 기자재에 대한 적합성평가를 취소하거나 개선, 시정, 수거, 철거, 파기 또는 생산중지, 수입중지, 판매중지, 사용중지 등 필요한 조치를 명할 수 있다고 규정하고 있는데(전파법 제58조의4제1항), 적합성평가의 취소 등은 적합성평가의 공신력과 실효성을 유지하기 위한 것으로서 적합성평가에 대한 사전규제를 지속적으로 완화해 왔기 때문에 규제 완화로 인한 문제점을 보완하기 위해 필요성이 인정된다고 생각된다.

전파 인증이 필요 없다는 정책을 발표합니다. 이 사건 이후로 국내에서 판매되지 않는 전자 제품을 해외직구로 구입하는 사례가 늘어나기 시작했습니다. 5.16 발표와 함께 '유인촌 장관의 아이패드' 사건이 다시 재조명된 이유입니다. 임병도 오마이뉴스 기자, 해외직구 금지 논란에 소환된 '유인촌 아이패드' 사건, 2024.5.20.(https://www.ohmynews.com/NWS_Web/View/at_pg.aspx?CNTN_CD=A0003031447).

또한 전파법은 과학기술정보통신부장관은 적합성평가를 받은 자가 다음, 1. 거짓이나 그 밖의 부정한 방법으로 적합성평가를 받은 경우와, 2. 이 법 제58조의4(적합성평가의 취소 등)제1항에 따른 개선명령 등 조치명령을 이행하지 아니한 경우의 어느 하나에 해당하는 경우에는 대통령령으로 정하는 바에 따라 해당 기자재에 대한 적합성평가를 취소하여야 한다고 규정하고 있으며(동법 제58조의4제2항), 적합성평가의 취소처분을 받은 자는 그 취소된 날부터 1년의 범위에서 대통령령으로 정하는 기간 내에는 해당 기자재에 대하여 적합성평가를 받을 수 없다고 규정하고 있는데(동법 제58조의4제3항). 전파법 시행령은 이 법 제58조의4제3항에서 "대통령령으로 정하는 기간"이란 다음, 1. 동법 제58조의4제1항 및 같은 조 제2항제2호에 해당하는 사유로 취소처분을 받은 경우는 6개월, 2. 동법 제58조의4제2항제1호에 해당하는 사유로 취소처분을 받은 경우는 1년의 구분에 따른 기간을 말한다고 규정하고 있다(동법 시행령 제77조의8제2항). 한편, 전파법 시행령은 과학기술정보통신부장관은 이 법 제58조의4제1항 또는 제2항에 따라 적합성평가를 취소한 경우에는 그 사실을 관보에 공고하여야 한다고 규정하고 있다(동법 시행령 제77조의8제1항).

5. 지정시험기관

시험기관의 지정(指定, Designation)은 시험기관 중 공익성, 시장경쟁 상황 등을 고려하여 객관적인 요건을 갖추고 인정(認定, Accreditation)을 받은 시험기관 중 자격 있는 자를 선별하여 적합성평가를 할 수 있는 권한을 부여하는 행정행위로 이해된다. 시험기관의 지정은 국내법적인 효력만이 있으며, 동 사안과 관련하여 방송통신기자재등 시험기관의 지정 및 관리에 관한 고시(국립전파연구원 고시 제2025-4호, 2025. 5. 7.)가 제정 · 시행되고 있다.

가. 시험기관의 지정 등

(1) 시험기관 지정신청

전파법은 과학기술정보통신부장관은 다음, 1. 적합성평가 시험에 필요한 설비 및 인력을 확보할 것, 2. 국제기준에 적합한 품질관리규정을 확보할 것, 3. 그 밖에 과학기술정보통신부장관이 시험 업무의 객관성 및 공정성을 위하여 필요하다고 인정하는 사항을 갖출 것의 요건을 갖춘 법인을 적합성평가 시험 업무를 하는 기관으로 지정할 수 있다고 규정하고 있으며(전파법 제58조의5제1항), 전파법 시행령은 이 법 제58조의5(시험기관의 지정 등)제1항에 따라 적합성평가의 시험업무를 하는 기관(이하 "시험기관"이라 한다)으로 지정받으려는 법인은 다음, 1. 유선 분야, 2. 무선 분야, 3. 전자파적합성 분야, 4. 전자파강도 분야, 5. 전자파흡수율 분야의 구분에 따라 시험기관 지정신청서(전자문서로 된 신청서를 포함한다)에 과학기술정보통신부장관이 정하는 서류(전자문서를 포함한다)를 첨부하여 과학기술정보통신부장관에게 신청하여야 한다고 규정하고 있다(동법 시행령 제77조의9제1항).

(2) 지정심사기관 심사와 지정서 발급 등

전파법은 과학기술정보통신부장관은 대통령령으로 정하는 전문심사기구로 하여금 지정시험기관의 지정을 위하여 필요한 요건의 심사를 하도록 할 수 있다고 규정하고 있으며(동법 제58조의5제4항), 전파법 시행령은 과학기술정보통신부장관은 이 법 시행령 제77조의9(시험기관의 지정 등)제1항에 따른 지정신청의 심사를 위하여 필요하다고 인정하는 경우에는 동법 시행령 제77조의10(전문심사기구 등)에[175] 따른 전문심사기구에서 그 요건의 심사를 수행하게 할 수 있다고 규정하고 있다(동법 시행령 제77조의9제2항). 한편, 전파법 시행령은 과학기술정보통신부장관은 이 법 시행령 제77조의9제1항에 따른 신청에 대하여 시험기관으로 지정한 경우에는 지정서를 발급하고, 그 사실을 관보 및 인터넷 홈페이지 등에 공고하여야 한다고 규정하고 있다(동법 시행령 제77조의9제3항).

(3) 지정시험기관의 업무 중지 · 변경 · 폐지와 양수 · 합병

전파법은 이 법 제58조의5(시험기관의 지정 등)제1항에 따라 지정받은 시험기관(이하 "지정시험기관"이라 한다)은 지정시험 업무를 일정 기간 중지하거나 지정시험 업무의 일부를 폐지하는 등 지정받은 사항을 변경하거나 지정시험 업무의 전부를 폐지하려는 경우에는

175) 전파법 시행령은 이 법 제58조의5(시험기관의 지정 등)제4항에서 "대통령령으로 정하는 전문심사기구"란 국제표준화기구(ISO)에서 제정한 지정시험기관의 심사를 위한 기준을 갖춘 기구 중에서 과학기술정보통신부장관이 지정 · 고시하는 기구를 말한다고 규정하고 있으며(전파법 시행령 제77조의10제1항), 이 법 시행령 제77조의10(전문심사기구 등)제1항에 따른 전문심사기구는 과학기술정보통신부장관이 정하여 고시하는 바에 따라 그 심사업무를 수행하여야 한다고 규정하고 있다(동법 시행령 제77조의10제2항).

과학기술정보통신부장관에게 지정받은 사항의 변경 또는 지정시험 업무의 폐지를 신청하여야 한다고 규정하고 있으며(전파법 제58조의5제2항), 지정시험기관이 아닌 자가 지정시험기관을 양수하거나 합병을 통하여 지정시험기관의 지위를 승계하려는 경우에는 미리 과학기술정보통신부장관의 승인을 받아야 한다고 규정하고 있다(동법 제58조의5제3항). 한편, 전파법 시행령은 이 법 시행령 제77조의9(시험기관의 지정 등)제3항에 따라 지정받은 시험기관(이하 "지정시험기관"이라 한다)이 동법 제58조의5에 따라 지정받은 사항의 변경, 지정시험 업무의 폐지 또는 지위승계의 승인을 받고자 하는 경우에 그 절차·방법 및 공고 등에 관하여는 동법 시행령 제77조의9제2항부터 제4항까지의 규정을 준용한다고 규정하고 있다(동법 시행령 제77조의9제5항).

(4) 지정시험기관의 지정 결격사유

전파법은 다음, 1. 이 법 제58조의7(지정시험기관의 지정 취소 등)제3항을 위반하여 지정이 취소된 법인으로서 그 지정이 취소된 날부터 1년이 지나지 아니한 경우와, 2. 동법 제58조의7제3항을 위반하여 지정이 취소된 법인의 대표자와 등기임원이 대표자나 등기임원으로 있는 다른 법인으로서 그 지정이 취소된 날부터 1년이 지나지 아니한 경우의 어느 하나에 해당하는 경우에는 지정시험기관으로 지정을 받을 수 없다고 규정하고 있다(전파법 제58조의5제5항).

나. 지정시험기관의 검사 등

(1) 지정시험기관 검사의 의의

전파법은 과학기술정보통신부장관은 다음, 1. 이 법 제58조의5(시험기관의 지정 등)제1항 각 호에 따른 지정요건의 준수 여부와, 2. 동법 제58조의7(지정시험기관의 지정 취소 등)에 따른 시정명령, 업무정지 명령 등의 준수 여부의 사항을 확인하기 위하여 대통령령으로 정하는 바에 따라 지정시험기관의 장에게 관련 자료의 제출을 요구하거나 소속 공무원에게 해당 기관의 사무실, 사업장, 그 밖에 필요한 장소에 출입하여 검사하게 할 수 있다고 규정하고 있으며(전파법 제58조의6제1항), 이 법 제58조의6(지정시험기관의 검사 등)제1항에 따라 지정시험기관을 검사할 경우 검사계획의 사전통지 및 증표의 제시 등에 관하여는 동법 제71조의2(조사 및 조치)제3항 및 제4항을 준용한다고 규정하고 있다(동법 제58조의6제2항).

한편, 전파법은 지정시험기관의 검사절차, 방법 등에 관하여 필요한 사항은 대통령령으로 정한다고 규정하고 있는데(동법 제58조의6제3항), 전파법 시행령은 과학기술정보통신부장관은 이 법 제58조의6제1항에 따라 관련 자료의 제출을 요구하는 경우에는 서면(전자문서를 포함한다)으로 하되 15일의 제출기한을 두어야 하나, 다만, 그 제출을 요청받은 자가 정당한 사유를 소명하는 경우에는 15일의 범위에서 그 제출기한을 연장할 수 있다고 규정하고 있으며(동법 시행령 제77조의11제4항), 이 법 시행령 제77조의11(지정시험기관의 검사 등)제1항부터 제4항까지에서 규정한 사항 외에 지정시험기관의 검사에 관한 세부절차 및 그 밖에 필요한 사항은 과학기술정보통신부장관이 정하여 고시한다고 규정하고 있다(동법 시행령 제77조의11제5항).

(2) 정기검사와 수시검사

전파법 시행령은 이 법 제58조의6(지정시험기관의 검사 등)에 따른 지정시험기관에 대한 검사는 정기검사와 수시검사로 구분하여 실시한다고 규정하고 있는데(동법 시행령 제77조의11제1항), 이 법 시행령 제77조의11(지정시험기관의 검사 등)제1항에 따른 정기검사는 다음, 1. 동법 제58조의5(시험기관의 지정 등)제1항제1호의 적합성평가시험에 필요한 설비(전파법 시행령 [별표 14의2]제1호 및 제5호부터 제13호까지의 설비에 한정한다)의 성능에 관한 검사는 지정시험기관으로 지정된 날부터 해당 설비의 사용빈도 · 내구성 등을 고려하여 과학기술정보통신부장관이 정하여 고시하는 주기마다 실시의, 2. 동법 시행령 제77조의11(지정시험기관의 검사 등)제2항제1호 외의 사항에 관한 검사는 지정시험기관으로 지정된 날부터 2년마다 실시의 구분에 따라 실시한다고 규정하고 있으며(동법 시행령 제77조의11제2항), 이 법 시행령 제77조의11제1항에 따른 수시검사는 검사가 필요한 경우 수시로 실시한다고 규정하고 있다(동법 시행령 제77조의11제3항).

다. 지정시험기관의 지정 취소 등

(1) 시정명령

전파법은 과학기술정보통신부장관은 지정시험기관이 시험에 관한 절차, 측정설비의 관리 등 대통령령으로 정하는 사항을 준수하지 아니한 경우에는 시정을 명할 수 있다고 규정하고 있는데(전파법 제58조의7제1항), 전파법 시행령은 이 법 제58조의7(지정시험기관의 지정 취소 등)제1항에 따라 지정시험기관이 준수하여야 할 사항은 다음, 1. 시험 관련 설비를 적정하게 유지 · 관리할 것, 2. 시험 관련 인력에 대한 정기적인 교육을 실시할 것, 3. 시험 관련 자료를 5년 이상 보존 · 비치할 것, 4. 동법 제58조의2(방송통신기자재등의 적합성평가)제3항에 따라 지정시험기관의 시험에 합격하여 적합등록을 한 방송통신기자재등 중 100분의 3에 해당하는 기자재에 대한 표본검사를 실시하고, 그 결과를 과학기술정보통신부장관에게 보고할 것, 5. 국제표준화기구에서 정한 시험 관련 품질관리에 관한 규정을 제정 · 시행할 것과 같다고 규정하고 있다(동법 시행령 제77조의12제1항).

(2) 업무정지 명령

전파법은 과학기술정보통신부장관은 지정시험기관이 다음, 1. 고의 또는 중대한 과실로 시험 업무를 부정확하게 수행한 경우, 2. 정당한 이유 없이 이 법 제58조의6(지정시험기관의 검사 등)제1항에 따른 자료제출 요구나 검사 등을 거부 · 방해 · 기피한 경우, 3. 동법 제58조의5(시험기관의 지정 등)제1항에 따른 지정요건에 부적합하게 된 경우, 4. 정당한 이유 없이 시험 업무를 수행하지 아니한 경우, 5. 동법 제58조의7(지정시험기관의 지정 취소 등)제1항에 따른 시정명령을 이행하지 아니한 경우의 어느 하나에 해당하는 경우에는 대통령령으로 정하는 바에 따라 1년 이내의 기간을 정하여 업무의 전부 또는 일부의 정지를 명할 수 있다고 규정하고 있다(전파법 제58조의7제2항).

(3) 취소 명령

전파법은 과학기술정보통신부장관은 지정시험기관이 다음, 1. 거짓이나 그 밖의 부정한 방법으로 지정을 받은 경우, 2. 업무정지 명령을 받은 후 그 업무정지 기간에 시험 업무를 수행한 경우, 3. 이 법 제58조의7(지정시험기관의 지정 취소 등)제2항을 위반하여 2

회 이상 업무정지 명령을 받은 지정시험기관이 다시 같은 항을 위반하여 업무정지 사유에 해당한 경우의 어느 하나에 해당하는 경우에는 그 업무의 전부 또는 일부에 대하여 지정을 취소하여야 한다고 규정하고 있으며(전파법 제58조의7제3항), 이 법 제58조의7(지정시험기관의 지정 취소 등)제1항부터 제3항까지의 규정에 따른 시정명령 및 행정처분 등에 관하여 필요한 사항은 대통령령으로 정한다고 규정하고 있다(동법 제58조의7제4항).

6. 적합성평가의 국가 간 상호 인정 등

가. 국제적 적합성평가 체계 구축

전파법은 과학기술정보통신부장관은 이 법에 따른 적합성평가[176] 체계가 국제기준에 적합하도록 노력하여야 한다고 규정하고 있으며(전파법 제58조의9제1항) 과학기술정보통신부장관은 제58조의9(국제적 적합성평가 체계의 구축)제1항에 따른 적합성평가 체계 구축을 위한 세부사항을 정하여 고시할 수 있다고 규정하고 있는데(동법 제58조의9제2항), 전파법 제58조의9(국제적 적합성평가 체계의 구축)와 관련된 국제기준으로는 지정기관과 인정기관에 대한 국제기준인 ISO/IEC 17011, 지정시험기관이 갖추어야 하는 품질관리 규정에 대한 국제기준인 ISO/IEC 17025, 방송통신기자재등 제품인증에 대한 국제기준인 ISO/IEC 17065 등이 있는 것으로 이해된다.

나. 적합성평가의 국가 간 상호 인정

과학기술정보통신부장관은 방송통신기자재등에 대한 적합성평가 결과를 상호 인정하기 위하여 외국정부와 협정(이하 "상호인정협정"이라 한다)을 체결할 수 있다고 규정하고 있는데(전파법 제58조의8제1항), 상호인정협정(MRA, Mutual Recognition Agreement)은 상대국가에서 실시한 제품, 공정, 서비스의 적합성평가 결과와 절차를 자국에서 실시한 것

---

176) WTO 협정서는 "적합성평가(Conformity Assessment)"란 기술 규정 또는 표준 관련 요건이 충족되었는지를 결정하기 위해 직접 또는 간접적으로 사용되는 모든 절차로 정의하고 있으며, 국제표준인 ISO/IEC 17000에서는 "적합성평가(Conformity Assessment)"란 평가대상인 제품, 절차, 시스템, 요원 및 시험, 교정 등에 대하여 규정된 요건을 만족시키고 있음을 입증해 주는 행위로 정의하고 있다.

과 동등하게 받아들이는 것으로서, 제품 수출 시 수입국의 기술기준에 따라 수출국에서 시험과 인증을 수행한 결과를 수입국에서 인정하는 협정으로 이해된다. 상호인정협정은 인정 범위에 따라 〈그림 98〉과 같이 1단계인 시험성적서 인정과 2단계인 인정서 인증으로 구분된다.

전파법은 상호인정협정의 절차와 내용 등에 관하여 필요한 사항은 대통령령으로 정한다고 규정하고 있는데(동법 제58조의8제2항), 전파법 시행령은 이 법 제58조의8(적합성평가의 국가 간 상호 인정)에 따른 외국정부와의 상호인정협정의 내용은 다음, 1. 적합성평가의 효력에 관한 사항, 2. 적합성평가의 기준에 관한 사항, 3. 적합성평가와 관련된 시험기관 및 인증기관에 관한 사항, 4. 그 밖에 적합성평가의 절차 및 방법 등에 관하여 과학기술정보통신부장관이 필요하다고 인정하는 사항과 같다고 규정하고 있다(동법 시행령 제77조의13).

그림 98 상호인정협정

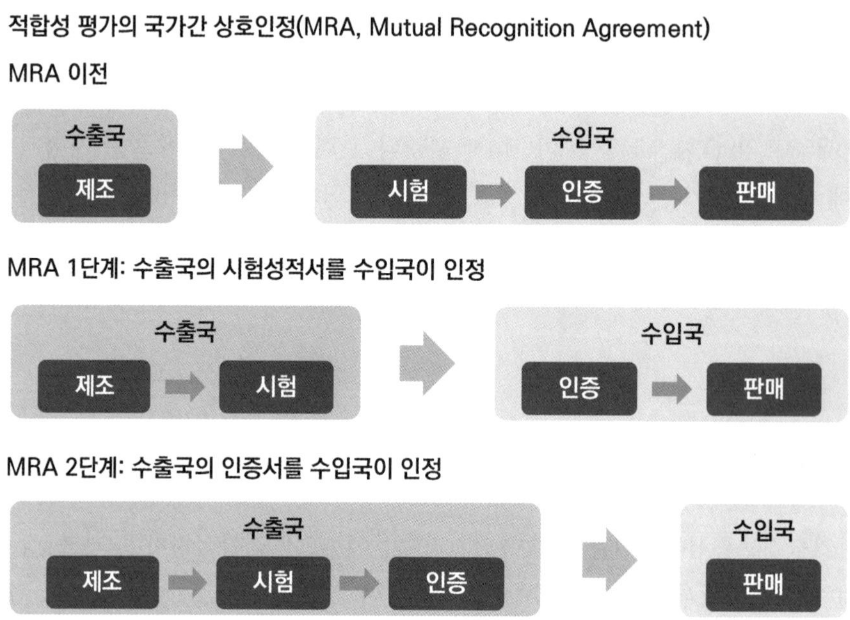

또한 전파법은 과학기술정보통신부장관은 상호인정협정을 체결하였을 때에는 그 내용을 고시하여야 한다고 규정하고 있으며(동법 제58조의8제3항), 상호인정협정에 따라 해당 국가의 적합성평가를 받으려는 자는 인증기관에 적합성평가를 신청할 수 있다고 규정하고 있다(동법 제58조의8제4항). 한편, 전파법은 상호인정협정에 따른 시험기관과 인증

기관의 지정 및 관리 등을 위하여 필요한 세부사항은 과학기술정보통신부장관이 정하여 고시할 수 있다고 규정하고 있다(동법 제58조의8제5항). 상호인정협정과 별도로 자유무역협정(FTA, Free Trade Agreement)이 국제협력 확대의 수단으로 추진되고 있는데, 자유무역협정은 특정 국가 간에 배타적인 무역 특혜인 최혜국 대우(MFN treatment, Most Favored Nation treatment)를 서로 부여하는 것으로 이해된다.

7. 복제 · 개조 · 변조 등의 금지와 부적합 보고 등

가. 복제 · 개조 · 변조 등의 금지

전파법은 누구든지 적합성평가를 받은 기자재를 복제하여서는 아니 되며, 타인의 정상적인 기자재 사용을 방해하거나 전파이용 질서를 저해할 정도로 개조 · 변조하여서는 아니 된다고 규정하고 있으며(전파법 제58조의10제1항), 누구든지 이 법 제58조의10(복제 · 개조 · 변조 등의 금지)제1항을 위반하여 복제 · 개조 · 변조한 기자재를 판매 · 대여하거나 판매 · 대여할 목적으로 진열 · 보관 또는 운송하거나 무선국 · 방송통신망에 설치하여서는 아니 된다고 규정하고 있다(동법 제58조의10제2항).

나. 부적합 보고 등

전파법은 이 법 제58조의2(방송통신기자재등의 적합성평가)에 따른 적합성평가를 받은 자는 해당 기자재가 다음, 1. 해당 기자재의 결함으로 인하여 이용자의 생명 · 신체 또는 재산에 위해를 끼치거나 끼칠 우려가 있다는 사실을 알게 되었을 때, 2. 해당 기자재의 결함으로 인하여 방송통신망에 위해 또는 간섭영향을 끼치거나 끼칠 우려가 있다는 사실을 알게 되었을 때, 3. 해당 기자재가 적합성평가기준에 적합하지 아니함을 알게 되었을 때, 4. 적합성평가를 받은 기자재와 동일한 기자재에 대하여 외국에서 결함이 발견되어 외국의 제조 · 수입 · 판매자가 다음, 가. 외국 정부로부터 시정 · 수거 등의 권고 또는 명령을 받고 한 시정 · 수거 등과, 나. 자발적으로 한 시정 · 수거 등의 어느 하나에 해당하는 조치를 한 경우, 5. 적합성평가를 받은 기자재와 동일한 기자재에 대하여 외국의 다른 사업자가 동법 제58조의11(부적합 보고 등)제1항제4호 각 목의 어느 하나에 해당하는 조치를 한 사실을 알게 된 경우의 어느 하나에 해당하는 경우에는 지체 없이 과학기술정보통신부장관에게 보고하고 스스로 시정하거나 수거하는 등 필요한 조치를 하여야 한다고 규정하고 있으며(전파법 제58조의11제1항), 과학기술정보통신부장관은 적합성평가를 받은 자가 이 법 제58조의11제1항에 따라 스스로 시정하거나 필요한 조치를 하지 아니하는 경우에는 부적합 기자재의 정보를 공개할 수 있다고 규정하고 있다(동법 제58조의11제2항).

또한 전파법은 이 법 제58조제11(부적합 보고 등)제1항에 따른 보고의 절차에 관하여 필요한 사항은 대통령령으로 정한다고 규정하고 있는데(동법 제58조의11제3항), 전파법 시행령은 적합성평가를 받은 자는 해당 기자재가 이 법 제58조의11제1항 각 호의 어느 하나에 해당하는 경우임을 알게 된 때에는 그 날부터 5일 이내에 그 사실을 과학기술정보통신부장관에게 보고해야 한다고 규정하고 있다(동법 시행령 제77조의14제1항).

한편, 전파법은 이 법 제58조의11제1항에 따른 조치를 이행한 자에 대하여는 동법 제58조의4(적합성평가의 취소 등)에 따른 행정처분을 대통령령으로 정하는 바에 따라 감경 또는 면제할 수 있다고 규정하고 있는데(동법 제58조의11제4항), 전파법 시행령은 과학기술정보통신부장관은 이 법 제58조의11제4항에 따라 같은 조 제1항에 따른 조치를 이행한 자에 대한 행정처분을 동법 시행령 [별표 23]에 따른 행정처분기준의 2분의 1의 범위에서 감경할 수 있으나, 다만, 그 행정처분이 다음, 1. 취소인 경우는 4개월의 생산 · 수입 · 판매 또는 사용중지 처분과, 2. 시정명령 및 1개월의 생산 · 수입 · 판매 또는 사용중지인 경우는 면제할 수 있다고 규정하고 있다(동법 시행령 제77조의14제2항). 또한 전파법 시행령은 이 법 시행령 제77조의14(부적합 보고의 절차 등)제1항 및 제2항에서 규정한 사항 외에 보고 절차, 행정처분의 감경 또는 면제 등에 관하여 필요한 세부사항은 과학기술정보통신부장관이 정하여 고시한다고 규정하고 있다(동법 시행령 제77조의14제3항).

8. 주파수분배 변경에 따른 조치 등

전파법은 이 법 제58조의2(방송통신기자재등의 적합성평가)에 따른 방송통신기자재등의 적합성평가를 받은 자는 주파수분배의 변경으로 인하여 해당 방송통신기자재등을 사용할 수 없게 되는 경우에는 대통령령으로 정하는 방법에 따라 관련 사실을 표시하여야 한다고 규정하고 있는데(전파법 제58조의12제1항), 전파법 시행령은 이 법 제58조의12(주파수분배 변경에 따른 조치 등)제1항에 따라 표시하여야 할 사항은 다음, 1. 방송통신기자재등을 사용할 수 없게 되는 시점과 그 시점이 경과된 후 사용하면 법에 위반된다는 사실, 2. 방송통신기자재등의 제조 · 수입 · 판매 종료일, 3. 센터에 관한 사항과 같으나, 다만, 이 법 시행령 제77조의15(표시방법 등)제1항제3호의 사항인 센터에 관한 사항은 동법 제9조의3(비면허무선기기지원센터의 지정 등)제1항에 따라 과학기술정보통신부장관이 센터를 지정한 경우에만 표시한다고 규정하고 있으며(동법 시행령 제77조의15제1항), 이 법 시행령 제77조의15제1항에 따른 표시사항은 해당 기자재 및 기자재 포장에 이용자가 알기 쉽게 표시하여야 하고, 기자재 포장 시 표시사항이 기재된 이용자안내문이 별도로 포함되어야 한다고 규정하고 있다(동법 시행령 제77조의15제3항).

또한 전파법은 방송통신기자재등을 판매 · 대여하는 자, 판매 · 대여할 목적으로 진열 · 보관하는 자는 주파수분배의 변경으로 인하여 방송통신기자재등을 사용할 수 없게 되는 경우 이를 구매하거나 대여받으려는 자에게 고지하여야 한다고 규정하고 있는데(동법 제58조의12제2항), 전파법 시행령은 이 법 제58조의12제2항에 따라 고지하여야 할 사항에 관하여는 동법 시행령 제77조의15제1항을 준용한다고 규정하고 있다(동법 시행령 제77조의15제2항). 한편, 전파법은 과학기술정보통신부장관은 주파수분배의 변경으로 사용할 수 없게 되는 방송통신기자재등의 수입 · 판매 중지 등 필요한 조치를 명할 수 있다고 규정하고 있다(동법 제58조의12제3항).

9. 국내대리인의 지정

전파법은 국내에 주소 또는 영업소가 없는 자가 적합성평가를 받고자 하는 경우에는 서면으로 국내에 주소 또는 영업소가 있는 자를 대리인으로 지정하여야 한다고 규정하고 있는데(전파법 제58조의13제1항), 동 조항은 2024년 1월 전파법 개정을 통해 신설(新設)되었는데 「정보통신망 이용촉진 및 정보보호 등에 관한 법률(약칭: 정보통신망법)」 제32조의5(국내대리인의 지정),[177] 「전기통신사업법」 제22조의8(국내대리인의 지정)과[178] 같이 국외

177) 정보통신망 이용촉진 및 정보보호 등에 관한 법률은 국내에 주소 또는 영업소가 없는 정보통신서비스 제공자등으로서 이용자 수, 매출액 등을 고려하여 대통령령으로 정하는 기준에 해당하는 자는 다음 각, 3. 이 법 제64조(자료의 제출 등)제1항에 따른 관계 물품 · 서류 등의 제출의 사항을 대리하는 자(이하 "국내대리인"이라 한다)를 서면으로 지정하여야 한다고 규정하고 있다(정보통신망법 제32조의5제1항).

사업자들에 대하여 국내 대리인을 통해 법률 집행 과정에서 필요한 절차의 이행 등을 위한 창구를 마련하기 위한 것으로 이해된다. 또한 전파법은 이 법 제58조의13(국내대리인의 지정)제1항에 따라 대리인으로 지정받은 자(이하 "국내대리인"이라 한다)는 다음, 1. 적합성평가의 신청 및 변경신청과 자기적합확인 공개에 관한 사항과, 2. 동법 제71조의2(조사 및 조치)제2항에 따른 관련 자료 또는 해당 기자재의 제출의 사항을 대리하여야 한다고 규정하고 있다(동법 제58조의13제2항).

한편, 전파법은 국내대리인이 이 법 제58조의13제2항 각 호와 관련하여 이 법을 위반한 경우에는 적합성평가를 받은 자가 그 행위를 한 것으로 본다고 규정하고 있는데(동법 제58조의13제3항), 이는 국내대리인이 그를 지정한 국내에 주소 또는 영업소가 없는 적합성평가를 받고자 하는 자인 본인의 법률상 대리인이므로 당연히 대리인이 한 법률행위의 효과가 본인에게 귀속되나 주의(注意)적으로 국내대리인의 행위책임이 그를 지정한 국내에 주소 또는 영업소가 없는 적합성평가를 받고자 하는 자에 귀속됨을 명확히 하기 위해 규정한 것으로 생각된다.

참고자료 및 질문

ICT 분야 인정기관. 인정(認定, Accreditation)은 권위 있는 제3의 기관인 인정기관이 시험기관 또는 인증기관에 대해 품질관리 및 기술적 능력 등을 갖추고 있는지를 평가하고 그 능력을 공식적으로 승인하는 절차로 이해되는데, 국제 인정 협력체의 공인(公認)을 받은 인정기관의 인정을 받은 시험기관과 인정기관은 국제적으로 공인되게 된다. 국제적 효력이 있다는 점에서 지정(指定, Designation)과 중요한 차이가 있다. 현재 전파법은 인정이 아닌 국내적 효력만 있는 지정만이 규정되어 있고 ICT 분야의 독자적 인정 권한 확보의 필요성에 대한 논란이 있는 상황이다. 시험과 인증의 중복 최소화라는 입장에서 인정 체계를 단일화해야 한다는 주장이 있다. 반면에 인정 체계 간의 경쟁을 통한 시험과 인증시장의 활성화와 함께 기술 수명이 짧고 신규 서비스와 제품의 시장진입이 빈번한 정보통신산업의 시험과 인증 수요에 전문적 대응을 위해서 ICT 분야의 독자적 인정 체계를 독자적으로 마련해야 한다는 주장이 있는데, 당신의 의견은 어떠한가?

---

178) 전기통신사업법은 국내에 주소 또는 영업소가 없는 부가통신사업자로서 이 법 제22조의7(부가통신사업자의 서비스 안정성 확보 등)제1항에서 정한 기준에 해당하는 자는 다음, 1. 동법 제22조의7제1항에 따른 이용자 요구사항 처리를 위한 국내 연락 수단의 확보, 2. 동법 제22조의7제3항 및 제4항에 따른 자료 제출, 3. 동법 제32조(이용자 보호)제1항에 따른 이용자 보호 업무, 4. 동법 제32조(이용자 보호)제2항 후단에 따른 자료제출명령의 이행의 사항을 대리하는 자(이하 "국내대리인"이라 한다)를 서면으로 지정하여야 한다고 규정하고 있다(전기통신사업법 제22조의8제1항).

제4절 전자파 인체보호

1. 전자파 인체보호의 의의

전파법은 과학기술정보통신부장관은 전자파가 인체, 기자재, 무선설비 등에 미치는 영향을 최소화하고 안전한 전파환경을 조성하기 위하여 다음, 2. 전자파가 인체에 미치는 영향 등에 관한 종합적인 보호대책의 수립 · 추진, 4. 전자파 인체흡수율, 전자파강도 및 전파환경 등에 대한 관련 기준 마련 및 측정 · 조사, 5. 전자파 차폐 · 차단 및 저감(低減) 기술 등 전자파 역기능 해소를 위한 기반기술 연구, 6. 안전한 전파환경 기반 조성을 위한 교육 및 홍보계획의 수립 · 시행의 시책을 마련하여야 한다고 규정하고 있는데(전파법 제44조의3제1항), 전자파 인체영향은 전자파가 인체에 부정적인 영향을 주는 것으로 이해되며, 이동전화 등 전파를 이용하는 기기들이 생활필수품이 됨에 따라 전자파 인체영향에 대한 우려가 증대되고 전자파 인체보호의 중요성이 커지고 있는 것으로 생각된다. 2011년, 〈표 35〉와 같이 세계보건기구(WHO, World Health Organization) 산하 국제암연구소(IARC, International Agency for Research on Cancer)가 휴대전화 전자파를 "암 유발 가능(Possibly carcinogenic to Human)" 등급인 2B 등급으로 분류하는 등 전자파에 대한 유해 가능성이 제기되고 전자파에 대한 불안감 또한 고조되고 있는 것으로 이해된다.

표 35 WHO의 암 발생 가능물질 등급분류

그룹		사람에 대한 발암성	인자 (Agent)
1등급		"사람에게 발암성이 있는 등급" Carcinogenic to humans (통상 사람에 대한 연구에서 발암성에 대한 충분한 증거가 있는 경우)	(88종) 석면, 담배, 벤젠, 콜타르 등
2등급	A	"암 유발 추정 등급" Probably carcinogenic to humans (통상 사람에서는 증거가 제한적이나 동물실험에서 발암성에 대한 충분한 증거가 있는 경우)	(64종) 포름알데히드, 디젤엔진 배기가스, 적외선, 선탠램프 등

	B	"암 유발 가능 등급" Possibly carcinogenic to humans (통상 사람에 대한 발암성에 대한 근거가 제한적이고, 동물실험 에서도 발암근거가 충분치 않음)	(236종) 커피, 젓갈, 절인 채소, 가솔린엔진가스, 납, 휴대전화 전자파 등
3등급		발암물질로 분류 곤란한 그룹 (not classifiable)	(496종) 카페인, 콜레스테롤, 석탄재, 잉크, 염색약 등
4등급		사람에 대한 발암성이 없는 것으로 추정되는 그룹	(1종) 카프로락탐(나일론 원료)

전자파 인체 유해성에 대한 논란은 크지만 모든 전자파가 인체에 유해한가에 대한 여부는 명확하게 확인되고 있지 못한 것으로 생각된다. 앞에서 설명한 바와 같이 물론 송전탑과 송전선 같은 강한 전계의 소위 '강전계(强電界) 전자파'에 노출되는 경우 인체에 부정적 영향이 있다는 것에 대해서는 큰 이견이 없는 듯 하나 이동전화 단말기와 같은 약한 전계의 소위 '약전계(弱電界) 전자파'에 장기간 노출되는 경우에 대해서는 큰 논란과 이견이 있는 것으로 이해된다. 전자파 인체영향에 대해서는 전자파 인체보호를 위한 규제의 정도에 대해서는 이견이 있으나 규제의 필요성에 대해서는 국가와 사회 전체적인 공감이 이루어지고 있는 것으로 생각한다.

한편, 전파법은 과학기술정보통신부장관은 전자파가 인체에 미치는 영향에 관한 연구·조사 등을 실시하여야 한다고 규정하고 있으며(동법 제44조의4제1항) 과학기술정보통신부장관은 전자파가 인체에 미치는 영향에 관한 정보 전달과 방송통신기자재 등의 안전한 사용 등에 관한 교육 및 홍보를 위하여 적극 노력하여야 한다고 규정하고 있다(동법 제44조의4제2항).

2. 전자파 인체보호기준 등

〈전파법〉 제47조의2(전자파 인체보호기준 등) ① 과학기술정보통신부장관은 무선설비, 전기·전자기기 등(이하 "무선설비등"이라 한다)에서 발생하는 전자파가 인체에 미치는 영향을 고려하여 다음 각 호의 사항을 정하여 고시하여야 한다.

1. 전자파 인체보호기준
2. 전자파 등급기준
3. 전자파 강도 측정기준
4. 전자파 흡수율 측정기준
5. 전자파 측정대상 기자재와 측정방법
6. 전자파 등급 표시대상과 표시방법
7. 그 밖에 전자파로부터 인체를 보호하기 위하여 필요한 사항

과학기술정보통신부장관은 무선설비, 전기 · 전자기기 등(이하 "무선설비등"이라 한다)에서 발생하는 전자파가 인체에 미치는 영향을 고려하여 다음, 1. 전자파 인체보호기준, 2. 전자파 등급기준, 3. 전자파 강도 측정기준, 4. 전자파 흡수율 측정기준, 5. 전자파 측정대상 기자재와 측정방법, 6. 전자파 등급 표시대상과 표시방법, 7. 그 밖에 전자파로부터 인체를 보호하기 위하여 필요한 사항 각 호의 사항을 정하여 고시하여야 한다고 규정하고 있는데(전파법 제47조의2제1항) 동 사안과 관련하여 관련 고시(告示)들로 전자파인체보호기준(과학기술정보통신부 고시 제2019-4호, 2019. 1. 16.), 전자파흡수율 측정기준(국립전파연구원 고시 제2018-18호, 2018. 12. 7.), 전자파강도 및 전자파흡수율 측정대상 기자재(국립전파연구원 고시 제2023-12호, 2023. 6. 30.) 가 제정 · 시행되고 있다. 한편, 전파법은 무선국의 시설자나 무선설비등을 제작하거나 수입하려는 자는 무선설비등으로부터 방출되는 전자파 강도가 전자파 인체보호기준을 초과하지 아니하도록 하여야 하며, 그 기준을 초과하는 장소에는 취급자 외의 자가 출입할 수 없도록 안전시설을 설치하여야 한다고 규정하고 있다(동법 제47조의2제2항).

가. 전자파 강도 측정

(1) 전자파 강도 측정의 의의

전파법은 안테나공급전력 및 설치장소 등이 대통령령으로 정하는 기준에 해당하는 무선국의 시설자는 이 법 제47조의2(전자파 인체보호기준 등)제1항에 따라 고시한 전자파 인체보호기준 및 전자파 강도 측정기준에 따라 전자파 강도를 측정하여 그 결과를 과학기술정보통신부장관에게 보고하여야 한다고 규정하고 있는데(전파법 제47조의2제3항), 전

파법 시행령은 이 법 제47조의2제3항에서 "대통령령으로 정하는 기준에 해당하는 무선국"이란 동법 시행령 [별표 6]에서 정한 안테나공급전력 기준과 설치장소 기준 모두에 해당하는 무선국을 말한다고 규정하고 있다(동법 시행령 제65조). 한편, 전파법 제47조의2(전자파 인체보호기준 등)의 전자파 강도 측정에 대하여 관련 고시(告示)들로 전자파강도 및 전자파흡수율 측정대상 기자재(국립전파연구원 고시 제2023-12호, 2023. 6. 30.)와 전자파 강도 측정기준(국립전파연구원 고시 제2023-11호, 2023. 6. 30.)이 제정 · 시행되고 있다.

(2) 전자파 강도 측정의 주요 내용

전파법은 이 법 제47조의2(전자파 인체보호기준 등)제3항에 따라 전자파 강도를 보고하여야 하는 무선국의 시설자는 동법 제24조(검사)에 따라 무선국을 검사할 때에 과학기술정보통신부장관에게 전자파 강도를 측정하도록 요청할 수 있는데 이 경우 무선국의 시설자는 동법 제47조의2제3항에 따른 전자파 강도의 보고의무를 이행한 것으로 본다고 규정하고 있으며(전파법 제47조의2제4항), 과학기술정보통신부장관은 무선국에서 방출되는 전자파 강도가 이 법 제47조의2제1항에 따라 고시한 전자파 인체보호기준을 초과할 가능성이 있다고 판단하거나 동법 제47조의2제3항에 따라 무선국의 시설자가 보고한 측정 결과의 거짓 여부를 확인할 필요성이 있다고 판단하면 무선국의 전자파 강도를 측정하거나 조사할 수 있다고 규정하고 있다(동법 제47조의2제5항). 또한 과학기술정보통신부장관은 이 법 제47조의2제3항부터 제5항까지의 규정에 따라 보고 · 측정 · 조사된 전자파 강도가 전자파 인체보호기준을 초과하면 안전시설의 설치, 운용제한 및 운용정지 등 필요한 조치를 명할 수 있다고 규정하고 있다(동법 제47조의2제6항). 한편, 전파법은 이 법 제47조의2제3항에 따른 전자파 강도의 보고 시기 및 방법, 동법 제47조의2제4항에 따른 전자파 강도의 측정 요청 시기 및 방법 등에 필요한 사항은 대통령령으로 정한다고 규정하고 있다(전파법 제47조의2제7항).

(가) 전자파 강도의 보고 시기와 방법

전파법 시행령은 이 법 제47조의2(전자파 인체보호기준 등)제3항에 따른 전자파 강도의 보고 시기는 다음, 1. 이 법 제24조(검사)제1항에 따른 준공검사[동법 제31조(허가의 신청)제4항제3호 · 제6호 · 제7호 및 제9호와 동법 제39조의2(무선국 개설신고 등의 절차)제3항제1호(안테나공급전력 및 안테나의 형식 · 구성 및 이득에 관한 사항만 해당한다. 다만, 그 변경으로 전자파 강도가 낮아지는 경우는 제외한다) · 제2호 및 제4호의 변경사항만 해당한다]를 받아야 하는 무선국은 "준공검사증명서를 받은 날부터 45일 이내"[다만, 송신장치의 안테나공급전력의 합(동일한 주파수를 발생시키는 송신장치가 2개 이상인 경우에는 각 안테나에 부착된 송신장치의 안테나공급전력의 합을 기준으로 한다)이 500와트를 초과하는 무선국은 준공검사증명서를 받은 날 보고하여야 한다]와, 2. 동법 제24조(검사)제4항에 따른 정기검사를 받아야 하는 무선국은 "동법 제24조제4항에 따른 검사에 합격하여 검사증명서를 발급받은 날부터 45일 이내"의 구분에 따르나, 다만, 동법 제47조의2제1항제2호에 따라 과학기술정보통신부장관이 정하여 고시하는 전자파 등급기준 1등급에 해당하는 무선국에 대해서는 이 법 시행령 제66조(전자파 강도의 보고 시기 및 방법)제1항제1호만 적용한다고 규정하고 있다(전파법 시행령 제66조제1항).

전파법 시행령은 이 법 시행령 제66조(전자파 강도의 보고 시기 및 방법)제1항에도 불구하고 「감염병의 예방 및 관리에 관한 법률」에 따른 감염병의 확산 등 불가피한 사유가 있는 경우에는 동법 시행령 제66조제1항 각 호에 따른 전자파 강도의 보고 시기를 연장할 수 있다고 규정하고 있으며(동법 시행령 제66조제2항), 동법 시행령 제66조제2항에 따라 전자파 강도의 보고 시기를 연장하려는 시설자는 동법 시행령 제66조제1항에 따른 보고 시기가 끝나기 전에 연장하려는 사유 및 기간을 기재한 서면으로 과학기술정보통신부장관에게 보고 시기의 연장을 신청해야 한다고 규정하고 있다(동법 시행령 제66조제3항). 또한 전파법 시행령은 과학기술정보통신부장관은 이 법 시행령 제66조제3항에 따른 신청이 사유가 타당하다고 인정되는 경우에는 그 연장을 승인할 수 있다고 규정하고 있으며(동법 시행령 제66조제4항), 이 법 시행령 제66조제1항에 따른 전자파 강도의 보고 시기(동법 시행령 제66조제4항에 따라 연장을 승인한 보고 시기를 포함한다)를 계산하는 경우 공휴일과 토요일은 산입하지 않는다고 규정하고 있다(동법 시행령 제66조제5항).

(나) 전자파 강도의 측정 요청 시기와 방법

전파법 시행령은 이 법 제47조의2(전자파 인체보호기준 등)제4항에 따른 전자파 강도 측정 요청의 시기는 다음, 1. 이 법 제24조(검사)제1항에 따른 준공검사를 받아야 하는 무선국은 "동법 시행령 제42조(준공신고)에 따른 준공신고서를 제출한 날"과, 2. 이 법 제24조(검사)제4항에 따른 정기검사를 받아야 하는 무선국은 "동법 시행령 제45조(검사의 시기 · 방법 등)제4항에 따른 정기검사를 통보받은 날부터 30일 이내"의 구분에 따르나, 다만, 이 법 제47조의2제1항제2호에 따라 과학기술정보통신부장관이 정하여 고시하는 전자파 등급기준 1등급에 해당하는 무선국에 대해서는 이 법 시행령 제67조(전자파 강도의 측정 요청 시기 및 방법)제1호만 적용한다고 규정하고 있다(전파법 시행령 제67조).

나. 전자파 등급

전파법은 무선국의 시설자나 무선설비를 제작하거나 수입한 자는 이 법 제47조의2(전자파 인체보호기준 등)제1항제2호 및 제6호에 따라 전자파 등급을 표시하여야 한다고 규정하고 있는데(전파법 제47조의2제8항), 동 사안과 관련하여 전자파 등급기준, 표시대상 및 표시방법 고시(과학기술정보통신부 고시 제2017-20호, 2017. 10. 19.)가 제정 · 시행되고 있다. 전자파 등급제는 국회에서 2011년 11월 전파법 개정(안)이 발의되어 2014년 8월부터 실시되었는데, 미국, 유럽연합(EU, European Union), 모바일 제조업체 포럼(MMF, Mobile Manufacturers Forum)[179] 등과 무역에 대한 기술장벽(TBT, Technical Barrier on Trade) 소위 '기술 무역장벽' 관련 협의가 진행된 바가 있다. 전자파 등급제는 기존 전자파 인체보호 국제기준을 1등급과 2등급으로 구분하여 다른 나라들로부터 '기술 무역장벽'이라는 논란이 제기되었고, 이에 대해 〈그림 99〉와 같이 전자파흡수율(SAR, Specific Absorption Rate)[180] 측정값을 표시하는 방법과 전자파 등급을 표시하는 방법 중 선택을 하게 한 것으로 이해된다.

전자파 등급기준, 표시대상 및 표시방법 고시는 이 고시(告示)의 [별표 3]에서 전자파흡수율 등급기준을 나누고 있는데, 예를 들어 이동전화 단말기의 경우 해당 제품의 전자파흡수율[SAR, Specific Absorption Rate, 생체조직의 단위 질량당 흡수되는 에너

179) 모바일 제조업체 포럼(MMF, Mobile Manufacturers Forum)은 모바일 제조업체들의 이익을 대변하는 국제 비영리 단체로 1998년 주요 휴대폰 제조업체들이 모여 설립되었으며, 주요 목표는 전자파 인체 보호, 휴대전화 단말기 관련 규제와 표준에 대한 논의, 기술 혁신 촉진, 소비자 이익 보호 등이다. 모바일 제조업체 포럼(MMF, Mobile Manufacturers Forum)은 명칭을 바꾸어 현재 모바일 무선 포럼(MWF, Mobile and Wireless Forum)이며 회원사로는 삼성(Samsung), 애플(Apple), 화웨이(Huawei), 시스코(Cisco), 구글(Google), 소니(Sony) 등을 포함하고 있다.

180) 전자파인체보호기준은 "전자파흡수율(SAR, W/㎏)"이라 함은 생체조직에 흡수되는 단위질량 당 에너지율을 말한다고 규정하고 있는데(전자파인체보호기준 제2조제8호), 전자파흡수율(SAR, Specific Absorption Rate)은 인체 조직 1㎏당 흡수되는 전자파 에너지의 양을 나타내는 단위로서 와트(W)를 킬로그램(㎏)으로 나눈 값(W/㎏g)으로 표현된다. 전자파흡수율은 휴대전화나 무선 통신기기 사용 시 인체에 얼마나 많은 전자파가 흡수되는지를 나타내는 지표로 사용되고 있으며 전자파의 인체 유해성을 평가하는 중요한 기준으로 이해된다.

지의 비율(W/kg)] 값이 0.8 W/kg 이하인 경우에는 1등급으로, 0.8~1.6 W/kg인 경우에는 2등급으로 구분된다. 과거 휴대전화를 사용할 때 인체에 흡수될 수 있는 전자파의 양인 전자파흡수율(SAR, Specific Absorption Rate)로 우리나라는 국제권고 기준인 2W/kg보다 엄격한 미국 기준인 1.6 W/kg를 적용하고 있었으나, 더욱 엄격하게 휴대전화 단말기에 대한 전자파 등급을 도입하게 되었다. 그러나 당시에 제조되던 국내 이동전화 단말기는 전자파흡수율 값이 0.8 W/kg 이하여서 모두 1등급이었으나 일부 외국산 이동전화 단말기는 전자파흡수율 값이 0.8~1.6 W/kg여서 2등급에 해당이 되어서 다른 나라들로부터 '기술 무역장벽'이라는 논란이 제기되었다. '기술 무역장벽'이라는 논란으로 인해 〈그림 100〉과 같은 전자파강도 등급별 라벨 이외에 앞에서 설명한 전자파흡수율 측정값을 선택할 수 있도록 규정한 것으로 생각된다.

그림 99 전자파흡수율 표시

본 제품의 전자파흡수율은 미래창조과학부의「전자파 인체보호기준」을 만족합니다.
본 제품은 국립전파연구원의「전자파흡수율 측정기준」에 따라 최대 출력 조건에서 귀에 근접하여 시험되었으며, 최대 전자파흡수율 측정값은 다음과 같습니다.

모델명	머리 전자파흡수율
ooo-xxx	x.xx W/kg

※ 전자파 흡수율(SAR: Specific Absorption Rate)은 휴대전화를 사용할 때 인체에 흡수될 수 있는 전자파의 양으로 우리나라는 국제권고 기준인 2 W/kg 보다 엄격한 1.6 W/kg 기준을 적용하고 있습니다.

그러나 일상생활에서는 최대 출력보다 현저히 낮은 출력상태에서 통신이 이루어지므로 전자파흡수율은 위 시험 결과보다 매우 낮습니다.

전자파 흡수율에 대한 자세한 정보는 국립전파연구원(www.rra.go.kr) 또는 제조사 홈페이지에서 확인할 수 있습니다.

그림 100 전자파강도 등급별 라벨

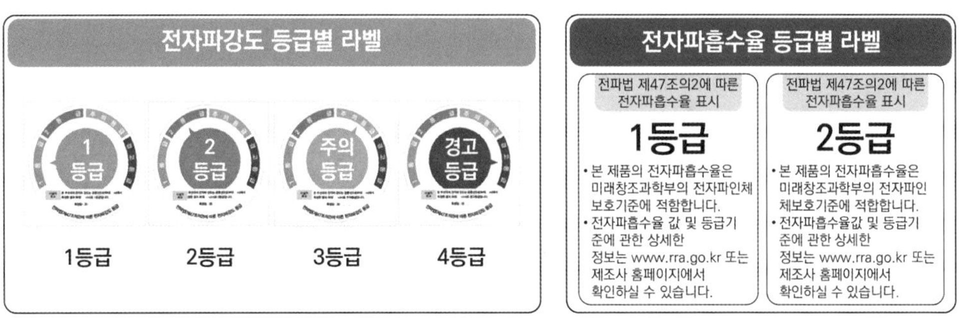

(1) 전자파강도 등급

전자파 등급기준, 표시대상 및 표시방법 고시는 전자파강도 등급을 표시해야 하는 설비는 「전파법 시행령」 제65조(전자파 강도의 보고대상 무선국)에 따른 전자파강도 보고대상 무선국으로 한다고 규정하고 있으며(전자파 등급기준, 표시대상 및 표시방법 고시 제2조제1항), 전자파강도의 등급기준은 이 고시 [별표 1]과 같다고 규정하고 있다(동 고시 제2조제2항). 또한 전자파 등급기준, 표시대상 및 표시방법 고시는 무선국의 시설자(이하 "시설자"라 한다)는 이 고시 [별표 2]에 따라 해당설비의 전자파강도 등급을 일반인이 쉽게 알아볼 수 있도록 다음, 1. 펜스, 울타리, 철조망, 안테나설치대, 2. 해당 무선설비, 3. 기타 일반인이 쉽게 식별할 수 있는 위치의 어느 하나에 표시하여야 한다고 규정하고 있다(동 고시 제2조제3항).

(2) 전자파흡수율 등급 등

전자파 등급기준, 표시대상 및 표시방법 고시는 전자파흡수율 등급 또는 측정값을 표시해야 하는 설비는 「전기통신사업용 무선설비의 기술기준」 고시 제4조(사후관리)의 이동통신용 무선설비 중 휴대용 무선설비, 「신고하지 아니하고 개설할 수 있는 무선국용 무선설비의 기술기준」 고시 제7조(특정소출력무선국용 무선설비)제5항의 무선랜을 포함한 무선 접속시스템(WAS, Wireless Access System)용[181] 특정 소출력 무선기기, 같은 조 제7항의 무선데이터 통신시스템용 특정 소출력 무선기기로 한다고 규정하고 있으며(전자파 등급기준, 표시대상 및 표시방법 고시 제3조제1항), 전자파흡수율의 등급기준은 이 고시 [별표 3]과 같다고 규정하고 있다(동 고시 제3조제2항). 또한 전자파 등급기준, 표시대상 및 표시방법 고시는 무선설비를 제조하거나 수입한 자(이하 "제조자 등"이라 한다)는 전자파흡수율 등급 또는 측정값을 이 고시 [별표 4]에 따라 일반인이 쉽게 알아볼 수 있도록 다음, 1. 제품 본체(탈착이 가능한 필름용지로 부착한 경우 포함), 2. 제품 포장상자, 3. 사용자 설명서 표지, 4. 휴대전화 내에 정보 메뉴 또는 별도 안내문, 5. 제조사 홈페이지 등(다만, 이 고시 제3조제3항제1부터 4호까지에 따른 전자파흡수율 등급 또는 측정값을 확인할 수 있는 인터넷 주소를 표시하여야 한다)의 어느 하나에 표시하여야 하나, 다만, 「전자파흡수율 측정기준」 고시에 따른 다중 모드 무선기기의 경우 측정된 전자파흡수율값 중에서 최대값에 해당하는 등

181) 무선 접속시스템(WAS, Wireless Access System)은 무선랜(Wi-Fi)과 같은 무선 통신 기술을 사용하여 기기들이 서로 연결되고 데이터를 주고받는 시스템으로 이해된다.

급 또는 측정값으로 표시하여야 한다고 규정하고 있다(동 고시 제3조제3항). 한편, 전자파 등급기준, 표시대상 및 표시방법 고시는 제조자 등은 이 고시 제3조(전자파흡수율 등급 등) 제3항에 따라 전자파흡수율 등급을 표시할 경우 같은 조 제3항 각 호의 어느 하나에 전자파흡수율 측정값을 함께 표시할 수 있다고 규정하고 있다(동 고시 제3조제4항).

제5절 무선설비의 공동사용과 환경친화적 설치 등

1. 무선설비의 공동사용 등

전파법은 시설자는 무선국 무선설비(우주국 무선설비는 제외한다)를 효율적으로 이용하기 위하여 필요하면 대통령령으로 정하는 바에 따라 과학기술정보통신부장관의 승인을 받아 무선국 무선설비의 전부나 일부를 다른 사람에게 임대 · 위탁운용하거나 다른 사람과 공동으로 사용할 수 있다고 규정하고 있는데(전파법 제48조제1항), 전파법 제48조(무선설비의 효율적 이용)는 전기통신사업법 제37조(무선통신시설의 공동이용)의 소위 무선통신망간 '로밍(Roaming)'과 대칭되는 조항으로 이해되는데 관련 사항은 앞에서 무선통신시설의 공동이용에서 설명한 바가 있다.

가. 무선설비의 임대

전파법 시행령은 이 법 제48조(무선설비의 효율적 이용)제1항에 따라 시설자가 무선국의 무선설비(우주국 무선설비는 제외한다)를 다른 사람에게 임대하려는 경우에는 과학기술정보통신부장관에게 무선설비 임대의 승인을 신청하여야 한다고 규정하고 있으며(전파법 시행령 제68조제1항), 과학기술정보통신부장관은 이 법 시행령 제68조(무선설비의 임대)제1항에 따른 신청이 무선설비의 효율적인 이용 및 전파이용질서의 유지에 적합하다고 판단되는 경우에는 임대를 승인하여야 한다고 규정하고 있다(동법 시행령 제68조제2항). 한편, 전파법 시행령은 과학기술정보통신부장관은 이 법 시행령 제68조제2항에 따라 임대를 승인하는 경우 특히 필요한 때에는 임대기간 및 사용지역 등을 제한할 수 있다고 규정하고 있다(동법 시행령 제68조제3항).

나. 무선설비의 위탁운용 및 공동사용

전파법 시행령은 이 법 제48조(무선설비의 효율적 이용)제1항에 따라 위탁운용 또는 공동사용할 수 있는 무선설비(우주국 무선설비는 제외한다)는 다음, 1. 무선국의 안테나설치대, 2. 송신설비 및 수신설비, 3. 시설자가 동일한 무선국의 무선설비, 4. 과학기술정보통신부장관이 정하는 아마추어국의 무선설비, 5. 그 밖에 공공의 안전을 위한 무선국으로서 과학기술정보통신부장관이 특히 필요하다고 인정하여 고시하는 무선설비와 같다고 규정하고 있으며(전파법 시행령 제69조제1항), 이 법 시행령 제69조(무선설비의 위탁운용 및 공동사용)제1항에 따른 무선설비를 위탁운용하거나 공동사용하는 경우에는 다음, 1. 전파가 능률적으로 발사될 수 있는 곳에 설치할 것, 2. 이미 시설된 무선국의 운용에 지장을 주지 아니할 것, 3. 무선설비로부터 발사되는 전파가 인근 주택가의 방송수신에 장애를 주지 아니할 것, 4. 그 밖에 과학기술정보통신부장관이 필요하다고 인정하여 정하는 기준에 적합할 것의 조건에 적합하여야 한다고 규정하고 있다(동법 시행령 제69조제2항). 또한 전파법 시행령은 이 법 시행령 제69조제1항에 따른 무선설비를 위탁운용하거나 공동사용하기 위하여 과학기술정보통신부장관의 승인을 받으려는 자는 합의서 또는 공동사용계약서를 갖추어 과학기술정보통신부장관에게 무선설비 위탁운용 및 공동사용의 승인을 신청하여야 한다고 규정하고 있다(동법 시행령 제69조제3항).

2. 환경친화적 설치 등

가. 환경친화적 설치 등의 의의

전파법은 과학기술정보통신부장관은 자연환경 및 도시미관의 보호를 위하여 필요하다고 인정하는 경우에는 시설자에게 무선국의 무선설비의 전부 또는 일부를 공동으로 사용할 것을 명하거나 자연환경에 대한 영향을 최소화하고 주변경관과 조화를 이루는 등 환경친화적으로 무선설비를 설치할 것을 명할 수 있다고 규정하고 있는데(전파법 제48조의2제1항), 전파법 제48조의2(자연환경 보호 등)는 전기통신사업법 제35조의2(공중케이블 정비의무)의 공중케이블 또는 공중선(空中線) 정비와 대칭되는 조항으로 이해되는데 관련 사항은 앞에서 공중케이블 정비 의무에서 설명한 바가 있다.

나. 환경친화적 설치 등의 주요 내용

전파법은 이 법 제48조의2(자연환경 보호 등)제1항에 따른 무선설비의 공동사용 명령과 환경친화적 설치명령의 대상 및 요건 등에 관하여 필요한 사항은 대통령령으로 정한다고 규정하고 있는데(동법 제48조의2제2항), 전파법 시행령은 이 법 제48조의2(자연환경 보호 등)제2항에 따른 무선설비의 공동사용 명령과 환경친화적 설치명령(이하 "공동사용명령등"이라 한다)의 요건은 다음, 1. 국립 · 공립공원지역 및 개발제한구역 등에 설치 · 운용하는 무선설비로서 자연환경을 훼손할 우려가 있다고 인정되는 경우, 2. 도시지역에 설치 · 운용하는 무선설비로서 도시미관을 해칠 우려가 있다고 인정되는 경우, 3. 건물 · 도로 · 나대지 등에 설치 · 운용하는 무선설비로서 도시미관 및 자연환경을 훼손할 우려가 있다고 인정되는 경우와 같다고 규정하고 있으며(전파법 시행령 제69조의2제1항), 공동사용명령등의 대상은 기간통신사업자가 개설 · 운용하는 기지국 · 이동중계국 및 고정국에 설치되는 다음, 1. 무선국의 안테나실치대와, 2. 송신설비 및 수신설비의 무선설비로 한다고 규정하고 있다(동법 시행령 제69조의2제2항).

또한 전파법 시행령은 과학기술정보통신부장관이 공동사용명령등을 하는 경우에는 다음, 1. 전파의 혼신발생 가능 여부, 2. 건물 또는 부지의 임차 가능 여부, 3. 건물 · 옥상 · 철탑 등의 안전 여부, 4. 전자파강도의 전자파 인체보호기준 초과 여부(무선설비의 공동사용 명령만 해당한다), 5. 지하 · 터널 또는 건물 내의 설치 가능 여부(무선설비의 환경친화적 설치명령만 해당한다), 6. 그 밖에 무선설비의 효율적 운용 및 관리 등을 위하여 과학기술정보통신부장관이 필요하다고 인정하는 사항을 고려하여야 한다고 규정하고 있으며(동법 시행령 제69조의2제3항), 과학기술정보통신부장관이 공동사용명령등을 하는 경우에는 다음, 1. 공동 또는 환경친화적으로 사용할 무선국명, 2. 무선설비의 설치장소, 3. 무선설비의 설치기간의 사항을 적어 서면으로 통지하여야 한다고 규정하고 있다(동법 시행령 제69조의2제4항).

한편, 전파법 시행령은 이 법 시행령 제69조의2(무선설비의 공동사용 명령 등)제1항부터

제4항까지의 규정에 따른 공동사용명령등의 요건 · 대상 및 절차 등에 관하여 필요한 세부사항은 과학기술정보통신부장관이 정하여 고시한다고 규정하고 있는데(동법 시행령 제69조의2제5항), 동 사안과 관련하여 무선설비 공동사용 및 환경친화적 설치에 관한 기준과 절차(중앙전파관리소 고시 제2024-4호, 2024. 7. 31.)가 제정 · 시행되고 있다.

3. 안전시설의 설치

전파법은 무선설비는 인체에 위해를 주거나 물건에 손상을 주지 아니하도록 과학기술정보통신부령으로 정하는 안전시설기준에 따라 설치하여야 한다고 규정하고 있는데(전파법 제47조), 동 사안과 관련하여 무선설비규칙(과학기술정보통신부령 제86호, 2022. 1. 4.)이 제정 · 시행되고 있다. 또한 전파법은 무선국의 시설자나 무선설비등을 제작하거나 수입하려는 자는 무선설비등으로부터 방출되는 전자파 강도가 전자파 인체보호기준을 초과하지 아니하도록 하여야 하며, 그 기준을 초과하는 장소에는 취급자 외의 자가 출입할 수 없도록 안전시설을 설치하여야 한다고 규정하고 있다(동법 제47조의2제2항).

제6절 우주전파 재난관리

〈전파법〉 제51조(우주전파재난관리 기본계획의 수립 · 시행) 과학기술정보통신부장관과 우주항공청장은 지구 대기권 밖에 존재하는 전자파에너지의 변화로 발생하는 전파와 관련한 재난(이하 "우주전파재난"이라 한다)에 대비하고, 우주전파재난을 신속하게 수습 · 복구하기 위하여 다음 각 호의 사항이 포함된 우주전파재난관리 기본계획을 5년마다 수립 · 시행하여야 한다.

1. 지구 대기권 밖의 전자파에너지 변화의 관측 및 감시에 관한 사항
2. 지구 대기권 밖의 전자파에너지 변화 및 이에 따른 우주전파재난 예보 · 경보에 관한 사항
3. 우주전파재난의 예방 및 관리를 위한 연구개발 및 국제협력에 관한 사항
4. 그 밖에 우주전파재난의 관리에 필요하다고 인정되는 사항

1. 우주전파 재난관리의 의의

우주전파 재난이란 〈그림 101〉과 같이[182] 지구 대기권 밖에 존재하는 전자파 에너지의 변화로 지구와 지구 주변에 발생하는 재난으로서 태양 흑점 폭발 등으로 인하여 지구 자기장과 전리층 등이 교란되어 위성, 항공, 항법, 전력, 통신과 방송서비스 등 다양한 분야에 피해와 영향을 미치는 현상으로 이해된다. 전파법은 우주항공청장은 우주전파와 관련하여 다음, 1. 우주전파 수신기술 연구 및 수신자료 분석, 2. 지자기(地磁氣) 및 전리층(電離層)의 관측, 3. 태양 흑점의 관측, 4. 이 법 제61조(전파 연구)제2항제2호와 제3호에 따른 관측 결과의 분석 및 예보 · 경보의 연구를 수행하여야 한다고 규정하고 있다(전파법 제61조제2항).

이동전화, 차량 내비게이션 등 전파를 이용하는 기기들이 생활필수품이 됨에 따라 태양 흑점 폭발 등으로 인한 전자파 교란이 발생한다면 예측하지 못한 피해가 발생하게 될 것으로 생각되는데[183] 우주전파 재난으로 인한 피해를 최소화하기 위해 우리나라를

---

182) 국립전파연구원, 앞의 책, p236.

183) 올해부터 2026년까지는 태양활동이 활발한 '극대기'다. 태양활동 극대기에는 위성 이상 작동 같은 우주 재난부터 정전, 전파 교란 등 일상에서의 위험 가능성도 커진다. 31일 과학계에 따르면 과학기술정보통신부는 최근 우주전파재난 위기 경보를 '관심' 단계로 올리고 24시간 모니터링에 들어갔다. 태양 활동은 약 11년을 주기로 강해졌다가 약해진다. 태양의 자전에 따른 내부 전류와 자기장의 상호 작용에서 발생한다는 가설이 나와 있는 상태다. 현재 2024년부터 2026년은 이번 주기 내에서 태양활동이 가장 활발한 '극대기'다. 극대기에는 태양에서 방출되는 입자의 흐름인 태양풍이 강해진다. 태양풍은 평균 초속 450㎞였다가 극대기에는 초속 750㎞에 달하는 수준으로 빨라지기도 한다. 태양풍에는 양성자, 전자, 이온 입자 등 전하를 띤 물질이 들어있어 지구 자기장에 영향을 미친다. 극지방의 오로라가 대표적이다. 태양 활동 극대기에는 지구로 유입되는 자외선, 가시광선, 적외선, 방사선 등도 강해진다. 일각에서는 이에 따른 질병 등을 연구하기도 한다. 평소에는 태양 활동의 영향을 잘 막아주던 지구 자기장이 극대기에는 강해진 태양풍의 영향으로 교란 정도가 심해진다. 극심한 자기장 교란은 송전선을 비롯한 지상 전력 설비나 전자 부품에 이상 유도 전류를 발생시켜 피해로 이어지기도 한다. 실제 1989년 캐나다, 2003년 스웨덴은 정전 사태를 겪었고 남아공에서는 변압기가 파손되기도 했다. 캐나다 정전 사태는 9시간가량 이어지며 약 3억 달러 규모의 손실을 유발했다. 전파 환경도 불안해져 2003년에는 미군 공군기지에서 단파 통신 장애가 발생하는 등 통신 및 전파 방송 이상 현상도 발생했다. 그나마 지구 자기장이라는 방파제의 보호를 받는 지상과 달리 우주에서는 태양 영향을 고스란히 받는다. 스페이스X는 2022년 태양풍으로 발생한 지구 자기 폭풍 영향으로 위성 40개가 쓸려나갔다. 위성이 추락을 피하더라도 위성 통제 실패, GPS 등 위성 항법 시스템 이상, 위성 파손 등의 사고는 꾸준히 발생하고 있다. 최근 우주 분야를 활용한 서비스뿐 아니라 감시, 군용 통신, 미사일 위성이 늘어나며 태양풍 대비는 안보 분야에서도 중요한 과제로 부상하고 있다. 실제 위성 개발 과정에서는 발사 전 방사선 시험, 가벼운 차폐 장치, 데이터 오류 보정 장치, 이중화 부품 설계 등으로 대비한다. 한국에서 태양 감시를 맡은 기관은 과학기술정보통신부 국립전파연구원의 우주전파센터다. 우주전파센터는 미국 국립해양대기청(NOAA)과 공조를 강화하는 등 태양폭풍 감시를 강화하고 있다. 김승준 뉴스1 기자, 강력해

포함한 세계 각국은 다양한 정책적 노력을 기울이고 있는 것으로 이해된다.

그림 101 우주전파 재난

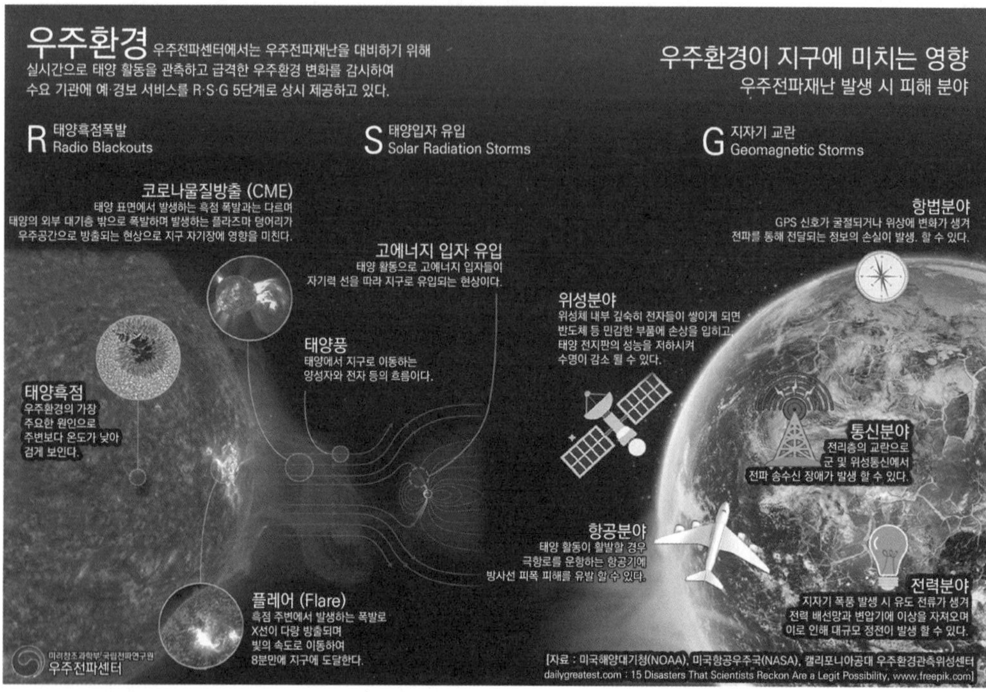

2. 우주전파재난관리 기본계획의 수립과 시행

전파법은 과학기술정보통신부장관과 우주항공청장은 지구 대기권 밖에 존재하는 전자파에너지의 변화로 발생하는 전파와 관련한 재난(이하 "우주전파재난"이라 한다)에 대비하고, 우주전파재난을 신속하게 수습 · 복구하기 위하여 다음, 1. 지구 대기권 밖의 전자파에너지 변화의 관측 및 감시에 관한 사항, 2. 지구 대기권 밖의 전자파에너지 변화 및 이에 따른 우주전파재난 예보 · 경보에[184] 관한 사항, 3. 우주전파재난의 예방 및 관리

진 태양 활동…우주전파재난 2026년까지 '위기' – 전력 · 우주 설비 위험 증가…대규모 정전, 통신 이상, 안보 문제 부르기도, 2024.3.31.(https://www.news1.kr/it-science/general-science/5367861).

184) 우주전파재난 예보와 경보는 우주항공청 산하 우주환경센터에서 수행하고 있는데, 우주환경센터는 2011년 제주도에 개소한 국립전파연구원 산하 우주전파센터에서 수행하던 태양 흑점 폭발 현상을 관

를 위한 연구개발 및 국제협력에 관한 사항, 4. 그 밖에 우주전파재난의 관리에 필요하다고 인정되는 사항 각 호의 사항이 포함된 우주전파재난관리 기본계획을 5년마다 수립 · 시행하여야 한다고 규정하고 있다(전파법 제51조).

제7절 고출력·누설 전자파 안전성 평가

〈전파법〉 제56조(고출력 · 누설 전자파 안전성 평가 등) ① 고출력 전자파로 인한 피해와 누설 전자파에 의한 정보유출을 방지하기 위하여 방호차폐시설 또는 장비보호시설 등을 구축한 자는 과학기술정보통신부장관에게 그 시설 등의 안전성 평가를 의뢰할 수 있다.

② 과학기술정보통신부장관은 제1항에 따라 안전성 평가를 의뢰받은 경우에는 안전성을 평가하고 그 결과를 통지하여야 한다. 다만, 평가결과가 안전성 평가기준에 맞지 아니하는 경우에는 이에 대한 대책을 마련하도록 권고할 수 있다.

③ 제1항 및 제2항에 따른 안전성 평가기준 및 방법 등에 관하여 필요한 세부사항은 과학기술정보통신부장관이 정하여 고시한다.

1. 고출력 · 누설 전자파 안전성 평가의 의의

고출력 · 누설 전자파 안전성 평가는 고출력 · 누설 전자파로 인한 피해와 정보 유출을 방지하기 위하여 구축한 방호 차폐시설 또는 장비보호 시설이 기술기준 등에 적합한지 여부를 시험하고 확인하는 제도로 이해된다. 고출력 · 누설 전자파 안전성 평가기준 및 방법 등에 관한 고시는 “고출력 전자파”란 지상 30㎞ 이상에서 핵 폭발에 의해 생성되는 고고도 핵 전자파와 의도적으로 정보기기 등을 손상시키거나 오동작을 유발할 수 있는 고출력 비핵 전자파를 말한다고 규정하고 있는데(고출력 · 누설 전자파 안전성 평가기준 및 방법 등에 관한 고시 제3조제1항제1호), 고출력 전자파(EMP, Electromagnetic Pulse)는 〈그림

측하고 분석하여 항공사, 군, 통신사업자 등 관계 기관에 경보를 발령하던 업무와 조직을 이관받은 것으로 이해된다.

102〉와 같이 전기 · 전자장비 등을 파괴할 수 있는 강력한 전자기로서 핵폭발에 의한 핵전자기파와 핵폭발에 의하지 않은 비핵전자기파로 구분된다.

그림 102 고출력 전자파 공격

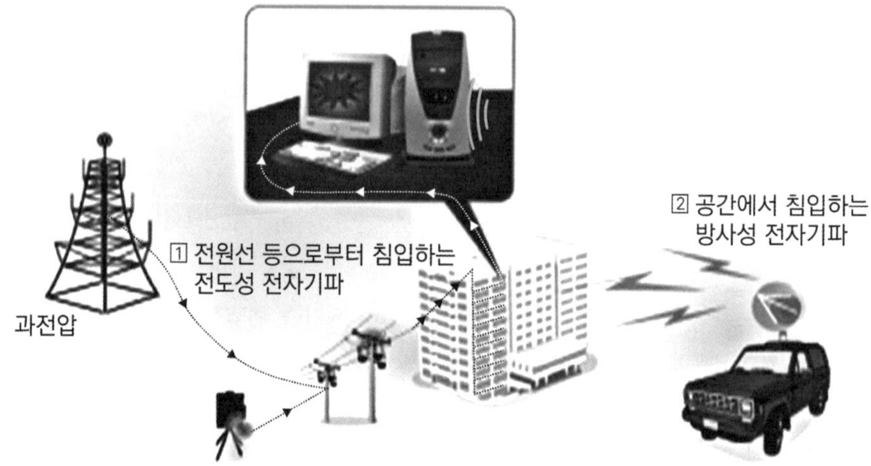

고출력 · 누설 전자파 안전성 평가기준 및 방법 등에 관한 고시는 "누설 전자파"란 정보기기(PC 및 주변장치)로부터 자유공간 또는 전도성 경로를 통해 비의도적으로 누출되는 정보를 포함한 전자파를 말한다고 규정하고 있다(동 고시 제3조제1항제2호). 한편, 정보통신 기술의 발달에 따라 고출력 전자파를 이용한 테러와 누설 전자파를 통한 정보 유출의 문제가 대두되고 있는데, 고출력 전자파를 이용한 테러 또는 전시(戰時) 공격과 누설 전자파를 통한 정보 유출을 예방 또는 최소화하기 위해 고출력 · 누설 전자파 안전성 평가, 고출력 · 누설 전자파 방호 차폐시설과 고출력 · 누설 전자파 장비 보호시설 구축의 중요성이 커지고 있는 것으로 생각된다.

2. 고출력 · 누설 전자파 안전성 평가의 주요 내용

전파법은 고출력 전자파로 인한 피해와 누설 전자파에 의한 정보유출을 방지하기 위하여 방호차폐시설 또는 장비보호시설 등을 구축한 자는 과학기술정보통신부장관에게 그 시설 등의 안전성 평가를 의뢰할 수 있다고 규정하고 있으며(전파법 제56조제1항), 과학기술정보통신부장관은 이 법 제56조(고출력 · 누설 전자파 안전성 평가 등)제1항에 따라 안전성 평가를 의뢰받은 경우에는 안전성을 평가하고 그 결과를 통지하여야 하나, 다만, 평가결과가 안전성 평가기준에 맞지 아니하는 경우에는 이에 대한 대책을 마련하도록 권고할 수 있다고 규정하고 있다(동법 제56조제2항).

한편, 전파법은 이 법 제56조(고출력 · 누설 전자파 안전성 평가 등)제1항 및 제2항에 따른 안전성 평가기준 및 방법 등에 관하여 필요한 세부사항은 과학기술정보통신부장관이 정하여 고시한다고 규정하고 있는데(동법 제56조제3항), 동 사안과 관련하여 고출력 · 누설 전자파 안전성 평가기준 및 방법 등에 관한 고시(국립전파연구원 고시 제2024-5호, 2024. 1. 29.)가 제정 · 시행되고 있다.

제5장

전파산업 활성화를 위해 어떠한 진흥과 규제를 하는가?

전파는 자원의 희소성, 주파수 혼신과 간섭, 전자파 인체 영향을 이유로 인해 대표적인 규제 분야이기도 하지만 통신과 방송서비스, 전파를 이용하는 다양한 기기와 시설을 태동시킨 모태(母胎)이며 제4차산업혁명을 위한 핵심 자원으로 이해된다. 전파법은 이 법은 "전파의 효율적이고 안전한 이용 및 관리에 관한 사항을 정하여 전파이용과 전파에 관한 기술의 개발을 촉진함으로써 전파 관련 분야의 진흥과 공공복리의 증진에 이바지함을 목적으로 한다."라고 규정하고 있는데(전파법 제1조), 전파법 제1조를 통해 전파에 대한 규제와 함께 전파를 활용하는 산업의 육성, 전파를 통한 국민 생활의 편익 증진을 위해 다양한 진흥(振興) 관련 노력이 이루어지는 것을 알 수 있다. 제5장에서는 전파산업의 활성화와 관련된 전파의 진흥, 기술개발과 표준, 인력 양성과 무선종사자, 전파사용료, 수수료 등에 대해 설명하고자 한다.

제1절 전파의 진흥

1. 주파수이용 현황 공개와 전파 연구

가. 주파수이용 현황 공개

전파법은 과학기술정보통신부장관은 전파이용을 촉진하기 위하여 필요한 경우 주파수이용 현황을 공개하여야 한다고 규정하고 있으며(전파법 제60조제1항), 이 법 제60조(주파수이용 현황의 공개)제1항에 따른 공개의 범위 · 절차 및 시기 등에 필요한 사항은 대통령령으로 정한다고 규정하고 있는데(동법 제60조제2항), 전파법 시행령은 과학기술정보통신부장관은 이 법 제60조(주파수이용 현황의 공개)에 따라 주파수이용현황을 공개하여야 하나, 다만, 「공공기관의 정보공개에 관한 법률」 제9조(비공개 대상 정보)제1항 각 호에 따른 정보는 공개하지 아니할 수 있다고 규정하고 있으며(동법 시행령 제85조제1항), 과학기술정보통신부장관은 주파수이용현황을 공개하기 위하여 종합정보시스템을 구축 · 운영하고, 공개된 주파수이용현황이 변경되는 경우에는 지체 없이 이를 최신화하여야 한다고 규정하고 있다(동법 시행령 제85조제2항).

한편, 전파법 시행령은 이 법 시행령 제85조(주파수이용현황의 공개)제2항에 따른 종합정보시스템의 구축 · 운영에 관한 세부적인 사항은 과학기술정보통신부장관이 정하여 고시한다고 규정하고 있는데(동법 시행령 제85조제2항), 동 사안과 관련하여 주파수 종합정보시스템 구축 및 운영에 관한 고시(과학기술정보통신부 고시 제2018-16호, 2018. 3. 12.)가 제정 · 시행되고 있다.

나. 전파 연구

전파법은 과학기술정보통신부장관은 전파이용을 촉진하고 보호하기 위하여 필요한 다음, 1. 기술기준의 연구, 2. 전파의 전파(傳播) 분석 및 주파수할당 기법의 연구, 3. 위성망의 혼신조정 기준에 관한 연구, 4. 전자파장해 및 전파가 인체에 미치는 위해에 관한 연구, 5. 전자파 흡수율의 측정에 관한 연구, 6. 전파기기의 측정방법 및 측정기술에 관한 연구(이 법 제61조(전파 연구)제2항에 따른 우주전파와 관련한 연구는 제외한다)를 수행하여야 한다고 규정하고 있으며(전파법 제61조제1항), 우주항공청장은 우주전파와 관련하여 다음, 1. 우주전파 수신기술 연구 및 수신자료 분석, 2. 지자기(地磁氣) 및 전리층(電離層)의 관측, 3. 태양 흑점의 관측, 4. 이 법 제61조(전파 연구)제2항제2호와 제3호에 따른 관측 결과의 분석 및 예보 · 경보의 연구를 수행하여야 한다고 규정하고 있다(동법 제61조제2항).

2. 생활 전파산업과 전파응용설비 활성화

가. 생활 전파기기인 비면허 소출력 무선기기

생활 전파기기는 무선기기에 대한 전파법 제58조의2(방송통신기자재등의 적합성평가)제2항에 따른 적합인증을 받으면 누구나 이용자의 허가나 신고 없이도 사용할 수 있는[185] 비면허 소출력 무선기기(출력 10㎽ 이하)로서 생활과 밀접한 분야에서 광범위하게 활용되고 있다. 생활 전파기기인 비면허 소출력 무선기기는 유럽(Europe)에서는 근거리 무선장치(Short Range Devices)로, 미국에서는 비면허기기(Unlicensed Devices)로 불리고 있다. 우리나라에서는 소출력 무선기기, 비면허 · 비신고 · 비허가 무선기기 등의 다양한 기기 명칭이 혼재되어 사용되고 있으나 정식적인 명칭은 전파법 제19조의2(신고를 통한 무선국 개설 등)제2항과 전파법 시행령 제25조(신고하지 아니하고 개설할 수 있는 무선국)에 따른 신고하지 아니하고 개설할 수 있는 무선국용 무선설비로 이해된다.

비면허 소출력 무선기기는 일정 거리에서 측정한 전파의 강도가 다른 무선국에 간섭을 주지 않을 정도로 낮으면 일부 운용 제한 대역을 제외하고 중심주파수, 대역폭, 기술 방식 등에 상관없이 이용이 가능한 것으로서 생활 전파기기의 예로는 무선랜(Wireless Lan), 무선 헤드셋, 교통카드, 하이패스, 무선전화기, 무선마이크, 주차장 RFID(Radio Frequency Identification, 무선주파수인식) 차단시설 등을 들 수 있고, 앞으로도 다양한 사물인터넷(IoT, Internet of Things)으로서 용도는 더욱 다양해지고 확대될 것으로 생각된다. 또한, 향후 생활 전파기기 산업의 경제적 효과분석과 활성화를 위한 주파수분배정책의 중요성이 증대될 것으로 생각한다.

---

185) 비면허 소출력 무선기기는 출력이 낮아 가까운 통신에 이용하기 위한 목적으로 개별 무선국용 무선설비의 허가나 신고를 면제하여 일반인이 누구나 자유롭게 사용할 수 있는 것으로 이해된다.

나. 전파응용설비

(1) 전파응용설비의 의의

전파법은 다음, 1. 전파에너지를 발생시켜 한정된 장소에서 산업 · 과학 · 의료 · 가사, 그 밖에 이와 비슷한 목적에 사용하도록 설계된 설비로서 대통령령으로 정하는 기준에 해당하는 설비와, 2. 전선로에 주파수가 9킬로헤르츠(㎑) 이상인 전류가 흐르는 통신설비 중 전계강도(電界强度) 등이 대통령령으로 정하는 기준에 해당하는 설비의 어느 하나에 해당하는 설비를 운용하려는 자는 과학기술정보통신부장관의 허가를 받아야 하며, 허가받은 사항 중 대통령령으로 정하는 사항을 변경하려는 경우에도 또한 같다고 규정하고 있는데(전파법 제58조제1항), 전파응용설비는 고주파의 에너지를 직접 부하(負荷)에 가하여 가열 또는 전리(電離, Ionization)[186] 등의 목적에 이용하는 설비로 이해된다. 한편, 전파법 시행령은 제74조(통신설비 외의 전파응용설비)와 제75조(통신설비인 전파응용설비)는 통신설비 외의 전파응용설비와 통신설비인 전파응용설비를 구별하여 규정하고 있는데, 전파 산업에서 의미가 있는 것은 통신설비 이외의 전파응용설비인 산업 · 과학 · 의료용 전파응용설비로 생각된다.

(2) 통신설비 외의 전파응용설비

전파법 시행령은 이 법 제58조(산업 · 과학 · 의료용 전파응용설비 등)제1항제1호에서 "대통령령으로 정하는 기준에 해당하는 설비"란 주파수가 9킬로헤르츠(㎑) 이상인 고주파 전류를 발생시키는 설비로서 50와트를 초과하는 고주파 출력을 사용하는 다음, 1. 산업용 전파응용설비(고주파의 에너지를 발생시켜 그 에너지를 목재와 합판의 건조, 금속의 용융 또는 가열, 진공관의 배기 등 산업생산을 위하여 사용하는 것), 2. 의료용 전파응용설비(고주파의 에너지를 발생시켜 그 에너지를 의료용으로 사용하는 것), 3. 그 밖의 전파응용설비[이 법 시행령 제74조(통신설비 외의 전파응용설비)제1호 및 제2호 외의 설비로서 고주파의 에너지를 직접 공급하여 가열 또는 전리 등의 목적에 이용하는 것]의 어느 하나에 해당하는 설비를 말하나,

---

186) 전리(電離, Ionization)는 전하(電荷, Electric charge)적으로 중성인 분자를 양 또는 음의 전하를 가진 이온으로 만드는 조작 또는 현상으로, 의료 분야에서는 암 치료나 진단에 사용되고 공업 분야에서는 재료의 강도를 높이거나 두께를 측정하는 데 이용되고 있으며 또한 역사 및 문화재 분야에서는 유물의 연대 측정이나 내부 구조를 파악하는 데 활용되는 것으로 이해된다.

다만, 가사용 전자제품 등으로서 과학기술정보통신부장관이 정하여 고시하는 것은 제외한다고 규정하고 있는데(전파법 시행령 제74조), 동 사안과 관련하여 통신설비 외의 전파응용설비 중 허가가 필요하지 아니한 설비 및 기기(과학기술정보통신부 고시 제2025-16호, 2025. 3. 27.)가 제정 · 시행되고 있다. 산업용 전파응용설비는 고주파의 에너지를 발생시켜 그 에너지를 목재와 합판의 건조, 금속의 용융(熔融, Melting) 또는 가열, 진공관의 배기 등 산업 생산을 위하여 사용하는 것이며, 의료용 전파응용설비 고주파의 에너지를 발생시켜 그 에너지를 의료용으로 사용하는 것으로 이해된다.

한편, 통신설비 외의 전파응용설비 중 허가가 필요하지 아니한 설비 및 기기 고시(告示)는 통신설비 외의 전파응용설비 중 허가가 필요하지 아니한 설비 및 기기(전파법 제58조의2(방송통신기자재등의 적합성평가)에 따른 적합성평가를 받은 제품만 해당한다)는 다음, 1. 전자유도가열식 조리기, 2. 전자레인지, 3. 1,000와트 미만의 고주파 조명기기, 4. 가사용 저전압 전원설비를 이용하는 200와트 이하의 무선전력전송기기,[187] 5. 이동수단 전동기기용 200와트 이하의 무선전력전송기기, 6. 전기자동차용 11킬로와트 이하의 무선전력전송기기(사륜 전기자동차의 정지 상태 무선전력전송기기로 한정한다), 7. 전파법 제47조의3(전자파적합성 등)제1항에 따른 전자파적합성기준에서 정한 상업 및 경공업, 산업 환경에서 사용하는 1킬로와트 이하의 무선전력전송기기와 같다고 규정하고 있다(통신설비 외의 전파응용설비 중 허가가 필요하지 아니한 설비 및 기기 제3조제1항).

(3) 통신설비인 전파응용설비

전파법 시행령은 이 법 제58조(산업 · 과학 · 의료용 전파응용설비 등)제1항제2호에서 "대통령령으로 정하는 기준에 해당하는 설비"란 다음, 1. 전력선을 이용한 통신설비(이하 "전력선통신설비"라 한다)는 해당 설비로부터 3미터에서의 전계강도가 500마이크로볼트(㎶/m)를 초과하는 설비(다만, 해당 설비의 주파수가 450킬로헤르츠(㎑) 미만인 경우에는 과학기술정보통신부장관이 고시하는[188] 전계강도를 초과하는 설비로 한다)와, 2. 유도식 무선전신 · 무선전화

187) 통신설비 외의 전파응용설비 중 허가가 필요하지 아니한 설비 및 기기는 이 고시(告示)에서 사용하는 용어의 정의는 다음, 1. "'무선전력전송'이란 무선으로 전기에너지를 송신기에서 수신기로 전송하는 것을 말한다"와, 2. "'무선전력전송기기'란 무선전력전송을 행하는 전파응용설비를 말한다"와 같다고 규정하고 있다(통신설비 외의 전파응용설비 중 허가가 필요하지 아니한 설비 및 기기 제2조).

188) 전파법 시행령 제75조(통신설비인 전파응용설비)제1항제1호와 관련하여 주파수가 450㎑ 미만인 경우로서 허가를 받아야 하는 전력선통신설비(과학기술정보통신부 고시 제2017-7호, 2017. 8. 24.)가 제정 · 시행되고 있다.

로서 해당 설비로부터 500미터 떨어지고 선로로부터 기본주파수의 파장을 2파이(π)로 나눈 거리에서의 전계강도가 미터마다 15마이크로볼트를 초과하는 것(이하 "유도식통신설비"라 한다)의 어느 하나에 해당하는 설비를 말한다고 규정하고 있다(전파법 시행령 제75조제1항).

전파법 시행령은 전력선통신설비는 그 설비에서 발사되는 주파수와 사용하는 출력이 다음, 1. 9킬로헤르츠(㎑)이상 30메가헤르츠(㎒)까지의 범위의 주파수(기술개발을 위한 현장실험의 경우는 제외한다)와, 2. 송신설비의 고주파 출력이 10와트 이하일 것(다만, 특수한 장치의 것은 제외한다)에 적합하여야 한다고 규정하고 있으며(동법 시행령 제75조제2항), 유도식통신설비는 그 설비에서 발사되는 주파수가 9킬로헤르츠(㎑)부터 250킬로헤르츠(㎑)까지의 것이어야 한다고 규정하고 있다(동법 시행령 제75조제3항).

(4) 전파응용설비의 허가와 검사

(가) 전파응용설비의 허가

전파법은 다음, 1. 전파에너지를 발생시켜 한정된 장소에서 산업 · 과학 · 의료 · 가사, 그 밖에 이와 비슷한 목적에 사용하도록 설계된 설비로서 대통령령으로 정하는 기준에 해당하는 설비와, 2. 전선로에 주파수가 9킬로헤르츠(㎑) 이상인 전류가 흐르는 통신설비 중 전계강도(電界强度) 등이 대통령령으로 정하는 기준에 해당하는 설비의 어느 하나에 해당하는 설비를 운용하려는 자는 과학기술정보통신부장관의 허가를 받아야 하며, 허가받은 사항 중 대통령령으로 정하는 사항을 변경하려는 경우에도 또한 같다고 규정하고 있으며(전파법 제58조제1항), 전파법 시행령은 이 법 제58조(산업 · 과학 · 의료용 전파응용설비 등)제1항 각 호 외의 부분 후단에서 "대통령령으로 정하는 사항"이란 다음, 1. 운용목적, 2. 설치장소, 3. 기기형식 · 명칭 및 기기일련번호(다만, 과학기술정보통신부장관이 전자파 차폐의 정도 및 방법 등을 고려하여 고시로[189] 정하는 전파응용설비는 제외한다), 4. 전파형식 및 주파수, 5. 고주파 출력의 사항을 말한다고 규정하고 있다(동법 시행령 제76조제4항).

---

189) 전파법 시행령 제76조(전파응용설비의 허가)제4항제3호 단서와 관련하여 변경허가가 필요하지 아니한 무선기기 및 전파응용설비(중앙전파관리소 고시 제2021-4호, 2021. 9. 27.)가 제정 · 시행되고 있는데, 변경허가가 필요하지 아니한 무선기기 및 전파응용설비 고시(告示)는 변경허가가 필요하지 아니한 무선기기 및 전파응용설비로 지속적인 가동을 위해 이미 허가받아 설치된 설비와 동일한 성능의 설비를 교체, 증설, 이설하는 경우로서 전자파차단이 양호한 다중 차폐시설(전자파차폐 시설을 갖춘 건물 내에 전자파차폐 설비를 추가로 설치한 경우를 말한다)을 갖춘 건물 내에 설치된 전파응용설비와 같다고 규정하고 있다(변경허가가 필요하지 아니한 무선기기 및 전파응용설비 제2조제7호).

1) 전파응용설비 허가 신청

전파법 시행령은 이 법 제58조(산업 · 과학 · 의료용 전파응용설비 등)제1항에 따라 전파응용설비의 허가를 받으려는 자는 전파응용설비 공사설계서를 갖추어 다음, 1. 이 법 시행령 제74조(통신설비 외의 전파응용설비)에 따른 설비는 해당 설비의 설치장소마다 신청과, 2. 동법 시행령 제75조(통신설비인 전파응용설비)제1항에 따른 설비는 해당 설비의 통신계통마다 신청의 구분에 따라 과학기술정보통신부장관에게 허가를 신청하여야 한다고 규정하고 있으며(전파법 시행령 제76조제1항), 이 법 시행령 제76조(전파응용설비의 허가)제1항에 따라 허가를 신청하려는 자가 소유권이전에 따라 다른 사람이 허가를 받아 사용하고 있는 전파응용설비의 전부를 그대로 계속하여 사용하려는 경우에는 다음, 1. 현재 허가를 받고 있는 해당 설비의 허가증 사본, 2. 새로 설치하려는 설비의 설치장소가 종전의 설비의 설치장소와 다른 경우에는 새로운 설치장소와 그 부근의 지도, 3. 소유권이전 등의 사실을 증명하는 서류로 동법 시행령 제76조제1항의 전파응용설비 공사설계서를 갈음할 수 있다고 규정하고 있다(동법 시행령 제76조제2항).

2) 전파응용설비 허가와 허가증 발급

전파법은 과학기술정보통신부장관은 이 법 제58조(산업 · 과학 · 의료용 전파응용설비 등)제1항에 따른 허가 신청을 받은 경우 동법 제45조에 따른 기술기준에 적합하고 다른 통신에 방해를 주지 아니한다고 인정되면 허가하여야 한다고 규정하고 있으며(전파법 제58조제3항), 전파법 시행령은 과학기술정보통신부장관은 전파응용설비의 허가를 한 경우에는 신청인에게 전파응용설비 허가증을 내주어야 한다고 규정하고 있다(동법 시행령 제76조제3항).

3) 전파응용설비 허가의 효력 등

전파법은 이 법 제58조(산업 · 과학 · 의료용 전파응용설비 등)제1항에 따라 허가받은 설비에 관하여는 같은 법 제21조(무선국 개설허가 등의 절차)제1항 · 제3항 · 제4항, 제23조(시설자의 지위승계), 제24조(검사), 제25조(무선국의 운용), 제25조의2(무선국의 폐지 및 운용 휴지), 제45조(기술기준) 및 제72조(무선국의 개설허가 취소 등)를 준용하나, 다만, 본문에 따라 준용하는 동법 제25조제1항에도 불구하고 「국토의 계획 및 이용에 관한 법률」 제36조(용도지역의 지정)제1항제1호가목에 따른 주거지역 또는 같은 호 나목에 따른 상업지역 외의 지역에서 대통령령으로[190] 정하는 다중차폐시설(전자파 차폐시설을 갖춘 건물 내에 전자파 차폐설비를 추가로 설치한 시설을 말한다)을 갖춘 같은 법 제58조제1항제1호의 설비에 관하여는 동법 제25조제3항을 준용한다고 규정하고 있으며(동법 제58조제3항), 과학기술정보통신부 장관은 전선로에 주파수가 9킬로헤르츠 이상인 전류가 흐르는 통신설비의 경우 다른 통신에 방해를 주지 아니하도록 그 운용을 제한하는 주파수 대역을 정하여 고시할 수 있다고 규정하고 있는데(동법 제58조제4항), 동 사안과 관련하여 고시(告示)인 전력선통신설비가 다른 통신에 방해를 주지 아니하도록 그 운용을 금지하는 주파수대역(과학기술정보통신부 고시 제2017-7호, 2017. 8. 24.)이 제정 · 시행되고 있다.

(나) 전파응용설비의 검사

전파법 시행령은 이 법 제58조(산업 · 과학 · 의료용 전파응용설비 등)제3항에 따라 전파응용설비에 대해 검사를 하는 경우에는 송신장치마다 실시하나, 다만, 같은 법 제58조제3항 단서에 따른 설비는 같은 주파수를 사용하는 송신장치를 한꺼번에 검사할 수 있다고 규정하고 있는데(전파법 시행령 제77조제1항), 이 법 제58조제3항에 따라 검사를 받은 전파응용설비 정기검사의 유효기간은 5년으로 한다고 규정하고 있으며(동법 시행령 제77조제2항), 전파응용설비 검사의 유효기간의 기산점에 관하여는 이 법 시행령 제44조(정기검사의 유효기간)제2항을, 검사의 시기에 관하여는 이 법 시행령 제45조(검사의 시기 · 방법 등)제1항제3호 및 제5항제2호 · 제3호를, 검사방법 및 절차 등에 관하여는 이 법 시행령 제45조제3항, 제4항, 제6항, 제7항, 제9항 및 제10항을, 정기검사의 연기에 관하여는 이 법 시행령 제46조(정기검사의 연기)를 각각 준용한다고 규정하고 있다(동법 시행령 제77조제3항).

참고자료 및 질문

1. ISM 대역과 ISM 기기. 앞에서 설명한 바와 같이 ISM 대역(Industrial Scientific Medical Band)은 국제전기통신연합(ITU, International Telecommunication Union)이 전파를 유일하게 무선통신 이외의 산업, 과학, 의료에 고주파 에너지원으로 사용하기 위해 지정한 주파수대역으로서 타인의 이용에 간섭만 일으키지 않는다면 그 대역 내에서 과학실험, 의료, 산업용 개발 등을 목적으로 자유롭게 주파수를 이용할 수 있게 하는 비면허대역이며 우리가 흔히 이용하는 2.4㎓의 와이파이(Wi-Fi)가 대표적인 사례

---

190) 전파법 시행령은 이 법 제58조(산업 · 과학 · 의료용 전파응용설비 등)제3항 단서에서 “대통령령으로 정하는 다중차폐시설”이란 다음, 1. 창문 없이 철근콘크리트로 만들어진 건물과 2. 그 밖에 이 법 시행령 제77조(전파응용설비의 검사 등)제4항제1호에 따른 건물에 준하는 수준으로 전자파를 차폐할 수 있도록 만들어진 건물 내에 전파응용설비를 둘러싼 차폐설비를 갖춘 시설을 말한다고 규정하고 있는데(전파법 시행령 제77조제4항), 반도체 공장에서 이용되는 산업용 전파응용설비를 예로 들 수 있다.

로 이해된다. ISM 기기는 통신 용도의 적용을 제외한 산업용, 과학용, 의료용, 가정용, 기타 유사한 용도로 전파에너지를 발생하여 사용하도록 설계된 기기로서 전파의 에너지 전달을 이용하여, 발열, 이온화(Ionization) 등의 물질 특성 변화를 발생시키는 산업, 의료, 과학용 제품이라 하겠다.

2. ISM 대역과 비면허 소출력 무선기기 등. 비면허 소출력 무선기기나 전파응용설비는 주파수할당과 같이 배타적 이용 권한은 없지만 주파수분배된 주파수 대역을 타인의 이용에 영향을 미치지 않는다면 큰 제약 없이 이용할 수 있다. 만일 ISM 대역과 같은 비면허대역에서 비면허 소출력 무선기기나 전파응용설비가 이용되기 시작한다면 허가나 신고를 통한 무선국과 달리 현황 파악과 통제가 사실상 불가능하다는 것이 문제인데, 앞에서 설명한 바와 같이 바와 같이 비면허대역을 다시 면허 대역으로 전환하는 것은 상당히 긴 시간과 노력이 들고 심지어는 다시 면허 대역으로 전환하는 것이 불가능할 수도 있다. 따라서 비면허대역을 이용하게 되는 비면허 소출력 무선기기나 전파응용설비의 주파수 이용 권한을 부여하는 주파수분배는 신중하게 이루어져야 할 것이며 국제 주파수분배 기준과 조화를 위한 노력이 필요할 것으로 생각한다.

제2절 기술개발과 표준화

전파법은 과학기술정보통신부장관은 전파산업과 방송기기산업의 기반 조성에 필요한 기술의 연구 · 개발 및 활용을 촉진하기 위하여 다음, 1. 기술수준의 조사 · 연구개발 및 개발기술의 평가 · 활용, 2. 기술의 협력 · 지도 및 이전, 3. 기술정보의 원활한 유통, 4. 산업계 · 학계 및 연구계의 공동 연구 · 개발, 5. 그 밖에 기술개발을 위하여 필요한 사항을 추진하여야 한다고 규정하고 있으며(전파법 제62조), 과학기술정보통신부장관은 전파의 효율적인 이용 촉진, 전파이용 질서의 유지 및 이용자 보호 등을 위하여 전파이용 기술의 표준화에 관한 다음, 1. 전파 관련 표준의 제정 및 보급, 2. 전파 관련 표준의 적합인증, 3. 그 밖의 표준화에 필요한 사항을 추진하여야 하나, 다만, 「산업표준화법」 제12조(한국산업표준)에 따른 한국산업표준이 제정되어 있는 사항에 대하여는 그 표준에 따른다고 규정하고 있다(동법 제63조제1항).

한편, 전파법은 이 법 제63조(표준화)제1항에 따른 전파이용 기술 표준화의 추진에 필요한 사항은 대통령령으로 정한다고 규정하고 있는데(동법 제63조제2항), 전파법 시행령은 이 법 제63조제2항에 따른 전파이용기술의 표준화 대상은 다음, 1. 전파를 이용한 시스템 및 서비스에 관한 기술, 2. 전파 관리 및 이용환경에 관한 기술, 3. 그 밖에 전파를 이용한 기술과 같다고 규정하고 있으며(동법 시행령 제86조제1항), 전파이용기술의 표준화에 관하여 이해관계가 있는 자는 이 법 시행령 제86조(표준화의 대상 및 절차 등)제1항 각 호의 사항에 대한 표준안을 작성하여 과학기술정보통신부장관에게 그 제정 또는 개정을 요청할 수 있다고 규정하고 있다(동법 시행령 제86조제2항).

또한 전파법 시행령은 과학기술정보통신부장관은 전파이용기술에 관한 표준을 제정 · 개정 또는 폐지할 경우에는 그 내용을 고시하여야 한다고 규정하고 있으며(동법 시행령 제86조제3항), 이 법 시행령 제86조제3항에 따른 표준의 제정 · 개정 또는 폐지에 관한 절차 등 필요한 사항은 과학기술정보통신부장관이 정하여 고시한다고 규정하고 있다(동법 시행령 제86조제4항).

참고자료 및 질문

1. 전파법의 기술기준과 KS표준. 헌법은 국가는 국가표준제도를 확립한다고 규정하고 있는데(헌법 제127조제2항), 국가표준기본법은 "국가표준"이란 국가사회의 모든 분야에서 정확성, 합리성 및 국제성을 높이기 위하여 국가적으로 공인된 과학적·기술적 공공기준으로서 측정표준·참조표준·성문표준·기술규정 등 이 법에서 규정하는 모든 표준을 말한다고 규정하고 있으며(국가기준표준법 제3조제1호), "국제표준"이란 국가 간의 물질이나 서비스의 교환을 쉽게 하고 지적·과학적·기술적·경제적 활동 분야에서 국제적 협력을 증진하기 위하여 제정된 기준으로서 국제적으로 공인된 표준을 말한다(동법 제3조제2호). 한편, 전파법은 무선설비(방송수신만을 목적으로 하는 것은 제외한다)는 주파수 허용편차와 안테나공급전력등 과학기술정보통신부령으로 정하는 기술기준에 적합하여야 한다고 규정하고 있으며(전파법 제45조), 국가표준기본법은 "기술규정"이란 인체의 건강·안전, 환경보호와 소비자에 대한 기만행위 방지 등을 위하여 제품, 서비스, 공정(이하 "제품등"이라 한다)에 대하여 강제적으로 적용하는 기준을 말한다고 규정하고 있다(국가표준기본법 제3조제8호). 앞에서 설명한 바와 같이 기술기준(Technical Standards) 또는 기술규정(Technical regulations)은 법령의 근거에 따라 국민의 생명과 안전 등과 관련하여 국가에 의해 강제적으로 제정·시행되는 것이나, 표준(Standards)은 생산·유통의 효율성 제고 등을 목적으로 하며 시장에 의해 자발적 (de facto) 생성되는 임의적인 것으로 이해된다. 따라서 일반적으로 기술기준 또는 기술규정이 표준보다 더욱 엄격하며 기준이 높다. 한편, 국가 전체적인 통일성을 기하고 중복을 방지한다는 측면에서 한국산업표준(KS, Korean Industrial Standards)을 중심으로 단일화해야 한다는 입장과, 전파법 제45조(기술기준)에 따른 기술기준은 전자파로 인한 국민의 생명과 재산에 대한 위해(危害)를 방지한다는 점을 고려하여 전문성과 독자성을 인정해야 한다는 입장이 있다. 이 두 입장에 대한 당신의 의견은 무엇인가?

2. 국제협력. 전파법은 과학기술정보통신부장관은 전파이용 기술을 향상시키기 위하여 관련 기술이나 인력의 국제교류, 국제표준화, 국제공동연구개발 등의 국제협력사업을 지원할 수 있다고 규정하고 있는데(전파법 제65조), 앞에서 설명한 바와 같이 전파는 한 나라를 넘어서 여러 나라에 영향을 미치고 대륙, 지역별 전파 규제의 국제적 정합성(整合性)이 요구되기 때문에 일찍부터 국제전기통신연합(ITU, International Telecommunication Union)의 설립과 같이 국제협력의 중요성이 부각(浮刻)되어 왔다. 과학기술정보통신부는 산하 국립전파연구원을 통해 국제전기통신연합의 효율적인 대응을 위하여 '한국 ITU 연구위원회'를 운영하고 있으며, 전파에 대한 세계적인 문제를 다루기 위해 국제전기통신연합이 주관하는 세계 전파통신 회의(WRC, World Radiocommunication Conferences)[191]에 참여하여 국제전기통신연합 전파규칙(ITU-RR, ITU Radio Regulations) 개정, 국제표준 수립 등에 대한 국제협력 활동을 진행하고 있다.

제3절 인력 양성과 무선종사자

1. 인력 양성

전파법은 과학기술정보통신부장관은 전파 관련 전문인력을 양성하기 위하여 다음, 1. 각급 학교와 그 밖의 교육기관에서 시행하는 전파 교육의 지원, 2. 전파 및 방송기술 전문인력 양성사업의 지원, 3. 전파 관련 교육프로그램의 개발 · 보급 및 지원, 4. 그 밖에 전파 관련 전문인력의 양성에 필요한 사항 각 호의 시책을 마련하고 시행하여야 한다고 규정하고 있다(전파법 제64조).

---

191) 국제전기통신연합(ITU, International Telecommunications Union)이 주관하는 세계 전파통신 회의(WRC, World Radiocommunication Conferences)는 전파통신 분야 최고 의결 회의로서 세계 190개국 정부와 전문가 수천 명이 참가해 전파통신 분야 중요 사항을 결정하는데, 4년마다 개최하기 때문에 전파올림픽으로 불리고 있다. 세계 전파통신 회의에서는 국제전기통신연합 전파규칙(ITU-RR, ITU Radio Regulations)과 기술기준 제 · 개정 등 국제전파통신 현안을 논의하는데, 주로 새로운 전파통신 서비스 도입과 위성궤도, 전 세계 주파수분배와 기술 표준을 결정한다. 전파와 관련된 국제적 현안 사항에 대해 범세계적 합의를 이루는 전권회의인 만큼 정보통신기술 산업 전반에 중대한 영향을 미치는 것으로 이해된다.

2. 무선종사자

〈전파법〉 제2조(정의) ① 이 법에서 사용하는 용어의 뜻은 다음과 같다.

7. "무선종사자"란 무선설비를 조작하거나 설치공사를 하는 사람으로서 제70조제2항에 따라 기술자격증을 발급받은 사람을 말한다.

가. 무선종사자의 의의

전파법은 "무선종사자"란 무선설비를 조작하거나 설치공사를 하는 사람으로서 제70조제2항에 따라 기술자격증을 발급받은 사람을 말한다고 규정하고 있으며(전파법 제2조제7호), 무선종사자가 되려는 사람은 국가기술자격에 관한 법령 또는 대통령령으로 정하는 바에 따라 시행하는 기술자격검정에 합격하여야 한다고 규정하고 있는데(동법 제70조제1항), 전파법은 무선국(無線局)을 구성하는 물적 요소인 무선설비 이외에 인적 요소를 이루는 무선설비를 조작하는 자에 대하여 자격 주의를 원칙으로 규정하고 있는 것으로 이해되며, 무선설비를 조작하는 자에 대한 자격 주의는 무선통신에 관한 일정한 전문 지식과 기능을 갖추었다고 인정되는 자에 한하여 무선종사자의 자격을 부여함으로써 무선설비의 효율적 이용을 도모하기 위한 것으로 생각된다. 한편, 전파법은 이 법 제70조(무선종사자의 자격)에 따른 무선종사자의 자격, 같은 법 제71조(무선종사자의 배치)에 따른 무선종사자의 배치를 규정하고 있다.

나. 무선종사자의 자격

(1) 기술자격 검정 등

전파법은 무선종사자가 되려는 사람은 국가기술자격에 관한 법령 또는 대통령령으로[192] 정하는 바에 따라 시행하는 기술자격검정에 합격하여야 한다고 규정하고 있으며

192) 전파법 시행령은 이 법 제70조(무선종사자의 자격)제1항에 따른 무선종사자 중 무선통신사 및 아마추어무선기사의 자격별 검정과목 및 검정과목별 출제내용은 이 법 시행령 [별표 15]와 같다고 규정하고 있다(전파법 시행령 제103조).

(전파법 제70조제1항), 과학기술정보통신부장관은 이 법 제70조(무선종사자의 자격)제1항에 따른 기술자격검정에 합격한 사람에게 대통령령으로[193] 정하는 바에 따라 기술자격증을 발급한다고 규정하고 있다(동법 제70조제2항).

전파법은 무선종사자의 자격종목 및 자격종목별 종사범위는 대통령령으로[194] 정한다고 규정하고 있으며(동법 제70조제3항), 과학기술정보통신부장관은 이 법 제70조(무선종사자의 자격)제1항에 따른 무선종사자 기술자격검정에서 부정행위를 한 응시자에 대하여는 그 검정을 정지시키거나 무효로 하고, 해당 검정 시행일부터 3년간 응시자격을 정지한다고 규정하고 있다(동법 제70조의2).

한편, 전파법은 이 법 제70조(무선종사자의 자격)제2항에 따라 기술자격증을 발급받은 사람은 다른 사람에게 그 기술자격증을 빌려주어서는 아니 되고, 누구든지 그 기술자격증을 빌려서는 아니 된다고 규정하고 있으며(동법 제70조제5항), 누구든지 이 법 제70조제5항에 따라 금지된 행위를 알선해서는 아니 된다고 규정하고 있다(동법 제70조제6항).

(2) 무선종사자 자격의 예외

전파법은 무선국의 무선설비는 무선종사자가 아니면 이를 운용하거나 그 공사를 하여서는 아니 되나, 다만, 선박이나 항공기가 항행 중이어서 무선종사자를 보충할 수 없거나 그 밖에 대통령령으로 정하는 경우에는 그러하지 아니하다고 규정하고 있는데(전파법 제70조제4항), 전파법 시행령은 이 법 제70조(무선종사자의 자격)제4항 단서에 따라 무선종사자가 아닌 자가 운용 또는 공사를 할 수 있는 경우는 다음, 1. 선박 또는 항공기가 외국에 있거나 외국의 각 지역을 항행 중이어서 무선종사자의 승무가 불가능한 경우로서 그 선박 또는 항공기가 국내의 목적지에 도착할 때까지 다음 〈표 36〉의 왼쪽 란의 증명서(「국제전기통신연합 전파규칙」에 따라 외국정부에서 발급한 증명서를 말한다)를 가진 자가 같은 〈표 36〉의 오른쪽 란의 해당 무선종사자의 종사범위에서 운용 또는 공사를 하는 경

193) 전파법 시행령은 이 법 제70조(무선종사자의 자격)제2항에 따라 자격검정에 합격한 자가 기술자격증을 발급받으려는 경우에는 다음, 1. 사진(2.5센티미터×3센티미터) 1장과, 2. 외국인등록증 사본 또는 여권 사본(외국인만 해당한다)호의 서류를 갖추어 과학기술정보통신부장관에게 기술자격증 발급을 신청하여야 한다고 규정하고 있으며(전파법 시행령 제112조제1항), 과학기술정보통신부장관은 이 법 시행령 제112조(기술자격증의 발급)제1항에 따른 신청을 받으면 기술자격증을 신청인에게 발급하여야 한다고 규정하고 있다(동법 시행령 제112조제2항).

194) 전파법 시행령은 이 법 제70조(무선종사자의 자격)제3항에 따른 무선종사자의 자격종목 및 자격종목별 종사범위는 이 법 시행령 [별표 17]과 같다고 규정하고 있다(전파법 시행령 제115조).

우, 2. 비상통신업무를 할 때 무선종사자를 무선설비의 운용에 종사시킬 수 없는 경우, 3. 선박국이나 항공기국의 무선전화 또는 자동통신시설 등의 통신운용으로서 다음, 가. 연락설정과 종료에 관한 통신운용과, 나. 조난통신 · 긴급통신 및 안전통신을 위한 통신운용에서 정한 것 외의 것을 해당 무선국의 무선종사자의 관리 하에 하는 경우, 4. 외국에서 아마추어무선기사 자격을 취득하고 과학기술정보통신부장관이 지정하는 단체의 추천을 받은 사람이 국내에 잠시 머무르는 동안 해당 자격의 아마추어국을 운용하는 경우, 5. 이 법 시행령 제116조(무선종사자가 아닌 자의 운용 또는 공사범위)제1항제1호부터 제4호까지의 규정 외에 과학기술정보통신부장관이 정하여 고시하는 경우와 같다고 규정하고 있다(동법 시행령 제116조제1항).

표 36 선박 또는 항공기의 무선종사자 자격 예외

제1급 무선전신통신사증명서 또는 무선통신사일반증명서를 가진 자	전파통신기사
제2급 무선전신통신사증명서를 가진 자	전파통신산업기사
무선전신통신사특별증명서를 가진 자	전파통신기능사
무선전화통신사일반증명서 또는 제한증명서를 가진 자	항공무선통신사
제1급 전파전자통신사증명서를 가진 자	전파전자기사
제2급 전파전자통신사증명서를 가진 자	전파전자산업기사
일반통신사증명서를 가진 자	전파전자기능사
제한통신사증명서를 가진 자	해상무선통신사

한편, 전파법 시행령은 이 법 시행령 제116조(무선종사자가 아닌 자의 운용 또는 공사범위) 제1항제1호에 따라 무선종사자가 아닌 자가 무선설비를 운용할 수 있는 경우는 조난통신 · 긴급통신 · 안전통신 및 선박운항에 관계되는 긴급한 통신을 하는 것으로 한정한다고 규정하고 있다(동법 시행령 제116조제2항).

다. 무선종사자의 배치

전파법은 시설자는 대통령령으로 정하는 자격 및 정원배치기준에 따라 무선종사자를 무선국에 배치하여야 하나, 다만, 다음, 1. 피성년후견인과, 2. 「형법」 중 내란의 죄와 외환의 죄, 「군형법」 중 이적의 죄 또는 「국가보안법」을 위반하여 금고 이상의 형을 선고받고 그 집행이 끝나거나 집행을 받지 아니하기로 확정된 후 5년이 지나지 아니한 자의 어느 하나에 해당하는 사람은 무선국에 배치하여서는 아니 된다고 규정하고 있는데(전파법 제71조), 기술자격 검정을 합격한 무선종사자가 무선국 운용에 관한 전문 지식과 능력을 보유하고 있더라도, 무선종사자가 적절히 무선국에 배치되어 있지 않다면 무선국의 운용에 문제가 발생할 것이므로 전파법은 무선종사자의 자격 기준, 무선종사자의 정원 배치 기준, 결격사유[195] 등을 두고 있는 것으로 이해된다.

전파법 시행령은 이 법 제71조(무선종사자의 배치)에 따른 무선종사자의 자격 · 정원 배치기준은 다음, 1. 해안국은 전파법 시행령 [별표 18], 2. 지구국은 이 법 시행령 [별표 19], 3. 선박국은, 가. 「선박안전법」 제29조(무선설비)제1항 및 「어선법」 제5조(무선설비)제1항 단서에 따라 세계 해상조난 및 안전제도의 시행에 필요한 무선설비를 갖추어야 하는 선박국은 동법 시행령 [별표 20], 나. 이 법 시행령 제117조(무선종사자의 자격 · 정원 배치기준)제1항제3호가목 외의 선박국으로서 세계 해상조난 및 안전제도의 시행에 필요한 무선설비를 갖추고 국제항해에 취항하는 선박국은 동법 시행령 [별표 20], 다. 이 법 시행령 제117조제1항제3호가목 및 나목 외의 선박국은 동법 시행령 [별표 21], 4. 방송국은 이 법 시행령 [별표 22], 5. 항공기국은 전파전자통신기사 · 전파전자통신산업기사 또는 항공무선통신사 1명 배치, 6. 그 밖의 무선국에 배치하여야 할 무선종사자의 자격 및 정원 배치기준은 과학기술정보통신부장관이 정하여 고시하는 기준,[196] 7. 삭제와 같다고 규정하고 있다(동법 시행령 제117조제1항).

한편, 전파법 시행령은 과학기술정보통신부장관은 이 법 시행령 제117조(무선종사자의 자격 · 정원 배치기준)제1항에도 불구하고 무선설비의 설치장소가 같거나 무선설비를 공동으로 사용하는 등의 경우에는 과학기술정보통신부장관이 정하여 고시하는 바에 따라

---

195) 결격사유를 규정하고 있는 것은 무선국은 국가의 핵심 기간시설 중 하나이므로 무선국의 장애나 불법적 이용이 국가와 사회의 안전에 큰 영향을 미칠 수 있는 점을 고려한 것으로 생각된다.

196) 전파법 시행령 제117조(무선종사자의 자격 · 정원 배치기준)제1항제6호와 관련하여 무선종사자 자격 · 정원 배치기준 등에 관한 고시(과학기술정보통신부 고시 제2020-39호, 2020. 8. 26.)이 제정 · 시행되고 있다.

무선종사자의 자격별 정원을 줄일 수 있다고 규정하고 있는데(동법 시행령 제117조제2항), 동 사안과 관련하여 무선종사자 자격 · 정원 배치기준 등에 관한 고시(과학기술정보통신부 고시 제2020-39호, 2020. 8. 26.)가 제정 · 시행되고 있다.

참고자료 및 질문

1. 한국방송통신전파진흥원. 전파법은 전파의 효율적 관리 및 방송·통신·전파의 진흥을 위한 사업과 정부로부터 위탁받은 업무를 수행하기 위하여 한국방송통신전파진흥원(이하 "진흥원"이라 한다)을 설립한다고 규정하고 있으며(전파법 제66조제1항), 한국방송통신전파진흥원은 다음, 1. 전파이용 촉진에 관한 연구, 2. 방송·통신·전파 관련 국내외 기술에 관한 정보의 수집·조사 및 분석, 3. 방송·통신·전파에 관한 연구지원 및 교육, 4. 이 법 제66조(한국방송통신전파진흥원)제4항제1호부터 제3호까지의 사입에 부수되는 사업, 5. 그 밖에 이 법 또는 다른 법령에서 진흥원의 업무로 정하거나 위탁한 사업 또는 과학기술정보통신부장관이 위탁한 사업을 한다고 규정하고 있는데(동법 제66조제4항),[197] 한국방송통신전파진흥원(KCA, Korea Communications Agency)의 전신은 한국무선국관리사업단이다. 한편, 전파법은 한국방송통신전파진흥원은 법인으로 한다고 규정하고 있으며(동법 제66조제2항), 한국방송통신전파진흥원에 관하여 이 법에서 규정한 것 외에는 「민법」 중 재단법인에 관한 규정을 준용한다고 규정하고 있다(동법 제66조제6항).

2. 한국전파진흥협회. 전파법은 다음, 1. 새로운 전파이용 기술의 실용화 및 보급 촉진, 2. 전파자원의 효율적인 이용과 전파방송산업 발전의 기반 조성에 관한 사업, 3. 전파이용 기술의 표준화에 관한 사업, 4. 전파이용 및 방송 기술 전문인력 양성사업, 5. 이 법 제66조의2(한국전파진흥협회)제1항제1호부터 제4호까지의 사업과 관련하여 국가 또는 유관기관·단체가 위탁한 사업 등을 효율적으로 수행하기 위하여 한국전파진흥협회(이하 "협회"라 한다)를 설립할 수 있다고 규정하고 있으며(전파법 제66조의2제1항), 방송통신사업자, 전기통신사업자, 시설자, 전파 관련 기자재·시스템 및 부품의 제조업자, 그 밖에 협회의 정관으로 정하는 자는 협회의 회원이 될 수 있다고 규정하고 있는데(동법 제66조의2제3항), 한국전파진흥협회(RAPA, Korea Radio Promotion Association)의 전신은 한국전파산업진흥협회이다. 한편, 전파법은 협회는 법인으로 한다고 규정하고 있으며(동법 제66조의2제2항), 협회에 관하여 이 법에서 정한 것 외에는 「민법」 중 사단법인에 관한 규정을 준용한다고 규정하고 있다(동법 제66조의2제5항).

---

197) 전파법은 한국방송통신전파진흥원의 운영에 필요한 경비는 다음, 1. 삭제, 2. 이 법 제69조(수수료)제1항제3호에 따른 검사 수수료(과학기술정보통신부장관이 진흥원에 위탁한 검사 업무에만 적용한다), 3. 동법 제69조제1항제5호에 따른 전자파 강도의 측정 수수료, 4. 동법 제69조제1항제6호에 따른 기술자격검정시험 응시 수수료 및 기술자격증 발급 수수료(「국가기술자격법」에 따라 한국산업인력

제4절 전파사용료와 수수료 등

앞에서 설명한 주파수할당 대가는 주파수할당을 통한 주파수의 배타적 이용권 부여에 대한 반대급부로서 주파수의 경제적 가치를 반영하여 산정되는 일종의 시장진입 비용이나, 전파사용료는 전파 관리 비용의 보전과 전파 관련 분야의 진흥을 목적으로 무선국 시설자에 부과되는 것으로 이해된다. 한편, 수수료(手數料)는 전파 행정 관련 비용을 징수하기 위한 것으로서 주파수할당, 주파수 사용승인, 무선국 개설 허가, 무선국 검사, 전자파 강도 측정, 고출력 · 누설 전자파 안전성 평가, 방송통신기자재등의 적합성평가, 지정시험기관의 지정, 적합성평가의 국가 간 상호 인정, 무선종사자의 자격 등에 부과되고 있다.

1. 전파사용료

가. 전파사용료의 의의

전파법은 전파사용료는 전파 관리에 필요한 경비의 충당과 전파 관련 분야 진흥을 위하여 사용한다고 규정하고 있는데(전파법 제67조제2항), 전파사용료는 1993년도에 도입되었으며 당초에는 통신사업 특별회계 세입이었으나 1997년부터는 통신사업 특별회계의 폐지로 일반회계 세입으로 편입되어 사용되고 있다. 앞에서 설명한 바와 같이 전파사용료는 주파수할당 대가와 별도로 부과되고 있는데 전파사용료는 주파수할당 대가와 〈표 37〉과 같은 차이가 있으나 대가에 의한 주파수할당에 대한 주파수할당 대가와는 중복되는 측면이 있다고 생각된다. 특히 대가에 의한 주파수할당 중 가격경쟁에 의한 대가 할당인 소위 '주파수 경매'의 주파수 경매 대가와 전파사용료는 중복되는 측면이 크다고 생각한다.

공단에 위탁한 사항은 제외한다), 5. 동법 제66조(한국방송통신전파진흥원)제4항제1호부터 제4호까지의 사업수행에 따른 수입금의 재원으로 충당한다고 규정하고 있으며(전파법 제66조의3제1항), 정부는 한국방송통신전파진흥원의 사업수행에 필요한 경비를 충당하기 위하여 예산의 범위에서 보조할 수 있으나, 다만, 국가연구개발사업의 수행을 위하여 방송통신발전기금의 범위에서 한국방송통신전파진흥원에 출연할 수 있다고 규정하고 있다(동법 제66조의3제2항).

표 37 전파사용료와 주파수할당 대가의 비교

구분	전파사용료	주파수할당 대가
법적 성격	수익자 부담금	주파수의 배타적 이용권에 대한 반대급부
부과 목적	전파 관리에 필요한 경비의 충당과 전파 관련 분야의 진흥	전파의 경제적 가치를 반영하여 산정되는 일종의 시장진입 비용
부과 대상	모든 무선국	대가에 의한 주파수할당을 받은 자
재원 활용	일반회계	방송통신발전기금과 정보화진흥기금

나. 전파사용료의 주요 내용

(1) 전파사용료의 부과와 감면 등

전파법은 과학기술정보통신부장관 또는 방송미디어통신위원회는 시설자(수신전용의 무선국을 개설한 자는 제외한다)에게 다음, 1. 국가나 지방자치단체가 개설한 무선국, 2. 방송국 중 영리를 목적으로 하지 아니하는 방송국과 「방송통신발전 기본법」 제25조(기금의 조성)제2항에 따라 분담금을 내는 지상파방송사업자의 방송국, 3. 이 법 제19조(허가를 통한 무선국 개설 등)제2항에 따른 무선국, 4. 「방송통신발전 기본법」 제25조제3항에 따라 분담금을 내는 위성방송사업자 및 종합유선방송사업자의 방송국, 5. 동법 제11조(대가에 의한 주파수할당)에 따라 할당받은 주파수를 이용하여 전기통신역무를 제공하는 무선국, 6. 영리를 목적으로 하지 아니하거나 공공복리를 증진시키기 위하여 개설한 무선국 중 대통령령으로 정하는 무선국, 7. 「재난 및 안전관리 기본법」 제60조(특별재난지역의 선포)에 따라 특별재난지역으로 선포된 지역에 개설된 무선국 중 과학기술정보통신부장관이 고시로[198] 정하는 기준에 부합되는 무선국이 사용하는 전파에 대한 사용료(이하 "전파사용료"라 한다)를 부과 · 징수할 수 있으나, 다만, 제1호부터 제3호까지의 무선국 시설자에게는 전부를 면제하고, 제4호부터 제7호까지의 무선국 시설자에게는 대통령령으로 정하는 바에 따라 전부나 일부를 감면할 수 있다고 규정하고 있다(전파법 제67조제1항).

---

198) 전파법 제67조(전파사용료)제1항제7호와 관련하여 특별재난지역 전파사용료 감면대상 무선국 기준(과학기술정보통신부 고시 제2017-7호, 2017. 8. 24.)이 제정 · 시행되고 있다.

(2) 전파사용료의 부과기준 등

전파법은 이 법 제67조(전파사용료)제1항에 따른 전파사용료는 무선국별로 대통령령으로 정하는 바에 따라 해당 무선국이 사용하는 주파수 대역, 전파의 폭 및 안테나공급전력 등을 기준으로 하여 산정하나, 다만, 해당 시설자가 이 법 제11조(대가에 의한 주파수할당) 및 같은 법 제12조(심사에 의한 주파수할당)에 따라 할당된 주파수를 이용하여 가입자에게 전기통신역무를 제공하는 기간통신사업자인 경우에는 해당 전기통신역무를 제공받는 가입자의 수를 기준으로 산정할 수 있다고 규정하고 있으며(전파법 제68조제1항), 과학기술정보통신부장관 또는 방송미디어통신위원회는 전파사용료를 내야 할 자가 그 납부기한까지 내지 아니하면 체납된 전파사용료에 대하여 100분의 5의 범위에서 대통령령으로[199] 정하는 비율에 상당하는 금액을 가산금으로 받는다고 규정하고 있다(동법 제68조제2항). 한편, 전파법은 전파사용료 및 이 법 제68조(전파사용료의 부과기준 등)제2항에 따른 가산금을 내지 아니하면 국세 체납처분의 예에 따라 징수한다고 규정하고 있다(동법 제68조제3항).

2. 수수료

앞에서 설명한 바와 같이 전파법 제69조(수수료)에 따른 수수료(手數料)는 전파 행정에 대한 비용 보전을 위하여 전파 행정 서비스에 대한 반대급부(反對給付)로 지불(支拂)하는 공과금으로 이해된다. 전파법은 다음, 1. 이 법 제10조(주파수할당)제3항, 제16조(재할당), 제16조의2(추가할당)에 따라 주파수할당 · 재할당 · 추가할당을 신청하는 자, 1의2. 삭제, 1의3. 동법 제18조의2(주파수 사용승인의 신청 등)제2항 또는 제22조(주파수 사용승인 및 무선국 개설허가의 유효기간)제1항에 따라 승인 · 변경승인 또는 재승인을 신청하는 자, 2. 이 법 제19조(허가를 통한 무선국 개설 등)[같은 법 제58조(산업 · 과학 · 의료용 전파응용설비 등)제3항에 따라 준용되는 경우를 포함한다) 또는 동법 제22조제1항에 따른 허가 · 재허가 또는 변경허가를 신청하는 자, 3. 이 법 제24조(검사)[같은 법 제58조제3항에 따라 준용되

---

199) 전파법 시행령은 이 법 제68조(전파사용료의 부과기준 등)제2항에 따른 가산금의 비율은 체납된 전파사용료의 100분의 5로 하나, 다만, 납부기한 경과 후 1주일 이내에 납부하는 경우에는 체납된 전파사용료의 100분의 1로 한다고 규정하고 있다(전파법 시행령 제92조).

는 경우를 포함한다] 및 동법 제58조의6(지정시험기관의 검사 등)제1항에 따른 검사를 받는 자, 4. 삭제, 5. 동법 제47조의2(전자파 인체보호기준 등)제4항에 따라 전자파 강도의 측정을 요청하는 자, 5의2. 동법 제56조(고출력 · 누설 전자파 안전성 평가 등) 제1항에 따른 안전성 평가를 의뢰하는 자, 5의3. 이 법 제58조의2(방송통신기자재등의 적합성평가)에 따른 적합인증 및 적합등록을 신청(변경신고를 포함한다)하거나 잠정인증을 신청하는 자와 동법 제58조의8(적합성평가의 국가 간 상호 인정)제4항에 따라 적합성평가를 신청하는 자, 5의4. 동법 제58조의5(시험기관의 지정 등)제1항에 따른 지정시험기관의 지정을 받기 위하여 신청하거나 같은 조 제2항에 따른 변경신청(지정분야 또는 시험항목 추가에 따른 변경신청에 한정한다)을 하는 자, 5의5. 동법 제58조의8제1항에 따라 적합성평가 결과를 상호 인정하기 위하여 필요한 비용을 지급하여야 하는 인증기관, 5의6. 동법 제58조의8제1항의 상호인정협정에 따라 적합성평가 시험 업무를 하는 기관으로 지정, 지정갱신, 변경을 신청하는 자, 6. 이 법 제70조(무선종사자의 자격)에 따른 기술자격검정 시험에 응시하려는 사람 및 기술자격증을 발급받으려는 사람의 어느 하나에 해당하는 자는 대통령령으로 정하는 바에 따라 수수료를 내야 한다고 규정하고 있다(전파법 제69조제1항). 한편, 전파법은 이 법 제69조(수수료)제1항의 수수료는 공공복리를 증진하기 위하여 필요하면 대통령령으로 정하는 바에 따라 감면할 수 있다고 규정하고 있다(동법 제69조제2항).

제6장

어떻게 전파규제의 실효성을 확보하는가?

전파법 위반 사항이 발견되었을 때 전파법 제71조의2(조사 및 조치)에 따른 조사와 조치, 제72조(무선국의 개설허가 취소 등)에 따른 무선국 개설 허가의 취소, 제73조(과징금의 부과 · 징수)에 따른 과징금의 부과, 제76조(무선종사자의 기술자격의 취소 등)에 따른 무선종사자 기술자격의 취소, 제9장 벌칙에 따른 형사벌(刑事罰)과 과태료(過怠料) 등을 통해 전파법 위반 사항을 교정함으로써 전파규제의 실효성을 확보하는 것으로 이해된다. 제6장에서는 전파법 제8장 보칙과 제9장 벌칙 등에 규정되어 있는 전파규제의 실효성 확보 방안들에 대하여 설명하고자 한다.

제1절 조사와 조치 등

전파법은 이 법 제71조의2(조사 및 조치)제1항부터 제5항까지의 규정에 따른 조사 · 시험 및 조치의 절차와 방법 등에 관하여 필요한 사항은 대통령령으로 정한다고 규정하고 있다(전파법 제71조의2제6항).

1. 조사와 조치 등의 대상

전파법은 과학기술정보통신부장관은 다음, 1. 무선설비 및 고압송전선, 그 밖에 전기적 설비에 의한 혼신 또는 전자파장해가 있거나 무선설비등에서 발생하는 전자파가 이 법 제47조의2(전자파 인체보호기준 등)제1항에 따른 전자파 인체보호기준을 초과한 사실을 알게 된 경우, 2. 적합성평가를 받은 기자재가 적합성평가 기준대로 제조 · 수입 · 판매되고 있는지 확인이 필요한 경우, 3. 이 법 제19조(허가를 통한 무선국 개설 등) · 제19조의2(신고를 통한 무선국 개설 등) · 제24조(검사) · 제25조(무선국의 운용) · 제29조(혼신 등의 방지) · 제45조(기술기준) · 제52조(무선방위측정장치의 보호) · 제58조(산업 · 과학 · 의료용 전파응용설비 등) · 제58조의2(방송통신기자재등의 적합성평가) 또는 동법 제58조의10(복제 · 개조 · 변조 등의 금지)을 위반한 자가 있다고 인정되는 경우의 어느 하나에 해당하는 경우 소속 공무원으로 하여금 이를 조사 또는 시험하게 할 수 있다고 규정하고 있다(전파법 제71조의2제1항).

2. 조사와 조치의 절차

전파법은 과학기술정보통신부장관은 이 법 제71조의2(조사 및 조치)제1항에 따른 조사 또는 시험을 위하여 필요한 경우 관련 자료 또는 해당 기자재의 제출을 요구할 수 있으며, 필요한 경우 소속 공무원으로 하여금 해당 무선설비 또는 기자재의 설치 장소, 해당 기관의 사무실, 사업장 등 그 밖에 필요한 장소에 출입하여 설비를 조사 또는 시험하게 할 수 있다고 규정하고 있는데(전파법 제71조의2제2항), 전파법 시행령은 과학기술정보통신부장관은 이 법 제71조의2제2항에 따라 관련 자료 또는 기자재의 제출을 요구하는 경우에는 서면으로 요청하되, 15일의 제출기한을 두어야 하나 다만, 그 제출을 요청받은 자가 정당한 사유를 소명하는 경우에는 15일의 범위에서 그 제출기한을 연장할 수 있다고 규정하고 있다(동법 시행령 제117조의3제1항).

전파법은 과학기술정보통신부장관은 이 법 제71조의2제2항에 따라 무선설비 또는 기자재의 설치 장소, 해당 기관의 사무실, 사업장 등 그 밖에 필요한 장소에 출입하는 경우에는 조사 7일 전까지 조사 목적, 방법, 기간 등이 포함된 조사계획을 해당 무선국 시설자 또는 출입 기관의 장에게 알려야 하나, 다만, 긴급하거나 사전에 알렸을 때 증거인멸 등 조사의 목적을 달성할 수 없다고 인정하는 때에는 그러하지 아니하다고 규정하고 있으며(동법 제71조의2제3항), 이 법 제71조의2제1항에 따른 조사 또는 시험을 하는 공무원은 그 권한을 표시하는 증표를 지니고 이를 관계인에게 보여주어야 한다고 규정하고 있다(동법 제71조의2제4항).

3. 조사와 조치 등의 방법 등

전파법은 과학기술정보통신부장관은 이 법 제71조의2(조사 및 조치)제1항에 따른 조사 또는 시험 결과 위반 사실이 확인되었을 때에는 그 시설자, 제조 · 수입 · 판매 · 대여하는 자, 판매 · 대여할 목적으로 진열 · 보관 · 운송하거나 무선국 · 방송통신망에 설치하는 자에게 개선 · 시정 · 수거 · 철거 · 파기 또는 생산중지 · 수입중지 · 판매중지 · 사용중지 등 필요한 조치를 명하거나 관계 중앙행정기관의 장에게 필요한 조치를 명하도록 요청할 수 있다고 규정하고 있으며(전파법 제71조의2제5항), 전파법 시행령은 과학기술정보통신부장관은 이 법 시행령 제117조의3(조사 및 조치의 절차 등)제1항에 따라 제출받은 자료 또는 기자재를 조사하거나 시험한 경우에는 그 결과를 제출자에게 서면으로 통보하여야 한다고 규정하고 있다(동법 시행령 제117조의3제2항).

제2절 무선국의 개설허가 취소 등

1. 무선국 개설허가 취소 등의 의의

전파법은 시설자등이 다음 각 호의 어느 하나에 해당하는 경우에는 무선국의 개설허가나 개설신고 또는 주파수 사용승인은 그 효력을 상실한다고 규정하고 있으며(전파법 제72조제1항), 과학기술정보통신부장관 또는 방송미디어통신위원회는 시설자가 다음 각 호의 어느 하나에 해당하는 때에는 무선국 개설허가의 취소 또는 개설신고한 무선국의 폐지를 명하거나 6개월 이내의 기간을 정하여 무선국의 운용정지, 무선국의 운용허용시간, 주파수 또는 안테나공급전력의 제한을 명할 수 있다고 규정하고 있는데(동법 제72조

제2항), 전파법 제72조(무선국의 개설허가 취소 등)는 강학(講學)상의 취소(取消)와 철회(撤回)의 개념이 혼용되어 사용되고 있다고 생각된다.

행정행위의 취소(取消)와 철회(撤回)는 행정행위 취소 또는 철회의 대상자에 대한 침익적(侵益的) 행정행위이므로 법률유보(法律留保)가 엄격하게 요구되는 것이 원칙으로 이해된다. 한편, 대법원은 행정행위의 취소와 철회에 대하여 행정행위의 취소를 위해 특별한 법적 근거가 없어도 행정기관의 일반적 감독권에 근거하여 직권취소가 가능하며[200], 행정기관은 행정처분 후 이를 철회할 별도의 법적 근거가 없다고 하더라도 원래의 처분을 존속시킬 필요가 없게 된 사정변경이나 중대한 공익상의 필요가 발생한 경우에는 철회할 수 있다고 하고 있다.[201] 그러나 이러한 행정행위의 취소와 철회는 과잉금지 또는 비례의 원칙, 신뢰보호의 원칙과 같은 행정법의 일반원칙이 준수되어야 할 것으로 생각한다.

2. 무선국 개설허가 취소 등의 주요 내용

전파법은 과학기술정보통신부장관 또는 방송미디어통신위원회는 이 법 제72조(무선국의 개설허가 취소 등)제1항의 경우에는 효력상실의 뜻을, 동 법 제72조제2항이나 제3항에 따른 처분을 한 경우에는 처분내용과 그 사유를 시설자에게 서면으로 알려주어야 한다고 규정하고 있으며(전파법 제72조제4항), 이 법 제72조제2항과 제3항에 따른 무선국 개설허가의 취소 또는 개설신고한 무선국의 폐지 명령 등에 대한 세부적인 기준, 그 밖에 필요한 사항은 대통령령으로 정한다고 규정하고 있는데(동법 제72조제5항), 전파법 시행령은 이 법 제72조(무선국의 개설허가 취소 등)제2항과 제3항에 따른 행정처분의 일반기준은 이 법 시행령 [별표 22의2]와 같고, 그 세부기준은 다음, 4. 동법 제72조제2항과 제3항에 따른 무선국 시설자에 대한 행정처분기준인 동법 시행령 [별표 25]와 같다고 규정하고 있다(동법 시행령 제118조).

---

200) 대법원 2002. 5. 28. 선고 2001두9653 판결.

201) 대법원 1992. 1. 17. 선고 91누3130 판결.

가. 무선국 개설허가 등의 효력상실

전파법은 시설자등이 다음, 1. 이 법 제11조(대가에 의한 주파수할당) 및 제12조(심사에 의한 주파수할당)에 따라 주파수할당을 받은 시설자가 동법 제15조의2(주파수할당의 취소)에 따라 주파수할당이 취소되거나 동법 제16조(재할당)제1항에 따른 재할당을 받지 못하는 경우, 2. 동법 제20조(무선국 개설의 결격사유)제1항제1호부터 제3호까지의 규정에 따른 결격사유에 해당하게 된 경우, 3. 동법 제22조(주파수 사용승인 및 무선국 개설허가의 유효기간)제1항에 따른 재승인이나 재허가를 받지 못하는 경우 각 호의 어느 하나에 해당하는 경우에는 무선국의 개설허가나 개설신고 또는 주파수 사용승인은 그 효력을 상실한다고 규정하고 있다(전파법 제72조제1항).

나. 무선국 개설허가의 취소 등

(1) 전파법 제72조(무선국의 개설허가 취소 등)제2항에 따른 무선국 개설허가의 취소 등

전파법은 과학기술정보통신부장관 또는 방송미디어통신위원회는 시설자가 다음, 1. 시설자가 이 법 제20조(무선국 개설의 결격사유)제1항 각 호의 어느 하나에 해당하게 된 경우, 2. 거짓이나 그 밖의 부정한 방법으로 동법 제21조(무선국 개설허가 등의 절차)에 따른 무선국의 개설허가 또는 변경허가를 받은 경우, 3. 이 법 제21조제4항에 따른 무선국의 허가증 또는 동법 제22조의2(무선국 개설신고 등의 절차)제2항에 따른 무선국 신고증명서에 적혀있는 준공기한(동법 제24조(검사)제2항에 따라 기한을 연장한 경우에는 그 기한)이 지난 후 30일이 지날 때까지 준공신고를 마치지 아니한 경우, 4. 동법 제23조(시설자의 지위승계)제2항에 따른 인가를 받지 아니하거나 제3항에 따른 신고를 하지 아니하고 무선국을 운용한 경우, 4의2. 이 법 제19조의2(신고를 통한 무선국 개설 등)제1항제3호의 무선국을 동법 제24조제1항에 따른 준공신고를 하지 아니하고 운용하거나 이 법 제25조(무선국의 운용)제3항[동법 제58조(산업 · 과학 · 의료용 전파응용설비 등)제3항 단서에 따라 준용되는 경우를 포함한다]을 위반하여 재검사를 받지 아니하고 운용한 때, 4의3. 이 법 제24조제3항 단서 및 제25조제3항 단서(동법 제58조제3항 단서에 따라 준용되는 경우를 포함한다)에 따른 기한(검사기관의 사정으로 발생한 지연 일수는 검사기간 산정에서 제외한다)까지 재검사를 신청하지 아니하거나 재검사 신청 후 재검사에 합격하지 못한 경우, 5. 이 법 제24조제4항 및 제5항(동법 제58조제3항 본문에 따라 준용되는 경우를 포함한다)에 따른 검사를 거부하거나 방해한 경우, 6. 이 법 제25조제1항을 위반하여 준공검사를 받지 아니하고 무선국을 운용한 경우, 6의2. 삭제, 7. 정당한 사유 없이 계속하여 6개월 이상 무선국의 운용을 휴지한 경우, 8. 전파사용료를 내지 아니한 경우, 9. 이 법 제25조제2항을 위반하여 허가 또는 신고 사항의 범위를 벗어나 무선국을 운용한 경우, 10. 이 법 제28조(조난통신등)제1항을 위반하여 의무선박국 및 의무항공기국이 갖추어야 할 사용주파수 및 전파형식 등의 무선국의 조건을 갖추지 아니한 경우, 11. 이 법 제30조(통신보안의 준수)제1항을 위반하여 통신보안에 관한 사항을 지키지 아니한 경우, 12. 이 법 제31조(실험국 등의 통신)제1항을 위반하여 외국의 실험국과 통신을 한 경우, 13. 동법 제31조제2항을 위반하여 실험국과 아마추어국이 암어를 사용하여 통신을 한 경우, 14. 이 법 제45조(기술기준)를 위반하여 무선설비의 기술기준이 적합하지 아니한 경우, 15. 이 법 제47조(안전시설의 설치)를 위반하여 무선설비를 안전시설기준에 따라 설치하지 아니한 경우, 16. 이 법 제48조(무선설비의 효율적 이용)제1항을 위반하여 승인을 받지 아니하고 무선설비를 다른 사람에게 임대 · 위탁운용하거나 다른 사람과 공동으로 사용한 경우, 17. 이 법 제69조(수수료)제1항을 위반하여 수수료를 내지 아니한 경우, 18. 이 법 제70조(무선종사자의 자격)제3항을 위반하여 무선종사자가 종사범위를 벗어나 무선설비를 운용하거나 공사를 한 경우, 19. 동법 제70조제4항을 위반하여 무선종사자가 아닌 자가 무선설비를 운용하거나 공사를 한 경우, 20. 이 법 제71조(무선종사자의 배치)를 위반하여 무선종사자를 무선국에 배치하지 아니하거나 동법 제71조 각 호의 어느 하나에 해당하는 사람을 무선국에 배치한 경우의 어느 하나에 해당하는 때에는 무선국 개설허가의 취소 또는 개설신고한 무선국의 폐지를 명하거나 6개월 이내의 기간을 정하여 무선국의 운용정지, 무선국의 운용허용시간, 주파수 또는 안테나공급전력의 제한을 명할 수 있으나, 다만, 이 법 제72조(무선국의 개설허가 취소 등)제2항제1호 및 제2호에 해당하는 경우에는 무선국의 취소 또는 폐지를 명하여야 한다고 규정하고 있다(전파법 제72조제2항).

(2) 전파법 제72조(무선국의 개설허가 취소 등)제3항에 따른 무선국 개설허가의 취소 등

전파법은 과학기술정보통신부장관 또는 방송미디어통신위원회는 다음, 1. 비상사태가 발생한 경우, 2. 혼신을 방지하기 위하여 필요한 경우, 3. 이 법 제6조의2(주파수회수 또는 주파수재배치)에 따라 주파수회수 또는 주파수재배치를 한 경우의 어느 하나에 해당하는 경우에는 무선국 개설허가의 취소 또는 개설신고한 무선국의 폐지를 명하거나 무선국의 변경 · 운용제한 또는 운용정지를 명할 수 있다고 규정하고 있다(전파법 제72조제3항).

제3절 과징금

1. 과징금의 의의

과징금(課徵金)은 행정법상 의무를 불이행하였거나 위반한 자에 대하여 당해 위반행위로 얻은 경제적 이익을 박탈하기 위하여 부과하거나 또는 사업의 취소와 정지에 갈음하여 부과되는 금전상의 제재로서 과징금은 형벌이 아니므로 형벌과 병과(竝科) 될 수 있는 것으로 이해되는데,[202] 헌법재판소는 과징금은 위반행위에 대하여 제재를 가하는 행정상의 제재금으로서의 기본적 성격과 함께 부당이득에 대한 환수적 요소도 포함되어 있는 것으로서, 헌법 제13조제1항에서 금지하는 국가형벌권 행사로서의 처벌에 해당된다고 할 수 없다고 판시한 바 있으며,[203] 대법원은 이중처벌 금지의 원칙(Double jeopardy)에 위반된다거나 무죄추정의 원칙에 위반된다고 할 수 없다고 판시한 바 있다.[204] 과징금은 형벌이 아니나 과징금의 부과는 침익적(侵益的) 행정행위이므로 원칙적으로 엄격한 법률유보가 요구되는 것으로 생각된다.

202) 홍정선, 신행정법특강, 박영사(2018), p475.

203) 헌법재판소 2003. 7. 24. 선고 2001헌가25.

204) 대법원 2004. 3. 12. 선고 2001두7220 판결.

2. 과징금의 부과와 부과기준

가. 과징금의 부과

전파법은 과학기술정보통신부장관 또는 방송미디어통신위원회는 이 법 제72조(무선국의 개설허가 취소 등)제2항에 따라 무선국의 운용정지 또는 주파수 등의 제한을 명하여야 하는 경우에 그 정지나 제한이 해당 무선국의 이용자에게 심한 불편을 주거나 공익을 해칠 우려가 있으면 그 정지 또는 제한을 갈음하여 3천만원 이하의 과징금을 부과 · 징수할 수 있다고 규정하고 있으며(전파법 제73조제1항), 과학기술정보통신부장관은 이 법 제58조의7(지정시험기관의 지정 취소 등)제2항에 따라 지정시험기관 업무의 전부 또는 일부의 정지를 명하여야 하는 경우로서 그 업무정지가 해당 시험기관의 이용자에게 심한 불편을 주거나 그 밖에 공익을 저해할 우려가 있는 경우에는 그 업무정지를 갈음하여 5억원 이하의 과징금을 부과 · 징수할 수 있다고 규정하고 있다(동법 제73조제2항). 한편, 전파법 시행령은 과학기술정보통신부장관 또는 방송미디어통신위원회가 이 법 제73조제1항 및 제2항에 따라 과징금을 부과하려는 경우에는 해당 위반행위를 조사 · 확인한 후 위반사실 · 부과금액 · 이의방법 및 이의기간 등을 명시하여 이를 납부할 것을 부과대상자에게 알려야 한다고 규정하고 있다(동법 시행령 제120조제1항).

나. 과징금의 부과기준

전파법은 이 법 제73조(과징금의 부과 · 징수)제1항 및 제2항에 따른 과징금을 부과하는 위반행위의 종류와 그 정도에 따른 과징금의 금액, 그 밖에 필요한 사항은 대통령령으로 정한다고 규정하고 있는데(전파법 제73조제3항), 전파법 시행령은 이 법 제73조제1항 및 제2항에 따른 과징금의 부과기준은 다음, 1. 이 법 제73조제1항에 따른 과징금의 부과기준은 동법 시행령 [별표 27]과, 2. 이 법 제73조제2항에 따른 과징금의 부과기준은 동법 시행령 [별표 27의2]의 구분에 따른다고 규정하고 있으며(동법 시행령 제121조제1항), 과학기술정보통신부장관은 이 법 제73조제2항에 따른 과징금을 산정하기 위하여 필요한 경우에는 지정시험기관의 장에게 매출액에 관한 자료 등 관련 자료의 제출을 요청할 수 있다고 규정하고 있다(동법 시행령 제121조제2항).

3. 과징금의 징수와 납부 등

전기통신사업법은 과학기술정보통신부장관 또는 방송미디어통신위원회는 이 법 제73조(과징금의 부과 · 징수)제1항 및 제2항에 따른 과징금을 내야 할 자가 내지 아니하면 기간을 정하여 독촉하고, 그 지정된 기간에 과징금을 내지 아니하면 국세 체납처분의 예에 따라 징수한다고 규정하고 있으며(전파법 제73조제4항), 이 법 제73조제1항 및 제2항에 따른 과징금의 부과 · 징수에 관하여는 동법 제72조(무선국의 개설허가 취소 등)제4항을 준용한다고 규정하고 있다(동법 제73조제5항).

전파법 시행령은 이 법 시행령 제120조(과징금의 부과 · 납부)제1항에 따른 통지를 받은 자는 통지를 받은 날부터 20일 이내에 과징금을 과학기술정보통신부장관 또는 방송미디어통신위원회가 지정하는 수납기관에 내야 한다고 규정하고 있으며(동법 시행령 제120조제2항), 이 법 시행령 제120조제2항에 따라 과징금을 받은 수납기관은 과징금을 낸 자에게 영수증을 내주어야 한다고 규정하고 있다(동법 시행령 제120조제3항). 또한 전파법 시행령은 과징금의 수납기관은 이 법 시행령 제120조제2항에 따라 과징금을 수납하면 지체 없이 그 사실을 부과권자에게 통보하여야 한다고 규정하고 있으며(동법 시행령 제120조제4항), 이 법 시행령 제120조제1항에 따른 과징금의 납부통지는 국고금 관리 법령의 수입금 징수에 관한 절차를 준용한다고 규정하고 있다(동법 시행령 제120조제6항).

한편, 전파법 시행령은 이 법 제73조제4항에 따른 독촉은 납부기한 경과 후 7일 이내에 서면으로 하여야 한다고 규정하고 있으며(동법 시행령 제122조제1항), 이 법 시행령 제122조(과징금의 독촉)제1항에 따라 독촉장을 발부하는 경우 체납된 과징금의 납부기한은 발부일부터 10일 이내로 한다고 규정하고 있다(동법 시행령 제122조제2항).

제4절 무선종사자의 기술자격의 취소 등

전파법 제76조(무선종사자의 기술자격의 취소 등)에 따른 무선종사자의 기술자격의 취소 등은 강학(講學)상의 취소(取消)와 철회(撤回)의 개념이 혼용되어 사용되고 있는 것으로 이해되며, 행정행위의 취소와 철회는 과잉금지 또는 비례의 원칙, 신뢰보호의 원칙과 같은 행정법의 일반원칙이 준수되어야 할 것으로 생각된다.

1. 무선종사자 기술자격의 취소 등의 대상

전파법은 과학기술정보통신부장관은 무선종사자가 다음, 1. 거짓이나 그 밖의 부정한 방법으로 무선종사자의 기술자격을 취득한 경우, 1의2. 다른 사람에게 무선종사자의 명의를 사용하게 하거나 기술자격증을 빌려준 사람, 2. 이 법 제25조(무선국의 운용)제1항을 위반하여 준공검사를 받지 아니하고 무선국을 운용한 경우, 3. 동법 제25조제2항을 위반하여 허가 또는 신고 사항의 범위를 벗어나 무선국을 운용한 경우, 4. 이 법 제27조(통신방법 등)를 위반하여 과학기술정보통신부장관이 정하여 고시하는 호출방법, 응답방법, 운용시간, 청취의무, 그 밖의 통신방법 등을 지키지 아니하고 운용한 경우, 5. 이 법 제28조(조난통신 등)제2항을 위반하여 조난통신 · 긴급통신 · 안전통신을 수신하고도 필요한 조치를 하지 아니한 경우, 6. 동법 제28조제3항을 위반하여 선박국이 해안국의 통신권에 들어왔을 때와 통신권을 벗어날 때에 해안국에 그 사실을 알리지 아니한 경우, 7. 동법 제28조제4항을 위반하여 항공기국이 항공국과 연락을 하지 아니한 경우, 8. 이 법 제30조(통신보안의 준수)제1항을 위반하여 통신보안사항을 지키지 아니하거나 같은 조 제2항에 따른 통신보안교육을 받지 아니한 경우, 9. 이 법 제31조(실험국 등의 통신)제2항을 위반하여 실험국과 아마추어국이 암어를 사용하여 통신을 한 경우, 10. 이 법 제70조(무선종사자의 자격)제3항을 위반하여 무선종사자가 그 종사범위를 벗어나 무선설비를 운용하거나 공사를 한 경우의 어느 하나에 해당하면 대통령령으로[205] 정하는 바에 따라 기술자격을 취소하거나 3년의 범위에서 업무종사의 정지를 명할 수 있다. 다만, 이 법 제76조(무선종사자의 기술자격의 취소 등)제1항제1호에 해당하는 경우에는 기술자격을 취소하여야 한다고 규정하고 있다(전파법 제76조제1항).

---

205) 전파법 시행령은 이 법 제76조(무선종사자의 기술자격의 취소 등)제1항에 따른 행정처분의 일반기준은 이 법 시행령 [별표 22의2]와 같고, 그 세부기준은 다음, 5. 동법 제76조제1항에 따른 무선종사자에 대한 행정처분기준인 동법 시행령 [별표 26]과 같다고 규정하고 있다(전파법 시행령 제118조).

2. 무선종사자 기술자격의 취소 등의 기준 등

전파법은 이 법 제76조(무선종사자의 기술자격의 취소 등)제1항에 따른 무선종사자의 기술자격의 취소 등에 대한 세부적인 기준, 그 밖에 필요한 사항은 대통령령으로 정한다고 규정하고 있는데(전파법 제76조 제3항), 전파법 시행령은 이 법 제76조제1항에 따른 행정처분의 일반기준은 이 법 시행령 [별표 22의2]와 같고, 그 세부기준은 다음, 5. 동법 제76조제1항에 따른 무선종사자에 대한 행정처분기준인 동법 시행령 [별표 26]과 같다고 규정하고 있다(동법 시행령 제118조). 한편, 전파법은 이 법 제76조제1항에 따라 기술자격이 취소된 사람은 취소된 날부터 3년간 무선종사자 기술자격을 받을 수 없다고 규정하고 있다(동법 제76조제3항).

제5절 청문

1. 청문의 의의

청문(聽聞, Hearing)은 행정절차의 참가자가 자신을 표현할 수 있는 기회 또는 행정기관의 행위에 영향을 받거나 불이익을 받게 될 자가 자신의 의견을 밝히거나 자신을 방어할 수 있는 기회로 이해되는데,[206] 행정절차법은 "청문"이란 행정청이 어떠한 처분을 하기 전에 당사자등의 의견을 직접 듣고 증거를 조사하는 절차를 말한다고 규정하고 있다(행정절차법 제2조제5호). 청문은 자기 방어권을 보장하는 법치주의의 근간이 되는 제도로 생각된다.

206) 홍정선, 신행정법특강, 박영사(2018), p379.

2. 청문의 대상

전파법은 과학기술정보통신부장관 또는 방송미디어통신위원회는 다음, 1. 이 법 제6조의2(주파수회수 또는 주파수재배치)에 따른 주파수회수 또는 주파수재배치, 2. 이 법 제14조(주파수이용권)제8항에 따른 주파수이용권의 양수 또는 임차에 대한 승인 취소, 3. 이 법 제15조의2(주파수할당의 취소)에 따른 주파수할당의 취소, 4. 이 법 제41조(위성주파수이용권의 양도 · 임대 등)제7항에 따른 위성주파수이용권의 양도 또는 임대 등에 대한 승인 취소, 5. 이 법 제42조의2(우주국 무선설비의 양도 · 임대)제4항에 따른 우주국 무선설비의 양도 또는 임대에 대한 승인 취소, 6. 이 법 제58조의4(적합성평가의 취소 등)에 따른 적합성평가의 취소, 7. 이 법 제58조의7(적합성평가의 취소 등)제2항 및 제3항에 따른 지정시험기관의 업무정지 명령 또는 지정 취소, 8. 이 법 제72조(무선국의 개설허가 취소 등)제2항에 따른 무선국 개설허가의 취소 또는 개설신고한 무선국의 폐지, 무선국 운용정지 또는 무선국의 운용허용시간 · 주파수 · 안테나공급전력의 제한 명령, 9. 이 법 제76조(무선종사자의 기술자격의 취소 등)에 따른 기술자격의 취소 또는 업무종사의 정지 명령의 어느 하나에 해당하는 처분을 하려면 청문을 하여야 한다고 규정하고 있다(전파법 제77조).

제6절 벌칙

1. 벌칙의 의의

전파법은 제9장(벌칙)에서 이 법 제80조(벌칙)부터 제87조(벌칙)까지 행정형벌인 벌칙을 규정하고 있으며, 전파법은 이 법 제88조(양벌규정)에서 양벌규정을, 동법 제89조(벌칙 적용에서 공무원 의제)에서 벌칙 적용에서의 공무원 의제를 규정하고 있다. 또한 전파법은 제9장(벌칙)에서 이 법 제89조의2(과태료)부터 제92조(과태료)까지 행정질서벌인 과태료를, 동법 제93조(과태료의 부과 · 징수)에서 과태료의 부과와 징수를 규정하고 있다. 행정벌(行政罰)은 행정법의 간접적인 의무이행 확보 수단으로서 행정법상의 의무 위반에 대하여 제재로 부과되는 처벌이며207), 행정벌은 형법(刑法)의 적용을 받는 행정형벌과 과태료(過怠料)인 행정질서벌로 구분된다.

2. 행정형벌

가. 행정형벌의 의의

전파법 제9장의 벌칙(罰則) 중 이 법 제80조(벌칙)부터 제87조(벌칙)까지는 행정형벌로서, 행정형벌(行政刑罰)은 행정벌(行政罰)의 일종으로 행정 법규나 행정법상 의무를 위반한 자에게 형법에 규정되어 있는 형벌이 가해지는 것이며 형법(刑法) 제41조(형의 종류)는 형의 종류는 다음, 1. 사형, 2. 징역, 3. 금고, 4. 자격상실, 5. 자격정지, 6. 벌금, 7. 구류, 8. 과료, 9. 몰수와 같다고 규정하고 있다(형법 제41조).

한편, 행정벌 중 행정질서벌인 과태료(過怠料)와 행정형벌의 병과(並科) 가능성에 대하여, 1. 행정형벌과 행정질서벌은 그 목적이나 성질이 다르다고 볼 것이므로 과태료 부과처분 후 행정형벌을 과하여도 일사부재리(一事不再理)의 원칙 또는 이중 처벌 금지의 원칙(Double jeopardy)에 반하지 않는다는 긍정설(肯定說)과, 2. 행정형벌과 행정질서벌은 모두 행정벌이므로 동일 법규 위반행위에 대하여 양자를 같이 부과할 수 없다는 부정설(否定說)이 대립하고 있는 것으로 이해된다.

대법원은 행정법상의 질서벌인 과태료의 부과 처분과 형사처벌은 그 성질이나 목적을 달리하는 것이므로 행정질서벌인 과태료를 납부한 후에 형사처벌을 한다고 하여 이를 일사부재리의 원칙에 반하는 것이라고 할 수는 없다고 판시하여208) 긍정설을, 헌법재판소는 행정질서벌로서의 과태료는 목적과 기능이 중복되는 면이 없지 않으므로 행위를 대상으로 하여 형벌을 부과하면서 아울러 행정질서벌로서의 과태료까지 부과하는 것은 이중 처벌 금지의 원칙에 배치되어 국가 입법권의 남용으로 인정될 소지가 있다고

207) 홍정선, 신행정법특강, 박영사(2018), p416.

208) 대법원 2000. 10. 27. 선고 2000도3874 판결.

판시하여[209] 부정설을 취하고 있으나,[210] 행정질서벌인 과태료와 형사벌은 제재의 목적과 성질이 다르므로 병과가 가능한 것으로 생각된다.

나. 행정형벌의 대상

전파법은 제9장(벌칙)에서 이 법 제80조(벌칙)부터 제87조(벌칙)까지 행정형벌인 벌칙을 규정하고 있다.

(1) 전파법 제80조의 벌칙

전파법은 무선설비나 전선로에 주파수가 9킬로헤르츠 이상인 전류가 흐르는 통신설비(케이블전송설비 및 평형2선식 나선전송설비를 제외한 통신설비를 말한다)를 이용하여 「대한민국헌법」 또는 「대한민국헌법」에 따라 설치된 국가기관을 폭력으로 파괴할 것을 주장하는 통신을 한 자는 1년 이상 15년 이하의 징역에 처한다고 규정하고 있으며(전파법 제80조제1항), 이 법 제80조(벌칙)제1항의 미수범은 처벌한다고 규정하고 있다(동법 제80조제2항). 또한 전파법은 이 법 제80조제1항의 죄를 저지를 목적으로 예비하거나 음모한 자는 10년 이하의 징역에 처한다고 규정하고 있다(동법 제80조제3항).

(2) 전파법 제81조의 벌칙

전파법은 다음, 1. 조난통신 · 긴급통신 또는 안전통신을 발신하여야 할 사태에 이르렀는데도 그 선장이나 기장이 필요한 명령을 하지 아니하거나 무선통신 업무에 종사하는 자로서 그 명령을 받고 지체 없이 이를 발신하지 아니한 자, 2. 무선통신 업무에 종사하는 자로서 이 법 제28조(조난통신 등)제2항에 따른 조난통신의 조치를 하지 아니하거나 지연시킨 자, 3. 조난통신의 조치를 방해한 자의 어느 하나에 해당하는 자는 10년 이하의 징역 또는 1억원 이하의 벌금에 처한다고 규정하고 있으며(전파법 제81조제1항), 이 법 제81조(벌칙)제1항제2호 및 제3호의 미수범은 처벌한다고 규정하고 있다(동법 제81조제2항).

---

209) 헌법재판소 1994. 6. 30. 선고 92헌바38 결정.

210) 박균성, 행정법강의 제15판, 박영사(2018), pp400~406.

(3) 전파법 제82조의 벌칙

전파법은 다음, 1. 전기통신 업무, 2. 방송 업무, 3. 치안유지 업무, 4. 기상 업무, 5. 전기공급 업무, 6. 철도 · 선박 · 항공기의 운행 업무의 어느 하나의 업무에 제공되는 무선국의 무선설비를 손괴(損壞)하거나 물품의 접촉, 그 밖의 방법으로 무선설비의 기능에 장해를 주어 무선통신을 방해한 자는 10년 이하의 징역 또는 1억원 이하의 벌금에 처한다고 규정하고 있으며(전파법 제82조제1항), 이 법 제82조(벌칙)제1항에 따른 무선설비 외의 무선설비에 대하여 동법 제82조제1항에 해당하는 행위를 한 자는 5년 이하의 징역 또는 5천만원 이하의 벌금에 처한다고 규정하고 있다(동법 제82조제2항). 또한 전파법은 이 법 제82조제1항과 제2항의 미수범은 처벌한다고 규정하고 있다(동법 제82조제3항).

(4) 전파법 제83조의 벌칙

전파법은 선박이나 항공기의 조난이 없음에도 불구하고 무선설비로 조난통신을 한 자는 5년 이하의 징역에 처한다고 규정하고 있으며(전파법 제83조제2항), 무선통신 업무에 종사하는 자가 이 법 제83조(벌칙)제2항에 따른 행위를 하면 10년 이하의 징역 또는 1억원 이하의 벌금에 처한다고 규정하고 있다(동법 제83조제3항).

(5) 전파법 제84조의 벌칙

전파법은 다음, 1. 이 법 제19조(허가를 통한 무선국 개설 등)제1항에 따른 허가를 받지 아니하거나 동법 제19조의2제1항에 따른 신고를 하지 아니하고 같은 항 제3호 및 제4호의 무선국을 개설하거나 운용한 자, 1의2. 이 법 제29조(혼신 등의 방지)제5항에 따른 인가를 받지 아니하고 전파차단장치를 제조 · 수입 또는 판매한 자, 2. 이 법 제41조(위성주파수이용권의 양도 · 임대 등)제3항에 따른 승인을 받지 아니하고 위성주파수이용권의 전부 또는 일부를 양도 · 양수 또는 임대 · 임차하거나 위성주파수등의 이용을 중단한 자, 3. 이 법 제42조의2제1항에 따른 승인을 받지 아니하고 우주국 무선설비의 전부나 일부를 양도 · 양수하거나 임대 · 임차(무선설비를 위탁운용하거나 다른 자와 공동으로 사용하는 경우를 포함한다)한 자, 4. 이 법 제58조(산업 · 과학 · 의료용 전파응용설비 등)제1항에 따른 허가를 받지 아니하고 같은 항 제2호에 따른 통신설비를 설치하거나 운용한 자, 5. 이 법 제58조의2(방송통신기자재등의 적합성평가)제2항, 제3항 및 제9항에 따른 적합성평가를 받지 아니한 기자재를 판매하거나 판매할 목적으로 제조 · 수입한 자, 6. 이 법 제58조의10(복제 · 개조 · 변조 등의 금지)제1항을 위반하여 적합성평가를 받은 기자재를 복제 · 개조 또는 변조한 자의 어느 하나에 해당하는 자는 3년 이하의 징역 또는 3천만원 이하의 벌금에 처한다고 규정하고 있다(전파법 제84조).

(6) 전파법 제86조의 벌칙

전파법은 다음, 1. 이 법 제24조(검사)제4항 및 제5항[동법 제58조(산업 · 과학 · 의료용 전파응용설비 등)제3항 본문에 따라 준용되는 경우를 포함한다], 같은 법 제47조의2(전자파 인체보호기준 등)제5항 및 동법 제71조의2(조사 및 조치)제1항 및 제2항[제47조의3(전자파적합성 등)제4항에 따라 준용되는 경우를 포함한다]에 따른 검사 · 측정 · 조사 · 시험 또는 현장 출입을 거부하거나 방해한 자, 1의2. 삭제, 2. 삭제, 3. 이 법 제47조의2(전자파 인체보호기준 등)제6항에 따른 명령을 이행하지 아니한 자, 4. 이 법 제52조(무선방위측정장치의 보호)제1항에 따른 승인을 얻지 아니하고 건조물 또는 인공구조물을 건설한 자, 4의2. 이 법 제58조의2(방송통신기자재등의 적합성평가)제2항, 제3항 및 제9항을 위반하여 적합성평가를 받지 아니한 기자재를 판매 · 대여할 목적으로 운송하거나 무선국 · 방송통신망에 설치한 자, 5. 이 법 제58조의4(적합성평가의 취소 등)제1항 및 동법 제71조의2(조사 및 조치)제5항에 따른 명령을 이행하지 아니한 자, 5의2. 이 법 제58조의10(복제 · 개조 · 변조 등의 금지)제2항을 위반하여 복제 또는 개조 · 변조한 기자재를 판매 · 대여하거나 판매 · 대여할 목적으로 진열 · 보관 또는 운송하거나 무선국 · 방송통신망에 설치한 자, 5의3. 이 법 제70조(무선종사자의 자격)제5항을 위반하여 무선종사자의 기술자격증을 다른 사람에게 빌려주거나 빌린 사람, 5의4. 동법 제70조제6항을 위반하여 무선종사자의 기술자격증을 빌려주거나 빌리는 것을 알선한 사람, 6. 이 법 제72조(무선국의 개설허가 취소 등) 제2항 또는 제3항(동법 제58조제3항에 따라 준용되는 경우를 포함한다)에 따라 운용정지 명령을 받은 무선국 · 무선설비 또는 동법 제58조(산업 · 과학 · 의료용 전파응용설비 등)제1항제2호에 따른 통신설비를 운용한 자의 어느 하나에 해당하는 자는 1년 이하의 징역 또는 1천만원 이하의 벌금에 처한다고 규정하고 있다(전파법 제86조).

(7) 전파법 제87조의 벌칙

전파법은 다음, 1. 이 법 제24조의2(검사의 면제 등)제1항제1호부터 제3호까지의 무선국을 동법 제19조(허가를 통한 무선국 개설 등)제1항에 따른 허가를 받지 아니하고 개설하거나 운용한 자와, 2. 이 법 제72조(무선국의 개설허가 취소 등)제3항[동법 제58조(산업 · 과학 · 의료용 전파응용설비 등)제3항에 따라 준용되는 경우를 포함한다]에 따라 운용이 정지된 동법 제58조제1항제1호에 따른 설비를 운용한 자의 어느 하나에 해당하는 자는 100만원 이하의 벌금에 처한다고 규정하고 있다(전파법 제87조).

다. 양벌규정

전파법은 법인의 대표자나 법인 또는 개인의 대리인, 사용인, 그 밖의 종업원이 그 법인 또는 개인의 업무에 관하여 이 법 제84조(벌칙) 또는 같은 법 제86조(벌칙)의 위반행위를 하면 그 행위자를 벌하는 외에 그 법인 또는 개인에게도 해당 조문의 벌금형을 과(科)하나, 다만, 법인 또는 개인이 그 위반행위를 방지하기 위하여 해당 업무에 관하여 상당한 주의와 감독을 게을리하지 아니한 경우에는 그러하지 아니하다고 규정하고 있는데(전파법 제88조), 전파법 제88조(양벌규정)는 양벌규정으로서 양벌규정(兩罰規定)이란 어떠한 범죄가 범해진 때에 행위자뿐만 아니라 그 행위와 일정한 관계가 있는 자연인 또는 법인인 타인에 대해서도 형을 과하도록 한 규정을 말하며 일종의 사용자 책임을 묻기 위한 것으로 이해되는데, 양벌규정에 대해서는 전통적인 대륙법계의 법인의 책임능력 부인 이론에 따라 양벌규정을 비판하는 견해가 있다.[211]

그러나 법인의 경제적 · 사회적 활동과 기능이 강화되는 추세와 전파법의 위하력(威嚇力)을 증대시켜야 할 현실적 필요성 등을 고려할 때 이에 합당하도록 법인 등에 벌금을 병과(竝科)하는 것이 필요하다고 생각된다. 한편, 헌법재판소는 양벌규정에 대해 "형법상의 책임주의 원칙에 따라 법인의 대리인과 사용인, 기타의 종업원('종업원 등')의 범죄행위에 관해 범죄행위에 대해 비난할 근거가 되지 않는 법인의 의사결정 및 행위 구조, 즉 종업원 등이 저지른 행위의 결과에 대한 법인의 독자적인 책임에 관해 전혀 규정하지 않은 채, 단순히 법인이 고용한 종업원 등이 업무에 관해 범죄행위를 하였다는 이유

211) 이재상 외, 형법총론 제8판, 박영사(2015), pp97~101.

만으로 법인에 대해 형사처벌을 하는 것은, 타인의 범죄에 대해 그 책임의 유무를 묻지 않고 형벌을 부과하는 것으로서, 헌법상 법치국가의 원리 및 죄형법정주의로부터 도출되는 책임주의에 위배된다."라고 판시한 바 있다.[212)]

라. 벌칙 적용에서의 공무원 의제

전파법은 다음, 1. 이 법 제6조의2(주파수회수 또는 주파수재배치)제3항에 따른 주파수심의위원회의 위원 중 공무원이 아닌 사람, 2. 이 법 제58조의5(시험기관의 지정 등)제1항에 따라 적합성평가 시험 업무를 취급하는 사람, 3. 이 법 제78조(권한의 위임 · 위탁)제2항 · 제3항에 따라 과학기술정보통신부장관 또는 방송미디어통신위원회로부터 위탁받은 업무에 종사하는 사람의 어느 하나에 해당하는 사람은 「형법」 제129조(수뢰, 사전수뢰)부터 제132조(알선수뢰)까지의 규정에 따른 벌칙을 적용할 때에는 공무원으로 본다고 규정하고 있는데(전파법 제89조), 전파법 제89조(벌칙 적용에서 공무원 의제)에 따른 벌칙 적용에서의 공무원 의제는 공무원에 준하는 청렴(清廉) 의무가 부과되기 때문으로서 공무원으로 본다는 것은 일반인의 경우 처벌받지 않을 행위라도 그를 공무원으로 보아 처벌하겠다는 의미로 이해된다.

3. 과태료

가. 과태료의 의의

과태료(過怠料)는 행정질서벌로서, 행정질서벌(行政秩序罰)은 행정벌(行政罰)의 일종이나 행정 법규나 행정법상 의무를 위반하여 형법(刑法)에 형의 이름이 있는 사형, 징역, 금고, 자격상실과 정지, 벌금, 구류, 과료, 몰수와 같은 형벌을 과하는 행정벌의 일종인 행정형벌(行政刑罰)과 달리[213)], 행정질서벌은 일반 사회법익에 직접적인 영향을 미치지는 않으나 신고(申告) 의무 위반과 같이 행정 목적을 간접적으로 침해하는 행정 법규나 행정

212) 헌법재판소 2012. 10. 25. 선고 2012헌가18.

213) 박균성, 행정법강의(제15판), 박영사(2018), p404.

법상 의무 위반행위에 대해 부과되는 것으로 이해된다.[214)]

행정질서벌인 과태료는 행정법의 간접적인 의무이행 확보 수단이며 과태료에 대한 일반법으로 「질서위반행위규제법」이 있는데, 질서위반행위규제법은 행정청이 질서위반행위에 대하여 과태료를 부과하고자 하는 때에는 미리 당사자(이 법 제11조(법인의 처리 등) 제2항에 따른 고용주등을 포함한다)에게 대통령령으로 정하는 사항을 통지하고, 10일 이상의 기간을 정하여 의견을 제출할 기회를 주어야 하나, 이 경우 지정된 기일까지 의견 제출이 없는 경우에는 의견이 없는 것으로 본다고 규정하고 있으며(질서위반행위규제법 제16조제1항), 행정청은 당사자가 이 법 제16조(사전통지 및 의견 제출 등)에 따른 의견 제출 기한 이내에 과태료를 자진하여 납부하고자 하는 경우에는 대통령령으로 정하는 바에 따라 과태료를 감경할 수 있다고 규정하고 있다(동법 제18조제1항).

나. 과태료의 대상

전파법은 제9장(벌칙)에서 이 법 제89조의2(과태료)부터 제92조(과태료)까지 행정질서벌인 과태료를 규정하고 있다.

(1) 1,000만 원 이하의 과태료

전파법은 이 법 제19조(허가를 통한 무선국 개설 등)제3항에 따라 신규로 이용계약을 체결한 가입자의 수와 전체 가입자의 수를 통보하지 아니하거나 거짓으로 통보한 자에게는 1천만원 이하의 과태료를 부과한다고 규정하고 있다(전파법 제89조의2).

(2) 500만 원 이하의 과태료

전파법은 다음, 1. 이 법 제24조(검사)제7항을 위반하여 무선국을 검사받지 아니하고 운용하는 자, 2. 이 법 제48조의2(자연환경 보호 등)제1항의 명령을 위반하여 무선국을 공동으로 사용하지 아니하거나 환경친화적으로 설치하지 아니하고 사용한 자, 2의2. 이 법 제58조의2(방송통신기자재등의 적합성평가)제2항, 제3항 및 제9항을 위반하여 적합성평

214) 홍정선, 신행정법특강, 박영사(2018), pp375~379.

가를 받지 아니한 기자재를 판매 · 대여할 목적으로 진열 · 보관한 자, 3. 동법 제58조의2제4항을 위반하여 자기적합확인을 하지 아니하고 자기적합확인 대상 기자재를 판매하거나 판매할 목적으로 제조 · 수입한 자의 어느 하나에 해당하는 자에게는 500만원 이하의 과태료를 부과한다고 규정하고 있다(전파법 제89조의3).

(3) 300만 원 이하의 과태료

전파법은 다음, 1. 이 법 제18조의2(주파수 사용승인의 신청 등)제3항에 따른 사용승인서에 포함된 전파의 형식, 점유주파수대역폭 및 주파수, 안테나공급전력, 안테나의 형식 · 구성 및 이득에 관한 사항을 위반하여 운용한 경우, 1의2. 이 법 제19조의2(신고를 통한 무선국 개설 등)제1항제1호 및 제2호에 따른 무선국을 신고하지 아니하고 운용한 자, 2. 이 법 제19조의2제1항제3호의 무선국을 동법 제24조(검사)제1항을 위반하여 준공신고를 하지 아니하고 운용하거나 이 법 제25조(무선국의 운용)제3항[동법 제58조(산업 · 과학 · 의료용 전파응용설비 등)제3항 단서에 따라 준용되는 경우를 포함한다]을 위반하여 재검사를 받지 아니하고 운용하는 자, 2의2. 이 법 제25조제1항을 위반하여 무선설비를 운용한 자, 3. 동법 제25조제2항 각 호 외의 부분 본문을 위반하여 무선국의 허가 또는 신고 사항을 벗어나 무선국을 운용한 경우, 3의2. 삭제, 4. 이 법 제47조의2(전자파 인체보호기준 등)제8항을 위반하여 전자파 등급을 표시하지 아니한 자, 5. 이 법 제58조(산업 · 과학 · 의료용 전파응용설비 등)제1항제1호에 따른 설비를 허가받지 아니하고 운용한 자, 5의2. 이 법 제58조의2(방송통신기자재등의 적합성평가)제4항을 위반하여 자기적합확인을 하지 아니하고 자기적합확인 대상 기자재를 판매 · 대여할 목적으로 진열 · 보관 또는 운송하거나 무선국 · 방송통신망에 설치한 자, 5의3. 동법 제58조의2제5항을 위반하여 적합등록, 자기적합확인, 자기적합확인 변경 후 관련 서류를 보관하지 아니한 자, 5의4. 이 법 제58조의2제8항을 위반하여 동법 제58조의2제2항, 제3항 및 제9항에 따른 적합성평가를 받은 후 적합성평가표시를 하지 아니하고 판매 · 대여한 자나 판매 · 대여할 목적으로 진열 · 보관 또는 운송하거나 무선국 · 방송통신망에 설치한 자, 5의5. 이 법 제58조의6(지정시험기관의 검사 등)제1항에 따른 검사 및 현장 출입을 거부하거나 방해한 자, 5의6. 동법 제58조의6제1항 및 이 법 제71조의2(조사 및 조치)제2항[동법 제47조의3(전자파적합성 등)제4항에 따라 준용되는 경우를 포함한다]에 따른 자료 또는 기자재 제출 요구를 거부하거나 방해한 자, 5의7. 이 법 제58조의11(부적합 보고 등)제1항에 따른 보고를 하지 아니하거나 거짓으로 보고한 자, 5의8. 이 법 제58조의12(주파수분배 변경에 따른 조치 등)제1항에 따른 표시를 하지 아니한 자, 5의9. 동법 제58조의12제3항에 따른 명령을 이행하지 아니한 자, 5의10. 이 법 제71조의2(조사 및 조치)제5항에 따른 명령을 위반하여 무선국을 운용한 자, 6. 이 법 제72조(무선국의 개설허가 취소 등)제2항 또는 제3항(동법 제58조제3항에 따라 준용되는 경우를 포함한다)에 따른 운용의 제한을 위반한 자의 어느 하나에 해당하는 자에게는 300만원 이하의 과태료를 부과한다고 규정하고 있다(전파법 제90조).

(4) 200만 원 이하의 과태료

전파법은 다음, 1. 이 법 제28조(조난통신 등)제2항을 위반하여 긴급통신 · 안전통신 또는 비상통신에 관한 의무를 이행하지 아니한 자, 2. 이 법 제29조(혼신 등의 방지)제2항 본문을 위반하여 무선국을 운용한 자, 3. 이 법 제30조(통신보안의 준수)제1항에 따른 통신보안사항을 지키지 아니하거나 같은 조 제2항에 따른 통신보안교육을 받지 아니한 자, 4. 이 법 제45조(기술기준)와 동법 제47조(안전시설의 설치)를 위반하여 무선설비의 기술기준 또는 안전시설기준에 적합하지 아니한 무선설비를 운용한 자, 5. 이 법 제47조의2(전자파 인체보호기준 등)제3항을 위반하여 전자파 강도의 측정 결과를 보고하지 아니하거나 거짓으로 보고한 자, 6. 이 법 제70조(무선종사자의 자격)제4항 본문을 위반하여 무선설비를 운용하거나 공사를 한 자, 7. 이 법 제76조(무선종사자의 기술자격의 취소 등)에 따라 업무종사의 정지를 당한 후 그 기간에 무선설비를 운용하거나 그 공사를 한 자의 어느 하나에 해당하는 자에게는 200만원 이하의 과태료를 부과한다고 규정하고 있다(전파법 제91조).

(5) 100만 원 이하의 과태료

전파법은 다음, 1. 이 법 제14조(주파수이용권)제3항을 위반하여 승인을 받지 아니한 자, 2. 이 법 제23조(시설자의 지위승계)제2항을 위반하여 인가를 받지 아니하거나 같은 조 제3항을 위반하여 신고를 하지 아니한 자, 3. 이 법 제25조의2(무선국의 폐지 및 운용휴지)제1항을 위반하여 신고를 하지 아니한 자, 4. 이 법 제58조의2(방송통신기자재등의 적합성평가)제6항을 위반하여 변경신고를 하지 아니한 자, 5. 동법 제58조의2제7항을 위반하여 변경하려는 사항을 서면으로 관리하지 아니하거나 공개하지 아니한 자, 6. 이 법 제58조의2제8항을 위반하여 동법 제58조의2제4항에 따라 자기적합확인을 한 후 적합성평가표시 및 자기적합확인을 표시하지 아니하고 판매 · 대여한 자나 판매 · 대여할 목적으로 진열 · 보관 또는 운송하거나 무선국 · 방송통신망에 설치한 자, 7. 동법 제58조의2제9항에 따른 잠정인증의 조건을 이행하지 아니한 자의 어느 하나에 해당하는 자에게는 100만원 이하의 과태료를 부과한다고 규정하고 있다(전파법 제92조).

다. 과태료의 부과와 징수

전파법은 이 법 제89조의2(과태료), 동법 제89조의3(과태료) 및 동법 제90조(과태료)부터 제92조(과태료)까지의 규정에 따른 과태료는 대통령령으로 정하는 바에 따라 과학기술정보통신부장관 또는 방송미디어통신위원회가 부과 · 징수한다고 규정하고 있는데(전파법 제93조), 전파법 시행령은 이 법 제89조의2, 동법 제89조의3 및 동법 제90조부터 제92조까지의 규정에 따른 과태료의 부과기준은 이 법 시행령 [별표 28]과 같다고 규정하고 있다(동법 시행령 제124조).

참고자료 및 질문

1. 전파법과 정보공개. 「공공기관의 정보공개에 관한 법률(약칭: 정보공개법)」은 공공기관이 보유·관리하는 정보는 국민의 알권리 보장 등을 위하여 이 법에서 정하는 바에 따라 적극적으로 공개하여야 한다고 규정하고 있으나(정보공개법 제3조), 정보공개법 제9조(비공개 대상 정보)는 공공기관이 보유·관리하는 정보는 공개 대상이 되나, 다만, 다음 각 호의 어느 하나에 해당하는 정보는 공개하지 아니할 수 있다고 규정하고 있다(동법 제9조). 전파법에 따른 전파 성책은 전문성, 영업비밀 등과 같은 이유로 정보공개가 곤란한 상황이 있을 수 있는 것으로 이해된다. 만일, 주파수 경매 과정에 대한 정보공개가 요구된다면 과연 이러한 정보공개가 되어야 하겠는가? 만일, 정보공개를 거부한다면 어떠한 법직 근거에 따라 거부할 수 있겠는가?

2. 차량 · 사물통신. 차량·사물통신(V2X, Vehicle to Everything communication)은 자동차와 모든 것을 연결하는 기술로서 자동차와 자동차(V2V, Vehicle to Vehicle), 자동차와 도로 인프라(V2I, Vehicle to Infrastructure), 자동차와 보행자(V2P, Vehicle to Pedestrian) 간 통신은 물론 차량 내 유·무선 네트워킹, 차량과 이동 단말 간 통신(V2D, Vehicle to Device) 등을 포괄하는 개념으로 이해된다. 자율주행 기술과 차세대 지능형 교통 시스템(C-ITS, Cooperative-Intelligent Transport Systems)을 위한 핵심기술인 차량·사물통신 기술은 차량용 단거리 전용 통신(DSRC, Dedicated Short Range Communications)인 WAVE(Wireless Access in Vehicular Environments) 기술과 LTE와 5G 이동통신에 기반을 둔 C-V2X(Cellular Vehicle-to-Everything) 기술로 구별되며 차이는 〈표 38〉과 같다.

표 38 WAVE와 C-V2X의 비교

구분	WAVE	C-V2X
기반 기술	IEEE 802.11p(Wi-Fi)	LTE, 5G(이동통신)
통신 방식	Wi-Fi 기반 직접 통신	이동통신망 활용 또는 직접 통신
통신 거리	단거리(약 1㎞)	장거리(수 1㎞)
속도	상대적으로 느림	매우 빠름
확장성	제한적	우수(차세대 기술과 연계)

참고문헌

강병훈, 전기통신사업법 일부개정법률안(대안) 검토보고서, 법제사법위원회(2016.6.17.).

강신원, 통신서비스의 국경 간 공급 관련 주요국의 규제 사례, ETRI 주간기술동향 통권 1296호(2007.5.16.).

강일용 동아일보 기자, 영업정지 45일, 이동통신사 웃고 소비자 · 대리점 · 제조사 울고, 2014.3.8.(http://it.donga.com/17561/).

계경문 외, 전파법 연구, 법문사(2013).

고득녕, 소물인터넷을 위한 Low Power Wide Area 기술 동향, OSIA S&TR Journal, Vol.29, No.3, September 2016.

공정거래위원회, 공정위, SK텔레콤-CJ헬로비전 인수 · 합병 금지: 유료 방송시장과 이동통신 시장의 경쟁 제한 가능성 원천 차단(보도자료), 2016.7.18.

과학기술정보통신부, 과기정통부, 테슬라코리아의 기간통신사업 신고(보도자료), 2020.4.28.

과학기술정보통신부, 대한민국이 새로운 디지털 질서 정립의 추진계획을 공개합니다(보도자료), 2024.5.20.

과학기술정보통신부, 디지털서비스 상시 위기관리 강화를 통해 신뢰할 수 있는 디지털 기반 구축 – 과기정통부, 「디지털서비스 안정성 강화 방안」 발표 – (보도자료), 2023.3.30.

과학기술정보통신부 '스테이지엑스' 이동통신용 주파수 할당대상법인 선정 취소 확정 – 향후, 통신정책 방향 및 주파수할당 제도개선 등을 위한 연구반 구성·운영할 계획(보도자료), 2024.7.31.

과학기술정보통신부, 알뜰폰 도매대가의 대폭 인하로 1만원대 5세대 이동통신 20기가 요금제 출시 이어져(보도자료), 2025.3.4.

과학기술정보통신부, 2021 부가통신사업 실태조사 결과 발표(보도자료), 2020.5.9.

과학기술정보통신부, 기획재정부, 문화체육관광부, 방송통신위원회, 공정거래위원회, 곽윤직, 민법총칙, 박영사(2010).

곽윤직, 채권총론, 박영사(2009).

국립전파연구원, 전파법령 해설집(개정판), RRA-2018-ETC-601(2018).

국무조정실, 미래창조과학부, 방송통신위원회, 정부, 700㎒대역 주파수 분배안 마련(보도자료), 2015.7.27.

권기원, 전기통신사업법 일부개정법률(안) 검토보고서, 과학기술정보방송통신위원회(2017.6.13).

권오승, 경제법(제4판), 법문사(2002).

권오승 · 서정, 독점규제법, 법문사(2018).

권영성, 헌법학원론(2009년 판), 법문사(2009).
금융위원회, 고용노동부, 청년 크리에이터와 미디어 기업이 혁신 성장을 이끄는 미디어 강국 실현, 범정부 합동 '디지털 미디어 생태계 발전방안' 수립(보도자료), 2020.6.23.
김광연 IT조선 기자, 단통법 7월 22일부터 폐지, 2025.1.21.(https://it.chosun.com/news/articleView.html?idxno=2023092132712).
김기문, 기초 전파통신이론 및 응용, 도서출판 미래컴(2008).
김동희, 행정법Ⅰ, 박영사(2010).
김동희, 행정법Ⅰ(제19판), 박영사(2013).
김동희, 행정법Ⅱ, 박영사(2010).
김병운, 전기통신사업법 개정에 따른 MVNO 통신시장 진입방향, 통신연합회보, 한국통신사업자연합회(2010 봄호).
김승준 뉴스1 기자, 강력해진 태양 활동…우주전파재난 2026년까지 '위기' – 전력 · 우주 설비 위험 증가…대규모 정전, 통신 이상, 안보 문제 부르기도, 2024.3.31.(https://www.news1.kr/it-science/general-science/5367861).
김승한 머니투데이 기자, LGU+, 5G 주파수 추가할당 단독 응찰…SKT · KT는 불참 왜?, 2022.7.4.(https://news.mt.co.kr/mtview.php?no=2022070418372012836).
김영수, 전파와 주파수, 전파통신과 법 포럼(2013.7.5.).
김용주 전자신문 기자, 망 이용대가 가이드라인 작업 시작...'정의'부터 손본다, 2019.1.6.(http://www.etnews.com/20190104000436).
김은빈 중앙일보 기자, 멤버십 포인트와 다른 '통신사 마일리지'…소비자도 모르는 새 1700억 원 소멸, 2017.10.19.(https://news.joins.com/article/22028028).
김정호, 알기 쉽게 배우는 기초회계, Big book(2017).
김준호, 민법강의, 법문사(2015).
김태진 지디넷 기자, 시장지배적 사업자 '결합상품' 논란: 허용 9년 만에 도마 위…"동등결합 속도 내야", 2016.8.29.(http://www.zdnet.co.kr/view/?no=20160829175420&from=MobilMobile).
김평화 IT조선 기자, 분실 스마트폰 절반은 주인 못 찾는데…관련 대응책은 '부실', 2020.10.20.(https://it.chosun.com/news/articleView.html?idxno=2020102000104).
노웅래 국회 과학기술정보방송통신위원장실, 국내외 인터넷 기업간 역차별, 그 해법은?, 2018.12.18.
문향란 한국일보 기자, 디지털방송 미국식이냐 유럽식이냐/"미국式 백지화" 요구 논란가열, 2020.8.29.(https://www.hankookilbo.com/News/Read/200208290036174034).
미래창조과학부, 위성휴대통신(GMPCS) 서비스 시장진입 제도 개선 – 기간통신사업허가와 주파수할당 방식에서 국경 간 공급계약 승인으로 전환 – (보도자료), 2015.1.29.

박균성, 행정법 강의(제15판), 박영사(2018).

박수형 ZDNet Korea 기자, 국내 첫 주파수 할당 취소...의미와 파장은, 2022.11.18. (https://zdnet.co.kr/view/?no=20221118171034).

박종수, 주파수 이용의 효율성 제고를 위한 전파법제의 개선방안, 공법연구 제36집 제3호(2006).

박종진 머니투데이 기자, [단독]대통령실, 플랫폼법 추진에 제동..."중복규제, 조정 필요", 2023.12.17.(https://news.mt.co.kr/mtview.php?no=2023121713300947989).

박준호 전자신문 기자, AI 투자 늘리는 통신사, 주파수 재할당 대가 마련 부담, 2024.10.7. (https://www.etnews.com/20241007000298).

박철호, 전기통신사업 회계제도의 이해, 통신연합회보, 한국통신사업자연합회(2011 여름호)

방송통신위원회, 내랑문자 진송자격인증제 본격 시동(보도자료), 2024.6.2.

방송통신위원회, 전기통신 사업자 47곳, 이용자 보호 평가 받는다 – 통신서비스 피해 예방·불만 처리 등 나서야…테무, 쿠팡이츠 등 신규 선정 – (보도자료), 2025.4.23.

방송통신위원회, 010 번호 통합정책 방안에 관한 건, 의안번호 제2010-55-234호, 2010.9.15.

배문규 경향신문 기자, 정부 “내년 하반기 5G 주파수 추가 공급 검토”…SKT 20㎒ 할당 없어, 2024.9.1.(https://www.khan.co.kr/article/202409011518001).

백지영 디지털데일리 기자, 안테나로는 안봐요…지상파 UHD 직접수신율 2.2%로 역대 최저, 2022.9.29.(https://m.ddaily.co.kr/page/view/2022092910470674954).

법률신문, EU Digital Services Act (DSA) 본격 시행, 2024.8.30.(https://www.lawtimes.co.kr/LawFirm-NewsLetter/191283).

법제처 13-0137, 2013. 6. 7., 미래창조과학부 – 주파수할당 대가의 산정기준으로서 “실제매출액”의 의미(「전파법 시행령」 별표 3 등 관련).

서울대학교 공익산업법센터, 정보통신법 연구 Ⅲ – 통신법상 이용자보호 및 공정경쟁을 위한 규제제도의 주요쟁점과 개선방향 –, 경인문화사(2008).

성유진 조선일보 기자, 끊겨버린 제4이동통신...수익성 없는데 정부가 밀어붙이다 좌초, 2024.06.17.(https://www.chosun.com/economy/industry-company/2024/06/14/B2FBYONVCJEFZHOP773XYBAVCM/).

성재식, 010 번호통합 정책방안의 주요내용, 통신연합회보. 한국통신사업자연합회(2010 가을호).

손해용 중앙일보 기자, 정부, 요금인가제 폐지…‘유보신고제’ 도입검토, 2015.5.10.(https://news.joins.com/article/17770122).

송시강, 주파수 이용권의 성질과 효율적 전파관리제도, 행정법연구 제28호(2010).

송정렬 디지털 타임즈 기자, 기내서도 인터넷서비스: 하나로 텔레콤-보잉 계약체결, 2005.7.29.(http://www.dt.co.kr/contents.html?article_no=2005072902150531648002).

신재우 연합뉴스 기자, 휴대폰 연간 113만대 분실…되찾을 확률 56%, 2016.6.23.(https://www.yna.co.kr/view/AKR20160623144600017).

신종철, 개인정보보호법과 신용정보법, 박영사(2025).

신종철, 단말기유통법 해설, 진한M&B(2016).

신종철, 전파법 해설, 진한M&B(2013).

신종철, 전파와 통신산업, 통신연합회보, 한국통신사업자연합회(2013 여름호).

신종철, 통신법 해설, 진한M&B(2013).

신종철, 통신법 해설(개정판), 진한M&B(2019).

신종철, KT와 KTF 합병 추진경과 및 향후전망, 통신연합회보, 한국통신사업자연합회(2009 봄호).

양진영 전기신문 기자, LG유플러스, '결합상품 과다경품' 46억 과장금 소송 2심 승소, 2019.1.16.(https://www.electimes.com/news/articleView.html).

여재현 외, 주파수 공유기술 적용을 위한 전파관리 모형 연구, 정보통신정책연구원(2009).

여재현, 정인준, 주파수 경매제 추진현황 및 주요 이슈, 정보통신정책연구원(2012).

연찬모 뉴데일리 기자, 설 특수 사라진 이동통신 업계…번호이동 급감, 2019.2.5.(http://biz.newdaily.co.kr/site/data/html/2019/02/05/2019020500004.html).

오병철, 제3차 전파진흥기본계획에 따른 수평적 규제체계로의 전파법 개정 제안, THE JOURNAL OF KOREAN INSTITUTE OF ELECTROMAGNETIC ENGINEERING AND SCIENCE(July 2019).

오수정, CBS노컷뉴스 기자, '카톡 먹통'에 마비된 일상…대한민국이 멈췄다, 2022.10.17.(https://www.nocutnews.co.kr/news/5833436).

윤성현 뉴시스 기자, 美 통상 압박에 재점화된 '망 대가' 논쟁…"AI 시대 무임승차 문제 더 커질 것", 2025.7.28.(https://www.newsis.com/view/NISX20250728_0003268814).

이건혁 동아일보 기자, 주파수 재할당 대가 3조1700억~3조7700억, 2020.12.1.(https://www.donga.com/news/Economy/article/all/20201130/104221941/1).

이내찬, 이동통신요금, 커뮤니케이션북스(2017).

이상규, 양면시장의 정의 및 조건, 정보통신정책연구 제17권 제4호(2010. 12월).

이상돈 외, 공정거래법상 기업결합 심사기간의 법률적 효력, 2017 변호사(제50집).

이서희 한국일보 기자, 얽히고설켰다, 통신 결합상품 치열한 싸움, 2015.7.23.(http://www.hankookilbo.com/News/Read/201507230440967879).

이시윤, 신민사소송법, 박영사(2018).

이은용 전자신문 기자, 위성휴대통신, 이번엔 성공할까?, (http://www.etnews.com2009.1.21./200901210193).

이인애 프라임경제 기자, SK텔레콤, 01X 번호 종료…'010 번호통합정책' 반발 여전, 2021.6.22.(https://www.newsprime.co.kr/news/article/?no=547244).

이인용, 이동통신단말장치 유통구조 개선에 관한 법률안 검토보고서, 국회 미래창조과학방송통신위원회(2013. 6).

이재상, 형법총론 제4판, 박영사(2001).

이재상 외, 형법총론 제8판, 박영사(2015).

이한승 연합뉴스 기자, 테슬라코리아, 기간통신사업 신고…차량에 정보 · 콘텐츠 서비스, 기간통신 진입규제 완화 후 첫 사례…커넥티드카 경쟁 본격화,(https://www.yna2020.4.28..co.kr/view/AKR20200428096800017).

인터넷상생발전협의회, 인터넷상생발전협의회 결과보고서(2018).

임병도 오마이뉴스 기자, 해외직구 금지 논란에 소환된 '유인촌 아이패드' 사건,2024.5.20.(https://www.ohmynews.com/NWS_Web/View/at_pg.aspx?CNTN_CD=A0003031447).

임영철, 공정거래법 제2판, 법문사(2008).

정보통신정책연구원, 시장지배적 사업자의 필수설비 규제에 대한 법경제학적 접근(2001).

정보통신정책연구원, 통신사업의 경쟁: 마지막 1마일(Telecommunications competition: The last one mile, 1997).

정보통신정책연구원 편저, 통신서비스 정책의 이해, 법영사(2005).

정보통신정책연구원, 2024년도 통신시장 경쟁상황 평가(2024.12.31.).

정빛나 연합뉴스 기자, EU 디지털시장법 오늘 전면 시행…'빅테크 갑질' 막을까, 2024.3.7.(https://www.yna.co.kr/view/AKR20240306163700098).

정예린 전자신문 기자, 과기정통부, 회계규정 위반 기간통신사업자에 과징금 10억 4,800만 원 부과, 2018.12.24.(http://www.etnews.com/20181224000220).

정윤희 디지털타임즈 기자, "결합상품 과다경품 과징금 부당"…방통위에 소송 건 LGU+, 2017.2.4.(http://www.dt.co.kr/contents.html?article_no=2017021502101131104001).

정인선 한겨레신문 기자, KT · LGU+ 이어 SKT도 28㎓ 대역 5G 주파수 '할당 취소', 2023.5.12.(https://www.hani.co.kr/arti/economy/it/1091560.html).

정찬형, 상법강의(하) 제18판, 박영사(2016)

조민행 외, 중복규제의 현황과 개선 방안 연구, 법제처(2008. 12).

조선비즈, 삐삐 번호 012 부활…"첫사랑과 연락하던 번호, 기계에게 줘버린다고?", 2013.11.5.(http://biz.chosun.com/site/data/html_dir/2013/11/05/2013110503851.html#csidx568ce12cf9b2829a284c088a7051997).

조성미 연합뉴스 기자, 정부, 스페이스X · 원웹 위성통신 서비스 국내 공급 협정 승인(종합), 2025.5.30.(https://www.yna.co.kr/view/AKR20250530058651017).

조현영 연합뉴스 기자, 'SKT 해킹'에 5월 94만명 번호이동…3월 대비 77%↑, 2025.6.2.(https://www.yna.co.kr/view/AKR20250602026000017).

하선영 중앙일보 기자, 논란 불붙는 단말기 완전자급제…누가 찬성하고 누가 반대하나, 2018.10.22.(https://news.joins.com/article/23054191).

하선영 중앙일보 기자, [이번 주 경제 용어] 보편요금제는 무엇인가요?, 2018.5.28.(https://news.joins.com/article/22661429).

한승곤 아시아 경제 기자, [뉴스속 용어]눈속임 설계 '다크패턴', 2023.1.12.(https://www.asiae.co.kr/article/2023011209114539856).

홍정선, 신행정법특강, 박영사(2018).

ETRI 스펙트럼공학연구팀, 스펙트럼 관리 및 동적 접속기술 동향, ETRI 전자통신동향분석 제26권 제6호(2011년 12월)

ETRI 전파기술연구부, 훤히 보이는 전파기술, 전자신문사(2009).

Ernesto Falcon, Network neutrality: an American perspective, 5G 시대의 망중립성 어디로 가고 있는가? (2018.9.7.).

Charles J. Goetz, Antitrust Law: Interpretation and implementation(3rd Edition), Foundation Press(2006).

ITGP, EU GDPR: An implementation and compliance guide(3rd Ed, 2019).

ITU Radio Regulation (Edition of 2020).

Merrill Lynch, Global Wireless Matrix, 4Q(2016).

Michael Parkin, Economics 2nd Edition, Addison Wesley(1993)

Milton Mueller, Universal service in Telephony History, 17 Telecommunications Policy(1993).

Posner Easterbrook, Antitrust(2nd Edition), West Publishing(2008).

Stuart Minor Benjamin, Telecommunications Law and Policy 2nd Edition, Carolina Academic Press(2006).

Stuart Minor Benjamin, Telecommunications Law and Policy Fourth Edition, Carolina Academic Press(2015).

Strategy Analytics, 세계88개국 이동전화 시장 조사 보고서(2013. 3월).

Thomas D Morgan, Modern antitrust law and its origins, WEST(4th Edition).

https://www.fcc.gov/restoring-internet-freedom (2019.2.4.).
http://hraunfoss.fcc.gov/edocs_public/attachment/FCC-10-201A1_Rcd.pdf (2019.2.4.).
https://transition.fcc.gov/Daily_Releases/Daily_Business/2015/db0312/FCC-15-24A1.pdf (2019.2.1.).
https://ko.wikipedia.org/wiki/%ED%97%A4%EB%A5%B4%EC%B8%A0 (2025.5.28.).
https://ko.wikipedia.org/wiki/%EA%B5%AD%EC%A0%9C%EC%82%AC%EB%B2%95 (2025.7.4.).
http://ko.wikipedia.org/wiki/%EC%BD%94%EC%A6%88%EC%9D%98_%EC%A0%95%EB%A6%AC (2025.6.5.).
http://ko.wikipedia.org/wiki/GPS (2025.6.5.).

47 U.S.C. §301.
47 U.S.C. §156.
EU AI Act Preamble (10).

판례색인

사항색인

ㅅ

ㅇ

ㅈ

ㅊ

ㅌ

ㅍ

ㅎ

5

C

E

G

I

W

저자 약력

연세대학교 행정학 학사
서울대학교 행정학 석사
미국 일리노이주립대학교(Southern Illinois University) Law School 법학박사(J.D.)
행정고시 합격(41회)
미국 일리노이주 변호사(Attorney at Law in Illinois)
정보통신부 사무관
방송통신위원회 서기관
국가경쟁력강화위원회 과장
미래창조과학부 과장
방송통신위원회 과장
방송통신위원회 행정법무담당관
개인정보보호위원회 혁신기획담당관
BC카드 전무
한양대학교 언론정보대학원 겸임교수
연세대학교 정보대학원 겸임교수
연세대학교 법무대학원 겸임교수
연세대학교 법무대학원 객원교수
가천대학교 법학과 초빙교수
연세대학교 정보대학원 객원교수

주요 저서

통신법 해설, 진한M&B, 2013
전파법 해설, 진한M&B, 2013
단말기유통법 해설, 진한M&B, 2016
전기통신사업법 연구(공저), 법문사, 2016
통신법 해설(개정판), 진한M&B, 2018
방송법 연구(공저), 법문사, 2019
개인정보보호법 해설, 진한M&B, 2020
Why data?: 알기 쉬운 데이터와 금융의 이해(공저), 진한M&B, 2022
개인정보보호법과 신용정보법 해설, 진한M&B, 2023
AI와 Data: 시장과 정부, 진한M&B, 2024
개인정보보호법과 신용정보법, 박영사, 2025

전기통신사업법과 전파법

초판발행 2026년 1월 15일

지은이 신종철
펴낸이 안종만 · 안상준

편 집 이지원
기획/마케팅 조성호
표지디자인 BEN STORY
제 작 고철민 · 김원표

펴낸곳 (주) 박영사
서울특별시 금천구 가산디지털2로 53, 210호(가산동, 한라시그마밸리)
등록 1959. 3. 11. 제300-1959-1호(倫)
전 화 02)733-6771
f a x 02)736-4818
e-mail pys@pybook.co.kr
homepage www.pybook.co.kr
ISBN 979-11-303-9894-5 93360

정 가 53,000원